NBA
스카우팅 리포트
2024-25

Column 01 | 마지막 챕터에 돌입한 전설 3人 3色
LEBRON JAMES, KEVIN DURANT, STEPHEN CURRY · 004

Column 02 | WHO IS THE GOAT?
蹴神축신 LIONEL MESSI 리오넬 메시 vs 籠神농신 MICHAEL JORDAN 마이클 조던 · 026

EASTERN CONFERENCE · 052

ATLANTIC DIVISION · 054

Boston Celtics 보스턴 셀틱스 · 056
Brooklyn Nets 브루클린 네츠 · 064
New York Knicks 뉴욕 닉스 · 072
Philadelphia 76ers 필라델피아 세븐티식서스 · 080
Toronto Raptors 토론토 랩터스 · 088

CENTRAL DIVISION · 096

Chicago Bulls 시카고 불스 · 098
Cleveland Cavaliers 클리블랜드 캐벌리어스 · 106
Detroit Pistons 디트로이트 피스톤즈 · 114
Indiana Pacers 인디애나 페이서스 · 122
Milwaukee Bucks 밀워키 벅스 · 130

SOUTHEAST DIVISION · 138

Atlanta Hawks 애틀란타 호크스 · 140
Charlotte Hornets 샬럿 호네츠 · 148
Miami Heat 마이애미 히트 · 156
Orlando Magic 올랜도 매직 · 164
Washington Wizards 워싱턴 위저즈 · 172

CONTENTS

WESTERN CONFERENCE · 180

NORTHWEST DIVISION · 182

Denver Nuggets 덴버 너기츠 · 184
Minnesota Timberwolves 미네소타 팀버울브스 · 192
Oklahoma City Thunder 으클라호마 시티 선더 · 200
Portland Trail Blazers 포틀랜드 트레일블레이저스 · 208
Utah Jazzs 유타 재즈 · 216

PACIFIC DIVISION · 224

Golden State Warriors 골든스테이트 워리어스 · 226
Los Angeles Clippers 로스앤젤레스 클리퍼스 · 234
Los Angeles Lakers 로스앤젤레스 레이커스 · 242
Phoenix Suns 피닉스 선즈 · 250
Sacramento Kings 세크라멘토 킹스 · 258

SOUTHWEST DIVISION · 266

Dallas Mavericks 댈러스 매버릭스 · 268
Houston Rockets 휴스턴 로키츠 · 276
Memphis Grizzlies 멤피스 그리즐리스 · 284
New Orleans Pelicans 뉴올리언스 펠리컨스 · 292
San Antonio Spurs 샌안토니오 스퍼스 · 300

마지막 챕터에 돌입한 전설 3人 3色

LEBRON JAMES, KEVIN DURANT, STEPHEN CURRY

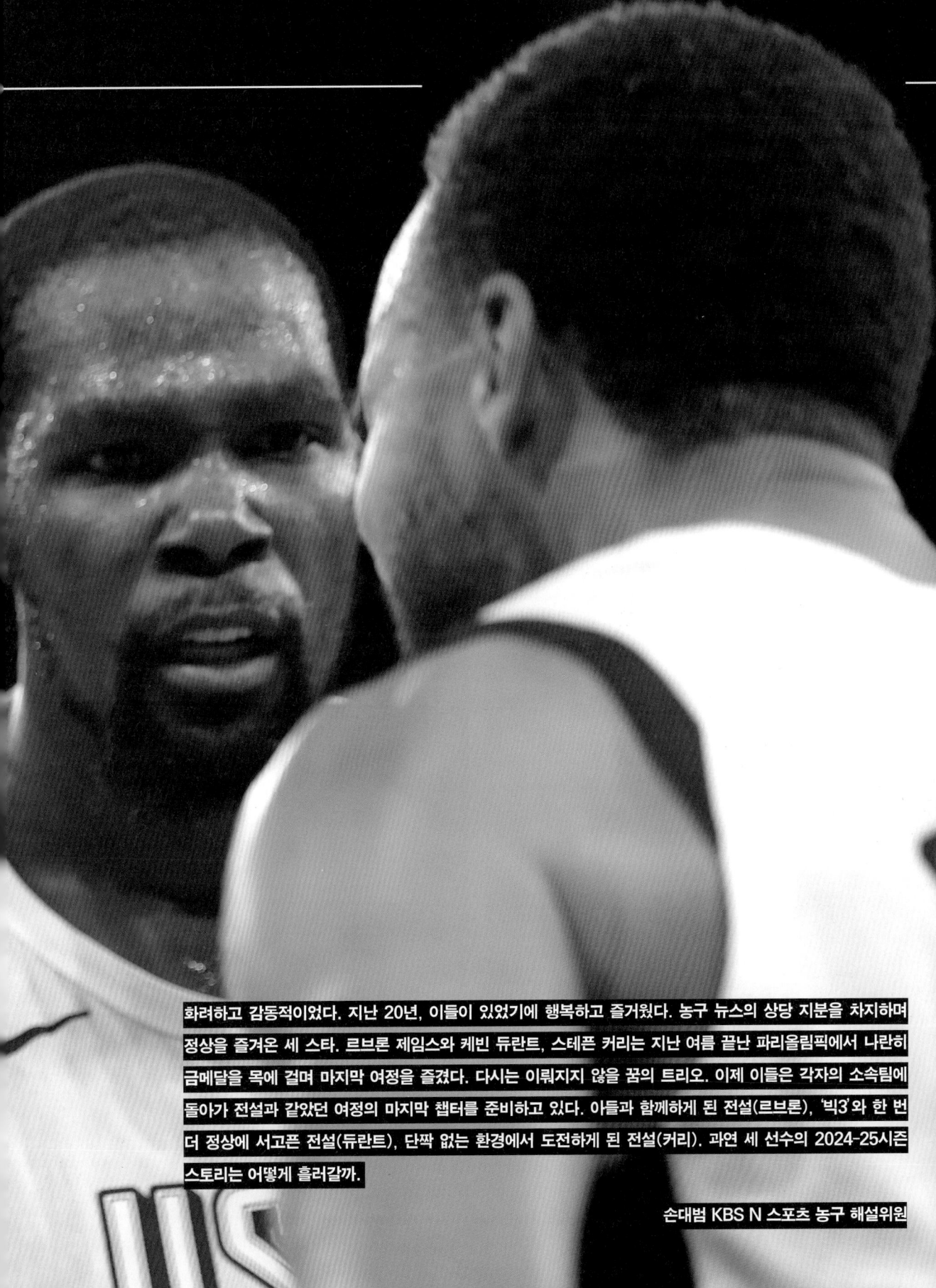

화려하고 감동적이었다. 지난 20년, 이들이 있었기에 행복하고 즐거웠다. 농구 뉴스의 상당 지분을 차지하며 정상을 즐겨온 세 스타. 르브론 제임스와 케빈 듀란트, 스테픈 커리는 지난 여름 끝난 파리올림픽에서 나란히 금메달을 목에 걸며 마지막 여정을 즐겼다. 다시는 이뤄지지 않을 꿈의 트리오. 이제 이들은 각자의 소속팀에 돌아가 전설과 같았던 여정의 마지막 챕터를 준비하고 있다. 아들과 함께하게 된 전설(르브론), '빅3'와 한 번 더 정상에 서고픈 전설(듀란트), 단짝 없는 환경에서 도전하게 된 전설(커리). 과연 세 선수의 2024-25시즌 스토리는 어떻게 흘러갈까.

손대범 KBS N 스포츠 농구 해설위원

2024-2025시즌을 준비하는 르브론 제임스의 왼쪽 팔목에는 오륜기 타투가 새로이 새겨져 있었다. 2024년 8월 끝난 파리올림픽 금메달을 기념하기 위한 타투다. 통산 4만 득점, 우승 4회, MVP 4회, 올스타 선정 20번 등 농구 선수로서 이룰 건 다 이룬 르브론이지만 올림픽 우승은 잊지 못할 경험이었던 모양. 그도 그럴 것이 2012년 런던올림픽 이후 첫 국제대회였고, 시대를 풍미했던 라이벌들과 함께 뛴 사실상 마지막 올림픽이었기에 깊이 새겨두고 싶었던 것 같다. 결승 직후 가진 공식 인터뷰에서도 "내가 가진 금메달 3개 중에 제일 기억에 남을 것 같다"라고 말했다.

런던 金 그 후 12년 … 르브론은 여전했다

미국대표팀은 르브론의 위상이 어떻게 달라졌는지를 보여주는 또 하나의 사례다. 대실패를 경험한 2004년 아테네올림픽 때만 해도 그는 철부지 청년에 불과했다. '리딤팀'의 2008년 베이징올림픽은 고(故) 코비 브라이언트로부터 '아이콘'의 무게감을 공유받는 자리였다. 2012년 런던올림픽 코트에 섰을 때, 르브론은 마침내 NBA 우승의 기쁨을 맛본 스타가 되어 있었다. 물론 마이애미 히트 이적과 페이컷, 기자회견과 사적 자리에서 보인 일련의 행동으로 인해 호불호가 심히 갈렸으나, 미디어는 그 현상을 즐겼다. 그럴 가치가 충분히 있었기 때문이다.

12년이 지났다. 2012년 런던올림픽 때 누군가 "저 사람, 12년 뒤에도 뛰고 있을 거야. 카림 압둘-자바 기록도 뛰어넘을 거야"라고 말했다면 미친 사람 소리를 들었을지도 모른다. 아무리 내구성이 뛰어나다고 해도 나이 마흔까지 뛴 선수는 극소수였고, 압둘-자바의 38,387득점 기록은 필자가 농구를 본 이래 항상 '절대 안 깨질 기록 1위'에 올라있기 때문이다. 하지만 12년이 지나도 '킹'의 자리는 굳건했다. 아니, 더 대단해졌다고 해야 할까. 그는 기어이 압둘-자바를 뛰어넘어 NBA 최초로 4만 득점을 기록했다.

2024년, 르브론은 가장 오래, 꾸준히 뛴 선수의 위치에서 마지막 올림픽을 맞았다. 한때 NBA 시즌 티켓 홀더였던 농구팬 이호민 씨는 지난여름, 미국대표팀의 팬 초청 훈련 현장을 방문했다. 대표팀이 경기 관람권과 패키지로 판매한 상품으로 아무나 입장할 수 있는 자리는 아니었다. 그는 르브론을 이렇게 회고했다. "슈퍼스타들이 모두 모여있었지만, 누가 팀의 리더인지는 말하지 않아도 한눈에 알 수 있었습니다. 어수선한 분위기 속에서도 선수들을 통솔하고, 쓴소리까지 해가며 집중시키고 움직임을 설명할 수 있는 유일한 선수였죠."

역사적 시즌을 앞둔 르브론 ─────────

올림픽 금메달만큼이나 르브론을 설레게 만드는 것이 있다. 바로 아들 브로니 제임스의 NBA 데뷔다. 브로니가 고등학교에 입학할 시기부터 그는 아들과 NBA에서 뛰고 싶다는 의지를 드러냈다. 비록 아들은 기대했던 레벨까지 성장하진 못했고, 대학 진학 후 건강 이슈까지 겪어야 했지만 '왕의 DNA'가 물려준 잠재력을 인정받아 NBA에 입성했다. 전체 55순위로 아버지의 소속팀 레이커스에 선발된 것이다. 물론 이를 두고 말이 많다. '인맥 픽'의 수준을 넘어선 지명이라는 비판도 있었다. 그러나 2라운드 55순위의 평균 선수 수명이 굉장히 짧았다는 것을 감안하면, '비즈니스 픽'으로는 활용할 법했다는 평가도 있다. 만약 기자에게 브로니의 지명에 관해 묻는다면 '반반'이라고 말할 것이다. 아마추어 농구라면 모를까. 결국 프로는 돈과 미디어이기 때문이다.

제임스 부자는 이미 프리시즌 경기 중 코트에 나란히 서며 꿈을 이루었다. NBA에서 아버지와 아들이 선수로 한 팀에서 뛴 것은 이들이 최초였다. 그러나 '진짜 역사'는 기록이 남는 공식 경기에서 이뤄질 것이다. 브로니의 기량을 생각해보면, 그 역사는 가비지 타임이 되어야 만들어질지 모르겠지만, 아버지 입장에서 생애 가장 기쁜 순간 중 하나로 남을 것이 분명하다.

다만 아들로 인해, 혹은 아버지로 인해 생길 라커룸에서의 위화감은 두 부자가 분명 극복해야 할 부분이다. 결국 NBA 라커룸도 사람 사는 곳이기에 출전 시간과 기회, 연봉과 기록 등에 의해 갈등이 생기고 사고가 일어날 수도 있다. 제임스 부자로 인해 언론의 관심은 그 어느 때보다 로스앤젤레스에 집중될 것이다. 이미 아들은 어떤 농구화를 신는지, 야투는 몇 개나 던졌는지 관심이 끊이지 않는다. 아마 역대 55순위 중 인터뷰를 가장 많이 한 신인으로 남을지도 모른다. 돌턴 커넥트는 몰라도 브로니는 알고 있으니 말이다.

이처럼 어수선한 시기에 J.J 레딕이 지휘봉을 잡았다. '덕장'으로 소문났던 다빈 햄의 밑천이 드러나면서 2년 만에 교체됐다. 그러나 레딕은 아예 지도자 경력이 없는 인물이다. 물론 그동안 르브론과 함께한 지도자 중 초짜가 없었던 건 아니다. 클리블랜드 캐벌리어스 시절이었던 2015-16시즌, 1승 3패를 뒤집고 우승한 타이론 루 감독도 감독 1년차였다. 그러나 그는 5년여의 코치 경험을 통해 어느 정도 통솔력을 인정받은 터였다. 조금 더 시간을 거슬러 올라가 2005년부터 함께 했던 마이크 브라운도 10년 가까운 코치 경력이 그를 감독으로 만들었다. 브라운은 NBA에서 비디오 분석과 수비 전술에 정통하다는 평을 받아왔다. 반면 레딕에겐 검증된 강점이 없다. 레이커스를 바라보는 시선이 불안한 이유다.

임기의 끝을 향해가는 KING

그렇다면 과연 르브론은 은퇴 전에 한 번 더 타이틀을 들어 올릴 수 있을까. 2023-24시즌, 레이커스는 NBA가 사상 처음으로 개최한 인-시즌 토너먼트(현 NBA 컵)에서 우승하며 기대감을 드높였다. 앤소니 데이비스도 보기 드문 건강한 시즌을 보냈다. 그럼에도 레이커스는 간신히 플레이오프를 밟았고, 덴버 너게츠에 의해 2년 연속 탈락했다. 르브론과 데이비스 듀오가 만들어진 뒤 레이커스는 킥 아웃 패스를 득점으로 연결시킬 외곽 자원, 데이비스 부담을 덜어줄 빅맨 등 보강에 애를 써왔다. 안정적으로 볼을 운반해줄 가드 자원도 마찬가지. 그러나 언드래프티 오스틴 리브스를 건진 것 외에는 성공한 일이 없다. 켄드릭 넌, 게이브 빈센트 등은 마치 착한 사람만 볼 수 있는 선수가 된 듯. 부상으로 내내 벤치만 지켰다. 롭 펠린카 단장과 스카우팅 팀, 의료진 모두 비난을 받은 이유다. 불행한 일은 지난여름에도 레이커스의 전력은 달라진 것이 없다는 사실이다. 다수의 부상자가 발생한 채로 새로운 시즌을 맞이한다.

결국, 새 시즌에도 르브론은 적지 않은 시간을 소화할 것이다. 그나마 다행인 점은 레딕 감독은 르브론의 에너지를 최대한 아끼고 다른 선수들이 더 참여하는 오펜스를 선호하고 있다. 실제 프리시즌에 레이커스는 5-OUT 상황에서 볼 없는 움직임도 많고, 외곽 기회도 늘어났다. 전임 감독이 크게 비중을 두지 않았던 부분. 성공률 자체는 좋았지만 결정적일 때 도움이 안 됐던 외곽슛이 발전한다면 자연스럽게 경기력은 향상될 수 있다. 이는 평소 레딕과 르브론이 품어온 전술적 가치관에서도 공감대를 형성한 것으로 보인다. 올림픽에서 봤듯, 르브론의 기량 자체는 여전히 경쟁력이 있다. 과거처럼 45~48분을 소화하며 한결같은 에너지를 낼 수는 없겠지만, 1~2골 싸움이 필요할 때 르브론이 보이는 집중력은 레벨이 다르다. 메인 볼 핸들러이자 에이스 자격으로 득점뿐 아니라 여러 기회를 만들 수 있는 기술이 있는 선수다. 정확히 얼마나 남았다고 말할 수는 없겠지만, 'KING'의 임기는 끝을 향해가고 있다. 과연 그가 대관식 전에 한 번 더 트로피를 들어올릴 수 있을지 궁금하다.

에이스들의 에이스 케빈 듀란트

미국이 올림픽을 준비하는 동안, 사람들이 제일 궁금해했던 부분 중 하나는 바로 케빈 듀란트의 출전 여부였다. 연습경기를 모두 결장했기에 이대로 이름만 올리다 끝나는 것은 아닌가 하는 전망도 있었다. 그런데 올림픽이 개막하고 듀란트가 슛을 던지기 시작하자 사람들의 표정이 바뀌기 시작했다. "왜 듀란트가 지구 1옵션이라 불리는지 알겠네요." KBS 1TV 올림픽 중계 중 내가 했던 말이다. 아팠던 사람이 맞는 건지, 너무나도 쉽게 득점 사냥에 성공하며 미국의 타이틀 획득에 일조했다.

2012년부터 시작된 금메달 여정의 마무리이기도 했다. 2016년부터 본격적으로 대표팀 에이스를 맡은 듀란트는 이미 4개의 금메달을 목에 걸었다. 거절할 법도 하지만 그는 농구를 사랑하고 경쟁을 즐겼다. 지는 것도 싫어했고 자신에 대한 평가가 밀리는 것도 싫어했다. 꾸준히 코트에 나선 이유다.

우승 도전사

오클라호마 시티 썬더에서 이뤄진 2번의 우승 도전. 첫 파이널이었던 2012년에는 르브론과 드웨인 웨이드에 의해 고개를 숙였다. 2번째 기회는 2016년에 찾아왔다. 서부 컨퍼런스 파이널에서 시리즈를 리드하게 되자 진지하게 타이틀 획득을 기대했다. 상대는 73승을 거둔 골든스테이트. 오클라호마 시티는 4차전을 118-94로 이겨 시리즈를 3승 1패로 리드, 파이널 진출까지 1승만 남겨두었다. 승리 후 듀란트와 러셀 웨스트브룩은 "4차전이 방금 막 끝났을 뿐. 아직 시리즈는 끝나지 않았다. 4승 먼저 이기는 팀이 올라가는 것"이라며 행여 모를 방심을 잔뜩 경계하는 눈치였다. 그러나 이후 시리즈는 거짓말처럼 뒤집혔고 골든스테이트는 '역대 최다승 - 컨퍼런스 파이널 탈락'이라는 망신을 피할 수 있었다.

반대로 듀란트의 좌절감은 컸다. "즐거웠고 영광이었다"라고 말했지만, 그가 얼마나 실망했을지는 누구나 이해하고 있었다.

2016년 7월, 듀란트의 여름은 굉장히 길었다. 골든스테이트로의 깜짝 이적, 그리고 미국대표팀 승선. 당시 라스베이거스에서 취재한 대표팀 분위기가 생생하다. 당시 취재진은 '당연히 들어올' 금메달에 큰 관심을 갖지 않았다. '코치 K가 해결해 줄' 전략 문제도 마찬가지였다. 기자들은 이적생 듀란트, 그리고 그를 동료로 맞이할 드레이먼드 그린과 클레이 탐슨에게 몰렸다. 어쩌면 다시 그를 파이널에서 상대해야 할지도 모르는 카이리 어빙도 기자들에게 인기였다. (오클라호마 시티를 4승 3패로 이긴 골든스테이트는 그해 파이널에서 3승 4패로 역전패 당해 우승에 실패했다. 패배를 안긴 주인공이 바로 어빙이었다.)

코트만 벗어나면 관심이 집중되는 상황. 게다가 프랜차이즈 스타로 여겨졌던 MVP가 전 시즌 자신을 탈락시킨 팀으로 이적하는 형국이 되다 보니 사방에서 갖가지 말이 쏟아졌다.

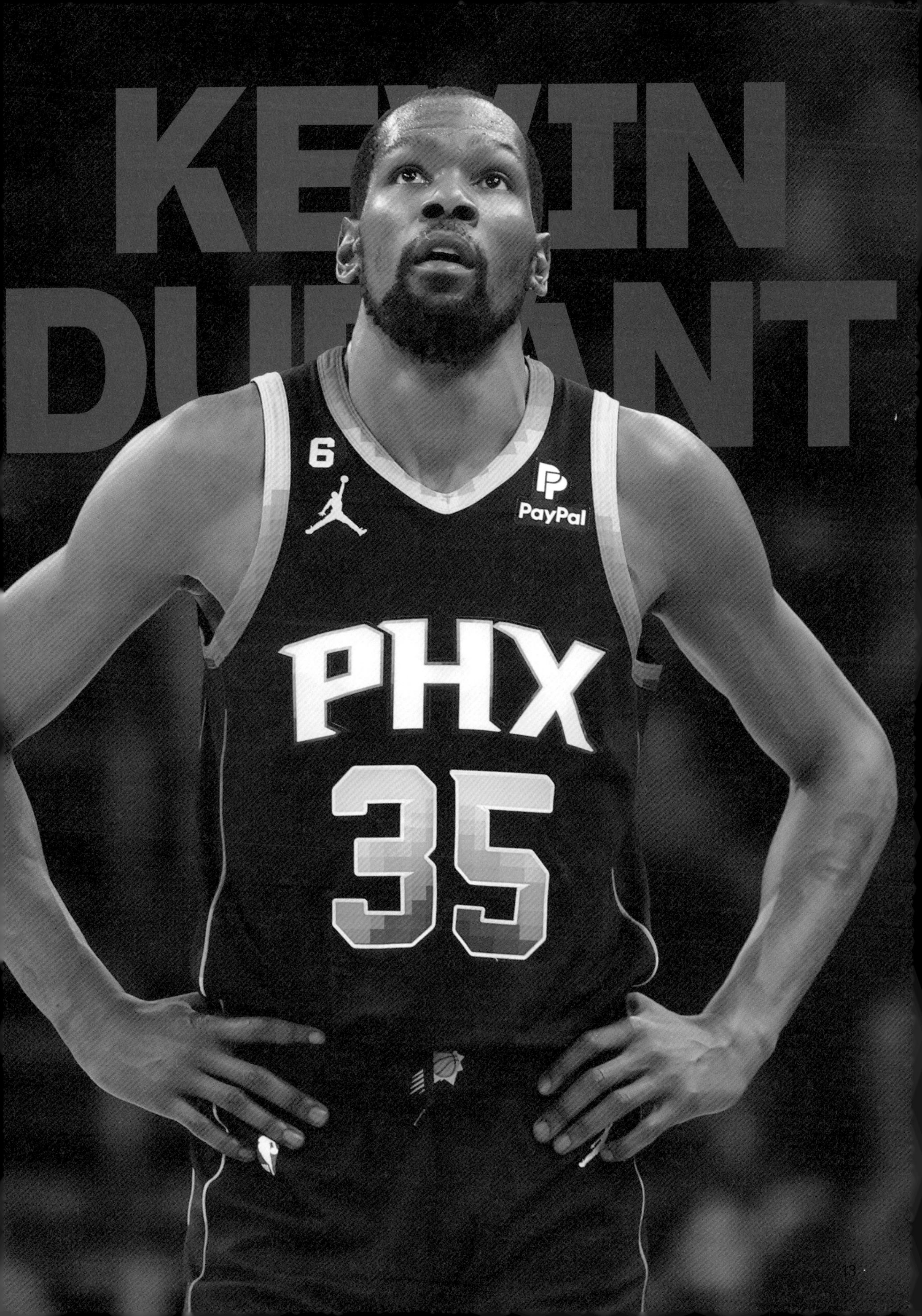
6
PayPal
PHX
35

책임지고 이끈 해결사

TV에서 보는 NBA 코트는 굉장히 화려하지만, 현장에서 직접 올라선 코트는 시장통 같다. 조명도 멋지고 시설도 훌륭하다. 이런 플로어에서 '농구의 신들'과 농구를 하면 어떤 기분일까 궁금해질 정도로. 그러나 현실에서 선수들에게는 플로어가 주는 의미는 좀 다르다. 음악도 클 뿐 아니라 환호 소리도 보통이 아니다. 사방에서 들려오는 비난은 어떤가. 종종 선수들을 분노하게 만드는 부모님 안부와 인종차별적 발언도 걸러지지 않는다. 우연히 한번 서봤던 코트. 이곳에서 제정신으로 매일 밤 뛰어야 한다는 것이 상상이 안 갔다. 그런데 승부처에서 아무 일 없었다는 듯 1대1을 하고 클러치슛을 넣는 책임을 어깨에 져야 한다면? 그리고 심지어 그걸 즐긴다면?

앞서 소개한 르브론을 비롯해 미국대표팀에 승선한 스타들에게는 그 승부처에 몰입하고 즐길 수 있는 독특한 DNA가 있는 것 같았다. 그리고 '이 타이밍에선 내가 던질게'라고 소리쳐도 누구도 반박하지 못할 선수가 있으니, 바로 듀란트였다. 농구는 갖가지 구설수에서 그를 분리해 주는 중요한 부분이었고, 경쟁은 그를 살아 숨 쉬게 하는 요소였다. 골든스테이트에서도 변함이 없었다. '슈퍼스타 중한 명'이 아니라, '슈퍼스타 무리에서 제일 앞에 선' 선수로 2년 연속 NBA 파이널 우승을 이끌자 듀란트에 대한 평가가 달라졌다. 2년 연속 우승과 2년 연속 파이널 MVP. 적어도 농구 선수로 케빈 듀란트는 의심할 여지가 없는 지구 최고의 옵션이었다.

꿈을 이루기엔 부족한 지원

브루클린을 거쳐 피닉스에 이르기까지, 듀란트는 자신의 가치를 계속해서 입증하고 각인시켜주었다. 건강할 때의 자신이 얼마나 막기 힘든 선수인지를 보여준 것이다. 아킬레스건 부상으로 1년 공백이 있었다는 것이 믿기지 않을 정도였다.

브루클린에서 맞은 2021년 플레이오프를 떠올려보자. 12경기 중 7경기에서 40분 이상을 소화했다. 선수 관리도, 이렇다 할 전술도 없이 듀란트로 몰고 간 스티브 내쉬 감독의 무모함도 대단했지만, 그렇다고 그걸 다 소화해내며 자신의 몸값을 입증한 듀란트도 대단했다. 그야말로 '한 끗' 차이로 물러난 밀워키 벅스와의 2라운드 시리즈에서는 승부처 집중력도 확인할 수 있었다. 53분을 뛰며 48득점을 기록했으니 말이다. 만일 밀워키가 이 시리즈에서 물러났다면, 지금 NBA는 많은 부분이 다르게 흘러가고 있었을 것이다. 하지만 듀란트의 이런 의지에도 불구, 브루클린은 하루가 다르게 우승권에서 멀어졌다.

가장 큰 이유는 함께 손발을 맞출 '빅3'가 정상 가동된 적이 거의 없었기 때문이다. 카이리 어빙, 제임스 하든과 다 같이 출전한 경기가 포스트시즌 포함 16경기

밖에 없었다. '이론상'으로는 가장 위대한 트리오였지만 정신적으로 엄청난 피로감을 안긴 채 해체됐다. 구단에서 거액에 계약을 연장해 줬음에도 불구, 트레이드를 요청했을 정도이니 말이다. 이때는 듀란트나, 망한 프랜차이즈를 재건해야 했던 션 막스 단장 모두 안쓰러울 지경이었다.

새 소속팀 피닉스에서 듀란트는 도쿄올림픽 동료이자, 자신을 동경해온 후배 데빈 부커와 손발을 맞추고 있다. 부커 역시 커리 못지않은 득점 기계다. 한 경기 70점 이상을 쏟아붓는 등 폭발적인 득점력을 지니고 있다. 비슷한 시기에 팀 구단주로 오른 맷 이시비아는 두 선수에게 또 다른 파트너를 선물한다. 바로 브래들리 빌이다. 브래들리 빌은 3점슛 900개를 달성한 NBA 역대 최연소 선수다. 그저 슛을 잘 넣는 것이 아니라 승부처에서 팀을 구할 줄 아는 선수였고, 올-NBA 써드 팀 멤버이기도 했다.

워싱턴 구단은 빌의 능력을 높이 평가해 계약기간 5년에 2억 5,100만 달러라는 어마어마한 계약을 선물했다. 그러나 빌은 얼마 지나지 않아 트레이드를 요구했고, 피닉스가 이를 덥썩 물고 말았다. 주변

에서는 거대 계약을 맺을 시점부터 우려가 더 많았다. 2017-18시즌부터 2시즌 연속 82경기를 모두 소화하는 등 강철 체력을 과시했지만, 한번 다치기 시작한 뒤로 과거와 같은 꾸준함을 잃었기 때문이다. 지난 5시즌 동안 60경기 이상 소화한 시즌이 없다. 심지어 피닉스는 세 선수를 함께 뛰게 하면서 얇아진 뎁쓰를 감내하게 됐다. 돈이 문제다. 뒤에서 받쳐줄 자원이 충분하지 않다. 듀란트와 빌 그리고 기존의 데빈 부커까지, 세 선수의 2024-25시즌 연봉만 해도 1억 5천만 달러가 넘는다. 유수프 누르키치, 그레이슨 알렌까지 생각하면, 아무리 재벌이라고 해도 사치세가 부담될 수밖에 없다. 벤치 자원들은 미니멈으로 채울 수 밖에 없게 된다.

그나마 듀란트가 기대를 걸 수 있는 부분이 있다면 바로 '관리의 달인' 마이크 부덴홀저 감독의 부임이다. 밀워키 벅스 시절, 야니스 아테토쿤보를 애지중지하면서도 팀을 챔피언십에 올려놓은 지도력을 믿고 있다. 브룩 로페즈를 최대치로 활용하고, 새로운 자원을 끌어냈던 그 이력이 피닉스에서도 이어진다면, 피닉스도 충분히 서부의 힘난한 경쟁을 뚫고 올라갈 여지가 있다.

팀의 조용한 리더

듀란트는 르브론처럼 미디어를 잘 활용하는 스타일도 아니고, 그렇다고 앞장서서 뭔가 이루는 스타일도 아니다. 그러나 코트 위에서만큼은 모두가 인정하고 볼을 맡기는 에이스다. 2007년에 데뷔해 여태껏 이뤄온 수많은 것들에 대한 자부심이 있는 선수이기도 하다. 우승, 정규시즌 MVP, 파이널 MVP, 올스타 팬 투표 1위, 올-NBA 퍼스트팀, 득점왕, 금메달, 여기에 자신의 이름을 딴 시그니처 농구화까지. 업적이라면 르브론 부럽지 않게 많다.

그런 듀란트이지만, 아직도 이기고 싶어 하고, 경쟁하고 싶어 한다. 다만 과거 스타급 에이스들과 차이가 있다면, 듀란트는 '유아독존'이라기보다는 '빅3'의 파생효과를 누구보다 믿는 스타일이다. 농구 잘하는 사람 셋이 모였을 때 일어나는 일을 누구보다 즐기고 활용한다는 것이다. 브루클린에서도, 피닉스에서도 '빅3'의 구성을 반겼다. 그러면서도 젊은 선수들을 챙겨가며 책임을 다했다.

새 시즌에도 듀란트는 변함이 없을 것이다. 팀의 젊은 선수들에게는 멘토로 다가가고, 매일매일 똑같은 시간에 훈련장에 나설 것이다. 그런 행동들이 팀 문화를 만드는 데 도움이 된다고 믿고 있기 때문이다. '지원군 부족'이라는 레이커스와 같은 듯 다른 이슈를 안고 시작하지만, '빅3'가 건강한 시즌을 보내고 플레이오프까지 오른다면 그때부터는 어떤 일이 일어나도 이상하지 않을 것이다.

스플래시 브라더스와의 작별
스테픈 커리

돌이켜보면 만화 같은 여정이었다. 나는 2009년, 2010년 무렵에 지금처럼 스마트폰과 유튜브가 활성화되지 않은 것을 다행이라 여긴다. 그때 최연길 해설위원과 MBC-ESPN(현 MBC 스포츠플러스)에서 중계한 NBA 드래프트에서 나는 스테픈 커리에 대해 좋은 평가를 내리지 않았다. 다른 팟캐스트 방송에서도 비슷한 말을 했다. 왜 그랬냐고 묻는다면 '그땐 그랬다'라고 말할 것이다. 오히려 그때 '저 선수는 NBA 역사를 바꿀 거야'라고 말하는 것이 이상했다. 아무리 데이비슨 대학에서 선풍적인 활약을 했다고 해도 체구도 왜소했고, 특급 대학도 아니었던 데다 지금의 농구와는 다른 시대였으니 말이다. 그땐 그랬다.

그리고 아마 나와 같은, 혹은 비슷한 의견을 냈던 많은 사람들이 '나는 농알못이었구나'라고 자책하고 있을지도 모른다. 그때 그 깡마른 청년이 3점슛 신기록을 세우고, NBA 스타일을 바꾸고, 프랜차이즈 운명을 바꿀 거라고는 누구도 생각하지 못했을 테니까. 어쩌면 단 한 번도 의심하지 않은 사람은 농구화 아웃솔에 'I CAN DO ALL THINGS'를 새기고 밤낮없이 같은 루틴을 반복했던 커리 당사자뿐 아니었을까. 그렇게 기적적인 여정을 걸어온 커리가 어느덧 커리어의 황혼기에 접어들었다.

STEPHEN CURRY

3점슛 마스터

호주 국가대표팀의 브라이언 고지안 감독을 비롯해 세계 각국에서 농구 클리닉을 갖는 지도자들은 오늘날의 3점슛 트렌드를 소개할 때 꼭 이 말을 빼먹지 않는다. "커리처럼 던지고 싶다면, 커리만큼 기본을 연습해야 합니다. 그 선수는 단순히 그냥 많이 던진 것이 아니었다고요." 현재 중국 선전에서 활동 중인 마이애미 히트의 스카우트 밥 피어스 코치도 말한다. "고향(오레곤)에서나 중국에서나 아이들을 가르칠 때면 죄다 커리처럼 던집니다. 림에도 안 닿는데 막 던진다고요! 커리 영향력이 얼마나 대단했는지 알 수 있는 거죠. 알잖아요? 우리 때는 혀를 내밀고 점프했던 거. 요즘 애들은 커리처럼 던지려고 해요. 그리곤 제게 혼이 나죠. 인스타그램에 나오는 커리의 그 괴상한 슛들은 즉흥적인 게 아니에요. 그렇게 피나게 연습했던 결과물이죠. 그걸 종종 간과해요."

커리는 자신의 전공 분야인 3점슛을 갈고 닦아 트렌드 세터가 됐다. 2015-16시즌에는 한 시즌 402개의 3점슛으로 신기록을 썼다. 기존의 그래프를 훌쩍 뛰어넘는 기록이었다. 현재 커리는 2023-24시즌까지 총 3,747개의 3점슛으로 NBA 역대 1위를 지키고 있다. 현재진행형인 이 기록은 당분간 깨지기 힘들 것이다. 3점슛의 시대를 맞았다고 해도 전술적으로 꾸준히 3점슛 기회를 부여받을 선수는 많지 않기 때문이다. 역대 2위 그룹인 레이 알렌(2,973개), 제임스 하든(2,940개)과도 격차가 있다. 커리는 이 주무기로 골든스테이트를 수도 없이 구해냈다. 올림픽에서도 진가가 드러났다. 파리올림픽 4강과 결승에서 커리가 없었다면 승리도 없었다. 세르비아와의 4강에서는 36득점(3점슛 9개)으로 17점 차 역전승을 주도했다. 예선에서의 고전을 한 번에 잊게 해준 퍼포먼스였다. 이에 그치지 않고 프랑스와의 결승에서는 마지막 4개의 3점슛을 내리꽂으며 금메달을 가져왔다. 결승전에서 꽂은 3점슛도 8개나 됐다. 수비가 어떤 대형을 섰든, 매치업이 누구든, 혹은 샷 클락이 몇 초가 남았든 한번 불타오른 커리를 막기란 불가능에 가까웠다. 이로써 커리도 NBA 우승과 올림픽 우승, 월드컵 우승, 정규시즌 MVP와 파이널 MVP를 모두 차지한 몇 안 되는 전설의 대열에 합류할 수 있었다.

4년 전쟁 그 이후 찾아온 우승

골든스테이트의 황금기는 2010년대였다. 커리의 3점슛이 차곡차곡 쌓여갈 시기, 그리고 모두가 건강했던 그 시기 골든스테이트는 드레이먼드 그린의 선택적 분노조절장애를 제외하면 나무랄 데가 없었다. 확고한 팀 색깔, 에이스와 주전 라인업, 자기 역할이 확실했던 6~9번째 선수, 건강, 프런트의 운영 능력, 홈팬들의 성원까지. 2015년에 타이틀을 들어 올린 골든스테이트는 2017년, 2018년에 내리 우승을 거머쥐며 명실상부 전세계에서 가장 인기가 많은 NBA 팀이 됐다. 커리의 저지도 날개 달린 듯 팔렸고 한국에서도 같은 시기에 NBA 인기가 부활했다. 마침 NBA 파이널 대진 상대는 르브론이 이끄는 클리블랜드였기에 세계적으로도 높은 관심을 끌었다.

그런데 커리 팬들에게 딱 하나 남은 아쉬움이 있었으니 바로 커리의 파이널 MVP 실적이었다. 첫 우승 당시에는 르브론을 상대로 좋은 수비를 펼친 안드레 이궈달라에게 트로피가 돌아갔고, 2017년과 2018년에는 듀란트가 트로피를 품었다. 2019년에는 3년 연속 우승을 노렸지만 듀란트와 탐슨이 치명상을 입으면서 준우승에 그쳤다. 이후 골든스테이트의 시대는 저무는 듯 했다. 왕조를 지탱했던 인물들도 하나둘 떠났고, 선수들도 나이를 먹어갔다. 2019-20시즌에는 커리도 왼손이 골절되며 5경기밖에 소화하지 못했다. 팀 성적은 15승 50패로 곤두박질쳤다.

그랬던 골든스테이트와 커리 팬들에게 2021-22시즌은 잊지 못할 선물이 됐다. 보스턴 셀틱스를 꺾고 한 번 더 트로피를 들어 올린 것이다. 1차전 패배 후 원점을 만든 2차전, 다시 1승 2패로 끌려가는 신세가 되었을 때 흐름을 뒤바꾼 4차전에서 커리는 자신의 이름값을 해내며 타이틀을 염원하던 팬들에게 희망을 안겼다. 4차전 43득점으로 그는 르브론에 이어 파이널에서 40점을 올린 역대 최고령 2위에 등극했다. 4차전(107-97) 승리 후 골든스테이트는 내리 3연승을 달리며 타이틀을 결정지었다. 시리즈 평균 기록은 31.2득점 6.0리바운드 5.0어시스트. 의심의 여지 없는 만장일치 파이널 MVP가 됐다. 우승 직후 스티브 커 감독은 말했다. "모든 것이 스테프(Steph)가 있었기에 가능했다"라고.

스플래시 브라더스의 해체

2022년 파이널 MVP 트로피는 팬들이 그토록 원했던 업적 중 하나였다. 정작 커리는 주변의 의사와 관계없이 파이널 MVP가 자신의 커리어에 꼭 필요했던 것은 아니었다고 강조해왔지만 말이다. "나로 인해 모두가 행복하게 농구하고, 내가 농구를 잘하는 것으로 인해 주변이 더 좋아지는 것." 언젠가 커리와 마주 앉아 인터뷰했을 때, 그는 자신이 농구에 매진하는 궁극적인 이유를 이렇게 설명했다.

실제로 2022년 파이널 우승 직후, 기자회견에서 "파이널 MVP가 된 소감이 궁금하다. 이 트로피는 어떤 의미인가?"라는 질문이 나오자 커리는 "그 질문은 넘기겠습니다. 왜 그 질문으로 시작해야 하나요? 우리는 4번째 챔피언십을 거머쥐었어요. 동료들과 함께 보스턴이라는 훌륭한 팀을 이긴 거잖아요. 지난 3년간 부상을 비롯한 정말 힘든 시련을 이겨내고 여기 왔습니다. 그러니 우리 모두에게 특별한 의미인 겁니다"라고 말하기도 했다.

커리의 말처럼 2022년 우승은 전성시대를 열었던 그린, 탐슨과 함께 했기에 더 의미가 컸다. 이궈달라, 숀 리빙스턴, 해리슨 반즈 같이 함께 반지를 꼈던 동료들은 남아있지 않았지만 그 자리를 앤드류 위긴스, 케본 루니 등이 잘 대체했다. 때마침 성장한 조던 풀도 소중한 자원이었다.

그러나 그 뒤 골든스테이트는 2022년에 근접한 모습을 보이지 못했다. 조던 풀은 불협화음으로 떠났고, 멤버 개개인에게도 악재가 계속 덮쳤다. 그린은 쌓이는 업적과는 정반대의 미성숙한 태도로 팀에 해를 끼쳤다. 커리는 2023년 플레이오프에서 고군분투했고, 2023-24시즌에는 '클러치 플레이어 오브 더 이어' 상을 수상하는 등 팀 공격을 주도했지만, 팀으로서 2022년의 그 기쁨을 재현하진 못했다.

2년 연속 반복된 실패. 골든스테이트에는 큰 변화가 찾아온다. 바로 탐슨이 팀을 떠난 것이다. 새크라멘토와의 마지막 경기에서 탐슨은 10개의 슛을 모두 미스하는 등 예전과 달리 가파른 하락세를 겪었다. 이미 수비 경쟁력마저 떨어져 벤치로 물러나는 등 굴욕을 겪었기에, 시즌이 끝났을 때 많은 이들이 골든스테이트와 탐슨의 결별을 예상했다. 탐슨이 원하는 금액과 기간을 맞춰줄 생각이 없어 보였기 때문이다. 결국 그는 댈러스에 새 둥지를 틀었고, 이로써 666경기를 함께 해온 '스플래시 브라더스'도 공식적으로 해체했다.

2012년, 골든스테이트 홈페이지 라이터였던 브라이언 위트가 '#splash brothers'라고 표현한 이래 2010년대 농구를 상징하는 브랜드이자 캐릭터가 됐던 이들 콤비가 서로 떨어지게 된 것이다. 서로의 커리어에서 적으로 마주하게 되는 것은 이번이 처음이 될 것이다. 스티브 커 감독과 커리에게는 완전히 새로운 도전이 시작되었다.

우리는 신화를 어떻게 즐겨야 할까 ————

1988년생. 30대 중반을 넘긴 커리에게 이제 남은 시간이 많지 않다. 몸 관리를 잘해 르브론처럼 40살이 될 때까지 뛸 수도 있겠지만, 그 특유의 폭발력이 언제까지 이어질지는 장담하기 어려운 노릇. 그러나 골든스테이트의 노선은 확실하다. 커리가 건재한 이상, 그와 명예롭게 챕터를 마무리하겠다는 것이다. 커리는 팀의 얼굴이다. 35살이라고 해도 여전히 팀에서 가장 많은 득점을 올리고 쐐기를 박는 슛을 넣는다. 올림픽에서 그랬듯 말이다.

더이상 엘리트 팀 대열에 끼지 못한다고 해서 급격하게 리빌딩 버튼을 누르고, 커리에게 육성을 도와달라 말하는 그림은 그리지 않는다. 골든스테이트는 커리를 계속해서 '스타'로 남겨놓을 것이고, 계속해서 함께 이기는 쪽으로 나아갈 것이다. 2026-2027시즌까지 계약을 연장한 것은 그 의지를 보여주는 대목이다. 2024년 8월 30일, 골든스테이트는 커리와 6,260만 달러(한화 841억 3,3440만 원) 짜리 1년 계약을 선사했다. 그는 한 번 더 연봉 관련 역사를 쓰게 됐다. NBA에서 사상 처음으로 연봉 6,000만 달러를 받는 선수가 된 것이다. 프랜차이즈의 운명을 바꿔준 슈퍼스타에 대한 예우로 해석할 수 있다.

그렇다면 2027년까지 커리는 또 다른 타이틀을 추가할 수 있을까. 도합 7,300만 달러가 넘는 탐슨과 크리스 폴의 샐러리를 덜어냈어도 팀은 섣불리 누군가를 더 영입하거나 변화를 줄 수 없다. 샐러리캡 부담 탓이다. 버드 힐드, 디앤소니 멜튼 같은 새 식구에 브랜딘 포젬스키, 조나단 쿠밍가, 트레이스 잭슨-데이비스 같은 신예들이 있기에 플레이오프 도전은 생각해볼 수 있다. 그렇지만 오클라호마 시티, 미네소타 등 계속 전력이 강화되는 젊은 팀들의 화력에 대항해 플레이오프 7경기 중 4경기를 먼저 이긴다는 것이 쉽게 상상은 가지 않는다.

아마도 우리는 고군분투할 커리를 보며 환호하기도 하고, 패하는 커리와 팀을 보며 안타까워하는 일을 반복할 것이다. 모든 팀들의 팬들이 그러듯 말이다. 늘 이기던 날은 돌아오지 않을 수 있다. 그러나 이보다 팬들이 더 그리워하게 될 것은 3점슛을 꽂고선 관중석을 바라보며 'night night' 포즈를 취하던 커리의 쾌활함과 쇼맨십일 것이다. 우리가 스테픈 커리라는 브랜드를 즐길 날은 앞으로 몇 년 남지 않았다. 오랜 동료와 결별 후 마지막 챕터를 새롭게 시작할 커리의 행보, 그 자체를 응원하는 것도 2024-25시즌의 포인트 중 하나가 될 것이다.

레전드들은 함께 할 수 있을까

스포츠 커뮤니티를 뜨겁게 달구는 단어가 있다. '만약(if)' 혹은 '혹시'이다.

혹시 르브론은 커리와 함께 뛸 수 있을까? 지난 여름 두 선수가 보인 퍼포먼스에 지구촌이 들썩였다. 그렇다면 프로에서도 같은 유니폼을 입을 수도 있는 것일까. 마이애미 '빅3'부터 시작해 상상 속 라인업들이 현실로 이뤄졌던 지난 20년을 돌이켜보면 NBA에서 '절대'라는 표현은 함부로 쓸 수 없다. 그렇지만 각자의 계약을 생각해보면 구단주 입장에선 짜릿하고도 숨 막히는 상황이 만들어진다.

2024-25시즌을 포함해 2시즌 간 커리는 5,576만 달러와 5,960만 달러를 받는다. 이 계약이 끝나면 앞서 언급한 6,000만 달러가 넘는 어마어마한 1년짜리 계약이 발동된다. 르브론은 그보다 살짝 적은 4,872만 달러와 5,267만 달러. 빅 마켓이지만 재정이 열악한 레이커스는 감당하기 어려운 수준. 골든스테이트의 통 큰 행보를 생각해보면 가능성은 있겠지만, 아들까지 데뷔한 마당에 르브론이 굳이 팀을 옮기진 않을 것으로 예상된다.

듀란트는 어떨까. 앞으로 두 시즌 간 5,000만 달러 이상을 받는 상황에서 그 규모를 감당하기가 쉽지 않다. 적어도 르브론, 커리가 링크된 팀에서는 말이다. 아마 셋 중 2명이라도 함께 하며 진지하게 경쟁을 노리는 그림은 다시 나오기 힘들 것이다. 올스타가 아닌 이상 말이다. 2024년 파리올림픽이 그래서 서로에게 더 의미가 있었던 것이 아닐까.

그렇다면 플레이오프는 어떨까. 르브론과 커리는 플레이오프에서 지겹도록 경쟁을 해왔다. 2015년부터 2018년까지 4시즌 연속 NBA 파이널에서 만났고, 그것도 모자라 서부에서는 플레이-인 게임에서 한 번 더 맞붙었다. 팀 상황을 생각해본다면 올 시즌도 외나무다리에서 마주할 수도 있다. 언제 마주하게 되든 늘 명승부를 펼쳤던 둘이기에, 상상만 해도 기분이 좋다. 듀란트는 골든스테이트 소속으로 2017년과 2018년에 클리블랜드를 처참히 밟았다. 특히 2018년에는 르브론의 눈물겨운 원맨쇼를 가볍게 제압했다. 마이애미에게 호되게 당하며 첫 우승 기회를 놓쳤던 2012년의 설욕이었다. 피닉스로 이적한 뒤에는 아직 만난 적이 없다. 커리도 마찬가지. 앤소니 에드워즈, 셰이 길저스-알렉산더 등 서부의 떠오르는 스타들의 대결만큼이나 시대를 풍미했던, 그리고 여전히 강한 파급력을 보이는 아이콘들의 마지막 경쟁도 흥미로울 것이다.

BIG 3

END

	르브론 제임스	케빈 듀란트	스테픈 커리
등번호	23	35	30
포지션	포워드	포워드	가드
생년월일	1984년 12월 30일	1988년 9월 29일	1988년 3월 14일
신장	206cm	211cm	188cm
데뷔	2003년	2007년	2009년
드래프트	1라운드 1순위	1라운드 2순위	1라운드 7순위

주요 업적

	르브론 제임스	케빈 듀란트	스테픈 커리
MVP	4	1	2
우승	4	2	4
준우승	6	2	1
파이널 MVP	4	2	1
올스타	20	14	10
올스타 MVP	3	2	1
올-NBA 팀	20	11	10
올-디펜시브 팀	6	0	0
득점왕	1	4	1
신인상	1	1	0
올림픽 금메달	3	4	1
월드컵 우승	0	1	1
50-40-90클럽	0	2	1
기타	역대 득점 1위	역대 득점 8위	역대 3점슛 1위

WHO IS THE GOAT?

蹴神 축신 LIONEL MESSI 리오넬 메시 VS

籠神 농신
MICHAEL
JORDAN
마이클 조던

리오넬 메시와 마이클 조던. 과연 누가 스포츠 역사상 가장 위대한 선수일까. 이 질문은 2022 카타르 월드컵에서 메시가 이끄는 아르헨티나가 우승한 이후부터 현재까지 스포츠판에서 가장 뜨거운 이슈이자 흔한 '떡밥'이 됐다.

두 선수는 일단 종목부터 다르고, 활동한 시기에도 차이가 있다. 축구 선수 메시는 2003년에 프로 1군 선수로 데뷔해, 올해로 현역 22년 차다. 농구 선수 조던은 1984년 NBA에 발을 디딘 후 두 번의 은퇴가 있었지만 복귀하면서 2003년에 최종적으로 유니폼을 벗었다.

그런데 시대 차이보다 훨씬 더 중요한 문제는 바로 종목이 다르다는 점이다. 같은 종목의 두 선수를 놓고 GOAT를 따질 때도 격론이 일어난다. 하물며 종목이 다른 두 선수를 어떤 기준으로 어떻게 비교할 수 있을까.

누가 GOAT냐를 따지기보다는 슈퍼스타로서 두 선수의 공통점을 먼저 찾아볼 것이다. 둘은 정말 비슷한 점이 많다. 그리고, 축구의 메시, 농구의 조던이 해당 종목에서 어떤 위상을 차지하고 있었고, 그들이 세계의 스포츠, 문화에 어떤 영향을 미쳤으며, 향후 그 영향력이 어떻게 화대될지에 대해 예상해본다. 그리고 결론을 내리겠다.

가장 중요한 건 '스포츠 GOAT는 각자의 마음속에 존재한다'는 것이다. 메시를 GOAT라고 생각하는 사람에게는 그게 정답이고, 조던을 GOAT라고 생각하는 사람에게는 그게 진리다. 이 논쟁이 말싸움이나 비난으로 이어지면 안 된다. 그냥 친한 사람끼리 모여 가볍게 술 한잔하면서 재미있게 토론해보는 정도가 딱 적당할 것이다.

장원구 해외축구&NBA 전문 칼럼니스트

다른 종목의 선수, 어떻게 비교하나

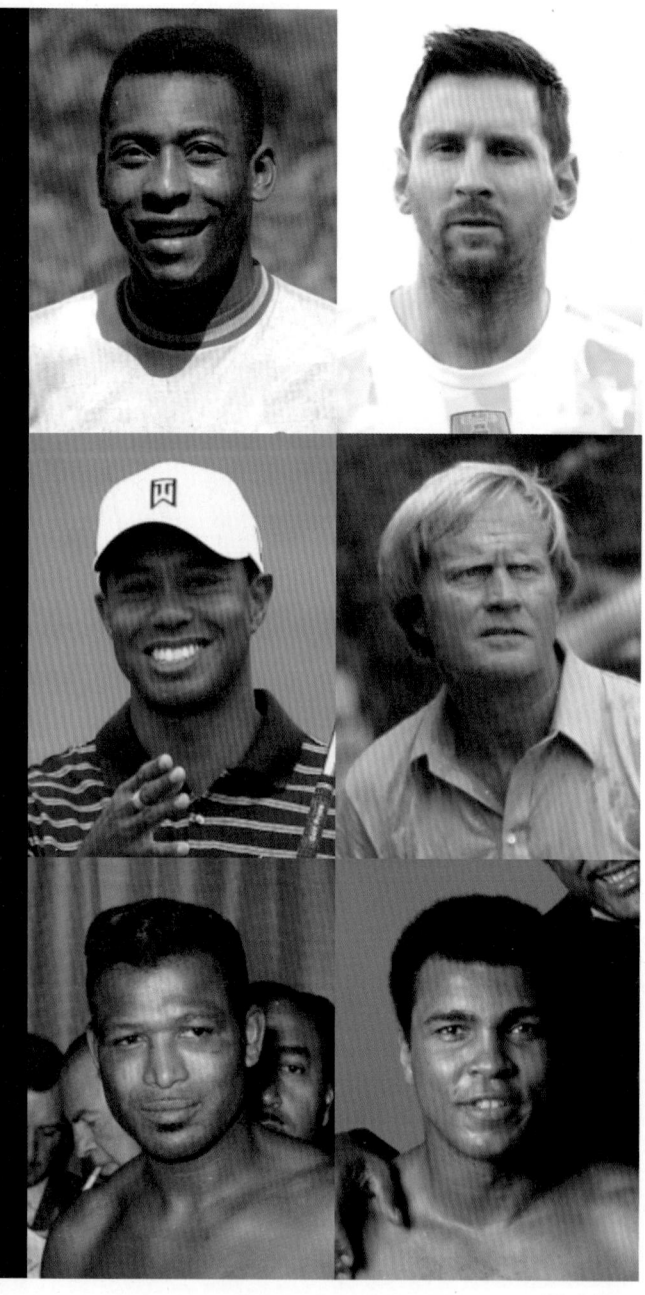

리오넬 메시는 축구 선수, 마이클 조던은 농구 선수다. 종목이 다른데 어떻게 비교를 할 수 있을까. 같은 종목 안에서도 아직 GOAT 논쟁이 진행 중인데, 다른 종목과의 비교로 넘어가는 게 말이 되느냐는 반론도 만만치 않다.

펠레와 리오넬 메시(축구), 마이클 조던과 르브론 제임스(농구), 조 몬태나와 탐 브래디(미식축구 쿼터백), 타이거 우즈와 잭 니클라우스(골프), 월터 존슨과 크리스티 매슈슨(야구 투수), 타이 캅과 베이브 루스(야구 타자), 슈거 레이 로빈슨과 무하마드 알리(복싱), 루이스 해밀턴과 미하엘 슈마허(F-1), 노박 조코비치와 라파엘 나달(테니스)의 종목별 GOAT 논쟁은 여전히 진행 중이다.

위에 언급한 페어 중 일부 종목에서는 승패가 어느 정도 가려진 것도 있지만, 그 안에서도 여전히 반론이 만만치 않다. 사실 정답은 없다. 아이스하키의 웨인 그레츠키와 남자 육상 단거리 우사인 볼트의 경우, 2위권과의 차이가 너무나 크기에 논쟁 자체가 없어서 제외했다.

한 종목 안에서도 끝나지 않는 GOAT 논쟁을 어떻게 다른 종목으로 확대할 수 있을까. 그리고 왜 그 많은 종목 중에 축구의 메시와 농구의 조던을 주제로 삼았을까. 그건 해당 종목의 엄청난 인기, 그리고 전 세계적인 영향력 때문이다.

축구와 농구의 세계적인 영향력

축구는 이론의 여지 없는 '월드 넘버1' 스포츠다. FIFA 가맹 211개국 중 190여 개 국가에서 축구는 타의 추종을 불허하는 압도적 인기 1위 스포츠다. 그리고 농구는 축구 다음의 위상이다. 통계를 보면 농구는 세계 185개국에서 넘버 2 혹은 넘버 3의 위치를 점하고 있다. 야구는 대한민국, 일본, 캐나다, 베네수엘라, 도미니카공화국, 대만에서만 1위 스포츠다. 종주국인 미국에서도 넘버2 혹은 넘버3의 위상이다(압도적인 1위는 미식축구 NFL). 크리켓이 국민 스포츠인 나라는 인도와 파키스탄, 그 밖의 몇몇 영연방 국가 정도다. 럭비 풋볼도 규모가 크지만, 그 역시 전 세계적인 위상을 갖지는 못한다. 골프는 선진국에서는 대중 스포츠이지만, 아프리카와 남미에서는 그렇지 않다. F-1을 즐기는 계층은 전 세계적으로 매우 한정되어 있다. 테니스는 많은 나라의 관심 사항이고, 윔블던 대회를 비롯한 메이저 대회 소식을 스포츠뉴스 혹은 유튜브를 통해 본다. 그러나 여전히 '보는 스포츠가 아닌 하는 스포츠'로서 기능한다.

1954~1974년 활약했던 가필드 소버스라는 크리켓 선수가 있었다. 이 선수는 해당 종목 역대 최고의 선수였다. 적어도 영국, 인도, 파키스탄을 비롯한 크리켓 강국에서는 축구의 펠레나 농구의 조던보다 훨씬 위상이 높았다. 크리켓이 국기인 나라들에서 소버스는 스포츠의 GOAT였다. 그러나 크리켓이 어떤 스포츠인지 아예 관심이 없는 국가들의 국민들은 소버스라는 인물 자체를 알 수가 없다.

한국 시간 2024년 9월 20일, LA 다저스의 오타니 쇼헤이가 메이저리그 역사상 처음 50홈런-50도루를 기록했다. 미국 전역에서 난리가 났다. 오타니의 모국인 일본, 그리고 야구의 인기가 높은 대한민국, 대만에서도 크게 보도됐다.

그런데 오타니가 향후 50-50을 넘어 60-60, 심지어 70-70을 한다고 가정을 해도 '월드 GOAT' 논쟁에는 들어갈 수 없다. 야구를 하는 나라가 극히 한정되어 있기 때문이다. 이탈리아와 네덜란드를 제외한 대부분의 유럽 국가, 아프리카 국가 전체, 베네수엘라를 제외한 남미 국가 전체, 한국, 일본, 대만을 제외한 아시아 국가에서 야구의 위상은 우리나라의 크리켓, 아니면 그 이하다.

메시는 세계 최고 인기 종목의 역대 최고 선수로서, 축구를 통해 미국 점령을 노리고 있다. 조던은 세계 넘버2 혹은 넘버3 스포츠의 역대 최고 선수이면서 농구와 NBA의 위상을 짧은 시간에 세계적으로 대폭 확산시켰다. 세계 6대륙 아무 나라에나 가서 랜덤으로 표본을 모집한 다음 메시와 조던에 대해 설문조사를 실시한다면 최소한 "이름은 들어봤다", "잘 알고 있다", "좋아한다"라는 3가지 중 하나의 답이 나올 것이다. 그게 바로 지명도다. 반면, 타 종목 GOAT들은 전 세계적인 인지도에서 메시나 조던에 비해 그 한계가 뚜렷하다.

그래서 메시와 조던을 놓고 GOAT 논쟁을 벌이는 것이다. 인기, 인지도, 영향력 등에서 타 종목 선수들을 압도하기 때문이다.

46대8. 우승 횟수 비교의 함정

메시는 FC 바르셀로나, 파리 생제르맹, 인터 마이애미, 그리고 아르헨티나 국가 대표팀 및 올림픽 대표팀을 포함해 총 46개의 우승 트로피를 들어 올렸다. 반면, 조던은 시카고 불스에서 6번의 NBA 챔피언에 등극했고, 올림픽 금메달을 두 번 목에 걸었다.

46대8. 그러나 이건 말이 안 되는 비교다. 축구는 한 시즌에 최다 6번 우승 트로피를 들어 올릴 수 있다. 1부리그, FA컵, 유럽챔피언스리그, FIFA 클럽월드컵, 유럽 슈퍼컵, 국내 슈퍼컵 등이다.

메시의 전성기 때인 2010-11시즌, FC 바르셀로나는 라리가, 코파델레이, 챔피언스리그, UEFA 슈퍼컵, FIFA 클럽월드컵 등 5관왕에 올랐다. 당시 바르셀로나는 '축구 드림팀'으로 불렸다.

그러나 NBA를 비롯한 미국 4대 프로스포츠에서는 한 시즌에 딱 1개의 우승 트로피만 가져갈 수 있었다. 최근 NBA에 컵대회가 신설되기는 했지만, 조던 시대에는 그것조차 없었다.

그렇기에 일부 축구팬이 트로피 횟수 46대8을 거론하며 조던의 우승 횟수를 깎아내리는 건 온당치 않다. 굳이 우승 횟수를 따지려면, 축구의 1부리그 우승과 NBA 파이널을 비교하는 게 맞다. 그렇게 할 경우, 메시 13회, 조던 6회다. 메시는 스페인 라리가에서 10회, 프랑스 리그앙에서 2회, MLS에서 1회 정상에 올랐다.

하지만, 이것 역시 살펴볼 필요가 있다. 바르셀로나와 PSG는 자국리그에서 거의 무적의 위용을 자랑한다. 메시가 활약하던 시절 바르셀로나는 레알 마드리드와 함께 우승을 양분하던 팀이다. PSG는 리그앙에서 10년 중 9번은 우승하는 '깡패팀'이다. 이 팀들은 매년 천문학적인 돈을 쏟아부으며 최고의 선수들만 쏙쏙 빼 온다(그렇게 하다가 바르셀로나의 재정이 파탄 났다). 그래서 늘 우승권에 근접해 있다. 연속 우승도 여러 번 했다.

그러나 NBA에서는 연속 우승 자체가 매우 어렵다. 30팀의 전력이 평준화되어 있는 데다, 돈을 쓴다고 마음대로 선수를 빼 올 수 있는 구조가 아니다. 더구나 조던의 소속팀이던 시카고 불스는 조던이 입단하기 전에는 플레이오프 근처에도 가보지 못하던 '가비지 팀'이었다.

그렇기에, 메시와 조던의 우승 횟수를 놓고 비교하는 건 큰 의미가 없다. 물론, 그렇다고 해서 메시의 우승 횟수를 폄하해서도 안 된다. 어차피 프로스포츠 최고의 목표는 트로피다. 메시의 바르셀로나, PSG가 깡패팀이었다고 해서 우승의 의미가 퇴색되는 건 전혀 아니다.

메시는 최고의 팀에서도 최고 스타였고, 그 팀을 축구 역사상 최강 팀으로 만들었다. 조던은 약팀에 들어가 고군분투하고 팀의 전력을 업그레이드해 6번 우승시켰다. 두 선수의 역할은 달랐지만 모두 높이 평가받아야 한다. 누가 더 낫고, 누가 더 못하다고 이야기할 수 없다.

만약 조던이 1984년 드래프트 때 LA 레이커스나 보스턴 셀틱스에 갔다면 NBA의 역사가 달라졌을 것이다. 아마 빌 러셀의 11회 우승에 근접하지 않았을까.

메시와 조던은 해당 종목 역사상 가장 다양한 슈팅 기술을 선보인 선수들이다.

메시는 디에고 마라도나와 함께 역대 최고의 드리블러로 꼽힌다. 특히, 페널티 박스 안에서 여러명의 수비수를 제치고 슈팅까지 날리는 능력은 전무후무했다. 폭발적인 스피드, 경이적인 템포 조절과 순간적인 방향 전환으로 박스 안에서 적게는 1~2명, 많으면 4~5명까지 그냥 제치고 들어갔다. 조던은 블랙캣 시절, NBA 역대 최강의 돌파를 자랑했다. 3점 라인 밖에 있다가 번개처럼 돌파를 시도했다. 페인트존에 진을 치고 있는 상대 수비진 전체를 혼자 상대하면서 7풋(213cm) 거인의 머리 위에서 덩크를 그냥 찍어버렸다. 드라이브인 페너트레이션이다. 메시는

공통점 : 역대 최고 &

박스 외곽에서 드리블하다가 몸을 휙 돌려 바로 다이렉트 슈팅을 날렸다. 조던은 미드-레인지에서 드리블을 하다 수비를 달고 바로 슈팅을 시도했다. 풀업 점퍼다.

메시는 동료의 패스를 받아 왼발 안쪽으로 툭 밀며 논스톱 슈팅을 구사했다. 조던은 동료의 패스를 받아 바로 슈팅을 날렸다. 캐치&슛이다.

메시는 상대 수비를 등지고 있다가 돌면서 수비를 피해 터닝슛을 시도했다. 조던은 포스트업 상태에서 몸을 회전시키며 블락 위로 슛을 했다. 턴어라운드 슛이다.

메시는 박스 안에서 상대 수비진을 모두 파괴하고, 골키퍼와 맞붙는 순간 무지개처럼 볼을 띄워 키를 넘겨 성공시켰다. 조던은 페인트존을 뚫고 들어가 한 손으로 상대 거인 블로커 위로 볼을 띄

CHAPTER 4

워서 골을 넣었다. 플로터다.

메시는 골문 앞에서 상대 수비와 골키퍼의 방해를 받으면 극히 짧은 순간에 방향을 바꾸거나 템포를 조절하고 슈팅을 시도했다. 조던은 레이업을 하기 위해 점프했다가 상대 빅맨의 블락이 들어오면 손을 내리고 다시 올려 재차 시도했다. 더블 클러치다.

메시는 박스 외곽에서 볼을 소유하고 있다가 상대 골키퍼가 조금이라도 전진하면 바로 볼을 띄워 골키퍼 키를 넘긴다. 일명 '무지개 숏'이다. 조던은 미드-레인지에서 상대 블락이 들어오면 상체를 뒤로 젖혀 블락을 피해 그 위로 점퍼를 날린다. 페이드어웨이숏이다.

메시는 바르셀로나, PSG, 아르헨티나 대표팀에서 프리킥 혹은 페널티킥 기회가 생기면 당연히 키커로

최다 슈팅 기술

나섰다. 그의 왼발은 과거 대표팀 선배 디에고 마라도나와 함께 축구 역사상 가장 정교한 것으로 정평이 나 있다. 물론, 메시도 실축을 한다. 하지만 정말 중요한 순간의 프리킥, 페널티킥은 대부분 성공시켰다.

조던의 통산 자유투 성공률은 83.5%였다. 비교적 높은 수치다. 그러나 스테픈 커리(90.1%), 스티브 내쉬와 마크 프라이스(이상 90.4%), 릭 배리(90.0%), 대미안 릴라드(89.7%)등 '역대 톱5'에는 못 미친다. 하지만, 4쿼터 막판 승부처에서의 자유투는 거의 놓치는 법이 없었다. 그야말로 '클러치 타임 슈터'였다.

메시와 조던은 해당 종목에서 역대 최고의 슈팅 기술, 역대 가장 다양한 공격 옵션을 선보인 선수들이다. 아, 메시에게는 없는데 조던에게만 있는 기술이 한가지 있다. 바로 덩크슛.

CHAPTER 5

공통점 : 가장 단순한 플레이가 가장 화려한 플레이다

메시와 조던은 해당 종목 역사상 가장 어려운 기술들을 가장 쉽게 풀어낸 선수들이다. 이런 점 때문에 이들이 GOAT로 불린다.

축구를 보는 사람들은 지네딘 지단의 마르세유턴, 호날두, 이영표의 스텝오버, 요한 크루이프의 '크루이프 턴', 호나우지뉴의 플립플랩, 알렉시스 산체스의 호커스 포커스 등 고난도 기술에 대해 잘 알 것이다.

메시의 경기에선 저런 기술 쓰는 장면을 거의 볼 수 없다. 그럼 메시의 테크닉이 저 선수들보다 떨어지는 것일까. 절대 아니다. 메시는 저런 기술들을 저 선수들보다 더 높은 수준으로 해낼 수 있다. 단지, 실전에서 사용을 안 할 뿐이다.

메시는 간단한 바디 페이크와 순간적인 방향 전환으로 상대 수비 3~4명을 그냥 무너트린다. 돌파 시간을 최소화하고 빨리 다음 동작(슈팅 또는 패스)으로 가져가며 체력 소모를 최소화하기 위해 간결히 움직이는 것이다. 그 순간 동작이 너무 빠르고 정교하기에 일반 팬들은 그것을 제대로 인식하지 못한다. 가장 간결하지만 가장 효율적인 볼 컨트롤이다.

NBA의 역대급 볼 핸들러들을 꼽아보면 카이리 어빙, 팀 하더웨이, '화이트 초콜릿' 제이슨 윌리엄스, 앨런 아이버슨, 저멀 크러포드, 아이제아 토머스, 크리스 폴, 피트 마라비치, 제임스 하든 등이다. 지금도 유튜브에서 이들의 동영상을 찾아보면 정말 '환상적'이라는 표현 밖에는 달리 할 말이 없을 정도다.

조던에게선 저 선수들이 시도하는 화려한 핸들링을 거의 볼 수 없다. 그럼 조던의 테크닉이 저 선수들보다 못한 것일까. 그건 절대 아니다. 조던은 저런 기술을 쓸 수

있지만, 실전에서 사용하지 않았을 뿐이다. 블랙캣
시절 조던의 영상을 보면 역대급 볼 핸들러
들이 보여준 기술들을 모두 사용하
고 있음을 알 수 있다. 조던
은 1980년대 말부터
'어떻게 하면
체 력

신경을
썼다.
물론, 축구의 화려한
드리블과 농구의 현란한 볼 핸
들링을 결코 과소평가해서는 안 된다.
누가 뭐라고 해도, 볼을 현란하게 다루면 상
대 수비를 괴롭게 만들고, 관중들로부터 박수를 받기
때문이다. 그리고 이렇게 높은 수준의 볼 컨트롤을 하기 위해
타고난 재능 외에 얼마나 노력을 많이 했을까 생각해봐야 한다.
이들의 수준 높은 기술은 당연히 높이 평가받아야 마땅하다.
단지, '메시와 조던의 플레이는 왜 화려하지 않을까'라고 의문을
가진 팬들에게 알려주기 위해 설명했을 뿐이다.

낭비를
줄이면서 슈팅
을 할 수 있을까'에 초
점을 맞췄다.
테크니션 볼 핸들러들은 3점 라인에
서 수비에 막히면 크로스오버 드리블이나 레
그 스루 드리블을 하다가 바로 안쪽으로 침투한다. 하
지만 그 상황에서 단 1~2초라도 시간은 지연될 수밖에 없다.
그리고 돌파를 하더라도 조던보다는 스텝이 짧기에 한 번이라도
더 드리블을 쳐야 한다. 반면 조던은 아무리 먼 거리에 있어도 민
첩한 페이크 동작 후 한두 번 롱 스텝을 밟으면 바로 림에 닿을
수 있기에 최대한 볼을 튕기는 횟수를 줄인다. 백코트에서 프런
트코트로 넘어갈 때도 간결한 체인지 디렉션, 체인지 페이스에만

CHAPTER 6

공통점 : 필드골 성공률로 평가하지 마라

축구와 농구에서 가장 중요한 요소는 역시 득점이다.

메시는 바르셀로나 시절, 스페인 라리가에서 8차례, 유럽챔피언스리그에서 6차례 득점왕에 올랐다. 조던은 시카고 불스 시절, NBA 정규시즌에서 10차례, 파이널에서 6차례 최다 득점자가 되었다. 무슨 말이 필요한가. 이 기록만 놓고 봐도 이들이 정말 해당 종목의 신(神)임이 분명해 보인다.

득점 기록과 함께 중요하게 여겨지는 스탯이 있다. 바로 축구의 득점률(슈팅수 대비 득점 비율) 또는 농구의 필드골 성공률(필드골 성공 횟수를 시도 횟수로 나눈 비율)이다.

이 기록은 농구에서는 이미 오래전부터 중요하게 취급되어왔지만, 세이버메트릭스가 발전하는 요즘, 축구에서도 그 의미가 커지고 있다.

그런데 필드골 성공률에는 맹점이 있다. 농구로 살펴보자. 선수 A는 동료의 패스를 받아 항상 노마크 상태에서만 슈팅을 하기에 성공률이 60%이고, 선수 B는 늘 상대 수비의 집중 마크 속에 오픈 찬스가 나지 않기에 스스로 찬스를 만들거나 아예 수비수를 달고 슈팅을 하므로 성공률이 50%라고 하자. 과연 성공률이 높은 A가 성공률이 상대적으로 낮은 B보다 우수한 슈터라고 단정해도 되는 것일까.

메시와 조던은 바로 선수 B에 해당한다. 그들에게는 죽었다 깨어나도, 자연 상태의 오픈 찬스는 생기지 않는다. 경기 내내 상대 수비의 집중 견제(수비 또는 파울)를 받기에 개인기를 발휘해 수비를 떨어뜨리거나, 아예 수비를 단 상태에서 최고 난이도의 슈팅을 할 수밖에 없다. 선수 생활 내내 그랬다. 이런 상태에서의 필드골 성공률을 오픈 상태에서 '주워 먹는' 필드골 성공률과 어떻게 비교할 수 있을까.

메시와 조던은 해당 종목 역사상 상대 수비의 집중 마크를 가장 받으면서도 최고 난이도의 슈팅을 많이 시도해 온 선수들이다. 이 두 선수에 한해서는 필드골 성공률의 의미를 다르게 해석해야 한다. 본인의 개인기로 상대 수비수 3~4명을 제치고 다이렉트 슈팅을 날리거나 칩샷, 터닝슛, 시간차 슈팅을 하는 메시와 골문 앞에서 단순한 주워 먹기 위주로 플레이하는 공격수의 필드골 성공률을 어떻게 비교할 수 있나. 페이드어웨이슛, 턴어라운드슛, 더블클러치, 드라이브 인 페너트레이션이 주무기인 조던의 필드골 성공률과 오픈 상태에서 캐치&슈터의 필드골 성공률을 어떻게 동등한 잣대로 잴 수 있느냐 이 말이다.

필드골 성공률. 물론 중요한 지표다. 그러나 맹신하면 안 된다.

공통점 : 'IF HE PLAYED AS···'
두 선수를 위한 변명

축구판에서 메시의 단점을 이야기하거나, 농구판에서 조던의 부족함을 지적할 때 이런 점들이 주로 거론된다.

"메시는 수비를 전혀 하지 않고, 적게 움직인다. 조던은 3점슛이 약하고, 득점에만 치중한다."

그들의 평소 경기 모습을 보면 일견 맞는 말일 수도 있다. 그런데 한번 가정을 해보겠다. 만약 메시가 전문 수비수였다면 어떻게 됐을까. 만약 조던이 열심히 3점 훈련을 하고, 포인트가드나 파워포워드로 활약했으면 어떤 결과를 냈을까 말이다. 이건 어디까지나 가정이다. 이 상황에선 알베르트 아인슈타인의 '사고실험(思考實驗)'이 필요하다.

메시의 스승인 펩 과르디올라 감독(맨체스터 시티)은 지난 시즌, 엘링 홀란이 EPL 경기에서 해트트릭을 기록하자 한 기자의 질문을 받았다. "홀란이 오늘 3골을 넣었다. 그는 당신이 지도했던 역대 최고의 스트라이커인가"라고. 그러자 과르디올라는 주저 없이 "메시"라고 답했다. 그 기자가 다시 "메시는 10번(공격형 미드필더) 아닌가. 내가 질문한 내용은 9번(스트라이커)에 관해서다"라고 했다. 그러자 과르디올라는 "메시는 11번, 10번, 9번, 8번, 7번, 6번, 5번, 4번, 3번, 2번 다 할 수 있다"라고 아예 쐐기를 박아버렸다. 1번(골키퍼)을 제외한 모든 포지션을 거론한 것이다.

메시가 수비를 너무 안 한다고 비판하는 건 축구에 대한 이해력이 부족한 것이다. 축구의 공격수가 수비를 하는 건 세트 플레이 때 박스 안에서 도움 수비를 하고, 팀 수비 전술이 블록 수비에서 프레싱으로 바뀔 경우 하프라인 혹은 그 앞에서 압박을 해주고, 상대가 뒤쪽에서 빌드업하면 전진해 체킹 정도만 하면 된다.

농구에서는 5명 모두 공격과 수비에 똑같이 비중을 두고 경기한다. 아무리 공격력이 뛰어난 선수라 해도 수비를 못 하면 선발로 뛸 수 없다. 그 선수는 무조건 식스맨이다. 이게 축구와 농구의 차이점이다.

메시는 축구 역사상 가장 수비를 적게 한 선수다. 평균 이동 거리는 6km 안팎. 보통 선수들이 평균 9~11km를 움직이는 것과 비교하면 정말 터무니없이 적다(과거 그의 대표팀 선배였던 디에고 마라도나는 평균 7km였다). 그러나 메시가 하프라인에 대기하고 있으면 그 자체로 상대 팀은 스트레스를 받고, 수비수 1~2명을 그 주위에 대기

시킨다. 그냥 비워둘 수는 없으니까(그렇다고 맨마킹을 하는 건 아니다. 현대 축구에서는 그렇게 하지 않는다).

메시는 수비를 하지 않고 체력을 비축하고 있다가 공격할 때만 풀파워를 발산한다. 그게 팀을 위한 최선의 방법이다. 그렇기에 바르셀로나에서도, 아르헨티나 대표팀에서도 움직임을 최소화하는 것이다. 만약 메시가 전문 수비수가 됐으면 어땠을까. 키가 170cm인데 어떻게 수비를 하느냐고 반문할 수 있다. 하지만 175cm 왜소한 체격으로 역대 최고 센터백 중 1명이 된 이탈리아 프랑코 바레시의 예를 들어봐야 한다. 넓은 시야, 정확한 패스 커팅, 확실한 라인 컨트롤, 발군의 리더십을 발휘한 지능형 센터백이었다. 메시가 수비에 전념했다면 바레시처럼 됐을 가능성이 크다. 아니면 전 브라질 대표 카푸처럼 최강의 윙백이 되었을지도 모른다. 공격력 만랩이고, 축구 센스가 최고이니까 말이다.

1991-92 NBA 파이널 시카고 불스와 포틀랜드 트레일블레이저스의 1차전. 이 경기에서 조던은 전반에만 3점슛 6개를 꽂아 넣었다. 그리고는 포틀랜드 선수들을 보면서 어깨를 움츠리며 '나 자신도 모르겠네'라는 표정을 지었다(상대를 약간 도발하는 듯한 뉘앙스도 있다). 포틀랜드 감독이 시리즈 직전 "조던의 약점은 3점슛"이라고 비판하자, 경기 전날 코트에서 엄청나게 3점슛을 연습한 후 실전에서 제대로 폭발시킨 것이다.

만약 조던이 타임머신을 타고 현대로 와 3점슛을 연습하고, 동료의 스크린을 받아 편한 상태에서 3점슛을 했다면 어떻게 됐을까. 아마 3점 타이틀 한두 번은 너끈히 거머쥐었을 것이고, 역대급 3점 슈터가 됐을 것이다.

조던은 선수 시절 대부분을 슈팅가드로 뛰었다(워싱턴 시절은 제외). 그런데 딱 1번, 포인트가드로 활약한 적이 있다. 바로 1988-89시즌이다. 당시 그는 평균 32.5점, 8.0리바운드, 8.0어시스트, 2.9스틸에 트리플더블 15회를 기록했다. 메인 볼 핸들러이면서 득점왕 타이틀까지 거머쥐었고, 수비와 리바운드 두 부문에서 가드 중 최고의 성적을 냈다.

흔히들 마이클 조던과 르브론 제임스를 비교할 때 "득점은 조던, 패스와 리바운드는 르브론이 우위"라고 평가한다. 단순 기록상으로는 맞다. 그러나 조던이 풀타임 포인트가드로 뛰면서 득점을 20~25점 정도로 줄였다면, 어시스트왕을 했을 것이다. 그가 전문 인사이드 플레이어로 뛰었다면 데니스 로드맨이나 찰스 바클리처럼 리바운드를 많이 잡아냈을 것이다. 반대로 르브론이 볼 핸들러를 맡지 않고, 리바운드를 줄이고 득점에만 신경 썼다면 평균 득점이 조던만큼, 혹은 그 이상 올라갔을 수 있다. 두 선수의 능력 차이를 말하기보다는, 팀에서 각자 맡은 역할의 차이에 중점을 둬야 한다.

공통점 : 그들은 스스로 GOAT라고 말하지 않는다

"여러분들이 나를 역대 최고의 선수 중 1명으로 평가해준 것에 대해 고맙게 생각한다. 이 평가가 나에게 어울리는지는 잘 모르겠지만, 앞으로 더 노력하겠다."

리오넬 메시는 본인의 8번째 발롱도르 시상식에서 이렇게 말했다. 분명히 기자는 "역대 최고의 축구 선수(El mejor futbolista de todos los tiempos)"라고 딱 집어 질문했는데, 메시는 본인을 "최고의 선수 중 1명(Uno de los mejores futbolistas)"으로 낮춰 말했다.

메시는 늘 그렇다. 최근엔 미국의 어느 신문사에서 "본인과 조던 중 누가 스포츠 GOAT인가"라는 질문을 받고 주저 없이 "조던"이라고 답했다. 본인이 실제 그렇게 생각하는지 아니면 속은 그렇지 않지만, 예의상 그렇게 말한 것인지는 알 수 없다. 하지만 그는 단 한 번도 본인 스스로 GOAT라고 말한 적이 없다.

"나에게 GOAT냐고 묻는 건 선배 NBA 스타들에 대한 예의가 아니다. 나는 윌트 체임벌린, 빌 러셀과 한 번도 겨뤄보지 않았다. 붙어보지 않았는데 누가 이길지 어떻게 알 수 있나. 그 질문은 더 안 하는 게 좋겠다."

조던이 한 미국 언론사와 인터뷰에서 한 말이다. 이미 조던은 1990-91시즌 첫 번째 NBA 타이틀을 차지한 그 순간부터 여러 차례 이런 질문을 받았다. 하지만 단 한 번도 본인이 GOAT라고 이야기한 적이 없다. 늘 피해갔다.

크리스티아누 호날두는 인스타그램에서 장난스럽게 웃으며 "I am the GOAT"이라고 말한 적이 있다. 표정을 봤을 때 농담 비슷하게 한 것이었다. 르브론 제임스는 골든스테이트 워리어스에 1승 3패로 지다 4승 3패로 대역전승 해 우승한 직후 "나는 그 경기로 GOAT가 되었다고 생각한다"라고 발언했다. 그러자 아이제아 토머스는 '나는 늘 르브론이 역대 최고라고 말해왔다. 하지만 본인 입으로 직접 그 이야기를 하는 건 좀 아닌 것 같다'고 비판했다.

공통점 : 그들에게도 천적은 있었다.
둥가와 척 데일리

축구와 농구는 공을 가지고 하는 단체 경기다. 상대보다 골을 많이 넣어 팀이 이기고 우승하는 것이 가장 중요한 목표다. 메시와 조던에게 개인적인 천적은 없었다. 그러나 이기기 어려웠던 팀과 감독은 있었다. 메시에게는 전 브라질 대표팀 둥가 감독, 조던에게는 전 디트로이트 피스톤스 척 데일리 감독이다.

메시는 아르헨티나 대표팀 유니폼을 입고 통산 188경기를 치렀다. 그중 5경기 이상 치른 상대국 중 단 한 번도 이기지 못했던 팀이 있다. 바로 둥가 감독이 지휘하던 브라질 대표팀이다. 1~2번 만나 이기지 못한다면 그럴 수 있다고 본다. 그런데 5번을 만나 한 번도 이기지 못했다는 건 통계로 볼 때 의미가 있는 수치다. 그것도 대부분 큰 점수 차이로 지거나, 경기 내용에서 완패했다.

메시와 둥가가 처음 만난 건 2007년 2월 9일 평가전에서였다. 그리고 그해 7월 15일 코파아메리카 결승에서 또 만났다. 결과는 두 번 모두 브라질의 3-0 완승이었다.

당시 메시는 카를로스 테베스와 함께 최전방에 나섰다. 미드필더진에 리켈메, 베론, 캄비아소 등 패스 마스터들이 즐비했기에 메시는 패스를 받기만 하면 됐다. 하지만 둥가 감독은 조수에, 엘라누, 미네이루 등 운동능력이 뛰어난 미드필더들을 기용해 아르헨티나 미드필더진을 기동력과 힘으로 눌러버렸다. 패스가 전방으로 전혀 가지 않으니 메시는 할 일이 없었다. 그리고 역습 3방으로 3골을 넣었다. 이 패턴은 이후 둥가 감독이 메시의 아르헨티나를 만날 때마다 써먹었다. 아르헨티나와 브라질 미드필더진은 그 후로 계속 바뀌었지만, 둥가의 패턴은 같았다. 피지컬이 좋은 미드필더를 기용해 힘으로 누르고, 아예 패스 길을 잘라버렸다. 패스를 받지 못한 메시는 아무것도 할 수 없었고, 역습으로 점수를 내주면서 패하는 패턴이 반복됐다. 아르헨티나는 2007년 이후 둥가의 브라질과 3번 더 만났지만 1무 2패를 추가하는 데 그쳤다.

사실 둥가 감독의 브라질은 국내외적으로 그렇게 높은 평가를 받지 못한 팀이다. 심지어 둥가 본인도 2018 러시아 월드컵 예선 기간에 부진한 성적 때문에 경질됐다. 메시가 뛴 아르헨티나 대표팀은 유럽, 남미의 여러 강팀을 상대로 좋은 경기를 펼쳤지만, 유독 둥가의 브라질에게만 약했다. 메시는 이후 둥가에게 설욕하기를 기다렸지만, 둥가가 경질되면서 기회는 오지 않았다.

NBA 1980년대 후반은 '배드 보이스' 디트로이트 피스톤스의 시대

였다. '명장' 척 데일리 감독을 비롯해 아이재아 토머스, 조 듀마스, 빌 레임비어, 데니스 로드맨 등 스타들을 앞세워 1988-89, 1989-90시즌 2년 연속 NBA 우승을 차지한 동부 컨퍼런스 명문 팀이다. 시카고 불스도 예전의 부진에서 벗어나 마이클 조던을 중심으로 동부지구의 강호로 올라섰고, 꾸준히 플레이오프에 진출하면서 서서히 우승을 노리고 있었다.

시카고와 디트로이트는 1987-88시즌 동부 컨퍼런스 준결승에서 만났다. 결과는 4승 1패로 디트로이트의 승리였다. 두 팀의 악연은 계속됐다. 1988-89, 1989-90시즌 2년 연속 동부 컨퍼런스 결승에서 만나 모두 시카고가 패했다. 단지, 1988-89시즌엔 2승 4패, 1989-90시즌엔 3승 4패로 점점 격차를 줄였다.

당시 데일리 감독의 전술은 매우 심플했다. 일명 '조던 룰'을 작동시키는 것. 선수들이 돌아가면서 조던을 파울로 괴롭혔다. 지금도 유투브에서 '조던 룰'을 검색해 보면 무시무시한 파울을 조던에게 범하는 디트로이트 '배드 보이스'를 볼 수 있다. 거의 폭행 수준이었다. 현대 농구에서라면 퇴장감이다. 하지만 그 당시 디트로이트는 그런 경기를 했다.

레임비어, 토머스, 듀마스, 로드맨 등 주전급들은 과격한 파울을 하면서도 파울 트러블에 걸리지 않도록 조절했다. 여기에 대릴 도킨스, 론 무어, 스캇 해스팅스 등 짧은 시간을 뛰면서 파울만 전문으로 하는 선수들까지 등장시켰다.

전술적으로는 조던이 탑, 윙, 코너, 로포스트에 포진할 때를 모두 가정해 시카고 동료의 볼 투입 방향과 움직임에 어떻게 대응할지 연구하고, 그에 대한 대응방안을 철저히 마련했다. '명장' 데일리 감독이었기에 가능했다.

하지만 조던은 이 모든 어려움을 극복해냈고, 1990-91시즌엔 기어이 디트로이트를 4승 무패로 격파하면서 파이널에 진출했다.

조던과 NBA, 미국의 힘으로 농구를 세계화

마이클 조던이 스포츠 종목 통틀어 역대 늘 스포츠 GOAT 중 1명으로 거론되는 이유는 그 인기와 영향력 때문이다. 그럼 그 요소들은 어디에서 왔을까. 바로 세계 최강대국 미국의 스포츠 스타라는 데서 왔다.

20세기와 21세기, 인류는 미국의 직간접적인 영향력 아래 살고 있다. 20세기에 상용화된 자동차, 비행기, TV, 전화, 축음기 및 CD, 21세기에 대중화된 휴대폰, 인터넷, 네비게이션, SNS, 인터넷 쇼핑 모두 미국의 발명품 혹은 그 영향력 아래 탄생했다. 미국의 관심은 전 세계로 전파될 수밖에 없는 구조였다. 정치, 경제, 사회, 문화 모든 면에서 말이다.

1992년 바르셀로나 올림픽 때 NBA 스타들로 구성된 일명 '드림팀'이 출전했다. 당시 드림팀의 출격은 단순한 스포츠를 넘어 사회, 문화 현상이 되었다. 드림팀이 올림픽 당시 어느 팀을 몇 대 몇으로 이기고, 누가 결승에 올라가고 이런 문제들은 아예 관심 사항이 아니었다. 선수들이 얼마나 재미있게 공을 가지고 노느냐, 상대 선수들은 어떻게 하면 미국 선수들에게 사인을 받을지만 고민하면 됐다.

더 큰 파급효과는 올림픽이 끝난 후부터 나왔다. NBA가 전 세계로 퍼지기 시작한 것이다. 그건 미국이라는 국가의 막강한 영향력에 바르셀로나 올림픽 때 보여준 드림팀의 스타 파워가 합쳐진 것이다. 여기에 마이클 조던이라는 역대급 슈퍼스타가 불을 지폈다. 잘생긴 얼굴에 몸동작 하나하나가 우아하면서 강력한 카리스마까지 내뿜는 조던은 그야말로 스포츠계의 블루칩이었다.

사실, 우리나라도 이때부터 농구 붐이 본격적으로 일기 시작했다. 때맞춰 일본에서 들어온 만화 《슬램덩크》가 히트하고, 장동건 심은하 주연의 농구 드라마 '마지막 승부'가 엄청난 시청률을 올렸으며, 서장훈 우지원 문경은의 연세대 농구팀 인기가 모두 합쳐져 조던의 등장과 함께 상승 작용을 일으킨 결과였다.

조던의 긴 반바지와 농구화는 젊은이들의 패션 아이콘이 되었다. 유럽의 축구 클럽들의 반바지 길이가 길어진 것도, 고정 등 번호를 사용하면서 마킹 유니폼을 팔기 시작한 것도 다 조던과 NBA의 영향을 받은 것이다.

조던은 당대 최고의 팝스타 마이클 잭슨과 듀엣으로 뮤직비디오 촬영을 했고, 영화 《스페이스 잼》에도 출연했다. 오프라 윈프리를 비롯한 미국 최고의 MC들이 진행하는 토크쇼에서도 특유의 입담을 과시했다.

조던은 은퇴한 지 20년이 넘은 지금까지도 문화, 스포츠의 아이콘 자리를 지키고 있다. 그의 닉네임인 에어 조던은 프리미엄 스포츠 브랜드가 되었다. 예전에는 농구팀들이 주로 그 유니폼과 운동화를 착용했지만, 최근엔 축구를 비롯해 다른 종목에서도 이 브랜드를 사용하기 시작했다. 나이키의 매출액이 줄어든 가운데서도 에어 조던의 사세는 더욱 커지고 있다.

우리나라에서는 최근 10대 후반, 20대 초반 젊은이 중 상당수가 조던을 "신발가게 사장"이라고 부른다. 그들은 에어조던 운동화와 티셔츠를 착용하고 에어팟을 귀에 낀 채 BTS, 블랙핑크, 뉴진스의 K-POP을 흥얼거린다. 우리나라뿐 아니라 자본주의 국가의 많은 젊은이가 그렇게 하고 있다. 이건 그냥 조던의 문화적 영향력이라고밖에 할 수 없다.

역대 그 어느 스포츠 선수도 이만큼 문화적 영향력을 발휘한 경우는 없다. 과거에도 그러했고, 지금도 그러하며, 앞으로도 그럴 것이다.

메시와 FIFA, 축구의 힘으로 ' 미국 정복 도전

조던이 미국과 NBA를 등에 업고 세계를 정복했다면, 메시와 FIFA는 축구와 월드컵의 인기에 편승해 미국 정복에 나선다.

19세기 대영제국은 '해가 지지 않는 나라'였다. 전 세계에 식민지를 건설했다. 그 와중에 식민지 국민의 반발을 누그러트리기 위해 각종 스포츠를 함께 전파했다. 그중 가장 대중적으로 성공한 스포츠가 바로 축구다.

축구는 공 하나만 있으면 OK. 혼자서 드리블이나 슈팅을 할 수도 있고, 2명 이상 있으면 승패 게임이 가능해진다. 지금은 그런 경우를 찾기 힘들지만, 1970년대만 해도 동네 골목에 전봇대만 있으면 4명이 2대2로 편을 먹고 게임을 했다. 전봇대를 골대 삼아 "전봇대를 다섯 번 맞히면 승리하기"였다. 아니면 짱돌로 임시 골대를 만들고 허리 밑으로만 슈팅을 시키게 해서 다섯 골을 먼저 넣으면 이기는 경기를 하기도 했다.

가난한 아프리카, 동남아, 중남미 국가 어디에서든 축구는 돈을 들이지 않고 누구든지 쉽게 접할 수 있는 최고의 스포츠였다. 그렇기에 전 세계적으로 그 비교 대상이 없을 만큼 압도적인 인기 스포츠가 된 것이다.

그리고 축구의 인기에 결정적으로 불을 붙인 건 FIFA 월드컵이었다. 2022 FIFA 월드컵 결승전 아르헨티나-프랑스전은 전 세계적 15억 명이 생중계로 시청했다. 또한, 대회 전체 누적 시청자 수는 50억 명을 넘어섰다. 지구상의 그 어떤 프로그램도 월드컵의 인기를 넘어설 수 없다. 그리고 월드컵의 인기는 갈수록 높아질 것이다. 축구와 타 종목의 인기 격차는 줄어들지 않고 더 늘어날 가능성이 크다.

축구가 아직 정복하지 못한 마지막 땅이 바로 미국과 캐나다 두 북미 대국이다. 이 두 나라에서는 4대 프로스포츠의 인기가 워낙 높아 메이저리그사커(MLS)가 아직은 힘을 쓰지 못하고 있다. 하지만 인류 역사상 최대의 스포츠 이벤트가 될 북중미 월드컵은 그 4대 스포츠의 철옹성에 균열을 줄지도 모른다. 미국의 '4대 프로스포츠'가 MLS를 포함한 '5대 프로스포츠'로 확대될 수 있다는 것이다.

그렇게 되면 현재 MLS 인터 마이애미에서 뛰고 있는 메시의 영향력은 극대화될 것이다. 1992년 바르셀로나 올림픽 때 조던이 농구를 세계적인 스포츠로 상승시켰듯이, 2026 월드컵 이후 메시가 축구를 미국, 캐나다 국민이 사랑하는 스포츠로 만들 것이라는 얘기다.

나이키가 조던의 자체 브랜드를 만들어줬듯이, 아디다스가 메시의 자체 브랜드를 탄생시킬 가능성도 충분하다.

그래서 결론은 누가 스포츠 GOAT인가

서두에서 "종목이 다른 선수를 비교할 때는 결국 문화적인 영향력을 따져야 한다"라고 밝혔다. 결론적으로 말하면, 아직은 메시보다 조던의 영향력이 더 크다고 할 수 있다. 단순히 스포츠에만 국한된 것이 아니라, 패션을 포함한 전체적인 문화 현상을 고려한 결론이다.

단지, 메시를 위해 변명을 한 가지만 하겠다. 조던은 1984년부터, 메시는 2003년부터 프로 생활을 했다. 두 선수 사이에 20년이라는 시간 차이가 있다. 메시가 조던만큼의 문화적인 영향력을 발휘하려면 시간이 더 필요하다. 하지만, 세계 최고 인기대회인 월드컵을 앞두고 있고, 그 대회가 미국에서 성공적으로 끝난다면 그 기간은 훨씬 단축될 것이다.

머지않은 미래, 메시가 조던만큼의 영향력을 발휘하는 시기가 된다면 그때 본격적으로 두 선수간 GOAT 논쟁이 다시 한 번 뜨겁게 달아오를 것이다.

2026 월드컵의 인기를 등에 업고 축구가 미국에서 확실히 뿌리를 내리고, 메시 브랜드가 전 세계적으로 인기를 끌며, 아르헨티나 대표팀이 월드컵에서 우승이라도 하는 날엔, 정말 뒤집어질 수도 있다.

물론 향후 메시의 인기가 높아져도 조던의 위상에 미치지 못하고 끝날지, 그 위상과 동등하게 될지, 아니면 그 위치를 넘어서게 될지, 그건 아직 아무도 알 수 없다. 시간을 가지고 기다려봐야 한다. 지금으로서는 "미래에 메시가 조던을 넘어 GOAT가 될 가능성은 있다"는 정도로 정리할 수밖에 없다. 여러 가지 변수가 있기에 결론이 나올 때까지는 시간이 더 필요하다.

그리고 가장 중요한 사실. 서두에서 말했다시피 스포츠 GOAT는 각자의 마음속에 존재한다는 것이다. 메시를 GOAT로 생각하는 사람에게는 그게 정답이고, 조던을 GOAT로 생각하는 사람에게는 역시 그게 정답이다.

이런 문제로 말싸움을 하는 건 정말 시간 낭비다. 상대의 의견을 경청하고, 존중해주는 게 가장 중요하다. 어차피 정답은 없다. 각자 생각대로 판단하면 된다. 스포츠를 좋아하는 친구들과 술 한잔 가볍게 하면서 메시와 조던에 대해 토론해 보는 건 정말 재미있는 일이 될 것이다.

NBA 2024-25

서 고 동 저
西高東低

NBA 2024-25시즌 화려한 막이 올랐다. 지난 10월 23일(한국 시간), 디펜딩 챔피언 보스턴 셀틱스와 '숙명의 라이벌' 뉴욕 닉스전을 시작으로 프랜차이즈 30곳 전역에서 뜨거운 열전에 돌입했다. 정규시즌은 2025년 4월 14일까지 팀당 82경기씩 총 1230경기가 열린다. 플레이오프는 4월 20일에 시작되고, 대망의 NBA 파이널은 6월 중순에 마무리된다. 전문가들은 올 시즌도 지난 시즌처럼 끝까지 파란과 이변이 많이 발생할 것으로 전망한다. 그런 가운데서 웨스턴 컨퍼런스가 이스턴 컨퍼런스보다 더 강한 '서고동저(西高東低)' 기상도는 올해도 계속될 것으로 예상한다. NBA의 이 판도는 꽤 오래된 것이다.

2024-25 NBA CHAMPIONSHIP ODDS

순위	TEAM	벳 365	스카이벳	패디파워	윌리엄힐
1	Boston Celtics	3배	3배	3.2배	3배
2	Oklahoma City Thunder	7배	8배	7배	7.5배
3	New York Knicks	7.5배	10배	7배	7배
4	Minnesota Timberwolves	10배	4.5배	9배	9배
5	Philadelphia 76ers	8배	9배	9배	8배
6	Dallas Mavericks	10배	4.5배	10배	10배
7	Denver Nuggets	10배	7.5배	10배	9배
8	Milwaukee Bucks	12배	12배	11배	12배
9	Phoenix Suns	30배	33배	14배	28배
10	Golden State Warriors	35배	16배	40배	33배
11	Los Angeles Lakers	30배	33배	35배	30배
12	Memphis Grizzlies	40배	25배	35배	40배
13	Cleveland Cavaliers	40배	33배	35배	40배
14	Miami Heat	40배	33배	45배	40배
15	New Orleans Pelicans	40배	50배	45배	40배
16	Indiana Pacers	50배	50배	45배	50배
17	Orlando Magic	50배	80배	35배	50배
18	Sacramento Kings	60배	50배	55배	50배
19	Los Angeles Clippers	50배	28배	90배	50배
20	Houston Rockets	100배	150배	75배	100배
21	San Antonio Spurs	100배	150배	150배	100배
22	Atlanta Hawks	400배	100배	375배	500배
23	Chicago Bulls	750배	300배	500배	500배
24	Toronto Raptors	1000배	250배	500배	1000배
25	Charlotte Hornets	1000배	300배	500배	1000배
26	Washington Wizards	1000배	500배	500배	1000배
27	Utah Jazz	750배	1000배	500배	750배
28	Brooklyn Nets	1000배	1000배	500배	1000배
29	Detroit Pistons	1000배	1000배	500배	1000배
30	Portland Trail Blazers	1000배	1000배	500배	1000배

一王七侯

일 왕 칠 후

리그 전체 판도는 '1명의 왕과 7명의 제후가 대권을 놓고 경쟁'하는 구도다. 지난 시즌 우승팀 보스턴은 올 시즌에도 가장 강력한 우승 후보다. 제이슨 테이텀, 제일런 브라운 등 우승 주역들이 그대로 남아 있다. 선발 센터 크리스탑스 포르징기스의 시즌 초반 부상 결장이 변수다. 보스턴과 자웅을 겨룰 서부 최강은 오클라호마 시티 선더다. 셰이 길저스 알렉산더를 중심으로 젊은 선수들이 역동적인 농구를 구사한다. 동부 전통 명문 필라델피아 세븐티식서스와 뉴욕 닉스, 서부 신흥 강호 미네소타 팀버울브스와 댈러스 매버릭스, 덴버 너기츠, 센트럴 디비전의 밀워키 벅스 등도 눈여겨볼 다크호스로 꼽는다.

2023-24 NBA STANDING

순위	TEAM	전체	홈	원정
1	Boston Celtics	64-18	37-4	27-14
2	Denver Nuggets	57-25	33-8	24-17
3	Oklahoma City Thunder	57-25	33-8	24-17
4	Minnesota Timberwolves	56-26	30-11	26-15
5	Los Angeles Clippers	51-31	25-16	26-15
6	Dallas Mavericks	50-32	25-16	25-16
7	New York Knicks	50-32	27-14	23-18
8	Milwaukee Bucks	49-33	31-11	18-22
9	New Orleans Pelicans	49-33	21-19	28-14
10	Phoenix Suns	49-33	25-16	24-17
11	Cleveland Cavaliers	48-34	26-15	22-19
12	Indiana Pacers	47-35	26-15	21-20
13	Los Angeles Lakers	47-35	28-14	19-21
14	Orlando Magic	47-35	29-12	18-23
15	Philadelphia 76ers	47-35	25-16	22-19
16	Miami Heat	46-36	22-19	24-17
17	Golden State Warriors	46-36	21-20	25-16
18	Sacramento Kings	46-36	24-17	22-19
19	Houston Rockets	41-41	27-14	14-27
20	Chicago Bulls	39-43	20-21	19-22
21	Atlanta Hawks	36-46	21-20	15-26
22	Brooklyn Nets	32-50	20-21	12-29
23	Utah Jazz	31-51	21-20	10-31
24	Memphis Grizzlies	27-55	9-32	18-23
25	Toronto Raptors	25-57	14-27	11-30
26	San Antonio Spurs	22-60	12-29	10-31
27	Charlotte Hornets	21-61	11-30	10-31
28	Portland Trail Blazers	21-61	11-30	10-31
29	Washington Wizards	15-67	7-34	8-33
30	Detroit Pistons	14-68	7-33	7-35

EASTERN
CONFERENCE

名家對決

'절대 1강' 보스턴, 전력이 강화된 필라델피아와 뉴욕, 다크호스 밀워키와 클리블랜드 등은 안정적인 레이스를 펼칠 것이다. 문제는 PO 커트라인인 7~9위권의 향배다. 현재로서는 올랜도, 인대이나, 마이애미 등이 경쟁할 것으로 보인다.

乾坤一擲

2024–25 EASTERN CONFERENCE ODDS

순위	TEAM	벳 365	윌리엄힐	888스포츠	벳빅터
1	Boston Celtics	1.5배	1.38배	1.65배	1.4배
2	New York Knicks	3배	3배	3.4배	3배
3	Philadelphia 76ers	4.5배	4.5배	4.75배	4.5배
4	Milwaukee Bucks	7배	7배	8배	6배
5	Cleveland Cavaliers	18배	18배	19배	20배
6	Orlando Magic	18배	18배	21배	20배
7	Miami Heat	25배	20배	24배	18배
8	Indiana Pacers	25배	25배	27배	25배
9	Atlanta Hawks	150배	150배	174배	150배
10	Chicago Bulls	250배	250배	250배	200배
11	Toronto Raptors	400배	300배	450배	300배
12	Charlotte Hornets	500배	500배	450배	400배
13	Washington Wizards	500배	500배	450배	500배
14	Brooklyn Nets	500배	500배	450배	500배
15	Detroit Pistons	500배	500배	450배	500배

2023–24 EASTERN CONFERENCE STANDING

순위	TEAM	승	패	승률	승차
1	Boston Celtics*	64	18	78.0%	—
2	New York Knicks*	50	32	61.0%	14
3	Milwaukee Bucks*	49	33	59.8%	15
4	Cleveland Cavaliers*	48	34	58.5%	16
5	Orlando Magic*	47	35	57.3%	17
6	Indiana Pacers*	47	35	57.3%	17
7	Philadelphia 76ers*	47	35	57.3%	17
8	Miami Heat*	46	36	56.1%	18
9	Chicago Bulls	39	43	47.6%	25
10	Atlanta Hawks	36	46	43.9%	28
11	Brooklyn Nets	32	50	39.0%	32
12	Toronto Raptors	25	57	30.5%	39
13	Charlotte Hornets	21	61	25.6%	43
14	Washington Wizards	15	67	18.3%	49
15	Detroit Pistons	14	68	17.1%	50

플레이오프 진출팀

삼 국 쟁 패

三國爭霸

이 디비전은 상위권 팀과 하위권 팀이 명확히 구분된다. 보스턴, 필라델피아, 뉴욕 3강이 전문가, 도박사들로부터 모두 높은 평가를 받고 있다. 반면, 토론토와 브루클린은 상위 3강과 큰 차이를 보이고 있다.

**2024-25
DIVISION
ODDS**

순위	TEAM	벳 365	스카이벳	패디파워	윌리엄힐
1	Boston Celtics	0.71배	0.73배	0.73배	0.7배
2	New York Knicks	2.8배	3.33배	1.88배	2.75배
3	Philadelphia 76ers	3.5배	3배	3.5배	3.5배
4	Toronto Raptors	300배	250배	250배	300배
5	Brooklyn Nets	500배	500배	250배	300배

**2023-24
DIVISION
STANDING**

순위	TEAM	승	패	승률	승차
1	Boston Celtics*	64	18	78.0%	—
2	New York Knicks*	50	32	61.0%	14.0
3	Philadelphia 76ers*	47	35	57.3%	17.0
4	Brooklyn Nets	32	50	39.0%	32.0
5	Toronto Raptors	25	57	30.5%	39.0

*플레이오프 진출팀

BOSTON CELTICS

BROOKLYN NETS

NEW YORK KNICKS

PHILADELPHIA 76ERS.

TORONTO RAPTORS

BOSTON CELTICS

王朝復活·NBA 역대 최다 우승팀

뜻풀이 왕조(Dynasty)가 부활했다. 셀틱스는 2007-08시즌 이후 16년만에 NBA 정상에 올랐다. 통산 18번째로 레이커스(17회)를 제쳤다.

*통계는 2024년 10월 1일 기준

V18 달성으로 역대 최다 우승팀 등극

2022년의 아쉬움을 털어냈다. 통산 18번째 우승 트로피를 거머쥐었다. NBA 역대 최다 기록이다. 공·수가 완벽했다. 2023년 여름 영입한 크리스탑스 포르징기스와 즈루 할러데이가 부족했던 퍼즐을 채워줬다. '우승청부사' 할러데이는 데릭 화이트와 매 경기 상대 백코트에 악몽을 선사했다. 제이슨 테이텀과 제일런 브라운도 명성을 입증했다. 브라운은 동부 PO MVP, 파이널 MVP를 모두 품었다. 조 마줄라 감독의 수훈도 있다. 물 흐르는 듯한 볼 흐름을 위한 설계가 완벽했다.

지난 시즌 우승 전력 그대로 유지

통 큰 비시즌을 보냈다. 루크 코넷, 재비어 틸맨과 재계약하고, FA 시장에서 로니 워커 4세를 영입했다. 구단 경영진은 시장으로 눈을 돌리는 대신, 내부 결속에 힘썼다. 에이스 제이슨 테이텀과 계약 기간을 5년 연장했고, 데릭 화이트에게도 4년을 선물했다. 우승에 기여한 샘 하우저도 4년 4,500만 달러에 계약을 연장했다. 하우저는 79경기 동안 테이텀에 이어 2번째로 많은 3점슛을 꽂았다. 성공률은 42.4%. 현 핵심이 유지되는 한 벤치에서 가장 많은 수혜를 입을 선수다.

NBA 2연패(連覇) 달성 가능할까

보스턴의 목표는 당연히 2년 연속 NBA 우승이다. 1960년대 빌 러셀 시대 이후 아직 2연패가 없다. 다만 2018년 이후 NBA에도 2년 연속 우승팀이 나오지 않을 정도로 경쟁이 치열하다. 보스턴이 큰 지출을 감수하며 현 핵심을 묶어둔 이유다. 유일한 걱정거리는 포르징기스의 복귀시점이다. 발목 수술을 받아 연말에 복귀가 가능하다. 포르징기스의 빈자리를 알 호포드가 책임져야 한다. 지난 시즌, 백투백 일정을 쉬어가는 듯 관리를 철저히 받았던 호포드가 얼마나 버텨줄지가 중요하다.

CLUB INFORMATION

| F Founded 구단 창립 1946년 | O Owner BBP 와이크 그로스벡 | C CEO 브래드 스티븐스 | HC Head Coach 조 마줄라 1988.06.30 | 24-25 Odds 벳365 : 3배 윌리엄힐 : 3배 |

  H W

| Nationality ●미국 선수 13명 ●외국 선수 2명 | Age 15명 평균 26.9세 | Height 15명 평균 201.3cm | Weight 15명 평균 100.0kg | Salary 15명 평균 1330만 달러 |

| Win 2023-24 : 64승 통산 : 3634승 | Loss 2023-24 : 18패 통산 : 2480패 | Winning% 2023-24 : 78.0% 통산 : 59.4% | Play-Off PO 진출 : 회 PO 탈락 : 회 | Titles NBA우승 : 18회 컨퍼런스 : 11회 |

| Top Scorer 제이슨 테이텀 평균 26.9점 | More Rebounds 제이슨 테이텀 평균 8.1리바운드 | More Assists 데릭 화이트 평균 5.2어시스트 | More Steals 제일런 브라운 평균 1.2스틸 | More Blocks 크리스탑스 포르징기스 평균 1.9블록 |

*항목별 1위는 지난 시즌 보스턴 소속으로 42경기 이상 출전한 선수 중 선별

Association　　Icon　　Statement　　City

HEAD COACH & STADIUM

Joe MAZZULLA 조 마줄라

생년월일 : 1988.06.30 / **출생지** : 로드아일랜드주 존스턴
NBA 지도자 경력 : 2019~2022 보스턴 셀틱스 코치 코치 / 2022~2023 보스턴 셀틱스 임시감독 / 2023~ 보스턴 셀틱스 감독

2010년 NCAA 토너먼트에서 소속팀 웨스트버지니아대를 파이널포로 이끌었다. 그러나 2011년 NBA 드래프트에서 지명을 받지 못하자 유니폼을 벗었다. 이후 7년간 글렌빌 주립대, 페어몬트 주립대, NBA G리그 메인 셀틱스에서 코치로 일하며 경험을 쌓았다. 2019년, 보스턴 셀틱스 어시스턴트 코치가 되었으나, 2022-23시즌, 이메 우도카 감독이 직원과 불륜 논란에 휩싸여 아웃 되자 곧바로 감독대행에 올랐다. 마줄라는 2023년 2월 16일 정식 감독으로 승격했고, 팀을 동부 컨퍼런스 1위로 이끌었다. 그리고 2023-24시즌, 훌륭한 전술로 스타들을 지도해 압도적인 퍼포먼스를 발휘하며 NBA 정상에 올랐다. 마줄라는 EPL 맨체스터 시티의 펩 과르디올라로부터 전술적인 영감을 얻었다. 농구와 축구, 두 종목이 전술적으로 많이 비슷하다는 점을 증명한 셈이다. 그는 또한, 선수단 관리, 구단 운영에서도 과르디올라의 조언을 많이 받았다고 한다.

TD GARDEN

구장 오픈 : 1995년
구장 증개축 : 총 4회
오너 : 델라웨어노스 Co.
수용인원 : 1만 9156명
건축비용 : 1억 6000만달러

셀틱스 홈구장이던 보스턴 가든이 낡아 대체구장으로 지어졌다. 현재 이곳은 뉴잉글랜드 최대 스포츠 및 엔터테인먼트 명소가 되었다. NBA 보스턴 셀틱스와 NHL 보스턴 브루인스 홈구장이다. 세계적으로 유명한 콘서트, 스포츠 이벤트, 패밀리 쇼, 레슬링, 아이스 쇼에서 연간 350만 명 이상의 관중을 유치하고 있다. 셀틱스 홈구장이 된 건 1995-96시즌부터다.

Honours

🏆 18	🏆 11	🏆 34	👕 23
NBA CHAMPIONS	CONFERENCE TITLES	DIVISION TITLES	RETIRED NUMBERS

NBA CHAMPIONSHIPS
1957, 1959, 1960, 1961, 1962, 1963, 1964, 1965, 1966, 1968, 1969, 1974, 1976, 1981, 1984, 1986, 2008, 2024

CONFERENCE TITLES
1974, 1976, 1981, 1984, 1985, 1986, 1987, 2008, 2010, 2022, 2024

DIVISION TITLES
1957, 1958, 1959, 1960, 1961, 1962, 1963, 1964, 1965, 1972, 1973, 1974, 1975, 1976, 1980, 1981, 1982, 1984, 1985, 1986, 1987, 1988, 1991, 1992, 2005, 2008, 2009, 2010, 2011, 2012, 2017, 2022, 2023, 2024

RETIRED NUMBERS
00, 1, 2, 3, 5, 6, 10, 14, 15, 16, 17, 18, 19, 21, 22, 23, 24, 25, 31, 32, 33, 34, 35

REGULAR SEASON RANKING LAST 10YEARS ★NBA 파이널 우승

14-15	15-16	16-17	17-18	18-19	19-20	20-21	21-22	22-23	23-24
16	8	4	4	9	5	15	7	2	★1
40승 42패	48승 34패	53승 29패	55승 27패	49승 33패	48승 24패	36승 36패	51승 31패	57승 25패	64승 18패

TEAM POTENTIAL

90점

1위

 하프코트 세트오펜스 9점　 트랜지션 오펜스 8점　 하프코트 세트디펜스 9점　 트랜지션 디펜스 9점　리바운드 9점

선수층 9점　선수 경험치 9점　감독 리더십 9점　 감독 전술 9점　프런트 10점

*각 항목은 10점 만점, 평점은 NBA 30팀 사이 상대평가

우승 ODDS	배당	순위
bet 365	3배	1위
Paddy Power	3.2배	1위
William Hill	3배	1위

OFFENSIVE STYLE

트랜지션 오펜스 ——————●— 하프코트 세트오펜스

DEFENSIVE STYLE
하이 프레스 ———●———— 하프코트 디펜스

Player's Functions

 **Ball Handlers**
J.브라운
J.할러데이
J.테이텀

 Pull-Ups
J.테이텀
J.브라운
J.할러데이

Catch & Shoot
D.화이트
A.호포드
K.포르징기스

3 Pointers
S.하우저
J.테이텀
D.화이트

Slam Dunkers
J.브라운
J.테이텀
K.포르징기스

Free Throw
J.테이텀
K.포르징기스
D.화이트

 **Rebounders**
J.테이텀
K.포르징기스
N.쿠에타

 1-1 Defenders
J.할러데이
D.화이트
L.코넷

Ball Stealers
J.브라운
D.화이트
J.스프링어

 Key Passes
J.할러데이
D.화이트
J.테이텀

 **Hustle Players**
K.포르징기스
J.브라운
X.틸먼

 Rim Protectors
K.포르징기스
D.화이트
L.코넷

SQUAD & TACTICS

STARTERS

PF 제이슨 테이텀
35.7분, 26.9점
9.6R, 5.4A

C 크리스탑스 포르징기스
29.6분, 20.1점
7.2R, 2.0A
*부상, 시즌 초반 결장

SF 제일런 브라운
33.5분, 23.0점
5.5R, 3.6A

SG 데릭 화이트
32.6분, 15.2점
4.2R, 5.2A

PG 드루 할러데이
32.8분, 12.5점
5.4R, 4.8A

OFF THE BENCH

PG 페이턴 프리차드
22.3분, 9.6점
3.2R, 3.4A

SG 베일러 샤이어만
2024 드래프트
1라운드 30번

SF 샘 하우저
22.0분, 9.0점
3.5R, 1.0A

PF 제이비어 틸먼
13.7분, 4.0점
2.7R, 1.0A

C 알 호포드
26.8분, 8.6점
6.4R, 2.6A

G JD 데이비슨
G 제이든 스프링어
F 앤톤 왓슨
F 조던 월시
C 루크 코넷

OFFENSE MECHANISM
테이텀, 브라운 등 1대1 능력이 좋은 선수들의 아이솔레이션은 최고의 살림 밑천이었다. 또한, 팀 전체적으로 양보의 마인드가 잘 자리 잡고 있어 다양한 공격 방식으로 상대를 괴롭혔다. 특히, 외곽슛이 가능한 호포드, 포르징기스를 이용한 혼(horn) 대형은 다양한 옵션을 만들었다. 상대 빅맨을 외곽으로 끌어내고, 그 틈에 안쪽 드라이브까지 노렸다. 상대가 쫓아 나오지 않고 스위치하면 볼 핸들링을 맡은 백코트가 미드레인지, 돌파 등으로 수비 진영을 뒤흔들었다. 볼 없는 움직임이 좋은 슈터 샘 하우저는 이때 외곽에서 반사이익을 충분히 누렸다. 할러데이와 테이텀은 유능한 볼 핸들러이지만, 스크린 세팅도 아주 잘 했다. 기습적인 백스크린을 응용한 패턴도 쏠쏠한 재미를 보았다.

DEFENSE MECHANISM
올-디펜시브 세컨드 팀에 오른 할러데이, 화이트의 존재가 상대를 질식 상태로 몰아넣는다. 길을 읽고 끈질기게 쫓아가 컨테스트하는 능력이 우수하다. 화이트는 지난 시즌 가드 중 블락 1위였고, 할러데이도 TOP10에 이름을 올릴 정도로 감각이 탁월한 선수다. 이들의 활약 덕분에 보스턴은 지난 시즌 블락 부문 1위(6.6개)에 올랐다. 수비 성공 후 속공 전환에 대한 판단도 빨라 패스트브레이크가 매끄럽게 마무리 됐다. 스위치 디펜스도 우승 원동력이었다. 포르징기스, 테이텀, 할러데이 등이 멀티 포지션을 커버할 수 있어 더 효과를 봤다. 기습적으로 사용하는 2-3, 2-1-2 지역방어도 승부처에 상대를 위축시켰다. 할러데이, 화이트가 수비 3초를 절묘하게 피해가며 움직임에 훼방을 놓았다.

2023-24 SEASON PERFORMANCE

BOSTON CELTICS vs. OPPONENTS PER GAME STATS

보스턴 셀틱스 vs 상대팀

	득실점	필드골성공 F↑	필드골 FG%	3점슛성공 3↑	3점슛 % 3P%	자유투성공 FT%	공격리바운드 OR	리바운드 RB	어시스트 A↑	스틸	블락	턴오버 ↩	파울
	120.6	43.9 F↑ 41.5	48.7% FG% 45.3%	16.5 3↑ 12.9	38.8% 3P% 35.2%	80.7% FT% 76.8%							
		109.2											
	10.7 OR 11.1	46.3 RB 43.3	26.9 A↑ 24.9	6.8 🕶 6.2	6.6 🏀 3.7	11.9 ↩ 12.0	16.2 🪄 17.3						

LINE-UP

* 셀틱스는 지난 시즌 총 98개의 라인업을 가동시켰다. 그중 출전 시간이 가장 길었던 20개를 골라 게재했다.

5-MEN COMBINATION	MIN	PPG	RPG	APG
J. Holiday - K. Porzingis - J. Brown - J. Tatum - D. White	623	42.8	16.0	9.7
A. Horford - J. Holiday - J. Brown - J. Tatum - D. White	311	24.5	8.2	5.7
A. Horford - K. Porzingis - J. Brown - J. Tatum - D. White	118	15.9	5.9	3.6
A. Horford - J. Holiday - J. Tatum - P. Pritchard - S. Hauser	105	8.1	3.0	2.0
J. Holiday - J. Tatum - L. Kornet - P. Pritchard - S. Hauser	96	10.8	4.8	2.2
A. Horford - J. Holiday - K. Porzingis - J. Tatum - D. White	87	18.5	6.8	4.0
A. Horford - K. Porzingis - J. Brown - D. White - S. Hauser	82	6.6	2.8	1.4
A. Horford - J. Holiday - K. Porzingis - J. Brown - J. Tatum	56	18.0	7.6	3.8
A. Horford - J. Holiday - K. Porzingis - J. Brown - D. White	55	19.4	5.4	4.6
A. Horford - J. Holiday - J. Tatum - L. Kornet - P. Pritchard	45	8.2	3.2	1.7
J. Holiday - J. Tatum - N. Queta - P. Pritchard - S. Hauser	37	12.0	3.9	2.4
A. Horford - J. Brown - J. Tatum - D. White - P. Pritchard	34	7.7	4.0	2.2
J. Brown - D. White - L. Kornet - P. Pritchard - S. Hauser	34	7.5	2.8	1.8
L. Kornet - S. Mykhailiuk - O. Brissett - P. Pritchard - S. Hauser	32	11.1	3.6	3.0
A. Horford - J. Tatum - D. White - P. Pritchard - S. Hauser	31	8.0	2.6	1.3
A. Horford - J. Holiday - J. Tatum - D. White - S. Hauser	30	12.8	4.2	2.7
J. Holiday - J. Tatum - D. White - L. Kornet - S. Hauser	29	13.0	4.5	3.5
L. Kornet - S. Mykhailiuk - P. Pritchard - J. Springer - S. Hauser	29	32.0	8.3	6.3
A. Horford - J. Brown - J. Tatum - D. White - P. Pritchard	29	8.4	2.3	1.9
J. Holiday - K. Porzingis - J. Brown - D. White - S. Hauser	28	13.3	3.7	3.1

PASS COMBINATIONS

→ 해당 선수가 경기당 동료로부터 패스 받은 횟수
→ 해당 선수가 경기당 동료들에게 패스 해준 횟수

받은	선수	해준
49.7	제이슨 테이텀	49.3
47.0	데릭 화이트	46.4
40.1	드루 할러데이	40.2
34.0	페이턴 프리차드	31.4
31.3	크리스탑스 포르징기스	29.2
40.0	제일런 브라운	29.1
19.6	알 호포드	25.5
15.4	샘 하우저	18.3
10.0	루크 코넷	12.6
8.8	제이비어 틸먼	12.2
7.6	오세이 브리셋	11.8
11.8	JD 데이비슨	10.8
9.4	덜라노 밴턴	10.3
8.8	스비 미카일리우크	9.4
7.3	니마이어스 쿠에타	9.1
5.2	조던 월시	6.8
6.1	라마 스티븐스	6.5
5.0	드루 피터슨	6.0
6.0	제이든 스프링어	5.5

2023-24 RANKING

* 는 수치가 낮을수록 랭킹이 높아짐

보스턴	랭킹	GENERAL	상대팀*	랭킹
120.6	2위	득점 / 실점	109.2	5위
46.3	2위	리바운드	43.3	14위
26.9	14위	어시스트	24.9	5위
6.8	27위	스틸	6.2	2위
6.6	1위	블록	3.7	1위

득점	랭킹	PLAYTYPE	실점*	랭킹
10.0	3위	아이솔레이션	7.6	23위
23.5	9위	트랜지션	19.3	4위
14.7	22위	픽&롤 볼핸들러	18.3	25위
7.6	13위	픽&롤 롤맨	7.2	12위
9.1	2위	포스트-업	4.9	21위
30.0	7위	스팟-업	26.1	10위
3.1	29위	핸드오프	5.5	22위
8.7	21위	컷인	—	—
4.3	10위	오프 스크린	3.0	1위
6.0	21위	풋백	7.0	21위
3.2	9위	기타	—	—

SHOT ZONE

구간별 슈팅 및 성공률

SHOT ZONE

375	39	217	2669	222	47	377
158	101	1699	95	17	137	
42%	51%	47%	64%	43%	36%	44%
	386	182	126			
122	47%	38%	51			
47%	39%	86	41%			
		44%				
1108	608	1003				
421	234	370				
38%	39%	37%				

필드골 시도 필드골 성공 **필드골 성공률**

항목	FGA	FGM	FG%	3PA	3PM	3P%
캐치&슛	26.8	10.8	40.5%	24.9	9.7	38.8%
풀업	21.5	9.0	41.8%	9.9	3.4	33.7%
3m 안쪽	43.7	26.8	61.4%	0.0	0.0	—
TOTAL	92.4	46.8	50.7%	35.2	13.2	37.4%

SHOT REPERTORIES

필드골 시도

1.3 — 1.5
5.8 2.2
4.0
20.5 평균 **90.2** 54.9
17.0
8.2 9.7

드리블과 슈팅 시도

12.4
평균 **90.2** 42.6
17.0
8.2

● 점프슛, 풀업 점퍼
● 레이업, 핑거롤
● 페이드어웨이
● 덩크, 엘리웁 덩크
● 훅슛
● 팁슛
● 뱅크슛

● 0드리블 + 슈팅
● 1드리블 + 슈팅
● 2드리블 + 슈팅
● 3~6드리블 + 슈팅
● 7+드리블 + 슈팅

필드골 성공

0.7 — 0.8
5.1 1.1
1.8
평균 **43.9** 22.0
12.4

드리블과 슈팅 성공

5.8
8.0 평균 **43.9** 21.3
4.0
4.8

SHOOTING

필드골 시도

8.1
21.9 평균 **90.2**
27.8 32.4

공격수와 수비수의 거리
● 0-0.6m
● 0.6-1.2m
● 1.2-1.8m
● 1.8m 이상

필드골 시도

7.3 2.9
9.6 11.9
평균 **90.2** 13.6
44.9

남은 시간
● 22~24초
● 18~22초
● 15~18초
● 7~15초
● 4~7초
● 0~4초

필드골 성공

9.8 3.9
4.5 평균 **43.9** 6.6
12.9 21.7

필드골 성공

2.8 1.7
6.6
평균 **43.9** 6.6
21.7

OPPONENT SHOOTING

상대 필드골 시도

23.1 9.3
평균 **91.6**
25.1 34.1

공격수와 수비수의 거리
● 0-0.6m
● 0.6-1.2m
● 1.2-1.8m
● 1.8m 이상

상대 필드골 시도

7.6 2.1 11.3
9.2
평균 **91.6** 16.7
44.1

남은 시간
● 22~24초
● 18~22초
● 15~18초
● 7~15초
● 4~7초
● 0~4초

필드골 허용

9.6 3.8
평균 **41.5**
11.0 17.1

필드골 허용

2.8 1.6
4.1 5.5
평균 **41.5** 7.4
20.1

CONTESTED REBOUNDS

공격 리바운드
0.7
1.1 평균 2.0
5.7
1.9

수비 리바운드
0.6
1.6 평균 2.5
8.1
3.4

림 아래부터 리바운드 위치까지의 거리
● 0~0.9m ● 0.9~1.8m ● 1.8~3m ● 3m 이상

UNCONTESTED REBOUNDS

공격 리바운드
0.8
2.3 평균 0.8
5.0
1.1

수비 리바운드
5.4 4.4
평균
27.4
7.4 10.2

림 아래부터 리바운드 위치까지의 거리
● 0~0.9m ● 0.9~1.8m ● 1.8~3m ● 3m 이상

DEFENSE OF 64 WINS

필드골 허용 %
44.3%

3점슛 허용 %
34.0%

상대 필드골 시도 91.3
필드골 허용 40.5

상대 3점슛 시도 36.5
3점슛 허용 12.4

DEFENSE OF 18 LOSSES

필드골 허용 %
48.6%

3점슛 허용 %
39.4%

상대 필드골 시도 93.0
필드골 허용 45.2

상대 3점슛 시도 37.3
3점슛 허용 14.7

DFG	DFG%	CR	UCR	TS	MS	3PS	FT	LU	DK	ID	OD	ST	BL	ORG	OR3	ORB	DRG	DR3	DRB	PS	BH	BQ	SP	PO	ED	HS	OG
필드골 허용	필드골 허용률	유경쟁 리바운드	무경쟁 리바운드	터프샷 성공률	중거리 성공률	3점 성공률	자유투 성공률	슬램 플로터	덩크	안쪽 수비	외곽 수비	스틸	블락	가드 공격RB	SF 공격RB	빅맨 공격RB	가드 수비RB	SF 수비RB	빅맨 수비RB	패스	핸들링	농구 IQ	스피드 민첩성	파워	지구력	허슬 플레이	종합 평가

Jayson TATUM SF-PF

F 0 · 제이슨 테이텀 · 1998.03.03 / 203cm

미국

NBA 드래프트: 2017년 1라운드 3번
NBA 우승: 1회 / 파이널 MVP: 0회
시즌 MVP: 0회 / NBA 퍼스트팀: 3회

현시점, 리그 최고 선수다. 지난여름 구단과 5년 총액 3억 1400만 달러 '메가-딜'을 성사시켰다. 큰 키, 긴 팔, 빠른 스텝, BQ를 잘 활용한다. 풀업 점퍼, 스팟업 점퍼, 스텝백 점퍼, 페이드어웨이숏, 드라이빙 레이업, 드라이빙 덩크, 핑거롤 등 내외곽을 넘나들며 고난도 슈팅을 선보인다. 특히, 상대 수비가 바짝 붙은 상황의 터프샷 성공률은 최고다. 수비에서도 에이스 포워드들을 직접 상대한다. 단지, 큰 경기에 다소 약해 기복을 보이는 점은 무척 아쉽다.

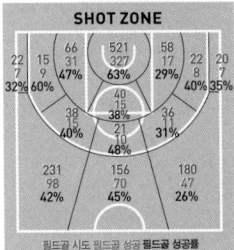

SHOT ZONE

66	521	58
31	327	17	20
22	15	47%	63%	29%	40%	35%
7%	9%	32%	60%			
	38	15	36	
	40%	38%	31%	
		21		
		48%		
231	156	180
98	70	47
42%	45%	26%

필드골 시도 필드골 성공 **필드골 성공률**

필드골 시도 **1426** 791 369 / 2 36 91 116

● 점프슛, 풀업 점퍼
● 레이업, 핑거롤
● 페이드어웨이
● 덩크, 앨리웁
● 훅슛
● 팁슛
● 뱅크슛

필드골 성공 **672** 295 218 / 1 19 85 47

DEFENSE PER GAME			REBOUNDS PER GAME		
림에서의 거리	DFG	DFG%	림에서의 거리	CR	UCR
3점슛	0.9	37.6%	0~0.9m	0.6	1.1
2점슛	2.4	55.2%	0.9~1.8m	0.5	2.5
0~1.8m	1.5	66.1%	1.8~3.0m	0.3	1.7
0~3.0m	1.8	60.7%	3.0m 이상	0.1	0.9
4.5m 이상	1.1	38.7%			

2023-24 보스턴 74경기 평균 35.7분						항목 평점	TS	MS	3PS	FT	LU	DK	ID	OD	ST	BL
항목	PTS	RB	AS	ST	BL		A	A+	B+	C+	A	A-	B-	B+	C+	D-
경기 평균	26.9	8.1	4.9	1	0.6	평점	OR3	DR3	PS	BH	BQ	SP	PO	ED	HS	OG
36분 기준	27.0	8.2	5.0	1.0	0.6		D-	A-	B+	B+	A	B	C	A	A+	A

Jaylen BROWN SF-SG

F 7 · 제일런 브라운 · 1996.10.24 / 198cm

미국

NBA 드래프트: 2016년 1라운드 3번
NBA 우승: 1회 / 파이널 MVP: 1회
시즌 MVP: 0회 / NBA 퍼스트팀: 0회

198cm의 스윙맨. 림을 잘 공략한다. 드라이빙 혹은 커팅에서 이어지는 덩크, 레이업, 핑거롤, 플로터를 자유자재로 구사한다. 중거리 스팟업 점프슛과 과감한 풀업 점퍼도 주무기다. 가끔 마이클 조던을 연상케 하는 턴어라운드 페이드어웨이숏도 선보인다. 지난 4년 평균 39%를 넘나들었던 3점슛 성공률이 35%로 살짝 낮아져 아쉽다. 윙스팬 213cm의 긴 팔을 활용해 1대1 수비를 잘 한다. 반면, 팀디펜스 응용력은 떨어지는 편. 연봉은 3183만 달러.

SHOT ZONE

53	562	43
22	347	20	42
46	15	42%	62%	47%	25%	36%
18	12	39%	40%			
	101	31	
	58		
	57%		
	14		
	43%		
33	36
	45%
145	58	119
52	17	43
36%	29%	36%

필드골 시도 필드골 성공 **필드골 성공률**

필드골 시도 **1256** 614 387 / 17 20 113 113

● 점프슛, 풀업 점퍼
● 레이업, 핑거롤
● 페이드어웨이
● 덩크, 앨리웁
● 훅슛
● 팁슛
● 뱅크슛

필드골 성공 **627** 246 226 / 5 10 75 56

DEFENSE PER GAME			REBOUNDS PER GAME		
림에서의 거리	DFG	DFG%	림에서의 거리	CR	UCR
3점슛	1.5	34.5%	0~0.9m	0.4	0.4
2점슛	3.3	51.7%	0.9~1.8m	0.6	1.5
0~1.8m	2.2	56.8%	1.8~3.0m	0.3	0.9
0~3.0m	2.6	52.6%	3.0m 이상	0.2	1
4.5m 이상	1.8	36.2%			

2023-24 보스턴 70경기 평균 33.5분						항목 평점	TS	MS	3PS	FT	LU	DK	ID	OD	ST	BL
항목	PTS	RB	AS	ST	BL		A+	A	B+	C	B+	A	C	B+	C	D-
경기 평균	23.0	5.5	3.6	1.2	0.5	평점	OR3	DR3	PS	BH	BQ	SP	PO	ED	HS	OG
36분 기준	24.7	5.9	3.8	1.3	0.6		C-	C-	B-	B-	C+	A	A	A	A	A-

Sam HAUSER SF-PF

F 30 · 샘하우저 · 1997.12.08 / 201cm

미국

NBA 드래프트: 2021년에 지명받지 못함
NBA 우승: 1회 / 파이널 MVP: 0회
시즌 MVP: 0회 / NBA 퍼스트팀: 0회

식스맨으로 꽤 쏠쏠한 활약을 보인다. 강점은 폭발적인 3점슛. 좌우 코너, 좌우 윙, 탑 등 위치를 가리지 않는다. 주 득점 루트는 오프 더 볼 무브로 만든 찬스에서 시도하는 정확한 캐치&슛. 그러나 러닝 점퍼, 풀업 점퍼도 심심찮게 성공시킨다. 가끔 커팅 레이업, 드라이빙 플로터 등으로 림을 직접 공략하기도 한다. 지구력이 좋아 코트를 부지런히 넘나들면서 허슬 플레이를 한다. 볼 핸들러와의 1대1 수비에는 약점을 보인다. 시즌 연봉 209만 달러.

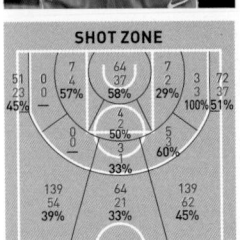

SHOT ZONE

7	64	7
51	37	3	72
23	0	57%	58%	29%	100% 51%
45%					
	15		
	50%		
	0	5	
	33%	60%	
139	64	139
54	21	62
39%	33%	45%

필드골 시도 필드골 성공 **필드골 성공률**

필드골 시도 **558** 495 / 4 10 6 35

● 점프슛, 풀업 점퍼
● 레이업, 핑거롤
● 페이드어웨이
● 덩크, 앨리웁
● 훅슛
● 팁슛
● 뱅크슛

필드골 성공 **249** 213 / 2 1 3 17

DEFENSE PER GAME			REBOUNDS PER GAME		
림에서의 거리	DFG	DFG%	림에서의 거리	CR	UCR
3점슛	1.0	37.5%	0~0.9m	0.1	0.7
2점슛	3.1	52.4%	0.9~1.8m	0.2	0.8
0~1.8m	1.8	55.6%	1.8~3.0m	0.1	0.7
0~3.0m	2.3	51.7%	3.0m 이상	0.1	0.7
4.5m 이상	1.3	39.8%			

2023-24 보스턴 79경기 평균 22.0분						항목 평점	TS	MS	3PS	FT	LU	DK	ID	OD	ST	BL
항목	PTS	RB	AS	ST	BL		B+	B	A+	B	B+	C	D-	C+	D-	D-
경기 평균	9.0	3.5	1.0	0.5	0.3	평점	OR3	DR3	PS	BH	BQ	SP	PO	ED	HS	OG
36분 기준	14.7	5.7	1.7	0.8	0.5		B+	B+	B-	C	C	C+	D	C+	B+	C

Xavier TILLMAN PF-C

F 26 · 제이비어 틸먼 · 1999.01.12 / 201cm

미국

NBA 드래프트: 2020년 2라운드 35번
NBA 우승: 1회 / 파이널 MVP: 0회
시즌 MVP: 0회 / NBA 퍼스트팀: 0회

4번과 5번을 넘나드는 벤치 멤버. 득점력은 높지 않으나, 리바운드, 블록, 스틸에 특화된 '수비형 선수'다. RA(노차징존) 필드골 허용률 54.6%로 림을 효율적으로 방어해낸다. 루즈볼 다툼, 스크린, 박스 아웃 등 궂은일을 정말 많이 한다. 화려한 공격수가 많은 보스턴에서 '블루칼라 워크'를 충실히 해내고 있는 셈이다. 득점력 자체는 높지 않다. 그러나 강심장이라 어려운 상황에서의 슈팅은 의외로 성공률이 높은 편이다. 시즌 연봉 193만 달러.

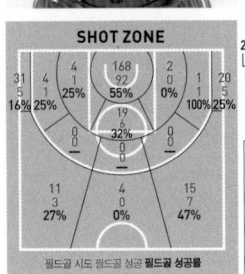

SHOT ZONE

4	168	5
31	92	20
4	55%	25%	100% 25%
16% 25%			
	19		
	32%		
11	4	15
3	0	7
27%	0%	47%

필드골 시도 필드골 성공 **필드골 성공률**

필드골 시도 **279** 124 94 / 4 29 18

● 점프슛, 풀업 점퍼
● 레이업, 핑거롤
● 페이드어웨이
● 덩크, 앨리웁
● 훅슛
● 팁슛
● 뱅크슛

필드골 성공 **121** 48 / 1 15 38 16

DEFENSE PER GAME			REBOUNDS PER GAME		
림에서의 거리	DFG	DFG%	림에서의 거리	CR	UCR
3점슛	0.9	38.1%	0~0.9m	0.4	0.3
2점슛	3.4	49.9%	0.9~1.8m	0.7	0.8
0~1.8m	2.3	54.6%	1.8~3.0m	0.3	0.7
0~3.0m	2.6	50.7%	3.0m 이상	0.1	0.5
4.5m 이상	1.4	40.0%			

2023-24 멤피스+보스턴 54경기 평균 18.0분						항목 평점	TS	MS	3PS	FT	LU	DK	ID	OD	ST	BL
항목	PTS	RB	AS	ST	BL		B+	B	B+	D-	B	C-	C	C+	B-	B+
경기 평균	5.3	3.9	1.4	0.9	0.8	평점	ORB	DRB	PS	BH	BQ	SP	PO	ED	HS	OG
36분 기준	10.5	7.8	2.8	1.9	1.6		B+	B+	D-	C-	C	B-	C	B-	A	C

	DEFENSE pg		REBOUNDS pg		항목 & 평점																		
	DFG	DFG%	CR	UCR	TS	MS	3PS	FT	LU	DK	ID	OD	ST	BL	ORG	OR3	DRG	DR3	DRB	PS	BH	BQ	SP	PO	ED	HS	OG
	필드골 허용	필드골 허용률	유효 리바운드	무효 리바운드	터프샷 성공력	중거리 슈팅	3점 슈팅	자유투 성공률	레이업 플로터	슬램 덩크	안쪽 수비	외곽 수비	스틸	블락	가드 공격RB	SF 공격RB	빅맨 공격RB	가드 수비RB	SF 수비RB	빅맨 수비RB	패스	볼 핸들링	농구 IQ	스피드 민첩성	파워	지구력	허슬 플레이	종합 평가

Jordan WALSH — SF
조던 월시 · F 27

2004.03.03 / 198cm

🇺🇸 미국

NBA 드래프트: 2023년 2라운드 38번
NBA 우승: 1회 / 파이널 MVP : 0회
시즌 MVP : 0회 / NBA 퍼스트팀 : 0회

2023 NBA 드래프트에서 새크라멘토에 2라운드 38번으로 지명됐지만, 보스턴으로 트레이드됐다. 지난 시즌 전반기 대부분을 NBA G리그인 메인 셀틱스에서 뛰었고, 2024년 1월 샌안토니오를 상대로 NBA 데뷔전을 치렀다. 주로 중장거리 스팟업 점프슛과 로포스트 러닝 덩크로 득점한다. 3번과 4번을 넘나들지만, 인사이드 디펜스보다는 퍼리미터 디펜스에 더 강점이 있다. 그리고 몸을 사리지 않는 투혼으로 허슬 플레이를 펼친다. 연봉은 189만달러.

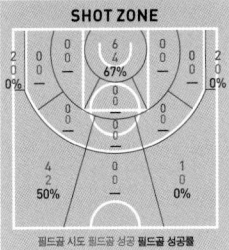

SHOT ZONE

필드골 15 시도 / 필드골 6 성공

● 점프슛, 풀업 점퍼
● 레이업, 핑거롤
● 페이드어웨이
● 덩크, 앨리웁
● 훅슛
● 팁슛
● 뱅크슛

DEFENSE PER GAME			REBOUNDS PER GAME		
림에서의 거리	DFG	DFG%	림에서의 거리	CR	UCR
3점슛	0.3	18.2%	0~0.9m	0.0	0.1
2점슛	1.4	62.5%	0.9~1.8m	0.1	0.6
0~1.8m	1.3	75.0%	1.8~3.0m	0.0	0.6
0~3.0m	1.4	71.4%	3.0m 이상	0.4	0.3
4.5m 이상	0.3	18.2%			

2023-24 보스턴 9경기 평균 9.2분

항목	PTS	RB	AS	ST	BL
경기 평균	1.7	2.2	0.6	0.6	0.1
36분 기준	6.5	8.7	2.2	2.2	0.4

항목	TS	MS	3PS	FT	LU	DK	ID	OD	ST	BL
평점	C-	D	D+	C-	D+	B-	D-	C	B-	C
항목	OR3	DR3	PS	BH	BQ	SP	PO	ED	HS	OG
평점	B+	A-	D-	D+	D	C+	D-	A-	B+	C-

Anton WATSON — PF-SF
앤톤 왓슨 · F 28

2000.10.06 / 203cm

🇺🇸 미국

NBA 드래프트: 2024년 2라운드 54번
NBA 우승: 0회 / 파이널 MVP : 0회
시즌 MVP : 0회 / NBA 퍼스트팀 : 0회

2024 NBA 드래프트에서 2라운드 54번으로 보스턴에 지명되었다. 왓슨은 다재다능한 포워드다. 센터에서 가드까지 모두 수비할 수 있다. 퍼리미터에서 빠른 가드를 막을 수 있고, 림 아래에서 빅맨을 상대할 수 있다. 그의 슛 셀렉션은 다소 불안하다. 중거리 점퍼는 업&다운이 있다. 또한, 3점슛 성공률도 들쭉날쭉하다. 하지만 림을 잘 공략한다. 양손을 고루 사용해 레이업이나 플로터를 성공시킨다. 우수한 볼핸들러는 아니지만 날카롭게 패스한다.

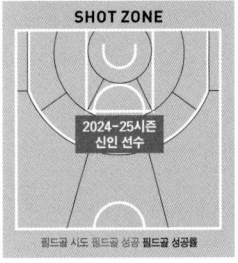

SHOT ZONE

필드골 0 시도 / 필드골 0 성공

2024-25시즌 신인 선수

● 점프슛, 풀업 점퍼
● 레이업, 핑거롤
● 페이드어웨이
● 덩크, 앨리웁
● 훅슛
● 팁슛
● 뱅크슛

DEFENSE PER GAME			REBOUNDS PER GAME		
림에서의 거리	DFG	DFG%	림에서의 거리	CR	UCR
3점슛	—	—	0~0.9m	—	—
2점슛	—	—	0.9~1.8m	—	—
0~1.8m	—	—	1.8~3.0m	—	—
0~3.0m	—	—	3.0m 이상	—	—
4.5m 이상	—	—			

2023-24시즌 기록 없음

항목	PTS	RB	AS	ST	BL
경기 평균	—	—	—	—	—
36분 기준	—	—	—	—	—

항목	TS	MS	3PS	FT	LU	DK	ID	OD	ST	BL
평점	—	—	—	—	—	—	—	—	—	—
항목	OR3	DR3	PS	BH	BQ	SP	PO	ED	HS	OG
평점	—	—	—	—	—	—	—	—	—	—

Kristaps PORZIŅĢIS — C-PF
크리스탑스 포르징기스 · C 8

1995.08.02 / 218cm

🇱🇻 라트비아

NBA 드래프트: 2015년 1라운드 4번
NBA 우승: 1회 / 파이널 MVP : 0회
시즌 MVP : 0회 / NBA 퍼스트팀 : 0회

라트비아 출신. 슈팅 거리가 길고, 숏터치가 부드럽다. 클러치 상황에서 침착히 빅샷을 성공시킨다. 루키 시즌보다 자신감이 크게 늘어 앨리웁 덩크, 커팅 덩크, 커팅 레이업 등 림을 직접 공략하는 빈도가 늘었다. 넓은 시야를 이용한 패스도 OK. 큰 체격에 비해 스피드와 점프력이 나름 준수한 편이라 세로수비, 가로수비까지 특별한 약점은 없다. 지난 6월 12일, 발목 안쪽 힘줄 부상으로 수술을 받아 올 시즌 초반은 뛸 수 없다. 연봉은 2927만 달러.

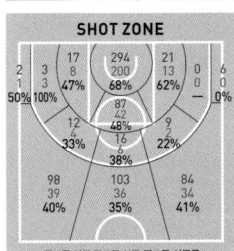

SHOT ZONE

필드골 752 시도 / 필드골 388 성공

● 점프슛, 풀업 점퍼
● 레이업, 핑거롤
● 페이드어웨이
● 덩크, 앨리웁
● 훅슛
● 팁슛
● 뱅크슛

DEFENSE PER GAME			REBOUNDS PER GAME		
림에서의 거리	DFG	DFG%	림에서의 거리	CR	UCR
3점슛	2.0	35.7%	0~0.9m	1.3	1.0
2점슛	6.2	46.6%	0.9~1.8m	0.4	0.6
0~1.8m	3.9	49.7%	1.8~3.0m	0.5	0.5
0~3.0m	4.6	47.8%	3.0m 이상	0.1	0.4
4.5m 이상	2.8	36.8%			

2023-24 보스턴 57경기 평균 29.6분

항목	PTS	RB	AS	ST	BL
경기 평균	20.1	7.2	2.0	0.7	1.9
36분 기준	24.4	8.7	2.4	0.9	2.4

항목	TS	MS	3PS	FT	LU	DK	ID	OD	ST	BL
평점	A	A-	B-	B+	C+	A-	C+	D-	D-	B+
항목	ORB	DRB	PS	BH	BQ	SP	PO	ED	HS	OG
평점	D+	A+	D-	C-	B+	D-	C+	A	B+	B+

AI HORFORD — PF-C
알 호포드 · C 42

1986.06.03 / 206cm

🇩🇴 도미니카공화국

NBA 드래프트: 2007년 1라운드 3번
NBA 우승: 1회 / 파이널 MVP : 0회
시즌 MVP : 0회 / NBA 퍼스트팀 : 0회

지난 시즌 PO 1라운드에서 선발 센터 포르징기스가 부상으로 빠진 후 대타로 나섰고, 그의 빈자리를 완벽히 메우며 팀 우승을 뒷받침했다. 포르징기스의 몸 상태가 좋지 않기에 호포드는 올 시즌 초반에도 선발 센터로 출전한다. 프로 경력 17년의 노련함, 우수한 BQ, 섬세한 패스로 영리한 플레이를 펼친다. 교과서적인 포스트업과 정확한 중거리슛으로 효율 높은 공격을 펼친다. 강심장이라 터프샷 성공률이 꽤 높은 편이다. 시즌 연봉은 950만 달러.

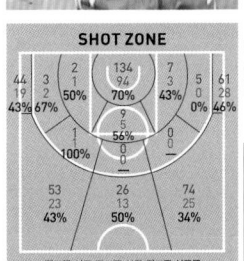

SHOT ZONE

필드골 419 시도 / 필드골 214 성공

● 점프슛, 풀업 점퍼
● 레이업, 핑거롤
● 페이드어웨이
● 덩크, 앨리웁
● 훅슛
● 팁슛
● 뱅크슛

DEFENSE PER GAME			REBOUNDS PER GAME		
림에서의 거리	DFG	DFG%	림에서의 거리	CR	UCR
3점슛	1.6	33.7%	0~0.9m	0.4	0.5
2점슛	4.7	53.2%	0.9~1.8m	0.9	1.4
0~1.8m	3.0	63.3%	1.8~3.0m	0.4	1.4
0~3.0m	3.5	59.1%	3.0m 이상	0.1	1.1
4.5m 이상	2.2	35.4%			

2023-24 보스턴 65경기 평균 26.8분

항목	PTS	RB	AS	ST	BL
경기 평균	8.6	6.4	2.6	0.6	1.0
36분 기준	11.6	8.5	3.5	0.8	1.3

항목	TS	MS	3PS	FT	LU	DK	ID	OD	ST	BL
평점	A	B-	A-	C-	D-	C-	B-	D+	D	B-
항목	ORB	DRB	PS	BH	BQ	SP	PO	ED	HS	OG
평점	D-	C+	C+	D-	B	D-	A-	A	B	B

DEFENSE pg		REBOUNDS pg		항목 & 평점																			
DFG	DFG%	CR	UCR	TS	MS	3PS	FT	LU	DK	ID	OD	ST	BL	ORG	OR3	ORB	DRG	DR3	DRB	PS	BH	BQ	SP	PO	ED	HS	OG
필드골 허용	필드골 허용%	유경쟁 리바운드	무경쟁 리바운드	터프샷 성공률	중거리 슈팅	3점 슈팅	자유투 성공률	레이업 플로터	슬램 덩크	안쪽 수비	외곽 수비	스틸	블락	가드 공격RB	SF 공격RB	빅맨 공격RB	가드 수비RB	SF 수비RB	빅맨 수비RB	패스	볼 핸들링	농구 IQ	스피드 민첩성	파워 지구력	허슬 플레이	종합 평점

Luke KORNET — C (40)

루크 코넷 1995.07.15 / 218cm

NBA 드래프트: 2017년 지명되지 못함
NBA 우승: 1회 / 파이널 MVP: 0회
시즌 MVP: 0회 / NBA 퍼스트팀: 0회
미국

전형적인 인사이드 디펜더. 농구 역사에서 새로운 수비 기술, 일명 'Kornet Contest'의 창시자다. 특유의 제자리 뛰기로 신체접촉 없이 와이드 오픈 3점슛을 막는다. 지난 2022년, 상대의 와이드 오픈 3점 성공률을 25%까지 떨어뜨려 효율성을 확실히 입증했다. 강한 지구력을 바탕으로 적극적인 허슬 플레이를 펼친다. 공격은 제한적이다. 앨리웁 덩크, 커팅 덩크, 커팅 레이업, 풋백 레이업, 팁인 등 림 어택이 주득점 루트다. 시즌 연봉은 280만 달러.

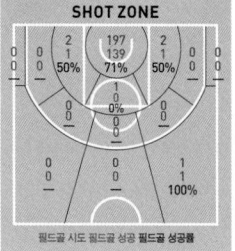

SHOT ZONE

필드골 203 시도 / 필드골 142 성공

● 점프슛, 풀업 점퍼
● 레이업, 핑거롤
● 페이드어웨이
● 덩크, 앨리웁
● 훅슛
● 팁슛
● 뱅크슛

DEFENSE PER GAME			REBOUNDS PER GAME		
림에서의 거리	DFG	DFG%	림에서의 거리	CR	UCR
3점슛	1.1	34.3%	0~0.9m	1.0	0.4
2점슛	3.4	49.2%	0.9~1.8m	0.9	0.7
0~1.8m	1.9	52.4%	1.8~3.0m	0.4	0.5
0~3.0m	2.4	52.2%	3.0m 이상	0	0.3
4.5m 이상	1.6	36.2%			

2023-24 보스턴 63경기 평균 15.6분

항목	TS	MS	3PS	FT	LU	DK	ID	OD	ST	BL
평점	C+	C	B	C-	C-	B-	C+	C+	D	A-
	PTS	RB	AS	ST	BL					
경기 평균	5.3	4.1	1.6	0.4	1.0					
36분 기준	12.2	9.6	2.5	0.8	2.2					

항목	ORB	DRB	PS	BH	BQ	SP	PO	ED	HS	OG
평점	B+	D+	D-	D-	B-	D-	D+	B	B	C+

Jrue HOLIDAY — PG-SG (4)

드루 할러데이 1990.06.12 / 196cm

NBA 드래프트: 2009년 1라운드 17번
NBA 우승: 2회 / 파이널 MVP: 0회
시즌 MVP: 0회 / NBA 퍼스트팀: 0회
미국

그의 이름은 '드루로' 발음한다. 공수 겸장의 듀얼 가드. 드라이빙으로 이어지는 레이업, 플로터, 덩크 등 다이내믹한 림 어택이 특기다. 중거리에서 짧게 돌파하다 급정거한 후 바로 슛을 던진다. 또한, 코너, 윙, 탑 등 여러 각도에서 던지는 3점슛도 위력적. 터프샷 성공률도 높다. '자물쇠'라는 별명처럼 상대팀 가드 에이스를 꽁꽁 묶어버린다. 1~2번을 주로 수비하지만, 상황에 따라 3번과 4번, 심지어 5번과도 매치업을 한다. 시즌 연봉은 3000만 달러.

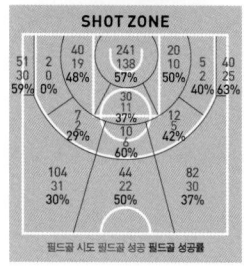

SHOT ZONE

필드골 689 시도 / 필드골 331 성공

● 점프슛, 풀업 점퍼
● 레이업, 핑거롤
● 페이드어웨이
● 덩크, 앨리웁
● 훅슛
● 팁슛
● 뱅크슛

DEFENSE PER GAME			REBOUNDS PER GAME		
림에서의 거리	DFG	DFG%	림에서의 거리	CR	UCR
3점슛	2.1	36.6%	0~0.9m	0.2	0.5
2점슛	4.4	50.7%	0.9~1.8m	0.5	1.1
0~1.8m	3.1	57.3%	1.8~3.0m	0.3	1.1
0~3.0m	3.5	53.2%	3.0m 이상	0.4	1.2
4.5m 이상	2.5	36.8%			

2023-24 보스턴 69경기 평균 32.8분

항목	TS	MS	3PS	FT	LU	DK	ID	OD	ST	BL
평점	B-	A-	B+	B	A	D	C+	A+	C-	D
	PTS	RB	AS	ST	BL					
경기 평균	12.5	5.4	4.8	0.9	0.8					
36분 기준	13.7	5.9	5.3	1	0.8					

항목	ORG	DRG	PS	BH	BQ	SP	PO	ED	HS	OG
평점	B-	B+	B+	B+	B-	D-	A-	A	A	B+

Derrick WHITE — SG-PG (9)

데릭 화이트 1994.07.02 / 193cm

NBA 드래프트: 2017년 1라운드 29번
NBA 우승: 0회 / 파이널 MVP: 0회
시즌 MVP: 0회 / NBA 퍼스트팀: 0회
미국

과감한 선수다. 커팅에 이은 레이업과 덩크, 드라이빙에서 파생되는 플로터, 레이업, 덩크로 림을 직접 공략한다. 클러치 상황에서 여지없이 꽂히는 3점슛은 '치명적인 무기'다. 강심장이라 터프샷 성공률도 높다. 안정적인 볼 핸들링과 이타적인 마인드로 동료에게 기회를 잘 만들어준다. 리그에서 가장 강력한 수비수 중 1명이다. 좋은 눈썰미와 움직임으로 수비한다. 가드 중 최상위권의 블록과 스틸 능력을 보유하고 있다. 시즌 연봉은 1882만 달러.

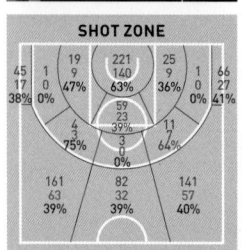

SHOT ZONE

필드골 839 시도 651 / 필드골 387 성공 263

● 점프슛, 풀업 점퍼
● 레이업, 핑거롤
● 페이드어웨이
● 덩크, 앨리웁
● 훅슛
● 팁슛
● 뱅크슛

DEFENSE PER GAME			REBOUNDS PER GAME		
림에서의 거리	DFG	DFG%	림에서의 거리	CR	UCR
3점슛	1.6	33.6%	0~0.9m	0.3	0.4
2점슛	4.6	51.8%	0.9~1.8m	0.3	0.9
0~1.8m	3.0	57.3%	1.8~3.0m	0.2	0.9
0~3.0m	3.7	55.6%	3.0m 이상	0.1	1.0
4.5m 이상	2.0	35.0%			

2023-24 보스턴 73경기 평균 32.6분

항목	TS	MS	3PS	FT	LU	DK	ID	OD	ST	BL
평점	A	B	B+	B	D	D-	A-	C	B-	
	PTS	RB	AS	ST	BL					
경기 평균	15.2	4.2	5.2	1.0	1.2					
36분 기준	16.7	4.7	5.7	1.1	1.3					

항목	ORG	DRG	PS	BH	BQ	SP	PO	ED	HS	OG
평점	D	C	B+	B+	A-	B+	D-	B	A	B+

Payton PRITCHARD — PG-SG (11)

페이턴 프리차드 1998.01.28 / 185cm

NBA 드래프트: 2020년 1라운드 26번
NBA 우승: 1회 / 파이널 MVP: 0회
시즌 MVP: 0회 / NBA 퍼스트팀: 0회
미국

백업 가드. 강력한 무기는 3점슛. 코너, 윙, 탑 등 여러 방향에서 과감하게 던진다. '딥 쓰리'를 심심찮게 구사할 수 있고, 풀업 3점이나 스텝백 3점을 시도한다. 상황에 따라 드라이빙에 이은 레이업, 핑거롤, 플로터로 림을 직접 공략한다. 플레이가 화려하지는 않다. 그러나 성격이 침착하고, 기본기가 탄탄하며, 볼 핸들링이 안정적이다. 1대1 수비 기술은 평균 이하. 그러나 강한 지구력을 바탕으로 적극적인 허슬 플레이를 펼친다. 연봉은 670만 달러.

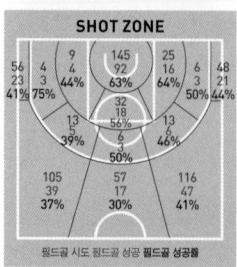

SHOT ZONE

필드골 635 시도 480 / 필드골 297 성공 200

● 점프슛, 풀업 점퍼
● 레이업, 핑거롤
● 페이드어웨이
● 덩크, 앨리웁
● 훅슛
● 팁슛
● 뱅크슛

DEFENSE PER GAME			REBOUNDS PER GAME		
림에서의 거리	DFG	DFG%	림에서의 거리	CR	UCR
3점슛	0.9	37.6%	0~0.9m	0.1	0.2
2점슛	2.4	55.2%	0.9~1.8m	0.2	0.8
0~1.8m	1.5	66.1%	1.8~3.0m	0.2	0.5
0~3.0m	1.8	60.7%	3.0m 이상	0.1	1.0
4.5m 이상	1.4	38.7%			

2023-24 보스턴 82경기 평균 22.3분

항목	TS	MS	3PS	FT	LU	DK	ID	OD	ST	BL
평점	A-	A-	C+	C+	D-	D-	D	D	D	D-
	PTS	RB	AS	ST	BL					
경기 평균	9.6	3.2	3.4	0.5	0.1					
36분 기준	15.5	5.2	5.5	0.8	0.1					

항목	ORG	DRG	PS	BH	BQ	SP	PO	ED	HS	OG
평점	B	D+	C+	B	C	D-	B-	C+	C+	

DEFENSE pg		REBOUNDS pg		항목 & 평점																						
DFG	DFG%	CR	UCR	TS	MS	3PS	FT	LU	DK	ID	OD	ST	BL	ORG	OR3	ORB	DRG	DR3	DRB	PS	BH	BQ	SP	PO	ED	HS	OG
필드골 허용	필드골 허용률	유경쟁 리바운드	무경쟁 리바운드	턴프샷 성공률	중거리 슈팅	3점 슈팅	자유투 성공률	레이업 플로터	슬램 덩크	안쪽 수비	외곽 수비	스틸	블락	가드 공격RB	SF 공격RB	빅맨 공격RB	가드 수비RB	SF 수비RB	빅맨 수비RB	패스	볼 핸들링	농구 IQ	스피드	민첩성	파워	지구력	종합 평가

G 55 — Baylor SCHEIERMAN SG-SF
베일러 슈아이어만
2000.09.26 / 201cm

🇺🇸 미국

NBA 드래프트 : 2024년 1라운드 30번
NBA 우승 : 0회 / 파이널 MVP : 0회
시즌 MVP : 0회 / NBA 퍼스트팀 : 0회

2024 NBA 드래프트에서 보스턴에 1라운드 30번으로 지명되었다. 201cm의 장신 스윙맨으로 다양한 역할을 할 수 있다. 왼손잡이로 타점이 비교적 높고, 슈팅 터치가 부드럽다. 대학 시절에는 정확한 3점 슈터로 명성을 떨쳤다. 오프 더 볼 움직임이 좋아 오픈 찬스를 만든 뒤 캐치&슛을 시도한다. 2번치고 리바운드 능력도 출중한 편이다. 하지만 NBA 레벨의 수비력을 아직 갖추지 못했다. 올 시즌 출전 시간은 제한적일 것이다. 시즌 연봉은 249만 달러.

SHOT ZONE
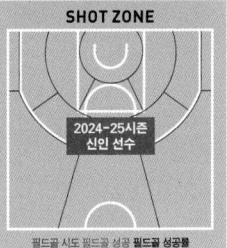

2024-25시즌
신인 선수

필드골 시도 필드골 성공 필드골 성공률

- ● 점프슛, 풀업 점퍼
- ● 레이업, 핑거롤
- ● 페이드어웨이
- ● 덩크, 앨리웁
- ● 훅슛
- ● 팀슛
- ● 뱅크슛

필드골 **0** 시도
필드골 **0** 성공

DEFENSE PER GAME			REBOUNDS PER GAME		
림에서의 거리	DFG	DFG%	림에서의 거리	CR	UCR
3점슛			0~0.9m		
2점슛			0.9~1.8m		
0~1.8m			1.8~3.0m		
0~3.0m			3.0m 이상		
4.5m 이상					

2023-24시즌 기록 없음						항목 평점	TS	MS	3PS	FT	LU	DK	ID	OD	ST	BL
항목	PTS	RB	AS	ST	BL		—	—	—	—	—	—	—	—	—	—
경기 평균	—	—	—	—	—	항목 평점	ORG	DRG	PS	BH	BQ	SP	PO	ED	HS	OG
36분 기준	—	—	—	—	—		—	—	—	—	—	—	—	—	—	—

G 20 — JD DAVISON PG-SG
JD 데이비슨
2002.10.03 / 185cm

🇺🇸 미국

NBA 드래프트 : 2022년 2라운드 53번
NBA 우승 : 1회 / 파이널 MVP : 0회
시즌 MVP : 0회 / NBA 퍼스트팀 : 0회

드루 할러데이, 페이턴 프리차드의 휴식 시간을 커버한다. 데이비슨은 운동 능력이 뛰어난 선수다. 드라이빙 플로터, 러닝 레이업, 드라이빙 덩크, 풀업 점퍼 등 무빙 동작에서 이어지는 슈팅이 주무기다. 물론, 출전 시간이 워낙 짧기에 보여주는 데는 한계가 있다. 나름대로 볼 흘림이 좋고, 스피드를 활용한 트랜지션 게임, 지구력을 이용한 압박 수비도 나쁘지 않다. 중거리슛 정확도를 더 높여야 한다. 시즌 연봉은 58만 달러. 투웨이 계약이다.

SHOT ZONE
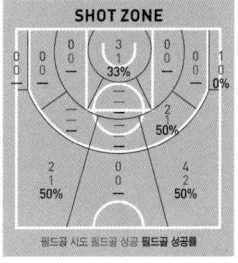

필드골 시도 필드골 성공 필드골 성공률

- ● 점프슛, 풀업 점퍼
- ● 레이업, 핑거롤
- ● 페이드어웨이
- ● 덩크, 앨리웁
- ● 훅슛
- ● 팀슛
- ● 뱅크슛

필드골 **12** 시도 10
필드골 **12** 성공 4

DEFENSE PER GAME			REBOUNDS PER GAME		
림에서의 거리	DFG	DFG%	림에서의 거리	CR	UCR
3점슛	0.2	25.0%	0~0.9m	0.0	0.1
2점슛	1.0	46.2%	0.9~1.8m	0.1	0.5
0~1.8m	1.0	60.0%	1.8~3.0m	0.0	0.4
0~3.0m	1.0	54.5%	3.0m 이상	0.0	0.1
4.5m 이상	0.2	25.0%			

2023-24 보스턴 8경기 평균 4.9분						항목 평점	TS	MS	3PS	FT	LU	DK	ID	OD	ST	BL
항목	PTS	RB	AS	ST	BL		C-	C-	C-	C-	B	D-	D-	D+	D+	D+
경기 평균	2.0	1.3	1.3	0.1	0.1	항목 평점	ORG	DRG	PS	BH	BQ	SP	PO	ED	HS	OG
36분 기준	14.8	9.2	9.2	0.9	0.9		B+	A+	C-	B+	D+	B	D-	B+	D-	D+

G 11 — Jaden SPRINGER SG-PG
제이든 스프링어
2002.09.25 / 193cm

🇺🇸 미국

NBA 드래프트 : 2021년 1라운드 28번
NBA 우승 : 1회 / 파이널 MVP : 0회
시즌 MVP : 0회 / NBA 퍼스트팀 : 0회

보스턴 3유닛을 구성할 듀얼 가드. 출전 시간의 제약 때문에 많은 것을 보여주지는 못하지만, 나름 쏠쏠한 활약을 펼친다. 러닝 레이업, 러닝 덩크, 드라이빙 레이업, 드라이빙 플로터로 림을 직접 공략한다. 중거리에서 스팟업 점퍼와 풀업 점퍼, 페이드어웨이 점퍼로 득점한다. 코너 3점슛은 나름 성공률이 높지만, 윙과 탑에서 던지는 3점슛은 과녁에서 많이 빗겨나갔다. 스피드를 활용한 페리미터 수비, 스틸은 꽤 우수한 편이다. 시즌 연봉은 402만 달러.

SHOT ZONE
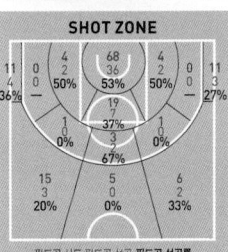

필드골 시도 필드골 성공 필드골 성공률

- ● 점프슛, 풀업 점퍼
- ● 레이업, 핑거롤
- ● 페이드어웨이
- ● 덩크, 앨리웁
- ● 훅슛
- ● 팀슛
- ● 뱅크슛

필드골 **148** 시도
필드골 **59** 성공

DEFENSE PER GAME			REBOUNDS PER GAME		
림에서의 거리	DFG	DFG%	림에서의 거리	CR	UCR
3점슛	0.6	33.3%	0~0.9m	0.2	0.2
2점슛	1.8	56.9%	0.9~1.8m	0.2	0.3
0~1.8m	1.1	58.9%	1.8~3.0m	0.1	0.2
0~3.0m	1.3	55.4%	3.0m 이상	0.1	0.3
4.5m 이상	0.9	41.1%			

2023-24 필라델피아+보스턴 49경기 평균 10.3분						항목 평점	TS	MS	3PS	FT	LU	DK	ID	OD	ST	BL
항목	PTS	RB	AS	ST	BL		D+	C-	D-	C	B-	C-	D-	C+	A	C-
경기 평균	3.3	1.6	0.9	0.7	0.3	항목 평점	ORG	DRG	PS	BH	BQ	SP	PO	ED	HS	OG
36분 기준	11.6	5.5	3.1	2.6	1.1		A-	D-	C	B-	C-	B-	D-	B+	C-	C-

BOSTON CELTICS
2024-25 REGULAR SEASON SCHEDULE

OCTOBER, 2024			
Oct. 23	vs. New York		
Oct. 25	@ Washington		
Oct. 27	@ Detroit		
Oct. 29	vs. Milwaukee		
Oct. 31	@ Indiana		

NOVEMBER, 2024	
Nov. 2	@ Charlotte
Nov. 3	@ Charlotte
Nov. 5	@ Atlanta
Nov. 7	vs. Golden State
Nov. 9	vs. Brooklyn
Nov. 11	@ Milwaukee
Nov. 13	vs. Atlanta
Nov. 14	@ Brooklyn
Nov. 17	vs. Toronto
Nov. 20	vs. Cleveland
Nov. 23	@ Washington
Nov. 25	vs. Minnesota
Nov. 26	vs. LA Clippers
Nov. 30	@ Chicago

DECEMBER, 2024	
Dec. 2	@ Cleveland
Dec. 3	vs. Miami
Dec. 5	vs. Detroit
Dec. 7	vs. Milwaukee
Dec. 8	vs. Memphis
Dec. 20	vs. Chicago
Dec. 22	@ Chicago
Dec. 24	@ Orlando
Dec. 26	vs. Philadelphia
Dec. 28	vs. Indiana
Dec. 30	vs. Indiana

JANUARY, 2025	
Jan. 1	vs. Toronto
Jan. 3	@ Minnesota
Jan. 4	@ Houston
Jan. 6	@ Oklahoma City
Jan. 8	@ Denver
Jan. 11	vs. Sacramento
Jan. 13	vs. New Orleans
Jan. 16	@ Toronto
Jan. 18	vs. Orlando
Jan. 19	vs. Atlanta
Jan. 21	@ Golden State
Jan. 23	@ LA Clippers
Jan. 24	@ LA Lakers
Jan. 26	@ Dallas
Jan. 28	vs. Houston
Jan. 30	vs. Chicago

FEBRUARY, 2025	
Feb. 1	@ New Orleans
Feb. 3	@ Philadelphia
Feb. 5	@ Cleveland
Feb. 7	vs. Dallas
Feb. 9	@ New York
Feb. 11	@ Miami
Feb. 13	vs. San Antonio
Feb. 21	@ Philadelphia
Feb. 24	vs. New York
Feb. 26	@ Toronto
Feb. 27	@ Detroit

MARCH, 2025	
Mar. 1	vs. Cleveland
Mar. 3	vs. Denver
Mar. 6	vs. Portland
Mar. 7	vs. Philadelphia
Mar. 9	vs. LA Lakers
Mar. 11	vs. Utah
Mar. 13	vs. Oklahoma City
Mar. 15	@ Miami
Mar. 18	@ Brooklyn
Mar. 19	vs. Brooklyn
Mar. 22	vs. Utah
Mar. 24	@ Portland
Mar. 25	@ Sacramento
Mar. 27	@ Phoenix
Mar. 30	@ San Antonio

APRIL, 2025	
Apr. 1	@ Memphis
Apr. 3	vs. Miami
Apr. 5	vs. Phoenix
Apr. 7	vs. Washington
Apr. 9	@ New York
Apr. 10	vs. Orlando
Apr. 12	vs. Charlotte
Apr. 14	vs. Charlotte

BROOKLYN NETS

九折羊腸 · 험난해도 끝까지 간다
구 절 양 장

뜻풀이 양의 창자처럼 험하고 꼬불꼬불한 산길. 길이 매우 험난하고 어렵지만, 끝까지 포기하지 않는다는 뜻. 올해 브루클린의 처지와 비슷하다.

중도 포기, 감독 해임까지 이어져

'빅3'의 자리를 메우는 것은 불가능했다. 경기를 주도할 에이스급 자원 없이 NBA에서 살아남기란 힘들었다. 미칼 브릿지스와 캠 존슨 등이 분발했지만 시즌 첫 서부 원정 연전에서 밑천이 드러났다. 반복되는 패배, 급기야 휴식기 직전 보스턴 원정에서 50점 차 대패를 기록하자 '감독 교체'라는 최후의 수를 꺼내 들었지만 상황은 반전되지 않았다. 기대했던 벤 시몬스도 부상 탓에 15경기 출전에 그쳤다. 시즌 직후, 브루클린은 페르난데스를 신임 감독으로 임명했다.

여름의 대변화, 다수 지명권 확보

꾸준히 20점씩 올려줬던 브릿지스도 뉴욕으로 보냈다. 미래 자원 확보를 위한 션 막스 단장 특단의 조치. 1라운드 지명권 4장을 포함, 다수의 지명권을 확보했다. 이로써 '빅3' 구축 과정에서 퍼줬던 미래를 거의 다 환불받았다. 그러나 당장은 빈 집이다. 올해는 드래프트 지명권조차 없었다. 캠 토마스, 도리안 피니-스미스, 카메론 존슨 등에게 의지하고, 시몬스가 건강히 뛰길 기도해야 한다. 젊은 선수들 조련에 일가견이 있는 페르난데스 감독의 첫 시즌은 꽤 험난할 전망이다.

마음 비우는 시즌, 시몬스 건강이 관건

데니스 슈로더, 보얀 보그다노비치 등 2025년에 계약이 만료되는 베테랑 선수들이 다수 있다. 곧 샐러리캡에 여유가 생길 것이고, 넉넉한 지명권으로 '고르는' 재미도 생길 것이다. 혹은 이런 상황을 이용해 다음 트레이드 마감일 이전에 미래를 설계할 수도 있다. 그러나 아무리 봐도 당장은 높은 승률을 안길 시나리오가 보이지 않는다. 페르난데스 감독은 시몬스에게 플레이메이커 역할을 맡기는 구상을 하고 있다. 그러나 거듭 말하지만, 시몬스가 일단 코트에 서야 가능한 일이다.

Association | Icon | Statement | City

---

*통계는 2024년 10월 1일 기준

CLUB INFORMATION

Founded	Owner	CEO	Head Coach	24-25 Odds
구단 창립 1967년	조셉 차이 1964.01.	샘 주스만	호르디 페르난데스 1982.12.27	벳365 : 1000배 윌리엄힐 : 1000배

Nationality	Age	Height	Weight	Salary
●미국 선수 13명 ●외국 선수 3명	16명 평균 25.1세	16명 평균 201.7cm	16명 평균 97.7kg	16명 평균 1060만 달러

Win	Loss	Winning%	Play-Off	Titles
2023-24 : 32승 통산 : 2028승	2023-24 : 50패 통산 : 2584패	2023-24 : 39.0% 통산 : 44.0%	PO 진출 : 31회 PO 탈락 : 27회	NBA우승 : 0회 컨퍼런스 : 2회

Top Scorer	More Rebounds	More Assists	More Steals	More Blocks
캠 토마스 평균 22.5점	닉 클랙스턴 평균 9.9RB	데니스 슈뢰더 평균 6.0AS	제이콥 길야드 평균 1.5스틸	닉 클랙스턴 평균 2.1블록

*항목별 1위는 지난 시즌 브루클린 소속으로 42경기 이상 출전한 선수 중 선별

HEAD COACH & STADIUM

Jordi FERNÁNDEZ 호르디 페르난데스

생년월일 : 1982.12.27 / **출생지** : 스페인 바달로나
경력 : 2009~2013 클리블랜드 코치 / 2013~2014 캔턴 차지 코치 / 2014~2016 캔턴 차지 감독 / 2016~2022 덴버 너기츠 코치 / 2022~2024 새크라멘토 수석 코치 / 2023~ 캐나다 대표팀 감독 / 2024~ 브루클린 네츠 감독

페르난데스는 1982년 12월 27일, 스페인 바달로나에서 태어났다. 바르셀로나대에서 스포츠사이언스를 전공했고, 대학원에서는 스포츠 심리학을 공부했다. 2006년 여름, 미국 라스베가스로 이주해 임팩트 바스켓볼 아카데미에 들어가 코칭스태프의 일원이 되었다. 2009년에는 클리블랜드 캐벌리어스의 선수 육성군 코치를 담당했다. 이후 여러 국가 대표팀을 지도하며 경험을 쌓았다. 2013년 스페인 U-19 남자대표팀 어시스턴트, 2017~2019년 스페인 국가대표팀 어시스턴트, 2020년 나이지리아 국가대표팀 어시스턴트, 2023년 캐나다 국가대표팀 감독을 역임했다. 그리고 2024년 4월 22일, 브루클린의 25대 감독으로 선임되었다. 그는 새크라멘토 감독 시절이던 2022-23시즌, 팀이 17년 만에 플레이오프에 진출함과 동시에 서부지구 3번 시드를 받도록 견인했다. 그 이전 덴버 너기츠 어시스턴트 시절(2016~2022년)에는 팀을 4년 연속 PO로 이끌었다.

BARCLAY CENTER
구장 오픈 : 2012년
구장 증개축 : —
오너 : 엠파이어스테이트 Dep.
수용인원 : 1만 7732명
건축비용 : 10억 달러

2012년 9월 28일에 개장했다. 뉴욕 브루클린 중심부에 위치한 스포츠 및 엔터테인먼트 행사장이다. 영국 금융회사이자 공식 스폰서인 바클리스가 20년간 2억 달러 규모를 맺고 명명권을 가져갔다. 이곳은 현대식 다목적 경기장이다. 어느 좌석에서든 경기장이 잘 보인다. 독보적인 볼거리와 최고 편의 시설을 갖췄다. 네츠 홈구장이 된 건 2012-13시즌부터다.

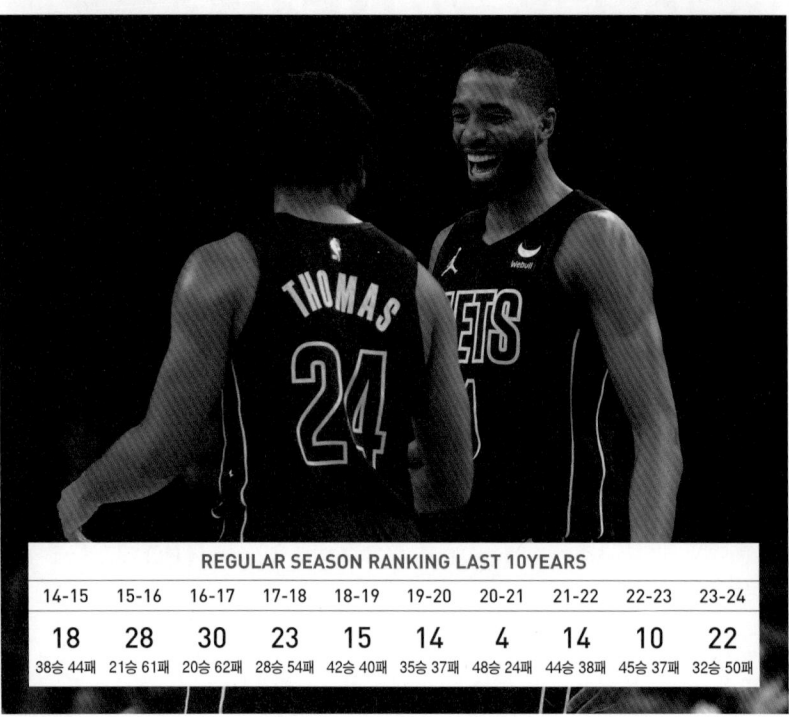

REGULAR SEASON RANKING LAST 10YEARS

14-15	15-16	16-17	17-18	18-19	19-20	20-21	21-22	22-23	23-24
18	**28**	**30**	**23**	**15**	**14**	**4**	**14**	**10**	**22**
38승 44패	21승 61패	20승 62패	28승 54패	42승 40패	35승 37패	48승 24패	44승 38패	45승 37패	32승 50패

TEAM POTENTIAL

62점

25위

하프코트 세트오펜스 6점	트랜지션 오펜스 6점	하프코트 세트디펜스 7점	트랜지션 디펜스 6점	리바운드 6점

선수층 5점	선수 경험치 6점	감독 리더십 6점	감독 전술 6점	프런트 8점

*각 항목은 10점 만점, 평점은 NBA 30팀 사이 상대평가

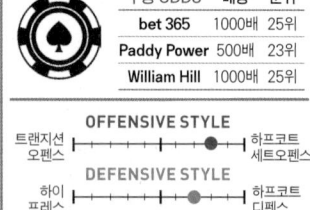

우승 ODDS	배당	순위
bet 365	1000배	25위
Paddy Power	500배	23위
William Hill	1000배	25위

OFFENSIVE STYLE

트랜지션 오펜스 ──────●── 하프코트 세트오펜스

DEFENSIVE STYLE

하이 프레스 ──────●── 하프코트 디펜스

Player's Functions

Ball Handlers	Pull-Ups	Catch & Shoot
D.슈뢰더	C.토머스	B.보그다노비치
B.시몬스	D.슈뢰더	D.슈뢰더
C.토머스	B.보그다노비치	C.토머스

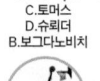 

3 Pointers	Slam Dunkers	Free Throw
C.토머스	N.클랙스턴	C.토머스
C.존슨	B.시몬스	J.윌슨
D.피니-스미스	D.샤프	D.슈뢰더

Rebounders	1-1 Defenders	Ball Stealers
N.클랙스턴	N.클랙스턴	B.시몬스
B.시몬스	B.시몬스	K.존슨
D.샤프	D.피니-스미스	C.존슨

Key Passes	Hustle Players	Rim Protectors
D.슈뢰더	D.슈뢰더	N.클랙스턴
B.시몬스	D.샤프	D.샤프
D.화이트헤드	N.클랙스턴	N.클라우니

SQUAD & TACTICS

STARTERS

PF 캐머런 존슨
27.6분, 13.4점
4.3RB, 2.4AS

C 닉 클랙스턴
29.8분, 11.8점
9.9RB, 2.1AS

SF 도리안 피니-스미스
28.4분, 8.5점
4.7RB, 1.6AS

SG 캠 토머스
31.4분, 22.5점
3.2RB, 2.9AS

PG 데니스 슈뢰더
31.1분, 14.0점
3.0RB, 6.1AS

OFF THE BENCH

PG 벤 시몬스
23.9분, 6.1점
7.9RB, 5.7AS

SG 셰이크 밀턴
12.1분, 4.5점
1.6RB, 1.3AS

SF 보얀 보그다노비치
25.9분, 15.2점
2.7RB, 1.7AS

PF 트렌던 왓포드
13.6분, 6.9점
3.1RB, 1.3AS

C 데이런 샤프
15.1분, 6.8점
6.4RB, 1.4AS

G 키온 존슨
G 다리크 화이트헤드
F 제일런 윌슨
F 자이어 윌리엄스
C 노아 클라우니

OFFENSE MECHANISM

신임 호르디 페르난데스 감독은 체질 개선을 선언했다. 다만 새 크라멘토나 이전 소속팀에서 즐겨왔던 4-OUT, 5-OUT 오펜스는 아닐 것이다. 페르난데스는 줌 액션에서 이어지는 2대2, 커트인 등이 주를 이루는 오펜스를 즐겨왔다. 그러나 브루클린에서는 벤 시몬스가 좀 더 볼을 갖고 템포를 올리고, 플레이메이킹을 하는 방식의 공격을 그리고 있다. 208cm의 시몬스는 통산 평균 어시스트가 7.4개에 이르는 만능선수다. 상식적으로는 이상적인 그림이 될 수 있다. 닉 클랙스턴과 같은 빅맨들이 반사 이익을 누릴 것이다. 그렇지만 현대 NBA에서 슛이 없는 선수는 상대팀 수비를 긴장시킬 수 없다. 병적으로 슛을 피해왔던 시몬스가 먼저 슛을 던지지 않는다면, 감독의 시나리오가 만들어질 수 없다.

DEFENSE MECHANISM

시즌 종료 후 감독이 교체됨에 따라 지난 시즌 브루클린의 수비 데이터는 큰 의미가 사라졌다. 호르디 페르난데스 신임 감독은 터프하고 직설적인 지도자다. 특히 덴버와 새크라멘토 등에서 어시스턴트 코치로 근무할 당시 수비 시스템을 구축하고 젊은 빅맨들의 성장을 이끌어왔다. 2.1블록의 클랙스턴은 페르난데스가 꼽은 차세대 수비의 핵이다. 앞선이 뚫려도 마지막을 사수하며 상대를 위축시킬 것이다. 만약 시몬스가 건강히 뛰어준다면 수비는 더 견고해질 것이다. 상대적으로 키가 크고 수비에 대한 센스도 있는 선수다. 그렇지만, 팀 자체가 리빌딩 시즌을 맞은 만큼, 팀 수비는 어수선할 수도 있다. 패배가 반복되다 보면, 지난 시즌처럼 허슬 지표는 하위권을 맴돌 가능성이 높다.

2023-24 SEASON PERFORMANCE

BROOKLYN NETS vs. OPPONENTS PER GAME STATS

브루클린 네츠 vs 상대팀

	득실점	F↑ 필드골성공	FG% 필드골	3↑ 3점슛성공	3P% 3점슛 %	⊖ 자유투성공	FT% 자유투	OR 공격리바운드	RB 리바운드	A↑ 어시스트	👓 스틸	블록	← 턴오버	파울

| 110.4 | 🏀 | 113.3 | 40.7 | **F↑** | 41.6 | 45.6% | **FG%** | 47.0% | 13.3 | **3↑** | 13.0 | 36.2% | **3P%** | 37.2% | 15.8 | **⊖** | 17.1 | 75.6% | **FT%** | 80.7% |
| 11.4 | **OR** | 10.3 | 44.1 | **RB** | 44.3 | 25.6 | **A↑** | 25.5 | 6.8 | **👓** | 6.9 | 5.2 | 🏀 | 5.0 | 13.1 | **←** | 12.6 | 18.5 | **◆** | 18.2 |

LINE-UP

* 브루클린은 지난 시즌 총 246개의 라인업을 가동시켰다. 그중 출전 시간이 가장 길었던 20개를 골라 게재했다.

5-MEN COMBINATION	MIN	PPG	RPG	APG
S. Dinwiddie - D. Finney-Smith - M. Bridges - N. Claxton - C. Johnson	313	25.4	11.3	6.0
D. Schroder - D. Finney-Smith - M. Bridges - N. Claxton - C. Thomas	228	29.6	11.8	7.6
S. Dinwiddie - M. Bridges - N. Claxton - C. Johnson - C. Thomas	224	20.2	6.7	4.8
D. Schroder - D. Finney-Smith - M. Bridges - N. Claxton - C. Johnson	80	11.9	4.1	3.0
S. Dinwiddie - D. Finney-Smith - M. Bridges - C. Johnson - D. Sharpe	59	10.3	4.8	2.1
D. Schroder - M. Bridges - N. Claxton - C. Johnson - C. Thomas	55	13.6	5.6	3.4
S. Dinwiddie - B. Simmons - D. Finney-Smith - M. Bridges - C. Thomas	48	31.8	12.3	7.8
S. Dinwiddie - R. O'Neale - D. Finney-Smith - M. Bridges - C. Thomas	47	9.5	3.9	2.2
S. Dinwiddie - D. Finney-Smith - M. Bridges - N. Claxton - C. Johnson	47	6.9	2.2	1.8
R. O'Neale - B. Simmons - D. Finney-Smith - M. Bridges - C. Thomas	47	14	8.6	3.6
S. Dinwiddie - D. Finney-Smith - M. Bridges - N. Claxton - C. Thomas	47	6.4	2.1	1.4
R. O'Neale - D. Smith Jr. - L. Walker IV - N. Claxton - C. Thomas	46	8.8	4.6	2.5
D. Schroder - D. Finney-Smith - M. Bridges - L. Walker IV - N. Claxton	39	9.2	3.8	2.3
B. Simmons - D. Finney-Smith - M. Bridges - N. Claxton - C. Thomas	37	14.8	6.8	4.0
S. Dinwiddie - R. O'Neale - M. Bridges - N. Claxton - C. Johnson	34	5.4	1.9	1.4
R. O'Neale - D. Smith Jr. - M. Bridges - N. Claxton - C. Thomas	33	5.4	2.2	1.5
D. Schroder - D. Finney-Smith - M. Bridges - N. Claxton - J. Wilson	30	5.7	2.5	1.7
M. Bridges - N. Claxton - C. Thomas - T. Watford - N. Clowney	29	8.5	5.2	1.8
S. Dinwiddie - M. Bridges - C. Johnson - D. Sharpe - C. Thomas	29	6.2	2.3	1.3
R. O'Neale - D. Finney-Smith - D. Smith Jr. - N. Claxton - C. Thomas	29	13.4	5.6	3.2

PASS COMBINATIONS

→ 해당 선수가 경기당 동료로부터 패스 받은 횟수
→ 해당 선수가 경기당 동료들에게 패스 해준 횟수

65.5	→	데니스 슈뢰더	→	59.1
39.2	→	벤 시몬스	→	49.9
49.8	→	스펜서 디니디	→	44.3
42.6	→	미칼 브리지스	→	36.6
24.2	→	로이스 오닐	→	35.2
25.9	→	닉 클랙스턴	→	33.5
44.0	→	캠 토머스	→	30.4
29.2	→	데니스 스미스	→	29.3
22.1	→	도리안 피니-스미스	→	28.2
26.7	→	캐머런 존슨	→	24.8
18.5	→	트렌던 왓포드	→	21.6
13.2	→	데이런 샤프	→	19.3
11.2	→	노아 클라우니	→	14.1
12.7	→	제이콥 길야드	→	14.0
17.8	→	키온 존슨	→	13.8
19.3	→	로니 워커	→	13.4
8.5	→	다릭크 화이트헤드	→	12.0
10.7	→	제일런 윌슨	→	11.3
11.4	→	아모니 브룩스	→	10.2
4.7	→	해리 자일스	→	5.6
4.1	→	케이타 베이츠-디옵	→	4.2

2023-24 RANKING

* 는 수치가 낮을수록 랭킹이 높아짐

브루클린	랭킹	GENERAL	상대팀*	랭킹
110.4점	25위	득점 / 실점	113.3점	15위
44.1	11위	리바운드	44.3	21위
25.6	20위	어시스트	25.5	7위
6.8	28위	스틸	6.9	8위
5.2	12위	블록	5.0	16위

득점	랭킹	PLAYTYPE	실점	랭킹
7.5점	9위	아이솔레이션	9.3점	30위
19.2점	24위	트랜지션	22.8점	20위
17.5점	10위	픽&롤 볼핸들러	15.8점	11위
6.1점	25위	픽&롤 롤맨	5.0점	1위
1.7점	29위	포스트-업	5.2점	24위
29.5점	8위	스팟-업	26.0점	7위
6.7점	3위	핸드오프	4.4점	4위
8.2점	26위	컷인	—	—
2.9점	22위	오프 스크린	4.0점	15위
7.0점	9위	풋백	6.8점	18위
3.4점	3위	기타	—	—

SHOT ZONE

구간별 슈팅 및 성공률

SHOT ZONE

항목	FGA	FGM	FG%	3PA	3PM	3P%
캐치&슛	27.4	10.6	38.6%	26.4	10.1	38.4%
풀업	23.1	8.3	35.7%	9.9	3.0	30.7%
3m 안쪽	38.1	21.8	57.1%	—	—	—
TOTAL	89.0	40.7	45.8%	36.7	13.3	36.3%

SHOT REPERTORIES

필드골 시도

2.5 — 2.2
4.5 — 2.5
3.2
21.5 평균 **89.0**
18.4
52.6

드리블과 슈팅 시도

11.4
평균 **89.0** 39.1
18.4
10.1

● 점프슛, 풀업 점퍼
● 레이업, 핑거롤
🔲 페이드어웨이
● 덩크, 앨리웁 덩크
● 훅슛
● 팁슛
● 뱅크슛

● 0드리블 + 슈팅
● 1드리블 + 슈팅
● 2드리블 + 슈팅
● 3~6드리블 + 슈팅
● 7+드리블 + 슈팅

1.1 — 1.1
4.0 — 1.4
1.3
평균 **40.7** 19.7
12.0

필드골 성공

5.1
7.8 평균 **40.7** 18.5
4.7
4.6

드리블과 슈팅 성공

SHOOTING

필드골 시도

19.5 9.4
평균 **89.0**
26.4 33.7

공격수와 수비수의 거리
● 0~0.6m
● 0.6~1.2m
● 1.2~1.8m
● 1.8m 이상

필드골 성공

8.6 4.6
평균 **40.7**
11.3 16.3

필드골 시도

9.1 2.8
9.3 평균 10.8
89.0 15.4
41.5

남은 시간
● 22~24초
● 18~22초
● 7~15초
● 4~7초
● 0~4초

필드골 성공

3.1 1.5
3.8 평균 5.3
40.7 7.6
19.4

OPPONENT SHOOTING

상대 필드골 시도

22.4 8.7
평균 **88.5**
25.1 32.3

공격수와 수비수의 거리
● 0~0.6m
● 0.6~1.2m
● 1.2~1.8m
● 1.8m 이상

필드골 허용

9.8 4.6
평균 **41.4**
19.5 16.5

상대 필드골 시도

8.1 3.0
9.5 평균 11.7
88.5 13.9
42.3

남은 시간
● 22~24초
● 18~22초
● 15~18초
● 7~15초
● 4~7초
● 0~4초

필드골 허용

3.1 1.8
평균 6.5
41.4 6.6

CONTESTED REBOUNDS

공격 리바운드
0.6
0.8 평균 2.6
6.0
2.0

수비 리바운드
0.7
1.2 평균 2.5
7.1
2.7

림 아래부터 리바운드 위치까지의 거리
● 0~0.9m ● 0.9~1.8m ● 1.8~3m ● 3m 이상

UNCONTESTED REBOUNDS

공격 리바운드
0.8
2.7 평균 1.0
5.4
0.9

수비 리바운드
5.6 4.1
평균
25.2
7.1 8.4

림 아래부터 리바운드 위치까지의 거리
● 0~0.9m ● 0.9~1.8m ● 1.8~3m ● 3m 이상

DEFENSE OF 32 WINS

필드골 허용 %
44.3%

3점슛 허용 %
33.0%

상대 필드골 시도 88.2 상대 3점슛 시도 32.9
필드골 허용 39.1 3점슛 허용 10.0

DEFENSE OF 50 LOSSES

필드골 허용 %
48.7%

3점슛 허용 %
39.6%

상대 필드골 시도 88.7 상대 3점슛 시도 36.2
필드골 허용 43.2 3점슛 허용 14.4

DEFENSE pg		REBOUNDS pg			항목 & 평점																					
DFG	DFG%	CR	UCR	TS	MS	3PS	FT	LU	DK	ID	OD	ST	BL	ORG	OR3	ORB	DRG	DR3	DRB	PS	BH	BQ	SP	PO	ED	HS	OG
필드골 허용	필드골 허용률	유경쟁 리바운드	무경쟁 리바운드	터프샷 성공률	중거리 슈팅	3점 슈팅	자유투 성공률	레이업 플로터	슬램 덩크	안쪽 수비	외곽 수비	스틸	블락	가드 공격RB	SF 공격RB	빅맨 공격RB	가드 수비RB	SF 수비RB	빅맨 수비RB	패스	볼 핸들링	농구 IQ	스피드 민첩성	파워 지구력	허슬 플레이	종합 평가	

Cameron JOHNSON PF-SF

F 2 캐머런 존슨 1996.03.13 / 203cm

NBA 드래프트 : 2019년 1라운드 11번
NBA 우승 : 0회 / 파이널 MVP : 0회
미국 시즌 MVP : 0회 / NBA 퍼스트팀 : 0회

지난 시즌 왼쪽 엄지발가락 염좌로 58경기에 출전했다. 매년 이런저런 부상으로 70경기 이상 뛴 시즌이 한 번도 없었다. 올 시즌은 건강한 상태로 풀타임 출전하는 게 가장 중요하다. 존슨은 2021-22시즌부터 벌크업으로 인해 포스트에서 버티는 힘이 좋아졌다. 이후 팀의 3&D 자원으로 나름 쏠쏠한 활약을 해왔다. 타점 높은 캐치&슛, 과감한 풀업 점퍼, 드라이빙 레이업, 드라이빙 덩크 등 나름 다양한 공격 루트를 선보인다. 연봉은 2250만 달러.

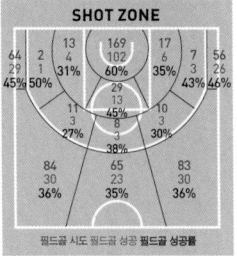

SHOT ZONE

필드골 619 시도 448 필드골 276 성공 177

● 점프슛, 풀업 점퍼 ● 레이업, 핑거롤 ● 페이드어웨이 ● 덩크, 앨리웁 ● 훅슛 ● 팁슛 ● 뱅크슛

DEFENSE PER GAME			REBOUNDS PER GAME		
림에서의 거리	DFG	DFG%	림에서의 거리	CR	UCR
3점슛	1.3	36.7%	0~0.9m	0.2	0.3
2점슛	3.3	53.7%	0.9~1.8m	0.4	0.7
0~1.8m	2.0	54.7%	1.8~3.0m	0.1	1.1
0~3.0m	2.5	52.8%	3.0m 이상	0.1	1.2
4.5m 이상	1.7	42.3%			

필드골 시도 필드골 성공 필드골 성공률

2023-24 브루클린 58경기 평균 27.6분						항목 평점	TS	MS	3PS	FT	LU	DK	ID	OD	ST	BL
항목	PTS	RB	AS	ST	BL		C+	B-	B-	A-	B-	B-	C-	B-	C-	D-
경기 평균	13.4	4.3	2.4	0.8	0.3	항목 평점	ORB	DRB	PS	BH	BQ	SP	PO	ED	HS	OG
36분 기준	17.5	5.7	3.1	1.1	0.3		D-	D-	D-	C-	C	D	D-	B-	B+	C+

Dorian FINNEY-SMITH SF-PF

F 28 도리안 피니-스미스 1993.05.04 / 201cm

NBA 드래프트 : 2016년 지명되지 못함
NBA 우승 : 0회 / 파이널 MVP : 0회
미국 시즌 MVP : 0회 / NBA 퍼스트팀 : 0회

준수한 3&D 윙. 2016년 댈러스에서 데뷔한 이후 3년간 식스맨으로 활약했으나, 2019-20시즌 처음 풀타임 신발로 올라섰고, 이후 브루클린으로 이적한 후에도 주전으로 뛰고 있다. 지난 시즌 왼쪽 무릎과 발목에 가벼운 부상이 연달아 발생해 68경기 출전에 그쳤다. 주공격 루트는 3점슛과 레이업. 매년 기량이 발전하는 모습을 보였다. 또한, 수준급 윙 디펜더다. 그러나 기량 대비 연봉이 높은 편이라 늘 방출 대상으로 거론된다. 연봉은 1492만 달러.

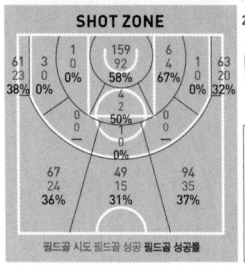

SHOT ZONE

필드골 511 시도 359 필드골 215 성공 126

● 점프슛, 풀업 점퍼 ● 레이업, 핑거롤 ● 페이드어웨이 ● 덩크, 앨리웁 ● 훅슛 ● 팁슛 ● 뱅크슛

DEFENSE PER GAME			REBOUNDS PER GAME		
림에서의 거리	DFG	DFG%	림에서의 거리	CR	UCR
3점슛	1.3	35.0%	0~0.9m	0.7	0.4
2점슛	4.2	51.3%	0.9~1.8m	0.5	1.0
0~1.8m	2.9	58.1%	1.8~3.0m	0.2	0.7
0~3.0m	3.4	54.6%	3.0m 이상	0.1	0.9
4.5m 이상	1.7	35.6%			

필드골 시도 필드골 성공 필드골 성공률

2023-24 브루클린 68경기 평균 28.4분						항목 평점	TS	MS	3PS	FT	LU	DK	ID	OD	ST	BL
항목	PTS	RB	AS	ST	BL		C-	C-	B-	C	B-	B-	C-	B-	C-	C-
경기 평균	8.5	4.7	1.6	0.8	0.6	항목 평점	OR3	DR3	PS	BH	BQ	SP	PO	ED	HS	OG
36분 기준	10.8	5.9	2.0	1.0	0.7		B-	D-	D+	D-	C+	D+	D-	B-	B-	C+

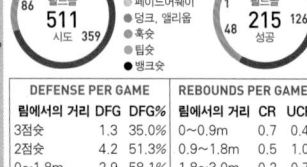

Trendon WATFORD PF-C

F 9 트렌던 왓포드 2000.11.09 / 206cm

NBA 드래프트 : 2021년 지명 안 됨
NBA 우승 : 0회 / 파이널 MVP : 0회
미국 시즌 MVP : 0회 / NBA 퍼스트팀 : 0회

4번, 5번, 3번을 넘나드는 유틸리티 플레이어. 주전들의 휴식 시간을 잠깐씩 커버해준다. 2021년 드래프트 때 뽑히지 않았지만, 자유계약으로 네츠에 입단해 연봉 대비 가성비 높은 활약을 보였다. 드라이빙 후 레이업 혹은 플로터로 림을 직접 공략한다. 공격 리바운드 후의 풋백도 쏠쏠하다. 팀 공격 시스템에 의해 아크 외곽에서 오픈 기회를 잡아 3점슛을 가끔 던진다. 강한 지구력을 활용해 허슬 플레이를 펼친다. 시즌 연봉은 273만 달러.

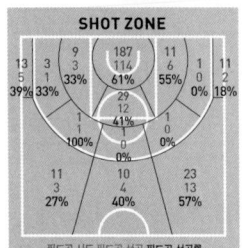

SHOT ZONE

필드골 311 시도 151 필드골 164 성공 73

● 점프슛, 풀업 점퍼 ● 레이업, 핑거롤 ● 페이드어웨이 ● 덩크, 앨리웁 ● 훅슛 ● 팁슛 ● 뱅크슛

DEFENSE PER GAME			REBOUNDS PER GAME		
림에서의 거리	DFG	DFG%	림에서의 거리	CR	UCR
3점슛	1.2	41.8%	0~0.9m	0.2	0.6
2점슛	1.9	54.5%	0.9~1.8m	0.1	0.3
0~1.8m	1.3	63.6%	1.8~3.0m	0.1	0.2
0~3.0m	1.5	59.4%	3.0m 이상	0.3	1.0
4.5m 이상	1.4	41.8%			

필드골 시도 필드골 성공 필드골 성공률

2023-24 브루클린 63경기 평균 13.6분						항목 평점	TS	MS	3PS	FT	LU	DK	ID	OD	ST	BL
항목	PTS	RB	AS	ST	BL		D+	D+	D+	C-	B-	B-	C	B-	C-	C-
경기 평균	6.9	3.1	1.3	0.4	0.3	항목 평점	ORB	DRB	PS	BH	BQ	SP	PO	ED	HS	OG
36분 기준	18.2	8.2	3.4	1.0	0.8		D+	D-	D-	C-	D	C+	B+	B-	C	

Jalen WILSON PF-SF

F 22 제일런 윌슨 2000.11.04 / 203cm

NBA 드래프트 : 2023년 2라운드 51번
NBA 우승 : 0회 / 파이널 MVP : 0회
미국 시즌 MVP : 0회 / NBA 퍼스트팀 : 0회

루키 시즌인 지난 시즌, 파워포워드 '3순위'로 나섰다. 제한된 출전 시간 안에서 본인의 역할을 나름 충실히 해냈다. 좌우 코너, 좌우 윙, 탑 등 다양한 위치에서 과감하게 3점슛을 던졌다. 러닝 레이업, 커팅 레이업, 드라이빙 플로터 등으로 림을 공략했다. 스크린, 박스아웃, 수비 리바운드, 나가는 공 살려내기 등 허슬 플레이도 좋았다. 그러나, 1대1 수비, 팀 디펜스 응용력 등은 많은 개선이 필요하다. 아직 젊다. 시간이 있다. 연봉은 189만 달러.

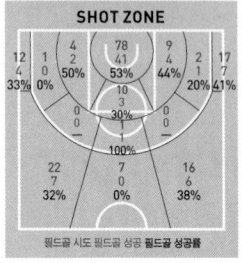

SHOT ZONE

필드골 179 시도 107 필드골 76 성공 36

● 점프슛, 풀업 점퍼 ● 레이업, 핑거롤 ● 페이드어웨이 ● 덩크, 앨리웁 ● 훅슛 ● 팁슛 ● 뱅크슛

DEFENSE PER GAME			REBOUNDS PER GAME		
림에서의 거리	DFG	DFG%	림에서의 거리	CR	UCR
3점슛	1.0	34.0%	0~0.9m	0.2	0.1
2점슛	1.6	59.0%	0.9~1.8m	0.3	0.5
0~1.8m	1.1	65.0%	1.8~3.0m	0.1	0.7
0~3.0m	1.3	60.3%	3.0m 이상	0.1	0.6
4.5m 이상	1.2	35.5%			

필드골 시도 필드골 성공 필드골 성공률

2023-24 브루클린 43경기 평균 15.4분						항목 평점	TS	MS	3PS	FT	LU	DK	ID	OD	ST	BL
항목	PTS	RB	AS	ST	BL		C+	C+	C	D+	C	C-	D	D+	C-	D-
경기 평균	5.0	3.0	1.0	0.3	0.1	항목 평점	ORB	DRB	PS	BH	BQ	SP	PO	ED	HS	OG
36분 기준	11.6	7.1	2.4	0.6	0.2		D+	D+	D+	C	D	C-	D-	B-	C	C-

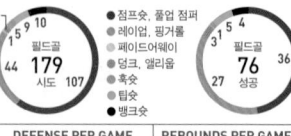

DEFENSE pg		REBOUNDS pg				항목 & 평점																					
DFG	DFG%	CR	UCR		TS	MS	3PS	FT	LU	DK	ID	OD	ST	BL	ORG	OR3	DRG	DR3	DRB	PS	BH	BQ	SP	PO	ED	HS	OG
필드골 허용	필드골 허용률	유경쟁 리바운드	무경쟁 리바운드		터프샷 성공률	중거리 슛팅	3점 슛팅	자유투 성공률	레이업 플로터	슬램 덩크	안쪽 수비	외곽 수비	스틸	블락	가드 공격RB	SF 공격RB	빅맨 공격RB	가드 수비RB	SF 수비RB	빅맨 수비RB	패스	볼 핸들링	농구 IQ	스피드 민첩성	파워	지구력	허슬 플레이성	종합 평가

F 1 Ziaire WILLIAMS — SF

자이어 윌리엄스
2001.09.12 / 206cm

미국

- NBA 드래프트 : 2021년 1라운드 10번
- NBA 우승 : 0회 / 파이널 MVP : 0회
- 시즌 MVP : 0회 / NBA 퍼스트팀 : 0회

2021년 브루클린에 입단한 이래 3년간 꾸준히 출전했다. 지난 시즌엔 51경기(선발 15경기)에 출전해 평균 20.4분씩 뛰며 8.2득점, 3.5리바운드, 1.5어시스트의 성적을 남겼다. 윌리엄스는 내외곽에서 고루 득점하는 스몰포워드다. 커팅 덩크, 앨리웁 덩크, 드라이빙 핑거롤로 림을 직접 공략한다. 팀 오펜스 세팅 이후 오픈 찬스에서 던지는 스팟업 점퍼, 과감한 풀업 점퍼도 종종 구사한다. 강한 체력을 바탕으로 한 허슬플레이도 OK. 연봉은 613만 달러.

SHOT ZONE

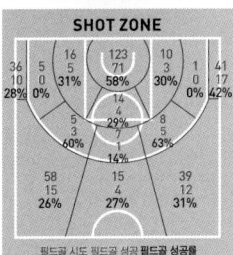

필드골 시도 378 (261)
필드골 성공 150 (78)

DEFENSE PER GAME			REBOUNDS PER GAME		
림에서의 거리	DFG	DFG%	림에서의 거리	CR	UCR
3점슛	1.3	42.4%	0~0.9m	0.3	0.4
2점슛	2.6	52.7%	0.9~1.8m	0.3	0.6
0~1.8m	1.9	61.3%	1.8~3.0m	0.1	0.8
0~3.0m	2.1	56.7%	3.0m 이상	0.2	0.8
4.5m 이상	1.6	44.0%			

2023-24 멤핏 51경기 평균 20.4분							항목 평점	TS	MS	3PS	FT	LU	DK	ID	OD	ST	BL
항목	PTS	RB	AS	ST	BL		평점	D-	C+	C-	C+	D	B-	C-	C+	C+	D-
경기 평균	7.5	2.6	1.2	0.6	0.3		항목	OR3	DR3	PS	BH	BQ	SP	PO	ED	HS	OG
36분 기준	14.6	6.2	2.6	1.2	0.3		평점	D+	C+	D-	C+	D	B+	D	A-	B+	C

F 44 Bojan BOGDANOVIĆ — SF-PF

보얀 보그다노비치
201cm, 98kg / 201cm

크로아티아

- NBA 드래프트 : 2011년 2라운드 31번
- NBA 우승 : 0회 / 파이널 MVP : 0회
- 시즌 MVP : 0회 / NBA 퍼스트팀 : 0회

지난 시즌, 디트로이트와 뉴욕에서 활약했고, 올여름 브루클린 유니폼을 입었다. 올 시즌 도리안 피니-스미스에 이어 SF 2옵션으로 출전할 것이다. 그는 캐치&슛, 풀업 점퍼로 내외곽에서 고루 득점을 올린다(샷존 참조). 러닝 점퍼와 스텝백 점퍼는 강력한 무기다. 2011년 NBA에 데뷔한 이래 지난 시즌까지 총 1511회의 3점슛을 성공시켰다. 이는 역대 NBA 랭킹 50위에 해당한다. 미드레인지에서 터프샷도 가끔 시도한다. 시즌 연봉은 1903만 달러.

SHOT ZONE

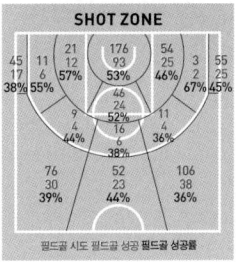

필드골 시도 681 (464)
필드골 성공 309 (194)

DEFENSE PER GAME			REBOUNDS PER GAME		
림에서의 거리	DFG	DFG%	림에서의 거리	CR	UCR
3점슛	1.1	36.3%	0~0.9m	0.0	0.0
2점슛	3.3	63.1%	0.9~1.8m	0.3	1.3
0~1.8m	2.5	75.8%	1.8~3.0m	0.0	0.8
0~3.0m	2.9	69.7%	3.0m 이상	0.3	0.5
4.5m 이상	1.3	37.6%			

2023-24 디트로이트+뉴욕 57경기 평균 25.9분							항목 평점	TS	MS	3PS	FT	LU	DK	ID	OD	ST	BL
항목	PTS	RB	AS	ST	BL		평점	A-	A-	B+	C+	C-	D-	C-	C+	D-	D-
경기 평균	15.2	2.7	1.7	0.5	0.1		항목	OR3	DR3	PS	BH	BQ	SP	PO	ED	HS	OG
36분 기준	21.1	3.7	2.4	0.7	0.1		평점	D-	D-	C+	C+	D+	D-	A-	C	C+

C 33 Nic CLAXTON — C

닉 클랙스턴
1999.04.17 / 211cm

미국

- NBA 드래프트 : 2019년 2라운드 31번
- NBA 우승 : 0회 / 파이널 MVP : 0회
- 시즌 MVP : 0회 / NBA 퍼스트팀 : 0회

오프 시즌, 4년 1억 달러에 계약했다. 전형적인 '인사이드 스코어러'다. 덩크, 레이업, 핑거롤, 짧은 거리 훅슛이 필드골의 대부분을 차지한다. 그렇기에 리그 최고 수준의 야투 성공률을 보인다. 통산 필드골 성공률 66.1%는 평균 두 자리수 이상 득점한 선수 중 역대 1위다. 큰 키에 비교적 가벼운 체형, 높은 점프를 이용한 블락은 압도적이다. 팀 디펜스 응용도 좋은 편이고, 상대의 1번~5번까지를 모두 수비할 수 있다. 올 시즌 연봉은 2756만 달러.

SHOT ZONE

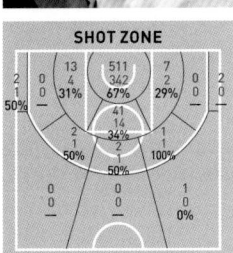

필드골 시도 582 (176)
필드골 성공 366 (161)

DEFENSE PER GAME			REBOUNDS PER GAME		
림에서의 거리	DFG	DFG%	림에서의 거리	CR	UCR
3점슛	1.8	38.2%	0~0.9m	1.5	1.8
2점슛	4.1	56.6%	0.9~1.8m	1.3	2.4
0~1.8m	4.1	55.6%	1.8~3.0m	0.5	1.1
0~3.0m	4.8	52.6%	3.0m 이상	0.2	0.5
4.5m 이상	2.6	40.1%			

2023-24 브루클린 71경기 평균 29.8분							항목 평점	TS	MS	3PS	FT	LU	DK	ID	OD	ST	BL
항목	PTS	RB	AS	ST	BL		평점	B	C	C-	C-	B-	B+	C+	D	A
경기 평균	11.8	9.9	2.1	0.6	2.1		항목	ORB	DRB	PS	BH	BQ	SP	PO	ED	HS	OG
36분 기준	14.3	12.0	2.5	0.8	2.5		평점	D+	B+	D-	C	D+	C	A-	A-	B-

C 20 Day'Ron SHARPE — C-PF

데이런 샤프
2001.11.06 / 211cm

미국

- NBA 드래프트 : 2021년 1라운드 29번
- NBA 우승 : 0회 / 파이널 MVP : 0회
- 시즌 MVP : 0회 / NBA 퍼스트팀 : 0회

지난 시즌과 마찬가지로 경기당 15분 안팎 출전하며 닉 클랙스턴의 휴식 시간을 메워줄 것이다. 공격은 평범하다. 득점 대부분은 덩크, 레이업, 짧은 거리 훅슛, 풋백 등 림 근처에서 이뤄진다. '가뭄에 콩나듯' 가비지 타임에는 3점슛을 보여주기도 한다. 블락, 박스아웃, 리바운드, 스크린 등 '블루칼러 워크'에 특화된 빅맨이다. 지난 시즌 36분 기준 리바운드 15.2개로 리그 최고 수준을 나타냈다. 공격 리바운드가 특히 위력적이다. 연봉은 399만 달러.

SHOT ZONE

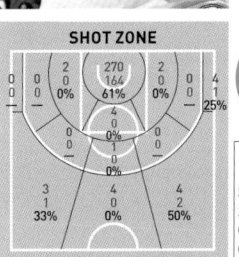

필드골 시도 294 (134)
필드골 성공 168 (76)

DEFENSE PER GAME			REBOUNDS PER GAME		
림에서의 거리	DFG	DFG%	림에서의 거리	CR	UCR
3점슛	0.8	34.6%	0~0.9m	1.9	1.0
2점슛	3.4	54.2%	0.9~1.8m	1.1	1.2
0~1.8m	2.4	63.5%	1.8~3.0m	0.2	0.4
0~3.0m	2.6	57.1%	3.0m 이상	0.1	0.2
4.5m 이상	1.2	36.8%			

2023-24 브루클린 61경기 평균 15.1분							항목 평점	TS	MS	3PS	FT	LU	DK	ID	OD	ST	BL
항목	PTS	RB	AS	ST	BL		평점	C+	D-	D	C	C+	D+	D-	D+	B+
경기 평균	6.8	6.4	1.4	0.4	0.7		항목	ORB	DRB	PS	BH	BQ	SP	PO	ED	HS	OG
36분 기준	16.2	15.2	3.3	0.9	1.7		평점	A	B+	D-	C-	C+	B-	A-	C+

DEFENSE pg		REBOUNDS pg																				
DFG	DFG%	CR	UCR	TS	MS	3PS	FT	LU	DK	ID	OD	ST	BL	ORG	OR3	ORB	DRG	DR3	DRB	PS	BH	BQ	SP	PO	ED	HS	OG
필드골 허용	필드골 허용률	유효경쟁 리바운드	무경쟁 리바운드	터프샷 성공률	중거리 슛률	3점 슛률	자유투 성공률	레이업 플로터	슬램 덩크	안쪽 수비	외곽 수비	스틸	블락	가드 공격RB	SF 공격RB	빅맨 공격RB	가드 수비RB	SF 수비RB	빅맨 수비RB	패스	볼 핸들링	농구 IQ	스피드	민첩성	파워 지구력	허슬 플레이	종합 평가

㉑ C Noah CLOWNEY C-PF
노아 클라우니   2004.07.14 / 208cm

NBA 드래프트 : 2023년 1라운드 21번
NBA 우승 : 0회 / **파이널 MVP** : 0회
시즌 MVP : 0회 / NBA 퍼스트팀 : 0회
미국

닉 클락스턴, 데런 샤프에 이은 '3옵션' 빅맨. 앨라바마대 1학년을 마치고 2023 NBA 드래프트에 참가해 브루클린에 지명됐다. 네츠 구단에서는 그에게 경험을 쌓게 하려고 G리그 롱아일랜드 네츠로 보냈다. G리그 19경기 평균 30.6분 동안 17.4점, 7.8리바운드, 1.8블락을 올렸다. 시즌 막판 NBA에 콜-업 됐고, 23경기 평균 16.1분씩 뛰며 5.8점, 3.5리바운드를 기록했다. 올 시즌, 한 단계 업그레이드 되길 기대한다. 올 시즌 연봉은 324만 달러.

SHOT ZONE
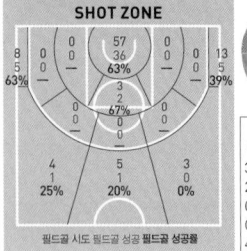

필드골 **93** 시도 / 성공 41
필드골 **50** 성공 19

● 점프슛, 풀업 점퍼
● 레이업, 핑거롤
● 페이더어웨이
● 덩크, 앨리웁
● 훅슛
● 팁슛
● 뱅크슛

DEFENSE PER GAME			REBOUNDS PER GAME		
림에서의 거리	DFG	DFG%	림에서의 거리	CR	UCR
3점슛	1.1	44.2%	0~0.9m	0.5	0.6
2점슛	3.5	55.1%	0.9~1.8m	0.5	0.6
0~1.8m	2.1	51.9%	1.8~3.0m	0.1	0.2
0~3.0m	2.5	53.1%	3.0m 이상	0.0	0.1
4.5m 이상	1.6	46.3%			

필드골 시도 필드골 성공 **필드골 성공률**

2023-24 브루클린 23경기 평균 16.1분					
항목	PTS	RB	AS	ST	BL
경기 평균	5.8	3.5	0.8	0.3	0.7
36분 기준	12.9	7.9	1.8	0.6	1.6

항목 평점	TS	MS	3PS	FT	LU	DK	ID	OD	ST	BL
	C-	D+	C	C	C-	B	D+	C	C	D+
항목 평점	ORB	DRB	PS	BH	BQ	SP	PO	ED	HS	OG
	D-	D+	D-	D-	C-	D	D	A-	B	C

---

⑰ G Dennis SCHRÖDER PG-SG
데니스 슈뢰더   1993.09.15 / 185cm

NBA 드래프트 : 2013년 1라운드 17번
NBA 우승 : 0회 / **파이널 MVP** : 0회
시즌 MVP : 0회 / NBA 퍼스트팀 : 0회
독일

빠른 스피드와 과감한 돌파를 자랑한다. 드라이빙에서 이어지는 레이업, 핑거롤, 플로터가 주 득점 루트다. 풀업 점퍼, 스텝백 점퍼 등 미드레인지 점퍼 옵션도 갖췄다. 탑, 좌우 윙에서 시도하는 3점슛도 늘었다. 그러나 외곽슛의 경우 기복이 있다. 포인트가드로서 돌파 이후의 킥아웃 혹은 골밑 패스가 주를 이룬다. 그러나 전체적으로 코트를 조망하는 능력은 살짝 부족한 편이다. 독일 국가대표로 2024 파리 올림픽에 출전했다. 연봉은 1303만 달러.

SHOT ZONE
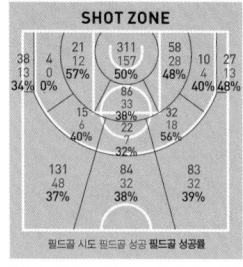
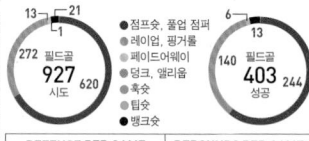

필드골 **927** 시도 / 성공 620
필드골 **403** 성공 244

● 점프슛, 풀업 점퍼
● 레이업, 핑거롤
● 페이더어웨이
● 덩크, 앨리웁
● 훅슛
● 팁슛
● 뱅크슛

DEFENSE PER GAME			REBOUNDS PER GAME		
림에서의 거리	DFG	DFG%	림에서의 거리	CR	UCR
3점슛	1.5	34.4%	0~0.9m	0.0	0.1
2점슛	4.2	55.9%	0.9~1.8m	0.1	0.3
0~1.8m	2.8	67.3%	1.8~3.0m	0.1	0.4
0~3.0m	3.2	60.6%	3.0m 이상	0.0	1.4
4.5m 이상	1.9	36.5%			

필드골 시도 필드골 성공 **필드골 성공률**

2023-24 토론토+브루클린 80경기 평균 31.1분					
항목	PTS	RB	AS	ST	BL
경기 평균	14.0	3.0	6.1	0.8	0.2
36분 기준	16.2	3.5	7.1	0.9	0.2

항목 평점	TS	MS	3PS	FT	LU	DK	ID	OD	ST	BL
	C	B-	C+	B+	B	D+	D	C	D+	D-
항목 평점	ORG	DRG	PS	BH	BQ	SP	PO	ED	HS	OG
	D-	B-	B	B	B	B	D+	A-	A-	C+

---

⑩ G Ben SIMMONS PG-PF
벤 시몬스   1996.07.20 / 208cm

NBA 드래프트 : 2016년 1라운드 1번
NBA 우승 : 0회 / **파이널 MVP** : 0회
시즌 MVP : 0회 / NBA 퍼스트팀 : 0회
호주

재능은 정말 우수하다. 그러나 건강 상태와 인성은 큰 문제점이다. 지난 시즌, 왼쪽 허리 통증으로 63경기, 기타 부상으로 4경기 등 총 67경기를 뛰지 못했다. 장신 포인트가드로 볼 핸들링이 우수하고, 내외곽 수비 모두 뛰어나며, 리바운드를 정말 많이 걷어낸다(가드 중 최상위권). 그러나 돌파 위주의 단조로운 공격, 프로 통산 58.9%(지난 시즌 40.0%)의 자유투는 치명적인 약점이다. 잦은 태업과 언론플레이로 비판을 받는다. 시즌 연봉은 4034만 달러.

SHOT ZONE
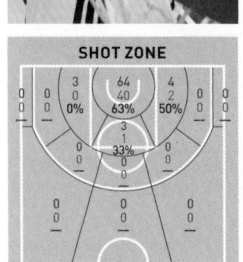

필드골 **74** 시도 / 성공 28
필드골 **43** 성공 20

● 점프슛, 풀업 점퍼
● 레이업, 핑거롤
● 페이더어웨이
● 덩크, 앨리웁
● 훅슛
● 팁슛
● 뱅크슛

DEFENSE PER GAME			REBOUNDS PER GAME		
림에서의 거리	DFG	DFG%	림에서의 거리	CR	UCR
3점슛	1.2	36.0%	0~0.9m	0.9	0.9
2점슛	3.9	60.8%	0.9~1.8m	0.6	2.5
0~1.8m	2.5	77.6%	1.8~3.0m	0.1	0.9
0~3.0m	2.8	63.6%	3.0m 이상	0.1	0.7
4.5m 이상	1.9	41.2%			

필드골 시도 필드골 성공 **필드골 성공률**

2023-24 브루클린 15경기 평균 23.9분					
항목	PTS	RB	AS	ST	BL
경기 평균	6.1	7.9	5.7	0.8	0.6
36분 기준	9.2	11.9	8.6	1.2	0.9

항목 평점	TS	MS	3PS	FT	LU	DK	ID	OD	ST	BL
	C-	D	D	C	B+	C+	B-	C+	B-
항목 평점	ORG	DRG	PS	BH	BQ	SP	PO	ED	HS	OG
	A+	A+	C+	B+	C+	B+	B-	C-	B-	C

㉔ G Cam THOMAS SG-SF
캠 토머스   2001.10.13 / 193cm

NBA 드래프트 : 2021년 1라운드 27번
NBA 우승 : 0회 / **파이널 MVP** : 0회
시즌 MVP : 0회 / NBA 퍼스트팀 : 0회
미국

일본 요코스카에서 태어났다. 루이지애나 주립대 1학년을 마치고 NBA에 입성했다. 프로 데뷔 후 2년간 백업이었으나, 지난 시즌 주전으로 발탁됐다. 시즌 종료 후 MIP 투표 7위에 올랐다. 내외곽 가리지 않고 슈팅을 시도한다(왼쪽 샷존 참조). 저돌적인 드라이브에 이은 플로터, 레이업으로 림을 공략하고, 과감한 풀업 점퍼, 정확한 캐치&슛, 고난도 스텝백 점퍼 등을 선보인다. 지구력이 강하고, 허슬 플레이에 적극적으로 가담한다. 연봉은 404만 달러.

SHOT ZONE
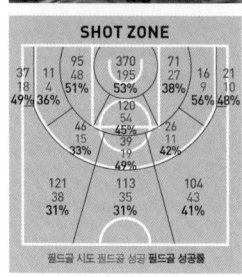
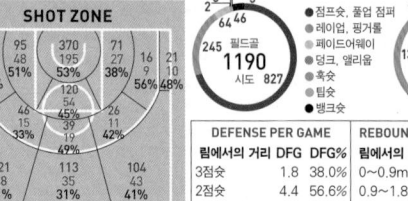

필드골 **1190** 시도 / 성공 827
필드골 **526** 성공 334

● 점프슛, 풀업 점퍼
● 레이업, 핑거롤
● 페이더어웨이
● 덩크, 앨리웁
● 훅슛
● 팁슛
● 뱅크슛

DEFENSE PER GAME			REBOUNDS PER GAME		
림에서의 거리	DFG	DFG%	림에서의 거리	CR	UCR
3점슛	1.8	38.0%	0~0.9m	0.1	0.3
2점슛	4.4	56.6%	0.9~1.8m	0.2	0.6
0~1.8m	3.3	65.4%	1.8~3.0m	0.1	0.6
0~3.0m	3.8	61.4%	3.0m 이상	0.1	0.9
4.5m 이상	2.1	38.6%			

필드골 시도 필드골 성공 **필드골 성공률**

2023-24 브루클린 66경기 평균 31.4분					
항목	PTS	RB	AS	ST	BL
경기 평균	22.5	3.2	2.9	0.7	0.2
36분 기준	25.7	3.7	3.3	0.8	0.3

항목 평점	TS	MS	3PS	FT	LU	DK	ID	OD	ST	BL
	B+	B+	B-	A-	C-	D	D-	D-	D-	D-
항목 평점	ORG	DRG	PS	BH	BQ	SP	PO	ED	HS	OG
	D-	D-	C-	B	C+	C+	D-	B+	B-	B-

DEFENSE pg		REBOUNDS pg			항목 & 평점																										
DFG	DFG%	CR	UCR	TS	MS	3PS	FT	LU	DK	ID	OD	ST	BL	ORG	DRG	OR3	DR3	DRB	PS	BH	BQ	SP	PO	ED	HS	OG					
필드골 허용	필드골 허용률	유경쟁 리바운드	무경쟁 리바운드	터프샷 성공률	중거리 슈팅	3점 슈팅	자유투 성공률	레이업 플로터	슬램 덩크	안쪽 수비	외곽 수비	스틸	블락	가드 공격RB	SF 공격RB	빅맨 공격RB	가드 수비RB	SF 수비RB	빅맨 수비RB	패스	볼 핸들링	농구 IQ	스피드 민첩성	파워 지구력	허슬 플레이	종합 평가				

Dariq WHITEHEAD SG-SF
다리크 화이트헤드 2004.08.01 / 201cm

미국

NBA 드래프트 : 2023년 1라운드 22번
NBA 우승 : 0회 / 파이널 MVP : 0회
시즌 MVP : 0회 / NBA 퍼스트팀 : 0회

백업 스윙맨. 지난 시즌 대부분을 G리그 롱아일랜드 네츠에서 보냈다. 브루클린에서는 딱 2경기에 출전하는 데 그쳤다. 그러나 올 시즌은 브루클린에서 훨씬 더 많은 출전 시간을 보장받을 것이다. 롱아일랜드에서는 드라이빙 덩크와 3점슛에서 나름 좋은 평가를 받았다. 수비 리바운드와 허슬 플레이에도 열심히 가담해준다. 그의 형 타히르는 미식축구리그(NFL) 애리조나 카디널스의 라인배커로 활약 중이다. 다리크의 올 시즌 연봉은 311만 달러.

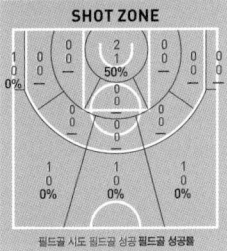

SHOT ZONE

필드골 6 시도 5
● 점프슛, 풀업 점퍼
● 레이업, 핑거롤
● 페이드어웨이
● 덩크, 앨리웁
● 훅슛
● 팁슛
● 뱅크슛
필드골 1 성공

DEFENSE PER GAME			REBOUNDS PER GAME		
림에서의 거리	DFG	DFG%	림에서의 거리	CR	UCR
3점슛	2.0	80.0%	0~0.9m	0.0	0.0
2점슛	2.5	83.3%	0.9~1.8m	0.0	0.0
0~1.8m	2.5	83.3%	1.8~3.0m	0.5	0.5
0~3.0m	2.5	83.3%	3.0m 이상	0.0	0.0
4.5m 이상	2.0	80.0%			

필드골 시도 필드골 성공 필드골 성공률

2023-24 브루클린 2경기 평균 12.0분					
항목	PTS	RB	AS	ST	BL
경기 평균	1.5	2.0	1.5	0.0	0.5
36분 기준	4.5	6.0	4.5	0.0	1.5

항목 평점	TS	MS	3PS	FT	LU	DK	ID	OD	ST	BL
	C+	C+	C+	C+	B-	D+	D-	D-	C+	C-
항목 평점	OR3	DR3	PS	BH	BQ	SP	PO	ED	HS	OG
	D-	B	D+	C+	D+	C+	D-	A-	C-	C-

Shake MILTON SG-PG
셰이크 밀턴 1996.09.26 / 196cm

미국

NBA 드래프트 : 2018년 2라운드 54번
NBA 우승 : 0회 / 파이널 MVP : 0회
시즌 MVP : 0회 / NBA 퍼스트팀 : 0회

백업 포인트가드 겸 슈팅가드. 쿼터 당 2~4분 정도 데니스 슈뢰더 혹은 캠 토머스의 휴식 시간을 커버한다. 주공격 루트는 골밑 공략과 3점슛. 저돌적인 드라이브로 페인트존을 파고든 뒤 레이업, 플로터, 핑거롤을 시도한다. 좌우 코너에서 캐치&슛 혹은 풀업 점퍼를 통해 정확한 3점슛을 터뜨린다. 그러나 탑과 좌우 윙에서 시도하는 3점슛은 성공률이 낮은 편이다. 볼 핸들링과 패스는 평균 이상이고, 스틸과 허슬 플레이도 OK. 연봉은 288만 달러.

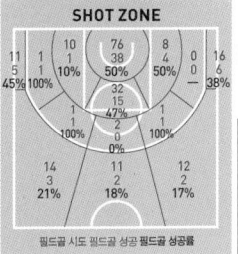

SHOT ZONE

필드골 195 시도 129
● 점프슛, 풀업 점퍼
● 레이업, 핑거롤
● 페이드어웨이
● 덩크, 앨리웁
● 훅슛
● 팁슛
● 뱅크슛
필드골 79 성공

DEFENSE PER GAME			REBOUNDS PER GAME		
림에서의 거리	DFG	DFG%	림에서의 거리	CR	UCR
3점슛	0.7	41.1%	0~0.9m	0.1	0.1
2점슛	1.5	57.0%	0.9~1.8m	0.1	0.3
0~1.8m	1.0	64.3%	1.8~3.0m	0.0	0.4
0~3.0m	1.2	59.8%	3.0m 이상	0.1	0.5
4.5m 이상	0.8	40.0%			

필드골 시도 필드골 성공 필드골 성공률

2023-24 미네소타+디트로이트+뉴욕 48경기 평균 12.1분					
항목	PTS	RB	AS	ST	BL
경기 평균	4.5	1.6	1.3	0.4	0.1
36분 기준	13.4	4.6	3.7	1.2	0.4

항목 평점	TS	MS	3PS	FT	LU	DK	ID	OD	ST	BL
	C+	B-	C+	B-	C+	D-	D-	D+	C+	D-
항목 평점	ORG	DRG	PS	BH	BQ	SP	PO	ED	HS	OG
	D+	D+	C+	B	C+	C+	D-	B+	B	C-

Keon JOHNSON SG-PG
키온 존슨 2002.03.10 / 196cm

미국

NBA 드래프트 : 2021년 1라운드 21번
NBA 우승 : 0회 / 파이널 MVP : 0회
시즌 MVP : 0회 / NBA 퍼스트팀 : 0회

지난해 여름, 데미안 릴라드를 포함한 3각 트레이드에 엮여 피닉스로 이적했으나 곧바로 방출된 다음 브루클린 네츠와 투웨이 계약을 체결했다. 지난 시즌 G리그의 롱아일랜드 네츠에서 주로 활약했다. 운동 능력이 뛰어나다. NBA 드래프트 당시 역대 컴바인 버티컬 점프 1위를 기록했다. 스피드를 이용한 드라이빙으로 파고든 뒤 레이업, 플로터를 작렬시킨다. 그러나 점퍼 성공률이 불규칙하고, 슛 셀렉션이 좋지 않으며 수비할 때 파울을 많이 범한다.

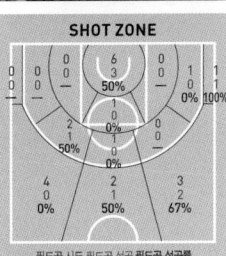

SHOT ZONE

필드골 21 시도 16
● 점프슛, 풀업 점퍼
● 레이업, 핑거롤
● 페이드어웨이
● 덩크, 앨리웁
● 훅슛
● 팁슛
● 뱅크슛
필드골 8 성공

DEFENSE PER GAME			REBOUNDS PER GAME		
림에서의 거리	DFG	DFG%	림에서의 거리	CR	UCR
3점슛	0.7	40.0%	0~0.9m	0.0	0.0
2점슛	2.0	75.0%	0.9~1.8m	0.0	0.4
0~1.8m	1.3	80.0%	1.8~3.0m	0.4	0.0
0~3.0m	2.0	85.7%	3.0m 이상	0.2	0.0
4.5m 이상	0.7	40.0%			

필드골 시도 필드골 성공 필드골 성공률

2023-24 브루클린 5경기 평균 12.2분					
항목	PTS	RB	AS	ST	BL
경기 평균	6.2	1.4	0.6	0.6	0.2
36분 기준	18.3	4.1	1.8	1.8	0.6

항목 평점	TS	MS	3PS	FT	LU	DK	ID	OD	ST	BL
	D-	D+	C+	D	C-	B-	D-	C-	B+	D-
항목 평점	ORG	DRG	PS	BH	BQ	SP	PO	ED	HS	OG
	B+	D-	C	C	C-	A	D-	B+	B	C-

BROOKLYN NETS
2024-25 REGULAR SEASON SCHEDULE

OCTOBER, 2024
Oct. 24 @ Atlanta
Oct. 26 @ Orlando
Oct. 28 @ Milwaukee
Oct. 30 @ Denver
Oct. 31 @ Memphis

NOVEMBER, 2024
Nov. 2 vs. Chicago
Nov. 4 vs. Detroit
Nov. 6 vs. Memphis
Nov. 9 @ Boston
Nov. 10 @ Cleveland
Nov. 12 @ New Orleans
Nov. 14 vs. Boston
Nov. 15 @ New York
Nov. 18 vs. New York
Nov. 20 vs. Charlotte
Nov. 23 @ Philadelphia
Nov. 25 @ Sacramento
Nov. 26 @ Golden State
Nov. 28 @ Phoenix
Nov. 30 @ Orlando

DECEMBER, 2024
Dec. 2 vs. Orlando
Dec. 3 @ Chicago
Dec. 5 vs. Indiana
Dec. 9 vs. Milwaukee
Dec. 20 @ Toronto
Dec. 22 vs. Utah

Dec. 24 @ Miami
Dec. 27 @ Milwaukee
Dec. 28 vs. San Antonio
Dec. 30 @ Orlando

JANUARY, 2025
Jan. 2 @ Toronto
Jan. 3 @ Milwaukee
Jan. 5 vs. Philadelphia
Jan. 7 vs. Indiana
Jan. 9 vs. Detroit
Jan. 11 @ Denver
Jan. 13 @ Utah
Jan. 15 @ Portland
Jan. 16 vs. LA Clippers
Jan. 18 @ LA Lakers
Jan. 20 @ Oklahoma City
Jan. 22 vs. New york
Jan. 23 vs. Phoenix
Jan. 26 vs. Miami
Jan. 28 vs. Sacramento
Jan. 30 @ Charlotte

FEBRUARY, 2025
Feb. 1 @ Houston
Feb. 3 vs. Houston
Feb. 5 vs. Washington
Feb. 7 vs. Miami
Feb. 9 vs. Charlotte
Feb. 11 vs. Philadelphia
Feb. 13 vs. Cleveland

Feb. 21 @ Philadelphia
Feb. 24 @ Washington
Feb. 26 vs. Oklahoma City
Feb. 27 vs. Portland

MARCH, 2025
Mar. 2 @ Detroit
Mar. 5 @ San Antonio
Mar. 7 vs. Golden State
Mar. 9 @ Charlotte
Mar. 11 vs. LA Lakers
Mar. 12 @ Cleveland
Mar. 14 @ Chicago
Mar. 16 vs. Boston
Mar. 17 vs. Atlanta
Mar. 19 @ Boston
Mar. 21 @ Indiana
Mar. 23 @ Indiana
Mar. 25 vs. Dallas
Mar. 27 vs. Toronto
Mar. 29 vs. LA Clippers
Mar. 30 @ Washington

APRIL, 2025
Apr. 1 @ Dallas
Apr. 4 vs. Minnesota
Apr. 7 vs. Toronto
Apr. 9 vs. New Orleans
Apr. 11 vs. Atlanta
Apr. 12 @ Minnesota
Apr. 14 vs. New York

NEW YORK KNICKS

勿失好機·우승을 위한 퍼즐 완성

뜻풀이 결코 잃을 수 없는 좋은 기회. 뉴욕은 칼 앤소니 타운스의 가세로 제일런 브런슨과 함께 우승을 할 수 있는 절호의 기회를 맞이했다.

브런슨, 뉴욕의 새로운 왕으로 등극

2013년 이후 가장 많은 50승을 거두었다. 포스트시즌도 뜨거웠다. 1라운드에서 필라델피아를 탈락시키고, 2라운드는 7차전까지 갔다. 부상자가 속출하는 가운데서도 보인 투혼이었다. 주득점원 랜들의 부상 이탈은 많은 고민을 안겼으나, '빌라노바 3인방' 브런슨-하트-디빈첸조의 선전 덕분에 역동적이고 '짠내'나는 농구를 펼쳤다. 그중 브런슨은 PO에 4경기 연속 40+득점을 올리는 등 맹활약하며 뉴욕의 업셋을 주도했다. 뉴욕의 새로운 왕이 등장하는 순간이었다.

시즌 오픈 직전 깜짝 트레이드 단행

트레이닝 캠프가 막 시작될 시기에 대형 트레이드가 터졌다. 랜들과 디빈첸조를 미네소타로 보내고 칼 앤서니 타운스를 영입한 것. 역할이 모호해진 랜들, 그리고 역할 축소에 불만이 있던 디빈첸조를 정리하면서 외곽에서 상대를 괴롭힐 올스타 빅맨을 영입하며 우승후보 0순위로 떠올랐다. 디빈첸조의 이적은 아쉽지만, 앞서 트레이드로 영입한 브릿지스가 대학 시절 동료인 브런슨, 하트와 함께 '노바 닉스'트리오를 구축했다. 높이와 화력은 더 강해질 전망이다.

우승의 관건은 수비, 롤 플레이어들 주목

1973년 이후 첫 우승을 노리는 뉴욕은 '윈 나우(win now)' 모드다. 더 나아가 롱런을 위한 핵심도 갖추었다. '캡틴' 브런슨과의 연장계약은 그 시작점과 같다. 뉴욕의 진짜 강점은 공격이 아닌 수비. 108.2실점은 리그 2위다. 브릿지스는 올-디펜시브 퍼스트 팀 출신으로 '수비 전공자' 티보두 감독에게 날개를 달아줄 전망. 그러나 타운스의 가세가 수비 강화로 이어지진 못할 것이다. 다양한 역할을 수행해온 하트와 OG 아누노비를 비롯, 빅맨 롤 플레이어들의 활약이 필요하다.

*통계는 2024년 10월 1일 기준

CLUB INFORMATION

Founded 구단 창립 1946년 | Owner 매디슨스퀘어가든 스포츠&엔터 | CEO 제임스 돌런 | Head Coach 톰 티보도 1958.01.17 | 24-25 Odds 벳365 : 7.5배 윌리엄힐 : 7배

Nationality 미국 선수 11명 ●외국 선수 4명 | Age 15명 평균 25.9세 | Height 15명 평균 198.6cm | Weight 15명 평균 99.5kg | Salary 15명 평균 1210만 달러

Win 2023-24 : 50승 통산 : 2974승 | Loss 2023-24 : 32패 통산 : 3131패 | Winning% 2023-24 : 61.0% 통산 : 48.7% | Play-Off PO 진출 : 45회 PO 탈락 : 34회 | Titles NBA우승 : 2회 컨퍼런스 : 4회

Top Scorer 제일런 브런슨 평균 28.7점 | More Rebounds 줄리어스 랜들 평균 9.2RB | More Assists 제일런 브런슨 평균 6.7AS | More Steals OG 아누노비 평균 1.7스틸 | More Blocks 미첼 로빈슨+2명 평균 1.1블록

*항목별 1위는 지난 시즌 뉴욕 소속으로 42경기 이상 출전한 선수 중 선별

Association · Icon · Statement · City

HEAD COACH & STADIUM

Tom THIBODEAU 탐 티보도

생년월일 : 1958년 01월 17일 / 출생지 : 코네티컷주 뉴브리튼
경력 : 1981~1989 3개 대학 코치 / 1989~2007 NBA 5개 팀 코치 / 2007~2010 보스턴 셀틱스 코치 / 2010~2015 시카고 불스 감독 / 2016~2019 미네소타 팀버울브스 감독 / 2020~ 뉴욕 닉스 감독

1958년 1월 17일 미국 코네티컷주 뉴브리튼 출생. 그는 뉴브리튼 고교와 살렘 주립대에서 선수로 뛰었다. 대학 4학년 때 그는 팀의 주장이었고, 소속 팀을 2년 연속 MASCAC 컨퍼런스 우승으로 이끌었다. 이 활약에 힘입어 1998년, 뉴브리튼 스포츠 명예의 전당에 헌액되었다. 1981년 모교인 살렘주립대 코치로 지도자 생활을 시작해 대학과 여러 NBA팀에서 지도자로 차근차근 경험을 축적했다. 2010-2015년, 시카고 불스 감독 시절에는 통산 255승 139패를 기록했고, 팀은 매년 플레이오프에 진출했다. 이어 미네소타 팀버울브스(2016~2019년) 감독을 거쳐 2020년 7월 30일 뉴욕 닉스의 26대 감독으로 부임했다. 티보도는 부임하자마자 뉴욕을 8년 만에 NBA 플레이오프 진출시켰다. 당시 뉴욕은 NBA에서 최소 실점 및 최저 필드골 허용률에서 1위에 오르며 수비 농구의 진수를 선보였다. 이 공로로 그는 2021년 NBA 올해의 감독으로 선정되었다.

MADISON SQUARE GARDEN

구장 오픈 : 1879년, 1968년
구장 중개축 : 총 2회
오너 : MSG 엔터테인먼트
수용인원 : 1만 9812명
건축비용 : 1968년 1억 2300만 달러 / 1991년 증개축 2억 달러 / 2013년 증개축10억 달러

뉴욕 문화의 상징. 유명 운동선수, 최고의 대중음악 뮤지션, 최고의 아티스트들이 세계에서 가장 유명한 아레나에서 경기를 펼치고, 공연을 열었다. 농구팀 닉스, 하키팀 레인저스가 홈구장으로 사용 중이다. 또한, 프로 복싱, 중요 대학 농구 경기가 열린다. 현재 가든은 매디슨 스퀘어 가든으로 명명된 네 번째 건물이다. 1967-68시즌부터 닉스 홈구장으로 사용돼왔다.

REGULAR SEASON RANKING LAST 10YEARS

14-15	15-16	16-17	17-18	18-19	19-20	20-21	21-22	22-23	23-24
29	**24**	**24**	**22**	**30**	**25**	**12**	**19**	**8**	**7**
17승 65패	32승 50패	31승 51패	29승 53패	17승 65패	21승 45패	41승 31패	37승 45패	47승 35패	50승 32패

TEAM POTENTIAL

84점

4위

하프코트 세트오펜스 8점 | 트랜지션 오펜스 8점 | 하프코트 세트디펜스 8점 | 트랜지션 디펜스 8점 | 리바운드 8점

선수층 8점 | 선수 경험치 9점 | 감독 리더십 9점 | 감독 전술 9점 | 프런트 9점

*각 항목은 10점 만점, 평점은 NBA 30팀 사이 상대평가

우승 ODDS	배당	순위
bet 365	7.5배	3위
Paddy Power	7배	2위
William Hill	7배	2위

OFFENSIVE STYLE
트랜지션 오펜스 —●— 하프코트 세트오펜스

DEFENSIVE STYLE
하이 프레스 —●— 하프코트 디펜스

Player's Functions

Ball Handlers
J.브런슨
M.맥브라이드
C.페인

Pull-Ups
J.브런슨
M.브릿지스
M.맥브라이드

Catch & Shoot
J.브런슨
M.맥브라이드
M.브릿지스

3 Pointers
K.A.타운스
J.브런슨
M.브릿지스

Slam Dunkers
P.아추아
K.A.타운스
OG.아누노비

Free Throw
M.맥브라이드
J.브런슨
M.브릿지스

Rebounders
K.A.타운스
M.로빈슨
P.아추아

1-1 Defenders
M.브릿지스
M.로빈슨
OG.아누노비

Ball Stealers
OG.아누노비
M.로빈슨
M.맥브라이드

Key Passes
J.브런슨
C.페인
J.하트

Hustle Players
M.로빈슨
M.브릿지스
J.브런슨

Rim Protectors
P.아추아
M.로빈슨
J.심스

SQUAD & TACTICS

STARTERS

PF 프레시어스 아추아
21.9분, 7.6점
6.6RB, 1.3AS

C 칼 앤소니 타운스
32.7분, 21.8점
8.3RB, 3.0AS

SF 미칼 브리지스
34.8분, 19.6점
4.5R, 3.6A

SG OG 아누노비
34.0분, 14.7점
4.2RB, 2.1AS

PG 제일런 브런슨
35.4분, 28.7점
3.6R, 6.7A

OFF THE BENCH

PG 마일스 맥브라이드
19.5분, 8.3점
1.5RB, 1.7AS

SG 타일러 콜렉
2024-25시즌
신인 선수

SF 파쿰 다디에
2024-25시즌
신인

PF 조시 하트
33.4분, 9.4점
8.3RB, 4.1AS

C 에리코 심스
13.0분, 2.0점
3.3RB, 0.6AS

G 캐머런 페인
G 케빈 맥큘러 Jr.
F 랜드리 셰이밋
F 아리엘 후크포르티
C 미첼 로빈슨

OFFENSE MECHANISM

클러치 구간에 17승 16패를 기록했다. 야투율은 44.0%로 평균 이하. 특히 3점슛 26.4%는 26위였다. 제일런 브런슨을 비롯하여 아이솔레이션에 의존하는 경향이 컸던 결과다. 플레이오프에서는 극단적인 '브런슨 GO'가 먹히며 클러치 득점 12.4득점(1위), 승률 2위(75.0%)를 기록했지만, 결국 브런슨이 막히면 답이 안 나왔다. 비시즌 미칼 브릿지스와 칼 앤소니 타운스를 차례로 영입한 이유이기도 하다. 브릿지스는 3점슛 37.2%를 기록했으며, 미드레인지에서의 풀업 점퍼로도 쏠쏠한 재미를 봤다. 타운스는 장신에 외곽이 훌륭한 선수다. 뉴욕은 지난 시즌에도 브런슨 돌파를 위해 코트를 넓게 썼는데, 타운스가 외곽에 배치됨으로써 브런슨, 브릿지스, 마일스 맥브라이드 등의 활동이 더 편해질 것이다.

DEFENSE MECHANISM

탐 티보도 감독 농구의 근간은 역시 수비. 보스턴 코치 시절부터 변화무쌍한 수비 카드를 꺼내 들며 명성을 쌓았다. 지난 시즌도 108.2점만을 내주며 리그 전체 2위에 올랐다. 핸들러를 강하게 압박, 볼을 픽업하거나 포기하도록 만들면서 공격 템포를 떨어뜨렸고, 더 나아가 상대의 야투 시도 자체를 억제해왔다. 2대2 상황에서는 헷지 이후 빅맨이 드롭하고, 동료들이 위크사이드로 나가는 활로를 차단하며 실수를 끌어냈다. 조시 하트는 최고의 리바운더이자 최고의 도움 수비수이기도 했다. 기민한 도움 수비로 돌파 선수의 집중력을 떨어뜨렸다. 브런슨도 전성기 카일 라우리처럼 민첩하고 용기 있게 움직이며 상대의 돌파를 몸으로 받아냈다. 공격자 파울 유도 부문 3위에 이름을 올렸다.

2023-24 SEASON PERFORMANCE

NEW YORK KNICKS vs. OPPONENTS PER GAME STATS

뉴욕 닉스 vs 상대팀

	득실점	F↑ 필드골성공	FG% 필드골	3↑ 3점슛성공	3P% 3점슛 %	⊖ 자유투성공	FT% 자유투	OR 공격리바운드	RB 리바운드	A↑ 어시스트	스틸	블락	턴오버	파울
뉴욕	112.8	41.3	46.5%	13.2	36.9%	17.0	78.0%	12.7	45.2	24.4	7.5	4.1	13.2	17.6
상대팀	108.2	40.3	47.0%	12.5	36.5%	15.1	76.4%	10.2	40.6	25.6	6.7	5.3	13.2	19.1

LINE-UP

* 뉴욕 닉스는 지난 시즌 총 321개의 라인업을 가동시켰다. 그중 출전 시간이 가장 길었던 20개를 골라 게재했다.

5-MEN COMBINATION	MIN	PPG	RPG	APG
J. Randle - J. Brunson - M. Robinson - R. Barrett - Q. Grimes	228	37.6	14.6	7.5
I. Hartenstein - J. Hart - J. Brunson - D. DiVincenzo - P. Achiuwa	189	36.8	15.1	8.4
J. Randle - O. Anunoby - I. Hartenstein - J. Brunson - D. DiVincenzo	180	48.1	17.7	11.5
I. Hartenstein - J. Hart - J. Brunson - D. DiVincenzo - M. McBride	172	33.4	9.6	8.4
O. Anunoby - I. Hartenstein - J. Hart - J. Brunson - D. DiVincenzo	131	31.1	13.1	7.3
I. Hartenstein - J. Hart - D. DiVincenzo - R. Barrett - I. Quickley	116	19.4	8	4.1
J. Randle - J. Hart - J. Brunson - M. Robinson - Q. Grimes	109	11.7	6.2	2.3
J. Randle - I. Hartenstein - J. Brunson - D. DiVincenzo - R. Barrett	102	26.2	10.1	5.3
J. Randle - I. Hartenstein - J. Hart - J. Brunson - I. Quickley	96	10.4	3.7	1.9
J. Hart - J. Brunson - D. DiVincenzo - P. Achiuwa - M. McBride	78	13.7	5.7	3.2
J. Randle - I. Hartenstein - J. Hart - J. Brunson - D. DiVincenzo	72	12.3	4	2.4
J. Hart - J. Brunson - D. DiVincenzo - P. Achiuwa - J. Sims	63	14.4	7.4	3.8
J. Randle - J. Hart - J. Brunson - M. Robinson - I. Quickley	63	8.6	3.4	1.9
J. Randle - J. Brunson - D. DiVincenzo - R. Barrett - J. Sims	60	29.6	9	6.6
J. Randle - J. Hart - J. Brunson - D. DiVincenzo - M. Robinson	54	13.5	5.9	3.1
J. Randle - I. Hartenstein - J. Hart - D. DiVincenzo - I. Quickley	46	6.9	3.1	1.5
B. Bogdanovic - J. Hart - D. DiVincenzo - P. Achiuwa - M. McBride	43	6.5	3.5	2
A. Burks - B. Bogdanovic - J. Hart - P. Achiuwa - M. McBride	42	6.7	3.2	1.4
J. Randle - O. Anunoby - I. Hartenstein - J. Hart - J. Brunson	41	14.6	6.1	2.5
O. Anunoby - J. Hart - Q. Grimes - P. Achiuwa - M. McBride	41	9.7	5.9	1.8

PASS COMBINATIONS

→ 해당 선수가 경기당 동료로부터 패스 받은 횟수
→ 해당 선수가 경기당 동료에게 패스 해준 횟수

받은	선수	해준
75.3	제일런 브런슨	57.8
53.2	줄리어스 랜들	46.0
34.1	조시 하트	43.4
21.1	아이재아 하텐슈타인	33.7
34.3	단테 디빈첸조	32.6
33.3	이매뉴얼 퀴클리	26.2
27.7	마일스 맥브라이드	24.9
18.0	프레시어스 아추와	24.8
31.5	RJ 배럿	24.5
24.2	OG 아누노비	24.0
10.3	미첼 로빈슨	20.4
16.7	퀜틴 그라임스	16.3
17.8	알렉 벅스	15.3
20.2	보얀 보그다노비치	14.1
7.7	에리코 심스	13.8
13.3	에반 푸르니에	10.7
8.0	세이크 밀턴	9.8
5.7	타지 깁슨	9.0
4.8	제리칸 토핀	6.9
7.2	맬러카이 플린	6.2
3.0	찰리 브라운 Jr.	4.6
3.7	딜런 윈들러	3.3
2.3	라이언 아시디오코노	3.0
4.0	마마디 디아키테	3.0
1.5	드미트로 스키펜체프	3.0
3.4	데이콴 제프리스	2.5

2023-24 RANKING

* 는 수치가 낮을수록 랭킹이 높아짐

뉴욕	랭킹	GENERAL	상대팀*	랭킹
112.8	19위	득점 / 실점	108.2	2위
45.2	5위	리바운드	40.6	2위
24.4	29위	어시스트	25.6	8위
7.5	17위	스틸	6.7	6위
4.1	29위	블록	5.3	20위

득점	랭킹	PLAYTYPE	실점	랭킹
6.9	12위	아이솔레이션	5.1	1위
21.5	13위	트랜지션	21.1	13위
19.1	6위	픽&롤 볼핸들러	18.0	23위
4.0	30위	픽&롤 롤맨	7.6	20위
3.3	20위	포스트-업	3.7	5위
28.8	9위	스팟-업	26.0	7위
6.6	4위	핸드오프	4.4	4위
8.5	23위	컷인	—	—
3.2	18위	오프 스크린	3.6	7위
7.7	5위	풋백	6.4	12위
3.3	7위	기타	—	—

SHOT ZONE

구간별 슈팅 및 성공률

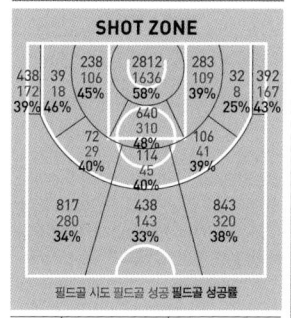

필드골 시도 필드골 성공 필드골 성공률

항목	FGA	FGM	FG%	3PA	3PM	3P%
캐치&슛	25.2	9.8	38.8%	24.2	9.4	38.7%
풀업	25.1	9.9	39.5%	11.1	3.7	33.6%
3m 안쪽	37.4	21.2	56.6%	—	—	—
TOTAL	88.0	41.0	46.6%	35.5	13.2	37.0%

SHOT REPERTORIES

필드골 시도

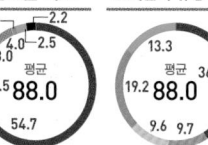

평균 88.0

- 점프슛, 풀업 점퍼
- 레이업, 핑거롤
- 페이드어웨이
- 덩크, 앨리웁 덩크
- 훅슛
- 팁슛
- 뱅크슛

평균 41.0

필드골 성공

드리블과 슈팅 시도

평균 88.0

- 0드리블 + 슈팅
- 1드리블 + 슈팅
- 2드리블 + 슈팅
- 3~6드리블 + 슈팅
- 7+드리블 + 슈팅

평균 41.0

드리블과 슈팅 성공

SHOOTING

필드골 시도

평균 88.0

공격수와 수비수의 거리
- 0~0.6m
- 0.6~1.2m
- 1.2~1.8m
- 1.8m 이상

평균 41.0

필드골 성공

필드골 시도

평균 88.0

남은 시간
- 22~24초
- 18~22초
- 15~18초
- 7~15초
- 4~7초
- 0~4초

평균 41.0

필드골 성공

OPPONENT SHOOTING

상대 필드골 시도

평균 85.1

공격수와 수비수의 거리
- 0~0.6m
- 0.6~1.2m
- 1.2~1.8m
- 1.8m 이상

평균 40.0

필드골 허용

상대 필드골 시도

평균 85.1

남은 시간
- 22~24초
- 18~22초
- 15~18초
- 7~15초
- 4~7초
- 0~4초

평균 40.0

필드골 허용

CONTESTED REBOUNDS

공격 리바운드

평균 7.4

수비 리바운드

평균 7.9

림 아래부터 리바운드 위치까지의 거리
- 0~0.9m
- 0.9~1.8m
- 1.8~3m
- 3m 이상

UNCONTESTED REBOUNDS

공격 리바운드

평균 5.0

수비 리바운드

평균 24.0

림 아래부터 리바운드 위치까지의 거리
- 0~0.9m
- 0.9~1.8m
- 1.8~3m
- 3m 이상

DEFENSE OF 50 WINS

필드골 허용 %

44.9%

3점슛 허용 %

34.0%

상대 필드골 시도 86.4
필드골 허용 38.8

상대 3점슛 시도 34.0
3점슛 허용 11.6

DEFENSE OF 32 LOSSES

필드골 허용 %

50.5%

3점슛 허용 %

40.4%

상대 필드골 시도 84.5
필드골 허용 42.7

상대 3점슛 시도 34.7
3점슛 허용 14.0

DEFENSE pg		REBOUNDS pg											항목 & 평점												
DFG	DFG%	CR	DFG%	UCR	TS	MS	3PS	FT	LU	DK	ID	OD	ST	BL	OR3	DR3	DRB	PS	BH	BQ	SP	PO	ED	HS	OG
필드골 허용	필드골 허용율	유경쟁 리바운드	무경쟁 리바운드		터프샷 성공율	중거리 슛율	3점 슛율	자유투 성공율	레이업 플로터	슬램 덩크	안쪽 수비	외곽 수비	스틸	블락	가드 공격RB	SF 공격RB	빅맨 공격RB	가드 수비RB	SF 수비RB	빅맨 수비RB	패스	볼 핸들링	농구 IQ	스피드 민첩성	파워 지구력	허슬 플레이	종합 평가

F 5 Precious ACHIUWA C-PF

프레셔스 아추아   1999.09.19 / 203cm

NBA 드래프트 : 2020년 1라운드 20번
NBA 우승 : 0회 / 파이널 MVP : 0회
시즌 MVP : 0회 / NBA 퍼스트팀 : 0회
나이지리아

나이지리아 포트하커트 출신. 토론토 소속이던 2023년 12월 31일, OG 아누노비, 말라카이 플린과 묶여 뉴욕의 RJ 배럿, 이매뉴얼 퀴클리가 포함된 3대2 트레이드를 통해 닉스로 옮겼다. 지난 시즌 사타구니 부상으로 잠시 빠졌지만, 기본적으로 제한된 시간 내에서 최대한 코트에 많이 나선다. 허슬 플레이, 블락, 공격 리바운드에 특화된 '블루 칼러 워커'다. 득점의 대부분은 레이업, 덩크로 이뤄진다. 패턴에 의한 오픈 찬스 때 3점슛도 종종 시도한다.

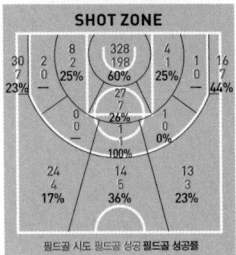

DEFENSE PER GAME			REBOUNDS PER GAME		
림에서의 거리	DFG	DFG%	림에서의 거리	CR	UCR
3점슛	1.2	35.2%	0~0.9m	1.2	0.7
2점슛	4.4	52.3%	0.9~1.8m	1.3	1.4
0~1.8m	3.1	58.9%	1.8~3.0m	0.4	0.7
0~3.0m	3.5	55.3%	3.0m 이상	0.1	0.1
4.5m 이상	1.8	39.3%			

2023-24 토론토+뉴욕 74경기 평균 21.9분					
항목	PTS	RB	AS	ST	BL
경기 평균	7.6	6.4	1.3	0.6	0.9
36분 기준	12.5	10.8	2.2	1.0	1.5

항목	TS	MS	3PS	FT	LU	DK	ID	OD	ST	BL
평점	B	D+	D	D+	C-	C+	B	D	D	B+
항목	ORB	DRB	PS	BH	BQ	SP	PO	ED	HS	OG
평점	B	C+	D	D-	D+	C	C+	B	A-	B+

F 25 Mikal BRIDGES SF-SG

미칼 브릿지스   1996.08.30 / 198cm

NBA 드래프트 : 2018년 1라운드 10번
NBA 우승 : 0회 / 파이널 MVP : 0회
시즌 MVP : 0회 / NBA 퍼스트팀 : 0회
미국

빌라노바 대학 시절인 2016년과 2018년, NCAA 우승을 경험하고, 2018년에 데뷔했다. 공수겸장 스윙맨이다. 키에 비해 윙스팬이 길고 주력이 빨라 3점 슈터 겸 슬래셔로 활약한다. 좌우 코너, 좌우 윙, 탑 등 코트의 여러 각도에서 폭발적인 3점슛을 날린다. 과감한 인사이드 돌파로 덩크, 레이업, 핑거롤, 플로터로 고루 득점을 올린다. NBA 탑티어 수비수 중 1명. 에이스 스토퍼를 주로 담당하고, 픽&롤 수비력도 우수하다. 연봉은 2330만 달러.

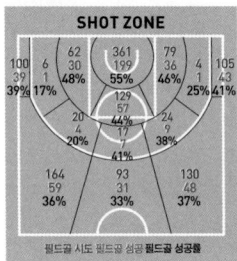
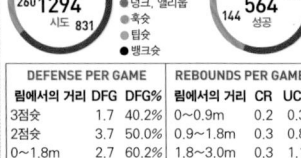

DEFENSE PER GAME			REBOUNDS PER GAME		
림에서의 거리	DFG	DFG%	림에서의 거리	CR	UCR
3점슛	1.7	40.2%	0~0.9m	0.2	0.3
2점슛	3.7	50.0%	0.9~1.8m	0.3	0.8
0~1.8m	2.7	60.2%	1.8~3.0m	0.3	1.1
0~3.0m	3.1	55.0%	3.0m 이상	0.2	1.2
4.5m 이상	1.9	38.9%			

2023-24 브루클린 82경기 평균 34.8분					
항목	PTS	RB	AS	ST	BL
경기 평균	19.6	4.5	3.6	1.0	0.4
36분 기준	20.3	4.7	3.8	1.0	0.4

항목	TS	MS	3PS	FT	LU	DK	ID	OD	ST	BL
평점	B+	B-	C+	B	B-	C+	C	B-	B+	C
항목	OR3	DR3	PS	BH	BQ	SP	PO	ED	HS	OG
평점	D-	A-	C+	B-	B-	B-	D+	A-	A	B-

F 3 Josh HART SF-SG

조시 하트   1995.03.06 / 193cm

NBA 드래프트 : 2017년 1라운드 30번
NBA 우승 : 0회 / 파이널 MVP : 0회
시즌 MVP : 0회 / NBA 퍼스트팀 : 0회
미국

포틀랜드 시절엔 부동의 주전 SF였으나 뉴욕에서는 선발과 벤치를 오갔다(선발 출전 42회+벤치 출발 39회). 드라이빙으로 이어지는 레이업, 핑거롤, 플로터로 림을 직접 노린다. 캐치&슛 점퍼와 풀업 점퍼도 주무기 중 하나. '언더사이즈 3번'이지만 동 포지션 선수 중 탑클래스 리바운드 실력을 보인다. 바스켓볼 IQ가 좋고, 강한 지구력을 바탕으로 압도적인 허슬 플레이를 선보인다. 뉴욕 특유의 끈적한 수비에 딱 맞는 유형이다. 연봉은 1814만 달러.

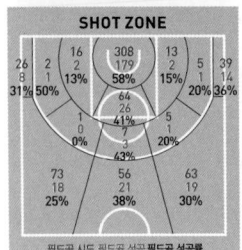

DEFENSE PER GAME			REBOUNDS PER GAME		
림에서의 거리	DFG	DFG%	림에서의 거리	CR	UCR
3점슛	1.9	34.9%	0~0.9m	0.6	1.1
2점슛	4.3	52.6%	0.9~1.8m	0.8	2.0
0~1.8m	2.9	59.7%	1.8~3.0m	0.5	1.7
0~3.0m	3.5	57.0%	3.0m 이상	0.2	1.3
4.5m 이상	2.2	34.9%			

2023-24 뉴욕 81경기 평균 33.4분					
항목	PTS	RB	AS	ST	BL
경기 평균	9.4	8.3	4.1	0.9	0.3
36분 기준	10.1	9.0	4.4	1.0	0.3

항목	TS	MS	3PS	FT	LU	DK	ID	OD	ST	BL
평점	B-	A	C	C+	B+	B-	D	A+	A+	B-
항목	OR3	DR3	PS	BH	BQ	SP	PO	ED	HS	OG
평점	B-	A	C	C+	B+	B-	D	A+	A+	B-

F 35 Pacome DADIET SF-SG

파콤 다디에   2005.07.27 / 203cm

NBA 드래프트 : 2024년 1라운드 25번
NBA 우승 : 0회 / 파이널 MVP : 0회
시즌 MVP : 0회 / NBA 퍼스트팀 : 0회
프랑스

코트디부아르계 이민 2세로 프랑스 오바뉴에서 태어났다. 2021년부터 3년간 유럽 프로리그에서 뛰었고, 2024 NBA 드래프트를 신청해 뉴욕에 지명됐다. 스윙맨으로 좋은 신체 조건, 떡 벌어진 어깨, 민첩한 움직임, 높은 점프력으로 1번~4번까지를 다 수비할 수 있다. 슬래시형 선수로 돌파에 이은 림 어택이 특기이며, 상황에 따라 3점슛도 심심찮게 던진다. 그러나 슈팅 셀렉션이 좋지 않고, 미드레인지 점퍼의 성공률이 불안정하다. 연봉은 181만 달러.

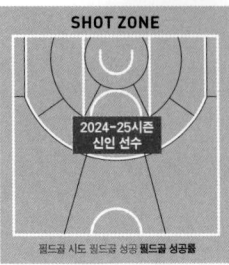

DEFENSE PER GAME			REBOUNDS PER GAME		
림에서의 거리	DFG	DFG%	림에서의 거리	CR	UCR
3점슛	—	—	0~0.9m	—	—
2점슛	—	—	0.9~1.8m	—	—
0~1.8m	—	—	1.8~3.0m	—	—
0~3.0m	—	—	3.0m 이상	—	—
4.5m 이상	—	—			

2023-24시즌 기록 없음					
항목	PTS	RB	AS	ST	BL
경기 평균	—	—	—	—	—
36분 기준	—	—	—	—	—

항목	TS	MS	3PS	FT	LU	DK	ID	OD	ST	BL
평점	—	—	—	—	—	—	—	—	—	—
항목	OR3	DR3	PS	BH	BQ	SP	PO	ED	HS	OG
평점	—	—	—	—	—	—	—	—	—	—

DEFENSE pg		REBOUNDS pg																					
DFG	DFG%	CR	UCR	TS	MS	3PS	FT	LU	DK	ID	OD	ST	BL	ORG	OR3	ORB	DRG	DR3	DRB	PS	BH	BQ	SP	PO	ED	HS	OG
필드골 허용	필드골 허용률	유경쟁 리바운드	무경쟁 리바운드	터프샷 성공률	중거리 슈팅	3점 슈팅	자유투 성공률	레이업 플로터	슬램 덩크	안쪽 수비	외곽 수비	스틸	블락	가드 공격RB	SF 공격RB	빅맨 공격RB	가드 수비RB	SF 수비RB	빅맨 수비RB	패스	볼 핸들링	농구 IQ	스피드 민첩성	파워	지구력	허슬 플레이	종합 평가

Landry SHAMET SG-SF

랜드리 셰이밋   1997.03.13 / 193cm

미국

NBA 드래프트 : 2018년 1라운드 26번
NBA 우승 : 0회 / 파이널 MVP : 0회
시즌 MVP : 0회 / NBA 퍼스트팀 : 0회

"가랑비에 옷이 젖은" 시즌이었다. 큰 부상은 없었으나 잔 부상이 무려 7번이나 발생했다. 시즌 내내 '살짝 아프고 마는' 일이 반복되었다. 결국 32경기에 결장했다. 외곽슛에 특화된 콤보가드다. 릴리스가 매우 빨라 상대 수비가 컨테스트 하기 어렵다. 전형적인 캐치&슈터다. 3점슛과 롱 2는 꽤 정확하다. 본인과 비슷한 체격의 공격수는 어느 정도 막는다. 그러나 사이즈가 조금만 큰 선수와 매치업을 하면 많이 밀리는 편이다. 연봉은 261만 달러.

SHOT ZONE

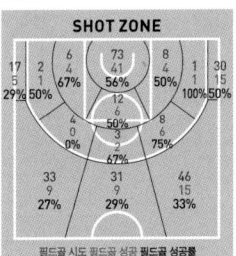

필드골 274 시도 203

필드골 118 성공 76

- 점프슛, 풀업 점퍼
- 레이업, 핑거롤
- 페이드어웨이
- 덩크, 앨리웁
- 훅슛
- 팁슛
- 뱅크슛

DEFENSE PER GAME			REBOUNDS PER GAME		
림에서의 거리	DFG	DFG%	림에서의 거리	CR	UCR
3점슛	0.8	36.4%	0~0.9m	0.1	0.0
2점슛	2.5	57.0%	0.9~1.8m	0.2	0.3
0~1.8m	1.5	63.1%	1.8~3.0m	0.0	0.3
0~3.0m	1.9	62.4%	3.0m 이상	0.0	0.0
4.5m 이상	1.1	40.8%			

2023-24시즌 워싱턴 46경기 평균 15.8분

항목 평점	PTS	RB	AS	ST	BL
경기 평균	7.1	1.3	1.2	0.5	0.2
36분 기준	16.2	3.1	2.7	1.2	0.5

항목 평점	TS	MS	3PS	FT	LU	DK	ID	OD	ST	BL
	B	B+	B+	B+	C+	C-	D+	C+	D+	D-
항목 평점	ORG	DRG	PS	BH	BQ	SP	PO	ED	HS	OG
	D-	D-	C+	C+	C-	B	D	B-	C	

Ariel HUKPORTI PF-C

아리엘 후크포르티   2002.04.12 / 213cm

독일

NBA 드래프트 : 2024년 2라운드 58번
NBA 우승 : 0회 / 파이널 MVP : 0회
시즌 MVP : 0회 / NBA 퍼스트팀 : 0회

토고계 이민 2세로 독일 슈트랄순트에서 태어났다. 6년간 독일 리그에서 경험을 쌓았고, 2024 NBA 드래프트를 통해 뉴욕에 입단했다. 계약 형태는 투웨이. 큰 키에 탄탄한 체형으로 리바운더 겸 스크린 세터의 가치를 높인다. 박스아웃, 나가는 공 살려내기, 블락 등 '블루칼러'로서의 역할에 기대를 건다. 5번치고 볼핸들링도 OK. 림 근처에서 부드러운 슈팅 터치로 득점한다. 그러나 슈팅 레인지가 짧고, 자유투 성공률이 낮다. 퍼리미터 수비는 약점이다.

SHOT ZONE

필드골 0 시도

필드골 0 성공

2024-25시즌 신인 선수

- 점프슛, 풀업 점퍼
- 레이업, 핑거롤
- 페이드어웨이
- 덩크, 앨리웁
- 훅슛
- 팁슛
- 뱅크슛

DEFENSE PER GAME			REBOUNDS PER GAME		
림에서의 거리	DFG	DFG%	림에서의 거리	CR	UCR
3점슛			0~0.9m		
2점슛			0.9~1.8m		
0~1.8m			1.8~3.0m		
0~3.0m			3.0m 이상		
4.5m 이상					

2023-24시즌 기록 없음

항목 평점	PTS	RB	AS	ST	BL
경기 평균	—	—	—	—	—
36분 기준	—	—	—	—	—

항목 평점	TS	MS	3PS	FT	LU	DK	ID	OD	ST	BL
항목 평점	OR3	DR3	PS	BH	BQ	SP	PO	ED	HS	OG

Karl-Anthony TOWNS PF-C

칼-앤소니 타운스   1995.11.15 / 213cm

미국

NBA 드래프트 : 2015년 1라운드 1번
NBA 우승 : 0회 / 파이널 MVP : 0회
시즌 MVP : 0회 / NBA 퍼스트팀 : 0회

지난 10월 2일, 미네소타에서 뉴욕으로 전격 트레이드됐다. 미네소타에서의 최근 2시즌은 PF였으나, 뉴욕에서는 센터를 맡는다. NBA 역사상 정상급 '빅맨 슈터'다. 중거리슛과 3점슛 모두 폭발적이다. 특히 탑과 좌우 윙에서 던지는 3점슛은 '치명적인 무기.' 덩크, 레이업, 핑거롤, 훅슛 등 페인트존 득점도 강하다. 코트를 질주하며 속공을 전개하고, 박스아웃, 리바운드, 스크린 세팅, BQ, 볼 핸들링, 픽&롤 응용도 수준급이다. 연봉은 4921만 달러.

SHOT ZONE

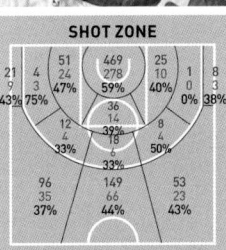

필드골 951 시도 282

필드골 479 성공 156

- 점프슛, 풀업 점퍼
- 레이업, 핑거롤
- 페이드어웨이
- 덩크, 앨리웁
- 훅슛
- 팁슛
- 뱅크슛

DEFENSE PER GAME			REBOUNDS PER GAME		
림에서의 거리	DFG	DFG%	림에서의 거리	CR	UCR
3점슛	1.9	38.5%	0~0.9m	0.9	1.1
2점슛	4.4	52.0%	0.9~1.8m	1.3	2.1
0~1.8m	2.7	63.1%	1.8~3.0m	0.5	1.4
0~3.0m	3.2	57.3%	3.0m 이상	0.1	0.8
4.5m 이상	2.5	38.0%			

2023-24 미네소타 62경기 평균 32.7분

항목 평점	PTS	RB	AS	ST	BL
경기 평균	21.8	8.3	3.0	0.7	0.7
36분 기준	24.0	9.2	3.4	0.7	0.7

항목 평점	TS	MS	3PS	FT	LU	DK	ID	OD	ST	BL
	A-	B+	A-	A-	C+	B	C+	C+	C-	C
항목 평점	ORB	DRB	PS	BH	BQ	SP	PO	ED	HS	OG
	D-	B-	D-	D	C	B+	A+	B-	C	B+

Mitchell ROBINSON C

미첼 로빈슨   1998.04.01 / 213cm

미국

NBA 드래프트 : 2018년 2라운드 36번
NBA 우승 : 0회 / 파이널 MVP : 0회
시즌 MVP : 0회 / NBA 퍼스트팀 : 0회

장신에 빠른 스피드, 엄청난 점프력으로 인사이드 1대1 수비, 블락, 스틸, 리바운드에서 극강의 능력을 보여준다. 박스 아웃, 스크린 세팅, 나가는 공 살려내기 등 허슬 플레이도 압권. 뉴욕이 지난 시즌 중하위권의 공격력으로 리그 7위의 승률을 보일 수 있었던 건 수비의 핵 로빈슨 덕분이었다. 덩크, 레이업, 풋백 등 림 근처에서만 골을 넣을 수 있다. 지난 시즌 왼쪽 발목 수술을 받고 무려 56경기에 결장했다. 건강이 중요하다. 연봉은 1432만 달러.

SHOT ZONE

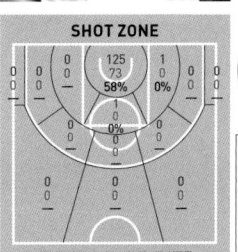

필드골 127 시도 40

필드골 73 성공 34

- 점프슛, 풀업 점퍼
- 레이업, 핑거롤
- 페이드어웨이
- 덩크, 앨리웁
- 훅슛
- 팁슛
- 뱅크슛

DEFENSE PER GAME			REBOUNDS PER GAME		
림에서의 거리	DFG	DFG%	림에서의 거리	CR	UCR
3점슛	1.3	41.4%	0~0.9m	2.5	0.8
2점슛	4.7	56.2%	0.9~1.8m	1.8	1.1
0~1.8m	3.4	70.3%	1.8~3.0m	0.8	1.1
0~3.0m	3.8	64.5%	3.0m 이상	0.1	0.5
4.5m 이상	1.7	38.3%			

2023-24 뉴욕 31경기 평균 24.8분

항목 평점	PTS	RB	AS	ST	BL
경기 평균	5.6	8.5	0.6	1.2	1.1
36분 기준	8.1	12.3	0.8	1.7	1.6

항목 평점	TS	MS	3PS	FT	LU	DK	ID	OD	ST	BL
	C			D-	C+	A	B	D	C+	B
항목 평점	ORB	DRB	PS	BH	BQ	SP	PO	ED	HS	OG
	A+	B+	C-	D-	C+	B	B	A	A	B-

DEFENSE pg		REBOUNDS pg		항목 & 평점																			
DFG	DFG%	CR	UCR	TS	MS	3PS	FT	LU	DK	ID	OD	ST	BL	ORG	OR3	ORB	DRG	DR3	DRB	PS	BH	BQ	SP	PO	ED	HS	OG
필드골 허용	필드골 허용률	유경쟁 리바운드	무경쟁 리바운드	턴어삿 성공률	중거리 슛팅	3점 슛팅	자유투 성공률	레이업 플로터	슬램 덩크	안쪽 수비	외곽 수비	스틸	블락	가드 공격RB	가드 공격RB	빅맨 공격RB	가드 SF 수비RB	빅맨 수비RB	빅맨 수비RB	패스	볼 핸들링	농구 IQ	스피드 민첩성	파워	지구력	허슬 플레이	종합 평가

Jericho SIMS   C-PF

예리코 심스   1998.10.20 / 208cm

NBA 드래프트: 2021년 2라운드 58번
NBA 우승: 0회 / 파이널 MVP: 0회
미국   시즌 MVP: 0회 / NBA 퍼스트팀: 0회

로빈슨, 아추아에 이은 '3옵션' 빅맨. 평균 출전 시간은 15분 안팎이지만, 팀에 꼭 필요한 벤치 멤버. 근육질 상체에 폭발적인 점프력을 지녀 상대 빅맨들에겐 '바위'같은 존재로 느껴진다. 인사이드 1대1 수비, 공격 리바운드, 블락, 스크린 세팅에 특화된 선수다. 반면, 공격에서는 "limited offensively"다. 득점 대부분이 덩크와 레이업이다. 그렇기에 지난 시즌 69.1%, 프로 통산 74.1%의 엄청난 필드골 성공률을 기록했다. 시즌 연봉은 209만 달러.

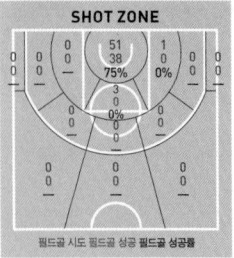

SHOT ZONE

필드골 55 시도 29
필드골 38 성공 23

- 점프슛, 풀업 점퍼
- 레이업, 핑거롤
- 페이드어웨이
- 덩크, 앨리웁
- 훅슛
- 팁슛
- 뱅크슛

DEFENSE PER GAME			REBOUNDS PER GAME		
림에서의 거리	DFG	DFG%	림에서의 거리	CR	UCR
3점슛	0.6	39.3%	0~0.9m	0.6	0.3
2점슛	2.7	54.9%	0.9~1.8m	0.6	0.9
0~1.8m	1.7	56.0%	1.8~3.0m	0.4	0.6
0~3.0m	2.0	55.0%	3.0m 이상	0.2	0.2
4.5m 이상	1.0	41.8%			

2023-24 뉴욕 45경기 평균 13.0분					
항목 평점	TS	MS	3PS	FT	LU	DK	ID	OD	ST	BL
경기 평균	PTS	RB	AS	ST	BL
	2.0	3.3	0.6	0.2	0.4
36분 기준	5.7	9.0	1.5	0.5	1.2

항목 평점	TS	MS	3PS	FT	LU	DK	ID	OD	ST	BL
	D+	D+	D-	D-	B+	C-	D-	D-	C+	D
항목 평점	ORB	DRB	PS	BH	BQ	SP	PO	ED	HS	OG
	C-	B+	D+	C-	C-	C	D-	B+	B-	C-

Jalen BRUNSON   PG-SG

제일런 브런슨   1996.08.31 / 188cm

NBA 드래프트: 2018년 2라운드 33번
NBA 우승: 0회 / 파이널 MVP: 0회
미국   시즌 MVP: 0회 / NBA 퍼스트팀: 0회

명실상부한 뉴욕의 에이스. 2024-25시즌 직전, 뉴욕과 4년 1억 5650만 달러의 재계약을 맺었다. 원래 그의 계약은 2025-26시즌까지 보장되어있었으나 소속팀 선수 영입을 위해 스스로 페이컷을 감당했다. 최상급 포스트업과 풋워크를 자랑한다. 드라이빙에서 이어지는 레이업, 핑거롤, 플로터로 림을 직접 공략한다. 풀업 점퍼, 턴어라운드슛, 페이드어웨이슛 등 미드레인지에서 고난도 슈팅을 즐긴다. 탑과 윙에서의 3점슛 시도가 많다. 연봉은 2496만 달러.

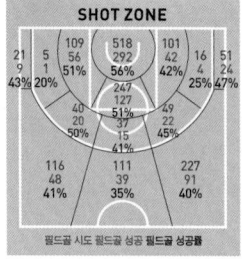

SHOT ZONE

필드골 1648 시도 1225
필드골 790 성공 556

- 점프슛, 풀업 점퍼
- 레이업, 핑거롤
- 페이드어웨이
- 덩크, 앨리웁
- 훅슛
- 팁슛
- 뱅크슛

DEFENSE PER GAME			REBOUNDS PER GAME		
림에서의 거리	DFG	DFG%	림에서의 거리	CR	UCR
3점슛	1.9	40.8%	0~0.9m	0.1	0.2
2점슛	3.8	56.2%	0.9~1.8m	0.1	0.6
0~1.8m	2.8	67.9%	1.8~3.0m	0.1	0.2
0~3.0m	3.2	62.7%	3.0m 이상	0.1	1.2
4.5m 이상	2.1	39.7%			

2023-24 뉴욕 77경기 평균 35.4분					
항목 평점	TS	MS	3PS	FT	LU	DK	ID	OD	ST	BL
경기 평균	PTS	RB	AS	ST	BL
	28.7	3.6	6.7	0.9	0.2
36분 기준	29.2	3.7	6.9	0.9	0.2

항목 평점	TS	MS	3PS	FT	LU	DK	ID	OD	ST	BL
	A+	A-	B+	A+	A-	D-	C-	C+	D+	D-
항목 평점	ORG	DRG	PS	BH	BQ	SP	PO	ED	HS	OG
	D-	D-	A+	A	A	D-	A+	A	A

OG ANUNOBY   SG-SF

OG 아누노비   1997.07.17 / 201cm

NBA 드래프트: 2017년 1라운드 23번
NBA 우승: 1회 / 파이널 MVP: 0회
영국   시즌 MVP: 0회 / NBA 퍼스트팀: 0회

전형적인 3&D 유형이다. 큰 손과 빠른 기동력, 긴 리치를 기반으로 2번, 3번, 4번을 모두 수비할 수 있다. 퍼리미터 1대1 수비와 스틸에 강점이 있고, DPOY 후보로 거론되는 수준이다. '3점슛의 대가'다. 클러치 상황에서 과감하게 던지는 3점슛이 매력적이다. 최근에는 드라이빙 레이업, 드라이빙 덩크, 러닝 덩크 등 림 어택을 즐긴다. 과감한 풀업 점퍼도 늘었다. 그러나 BQ, 시야, 볼핸들링이 살짝 부족해 뭔가 아쉬움을 보인다. 연봉은 3664만 달러.

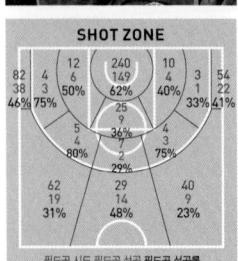

SHOT ZONE

필드골 577 시도 132
필드골 282 성공 132

- 점프슛, 풀업 점퍼
- 레이업, 핑거롤
- 페이드어웨이
- 덩크, 앨리웁
- 훅슛
- 팁슛
- 뱅크슛

DEFENSE PER GAME			REBOUNDS PER GAME		
림에서의 거리	DFG	DFG%	림에서의 거리	CR	UCR
3점슛	1.5	35.3%	0~0.9m	0.5	0.5
2점슛	4.2	47.6%	0.9~1.8m	0.4	0.9
0~1.8m	2.8	58.0%	1.8~3.0m	0.2	0.6
0~3.0m	3.2	52.8%	3.0m 이상	0.1	0.8
4.5m 이상	1.9	34.5%			

2023-24 토론토+뉴욕 50경기 평균 34.0분					
항목 평점	TS	MS	3PS	FT	LU	DK	ID	OD	ST	BL
경기 평균	PTS	RB	AS	ST	BL
	14.7	4.2	2.1	1.4	0.7
36분 기준	15.5	4.4	2.3	1.4	0.8

항목 평점	TS	MS	3PS	FT	LU	DK	ID	OD	ST	BL
	C-	A-	B-	C-	B-	C-	B+	C+	A	B-
항목 평점	ORG	DRG	PS	BH	BQ	SP	PO	ED	HS	OG
	C	D-	D-	C-	C-	B-	B	B	B-

Miles McBRIDE   PG-SG

마일스 맥브라이드   2000.09.08 / 188cm

NBA 드래프트: 2021년 2라운드 36번
NBA 우승: 0회 / 파이널 MVP: 0회
미국   시즌 MVP: 0회 / NBA 퍼스트팀: 0회

데뷔 첫해부터 2년간 중용 받지 못했으나 지난 시즌부터 출전 시간이 대폭 늘어났다. 올 시즌에도 평균 20분 안팎 출전하며 아누노비, 브런슨의 휴식 시간을 커버한다. 맥브라이드는 내외곽 여러 위치에서 슈팅을 시도한다. 드라이빙에서 이어지는 레이업과 플로터, 풀업 점퍼, 러닝 점퍼 등 다양한 형태로 득점한다. 좌우 코너 3점슛은 성공률 40%를 상회한다. 볼 핸들링, BQ, 시야가 좋은 편이다. 퍼리미터 1대1 수비와 스틸도 OK. 연봉은 471만 달러.

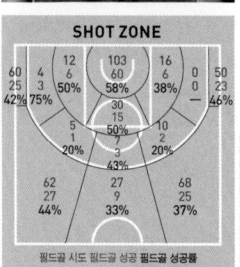

SHOT ZONE

필드골 454 시도 354
필드골 205 성공 148

- 점프슛, 풀업 점퍼
- 레이업, 핑거롤
- 페이드어웨이
- 덩크, 앨리웁
- 훅슛
- 팁슛
- 뱅크슛

DEFENSE PER GAME			REBOUNDS PER GAME		
림에서의 거리	DFG	DFG%	림에서의 거리	CR	UCR
3점슛	1.1	35.6%	0~0.9m	0.1	0.1
2점슛	2.2	47.6%	0.9~1.8m	0.1	0.2
0~1.8m	1.7	56.1%	1.8~3.0m	0.1	0.2
0~3.0m	2.0	53.8%	3.0m 이상	0.1	0.7
4.5m 이상	1.5	37.3%			

2023-24 뉴욕 68경기 평균 19.5분					
항목 평점	TS	MS	3PS	FT	LU	DK	ID	OD	ST	BL
경기 평균	PTS	RB	AS	ST	BL
	8.3	1.5	1.7	0.7	0.1
36분 기준	15.2	2.7	3.1	1.4	0.2

항목 평점	TS	MS	3PS	FT	LU	DK	ID	OD	ST	BL
	C	B	B+	C+	C-	B	D-	B-	B-	C
항목 평점	ORG	DRG	PS	BH	BQ	SP	PO	ED	HS	OG
	D	D-	B+	B+	B	D-	D-	B-	C+

Kevin McCULLAR JR.　SF-SG

G 9　케빈 맥큘러 주니어　2001.03.15 / 198cm

미국
NBA 드래프트 : 2024년 2라운드 56번
NBA 우승 : 0회 / 파이널 MVP : 0회
시즌 MVP : 0회 / NBA 퍼스트팀 : 0회

텍사스공대를 다니다 3학년 때 캔자스대로 편입했다. 2024 NBA 드래프트에서 피닉스 선즈에 2라운드 56번으로 지명되었고, 바로 뉴욕으로 트레이드됐다. 맥큘러는 198cm 스윙맨이다. 윙으로서 다양한 공격 스킬을 구사한다. 특히 페인트존에서 득점을 많이 한다. 대학 졸업할 시기에는 예전보다 점프슛 횟수 및 성공률이 높아졌다. 플레이메이킹 능력도 OK. 지난 시즌 대학 농구에서 가장 수비가 좋은 선수 중 1명이었다. 구단과 투웨이 계약을 맺었다.

SHOT ZONE

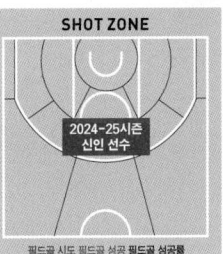

2024-25시즌 신인 선수

- ● 점프슛, 풀업 점퍼
- ● 레이업, 핑거롤
- ● 페이드어웨이
- ● 덩크, 앨리웁
- ● 훅슛
- ● 팁슛
- ● 뱅크슛

필드골 **0** 시도 / 필드골 **0** 성공

필드골 시도 필드골 성공 **필드골 성공률**

DEFENSE PER GAME			REBOUNDS PER GAME		
림에서의 거리	DFG	DFG%	림에서의 거리	CR	UCR
3점슛			0~0.9m		
2점슛			0.9~1.8m		
0~1.8m			1.8~3.0m		
0~3.0m			3.0m 이상		
4.5m 이상					

2023-24 밀워키+필라델피아 78경기 평균 16.7분

항목	PTS	RB	AS	ST	BL
경기 평균	—	—	—	—	—
36분 기준	—	—	—	—	—

항목 평점	TS	MS	3PS	FT	LU	DK	ID	OD	ST	BL
항목 평점	OR3	DR3	PS	BH	BQ	SP	PO	ED	HS	OG

Cameron PAYNE　PG-SG

G 1　캐머런 페인　1994.08.08 / 185cm

미국
NBA 드래프트 : 2015년 1라운드 14번
NBA 우승 : 0회 / 파이널 MVP : 0회
시즌 MVP : 0회 / NBA 퍼스트팀 : 0회

왼손잡이 공격형 PG. 공격 루트는 페인트존 돌파와 3점슛이다. 드라이빙 플로터는 가장 강력한 무기. 스피드를 이용하여 마크맨을 제치고 왼쪽을 돌파해 상대 빅맨의 블락을 피해 백보드를 맞히는 레이업도 일품이다. 2015-16 시즌, 프로 데뷔 후 4년간 외곽슛이 들쭉날쭉했으나, 2020년 피닉스에 합류한 이후 좋아졌다. 왼쪽 어깨를 앞으로 한 폼을 바탕으로 밀어던지는 독특한 형태로 슈팅한다. 퍼리미터 1대1 수비는 부족한 편. 연봉은 209만 달러.

SHOT ZONE

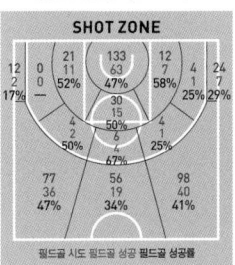

	2 ─ 2		
2	121		● 점프슛, 풀업 점퍼
90			● 레이업, 핑거롤

필드골 **481** 365 시도

12	0	11	133	12		24
2	11	63	4		4	
17%	52%	47%	58%	25%	29%
	30				
	15				
50%	50%				
	4				
67%	25%				

77	56	98
36	19	40
47%	34%	41%

	1	12	● 페이드어웨이
39			● 덩크, 앨리웁
			● 훅슛
			● 팁슛
			● 뱅크슛

필드골 **208** 156 성공

필드골 시도 필드골 성공 **필드골 성공률**

DEFENSE PER GAME			REBOUNDS PER GAME		
림에서의 거리	DFG	DFG%	림에서의 거리	CR	UCR
3점슛	0.8	36.7%	0~0.9m	0.0	0.1
2점슛	1.8	55.9%	0.9~1.8m	0.1	0.1
0~1.8m	1.8	62.3%	1.8~3.0m	0.1	0.5
0~3.0m	1.4	56.8%	3.0m 이상	0.1	0.6
4.5m 이상	0.9	37.2%			

2023-24 밀워키+필라델피아 78경기 평균 16.7분

항목	PTS	RB	AS	ST	BL
경기 평균	7.4	1.5	2.6	0.5	0.1
36분 기준	16.0	3.2	5.7	1.2	0.3

항목 평점	TS	MS	3PS	FT	LU	DK	ID	OD	ST	BL
	B+	A-	B-	A	B	B-	D-	D-	C+	D-
항목 평점	ORG	DRG	PS	BH	BQ	SP	PO	ED	HS	OG
	D-	D-	C	B	C-	C	D-	B-	C	C

Tyler KOLEK　SG-PG

G 13　타일러 콜렉　2001.03.27 / 191cm

미국
NBA 드래프트 : 2024년 2라운드 34번
NBA 우승 : 0회 / 파이널 MVP : 0회
시즌 MVP : 0회 / NBA 퍼스트팀 : 0회

마켓대를 졸업하고 2024 NBA 드래프트를 신청해 뉴욕에 2라운드 34번으로 지명됐다. 대학 시절 NCAA에서 나름 괜찮은 PG로 평가받았다. 볼 핸들링과 패스가 안정적이고, 픽&롤 플레이 응용능력이 매우 뛰어나다. BQ가 우수한 선수라 프로에서 적응을 빨리할 것으로 보인다. 대학 4학년 때 야투 49.6%, 3점슛 38.8%, 자유투 85.1%를 기록하며 나름대로 합격판정을 받았다. 그러나 그 기록이 프로에서 이어진다는 보장은 절대 없다. 지켜봐야 한다.

SHOT ZONE

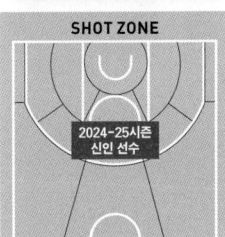

2024-25시즌 신인 선수

- ● 점프슛, 풀업 점퍼
- ● 레이업, 핑거롤
- ● 페이드어웨이
- ● 덩크, 앨리웁
- ● 훅슛
- ● 팁슛
- ● 뱅크슛

필드골 **0** 시도 / 필드골 **0** 성공

필드골 시도 필드골 성공 **필드골 성공률**

DEFENSE PER GAME			REBOUNDS PER GAME		
림에서의 거리	DFG	DFG%	림에서의 거리	CR	UCR
3점슛			0~0.9m		
2점슛			0.9~1.8m		
0~1.8m			1.8~3.0m		
0~3.0m			3.0m 이상		
4.5m 이상					

2023-24시즌 기록 없음

항목	PTS	RB	AS	ST	BL
경기 평균	—	—	—	—	—
36분 기준	—	—	—	—	—

항목 평점	TS	MS	3PS	FT	LU	DK	ID	OD	ST	BL
항목 평점	ORG	DRG	PS	BH	BQ	SP	PO	ED	HS	OG

NEW YORK KNICKS
2024-25 REGULAR SEASON SCHEDULE

OCTOBER, 2024
Oct. 23　@ Boston
Oct. 26　vs. Indiana
Oct. 29　vs. Cleveland
Oct. 31　@ Miami

NOVEMBER, 2024
Nov. 2　@ Detroit
Nov. 5　@ Houston
Nov. 7　@ Atlanta
Nov. 9　vs. Milwaukee
Nov. 11　@ Indiana
Nov. 13　@ Philadelphia
Nov. 14　vs. Chicago
Nov. 16　vs. Brooklyn
Nov. 18　vs. Brooklyn
Nov. 19　@ Washington
Nov. 21　@ Phoenix
Nov. 24　@ Utah
Nov. 26　@ Denver
Nov. 28　@ Dallas
Nov. 30　@ Charlotte

DECEMBER, 2024
Dec. 2　vs. New Orleans
Dec. 4　vs. Orlando
Dec. 6　vs. Charlotte
Dec. 8　vs. Detroit
Dec. 10　@ Toronto
Dec. 20　@ Minnesota
Dec. 22　@ New Orleans

Dec. 24　vs. Toronto
Dec. 26　vs. San Antonio
Dec. 28　@ Orlando
Dec. 29　@ Washington
Dec. 31　@ Washington

JANUARY, 2025
Jan. 2　vs. Utah
Jan. 4　vs. Oklahoma City
Jan. 5　@ Chicago
Jan. 7　vs. Orlando
Jan. 9　vs. Toronto
Jan. 11　vs. Oklahoma City
Jan. 13　vs. Milwaukee
Jan. 15　vs. Detroit
Jan. 16　@ Philadelphia
Jan. 18　vs. Minnesota
Jan. 21　vs. Atlanta
Jan. 22　@ Brooklyn
Jan. 26　vs. Sacramento
Jan. 28　vs. Memphis
Jan. 29　vs. Denver

FEBRUARY, 2025
Feb. 2　vs. LA Lakers
Feb. 4　vs. Houston
Feb. 5　vs. Toronto
Feb. 9　vs. Boston
Feb. 12　@ Indiana
Feb. 13　vs. Atlanta
Feb. 21　vs. Chicago

Feb. 22　@ Cleveland
Feb. 24　@ Boston
Feb. 27　vs. Philadelphia

MARCH, 2025
Mar. 1　@ Memphis
Mar. 3　@ Miami
Mar. 5　vs. Golden State
Mar. 7　@ LA Lakers
Mar. 9　@ LA Clippers
Mar. 11　vs. Sacramento
Mar. 13　@ Portland
Mar. 16　@ Golden State
Mar. 18　vs. Miami
Mar. 20　@ San Antonio
Mar. 21　vs. Charlotte
Mar. 23　vs. Washington
Mar. 26　vs. Dallas
Mar. 27　vs. LA Clippers
Mar. 29　@ Milwaukee
Mar. 31　vs. Portland

APRIL, 2025
Apr. 2　vs. Philadelphia
Apr. 3　@ Cleveland
Apr. 6　@ Atlanta
Apr. 7　vs. Phoenix
Apr. 9　vs. Boston
Apr. 11　@ Detroit
Apr. 12　vs. Cleveland
Apr. 14　@ Brooklyn

PHILADELPHIA 76ERS.

合家平安·주축 선수들 건강 기원

뜻풀이 온 가족이 건강하게 평온하기를 바란다. 필라델피아는 지난 시즌 엠비드의 부상에 울었다. 올 시즌 우승을 위해선 주축 선수들이 아프지 말아야 한다.

명암을 바꿔놓은 에이스 엠비드의 부상

하든이 떠났지만, 필라델피아는 첫 40경기에서 27승 13패로 승승장구했다. 강세를 보인 핵심 이유는 바로 엠비드. 한 경기 70점을 올리는 등 견줄 자가 없었다. 그러나 엠비드가 2월 무릎을 다치자 상황이 반전됐다. 엠비드 없이 남긴 승률은 37.2%. 맥시가 큰 성장을 보였지만, 팀을 좌우할 정도는 아니었다. 막판에 엠비드가 복귀했지만, 초반의 뜨거운 기세는 이어지지 않았다. 정신없이 몰아치는 뉴욕에 패해 PO 1라운드에서 탈락했다. 지독한 불운이 만든 용두사미 시즌이었다.

꼭 필요했던 한 자리에 폴 조지 가세

클러치 구간의 엠비드는 정말 막강했다. 빅맨이지만 슛도 워낙 좋아서 득점도 수월하게 채워갔다. 평균 2.2개의 자유투를 얻어 96.2%의 자유투를 기록했다. 맥시는 새로운 클러치 스타로 올라섰다. 그러나 서포터 그룹이 아쉬웠다. 폴 조지의 영입이 그 고민을 해결해줄 것이다. 계약 기간 4년, 2억 1158만 달러에 합의하며 새로운 '빅3'의 일원이 됐다. 1대1도 좋고 빅맨을 활용한 공격 전개도 능하다. 케일럽 마틴과 켈리 우브레 Jr, 레지 잭슨, 에릭 고든이 팀에 뎁쓰를 더해줄 것이다.

선수단 관리로 시스템의 중심을 지켜라

내외곽에 준수한 자원을 더하고, 핵심을 유지하면서 닉 널스 감독은 그의 커리어를 통틀어 가장 탄탄한 핵심과 선수층을 갖추게 됐다. 다만 새 식구들의 내구성이 중요하다. 엠비드는 물론이고 조지, 라우리, 고든 등도 부상으로 결장이 잦은 선수들이었다. 결국, 이 팀에 대한 모든 긍정적 평가는 핵심이 건강하다는 걸 전제로 할 것이다. 널스 감독은 훌륭한 감독이지만, 팀 운영과 선수 관리는 높은 점수를 못 받았다. 그런 면에서 2024-25시즌은 그에게 중요한 시험대가 될 것이다.

*통계는 2024년 10월 1일 기준

CLUB INFORMATION

Founded 구단 창립 1946년	**Owner** 해리스 블리처 스포츠 & 엔터	**CEO** 태드 브라운	 **Head Coach** 닉 너스 1967.07.24	**24-25 Odds** 벳365 : 8배 윌리엄힐 : 8배
Nationality ●미국 선수 11명 ●외국 선수 2명	**Age** 13명 평균 28.2세	**Height** 13명 평균 197.5cm	**Weight** 13명 평균 100.2kg	**Salary** 13명 평균 1400만 달러
Win 2023-24 : 47승 통산 3101승	**Loss** 2023-24 : 35패 통산 2840패	**Winning%** 2023-24 : 57.3% 통산 52.2%	**Play-Off** PO 진출 : 54회 PO 탈락 : 22회	**Titles** NBA우승 : 3회 컨퍼런스 : 5회
Top Scorer 조엘 엠비드 평균 34.7점	**More Rebounds** 조엘 엠비드 평균 11.0RB	**More Assists** 타이리스 맥시 평균 6.2AS	**More Steals** 디앤소니 멜턴 평균 1.6스틸	**More Blocks** 조엘 엠비드 평균 1.7BL

*항목별 1위는 지난 시즌 필라델피아 소속으로 42경기 이상 출전한 선수 중 선발

Association | Icon | Statement | City

HEAD COACH & STADIUM

Nick NURSE 닉 너스

생년월일 : 1967년 7월 24일 출생 / **출생지** : 미국 아이오와주 캐럴
경력 : 1989~1995년 대학 4개팀 감독 / 1995~2001년 유럽 프로 4개팀 감독 / 2001년 오클라호마 스톰 코치 / 2007~2011년 아이오와 에너지 감독 / 2011~2013년 리오 그란데 밸리 감독 / 2013~2018년 토론토 랩터스 코치 / 2018~2023년 토론토 랩터스 감독 / 2023년~ 필라델피아 76ers. 감독

쿠엠퍼 가톨릭고를 졸업하고, 노던아이오와대로 진학했다. 대학 4년간 선수로 뛰며 111경기에 출전, 47%의 3점 성공률을 기록했다. 현역 은퇴 후 1989년 노던 아이오와대 코치를 시작으로 지도자로 나섰다. 이후 2005년까지 대학 및 마이너 클럽 10개 팀을 지도했다. 그리고 아이오와 에너지(2007~2011년), 리오 그란데 밸리 바이퍼스(2011~2013년), NBA 개발 리그(D-리그)의 수석 코치를 역임. D-리그에서도 감독으로 두 차례 D-리그 우승(2011, 2013년)을 견인했고, 2011년에 D-리그 올해의 감독상을 수상했다. 감독 경력에 가장 빛났던 시기는 토론토 랩터스 감독을 맡았던 2018~2023년. 그는 부임 첫 시즌, 팀을 정규시즌 58승 24패로 이끌었고, 내친 김에 사상 처음 NBA 우승 타이틀까지 선물했다. 시즌 종료 후 NBA 올해의 감독상을 수상했다. 토론토와 계약이 끝나자 2023년 5월 29일, 필라델피아 세븐틱식서스의 26대 감독으로 취임했다.

WELLS FARGO CENTER

구장 오픈 : 1996년
구장 중개축 : -
오너 : 콤캐스트 스펙테이터
수용인원 : 2만 1000명
건축비용 : 2억 1000만달러

개장 이래 이 지역의 상징이 됐다. 1996-97시즌부터 세븐틱식서스 홈구장으로 사용돼왔고, 하키팀 플라이어스, NLL팀 윙스의 전용구장이기도 하다. 세계적인 투어와 다양한 이벤트가 개최된다. 특별관람석이라 불리는 럭셔리 스위트 126석, 클럽 박스석 1880석을 갖췄다. 미국 최대 케이블방송 컴캐스트 산하 컴캐스트 스펙타코어가 소유, 운영을 하고 있다.

Honours

 3   5   12   10

NBA CHAMPIONS	CONFERENCE TITLES	DIVISION TITLES	RETIRED NUMBERS

NBA CHAMPIONSHIPS
1955, 1967, 1983

CONFERENCE TITLES
1977, 1980, 1982, 1983, 2001

DIVISION TITLES
1950, 1952, 1955, 1966, 1967, 1968, 1977, 1978, 1983, 1990, 2001, 2021

RETIRED NUMBERS
2, 3, 4, 6, 10, 13, 15, 24, 32, 34

REGULAR SEASON RANKING LAST 10YEARS

14-15	15-16	16-17	17-18	18-19	19-20	20-21	21-22	22-23	23-24
12	30	27	5	7	12	3	8	3	14
18승 64패	10승 72패	28승 54패	52승 30패	51승 31패	43승 30패	49승 23패	51승 31패	54승 28패	47승 35패

TEAM POTENTIAL

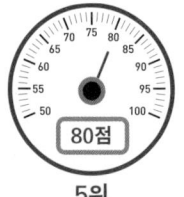

80점

5위

 하프코트 8점 세트오펜스   트랜지션 7점 오펜스   하프코트 8점 세트디펜스   트랜지션 7점 디펜스    리바운드 7점

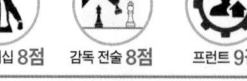 선수층 9점   선수 경험치 9점   감독 리더십 8점   감독 전술 8점   프런트 9점

*각 항목은 10점 만점, **평점은** NBA 30팀 사이 상대평가

우승 ODDS	배당	순위
bet 365	8배	4위
Paddy Power	9배	4위
William Hill	8배	4위

OFFENSIVE STYLE
트랜지션 오펜스 ———●— 하프코트 세트오펜스

DEFENSIVE STYLE
하이 프레스 ———●—— 하프코트 디펜스

SQUAD & TACTICS

STARTERS

PF 케일럽 마틴
27.4분, 10.0점
4.4R, 2.2A

C 조엘 엠비드
33.6분, 34.7점
11.0RB, 5.6AS

SF 폴 조지
33.8분, 22.6점
5.2R, 3.5A

SG 타이리스 맥시
37.5분, 25.9점
3.7R, 6.2A

PG 카일 로우리
28.4분, 8.0점
2.8RB, 4.6AS

OFF THE BENCH

 **PG** 터쿼비온 스미스
2024-25시즌
신인

 SG 에릭 고든
27.8분, 11.0점
1.8RB, 2.0AS

SF 켈리 우브레
30.2분, 15.4점
5.0RB, 1.5AS

PF KJ 마틴
12.3분, 3.7점
2.2RB, 0.9AS

C 앤드리 드러먼드
17.1분, 8.4점
9.0RB, 0.5AS

G 레지 잭슨
G 리키 카운실
F 제러드 맥케인
F 데이비드 존스
C 아뎀 보나

OFFENSE MECHANISM

외곽에 나온 엠비드와의 핸드오프에서부터 시작되는 경우가 늘었다. 엠비드에 대한 견제가 어느 정도인지가 맥시의 움직임을 좌우했다. 엠비드는 요키치 못지않은 시야와 패스 실력을 가진 빅맨이다. 맥시는 직접적으로 핸드오프를 받기 어려울 때면, 기습적인 백도어 컷을 이용해 허들 찔렀다. 그럴 때면 적절한 타이밍에 엠비드로부터 공이 전달됐다. 이처럼 둘을 중심으로 공격의 문이 열린 가운데, 닉 너스 감독은 가능한 맥시가 수비의 방해 없이 볼을 받고 시작할 수 있도록 줌 액션을 비롯해 여러 장치를 마련했다. 또 상황에 따라 둘의 플레이를 디코이 삼아 상대를 공략했다. 폴 조지는 1대1에 능할 뿐 아니라 컬, 플레어 등 다양한 방법으로 기어이 본인 득점 찬스를 만들 수 있는 선수다.

DEFENSE MECHANISM

수비 성향이 강한 닉 너스 감독이 오면서 공격적인 압박과 쉴 틈 없는 로테이션으로 실점을 더 떨어뜨렸다. 지난 시즌, 필라델피아는 NBA에서 스틸이 가장 많은 팀이었다. 안쪽으로 몰아넣고, 빠르고 정확한 로테이션으로 턴오버를 유도했다. 때로는 엠비드까지 적극적으로 클로즈아웃 디펜스에 가담했다. '새 식구' 폴 조지도 여전히 손꼽히는 실력자다. 매 시즌 디플렉션 부문 상위권에 이름을 올리는 등 패스 길을 읽고, 공을 긁어내리는 수비로 맥을 끊어왔다. 새 감독의 취향에 딱 맞는 수비 스타일. 또한, 너스는 토론토 시절부터 각종 형태의 지역방어를 즐겨 써왔다. 폴 조지가 가세한 만큼, 켈리 우브레 주니어와 번갈아 중앙, 혹은 선봉에서는 지역방어로 상대 공격을 지연시킬 것으로 보인다.

Player's Functions

 **Ball Handlers**
T.맥시
P.조지
K.로우리

 Pull-Ups
P.조지
T.맥시
J.엠비드

 Catch & Shoot
P.조지
C.마틴
T.맥시

 **3 Pointers**
T.맥시
P.조지
K.로우리

 Slam Dunkers
K.우브레
A.드러먼드
J.엠비드

 Free Throw
P.조지
T.맥시
J.엠비드

 Rebounders
A.드러먼드
J.엠비드
K.마틴

 1-1 Defenders
J.엠비드
P.조지
K.로우리

 Ball Stealers
R.코빙턴
A.드러먼드
T.스미스

 Key Passes
T.맥시
K.로우리
J.엠비드

 Hustle Players
C.마틴
J.엠비드
A.드러먼드

 Rim Protectors
J.엠비드
R.코빙턴

2023-24 SEASON PERFORMANCE

PHILADELPHIA 76ERS. vs. OPPONENTS PER GAME STATS

필라델피아 vs 상대팀

	F↑	FG%	3↑	3P%	⊖	FT%	OR	RB	A↑	🕶	🏀	↩	🪧
	득실점	필드골성공	필드골	3점슛성공	3점슛	자유투성공	자유투 %	공격리바운드	리바운드	어시스트	스틸	블락	턴오버	파울

114.6 🏀 111.5	41.5 **F↑** 40.5	46.4% **FG%** 46.8%	12.1 **3↑** 11.9	36.3% **3P%** 35.4%	19.5 ⊖ 18.6	82.6% **FT%** 79.1%
11.0 **OR** 11.0	43.0 **RB** 44.5	24.9 **A↑** 26.1	8.5 🕶 6.2	6.0 🏀 6.1	12.0 ↩ 14.6	20.3 🪧 18.5

LINE-UP

* 필라델피아는 지난 시즌 총 677개의 라인업을 가동시켰다. 그중 출전 시간이 가장 길었던 20개를 골라 게재했다.

5-MEN COMBINATION	MIN	PPG	RPG	APG
N. Batum - T. Harris - J. Embiid - D. Melton - T. Maxey	219	45.8	16.3	10.6
N. Batum - T. Harris - K. Oubre Jr. - D. Melton - T. Maxey	136	29.1	10.5	7.7
T. Harris - J. Embiid - K. Oubre Jr. - D. Melton - T. Maxey	109	28.6	9.2	6
K. Lowry - T. Harris - K. Oubre Jr. - M. Bamba - T. Maxey	99	30.6	11.9	6.7
T. Harris - K. Oubre Jr. - D. Melton - T. Maxey - P. Reed	74	23.9	6.4	4.8
T. Harris - R. Covington - J. Embiid - D. Melton - T. Maxey	68	23.4	8.6	5.7
T. Harris - K. Oubre Jr. - B. Hield - T. Maxey - P. Reed	52	14.3	6.4	2.5
P. Tucker - T. Harris - J. Embiid - D. Melton - T. Maxey	49	40	15	9.3
K. Oubre Jr. - B. Hield - T. Maxey - P. Reed - K. Martin	45	10.9	3.1	2.6
N. Batum - T. Harris - B. Hield - T. Maxey - P. Reed	43	9.6	4	2.3
N. Batum - T. Harris - D. Melton - T. Maxey - P. Reed	40	15.3	4.4	3.7
K. Lowry - N. Batum - K. Oubre Jr. - M. Bamba - T. Maxey	39	20.5	8	5.8
N. Batum - T. Harris - C. Payne - B. Hield - P. Reed	39	10.4	4.4	3
P. Beverley - M. Morris Sr. - T. Harris - T. Maxey - P. Reed	37	12.3	4.4	2.3
K. Lowry - N. Batum - J. Embiid - K. Oubre Jr. - T. Maxey	30	36.5	11.5	9
F. Korkmaz - D. House Jr. - M. Bamba - K. Martin - J. Springer	30	12.7	4.8	3.7
T. Harris - K. Oubre Jr. - D. House Jr. - T. Maxey - P. Reed	28	13.2	3.8	3
K. Lowry - T. Harris - B. Hield - M. Bamba - T. Maxey	27	37	13.5	12
M. Morris Sr. - R. Covington - K. Oubre Jr. - T. Maxey - P. Reed	26	13	5.4	2.4
P. Beverley - T. Harris - J. Embiid - K. Oubre Jr. - T. Maxey	26	8.3	3.3	1.3

PASS COMBINATIONS

→ 해당 선수가 경기당 동료로부터 패스 받은 횟수
→ 해당 선수가 경기당 동료들에게 패스 해준 횟수

→		→
74.0	타이리스 맥시	60.7
47.8	카일 로우리	50.4
56.3	조엘 엠비드	42.5
32.4	디앤토니 멜턴	36.7
34.8	버디 힐드	36.3
35.9	토바이어스 해리스	36.2
32.1	패트릭 베벌리	34.1
36.6	캐머런 페인	33.8
19.3	니콜라 바툼	26.5
27.1	켈리 우브레	23.4
15.3	폴 리드	20.5
19.0	제프 다우틴	19.6
9.8	로버트 커빙턴	19.6
11.4	모 밤바	14.9
13.0	마커스 모리스	13.9
11.9	대뉴얼 하우스	13.8
6.7	PJ 터커	12.3
9.6	KJ 마틴	12.0
9.1	퍼칸 코크마스	10.4
9.6	터퀘이비온 스미스	9.0
10.5	제이든 스프링어	8.9
8.2	리키 카운실	7.1
2.5	대니 그린	7.0
13.0	DJ 윌슨	6.5
8.0	케네스 로프턴	6.0
2.3	대리어스 베이즐리	4.0

2023-24 RANKING

* 는 수치가 낮을수록 랭킹이 높아짐

필라델피아	랭킹	GENERAL	상대팀*	랭킹
114.6	15위	득점 / 실점	111.5	9위
43.0	20위	리바운드	44.5	22위
24.9	24위	어시스트	26.1	10위
8.5	1위	스틸	6.2	1위
6.0	6위	블락	6.1	27위

득점	랭킹	PLAYTYPE	실점*	랭킹
9.6	4위	아이솔레이션	6.2	7위
21.9	11위	트랜지션	22.8	20위
15.6	17위	픽&롤 볼핸들러	15.5	10위
7.6	12위	픽&롤 롤맨	6.7	6위
5.7	9위	포스트-업	3.8	7위
24.2	30위	스팟-업	27.9	18위
5.9	6위	핸드오프	4.3	3위
9.2	18위	커팅	—	—
3.0	20위	오프 스크린	3.0	1위
6.0	21위	풋백	6.2	6위
3.2	9위	기타	—	—

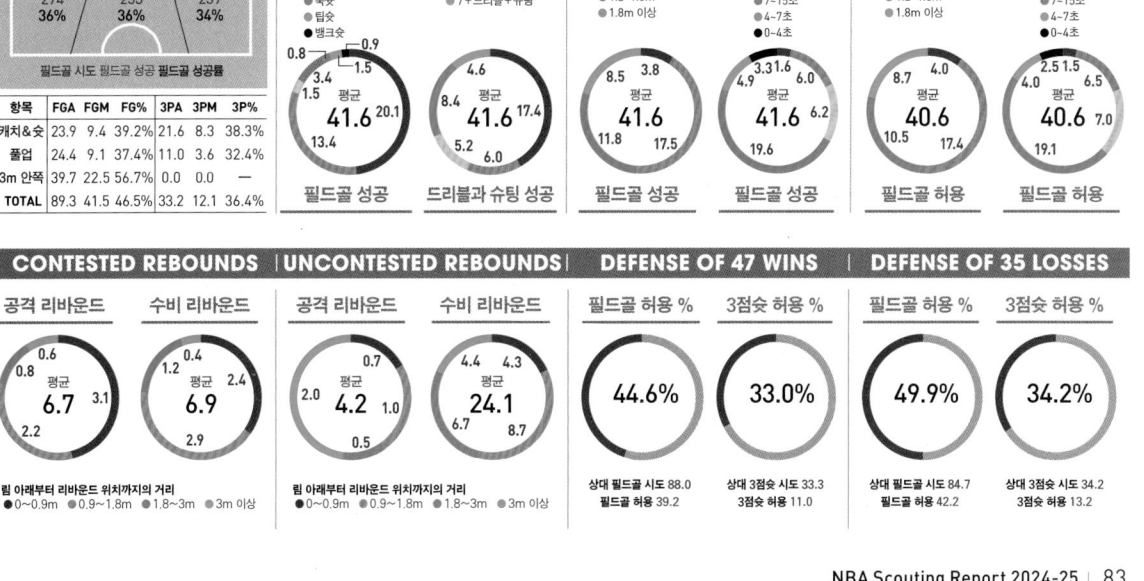

SHOT ZONE

구간별 슈팅 및 성공률

SHOT ZONE

314	28	203	3064	275	30	304
122	79	1756	115	12	124
39%	46%	39%	57%	42%	40%	41%

579 258 98 45% 126
44 195 40
45% 95 32%
49%

759	644	704
274	233	239
36%	36%	34%

필드골 시도 필드골 성공 **필드골 성공률**

항목	FGA	FGM	FG%	3PA	3PM	3P%
캐치&슛	23.9	9.4	39.2%	21.6	8.3	38.3%
풀업	24.4	9.1	37.4%	11.0	3.6	32.4%
3m 안쪽	39.7	22.5	56.7%	0.0	0.0	—
TOTAL	89.3	41.5	46.5%	33.2	12.1	36.4%

SHOT REPERTORIES

필드골 시도

1.7 / 1.6 / 2.8 / 3.8 / 4.0 / 평균 **89.4** / 24.0 / 51.5

드리블과 슈팅 시도

10.7 / 18.4 / 평균 **89.4** 36.5 / 11.0 / 12.8

● 점프슛, 풀업 점퍼
● 레이업, 핑거롤
● 페이드어웨이
● 덩크, 앨리웁 덩크
● 훅슛
● 팁슛
● 뱅크슛

● 0드리블 + 슈팅
● 1드리블 + 슈팅
● 2드리블 + 슈팅
● 3~6드리블 + 슈팅
● 7+드리블 + 슈팅

필드골 성공

0.8 / 0.9 / 3.4 / 1.5 / 평균 **41.6** 20.1 / 13.4

드리블과 슈팅 성공

4.6 / 8.4 / 평균 **41.6** 17.4 / 5.2 / 6.0

SHOOTING

필드골 시도

19.3 / 8.9 / 평균 **89.4** / 24.0 / 26.5 / 34.7

공격수와 수비수의 거리
● 0~0.6m
● 0.6~1.2m
● 1.2~1.8m
● 1.8m 이상

필드골 시도

9.1 3.2 / 11.0 / 평균 **89.4** 13.3 / 10.6 / 42.2

남은 시간
● 22~24초
● 18~22초
● 15~18초
● 7~15초
● 4~7초
● 0~4초

필드골 성공

8.5 / 3.8 / 평균 **41.6** / 11.8 / 17.5

필드골 성공

4.9 / 3.3 1.6 / 평균 **41.6** 6.2 / 19.6

OPPONENT SHOOTING

상대 필드골 시도

20.8 / 9.2 / 평균 **86.5** / 22.8 / 33.7

공격수와 수비수의 거리
● 0~0.6m
● 0.6~1.2m
● 1.2~1.8m
● 1.8m 이상

상대 필드골 시도

7.6 2.8 / 9.0 / 평균 **86.5** 14.2 / 11.7 / 41.2

남은 시간
● 22~24초
● 18~22초
● 15~18초
● 7~15초
● 4~7초
● 0~4초

필드골 허용

8.7 / 4.0 / 평균 **40.6** / 10.5 / 17.4

필드골 허용

2.5 1.5 / 4.0 / 평균 **40.6** 7.0 / 6.5 / 19.1

CONTESTED REBOUNDS

공격 리바운드

0.6 / 0.8 / 평균 **6.7** 3.1 / 2.2

수비 리바운드

1.2 / 0.4 / 평균 **6.9** 2.4 / 2.9

림 아래부터 리바운드 위치까지의 거리
● 0~0.9m ● 0.9~1.8m ● 1.8~3m ● 3m 이상

UNCONTESTED REBOUNDS

공격 리바운드

0.7 / 2.0 / 평균 **4.2** 1.0 / 0.5

수비 리바운드

4.4 / 4.3 / 평균 **24.1** 2.4 / 6.7 / 8.7

림 아래부터 리바운드 위치까지의 거리
● 0~0.9m ● 0.9~1.8m ● 1.8~3m ● 3m 이상

DEFENSE OF 47 WINS

필드골 허용 %
44.6%

3점슛 허용 %
33.0%

상대 필드골 시도 88.0
필드골 허용 39.2

상대 3점슛 시도 33.3
3점슛 허용 11.0

DEFENSE OF 35 LOSSES

필드골 허용 %
49.9%

3점슛 허용 %
34.2%

상대 필드골 시도 84.7
필드골 허용 42.2

상대 3점슛 시도 34.2
3점슛 허용 13.2

DEFENSE pg		REBOUNDS pg		항목 & 평점																						
DFG	DFG%	CR	UCR	TS	MS	3PS	FT	LU	DK	ID	OD	ST	BL	ORG	OR3	ORB	DRG	DR3	DRB	PS	BH	BQ	SP	PO	ED	HS	OG
필드골 허용	필드골 허용률	유경쟁 리바운드	무경쟁 리바운드	터프샷 성공률	중거리 슈팅	3점 슈팅	자유투 성공률	레이업 플로터	덩크	안쪽 수비	외곽 수비	스틸	블락	가드 공격RB	SF 공격RB	빅맨 공격RB	가드 수비RB	SF 수비RB	빅맨 수비RB	패스	볼 핸들링	농구 IQ	스피드 민첩성	파워 지구력		허슬 플레이	종합 평가

Paul GEORGE — PF-SF

F 8 | 폴 조지 | 1990.05.02 / 203cm

NBA 드래프트 : 2010년 1라운드 10번
NBA 우승 : 0회 / 파이널 MVP : 0회
미국 | 시즌 MVP : 0회 / NBA 퍼스트팀 : 1회

오프시즌, 클리퍼스에서 필라델피아로 이적했다. 공수겸장 '엘리트 스윙맨'이다. 커팅 레이업, 드라이빙 덩크, 드라이빙 플로터, 러닝 덩크, 러닝 레이업으로 림을 공략하고, 스텝백 점퍼, 페이드어웨이슛 등 고난도 숏을 자유롭게 구사한다. 탑, 좌우 윙, 좌우 코너 등 여러 위치에서 날리는 3점포도 위력적. 페리미터 1대1 수비와 스틸도 수준급이다. "어떤 날은 마이클 조던, 어떤 날은 제리 스택하우스"로 불릴 만큼 기복이 있다. 연봉은 4921만 달러.

SHOT ZONE

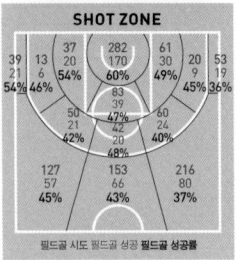

39	37 282 61	53
13 20 170 30 20	
21 6 54% 60% 49% 19	
54% 46% 45% 45%	
	83	60
	39 47%	
	55 40%	
42% 48%	
127 153 216	
57 66 80	
45% 43% 37%	

필드골 시도 필드골 성공 **필드골 성공률**

필드골 시도 **1236** (906)
7 13
40 68 3
199
● 점프숏, 풀업 점퍼
● 레이업, 핑거롤
● 페이드어웨이
● 덩크, 앨리웁
● 훅숏
● 팁숏
● 뱅크숏

필드골 성공 **582** (389)
3 9
33 29
119

DEFENSE PER GAME
림에서의 거리	DFG	DFG%
3점숏	1.9	35.1%
2점숏	4.4	50.5%
0~1.8m	3.2	56.4%
0~3.0m	3.6	53.3%
4.5m 이상	2.2	34.9%

REBOUNDS PER GAME
림에서의 거리	CR	UCR
0~0.9m	0.5	0.7
0.9~1.8m	0.5	1.4
1.8~3.0m	0.2	0.9
3.0m 이상		

2023-24 LA 클리퍼스 74경기 평균 33.8분

항목	TS	MS	3PS	FT	LU	DK	ID	OD	ST	BL
평점	B+	A	B+	A-	B	A-	C	B+	A-	C+
항목	OR3	DR3	PS	BH	BQ	SP	PO	ED	HS	OG
평점	D-	B-	C+	B+	B-	C+	C-	A	A	B+

	PTS	RB	AS	ST	BL
경기 평균	22.6	5.2	3.5	1.5	0.5
36분 기준	24.0	5.6	3.8	1.6	0.5

Caleb MARTIN — SF-PF

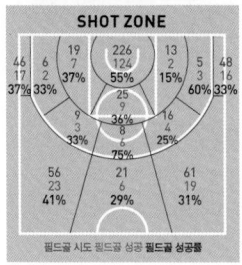

F 16 | 케일럽 마틴 | 1995.09.28 / 196cm

NBA 드래프트 : 2019년 미지명
NBA 우승 : 0회 / 파이널 MVP : 0회
미국 | 시즌 MVP : 0회 / NBA 퍼스트팀 : 0회

운동 능력이 좋은 3&D 플레이어. 2번, 3번, 4번이 모두 가능한 윙이다. 공격에서는 캐치&슛의 3점슛 혹은 림어택(덩크, 레이업, 핑거롤, 플로터)이 주를 이룬다. 자신감이 넘치기에 아크로바틱한 마무리도 심심찮게 보여준다. 그러나 기본적으로 슈팅 시도 자체가 많은 선수는 아니다. 마틴의 진가는 수비에서 나타난다. 상대팀 메인 볼핸들러의 락다운 디펜더로 나선다. 키가 크고, 사이드스텝이 빠르며 팔이 길어 상당한 효과를 본다. 연봉은 815만 달러.

SHOT ZONE

16	19 226 13	48
2 37% 55% 5	15
17 3 37% 55% 4	
37% 33% 60% 33%	
	9 36%	18
	33%	25%
56 21 61	
23 6 19	
41% 29% 31%	

필드골 시도 **559** (323)
2 17
16 20 1
172
● 점프숏, 풀업 점퍼
● 레이업, 핑거롤
● 페이드어웨이
● 덩크, 앨리웁
● 훅숏
● 팁숏
● 뱅크숏

필드골 성공 **241** (113)
1 6
9 15
90

DEFENSE PER GAME
림에서의 거리	DFG	DFG%
3점숏	1.7	32.3%
2점숏	3.8	51.4%
0~1.8m	2.4	57.6%
0~3.0m	2.8	53.7%
4.5m 이상	2.1	34.3%

REBOUNDS PER GAME
림에서의 거리	CR	UCR
0~0.9m	0.3	0.4
0.9~1.8m	0.4	1.0
1.8~3.0m	0.1	1.1
3.0m 이상	0.1	0.9

2023-24 마이애미 64경기 평균 27.4분

항목	TS	MS	3PS	FT	LU	DK	ID	OD	ST	BL
평점	A-	C-	B-	B	C+	B	C+	B-	C-	D+
항목	OR3	DR3	PS	BH	BQ	SP	PO	ED	HS	OG
평점	C+	D	D+	C	D+	D-	B	A-	C	

	PTS	RB	AS	ST	BL
경기 평균	10.0	4.4	2.2	0.7	0.5
36분 기준	13.1	5.8	2.9	1.0	0.6

Kelly OUBRE JR. — SF-SG

F 9 | 켈리 우브레 | 1995.12.09 / 198cm

NBA 드래프트 : 2015년 1라운드 15번
NBA 우승 : 0회 / 파이널 MVP : 0회
미국 | 시즌 MVP : 0회 / NBA 퍼스트팀 : 0회

코트에서 불굴의 투쟁심을 보이는 파이터형 올라운드 플레이어. 과거 격렬하게 대립했던 폴 조지와 동료가 되면서 화해했다고 한다. 우브레 주니어의 최대 강점은 1대1 수비력이다. 팔이 길고 손이 빨라 드리블러의 볼을 잘 빼앗는다. 반면 팀 디펜스 응용력(헬핑, 픽&롤 수비)은 살짝 아쉬운 부분이다. 공격은 림 어택(덩크, 레이업)과 3점슛 2가지다. 전체적인 슈팅 기술이 투박한 데다 중거리 점퍼 성공률은 기복이 심한 편이다. 시즌 연봉은 798만 달러.

SHOT ZONE

45	14 441 32	60
0 5 252 13 0	
18 36% 57% 41% 6	
40% 36% 57% 41% 25%	
	51	
	24%	
20% 50% 17%	
83 61 76	
32 18 18	
39% 30% 24%	

필드골 시도 **878** (475)
5 11
95 30
17
245
● 점프숏, 풀업 점퍼
● 레이업, 핑거롤
● 페이드어웨이
● 덩크, 앨리웁
● 훅숏
● 팁숏
● 뱅크숏

필드골 성공 **387** (162)
3 6
19 29
79
116

DEFENSE PER GAME
림에서의 거리	DFG	DFG%
3점숏	1.4	34.3%
2점숏	3.8	54.1%
0~1.8m	2.9	59.9%
0~3.0m	3.2	57.0%
4.5m 이상	1.6	35.7%

REBOUNDS PER GAME
림에서의 거리	CR	UCR
0~0.9m	0.5	0.6
0.9~1.8m	0.5	1.5
1.8~3.0m	0.2	0.7
3.0m 이상	0.1	0.3

2023-24 필라델피아 68경기 평균 30.2분

항목	TS	MS	3PS	FT	LU	DK	ID	OD	ST	BL
평점	C+	D+	C	C	B-	B+	C-	B-	C-	C
항목	OR3	DR3	PS	BH	BQ	SP	PO	ED	HS	OG
평점	C+	D+	C	C	B-	B+	C-	B-	C-	C

	PTS	RB	AS	ST	BL
경기 평균	15.4	5.0	1.5	1.1	0.7
36분 기준	18.4	6.0	1.8	1.3	0.8

KJ MARTIN — SF-PF

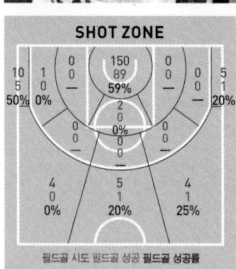

F 1 | KJ 마틴 | 2001.01.06 / 198cm

NBA 드래프트 : 2020년 2라운드 52번
NBA 우승 : 0회 / 파이널 MVP : 0회
미국 | 시즌 MVP : 0회 / NBA 퍼스트팀 : 0회

본명은 케년 마틴 주니어. 2000~2015년 NBA에서 활약했던 올스타 포워드 케년 마틴의 아들이다. 아버지와 이름이 같아 KJ라는 애칭을 쓴다. 주 위치는 3번 혹은 4번이다. 그러나 운동능력과 볼 무브먼트가 중시되는 스몰 라인업에서는 가끔 5번을 보기도 한다. 팀에서 '서드 유닛' 멤버라 출전 시간은 평균 12~13분 정도다. 덩크, 레이업, 공격 리바운드 후의 풋백이 주 득점 루트다. 가끔 터프샷을 과감하게 성공시킨다. 연봉은 798만 달러.

SHOT ZONE

7	10 150	11
10 10 89 0	
50% 0% 59% 0%	20%
	0% 20% 25%	
4	1	4
0%	20%	25%

필드골 시도 **181** (87)
7 10
38
32
● 점프숏, 풀업 점퍼
● 레이업, 핑거롤
● 페이드어웨이
● 덩크, 앨리웁
● 훅숏
● 팁숏
● 뱅크숏

필드골 성공 **97** (45)
4 5 11
32
45

DEFENSE PER GAME
림에서의 거리	DFG	DFG%
3점숏	0.7	42.0%
2점숏	1.6	52.9%
0~1.8m	1.2	65.9%
0~3.0m	1.3	57.5%
4.5m 이상	0.8	40.6%

REBOUNDS PER GAME
림에서의 거리	CR	UCR
0~0.9m	0.3	0.2
0.9~1.8m	0.2	0.4
1.8~3.0m	0.2	0.4
3.0m 이상	0.1	0.3

2023-24 LA 클리퍼스+필라델피아 60경기 평균 12.4분

항목	TS	MS	3PS	FT	LU	DK	ID	OD	ST	BL
평점	B+	D	C-	B+	B-	A-	D+	D-	D	C+
항목	OR3	DR3	PS	BH	BQ	SP	PO	ED	HS	OG
평점	B+	D	C	D+	D+	B-	D-	B-	D-	C

	PTS	RB	AS	ST	BL
경기 평균	3.7	2.2	0.9	0.4	0.2
36분 기준	10.8	6.3	2.5	1.1	0.6

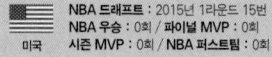

	DEFENSE pg		REBOUNDS pg									항목 & 평점																
DFG	DFG%	CR	UCR	TS	MS	3PS	FT	LU	DK	ID	OD	ST	BL	ORG	OR3	ORB	DR3	DRB	PS	BH	BQ	SP	PO	ED	HS	OG
필드골 허용	필드골 허용률	유경쟁 리바운드	무경쟁 리바운드	터프샷 성공률	중거리 슈팅	3점 슈팅	자유투 성공률	레이업 플로터	슬램 덩크	안쪽 수비	외곽 수비	스틸	블락	가드 공격RB	SF 공격RB	빅맨 공격RB	가드 수비RB	SF 수비RB	빅맨 수비RB	패스	볼 핸들링	농구 IQ	스피드 민첩성	파워	지구력	허슬 플레이	종합 평가

Guerschon YABUSELE — PF-C

F 28 게르숑 야부젤레 1995.12.17 / 203cm

프랑스

NBA 드래프트 : 2016년 1라운드 16번
NBA 우승 : 0회 / 파이널 MVP : 0회
시즌 MVP : 0회 / NBA 퍼스트팀 : 0회

지난 6년간 중국의 난징 몽키, 프랑스 ASVEL, 스페인 레알 마드리드 등 외국에서 뛰었다. 지난 시즌 레알 마드리드에서는 27경기 평균 23.6분씩 뛰며 10.5점, 4.9리바운드, 1.0어시스트, 필드골 56.5%, 자유투 86.8%를 기록했다. 2024년 8월 29일, 필라델피아와 계약을 맺었다. 야부젤레는 현대농구에서 원하는 '페이스업 파워포워드'다. 216cm의 윙스팬과 운동능력을 활용해 인사이드 1대1 수비를 펼치고, 리바운드를 걷어낸다. 연봉은 209만 달러.

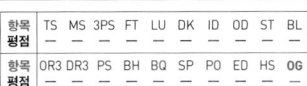

SHOT ZONE
2023-24시즌 외국 리그 활약

필드골 시도: 0
필드골 성공: 0

● 점프숏, 풀업 점퍼
● 레이업, 핑거롤
● 페이드어웨이
● 덩크, 앨리웁
● 훅숏
● 팁숏
● 뱅크숏

필드골 시도 필드골 성공 **필드골 성공률**

DEFENSE PER GAME
림에서의 거리	DFG	DFG%
3점숏		
2점숏		
0~1.8m		
0~3.0m		
4.5m 이상		

REBOUNDS PER GAME
림에서의 거리	CR	UCR
0~0.9m		
0.9~1.8m		
1.8~3.0m		
3.0m 이상		

2023-24시즌 기록 없음

항목	PTS	RB	AS	ST	BL
경기 평균	—	—	—	—	—
36분 기준	—	—	—	—	—

항목 평점	TS	MS	3PS	FT	LU	DK	ID	OD	ST	BL
항목 평점	OR3	DR3	PS	BH	BQ	SP	PO	ED	HS	OG

Justin EDWARDS — SF-SG

F 19 저스틴 에드워즈 2003.12.16 / 203cm

미국

NBA 드래프트 : 2024년 미지명
NBA 우승 : 0회 / 파이널 MVP : 0회
시즌 MVP : 0회 / NBA 퍼스트팀 : 0회

켄터키대 1학년을 마치고 2024 NBA 드래프트를 신청했으나 지명받지 못했고, 필라델피아와 투웨이 계약을 맺었다. 지난 2017~2019년 KBL 고양 오리온스, 안양 KGC에서 뛰었던 저스틴 에드워즈와는 동명이인이다. 203cm 장신 스윙맨. 올 시즌에는 '서드 유닛' 일원으로 주전 선수들의 휴식 시간을 커버한다. 왼손잡이로 운동 능력이 좋고, 득점, 리바운드, 어시스트 등 다방면에서 재능을 발휘할 수 있다. 올 시즌은 일단 팀에서 살아남는 게 목표다.

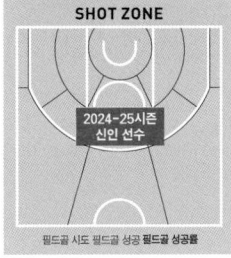

SHOT ZONE
2024-25시즌 신인 선수

필드골 시도: 0
필드골 성공: 0

● 점프숏, 풀업 점퍼
● 레이업, 핑거롤
● 페이드어웨이
● 덩크, 앨리웁
● 훅숏
● 팁숏
● 뱅크숏

필드골 시도 필드골 성공 **필드골 성공률**

DEFENSE PER GAME
림에서의 거리	DFG	DFG%
3점숏		
2점숏		
0~1.8m		
0~3.0m		
4.5m 이상		

REBOUNDS PER GAME
림에서의 거리	CR	UCR
0~0.9m		
0.9~1.8m		
1.8~3.0m		
3.0m 이상		

2023-24시즌 기록 없음

항목	PTS	RB	AS	ST	BL
경기 평균	—	—	—	—	—
36분 기준	—	—	—	—	—

항목 평점	TS	MS	3PS	FT	LU	DK	ID	OD	ST	BL
항목 평점	OR3	DR3	PS	BH	BQ	SP	PO	ED	HS	OG

Joel EMBIID — C

C 21 조엘 엠비드 1994.03.16 / 213cm

카메룬, 미국

NBA 드래프트 : 2014년 1라운드 3번
NBA 우승 : 0회 / 파이널 MVP : 0회
시즌 MVP : 1회 / NBA 퍼스트팀 : 1회

니콜라 요키치와 함께 리그 최고 센터. 통산 27.9점-11.2RB, 지난 시즌 34.7점-11.0RB의 괴력을 발휘했다. 2022-23시즌 MVP였고, 4차례나 MVP 후보에 이름을 올렸다. 거대한 체격에 발군의 운동능력, 공수겸장의 압도적인 빅맨이다. 저돌적이면서 유연하게 골밑을 공략하고, 탑, 윙, 코너, 엘보우 등 어느 위치에서든 점퍼를 날린다. 스텝백점퍼, 풀업 점퍼, 페이드어웨이드 등 고난도 슈팅을 구사한다. 스크린과 패스도 수준급. 연봉은 5142만 달러.

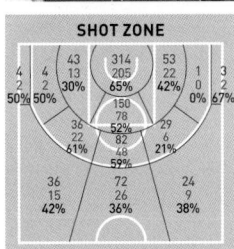

SHOT ZONE

21— 73
26
101 0 390
218
150
78
82
82
48
36 72 24
15 26
42% 36% 38%

43 314 53
13 205 22
50% 50% 30% 65% 42%
52% 6
61% 59% 21%

필드골 시도: 0
필드골 성공: 0

15— 27
19 13
42 0 192
142

● 점프숏, 풀업 점퍼
● 레이업, 핑거롤
● 페이드어웨이
● 덩크, 앨리웁
● 훅숏
● 팁숏
● 뱅크숏

필드골 시도 필드골 성공 **필드골 성공률**

DEFENSE PER GAME
림에서의 거리	DFG	DFG%
3점숏	1.5	30.7%
2점숏	7.9	48.0%
0~1.8m	4.8	53.6%
0~3.0m	5.7	52.2%
4.5m 이상	2.7	33.4%

REBOUNDS PER GAME
림에서의 거리	CR	UCR
0~0.9m	2.1	1.9
0.9~1.8m	1.9	2.7
1.8~3.0m	0.3	1.0
3.0m 이상	0.2	0.6

2023-24 필라델피아 39경기 평균 33.6분

항목	PTS	RB	AS	ST	BL
경기 평균	34.7	11.0	5.6	1.2	1.7
36분 기준	37.2	11.8	6.0	1.3	1.8

항목 평점	TS	MS	3PS	FT	LU	DK	ID	OD	ST	BL
항목 평점	A	A+	B+	A	A	A	A+	A	A-	A
항목 평점	ORB	DRB	PS	BH	BQ	SP	PO	ED	HS	OG
항목 평점	B-	A	C	D-	D+	A-	A	A	A	A

Andre DRUMMOND — C-PF

C 5 앤드리 드러먼드 1993.08.10 / 211cm

미국

NBA 드래프트 : 2012년 1라운드 9번
NBA 우승 : 0회 / 파이널 MVP : 0회
시즌 MVP : 0회 / NBA 퍼스트팀 : 0회

조엘 엠비드의 든든한 백업. 몸 관리를 잘 하는 성실한 선수다. 지난 3년간 정규시즌 246경기 중 27경기에 결장했다. 그중 부상으로 빠진 건 11경기이고, 나머지 16경기는 감독의 결정이었을 뿐이다. 올 시즌 평균 15분 안팎 출전하면서 수비, 리바운드, 블락에 치중하고, 8~10점 정도 올려주면 백업 센터의 몫을 다하는 것이다. 덩크, 레이업, 풋백이 득점의 대부분이다. 공격 리바운드와 수비 리바운드 모두 NBA 최상급 수준이다. 시즌 연봉은 500만 달러.

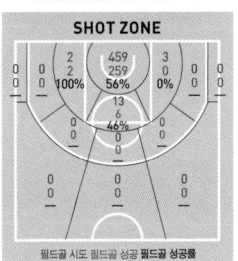
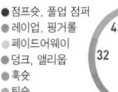

SHOT ZONE

8
31
105 0 195
69 480
72

0 459
0 259
0 100% 56%
13
46%
0 0

7
12
43 0 111
32 267
62

● 점프숏, 풀업 점퍼
● 레이업, 핑거롤
● 페이드어웨이
● 덩크, 앨리웁
● 훅숏
● 팁숏
● 뱅크숏

필드골 시도 필드골 성공 **필드골 성공률**

DEFENSE PER GAME
림에서의 거리	DFG	DFG%
3점숏	1.1	38.4%
2점숏	3.1	54.8%
0~1.8m	2.0	61.2%
0~3.0m	2.4	57.3%
4.5m 이상	1.5	40.4%

REBOUNDS PER GAME
림에서의 거리	CR	UCR
0~0.9m	2.1	1.5
0.9~1.8m	1.7	2.1
1.8~3.0m	0.2	0.5
3.0m 이상	0.1	0.4

2023-24 시카고 79경기 평균 17.1분

항목	PTS	RB	AS	ST	BL
경기 평균	8.4	9.0	0.5	0.9	0.6
36분 기준	17.7	18.9	1.0	1.9	1.3

항목 평점	TS	MS	3PS	FT	LU	DK	ID	OD	ST	BL
항목 평점	B	C	D-	D-	C	A	C+	D-	B+	B-
항목 평점	ORB	DRB	PS	BH	BQ	SP	PO	ED	HS	OG
항목 평점	A+	A+	D-	D+	D-	A	B+	A-	C+	C+

Adem BONA — C-PF

C 30 · 아뎀 보나 · 2003.03.28 / 203cm

NBA 드래프트 : 2024년 2라운드 41번
NBA 우승 : 0회 / 파이널 MVP : 0회
미국 · 시즌 MVP : 0회 / NBA 퍼스트팀 : 0회

나이지리아, 터키 이중국적자. 터키 국가대표를 택했다. 2019-20시즌 터키 프나르 카르시야카에서 뛰었고, 2022~2024년 미국 농구 명문 UCLA에서 수학했다. 2024년 NBA 드래프트를 통해 뉴욕에 입단했다. 빠른 스피드로 역동적으로 움직이며 수비를 안정적으로 전개한다. 팔이 길어 리바운드를 많이 걷어내며(특히 공격 리바운드), 블락샷이 위력적이다. 2번~5번을 다 수비할 수 있다. 5~7m 중거리에서 캐치&슛을 시도한다. 연봉은 197만 달러.

SHOT ZONE

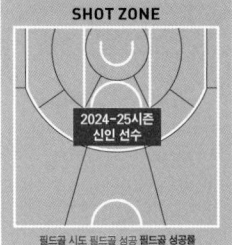

2024~25시즌 신인 선수

필드골 0 시 · 필드골 0 성공

- 점퍼, 풀업 점퍼
- 레이업, 핑거롤
- 페이드어웨이
- 덩크, 앨리웁
- 훅샷
- 팁슛
- 뱅크슛

필드골 시도 필드골 성공 필드골 성공률

DEFENSE PER GAME			REBOUNDS PER GAME		
림에서의 거리	DFG	DFG%	림에서의 거리	CR	UCR
3점슛			0~0.9m		
2점슛			0.9~1.8m		
0~1.8m			1.8~3.0m		
0~3.0m			3.0m 이상		
4.5m 이상					

2023-24시즌 기록 없음						항목 평점	TS	MS	3PS	FT	LU	DK	ID	OD	ST	BL
항목	PTS	RB	AS	ST	BL		—	—	—	—	—	—	—	—	—	—
경기 평균	—	—	—	—	—	항목 평점	ORG	DRG	PS	BH	BQ	SP	PO	ED	HS	OG
36분 기준	—	—	—	—	—		—	—	—	—	—	—	—	—	—	—

Tyrese MAXEY — SG-PG

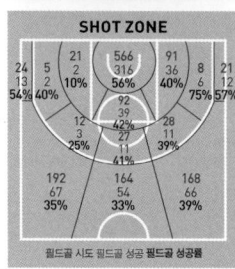

G 0 · 타이리스 맥시 · 2001.11.04 / 188cm

NBA 드래프트 : 2020년 1라운드 21번
NBA 우승 : 0회 / 파이널 MVP : 0회
미국 · 시즌 MVP : 0회 / NBA 퍼스트팀 : 0회

프로 데뷔 4년 차에 MIP를 받고, 올스타전에 출전했다. 이는 그가 올 시즌 한 단계 업그레이드되는 발판이 되었다. 맥시는 폭발적인 슬래셔다. 엄청난 스피드를 활용해 돌파, 속공, 컷인으로 림을 공략한다. 지난 시즌 드라이빙에 이은 핑거롤, 레이업, 뱅크샷으로 많은 득점을 올렸다. 또한, 외곽에서의 풀업 점퍼, 스텝백 점퍼, 캐치&슛으로 상대 수비를 초토화시켰다. 볼핸들링, 패스, 퍼리미터 1대1 수비, 허슬플레이도 강점이다. 연봉은 3515만 달러.

SHOT ZONE

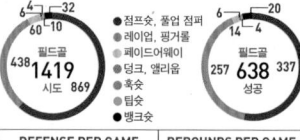

24 2 54%	21 5 40%	566 316 56%	91 36 40%	8 6 75%	21 12 57%
		92 39 42%		28 11 39%	
	12 3 25%		41%		
192 67 35%		164 54 33%		168 66 39%	

필드골 1419 시도 869 · 필드골 638 성공

- 점퍼, 풀업 점퍼
- 레이업, 핑거롤
- 페이드어웨이
- 덩크, 앨리웁
- 훅샷
- 팁슛
- 뱅크슛

필드골 시도 필드골 성공 필드골 성공률

DEFENSE PER GAME			REBOUNDS PER GAME		
림에서의 거리	DFG	DFG%	림에서의 거리	CR	UCR
3점슛	1.7	35.8%	0~0.9m	0.1	0.2
2점슛	3.6	52.9%	0.9~1.8m	0.2	0.6
0~1.8m	2.5	61.8%	1.8~3.0m	0.1	1.0
0~3.0m	3.0	57.0%	3.0m 이상	0.1	1.4
4.5m 이상	2.0	36.7%			

2023-24 필라델피아 70경기 평균 37.5분						항목 평점	TS	MS	3PS	FT	LU	DK	ID	OD	ST	BL
항목	PTS	RB	AS	ST	BL		B+	B	B	A	C	D-	C-	D+	D-	
경기 평균	25.9	3.7	6.2	1.0	0.5	항목 평점	ORG	DRG	PS	BH	BQ	SP	PO	ED	HS	OG
36분 기준	24.9	3.5	5.9	0.9	0.5		D-	D-	B	B+	B+	A-	D-	A+	A	B+

Kyle LOWRY — PG

G 7 · 카일 로우리 · 1986.03.25 / 183cm

NBA 드래프트 : 2006년 1라운드 24번
NBA 우승 : 1회 / 파이널 MVP : 0회
미국 · 시즌 MVP : 0회 / NBA 퍼스트팀 : 0회

프로 22년 차 포인트가드. 시즌 중반, 마이애미에서 필라델피아로 옮겼다. 프로 통산 성공률 36.8%의 3점슛은 여전히 강력한 무기다(지난 시즌 필라델피아에서는 40.4%). 코트 전 지역에서 3점슛을 던지지만, 그중에서 좌우 윙에서 많이 시도한다. 드라이빙 레이업, 커팅 레이업, 드라이빙 플로터로 림을 공략하고, 외곽에서 풀업 점퍼와 스텝백 점퍼도 종종 던진다. 퍼리미터 1대1 수비와 스틸, 다양한 허슬플레이로 팀을 돕는다. 연봉은 209만 달러.

SHOT ZONE

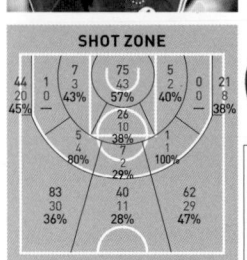

44 20 45%	1 3 43%	75 43 57%	5 2 40%	2 0	21 8 38%
		26 10 38%			
	5 4 80%		2 29%	3 100%	
83 30 36%		40 11 28%		62 29 47%	

필드골 377 시도 296 · 필드골 163 성공 120

- 점퍼, 풀업 점퍼
- 레이업, 핑거롤
- 페이드어웨이
- 덩크, 앨리웁
- 훅샷
- 팁슛
- 뱅크슛

DEFENSE PER GAME			REBOUNDS PER GAME		
림에서의 거리	DFG	DFG%	림에서의 거리	CR	UCR
3점슛	2.1	41.2%	0~0.9m	0.3	0.1
2점슛	3.5	55.7%	0.9~1.8m	0.2	0.6
0~1.8m	2.7	68.4%	1.8~3.0m	0.1	0.7
0~3.0m	3.0	62.1%	3.0m 이상	0.1	0.9
4.5m 이상	2.4	41.3%			

2023-24 마이애미+필라델피아 60경기 평균 28.2분						항목 평점	TS	MS	3PS	FT	LU	DK	ID	OD	ST	BL
항목	PTS	RB	AS	ST	BL		A-	B	B-	B+	A	C-	D-	C	C	D
경기 평균	8.1	3.2	4.2	1.0	0.4	항목 평점	ORG	DRG	PS	BH	BQ	SP	PO	ED	HS	OG
36분 기준	10.4	4.1	5.4	1.3	0.5		D-	D-	C	B	B-	B	D+	A+	A+	C+

Eric GORDON — SF-SG

G 23 · 에릭 고든 · 1988.12.25 / 191cm

NBA 드래프트 : 2008년 1라운드 7번
NBA 우승 : 0회 / 파이널 MVP : 0회
바하마, 미국 · 시즌 MVP : 0회 / NBA 퍼스트팀 : 0회

미국과 바하마 이중국적자. 운동능력이 뛰어나고 평균 이상의 수비력을 갖췄다. NBA 트렌드인 3&D, 모션 오펜스, 스위치 디펜스를 모두 해낼 수 있고, 팀에서 세컨드 볼 핸들러를 맡을 수 있는 트위너다. 커리어 통산 3점슛 성공률 37.1%(6.2회 시도-2.3회 성공)로 우수한 편이다. 여러 각도에서 던지지만, 오른쪽 윙에서의 시도가 많다(샷존 참조). 드라이빙에 이은 레이업, 플로터, 핑거롤도 인상적이다. 스틸과 허슬플레이도 OK. 연봉은 330만 달러.

SHOT ZONE

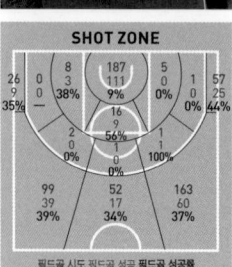

26 9 35%	3 1 38%	187 111 9%	5 0 0%	25 11 44%	
		16 9 56%			
	2 0 0%		0%		
99 39 39%		52 17 34%		163 60 37%	

필드골 618 시도 438 · 필드골 274 성공 167

- 점퍼, 풀업 점퍼
- 레이업, 핑거롤
- 페이드어웨이
- 덩크, 앨리웁
- 훅샷
- 팁슛
- 뱅크슛

필드골 시도 필드골 성공 필드골 성공률

DEFENSE PER GAME			REBOUNDS PER GAME		
림에서의 거리	DFG	DFG%	림에서의 거리	CR	UCR
3점슛	0.9	32.5%	0~0.9m	0.0	0.1
2점슛	2.5	52.6%	0.9~1.8m	0.1	0.1
0~1.8m	1.8	66.3%	1.8~3.0m	0.1	0.4
0~3.0m	2.0	60.8%	3.0m 이상	0.1	0.8
4.5m 이상	1.2	32.5%			

2023-24 피닉스 68경기 평균 27.8분						항목 평점	TS	MS	3PS	FT	LU	DK	ID	OD	ST	BL
항목	PTS	RB	AS	ST	BL		B-	B-	B+	B	B-	C-	D+	C	C	D
경기 평균	11.0	1.8	2.0	1.0	0.4	항목 평점	OR3	DR3	PS	BH	BQ	SP	PO	ED	HS	OG
36분 기준	14.2	2.3	2.6	1.3	0.6		D-	D-	D+	C+	C-	C+	D-	A-	B	C

DEFENSE pg		REBOUNDS pg		항목 & 평점																							
DFG	DFG%	CR	UCR	TS	MS	3PS	FT	LU	DK	ID	OD	ST	BL	OR1	OR2	OR3	DR1	DR2	DR3	DRB	PS	BH	BQ	SP	PO	ED	HS	OG
필드골 허용	필드골 허용률	유경쟁 리바운드	무경쟁 리바운드	터프샷 성공率	중거리 성공率	3점 성공率	자유투 성공率	레이업 플로터	슬램 덩크	안쪽 수비	외곽 수비	스틸	블락	가드 공격RB	SF 공격RB	빅맨 공격RB	가드 수비RB	SF 수비RB	빅맨 수비RB	패스	볼 핸들링	농구 IQ	스피드 민첩성	파워 지구력	허슬 플레이	종합 평가

Jared McCAIN — PG-SG

G 20 제러드 맥케인 · 2004.02.20 / 191cm

- NBA 드래프트 : 2024년 1라운드 16번
- 미국
- NBA 우승 : 0회 / 파이널 MVP : 0회
- 시즌 MVP : 0회 / NBA 퍼스트팀 : 0회

듀크대 1학년을 마치고 2024 NBA 드래프트를 신청해 필라델피아에 1라운드 16번으로 지명되었다. 올 시즌 신인 중 최고의 슈팅력을 지닌 듀얼가드다. 외곽에서 과감한 오프 더 드리블 슛과 정확한 캐치&슛으로 득점한다. 드라이브인에 이은 림 어택도 인상적. 지난 시즌 듀크대 소속으로 41.4%의 높은 3점슛 적중률을 보였다(평균 5.8회 시도-2.4회 성공). 단지, PG를 맡기에는 어시스트가 꽤 부족했다. 보완이 필요하다. 시즌 연봉은 402만 달러.

SHOT ZONE

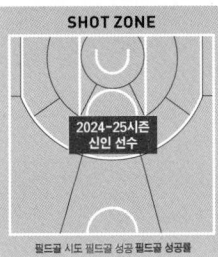

2024-25시즌 신인 선수

필드골 시도 필드골 성공 필드골 성공률

- 점프슛, 풀업 점퍼
- 레이업, 핑거롤
- 페이더웨이
- 덩크, 앨리웁
- 훅슛
- 팁슛
- 뱅크슛

필드골 시	필드골 성공
0	**0**

DEFENSE PER GAME			REBOUNDS PER GAME		
림에서의 거리	DFG	DFG%	림에서의 거리	CR	UCR
3점슛			0~0.9m		
2점슛			0.9~1.8m		
0~1.8m			1.8~3.0m		
0~3.0m			3.0m 이상		
4.5m 이상					

2023-24시즌 기록 없음							항목	TS	MS	3PS	FT	LU	DK	ID	OD	ST	BL
항목	PTS	RB	AS	ST	BL		평점	—	—	—	—	—	—	—	—	—	—
경기 평균	—	—	—	—	—		항목	ORG	DRG	PS	BH	BQ	SP	PO	ED	HS	OG
36분 기준	—	—	—	—	—		평점	—	—	—	—	—	—	—	—	—	—

Reggie JACKSON — PG-SG

G 00 레지 잭슨 · 1990.04.16 / 188cm

- NBA 드래프트 : 2011년 1라운드 24번
- 미국
- NBA 우승 : 1회 / 파이널 MVP : 0회
- 시즌 MVP : 0회 / NBA 퍼스트팀 : 0회

미국 군인 자녀로 이탈리아에서 태어난 이중국적자. 돌파에 이은 림 어택(레이업, 핑거롤), 풀업 점퍼, 과감하게 던지는 3점포 등 다양한 공격을 펼친다. 지난 시즌 평균 22분씩 뛰며 10.2점을 기록했으며 나름 득점력도 괜찮다. 터프샷도 성공시킨다. 페리미터 1대1 수비와 허슬플레이도 OK. 포인트가드로서 패스 능력은 다소 아쉽다. 고글을 쓰고 경기하는 독특한 모습에 'Mr.고글'로 잘 알려져 있다. MLB의 전설적 강타자 레지 잭슨과 동명이인이다.

SHOT ZONE

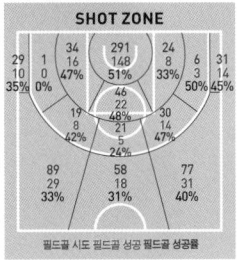

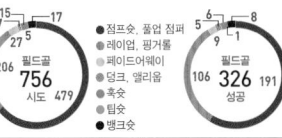

필드골 시도 필드골 성공 필드골 성공률

- 점프슛, 풀업 점퍼
- 레이업, 핑거롤
- 페이더웨이
- 덩크, 앨리웁
- 훅슛
- 팁슛
- 뱅크슛

필드골 시도 479	필드골 성공
756	**326** 191
206	106

DEFENSE PER GAME			REBOUNDS PER GAME		
림에서의 거리	DFG	DFG%	림에서의 거리	CR	UCR
3점슛	1.4	37.2%	0~0.9m	0.2	0.1
2점슛	3.1	56.7%	0.9~1.8m	0.1	0.4
0~1.8m	1.9	66.2%	1.8~3.0m	0.1	0.2
0~3.0m	2.4	61.6%	3.0m 이상	0.1	0.1
4.5m 이상	1.5	37.2%			

2023-24 덴버 82경기 평균 22.2분							항목	TS	MS	3PS	FT	LU	DK	ID	OD	ST	BL
항목	PTS	RB	AS	ST	BL		평점	B-	C+	C+	C	C+	D+	D-	C	D+	D-
경기 평균	10.2	1.9	3.8	0.5	0.2		항목	ORG	DRG	PS	BH	BQ	SP	PO	ED	HS	OG
36분 기준	16.5	3.1	6.1	0.9	0.3		평점	D-	D-	B-	B	C-	B	D-	A	B	C

Ricky COUNCIL — SG

G 16 리키 카운실 · 2001.08.03 / 198cm

- NBA 드래프트 : 2023년 미지명
- 미국
- NBA 우승 : 0회 / 파이널 MVP : 0회
- 시즌 MVP : 0회 / NBA 퍼스트팀 : 0회

지난해 7월 1일, 필라델피아와 투웨이 계약을 맺었다. 10월 20일 웨이브 공시됐고, 그 5일 후 정식 계약을 체결했다. 시즌 전반기에는 G리그팀 델라웨어 블루코츠에서 뛰었고, 시즌 후반기에 필라델피아로 합류했다. '서드 유닛' 일원으로 평균 9분씩 출전하며 5.4점, 1.4리바운드, 3점슛 37.5%, 자유투 74.6%를 기록했다. 36분으로 환산하면 꽤 괜찮은 수치다. 레이업과 핑거롤로 림을 공략하고, 코트의 여러 각도에서 3점슛을 던진다. 연봉은 189만 달러.

SHOT ZONE

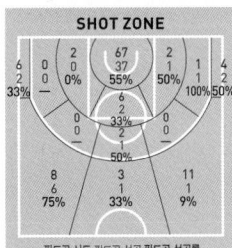 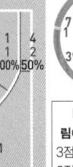  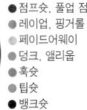 

필드골 시도 필드골 성공 필드골 성공률

- 점프슛, 풀업 점퍼
- 레이업, 핑거롤
- 페이더웨이
- 덩크, 앨리웁
- 훅슛
- 팁슛
- 뱅크슛

필드골 시도	필드골 성공
112	**54**
48 39	19 21

DEFENSE PER GAME			REBOUNDS PER GAME		
림에서의 거리	DFG	DFG%	림에서의 거리	CR	UCR
3점슛	0.5	46.7%	0~0.9m	0.3	0.1
2점슛	1.4	57.4%	0.9~1.8m	0.3	0.5
0~1.8m	1.0	61.4%	1.8~3.0m	0.0	0.1
0~3.0m	1.1	56.9%	3.0m 이상	0.1	0.0
4.5m 이상	0.7	48.7%			

2023-24 필라델피아 32경기 평균 9.0분							항목	TS	MS	3PS	FT	LU	DK	ID	OD	ST	BL
항목	PTS	RB	AS	ST	BL		평점	B-	C	C+	C+	C	D+	C	D-	B	B
경기 평균	5.4	1.4	0.5	0.3	0.0		항목	ORG	DRG	PS	BH	BQ	SP	PO	ED	HS	OG
36분 기준	21.6	5.7	2.0	1.0	0.1		평점	B	C	C+	C+	D+	C	D-	B	B	C

PHILADELPHIA 76ERS.
2024-25 REGULAR SEASON SCHEDULE

OCTOBER, 2024		
Oct. 24	vs.	Milwaukee
Oct. 26	@	Toronto
Oct. 28	@	Indiana
Oct. 31	vs.	Detroit

NOVEMBER, 2024		
Nov. 3	vs.	Memphis
Nov. 5	@	Phoenix
Nov. 7	@	LA Clippers
Nov. 9	@	LA Lakers
Nov. 11	vs.	Charlotte
Nov. 13	vs.	New York
Nov. 14	vs.	Cleveland
Nov. 16	vs.	Orlando
Nov. 19	@	Miami
Nov. 21	@	Memphis
Nov. 23	vs.	Brooklyn
Nov. 25	vs.	LA Clippers
Nov. 28	@	Houston

DECEMBER, 2024		
Dec. 1	@	Detroit
Dec. 4	vs.	Charlotte
Dec. 5	@	Orlando
Dec. 7	@	Orlando
Dec. 9	vs.	Chicago
Dec. 21	@	Charlotte
Dec. 22	vs.	Cleveland
Dec. 24	@	San Antonio
Dec. 26	vs.	Boston

Dec. 29	vs.	Utah
Dec. 31	@	Portland

JANUARY, 2025		
Jan. 2	@	Sacramento
Jan. 3	@	Golden State
Jan. 5	@	Brooklyn
Jan. 7	vs.	Phoenix
Jan. 9	vs.	Washington
Jan. 11	vs.	New Orleans
Jan. 13	@	Orlando
Jan. 15	vs.	Oklahoma City
Jan. 16	vs.	New York
Jan. 19	@	Indiana
Jan. 20	@	Milwaukee
Jan. 22	vs.	Denver
Jan. 25	vs.	Cleveland
Jan. 26	@	Chicago
Jan. 29	vs.	LA Lakers
Jan. 30	@	Sacramento

FEBRUARY, 2025		
Feb. 1	vs.	Denver
Feb. 3	vs.	Boston
Feb. 5	vs.	Dallas
Feb. 6	vs.	Miami
Feb. 8	@	Detroit
Feb. 10	@	Milwaukee
Feb. 12	vs.	Toronto
Feb. 13	@	Brooklyn
Feb. 21	vs.	Boston

Feb. 23	vs.	Brooklyn
Feb. 25	vs.	Chicago
Feb. 27	@	New York

MARCH, 2025		
Mar. 2	vs.	Golden State
Mar. 4	vs.	Portland
Mar. 5	@	Minnesota
Mar. 7	@	Boston
Mar. 10	vs.	Utah
Mar. 11	@	Atlanta
Mar. 13	vs.	Toronto
Mar. 15	vs.	Indiana
Mar. 17	@	Dallas
Mar. 18	@	Houston
Mar. 20	@	Oklahoma City
Mar. 22	@	San Antonio
Mar. 24	@	Atlanta
Mar. 25	@	New Orleans
Mar. 27	vs.	Washington
Mar. 30	vs.	Miami
Mar. 31	vs.	Toronto

APRIL, 2025		
Apr. 2	@	New York
Apr. 3	vs.	Milwaukee
Apr. 6	vs.	Minnesota
Apr. 8	@	Miami
Apr. 10	@	Washington
Apr. 12	vs.	Atlanta
Apr. 14	vs.	Chicago

不變必亡·바뀌지 않으면 망한다

뜻풀이 변하지 않으면 반드시 망한다. 토론토는 지난 시즌 수비와 리바운드에서 취약해 하위권으로 추락했다. 올해 이 부분을 반드시 보강해야 살아남는다.

*통계는 2024년 10월 1일 기준

확 바뀐 팀, 우왕좌왕 '0.5 오펜스'

다르코 라야코비치 감독 시대를 열었다. 밑바닥(스페인 4부리그)에서 시작해 NBA 수장이 된 인물이다. 토론토는 두 가지 특징을 보였다. 첫째는 일명 '0.5 오펜스'라 불리는 빠른 공격이다. 패스가 많고 서 있는 시간을 최대한 줄였다. 두 번째는 에이스 확실히 밀어주기였다. 미래로 낙점받은 반즈에 대한 전폭적 신뢰가 있었다. 반즈는 시아캄 트레이드 후 홀로서기가 이뤄졌으나, 아직 시간과 주변 도움이 더 필요해 보였다. 갑자기 확 바뀐 팀에게 뭔가 기대하기에는 환경이 안 좋았다.

기존 트리오에 기대, 조용했던 비시즌

비시즌은 조용했다. 반즈, 배럿, 퀴클리 등 핵심 자원을 중심으로 팀을 계속 만들어 가겠다는 구상이다. 배럿과 퀴클리는 만족스럽다. 캐나다 국적 배럿은 토론토에서 다시 주득점원이 됐다. 생애 첫 주전이 된 퀴클리도 펄펄 날았다. 팀의 템포를 끌어올렸다. 새 시스템에서는 야콥 퓔틀의 역할도 중요했다. 커트인 혹은 외곽의 오픈맨을 찾는 능력이 좋다. 2년 차 그레이디 딕이 얼마나 성장했는지도 차기 시즌, 볼 소유시간을 최소화할 것을 주문한 랩터스의 중요한 포인트 중 하나다.

육성 전문 감독, 과제는 바로 수비

토론토는 팀을 인내를 갖고 보고 있다. 템플, 올리닉, 퓔틀 등을 제외하면 대다수가 경험이 적다. '육성 전문'이란 수식어를 가진 라야코비치가 고용된 이유다. 그의 가장 시급한 과제는 수비 강화. 118.8실점으로 25위였다. 페이스는 빨랐지만, 실속이 없었다. 45.2개의 리바운드를 헌납했으며 이는 5번째로 많은 숫자였다. 상대가 어시스트를 편하게 기록하는 팀이기도 했다. 한마디로 수비나 궂은일에서는 소질이 없었다는 의미다. 올 시즌에는 바뀌어야 한다.

CLUB INFORMATION

Founded 구단 창립 1995년	Owner 메이플 리프 스포츠 & 엔터	CEO 마사이 우지리	Head Coach 다르코 라야코비치 1979.02.22	24-25 Odds 벳365 : 1000배 윌리엄힐 : 1000배

Nationality ●미국 선수 10명 ●외국 선수 5명	Age 15명 평균 25.7세	Height 15명 평균 199.6cm	Weight 15명 평균 96.5kg	Salary 15명 평균 1090만 달러

Win 2023-24 : 25승 통산 1096승	Loss 2023-24 : 57패 통산 1214패	Winning% 2023-24 : 30.5% 통산 47.4%	Play-Off PO 진출 : 13회 PO 탈락 : 17회	Titles NBA우승 : 1회 컨퍼런스 : 1회

Top Scorer 파스칼 시아캄 평균 22.2점	More Rebounds 야콥 퓔틀 평균 8.6RB	More Assists 이매뉴얼 퀴클리 평균 6.8AS	More Steals 스카티 반즈 평균 1.3스틸	More Blocks 스카티 반즈 평균 1.5블록

*항목별 1위는 지난 시즌 토론토 소속으로 42경기 이상 출전한 선수 중 선별

Association **Icon** **Statement** **City**

HEAD COACH & STADIUM

Darko RAJAKOVIĆ 다르코 라야코비치

생년월일 : 1979년 2월 22일 / **출생지** : 세르비아 차차크
경력 : 1996~2007년 세르비아 유스 3개팀 감독 / 2009~2012 에스파시오 토렐로도네스 감독 / 2012~2014 털사 76ers. 감독 / 2014~2019 오클라호마시티 썬더스 코치 / 2019~2020 피닉스 썬즈 코치 / 2020~2023 멤피스 그리즐리스 어시스턴트 / 2023~ 토론토 랩터스 감독

베오그라드 농구 아카데미에서 코치 학위를, 알파 BK 대에서 스포츠 경영학사 학위를 각각 받았다. 16세 때인 1996년, 고향팀 보라치 차차크 유스팀에서 지도자로 출발했다. 이곳에서 3시즌을 보낸 후, 1999년, 레드스타 베오그라드 U-20 팀 감독으로 임명됐다. 그는 8년 임기 동안 레드 스타 유스팀을 두 차례 세르비아 선수권 대회 우승으로 이끌었다. 2014년 오클라호마 시티 썬더 어시스턴트로 부임한 그는 2016 서부 컨퍼런스 파이널 진출을 포함, 평균 49승을 거뒀고, 플레이오프에 4차례 출전했다. 2012~2014년엔 오클라호마 G-리그팀 털사 식스티식서스 수석 코치를 역임했고, 2013 NBA G-리그 4강 진출도 달성했다. 이어 2019~2020년, 피닉스 썬즈 어시스턴트로 일하며 팀을 최고 승률로 견인했고, 2022-2023 NBA 시즌 멤피스 그리즐리스를 3시즌 연속 NBA 플레이오프에 진출시켰다. 2023년 6월 10일, 토론토의 10대 감독으로 부임했다.

SCOTIABANK ARENA

구장 오픈 : 1999년 2월 1일
구장 증개축 : 총 3회(최종 2015년)
오너 : 메이플리프 스포츠&엔터
수용인원 : 1만 9800명
건축비용 : 2억 6500만 캐나다달러 (현재 가치 4억 4800만 달러)

캐나다 최고의 스포츠 및 엔터테인먼트 경기장이다. 또한, NBA 토론토 랩터스와 NHL 토론토 메이플 리프스의 홈구장이다. MLSE가 소유하고 운영하는 스코티아뱅크 아레나는 1999년 2월 에어캐나다 센터(1999년 2월~2018년 6월)로 문을 열었다. 2018년 7월 1일, 스코티아뱅크 아레나로 이름이 변경되었다. 1998-99시즌부터 랩터스 홈구장으로 사용되고 있다.

Honours

 1 1 7 0

NBA CHAMPIONS	CONFERENCE TITLES	DIVISION TITLES	RETIRED NUMBERS

NBA CHAMPIONSHIPS
2019

CONFERENCE TITLES
2019

DIVISION TITLES
2007, 2014, 2015, 2016, 2018, 2019, 2020

RETIRED NUMBERS

REGULAR SEASON RANKING LAST 10YEARS ★NBA 파이널 우승

14-15	15-16	16-17	17-18	18-19	19-20	20-21	21-22	22-23	23-24
11	4	5	2	★2	2	24	10	18	25
49승 33패	56승 26패	51승 31패	59승 23패	58승 24패	53승 19패	27승 45패	48승 34패	41승 41패	25승 57패

TEAM POTENTIAL

64점

23위

하프코트 세트오펜스 7점
트랜지션 오펜스 8점
하프코트 세트디펜스 7점
트랜지션 디펜스 6점
리바운드 7점

선수층 7점
선수 경험치 5점
감독 리더십 5점
감독 전술 5점
프런트 7점

*각 항목은 10점 만점, 평점은 NBA 30팀 사이 상대평가

우승 ODDS	배당	순위
bet 365	1000배	25위
Paddy Power	500배	23위
William Hill	1000배	25위

OFFENSIVE STYLE
트랜지션 오펜스 ———●——— 하프코트 세트오펜스

DEFENSIVE STYLE
하이 프레스 ———●——— 하프코트 디펜스

Player's Functions

Ball Handlers
I.퀴클리
R.배럿
D.미첼

Pull-Ups
I.퀴클리
B.브라운
S.반즈

Catch & Shoot
I.퀴클리
S반즈
K.오닉

3 Pointers
I.퀴클리
S.반즈
G.딕

Slam Dunkers
S.반즈
R.배럿
B.페르난두

Free Throw
G.딕
I.퀴클리
B.브라운

Rebounders
J.퓔틀
S.반즈
M.윌리엄스

1-1 Defenders
D.미첼
I.퀴클리
J.퓔틀

Ball Stealers
K.오닉
S.반즈
I.퀴클리

Key Passes
I.퀴클리
S.반즈
K.오닉

Hustle Players
D.미첼
J.퓔틀
K.오닉

Rim Protectors
J.퓔틀
M.윌리엄스
S.반즈

SQUAD & TACTICS

STARTERS

PF 켈리 올리닉
22.6분, 9.8점
5.3R, 4.4A

C 야콥 퓔틀
26.4분, 11.1점
8.6RB, 2.5AS

SF 스카티 반즈
34.9분, 19.9점
8.2RB, 6.1AS

SG RJ 배럿
33.5분, 21.8점
6.4RB, 4.1AS

PG 이매뉴업 퀴클리
33.3분, 18.6점
4.8RB, A

OFF THE BENCH

PG 데이비온 미첼
15.3분, 5.3점
1.3RB, 1.9AS

SG 브루스 브라운
26.0분, 9.6점
3.8RB, 2.7AS

SF 그레이디 딕
21.1분, 8.5점
2.2RB, 1.1AS

PF 오차이 아바지
23.6분, 6.7점
3.3RB, 1.3AS

C 크리스 부셰
14.1분, 6.4점
4.1RB, 0.5AS

G 저멀 세드
G 개럿 템플
F 자코비 월터
F 조나산 모보
C 브루누 페르난두

OFFENSE MECHANISM

지난 시즌 토론토는 평균 296.9회의 패스로 NBA 전체 6위였고, 어시스트는 28.5개(6위), 세컨더리 어시스트도 3.9개로 TOP10 에 있었다. 라쟈코비치 감독은 유럽 출신답게 많은 패스와 움직임으로 공격 기회를 창출하길 기대했고, 선수들은 주문대로 많이 주고받고 많이 움직였다. 그런데도 평균 112.4득점으로 21위에 머무른 것은, 실속 없이 주고받기만 했기 때문이다. 스페이싱도 이뤄지지 않고, 마무리는 결국 1대1을 시도하다가 급하게 패스가 나갈 때가 많았다. 캐치&슛으로 시도되는 3점슛이 36.8%로 평균 이하였다. 세팅된 상황에서의 약속된 공격도 감독 의지와 달리 효율적이지 못했다. 드라이브에 특화된 선수들은 많았지만, 픽을 이용해 수비에 균열을 내는 플레이는 부족했다.

DEFENSE MECHANISM

랩터스는 모든 수비 지표가 평범했다. 그렇지만 조직적인 움직임을 필요로 하는 수비에서는 평균 이하의 실적을 냈다. 그 중에서도 외곽 수비가 가장 아쉬웠다. 외곽 수비가 안 좋다 보니 안쪽까지 부담이 가중됐다. 3점슛도 많이 내줬다. 토론토의 상대는 평균 13.7개의 3점슛을 넣었는데 NBA에서 5번째로 많은 숫자였다. 컨테스트 자체가 잘 안 됐고, 급하게 클로즈-아웃을 나가봐도 결국 수비 지표가 엉망으로 나왔다. 이 때문에 라쟈코비치 감독은 기본적인 수비부터 재정립하겠다고 밝힌 상태다. 드래프트에서 수비 되는 선수들부터 체크 한 것도 같은 배경이다. 리바운드도 하위권이었다. 상대에게 3번째로 많은 공격 리바운드를 뺏겼고, 이로 인한 세컨 찬스 실점도 높았다.

2023-24 SEASON PERFORMANCE

TORONTO RAPTORS vs. OPPONENTS PER GAME STATS

토론토 vs 상대팀

	득점	F↑ 필드골성공	FG% 필드골	3↑ 3점슛성공	3P% 3점슛 %	⊖ 자유투성공	FT% 자유투	OR 공격리바운드	RB 리바운드	A↑ 어시스트	스틸	블락	↩ 턴오버	파울

| 112.4 | 118.8 | 42.3 **F↑** 44.7 | 47.1% **FG%** 49.1% | 11.5 **3↑** 13.7 | 34.7% **3P%** 37.6% | 16.3 **⊖** 15.6 | 75.6% **FT%** 78.9% |
| 10.9 **OR** 11.2 | 42.7 **RB** 45.2 | 28.5 **A↑** 28.6 | 7.7 🂠 7.3 | 4.7 🏀 5.8 | 14.0 ↩ 13.9 | 18.4 🏷 18.1 |

LINE-UP

* 토론토는 지난 시즌 총 701개의 라인업을 가동시켰다. 그중 출전 시간이 가장 길었던 20개를 골라 게재했다.

5-MEN COMBINATION	MIN	PPG	RPG	APG
D. Schroder - J. Poeltl - P. Siakam - O. Anunoby - S. Barnes	366	32.1	12.3	8.9
J. Poeltl - G. Trent Jr. - R. Barrett - I. Quickley - S. Barnes	164	42.4	16.4	10.9
D. Schroder - J. Poeltl - P. Siakam - O. Anunoby - G. Trent Jr.	102	9.5	3.6	2.5
D. Schroder - J. Poeltl - P. Siakam - G. Trent Jr. - S. Barnes	80	11.6	4.1	3.3
K. Olynyk - G. Trent Jr. - R. Barrett - I. Quickley - O. Agbaji	72	30.8	11.3	6.7
K. Olynyk - G. Trent Jr. - I. Quickley - O. Agbaji - G. Dick	65	16.9	6.8	4.8
K. Olynyk - B. Brown - O. Agbaji - S. Barnes - G. Dick	60	18.8	7.1	5.1
J. Poeltl - P. Siakam - R. Barrett - I. Quickley - S. Barnes	53	36	12.5	9.5
D. Schroder - P. Siakam - O. Anunoby - G. Trent Jr. - S. Barnes	52	8.2	2.6	2.1
P. Siakam - G. Trent Jr. - P. Achiuwa - M. Flynn - S. Barnes	48	7.3	3.6	1.8
K. Olynyk - G. Trent Jr. - O. Agbaji - J. Freeman-Liberty - G. Dick	48	28	8	6.5
J. Porter - G. Trent Jr. - R. Barrett - I. Quickley - G. Dick	45	12.1	5.1	3.2
J. Poeltl - P. Siakam - R. Barrett - I. Quickley - S. Barnes	38	15.8	6.8	4.4
K. Olynyk - B. Brown - R. Barrett - I. Quickley - G. Dick	33	9.9	3	2.7
T. Young - D. Schroder - B. Brown - G. Trent Jr. - S. Barnes	32	20	6.3	4.3
C. Boucher - G. Trent Jr. - P. Achiuwa - M. Flynn - S. Barnes	32	7.7	3	2.2
K. Olynyk - B. Brown - G. Trent Jr. - O. Agbaji - G. Dick	30	15.3	5.8	5.5
J. Poeltl - P. Siakam - O. Anunoby - G. Trent Jr. - S. Barnes	30	15	5.6	4
T. Young - G. Trent Jr. - R. Barrett - I. Quickley - S. Barnes	28	17.8	3	5.5
T. Young - P. Siakam - R. Barrett - I. Quickley - S. Barnes	27	23.3	9.7	5.7

PASS COMBINATIONS

→ 해당 선수가 경기당 동료로부터 패스 받은 횟수
→ 해당 선수가 경기당 동료들에게 패스 해준 횟수

받은	선수	해준
63.8	데니스 슈뢰더	57.0
62.0	이매뉴얼 퀴클리	54.2
51.1	스카티 반즈	52.8
37.0	켈리 올리닉	44.3
46.3	파스칼 시아캄	40.1
41.1	RJ 배럿	38.0
24.5	야쿱 푸틀	37.5
29.1	브루스 브라운	29.8
29.9	제이본 프리먼-리버티	29.7
27.3	코비 사이먼스	28.3
28.6	말라카이 플린	27.9
30.7	OG 아누노비	27.7
19.5	프레시어스 아추아	23.2
17.0	태디어스 영	22.9
16.9	존테이 포터	22.0
20.0	저마이어스 랭	21.1
17.1	오차이 아바지	20.1
16.8	조던 워라	18.3
24.5	게리 트렌트 Jr.	17.8
10.6	말릭 윌리엄스	15.0
15.0	DJ 카튼	13.8
11.0	개럿 템플	12.8
16.5	그레이디 딕	12.6
12.8	무하마두 게이	12.6
10.8	제일런 맥대니얼스	11.7
7.4	오토 포터 Jr.	11.5
8.4	크리스 부셰	10.0
6.0	마커스 니웰	6.0
4.0	론 하퍼 Jr.	4.0
2.0	카이라 루이스 Jr.	3.0

2023-24 RANKING

* 는 수치가 낮을수록 랭킹이 높아짐

토론토	랭킹	GENERAL	상대팀*	랭킹
112.4	21위	득점 / 실점	118.8	25위
42.7	23위	리바운드	45.2	26위
28.5	6위	어시스트	28.6	27위
7.7	10위	스틸	7.3	13위
4.7	19위	블락	5.8	23위

득점	랭킹	PLAYTYPE	실점	랭킹
4.2	29위	아이솔레이션	7.0	16위
26.2	2위	트랜지션	21.3	14위
12.3	30위	픽&롤 볼핸들러	16.2	16위
5.7	27위	픽&롤 롤맨	7.3	16위
4.2	15위	포스트-업	4.1	9위
28.1	15위	스팟-업	31.5	25위
4.6	17위	핸드오프	4.7	12위
12.3	5위	커팅	—	—
4.4	9위	오프 스크린	4.3	22위
6.7	13위	풋백	7.5	27위
3.2	9위	기타	—	—

SHOT ZONE

구간별 슈팅 및 성공률

SHOT ZONE

```
353   45    171  3311  248   38   358
136   62    1984 103   15   132
39% 44%  39% 42% 42% 40% 37%
       490   695
       208
92    42%   110
42    134    39
46%   51     35%
      38%
819   460    711
290   152    232
35%   33%    33%
```

필드골 시도 필드골 성공 **필드골 성공률**

항목	FGA	FGM	FG%	3PA	3PM	3P%
캐치&슛	27.8	10.4	37.4%	25.8	9.5	36.8%
풀업	18.3	6.4	35.0%	6.9	1.8	26.8%
3m 안쪽	43.2	25.3	58.6%	—	—	—
TOTAL	89.6	42.2	47.1%	33.0	11.4	34.7%

SHOT REPERTORIES

필드골 시도

2.6 — 3.1
4.2 — 2.3
2.2
25.5 평균 **89.7** 49.8
10.6 — 43.6
10.6

● 점프슛, 풀업 점퍼
● 레이업, 핑거롤
■ 페이드어웨이
■ 덩크, 앨리웁 덩크
● 훅샷
● 팁슛
● 뱅크슛

드리블과 슈팅 시도

7.8
17.1 평균 **89.7**
10.6 — 43.6
10.6

● 0드리블+슈팅
● 1드리블+슈팅
● 2드리블+슈팅
● 3~6드리블+슈팅
● 7+드리블+슈팅

필드골 성공

1.2 — 1.4
3.7 — 1.2
0.8 평균 **42.3** 18.6
15.4

드리블과 슈팅 성공

3.2
8.0 평균 **42.3** 21.1
4.7
5.3

SHOOTING

필드골 시도

22.0 9.7
평균 **89.7**
23.7 34.3

공격수와 수비수의 거리
● 0~0.6m
● 0.6~1.2m
● 1.2~1.8m
● 1.8m 이상

필드골 시도

7.3 2.9
8.5 15.2
평균 **89.7** 15.7
40.0

남은 시간
● 22~24초
● 18~22초
● 15~18초
● 7~15초
● 4~7초
● 0~4초

필드골 성공

9.3 4.5
평균 **42.3**
10.5 18.0

필드골 성공

2.5 1.6
3.8 8.5
평균 **42.3** 7.2
18.6

OPPONENT SHOOTING

상대 필드골 시도

22.6 9.2
평균 **91.2**
25.0 34.4

공격수와 수비수의 거리
● 0~0.6m
● 0.6~1.2m
● 1.2~1.8m
● 1.8m 이상

상대 필드골 시도

9.1 3.1
9.1 10.9
평균 **91.2** 13.5
45.5

남은 시간
● 22~24초
● 18~22초
● 15~18초
● 7~15초
● 4~7초
● 0~4초

필드골 허용

9.7 4.5
평균 **44.7**
11.6 18.9

필드골 허용

4.1 3.4 1.7 6.3
평균 **44.7** 6.5
22.7

CONTESTED REBOUNDS

공격 리바운드

0.5
0.8 평균 **6.4** 2.6
2.5

수비 리바운드

0.5
1.1 평균 **6.8** 2.3
2.9

UNCONTESTED REBOUNDS

공격 리바운드

0.7
2.2 평균 **4.4** 0.8
0.7

수비 리바운드

4.9 3.9
평균 **24.4**
6.5 9.1

림 아래부터 리바운드 위치까지의 거리
● 0~0.9m ● 0.9~1.8m ● 1.8~3m ● 3m 이상

DEFENSE OF 25 WINS

필드골 허용 %

46.1%

3점슛 허용 %

34.4%

상대 필드골 시도 90.1
필드골 허용 41.5

상대 3점슛 시도 35.0
3점슛 허용 12.0

DEFENSE OF 57 LOSSES

필드골 허용 %

50.4%

3점슛 허용 %

38.9%

상대 필드골 시도 91.6
필드골 허용 46.2

상대 3점슛 시도 36.9
3점슛 허용 14.4

DEFENSE pg		REBOUNDS pg			항목 & 평점																					
DFG	DFG%	CR	UCR	TS	MS	3PS	FT	LU	DK	ID	OD	ST	BL	ORG	OR3	ORB	DR3	DRB	PS	BH	BQ	SP	PO	ED	HS	OG
필드골 허용	필드골 허용률	무경쟁 리바운드	유경쟁 리바운드	터프샷 성공률	중거리 슈팅	3점 슈팅	자유투 성공률	레이업 플로터	슬램 덩크	인쪽 수비	외곽 수비	스틸	블락	가드 공격RB	SF 공격RB	빅맨 공격RB	가드 수비RB	SF 수비RB	빅맨 수비RB	패스	볼 핸들링	농구 IQ	스피드 민첩성	파워 지구력	허슬 플레이	종합 평가

Scottie BARNES SF-SG

F 4 · 스카티 반즈 · 2001.08.01 / 201cm

NBA 드래프트 : 2021년 1라운드 4번
NBA 우승 : 0회 / 파이널 MVP : 0회
시즌 MVP : 0회 / NBA 퍼스트팀 : 0회
미국

2021년 신인왕 출신. 키는 평범하지만 (201cm), 탄탄한 근육질 몸매에 218cm의 윙스팬을 지녔다. 이런 신체적 특성을 잘 활용한다. 프로 데뷔 후 매년 림어택(덩크, 레이업, 핑거롤, 플로터)과 3점슛에서 발전을 거듭했다. 또한, 최근엔 중거리 훅슛도 장착했다. 인사이드 1대1, 페리미터 1대1, 스틸, 블록, 리바운드 등 수비적인 측면에서도 많이 좋아졌다. 포인트포워드로서 BQ가 우수하고, 볼핸들링과 패스도 평균 이상이다. 시즌 연봉 1013만 달러.

SHOT ZONE

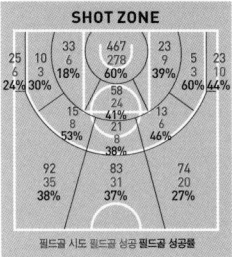

필드골 942 시도 482
필드골 447 성공 128

DEFENSE PER GAME			REBOUNDS PER GAME		
림에서의 거리	DFG	DFG%	림에서의 거리	CR	UCR
3점슛	2.0	38.1%	0~0.9m	1.1	0.9
2점슛	6.3	54.7%	0.9~1.8m	1.4	1.8
0~1.8m	4.7	62.6%	1.8~3.0m	0.5	1.5
0~3.0m	5.3	59.0%	3.0m 이상	0.2	0.9
4.5m 이상	2.5	37.3%			

2023-24 토론토 60경기 평균 34.9분					
	PTS	RB	AS	ST	BL
경기 평균	19.9	8.2	6.1	1.3	1.5
36분 기준	20.5	8.5	6.2	1.3	1.5

항목 평점	TS	MS	3PS	FT	LU	DK	ID	OD	ST	BL
평점	A	B+	C+	B	B	B-	B-	B-	B	A
항목	OR3	DR3	PS	BH	BQ	SP	PO	ED	HS	OG
평점	B+	A-	C+	C+	B	B	C	B+	A-	B

Kelly OLYNYK PF-C

F 41 · 켈리 올리닉 · 1991.04.19 / 211cm

NBA 드래프트 : 2013년 1라운드 13번
NBA 우승 : 0회 / 파이널 MVP : 0회
시즌 MVP : 0회 / NBA 퍼스트팀 : 0회
캐나다

그는 늘 "고향팀에서 뛰고 싶다"고 했다. 결국, 지난 시즌 도중 유타에서 토론토로 트레이드되었다. 출전시간 대비 득점력은 나쁘지 않다. 드라이빙 레이업, 드라이빙 플로터, 커팅 레이업으로 림을 공략한다. 공격 리바운드 후 풋백, 짧은 거리 훅슛도 OK. BQ가 우수해 오프 더 볼 무브가 좋다. 기동력이 있어 속공 트레일러나 커터 역할을 다 맡는다. 통산 36.9%의 3점슛 성공률을 보였다. 1대1 수비, 팀 디펜스는 평범한 수준. 연봉은 1280만 달러.

SHOT ZONE

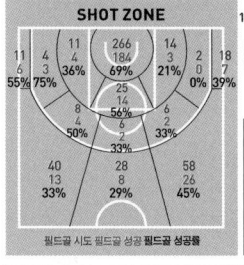

필드골 497 시도 227
필드골 276 성공 140

DEFENSE PER GAME			REBOUNDS PER GAME		
림에서의 거리	DFG	DFG%	림에서의 거리	CR	UCR
3점슛	1.4	38.1%	0~0.9m	0.7	0.7
2점슛	4.6	59.2%	0.9~1.8m	0.6	1.3
0~1.8m	3.3	65.5%	1.8~3.0m	0.2	0.6
0~3.0m	3.9	62.4%	3.0m 이상	0.1	0.6
4.5m 이상	1.8	38.7%			

2023-24 토론토+유타 78경기 평균 22.6분					
	PTS	RB	AS	ST	BL
경기 평균	9.8	5.3	4.4	0.9	0.4
36분 기준	15.6	8.4	7.1	1.5	0.6

항목 평점	TS	MS	3PS	FT	LU	DK	ID	OD	ST	BL
평점	A+	B	B-	A-	C	C-	D	D-	B	D
항목	OR3	DRB	PS	BH	BQ	SP	PO	ED	HS	OG
평점	D-	D	C-	D-	C-	D-	B+	A-	B-

Gradey DICK SF-SG

F 1 · 그레이디 딕 · 2003.11.20 / 198cm

NBA 드래프트 : 2023년 1라운드 13번
NBA 우승 : 0회 / 파이널 MVP : 0회
시즌 MVP : 0회 / NBA 퍼스트팀 : 0회
미국

잘생긴 외모, 깔끔한 플레이 스타일 때문에 토론토 팬들에게 인기가 높다. 2023 드래프트 신인 중 최고 수준의 3점 슈터다. 지난 시즌 평균 6.6회의 3점슛을 시도해 2.5회를 성공시켰다. 성공률 37.8%. 또한, 자유투 성공률은 85.3%였다. BQ가 좋아 오프 더 볼 무브가 뛰어나기에 오픈 찬스를 잘 잡는다. 과감한 인사이드 돌파에 이은 덩크, 레이업도 OK. 정확한 볼 핸들링, 패싱 레인 차단, 다양한 허슬 플레이도 합격점을 받는다. 연봉은 476만 달러.

SHOT ZONE

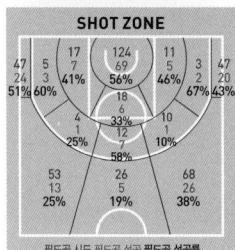

필드골 445 시도 313
필드골 189 성공 116

DEFENSE PER GAME			REBOUNDS PER GAME		
림에서의 거리	DFG	DFG%	림에서의 거리	CR	UCR
3점슛	1.3	38.6%	0~0.9m	0.1	0.2
2점슛	3.0	61.9%	0.9~1.8m	0.3	0.3
0~1.8m	2.2	71.3%	1.8~3.0m	0.1	0.1
0~3.0m	2.5	65.6%	3.0m 이상	0.0	0.5
4.5m 이상	1.6	39.9%			

2023-24 토론토 60경기 평균 21.1분					
	PTS	RB	AS	ST	BL
경기 평균	8.5	2.4	2.1	0.6	0.1
36분 기준	14.5	5.0	2.6	1.1	0.1

항목 평점	TS	MS	3PS	FT	LU	DK	ID	OD	ST	BL
평점	B	B+	A	A	C	D	D-	C-	C+	D-
항목	OR3	DR3	PS	BH	BQ	SP	PO	ED	HS	OG
평점	D-	C-	C	C-	B+	B+	D-	B	B+	C

Ochai AGBAJI SF-SG

F 30 · 오차이 아바지 · 2000.04.20 / 196cm

NBA 드래프트 : 2022년 1라운드 14번
NBA 우승 : 0회 / 파이널 MVP : 0회
시즌 MVP : 0회 / NBA 퍼스트팀 : 0회
미국

캔자스대를 NCAA 우승으로 이끌고 2022년 NBA 드래프트를 통해 유타에 입단했다. 유타에서 1시즌 반을 뛴 뒤 지난 시즌 중반, 토론토로 이적했다. 아바지는 운동능력이 좋은 '투웨이 스윙맨'이다. 커팅 레이업, 커팅 덩크, 드라이빙 레이업, 러닝 덩크, 앨리웁 덩크 등 림어택이 주를 이룬다. 그러나 프로 데뷔 후 3점슛 성공률은 갈수록 낮아졌다. 지난 시즌 코너 3점슛은 괜찮았으나, 탑과 윙에서 던진 3점슛의 성공률은 매우 낮았다. 연봉은 431만 달러.

SHOT ZONE

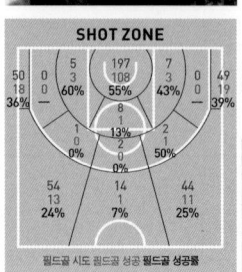

필드골 433 시도 237
필드골 178 성공 70

DEFENSE PER GAME			REBOUNDS PER GAME		
림에서의 거리	DFG	DFG%	림에서의 거리	CR	UCR
3점슛	1.2	34.9%	0~0.9m	0.3	0.3
2점슛	2.8	48.9%	0.9~1.8m	0.4	0.6
0~1.8m	1.8	54.8%	1.8~3.0m	0.2	0.4
0~3.0m	2.2	51.5%	3.0m 이상	0.1	0.6
4.5m 이상	1.5	36.2%			

2023-24 유타+토론토 78경기 평균 21.0분					
	PTS	RB	AS	ST	BL
경기 평균	5.8	2.8	1.1	0.6	0.6
36분 기준	10.0	4.7	1.8	1.0	1.0

항목 평점	TS	MS	3PS	FT	LU	DK	ID	OD	ST	BL
평점	B-	B-	B-	B	B-	C	C-	C-	B	B-
항목	OR3	DR3	PS	BH	BQ	SP	PO	ED	HS	OG
평점	B	C	D	C-	C-	B+	D	A-	A-	C

DFG	DFG%	CR	UCR	TS	MS	3PS	FT	LU	DK	ID	OD	ST	BL	ORG	DRG	OR3	ORB	DR3	DRB	PS	BH	BQ	SP	PO	ED	HS	OG
필드골 허용	필드골 허용률	유경쟁 리바운드	무경쟁 리바운드	터프샷 성공률	중거리 슛	3점 슛팅	자유투 성공률	레이업 플로터	덩크 앨리웁	안쪽 수비	외곽 수비	스틸	블락	가드 공격RB	SF 공격RB	빅맨 공격RB	가드 수비RB	SF 수비RB	빅맨 수비RB	패스	볼 핸들링	농구 IQ	스피드 민첩성	파워 지구력	허슬 플레이	종합 평가	

Jonathan MOGBO — PF

조나산 모보 — #F 2
2001.10.29 / 206cm

미국

- NBA 드래프트: 2024년 2라운드 31번
- NBA 우승: 0회 / 파이널 MVP: 0회
- 시즌 MVP: 0회 / NBA 퍼스트팀: 0회

샌프란시스코대 1학년을 마치고 바로 NBA 드래프트를 신청해 토론토에 2라운드 31번으로 지명되었다. 대학 시절 평균 29분씩 뛰며 14.2점, 10.1RB, 3.6AS를 기록했다. 올 시즌 토론토는 '서드 유닛' 일원으로 4번 혹은 5번을 맡게 된다. 그는 엘보우에서 공격을 많이 시작한다. 페이스업과 림어택이 가능하고, 양손으로 마무리할 수 있다. 리바운드를 잘 걷어내며, 특히 공격 리바운드에 특화된 선수다. 포스트 피딩도 좋고, 가로채기도 수준급이다.

SHOT ZONE

필드골 시도	필드골 성공
0	**0**

2024-25시즌 신인 선수

- ● 점프슛, 풀업 점퍼
- ● 레이업, 핑거롤
- ● 페이드어웨이
- ● 덩크, 앨리웁
- ● 훅슛
- ● 팁슛
- ● 뱅크슛

DEFENSE PER GAME			REBOUNDS PER GAME		
림에서의 거리	DFG	DFG%	림에서의 거리	CR	UCR
3점슛			0~0.9m		
2점슛			0.9~1.8m		
0~1.8m			1.8~3.0m		
0~3.0m			3.0m 이상		
4.5m 이상					

2023-24시즌 기록 없음					
항목	PTS	RB	AS	ST	BL
경기 평균	—	—	—	—	—
36분 기준	—	—	—	—	—

항목 평점	TS	MS	3PS	FT	LU	DK	ID	OD	ST	BL
항목 평점	ORB	DRB	PS	BH	BQ	SP	PO	ED	HS	OG

Chris BOUCHER — PF-C

크리스 부셰 — #F 25
1993.01.11 / 206cm

세인트루시아

- NBA 드래프트: 2017년 미지명
- NBA 우승: 2회 / 파이널 MVP: 0회
- 시즌 MVP: 0회 / NBA 퍼스트팀: 0회

큰 키에 호리호리한 체형을 파워포워드. 리치가 길고, 운동능력이 뛰어나 인사이드 디펜스, 블락, 수비 리바운드에서 압도적인 모습을 보인다. 에너지가 넘쳐 코트를 윙처럼 달리며, 페인트존에서 커팅 덩크, 커팅 덩크, 드라이빙 레이업으로 림을 공략한다. 외곽에서는 캐치&슈터로서 간간이 3점슛을 던진다. 2017년 프로 데뷔 후 매년 기량이 향상됐다. '폭발적인 빅맨'으로 올 시즌 업템포 게임에 최적화된 모습을 보일 것이다. 연봉은 1081만 달러.

SHOT ZONE

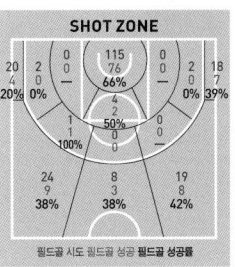

필드골 시도	필드골 성공
217	**110**

- ● 점프슛, 풀업 점퍼
- ● 레이업, 핑거롤
- ● 페이드어웨이
- ● 덩크, 앨리웁
- ● 훅슛
- ● 팁슛
- ● 뱅크슛

DEFENSE PER GAME			REBOUNDS PER GAME		
림에서의 거리	DFG	DFG%	림에서의 거리	CR	UCR
3점슛	0.9	38.9%	0~0.9m	0.8	0.6
2점슛	2.1	53.4%	0.9~1.8m	0.6	0.9
0~1.8m	1.6	63.4%	1.8~3.0m	0.0	0.4
0~3.0m	1.8	59.3%	3.0m 이상	0.0	0.4
4.5m 이상	1.1	39.6%			

2023-24 토론토 50경기 평균 14.1분					
항목	PTS	RB	AS	ST	BL
경기 평균	6.4	4.1	0.5	0.3	0.5
36분 기준	16.4	10.6	1.2	0.7	1.2

항목 평점	TS	MS	3PS	FT	LU	DK	ID	OD	ST	BL
	B-	C	B-	C	C+	B	C	C+	D-	C+
항목 평점	ORB	DRB	PS	BH	BQ	SP	PO	ED	HS	OG
	D+	B-	D-	D+	D-	B-	B+	B-	C

Jakob PÖLTL — C

야콥 푈틀 — #C 19
1995.10.15 / 213cm

오스트리아

- NBA 드래프트: 2016년 1라운드 9번
- NBA 우승: 0회 / 파이널 MVP: 0회
- 시즌 MVP: 0회 / NBA 퍼스트팀: 0회

오스트리아 빈 출신. 2016년 토론토에 입단했고, 2018~2023년 샌안토니오에서 뛴 다음 지난 시즌 토론토로 복귀했다. 올드스쿨 센터의 전형이다. 큰 체격으로 골밑에서 우직하게 버틴다. 득점 대부분은 덩크, 레이업, 공격 리바운드 풋백, 짧은 거리 점퍼훅 등 림 근처에서 대부분 이뤄진다. 스크린 이해도가 좋아 롤맨으로서 제 몫을 한다. 슈팅 거리가 짧고, 자유투 성공률이 낮다. 그러나 블락, 리바운드, 허슬 플레이는 위력적이다. 연봉은 1950만 달러.

SHOT ZONE

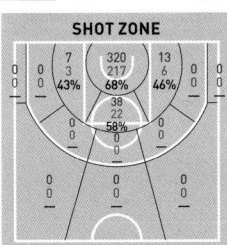

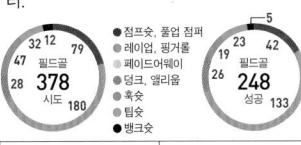

필드골 시도	필드골 성공
378	**248**

- ● 점프슛, 풀업 점퍼
- ● 레이업, 핑거롤
- ● 페이드어웨이
- ● 덩크, 앨리웁
- ● 훅슛
- ● 팁슛
- ● 뱅크슛

DEFENSE PER GAME			REBOUNDS PER GAME		
림에서의 거리	DFG	DFG%	림에서의 거리	CR	UCR
3점슛	1.3	37.8%	0~0.9m	2.0	1.3
2점슛	6.3	53.0%	0.9~1.8m	1.5	1.9
0~1.8m	4.3	58.0%	1.8~3.0m	0.4	0.8
0~3.0m	5.1	55.5%	3.0m 이상	0.1	0.5
4.5m 이상	1.8	39.1%			

2023-24 토론토 50경기 평균 26.4분					
항목	PTS	RB	AS	ST	BL
경기 평균	11.1	8.6	2.5	0.7	1.5
36분 기준	15.1	11.7	3.5	1.0	2.1

항목 평점	TS	MS	3PS	FT	LU	DK	ID	OD	ST	BL
	A	D-	D-	C	B-	A	B-	C	D-	B-
항목 평점	ORB	DRB	PS	BH	BQ	SP	PO	ED	HS	OG
	C	B+	D+	D-	C	D-	B-	B-	A-	B-

Bruno FERNANDO — C-PF

브루누 페르난두 — #C 24
1998.08.15 / 206cm

앙골라

- NBA 드래프트: 2019년 2라운드 34번
- NBA 우승: 0회 / 파이널 MVP: 0회
- 시즌 MVP: 0회 / NBA 퍼스트팀: 0회

앙골라 루안다 출생. 지난 시즌 애틀랜타 소속으로 NBA와 G리그를 넘나들었다. 2024년 7월 30일 웨이브 공시되었고, 8월 4일 토론토와 계약했다. 페르난두는 '언더 사이즈 센터'다. 그러나 포지션 개념이 줄어든 현대 농구에서 그리 큰 문제는 아니다. 강력한 파워로 덩크를 찍고, 부드러운 숏터치로 레이업을 얹는다. 스피드가 좋아 트랜지션 게임 피니셔로 제격이다. 블락, 스틸, 리바운드가 좋다. 운동능력을 봤을 때 더 좋은 1대1 수비수가 될 수 있다.

SHOT ZONE

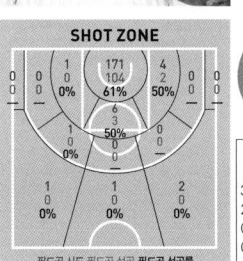

필드골 시도	필드골 성공
187	**109**

- ● 점프슛, 풀업 점퍼
- ● 레이업, 핑거롤
- ● 페이드어웨이
- ● 덩크, 앨리웁
- ● 훅슛
- ● 팁슛
- ● 뱅크슛

DEFENSE PER GAME			REBOUNDS PER GAME		
림에서의 거리	DFG	DFG%	림에서의 거리	CR	UCR
3점슛	0.7	36.6%	0~0.9m	0.9	0.5
2점슛	3.2	58.7%	0.9~1.8m	0.9	1.0
0~1.8m	2.3	62.6%	1.8~3.0m	0.3	0.4
0~3.0m	2.7	60.8%	3.0m 이상	0.0	0.3
4.5m 이상	1.0	39.8%			

2023-24 애틀랜타 45경기 평균 15.2분					
항목	PTS	RB	AS	ST	BL
경기 평균	6.3	4.3	1.0	0.6	0.6
36분 기준	14.9	10.2	2.4	1.3	1.5

항목 평점	TS	MS	3PS	FT	LU	DK	ID	OD	ST	BL
	C+	D-	D-	C+	B-	B-	C	B-	B-	C+
항목 평점	ORB	DRB	PS	BH	BQ	SP	PO	ED	HS	OG
	C+	B-	D-	D-	B	B	B	B	C

	DEFENSE pg			REBOUNDS pg										항목 & 평점													
DFG	DFG%	CR	UCR		TS	MS	3PS	FT	LU	DK	ID	OD	ST	BL	DRG	ORG	DR3	DRB	PS	BH	BQ	SP	PO	ED	HS	OG
필드골 허용	필드골 허용%	유경쟁 리바운드	무경쟁 리바운드		터프샷 성공률	중거리 슈팅	3점 슈팅	자유투 성공률	레이업 플로터	슬램 덩크	안쪽 수비	외곽 수비	스틸	블락	가드 공격RB	SF 공격RB	빅맨 공격RB	가드 수비RB	SF 수비RB	빅맨 수비RB	패스	볼 핸들링	농구 IQ	스피드 민첩성	파워 지구력	허슬 플레이	종합 평가

Malik WILLIAMS — PF-C

말리크 윌리엄스
1998.08.26 / 211cm

NBA 드래프트 : 2022년 미지명
NBA 우승 : 0회 / **파이널 MVP :** 0회
시즌 MVP : 0회 / **NBA 퍼스트팀 :** 0회
미국

루이빌대를 졸업하고, 2022년 드래프트를 신청했으나 어느 팀에도 선발되지 않았다. 2023년 폴란드리그 안빌에서 뛰었고, 지난 시즌 G리그 스카이포스에서 활약했다. 퀼튼, 페르난두에 이은 '서드 유닛' 센터. 득점은 파워 덩크, 레이업, 공격 리바운드에 이은 풋백 등 대부분 림 근처에서 만든다. 가끔 오프 더 볼 모션 플레이에서 기회를 잡고 와이드 오픈 3점슛을 던진다. 장신 선수치고 스틸이 많다. 블락과 공격 리바운드는 NBA 정상급이다.

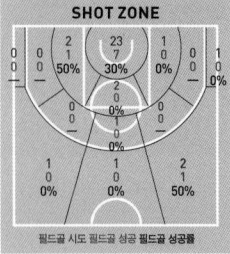

SHOT ZONE

필드골 34 시도 / 10
필드골 9 성공 / 2

● 점프슛, 풀업 점퍼
● 레이업, 핑거롤
● 페이드어웨이
● 덩크, 엘리웁
● 훅슛
● 팁슛
● 뱅크슛

필드골 시도 필드골 성공 필드골 성공률

DEFENSE PER GAME			REBOUNDS PER GAME		
림에서의 거리	DFG	DFG%	림에서의 거리	CR	UCR
3점슛	1.1	44.4%	0~0.9m	1.7	0.9
2점슛	2.6	54.5%	0.9~1.8m	1.1	1.4
0~1.8m	1.9	68.4%	1.8~3.0m	0.1	0.1
0~3.0m	2.3	66.7%	3.0m 이상	0.0	0.0
4.5m 이상	1.4	45.5%			

2023-24 토론토 7경기 평균 15.3분

항목 평점	TS	MS	3PS	FT	LU	DK	ID	OD	ST	BL
	C-	C-	C-	B	D+	C-	D+	C-	B+	B

항목	PTS	RB	AS	ST	BL
경기 평균	2.7	5.4	0.3	0.4	0.6
36분 기준	6.4	12.8	0.7	1.0	1.3

항목 평점	ORB	DRB	PS	BH	BQ	SP	PO	ED	HS	OG
	B+	C+	D	D-	D	D-	C-	B	D

Immanuel QUICKLEY — PG-SG

이매뉴얼 퀴클리
1999.06.17 / 188cm

NBA 드래프트 : 2020년 1라운드 25번
NBA 우승 : 0회 / **파이널 MVP :** 0회
시즌 MVP : 0회 / **NBA 퍼스트팀 :** 0회
미국

시즌 도중 뉴욕에서 토론토로 트레이드됐다. 뉴욕에서는 SG로 뛰면서 평균 2.5AS를, 토론토로 옮겨 PG로 평균 6.8AS를 기록했다. 캐치&슛, 풀업 점퍼, 드라이빙에서 이어지는 레이업, 플로터, 핑거롤, 스텝백 점퍼 등 다양한 공격을 시도한다. 3점슛과 자유투 성공률도 수준급. 공격형 1번이면서 턴오버를 적게 범한다. 퍼리미터 1대1 수비와 허슬 플레이도 OK. 오프시즌에 5년 1억 7500만 달러에 계약했다. 올 시즌에는 3250만 달러를 받는다.

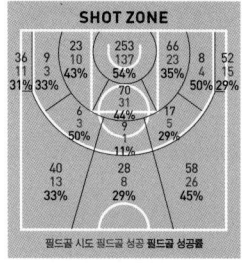

SHOT ZONE

필드골 894 시도 / 656
필드골 388 성공 / 271

● 점프슛, 풀업 점퍼
● 레이업, 핑거롤
● 페이드어웨이
● 덩크, 엘리웁
● 훅슛
● 팁슛
● 뱅크슛

필드골 시도 필드골 성공 필드골 성공률

DEFENSE PER GAME			REBOUNDS PER GAME		
림에서의 거리	DFG	DFG%	림에서의 거리	CR	UCR
3점슛	1.5	35.2%	0~0.9m	0.0	0.3
2점슛	3.9	56.1%	0.9~1.8m	0.2	1.0
0~1.8m	2.9	65.5%	1.8~3.0m	0.1	1.0
0~3.0m	3.2	61.8%	3.0m 이상	0.1	1.0
4.5m 이상	1.8	35.7%			

2023-24 뉴욕+토론토 68경기 평균 29.2분

항목 평점	TS	MS	3PS	FT	LU	DK	ID	OD	ST	BL
	C-	B-	B-	B	B-	D-	D-	C-	D+	D-

항목	PTS	RB	AS	ST	BL
경기 평균	17.0	3.8	4.9	0.7	0.1
36분 기준	21.0	4.7	6.0	0.9	0.2

항목 평점	ORG	DRG	PS	BH	BQ	SP	PO	ED	HS	OG
	D-	D-	B	B+	B-	B+	D-	B+	B	C+

RJ BARRET — SG-SF

RJ 배럿
2000.06.14 / 198cm

NBA 드래프트 : 2019년 1라운드 3번
NBA 우승 : 0회 / **파이널 MVP :** 0회
시즌 MVP : 0회 / **NBA 퍼스트팀 :** 0회
캐나다

지난 시즌 뉴욕에서 26경기, 토론토에서 32경기에 출전했다. 토론토로 옮긴 후 출전시간(29.5분→33.5분), 득점(18.2→21.8), 리바운드(4.3→6.4), 어시스트(2.4→4.1) 모든 지표에서 상승세를 보였다. 배럿은 운동능력이 좋고, 파이팅이 있는 스윙맨이다. 내외곽을 부지런히 넘나들며 캐치&슛, 풀업 점퍼, 레이업, 핑거롤, 덩크, 뱅크슛 등 다양한 공격을 시도한다. 퍼리미터 1대1 수비, 허슬 플레이, 수비 리바운드는 꽤 우수한 편이다. 연봉은 2579만 달러.

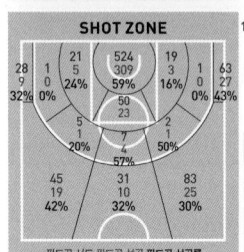

SHOT ZONE

필드골 880 시도 / 373
필드골 436 성공 / 217

● 점프슛, 풀업 점퍼
● 레이업, 핑거롤
● 페이드어웨이
● 덩크, 엘리웁
● 훅슛
● 팁슛
● 뱅크슛

필드골 시도 필드골 성공 필드골 성공률

DEFENSE PER GAME			REBOUNDS PER GAME		
림에서의 거리	DFG	DFG%	림에서의 거리	CR	UCR
3점슛	1.8	37.5%	0~0.9m	0.4	0.6
2점슛	4.6	55.7%	0.9~1.8m	0.6	1.8
0~1.8m	3.0	60.7%	1.8~3.0m	0.2	0.8
0~3.0m	3.5	56.8%	3.0m 이상	0.1	0.7
4.5m 이상	2.4	39.0%			

2023-24 뉴욕+토론토 58경기 평균 31.7분

항목 평점	TS	MS	3PS	FT	LU	DK	ID	OD	ST	BL
	B-	B-	C+	B+	B+	B	D	C-	D	B-

항목	PTS	RB	AS	ST	BL
경기 평균	20.2	5.4	3.3	0.5	0.4
36분 기준	22.9	6.2	3.8	0.6	0.4

항목 평점	ORG	DRG	PS	BH	BQ	SP	PO	ED	HS	OG
	C	A-	C+	B-	B	B	C+	A	B-	C+

Bruce BROWN — PG-SG

브루스 브라운
1996.08.15 / 193cm

NBA 드래프트 : 2018년 2라운드 42번
NBA 우승 : 1회 / **파이널 MVP :** 0회
시즌 MVP : 0회 / **NBA 퍼스트팀 :** 0회
미국

공수겸장의 올어라운드 플레이어. 백업 듀얼 가드로 길지 않은 출전시간 대비 쏠쏠한 활약을 보여준다. 탄탄한 체격과 빠른 스피드를 이용해 과감한 컷인을 시도한다. 키는 193cm에 불과하지만 골밑에서 자주 메이드를 시킨다. 특히, 드라이빙 플로터는 '치명적인 무기'다. 데뷔 초기에 비해 미드레인지 점퍼와 자유투 성공률도 크게 발전했다. 그러나 3점슛 정확도는 여전히 높지 않다. 힘이 좋아 슈터들을 위한 스크린 세터도 해낸다. 연봉은 2300만 달러.

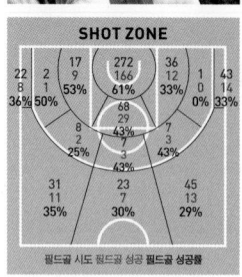

SHOT ZONE

필드골 582 시도 / 338
필드골 278 성공 / 125

● 점프슛, 풀업 점퍼
● 레이업, 핑거롤
● 페이드어웨이
● 덩크, 엘리웁
● 훅슛
● 팁슛
● 뱅크슛

필드골 시도 필드골 성공 필드골 성공률

DEFENSE PER GAME			REBOUNDS PER GAME		
림에서의 거리	DFG	DFG%	림에서의 거리	CR	UCR
3점슛	1.6	37.1%	0~0.9m	0.3	0.5
2점슛	4.8	58.8%	0.9~1.8m	0.2	1.1
0~1.8m	3.5	66.2%	1.8~3.0m	0.1	1.1
0~3.0m	4.1	63.4%	3.0m 이상	0.1	0.8
4.5m 이상	1.8	36.2%			

2023-24 인디애나+토론토 67경기 평균 27.9분

항목 평점	TS	MS	3PS	FT	LU	DK	ID	OD	ST	BL
	B+	B-	C+	B-	B+	C	B	B	C+	B-

항목	PTS	RB	AS	ST	BL
경기 평균	10.8	4.2	2.9	0.9	0.3
36분 기준	14.0	5.5	3.7	1.1	0.4

항목 평점	ORG	DRG	PS	BH	BQ	SP	PO	ED	HS	OG
	C	B-	C+	C+	B	C	A-	B-	C+

DEFENSE pg		REBOUNDS pg		항목 & 평점																									
DFG	DFG%	CR	UCR	TS	MS	3PS	FT	LU	DK	ID	OD	ST	BL	ORG	OR3	ORB	DRG	DR3	DRB	PS	BH	BQ	SP	PO	ED	HS	OG
필드골 허용	필드골 허용률	유경쟁 리바운드	무경쟁 리바운드	터프샷 성공률	중거리 슈팅	3점 슈팅	자유투 성공률	레이업 플로터	슬램 덩크	안쪽 수비	외곽 수비	스틸	블락	가드 공격RB	SF 공격RB	빅맨 공격RB	가드 수비RB	SF 수비RB	빅맨 수비RB	패스	볼 핸들링	BQ IQ	스피드 민첩성	파워 지구력	허슬 플레이		종합 랭커

G 15 Davion MITCHELL PG
데이비온 미첼 1998.09.05 / 183cm

🇺🇸 미국
NBA 드래프트 : 2021년 1라운드 9번
NBA 우승 : 0회 / 파이널 MVP : 0회
시즌 MVP : 0회 / NBA 퍼스트팀 : 0회

올여름, 새크라멘토에서 토론토로 트레이드됐다. 새크라멘토 시절엔 매년 출전시간이 줄어들었다. 그러나 기본적인 재능이 좋은 선수이기에 토론토 팬들은 그가 백업 포인트가드로 제 몫을 하길 기대한다. 내외곽 어디에서든 고루 득점한다. 드라이빙 레이업과 드라이빙 플로터는 강력한 무기다. 중장거리 캐치&슛과 풀업 점퍼도 OK. 빠른 스피드, 민첩한 퍼스트 스텝, 안정적인 밸런스를 이용한 퍼리미터 1대1 수비력은 꽤 우수하다. 연봉은 645만 달러.

SHOT ZONE

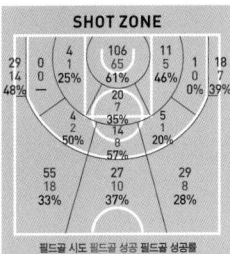

필드골 323 시도 225
필드골 146 성공 84

● 점프숏, 풀업 점퍼
● 레이업, 핑거롤
● 페이드어웨이
● 덩크, 앨리웁
● 훅숏
● 팁숏
● 뱅크숏

DEFENSE PER GAME			REBOUNDS PER GAME		
림에서의 거리	DFG	DFG%	림에서의 거리	CR	UCR
3점숏	0.8	34.4%	0~0.9m	0.0	0.1
2점숏	2.0	58.2%	0.9~1.8m	0.1	0.3
0~1.8m	1.3	73.8%	1.8~3.0m	0.1	0.3
0~3.0m	1.6	62.9%	3.0m 이상	0.1	0.5
4.5m 이상	1.0	35.4%			

필드골 시도 필드골 성공 필드골 성공률

2023-24 새크라멘토 72경기 평균 15.3분						항목 평점	TS	MS	3PS	FT	LU	DK	ID	OD	ST	BL
항목	PTS	RB	AS	ST	BL		A-	B-	B-	A-	B-	C-	D	D-	B	D-
경기 평균	5.3	1.3	1.9	0.2	0.0	항목 평점	ORG	DRG	PS	BH	BQ	SP	PO	ED	HS	OG
36분 기준	12.4	3.1	4.4	0.6	0.1		D-	D-	C+	B	D	B-	D-	A-	C-	

G 23 Jamal SHEAD PG
저멀 셰드 2002.07.24 / 183cm

🇺🇸 미국
NBA 드래프트 : 2024년 2라운드 45번
NBA 우승 : 0회 / 파이널 MVP : 0회
시즌 MVP : 0회 / NBA 퍼스트팀 : 0회

휴스턴대를 졸업하고 2024 NBA 드래프트에서 2라운드 45번으로 지명됐다. 최대 강점은 발군의 퍼리미터 디펜스. 183cm의 키지만 빠른 스피드, 우수한 민첩성, 균형 잡힌 신체를 수비할 때 적극적으로 활용한다. 픽&롤 수비를 잘 하고, 마크 상대를 늘 정면에 두며 패싱 레인을 잘 끊어낸다. BQ가 우수하고 볼 핸들링이 좋으며 패스가 정확하기에 프로에서 몇 년 경험을 쌓으면 훌륭한 PG가 될 것이다. 문제는 들쭉날쭉한 외곽슛. 많이 보강해야 한다.

SHOT ZONE

필드골 0 시도
필드골 0 성공

2024-25시즌
신인 선수

● 점프숏, 풀업 점퍼
● 레이업, 핑거롤
● 페이드어웨이
● 덩크, 앨리웁
● 훅숏
● 팁숏
● 뱅크숏

DEFENSE PER GAME			REBOUNDS PER GAME		
림에서의 거리	DFG	DFG%	림에서의 거리	CR	UCR
3점숏			0~0.9m		
2점숏			0.9~1.8m		
0~1.8m			1.8~3.0m		
0~3.0m			3.0m 이상		
4.5m 이상					

필드골 시도 필드골 성공 필드골 성공률

2023-24시즌 기록 없음						항목 평점	TS	MS	3PS	FT	LU	DK	ID	OD	ST	BL
항목	PTS	RB	AS	ST	BL		—	—	—	—	—	—	—	—	—	—
경기 평균	—	—	—	—	—	항목 평점	ORG	DRG	PS	BH	BQ	SP	PO	ED	HS	OG
36분 기준	—	—	—	—	—		—	—	—	—	—	—	—	—	—	—

G 17 Garrett TEMPLE SG-SF
개럿 템플 1986.05.08 / 196cm

🇺🇸 미국
NBA 드래프트 : 2009년 미지명
NBA 우승 : 0회 / 파이널 MVP : 0회
시즌 MVP : 0회 / NBA 퍼스트팀 : 0회

NBA의 유명한 '저니맨'이다. 2010년 드래프트에서 지명받지 못했고, 이후 14년간 무려 14번이나 소속팀이 바뀌었다. 하지만 잡초 같은 생명력을 발휘해 NBA에서 살아남았다. '서드 유닛' 스윙맨으로 러닝 핑거롤, 러닝 레이업, 풀업 점퍼가 주 득점 루트다. 퍼리미터 1대1 수비가 좋고, 가드 중에선 리바운드가 상대적으로 많다. 현재 NBA 수석 부회장이다. 2017년 미스 USA 출신 카라 맥컬로프와 결혼해 자녀 2명을 두었다. 연봉은 209만 달러.

SHOT ZONE

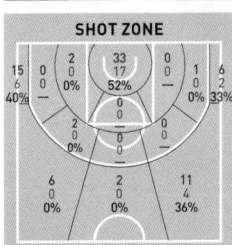

필드골 78 시도 46
필드골 29 성공 14

● 점프숏, 풀업 점퍼
● 레이업, 핑거롤
● 페이드어웨이
● 덩크, 앨리웁
● 훅숏
● 팁숏
● 뱅크숏

DEFENSE PER GAME			REBOUNDS PER GAME		
림에서의 거리	DFG	DFG%	림에서의 거리	CR	UCR
3점숏	0.8	35.1%	0~0.9m	0.2	0.2
2점숏	1.1	51.9%	0.9~1.8m	0.3	0.3
0~1.8m	1.1	54.9%	1.8~3.0m	0.0	0.2
0~3.0m	1.2	51.7%	3.0m 이상	0.1	0.4
4.5m 이상	1.1	39.7%			

필드골 시도 필드골 성공 필드골 성공률

2023-24 토론토 27경기 평균 10.7분						항목 평점	TS	MS	3PS	FT	LU	DK	ID	OD	ST	BL
항목	PTS	RB	AS	ST	BL		B-	C-	B-	C	C	C-	D	D-	C+	D
경기 평균	3.3	1.7	1.0	0.4	0.1	항목 평점	ORG	DRG	PS	BH	BQ	SP	PO	ED	HS	OG
36분 기준	11.0	5.6	3.5	1.5	0.4		A-	D-	C	C	C	D-	B-	C+	C-	

TORONTO RAPTORS
2024-25 REGULAR SEASON SCHEDULE

OCTOBER, 2024
Oct. 24 vs. Cleveland
Oct. 26 vs. Philadelphia
Oct. 27 @ Minnesota
Oct. 29 vs. Denver
Oct. 31 @ Charlotte

NOVEMBER, 2024
Nov. 2 vs. LA Lakers
Nov. 3 vs. Sacramento
Nov. 5 @ Denver
Nov. 7 vs. Sacramento
Nov. 10 @ LA Clippers
Nov. 11 @ LA Lakers
Nov. 13 @ Milwaukee
Nov. 16 vs. Detroit
Nov. 17 @ Boston
Nov. 19 vs. Indiana
Nov. 22 vs. Minnesota
Nov. 25 @ Cleveland
Nov. 26 @ Detroit
Nov. 28 @ New Orleans
Nov. 30 @ Miami

DECEMBER, 2024
Dec. 2 vs. Miami
Dec. 4 vs. Indiana
Dec. 6 vs. Oklahoma City
Dec. 8 vs. Dallas
Dec. 10 vs. New York
Dec. 20 @ Brooklyn
Dec. 23 vs. Houston
Dec. 24 @ New York
Dec. 27 @ Memphis
Dec. 30 vs. Atlanta

JANUARY, 2025
Jan. 1 @ Boston
Jan. 2 vs. Brooklyn
Jan. 4 vs. Orlando
Jan. 7 @ Milwaukee
Jan. 9 @ New York
Jan. 10 @ Cleveland
Jan. 12 @ Detroit
Jan. 14 vs. Golden State
Jan. 16 vs. Boston
Jan. 18 @ Milwaukee
Jan. 22 vs. Orlando
Jan. 24 @ Atlanta
Jan. 26 @ Atlanta
Jan. 28 vs. New Orleans
Jan. 30 @ Washington

FEBRUARY, 2025
Feb. 1 vs. Chicago
Feb. 3 vs. LA Clippers
Feb. 6 vs. Memphis
Feb. 8 @ Oklahoma City
Feb. 10 @ Houston
Feb. 12 @ Philadelphia
Feb. 13 vs. Cleveland
Feb. 22 vs. Miami
Feb. 24 vs. Phoenix
Feb. 26 vs. Boston
Feb. 27 @ Indiana
Feb. 29 @ Chicago

MARCH, 2025
Mar. 3 @ Orlando
Mar. 5 @ Orlando
Mar. 8 vs. Utah
Mar. 9 vs. Washington
Mar. 11 vs. Washington
Mar. 13 vs. Philadelphia
Mar. 15 vs. Utah
Mar. 17 @ Portland
Mar. 18 vs. Phoenix
Mar. 20 @ Golden State
Mar. 24 vs. San Antonio
Mar. 25 @ Washington
Mar. 27 @ Brooklyn
Mar. 29 vs. Charlotte
Mar. 31 @ Philadelphia

APRIL, 2025
Apr. 2 @ Chicago
Apr. 4 vs. Portland
Apr. 5 vs. Detroit
Apr. 7 @ Brooklyn
Apr. 10 vs. Charlotte
Apr. 12 vs. Dallas
Apr. 14 @ San Antonio

용 호 상 박
龍虎相搏

전체적인 판도는 '2강 1중 2약'이다. 밀워키와 클리블랜드가 디비전 정상을 놓고 경쟁한다. 하프코트 디펜스가 강한 밀워키와 트랜지션 오펜스에 강점이 있는 인디애나의 맞대결은 매우 흥미진진할 것이다.

CHICAGO BULLS

2024-25 DIVISION ODDS

순위	TEAM	벳 365	스카이벳	패디파워	윌리엄힐
1	Milwaukee Bucks	0.83배	0.53배	1.3배	0.53배
2	Cleveland Cavaliers	2배	3.5배	1.5배	3.33배
3	Indiana Pacers	3.75배	4배	2.6배	3.75배
4	Chicago Bulls	200배	100배	200배	80배
5	Detroit Pistons	300배	400배	250배	300배

2023-24 DIVISION STANDING

순위	TEAM	승	패	승률	승차
1	Milwaukee Bucks*	49	33	59.8%	—
2	Cleveland Cavaliers*	48	34	58.5%	1.0
3	Indiana Pacers*	47	35	57.3%	2.0
4	Chicago Bulls	39	43	47.6%	10.0
5	Detroit Pistons	14	68	17.1%	35.0

*플레이오프 진출팀

 # CLEVELAND CAVALIERS

DETROIT PISTONS

 # INDIANA PACERS

 # MILWAUKEE BUCKS

磨斧爲針·리셋하고 기다린다

뜻풀이 도끼를 갈아 바늘을 만든다는 뜻. 아무리 어려워도 끊임없이 노력하면 이룰 수 있다. 리빌딩에 들어간 시카고에게 꼭 필요한 말이다.

부상과 부조화, 라빈을 어찌할꼬

빌리 도노반 감독 부임 두 시즌 만에 46승을 올렸지만, 이후 계속 내리막이다. 부상과 부조화가 큰 이유. 팀 최고 연봉자 잭 라빈이 공·수 시스템에 녹아들지 못하면서 부조화가 일어났다. 악명 높은 수비도 질타의 대상이었다. 그런데 선수 탓만 하기에는 구단이 엉망이었다. 트레이드하겠다고 온 동네에 소문을 냈지만, 성과가 없었다. 흥미로운 사실은 라빈이 부상으로 결장하자 승률이 올라갔다는 점이다. 코비 화이트 덕분이다. 공·수에서 큰 에너지를 보태며 그나마 위안거리가 됐다.

기디 영입으로 리셋 버튼 누르다

시카고는 원점으로 돌아가기로 했다. 데로잔과 카루소가 떠나고 조시 기디를 영입했다. 기디는 메인 볼 핸들러로서의 역할이 주어지면, 경기 운영을 비롯해 제 몫을 해낼 수는 있는 유망주다. 다만 흐름을 깨는 실책과 수비가 과제다. 패트릭 윌리엄스도 5년 계약을 맺었다. 윌리엄스는 몸관리가 최우선 과제다. FA로 합류한 제일런 스미스는 앤드리 드러먼드의 빈자리를 메울 것이다. 신인 마타스 부젤리스(11순위)는 208cm의 좋은 신장에 재주도 많아 팬들의 기대감을 높이고 있다.

젊은 선수들에 기대, 인내의 시간

부세비치를 제외하면 메인 로테이션 멤버 대부분이 20대. 화이트, 기디, 윌리엄스, 아요 도순무, 부젤리스 등 기대해야 할 젊은 선수들이 많다. 정작 문제가 되는 건 팀 최고 연봉자 2명이다. 라빈과 론조 볼의 연봉은 샐러리캡의 45%나 차지한다. 쉽진 않아도 미래를 생각한다면 빨리 정리해야 할 대상이다. 시카고 팬들에게 2024-25시즌은 당장의 성적보다는, 하루하루 달라질 젊은 선수들의 성장에 박수를 보내는 시간이 될 것이다. 라빈과의 작별을 기다리며 말이다.

Association | Icon | Statement | City

*통계는 2024년 10월 1일 기준

CLUB INFORMATION

 Founded 구단 창립 1966년

 Owner 제리 라인스도프 1936.02.25

CEO 마이클 라인스도프

 Head Coach 빌리 도노번 1965.05.30

24-25 Odds 벳365 : 750배 윌리엄힐 : 500배

 Nationality ●미국 선수 11명 ●외국 선수 4명

Age 15명 평균 25.1세

Height 15명 평균 199.8cm

Weight 15명 평균 94.7kg

Salary 15명 평균 1120만 달러

 Win 2023-24 : 39승 통산 : 2383승

Loss 2023-24 : 43패 통산 : 2297패

 **Winning%** 2023-24 : 47.6% 통산 : 50.9%

 **Play-Off** PO 진출 : 36회 PO 탈락 : 23회

Titles NBA우승 : 6회 컨퍼런스 : 6회

  Top Scorer 더마 드로잔 평균 24.0점

 More Rebounds 니콜라 부세비치 평균 10.5RB

 More Assists 더마 드로잔 평균 5.3AS

 More Steals 알렉스 카루소 평균 1.7스틸

More Blocks 알렉스 카루소 평균 1.0블록

*항목별 1위는 지난 시즌 시카고 소속으로 42경기 이상 출전한 선수 중 선별

HEAD COACH & STADIUM

Billy DONOVAN 빌리 도노번

생년월일 : 1965.05.30 / 출생지 : 미국 뉴욕주 록빌센터
경력 : 1989~1994년 켄터키대 코치 / 1994~1996년 마샬대 감독 / 1996~2015년 플로리다대 감독 / 2015~2020년 오클라호마시티 썬더 감독 / 2020년~ 시카고 불스 감독

프로비던스 칼리지 소속이던 1983~1987년, 4년 평균 20.6점을 기록했고, 1987년에는 소속팀의 NCAA '파이널 4' 진출을 이끌었다. 그해 NBA 드래프트를 신청해 유타 재즈에 3라운드 68번으로 지명됐다. 그는 그러나 선수 생활을 오래 이어가지 못하고, 1989년에 은퇴했다. 곧바로 켄터키대 어시스턴트를 맡으며 지도자로 나섰다. 1994~1996년에 마샬대, 1996~2015년에 플로리다대를 맡아 대학농구 무대에서 20년 가까이 경험을 쌓았다. NCAA에서 근무하는 동안 2차례 NCAA 우승, 4차례 '파이널 포' 출전을 기록했고, 3차례나 'SEC 올해의 감독'으로 선정되었다. 그리고 2015년, 오클라호마시티 지휘봉을 잡았다. 그는 재임기간 5년간 통산 243승 157패를 기록하며 소속팀을 매년 플레이오프로 진출시켰다. 도노번은 2019-2020시즌, 마이크 버든홀저와 함께 'NBCA 올해의 감독'으로 선정됐다. 2020년 9월 22일, 시카고 불스의 제24대 감독이 되었다.

UNITED CENTER

구장 오픈 : 1994년 8월 18일
구장 증개축 : 총 2회
오너 : UCJV, 시카고불스
수용인원 : 2만 917명
건축비용 : 1억 7500만 달러
(현재 가치 : 3억 6000만 달러)

북미에서 가장 큰 체육관이다. 이곳에서는 매년 200개 이상의 스포츠 및 문화 행사를 개최한다. 높이 41.45m의 강철 콘크리트 건물이며 에스컬레이터 8대, 엘리베이터 9대, 식당 등을 갖추었다. 얼음표면 위에 200개 조각으로 이루어진 농구 플로어를 설치했고, 종목에 따라 시설을 바꾸는 데 2시간 30분이 걸린다. 불스 홈구장이 된 건 1994-95시즌부터다.

NBA CHAMPIONSHIPS
1991, 1992, 1993, 1996, 1997, 1998

CONFERENCE TITLES
1991, 1992, 1993, 1996, 1997, 1998

DIVISION TITLES
1975, 1991, 1992, 1993, 1996, 1997, 1998, 2011, 2012

RETIRED NUMBERS
4, 10 23, 33

CHICAGO BULLS

REGULAR SEASON RANKING LAST 10YEARS

14-15	15-16	16-17	17-18	18-19	19-20	20-21	21-22	22-23	23-24
9	14	16	25	27	24	22	12	20	20
50승 32패	42승 40패	41승 41패	27승 55패	22승 60패	22승 43패	31승 41패	46승 36패	40승 42패	39승 43패

TEAM POTENTIAL

64점

23위

하프코트 세트오펜스 7점	트랜지션 오펜스 5점	하프코트 세트디펜스 7점	트랜지션 디펜스 7점	리바운드 6점
선수층 6점	선수 경험치 7점	감독 리더십 6점	감독 전술 7점	프런트 6점

*각 항목은 10점 만점, 평점은 NBA 30팀 사이 상대평가

우승 ODDS	배당	순위
bet 365	750배	23위
Paddy Power	500배	23위
William Hill	500배	22위

OFFENSIVE STYLE

트랜지션 오펜스 ———●——— 하프코트 세트오펜스

DEFENSIVE STYLE

하이 프레스 ———●——— 하프코트 디펜스

Player's Functions

 Ball Handlers	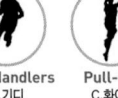 Pull-Ups	 Catch & Shoot
J.기디 C.화이트 Z.라빈	C.화이트 Z.라빈 J.카터	C.화이트 Z.라빈 N.부체비치

 3 Pointers	Slam Dunkers	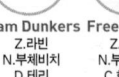 Free Throw
C.화이트 Z.라빈 A.도순무	Z.라빈 N.부체비치 D.테리	Z.라빈 N.부체비치 C.화이트

Rebounders	1-1 Defenders	 Ball Stealers
N.부체비치 A.사노고 T.크레이그	N.부체비치 J.카터 T.크레이그	D.테리 J.카터 P.윌리엄스

Key Passes	Hustle Players	Rim Protectors
C.화이트 J.기디 Z.라빈	J.필립스 J.기디 C.두아르테	P.윌리엄스 N.부체비치 J.필립스

SQUAD & TACTICS

STARTERS

PF 패트릭 윌리엄스
27.3분, 10.0점
3.9RB, 1.5AS

C 니콜라 부체비치
34.3분, 18.0점
10.5RB, 3.3AS

SF 잭 라빈
34.9분, 19.5점
5.2RB, 3.9AS

SG 코비 화이트
36.5분, 19.1점
4.5RB, 5.1AS

PG 조시 기디
25.1분, 12.3점
6.4RB, 4.8AS

OFF THE BENCH

PG 아요 도순무
29.1분, 12.2점
2.8RB, 3.2AS

SG 데일런 테리
11.5분, 3.1점
1.9RB, 1.4AS

SF 마타스 부젤리스
2024-25시즌
신인 선수

PF 토레이 크레이그
19.8분, 5.7점
4.1RB, 1.1AS

C 제일런 스미스
17.2분, 9.9점
5.5RB, 1.0AS

3rd UNIT
G 론조 볼
G 제본 카터
F 크리스 두아르테
F 줄리안 필립스
C 아다마 사노고

OFFENSE MECHANISM

시카고는 엘보우에서 시작되는 코너 오펜스를 추구했다. 부체비치가 공을 잡으면 드로잔, 화이트 등이 수비를 반응시키며 공격 찬스를 노리는 방식이다. 커트인, 플레어 스크린 등 외곽 선수들의 능동적인 움직임과 판단이 필요하다. 상당 부분을 차지하는 이 오펜스 덕분에 시카고는 세컨더리 어시스트 4위에 올랐다. 그러나 48분 내내 같은 것만 할 수는 없는 법. 여타 공격에서는 마무리가 굉장히 안 좋았다. 서 있는 시간이 길고, 걸돌다가 라빈이나 드로잔의 개인 능력으로 해결되는 공격도 많았다. 패스 횟수는 상위권이지만 득점이 하위권인 이유다. 그 와중에 드로잔, 카루소는 상대 수비 방향을 읽고 능동적으로 경기를 풀어갈 아는 선수들이었다. 아쉬운 건 이번 시즌에는 둘 다 없다는 사실.

DEFENSE MECHANISM

NBA 정상급 수비수인 카루소가 없다는 건 큰 타격으로 다가올 것이다. 구석구석에서 해주던 역할이 많았는데, 그 부문만 놓고 보면 시카고에선 대체 불가능하다. 지난 시즌 시카고는 2대2 상황에 대한 대처가 좋지 않았다. 특히 2대2에서 파생되는 외곽 찬스에 약했다. 유타 다음으로 3점슛을 많이 얻어맞았다. 그나마도 루즈볼 다툼에 참여하고, 토킹을 해주던 카루소가 없다면 부체비치의 부담이 가중될 것이다. 리바운드 집중력도 중요하다. 시카고는 자신들의 클러치 득점만 홍보했지만, 사실 클러치 상황에서 실점이 가장 많은 팀도 시카고였다. NBA에서 2번째로 많은 리바운드를 뺏겼고 외곽으로 연결된 상황이 많았다. 팀이 더 젊어진 만큼 이 문제는 심화될 가능성이 크다.

2023-24 SEASON PERFORMANCE

CHICAGO BULLS vs. OPPONENTS PER GAME STATS

시카고 vs 상대팀

득실점	필드골성공 F↑	FG% 필드골	3↑ 3점슛성공	3P% 3점슛 %	⊖ 자유투성공	FT% 자유투	OR 공격리바운드	RB 리바운드	A↑ 어시스트	🥸 스틸	🏀 블락	↩ 턴오버	🤾 파울

| 112.3 | 🏀 | 113.7 | 42.0 **F↑** 41.1 | 47.0% **FG%** 47.3% | 11.5 **3↑** 14.6 | 35.8% **3P%** 37.0% | 16.7 ⊖ 16.9 | 79.1% **FT%** 77.6% |
| 11.2 **OR** 10.1 | 43.8 **RB** 43.4 | 25.0 **A↑** 27.9 | 7.8 🥸 6.8 | 4.8 🏀 4.9 | 12.2 ↩ 14.0 | 18.8 🤾 18.8 |

LINE-UP

* 시카고는 지난 시즌 총 250개의 라인업을 가동시켰다. 그중 출전 시간이 가장 길었던 20개를 골라 게재했다.

5-MEN COMBINATION	MIN	PPG	RPG	APG
D. DeRozan - N. Vucevic - A. Caruso - C. White - A. Dosunmu	433	31.1	12.4	7.7
D. DeRozan - N. Vucevic - Z. LaVine - A. Caruso - C. White	227	27.9	10.3	6.4
D. DeRozan - N. Vucevic - Z. LaVine - C. White - P. Williams	153	25.6	10.1	5.6
D. DeRozan - N. Vucevic - C. White - P. Williams - A. Dosunmu	139	16.9	7	4.3
D. DeRozan - N. Vucevic - Z. LaVine - C. White - P. Williams	122	18.2	6.3	3.8
D. DeRozan - N. Vucevic - Z. LaVine - T. Craig - C. White	98	16.2	6.8	4.3
D. DeRozan - N. Vucevic - T. Craig - C. White - A. Dosunmu	85	9.2	3.5	2.2
D. DeRozan - N. Vucevic - A. Drummond - C. White - A. Dosunmu	71	11.4	5.6	2.2
D. DeRozan - N. Vucevic - A. Caruso - C. White - J. Green	67	42.5	10.8	9.3
D. DeRozan - A. Drummond - A. Caruso - C. White - A. Dosunmu	62	7.6	2.9	1.2
D. DeRozan - N. Vucevic - A. Caruso - T. Craig - A. Dosunmu	61	12.1	3.7	2.8
D. DeRozan - A. Drummond - A. Caruso - C. White - P. Williams	60	14.7	7.4	3
D. DeRozan - A. Drummond - T. Craig - J. Carter - A. Dosunmu	56	5.6	2.8	1.4
N. Vucevic - Z. LaVine - T. Craig - C. White - P. Williams	40	8	3.2	1.2
D. DeRozan - N. Vucevic - A. Drummond - A. Caruso - C. White	39	12.4	4.3	2.3
D. DeRozan - A. Drummond - A. Caruso - J. Carter - C. White	39	5.2	1.9	1
D. DeRozan - A. Drummond - A. Caruso - J. Carter - D. Terry	33	9.2	3	1.7
D. DeRozan - A. Drummond - A. Caruso - J. Carter - P. Williams	33	9	3.5	1.8
D. DeRozan - N. Vucevic - A. Caruso - T. Craig - C. White	32	7.9	2.5	1.2
D. DeRozan - A. Drummond - A. Caruso - J. Carter - A. Dosunmu	32	5.4	1.5	1.4

PASS COMBINATIONS

→ 해당 선수가 경기당 동료로부터 패스 받은 횟수
→ 해당 선수가 경기당 동료들에게 패스 해준 횟수

받은	선수	해준
58.3	코비 화이트	52.1
45.4	니콜라 부체비치	45.1
43.7	잭 라빈	42.5
31.8	알렉스 카루소	41.3
55.4	더마 드로잔	39.8
34.1	아요 도순무	34.4
16.6	자본테 그린	28.2
21.7	패트릭 윌리엄스	27.1
14.7	토레이 크레이그	21.6
16.8	제본 카터	15.9
11.8	데일런 테리	14.3
9.9	안드레 드러먼드	12.4
10.1	오누랄프 비탐	9.7
5.7	아다마 사노고	8.7
5.8	헨리 드렐	7.5
5.8	줄리안 필립스	6.2
4.3	테리 테일러	5.8
3.0	앤드류 펑크	2.3

2023-24 RANKING

* 는 수치가 낮을수록 랭킹이 높아짐

시카고	랭킹	GENERAL	상대팀*	랭킹
112.3	22위	득점 / 실점	113.7	16위
43.8	14위	리바운드	43.4	16위
25.0	23위	어시스트	27.9	23위
7.8	9위	스틸	6.8	7위
4.8	18위	블록	4.9	14위

득점	랭킹	PLAYTYPE	실점*	랭킹
5.8	19위	아이솔레이션	6.5	10위
18.1	28위	트랜지션	19.3	4위
20.6	2위	픽&롤 볼핸들러	14.6	8위
9.6	3위	픽&롤 롤맨	8.4	27위
6.7	5위	포스트-업	4.5	5위
31.3	3위	스팟-업	31.9	26위
2.5	30위	핸드오프	5.1	15위
6.4	30위	커팅	—	—
1.6	30위	오프 스크린	4.1	17위
6.6	15위	풋백	6.0	3위
2.7	23위	기타	—	—

SHOT ZONE

구간별 슈팅 및 성공률

SHOT ZONE

	325	2980	256	
385	71	1730	118	63	368
151	154	58%	46%	33	140
39%	47%			52%	38%
	473	229	
	48%	
170	215	156
63	89	63
37%	41%	37%
766	503	597
258	167	225
34%	33%	38%

필드골 시도 필드골 성공 필드골 성공률

항목	FGA	FGM	FG%	3PA	3PM	3P%
캐치&슛	29.1	10.7	36.9%	25.3	9.0	35.5%
풀업	21.3	9.1	42.9%	6.4	2.4	36.7%
3m 안쪽	37.8	21.7	57.4%	—	—	—
TOTAL	89.0	41.8	47.0%	31.8	11.4	35.7%

SHOT REPERTORIES

필드골 시도

3.6 — 1.9 / 3.3 / 3.0 / 3.5 / 평균 **89.5** 52.4 / 21.8 / 9.7 / 18.5

- ● 점프슛, 풀업 점퍼
- ● 레이업, 핑거롤
- ■ 페이드어웨이
- ● 덩크, 앨리웁 덩크
- ● 훅슛
- ● 팁슛
- ● 뱅크슛

드리블과 슈팅 시도

10.6 / 평균 **89.5** 40.1 / 9.7 / 10.6 / 18.5

- ● 0드리블 + 슈팅
- ● 1드리블 + 슈팅
- ● 2드리블 + 슈팅
- ● 3~6드리블 + 슈팅
- ● 7 + 드리블 + 슈팅

필드골 성공

1.4 / 1.8 1.1 / 2.6 / 1.4 / 평균 **42.0** 20.8 / 12.9

드리블과 슈팅 성공

5.5 / 평균 **42.0** 17.4 / 9.0 / 4.6 5.5

SHOOTING

필드골 시도

3.6 8.8 / 24.9 / 평균 **89.5** / 21.9 33.9

공격수와 수비수의 거리
- ● 0~0.6m
- ● 0.6~1.2m
- ● 1.2~1.8m
- ● 1.8m 이상

필드골 시도

7.9 3.6 / 8.8 9.8 / 평균 **89.5** 15.9 / 43.5

남은 시간
- ● 22~24초
- ● 18~22초
- ● 15~18초
- ● 7~15초
- ● 4~7초
- ● 0~4초

필드골 성공

3.8 / 10.2 / 평균 **42.0** 18.3 / 9.7

필드골 성공

3.8 1.9 / 3.8 5.3 / 평균 **42.0** 7.6 / 20.4

OPPONENT SHOOTING

상대 필드골 시도

7.9 / 22.7 / 평균 **87.0** 31.5 / 24.9

공격수와 수비수의 거리
- ● 0~0.6m
- ● 0.6~1.2m
- ● 1.2~1.8m
- ● 1.8m 이상

상대 필드골 시도

8.9 2.7 9.7 / 10.1 / 평균 **87.0** 11.9 / 43.7

남은 시간
- ● 22~24초
- ● 18~22초
- ● 15~18초
- ● 7~15초
- ● 4~7초
- ● 0~4초

필드골 허용

10.0 / 평균 **41.1** / 11.1 16.5

필드골 허용

3.3 1.5 5.6 / 4.4 / 평균 **41.1** 5.7 / 20.6

CONTESTED REBOUNDS

공격 리바운드

0.7 0.4 / 평균 **6.2** 2.8 / 2.3

수비 리바운드

0.7 / 1.3 평균 **7.2** 2.4 / 2.8

림 아래부터 리바운드 위치까지의 거리
- ● 0~0.9m
- ● 0.9~1.8m
- ● 1.8~3m
- ● 3m 이상

UNCONTESTED REBOUNDS

공격 리바운드

0.8 / 2.4 평균 **4.7** 0.8 / 0.7

수비 리바운드

4.7 4.1 / 평균 **24.6** / 7.1 8.7

림 아래부터 리바운드 위치까지의 거리
- ● 0~0.9m
- ● 0.9~1.8m
- ● 1.8~3m
- ● 3m 이상

DEFENSE OF 39 WINS

필드골 허용 %

44.9%

3점슛 허용 %

33.3%

상대 필드골 시도 88.3
필드골 허용 39.6

상대 3점슛 시도 39.3
3점슛 허용 13.1

DEFENSE OF 43 LOSSES

필드골 허용 %

49.5%

3점슛 허용 %

40.3%

상대 필드골 시도 85.8
필드골 허용 42.4

상대 3점슛 시도 39.6
3점슛 허용 16.0

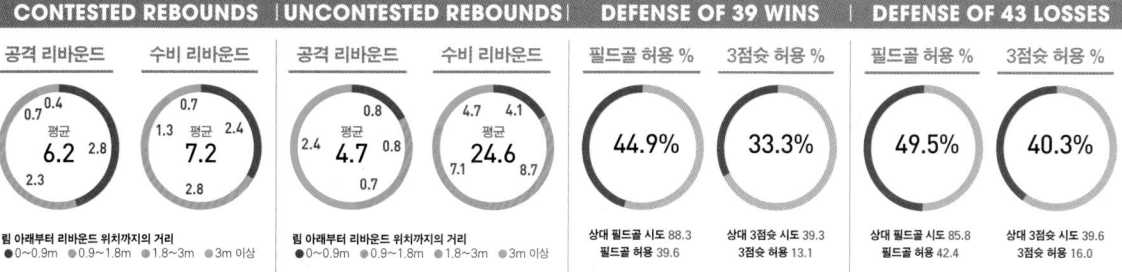

DFG	DFG%	CR	UCR	TS	MS	3PS	FT	LU	DK	ID	OD	ST	BL	DRG	ORG	OR3	ORB	DRG	DR3	DRB	PS	BH	BQ	SP	PO	ED	HS	OG
필드골 허용	필드골 허용률	무경쟁 리바운드	유경쟁 리바운드	터프샷 성공률	중거리 슈팅	3점 슈팅	자유투 성공률	레이업 플로터	슬램 덩크	안쪽 수비	외곽 수비	스틸	블락	가드 공격RB	빅맨 공격RB	가드 공격RB	빅맨 공격RB	가드 수비RB	SF 수비RB	빅맨 수비RB	패스	볼 핸들링	농구 IQ	스피드 민첩성	파워	지구력	허슬 플레이	종합 평가

Zach LAVINE — SF-SG

F 8 잭 라빈 — 1995.03.10 / 196cm

NBA 드래프트 : 2014년 1라운드 13번
NBA 우승 : 0회 / 파이널 MVP : 0회
미국 | 시즌 MVP : 0회 / NBA 퍼스트팀 : 0회

지난 시즌 오른쪽 중족 수술을 받고 57경기에 결장했다. 올 시즌 건강이 가장 중요하다. 라빈은 리그에서 가장 화려하고 폭발적인 선수다. 드라이빙, 러닝, 커팅으로 이어지는 덩크, 레이업, 플로터, 핑거롤을 하이라이트 필름처럼 보여준다. 풀업 점퍼, 캐치&슛으로 코트 전 지역을 휘저으며 폭발적인 외곽슛을 터뜨린다. 트랜지션 피니셔로서도 제 몫을 한다. 더마 드로잔이 빠진 올 시즌 '공격 1옵션'으로 평균 25점 정도 해줘야 한다. 연봉 4303만 달러.

SHOT ZONE

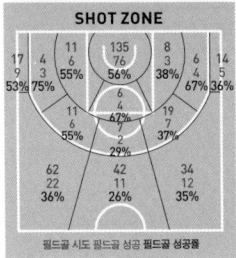

	11	135	8	6	14
17	6	76	3	4	6
53% 75%	55%	56%	38%	67% 36%
	11	6	19	
	6	67%	7	
	55%		37%	
62		42		34
22		11		12
36%		26%		35%

필드골 시도 필드골 성공 **필드골 성공률**

● 점프슛, 풀업 점퍼
● 레이업, 핑거롤
● 페이드어웨이
● 덩크, 앨리웁
● 훅슛
● 팁슛
● 뱅크슛

필드골 시도 376 (18 15 13 / 107 / 222) 1
필드골 성공 170 (13 9 / 84 / 56)

DEFENSE PER GAME

림에서의 거리	DFG	DFG%
3점슛	2.2	38.2%
2점슛	3.2	54.4%
0~1.8m	2.4	62.8%
0~3.0m	2.6	59.6%
4.5m 이상	2.5	38.4%

REBOUNDS PER GAME

림에서의 거리	CR	UCR
0~0.9m	0.3	0.6
0.9~1.8m	0.2	1.6
1.8~3.0m	0.1	1.5
3.0m 이상	0.2	0.6

2023-24 시카고 25경기 평균 34.9분

항목 평점	TS	MS	3PS	FT	LU	DK	ID	OD	ST	BL
	B+	C+	B-	B+	B+	A-	D+	D-	D-	D-

	PTS	RB	AS	ST	BL
경기 평균	19.5	5.2	3.9	0.8	0.3
36분 기준	20.1	5.3	4.0	0.9	0.3

항목 평점	OR3	DR3	PS	BH	BQ	SP	PO	ED	HS	OG
	D-	C+	C+	B+	B-	B	D-	A+	B	B

Patrick WILLIAMS — PF

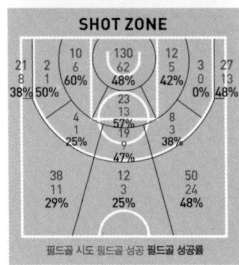

F 44 패트릭 윌리엄스 — 2001.08.26 / 201cm

NBA 드래프트 : 2020년 1라운드 4번
NBA 우승 : 0회 / 파이널 MVP : 0회
미국 | 시즌 MVP : 0회 / NBA 퍼스트팀 : 0회

3, 4번을 오가는 콤보 포워드. 운동능력이 뛰어나 공·수 양면에서 활약한다. 준수한 BQ에 높은 성공률의 미드레인지 풀업 점퍼를 구사하며, 픽&롤의 볼 핸들러로도 간간이 나선다. 프로 데뷔 후 4년간 평균 41.0%의 3점슛 성공률을 보였다. 향후 컷인, 트랜지션 등은 보완이 필요하다. 내외곽 수비 모두 나쁘지 않다. 수비 로테이션을 잘 하고, 림 프로텍팅 능력도 갖췄다. NBA 업계에서는 그를 카와이 레너드와 자주 비교한다. 연봉은 1800만 달러.

SHOT ZONE

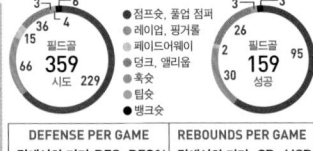

21	10	130	12	27
8	6	63	5	13
38% 50%	60%	48%	42%	0% 48%
	7	14	8	
	4	57%	3	
		47%	38%	
38		13		50
11		12		24
29%		25%		48%

필드골 시도 필드골 성공 **필드골 성공률**

● 점프슛, 풀업 점퍼
● 레이업, 핑거롤
● 페이드어웨이
● 덩크, 앨리웁
● 훅슛
● 팁슛
● 뱅크슛

필드골 시도 359 (15 6 / 66 / 229)
필드골 성공 159 (26 3 / 95 / 30)

DEFENSE PER GAME

림에서의 거리	DFG	DFG%
3점슛	1.4	36.5%
2점슛	3.5	56.3%
0~1.8m	2.5	67.1%
0~3.0m	2.8	59.8%
4.5m 이상	1.9	38.6%

REBOUNDS PER GAME

림에서의 거리	CR	UCR
0~0.9m	0.2	0.4
0.9~1.8m	0.4	1.1
1.8~3.0m	0.2	0.7
3.0m 이상	0.2	0.5

2023-24 시카고 43경기 평균 27.3분

항목 평점	TS	MS	3PS	FT	LU	DK	ID	OD	ST	BL
	B+	C+	B-	B+	D+	D	C	C	C+	C+

	PTS	RB	AS	ST	BL
경기 평균	10.0	3.9	1.5	0.9	0.8
36분 기준	13.2	5.1	2.0	1.2	1.0

항목 평점	ORB	DRB	PS	BH	BQ	SP	PO	ED	HS	OG
	D-	D-	D-	C-	C-	C-	D	B+	C	C+

Torrey CRAIG — PF-SF

F 13 토레이 크레이그 — 1990.12.19 / 196cm

NBA 드래프트 : 2014년 미지명
NBA 우승 : 0회 / 파이널 MVP : 0회
미국 | 시즌 MVP : 0회 / NBA 퍼스트팀 : 0회

허슬과 수비력이 좋은 3&D 윙디펜더. 덴버, 밀워키 시절엔 공격 옵션이 별로 없었으나 피닉스에 합류한 이후 득점력이 좋아졌다. 특히 캐치&슛(특히 3점슛)에서 비약적인 발전이 있었다. 파워포워드치고는 '언더 사이즈'에 해당하지만, 탄탄한 신체와 뛰어난 운동능력을 바탕으로 상대팀 2번, 3번, 4번을 모두 막을 수 있다. 가끔 '스몰-라인업'이 등장할 때는 센터로 출전하기도 한다. 볼 핸들링과 패스 능력은 여전히 부족하다. 연봉은 285만 달러.

SHOT ZONE

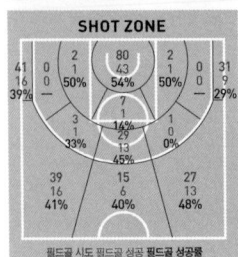

41	2	80	3	31
16	1	43	1	9
39%	50%	54%	—	29%
	3	16%	9	
	1	—	4	
	33%		45%	
39		15		27
16		6		13
41%		40%		48%

필드골 시도 필드골 성공 **필드골 성공률**

● 점프슛, 풀업 점퍼
● 레이업, 핑거롤
● 페이드어웨이
● 덩크, 앨리웁
● 훅슛
● 팁슛
● 뱅크슛

필드골 시도 233 (5 1 / 57 / 157)
필드골 성공 108 (5 3 2 / 31 / 67)

DEFENSE PER GAME

림에서의 거리	DFG	DFG%
3점슛	1.4	40.2%
2점슛	2.7	55.7%
0~1.8m	1.9	65.4%
0~3.0m	2.1	60.4%
4.5m 이상	1.6	41.7%

REBOUNDS PER GAME

림에서의 거리	CR	UCR
0~0.9m	0.4	0.4
0.9~1.8m	0.4	0.8
1.8~3.0m	0.2	0.9
3.0m 이상	0.1	0.6

2023-24 시카고 53경기 평균 19.8분

항목 평점	TS	MS	3PS	FT	LU	DK	ID	OD	ST	BL
	B	C-	B+	C-	C+	C+	D	C	C+	C+

	PTS	RB	AS	ST	BL
경기 평균	5.7	4.1	1.1	0.6	0.4
36분 기준	10.4	7.4	2.0	1.0	0.7

항목 평점	ORB	DRB	PS	BH	BQ	SP	PO	ED	HS	OG
	D-	C-	D-	D+	C	D	B-	D-	C	

Matas BUZELIS — SF-PF

F 14 마타스 부젤리스 — 2004.10.13 / 208cm

NBA 드래프트 : 2024년 1라운드 11번
NBA 우승 : 0회 / 파이널 MVP : 0회
미국 | 시즌 MVP : 0회 / NBA 퍼스트팀 : 0회

리투아니아계 이민 2세로 미국 시카고에서 태어났다. 2021년 7월, 리투아니아 농구협회 요청에 따라 리투아니아 국가대표를 선택했다. 2023년 NBA 드래프트 때 시카고에 1라운드 11번으로 지명됐고, 지난 시즌은 G리그에서 활약했다. 208cm의 체격에 부드러운 슛터치를 지녔다. 플로터와 스텝백 점퍼가 주무기. 캐치&슛 3점포도 장착했지만, 성공률을 더 높여야 한다. 인사이드 디펜스와 퍼리미터 디펜스 모두 합격점이다. 시즌 연봉은 520만 달러.

SHOT ZONE

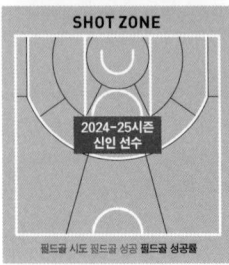

2024-25시즌 신인 선수

필드골 시도 필드골 성공 **필드골 성공률**

● 점프슛, 풀업 점퍼
● 레이업, 핑거롤
● 페이드어웨이
● 덩크, 앨리웁
● 훅슛
● 팁슛
● 뱅크슛

필드골 시도 0 / 필드골 성공 0

DEFENSE PER GAME

림에서의 거리	DFG	DFG%
3점슛	—	—
2점슛	—	—
0~1.8m	—	—
0~3.0m	—	—
4.5m 이상	—	—

REBOUNDS PER GAME

림에서의 거리	CR	UCR
0~0.9m	—	—
0.9~1.8m	—	—
1.8~3.0m	—	—
3.0m 이상	—	—

2023-24시즌 기록 없음

항목 평점	TS	MS	3PS	FT	LU	DK	ID	OD	ST	BL

	PTS	RB	AS	ST	BL
경기 평균	—	—	—	—	—
36분 기준	—	—	—	—	—

항목 평점	OR3	DR3	PS	BH	BQ	SP	PO	ED	HS	OG

DEFENSE pg		REBOUNDS pg		항목 & 평점																			
DFG	DFG%	CR	UCR	TS	MS	3PS	FT	LU	DK	ID	OD	ST	BL	ORG	OR3	ORB	DRG	DR3	DRB	PS	BH	BQ	SP	PO	ED	HS	OG
필드골 허용	필드골 허용률	유경쟁 리바운드	무경쟁 리바운드	터프샷 성공률	중거리 슈팅	3점 슈팅	자유투 성공률	레이업 플로터	슬램 덩크	안쪽 수비	외곽 수비	스틸	블락	가드 공격RB	SF 공격RB	빅맨 공격RB	가드 수비RB	SF 수비RB	빅맨 수비RB	패스	볼 핸들링	농구 IQ	스피드 민첩성	파워 지구력	허슬 플레이	종합 평가

Chris DUARTE — SF-SG

F 27 크리스 두아르테 1997.06.13 / 198cm

NBA 드래프트 : 2021년 1라운드 13번
NBA 우승 : 0회 / 파이널 MVP : 0회
미국 시즌 MVP : 0회 / NBA 퍼스트팀 : 0회

2021-22시즌 왼쪽 엄지발가락 부상으로 21경기, 2022-23시즌 왼 발목 염좌로 32경기에 결장했다. 지난 시즌엔 온전한 몸 상태였으나 감독의 결정에 의해 59경기 출전했다. 올 시즌 '서드 유닛' 스윙맨으로 주전 및 식스맨의 휴식 시간을 커버해주면 된다. 캐치&슛, 커팅 레이업, 드라이빙 플로터, 드라이빙 레이업이 주 공격 루트지만, 제한된 출전 시간으로 득점력은 낮다. 공격 리바운드, 스틸, 허슬 플레이로 팀에 도움을 준다. 연봉은 589만 달러.

SHOT ZONE
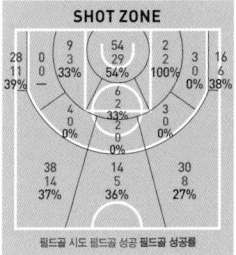

필드골 시도 210 / 147 / 80 성공
21 / 47

● 점프샷, 풀업 점퍼
● 레이업, 핑거롤
● 페이드어웨이
● 덩크, 앨리웁
● 훅샷
● 팁샷
● 뱅크슛

DEFENSE PER GAME			REBOUNDS PER GAME		
림에서의 거리	DFG	DFG%	림에서의 거리	CR	UCR
3점슛	0.9	41.8%	0~0.9m	0.1	0.1
2점슛	2.3	53.9%	0.9~1.8m	0.1	0.4
0~1.8m	1.4	58.8%	1.8~3.0m	0.1	0.5
0~3.0m	1.8	55.2%	3.0m 이상	0.0	0.5
4.5m 이상	1.4	42.6%			

2023-24 새크라멘토 59경기 평균 12.2분						항목 평점	TS	MS	3PS	FT	LU	DK	ID	OD	ST	BL
항목	PTS	RB	AS	ST	BL		D-	D-	C+	C+	D+	D-	D+	D-	C-	D-
경기 평균	3.9	1.8	0.7	0.5	0.1	항목 평점	OR3	DR3	PS	BH	BQ	SP	PO	ED	HS	OG
36분 기준	11.5	5.3	2.2	1.4	0.4		D-	C-	C+	C	D+	D	D-	A-	A-	C-

Julian PHILLIPS — SF

F 15 줄리안 필립스 2003.11.05 / 203cm

NBA 드래프트 : 2023년 2라운드 35번
NBA 우승 : 0회 / 파이널 MVP : 0회
미국 시즌 MVP : 0회 / NBA 퍼스트팀 : 0회

프로 데뷔 연도인 지난 시즌 40경기에 출전했다. 절반이 넘는 42경기 결장이었다. 항목별로 보면 감독 결정 19경기, G리그 출전 6경기, 오른쪽 중족 부상 19경기였다. 지난 시즌 다양한 경험을 쌓았으므로 올 시즌엔 출전 기회를 조금씩 늘려갈 수 있을 것이다. 203cm의 장신 스윙맨인 데다 리치가 유난히 길다. 운동능력도 좋기에 수비력이 향상될 가능성이 크다. 덩크와 레이업, 코너 3점슛으로 알토란같은 득점을 올릴 수 있다. 연봉은 189만 달러.

SHOT ZONE
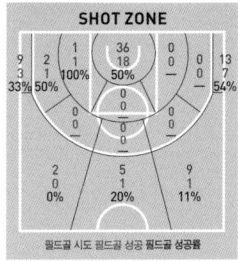
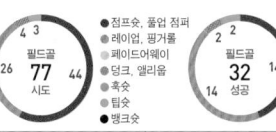

필드골 시도 77 / 44 / 32 성공
14

● 점프샷, 풀업 점퍼
● 레이업, 핑거롤
● 페이드어웨이
● 덩크, 앨리웁
● 훅샷
● 팁샷
● 뱅크슛

DEFENSE PER GAME			REBOUNDS PER GAME		
림에서의 거리	DFG	DFG%	림에서의 거리	CR	UCR
3점슛	0.8	43.6%	0~0.9m	0.1	0.1
2점슛	1.2	56.1%	0.9~1.8m	0.1	0.3
0~1.8m	1.0	65.2%	1.8~3.0m	0.1	0.2
0~3.0m	1.2	62.5%	3.0m 이상	0.0	0.2
4.5m 이상	0.8	40.3%			

2023-24 시카고 40경기 평균 8.1분						항목 평점	TS	MS	3PS	FT	LU	DK	ID	OD	ST	BL
항목	PTS	RB	AS	ST	BL		D+	D-	C+	C	D-	C	C-	D-	D-	D
경기 평균	2.2	0.9	0.3	0.2	0.2	항목 평점	OR3	DR3	PS	BH	BQ	SP	PO	ED	HS	OG
36분 기준	9.9	4.0	1.4	0.8	0.8		C-	D-	D+	D+	D-	D+	B	A-	C+	C-

Nikola VUČEVIĆ — C

C 9 니콜라 부체비치 1990.10.24 / 208cm

NBA 드래프트 : 2011년 1라운드 16번
NBA 우승 : 0회 / 파이널 MVP : 0회
몬테네그로 시즌 MVP : 0회 / NBA 퍼스트팀 : 0회

다양한 기술을 지닌 공격형 센터. 힘을 바탕으로 로포스트를 잘 버텨낸다. 골밑 피벗에 이은 림어택과 미드레인지 점퍼가 주무기. 2011-12시즌 NBA에 데뷔한 후 5년간 3점슛을 매우 제한적으로 던졌다. 그러나 프로 7년차부터 3점 횟수가 크게 늘었고, 성공률도 높아졌다. 연차가 쌓일수록 포스트에 자리 잡고, 패스아웃이나 핸드오프로 간결하고 정확하게 기회를 잘 만들어낸다. 인사이드 디펜스, 리바운드, 허슬 플레이도 OK. 연봉은 2000만 달러.

SHOT ZONE
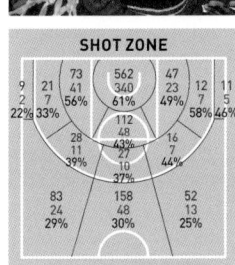

필드골 시도 1211 / 636 / 586 성공
186 / 126 / 258

● 점프샷, 풀업 점퍼
● 레이업, 핑거롤
● 페이드어웨이
● 덩크, 앨리웁
● 훅샷
● 팁샷
● 뱅크슛

DEFENSE PER GAME			REBOUNDS PER GAME		
림에서의 거리	DFG	DFG%	림에서의 거리	CR	UCR
3점슛	1.6	35.0%	0~0.9m	1.9	1.6
2점슛	6.5	54.7%	0.9~1.8m	1.5	2.7
0~1.8m	4.5	63.6%	1.8~3.0m	0.4	1.3
0~3.0m	5.2	59.2%	3.0m 이상	0.1	0.6
4.5m 이상	2.4	36.7%			

2023-24 시카고 76경기 평균 34.3분						항목 평점	TS	MS	3PS	FT	LU	DK	ID	OD	ST	BL
항목	PTS	RB	AS	ST	BL		D+	B+	B-	C-	C+	B	D+	D-	B	B-
경기 평균	18.0	10.5	3.3	0.7	0.8	항목 평점	ORB	DRB	PS	BH	BQ	SP	PO	ED	HS	OG
36분 기준	18.9	11.0	3.5	0.7	0.8		B-	B-	B-	C-	C+	D-	B+	A	B	B-

Jalen SMITH — C-PF

C 25 제일런 스미스 2000.03.16 / 206cm

NBA 드래프트 : 2020년 1라운드 10번
NBA 우승 : 0회 / 파이널 MVP : 0회
미국 시즌 MVP : 0회 / NBA 퍼스트팀 : 0회

프로 4년 차인 지난 시즌, 백업 빅맨으로 '소리 없이 강한' 모습을 보이며 소속팀의 PO 진출을 뒷받침했다. 그리고 올여름 시카고로 옮겼다. 폭발적인 덩크, 부드러운 레이업, 재치 있는 핑거롤로 림을 공략한다. 또한, 외곽에서도 쏠쏠한 활약을 보였다. 필드골 59.2%, 3점슛 42.4%의 뛰어난 야투를 기록했다. 공격보다 더 중요한 점은 '블루 칼라 워크'다. 인사이드 1대1 수비, 리바운드, 블락, 허슬 플레이에서 위력을 발휘한다. 연봉은 857만 달러.

SHOT ZONE
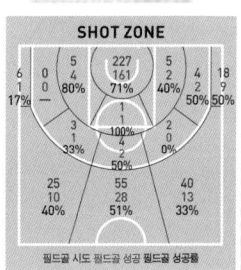
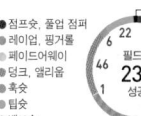

필드골 시도 395 / 166 / 234 성공
127 / 84

● 점프샷, 풀업 점퍼
● 레이업, 핑거롤
● 페이드어웨이
● 덩크, 앨리웁
● 훅샷
● 팁샷
● 뱅크슛

DEFENSE PER GAME			REBOUNDS PER GAME		
림에서의 거리	DFG	DFG%	림에서의 거리	CR	UCR
3점슛	1.0	43.7%	0~0.9m	0.6	0.3
2점슛	3.2	53.4%	0.9~1.8m	0.4	0.6
0~1.8m	2.3	57.1%	1.8~3.0m	0.1	0.3
0~3.0m	2.7	55.4%	3.0m 이상	0.0	0.0
4.5m 이상	1.1	44.0%			

2023-24 인디애나 61경기 평균 17.2분						항목 평점	TS	MS	3PS	FT	LU	DK	ID	OD	ST	BL
항목	PTS	RB	AS	ST	BL		B-	B+	D-	D-	D+	C-	D	C-	C+	C
경기 평균	9.9	5.5	1.0	0.3	0.6	항목 평점	ORB	DRB	PS	BH	BQ	SP	PO	ED	HS	OG
36분 기준	20.7	11.6	2.2	0.6	1.3		B-	B+	D-	D-	D-	D-	B	C	C	C+

DEFENSE pg		REBOUNDS pg		항목 & 평점																							
DFG	DFG%	CR	UCR	TS	MS	3PS	FT	LU	DK	ID	OD	ST	BL	ORG	OR3	ORB	DRG	DR3	DRB	PS	BH	BQ	SP	PO	ED	HS	OG
필드골 허용	필드골 허용률	공격 리바운드	무경쟁 리바운드	터프샷 성공률	중거리 슈팅	3점 슈팅	자유투 성공률	레이업 플로터	덩크	안쪽 수비	외곽 수비	스틸	블락	가드 공격RB	빅맨 공격RB	공격RB	가드 수비RB	빅맨 수비RB	수비RB	패스	볼 핸들링	농구 IQ	스피드 민첩성	파워	허슬 지구력	허슬 플레이	종합 평가

Adama SANOGO PF-C
C 21 · 아다마 사노고 · 2002.02.12 / 206cm

말리

NBA 드래프트 : 2023년 미지명
NBA 우승 : 0회 / 파이널 MVP : 0회
시즌 MVP : 0회 / NBA 퍼스트팀 : 0회

'써드 유닛' 센터로 제한된 출전 시간 활약했다. 사노고는 206cm '언더사이즈 센터'다. 그러나 벌크업을 한 근육질 체격을 지녀 골밑에서 상대 빅맨에게 절대 밀리지 않는다. 주 득점 루트는 레이업, 핑거롤, 덩크, 짧은 거리 훅슛 등이다. 그러나 중거리 슈팅 능력은 떨어진다. 자유투 성공률 역시 66.7%에 불과하다. 사노고의 장점은 블락, 스크린 세팅, 나가는 공 살려내기, 리바운드 등 허슬 플레이에서 나온다. 올여름 구단과 투웨이 계약을 맺었다.

SHOT ZONE

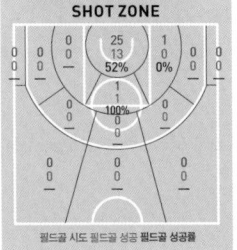

필드골 시도 27 / 필드골 성공 14

점프슛, 풀업 점퍼 · 레이업, 핑거롤 · 페이드어웨이 · 덩크, 앨리웁 · 훅슛 · 팁슛 · 뱅크슛

DEFENSE PER GAME			REBOUNDS PER GAME		
림에서의 거리	DFG	DFG%	림에서의 거리	CR	UCR
3점슛	0.4	20.0%	0~0.9m	1.1	0.6
2점슛	1.0	50.0%	0.9~1.8m	0.7	0.7
0~1.8m	0.8	66.7%	1.8~3.0m	0.1	0.7
0~3.0m	1.0	71.4%	3.0m 이상	0.0	0.1
4.5m 이상	0.4	15.4%			

필드골 시도 필드골 성공 필드골 성공률

2023-24 시카고 9경기 평균 7.3분					
항목	PTS	RB	AS	ST	BL
경기 평균	4.0	4.0	0.0	0.1	0.0
36분 기준	19.6	19.6	0.0	0.5	0.0

항목 평점	TS	MS	3PS	FT	LU	DK	ID	OD	ST	BL
	C	C	D+	C-	D+	C	D-	D-	D-	D+
항목 평점	ORB	DRB	PS	BH	BQ	SP	PO	ED	HS	OG
	C-	C	D-	D-	C-	C-	B-	B	B	D+

Coby WHITE SG-PG
G 0 · 코비 화이트 · 2000.02.16 / 196cm

미국

NBA 드래프트 : 2019년 1라운드 7번
NBA 우승 : 0회 / 파이널 MVP : 0회
시즌 MVP : 0회 / NBA 퍼스트팀 : 0회

지난 시즌 잭 라빈이 오른쪽 중족골 수술로 장기 결장한 사이 '백코트 에이스'로서 팀을 이끌었다. 퍼스트 스텝이 빠르고, 과감하게 돌파한다. 드라이빙 후 점퍼, 덩크, 플로터, 레이업 등 다양한 형태로 림을 공격한다. 코트 전 지역에서 중거리슛과 3점슛을 터뜨린다. 볼 핸들러이지만 이타적이다. 허슬 플레이를 열심히 한다. 그러나 수비에 한계가 있다. 일부 전문가들이 그에 대해 "선발보다는 식스맨이 어울린다"고 평가하는 이유다. 연봉은 1200만 달러.

SHOT ZONE

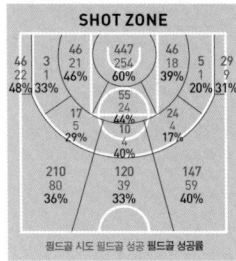

필드골 시도 1209 / 770 · 필드골 성공 541 / 289

점프슛, 풀업 점퍼 · 레이업, 핑거롤 · 페이드어웨이 · 덩크, 앨리웁 · 훅슛 · 팁슛 · 뱅크슛

DEFENSE PER GAME			REBOUNDS PER GAME		
림에서의 거리	DFG	DFG%	림에서의 거리	CR	UCR
3점슛	2.5	37.9%	0~0.9m	0.1	0.1
2점슛	5.3	60.2%	0.9~1.8m	0.3	0.8
0~1.8m	3.7	70.5%	1.8~3.0m	0.3	1.3
0~3.0m	4.3	65.6%	3.0m 이상	0.1	1.3
4.5m 이상	2.9	38.6%			

필드골 시도 필드골 성공 필드골 성공률

2023-24 시카고 79경기 평균 36.5분					
항목	PTS	RB	AS	ST	BL
경기 평균	19.1	4.5	5.1	0.7	0.2
36분 기준	18.9	4.5	5.1	0.7	0.2

항목 평점	TS	MS	3PS	FT	LU	DK	ID	OD	ST	BL
	D-	C	C+	B	B	B	D-	D-	D-	D-
항목 평점	ORG	DRG	PS	BH	BQ	SP	PO	ED	HS	OG
	D-	C	C+	B	B	B	D-	A-	B	B-

Josh GIDDEY SG-PG
G 3 · 조시 기디 · 2002.10.10 / 203cm

호주

NBA 드래프트 : 2021년 1라운드 6번
NBA 우승 : 0회 / 파이널 MVP : 0회
시즌 MVP : 0회 / NBA 퍼스트팀 : 0회

오클라호마 주전 슈팅가드였고, 올여름 시카고로 이적했다. BQ가 우수하고, 203cm의 큰 키에 시야가 넓으며, 패스가 정확하다. 인바운드 상황 패스는 리그 최고. 화려하지 않지만, 안정적으로 드리블하며 동료의 컷인 찬스를 잘 살려준다. 가드 중 최고 수준의 리바운더다. 드라이빙 플로터, 커팅 레이업, 드라이빙 핑거롤로 림을 공략한다. 그러나 중장거리 슈팅을 보완해야 한다. 키에 비해 릴리스 포인트가 낮고, 릴리스 타이밍이 늦다. 연봉은 835만 달러.

SHOT ZONE

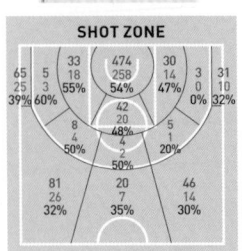

필드골 시도 847 / 437 · 필드골 성공 402 / 169

점프슛, 풀업 점퍼 · 레이업, 핑거롤 · 페이드어웨이 · 덩크, 앨리웁 · 훅슛 · 팁슛 · 뱅크슛

DEFENSE PER GAME			REBOUNDS PER GAME		
림에서의 거리	DFG	DFG%	림에서의 거리	CR	UCR
3점슛	1.2	34.0%	0~0.9m	0.5	0.5
2점슛	3.6	54.0%	0.9~1.8m	0.7	1.8
0~1.8m	2.5	57.4%	1.8~3.0m	0.3	1.4
0~3.0m	3.0	55.9%	3.0m 이상	0.1	0.9
4.5m 이상	1.4	34.9%			

필드골 시도 필드골 성공 필드골 성공률

2023-24 오클라호마시티 80경기 평균 25.1분					
항목	PTS	RB	AS	ST	BL
경기 평균	12.3	6.4	4.8	0.6	0.6
36분 기준	17.7	9.2	6.9	0.9	0.8

항목 평점	TS	MS	3PS	FT	LU	DK	ID	OD	ST	BL
	B	C	C+	B+	D	D-	D+	D	D	C-
항목 평점	ORG	DRG	PS	BH	BQ	SP	PO	ED	HS	OG
	A-	A+	A	B+	C	C+	D-	B+	A-	B-

Ayo DOSUNMU SG
G 12 · 아요 도순무 · 2000.01.17 / 196cm

미국

NBA 드래프트 : 2021년 2라운드 38번
NBA 우승 : 0회 / 파이널 MVP : 0회
시즌 MVP : 0회 / NBA 퍼스트팀 : 0회

프로 4년 차 백업 듀얼가드. 올 시즌에도 평균 25분 안팎 출전하면서 코비 화이트, 조시 기디의 휴식 시간을 잘 커버해줄 것이다. 도순무는 시카고 가드진에서 중장거리 슈팅 능력이 비교적 좋은 선수다. 캐치&슛, 풀업 점퍼 모두 평균 이상이다. 드라이빙 혹은 러닝에서 이어지는 플로터, 핑거롤, 레이업, 덩크로 림을 자신 있게 공략한다. 도움 수비를 잘 하고, 패싱 레인을 잘 끊어낸다. 장신 가드로 1번, 2번, 3번을 다 수비할 수 있다. 연봉은 700만 달러.

SHOT ZONE

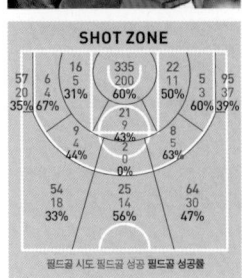

필드골 시도 719 / 414 · 필드골 성공 360 / 174

점프슛, 풀업 점퍼 · 레이업, 핑거롤 · 페이드어웨이 · 덩크, 앨리웁 · 훅슛 · 팁슛 · 뱅크슛

DEFENSE PER GAME			REBOUNDS PER GAME		
림에서의 거리	DFG	DFG%	림에서의 거리	CR	UCR
3점슛	1.5	38.8%	0~0.9m	0.1	0.1
2점슛	3.4	52.9%	0.9~1.8m	0.2	0.4
0~1.8m	2.4	60.5%	1.8~3.0m	0.1	0.5
0~3.0m	2.8	55.2%	3.0m 이상	0.1	1.1
4.5m 이상	1.8	38.9%			

필드골 시도 필드골 성공 필드골 성공률

2023-24 시카고 76경기 평균 29.1분					
항목	PTS	RB	AS	ST	BL
경기 평균	12.2	2.8	3.2	0.9	0.5
36분 기준	15.0	3.5	3.9	1.1	0.6

항목 평점	TS	MS	3PS	FT	LU	DK	ID	OD	ST	BL
	B+	C	B	C	C+	C	D	D+	C	C+
항목 평점	ORG	DRG	PS	BH	BQ	SP	PO	ED	HS	OG
	D+	D-	C-	C+	C+	C	D	B	C	C+

	DEFENSE pg		REBOUNDS pg											항목 & 평점															
DFG	DFG%	CR	UCR	TS	MS	3PS	FT	LU	DK	ID	OD	ST	BL	ORG	OR3	ORB	DRG	DR3	DRB	PS	BH	BQ	SP	PO	ED	HS	OG
필드골 허용	필드골 허용률	공격 리바운드	무경쟁 리바운드	터프샷 성공률	중거리 슈팅	3점 슈팅	자유투 성공률	레이업 플로터	덤크	안쪽 수비	외곽 수비	스틸	블락	가드 공격RB	빅맨 공격RB	공격RB	가드 수비RB	빅맨 수비RB	수비RB	패스	볼 핸들링	농구 IQ	스피드 민첩성	파워 지구력		허슬 플레이	종합 평가

Dalen TERRY — SG-SF

G 25 데일런 테리
2002.07.12 / 201cm

NBA 드래프트 : 2022년 1라운드 18번
NBA 우승 : 0회 / 파이널 MVP : 0회
미국
시즌 MVP : 0회 / NBA 퍼스트팀 : 0회

전형적인 3&D 플레이어. 운동능력이 우수하고, 신체조건이 좋으며 이타적인 플레이를 펼친다. 꽤 임팩트 있는 오프 더 볼 수비수다. 패싱 레인을 뛰어넘어 스틸과 블락을 성공시킬 수 있다. 빠른 발과 긴 팔 덕분에 1번, 2번, 3번을 다 수비할 수 있다. 무엇보다도 수비를 열심히 한다. 그러나 공격에는 아직 의문부호가 붙는다. 러닝 덩크, 드라이빙 레이업, 팁슛, 3점슛 등 득점 루트가 제한적이다. 미드-레인지 풀업 점퍼는 없다. 연봉은 351만 달러.

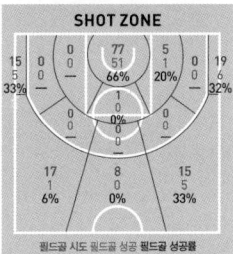

SHOT ZONE

필드골 157 시도 87

필드골 69 성공

DEFENSE PER GAME			REBOUNDS PER GAME		
림에서의 거리	DFG	DFG%	림에서의 거리	CR	UCR
3점슛	0.6	34.4%	0~0.9m	0.1	0.3
2점슛	1.1	45.7%	0.9~1.8m	0.2	0.4
0~1.8m	0.9	45.7%	1.8~3.0m	0.1	0.4
0~3.0m	0.9	46.7%	3.0m 이상	0.0	0.3
4.5m 이상	0.7	33.3%			

필드골 시도 필드골 성공 필드골 성공률

2023-24 시카고 59경기 평균 11.5분					
항목	PTS	RB	AS	ST	BL
경기 평균	3.1	1.9	1.4	0.5	0.3
36분 기준	9.8	6.0	4.3	1.4	1.0

항목 평점	TS	MS	3PS	FT	LU	DK	ID	OD	ST	BL
	B+	C-	C-	D+	C+	B-	D-	B+	D+	C
항목 평점	ORG	DRG	PS	BH	BQ	SP	PO	ED	HS	OG
	B-	B-	C	B-	C-	C	D	B	B	C

Lonzo BALL — PG

G 2 론조 볼
1997.10.27 / 198cm

NBA 드래프트 : 2017년 1라운드 2번
NBA 우승 : 0회 / 파이널 MVP : 0회
미국
시즌 MVP : 0회 / NBA 퍼스트팀 : 0회

가장 큰 관심사는 론조 볼의 왼쪽 무릎 상태다. 그는 수술을 받고 2022-23, 2023-24 두 시즌을 통째로 날렸다. 올여름 복귀했지만, 시카고 코칭스태프에서는 매우 조심스러운 반응을 보인다. 정상 컨디션일 경우 그는 '3&D 리딩형 포인트 가드'로 꼽힌다. 시야가 넓고, 정확한 3점슛으로 모션 오펜스에서 위력을 발휘한다. 페리미터 1대1에서 상대를 강하게 압박해 턴오버를 유도한다. 런&건에서도 상당히 좋은 모습을 보여준다. 연봉은 2140만 달러.

SHOT ZONE

무릎 부상 출전 못함

필드골 0 시도

필드골 0 성공

DEFENSE PER GAME			REBOUNDS PER GAME		
림에서의 거리	DFG	DFG%	림에서의 거리	CR	UCR
3점슛	—	—	0~0.9m	—	—
2점슛	—	—	0.9~1.8m	—	—
0~1.8m	—	—	1.8~3.0m	—	—
0~3.0m	—	—	3.0m 이상	—	—
4.5m 이상	—	—			

필드골 시도 필드골 성공 필드골 성공률

2023-24시즌 기록 없음					
항목	PTS	RB	AS	ST	BL
경기 평균	—	—	—	—	—
36분 기준	—	—	—	—	—

항목 평점	TS	MS	3PS	FT	LU	DK	ID	OD	ST	BL
항목 평점	ORG	DRG	PS	BH	BQ	SP	PO	ED	HS	OG

Jevon CARTER — PG

G 5 제본 카터
1995.09.14 / 185cm

NBA 드래프트 : 2018년 2라운드 32번
NBA 우승 : 0회 / 파이널 MVP : 0회
미국
시즌 MVP : 0회 / NBA 퍼스트팀 : 0회

효과적인 플레이를 펼치는 백업 PG. 지난 시즌 평균 14분씩 뛰며 나름대로 제 몫을 해냈다. 올 시즌에도 이런 롤은 계속될 것이다. 카터는 뛰어난 볼 핸들러다. 특히 상대 수비를 일거에 무너뜨리는 킬러 크로스오버 드리블은 최강의 무기다. 또한, 패스, 가로채기, 나가는 공 살려내기 등 허슬 플레이를 열심히 해준다. 밀워키 시절에 비해 3점슛과 자유투 성공률이 낮아져 아쉽다. 페리미터 1대1 수비와 패싱 레인 차단에 모두 능하다. 연봉 650만 달러.

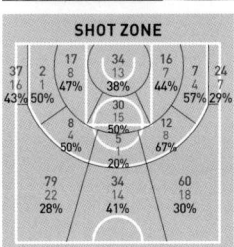

SHOT ZONE

필드골 365 시도 333

필드골 138 성공 124

DEFENSE PER GAME			REBOUNDS PER GAME		
림에서의 거리	DFG	DFG%	림에서의 거리	CR	UCR
3점슛	0.8	36.2%	0~0.9m	0.0	0.0
2점슛	1.7	54.9%	0.9~1.8m	0.0	0.1
0~1.8m	1.1	60.5%	1.8~3.0m	0.0	0.2
0~3.0m	1.3	58.0%	3.0m 이상	0.0	0.4
4.5m 이상	0.9	38.4%			

필드골 시도 필드골 성공 필드골 성공률

2023-24 시카고 72경기 평균 13.9분					
항목	PTS	RB	AS	ST	BL
경기 평균	5.0	2.0	1.3	0.5	0.2
36분 기준	12.8	5.2	3.4	1.3	0.6

항목 평점	TS	MS	3PS	FT	LU	DK	ID	OD	ST	BL
	A-	C	A-	C	D	D	C-	C	C-	D
항목 평점	ORG	DRG	PS	BH	BQ	SP	PO	ED	HS	OG
	D-	B-	C	C+	C-	C	D-	B	C+	C

CHICAGO BULLS 2024-25 REGULAR SEASON SCHEDULE

OCTOBER, 2024
Oct. 24 @ New Orleans
Oct. 26 @ Milwaukee
Oct. 27 vs. Oklahoma City
Oct. 29 @ Memphis
Oct. 31 vs. Orlando

NOVEMBER, 2024
Nov. 2 @ Brooklyn
Nov. 5 vs. Utah
Nov. 7 @ Dallas
Nov. 8 vs. Minnesota
Nov. 10 @ Atlanta
Nov. 12 vs. Cleveland
Nov. 14 @ New York
Nov. 16 vs. Cleveland
Nov. 18 vs. Houston
Nov. 19 @ Detroit
Nov. 21 @ Milwaukee
Nov. 23 @ Atlanta
Nov. 24 vs. Memphis
Nov. 27 @ Washington
Nov. 28 @ Orlando
Nov. 30 vs. Boston

DECEMBER, 2024
Dec. 3 vs. Brooklyn
Dec. 6 @ San Antonio
Dec. 7 @ Indiana
Dec. 9 vs. Philadelphia
Dec. 20 @ Boston

Dec. 22 vs. Boston
Dec. 24 vs. Milwaukee
Dec. 27 @ Atlanta
Dec. 29 vs. Milwaukee
Dec. 31 @ Charlotte

JANUARY, 2025
Jan. 2 @ Washington
Jan. 5 vs. New York
Jan. 6 vs. San Antonio
Jan. 9 @ Indiana
Jan. 11 vs. Washington
Jan. 13 @ Sacramento
Jan. 15 vs. New Orleans
Jan. 16 vs. Atlanta
Jan. 18 vs. Charlotte
Jan. 20 @ Portland
Jan. 22 @ LA Clippers
Jan. 24 @ Golden State
Jan. 26 @ Philadelphia
Jan. 28 @ Denver
Jan. 30 @ Boston

FEBRUARY, 2025
Feb. 1 @ Toronto
Feb. 3 @ Detroit
Feb. 5 vs. Miami
Feb. 6 @ Minnesota
Feb. 9 vs. Golden State
Feb. 12 vs. Detroit
Feb. 13 vs. Detroit

Feb. 21 @ New York
Feb. 23 vs. Phoenix
Feb. 25 @ Philadelphia
Feb. 27 vs. LA Clippers

MARCH, 2025
Mar. 1 vs. Toronto
Mar. 3 @ Indiana
Mar. 5 vs. Cleveland
Mar. 9 @ Miami
Mar. 11 vs. Indiana
Mar. 13 @ Orlando
Mar. 14 vs. Brooklyn
Mar. 16 @ Houston
Mar. 18 @ Utah
Mar. 20 @ Phoenix
Mar. 21 @ Sacramento
Mar. 23 @ LA Lakers
Mar. 25 @ Denver
Mar. 28 vs. LA Lakers
Mar. 30 vs. Dallas

APRIL, 2025
Apr. 1 @ Oklahoma City
Apr. 2 vs. Toronto
Apr. 5 vs. Portland
Apr. 7 @ Charlotte
Apr. 9 @ Cleveland
Apr. 10 vs. Miami
Apr. 12 vs. Washington
Apr. 14 @ Philadelphia

CLEVELAND CAVALIERS

新月花風 · 새 감독 영입, 변화에 박차

뜻풀이 새로운 시작을 상징하는 달, 꽃, 바람. 변화를 두려워하지 마라. 클리블랜드는 새 감독을 맞아 과감히 변해야 한다.

드디어 동부 강팀 대열에 올라서다

2시즌 연속 PO에 진출했다. 컨퍼런스 준결승에서 보스턴에게 졌지만, '에이스' 미첼만 건강했다면 상대를 더 괴롭힐 수 있었을 것이다. 팀의 핵심은 견고하다. 미첼과 함께 갈랜드, 알렌, 모블리, 르버트, 스트루스 등 6명이 평균 12점 이상을 기록했다. '무명 슈터' 샘 메릴도 3점슛 2.3개로 주전들을 내조했고, 딘 웨이드는 갈랜드의 부상 공백을 잘 메웠다. 덕분에 클리블랜드는 팀 역대 2위 112.6점을 기록했다. 강팀의 기본 조건인 원정 성적(22승 19패)도 평균 이상을 유지했다.

전혀 만족하지 못했던 클리블랜드

수치상 성과와 달리, 클리블랜드 경영진은 PO에서 나타난 '내용물'에 만족하지 못했다. 특히 미첼 없이 갈랜드가 이끄는 라인업의 성과가 좋지 않았다. 공격에도 한 계점이 보였다. 두 시즌 연속 58% 이상 승률을 내고도 비커스태프 감독이 경질된 이유다. 철저히 페이스를 떨어뜨리고 수비로 상대를 조여온 비커스태프 대신, 구단은 케니 앳킨슨 감독에게 지휘봉을 맡겼다. 앳킨슨 감독은 브루클린 시절, 젊은 선수들이 중심이 된 빠르고 재미있는 농구로 바람을 불러왔다.

공격 중심으로 확 바뀐 컨셉, 결과는

관건은 공 · 수 조화다. 수비는 지난 2시즌에 걸쳐 확실히 자리를 잡았다. 211cm의 앨런과 모블리가 버티는 인사이드는 돌파하기에 부담스러운 벽이다. 스트루스, 조지 니앙, 아이작 오코로 등 젊은 자원들도 훌륭하다. 다만 현재 클리블랜드 라인업이 공격으로 무게중심이 옮겨갈 경우, 어떤 그림이 그려질지 봐야 한다. 키는 갈랜드가 쥐고 있다. 트레이드 루머가 있었던 그가 지난 시즌 부진을 얼마나 만회할지가 중요하다. 모블리도 건강해야 한다. 그가 없을 때 팀 수비는 처참했다.

| Association | Icon | Statement | City |

CLUB INFORMATION

 Founded 구단 창립 1970년

 Owner 댄 길버트 3명의 주주

 CEO 닉 발라지

 Head Coach 케니 앳킨슨 1967.06.02

 24-25 Odds 벳365 : 40배 윌리엄힐 : 40배

  Nationality ● 미국 선수 11명 ● 외국 선수 1명

 Age 12명 평균 26.3세

 Height 12명 평균 197.9cm

  Weight 12명 평균 95.8kg

Market value 12명 평균 1330만 달러

 Win 2023-24 : 48승 통산 : 2032승

 Loss 2023-24 : 34패 통산 : 2321패

 **Winning%** 2023-24 : 58.5% 통산 : 46.7%

  Play-Off PO 진출 : 24회 PO 탈락 : 31회

 Titles NBA우승 : 1회 컨퍼런스 : 5회

  Top Scorer 도노반 미첼 평균 26.6점

 More Rebounds 재럿 앨런 평균 10.5RB

 **More Assists** 대리어스 갈랜드 평균 6.5AS

 More Steals 도노반 미첼 평균 1.8스틸

More Blocks 에반 모블리 평균 1.4블록

HEAD COACH & STADIUM

Kenny ATKINSON 케니 앳킨슨

생년월일 : 1967.06.02 / **출생지** : 미국 뉴욕주 노스포트
경력 : 2004~2006년 파리 라싱 코치 / 2008~2012 뉴욕 닉스 코치 / 2012~2016 애틀랜타 호크스 코치 / 2016~2020년 브루클린 네츠 감독 / 2020~2021년 LA 클리퍼스 코치 / 2021~2024년 골든스테이트 코치 / 2023년~ 프랑스 코치 / 2024년~ 클리블랜드 캐벌리어스 감독

세인트앤소니고와 리치몬드대에서 농구를 배웠다. 1988년 소속팀 리치몬드대를 NCAA 스윗 식스틴(16강)으로 이끌었다. 그는 대학 졸업 후 NBA 드래프트를 신청했으나 어느 팀에도 지명을 받지 못했다. 유럽으로 진출해 14년간 스페인, 이탈리아, 독일, 프랑스, 네덜란드에서 17개 클럽을 옮겨다녔다. 은퇴 직후인 2004년, 파리 바스켓 라싱 클럽에서 어시스턴트 코치로 출발했다. 다행히 지도자로서는 운이 트였다. 2008년부터 NBA 팀들과 연계가 되었다. 2008년 뉴욕 닉스 어시스턴트, 2012년 애틀랜타 호크스 어시스턴트, 2016년 브루클린 네츠 감독, 2020년 로스앤젤레스 클리퍼스 어시스턴트, 2021년 골든스테이트 어시스턴트를 각각 역임했다. 브루클린 시절인 2019년에는 플레이오프 진출, 골든스테이트 시절인 2022년에는 NBA 파이널 우승을 각각 경험했다. 골든스테이트와 계약이 종료되자 2024년 6월 28일, 클리블랜드 캐벌리어스 제24대 감독으로 부임했다.

Rocket Mortgage FieldHouse

구장 오픈 : 1994년 10월 17일
구장 중개축 : 2019년
오너 : GEDC
수용인원 : 1만 9432명
건축비용 : 1억 달러
(현재 가치 : 2억 600만 달러)

오하이오주 북동부 최고의 스포츠 및 엔터테인먼트 시설이다. 이곳에서 매년 200개 이상의 콘서트 투어, 패밀리 쇼, 시그니처 이벤트 등이 열려 200만 명 이상의 고객을 클리블랜드 시내로 끌어들인다. 클리블랜드 캐벌리어스, 클리블랜드 몬스터의 홈구장이자, 남녀 대학 농구 경기도 열린다. 캐벌리어스 홈구장으로 사용되기 시작한 건 1994-95시즌부터다.

REGULAR SEASON RANKING LAST 10YEARS ★NBA 파이널 우승

14-15	15-16	16-17	17-18	18-19	19-20	20-21	21-22	22-23	23-24
7	★3	7	6	28	29	26	15	6	11
53승 29패	57승 25패	51승 31패	50승 32패	19승 63패	19승 46패	22승 50패	44승 38패	51승 31패	48승 34패

TEAM POTENTIAL

74점

15위

 하프코트 세트오펜스 7점
 트랜지션 오펜스 6점
 하프코트 세트디펜스 9점
 트랜지션 디펜스 8점
 리바운드 7점

선수층 8점
선수 경험치 7점
감독 리더십 7점
감독 전술 7점
프런트 8점

*각 항목은 10점 만점, 평점은 NBA 30팀 사이 상대평가

우승 ODDS	배당	순위
bet 365	40배	12위
Paddy Power	35배	10위
William Hill	40배	12위

OFFENSIVE STYLE
트랜지션 오펜스 ———●—— 하프코트 세트오펜스

DEFENSIVE STYLE
하이 프레스 ————●— 하프코트 디펜스

Player's Functions

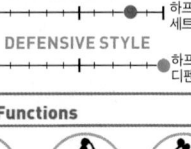

Ball Handlers
D.갈란드
D.미첼
C.르버트

Pull-Ups
D.미첼
C.르버트
M.모리스

Catch & Shoot
D.갈란드
D.미첼
M.스트루스

3 Pointers
S.메릴
M.모리스
D.미첼

Slam Dunkers
J.앨런
D.미첼
E.모블리

Free Throw
T.제롬
G.니앙
S.메릴

Rebounders
J.앨런
T.톰슨
E.모블리

1-1 Defenders
E.모블리
J.앨런
I.오코로

Ball Stealers
D.미첼
C.르버트
D.갈란드

Key Passes
D.갈란드
T.제롬
D.미첼

Hustle Players
C.포터
D.갈란드
D.미첼

Rim Protectors
E.모블리
D.존스
J.앨런

SQUAD & TACTICS

STARTERS

PF 에반 모블리
30.6분, 15.7점
9.4RB, 3.2AS

C 재럿 앨런
31.7분, 16.5점
10.5RB, 2.7AS

SF 맥스 스트루스
32.0분, 12.2점
4.8RB, 4.0AS

SG 도노번 미첼
35.3분, 26.6점
5.1RB, 6.1AS

PG 대리어스 갈란드
33.4분, 18.0점
2.7RB, 6.5AS

OFF THE BENCH

PG 크레이그 포터
12.7분, 5.6점
2.1RB, 2.3AS

SG 카리스 르버트
28.8분, 14.0점
4.1RB, 5.1AS

SF 샘 메릴
17.5분, 8.0점
2.0RB, 1.8AS

PF 조지 니앙
22.3분, 9.4점
3.4RB, 1.2AS

C 딘 웨이드
20.5분, 5.4점
4.0RB, 0.8AS

G 타이 제롬
G 제일런 타이슨
F 아이작 오코로
F 아이재이아 모블리
C 트리스탄 톰슨

OFFENSE MECHANISM

지난 시즌 클리블랜드는 공격보다는 수비에 중점을 두었다. 아이솔레이션은 주로 미첼의 몫이었다. 5번이나 40+득점을 기록하며 르브론 이후 최고의 해결사 자리를 굳혔다. 케니 앳킨슨 감독 아래 미첼의 이런 공격은 더 많이 활용될 것으로 예상된다. 다만, 백코트 파트너 갈란드와의 공존은 여전히 숙제로 남아있다. 앳킨슨은 숙제 해결을 위해 최근 NBA 팀들이 지향하는 페이스 & 스페이스로 방향을 잡았다. 커트인과 핸드오프, 무수한 스크린 등이 기반이며, 지난 시즌보다 템포가 더 빨라지고 선수들이 더 많이 참여하는 방식으로 진화가 예상된다. 스트루스, 웨이드 같은 자원들이 수혜자가 될 전망이다. 또한, 에반 모블리의 오펜스 참여 비율이 늘어날 전망이다. 이미 비시즌부터 작업이 시작됐다.

DEFENSE MECHANISM

클리블랜드 수비 핵심은 모블리-앨런 콤비다. 큰 몸에 기동력도 좋아 커버하는 수비 범위가 넓었다. 상대 공격을 걸출게 할 뿐 아니라, 수비의 끝이라 할 수 있는 리바운드 사수도 좋았다. 세컨 찬스를 거의 안 내주는 팀일 뿐 아니라, 리바운드 후 트랜지션도 훌륭했다. 앳킨슨은 트랜지션에서의 생산력을 높이고자 한다. 이는 브루클린 시절 앳킨슨의 전공이기도 했는데, 모블리의 역할이 이 과정에서 더 늘 것으로 보인다. 계약 기간을 연장한 아이작 오코로의 락 다운 디펜스도 클리블랜드의 시그니처가 되어가고 있다. 팀으로도 우수하다. 헬프 타이밍, 로테이션 등 입력이 잘 되어 있다. 앳킨슨 감독도 그 수비 기조를 이어가고자 한다. 트레이닝 캠프 첫날 첫 훈련 주제도 수비였다.

2023-24 SEASON PERFORMANCE

CLEVELAND CAVALIERS vs. OPPONENTS PER GAME STATS

클리블랜드 vs 상대팀

	득실점	F↑ 필드골성공	FG% 필드골	3↑ 3점슛성공	3P% 3점슛 %	⊖ 자유투성공	FT% 자유투	OR 공격리바운드	RB 리바운드	A↑ 어시스트	🎭 스틸	🏀 블록	↩ 턴오버	◇ 파울

| 112.6 | 🏀 | 110.2 | 41.8 | **F↑** | 40.5 | 47.9% | **FG%** | 46.3% | 13.5 | **3↑** | 12.5 | 36.7% | **3P%** | 37.1% | 15.6 | ⊖ | 16.6 | 76.5% | **FT%** | 79.1% |

| 9.8 | **OR** | 10.0 | 43.3 | **RB** | 42.7 | 28.0 | **A↑** | 25.3 | 7.4 | 🎭 | 7.7 | 4.6 | 🏀 | 5.0 | 13.6 | ↩ | 13.6 | 17.5 | ◇ | 18.7 |

LINE-UP

* 클리블랜드는 지난 시즌 총 485개의 라인업을 가동시켰다. 그중 출전 시간이 가장 길었던 20개를 골라 게재했다.

5-MEN COMBINATION	MIN	PPG	RPG	APG
D. Mitchell - J. Allen - M. Strus - D. Garland - E. Mobley	368	31.3	11.8	8.1
D. Mitchell - J. Allen - M. Strus - D. Wade - I. Okoro	232	27.3	10.5	6.7
C. LeVert - G. Niang - J. Allen - D. Garland - I. Okoro	160	16.3	4.9	4.3
C. LeVert - G. Niang - D. Garland - I. Okoro - E. Mobley	118	17.3	6.3	4.9
C. LeVert - D. Mitchell - J. Allen - M. Strus - I. Okoro	94	9.8	3.9	2.3
J. Allen - M. Strus - D. Garland - I. Okoro - E. Mobley	62	16.4	6.7	5.1
C. LeVert - J. Allen - M. Strus - D. Garland - E. Mobley	61	11.9	3.9	3.6
J. Allen - M. Strus - D. Wade - I. Okoro - C. Porter Jr.	60	24.5	9.5	8.3
C. LeVert - G. Niang - D. Mitchell - J. Allen - I. Okoro	57	7.3	2.4	1.8
C. LeVert - D. Mitchell - J. Allen - M. Strus - D. Wade	55	9.7	3.3	2.1
D. Mitchell - J. Allen - M. Strus - D. Garland - D. Wade	55	15.6	5	3.7
J. Allen - M. Strus - D. Garland - D. Wade - E. Mobley	45	22.3	13	6.3
T. Thompson - C. LeVert - G. Niang - S. Merrill - C. Porter Jr.	44	13.9	4.7	3.7
T. Thompson - G. Niang - D. Mitchell - J. Allen - M. Strus	44	7.1	2.2	1.7
C. LeVert - D. Mitchell - J. Allen - M. Strus - D. Garland	43	9.8	3.5	2.3
C. LeVert - D. Mitchell - J. Allen - D. Wade - I. Okoro	42	5.4	2	1.2
C. LeVert - G. Niang - D. Mitchell - M. Strus - E. Mobley	42	9.1	2.6	2.2
C. LeVert - D. Mitchell - M. Strus - D. Garland - E. Mobley	39	10.7	4.2	2.1
T. Thompson - C. LeVert - G. Niang - M. Strus - S. Merrill	37	12.7	4.9	3.7
D. Mitchell - J. Allen - M. Strus - I. Okoro - E. Mobley	33	8.9	4.4	2.4

PASS COMBINATIONS

→ 해당 선수가 경기당 동료로부터 패스 받은 횟수
→ 해당 선수가 경기당 동료들에게 패스 해준 횟수

받은	선수	해준
65.5	대리어스 갈란드	53.6
63.9	도노번 미첼	50.9
32.6	에반 모블리	43.4
38.0	맥스 스트루스	41.3
42.4	카리스 르버트	36.7
31.5	재럿 앨런	34.8
21.2	조지 니앙	26.7
24.3	크레이그 포터 Jr.	23.2
22.3	아이작 오코로	21.5
14.4	딘 웨이드	21.0
20.5	샘 메릴	17.9
13.3	마커스 모리스 Sr.	14.4
10.1	트리스탄 톰슨	12.3
12.5	타이 제롬	12.0
9.3	아이재아 모블리	10.4
10.1	에모니 베이츠	8.1
6.7	데이미안 존스	7.8
2.6	패트 낸스	2.9

2023-24 RANKING

* 는 수치가 낮을수록 랭킹이 높아짐

클리블랜드	랭킹	GENERAL	상대팀*	랭킹
112.6	20위	득점 / 실점	110.2	7위
43.3	17위	리바운드	42.7	10위
28.0	8위	어시스트	25.3	6위
7.4	19위	스틸	7.7	19위
4.6	21위	블록	5.0	17위

득점	랭킹	PLAYTYPE	실점	랭킹
5.0	24위	아이솔레이션	7.7	24위
21.2	17위	트랜지션	21.0	11위
17.0	12위	픽&롤 볼핸들러	14.2	5위
8.3	6위	픽&롤 롤맨	7.2	12위
1.4	30위	포스트-업	4.0	20위
3.5	20위	스팟-업	27.2	15위
6.4	5위	핸드오프	5.3	19위
13.9	2위	컷인	—	—
3.6	16위	오프 스크린	3.8	9위
6.5	17위	풋백	6.1	4위
3.1	12위	기타	—	—

SHOT ZONE

구간별 슈팅 및 성공률

SHOT ZONE

필드골 시도 필드골 성공 **필드골 성공률**

항목	FGA	FGM	FG%	3PA	3PM	3P%
캐치&슛	27.1	10.5	38.9%	25.4	9.7	38.3%
풀업	19.9	7.5	37.9%	11.2	3.8	33.6%
3m 안쪽	39.8	23.6	59.3%	—	—	—
TOTAL	87.1	41.7	47.9%	36.7	13.5	36.7%

SHOT REPERTORIES

필드골 시도
평균 87.2 — 3.3 / 2.8 / 1.9 / 5.6 / 1.8 / 21.2 / 50.6

드리블과 슈팅 시도
평균 87.2 — 10.3 / 15.9 / 41.4 / 8.8 / 10.8

- ● 점프슛, 풀업 점퍼
- ● 레이업, 핑거롤
- ● 페이드어웨이
- ● 덩크, 앨리웁 덩크
- ● 훅슛
- ● 팁슛
- ● 뱅크슛

- ● 0드리블 + 슈팅
- ● 1드리블 + 슈팅
- ● 2드리블 + 슈팅
- ● 3~6드리블 + 슈팅
- ● 7+드리블 + 슈팅

필드골 성공
평균 41.8 — 1.2 / 1.7 / 1.5 / 0.6 / 19.7 / 12.1

드리블과 슈팅 성공
평균 41.8 — 4.5 / 7.3 / 20.7 / 4.0 / 5.3

SHOOTING

필드골 시도
평균 87.2 — 20.3 / 8.5 / 24.4 / 34.0

공격수와 수비수의 거리
- ● 0-0.6m
- ● 0.6-1.2m
- ● 1.2-1.8m
- ● 1.8m 이상

필드골 시도
평균 87.2 — 9.3 / 7.7 / 2.3 / 11.1 / 14.9 / 41.9

남은 시간
- ● 22~24초
- ● 18~22초
- ● 15~18초
- ● 7~15초
- ● 4~7초
- ● 0~4초

필드골 성공
평균 41.8 — 8.9 / 4.1 / 11.4 / 17.4

필드골 성공
평균 41.8 — 4.4 / 3.0 / 1.3 / 6.3 / 7.0 / 19.8

OPPONENT SHOOTING

상대 필드골 시도
평균 87.5 — 19.6 / 9.1 / 24.9 / 33.9

공격수와 수비수의 거리
- ● 0-0.6m
- ● 0.6-1.2m
- ● 1.2-1.8m
- ● 1.8m 이상

상대 필드골 시도
평균 87.5 — 9.3 / 8.7 / 2.7 / 11.0 / 13.7 / 42.1

남은 시간
- ● 22~24초
- ● 18~22초
- ● 15~18초
- ● 7~15초
- ● 4~7초
- ● 0~4초

필드골 허용
평균 40.5 — 8.6 / 4.4 / 10.8 / 16.7

필드골 허용
평균 40.5 — 3.2 / 1.5 / 6.1 / 6.3 / 19.2

CONTESTED REBOUNDS

공격 리바운드
평균 5.2 — 0.5 / 0.7 / 2.2 / 1.8

수비 리바운드
평균 7.6 — 0.6 / 1.3 / 2.6 / 3.1

림 아래부터 리바운드 위치까지의 거리
● 0~0.9m ● 0.9~1.8m ● 1.8~3m ● 3m 이상

UNCONTESTED REBOUNDS

공격 리바운드
평균 4.5 — 0.5 / 2.2 / 0.9 / 0.9

수비 리바운드
평균 25.3 — 5.5 / 3.7 / 7.2 / 8.9

림 아래부터 리바운드 위치까지의 거리
● 0~0.9m ● 0.9~1.8m ● 1.8~3m ● 3m 이상

DEFENSE OF 48 WINS

필드골 허용 %
49.2%

3점슛 허용 %
38.8%

상대 필드골 시도 87.6 · 필드골 허용 43.1
상대 3점슛 시도 37.6 · 3점슛 허용 14.6

DEFENSE OF 34 LOSSES

필드골 허용 %
46.1%

3점슛 허용 %
33.7%

상대 필드골 시도 86.5 · 필드골 허용 39.9
상대 3점슛 시도 35.6 · 3점슛 허용 12.0

DEFENSE pg		REBOUNDS pg										항목 & 평점																	
DFG	DFG%	CR	UCR	TS	MS	3PS	FT	LU	DK	ID	OD	ST	BL	ORG	OR3	ORB	DRG	DR3	DRB	PS	BH	BQ	SP	PO	ED	HS	OG
필드골 허용	필드골 허용률	유경쟁 리바운드	무경쟁 리바운드	터치샷 성공률	중거리 슈팅	3점 슈팅	자유투 성공률	레이업 플로터	슬램 덩크	안쪽 수비	외곽 수비	스틸	블락	가드 공격RB	SF 공격RB	빅맨 공격RB	가드 수비RB	SF 수비RB	빅맨 수비RB	패스	볼 핸들링	농구 IQ	스피드 민첩성	파워	지구력	허슬 플레이	종합 평가

Evan MOBLEY — PF-C

F 4
에반 모블리
2001.06.18 / 211cm

미국
NBA 드래프트 : 2021년 1라운드 3번
NBA 우승 : 0회 / 파이널 MVP : 0회
시즌 MVP : 0회 / NBA 퍼스트팀 : 0회

지난 시즌 왼 무릎 수술로 23경기, 왼 발목 염좌로 9경기 등 총 32경기에 결장했다. 올 시즌을 건강하게 치르는 게 가장 중요하다. 정상 컨디션의 모블리는 리그 최정상급 수비수 중 1명이다. 발이 빠르고 점프력이 좋으며 막강한 림 프로텍터다. 외곽 수비가 가능하기에 모든 포지션의 선수를 막을 수 있다. 수비 리바운드도 수준급. 폭발적인 덩크와 부드러운 레이업, 정확한 외곽슛 등 고른 득점 루트를 지니고 있다. BQ도 좋다. 연봉은 1123만 달러.

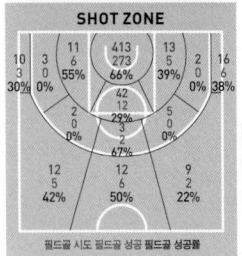

SHOT ZONE

필드골 553 시도 157 / 320 성공 116

필드골 시도 · 필드골 성공 · 필드골 성공률

DEFENSE PER GAME			REBOUNDS PER GAME		
림에서의 거리	DFG	DFG%	림에서의 거리	CR	UCR
3점슛	1.8	37.0%	0~0.9m	1.7	1.2
2점슛	6.3	48.7%	0.9~1.8m	1.4	2.6
0~1.8m	4.5	53.8%	1.8~3.0m	0.4	1.0
0~3.0m	5.3	52.3%	3.0m 이상	0.1	0.7
4.5m 이상	2.3	36.0%			

2023-24 클리블랜드 50경기 평균 30.6분						항목 평점	TS	MS	3PS	FT	LU	DK	ID	OD	ST	BL
	PTS	RB	AS	ST	BL		B+	D+	C	B	D+	A	B	B-	C	A
경기 평균	15.7	9.4	3.2	0.9	1.4	항목 평점	ORB	DRB	PS	BH	BQ	SP	PO	ED	HS	OG
36분 기준	18.4	11.0	3.8	1.1	1.7		D+	B+	D+	D-	B	C-	C	A+	B	B

Max STRUS — SF-SG

F 1
맥스 스트루스
1996.03.28 / 196cm

미국
NBA 드래프트 : 2019년 미지명
NBA 우승 : 0회 / 파이널 MVP : 0회
시즌 MVP : 0회 / NBA 퍼스트팀 : 0회

2019-20시즌 프로 데뷔 후 올해로 6년 차. 매년 선발 횟수, 출전 시간, 득점, 리바운드, 어시스트, 스틸, 블락 등 전 지표에서 단 하나의 예외도 없이 모두 우상향 곡선을 그렸다. 정말 보기 드문 경우다. 스윙맨으로 3점슛의 대가다. 슈팅 폼이 안정돼 있고, 연속적으로 폭발시킬 수 있다. 드라이빙 레이업, 커팅 레이업, 드라이빙 플로터, 커팅 덩크로 림을 공략한다. 1대 1 수비력은 부족한 편이다. 그러나 열심히 수비에 가담한다. 연봉은 1521만 달러.

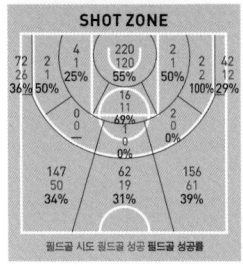

SHOT ZONE

필드골 728 시도 509 / 304 성공 186

필드골 시도 · 필드골 성공 · 필드골 성공률

DEFENSE PER GAME			REBOUNDS PER GAME		
림에서의 거리	DFG	DFG%	림에서의 거리	CR	UCR
3점슛	2.1	38.8%	0~0.9m	0.4	0.4
2점슛	4.0	45.9%	0.9~1.8m	0.3	1.0
0~1.8m	2.8	55.6%	1.8~3.0m	0.1	1.1
0~3.0m	3.2	51.4%	3.0m 이상	0.1	0.6
4.5m 이상	2.4	37.1%			

2023-24 클리블랜드 70경기 평균 32.0분						항목 평점	TS	MS	3PS	FT	LU	DK	ID	OD	ST	BL
	PTS	RB	AS	ST	BL		C+	B	B-	B-	D+	D+	D-	C+	C	C
경기 평균	12.2	4.8	4.0	0.9	0.4	항목 평점	OR3	DR3	PS	BH	BQ	SP	PO	ED	HS	OG
36분 기준	13.7	5.4	4.6	1.0	0.5		D-	D+	C-	D+	C-	D-	A+	B-	C+

Georges NIANG — PF

F 20
조지 니앙
1993.06.17 / 201cm

미국
NBA 드래프트 : 2016년 2라운드 50번
NBA 우승 : 0회 / 파이널 MVP : 0회
시즌 MVP : 0회 / NBA 퍼스트팀 : 0회

벤치 멤버로 늘 성실한 모습을 보인다. 장점은 3점슛. 늘 좋은 자리를 잡고 높은 타점에서 한 템포 빨리 릴리스한다. 상대 수비가 블락하기 쉽지 않다. 특히, 왼쪽 윙에서 던지는 3점슛은 '치명적인 무기'다. 가끔 림을 공략하지만, 횟수는 많지 않다. 팀의 플로어-스페이서다. 그러나 인사이드 1대1 수비, 블락 등은 취약하다. 상대 팀은 그를 스위치 후 미스매치 상대로 자주 활용한다. 그가 데뷔 후 계속 식스맨으로만 출전하는 이유다. 연봉은 850만 달러.

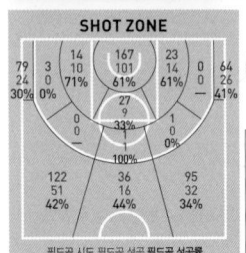

SHOT ZONE

필드골 632 시도 478 / 284 성공 192

필드골 시도 · 필드골 성공 · 필드골 성공률

DEFENSE PER GAME			REBOUNDS PER GAME		
림에서의 거리	DFG	DFG%	림에서의 거리	CR	UCR
3점슛	1.3	35.7%	0~0.9m	0.2	0.2
2점슛	3.6	54.9%	0.9~1.8m	0.3	1.1
0~1.8m	2.4	60.9%	1.8~3.0m	0.2	0.7
0~3.0m	2.8	56.7%	3.0m 이상	0.1	0.5
4.5m 이상	1.6	38.3%			

2023-24 클리블랜드 82경기 평균 22.3분						항목 평점	TS	MS	3PS	FT	LU	DK	ID	OD	ST	BL
	PTS	RB	AS	ST	BL		A-	B	B-	B+	D+	D	D-	D-	C-	D-
경기 평균	9.4	3.4	1.2	0.4	0.2	항목 평점	ORB	DRB	PS	BH	BQ	SP	PO	ED	HS	OG
36분 기준	15.1	5.5	1.9	0.6	0.4		D-	D+	D	D+	C-	D-	D-	B+	C	C

Isaac OKORO — SF-SG

F 35
아이작 오코로
2001.01.26 / 196cm

미국
NBA 드래프트 : 2020년 1라운드 5번
NBA 우승 : 0회 / 파이널 MVP : 0회
시즌 MVP : 0회 / NBA 퍼스트팀 : 0회

왼 무릎 부상으로 9경기, 오른 엄지발가락 부상으로 4경기 등 총 13경기 결장했다. 올 시즌 부상 없이 치르는 게 중요하다. 오코로는 탄력적인 몸에 두꺼운 프레임을 지닌 스윙맨이다. 최대 강점은 수비. 지난 시즌 1번~5번을 두루 수비했다. 1대1, 패싱 레인, 픽&롤 수비를 할 때 최대한 집중력을 발휘한다. 주 득점 루트는 3점슛. 특히 좌우 코너 3점슛 비중이 높다. 드라이빙 레이업, 러닝 레이업, 러닝 덩크, 드라이빙 플로터로 림을 직접 공략한다.

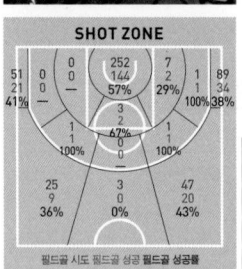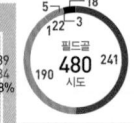

SHOT ZONE

필드골 480 시도 241 / 235 성공 94

필드골 시도 · 필드골 성공 · 필드골 성공률

DEFENSE PER GAME			REBOUNDS PER GAME		
림에서의 거리	DFG	DFG%	림에서의 거리	CR	UCR
3점슛	1.3	40.0%	0~0.9m	0.2	0.2
2점슛	2.8	48.2%	0.9~1.8m	0.3	0.7
0~1.8m	1.6	65.5%	1.8~3.0m	0.3	0.3
0~3.0m	2.4	56.7%	3.0m 이상	0.3	0.9
4.5m 이상	1.7	39.0%			

2023-24 클리블랜드 69경기 평균 27.3분						항목 평점	TS	MS	3PS	FT	LU	DK	ID	OD	ST	BL
	PTS	RB	AS	ST	BL		C-	D+	B-	D+	D+	D+	D+	B+	C-	C+
경기 평균	9.4	3.0	1.9	0.8	0.5	항목 평점	OR3	DR3	PS	BH	BQ	SP	PO	ED	HS	OG
36분 기준	12.3	3.9	2.5	1.1	0.6		D-	D+	C-	C-	C+	D+	B+	B-	C+

DEFENSE pg		REBOUNDS pg		항목 & 평점																									
DFG	DFG%	CR	UCR	TS	MS	3PS	FT	LU	DK	ID	OD	ST	BL	ORG	OR3	ORB	DRG	DR3	DRB	PS	BH	BQ	SP	PO	ED	HS	OG
필드골 허용	필드골 허용률	유경쟁 리바운드	무경쟁 리바운드	터프샷 성공률	중거리 슈팅	3점 슈팅	자유투 성공률	레이업 플로터	슬램 덩크	안쪽 수비	외곽 수비	스틸	블락	가드 공격RB	SF 공격RB	빅맨 공격RB	가드 수비RB	SF 수비RB	빅맨 수비RB	패스	볼 핸들링	농구 IQ	스피드 민첩성	파워	지구력	허슬 플레이	종합 평가

Luke TRAVERS — SF-SG
F 33 루크 트레버스
2001.09.03 / 201cm

NBA 드래프트 : 2022년 2라운드 56번
NBA 우승 : 0회 / 파이널 MVP : 0회
호주 | 시즌 MVP : 0회 / NBA 퍼스트팀 : 0회

호주 윌레튼 시니어고를 졸업하고 2017~2023년까지 호주 리그에서 선수로 활약했다. 2022년 NBA 드래프트에서 클리블랜드에 2라운드 56번으로 지명되었고, 2024년 여름 클리블랜드와 투웨이 계약을 맺었다. 슈팅 기술이 비교적 다양한 편이다. 오프-볼 플레이로 기회를 잘 잡고, 비슷한 체격의 선수를 상대로 포스트업도 OK. 플레이메이킹과 리바운드도 OK. 외곽슛이 들쭉날쭉하고, 퍼스트스텝이 빠르지 않으며, 빠른 가드에게 쉽게 당한다.

SHOT ZONE

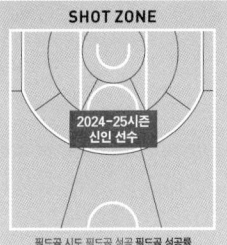

2024-25시즌 신인 선수

필드골 시도 필드골 성공 필드골 성공률

필드골 0 시도 / 필드골 0 성공

● 점프샷, 풀업 점퍼
● 레이업, 핑거롤
● 페이드어웨이
● 덩크, 앨리웁
● 훅샷
● 팁슛
● 뱅크슛

DEFENSE PER GAME			REBOUNDS PER GAME		
림에서의 거리	DFG	DFG%	림에서의 거리	CR	UCR
3점슛			0~0.9m		
2점슛			0.9~1.8m		
0~1.8m			1.8~3.0m		
0~3.0m			3.0m 이상		
4.5m 이상					

2023-24시즌 기록 없음

항목 평점	TS	MS	3PS	FT	LU	DK	ID	OD	ST	BL
경기 평균	PTS	RB	AS	ST	BL					
	—	—	—	—	—					
36분 기준	—	—	—	—	—					

항목 평점	OR3	DR3	PS	BH	BQ	SP	PO	ED	HS	OG

Jaylon TYSON — SF-SG
F 24 제일런 타이슨
2002.12.02 / 198cm

NBA 드래프트 : 2024년 1라운드 20번
NBA 우승 : 0회 / 파이널 MVP : 0회
미국 | 시즌 MVP : 0회 / NBA 퍼스트팀 : 0회

1학년은 텍사스대, 2학년은 텍사스공대, 3학년은 캘리포니아대에서 각각 수강했다. 프로에서는 SG, SF 출전이 예상되나, 스몰 라인업의 PF도 거론된다. 폭발적인 림어택, 정확하고 빠른 릴리스에서 파생되는 외곽슛으로 평균 20점 이상을 기대한다. BQ가 좋고, 오프 더 볼 움직임, 커팅이 우수하다. 반면, NBA 수준 수비력이 갖춰지지 않았고, 턴오버가 많다. 약점을 극복하고 제대로 성장한다면 탑클래스 3&D 플레이어가 될 것이다. 연봉은 333만 달러.

SHOT ZONE

2024-25시즌 신인 선수

필드골 시도 필드골 성공 필드골 성공률

필드골 0 시도 / 필드골 0 성공

● 점프샷, 풀업 점퍼
● 레이업, 핑거롤
● 페이드어웨이
● 덩크, 앨리웁
● 훅샷
● 팁슛
● 뱅크슛

DEFENSE PER GAME			REBOUNDS PER GAME		
림에서의 거리	DFG	DFG%	림에서의 거리	CR	UCR
3점슛			0~0.9m		
2점슛			0.9~1.8m		
0~1.8m			1.8~3.0m		
0~3.0m			3.0m 이상		
4.5m 이상					

2023-24시즌 기록 없음

항목 평점	TS	MS	3PS	FT	LU	DK	ID	OD	ST	BL
경기 평균	PTS	RB	AS	ST	BL					
	—	—	—	—	—					
36분 기준	—	—	—	—	—					

항목 평점	OR3	DR3	PS	BH	BQ	SP	PO	ED	HS	OG

Jarrett ALLEN — C
C 31 재럿 앨런
1998.04.21 / 206cm

NBA 드래프트 : 2017년 1라운드 22번
NBA 우승 : 0회 / 파이널 MVP : 0회
미국 | 시즌 MVP : 0회 / NBA 퍼스트팀 : 0회

지난 시즌 16.5점-10.5리바운드로 커리어하이를 찍었다. 그러나 PO에서 오른 갈비뼈 타박상으로 8경기에 결장했고, 이때 팀은 3승 5패로 부진했다. 앨런은 운동능력이 뛰어난 빅맨이다. 커팅, 드라이빙, 앨리웁에서 이어지는 덩크는 폭발적이다. 레이업, 플로터, 가까운 거리 훅샷도 OK. 인사이드 1대1 수비, 블락, 리바운드에서도 제 몫을 한다. 센터치고 사이즈가 아쉽지만, 최장신급 몇 명을 빼고는 수비하는 데 아무 문제 없다. 연봉은 2000만 달러.

SHOT ZONE

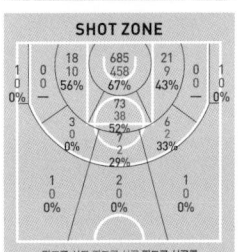

필드골 시도 필드골 성공 필드골 성공률

필드골 819 시도 / 필드골 519 성공

18 / 50 135 / 157 271 / 186
13 / 30 68 / 85 164 / 159

● 점프샷, 풀업 점퍼
● 레이업, 핑거롤
● 페이드어웨이
● 덩크, 앨리웁
● 훅샷
● 팁슛
● 뱅크슛

DEFENSE PER GAME			REBOUNDS PER GAME		
림에서의 거리	DFG	DFG%	림에서의 거리	CR	UCR
3점슛	1.2	33.0%	0~0.9m	1.8	1.6
2점슛	7.0	53.1%	0.9~1.8m	1.6	2.7
0~1.8m	4.7	56.8%	1.8~3.0m	0.5	1.2
0~3.0m	5.4	54.8%	3.0m 이상	0.4	0.7
4.5m 이상	2.1	38.8%			

2023-24 클리블랜드 77경기 평균 31.7분

항목 평점	TS	MS	3PS	FT	LU	DK	ID	OD	ST	BL
	A+	B-	D-	C	B+	A	A-	D	D-	C+
경기 평균	PTS	RB	AS	ST	BL					
	16.5	10.5	2.7	0.7	1.1					
36분 기준	18.7	12.0	3.1	0.8	1.2					

항목 평점	OR3	DR3	PS	BH	BQ	SP	PO	ED	HS	OG
	C+	B*	D-	D-	C	C	B	A-	B-	B

Dean WADE — PF-C
C 32 딘 웨이드
1996.11.20 / 206cm

NBA 드래프트 : 2019년 미지명
NBA 우승 : 0회 / 파이널 MVP : 0회
미국 | 시즌 MVP : 0회 / NBA 퍼스트팀 : 0회

206cm의 장신 스윙맨. 팀 상황에 따라 2번, 3번, 4번을 넘나들었다. 주무기는 3점슛. 프로 통산 37%, 지난 시즌 39%였다. 타점이 높고, 늘 자신 있게 슛을 던진다. 특히 미드레인지에서 한발 물러나 던지는 스텝백 3점슛은 강력한 무기다. 화려하지 않지만 안정된 볼 핸들링을 구사한다. 상대의 패싱 레인을 잘 끊어낸다. 지난 시즌 오른 무릎 부상, 오른 발목 염좌 등으로 37경기 결장했다. 올 시즌은 건강하게 뛰는 게 중요하다. 연봉은 617만 달러.

SHOT ZONE

필드골 시도 필드골 성공 필드골 성공률

필드골 232 시도 210 / 필드골 96 성공 82

4 / 10 / 35 3 / 5 12
4 / 3 / 3

● 점프샷, 풀업 점퍼
● 레이업, 핑거롤
● 페이드어웨이
● 덩크, 앨리웁
● 훅샷
● 팁슛
● 뱅크슛

DEFENSE PER GAME			REBOUNDS PER GAME		
림에서의 거리	DFG	DFG%	림에서의 거리	CR	UCR
3점슛	0.5	26.7%	0~0.9m	0.3	0.6
2점슛	3.4	53.9%	0.9~1.8m	0.4	1.1
0~1.8m	2.0	58.9%	1.8~3.0m	0.1	0.9
0~3.0m	2.8	56.5%	3.0m 이상	0.1	0.5
4.5m 이상	0.7	27.3%			

2023-24 클리블랜드 54경기 평균 20.5분

항목 평점	TS	MS	3PS	FT	LU	DK	ID	OD	ST	BL
	C+	C-	B-	D	C-	D	D+	D+	B-	D
경기 평균	PTS	RB	AS	ST	BL					
	5.4	4.0	0.8	0.7	0.5					
36분 기준	9.5	7.1	1.4	1.3	0.8					

항목 평점	OR3	DR3	PS	BH	BQ	SP	PO	ED	HS	OG
	D-	C-	D	D	D	D	D	D	D	D

	DEFENSE pg		REBOUNDS pg		항목 & 평점																						
DFG	DFG%	CR	UCR	TS	MS	3PS	FT	LU	DK	ID	OD	ST	BL	ORG	OR3	ORB	DRG	DR3	DRB	PS	BH	BQ	SP	PO	ED	HS	OG
필드골 허용	필드골 허용률	유경쟁 리바운드	무경쟁 리바운드	터프샷 성공률	중거리 수팅	3점 수팅	자유투 성공률	레이업 플로터	슬램 덩크	안쪽 수비	외곽 수비	스틸	블락	공격RB	공격RB	공격RB	수비RB	수비RB	수비RB	패스	핸들링	농구 IQ	스피드	파워	지구력	허슬 플레이	종합 평가

Tristan THOMPSON C-PF
(13)
트리스탄 톰슨　1991.03.13 / 206cm

NBA 드래프트: 2011년 1라운드 4번
NBA 우승: 1회 / 파이널 MVP: 0회
캐나다　시즌 MVP: 0회 / NBA 퍼스트팀: 0회

프로에서 살아남으려면 본인만의 특장점이 있어야 한다. 톰슨은 제한적이지만 리그 최상급 공격 리바운드, 풋백, 앨리웁 덩크, 강철 체력을 바탕으로 야수들이 우글거리는 정글에서 14년째 살아남았다. 초창기에 비해 페인트존 공격이 많이 늘었다. 특히 림 어택 시 양손으로 마무리할 수 있게 된 건 큰 발전이다. 리그 상급 스크린 세터이기도 하다. 그러나 전체적인 수비력이 부족하다. 그가 식스맨으로 뛸 수밖에 없는 이유이다. 연봉은 330만 달러.

SHOT ZONE

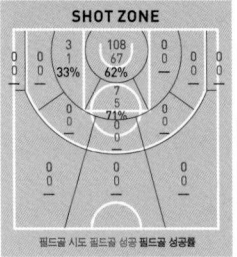

필드골 119 시도
필드골 73 성공

● 점프슛, 풀업 점퍼
● 레이업, 핑거롤
● 페이드어웨이
● 덩크, 앨리웁
● 훅슛
● 팁슛
● 뱅크슛

DEFENSE PER GAME			REBOUNDS PER GAME		
림에서의 거리	DFG	DFG%	림에서의 거리	CR	UCR
3점슛	1.0	44.2%	0~0.9m	0.7	0.4
2점슛	1.7	43.6%	0.9~1.8m	0.6	0.7
0~1.8m	1.0	48.8%	1.8~3.0m	0.3	0.6
0~3.0m	1.3	46.1%	3.0m 이상	0.0	0.2
4.5m 이상	1.2	41.5%			

2023-24 클리블랜드 49경기 평균 11.2분						항목 평점	TS	MS	3PS	FT	LU	DK	ID	OD	ST	BL
							A-	C	D-	D-	D	B	C	D	D	D+
항목	PTS	RB	AS	ST	BL	항목 평점	ORB	DRB	PS	BH	BQ	SP	PO	ED	HS	OG
경기 평균	3.3	3.6	1.0	0.2	0.3		A-	C+	D-	D-	D	C	B-	B-	C	C
36분 기준	10.6	11.4	3.3	0.8	0.9											

Donovan MITCHELL SG-PG
(45)
도노번 미첼　1996.09.07 / 191cm

NBA 드래프트: 2017년 1라운드 13번
NBA 우승: 0회 / 파이널 MVP: 0회
미국　시즌 MVP: 0회 / NBA 퍼스트팀: 0회

현시점, 리그 최고 공격수 중 1명이다. 평균 26.6점, 36분 기준 27.1점을 기록했다. 과감한 드라이빙에서 이어지는 레이업, 플로터, 핑거롤, 덩크는 가히 환상적이고, 미드레인지 풀업 점퍼, 탑과 좌우 윙에서 폭발하는 3점슛은 압권이다. 스틸, 수비 리바운드, 볼핸들링도 OK. 그러나 듀얼가드로서 플레이메이킹이 살짝 부족하다. 지난 시즌 '잔부상'이 여러번 반복되며 정규시즌 26경기, PO 3경기에 결장했다. 몸 관리가 필요하다. 연봉은 3541만 달러.

SHOT ZONE

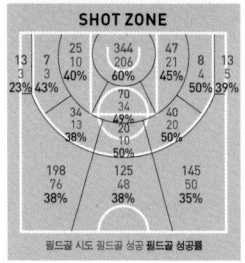

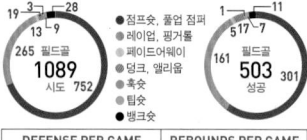

필드골 1089 시도 752
필드골 503 성공 301

● 점프슛, 풀업 점퍼
● 레이업, 핑거롤
● 페이드어웨이
● 덩크, 앨리웁
● 훅슛
● 팁슛
● 뱅크슛

DEFENSE PER GAME			REBOUNDS PER GAME		
림에서의 거리	DFG	DFG%	림에서의 거리	CR	UCR
3점슛	1.4	37.0%	0~0.9m	0.3	0.3
2점슛	2.9	55.6%	0.9~1.8m	0.5	0.8
0~1.8m	2.1	65.9%	1.8~3.0m	0.2	1.1
0~3.0m	2.3	59.9%	3.0m 이상	0.1	1.8
4.5m 이상	1.6	36.7%			

2023-24 클리블랜드 55경기 평균 35.3분						항목 평점	TS	MS	3PS	FT	LU	DK	ID	OD	ST	BL
							B+	B-	B	B	B+	A-	D+	C+	B+	D-
항목	PTS	RB	AS	ST	BL	항목 평점	ORG	DRG	PS	BH	BQ	SP	PO	ED	HS	OG
경기 평균	26.6	5.1	6.1	1.8	0.5		D+	B-	C+	B	B+	A	D	A	A-	B+
36분 기준	27.1	5.2	6.2	1.9	0.6											

Darius GARLAND PG-SG
(10)
대리어스 갈란드　2000.01.26 / 185cm

NBA 드래프트: 2019년 1라운드 5번
NBA 우승: 0회 / 파이널 MVP: 0회
미국　시즌 MVP: 0회 / NBA 퍼스트팀: 0회

턱뼈 골절, 햄스트링 부상으로 23경기 결장했다. BQ가 우수해 '투맨 게임' 때 에반 모블리, 재럿 앨런 등 빅맨들과 다양한 전술을 구사한다. 양손으로 볼을 핸들링할 수 있기에 좌우 가리지 않고 자유롭게 돌파한다. 동료에게 정확한 패스를 뿌려준다. 슬래셔로서 페인트존을 찢고 들어가 레이업, 핑거롤, 플로터를 성공시킨다. 코트 전 지역에서 풀업 혹은 캐치&슛으로 중장거리 슈팅을 터뜨린다. 페리미터 1대1 수비에 약점이 있다. 연봉은 3673만 달러.

SHOT ZONE

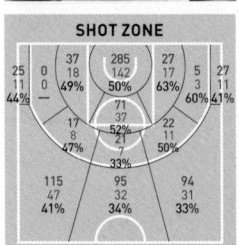

필드골 171 시도 115
필드골 73 성공 47

● 점프슛, 풀업 점퍼
● 레이업, 핑거롤
● 페이드어웨이
● 덩크, 앨리웁
● 훅슛
● 팁슛
● 뱅크슛

DEFENSE PER GAME			REBOUNDS PER GAME		
림에서의 거리	DFG	DFG%	림에서의 거리	CR	UCR
3점슛	2.0	41.8%	0~0.9m	0.0	0.1
2점슛	3.4	57.9%	0.9~1.8m	0.1	0.2
0~1.8m	2.1	68.5%	1.8~3.0m	0.0	0.5
0~3.0m	2.6	63.9%	3.0m 이상	0.1	1.3
4.5m 이상	2.2	40.8%			

2023-24 클리블랜드 57경기 평균 33.4분						항목 평점	TS	MS	3PS	FT	LU	DK	ID	OD	ST	BL
							B+	B-	B-	A-	B+	D-	D-	C+	B-	D-
항목	PTS	RB	AS	ST	BL	항목 평점	ORG	DRG	PS	BH	BQ	SP	PO	ED	HS	OG
경기 평균	18.0	2.7	6.5	1.3	0.1		D-	D-	A-	B+	B-	B+	D-	A	A	B-
36분 기준	19.5	2.9	7.1	1.4	0.1											

Ty JEROME SG
(2)
타이 제롬　1997.07.08 / 196cm

NBA 드래프트: 2019년 1라운드 24번
NBA 우승: 0회 / 파이널 MVP: 0회
미국　시즌 MVP: 0회 / NBA 퍼스트팀: 0회

운동선수에게 가장 중요한 덕목은 건강이다. 아무리 실력이 뛰어나도 몸이 아파서 뛸 수 없다면 아무 소용이 없다. 제롬은 지난 시즌 오른발목 수술을 받고 정규시즌 80경기, PO 7경기 등 무려 87경기에 결장했다. 재활은 끝났고, 정상 컨디션으로 코트에 복귀했다. 제롬은 좋은 신체조건, 정확한 플레이메이킹, 위력적인 3점슛을 갖춘 콤보 가드다. 올 시즌에는 '서드 유닛' 멤버로 주전들의 휴식 시간을 커버하는 역할을 수행해야 한다. 연봉은 256만 달러.

SHOT ZONE

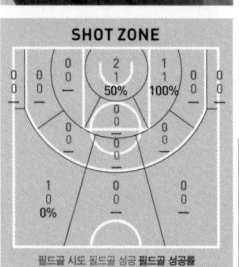

필드골 4 시도
필드골 2 성공

● 점프슛, 풀업 점퍼
● 레이업, 핑거롤
● 페이드어웨이
● 덩크, 앨리웁
● 훅슛
● 팁슛
● 뱅크슛

DEFENSE PER GAME			REBOUNDS PER GAME		
림에서의 거리	DFG	DFG%	림에서의 거리	CR	UCR
3점슛	1.5	0.0%	0~0.9m	0.0	0.0
2점슛	2.0	57.1%	0.9~1.8m	0.0	0.0
0~1.8m	1.5	75.0%	1.8~3.0m	0.0	0.0
0~3.0m	1.5	50.0%	3.0m 이상	0.0	0.5
4.5m 이상	—	—			

2023-24 클리블랜드 2경기 평균 7.5분						항목 평점	TS	MS	3PS	FT	LU	DK	ID	OD	ST	BL
							A	B+	B-	A-	C+	D-	D-	D-	D-	D-
항목	PTS	RB	AS	ST	BL	항목 평점	ORG	DRG	PS	BH	BQ	SP	PO	ED	HS	OG
경기 평균	9.0	0.5	1.5	0.0	0.0		D-	D-	A-	B	C	D+	D-	B	B	C
36분 기준	9.6	2.4	7.2	0.0	0.0											

DEFENSE pg		REBOUNDS pg		항목 & 평점																				
DFG	DFG%	CR	UCR	TS	MS	3PS	FT	LU	DK	ID	OD	ST	BL	ORG	OR3	ORB	DRG	DR3	DRB	PS	BH	BQ	SP	PO	ED	HS	OG
필드골 허용	필드골 허용률	유경쟁 리바운드	무경쟁 리바운드	터프샷 성공률	중거리 슈팅	3점 슈팅	자유투 성공률	레이업 플로터	덩크	안쪽 수비	외곽 수비	스틸	블락	가드 공격RB	SF 공격RB	빅맨 공격RB	가드 수비RB	SF 수비RB	빅맨 수비RB	패스	볼 핸들링	농구 IQ	스피드 민첩성	파워	지구력	허슬 플레이	종합 평가

G 3 — Caris LEVERT   SG-SF
카리스 르버트   1994.08.25 / 198cm

NBA 드래프트 : 2016년 1라운드 20번
NBA 우승 : 0회 / 파이널 MVP : 0회
미국   시즌 MVP : 0회 / NBA 퍼스트팀 : 0회

공격 기술이 다양한 SG. 전형적인 2번 메인 스코어러 역할을 소화할 수 있다. 크로스오버 드리블을 자유롭게 구사하고, 스텝백 및 페이더웨이로의 연계도 좋다. 커팅 덩크, 드라이빙 덩크, 드라이빙 플로터, 러닝 레이업, 드라이빙 레이업 등 다양한 방법으로 림을 공략한다. 캐치&슛, 풀업, 스텝백으로 시도하는 3점슛도 위력적이다. 퍼리미터 1대1 수비와 스틸도 OK. 지난 시즌 짧으면 하루, 길어야 3일 정도의 '잔부상'이 많았다. 연봉은 1662만 달러.

SHOT ZONE

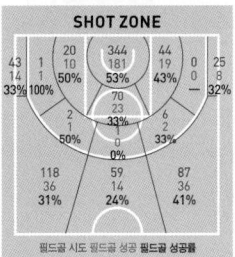

	34			34
38 34		필드골	2 33	
227	820 시도	476	11	필드골 345
			116	164 성공

● 점프슛, 풀업 점퍼
● 레이업, 핑거롤
● 페이드어웨이
● 덩크, 앨리웁
● 훅슛
● 팁슛
● 뱅크슛

DEFENSE PER GAME			REBOUNDS PER GAME		
림에서의 거리	DFG	DFG%	림에서의 거리	CR	UCR
3점슛	1.5	38.3%	0~0.9m	0.3	0.2
2점슛	3.2	48.2%	0.9~1.8m	0.3	0.8
0~1.8m	2.0	54.3%	1.8~3.0m	0.1	1.3
0~3.0m	2.4	50.0%	3.0m 이상	0.1	0.5
4.5m 이상	1.9	39.5%			

2023-24 클리블랜드 68경기 평균 28.8분						항목 평점	TS	MS	3PS	FT	LU	DK	ID	OD	ST	BL
항목	PTS	RB	AS	ST	BL		A	B	C	B+	C	D-	C	B	C	D
경기 평균	14.0	4.1	5.1	1.1	0.5	항목 평점	ORG	DRG	PS	BH	BQ	SP	PO	ED	HS	OG
36분 기준	17.5	5.1	6.4	1.4	0.6		D-	B	C	B	C	C	D-	A-	B-	C+

G 9 — Craig PORTER JR.   PG
크레이그 포터 주니어   2000.02.26 / 185cm

NBA 드래프트 : 2023년 미지명
NBA 우승 : 0회 / 파이널 MVP : 0회
미국   시즌 MVP : 0회 / NBA 퍼스트팀 : 0회

지난 시즌 감독 결정 18경기, G리그 출전 5경기, 부상 결장 8경기를 뺀 총 31경기에 결장했다. 한 시즌을 치르며 경험을 많이 쌓았기에, 특별한 문제가 없으면 올 시즌에도 팀의 백업 PG로 출전할 것이다. 공격 루트는 드라이빙 레이업, 풀업 점퍼, 스텝백 점퍼다. 가끔 터프샷도 성공시킨다. 스틸과 허슬 플레이도 OK. 그러나 메인 볼 핸들러가 되기 위해서는 기술을 더 보완해야 한다. 퍼리미터 1대1 수비력을 키우는 것도 과제다. 연봉은 189만 달러.

SHOT ZONE

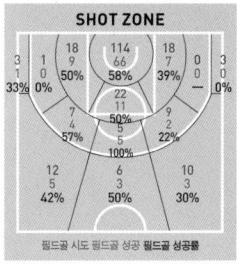

	12			12
12	필드골		9 8	
75	228 시도	115		필드골 116
			41	50 성공

● 점프슛, 풀업 점퍼
● 레이업, 핑거롤
● 페이드어웨이
● 덩크, 앨리웁
● 훅슛
● 팁슛
● 뱅크슛

DEFENSE PER GAME			REBOUNDS PER GAME		
림에서의 거리	DFG	DFG%	림에서의 거리	CR	UCR
3점슛	0.7	37.5%	0~0.9m	0.0	0.0
2점슛	2.0	56.0%	0.9~1.8m	0.1	0.5
0~1.8m	1.4	61.3%	1.8~3.0m	0.0	0.8
0~3.0m	1.6	56.7%	3.0m 이상	0.1	0.6
4.5m 이상	0.8	40.0%			

2023-24 클리블랜드 51경기 평균 12.7분						항목 평점	TS	MS	3PS	FT	LU	DK	ID	OD	ST	BL
항목	PTS	RB	AS	ST	BL		A-	B	C+	D+	C+	D-	D-	D+	C+	D
경기 평균	5.6	2.1	2.3	0.4	0.3	항목 평점	ORG	DRG	PS	BH	BQ	SP	PO	ED	HS	OG
36분 기준	15.8	6.0	6.5	1.2	0.8		C+	B+	C	C	C+	C+	D-	B+	A-	C

G 5 — Sam MERRILL   SG
샘 메릴   1996.05.15 / 193cm

NBA 드래프트 : 2020년 2라운드 60번
NBA 우승 : 0회 / 파이널 MVP : 0회
미국   시즌 MVP : 0회 / NBA 퍼스트팀 : 0회

'서드 유닛' 슈팅가드. 대학 시절부터 유명했던 슈팅력은 프로에서도 제 몫을 해내고 있다. 지난 시즌 평균 17.5분의 짧은 출전 시간에도 3점슛 40.4%(5.8회 시도-2.3회)의 성공률을 보였다. 또한, 90.9%의 자유투는 그야말로 리그 최상급이다. 그의 주득점은 캐치&슛에서 나오지만 풀업 점퍼도 간간이 시도한다. 림어택은 레이업이 대부분이다. 그러나 퍼리미터 1대1 수비, 가로채기, 팀 디펜스 등에서는 많은 발전이 있어야 한다. 연봉은 216만 달러.

SHOT ZONE

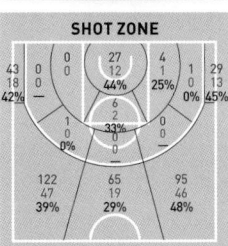

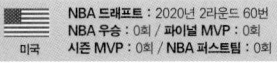

	5			3
2 22		필드골	1 10	
364	393 시도			필드골 158
			144	성공

● 점프슛, 풀업 점퍼
● 레이업, 핑거롤
● 페이드어웨이
● 덩크, 앨리웁
● 훅슛
● 팁슛
● 뱅크슛

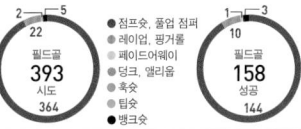

DEFENSE PER GAME			REBOUNDS PER GAME		
림에서의 거리	DFG	DFG%	림에서의 거리	CR	UCR
3점슛	0.8	34.4%	0~0.9m	0.1	0.1
2점슛	1.7	46.1%	0.9~1.8m	0.1	0.4
0~1.8m	1.1	55.2%	1.8~3.0m	0.1	0.8
0~3.0m	1.3	50.7%	3.0m 이상	0.1	0.7
4.5m 이상	0.9	34.0%			

2023-24 클리블랜드 61경기 평균 17.5분						항목 평점	TS	MS	3PS	FT	LU	DK	ID	OD	ST	BL
항목	PTS	RB	AS	ST	BL		A	B	A	B+	B	D-	C	C	D-	D-
경기 평균	8.0	2.4	1.8	0.3	0.1	항목 평점	ORG	DRG	PS	BH	BQ	SP	PO	ED	HS	OG
36분 기준	16.3	4.0	3.6	0.6	0.1		D-	D-	C	C	C	D-	B-	D-	C	C

CLEVELAND CAVALIERS
2024-25 REGULAR SEASON SCHEDULE

OCTOBER, 2024			Dec. 22	vs.	Philadelphia	Feb. 22	vs.	New York
Oct. 24	@	Toronto	Dec. 24	vs.	Utah	Feb. 24	vs.	Memphis
Oct. 26	vs.	Detroit	Dec. 27	@	Denver	Feb. 26	@	Orlando
Oct. 27	@	Washington	Dec. 31	@	Golden State	**MARCH, 2025**		
Oct. 29	@	New York	**JANUARY, 2025**			Mar. 1	@	Boston
Oct. 31	vs.	LA Lakers	Jan. 1	vs.	LA Lakers	Mar. 3	vs.	Portland
NOVEMBER, 2024			Jan. 4	@	Dallas	Mar. 5	@	Chicago
Nov. 2	vs.	Orlando	Jan. 6	vs.	Charlotte	Mar. 6	vs.	Miami
Nov. 3	@	Milwaukee	Jan. 9	vs.	Oklahoma City	Mar. 8	@	Charlotte
Nov. 5	vs.	Milwaukee	Jan. 10	vs.	Toronto	Mar. 10	@	Milwaukee
Nov. 7	@	New Orleans	Jan. 13	vs.	Indiana	Mar. 12	vs.	Brooklyn
Nov. 9	vs.	Golden State	Jan. 15	@	Indiana	Mar. 15	vs.	Memphis
Nov. 10	vs.	Brooklyn	Jan. 17	@	Oklahoma City	Mar. 17	vs.	Orlando
Nov. 12	@	Chicago	Jan. 19	@	Minnesota	Mar. 19	vs.	LA Clippers
Nov. 14	@	Philadelphia	Jan. 21	vs.	Phoenix	Mar. 20	@	Sacramento
Nov. 16	vs.	Chicago	Jan. 23	@	Houston	Mar. 22	@	Phoenix
Nov. 18	vs.	Charlotte	Jan. 25	@	Philadelphia	Mar. 24	@	Utah
Nov. 20	@	Boston	Jan. 26	vs.	Houston	Mar. 26	@	Portland
Nov. 21	vs.	New Orleans	Jan. 28	vs.	Detroit	Mar. 28	@	San Antonio
Nov. 25	vs.	Toronto	Jan. 30	@	Miami	Mar. 29	@	Detroit
Nov. 28	vs.	Atlanta	Jan. 31	vs.	Atlanta	Mar. 31	vs.	LA Clippers
Nov. 30	@	Atlanta	**FEBRUARY, 2025**			**APRIL, 2025**		
DECEMBER, 2024			Feb. 3	vs.	Dallas	Apr. 3	vs.	New York
Dec. 2	vs.	Boston	Feb. 5	vs.	Boston	Apr. 5	@	San Antonio
Dec. 4	vs.	Washington	Feb. 6	@	Detroit	Apr. 7	vs.	Sacramento
Dec. 6	vs.	Denver	Feb. 8	@	Washington	Apr. 9	@	Chicago
Dec. 8	@	Charlotte	Feb. 11	@	Minnesota	Apr. 11	@	Indiana
Dec. 9	@	Miami	Feb. 13	@	Toronto	Apr. 12	vs.	New York
Dec. 21	@	Milwaukee	Feb. 21	@	Brooklyn	Apr. 14	vs.	Indiana

DETROIT PISTONS

轉禍爲福·완전히 새판 짠다

뜻풀이 재앙이 오히려 복이 되어 돌아온다는 뜻. 디트로이트는 지난 시즌 사상 최악의 시간을 보냈다. 이참에 기초공사부터 다시 하기로 했다.

역사상 최악의 감독, 극단적인 탱킹

몬티 윌리엄스 감독 영입은 역사에 남을 최악의 선택이 됐다. 6년에 7850만 달러. 거액과 함께 리빌딩을 천명했지만, 어처구니없게 한 시즌 만에 경질됐다. 경기력도 최악. 선수들을 잘 통솔한 것도 아니었다. 디트로이트 팬들에게는 치욕적인 시즌이 됐다. 거의 2개월간 28연패를 기록했다. '단일시즌' NBA 최다 연패 기록. 안타까운 건 계획된 부진이 아니었다는 점이다. 최근 410경기에서 겨우 94승. 트로이 위버 단장은 시즌 직후 물러났다. 어쩌면 너무 늦은 결정이었다.

새 단장, 새 감독, 새 구성, 새 출발

트라잔 랭던을 신임 단장으로 영입하고, JB 비커스태프를 새 감독으로 임명했다. 비커스태프는 클리블랜드를 비롯해 약체 팀을 '볼 만한 팀'으로 바꾸는 능력을 인정받았다. 이들은 급진적으로 팀을 바꾸기보다는, 부족한 것부터 채우기로 했다. 이미 팀에는 케이드 커닝햄과 같이 드래프트에서 건진 자원들이 많았기 때문. 5순위 론 홀랜드도 지켜봐야 할 기대주다. 팀 하더웨이, 해리스, 비즐리 등 영입된 베테랑들도 외곽 공격 전개를 돕고, '조카뻘' 후배들의 성장을 도울 것이다.

최우선 과제는 팀의 아이덴티티

14승 팀에게 당장 PO를 기대할 수 없다. 보유 자산이 다르긴 했지만, 비커스태프는 젊은 선수들과 부대끼며 클리블랜드의 이미지를 '확고한 에이스(미첼) + 팀 수비' 중심으로 바꿔놓았다. 그러나 하루아침에 이룬 성과는 아니다. '팀 아이덴티티'를 만들어가는 시간이 필요하다. 트레이닝 캠프만으로는 부족하다. 또한, 루키 맥스 연장 계약을 체결하며 확고부동 1옵션으로 자리한 케이드 커닝햄의 건강한 시즌이 필수다. 3년 동안 한 번도 64경기 이상을 소화하지 못했다.

Association	Icon	Statement	City

*통계는 2024년 10월 1일 기준

CLUB INFORMATION

Founded 구단 창립 1937년	**Owner** 톰 고르스 1964.07.31	**CEO** 트라잔 랭던	**Head Coach** JB 비커스태프 1979.03.10	**24-25 Odds** 벳365 : 1000배 윌리엄힐 : 1000배

14명 **Nationality** ●미국 선수 11명 ●외국 선수 3명	**Age** 14명 평균 22.6세	**Height** 14명 평균 200.5cm	**Weight** 14명 평균 98.0kg	**Salary** 14명 평균 910만 달러

Win 2023-24 : 14승 통산 : 2827승	**Loss** 2023-24 : 68패 통산 : 3171패	**Winning%** 2023-24 : 17.1% 통산 : 47.1%	**Play-Off** PO 진출 : 42회 PO 탈락 : 35회	**Titles** NBA우승 : 3회 컨퍼런스 : 5회

Top Scorer 케이드 커닝햄 평균 22.7점	**More Rebounds** 제일런 듀런 평균 11.6RB	**More Assists** 케이드 커닝햄 평균 7.5AS	**More Steals** 치메지 메투 평균 1.7스틸	**More Blocks** 오사 톰슨 평균 0.9블록

*항목별 1위는 지난 시즌 디트로이트 소속으로 42경기 이상 출전한 선수 중 선별

HEAD COACH & STADIUM

JB BICKERSTAFF 제이비 비커스태프

생년월일 : 1979.03.10 / **출생지** : 미국 덴버주 콜로라도
경력 : 2004~2007년 샬럿 호네츠 코치 / 2007~2011년 미네소타 팀버울브스 코치 / 2011~2015년 휴스턴 로키츠 코치 / 2015~2016년 휴스턴 로키츠 임시 감독 /

이스트 고등학교를 졸업하고 오리건 주립대에 진학했다. 1999년 17세 신입생으로 그 당시까지 역대 최연소 NCAA 디비전1 선수가 되었다. 이후 미네소타대로 옮겨 선수 생활을 마쳤다. 2004년 샬럿 밥캐츠 어시스턴트를 시작으로 지도자로 나섰다. 2007년부터 2017년까지는 미네소타, 휴스턴, 멤피스의 어시스턴트로 감독을 보조했다. 2015-16시즌 휴스턴 시절엔 팀의 플레이오프 진출에 힘을 보탰다. 2018-19시즌엔 멤피스 감독으로 승격했고, 그해 팀을 NBA 최소 실점 3위의 수비팀으로 탈바꿈시켰다. 2020~2024년, 클리블랜드 캐벌리어스 감독을 역임했다. 이 기간, 팀을 2년 연속 PO에 진출시켰다. 그리고 2024년 7월 3일, 디트로이트 피스톤스 제38대 감독으로 부임했다. 제이비와 아내 니키는 슬하에 3자녀를 두고 있다. 니키는 사회적 고립을 줄이고, 더 건강한 생활 방식을 위한 길을 모색하는 '더 디테일 재단'의 이사로 활동하고 있다.

LITTLE CAESARS ARENA

구장 오픈 : 2017년 9월 5일
구장 증개축 : —
오너 : 다운타운 개발청
수용인원 : 2만 332명
건축비용 : 8억 6300만달러
(현재 가치 11억 달러)

디트로이트 재건 계획의 상징물이다. 농구팀 디트로이트 피스톤스, 하키팀 디트로이트 레드윙스의 홈구장이다. 수많은 스포츠, 엔터테인먼트, 커뮤니티 이벤트를 위한 주요 무대로 사용되고 있다. 최첨단 기술, 팬 편의시설, 비아, 벨포어 트레이닝 센터, 쉐보레 플라자와 같은 활동적인 커뮤니티 공간도 갖추고 있다. 피스톤스 홈구장이 된 건 2017-18시즌부터다.

Honours

 3 **5** **15** **11**

NBA CHAMPIONS	CONFERENCE TITLES	DIVISION TITLES	RETIRED NUMBERS

NBA CHAMPIONSHIPS
1989, 1990, 2004

CONFERENCE TITLES
1988, 1989, 1990, 2004, 2005

DIVISION TITLES
1955, 1956, 1988, 1989, 1990, 2002, 2003, 2005, 2006, 2007, 2008

RETIRED NUMBERS
1, 2, 3, 4, 10, 11, 15, 16, 21, 32, 4

REGULAR SEASON RANKING LAST 10YEARS

14-15	15-16	16-17	17-18	18-19	19-20	20-21	21-22	22-23	23-24
23	12	19	19	16	26	29	28	30	30
32승 50패	44승 38패	37승 45패	39승 43패	41승 41패	20승 46패	20승 52패	23승 59패	17승 65패	14승 68패

TEAM POTENTIAL

61점

27위

하프코트 세트오펜스 6점 / 트랜지션 오펜스 5점 / 하프코트 세트디펜스 6점 / 트랜지션 디펜스 7점 / 리바운드 7점

선수층 6점 / 선수 경험치 6점 / 감독 리더십 7점 / 감독 전술 6점 / 프런트 5점

*각 항목은 10점 만점, 평점은 NBA 30팀 사이 상대평가

우승 ODDS	배당	순위
bet 365	1000배	25위
Paddy Power	500배	23위
William Hill	1000배	25위

OFFENSIVE STYLE
트랜지션 오펜스 ——●—— 하프코트 세트오펜스

DEFENSIVE STYLE
하이 프레스 ——●—— 하프코트 디펜스

SQUAD & TACTICS

STARTERS

PF T.해리스
33.8분, 17.2점
6.5RB, 3.1AS

C J.두렌
29.1분, 13.8점
11.6RB, 2.4AS

SF M.비즐리
29.6분, 11.3점
3.7RB, 1.4AS

SG J.아이비
28.8분, 15.4점
3.4RB, 3.8AS

PG C.커닝햄
33.5분, 22.7점
4.3RB, 7.5AS

OFF THE BENCH

PG M.세이서
19.0분, 8.3점
1.8RB, 3.3AS

SG A.톰슨
25.1분, 8.8점
6.4RB, 1.9AS

SF S.폰테키오
24.9분, 10.5점
3.7RB, 1.5AS

PF I.스튜어트
30.9분, 10.9점
6.6RB, 1.6AS

C P.리드
19.4분, 7.3점
6.0RB, 1.3AS

G D.젠킨스
G R.홀랜드
F T.하더웨이 Jr.
F W.무어
C B.클린트만

OFFENSE MECHANISM

모든 것이 잘 안 됐다. 스페이싱도 형성이 잘 안 됐고, 움직임도 적어 공격이 단편적이었다. NBA닷컴 기준 'Very Early'에 해당하는 22~24초 구간에 슛을 가장 많이 던진 팀 중 하나가 디트로이트였다. 패스가 가장 적었고, 당연히 세컨더리 어시스트도 적었다. 상대 수비를 읽고 대응하는 데 있어 선수도 미숙했고, 감독의 열정도 부족했다. 외곽슛 능력도 한물갔다. 슛 시도는 32.7개로 5번째로 많았는데, 성공과 성공률은 평범한 수준이다. 이를 잘 아는 상대도 안으로 좁히는 수비로 선택지를 제한시켰다. 슈터들 실력을 떠나 좋은 찬스를 만들도록, 공격 배치를 잡아줘야 한다. 또한, 커닝햄과 같이 공격을 전개하는 핸들러들에게 코칭스태프가 얼마나 디테일을 잘 잡아주느냐가 중요하다.

DEFENSE MECHANISM

거의 모든 지표에서 최악을 기록했다. 한결같이 바닥권이다. 이를 해결하기 위해 투입된 '소방수' 비커스태프 감독은 수비가 전공이다. 부임 전 디펜시브 레이팅 25위였던 클리블랜드를 세 시즌 연속 TOP10에 진입시켰다. 물론, 디트로이트는 클리블랜드와 보유 자원이 달라 새 시즌 수비 컨셉을 명확하게 전망하긴 어렵다. 하지만 탐슨, 스튜어트, 두렌, 아이비 등은 기본적으로 신체 능력이 좋고, 이를 활용해 수비에서 임팩트를 줄 수 있는 선수들이다. 특히 탐슨은 짧은 시간에도 리바운드, 스틸, 블록 등 다방면에서 좋은 성적을 낸 선수다. 제일 중요한 건 새 선수들의 마인드다. 출전시간, 역할, 주전 여부 등에 따라 퍼포먼스의 질이 달라졌다. 젊은 팀인 만큼, 이런 부분을 잘 해결해야 한다.

Player's Functions

Ball Handlers
C.커닝햄
J.아이비
M.세이서

Pull-Ups
C.커닝햄
T.해리스
T.하더웨이 Jr.

Catch & Shoot
C.커닝햄
M.비즐리
S.폰테키오

3 Pointers
T.하더웨이 Jr.
M.비즐리
C.커닝햄

Slam Dunkers
J.두렌
A.톰슨
J.아이비

Free Throw
C.메투
M.세이서
C.커닝햄

Rebounders
J.두렌
A.톰슨
I.스튜어트

1-1 Defenders
A.톰슨
L.두렌
C.커닝햄

Ball Stealers
C.메투
C.커닝햄
M.세이서

Key Passes
C.커닝햄
M.세이서
J.두렌

Hustle Players
A.톰슨
C.커닝햄
S.몬테키오

Rim Protectors
A.톰슨
J.두렌
I.스튜어트

2023-24 SEASON PERFORMANCE

DETROIT PISTONS vs. OPPONENTS PER GAME STATS

디트로이트 vs 상대팀

	F↑ 필드골성공	FG% 필드골	3↑ 3점슛성공	3P% 3점슛 %	⊖ 자유투성공	FT% 자유투	OR 공격리바운드	RB 리바운드	A↑ 어시스트	🎭 스틸	🏀 블락	↩ 턴오버	◇ 파울
득실점	필드골성공	필드골	3점슛성공	3점슛 %	자유투성공	자유투	공격리바운드	리바운드	어시스트	스틸	블락	턴오버	파울

| 109.9 | 🏀 | 119.0 | 40.9 | F↑ | 43.6 | 46.3% | FG% | 49.0% | 11.0 | 3↑ | 12.1 | 34.8% | 3P% | 37.0% | 17.0 | ⊖ | 19.6 | 78.5% | FT% | 80.0% |
| 10.5 | OR | 9.6 | 43.3 | RB | 43.1 | 25.5 | A↑ | 27.0 | 6.5 | 🎭 | 8.9 | 4.7 | 🏀 | 6.0 | 15.2 | ↩ | 12.4 | 20.6 | ◇ | 17.8 |

LINE-UP

* 디트로이트는 지난 시즌 총 815개의 라인업을 가동시켰다. 그중 출전 시간이 가장 길었던 20개를 골라 게재했다.

5-MEN COMBINATION	MIN	PPG	RPG	APG
I. Stewart - C. Cunningham - J. Ivey - J. Duren - A. Thompson	145	23.6	9.7	5.6
C. Cunningham - J. Ivey - J. Duren - S. Fontecchio - A. Thompson	113	26.8	11.5	6.4
K. Hayes - I. Stewart - C. Cunningham - J. Duren - A. Thompson	100	24.7	13.4	8.5
I. Stewart - C. Cunningham - J. Ivey - J. Duren - S. Fontecchio	90	23.6	10.2	5.9
B. Bogdanovic - K. Knox II - C. Cunningham - J. Ivey - J. Duren	89	22	8.8	5
M. Bagley III - K. Hayes - I. Stewart - C. Cunningham - A. Thompson	68	19.8	7.5	4.6
B. Bogdanovic - K. Hayes - I. Stewart - J. Ivey - J. Duren	46	24.6	7.6	7.4
T. Brown Jr. - C. Metu - J. Wiseman - J. Ivey - M. Sasser	43	17	7.2	3.2
B. Bogdanovic - I. Livers - C. Cunningham - J. Ivey - J. Duren	41	12.6	4	3.3
B. Bogdanovic - I. Stewart - C. Cunningham - J. Ivey - J. Duren	40	36.7	16	11
A. Burks - B. Bogdanovic - C. Cunningham - J. Ivey - J. Duren	39	12	4.6	2.6
B. Bogdanovic - I. Stewart - C. Cunningham - J. Ivey - A. Thompson	35	19.8	5.8	5.3
B. Bogdanovic - K. Hayes - I. Livers - J. Ivey - J. Duren	33	28.3	9.3	7.7
T. Brown Jr. - C. Metu - J. Ivey - J. Duren - M. Sasser	31	35	15.5	8.5
B. Bogdanovic - M. Bagley III - I. Stewart - C. Cunningham - J. Ivey	29	40	10.5	9.5
K. Knox II - K. Hayes - I. Stewart - J. Ivey - J. Duren	29	36.5	15.5	10.5
B. Bogdanovic - K. Hayes - I. Stewart - C. Cunningham - A. Thompson	28	12.4	3	2.6
B. Bogdanovic - K. Knox II - K. Hayes - J. Ivey - J. Duren	28	13.5	6.5	3.5
M. Bagley III - I. Stewart - C. Cunningham - J. Ivey - A. Thompson	27	19	8.3	4.3
A. Burks - B. Bogdanovic - I. Livers - C. Cunningham - J. Duren	25	19	8	2.7

PASS COMBINATIONS

→ 해당 선수가 경기당 동료로부터 패스 받은 횟수
→ 해당 선수가 경기당 동료들에게 패스 해준 횟수

받은	선수	해준
68.7	케이드 커닝햄	53.1
27.2	제일런 듀렌	44.3
36.5	킬리안 헤이스	38.4
36.4	제이든 아이비	28.8
32.9	마커스 세서	28.3
21.4	치메지 메투	26.1
21.4	아이재아 스튜어트	25.2
28.0	밀라키이 플린	23.6
24.4	시모네 폰테키오	23.3
12.4	제임스 와이즈먼	22.4
23.5	몬테 모리스	21.7
33.0	보얀 보그다노비치	21.6
23.0	알렉 벅스	20.4
17.3	어사 톰슨	20.1
17.7	마빈 배글리	19.9
19.6	에반 포니에	19.3
20.5	팀 그라임스	17.5
15.8	셰이곤 밀턴	16.3
12.8	다닐로 갈리나리	15.7
11.9	트로이 브라운	14.3
12.3	아이재아 리버스	13.5
11.7	토산 에바이아머	13.3
11.4	케빈 녹스	12.9
10.8	제러드 로에딘	12.8
12.5	제일런 노엘	11.3
7.2	마이크 무스칼라	10.3
7.5	타지 깁슨	9.8
8.0	스탠리 우무데	7.8
6.7	조 해리스	7.0
5.6	버디 베하임	5.2
0.0	말콤 카잘톤	1.0

2023-24 RANKING

* 는 수치가 낮을수록 랭킹이 높아짐

디트로이트	랭킹	GENERAL	상대팀*	랭킹
109.9	27위	득점 / 실점	119.0	26위
43.3	16위	리바운드	43.1	13위
25.5	22위	어시스트	27.0	20위
6.5	30위	스틸	8.9	28위
4.7	20위	블락	6.0	25위

득점	랭킹	PLAYTYPE	실점*	랭킹
4.7	28위	아이솔레이션	7.8	26위
21.1	18위	트랜지션	21.0	11위
20.6	22위	픽&롤 볼핸들러	19.2	27위
6.4	22위	픽&롤 롤맨	9.2	29위
3.2	21위	포스트-업	6.2	28위
26.1	23위	스팟-업	25.5	6위
5.1	14위	핸드오프	5.7	23위
9.1	19위	커팅	—	—
3.5	17위	오프 스크린	4.6	25위
6.7	13위	풋백	6.2	6위
3.0	16위	기타	—	—

SHOT ZONE

구간별 슈팅 및 성공률

SHOT ZONE

	356 / 111 / 31%	55 / 22 / 46%	243 105 43%	3064 1784 58%	292 138 47%	19 6 32%	374 152 41%
	139 58 42%		555 240 139 43% 37%		128 39 31%		
	719 248 35%		439 150 34%		693 245 35%		

필드골 시도 필드골 성공 **필드골 성공률**

항목	FGA	FGM	FG%	3PA	3PM	3P%
캐치&슛	24.4	8.7	35.7%	22.8	8.0	35.4%
풀업	24.7	9.8	39.8%	8.9	3.0	33.4%
3m 안쪽	39.1	22.3	57.3%	—	—	—
TOTAL	88.2	40.8	46.4%	31.7	11.0	34.9%

SHOT REPERTORIES

필드골 시도

평균 88.2 (2.5 / 1.8 / 5.8 / 2.6 / 2.3 / 21.7 / 51.5)

드리블과 슈팅 시도

평균 88.2 (11.5 / 37.1 / 18.5 / 10.2 / 10.9)

● 점프숏, 풀업 점퍼
● 레이업, 핑거롤
● 페이드어웨이
● 덩크, 앨리웁 덩크
● 훅숏
● 팁숏
● 뱅크숏

● 0드리블 + 슈팅
● 1드리블 + 슈팅
● 2드리블 + 슈팅
● 3~6드리블 + 슈팅
● 7+드리블 + 슈팅

필드골 성공

평균 40.9 (1.0 / 0.9 / 1.5 / 5.3 / 19.5 / 0.9 / 11.8)

드리블과 슈팅 성공

평균 40.9 (4.9 / 17.7 / 8.3 / 4.6 / 5.4)

SHOOTING

필드골 시도

평균 88.2 (21.5 / 8.9 / 23.3 / 34.5)

공격수와 수비수의 거리
● 0~0.6m
● 0.6~1.2m
● 1.2~1.8m
● 1.8m 이상

필드골 시도

평균 88.2 (6.8 / 3.0 / 7.9 / 11.4 / 13.7 / 45.0)

남은 시간
● 22~24초
● 18~22초
● 15~18초
● 7~15초
● 4~7초
● 0~4초

필드골 성공

평균 40.9 (8.5 / 3.9 / 11.1 / 17.4)

필드골 성공

평균 40.9 (2.6 / 1.7 / 6.2 / 20.6 / 6.3)

OPPONENT SHOOTING

상대 필드골 시도

평균 89.0 (19.2 / 10.1 / 25.1 / 34.4)

공격수와 수비수의 거리
● 0~0.6m
● 0.6~1.2m
● 1.2~1.8m
● 1.8m 이상

상대 필드골 시도

평균 89.0 (7.6 / 2.5 / 8.9 / 11.1 / 14.1 / 44.8)

남은 시간
● 22~24초
● 18~22초
● 15~18초
● 7~15초
● 4~7초
● 0~4초

필드골 허용

평균 43.6 (8.2 / 5.0 / 12.1 / 18.1)

필드골 허용

평균 43.6 (2.9 / 1.5 / 6.2 / 22.0 / 7.0)

CONTESTED REBOUNDS

공격 리바운드

평균 5.8 (0.6 / 0.7 / 2.5 / 2.0)

수비 리바운드

평균 6.8 (1.0 / 0.3 / 2.5 / 3.0)

림 아래부터 리바운드 위치까지의 거리
● 0~0.9m ● 0.9~1.8m ● 1.8~3m ● 3m 이상

UNCONTESTED REBOUNDS

공격 리바운드

평균 4.4 (0.6 / 2.3 / 0.9 / 0.6)

수비 리바운드

평균 25.5 (4.9 / 5.6 / 5.8 / 9.2)

림 아래부터 리바운드 위치까지의 거리
● 0~0.9m ● 0.9~1.8m ● 1.8~3m ● 3m 이상

DEFENSE OF 14 WINS

필드골 허용 %

44.1%

상대 필드골 시도 90.3
필드골 허용 39.8

3점슛 허용 %

33.3%

상대 3점슛 시도 33.5
3점슛 허용 11.1

DEFENSE OF 68 LOSSES

필드골 허용 %

50.0%

상대 필드골 시도 88.8
필드골 허용 44.4

3점슛 허용 %

37.7%

상대 3점슛 시도 32.5
3점슛 허용 12.3

Tobias HARRIS PF-SF

F 12

토바이어스 해리스 1992.07.15 / 203cm

미국

NBA 드래프트 : 2011년 1라운드 9번
NBA 우승 : 0회 파이널 MVP : 0회
시즌 MVP : 0회 NBA 퍼스트팀 : 0회

지난 시즌 왼쪽 발목, 왼쪽 무릎 부상으로 정규리그 10경기에 결장했다. 올 시즌은 정상 컨디션으로 출격했다. 해리스는 3번과 4번을 겸한다. 득점력이 우수하기에 어느 팀에 가더라도 공격 '2옵션'을 맡을 수 있다. 중거리 풀업 점퍼와 턴어라운드 페이드어웨이슛은 치명적인 무기다. 드라이빙 레이업, 드라이빙 플로터, 커팅 덩크 등 림어택도 쏠쏠하다. 1번~4번을 모두 수비할 수 있다. 그러나 1대1 수비력 자체는 평범한 편이다. 연봉은 2537만 달러.

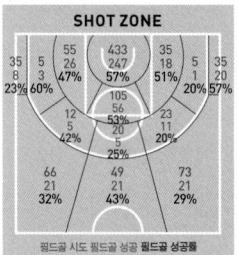

SHOT ZONE

필드골 시도 951 520
필드골 성공 463 209 159

● 점프슛, 풀업 점퍼
● 레이업, 핑거롤
● 페이드어웨이
● 덩크, 앨리웁
● 훅슛
● 팁슛
● 뱅크슛

DEFENSE PER GAME			REBOUNDS PER GAME		
림에서의 거리	DFG	DFG%	림에서의 거리	CR	UCR
3점슛	1.3	32.8%	0~0.9m	0.6	0.9
2점슛	3.7	54.0%	0.9~1.8m	0.7	1.7
0~1.8m	1.8	62.0%	1.8~3.0m	0.3	1.1
0~3.0m	2.0	57.9%	3.0m 이상	0.1	0.9
4.5m 이상	2.3	34.2%			

2023-24 필라델피아 70경기 평균 33.8분					
항목	PTS	RB	AS	ST	BL
경기 평균	17.2	6.5	3.1	1.0	0.7
36분 기준	18.3	6.9	3.3	1.1	0.7

항목	TS	MS	3PS	FT	LU	DK	ID	OD	ST	BL
평점	B-	B	A-	B+	B+	C+	C-	C-	D+	D
항목	ORB	DRB	PS	BH	BQ	SP	PO	ED	HS	OG
평점	D-	D+	C+	C+	C	C	C	A+	C-	B+

Malik BEASLEY SF-SG

F 5

말리크 비즐리 1996.11.26 / 193cm

미국

NBA 드래프트 : 2016년 1라운드 19번
NBA 우승 : 0회 파이널 MVP : 0회
시즌 MVP : 0회 NBA 퍼스트팀 : 0회

정확한 외곽포와 효율적인 수비를 겸하는 스윙맨. 득점 루트는 캐치&슛의 오픈 3점슛. 탑, 좌우 윙, 좌우 코너 등 전지역에서 폭발적으로 던진다. 가끔 승부를 결정짓는 버저비터 3점포도 터뜨린다. 운동능력이 좋아 트랜지션 게임 때 앞서나간 뒤 달린 뒤 마무리를 한다. 프로통산 자유투 성공률 80%이지만, 지난 시즌은 71.4%로 떨어졌다. 드라이빙 레이업, 드라이빙 플로터도 주무기 중 하나. 그러나 림어택 횟수 자체는 많지 않다. 연봉은 600만 달러.

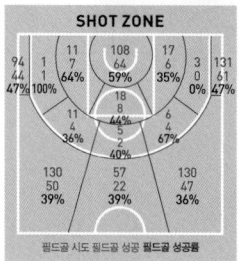

SHOT ZONE

필드골 시도 722 624
필드골 성공 320 257

● 점프슛, 풀업 점퍼
● 레이업, 핑거롤
● 페이드어웨이
● 덩크, 앨리웁
● 훅슛
● 팁슛
● 뱅크슛

DEFENSE PER GAME			REBOUNDS PER GAME		
림에서의 거리	DFG	DFG%	림에서의 거리	CR	UCR
3점슛	1.3	33.8%	0~0.9m	0.1	0.3
2점슛	4.0	55.8%	0.9~1.8m	0.3	0.9
0~1.8m	2.3	68.3%	1.8~3.0m	0.2	0.8
0~3.0m	2.8	61.5%	3.0m 이상	0.1	0.5
4.5m 이상	1.7	34.5%			

2023-24 밀워키 79경기 평균 29.6분					
항목	PTS	RB	AS	ST	BL
경기 평균	11.3	3.7	1.4	0.7	0.1
36분 기준	13.7	4.5	1.7	0.9	0.1

항목	TS	MS	3PS	FT	LU	DK	ID	OD	ST	BL
평점	A-	B-	B+	C+	B-	C+	D-	D+	D+	D-
항목	OR3	DR3	PS	BH	BQ	SP	PO	ED	HS	OG
평점	D-	D	C+	C+	C-	C	D-	A-	B	C

Isaiah STEWART PF-C

F 28

아이재아 스튜어트 2001.05.22 / 203cm

미국

NBA 드래프트 : 2020년 1라운드 16번
NBA 우승 : 0회 파이널 MVP : 0회
시즌 MVP : 0회 NBA 퍼스트팀 : 0회

부상이 문제였다. 오른쪽 햄스트링, 오른 엄지발가락, 왼 발목 부상으로 정규시즌 31경기에 결장했다. 올 시즌 건강한 몸을 유지하는 게 가장 중요하다. 스튜어트는 두꺼운 몸에 근육이 많은 203cm의 파워포워드 겸 센터다. 부드러운 숏터치로 레이업과 핑거롤을 림에 얹는다. 파워 덩크도 한몫한다. 탑, 윙, 코너 등 코트 여러 위치에서 3점포를 터뜨린다. 운동능력이 좋아 트랜지션 게임에서도 역할을 한다. 허슬 플레이도 OK. 시즌 연봉은 1500만 달러.

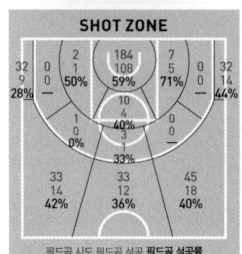

SHOT ZONE

필드골 시도 382 198
필드골 성공 186 80 66

● 점프슛, 풀업 점퍼
● 레이업, 핑거롤
● 페이드어웨이
● 덩크, 앨리웁
● 훅슛
● 팁슛
● 뱅크슛

DEFENSE PER GAME			REBOUNDS PER GAME		
림에서의 거리	DFG	DFG%	림에서의 거리	CR	UCR
3점슛	1.7	36.4%	0~0.9m	1.0	1.5
2점슛	4.0	46.6%	0.9~1.8m	0.7	1.6
0~1.8m	2.4	52.3%	1.8~3.0m	0.2	0.7
0~3.0m	3.0	48.6%	3.0m 이상	0.1	0.3
4.5m 이상	2.4	38.6%			

2023-24 디트로이트 46경기 평균 30.9분					
항목	PTS	RB	AS	ST	BL
경기 평균	10.9	6.6	1.6	0.4	0.8
36분 기준	12.7	7.7	1.8	0.4	1.0

항목	TS	MS	3PS	FT	LU	DK	ID	OD	ST	BL
평점	C-	C	C	C-	C	C-	B-	C	D	C
항목	ORB	DRB	PS	BH	BQ	SP	PO	ED	HS	OG
평점	D-	C-	D-	D	D	B-	B+	B+	C+	C

Simone FONTECCHIO SF

F 19

시모네 폰테키오 1995.12.09 / 201cm

이탈리아

NBA 드래프트 : 2017년 미지명
NBA 우승 : 0회 파이널 MVP : 0회
시즌 MVP : 0회 NBA 퍼스트팀 : 0회

이탈리아 아브루초 페스카라 출신. 2012~2022년 유럽 프로리그에서 뛴 후 유타에 자유계약으로 입단했고, 올여름 디트로이트로 이적했다. 출전 시간 대비 득점력은 평균 이상이다. 키가 큰 스윙맨이다. 주무기는 오픈 3점슛이고, 오프 더 드리블로 직접 기회를 만들기도 한다. 허슬 플레이를 열심히 한다. 그러나 수비가 집중된 상황에서는 성공률이 많이 떨어진다. 슈팅 셀렉션도 문제다. 1대1 수비가 약하고, 파울 트러블에 자주 걸린다. 연봉은 769만 달러.

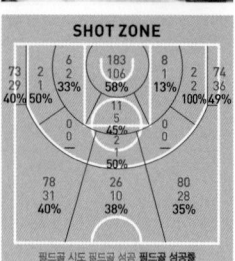

SHOT ZONE

필드골 시도 548 373
필드골 성공 252 149 68

● 점프슛, 풀업 점퍼
● 레이업, 핑거롤
● 페이드어웨이
● 덩크, 앨리웁
● 훅슛
● 팁슛
● 뱅크슛

DEFENSE PER GAME			REBOUNDS PER GAME		
림에서의 거리	DFG	DFG%	림에서의 거리	CR	UCR
3점슛	0.9	32.3%	0~0.9m	0.2	0.4
2점슛	3.1	52.8%	0.9~1.8m	0.3	0.7
0~1.8m	2.2	62.7%	1.8~3.0m	0.2	0.8
0~3.0m	2.6	57.6%	3.0m 이상	0.2	0.7
4.5m 이상	1.2	32.9%			

2023-24 유타+디트로이트 66경기 평균 24.9분					
항목	PTS	RB	AS	ST	BL
경기 평균	10.5	3.7	1.5	0.7	0.3
36분 기준	15.2	5.4	2.2	1.0	0.5

항목	TS	MS	3PS	FT	LU	DK	ID	OD	ST	BL
평점	A-	B	B+	C+	C	D	D-	D-	D+	D-
항목	OR3	DR3	PS	BH	BQ	SP	PO	ED	HS	OG
평점	D-	D-	D-	D-	D-	B-	D-	A	C+	C+

DEFENSE pg		REBOUNDS pg		항목 & 평점																				
DFG	DFG%	CR	UCR	TS	MS	3PS	FT	LU	DK	ID	OD	ST	BL	ORG	OR3	ORB	DRG	DR3	DRB	PS	BH	BQ	SP	PO	ED	HS	OG
필드골 허용	필드골 허용률	유경쟁 리바운드	무경쟁 리바운드	터프샷 성공률	중거리 슈팅	3점 슈팅	자유투 성공률	레이업 플로터	슬램 덩크	안쪽 수비	외곽 수비	스틸	블락	가드 공격RB	SF 공격RB	빅맨 공격RB	가드 수비RB	SF 수비RB	빅맨 수비RB	패스	농구 핸들링	농구 IQ	스피드 민첩성	파워 지구력	허슬 플레이	종합 평가

 F 14 · Wendell MOORE JR. SF-SG

웬델 모어 주니어 — 2001.09.18 / 196cm

NBA 드래프트 : 2022년 1라운드 26번
NBA 우승 : 0회 / 파이널 MVP : 0회
시즌 MVP : 0회 / NBA 퍼스트팀 : 0회
미국

정규 시즌 25경기에 출전했다. 결장한 57경기 중 감독 결정 35경기, G리그 출전 19경기, 부상 결정 3경기였다. 평균 출전 시간은 3분. 무어 주니어는 '서드 유닛' 스윙맨이다. 올 시즌 출전 시간이 늘어나길 기대하고 있다. 컷인 플레이에 능하고, 림을 자주 공략한다. 스틸, 수비 리바운드, 나가는 공 살려내기 등 허슬 플레이를 열심히 해준다. 자유투 성공률도 평균 이상이다. 그러나 외곽숏 성공률이 들쭉날쭉하다. 보완해야 한다. 연봉은 254만 달러.

SHOT ZONE

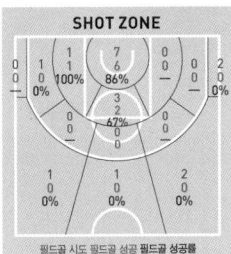

0	1	7	0	2
0%	100%	86%		0%
		2/3 67%		
1	1		2	0
0%	0%		0%	

필드골 시도 / 필드골 성공 / **필드골 성공률**

필드골 시도 18 / 12 (1/4, 1)
필드골 성공 9 (1/3, 4)

● 점프숏, 풀업 점퍼 ● 레이업, 핑거롤 ● 페이드어웨이 ● 덩크, 앨리웁 ● 훅숏 ● 팁숏 ● 뱅크숏

DEFENSE PER GAME			REBOUNDS PER GAME		
림에서의 거리	DFG	DFG%	림에서의 거리	CR	UCR
3점숏	0.3	36.4%	0~0.9m	0.0	0.1
2점숏	0.4	54.5%	0.9~1.8m	0.0	0.2
0~1.8m	0.3	66.7%	1.8~3.0m	0.1	0.0
0~3.0m	0.3	50.0%	3.0m 이상	0.0	0.1
4.5m 이상	0.4	42.9%			

2023-24 미네소타 25경기 평균 3.0분						항목 평점	TS	MS	3PS	FT	LU	DK	ID	OD	ST	BL
항목	PTS	RB	AS	ST	BL		C-	C-	B-	C	B-	C-	B-	C-	A-	D-
경기 평균	0.7	0.5	0.2	0.2	0.0	항목 평점	OR3	DR3	PS	BH	BQ	SP	PO	ED	HS	OG
36분 기준	8.6	5.8	2.9	2.4	0.5		D-	A-	D-	D+	D	C-	D-	B	A-	C-

 F 8 · Tim HARDAWAY JR. SF-SG

팀 하더웨이 주니어 — 1992.03.16 / 196cm

NBA 드래프트 : 2013년 1라운드 24번
NBA 우승 : 0회 / 파이널 MVP : 0회
시즌 MVP : 0회 / NBA 퍼스트팀 : 0회
미국

'크로스오버의 전설' 팀 하더웨이 시니어의 아들. 역대급 PG였던 아버지와는 플레이 스타일이 전혀 다르다. 하더웨이 주니어는 타고난 3점 슈터다. 캐치&숏 능력은 압도적이다. 코트 전 지역에서 무차별 폭격한다. 클러치타임 때 승부를 결정짓는 담대함까지 지녔다. 드라이빙에서 이어지는 레이업, 핑거롤, 플로터, 덩크로 림을 공략한다. 페리미터 1대1 수비와 리바운드는 부족하다. 그가 막강한 공격에도 식스맨으로 출전하는 이유다. 연봉 1619만 달러.

SHOT ZONE

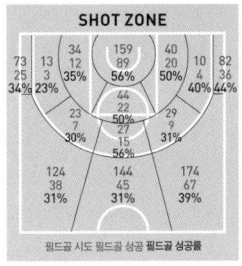

73	13	34 / 159 / 89	40	82
34%	23%	12 / 35% / 56% / 50%	10 / 40%	36 / 44%
25	13	44 / 22 / 50%	29	
	30%	23 / 15 / 56%	31%	

필드골 시도 976 / 804
필드골 성공 392 / 293

● 점프숏, 풀업 점퍼 ● 레이업, 핑거롤 ● 페이드어웨이 ● 덩크, 앨리웁 ● 훅숏 ● 팁숏 ● 뱅크숏

DEFENSE PER GAME			REBOUNDS PER GAME		
림에서의 거리	DFG	DFG%	림에서의 거리	CR	UCR
3점숏	0.8	43.5%	0~0.9m	0.1	0.3
2점숏	1.5	44.4%	0.9~1.8m	0.3	0.8
0~1.8m	0.8	41.7%	1.8~3.0m	0.2	0.6
0~3.0m	0.8	40.0%	3.0m 이상	0.1	0.3
4.5m 이상	0.8	39.3%			

2023-24 댈러스 79경기 평균 26.8분						항목 평점	TS	MS	3PS	FT	LU	DK	ID	OD	ST	BL
항목	PTS	RB	AS	ST	BL		C	B-	C+	B+	B	C+	D-	C-	D-	D-
경기 평균	14.4	3.2	1.8	0.5	0.1	항목 평점	OR3	DR3	PS	BH	BQ	SP	PO	ED	HS	OG
36분 기준	19.3	4.3	2.4	0.7	0.1		D-	D	C+	C	D+	D-	B-	B-	C	

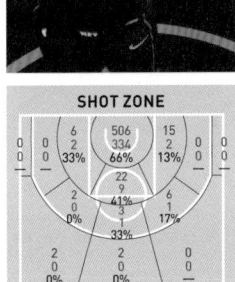 C 0 · Jalen DUREN C

제일런 두렌 — 2003.11.18 / 208cm

NBA 드래프트 : 2022년 1라운드 13번
NBA 우승 : 0회 / 파이널 MVP : 0회
시즌 MVP : 0회 / NBA 퍼스트팀 : 0회
미국

뛰어난 운동능력을 갖춘 '올드 스쿨' 빅맨. 208cm 키에 227cm 윙스팬으로 골밑을 지켜낸다. 공격 및 수비 리바운드 모두 리그 최상급이고, 높은 점프를 이용해 돌고래처럼 튀어 오른다. 지난 시즌 349개의 필드골 중 무려 334개가 림 근처에서 이뤄졌다(샷존 참조). 파워 슬램덩크, 레이업, 플로터, 짧은 거리 훅숏, 공격 리바운드 후 풋백이 득점의 대부분이다. 스트레치 빅맨을 선호하는 요즘 트렌드와는 맞지 않는 경향이 있다. 454만 달러.

SHOT ZONE

0	6	60 / 8 / 78 / 506 / 334	15	0
33%		59 / 66%	13%	
		147 / 22 / 41%		
2	0	9 / 33%	6	1
0%			17%	
		2		
2		0%	2	
0%			0%	

필드골 시도 564 / 204
필드골 성공 349 / 120 (37, 23; 137, 2)

● 점프숏, 풀업 점퍼 ● 레이업, 핑거롤 ● 페이드어웨이 ● 덩크, 앨리웁 ● 훅숏 ● 팁숏 ● 뱅크숏

DEFENSE PER GAME			REBOUNDS PER GAME		
림에서의 거리	DFG	DFG%	림에서의 거리	CR	UCR
3점숏	1.8	38.5%	0~0.9m	2.3	2.9
2점숏	5.6	53.8%	0.9~1.8m	1.7	2.9
0~1.8m	3.6	63.1%	1.8~3.0m	0.2	0.6
0~3.0m	4.3	58.4%	3.0m 이상	0.1	0.1
4.5m 이상	2.5	40.3%			

2023-24 디트로이트 61경기 평균 29.1분						항목 평점	TS	MS	3PS	FT	LU	DK	ID	OD	ST	BL
항목	PTS	RB	AS	ST	BL		B	C-	D-	D	C-	B+	C	D-	B-	B-
경기 평균	13.8	11.6	2.4	0.5	0.8	항목 평점	ORB	DRB	PS	BH	BQ	SP	PO	ED	HS	OG
36분 기준	17.0	14.4	3.0	0.7	1.0		B-	A	D-	D-	C-	C-	B-	A-	B-	C

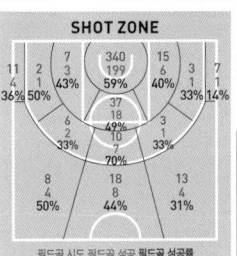 C 7 · Paul REED C-PF

폴 리드 — 1999.06.14 / 206cm

NBA 드래프트 : 2020년 2라운드 58번
NBA 우승 : 0회 / 파이널 MVP : 0회
시즌 MVP : 0회 / NBA 퍼스트팀 : 0회
미국

필라델피아 소속으로 부상 없이 한 시즌 82경기에 모두 출전했다. 선발 출전 58회, 교체 출전 24회였고, 출전 시간은 평균 19.4분이었다. 그리고 올여름 디트로이트로 이적했다. 리그 정상급 리바운더이고, 블락, 스틸, 스크린 세팅 등 허슬 플레이를 열심히 한다. 예전에 비해 파울 횟수도 줄었다. 득점은 대부분 림 근처에서 이뤄지지만, 패턴 플레이에서 이어지는 오픈 찬스 때 가끔 중장거리숏을 시도한다. 하지만 그건 제한적이다. 연봉은 772만 달러.

SHOT ZONE

11	2	53 / 13 / 340 / 199	6	3
36%	50%	41 / 43% / 59%	40%	33% / 14%
39	15	134 / 37 / 49%		
6		2 / 18 / 70%	3	
	33%	10	33%	
8	8	18	13	
50%		44%	31%	

필드골 시도 480 / 185
필드골 성공 259 / 104 (32, 19; 35, 6)

● 점프숏, 풀업 점퍼 ● 레이업, 핑거롤 ● 페이드어웨이 ● 덩크, 앨리웁 ● 훅숏 ● 팁숏 ● 뱅크숏

DEFENSE PER GAME			REBOUNDS PER GAME		
림에서의 거리	DFG	DFG%	림에서의 거리	CR	UCR
3점숏	0.9	36.9%	0~0.9m	1.5	0.7
2점숏	4.3	55.0%	0.9~1.8m	1.0	1.1
0~1.8m	3.0	60.8%	1.8~3.0m	0.3	0.8
0~3.0m	3.5	56.8%	3.0m 이상	0.1	0.3
4.5m 이상	1.3	39.8%			

2023-24 필라델피아 82경기 평균 19.4분						항목 평점	TS	MS	3PS	FT	LU	DK	ID	OD	ST	BL
항목	PTS	RB	AS	ST	BL		B	C	C-	B-	C-	B	D+	C-	B	B+
경기 평균	7.3	6.0	1.3	0.8	1.0	항목 평점	ORB	DRB	PS	BH	BQ	SP	PO	ED	HS	OG
36분 기준	13.6	11.0	2.5	1.5	1.9		B+	C+	D-	D-	D-	B-	A	C+		

DEFENSE pg			REBOUNDS pg		항목 & 평점																						
DFG	DFG%	CR	UCR	TS	MS	3PS	FT	LU	DK	ID	OD	ST	BL	ORG	OR3	ORB	DRG	DR3	DRB	PS	BH	BQ	SP	PO	ED	HS	OG
필드골 허용	필드골 허용율	유경쟁 리바운드	무경쟁 리바운드	터프샷 성공율	중장거리 슈팅	3점 슈팅	자유투 성공율	레이업 플로터	슬램 덩크	안쪽 수비	외곽 수비	스틸	블락	가드 공격RB	SF 공격RB	빅맨 공격RB	가드 수비RB	SF 수비RB	빅맨 수비RB	패스	볼 핸들링	농구 IQ	스피드 민첩성	파워	지구력	허슬 플레이	종합 평가

Bobi KLINTMAN — PF-C

(C) 34

바비 클린트만 · 2003.03.06 / 208cm

NBA 드래프트 : 2024년 2라운드 37번
NBA 우승 : 0회 · 파이널 MVP : 0회
스웨덴 · 시즌 MVP : 0회 · NBA 퍼스트팀 : 0회

웨이크 포리스트대 1학년을 마치고 올해 디트로이트에 2라운드 37번으로 지명되었다. 빅맨이면서도 중장거리 슈팅력을 갖췄다. 지난 시즌 NCAA에서 3점슛 36.8%, 자유투 74.3%의 성공률을 보였다. 또한, 안정된 볼 핸들링과 정확한 패스 능력을 선보인다. 오프-볼 커터로서 위력을 발휘한다. 운동능력이 뛰어나 1번~5번을 다 수비할 수 있다. 단지, 골밑에서 몸 싸움을 피하려는 경향이 있고, 점프슛 성공률에 기복이 있는 편이다. 연봉은 126만 달러.

SHOT ZONE

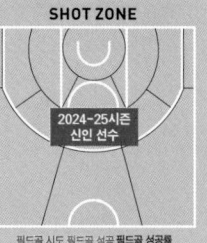

2024-25시즌 신인 선수

필드골 성공률

필드골 시도 0 시도

● 점프슛, 풀업 점퍼
● 레이업, 핑거롤
● 페이드어웨이
● 덩크, 앨리웁
● 훅슛
● 팁슛
● 뱅크슛

필드골 0 성공

DEFENSE PER GAME			REBOUNDS PER GAME		
림에서의 거리	DFG	DFG%	림에서의 거리	CR	UCR
3점슛			0~0.9m		
2점슛			0.9~1.8m		
0~1.8m			1.8~3.0m		
0~3.0m			3.0m 이상		
4.5m 이상					

필드골 시도 필드골 성공 **필드골 성공률**

2023-24시즌 기록 없음						항목 평점	TS	MS	3PS	FT	LU	DK	ID	OD	ST	BL
	PTS	RB	AS	ST	BL		—	—	—	—	—	—	—	—	—	—
경기 평균	—	—	—	—	—	항목 평점	OR	DR	PS	BH	BQ	SP	PO	ED	HS	OG
36분 기준	—	—	—	—	—		—	—	—	—	—	—	—	—	—	—

Cade CUNNINGHAM — PG-SG

(G) 2

케이드 커닝햄 · 2001.09.25 / 198cm

NBA 드래프트 : 2021년 1라운드 1번
NBA 우승 : 0회 · 파이널 MVP : 0회
미국 · 시즌 MVP : 0회 · NBA 퍼스트팀 : 0회

'육각형 듀얼가드'다. 198cm의 큰 키에 우수한 BQ와 넓은 코트비전을 지녔다. 과감한 풀업 점퍼, 번개처럼 빠르게 릴리스 하는 캐치&슛, 코트 전 지역에서 폭발하는 3점슛, 드라이빙 및 커팅에서 파생되는 레이업, 플로터, 핑거롤, 덩크 등 모든 득점 루트를 다 동원한다. 드리블이 안정돼 있고, 체인지 디렉션과 체인지 페이스를 잘 구사한다. 패스도 정확한 편. 퍼리미터 1대1 수비 및 팀 디펜스 응용력 모두 팀 내 최고 수준이다. 연봉은 1394만 달러.

SHOT ZONE

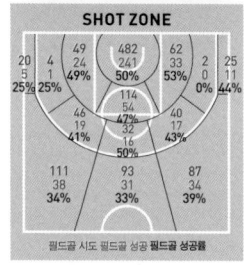

		49	482	62		
20	4	24	241	33	25	25
5	25%	25%	49%	50%	53%	0%	44%

114 54 47% 40 19 32 17 41% 16 43% 50%

111 93 87 38 31 34 34% 33% 39%

필드골 351 1167 692 시도

● 점프슛, 풀업 점퍼
● 레이업, 핑거롤
● 페이드어웨이
● 덩크, 앨리웁
● 훅슛
● 팁슛
● 뱅크슛

26 3 31 42 ... 18 23 1 7 11

필드골 178 524 286 성공

DEFENSE PER GAME			REBOUNDS PER GAME		
림에서의 거리	DFG	DFG%	림에서의 거리	CR	UCR
3점슛	1.7	33.2%	0~0.9m	0.3	0.3
2점슛	5.2	59.0%	0.9~1.8m	0.3	0.8
0~1.8m	3.7	65.0%	1.8~3.0m	0.3	1.0
0~3.0m	4.3	61.7%	3.0m 이상	0.1	1.1
4.5m 이상	2.0	35.1%			

필드골 시도 필드골 성공 **필드골 성공률**

2023-24 디트로이트 62경기 평균 33.5분						항목 평점	TS	MS	3PS	FT	LU	DK	ID	OD	ST	BL
	PTS	RB	AS	ST	BL		A-	B-	B+	B+	C	D	C	B	C-	D-
경기 평균	22.7	4.3	7.5	0.9	0.4	항목 평점	ORG	DRG	PS	BH	BQ	SP	PO	ED	HS	OG
36분 기준	24.4	4.7	8.1	1.0	0.4		D-	C+	D+	B	B	B	D-	A	A-	B

Jaden IVEY — SG

(G) 23

제이든 아이비 · 2002.02.13 / 193cm

NBA 드래프트 : 2022년 1라운드 5번
NBA 우승 : 0회 · 파이널 MVP : 0회
미국 · 시즌 MVP : 0회 · NBA 퍼스트팀 : 0회

리그 정상급 운동능력을 지닌 스윙맨. 코트를 엄청난 속도로 왕복하며 높은 점프력을 이용해 용수철처럼 튀어 올라 공격과 수비에 가담한다. 세컨드 스텝을 통한 순간 가속이 압도적이며, 이를 통해 돌파한다. 드라이빙에 이어지는 레이업, 핑거롤, 덩크, 플로터로 림을 공략한다. 3점슛도 주무기 중 하나. 좌우 코너보다 좌우 윙에서 훨씬 많이 던지고, 성공률도 높다. 퍼리미터 1대1 수비는 괜찮으나 팀 디펜스, 스틸 등은 부족하다. 연봉은 798만 달러.

SHOT ZONE

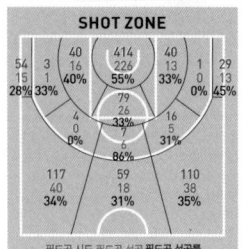

54	3	40	414	40		29
15	1	16	226	13	1	
28%	33%	40%	55%	33%	0%	45%

79 7% 4 33% 16 0 86% 5 31%

117 59 110 40 18 38 34% 31% 35%

15 29 19 11 필드골 327 973 572 시도

7 14 4 14 필드골 179 417 199 성공

● 점프슛, 풀업 점퍼
● 레이업, 핑거롤
● 페이드어웨이
● 덩크, 앨리웁
● 훅슛
● 팁슛
● 뱅크슛

DEFENSE PER GAME			REBOUNDS PER GAME		
림에서의 거리	DFG	DFG%	림에서의 거리	CR	UCR
3점슛	1.4	38.2%	0~0.9m	0.2	0.1
2점슛	3.8	53.7%	0.9~1.8m	0.3	0.5
0~1.8m	2.6	58.4%	1.8~3.0m	0.1	0.6
0~3.0m	3.1	55.9%	3.0m 이상	0.1	1.4
4.5m 이상	1.7	38.8%			

필드골 시도 필드골 성공 **필드골 성공률**

2023-24 디트로이트 74경기 평균 28.8분						항목 평점	TS	MS	3PS	FT	LU	DK	ID	OD	ST	BL
	PTS	RB	AS	ST	BL		C+	B-	C+	C+	B	B	C	C-	D+	D
경기 평균	15.4	3.4	3.8	0.7	0.5	항목 평점	ORG	DRG	PS	BH	BQ	SP	PO	ED	HS	OG
36분 기준	19.2	4.3	4.8	0.9	0.6		B	D-	B	B	C	A	D-	B	C	C

Ausar THOMPSON — SG-SF

(G) 9

어사 톰슨 · 2003.01.30 / 198cm

NBA 드래프트 : 2023년 1라운드 5번
NBA 우승 : 0회 · 파이널 MVP : 0회
미국 · 시즌 MVP : 0회 · NBA 퍼스트팀 : 0회

2024년 3월 20일, 혈전이 발견돼 수술을 받았다. 천만다행으로 성공적으로 완치됐다. 건강한 탐슨은 리그 최고 수준의 운동능력과 수비력을 선보인다. BQ가 우수하기에 예측을 잘 하며, 퍼리미터 1대1 수비, 스틸, 팀 디펜스 모두 압도적이다. 또한, 가드 중 최고 수준의 리바운드 실력을 갖췄다. 그러나 "Limited Offensively"다. 덩크, 레이업, 핑거롤 등 림 근처에서 득점이 이뤄진다. 지난 시즌 3점슛 18.6%(!), 자유투 59.7%(!)였다. 연봉은 838만 달러.

SHOT ZONE

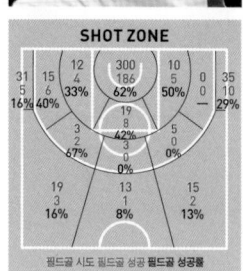

31	15	12	300	15		35
5	4	186	2			
16%	40%	33%	62%	50%	—	29%

3 42% 0 67% 0%

19 13 15 3 1 3 16% 8% 13%

6 44 12 77 필드골 173 23 480 145

2 18 43 72 232 81 11

● 점프슛, 풀업 점퍼
● 레이업, 핑거롤
● 페이드어웨이
● 덩크, 앨리웁
● 훅슛
● 팁슛
● 뱅크슛

5

DEFENSE PER GAME			REBOUNDS PER GAME		
림에서의 거리	DFG	DFG%	림에서의 거리	CR	UCR
3점슛	1.4	40.0%	0~0.9m	0.7	0.9
2점슛	3.7	52.5%	0.9~1.8m	0.8	1.5
0~1.8m	2.4	58.4%	1.8~3.0m	0.4	0.9
0~3.0m	2.8	53.2%	3.0m 이상	0.1	0.9
4.5m 이상	1.8	42.3%			

필드골 시도 필드골 성공 **필드골 성공률**

2023-24 디트로이트 63경기 평균 25.1분						항목 평점	TS	MS	3PS	FT	LU	DK	ID	OD	ST	BL
	PTS	RB	AS	ST	BL		A-	D	D-	B	A	B+	B	A-	A	B-
경기 평균	8.8	6.4	1.9	1.1	0.9	항목 평점	ORG	DRG	PS	BH	BQ	SP	PO	ED	HS	OG
36분 기준	12.6	9.1	2.7	1.5	1.3		A+	A	C	B-	C	A-	A	A	A	C+

DEFENSE pg		REBOUNDS pg		항목 & 평점																											
DFG	DFG%	CR	UCR	TS	MS	3PS	FT	LU	DK	ID	OD	ST	BL	ORG	OR3	ORB	DRG	DR3	DRB	PS	BH	BQ	SP	PO	ED	HS	OG
필드골 허용	필드골 허용률	유경쟁 리바운드	무경쟁 리바운드	타투샷 성공률	중거리 슈팅	3점 슈팅	자유투 성공률	레이업 플로터	덩크	안쪽 수비	외곽 수비	스틸	블락	가드 공격RB	SF 공격RB	빅맨 공격RB	가드 수비RB	SF 수비RB	빅맨 수비RB	패스	볼 핸들링	농구 IQ	스피드 민첩성	파워	지구력	허슬 플레이	종합 평가

(G) 25 Marcus SASSER — PG
마커스 세이서
2000.09.21 / 188cm

NBA 드래프트: 2023년 1라운드 25번
NBA 우승: 0회 / **파이널 MVP**: 0회
🇺🇸 미국
시즌 MVP: 0회 / **NBA 퍼스트팀**: 0회

지난 시즌 팀의 백업 포인트가드로 평균 19분 출전해 8.3점, 3.3어시스트를 기록했다. 올 시즌에도 그의 역할은 변함이 없을 것이다. 세이서는 언더사이즈 콤보 가드. 과감한 풀업 점퍼는 최강의 무기다. 또한, 캐치&슛을 활용한 3점슛, 드라이빙 플로터, 드라이빙 레이업, 스텝백 점퍼도 자주 구사한다. 화려하지는 않지만 안정된 볼 핸들링을 구사한다. 다양한 허슬 플레이도 그의 몫이다. 퍼리미터 1대1 수비는 나쁘지 않다. 연봉은 276만 달러.

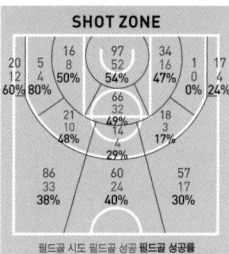

SHOT ZONE

20	5	16	97	34	6	17	
12	4	52	16	1			
60%	80%	50%	54%	47%	0%	24%	
		66					
		32	49%				
	21	14	17%				
	48%	29%					
86		60		57			
33		24		17			
38%		40%		30%			

필드골 시도 필드골 성공 **필드골 성공률**

필드골 시도 **512** / 442
필드골 성공 **219** / 176

DEFENSE PER GAME			REBOUNDS PER GAME		
림에서의 거리	DFG	DFG%	림에서의 거리	CR	UCR
3점슛	0.9	34.9%	0~0.9m	0.0	0.0
2점슛	2.5	57.4%	0.9~1.8m	0.0	0.3
0~1.8m	1.6	70.3%	1.8~3.0m	0.0	0.6
0~3.0m	1.9	63.2%	3.0m 이상	0.0	0.8
4.5m 이상	1.1	36.2%			

2023-24 디트로이트 71경기 평균 19.0분					
항목	PTS	RB	AS	ST	BL
경기 평균	8.3	1.8	3.3	0.6	0.2
36분 기준	15.6	3.3	6.3	1.2	0.3

항목	TS	MS	3PS	FT	LU	DK	ID	OD	ST	BL
평점	A-	B-	B+	B+	B-	D-	D-	C-	C+	-
항목	ORG	DRG	PS	BH	BQ	SP	PO	ED	HS	OG
평점	D-	D-	C	B-	C	D-	B	B	C

(G) 00 Ron HOLLAND — SG-SF
론 홀랜드
2005.07.07 / 203cm

NBA 드래프트: 2024년 1라운드 5번
NBA 우승: 0회 / **파이널 MVP**: 0회
🇺🇸 미국
시즌 MVP: 0회 / **NBA 퍼스트팀**: 0회

NBA G리그 이그나이트 소속으로 2023-24시즌 29경기에 출전했다. 그리고 2024 NBA 드래프트를 신청해 디트로이트에 1라운드 5번으로 지명됐다. 203cm의 장신 스윙맨으로 다양한 재능을 선보일 것이다. 폭발적인 대시로 트랜지션 게임에서 마무리한다. 캐치&슈터로 자신 있게 중장거리 슈팅을 구사한다. 퍼리미터 1대1 수비 능력은 NBA에 바로 적응할 수 있을 정도로 수준급에 올라 있다. 단지, 턴오버가 많은 게 약점이다. 연봉은 825만 달러.

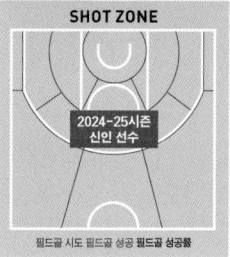

SHOT ZONE

2024-25시즌 신인 선수

필드골 시도 **0**
필드골 성공 **0**

DEFENSE PER GAME			REBOUNDS PER GAME		
림에서의 거리	DFG	DFG%	림에서의 거리	CR	UCR
3점슛	—	—	0~0.9m	—	—
2점슛	—	—	0.9~1.8m	—	—
0~1.8m	—	—	1.8~3.0m	—	—
0~3.0m	—	—	3.0m 이상	—	—
4.5m 이상	—	—			

2023-24시즌 기록 없음					
항목	PTS	RB	AS	ST	BL
경기 평균	—	—	—	—	—
36분 기준	—	—	—	—	—

항목	TS	MS	3PS	FT	LU	DK	ID	OD	ST	BL
평점	—	—	—	—	—	—	—	—	—	—
항목	OR	DR	PS	BH	BQ	SP	PO	ED	HS	OG
평점	—	—	—	—	—	—	—	—	—	—

(G) 31 Evan FOURNIER — SG-SF
에반 포니에
1992.10.29 / 198cm

NBA 드래프트: 2012년 1라운드 20번
NBA 우승: 0회 / **파이널 MVP**: 0회
🇫🇷 프랑스
시즌 MVP: 0회 / **NBA 퍼스트팀**: 0회

FIBA와 프랑스 대표팀에서는 나름대로 인기 있는 스타다. 슈팅에 일가견이 있는 스윙맨이다. 3점슛 성공률은 커리어 통산 37.5%에 이른다. 풀업 점퍼와 캐치&슛에 모두 능하다. 언제 어느 상황에서든 자신 있게 슛을 던진다. 가끔 림을 직접 공략하기도 한다. 슈팅 위주의 간결한 플레이를 펼치기에 어시스트 숫자는 많지 않다. 화려하지는 않지만 비교적 안정적으로 볼을 핸들링한다. 약점은 수비. 사이드 스텝이 느리고 상대의 돌파를 막는 데 한계가 있다.

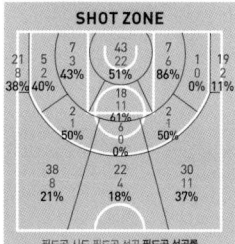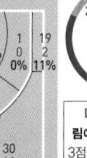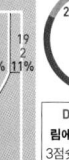

SHOT ZONE

21	7	43	7	6	19	
8	2	22	6	1		
38%	40%	43%	51%	86%	0%	11%
		18				
		11	61%			
	2	7				
	50%	0%		50%		
38		22		30		
8		4		11		
21%		18%		37%		

필드골 시도 필드골 성공 **필드골 성공률**

필드골 시도 **221** / 182
필드골 성공 **79** / 63

DEFENSE PER GAME			REBOUNDS PER GAME		
림에서의 거리	DFG	DFG%	림에서의 거리	CR	UCR
3점슛	0.8	30.0%	0~0.9m	0.0	0.1
2점슛	2.4	59.2%	0.9~1.8m	0.1	0.1
0~1.8m	1.6	65.8%	1.8~3.0m	0.1	0.7
0~3.0m	2.0	61.5%	3.0m 이상	0.0	0.6
4.5m 이상	0.9	31.5%			

2023-24 뉴욕+디트로이트 32경기 평균 18.1분					
항목	PTS	RB	AS	ST	BL
경기 평균	6.9	1.8	1.5	0.9	0.2
36분 기준	13.7	3.6	3.0	1.8	0.4

항목	TS	MS	3PS	FT	LU	DK	ID	OD	ST	BL
평점	A-	B-	B+	C	B-	D-	D-	D+	B+	D-
항목	ORG	DRG	PS	BH	BQ	SP	PO	ED	HS	OG
평점	D-	D-	C	B-	C	C	D-	A-	B-	C

INDIANA PACERS
2024-25 REGULAR SEASON SCHEDULE

(DETROIT PISTONS)

OCTOBER, 2024
Oct. 24 @ Detroit
Oct. 26 @ New York
Oct. 28 vs. Philadelphia
Oct. 29 @ Orlando
Oct. 31 vs. Boston

NOVEMBER, 2024
Nov. 2 @ New Orleans
Nov. 5 @ Dallas
Nov. 7 vs. Orlando
Nov. 9 @ Charlotte
Nov. 11 vs. New York
Nov. 14 vs. Orlando
Nov. 16 vs. Miami
Nov. 18 vs. Miami
Nov. 19 vs. Toronto
Nov. 21 @ Houston
Nov. 23 @ Milwaukee
Nov. 25 vs. Washington
Nov. 26 vs. New Orleans
Nov. 28 vs. Portland
Nov. 30 vs. Detroit

DECEMBER, 2024
Dec. 2 @ Memphis
Dec. 3 @ Toronto
Dec. 5 @ Brooklyn
Dec. 7 @ Chicago
Dec. 9 vs. Charlotte
Dec. 20 @ Phoenix

Dec. 23 @ Sacramento
Dec. 24 @ Golden State
Dec. 27 vs. Oklahoma City
Dec. 28 @ Boston
Dec. 30 @ Boston

JANUARY, 2025
Jan. 1 vs. Milwaukee
Jan. 3 @ Miami
Jan. 5 vs. Phoenix
Jan. 7 vs. Brooklyn
Jan. 9 vs. Chicago
Jan. 11 vs. Golden State
Jan. 13 @ Cleveland
Jan. 15 vs. Cleveland
Jan. 17 vs. Detroit
Jan. 19 vs. Philadelphia
Jan. 24 vs. San Antonio
Jan. 26 vs. San Antonio
Jan. 30 vs. Detroit

FEBRUARY, 2025
Feb. 2 vs. Atlanta
Feb. 4 @ Utah
Feb. 5 @ Portland
Feb. 7 @ LA Clippers
Feb. 9 @ LA Lakers
Feb. 12 vs. New York
Feb. 13 @ Washington
Feb. 21 vs. Memphis
Feb. 24 vs. LA Clippers

Feb. 25 vs. Denver
Feb. 27 vs. Toronto

MARCH, 2025
Mar. 1 @ Miami
Mar. 3 vs. Chicago
Mar. 5 vs. Houston
Mar. 7 @ Atlanta
Mar. 9 @ Atlanta
Mar. 11 @ Chicago
Mar. 12 vs. Milwaukee
Mar. 15 @ Philadelphia
Mar. 16 vs. Milwaukee
Mar. 18 @ Minnesota
Mar. 19 vs. Dallas
Mar. 21 vs. Brooklyn
Mar. 23 vs. Brooklyn
Mar. 25 vs. Minnesota
Mar. 27 vs. LA Lakers
Mar. 28 @ Washington
Mar. 30 vs. Oklahoma City

APRIL, 2025
Apr. 1 vs. Sacramento
Apr. 3 vs. Charlotte
Apr. 5 vs. Utah
Apr. 7 vs. Denver
Apr. 9 vs. Washington
Apr. 11 vs. Cleveland
Apr. 12 vs. Orlando
Apr. 14 @ Cleveland

INDIANA PACERS

前途有望·젊은팀 육성 정상 도전

뜻풀이 앞으로의 전망이 밝은 인재나 분야, 혹은 그러한 일이 일어날 것이라는 예상이다. 인디애나는 젊은 선수들이 주축이기에 미래가 밝은 팀이다.

폭발적인 공격 농구, 희망 안겨

지난 시즌 140점 이상만 11번 기록할 정도로 폭발적이었다. 페이스가 굉장히 극단적이었는데도 실책이 적었다. 달리는 농구의 선봉에는 할리버튼이 섰다. 빠른 페이스에도 안정적으로 경기를 풀며 성적과 재미, 두 가지 선물을 선사했다. 할리버튼도 두 시즌 연속 평균 20점 동반 득점-어시스트 더블더블을 기록했다. 매서린, 네스미스, 넴하드 등 25세 이하 기대주들의 성장이 이어진 가운데, 트레이드로 가세한 파스칼 시아캄도 빠르게 적응하며 할리버튼의 부담을 덜어주었다.

성공적이었던 여름 이적 시장

FA로 풀린 시아캄과의 계약은 인디애나가 어디를 바라보고 있는지 방향을 명확히 설정했음을 보여줬다. 바로 정상 도전이다. 젊은 팀을 잘 키워서 수년 내로 정상에 도전하겠다는 의지다. 토핀, 넴하드, 맥코넬 등 젊은 핵심도 붙잡았으며 '보디가드' 제임스 존슨도 남겼다. 식스맨이었던 제일런 스미스 이적이 아쉬운 가운데, '비운의 1순위' 제임스 와이즈먼이 터너, 아이재아 잭슨의 새 파트너가 됐다. 보장된 계약 기간은 단 1년. 명예회복이 동기부여 요소가 될지 궁금하다.

'대체 불가' 할리버튼의 존재감

팀 운명은 여전히 할리버튼에게 달려있다. 시즌 마지막까지 건강을 유지해야 한다. PO에서는 보스턴을 만나 3~4차전을 내리 쉬었다. 2경기 모두 겨우 3점 차로 졌으니 참 아쉬운 결과다. 만일 할리버튼이 건강하게 시즌을 소화한다면 50승 이상, 더 높은 시드도 기대할 수 있다. 다만, 인디애나의 팀 수비는 여전히 불안하다. 실점(120.2점)도 우승을 바라보는 팀치고는 너무 많다. 리바운드도 꼴찌였다. 다가오는 시즌에 얼마나 개선할 수 있을지 지켜봐야 한다.

CLUB INFORMATION

 Founded 구단 창립 1967년

 Owner 허브 사이먼 1934.10.23

 CEO 케빈 프리차드

 Head Coach 릭 칼라일 1959.10.27

 24-25 Odds 벳365 : 50배 윌리엄힐 : 50배

 Nationality ● 미국 선수 11명 ● 외국 선수 4명

 Age 15명 평균 25.0세

 Height 15명 평균 201.9cm

 **Weight** 15명 평균 97.2kg

 Salary 15명 평균 1140만 달러

 Win 2023-24 : 47승 통산 : 2357승

 Loss 2023-24 : 35패 통산 : 2255패

 Winning% 2023-24 : 57.3% 통산 : 51.1%

 **Play-Off** PO 진출 : 37회 PO 탈락 : 21회

 Titles NBA우승 : 0회 ABA우승 : 3회

  Top Scorer 파스칼 시아캄 평균 21.3점

 More Rebounds 파스칼 시아캄 평균 7.8RB

 More Assists 타이리스 할리버튼 평균 10.9AS

 More Steals 타이리스 할리버튼 평균 1.2스틸

 More Blocks 마일스 터너 평균 1.9블록

*항목별 1위는 지난 시즌 인디애나 소속으로 42경기 이상 출전한 선수 중 선별

Association	Icon	Statement	City

HEAD COACH & STADIUM

Rick CARLISLE 릭 칼라일

생년월일 : 1959.10.27 / **출생지** : 미국 뉴욕주 오그덴스버그
경력 : 1989~1994년 뉴저지 네츠 코치 / 1994~1997년 포틀랜드 트레일블레이저스 코치 / 1997~2000년 인디애나 페이서스 코치

리스본 센트럴고를 졸업하고, 1979년 메인대에 입학해 2년을 다녔다. 1982년에 버지니아대로 편입해 졸업했다. 버지니아대 시절인 1984년, 소속팀 공동 주장을 맡아 팀의 파이널4 진출에 힘을 보탰다. 1984년 보스턴에 입단했고, 1986년에는 팀의 NBA 우승에 일조했다. 1989년 뉴저지에서 은퇴한 그는 곧바로 그 팀 어시스턴트가 되면서 지도자로 출발했다. 1994년 포틀랜드, 1997년 인디애나에서 어시스턴트로 일했다. 디트로이트 감독 시절이던 2001~2003년에는 100승 64패를 기록하며 두 번 센트럴 디비전 타이틀을 차지했고, 2002년에는 NBA 올해의 감독상을 받았다. 인디애나 시절이던 2003~2007년에는 181승 147패를 기록하며 팀을 3년 연속 PO 무대로 이끌었다. 그리고 2008~2021년에 걸친 댈러스 시절. 이때 그는 정규시즌 555승 478패, PO 9회 출전, 2011년 NBA 우승까지 견인했다. 댈러스와 계약을 끝낸 후 2021년 6월 24일, 인디애나의 제17대 감독으로 부임했다.

GAINBRIDGE FIELDHOUSE

구장 오픈 : 1999년 11월 6일
구장 증개축 : 2020~2022년
오너 : 인디애나 자본개선위원회
수용인원 : 1만 7274명
건축비용 : 1억 8300만달러
　(현재 가치) 3억 5500만달러

인디애나폴리스는 미국에서 가장 빠르게 성장하는 도시다. 게인브릿지 필드하우스는 이 도시의 스카이라인을 배경으로 만들어진 상징적인 건축물이다. 이 최첨단 시설은 매년 스포츠뿐만 아니라 550회의 공연, 다양한 전시회, 게임대회를 개최하며 200만 명 이상의 고객이 다녀가는 최고의 장소가 되었다. 페이서스 홈구장이 된 건 지난 1999~2000시즌부터다.

REGULAR SEASON RANKING LAST 10YEARS

14-15	15-16	16-17	17-18	18-19	19-20	20-21	21-22	22-23	23-24
20	11	14	8	12	7	18	26	24	13
38승 44패	45승 37패	42승 40패	48승 34패	48승 34패	45승 28패	34승 38패	25승 57패	35승 47패	47승 35패

TEAM POTENTIAL

80점

5위

하프코트 세트오펜스 8점	트랜지션 오펜스 9점	하프코트 세트디펜스 7점
트랜지션 디펜스 7점	리바운드 7점	
선수층 8점	선수 경험치 8점	감독 리더십 8점
감독 전술 9점	프런트 9점	

*각 항목은 10점 만점, 평점은 NBA 30팀 사이 상대평가

우승 ODDS	배당	순위
bet 365	50배	16위
Paddy Power	45배	15위
William Hill	50배	16위

OFFENSIVE STYLE
트랜지션 오펜스 ●——— 하프코트 세트오펜스

DEFENSIVE STYLE
하이 프레스 ———●—— 하프코트 디펜스

Player's Functions

Ball Handlers	Pull-Ups	Catch & Shoot
T.할리버튼	T.할리버튼	T.할리버튼
A.님바드	TJ.맥코넬	A.님바드
TJ.맥코넬	B.매서린	M.터너

3 Pointers	Slam Dunkers	Free Throw
A.님바드	O.토핀	T.할리버튼
A.니스미스	I.잭슨	B.매서린
T.할리버튼	J.와이즈먼	M.터너

Rebounders	1-1 Defenders	Ball Stealers
I.잭슨	P.시아캄	TJ.맥코넬
J.와이즈먼	M.터너	J.워커
M.터너	TJ.맥코넬	J.존슨

Key Passes	Hustle Players	Rim Protectors
T.할리버튼	J.존슨	I.잭슨
TJ.맥코넬	T.할리버튼	M.터너
A.님바드	P.시아캄	J.워커

SQUAD & TACTICS

STARTERS

PF
파스칼 시아캄
33.2분, 21.7점
7.1RB, 4.3AS

C
마일스 터너
27.0분, 17.1점
6.9RB, 1.3AS

SF
애런 니스미스
27.7분, 12.2점
3.8RB, 1.5AS

SG
앤드류 님바드
25.0분, 9.2점
2.1RB, 4.1AS

PG
타이리스 할리버튼
32.2분, 20.1점
3.9RB, 10.9AS

OFF THE BENCH

PG
TJ 맥코넬
18.2분, 10.2점
2.7RB, 5.5AS

SG
벤 셰퍼드
14.3분, 4.4점
1.6RB, 0.9AS

SF
벤 매서린
26.1분, 14.5점
4.0RB, 2.0AS

PF
오비 토핀
21.1분, 10.3점
3.9RB, 1.6AS

C
아이재이아 잭슨
13.1분, 6.5점
4.0RB, 0.8AS

G 켄달 브라운
G 조니 퍼피
F 제임스 존슨
F 제러스 워커
C 제임스 와이즈먼

OFFENSE MECHANISM

정규시즌부터 플레이오프까지 한결같은 공격 페이스를 유지했다. NBA 최고의 '비이기적인' 트랜지션 농구를 선보였다. 많이 뿌리고(패스횟수 1위), 많이 파고들었다(돌파 1위). 코트를 넓게 쓰며 누구든 찬스가 나면 망설임 없이 득점을 시도했다. 시아캄의 합류는 매치업 상대들을 더 숨차게 만들었다. 속공이 발생하면 누구보다 빠르게 질주하며 찬스를 만들었다. 백코트는 게임 스피드와 어시스트 대비 실수가 적었다. 특히 할리버튼의 정확한 판단은 동료들을 더 달리게 했다. 돌파, 외곽, 3점슛 등 선택지가 많다보니 더 위력적이었다. 맥코넬 역시 할리버튼의 부담을 덜어주며 매치업의 빈공간을 공략했다. 토핀, 터너도 매치업이 정돈되지 않은 틈을 누구보다 잘 공략할 수 있는 자원들이었다.

DEFENSE MECHANISM

공격은 최고였지만 수비는 하위권이었다. 140점, 150점을 올린 날도 있지만 반대로 150점을 내준 경기도 많았다. 정규시즌 동안 130점 이상 실점 경기가 단 15번이었다. 가장 취약점을 보인 부분은 2대2 플레이를 비롯해 스크린이 동반되는 상황에서의 수비. 더 기민하고 조직적이어야 하는데, 컨테스트나 범핑, 헬프 시도가 적극적이지 못했다. 칼라일 감독이 수비를 포기하진 않았다. 트랜드와 선수 구성(특히 연령대)을 생각했을 때 최선이라 생각했던 시스템을 극단적으로 강조한 것으로 해석할 수 있다. 2024~25시즌의 목표는 '평균' 정도의 수비팀이 되는 것이다. 따라서 더 많은 제러스 워커 같은 벤치 자원들의 공헌이 더 필요하다. 현재 공격 템포를 유지하고 또 수비까지 꾸준히 힘을 쏟기란 불가능하다.

2023-24 SEASON PERFORMANCE

INDIANA PACERS vs. OPPONENTS PER GAME STATS

인디애나 vs 상대팀

	득실점	F↑ 필드골성공	FG% 필드골	3↑ 3점슛성공	3P% 3점슛 %	⊖ 자유투성공	FT% 자유투	OR 공격리바운드	RB 리바운드	A↑ 어시스트	🦹 스틸	🏀 블락	↩ 턴오버	🔷 파울
인디애나	123.3	47.0	50.7%	13.2	37.4%	16.1	78.2%	10.1	41.5	30.8	7.7	5.9	12.9	21.4
상대팀	120.2	44.5	49.6%	10.7	36.5%	20.5	78.7%	11.0	43.4	24.6	6.6	5.4	13.9	18.3

LINE-UP

* 인디애나는 지난 시즌 총 535개의 라인업을 가동시켰다. 그중 출전 시간이 가장 길었던 20개를 골라 게재했다.

5-MEN COMBINATION	MIN	PPG	RPG	APG
M. Turner - P. Siakam - A. Nembhard - T. Haliburton - A. Nesmith	444	43.1	16	11.6
M. Turner - B. Hield - B. Brown - O. Toppin - T. Haliburton	171	29.7	9.4	7.9
M. Turner - B. Brown - O. Toppin - T. Haliburton - B. Mathurin	148	19.5	6.5	4.4
M. Turner - P. Siakam - A. Nembhard - T. Haliburton - B. Mathurin	104	27.1	11.7	6.4
T. McConnell - B. Hield - O. Toppin - I. Jackson - B. Mathurin	72	15.1	4.7	3.9
M. Turner - B. Hield - B. Brown - T. Haliburton - A. Nesmith	55	14.6	3.8	2.8
M. Turner - T. Haliburton - A. Nesmith - B. Mathurin	55	8.4	2.9	1.9
M. Turner - B. Hield - P. Siakam - A. Nembhard - A. Nesmith	52	23.7	6.8	6
D. McDermott - T. McConnell - O. Toppin - J. Smith - B. Sheppard	45	15.7	4.7	5
M. Turner - B. Hield - P. Siakam - T. Haliburton - A. Nesmith	45	46	16	12.3
D. McDermott - T. McConnell - O. Toppin - I. Jackson - B. Sheppard	44	15	5	3.8
P. Siakam - A. Nembhard - T. Haliburton - A. Nesmith - J. Smith	39	7.6	2.9	1.8
T. McConnell - O. Toppin - J. Smith - B. Mathurin - B. Sheppard	37	12	4.1	2.3
M. Turner - A. Nembhard - O. Toppin - T. Haliburton - A. Nesmith	36	7.7	2.3	2.1
M. Turner - B. Brown - T. Haliburton - A. Nesmith - J. Smith	35	27.3	8.3	8.8
M. Turner - P. Siakam - A. Nembhard - T. Haliburton - B. Sheppard	35	17.2	5.4	5.4
M. Turner - P. Siakam - A. Nembhard - A. Nesmith - B. Sheppard	35	8.9	2.6	2.1
M. Turner - B. Hield - T. Haliburton - A. Nesmith - B. Mathurin	33	7.9	3.1	1.7
T. McConnell - O. Toppin - T. Haliburton - J. Smith - B. Sheppard	33	6.8	2.1	1.6
P. Siakam - A. Nembhard - T. Haliburton - A. Nesmith - I. Jackson	32	10.8	2.6	2.5

PASS COMBINATIONS

→ 해당 선수가 경기당 동료로부터 패스 받은 횟수
→ 해당 선수가 경기당 동료들에게 패스 해준 횟수

받은 →	선수	→ 해준
71.6 →	타이리스 할리버튼	→ 70.3
43.0 →	TJ 맥코넬	→ 40.5
32.6 →	버디 힐드	→ 37.9
38.5 →	앤드류 님바드	→ 36.1
38.4 →	파스칼 시아캄	→ 33.9
31.2 →	브루스 브라운	→ 33.1
24.2 →	애런 니스미스	→ 28.0
30.2 →	벤 매서린	→ 26.3
19.1 →	오비 토핀	→ 23.3
26.9 →	마일스 터너	→ 21.8
15.2 →	벤 셰퍼드	→ 17.0
14.8 →	제일런 스미스	→ 16.8
11.7 →	제러스 워커	→ 12.3
12.6 →	더그 맥더못	→ 12.2
9.8 →	아이재이아 잭슨	→ 11.0
10.4 →	조던 워라	→ 9.2
10.0 →	아이재이아 윙	→ 7.0
7.5 →	제임스 존슨	→ 6.9
4.7 →	튼 잭슨	→ 6.3
8.0 →	대니얼 타이스	→ 5.0
5.1 →	켄달 브라운	→ 4.8
3.5 →	오스카 시브웨	→ 3.6

2023-24 RANKING

* 는 수치가 낮을수록 랭킹이 높아짐

인디애나	랭킹	GENERAL	상대팀*	랭킹
123.3	1위	득점 / 실점	120.2	27위
41.5	28위	리바운드	43.4	15위
30.8	1위	어시스트	24.6	4위
7.7	11위	스틸	6.6	4위
5.9	8위	블락	5.4	21위

득점	랭킹	PLAYTYPE	실점*	랭킹
4.9	26위	아이솔레이션	9.2	29위
26.2	2위	트랜지션	21.4	15위
19.7	4위	픽&롤 볼핸들러	21.2	30위
10.6	1위	픽&롤 롤맨	7.6	20위
4.4	14위	포스트-업	6.6	30위
28.8	9위	스팟-업	21.6	1위
4.3	20위	핸드오프	6.3	28위
10.9	9위	커팅	—	—
2.9	32위	오프 스크린	4.8	28위
7.2	7위	풋백	7.6	28위
2.9	18위	기타	—	—

SHOT ZONE

구간별 슈팅 및 성공률

SHOT ZONE

329 / 129 / 39%	20 / 101 / 35%	206 / 2091 / 49%	3340 / 2091 / 63%	324 / 153 / 47%	49 / 26 / 53%	376 / 158 / 42%

472 / 242 / 51%
68 / 110 / 47% — 119 / 66 / 56%
55 / 50%
770 / 284 / 37% — 689 / 272 / 40% — 716 / 239 / 33%

필드골 시도 필드골 성공 **필드골 성공률**

항목	FGA	FGM	FG%	3PA	3PM	3P%
캐치&슛	26.9	10.9	40.5%	24.9	9.7	38.8%
풀업	21.9	9.1	41.8%	9.9	3.4	33.7%
3m 안쪽	43.8	26.9	61.4%	—	—	—
TOTAL	92.7	47.0	50.7%	35.2	13.2	37.4%

SHOT REPERTORIES

필드골 시도

1.4 / 2.4 / 5.2 / 2.3 / 3.0 / 27.7 평균 **92.7** 50.7 / 11.5 / 11.7

- 점프슛, 풀업 점퍼
- 레이업, 핑거롤
- 페이드어웨이
- 덩크, 앨리웁 덩크
- 훅슛
- 팁슛
- 뱅크슛

드리블과 슈팅 시도

10.2 / 17.9 평균 **92.7** 41.4 / 11.5 / 11.7

- 0드리블 + 슈팅
- 1드리블 + 슈팅
- 2드리블 + 슈팅
- 3~6드리블 + 슈팅
- 7+드리블 + 슈팅

필드골 성공

0.8 / 1.2 / 1.4 / 4.8 / 1.3 평균 **47.0** 21.0 / 16.5

드리블과 슈팅 성공

5.3 / 8.5 평균 **47.0** 21.2 / 6.0 / 6.0

SHOOTING

필드골 시도

8.5 / 27.3 평균 **92.7** / 23.3 33.6

공격수와 수비수의 거리
- 0~0.6m
- 0.6~1.2m
- 1.2~1.8m
- 1.8m 이상

필드골 시도

7.0 2.8 / 8.5 15.2 평균 **92.7** 18.0 / 41.2

남은 시간
- 22~24초
- 18~22초
- 15~18초
- 7~15초
- 4~7초
- 0~4초

필드골 성공

4.1 / 12.2 평균 **47.0** / 11.6 19.1

필드골 성공

2.7 1.9 / 3.9 8.1 평균 **47.0** 9.4 / 21.0

OPPONENT SHOOTING

상대 필드골 시도

16.5 9.7 평균 **89.8** / 25.6 37.7

공격수와 수비수의 거리
- 0~0.6m
- 0.6~1.2m
- 1.2~1.8m
- 1.8m 이상

상대 필드골 시도

7.4 2.9 10.7 / 9.0 평균 **89.8** 14.3 / 45.1

남은 시간
- 22~24초
- 18~22초
- 15~18초
- 7~15초
- 4~7초
- 0~4초

필드골 허용

7.2 4.5 평균 **44.5** / 12.5 20.3

필드골 허용

2.8 1.6 5.6 / 4.3 평균 **44.5** 7.6 / 22.6

CONTESTED REBOUNDS

공격 리바운드
0.5 / 0.6 평균 **5.2** 2.2 / 1.9

수비 리바운드
0.4 / 1.1 평균 **6.9** 2.5 / 2.9

UNCONTESTED REBOUNDS

공격 리바운드
0.8 / 2.5 평균 **4.8** 0.8 / 0.7

수비 리바운드
4.9 4.2 / 5.9 평균 **23.9** / 8.9

림 아래부터 리바운드 위치까지의 거리
● 0~0.9m ● 0.9~1.8m ● 1.8~3m ● 3m 이상

림 아래부터 리바운드 위치까지의 거리
● 0~0.9m ● 0.9~1.8m ● 1.8~3m ● 3m 이상

DEFENSE OF 47 WINS

필드골 허용 %
47.4%

3점슛 허용 %
33.4%

상대 필드골 시도 90.6 / 필드골 허용 43.0
상대 3점슛 시도 30.3 / 3점슛 허용 10.1

DEFENSE OF 35 LOSSES

필드골 허용 %
52.7%

3점슛 허용 %
40.9%

상대 필드골 시도 88.6 / 필드골 허용 46.7
상대 3점슛 시도 28.1 / 3점슛 허용 11.5

DEFENSE pg		REBOUNDS pg				항목 & 평점																	
DFG	DFG%	CR	UCR			TS	MS	3PS	FT	LU	DK	ID	OD	ST	BL	ORG	DRG	DR3	DRB	PS	BH	BQ	SP	PO	ED	HS	OG
필드골 허용	필드골 허용률	유경쟁 리바운드	무경쟁 리바운드			터프샷 성공률	중거리 슈팅	3점 슈팅	자유투 성공률	레이업 플로터	슬램 덩크	안쪽 수비	외곽 수비	스틸	블락	가드 공격RB	SF 공격RB	빅맨 공격RB	가드 수비RB	SF 수비RB	빅맨 수비RB	패스	볼 핸들링	농구 IQ	스피드 민첩성	파워	지구력	허슬 플레이	종합 평가

F 43 Pascal SIAKAM — PF
파스칼 시아캄
1994.04.02 / 203cm

NBA 드래프트 : 2016년 1라운드 27번
NBA 우승 : 1회 / 파이널 MVP : 0회
카메룬
시즌 MVP : 0회 / NBA 퍼스트팀 : 0회

올어라운드 파워포워드. 지난 시즌 전반기에는 토론토에서 39경기에 인디애나로 이적한 후에는 41경기에 각각 출전했다. 시아캄은 폭발적인 질주하는 득점 기계다. 무빙 혹은 드라이빙에서 나오는 덩크, 레이업, 핑거롤, 플로터는 하이라이트 필름이다. 클러치 상황에 터지는 그의 중장거리 슈팅도 압도적이다. 인사이드 1대1 수비와 페리미터 1대1 수비 모두 평균 이상이다. BQ가 우수하고, 허슬 플레이를 열심히 해준다. 연봉은 4218만 달러.

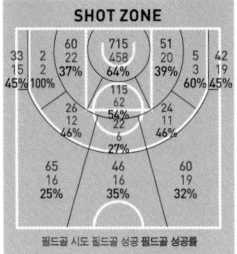

SHOT ZONE

37 · 61 · 44 · 41
● 점프슛, 풀업 점퍼
필드골 498
18 · 27 · 39 · 201
● 레이업, 핑거롤

필드골 1271 시도 490
● 페이드어웨이
필드골 681 성공 321
● 덩크, 앨리웁
● 훅슛
● 팁슛
● 뱅크슛

DEFENSE PER GAME			REBOUNDS PER GAME		
림에서의 거리	DFG	DFG%	림에서의 거리	CR	UCR
3점슛	2.0	40.6%	0~0.9m	0.8	0.8
2점슛	4.9	55.2%	0.9~1.8m	2.0	2.0
0~1.8m	3.4	62.8%	1.8~3.0m	2.1	1.1
0~3.0m	4.1	59.3%	3.0m 이상	0.1	1.3
4.5m 이상	2.4	39.6%			

필드골 시도 필드골 성공 필드골 성공률

2023-24 토론토+인디애나 80경기 평균 33.2분

항목	PTS	RB	AS	ST	BL
경기 평균	21.7	7.1	4.3	0.8	0.3
36분 기준	23.5	7.7	4.6	0.9	0.3

항목	TS	MS	3PS	FT	LU	DK	ID	OD	ST	BL
평점	A+	B+	B-	C+	B+	A-	B+	B-	B+	C
항목	ORB	DRB	PS	BH	BQ	SP	PO	ED	HS	OG
평점	D+	B-	C-	C+	B+	C	A	A	A-	B+

F 23 Aaron NESMITH — SF-SG
애런 니스미스
1999.10.16 / 198cm

NBA 드래프트 : 2020년 1라운드 14번
NBA 우승 : 0회 / 파이널 MVP : 0회
미국
시즌 MVP : 0회 / NBA 퍼스트팀 : 0회

전 소속팀 보스턴에서는 제한된 출전 시간 속에 실력을 100% 발휘하지 못했다. 그러나 인디애나로 이적한 이후 출전 시간이 늘어나며 기량이 꽃을 피웠다. 부드러운 슛터치와 멋진 스트로크로 3점슛을 던진다. 지난 시즌 오프볼 스크린을 활용한 슈팅 플레이가 정점을 찍으며 3점슛 성공률 41.9%(4.6회 시도-1.9회 성공)를 기록했다. 수비품이 살짝 엉성하지만, 열심히 뛰어다니며 팀 디펜스에 가담하고, 다양한 허슬 플레이를 시도한다. 연봉 1100만 달러.

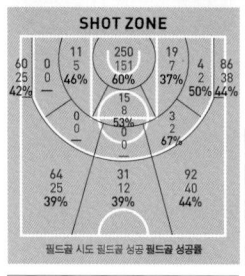

SHOT ZONE

필드골 635 시도 382
● 점프슛, 풀업 점퍼
필드골 315 성공 163
● 레이업, 핑거롤
● 페이드어웨이
● 덩크, 앨리웁
● 훅슛
● 팁슛
● 뱅크슛

DEFENSE PER GAME			REBOUNDS PER GAME		
림에서의 거리	DFG	DFG%	림에서의 거리	CR	UCR
3점슛	1.2	31.7%	0~0.9m	0.4	0.5
2점슛	4.5	51.4%	0.9~1.8m	0.4	1.0
0~1.8m	2.6	52.5%	1.8~3.0m	0.3	0.4
0~3.0m	3.3	51.2%	3.0m 이상	0.1	0.6
4.5m 이상	1.7	34.7%			

필드골 시도 월드골 성공 필드골 성공률

2023-24 인디애나 72경기 평균 27.7분

항목	PTS	RB	AS	ST	BL
경기 평균	12.2	3.8	1.5	0.9	0.7
36분 기준	15.8	5.0	1.9	1.2	0.9

항목	TS	MS	3PS	FT	LU	DK	ID	OD	ST	BL
평점	B	C+	B	C+	D+	D-	D+	C+	C+	D+
항목	OR3	DR3	PS	BH	BQ	SP	PO	ED	HS	OG
평점	D-	D-	D+	C-	C+	D+	D-	B+	B	C+

F 1 Obi TOPPIN — PF
오비 토핀
1998.03.04 / 206cm

NBA 드래프트 : 2020년 1라운드 8번
NBA 우승 : 0회 / 파이널 MVP : 0회
미국
시즌 MVP : 0회 / NBA 퍼스트팀 : 0회

운동능력이 가장 뛰어난 포워드 중 1명. 경이적인 운동능력을 활용해 엄청난 덩크를 폭발시킨다. 앨리웁, 드라이빙, 커팅, 러닝 등 모든 채널을 활용해 '슈퍼 덩크'를 터뜨린다. 힘을 뺀 림어택(레이업, 플로터, 핑거롤)도 상당하다. 출전 시간 대비 3점슛 성공 횟수도 적지 않고, 적중률도 40%를 상회 한다. 문제는 수비. 1대1 수비는 어찌어찌 비벼 보더라도, 팀 디펜스, 허슬 플레이는 많이 부족하다. 그가 식스맨으로 기용되는 이유다. 연봉은 1298만 달러.

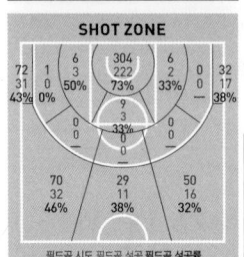
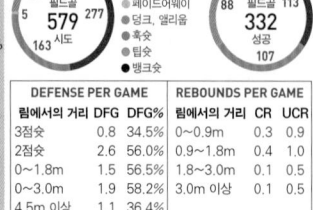

SHOT ZONE

필드골 579 시도 163
● 점프슛, 풀업 점퍼
필드골 332 성공 107
● 레이업, 핑거롤
● 페이드어웨이
● 덩크, 앨리웁
● 훅슛
● 팁슛
● 뱅크슛

DEFENSE PER GAME			REBOUNDS PER GAME		
림에서의 거리	DFG	DFG%	림에서의 거리	CR	UCR
3점슛	0.8	34.5%	0~0.9m	0.3	0.9
2점슛	2.6	56.0%	0.9~1.8m	0.4	1.0
0~1.8m	1.5	56.5%	1.8~3.0m	0.1	0.5
0~3.0m	1.9	58.2%	3.0m 이상	0.1	0.4
4.5m 이상	1.1	36.4%			

필드골 시도 필드골 성공 필드골 성공률

2023-24 인디애나 82경기 평균 21.1분

항목	PTS	RB	AS	ST	BL
경기 평균	10.3	3.9	1.6	0.6	0.5
36분 기준	17.5	6.7	2.7	1.0	0.9

항목	TS	MS	3PS	FT	LU	DK	ID	OD	ST	BL
평점	A	C+	B-	C+	B+	A-	D+	D-	C-	D+
항목	ORB	DRB	PS	BH	BQ	SP	PO	ED	HS	OG
평점	D-	D+	D-	C-	C	C	B+	C-	C	C

F 00 Benn MATHURIN — SF-SG
벤 매서린
2002.06.19 / 196cm

NBA 드래프트 : 2022년 1라운드 6번
NBA 우승 : 0회 / 파이널 MVP : 0회
캐나다
시즌 MVP : 0회 / NBA 퍼스트팀 : 0회

부상으로 주춤했다. 2024년 3월 7일, 오른 어깨 관절와순이 파열돼 시즌 아웃 됐다. 올 시즌을 건강하게 치르는 게 중요하다. 매서린은 196cm의 스윙맨이다. 출전 시간 대비 득점력이 높은 스코어러다. 풀업 점퍼와 캐치&슛 모두 우수하다. 탑과 좌우 윙에서 시도하는 3점포는 '치명적인 무기'다. 반면, 좌우 코너에서는 횟수가 적다. 팀의 '서드 볼 핸들러'로 트랜지션 상황에서 재치있는 플레이메이킹과 날카로운 패스를 구사한다. 연봉은 725만 달러.

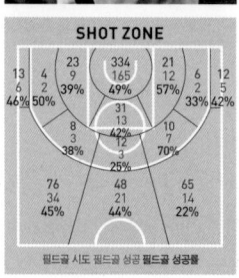

SHOT ZONE

필드골 663 시도 119
● 점프슛, 풀업 점퍼
필드골 296 성공 134
● 레이업, 핑거롤
● 페이드어웨이
● 덩크, 앨리웁
● 훅슛
● 팁슛
● 뱅크슛

DEFENSE PER GAME			REBOUNDS PER GAME		
림에서의 거리	DFG	DFG%	림에서의 거리	CR	UCR
3점슛	1.0	40.7%	0~0.9m	0.3	0.6
2점슛	3.7	60.1%	0.9~1.8m	0.4	0.9
0~1.8m	2.8	68.6%	1.8~3.0m	0.2	0.7
0~3.0m	3.1	63.1%	3.0m 이상	0.1	0.6
4.5m 이상	1.2	40.7%			

필드골 시도 필드골 성공 필드골 성공률

2023-24 인디애나 59경기 평균 26.1분

항목	PTS	RB	AS	ST	BL
경기 평균	14.5	4.0	2.0	0.6	0.2
36분 기준	20.0	5.5	2.8	0.8	0.3

항목	TS	MS	3PS	FT	LU	DK	ID	OD	ST	BL
평점	B-	B-	B	C+	C	B	D-	D	C-	D-
항목	OR3	DR3	PS	BH	BQ	SP	PO	ED	HS	OG
평점	C	D-	C	C+	C+	B	D-	A-	B	C

DEFENSE pg		REBOUNDS pg		항목 & 평점																			
DFG	DFG%	CR	UCR	TS	MS	3PS	FT	LU	DK	ID	OD	ST	BL	OR3	OR3	ORB	DRG	DR3	DRB	PS	BH	BQ	SP	PO	ED	HS	OG
필드골 허용	필드골 허용률	유경쟁 리바운드	무경쟁 리바운드	터프샷 성공률	중거리 슈팅	3점 슈팅	자유투 성공률	레이업 플로터	슬램 덩크	인사이드 수비	외곽 수비	스틸	블락	가드 공격RB	SF 공격RB	빅맨 공격RB	가드 수비RB	SF 수비RB	빅맨 수비RB	패스	볼 핸들링	농구 IQ	스피드 민첩성	파워	지구력	허슬 플레이	종합 평가

F 5 Jarace WALKER PF-SF

제러스 워커

2003.09.04 / 201cm

미국

NBA 드래프트 : 2023년 1라운드 8번
NBA 우승 : 0회 / 파이널 MVP : 0회
시즌 MVP : 0회 / NBA 퍼스트팀 : 0회

드래프트 1라운더였으나 지난 시즌 33경기, 평균 10.3분 출전에 그쳤다. 올 시즌엔 기회가 늘어날 것이다. 농구 사이트 '홉스하이프'에서 그를 '스위스 군용 칼 같은 수비수(Swiss-army knife defender)'라고 했다. 만능 수비수라는 뜻. 1번~5번을 다 수비할 수 있고, '2개의 심장'을 지닌 것처럼 끊임없이 코트를 누빈다. 스틸, 블락, 스크린 세팅 등 허슬 플레이도 좋다. 부드러운 슛터치를 이용해 스팟업 점퍼, 레이업으로 득점한다. 연봉은 636만 달러.

SHOT ZONE

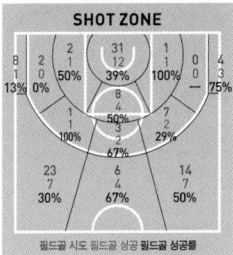

	점프슛, 풀업 점퍼
필드골 110 시도 79	필드골 45 성공

● 점프슛, 풀업 점퍼
● 레이업, 핑거롤
● 페이더웨이
● 덩크, 앨리웁
● 훅슛
● 팁슛
● 뱅크슛

DEFENSE PER GAME			REBOUNDS PER GAME		
림에서의 거리	DFG	DFG%	림에서의 거리	CR	UCR
3점슛	0.4	33.3%	0~0.9m	0.1	0.2
2점슛	1.8	59.8%	0.9~1.8m	0.3	0.7
0~1.8m	1.3	62.7%	1.8~3.0m	0.0	0.4
0~3.0m	1.5	64.2%	3.0m 이상	0.0	0.2
4.5m 이상	0.4	30.0%			

2023-24 인디애나 33경기 평균 10.3분						항목 평점	TS	MS	3PS	FT	LU	DK	ID	OD	ST	BL
항목	PTS	RB	AS	ST	BL		B-	B-	C+	B-	B-	C+	B+	B+	C+
경기 평균	3.6	1.9	1.2	0.6	0.3		ORB	DRB	PS	BH	BQ	SP	PO	ED	HS	OG
36분 기준	12.7	6.7	4.2	1.6	1.2		D-	D+	D+	D	B-	B+	D	A-	B-	C

F 16 James JOHNSON PF-SF

제임스 존슨

1987.02.20 / 201cm

미국

NBA 드래프트 : 2009년 1라운드 16번
NBA 우승 : 0회 / 파이널 MVP : 0회
시즌 MVP : 0회 / NBA 퍼스트팀 : 0회

올해로 NBA 16년 차 베테랑이다. 그 긴 경력 중 단 1번도 풀타임 선발 출전은 없었고, 늘 식스맨으로만 뛰었다. 코트의 '팔방미인(Jack-of-all trades)'이다. 픽&롤 때 볼 핸들러와 스크리너를 다 해낼 수 있다. 스윙맨으로서 큰 키(201cm)에 긴 윙스팬, 뛰어난 운동능력을 바탕으로 1번~5번을 다 수비한다. 세로 수비, 가로 수비, 스틸, 블락 모두 OK. 강력한 슈터는 아니지만 제한된 출전 시간 내에 나름대로 쏠쏠히 득점한다. 연봉은 330만 달러.

SHOT ZONE

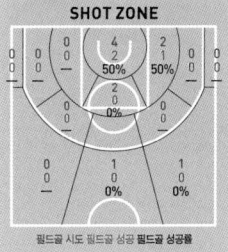

	점프슛, 풀업 점퍼
필드골 10 시도 3	필드골 3 성공

● 점프슛, 풀업 점퍼
● 레이업, 핑거롤
● 페이더웨이
● 덩크, 앨리웁
● 훅슛
● 팁슛
● 뱅크슛

DEFENSE PER GAME			REBOUNDS PER GAME		
림에서의 거리	DFG	DFG%	림에서의 거리	CR	UCR
3점슛	0.3	28.6%	0~0.9m	0.1	0.0
2점슛	1.0	57.1%	0.9~1.8m	0.1	0.3
0~1.8m	0.5	66.7%	1.8~3.0m	0.0	0.2
0~3.0m	0.5	66.7%	3.0m 이상	0.0	0.1
4.5m 이상	0.4	33.3%			

2023-24 인디애나 9경기 평균 5.2분						항목 평점	TS	MS	3PS	FT	LU	DK	ID	OD	ST	BL
항목	PTS	RB	AS	ST	BL		C+	C+	D	B+	C-	C	C+	C+	C	C+
경기 평균	0.9	0.4	0.6	0.9	0.1		ORB	DRB	PS	BH	BQ	SP	PO	ED	HS	OG
36분 기준	6.1	3.1	6.1	3.8	0.8		D-	D+	C-	C	D	D+	B-	B	A	C-

C 33 Myles TURNER C-PF

마일스 터너

1996.03.24 / 211cm

미국

NBA 드래프트 : 2015년 1라운드 11번
NBA 우승 : 0회 / 파이널 MVP : 0회
시즌 MVP : 0회 / NBA 퍼스트팀 : 0회

2015-16시즌 데뷔 연도를 제외하고 9년 연속 선발 센터로 활약 중이다. 좋은 체격, 긴 윙 스팬, 폭발적인 점프력을 로포스트에서 적극적으로 활용한다. 리그 정상급 블로커이고, 인사이드 1대1 수비, 수비 리바운드, 스크린 세팅, 나가는 공 살려내기 등 다양한 플레이로 동료를 돕는다. 비교적 정확한 3점 슈터이고, 늘 자신 있게 림을 공략한다. 문제는 건강. 지난 시즌 큰 부상은 없었지만, 치료 기간 2~3일짜리 잔부상이 많았다. 연봉은 1993만 달러.

SHOT ZONE

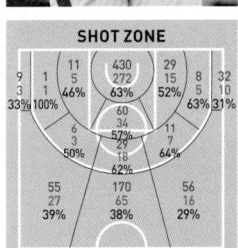

	점프슛, 풀업 점퍼
필드골 909 시도 269	필드골 476 성공

● 점프슛, 풀업 점퍼
● 레이업, 핑거롤
● 페이더웨이
● 덩크, 앨리웁
● 훅슛
● 팁슛
● 뱅크슛

DEFENSE PER GAME			REBOUNDS PER GAME		
림에서의 거리	DFG	DFG%	림에서의 거리	CR	UCR
3점슛	1.0	30.8%	0~0.9m	1.1	0.8
2점슛	6.3	54.5%	0.9~1.8m	1.2	2.0
0~1.8m	4.5	59.5%	1.8~3.0m	0.4	0.8
0~3.0m	5.0	57.0%	3.0m 이상	0.1	0.5
4.5m 이상	1.8	36.6%			

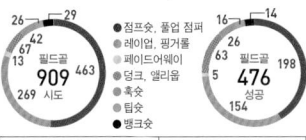

2023-24 인디애나 77경기 평균 27.0분						항목 평점	TS	MS	3PS	FT	LU	DK	ID	OD	ST	BL
항목	PTS	RB	AS	ST	BL		A	B	B+	B-	C+	B+	B+	C+	C-	B
경기 평균	17.1	6.9	1.3	0.5	1.9		ORB	DRB	PS	BH	BQ	SP	PO	ED	HS	OG
36분 기준	22.8	9.2	1.7	0.7	2.5		D-	B-	D	D	C	B-	B-	A	B-	B

C 22 Isaiah JACKSON C-PF

아이재이아 잭슨

2002.01.10 / 208cm

미국

NBA 드래프트 : 2021년 1라운드 22번
NBA 우승 : 0회 / 파이널 MVP : 0회
시즌 MVP : 0회 / NBA 퍼스트팀 : 0회

2021-22시즌 프로에 데뷔한 이후 줄곧 백업 센터 혹은 '서드 유닛' 센터로 활약했다. 올 시즌에도 그 역할에는 변함이 없을 것이다. 짧은 출전 시간 대비 득점과 리바운드는 평균 이상의 실력을 보인다. 공격 루트는 꽤 단순하다. 림 근처의 덩크, 레이업, 풋백, 짧은 거리 훅슛 등이다. 그러나 미드레인지 점퍼나 3점슛은 거의 시도하지 않는다. 리그 정상급 블로커이고, 스틸, 공격 리바운드에서도 팀에 많은 도움을 주고 있다. 연봉은 444만 달러.

SHOT ZONE

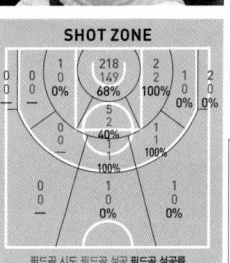

	점프슛, 풀업 점퍼
필드골 233 시도 64	필드골 155 성공

● 점프슛, 풀업 점퍼
● 레이업, 핑거롤
● 페이더웨이
● 덩크, 앨리웁
● 훅슛
● 팁슛
● 뱅크슛

DEFENSE PER GAME			REBOUNDS PER GAME		
림에서의 거리	DFG	DFG%	림에서의 거리	CR	UCR
3점슛	0.7	37.1%	0~0.9m	1.0	0.6
2점슛	2.8	50.3%	0.9~1.8m	0.9	0.7
0~1.8m	1.9	53.7%	1.8~3.0m	0.2	0.3
0~3.0m	2.2	51.3%	3.0m 이상	0.1	0.3
4.5m 이상	1.0	39.9%			

2023-24 인디애나 59경기 평균 13.1분						항목 평점	TS	MS	3PS	FT	LU	DK	ID	OD	ST	BL
항목	PTS	RB	AS	ST	BL		B-	C+	D	C-	C	B+	C-	D	B+	C+
경기 평균	6.5	4.0	0.8	0.6	1.0		ORB	DRB	PS	BH	BQ	SP	PO	ED	HS	OG
36분 기준	17.9	11.1	2.3	1.6	2.8		B+	B	D-	D-	C-	D	B-	B-	C-	C+

DEFENSE pg		REBOUNDS pg											항목 & 평점									
DFG	DFG%	CR	UCR						TS	MS	3PS	FT	LU	DK	ID	OD	DRG	OR3	ORB	DRG	DR3	DRB	PS	BH	BQ	SP	PO	ED	HS	OG
필드골 허용	필드골 허용률	유경쟁 리바운드	무경쟁 리바운드						터프샷 성공률	중거리 슈팅	3점 슈팅	자유투 슈팅	레이업 플로터	슬램 덩크	안쪽 수비	외곽 수비	스틸	블락	가드 공격RB	SF 공격RB	빅맨 공격RB	가드 수비RB	SF 수비RB	빅맨 수비RB	패스	볼 핸들링	농구 IQ	스피드 민첩성	파워 지구력	허슬 플레이	종합 평가

James WISEMAN C
13
제임스 와이즈먼   2001.03.31 / 211cm

미국
NBA 드래프트: 2020년 1라운드 2번
NBA 우승: 1회 / 파이널 MVP: 0회
시즌 MVP: 0회 / NBA 퍼스트팀: 0회

2020-21시즌, 19세 때 NBA에 진출했다. 프로 5년 차지만, 아직 23세다. 211cm 키에 충격적인 운동능력(스피드+점프력)을 지녔다. 압도적인 피지컬을 로포스트에서 잘 활용한다. 트랜지션 상황 코스트-투-코스트 플레이를 한 뒤 '슈퍼 덩크'를 꽂는다. 미드레인지 점퍼는 꽤 정확한 편이다. 릴리스가 느리지만, 타점이 높게 상대 수비 블락에 걸리지 않는다. 하이포스트 피딩을 선호한다. 블락, 수비 리바운드, 허슬 플레이도 OK. 연봉은 224만 달러.

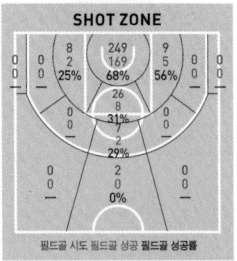

SHOT ZONE

필드골 305 시도 / 187 성공

DEFENSE PER GAME			REBOUNDS PER GAME		
림에서의 거리	DFG	DFG%	림에서의 거리	CR	UCR
3점슛	0.7	31.6%	0~0.9m	1.0	1.2
2점슛	3.6	53.5%	0.9~1.8m	0.9	1.3
0~1.8m	2.1	56.4%	1.8~3.0m	0.4	0.9
0~3.0m	2.6	56.7%	3.0m 이상	0.1	0.2
4.5m 이상	1.2	36.3%			

필드골 시도 필드골 성공 **필드골 성공률**

2023-24 디트로이트 63경기 평균 17.3분						항목 평점	TS	MS	3PS	FT	LU	DK	ID	OD	ST	BL
항목	PTS	RB	AS	ST	BL		A+	D+	B+	D-	C-	B-	C-	B-	B-	D-
경기 평균	7.1	5.3	0.9	0.2	0.6	항목 평점	ORB	DRB	PS	BH	BQ	SP	PO	ED	HS	OG
36분 기준	14.7	11.1	1.8	0.4	1.3		C	B	D	D+	C-	C-	B+	B	C+

Tyrese HALIBURTON PG-SG
0
타이리스 할리버튼   2000.02.29 / 196cm

미국
NBA 드래프트: 2020년 1라운드 12번
NBA 우승: 0회 / 파이널 MVP: 0회
시즌 MVP: 0회 / NBA 퍼스트팀: 0회

슈퍼스타 듀얼 가드. 지난 시즌 20.1점-10.9 어시스트를 기록했다. 올-NBA 서드팀에 뽑혔고, 생애 첫 어시스트 타이틀을 차지했다. 주무기는 3점슛. 풀업, 스텝백, 딥쓰리 등 고난도 3점을 높은 성공률로 보여준다. 폭발적인 돌파에 이은 레이업, 핑거롤, 플로터도 강력한 무기. 화려한 볼 핸들링과 정확한 패스로 플레이메이킹의 진수를 보여준다. 공격 BQ와 수비 BQ 모두 최상급이며, 퍼리미터 1대1 수비, 스틸, 허슬 플레이도 뛰어나다. 연봉 4218만 달러.

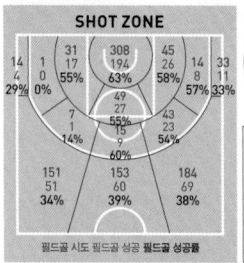

SHOT ZONE

필드골 1048 시도 733 / 500 성공 306

DEFENSE PER GAME			REBOUNDS PER GAME		
림에서의 거리	DFG	DFG%	림에서의 거리	CR	UCR
3점슛	1.3	36.2%	0~0.9m	0.1	0.2
2점슛	4.3	61.3%	0.9~1.8m	0.1	0.6
0~1.8m	3.3	70.8%	1.8~3.0m	0.1	0.3
0~3.0m	3.7	64.7%	3.0m 이상	0.1	1.5
4.5m 이상	1.6	38.2%			

필드골 시도 필드골 성공 **필드골 성공률**

2023-24 인디애나 68경기 평균 32.2분						항목 평점	TS	MS	3PS	FT	LU	DK	ID	OD	ST	BL
항목	PTS	RB	AS	ST	BL		A+	B+	A+	B+	A-	C	D-	C+	B-	D
경기 평균	20.1	3.9	10.9	1.2	0.7	항목 평점	ORG	DRG	PS	BH	BQ	SP	PO	ED	HS	OG
36분 기준	22.5	4.4	12.2	1.3	0.8		D-	D+	A+	A	A	B-	D	A	A-	A-

Andrew NEMBHARD PG-SG
2
앤드류 님바드   2000.01.16 / 193cm

캐나다
NBA 드래프트: 2022년 2라운드 31번
NBA 우승: 0회 / 파이널 MVP: 0회
시즌 MVP: 0회 / NBA 퍼스트팀: 0회

'2옵션 볼 핸들러'. 픽&롤 스페셜리스트로 롤러에게 칼날 패스를 넣어 쉬운 레이업을 유도한다. 득점력이 높지는 않으나 코트 전 지역에서 다양하게 슈팅을 시도한다. 림 어택(레이업, 핑거롤, 플로터), 미드레인지 점퍼, 3점슛 등 내외곽 상관없이 고른 분포를 보인다(샷존 참조). 퍼리미터 1대1 수비, 스틸도 OK. 뉴욕과의 동부 컨퍼런스 준결승 3차전에서 종료 16초 전, 초장거리 역전 버저비터를 성공시켜 강렬한 인상을 남겼다. 연봉은 202만 달러.

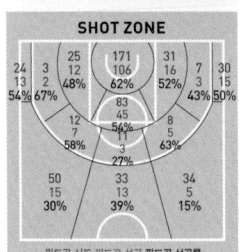

SHOT ZONE

필드골 522 시도 334 / 260 성공 140

DEFENSE PER GAME			REBOUNDS PER GAME		
림에서의 거리	DFG	DFG%	림에서의 거리	CR	UCR
3점슛	1.2	35.9%	0~0.9m	0.0	0.1
2점슛	3.7	51.3%	0.9~1.8m	0.1	0.4
0~1.8m	2.4	61.2%	1.8~3.0m	0.1	0.5
0~3.0m	2.8	56.1%	3.0m 이상	0.1	0.9
4.5m 이상	1.5	36.0%			

필드골 시도 필드골 성공 **필드골 성공률**

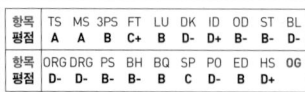

2023-24 인디애나 68경기 평균 25.0분						항목 평점	TS	MS	3PS	FT	LU	DK	ID	OD	ST	BL
항목	PTS	RB	AS	ST	BL		A	A	B+	A-	C	D+	D+	B-	B-	D-
경기 평균	9.2	2.1	4.1	0.9	0.1	항목 평점	ORG	DRG	PS	BH	BQ	SP	PO	ED	HS	OG
36분 기준	13.3	3.0	5.9	1.3	0.1		D-	B-	B-	B-	C-	B-	D	B	D+

TJ McCONNELL PG
9
TJ 맥코넬   1992.03.25 / 185cm

미국
NBA 드래프트: 2015년 미지명
NBA 우승: 0회 / 파이널 MVP: 0회
시즌 MVP: 0회 / NBA 퍼스트팀: 0회

2020년대는 '3점 농구의 시대'다. 그런데 3점슛을 적게 던지고도 핵심 식스맨으로 살아남고 있는 드문 유형의 듀얼가드다. 지난 시즌에는 경기당 3점 성공 횟수가 0.3회에 불과했지만, 성공률은 40.9%로 준수했다. 대신, 3점 라인에서 한발 안에서 던지는 미드레인지 점퍼는 꽤 위력적이다. 특히 베이스라인을 끼고 시도하는 중거리슛은 성공률이 매우 높다. 퍼리미터 1대1 수비는 수준급이고, 스틸, 허슬 플레이에도 일가견이 있다. 연봉은 930만 달러.

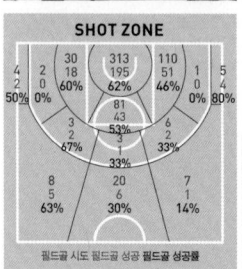

SHOT ZONE

필드골 593 시도 263 / 330 성공 135

DEFENSE PER GAME			REBOUNDS PER GAME		
림에서의 거리	DFG	DFG%	림에서의 거리	CR	UCR
3점슛	0.6	31.0%	0~0.9m	0.1	0.1
2점슛	2.7	61.3%	0.9~1.8m	0.1	0.4
0~1.8m	1.7	68.8%	1.8~3.0m	0.1	0.6
0~3.0m	2.0	65.6%	3.0m 이상	0.1	1.1
4.5m 이상	0.8	36.2%			

필드골 시도 필드골 성공 **필드골 성공률**

2023-24 인디애나 71경기 평균 18.2분						항목 평점	TS	MS	3PS	FT	LU	DK	ID	OD	ST	BL
항목	PTS	RB	AS	ST	BL		A-	A+	C+	B	C	D-	B-	C	B	D-
경기 평균	10.2	2.7	5.5	1.0	0.1	항목 평점	ORG	DRG	PS	BH	BQ	SP	PO	ED	HS	OG
36분 기준	20.3	5.3	10.9	2.0	0.2		C	B-	B+	C+	B	C	D-	B	A-	B-

	DEFENSE pg		REBOUNDS pg														항목 & 평점											
DFG	DFG%	CR	UCR	TS	MS	3PS	FT	LU	DK	ID	OD	ST	BL	ORG	OR3	ORB	DRG	DR3	DRB	PS	BH	BQ	SP	PO	ED	HS	OG
필드골 허용	필드골 허용율	유경쟁 리바운드	무경쟁 리바운드	터프샷 성공률	중거리 슈팅	3점 슈팅	자유투 성공률	레이업 플로터	덩크	안쪽 수비	외곽 수비	스틸	블락	가드 공격RB	SF 공격RB	빅맨 공격RB	가드 수비RB	SF 수비RB	빅맨 수비RB	패스	볼 핸들링	농구 IQ	스피드	파워	지구력	허슬 플레이	종합 평가

Ben SHEPPARD SG

G 26 벤 셰퍼드

2001.07.16 / 198cm

NBA 드래프트 : 2023년 1라운드 26번
NBA 우승 : 0회 / 파이널 MVP : 0회
미국 시즌 MVP : 0회 / NBA 퍼스트팀 : 0회

198cm의 장신 가드. 전형적인 캐치&슛 플레이어이다. 제한된 출전 시간에 과감하게 3점포를 터뜨린다. 드라이빙 레이업, 커팅 핑거롤 등 림을 직접 공략하기도 한다. 그러나 미드레인지 점퍼는 매우 적고, 3점슛 성공률이 높지 않다. 하지만 영리한 선수로서 플레이메이킹, 볼 핸들링, 패스로 팀을 이끈다. 엔트리 패스 혹은 돌파 후의 연결로 동료 빅맨의 쉬운 덩크를 돕는다. 좋은 신체, 적극적인 성격으로 패싱 레인을 끊어낸다. 연봉은 266만 달러.

SHOT ZONE

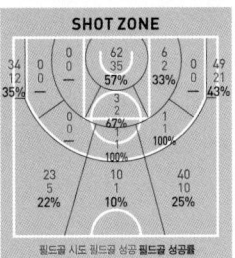

필드골 229 시도 166

필드골 90 성공 55

● 점프슛, 풀업 점퍼
● 레이업, 핑거롤
● 페이드어웨이
● 덩크, 앨리웁
● 훅슛
● 팁슛
● 뱅크슛

DEFENSE PER GAME			REBOUNDS PER GAME		
림에서의 거리	DFG	DFG%	림에서의 거리	CR	UCR
3점슛	0.6	35.2%	0~0.9m	0.1	0.1
2점슛	2.2	56.7%	0.9~1.8m	0.1	0.5
0~1.8m	1.5	67.0%	1.8~3.0m	0.0	0.4
0~3.0m	1.8	58.9%	3.0m 이상	0.0	0.0
4.5m 이상	0.8	34.5%			

필드골 시도 필드골 성공 **필드골 성공률**

2023-24 인디애나 57경기 평균 14.3분						항목 평점	TS	MS	3PS	FT	LU	DK	ID	OD	ST	BL
항목	PTS	RB	AS	ST	BL		C+	C+	C	C	D+	D-	D-	C+	B	D-
경기 평균	4.4	1.6	0.9	0.6	0.0	항목 평점	ORG	DRG	PS	BH	BQ	SP	PO	ED	HS	OG
36분 기준	11.1	3.9	2.3	1.5	0.1		D-	D-	C	B	C	B	D-	B	A-	C

Kendall BROWN PG-SG

G 10 켄달 브라운

2003.05.11 / 203cm

NBA 드래프트 : 2022년 2라운드 48번
NBA 우승 : 0회 / 파이널 MVP : 0회
미국 시즌 MVP : 0회 / NBA 퍼스트팀 : 0회

지난 시즌 정규리그 15경기에 출전했다. 결장한 67경기 중 26경기는 감독의 결정, 나머지 41경기는 그가 G리그 소속일 때 제외된 것이다. 지난해 드래프트 당시부터 "재능이 풍부한 장신 듀얼가드"로 주목받았다. 다리에 스프링을 달아놓은 듯, 순간적으로 튀어나가는 순발력과 스피드가 매우 좋다. 트랜지션 게임 때 효과를 크게 볼 수 있다. 폭발적인 덩크와 부드러운 레이업을 구사한다. 올 시즌은 일단 경험을 더 쌓는 게 중요하다. 연봉 212만 달러.

SHOT ZONE

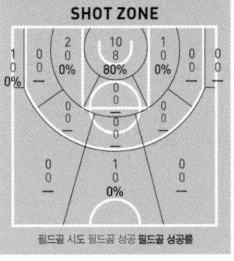

필드골 15 시도 6

필드골 8 성공 4

● 점프슛, 풀업 점퍼
● 레이업, 핑거롤
● 페이드어웨이
● 덩크, 앨리웁
● 훅슛
● 팁슛
● 뱅크슛

DEFENSE PER GAME			REBOUNDS PER GAME		
림에서의 거리	DFG	DFG%	림에서의 거리	CR	UCR
3점슛	0.5	50.0%	0~0.9m	0.1	0.0
2점슛	0.5	50.0%	0.9~1.8m	0.1	0.0
0~1.8m	0.3	40.0%	1.8~3.0m	0.0	0.1
0~3.0m	0.3	40.0%	3.0m 이상	0.0	0.0
4.5m 이상	0.3	40.0%			

필드골 시도 필드골 성공 **필드골 성공률**

2023-24 인디애나 15경기 평균 4.2분						항목 평점	TS	MS	3PS	FT	LU	DK	ID	OD	ST	BL
항목	PTS	RB	AS	ST	BL		C-	D+	C	D+	B-	D-	D+	C	D-	D-
경기 평균	1.4	0.3	0.3	0.0	0.0	항목 평점	ORG	DRG	PS	BH	BQ	SP	PO	ED	HS	OG
36분 기준	12.0	2.9	2.9	0.0	0.0		D-	D-	C	B	C	B	B-	D-	B-	D+

Johnny FURPHY SG-SF

G 12 조니 퍼피

2004.12.08 / 206cm

NBA 드래프트 : 2024년 2라운드 35번
NBA 우승 : 0회 / 파이널 MVP : 0회
호주 시즌 MVP : 0회 / NBA 퍼스트팀 : 0회

캔자스대 1학년을 마치고 2024 드래프트를 신청해 인디애나에 2라운드 35번으로 지명됐다. 206cm의 장신 스윙맨이다. 대학 시절 부드러운 슛터치에서 나오는 정확한 중장거리 슈팅으로 유명했다. 포지션 대비 키가 크기에 리바운드를 곧잘 걷어낸다. 트랜지션에 적극적으로 가담해 패스를 받아 덩크로 마무리 짓는다. BQ가 좋아 커팅, 캐치&슛 등 오프-볼 움직임이 돋보인다. 향후 온-볼 수비를 보강하고, 슈팅의 정확도를 더 높여야 한다. 연봉은 185만 달러.

SHOT ZONE

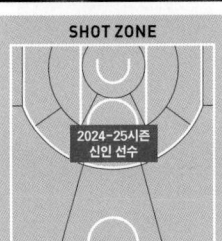

2024-25시즌 신인 선수

필드골 0 시도

필드골 0 성공

● 점프슛, 풀업 점퍼
● 레이업, 핑거롤
● 페이드어웨이
● 덩크, 앨리웁
● 훅슛
● 팁슛
● 뱅크슛

DEFENSE PER GAME			REBOUNDS PER GAME		
림에서의 거리	DFG	DFG%	림에서의 거리	CR	UCR
3점슛	—	—	0~0.9m	—	—
2점슛	—	—	0.9~1.8m	—	—
0~1.8m	—	—	1.8~3.0m	—	—
0~3.0m	—	—	3.0m 이상	—	—
4.5m 이상	—	—			

필드골 시도 필드골 성공 **필드골 성공률**

2023-24시즌 기록 없음						항목 평점	TS	MS	3PS	FT	LU	DK	ID	OD	ST	BL
항목	PTS	RB	AS	ST	BL		—	—	—	—	—	—	—	—	—	—
경기 평균	—	—	—	—	—	항목 평점	OR	DR	PS	BH	BQ	SP	PO	ED	HS	OG
36분 기준	—	—	—	—	—		—	—	—	—	—	—	—	—	—	—

INDIANA PACERS
2024-25 REGULAR SEASON SCHEDULE

OCTOBER, 2024
Oct. 24 @ Detroit
Oct. 26 @ New York
Oct. 28 vs. Philadelphia
Oct. 29 @ Orlando
Oct. 31 vs. Boston

NOVEMBER, 2024
Nov. 2 @ New Orleans
Nov. 5 @ Dallas
Nov. 7 @ Orlando
Nov. 9 @ Charlotte
Nov. 11 vs. New York
Nov. 14 @ Orlando
Nov. 16 vs. Miami
Nov. 18 vs. Miami
Nov. 19 @ Toronto
Nov. 21 @ Houston
Nov. 23 @ Milwaukee
Nov. 25 vs. Washington
Nov. 26 vs. New Orleans
Nov. 28 vs. Portland
Nov. 30 vs. Detroit

DECEMBER, 2024
Dec. 2 @ Memphis
Dec. 4 @ Toronto
Dec. 5 @ Brooklyn
Dec. 7 @ Chicago
Dec. 9 vs. Charlotte
Dec. 20 @ Phoenix

Dec. 23 @ Sacramento
Dec. 24 @ Golden State
Dec. 27 vs. Oklahoma City
Dec. 28 @ Boston
Dec. 30 @ Boston

JANUARY, 2025
Jan. 1 vs. Milwaukee
Jan. 3 @ Miami
Jan. 5 vs. Phoenix
Jan. 7 @ Brooklyn
Jan. 9 vs. Chicago
Jan. 11 vs. Golden State
Jan. 13 @ Cleveland
Jan. 15 vs. Cleveland
Jan. 17 @ Detroit
Jan. 19 vs. Philadelphia
Jan. 24 @ San Antonio
Jan. 26 @ San Antonio
Jan. 30 vs. Washington

FEBRUARY, 2025
Feb. 2 vs. Atlanta
Feb. 4 @ Utah
Feb. 5 @ Portland
Feb. 7 @ LA Clippers
Feb. 9 @ LA Lakers
Feb. 12 vs. New York
Feb. 13 @ Washington
Feb. 21 vs. Memphis
Feb. 24 vs. LA Clippers

Feb. 25 vs. Denver
Feb. 27 vs. Toronto

MARCH, 2025
Mar. 1 @ Miami
Mar. 3 vs. Chicago
Mar. 5 vs. Houston
Mar. 7 @ Atlanta
Mar. 9 @ Atlanta
Mar. 11 @ Chicago
Mar. 12 vs. Milwaukee
Mar. 15 @ Philadelphia
Mar. 16 vs. Milwaukee
Mar. 18 @ Minnesota
Mar. 19 vs. Dallas
Mar. 21 vs. Brooklyn
Mar. 23 vs. Brooklyn
Mar. 25 vs. Minnesota
Mar. 27 vs. LA Lakers
Mar. 28 @ Washington
Mar. 30 @ Oklahoma City

APRIL, 2025
Apr. 1 vs. Sacramento
Apr. 3 vs. Charlotte
Apr. 5 vs. Utah
Apr. 7 vs. Denver
Apr. 9 vs. Washington
Apr. 11 vs. Cleveland
Apr. 12 vs. Orlando
Apr. 14 @ Cleveland

MILWAUKEE BUCKS

靜中動 · 조용히 실속 챙긴 오프시즌

뜻풀이 고요함 속에 움직임, 움직임 가운데 고요함이라는 뜻. 밀워키는 올여름, 매우 조용한 가운데 의미 있는 선수단 개편을 했다.

감독 교체 승부수, 수비 문제로 실패

밀워키는 2022-23시즌, 1라운드에서 업셋을 당한 후 감독과 주전 PG를 갈아치웠다. 정상 재등극을 위해선 체제를 바꿔야 한다고 생각했던 것. 그래서 에드리언 그리핀 감독과 계약하고, 대미언 릴라드를 영입했다. 우승을 갈망했던 릴라드의 가세는 검증된 득점 자원이 부족했던 밀워키에 큰 화력을 보태주었다. 그러나 평균에 못 미치는 수비력이 문제였고, 이와 관련해 그리핀도 선수단으로부터 믿음을 얻지 못했다. 결국, 30승 13패라는 좋은 성과에도 불구, 감독 교체가 단행됐다.

조용했던 여름, 결속력 유지에 집중

비시즌은 큰 변화가 없었다. 말릭 비즐리, 패트릭 베벌리가 떠나고, 토린 프린스, 게리 트랜트 Jr. 등 베테랑들을 미니멈으로 영입했다. 프린스의 수비, 트랜트의 외곽 등은 전 시즌보다 뒷심을 더 강하게 해줄 것이다. 밀워키의 또 다른 변화는 다빈 햄 코치 재영입이다. LA 레이커스 감독이었던 그는 2시즌 만에 감독직을 내놓고 친정에 돌아왔다. 아데토쿤보를 비롯, 선수단 신망이 두텁고 팬들의 존경을 받아왔던 햄 코치이기에 내부 결속 강화에 있어서도 도움이 될 것이다.

성적 키포인트는 수비, 체력, 식스맨

비록 릴라드의 수비 이슈가 언급되고 있지만, 밀워키에는 여전히 아데토쿤보, 브룩 로페즈 같은 올-디펜시브급 수비수가 있다. 여기에 라이트와 프린스의 영입도 수비 조직력 강화에 도움이 될 것이다. 이들의 수비 조직력으로 팀의 단점을 얼마나 잘 가릴지가 중요하다. 또한, 36세 로페즈를 비롯해 주력 대부분이 서른 줄에 접어들었다. 다시 정상을 노릴 기회가 얼마 남지 않았기에 관리해야 한다. 그리고 바비 포티스, 마숀 뷰챔프 등 식스맨들의 선전도 반드시 필요하다.

*통계는 2024년 10월 1일 기준 / 아래 항목별 1위는 밀워키 소속으로 정규 시즌 50경기 이상 출전자 중 선별.

CLUB INFORMATION

Founded	Owner	CEO	Head Coach	24-25 Odds
구단 창립 1968년	웨스 이든스 지미 해슬럼	피터 페이진	닥 리버스 1961.10.13	벳365 : 12배 윌리엄힐 : 12배

Nationality	Age	Height	Weight	Salary
●미국 선수 14명 ●외국 선수 1명	15명 평균 27.0세	15명 평균 199.9cm	15명 평균 96.9kg	15명 평균 1280만 달러

Win	Loss	Winning%	Play-Off	Titles
2023-24 : 49승 통산 : 2389승	2023-24 : 33패 통산 : 2136패	2023-24 : 59.8% 통산 : 52.8%	PO 진출 : 36회 PO 탈락 : 21회	NBA우승 : 2회 컨퍼런스 : 3회

Top Scorer	More Rebounds	More Assists	More Steals	More Blocks
야니스 아데토쿤보 평균 30.4점	야니스 아데토쿤보 평균 11.5RB	데미안 릴라드 평균 7.0AS	야니스 아데토쿤보 평균 1.2스틸	브룩 로페즈 평균 2.4블락

*항목별 1위는 지난 시즌 밀워키 소속으로 42경기 이상 출전한 선수 중 선별

Association   Icon   Statement   City

HEAD COACH & STADIUM

Doc RIVERS 닥 리버스

생년월일 : 1961.10.13 / 출생지 : 미국 일리노이주 시카고
경력 : 1999~2003년 올랜도 매직 감독 / 2004~2013년 보스턴 셀틱스 감독 / 2013~2020년 로스앤젤레스 클리퍼스 감독 / 2020~2023년 필라델피아 76ers. 감독 / 2024년~ 밀워키 벅스 감독

프로비소 이스트고를 졸업하고 마켓대에 입학했다. 대학 3학년 때 NBA 드래프트를 신청했고, 애틀랜타 호크스에 2라운드 33번으로 지명되었다. 그는 NBA의 정상급 포인트가드로 13년간 활약했다. 1996년 샌안토니오에서 은퇴한 후 2년 정도 쉬다가 1999년 올랜도 매직 감독으로 코트에 복귀했다. 이어 2004~2013년 보스턴 셀틱스, 2013~2020년 LA 클리퍼스, 2020~2023년 필라델피아 세븐티식서스에서 각각 선수들을 지휘했다. 올랜도 감독으로서 2000년 NBA 올해의 감독상을 받았다. 보스턴 감독으로 정규시즌 통산 416승 305패를 기록했고, 2008년 NBA 우승 트로피를 품에 안았다. 클리퍼스 시절엔 356승 208패를 기록해 프랜차이즈 역사상 가장 많은 승리를 거둔 감독이 되었다. 필라델피아 감독으로서의 첫 시즌엔 49승 23패의 성적으로 동부 컨퍼런스 1번 시드를 획득한 바 있다. 리버스는 필라델피아와 계약이 종료된 후 2024년 1월 26일, 밀워키 제18대 감독으로 부임했다.

FISERV FORUM

구장 오픈 : 2018년 8월 26일
구장 증개축 : —
오너 : 위스콘신주
수용인원 : 1만 7385명
건축비용 : 12억 달러
(현재 가치) 15억 달러

구장 명칭은 금융 전산 서비스 기술 제공 기업 파이서브와 25년간 명명권 계약을 체결하면서 붙인 것이다. 도시 밀워키의 유산, 역사, 개성을 반영하는 동시에 새로운 공동체 의식을 적극적으로 투영하기 위해 설계됐다. 이 최첨단 경기장은 위스콘신주 엔터테인먼트의 허브이자, 밀워키 시내의 성장을 이끄는 엔진이다. 벅스 홈구장이 된 건 2018-19시즌부터다.

Honours

2	3	19	9
NBA CHAMPIONS	CONFERENCE TITLES	DIVISION TITLES	RETIRED NUMBERS

NBA CHAMPIONSHIPS
1971, 2021

CONFERENCE TITLES
1971, 1974, 2021

DIVISION TITLES
1971, 1972, 1973, 1974, 1976, 1980, 1981, 1982, 1983, 1984, 1985, 1986, 2001, 2019, 2020, 2021, 2022, 2023, 2024

RETIRED NUMBERS
1, 2, 4, 8, 10, 14, 16, 32, 33

REGULAR SEASON RANKING LAST 10YEARS

★NBA 파이널 우승

14-15	15-16	16-17	17-18	18-19	19-20	20-21	21-22	22-23	23-24
15	22	13	16	1	1	★7	6	1	8
41승 41패	33승 49패	42승 40패	44승 38패	60승 22패	56승 17패	46승 26패	51승 31패	58승 24패	49승 33패

TEAM POTENTIAL

76점

11위

 하프코트 9점 세트오펜스
 트랜지션 8점 오펜스
 하프코트 8점 세트디펜스
 트랜지션 7점 디펜스
리바운드 9점

선수층 7점
선수 경험치 8점
감독 리더십 6점
 감독 전술 7점
프런트 7점

*각 항목은 10점 만점, 평점은 NBA 30팀 사이 상대평가

우승 ODDS	배당	순위
bet 365	12배	8위
Paddy Power	11배	8위
William Hill	12배	8위

OFFENSIVE STYLE

트랜지션 오펜스 ——●—— 하프코트 세트오펜스

DEFENSIVE STYLE

하이 프레스 ——●—— 하프코트 디펜스

Player's Functions

Ball Handlers
D.릴라드
D.라이트
G.아데토쿤보

Pull-Ups
D.릴라드
G.아데토쿤보
K.미들턴

Catch & Shoot
D.릴라드
B.포티스
B.로페스

3 Pointers
D.릴라드
B.포티스
A.J.그린

Slam Dunkers
G.아데토쿤보
D.릴라드
B.로페스

Free Throw
D.릴라드
D.라이트
A.J.그린

  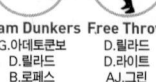

Rebounders
G.아데토쿤보
B.포티스
C.리빙스턴

1-1 Defenders
G.아데토쿤보
B.로페스
D.라이트

Ball Stealers
D.라이트
G.아데토쿤보
G.트렌트 Jr.

   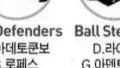

Key Passes
D.릴라드
G.아데토쿤보
K.미들턴

Hustle Players
G.아데토쿤보
D.릴라드
B.로페스

Rim Protectors
B.로페스
G.아데토쿤보

SQUAD & TACTICS

STARTERS

PF 야니스 아데토쿤보
35.2분, 30.4점
11.5RB, 6.5AS

C 브룩 로페스
30.5분, 12.5점
5.2RB, 1.6AS

SF 크리스 미들턴
11.7분, 15.1점
4.7RB, 5.3AS

SG 팻 코너턴
22.1분, 5.6점
3.1RB, 2.1AS

PG 대미안 릴라드
35.3분, 24.3점
4.4RB, 7.0AS

OFF THE BENCH

PG 델론 라이트
15.8분, 4.5점
1.8RB, 2.5AS

SG A.J 그린
11.0분, 4.5점
1.1RB, 0.5AS

SF 게리 트렌트 Jr.
28.1분, 13.7점
2.6RB, 1.7AS

PF 토어린 프린스
27.0분, 8.9점
2.9RB, 1.5AS

C 바비 포티스
24.5분, 13.8점
7.4RB, 1.3AS

G A.J 존슨
G 안드레 잭슨
F 마존 보햄프
F 크리스 리빙스턴
C 타일러 스미스

OFFENSE MECHANISM

리버스가 지휘봉을 잡은 후 공격 스타일이 달라졌다. 릴라드가 공격을 지휘하는 비중이 늘었다. 릴라드 손에 공이 있는 시간, 릴라드로부터 공격이 시작되는 횟수가 더 많아졌다는 의미다. 아데토쿤보도 여전히 평균 30점 가까이 올렸으나, 1월 이후 미세하게 슈팅 횟수나 볼 소유 시간이 줄었다. 대신 릴라드와의 2대2 플레이, 혹은 미들턴과 혼셋에 이은 연계 플레이로 득점 찬스를 파생시켰다. 둘 다 수비를 자석처럼 끌어당기는 능력이 있기에 가능했다. 덕분에 세컨더리 어시스트 역시 상위권을 유지했다. 다만 릴라드의 슈팅 컨디션이 포틀랜드 시절보다 많이 떨어졌고, 세 선수를 제외하면 공격에 꾸준히 참여할 선수가 없다는 점이 아쉬웠다. 처음부터 손발을 맞출 올 시즌을 지켜봐야 한다.

DEFENSE MECHANISM

부덴홀저는 오랫동안 드랍 커버리지를 지향해왔으나, 리버스 사단은 강하게 압박하는 방식을 택했다. 그러나 오래 유지됐던 시스템이 바뀌고, 구성원까지 바뀐 탓에 큰 효과를 보지는 못했다. 릴라드의 수비는 공격 수준에 못 미쳤고, 로페스 역시 내구성이나 블록(2.4개)에 비해 발이 느리다 보니 돌파를 허용하는 횟수가 늘었다. 아데토쿤보에게만 의존할 수는 없는 노릇. 결국, 아이솔레이션으로 내준 실점이 4번째로 많았고, 파울도 함께 늘었다. PO에서는 트랜지션 수비도 아쉬움을 남겼다. 리버스 감독도 시즌 첫 주 훈련을 수비에서부터 시작했다. 이미 노출된, 그리고 해결할 수 없는 약점을 잘 감추고 극복할 방법을 찾아야 한다. 새로운 자원들이 여러 가지로 도움이 될 것으로 보인다.

2023-24 SEASON PERFORMANCE

MILWAUKEE BUCKS vs. OPPONENTS PER GAME STATS

밀워키 vs 상대팀

	득실점	필드골성공 F↑	필드골 % FG%	3점슛성공 3↑	3점슛 % 3P%	자유투성공	자유투 % FT%	공격리바운드 OR	리바운드 RB	어시스트 A↑	스틸	블락	턴오버	파울

119.0	116.4	43.1 **F↑** 43.2	48.7% **FG%** 47.0%	14.2 **3↑** 12.6	37.3% **3P%** 35.6%	18.5 ⊖ 17.4	77.4% **FT%** 80.7%
9.4 **OR** 10.3	44.2 **RB** 44.0	26.5 **A↑** 26.5	6.8 🎭 7.1	5.0 🏀 4.2	12.9 ↩ 12.0	19.2 ✎ 19.2	

LINE-UP

* 밀워키는 지난 시즌 **총 439개의 라인업**을 가동시켰다. 그중 출전 시간이 가장 길었던 20개를 골라 게재했다.

5-MEN COMBINATION	MIN	PPG	RPG	APG
B. Lopez - D. Lillard - K. Middleton - G. Antetokounmpo - M. Beasley	599	40.7	15.5	9.4
B. Lopez - D. Lillard - J. Crowder - G. Antetokounmpo - M. Beasley	293	31.4	12.2	6.5
B. Lopez - D. Lillard - G. Antetokounmpo - P. Connaughton - M. Beasley	120	12.7	4.8	2.5
B. Lopez - D. Lillard - B. Portis - P. Connaughton - M. Beasley	93	7.4	3	1.5
D. Lillard - J. Crowder - G. Antetokounmpo - B. Portis - M. Beasley	58	7.9	2.4	1.8
P. Beverley - G. Antetokounmpo - B. Portis - P. Connaughton - A. Green	57	13.7	5.1	3.6
B. Lopez - D. Lillard - J. Crowder - B. Portis - M. Beasley	55	5.7	2.6	1.5
D. Lillard - G. Antetokounmpo - B. Portis - P. Connaughton - M. Beasley	54	6.6	2.5	1.5
D. Lillard - G. Antetokounmpo - B. Portis - P. Connaughton - M. Beauchamp	51	9.5	3	2
B. Lopez - D. Lillard - K. Middleton - B. Portis - M. Beasley	46	4.3	2.2	0.8
B. Lopez - D. Lillard - J. Crowder - K. Middleton - M. Beasley	45	12.4	3.6	3.3
K. Middleton - G. Antetokounmpo - C. Payne - B. Portis - P. Connaughton	45	9.4	2.7	2.8
G. Antetokounmpo - C. Payne - B. Portis - P. Connaughton - M. Beauchamp	44	7.9	2.5	1.9
B. Lopez - D. Lillard - G. Antetokounmpo - M. Beasley - A. Jackson Jr.	44	10.7	3.9	2.1
D. Lillard - G. Antetokounmpo - B. Portis - P. Connaughton - A. Jackson Jr.	42	9.1	2.3	2.1
B. Lopez - P. Beverley - K. Middleton - G. Antetokounmpo - M. Beasley	40	50	17.5	13.5
B. Lopez - P. Beverley - D. Lillard - B. Portis - P. Connaughton	39	7.1	3.6	1.5
D. Lillard - J. Crowder - G. Antetokounmpo - B. Portis - P. Connaughton	38	8	2	2.1
B. Lopez - J. Crowder - G. Antetokounmpo - P. Connaughton - M. Beasley	35	21	8.8	6
B. Lopez - K. Middleton - C. Payne - B. Portis - M. Beasley	34	4.6	2.3	0.9

PASS COMBINATIONS

→ 해당 선수가 경기당 동료로부터 패스 받은 횟수
→ 해당 선수가 경기당 동료들에게 패스 해준 횟수

→ 받은	선수	준 →
65.2 →	대미안 릴라드	→ 52.4
54.6 →	야니스 아데토쿤보	→ 50.0
35.6 →	크리스 미들턴	→ 34.1
29.1 →	패트릭 베벌리	→ 30.2
21.2 →	바비 포티스	→ 28.1
19.4 →	팻 코너턴	→ 25.4
24.9 →	캐머런 페인	→ 24.4
15.9 →	조 크라우더	→ 22.1
20.4 →	말리크 비즐리	→ 20.6
21.3 →	브룩 로페즈	→ 19.6
10.2 →	다닐로 갈리나리	→ 10.7
7.0 →	앤드리 잭슨 Jr.	→ 9.9
9.2 →	타이타이 워싱턴 Jr.	→ 9.6
8.8 →	AJ 그린	→ 9.0
8.6 →	말론 보챔프	→ 8.0
3.0 →	마커스 볼든	→ 6.0
4.0 →	크리스 리빙스턴	→ 4.7
4.5 →	타나시스 아데토쿤보	→ 4.5
4.6 →	로빈 로페스	→ 4.4
4.0 →	라이언 롤린스	→ 4.3
7.0 →	린델 위긴턴	→ 3.5

2023-24 RANKING

* ↘는 수치가 낮을수록 랭킹이 높아짐

밀워키	랭킹	GENERAL	상대팀*	랭킹
119.0	4위	득점 / 실점	116.4	21위
44.2	9위	리바운드	44.0	18위
26.5	17위	어시스트	26.5	13위
6.8	26위	스틸	7.1	10위
5.0	15위	블락	4.2	3위

득점	랭킹	PLAYTYPE	실점*	랭킹
8.1	8위	아이솔레이션	7.9	27위
21.9	11위	트랜지션	20.6	10위
17.2	11위	픽&롤 볼핸들러	19.7	28위
8.2	7위	픽&롤 롤맨	7.8	22위
7.7	3위	포스트-업	3.2	1위
28.5	11위	스팟-업	26.7	12위
5.3	11위	핸드오프	5.8	25위
9.4	16위	커팅	—	—
2.3	28위	오프 스크린	4.2	20위
5.8	25위	풋백	6.3	9위
3.4	3위	기타		

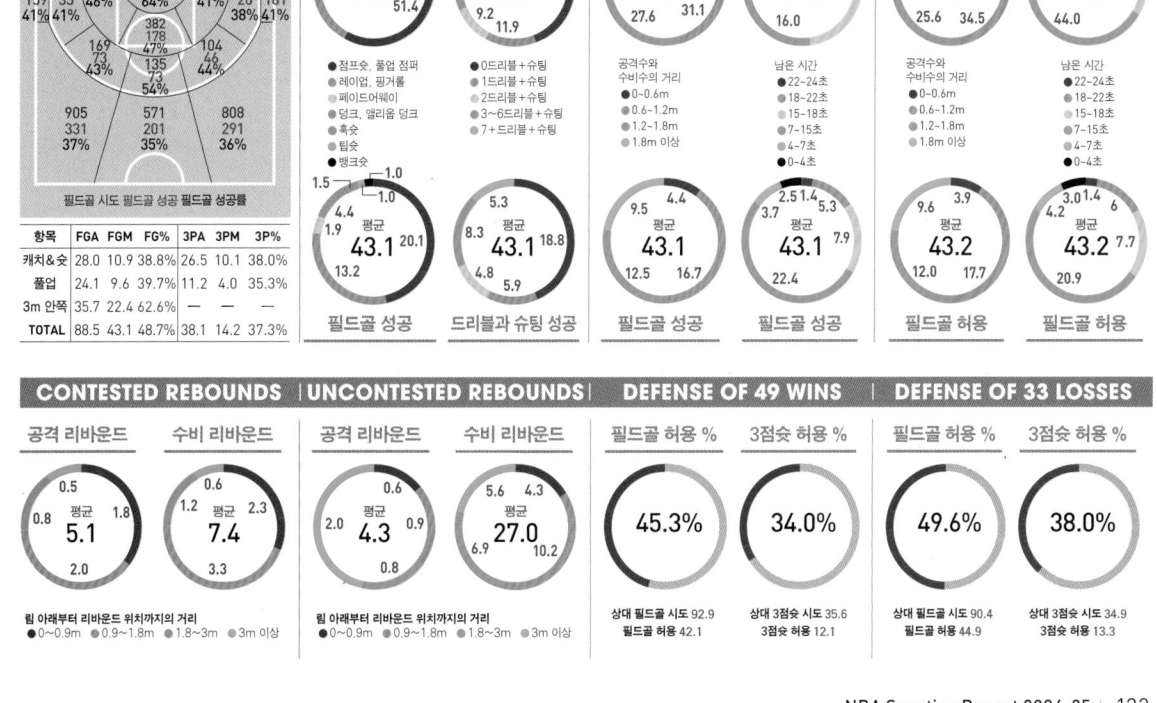

SHOT ZONE
구간별 슈팅 및 성공률

SHOT ZONE

필드골 시도 / 필드골 성공 / 필드골 성공률

항목	FGA	FGM	FG%	3PA	3PM	3P%
캐치&슛	28.0	10.9	38.8%	26.5	10.1	38.0%
풀업	24.1	9.6	39.7%	11.2	4.0	35.3%
3m 안쪽	35.7	22.4	62.6%	—	—	—
TOTAL	88.5	43.1	48.7%	38.1	14.2	37.3%

SHOT REPERTORIES
필드골 시도 / 드리블과 슈팅 시도 / 필드골 성공 / 드리블과 슈팅 성공

● 점프슛, 풀업 점퍼
● 레이업, 핑거롤
● 페이드어웨이
● 덩크, 앨리웁 덩크
● 훅슛
● 팁슛
● 뱅크슛

● 0드리블 + 슈팅
● 1드리블 + 슈팅
● 2드리블 + 슈팅
● 3~6드리블 + 슈팅
● 7+ 드리블 + 슈팅

SHOOTING
필드골 시도 / 필드골 성공

공격수와 수비수의 거리
● 0-0.6m
● 0.6-1.2m
● 1.2-1.8m
● 1.8m 이상

남은 시간
● 22-24초
● 18-22초
● 15-18초
● 7-15초
● 4-7초
● 0-4초

OPPONENT SHOOTING
상대 필드골 시도 / 상대 필드골 시도 / 필드골 허용

공격수와 수비수의 거리
● 0-0.6m
● 0.6-1.2m
● 1.2-1.8m
● 1.8m 이상

남은 시간
● 22-24초
● 18-22초
● 15-18초
● 7-15초
● 4-7초
● 0-4초

CONTESTED REBOUNDS
공격 리바운드 (평균 5.1) / 수비 리바운드 (평균 7.4)

림 아래부터 리바운드 위치까지의 거리
● 0~0.9m ● 0.9~1.8m ● 1.8~3m ● 3m 이상

UNCONTESTED REBOUNDS
공격 리바운드 (평균 4.3) / 수비 리바운드 (평균 27.0)

림 아래부터 리바운드 위치까지의 거리
● 0~0.9m ● 0.9~1.8m ● 1.8~3m ● 3m 이상

DEFENSE OF 49 WINS
필드골 허용 % 45.3% / 3점슛 허용 % 34.0%

상대 필드골 시도 92.9 / 필드골 허용 42.1
상대 3점슛 시도 35.6 / 3점슛 허용 12.1

DEFENSE OF 33 LOSSES
필드골 허용 % 49.6% / 3점슛 허용 % 38.0%

상대 필드골 시도 90.4 / 필드골 허용 44.9
상대 3점슛 시도 34.9 / 3점슛 허용 13.3

DEFENSE pg		REBOUNDS pg		항목 & 평점																						
DFG	DFG%	CR	UCR	TS	MS	3PS	FT	LU	DK	ID	OD	ST	BL	ORG	OR3	DRG	DR3	DRB	PS	BH	BQ	SP	PO	ED	HS	OG
필드골 허용	필드골 허용률	유경쟁 리바운드	무경쟁 리바운드	터프샷 성공률	중거리 슈팅	3점 슈팅	자유투 성공률	레이업 플로터	슬램 덩크	안쪽 수비	외곽 수비	스틸	블락	가드 공격RB	SF 공격RB	빅맨 공격RB	가드 수비RB	SF 수비RB	빅맨 수비RB	패스	볼 핸들링	농구 IQ	스피드 민첩성	파워 지구력	허슬 플레이	종합 평가

Giannis ANTETOKOUNMPO PF

F 34

야니스 아데토쿤보 1994.12.06 / 211cm

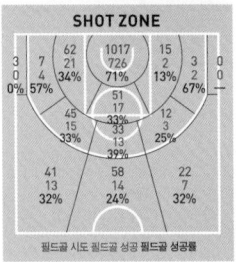

NBA 드래프트 : 2013년 1라운드 15번
NBA 우승 : 1회 / 파이널 MVP : 1회
그리스, 나이지리아 시즌 MVP : 2회 / NBA 퍼스트팀 : 6회

NBA 최고 선수 중 1명. '천상계 신체'와 엄청난 운동능력으로 코트를 지배한다. 3점 라인 바로 안쪽에서 유로 스텝을 밟고 림을 공략한다. 덩크, 핑거롤, 플로터, 레이업 등 림 근처에서 모든 기술을 발휘한다. 공격 리바운드 이후 풋백, 훅슛, 스텝백 점퍼, 풉업 점퍼도 OK. 횟수는 적지만, 가끔 3점슛도 쏜다. 인사이드 1대1 수비, 퍼리미터 1대1 수비, 볼 핸들링, 패스, 허슬, BQ 등 모든 면에서 최상급. 유일한 약점은 자유투다. 연봉은 4879만 달러.

SHOT ZONE

(필드골 시도 1369, 성공 637)
필드골 시도 269 80 259 64, 39/21 그래프; 3 7 62 1017 15 4 21 726 2 34% 71% 13% 2 0 0% 57% 2 67%; 51 45 33% 12 15 33% 3 33% 2 25%; 39% 41 58 22 13 14 7 32% 24% 32%

필드골 성공: 33 85 246 18 412; 31/12 그래프

● 점프슛, 풀업 점퍼
● 레이업, 핑거롤
● 페이드어웨이
● 덩크, 앨리웁
● 훅슛
● 팁슛
● 뱅크슛

DEFENSE PER GAME			REBOUNDS PER GAME		
림에서의 거리	DFG	DFG%	림에서의 거리	CR	UCR
3점슛	1.7	35.5%	0~0.9m	1.7	2.0
2점슛	4.1	52.7%	0.9~1.8m	1.6	3.3
0~1.8m	2.3	53.6%	1.8~3.0m	0.4	1.3
0~3.0m	3.1	52.3%	3.0m 이상	0.2	1.0
4.5m 이상	2.1	38.5%			

필드골 시도 / 필드골 성공 / **필드골 성공률**

2023-24 밀워키 73경기 평균 35.2분						항목 평점	TS	MS	3PS	FT	LU	DK	ID	OD	ST	BL
항목	PTS	RB	AS	ST	BL	평점	A	C-	D+	D+	A+	A	A	A-	C	
경기 평균	30.4	11.5	6.5	1.2	1.1	항목	OR	DR	PS	BH	BQ	SP	PO	ED	HS	OG
36분 기준	31.2	11.8	6.7	1.2	1.1	평점	D+	B+	B	B+	A-	B	A+	A	A+	

Khris MIDDLETON SF-SG

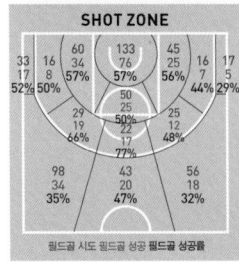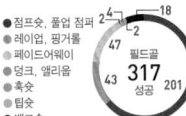

F 22

크리스 미들턴 1991.08.12 / 201cm

NBA 드래프트 : 2012년 2라운드 39번
NBA 우승 : 1회 / 파이널 MVP : 0회
미국 시즌 MVP : 0회 / NBA 퍼스트팀 : 0회

지난 시즌 왼쪽 발목, 오른쪽 무릎, 왼쪽 아킬레스건 부상이 연달아 발생하며 정규시즌 27경기에 결장했다. 다행히 PO에는 출전할 수 있었고, 평균 24.7점을 폭발시켰다. 건강이 가장 중요하다. 그는 팀의 '고 투 가이(Go To Guy)'로 불린다. 초창기에는 미드레인지 점퍼 및 3점슛에 치중했으나 지금은 림어택, 풀업 점퍼까지 매우 안정적으로 구사하고 있다. 수비는 2번~4번이 가능하다. 1대1 수비, 팀 디펜스 모두 평균 이상이다. 연봉은 3167만 달러.

SHOT ZONE

(필드골 시도 441, 성공 643)
필드골 시도 133 74 246 18, 39/31 그래프; 33 60 133 45 16 17 17 16 57% 57% 57% 15 29 50% 19 66% 12 77%; 98 43 56 34 20 18 35% 47% 32%

필드골 성공: 47 43 201; 24/18, 2/2 그래프

● 점프슛, 풀업 점퍼
● 레이업, 핑거롤
● 페이드어웨이
● 덩크, 앨리웁
● 훅슛
● 팁슛
● 뱅크슛

DEFENSE PER GAME			REBOUNDS PER GAME		
림에서의 거리	DFG	DFG%	림에서의 거리	CR	UCR
3점슛	1.3	33.7%	0~0.9m	0.2	0.2
2점슛	3.4	51.8%	0.9~1.8m	0.5	1.1
0~1.8m	2.3	61.5%	1.8~3.0m	0.2	1.3
0~3.0m	2.6	55.3%	3.0m 이상	0.2	1.0
4.5m 이상	1.4	34.0%			

필드골 시도 / 필드골 성공 / **필드골 성공률**

2023-24 밀워키 55경기 평균 27.0분						항목 평점	TS	MS	3PS	FT	LU	DK	ID	OD	ST	BL
항목	PTS	RB	AS	ST	BL	평점	A	A+	B-	B-	B+	D	C-	B	C+	D-
경기 평균	15.1	4.7	5.3	0.9	0.3	항목	OR3	DR3	PS	BH	BQ	SP	PO	ED	HS	OG
36분 기준	20.0	6.2	7.1	1.2	0.4	평점	D-	B	C+	C+	B-	C-	C-	A-	B-	B+

Taurean PRINCE PF-SF

F 12

토어린 프린스 1994.03.22 / 198cm

NBA 드래프트 : 2016년 1라운드 12번
NBA 우승 : 0회 / 파이널 MVP : 0회
미국 시즌 MVP : 0회 / NBA 퍼스트팀 : 0회

2023-24시즌 LA 레이커스에서 뛰었고, 올여름 밀워키로 이적했다. 성실한 3&D 플레이어고, 가성비 좋은 선수다. 지난 시즌 40%에 육박하는 3점슛 성공률을 보였다. 좌우 윙과 좌우 코너에서 많이 던졌고, 탑에서의 시도 횟수는 적었다(샷존 참조). 가끔 페인트존을 돌파해 레이업, 핑거롤로 마무리하기도 한다. 스윙맨으로 적당한 체격에 평균 이상의 퍼리미터 1대1 수비를 보여준다. 적극적인 허슬 플레이로 팀플레이를 뒷받침한다. 연봉 209만 달러.

SHOT ZONE

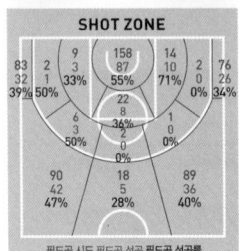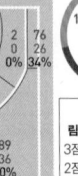

(필드골 시도 572, 성공 407)
필드골 시도 181 127, 2/10 그래프; 83 9 158 14 32 2 87 10 76 39% 1 33% 55% 71% 12 34% 0% 34%; 6 22 50% 8 0%; 90 18 89 42 5 36 47% 28% 40%

필드골 성공: 71 159; 9/7 그래프

● 점프슛, 풀업 점퍼
● 레이업, 핑거롤
● 페이드어웨이
● 덩크, 앨리웁
● 훅슛
● 팁슛
● 뱅크슛

DEFENSE PER GAME			REBOUNDS PER GAME		
림에서의 거리	DFG	DFG%	림에서의 거리	CR	UCR
3점슛	1.4	38.0%	0~0.9m	0.1	0.2
2점슛	3.9	56.7%	0.9~1.8m	0.1	0.7
0~1.8m	2.3	59.9%	1.8~3.0m	0.1	0.7
0~3.0m	2.8	58.9%	3.0m 이상	0.0	0.8
4.5m 이상	1.9	40.3%			

필드골 시도 / 필드골 성공 / **필드골 성공률**

2023-24 LA 레이커스 78경기 평균 27.0분						항목 평점	TS	MS	3PS	FT	LU	DK	ID	OD	ST	BL
항목	PTS	RB	AS	ST	BL	평점	B+	D+	B-	C-	C-	C	D	C-	D-	
경기 평균	8.9	2.9	1.5	0.7	0.4	항목	OR3	DR3	PS	BH	BQ	SP	PO	ED	HS	OG
36분 기준	11.9	3.9	2.0	1.0	0.6	평점	D-	D-	D+	C-	D	B-	D-	B	B	C

Gary TRENT JR. SF-SG

F 5

게리 트렌트 Jr. 1999.01.18 / 196cm

NBA 드래프트 : 2018년 2라운드 37번
NBA 우승 : 0회 / 파이널 MVP : 0회
미국 시즌 MVP : 0회 / NBA 퍼스트팀 : 0회

1995~2004년 포틀랜드, 토론토, 댈러스, 미네소타에서 활약했던 게리 트렌트 시니어의 아들. 데뷔 시절만 해도 전형적인 3&D였지만, 현재는 평균 15~20점을 기대할 수 있는 공격형 슈팅가드가 되었다. 원래부터 좋았던 캐치&슛에 더해 다양한 무빙 슈팅과 풀업 점퍼까지 장착했다. 움직이면서 오픈 찬스를 만들고, 한템포 빨리 릴리스를 하기에 상대의 블락에 잘 걸리지 않는다. 퍼리미터에서 활발한 사이드 스텝으로 상대를 잘 따라가고, 잘 버틴다.

SHOT ZONE

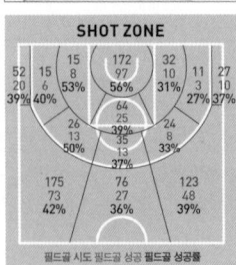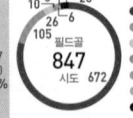

(필드골 시도 847, 성공 672)
필드골 시도 105 26, 5/23 그래프; 52 15 172 32 19 20 14 97 10 31% 20 10 39% 40% 56% 27% 37%; 26 39% 24 13 37% 8 50%; 175 76 123 73 27 48 42% 36% 39%

필드골 성공: 62 265; 9/3, 3/11 그래프

● 점프슛, 풀업 점퍼
● 레이업, 핑거롤
● 페이드어웨이
● 덩크, 앨리웁
● 훅슛
● 팁슛
● 뱅크슛

DEFENSE PER GAME			REBOUNDS PER GAME		
림에서의 거리	DFG	DFG%	림에서의 거리	CR	UCR
3점슛	1.1	41.1%	0~0.9m	0.1	0.1
2점슛	2.5	57.7%	0.9~1.8m	0.2	0.7
0~1.8m	1.7	63.7%	1.8~3.0m	0.1	0.6
0~3.0m	2.0	62.8%	3.0m 이상	0.1	0.7
4.5m 이상	1.3	42.5%			

필드골 시도 / 필드골 성공 / **필드골 성공률**

2023-24 토론토 66경기 평균 28.1분						항목 평점	TS	MS	3PS	FT	LU	DK	ID	OD	ST	BL
항목	PTS	RB	AS	ST	BL	평점	B-	C	B-	B-	B-	D	C-	C+	B	D-
경기 평균	13.7	2.6	1.7	1.1	0.1	항목	OR3	DR3	PS	BH	BQ	SP	PO	ED	HS	OG
36분 기준	17.6	3.4	2.1	1.4	0.2	평점	D-	D-	C-	C+	B	D-	B-	C-	C+	

	DEFENSE pg		REBOUNDS pg									항목 & 평점										
	DFG	DFG%	CR	UCR	TS	MS	3PS	FT	LU	DK	ID	OD	ST	BL	OR3	DR3	DRB	PS	BH	BQ	SP	PO	ED	HS	OG
	필드골 허용	필드골 허용률	유경쟁 리바운드	무경쟁 리바운드	탑레벨 성공률	중거리 슈팅	3점 슈팅	자유투 성공률	레이업 플로터	슬램 덩크	안쪽 수비	외곽 수비	스틸	블락	가드 공격RB	SF 공격RB	빅맨 공격RB	가드 수비RB	SF 수비RB	빅맨 수비RB	패스	농구 핸들링	스피드 IQ	파워 민첩성	허슬 지구력	종합 플레이 평가

MarJon BEAUCHAMP SF-SG

마존 보챔프   2000.10.12 / 201cm

NBA 드래프트: 2022년 1라운드 24번
NBA 우승 : 0회 / 파이널 MVP : 0회
시즌 MVP : 0회 / NBA 퍼스트팀 : 0회

좋은 체격과 뛰어난 운동신경을 지닌 백업 스윙맨. 퍼스트 스텝이 빠르고, 동료의 픽을 사용해 쉽게 림으로 접근한다. 전체 필드골 성공 81회 중 덩크, 레이업, 핑거롤로 마무리한 것이 32회였다. 다른 선수들에 비해 림어택 비중이 상대적으로 높다. 긴 팔과 빠른 발을 이용해 온-볼 수비에서 효과를 본다. 프로 초창기와 비교해서는 슈팅에서 약간의 발전이 있었다. 그러나 '엘리트 스윙맨'이 되기 위해선 훨씬 더 좋아져야 한다. 연봉은 273만 달러.

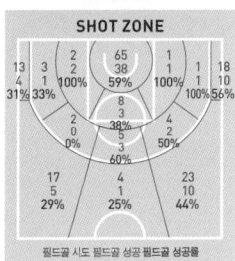

SHOT ZONE

필드골 시도 **166** 102
필드골 성공 **81** 45

- 점프슛, 풀업 점퍼
- 레이업, 핑거롤
- 페이드어웨이
- 덩크, 앨리웁
- 훅슛
- 팁슛
- 뱅크슛

DEFENSE PER GAME			REBOUNDS PER GAME		
림에서의 거리	DFG	DFG%	림에서의 거리	CR	UCR
3점슛	0.8	35.1%	0~0.9m	0.2	0.2
2점슛	1.8	52.2%	0.9~1.8m	0.1	0.5
0~1.8m	1.2	58.4%	1.8~3.0m	0.1	0.4
0~3.0m	1.5	57.8%	3.0m 이상	0.1	0.4
4.5m 이상	0.9	36.3%			

2023-24 밀워키 48경기 평균 12.7분

항목	TS	MS	3PS	FT	LU	DK	ID	OD	ST	BL
경기 평균	4.4	2.1	0.6	0.1						
36분 기준	12.5	5.9	1.8	0.8	0.4					
평점	B+	B-	C	C	B	C	D	D-	B+	C

항목	OR3	DR3	PS	BH	BQ	SP	PO	ED	HS	OG
평점	C-	C-	C	C	C-	D	C	D-	B+	C

Chris LIVINGSTON SF-PF

크리스 리빙스턴   2003.10.15 / 198cm

NBA 드래프트 : 2023년 2라운드 58번
NBA 우승 : 0회 / 파이널 MVP : 0회
시즌 MVP : 0회 / NBA 퍼스트팀 : 0회

'서드 유닛' 콤보 포워드로 지난 시즌 21경기 출전에 그쳤다. 결장한 61경기는 감독 결정으로 배제된 29경기, 잔 부상으로 인한 결장 12경기, G리그 소속으로 제외된 20경기였다. 구단 프런트에서는 '블루 칼러'로서 리빙스턴의 역할이 필요하다고 보고, 투웨이가 아닌 연봉 189만 달러로 정식 계약을 맺었다. 힘이 좋기에 수비나 바디 컨택을 강하게 하는 상황에도 림어택을 구사한다. 그가 NBA에서 살아남으려면 슈팅 능력을 정말 많이 보완해야 한다.

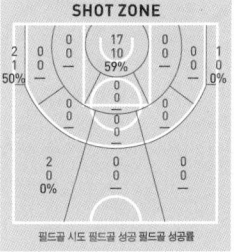

SHOT ZONE

필드골 시도 **22** 14
필드골 성공 **11** 8

- 점프슛, 풀업 점퍼
- 레이업, 핑거롤
- 페이드어웨이
- 덩크, 앨리웁
- 훅슛
- 팁슛
- 뱅크슛

DEFENSE PER GAME			REBOUNDS PER GAME		
림에서의 거리	DFG	DFG%	림에서의 거리	CR	UCR
3점슛	0.6	50.0%	0~0.9m	0.1	0.1
2점슛	0.7	47.1%	0.9~1.8m	0.1	0.5
0~1.8m	0.5	46.2%	1.8~3.0m	0.0	0.1
0~3.0m	0.5	46.2%	3.0m 이상	0.0	0.1
4.5m 이상	0.7	47.1%			

2023-24 밀워키 21경기 평균 4.3분

항목	TS	MS	3PS	FT	LU	DK	ID	OD	ST	BL
경기 평균	1.2	1.1	0.4	0.3						
36분 기준	10.4	8.4	2.0	0.8	0.0					
평점	D+	C	D	D+	D-	D-	D	C	B	D

항목	OR3	DR3	PS	BH	BQ	SP	PO	ED	HS	OG
평점	D+	A-	D	D+	D-	D-	D	B	D	D+

Brook LOPEZ C

브룩 로페즈   1988.04.01 / 216cm

NBA 드래프트 : 2008년 1라운드 10번
NBA 우승 : 1회 / 파이널 MVP : 0회
시즌 MVP : 0회 / NBA 퍼스트팀 : 0회

프로 데뷔 후 8년간 3점슛과 전혀 관계가 없는 선수였다. 그러나 2016-17시즌, 갑자기 3점 슈터로 변신했다. 경기 당 5.2회의 3점슛을 던져 1.8회를 성공시킨 것. 이후 현대 농구에 걸맞는 '스트레칭 빅맨'으로 완전히 탈바꿈했다. 페인트존에서 움직임이 유려하고, BQ가 좋아 동료들과 2대2 플레이가 잘 돌아간다. 역대 2번이나 DPOY 후보에 이름을 올렸을 정도로 최강의 1대1 수비를 보인다. 최근엔 림프로텍터로도 유명하다. 연봉은 2300만 달러.

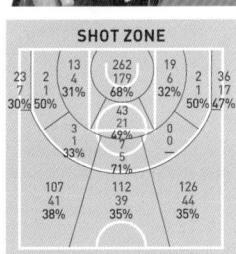

SHOT ZONE

필드골 시도 **755** 470
필드골 성공 **366** 178

- 점프슛, 풀업 점퍼
- 레이업, 핑거롤
- 페이드어웨이
- 덩크, 앨리웁
- 훅슛
- 팁슛
- 뱅크슛

DEFENSE PER GAME			REBOUNDS PER GAME		
림에서의 거리	DFG	DFG%	림에서의 거리	CR	UCR
3점슛	1.9	37.6%	0~0.9m	0.8	0.5
2점슛	4.7	50.6%	0.9~1.8m	1.0	0.6
0~1.8m	4.8	55.7%	1.8~3.0m	0.3	0.6
0~3.0m	5.8	53.1%	3.0m 이상	0.2	0.7
4.5m 이상	2.0	38.7%			

2023-24 밀워키 79경기 평균 30.5분

항목	PTS	RB	AS	ST	BL
경기 평균	12.5	5.2	1.6	0.5	2.4
36분 기준	14.8	6.1	1.9	0.6	2.8

항목	TS	MS	3PS	FT	LU	DK	ID	OD	ST	BL
평점	B	A	B-	B-	B-	B	A	D	A	A

항목	ORB	DRB	PS	BH	BQ	SP	PO	ED	HS	OG
평점	D-	D-	C	B	B+	A-	A-	B-	B-	B-

Bobby PORTIS C-PF

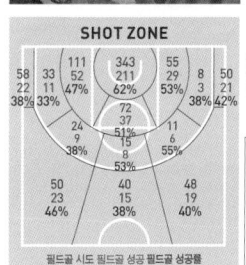

바비 포티스   1995.02.10 / 208cm

NBA 드래프트 : 2015년 1라운드 22번
NBA 우승 : 1회 / 파이널 MVP : 0회
시즌 MVP : 0회 / NBA 퍼스트팀 : 0회

'세컨 유닛' 센터로 시즌 82경기에 모두 출전했다. 감독 입장에서는 매우 '든든한 백업'일 수밖에 없다. 제한된 출전 시간에 비해 득점은 꽤 높은 수치를 보였다(36분 기준 20.3점). 비교적 정확한 중거리슛이 주 무기이지만, '받아먹기 3점슛'도 쏠쏠하다. 수비를 달고 던지는 점프 훅슛도 위력적. 트랜지션 게임에서 폭발적인 덩크로 마무리한다. 리바운드와 인사이드 1대1 수비는 기복이 있는 편이다. 키에 비해 블락이 너무 적다. 연봉은 1258만 달러.

SHOT ZONE

필드골 시도 **918** 461
필드골 성공 **466** 192

- 점프슛, 풀업 점퍼
- 레이업, 핑거롤
- 페이드어웨이
- 덩크, 앨리웁
- 훅슛
- 팁슛
- 뱅크슛

DEFENSE PER GAME			REBOUNDS PER GAME		
림에서의 거리	DFG	DFG%	림에서의 거리	CR	UCR
3점슛	0.9	32.3%	0~0.9m	0.8	1.0
2점슛	2.8	64.7%	0.9~1.8m	1.1	2.5
0~1.8m	2.8	64.7%	1.8~3.0m	0.3	0.9
0~3.0m	3.4	63.0%	3.0m 이상	0.1	0.6
4.5m 이상	1.1	35.5%			

2023-24 밀워키 82경기 평균 24.5분

항목	PTS	RB	AS	ST	BL
경기 평균	13.8	7.4	1.3	0.8	0.4
36분 기준	20.3	10.9	1.9	1.2	0.6

항목	TS	MS	3PS	FT	LU	DK	ID	OD	ST	BL
평점	A	B	B	B-	C	C	C+	D-	C+	D-

항목	ORB	DRB	PS	BH	BQ	SP	PO	ED	HS	OG
평점	D	B+	D-	D+	D	B	A-	B	A-	B-

DEFENSE pg		REBOUNDS pg		항목 & 평점																					
DFG	DFG%	CR	UCR	TS	MS	3PS	FT	LU	DK	ID	OD	ST	BL	ORG	OR3	ORB	DRG	DR3	DRB	PS	BH	BQ	SP	PO	ED	HS	OG
필드골 허용	필드골 허용률	유경쟁 리바운드	무경쟁 리바운드	턴오버 성공률	중거리 슈팅	3점 슈팅	자유투 성공률	레이업 플로터	슬램 덩크	안쪽 수비	외곽 수비	스틸	블락	가드 공격RB	SF 공격RB	빅맨 공격RB	가드 수비RB	SF 수비RB	빅맨 수비RB	패스	볼 핸들링	농구 IQ	스피드 민첩성	파워	지구력	허슬 플레이	종합 평가

Tyler SMITH — PF-C

타일러 스미스
2004.11.02 / 211cm

NBA 드래프트 : 2024년 2라운드 33번
NBA 우승 : 0회 / **파이널 MVP** : 0회
시즌 MVP : 0회 / NBA 퍼스트팀 : 0회
미국

NBA G리그 이그나이트에서 뛰었고, 2024 드래프트를 통해 밀워키에 입단했다. 드래프트넷 스카우팅 리포트에는 "윙의 화려한 기술을 지닌 유연한 파워포워드(Smooth power forward with flashes of wing skills)"라고 나와 있다. 슬래셔 겸 커터로 림을 직접 공략하고, 안정된 스트로크에서 나오는 정확한 3점슛을 주무기로 사용한다. 운동능력이 좋아 1번~5번을 다 수비할 수 있다. 팀 디펜스, 리바운드, 볼핸들링을 보완해야 한다. 연봉은 116만 달러.

SHOT ZONE

2024-25시즌 신인 선수

필드골 시도 성공 필드골 성공률

필드골 **0** 시도 / 필드골 **0** 성공

- 점프슛, 풀업 점퍼
- 레이업, 핑거롤
- 페이더어웨이
- 덩크, 앨리움
- 훅슛
- 팁슛
- 뱅크슛

DEFENSE PER GAME			REBOUNDS PER GAME		
림에서의 거리	DFG	DFG%	림에서의 거리	CR	UCR
3점슛	—	—	0~0.9m	—	—
2점슛	—	—	0.9~1.8m	—	—
0~1.8m	—	—	1.8~3.0m	—	—
0~3.0m	—	—	3.0m 이상	—	—
4.5m 이상	—	—			

2023-24시즌 기록 없음					
항목	PTS	RB	AS	ST	BL
경기 평균	—	—	—	—	—
36분 기준	—	—	—	—	—

항목 평점	TS	MS	3PS	FT	LU	DK	ID	OD	ST	BL
	—	—	—	—	—	—	—	—	—	—
항목 평점	OR	DR	PS	BH	BQ	SP	PO	ED	HS	OG
	—	—	—	—	—	—	—	—	—	—

Damian LILLARD — PG

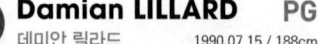

데미안 릴라드
1990.07.15 / 188cm

NBA 드래프트 : 2012년 1라운드 6번
NBA 우승 : 0회 / **파이널 MVP** : 0회
시즌 MVP : 0회 / NBA 퍼스트팀 : 1회
미국

아데토쿤보와 최강 '원-투 펀치'를 이룬다. 릴라드의 '킬러 본능'은 정말 압도적이다. NBA에서 클러치 슈팅이 가장 많은 선수 중 1명이다. 팬들은 그의 클러치 퍼포먼스에 '데임 타임'이라고 별명을 붙였다. 스테픈 커리, 트레이 영과 더불어 리그에 딥쓰리 정착을 불러온 주인공이기도 하다. 외곽슛의 비중이 높고, 돌파, 볼 핸들링, 스크린 활용, 패스 등 가드에게 필요한 스킬셋을 모두 리그 최고 수준으로 완비한 '초엘리트 1번'이다. 연봉은 4879만 달러.

SHOT ZONE

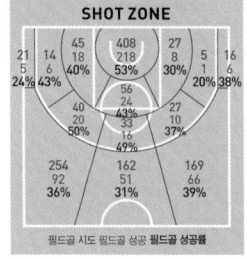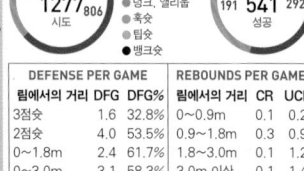

필드골 **1277** 시도 806 / 필드골 **541** 성공 292

- 점프슛, 풀업 점퍼
- 레이업, 핑거롤
- 페이더어웨이
- 덩크, 앨리움
- 훅슛
- 팁슛
- 뱅크슛

DEFENSE PER GAME			REBOUNDS PER GAME		
림에서의 거리	DFG	DFG%	림에서의 거리	CR	UCR
3점슛	1.6	32.8%	0~0.9m	0.1	0.2
2점슛	4.0	53.5%	0.9~1.8m	0.3	0.9
0~1.8m	2.4	61.7%	1.8~3.0m	0.1	1.2
0~3.0m	3.1	58.3%	3.0m 이상	0.1	1.4
4.5m 이상	1.9	34.4%			

2023-24 밀워키 73경기 평균 35.3분					
항목	PTS	RB	AS	ST	BL
경기 평균	24.3	4.4	7.0	1.0	0.2
36분 기준	24.8	4.5	7.1	1.0	0.3

항목 평점	TS	MS	3PS	FT	LU	DK	ID	OD	ST	BL
	C-	B+	B	A-	B	C	D-	C-	C-	D-
항목 평점	ORG	DRG	PS	BH	BQ	SP	PO	ED	HS	OG
	D-	C	A-	A	A-	B+	D-	A+	A	B+

Pat CONNAUGHTON — SG-SF

팻 코너턴
1993.01.06 / 196cm

NBA 드래프트 : 2015년 2라운드 41번
NBA 우승 : 0회 / **파이널 MVP** : 0회
시즌 MVP : 0회 / NBA 퍼스트팀 : 0회
미국

전형적인 팀플레이어. 화려하지는 않지만, 팀에 꼭 필요한 '약방 감초'같은 선수다. 주로 스팟업슛을 통해 득점한다. 코트 여러 각도에서 3점슛을 던진다. 그의 장점은 왕성한 활동과 운동능력이다. 돌파, 속공 상황에서 트레일러를 맡는다. 높이 44인치(112cm)의 엄청난 점프를 이용해 폭발적인 덩크를 구사한다. 퍼리미터 1대1 수비에서 상대를 끈질기게 쫓아간다. 적극적인 허슬 플레이로 동료들을 돕는다. 리바운드도 평균 이상이다. 연봉은 942만 달러.

SHOT ZONE

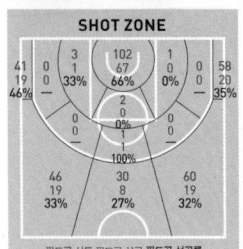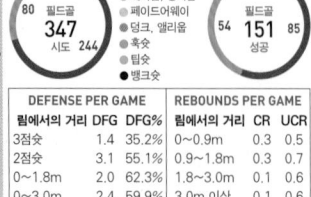

필드골 **347** 시도 244 / 필드골 **151** 성공 85

- 점프슛, 풀업 점퍼
- 레이업, 핑거롤
- 페이더어웨이
- 덩크, 앨리움
- 훅슛
- 팁슛
- 뱅크슛

DEFENSE PER GAME			REBOUNDS PER GAME		
림에서의 거리	DFG	DFG%	림에서의 거리	CR	UCR
3점슛	1.4	35.2%	0~0.9m	0.3	0.5
2점슛	3.1	55.1%	0.9~1.8m	0.3	0.6
0~1.8m	2.0	62.3%	1.8~3.0m	0.1	0.7
0~3.0m	2.4	59.9%	3.0m 이상	0.1	0.8
4.5m 이상	1.6	35.7%			

2023-24 밀워키 76경기 평균 22.1분					
항목	PTS	RB	AS	ST	BL
경기 평균	5.6	3.1	2.1	0.5	0.3
36분 기준	9.2	5.1	3.5	0.9	0.4

항목 평점	TS	MS	3PS	FT	LU	DK	ID	OD	ST	BL
	D+	D+	B-	D	B	B	D-	C	D+	D-
항목 평점	ORG	DRG	PS	BH	BQ	SP	PO	ED	HS	OG
	C-	C-	D+	C+	C	C+	D-	B-	A-	C-

Delon WRIGHT — PG-SG

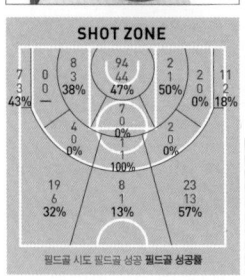

델론 라이트
1992.04.26 / 196cm

NBA 드래프트 : 2015년 1라운드 20번
NBA 우승 : 0회 / **파이널 MVP** : 0회
시즌 MVP : 0회 / NBA 퍼스트팀 : 0회
미국

지난 시즌 워싱턴과 마이애미에서 활약했고, 올여름 밀워키 유니폼을 입었다. 올 시즌에는 데미안 릴라드의 백업 포인트가드로서, 전 소속팀에서보다는 출전 시간이 더 늘어날 전망이다. 짧은 출전 시간 대비, 3점슛을 적게 시도하는 건 아니다. 자유투 성공률이 82.2%로 높은 것도 긍정적이다. 1번치고 체격이 좋은 편이고(196cm), 2번까지 수비할 수 있다. 패싱 레인 수비, 허슬 플레이, 퍼리미터 1대1 수비는 리그 상위권이다. 연봉은 209만 달러.

SHOT ZONE

필드골 **188** 시도 100 / 필드골 **74** 성공 31

- 점프슛, 풀업 점퍼
- 레이업, 핑거롤
- 페이드어웨이
- 덩크, 앨리움
- 훅슛
- 팁슛
- 뱅크슛

DEFENSE PER GAME			REBOUNDS PER GAME		
림에서의 거리	DFG	DFG%	림에서의 거리	CR	UCR
3점슛	1.0	40.7%	0~0.9m	0.1	0.1
2점슛	2.1	53.6%	0.9~1.8m	0.1	0.3
0~1.8m	1.6	64.2%	1.8~3.0m	0.1	0.5
0~3.0m	1.8	60.0%	3.0m 이상	0.0	0.7
4.5m 이상	1.1	39.1%			

2023-24 워싱턴+마이애미 47경기 평균 15.8분					
항목	PTS	RB	AS	ST	BL
경기 평균	4.5	1.8	2.5	1.1	0.2
36분 기준	10.2	4.2	5.8	2.6	0.5

항목 평점	TS	MS	3PS	FT	LU	DK	ID	OD	ST	BL
	D+	D+	B-	C	D	D-	D-	B	A	D-
항목 평점	ORG	DRG	PS	BH	BQ	SP	PO	ED	HS	OG
	D+	D-	B-	B	C	C-	D-	A-	B	C

DEFENSE pg		REBOUNDS pg		항목 & 평점																		
DFG	DFG%	CR	UCR	TS	MS	3PS	FT	LU	DK	ID	OD	ST	BL	ORG	OR3	DRG	DR3	DRB	PS	BH	BQ	SP	PO	ED	HS	OG
필드골 허용	필드골 허용률	유경쟁 리바운드	무경쟁 리바운드	터프샷 성공률	중거리 슈팅	3점 슈팅	자유투 성공률	레이업 플로터	덩크	안쪽 수비	외곽 수비	스틸	블락	가드 공격RB	SF 공격RB	빅맨 공격RB	가드 수비RB	SF 수비RB	빅맨 수비RB	패스	볼 핸들링	농구 IQ	스피드 민첩성	파워	지구력	허슬 플레이	종합 평가

AJ GREEN — SG

G 20

AJ 그린 · 1999.09.27 / 193cm

NBA 드래프트 : 2022년 미지명
NBA 우승 : 0회 / 파이널 MVP : 0회
미국 · 시즌 MVP : 0회 / NBA 퍼스트팀 : 0회

전형적인 3점 슈터. 지난 시즌 필드골 성공 83개 중 무려 69개가 3점슛이었다(!). 엄청난 비중이다. 3점 외에 다른 무기는 그리 많지 않다. 오프 더 드리블을 통해 정확한 슈팅 기회를 잡는다. 프로 통산 91.3%, 지난 시즌 89.5%의 자유투는 강력한 무기다. 일정 수준 이상의 플레이메이킹과 수비력을 지녔다. 반면, 1번을 수비하기에는 스피드 부족, 2번을 막기에는 키가 좀 아쉽다. 허슬 플레이를 열심히 하지 않고, 스틸도 부족하다. 연봉은 212만 달러.

SHOT ZONE

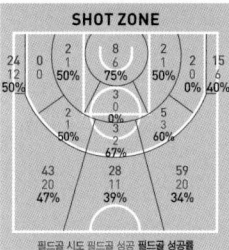

	9			6
	필드골 196 시도 187			필드골 83 성공 77

● 점프샷, 풀업 점퍼
● 레이업, 핑거롤
● 페이드어웨이
● 덩크, 앨리웁
● 훅샷
● 팁샷
● 뱅크샷

DEFENSE PER GAME			REBOUNDS PER GAME		
림에서의 거리	DFG	DFG%	림에서의 거리	CR	UCR
3점슛	0.6	37.2%	0~0.9m	0.0	0.1
2점슛	1.6	52.0%	0.9~1.8m	0.1	0.3
0~1.8m	0.9	61.4%	1.8~3.0m	0.1	0.3
0~3.0m	1.3	58.7%	3.0m 이상	0.0	0.2
4.5m 이상	0.7	33.0%			

2023-24 밀워키 35경기 평균 9.9분					
항목	PTS	RB	AS	ST	BL
경기 평균	4.5	1.1	0.5	0.2	0.1
36분 기준	14.8	3.8	1.8	0.5	0.2

항목 평점	TS	MS	3PS	FT	LU	DK	ID	OD	ST	BL
	B-	D	A-	C	D-	D-	D-	D-	D-	D-
항목 평점	ORG	DRG	PS	BH	BQ	SP	PO	ED	HS	OG
	D-	D-	D-	C-	D	D+	D-	B-	C	C-

AJ JOHNSON — SG

G 77

AJ 존슨 · 2004.12.01 / 196cm

NBA 드래프트 : 2024년 1라운드 23번
NBA 우승 : 0회 / 파이널 MVP : 0회
미국 · 시즌 MVP : 0회 / NBA 퍼스트팀 : 0회

지난 시즌 호주 울릉공의 일라와라 호크스에서 뛰었고, 2024 드래프트를 통해 밀워키에 입단했다. 좋은 사이즈(196cm)의 슈팅가드다. 슬래서 스타일로 페인트존에서 긴 스트라이드와 빠른 스피드를 이용해 림을 직접 공략한다. 그의 덩크는 폭발적이다. 트랜지션 게임에서도 위력을 발휘할 수 있다. 운동 능력을 활용한 1대1 수비도 OK. 그러나 중장거리 슈팅이 들쭉날쭉하다. NBA에서 적응할 만한 BQ가 있는지 지켜봐야 한다. 연봉은 280만 달러.

SHOT ZONE

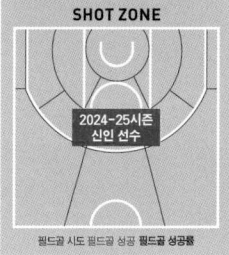

2024-25시즌
신인 선수

	필드골 0 시도			필드골 0 성공

● 점프샷, 풀업 점퍼
● 레이업, 핑거롤
● 페이드어웨이
● 덩크, 앨리웁
● 훅샷
● 팁샷
● 뱅크샷

DEFENSE PER GAME			REBOUNDS PER GAME		
림에서의 거리	DFG	DFG%	림에서의 거리	CR	UCR
3점슛			0~0.9m		
2점슛			0.9~1.8m		
0~1.8m			1.8~3.0m		
0~3.0m			3.0m 이상		
4.5m 이상					

2023-24시즌 기록 없음					
항목	PTS	RB	AS	ST	BL
경기 평균	—	—	—	—	—
36분 기준	—	—	—	—	—

항목 평점	TS	MS	3PS	FT	LU	DK	ID	OD	ST	BL
항목 평점	OR	DR	PS	BH	BQ	SP	PO	ED	HS	OG

Andre JACKSON JR. — SG

G 44

앤드리 잭슨 Jr. · 2001.11.13 / 198cm

NBA 드래프트 : 2023년 2라운드 36번
NBA 우승 : 0회 / 파이널 MVP : 0회
미국 · 시즌 MVP : 0회 / NBA 퍼스트팀 : 0회

정규리그 57경기에 출전했다. 결장한 25경기 중 잔부상으로 빠진 건 3경기였고, 나머지는 순전히 감독의 결정이었다. 올 시즌도 '써드 유닛' 콤보로 짧은 시간 출전할 것이다. 경험을 쌓는 게 중요하다. 좋은 체격에 운동능력까지 갖췄기에 1번~4번을 다 수비할 수 있다. 페리미터 1대1 때 발을 잘 움직이면서 철저히 체크한다. 코스트-투-코스트 플레이에서 폭발적인 덩크로 마무리한다. 캐치&슛, 풀업 점퍼 모두 많이 보완해야 한다. 연봉은 189만 달러.

SHOT ZONE

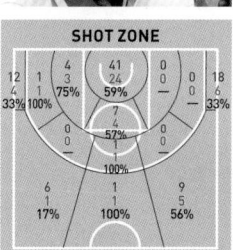

	1 8 2			1
	10 필드골 100 시도 60			10 필드골 50 성공 26

● 점프샷, 풀업 점퍼
● 레이업, 핑거롤
● 페이드어웨이
● 덩크, 앨리웁
● 훅샷
● 팁샷
● 뱅크샷

DEFENSE PER GAME			REBOUNDS PER GAME		
림에서의 거리	DFG	DFG%	림에서의 거리	CR	UCR
3점슛	0.5	40.6%	0~0.9m	0.2	0.2
2점슛	1.8	60.4%	0.9~1.8m	0.2	0.4
0~1.8m	1.1	65.4%	1.8~3.0m	0.1	0.3
0~3.0m	1.4	62.6%	3.0m 이상	0.1	0.4
4.5m 이상	0.7	43.4%			

2023-24 밀워키 57경기 평균 10.0분					
항목	PTS	RB	AS	ST	BL
경기 평균	2.2	2.0	0.9	0.3	0.1
36분 기준	7.9	7.1	3.1	1.0	0.4

항목 평점	TS	MS	3PS	FT	LU	DK	ID	OD	ST	BL
	C-	D+	C+	C-	C-	B	D-	B-	C-	D-
항목 평점	ORG	DRG	PS	BH	BQ	SP	PO	ED	HS	OG
	A-	B-	D+	D+	D	B+	B-	A-	B-	C-

MILWAUKEE BUCKS
2024-25 REGULAR SEASON SCHEDULE

OCTOBER, 2024
Oct. 24 @ Philadelphia
Oct. 26 vs. Chicago
Oct. 28 @ Brooklyn
Oct. 29 @ Boston

NOVEMBER, 2024
Nov. 1 @ Memphis
Nov. 3 vs. Cleveland
Nov. 5 vs. Cleveland
Nov. 8 vs. Utah
Nov. 9 @ New York
Nov. 11 vs. Boston
Nov. 13 vs. Toronto
Nov. 14 vs. Detroit
Nov. 17 @ Charlotte
Nov. 19 vs. Houston
Nov. 21 vs. Chicago
Nov. 23 vs. Indiana
Nov. 24 vs. Charlotte
Nov. 27 @ Miami

DECEMBER, 2024
Dec. 1 vs. Washington
Dec. 4 @ Detroit
Dec. 5 vs. Atlanta
Dec. 7 @ Boston
Dec. 9 @ Brooklyn
Dec. 21 vs. Cleveland
Dec. 22 vs. Washington
Dec. 24 @ Chicago

Dec. 27 vs. Brooklyn
Dec. 29 @ Chicago

JANUARY, 2025
Jan. 1 @ Indiana
Jan. 3 vs. Brooklyn
Jan. 5 vs. Portland
Jan. 7 @ Toronto
Jan. 9 vs. San Antonio
Jan. 11 @ Orlando
Jan. 13 vs. New York
Jan. 15 vs. Sacramento
Jan. 16 vs. Orlando
Jan. 18 vs. Toronto
Jan. 20 vs. Philadelphia
Jan. 23 @ New Orleans
Jan. 24 vs. Miami
Jan. 26 @ LA Clippers
Jan. 28 @ Utah
Jan. 29 @ Portland

FEBRUARY, 2025
Feb. 1 @ San Antonio
Feb. 3 vs. Memphis
Feb. 4 @ Oklahoma City
Feb. 6 @ Charlotte
Feb. 8 @ Atlanta
Feb. 10 vs. Philadelphia
Feb. 11 vs. Golden State
Feb. 13 @ Minnesota
Feb. 21 vs. LA Clippers

Feb. 22 @ Washington
Feb. 24 vs. Miami
Feb. 26 @ Houston
Feb. 28 vs. Denver

MARCH, 2025
Mar. 2 @ Dallas
Mar. 5 @ Atlanta
Mar. 6 vs. Dallas
Mar. 9 vs. Orlando
Mar. 10 vs. Cleveland
Mar. 12 @ Indiana
Mar. 14 vs. LA Lakers
Mar. 16 vs. Indiana
Mar. 17 vs. Oklahoma City
Mar. 19 @ LA Lakers
Mar. 21 @ Golden State
Mar. 23 @ Sacramento
Mar. 25 @ Phoenix
Mar. 27 @ Denver
Mar. 29 vs. New York
Mar. 31 vs. Atlanta

APRIL, 2025
Apr. 2 vs. Phoenix
Apr. 4 @ Philadelphia
Apr. 6 @ Miami
Apr. 9 vs. Minnesota
Apr. 10 vs. New Orleans
Apr. 12 @ Detroit
Apr. 14 vs. Detroit

難兄難弟

난 형 난 제

올랜도와 마이애미의 '플로리다 더비'에 주목해야 한다. 두 팀의 전력이 디비전 다른 3팀의 전력보다 상당히 강하다. 애틀랜타와 샬럿은 일단 플레이오프 진출에 초점을 맞출 것이다. 워싱턴은 쉽지 않아 보인다.

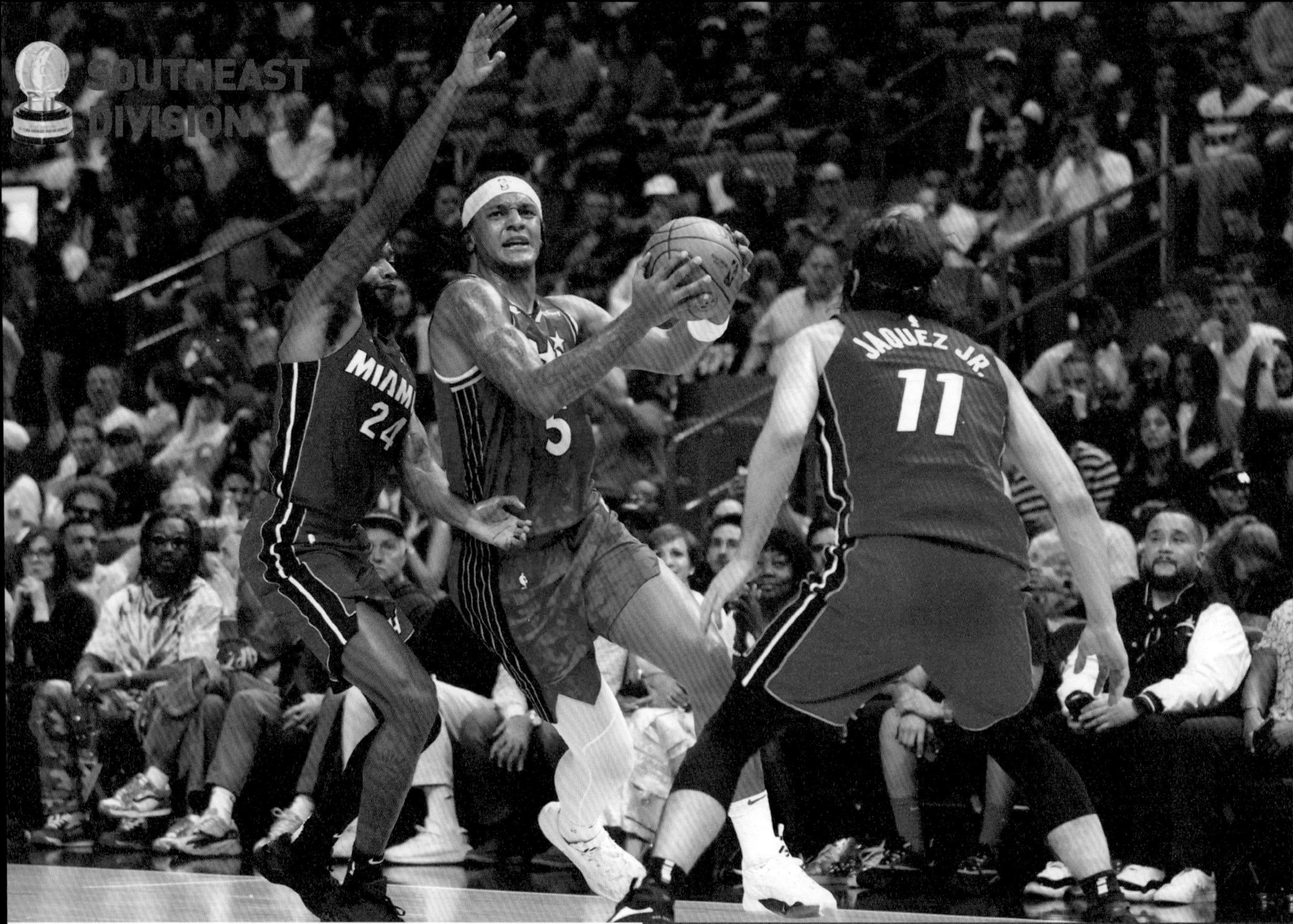

ATLANTA HAWKS

2024-25 DIVISION ODDS

순위	TEAM	벳 365	스카이벳	패디파워	윌리엄힐
1	Orlando Magic	0.71배	1배	0.62배	0.73배
2	Miami Heat	1.5배	1.1배	1.7배	1.5배
3	Atlanta Hawks	10배	10배	9배	10배
4	Charlotte Hornets	40배	40배	30배	50배
5	Washington Wizards	250배	300배	250배	200배

2023-24 DIVISION STANDING

순위	TEAM	승	패	승률	승차
1	Orlando Magic*	47	35	57.3%	—
2	Miami Heat*	46	36	56.1%	1.0
3	Atlanta Hawks	36	46	43.9%	11.0
4	Charlotte Hornets	21	61	25.6%	26.0
5	Washington Wizards	15	67	18.3%	32.0

*플레이오프 진출팀

CHARLOTTE HORNETS

MIAMI HEAT

ORLANDO MAGIC

WASHINGTON WIZARDS

ATLANTA HAWKS

轉敗爲功·준수한 롤플레이어 영입

뜻풀이 실패를 이용하여 공을 이루는 계기로 삼음. 밀워키는 지난 2시즌, 영-머레이 백코트 콤비를 내세웠으나 실패했다. 이제 새 판을 짜기로 했다.

스타 백코트 콤비, 2년 만에 해체

기대를 모았던 트레이 영-디존테 머레이의 백코트 콤비는 결국 2시즌 만에 해체됐다. 첫 시즌 PO 1라운드 탈락, 지난 시즌은 겨우 36승. 지난 2022년, 머레이 영입을 위해 1라운드 지명권 3장을 포기했던 걸 생각하면 한숨만 나오는 결과다. 전 시즌 성적 부진에는 트레이 영의 부상 영향도 있지만, 기본적으로 둘이 워낙 시너지가 안 났기에, 콤비 해체는 시간문제였다. 트레이 영까지 트레이드 루머에 시달린 가운데, 먼저 팀을 떠난 쪽은 머레이였다. 뉴올리언스로 옮겼다.

영에게 지원군 배치한 애틀랜타

머레이를 뉴올리언스로 보내면서 래리 낸스 Jr., 다이슨 대니얼스 등 준수한 롤 플레이어들을 영입했다. 호주 국가대표 대니얼스는 기록상으로 눈에 띄는 선수는 아니지만, 수비에서 역동적인 에너지를 발산하는 선수다. 앞선에서 상대를 최대한 괴롭힐 것이다. 래리 낸스는 볼 없는 움직임과 수비가 좋다. 지난 시즌 눈부신 성장을 보인 제일린 존슨의 상승세도 기대된다. 전 시즌보다 평균 득점이 10점 이상 오르는 굉장한 도약을 보였다. 공수에서 끼친 영향력이 상당했다.

중하위권 전력, 인내 필요한 시즌

올 시즌 애틀랜타는 강팀이라 보기 어렵다. 클린트 카펠라, 보그단 보그다노비치 등 기존 핵심에 새로 가세한 선수들이 트레이 영을 중심으로 구축된 시스템을 얼마나 잘 받쳐줄지가 중요하다. 이미 명백히 드러난 수비 약점을 최대한 잘 가리고 극복해야 한다. 그러나 상황에 따라 시스템을 아예 포맷할 가능성도 생각해야 한다. 트레이드는 언제든 일어날 수 있다. 한편, 최악의 서머리그를 보낸 2024년 드래프트 1순위 자카리 리자세는 시간이 더 필요할 것으로 보인다.

*통계는 2024년 10월 1일 기준 / 아래 항목별 1위는 소속으로 정규 시즌 50경기 이상 출전자 중 선별함.

CLUB INFORMATION

Founded	Owner	CEO	Head Coach	24-25 Odds
구단 창립 1946년	토니 레슬러 1960.10.12	스티브 쿠닌	퀸 스나이더 1966.10.30	벳365 : 400배 윌리엄힐 : 500배

Nationality	Age	Height	Weight	Salary
●미국 선수 8명 ●외국 선수 6명	14명 평균 24.5세	14명 평균 201.0cm	14명 평균 98.6kg	14명 평균 1200만 달러

Win	Loss	Winning%	Play-Off	Titles
2023-24 : 36승 통산 : 2927승	2023-24 : 46패 통산 : 3010패	2023-24 : 43.9% 통산 : 49.3%	PO 진출 : 49회 PO 탈락 : 27회	NBA우승 : 1회 컨퍼런스 : 0회

Top Scorer	More Rebounds	More Assists	More Steals	More Blocks
트레이 영 평균 25.7점	클린트 카펠라 평균 10.6RB	트레이 영 평균 10.8AS	디존테 머레이 평균 1.4스틸	클린트 카펠라 평균 1.5블락

*항목별 1위는 지난 시즌 애틀랜타 소속으로 42경기 이상 출전한 선수 중 선별

HEAD COACH & STADIUM

Quin SNYDER 퀸 스나이더

생년월일 : 1966.10.30 / **출생지** : 미국 워싱턴주 머서아일랜드
경력 : 1992~1993년 로스앤젤레스 클리퍼스 코치 / 1995~1999년 듀크대 코치 / 1999~2006년 미주리대 감독 / 2007~2010년 오스틴 토로스대 / 2010~2011년 필라델피아 76ers. 코치 / 2011~2012년 로스앤젤레스 레이커스 코치 / 2012~2013년 CSKA 모스크바 코치 / 2013~2014년 애틀랜타 호크스 코치 / 2014~2022년 유타 재즈 감독 / 2023년~애틀랜타 호크스 감독

머서 아일랜드고 재학 시절, 두 번이나 워싱턴주 최우수 고교 선수로 뽑혔다. 고교를 졸업하고, 1985년 듀크대에 입학했다. 이곳에서 4년간, 팀을 3차례나 NCAA 파이널포에 이끌었고, 4학년 때는 올어메리카 퍼스트팀에 선정됐다. 대학 졸업 후 NBA 드래프트를 신청했으나 어느 팀에서도 지명을 받지 못했고, 미련 없이 유니폼을 벗은 후 지도자로 나섰다. 1992년 LA 클리퍼스 어시스턴트로 출발해 2014년까지 대학팀 감독 및 프로팀 어시스턴트를 두루 거쳤다. 2014-15시즌 유타 재즈 감독으로 임명돼 2021-22시즌까지 지휘봉을 잡았다. 이 기간 팀은 정규 시즌 372승 264패를 기록했다. 2020-21시즌 유타를 52승 20패로 견인하며 서부 컨퍼런스 1위에 올랐다. 이 공으로 그해 NBA 올해의 감독상 후보로 노미네이트 됐다. 2023년 2월 26일, 애틀랜타 호크스 제32대 감독으로 부임했다.

STATE FARM ARENA

구장 오픈 : 1999년 9월 18일
구장 증개축 : 2017~2018년
오너 : 스티브 쿠닌
수용인원 : 1만 6600명
건축비용 : 2억 1350만달러
(현재 가치) 3억 9000만달러

애틀랜타 시내 중심부에 있다. 1999년에 완공됐고, 2017년에 개축했다. 리노베이션을 통해 삼성의 플렉서블 디스플레이 기술을 활용한 총 둘레 52m, 높이 8.5m 크기의 모서리 없는 360° 스마트 LED 전광판이 새롭게 설치되었다. 또한, 최신식 시설, 테라스 테이블, 카바나 등 팬들이 즐길만한 요소가 대폭 확충됐다. 호크스 홈구장이 된 건 1999-2000시즌부터다.

Association   Icon   Statement   City

NBA CHAMPIONSHIPS
1958

CONFERENCE TITLES
NONE

DIVISION TITLES
1957, 1958, 1959, 1960, 1961, 1968, 1970, 1980, 1987, 1994, 2015, 2021

RETIRED NUMBERS
9, 21, 23, 44, 55

REGULAR SEASON RANKING LAST 10YEARS

14-15	15-16	16-17	17-18	18-19	19-20	20-21	21-22	22-23	23-24
2	10	12	27	26	27	11	16	17	21
60승 22패	48승 34패	43승 39패	24승 58패	29승 53패	20승 47패	41승 31패	43승 39패	41승 41패	36승 46패

TEAM POTENTIAL

65점

22위

 하프코트 세트오펜스 8점

 트랜지션 오펜스 6점

 하프코트 세트디펜스 6점

 트랜지션 디펜스 5점

리바운드 6점

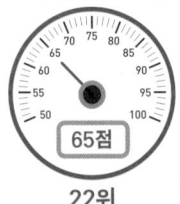 선수층 7점

선수 경험치 7점

감독 리더십 7점

감독 전술 7점

프런트 6점

*각 항목은 10점 만점, 평점은 NBA 30팀 사이 상대평가

우승 ODDS	배당	순위
bet 365	400배	22위
Paddy Power	375배	22위
William Hill	500배	22위

OFFENSIVE STYLE
트랜지션 오펜스 ⟷ 하프코트 세트오펜스

DEFENSIVE STYLE
하이 프레스 ⟷ 하프코트 디펜스

Player's Functions

Ball Handlers
T.영
D.대니얼스
K.버프킨

Pull-Ups
T.영
D.헌터
B.보그다노비치

Catch & Shoot
D.헌터
T.영
K.버프킨

3 Pointers
T.영
G.매슈스
D.헌터

Slam Dunkers
C.카펠라
L.낸스
O.오콩우

Free Throw
D.헌터
T.영
B.보그다노비치

Rebounders
C.카펠라
J.존슨
M.게이

1-1 Defenders
C.카펠라
D.대니얼스
D.헌터

Ball Stealers
D.대니얼스
L.낸스
T.영

Key Passes
T.영
D.대니얼스
J.존슨

Hustle Players
C.카펠라
O.오콩우
C.젤러

Rim Protectors
C.카펠라
M.게이
L.낸스

SQUAD & TACTICS

STARTERS

PF
제일런 존슨
33.7분, 16.0점
8.7RB, 3.6AS

C
클린트 카펠라
25.8분, 11.5점
10.6RB, 1.2AS

SF
자카리 리자세
2024-25시즌
신인 선수

SG
보그단 보그다노비치
30.4분, 16.9점
3.4RB, 3.1AS

PG
트레이 영
36.0분, 25.7점
2.8RB, 10.8AS

OFF THE BENCH

PG
다이슨 대니얼스
22.3분, 5.8점
3.9RB, 2.7AS

SG
개리슨 매슈스
15.0분, 4.9점
1.4RB, 0.6AS

SF
디앤드리 헌터
29.5분, 15.6점
3.9RB, 1.5AS

PF
래리 낸스 Jr.
19.9분, 5.7점
5.0RB, 1.9AS

온예카 오콩우
25.5분, 10.2점
6.8RB, 1.3AS

G 코비 버프킨
G 비트 크레이치
F 데이비드 로디
F 모하메드 게이
C 코디 젤러

OFFENSE MECHANISM

피스톨 오펜스, 5-OUT 이후 줌 액션 등 하프코트를 넘어오기 무섭게 바로 공격이 전개됐다. 지난 시즌 페이스는 전체 5위였다. 퀸 스나이더 감독의 공격 설계가 좋았다. 빠르게 넘어와 수비를 한쪽을 몰아넣고, 상대 수비 로테이션 반대쪽 찬스를 봐주면서 앨리웁, 혹은 코너 외곽을 끌어냈다. 그러나 이런 플레이가 활발하진 않았다. 패스 횟수가 하위권이었다. 오히려 단편적으로, 아주 빠르게 끝내는 공격이 많았다. 대부분이 트레이 영이나 디존테 머레이에 의해 시작되고 마침표를 찍었다. 턴오버샷도 많았다. 머레이의 이적으로 영의 볼 소유가 다시 길어질 전망이다. 승리하기 위해서는 스나이더 감독이 추구해온 농구와 영의 강점을 살린 농구가 적절한 조화를 이뤄야 한다.

DEFENSE MECHANISM

애틀랜타가 더 걱정해야 할 것은 공격보다는 수비다. 지난 시즌 실점은 120.5점으로 30개 팀 중 28위였다. 2대2 상황에서 실점이 가장 많았고, 상대에게 레이업과 덩크슛을 가장 많이 내준 팀 중 하나였다. 한마디로 안쪽이 굉장히 헐거웠다는 의미. 이는 단순히 빅맨이 약해서라고 해석할 수 없다. 영을 비롯한 백코트 수비가 약한 탓에 외곽에서부터 돌려 수비가 무너진 경우가 많았다. 페이스가 빠른 것에 비해 속공 점수가 안 나온 것 역시 수비나 리바운드에서 시작된 역습이 적었기 때문이라 볼 수 있다. 스나이더 감독은 영의 새 식구 다이슨 대니얼스, 래리 낸스, 키튼 윌러스 등이 장차 이 부분에서 조금이나마 도움이 될 수 있길 기대하고 있다. 약점을 최대한 가리는 게 숙제다.

2023-24 SEASON PERFORMANCE

ATLANTA HAWKS vs. OPPONENTS PER GAME STATS

애틀랜타 vs 상대팀

	득실점	F↑ 필드골성공	FG% 필드골%	3↑ 3점슛성공	3P% 3점슛%	⊖ 자유투성공	FT% 자유투%	OR 공격리바운드	RB 리바운드	A↑ 어시스트	🎭 스틸	🏀 블락	↩ 턴오버	🗲 파울

118.3	🏀	120.5	43.0	F↑	44.6	46.5%	FG%	49.5%	13.7	3↑	14.0	36.4%	3P%	38.4%	18.5	⊖	17.3	79.7%	FT%	79.2%

| 12.5 | OR | 10.6 | 44.7 | RB | 44.2 | 26.6 | A↑ | 28.2 | 7.5 | 🎭 | 7.8 | 4.5 | 🏀 | 5.6 | 13.5 | ↩ | 14.1 | 18.6 | 🗲 | 19.4 |

LINE-UP

* 애틀랜타는 지난 시즌 총 365개의 라인업을 가동시켰다. 그중 출전 시간이 가장 길었던 20개를 골라 게재했다.

5-MEN COMBINATION	MIN	PPG	RPG	APG
C. Capela - D. Murray - T. Young - S. Bey - J. Johnson	289	32.7	13.6	7.4
C. Capela - D. Murray - T. Young - D. Hunter - S. Bey	177	28.9	11.4	6.3
C. Capela - D. Murray - T. Young - D. Hunter - J. Johnson	172	29.9	11.6	6.2
C. Capela - B. Bogdanovic - D. Murray - D. Hunter - V. Krejci	158	43.9	14.6	7.5
C. Capela - B. Bogdanovic - D. Murray - S. Bey - J. Johnson	149	16.9	8.4	3.5
B. Bogdanovic - T. Young - O. Okongwu - S. Bey - J. Johnson	136	19.4	6.8	4.7
C. Capela - B. Bogdanovic - D. Murray - D. Hunter - J. Johnson	135	13.0	5.5	3.5
D. Murray - T. Young - O. Okongwu - S. Bey - J. Johnson	103	19.4	7.4	4.4
B. Bogdanovic - T. Young - G. Mathews - O. Okongwu - J. Johnson	83	16.8	6.9	3.8
B. Bogdanovic - D. Murray - D. Hunter - O. Okongwu - S. Bey	82	13.3	4.1	2.9
C. Capela - B. Bogdanovic - D. Murray - D. Hunter - S. Bey	77	8.9	3.4	2.1
C. Capela - B. Bogdanovic - D. Murray - T. Young - S. Bey	64	12.0	4.4	2.2
W. Matthews - B. Bogdanovic - T. Young - O. Okongwu - S. Bey	63	12.3	4.3	2.3
D. Murray - B. Fernando - D. Hunter - G. Mathews - V. Krejci	62	12.2	2.8	2.8
B. Bogdanovic - T. Young - G. Mathews - O. Okongwu - S. Bey	61	17.1	6.0	3.8
B. Bogdanovic - D. Murray - O. Okongwu - S. Bey - J. Johnson	39	6.6	2.1	1.1
D. Murray - T. Young - D. Hunter - O. Okongwu - S. Bey	38	8.2	2.2	1.3
D. Murray - B. Fernando - D. Hunter - G. Mathews - S. Bey	38	9.3	3.8	1.8
B. Bogdanovic - D. Murray - D. Hunter - S. Bey - J. Johnson	36	15.5	5.7	3.0
C. Capela - D. Murray - T. Young - G. Mathews - S. Bey	36	21.0	5.5	6.0

PASS COMBINATIONS

→ 해당 선수가 경기당 동료로부터 패스 받은 횟수
→ 해당 선수가 경기당 동료들에게 패스 해준 횟수

받은	선수	해준
64.7 →	디존테 머레이	→ 56.7
74.1 →	트레이 영	→ 55.6
32.8 →	제일런 존슨	→ 53.3
34.0 →	보그단 보그다노비치	→ 30.5
26.5 →	디안드레 헌터	→ 28.4
22.6 →	사디크 베이	→ 26.4
20.2 →	비트 크레이치	→ 23.4
18.1 →	온예카 오공우	→ 19.9
18.0 →	클린트 카펠라	→ 19.5
17.9 →	트렌트 포리스트	→ 18.6
19.8 →	코비 버프킨	→ 17.0
11.2 →	모하메드 게이	→ 15.8
14.5 →	브루누 페르난두	→ 14.4
10.4 →	딜런 윈들러	→ 13.2
7.7 →	웨슬리 매슈스	→ 11.1
9.9 →	개리슨 매슈스	→ 10.2
9.0 →	패티 밀스	→ 8.5
6.3 →	AJ 그리핀	→ 5.0
3.4 →	세스 룬디	→ 4.6

2023-24 RANKING

* 는 수치가 낮을수록 랭킹이 높아짐

애틀랜타	랭킹	GENERAL	상대팀*	랭킹
118.3	5위	득점 / 실점	120.5	28위
44.7	6위	리바운드	44.2	20위
26.6	16위	어시스트	28.2	25위
7.5	16위	스틸	7.8	21위
4.5	26위	블락	5.6	22위

득점	랭킹	PLAYTYPE	실점*	랭킹
7.4	10위	아이솔레이션	6.6	11위
20.8	20위	트랜지션	24.4	28위
19.2	5위	픽&롤 볼핸들러	15.9	12위
8.9	5위	픽&롤 롤맨	7.8	22위
2.4	26위	포스트-업	4.4	13위
27.6	18위	스팟-업	31.1	24위
5.7	9위	핸드오프	4.4	4위
9.6	15위	커팅	—	—
4.8	7위	오프 스크린	3.4	5위
6.1	20위	풋백	7.1	22위
2.6	26위	기타	—	—

SHOT ZONE

구간별 슈팅 및 성공률

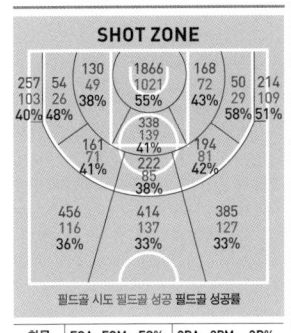

SHOT ZONE

257	54	130	1866	168	50	214
103	26	49	1021	72	29	109
40%	48%	38%	55%	43%	58%	51%

| | 338 139 71 41% | | 194 81 42% | |
| 161 41% | 222 85 38% | | | |

456	414	385
116	137	127
36%	33%	33%

필드골 시도 필드골 성공 필드골 성공률

항목	FGA	FGM	FG%	3PA	3PM	3P%
캐치&슛	26.5	9.7	37.3%	24.9	9.1	37.0%
풀업	25.4	10.3	41.2%	12.6	4.2	34.6%
3m 안쪽	40.6	22.6	56.0%	—	—	—
TOTAL	92.5	43.0	46.5%	37.5	13.7	36.4%

SHOT REPERTORIES

필드골 시도

2.3 — 1.9
5.7 2.7
21.5 **92.5** 평균 56.2
9.9 11.3
17.4 12.1 41.8

● 점프슛, 풀업 점퍼
● 레이업, 핑거롤
● 페이드어웨이
● 덩크, 앨리웁 덩크
● 훅슛
● 팁슛
● 뱅크슛

드리블과 슈팅 시도

12.1
17.4 **92.5** 평균 41.8
9.9 11.3

● 0드리블 + 슈팅
● 1드리블 + 슈팅
● 2드리블 + 슈팅
● 3~6드리블 + 슈팅
● 7+드리블 + 슈팅

필드골 성공

1.0 1.2
1.3
5.2 **43.0** 평균 22.1
11.2

드리블과 슈팅 성공

5.5
7.9 **43.0** 평균 19.7
4.5 5.4

SHOOTING

필드골 시도

19.6 9.4
92.5 평균 38.0
25.5

공격수와
수비수의 거리
● 0~0.6m
● 0.6~1.2m
● 1.2~1.8m
● 1.8m 이상

필드골 시도

6.5 3.6
7.7 11.5
92.5 15.9 평균 47.3

남은 시간
● 22~24초
● 18~22초
● 15~18초
● 7~15초
● 4~7초
● 0~4초

필드골 성공

8.7 4.1
43.0 18.6 평균
11.6

필드골 성공

2.5 1.8
3.5 5.9
43.0 평균 7.6
21.7

OPPONENT SHOOTING

상대 필드골 시도

22.7 8.3
90.2 평균 33.4
25.8

공격수와
수비수의 거리
● 0~0.6m
● 0.6~1.2m
● 1.2~1.8m
● 1.8m 이상

상대 필드골 시도

7.6 2.9
9.3 12.4
90.2 14.8 평균 43.2

남은 시간
● 22~24초
● 18~22초
● 15~18초
● 7~15초
● 4~7초
● 0~4초

필드골 허용

10.4 4.3
44.6 평균 17.7
12.2

필드골 허용

2.9 1.8
4.4 7.1
44.6 평균 7.5
20.9

CONTESTED REBOUNDS

공격 리바운드

0.5
1.0 2.8
6.7 평균
2.4

수비 리바운드

0.9 0.4
7.2 평균 2.6
3.3

UNCONTESTED REBOUNDS

공격 리바운드

0.7
2.6 1.2
5.6 평균
1.1

수비 리바운드

4.8 3.8
19.4 평균
6.5 9.1

림 아래부터 리바운드 위치까지의 거리
● 0~0.9m ● 0.9~1.8m ● 1.8~3m ● 3m 이상

림 아래부터 리바운드 위치까지의 거리
● 0~0.9m ● 0.9~1.8m ● 1.8~3m ● 3m 이상

DEFENSE OF 36 WINS

필드골 허용 %

46.4%

3점슛 허용 %

34.5%

상대 필드골 시도 91.2
필드골 허용 42.4

상대 3점슛 시도 36.6
3점슛 허용 12.6

DEFENSE OF 46 LOSSES

필드골 허용 %

51.9%

3점슛 허용 %

41.5%

상대 필드골 시도 89.3
필드골 허용 46.4

상대 3점슛 시도 36.3
3점슛 허용 15.1

Zaccharie RISACHER — SF

F 10 자카리 리자셰 — 2005.04.08 / 206cm

프랑스

- NBA 드래프트 : 2024년 1라운드 1번
- NBA 우승 : 0회 / 파이널 MVP : 0회
- 시즌 MVP : 0회 / NBA 퍼스트팀 : 0회

프랑스계 이민 2세로 스페인 말라가에서 태어났다. 2021~2024년 유럽 리그 ASVEL, JL 부르에서 뛰었고, 2024년 NBA 드래프트를 신청해 애틀랜타에 지명됐다. 그는 206cm의 장신 스윙맨이다. 체격이 크지만, 볼을 잘 다룬다. 높은 릴리스에서 나오는 중장거리 슈팅이 정확하다. 효과적인 오프-볼 플레이어로 캐치&슛에 능하다. 1번~3번을 수비할 수 있지만, 수비력 자체는 아직 미지수다. 또한, 슛셀렉션 능력을 더 키워야 한다. 연봉은 1257만 달러.

SHOT ZONE

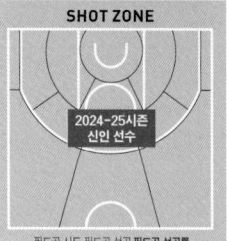

2024-25시즌 신인 선수

필드골 0 시도 / 필드골 0 성공

- 점프슛, 풀업 점퍼
- 레이업, 핑거롤
- 페이드어웨이
- 덩크, 앨리웁
- 훅슛
- 팁슛
- 뱅크슛

DEFENSE PER GAME			REBOUNDS PER GAME		
림에서의 거리	DFG	DFG%	림에서의 거리	CR	UCR
3점슛			0~0.9m		
2점슛			0.9~1.8m		
0~1.8m			1.8~3.0m		
0~3.0m			3.0m 이상		
4.5m 이상					

2023-24시즌 기록 없음

항목 평점	TS	MS	3PS	FT	LU	DK	ID	OD	ST	BL
경기 평균	—	—	—	—	—					
36분 기준	—	—	—	—	—					

항목 평점	OR3	DR3	PS	BH	BQ	SP	PO	ED	HS	OG

Jalen JOHNSON — SF-PF

F 1 제일런 존슨 — 2001.12.18 / 203cm

미국

- NBA 드래프트 : 2021년 1라운드 20번
- NBA 우승 : 0회 / 파이널 MVP : 0회
- 시즌 MVP : 0회 / NBA 퍼스트팀 : 0회

203cm 콤보 포워드. 팀 내 최고 수준의 덩크 전문가다. 지난 시즌 전체 필드골 359개 중 무려 89개가 덩크였다. 러닝 덩크, 드라이빙 덩크, 앨리웁 덩크 등은 역동적인 장면이 인상적이다. 레이업과 플로터도 레퍼토리 중 하나. 슈팅 스트로크가 좋고, 코트 여러 위치에서 3점슛을 시도한다. 3번 중 최상위권 리바운더다. 스틸과 다양한 허슬 플레이로 팀을 돕는다. 퍼리미터 1대1 수비, 인사이드 1대1 수비, 팀 디펜스를 더 보완해야 한다. 연봉은 451만 달러.

SHOT ZONE

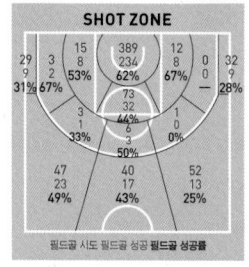

필드골 702 시도 / 필드골 359 성공

- 점프슛, 풀업 점퍼
- 레이업, 핑거롤
- 페이드어웨이
- 덩크, 앨리웁
- 훅슛
- 팁슛
- 뱅크슛

DEFENSE PER GAME			REBOUNDS PER GAME		
림에서의 거리	DFG	DFG%	림에서의 거리	CR	UCR
3점슛	1.6	32.3%	0~0.9m	1.0	1.4
2점슛	5.7	55.0%	0.9~1.8m	1.1	2.6
0~1.8m	4.3	61.6%	1.8~3.0m	0.2	1.2
0~3.0m	4.8	58.7%	3.0m 이상	0.1	0.9
4.5m 이상	2.0	33.4%			

2023-24 애틀랜타 56경기 평균 33.7분

항목 평점	TS	MS	3PS	FT	LU	DK	ID	OD	ST	BL
경기 평균	16.0	8.7	3.6	1.2	0.8	A-	C	C+	C	B+	B-	D+	D+	B-	D+
36분 기준	17.1	9.3	3.9	1.3	0.9										

항목 평점	OR3	DR3	PS	BH	BQ	SP	PO	ED	HS	OG
	C	A+	D+	D-	C-	D+	A	B-	B-	D+

De'Andre HUNTER — SF-SG

F 12 디앤드리 헌터 — 1997.12.02 / 203cm

미국

- NBA 드래프트 : 2019년 1라운드 4번
- NBA 우승 : 0회 / 파이널 MVP : 0회
- 시즌 MVP : 0회 / NBA 퍼스트팀 : 0회

픽&롤 공격, 중장거리 슈팅, 트랜지션 오펜스 등 다양한 공격을 선보인다. 전형적인 3&D 플레이어. 탑, 윙, 코너 등 코트 전지역에서 3점슛을 시도한다. 미드레인지에서 가끔 터프샷을 성공시킨다. 자유투도 OK. 203cm의 키, 218cm의 윙스팬에 운동능력이 뛰어나 1번~5번을 다 수비할 수 있다. 특히 퍼리미터 1대1 수비는 수준급이다. 지난 시즌 오른 무릎 부상으로 25경기에 결장했다. 올 시즌을 건강하게 치르는 게 중요하다. 연봉은 2170만 달러.

SHOT ZONE

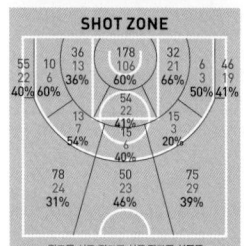

필드골 663 시도 488 / 필드골 304 성공 198

- 점프슛, 풀업 점퍼
- 레이업, 핑거롤
- 페이드어웨이
- 덩크, 앨리웁
- 훅슛
- 팁슛
- 뱅크슛

DEFENSE PER GAME			REBOUNDS PER GAME		
림에서의 거리	DFG	DFG%	림에서의 거리	CR	UCR
3점슛	1.5	32.6%	0~0.9m	0.3	0.4
2점슛	4.3	58.4%	0.9~1.8m	0.6	1.1
0~1.8m	2.9	65.7%	1.8~3.0m	0.1	0.7
0~3.0m	3.3	62.5%	3.0m 이상	0.1	0.5
4.5m 이상	1.9	34.5%			

2023-24 애틀랜타 57경기 평균 29.5분

항목 평점	TS	MS	3PS	FT	LU	DK	ID	OD	ST	BL
경기 평균	15.6	3.9	1.5	0.7	0.3	A-	B	B	B+	C	B	B	D+	B	D-
36분 기준	19.1	4.8	1.9	0.9	0.3										

항목 평점	OR3	DR3	PS	BH	BQ	SP	PO	ED	HS	OG
	D-	D	D+	C-	C	C	D	A-	B-	C-

Larry NANCE JR. — PF-C

F 22 래리 낸스 Jr. — 1993.01.01 / 203cm

미국

- NBA 드래프트 : 2015년 1라운드 27번
- NBA 우승 : 0회 / 파이널 MVP : 0회
- 시즌 MVP : 0회 / NBA 퍼스트팀 : 0회

218cm의 윙스팬, 높은 점프를 이용한 폭발적인 덩크가 주무기다. 2018 NBA 올스타전 덩크 컨테스트 때 결승에 진출했다. 레이업과 핑거롤도 레퍼토리의 하나. 캐치&슛으로 시도하는 3점슛은 프로 데뷔 후 매년 조금씩 향상됐다. 가끔 터프샷도 성공시킨다. 픽&롤 응용, 포스트 피딩 능력도 OK. 인사이드에서 강력한 1대1 수비를 펼치고, 스틸을 곧잘 해낸다. 적극적인 수비 리바운드와 강력한 허슬 플레이로 팀 플레이를 뒷받침한다. 연봉은 1121만 달러.

SHOT ZONE

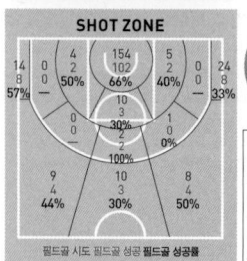

필드골 241 시도 92 / 필드골 138 성공 34

- 점프슛, 풀업 점퍼
- 레이업, 핑거롤
- 페이드어웨이
- 덩크, 앨리웁
- 훅슛
- 팁슛
- 뱅크슛

DEFENSE PER GAME			REBOUNDS PER GAME		
림에서의 거리	DFG	DFG%	림에서의 거리	CR	UCR
3점슛	0.9	34.4%	0~0.9m	0.7	0.5
2점슛	3.5	57.3%	0.9~1.8m	0.7	1.1
0~1.8m	2.4	64.2%	1.8~3.0m	0.3	0.8
0~3.0m	2.8	62.3%	3.0m 이상	0.1	0.7
4.5m 이상	1.3	36.3%			

2023-24 뉴올리언스 61경기 평균 19.9분

항목 평점	TS	MS	3PS	FT	LU	DK	ID	OD	ST	BL
경기 평균	5.7	5.0	1.9	1.0	0.3	A-	C+	C-	B	C	B+	D	D	B+	D
36분 기준	10.4	9.1	3.3	1.8	0.6										

항목 평점	ORB	DRB	PS	BH	BQ	SP	PO	ED	HS	OG
	D+	C	D+	D	C-	D	B+	B	C-

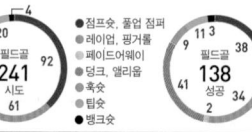

DFG	DFG%	CR	UCR	TS	MS	3PS	FT	LU	DK	ID	OD	ST	BL	ORG	OR3	ORB	DRG	DR3	DRB	PS	BH	BQ	SP	PO	ED	HS	OG
필드골 허용	필드골 허용율	유경쟁 리바운드	무경쟁 리바운드	터프샷 성공률	중거리 슈팅	3점 슈팅	자유투 성공률	레이업 플로터	슬램 덩크	안쪽 수비	외쪽 수비	스틸	블락	공격RB	공격RB	가드 공격RB	수비RB	가드 수비RB	수비RB	패스	볼 핸들링	농구 IQ	스피드 민첩성	파워	지구력	허슬 플레이	종합 평가

David RODDY — PF-SF

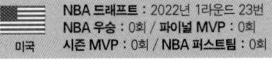

F 8 데이비드 로디 2001.03.27 / 193cm

미국

- NBA 드래프트 : 2022년 1라운드 23번
- NBA 우승 : 0회 / 파이널 MVP : 0회
- 시즌 MVP : 0회 / NBA 퍼스트팀 : 0회

'서드 유닛' 콤보 포워드. '언더 사이즈 4번'이지만 몸통 프레임이 좋고, 강력한 파워를 지녀 상대 빅맨에게 전혀 밀리지 않는다. 덩크, 레이업, 플로터로 림을 직접 공략하고, 짧은 거리 훅슛과 3점슛으로 공격 루트를 다변화한다. 스크린 세팅, 박스 아웃, 나가는 공 살려내기 등 특유의 허슬 플레이는 높은 평가를 받는다. 사이드 스텝이 좋아 상대의 2번, 3번, 4번을 수비할 수 있다. 그러나 1대1 수비력 자체는 더 보완해야 한다. 연봉은 285만 달러.

SHOT ZONE

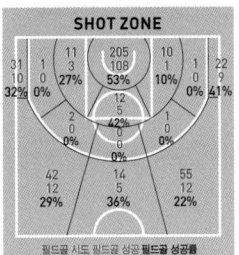

필드골 409 시도	필드골 197 성공

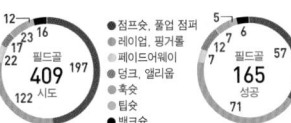

DEFENSE PER GAME			REBOUNDS PER GAME		
림에서의 거리	DFG	DFG%	림에서의 거리	CR	UCR
3점슛	0.8	32.3%	0~0.9m	0.3	0.5
2점슛	2.6	51.9%	0.9~1.8m	0.3	0.7
0~1.8m	1.9	57.5%	1.8~3.0m	0.1	0.7
0~3.0m	2.1	52.9%	3.0m 이상	0.1	0.4
4.5m 이상	1.1	35.3%			

2023-24 멤피스+피닉스 65경기 평균 18.1분					
항목	PTS	RB	AS	ST	BL
경기 평균	6.5	3.2	1.2	0.4	0.2
36분 기준	13.0	6.5	2.4	0.8	0.3

항목 평점	TS	MS	3PS	FT	LU	DK	ID	OD	ST	BL
	C-	C-	C-	C+	D-	D-	D	D	D	D
항목 평점	ORB	DRB	PS	BH	BQ	SP	PO	ED	HS	OG
	D-	D	D-	D	D	C	C	B+	B+	C

Mouhamed GUEYE — PF-C

F 18 모하메드 게이 2002.11.09 / 208cm

세네갈

- NBA 드래프트 : 2023년 2라운드 39번
- NBA 우승 : 0회 / 파이널 MVP : 0회
- 시즌 MVP : 0회 / NBA 퍼스트팀 : 0회

아프리카 세네갈 다카르 출생. 키 208cm, 윙스팬 220cm의 빅맨이다. 지난 시즌 애틀랜타와 G리그 소속 칼리지 파크 스카이호크스를 넘나들었다. 그래서 NBA 정규시즌에는 6경기밖에 출전하지 못했다. 게이는 '에너자이저'같은 스태미너로 부지런히 코트를 누빈다. 운동 능력을 최대한 활용해 림을 직접 공략한다. 인사이드 1대1 수비도 나쁘지 않고, 가로채기와 블락에서도 위력을 발휘한다. 향후 외곽슛 능력을 집중적으로 키워야 살아남을 수 있다.

SHOT ZONE

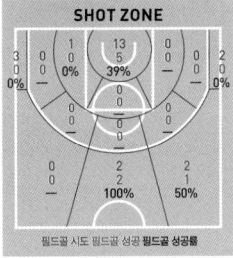

필드골 23 시도	필드골 8 성공

DEFENSE PER GAME			REBOUNDS PER GAME		
림에서의 거리	DFG	DFG%	림에서의 거리	CR	UCR
3점슛	1.3	31.3%	0~0.9m	0.2	0.5
2점슛	2.5	58.8%	0.9~1.8m	0.5	1.0
0~1.8m	1.8	77.8%	1.8~3.0m	0.2	0.7
0~3.0m	2.5	66.7%	3.0m 이상	0.3	0.5
4.5m 이상	1.3	29.4%			

2023-24 애틀랜타 6경기 평균 12.2분					
항목	PTS	RB	AS	ST	BL
경기 평균	4.0	3.7	0.7	0.8	0.7
36분 기준	11.8	10.8	2.0	2.5	2.0

항목 평점	TS	MS	3PS	FT	LU	DK	ID	OD	ST	BL
	D+	D+	D	D	D	D	C	B	D+	C
항목 평점	ORB	DRB	PS	BH	BQ	SP	PO	ED	HS	OG
	B+	C-	D-	D-	D	D+	D-	B+	B-	C

Clint CAPELA — C

C 15 클린트 카펠라 1994.05.18 / 208cm

스위스

- NBA 드래프트 : 2014년 1라운드 25번
- NBA 우승 : 0회 / 파이널 MVP : 0회
- 시즌 MVP : 0회 / NBA 퍼스트팀 : 0회

2020년대 농구는 '스트레치 빅맨'의 시대다. 그런데 카펠라는 시대에 역행하는 센터다. 그는 전형적인 수비형 센터다. 5번치고 키는 평범하지만, 팔이 길고 점프력이 좋아 공포의 샷블로커로 통한다. 동작이 민첩해 미스매치에도 잘 버틴다. 공격 리바운드와 수비 리바운드 모두 최상급이다. 허슬 플레이로 팀을 돕는다. 그러나 공격 루트는 덩크, 레이업, 풋백, 훅샷 등 99% 림 근처에서만 이뤄진다. 외곽 슈팅은 정말 1도 없다. 연봉은 2227만 달러.

SHOT ZONE

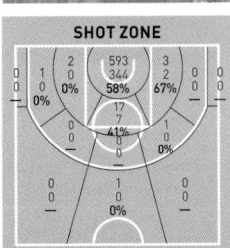

필드골 618 시도	필드골 353 성공

DEFENSE PER GAME			REBOUNDS PER GAME		
림에서의 거리	DFG	DFG%	림에서의 거리	CR	UCR
3점슛	1.1	37.4%	0~0.9m	2.4	1.1
2점슛	5.4	52.8%	0.9~1.8m	1.7	2.0
0~1.8m	3.5	58.7%	1.8~3.0m	0.6	1.4
0~3.0m	4.0	56.1%	3.0m 이상	0.2	0.9
4.5m 이상	1.9	39.9%			

2023-24 애틀랜타 73경기 평균 25.8분					
항목	PTS	RB	AS	ST	BL
경기 평균	11.5	10.6	1.2	0.6	1.5
36분 기준	16.0	14.8	1.7	0.8	2.0

항목 평점	TS	MS	3PS	FT	LU	DK	ID	OD	ST	BL
	B	D-	D-	D-	C	A-	A	B+	D-	B
항목 평점	ORB	DRB	PS	BH	BQ	SP	PO	ED	HS	OG
	A	B+	D-	D-	D	D-	B-	A-	A+	B

Onyeka OKONGWU — C-PF

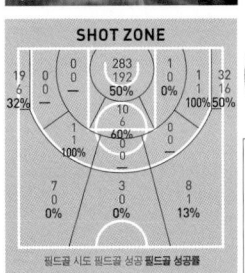

C 17 온예카 오콩우 2000.12.11 / 208cm

미국

- NBA 드래프트 : 2020년 1라운드 6번
- NBA 우승 : 0회 / 파이널 MVP : 0회
- 시즌 MVP : 0회 / NBA 퍼스트팀 : 0회

나이지리아계 이민 2세로 미국 LA에서 태어났다. 온예카의 형 남디 역시 농구 선수였는데, 고교 때 스케이트보드 사고로 사망했다. 이후 온예카는 서던캘리포니아대 시절 형의 번호였던 21번을 달았다. 하지만 애틀랜타에 지명된 이후 기존 선수가 21번을 달고 있기에 17번으로 바꿨다. 온예카는 운동능력이 매우 좋고, 강력한 골밑 수비를 자랑한다. 트랜지션 게임에 잘 적응할 수 있고, 현대 트렌드에 맞게 '스트레치 빅맨'이다. 연봉은 1400만 달러.

SHOT ZONE

필드골 365 시도	필드골 223 성공

DEFENSE PER GAME			REBOUNDS PER GAME		
림에서의 거리	DFG	DFG%	림에서의 거리	CR	UCR
3점슛	1.7	42.4%	0~0.9m	1.1	0.8
2점슛	4.9	54.9%	0.9~1.8m	1.1	1.6
0~1.8m	3.2	59.9%	1.8~3.0m	0.3	0.9
0~3.0m	3.7	57.9%	3.0m 이상	0.1	0.8
4.5m 이상	2.3	43.8%			

2023-24 애틀랜타 55경기 평균 25.5분					
항목	PTS	RB	AS	ST	BL
경기 평균	10.2	6.8	1.3	0.5	1.1
36분 기준	14.4	9.6	1.9	0.7	1.5

항목 평점	TS	MS	3PS	FT	LU	DK	ID	OD	ST	BL
	B+	C	B	B-	B-	C	C	C	D+	C
항목 평점	ORB	DRB	PS	BH	BQ	SP	PO	ED	HS	OG
	B	C-	D-	D+	C	C-	B+	A-	B-	C

DEFENSE pg		REBOUNDS pg		항목 & 평점																				
DFG	DFG%	CR	UCR	TS	MS	3PS	FT	LU	DK	ID	OD	ST	BL	ORG	OR3	ORB	DRG	DR3	DRB	PS	BH	BQ	SP	PO	ED	HS	OG
필드골 허용	필드골 허용률	유경쟁 리바운드	무경쟁 리바운드	터프샷 성공력	중거리 슛팅	3점 슛팅	자유투 성공률	레이업 플로터	슬램 덩크	안쪽 수비	외곽 수비	스틸	블락	가드 공격RB	빅맨 공격RB	빅맨 공격RB	가드 수비RB	SF 수비RB	빅맨 수비RB	패스	농구 핸들링	농구 IQ	스피드 민첩성	파워	지구력	허슬 플레이	종합 평가

C 40 Cody ZELLER — C

코디 젤러
1992.10.05 / 211cm

NBA 드래프트: 2013년 1라운드 4번
미국
NBA 우승: 0회 / 파이널 MVP: 0회
시즌 MVP: 0회 / NBA 퍼스트팀: 0회

뉴올리언스 소속으로 정규시즌 43경기에 출전했다. 결장 39경기에는 감독의 결정 33경기, 부상 결장(오른 발목, 왼 무릎) 5경기, 개인 사유 1경기 등이 포함되어 있다. 워낙 출전시간이 짧아(평균 7.4분) 기록에 의한 분석은 무의미하다. 그러나 허슬 플레이는 최강이다. 36분 기준 스크린 어시스트는 리그 최상위권이고, 박스 아웃, 리바운드도 평균 이상이다. 발이 느려 수비 범위가 좁고, 득점은 덩크, 레이업, 풋백이 대부분이다. 연봉은 350만 달러.

SHOT ZONE

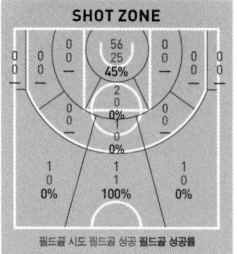

필드골 시도 62 / 27
성공 26 / 9

●점프슛, 풀업 점퍼
●레이업, 핑거롤
●페이드어웨이
●덩크, 앨리웁
●훅슛
●팁슛
●뱅크슛

DEFENSE PER GAME			REBOUNDS PER GAME		
림에서의 거리	DFG	DFG%	림에서의 거리	CR	UCR
3점슛	0.3	37.5%	0~0.9m	0.6	0.3
2점슛	1.7	53.2%	0.9~1.8m	0.5	0.6
0~1.8m	1.3	64.9%	1.8~3.0m	0.1	0.3
0~3.0m	1.4	59.8%	3.0m 이상	0.1	0.2
4.5m 이상	0.5	38.3%			

2023-24 뉴올리언스 43경기 평균 7.4분						항목 평점	TS	MS	3PS	FT	LU	DK	ID	OD	ST	BL
항목	PTS	RB	AS	ST	BL	평점	C+			D+	A	C-		D	D-	C+
경기 평균	1.8	2.6	0.9	0.2	0.1	항목	ORB	DRB	PS	BH	BQ	SP	PO	ED	HS	OG
36분 기준	8.6	12.6	4.4	1.0	0.6	평점	C+	B+	D+	D-	D	C-	C	B	A	C

G 11 Trae YOUNG — PG-SG

트레이 영
1998.09.19 / 185cm

NBA 드래프트: 2018년 1라운드 5번
미국
NBA 우승: 0회 / 파이널 MVP: 0회
시즌 MVP: 0회 / NBA 퍼스트팀: 0회

리그 최고 수준 공격형 PG. 지난 시즌 평균 25.7점 10.8AS를 기록하며 상한가를 찍었다. 레이업, 핑거롤, 플로터 등 림 어택부터 미드레인지 풀업, 스팟업, 탑과 좌우 윙에서 시도하는 3점슛 등 전방위적인 득점포를 폭발시킨다. 승부처에서 바로 클러치슛을 던지는 강심장이다. 화려하면서도 안정감 있게 볼을 핸들링하고, 정확한 패스를 찔러넣는다. 치명적인 약점은 수비. 페리미터 1대1, 팀 디펜스 모두 리그 최하위권이다. 연봉은 4303만 달러.

SHOT ZONE

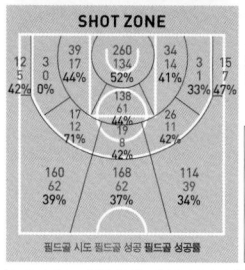

필드골 시도 1008 / 761
성공 433 / 307

●점프슛, 풀업 점퍼
●레이업, 핑거롤
●페이드어웨이
●덩크, 앨리웁
●훅슛
●팁슛
●뱅크슛

DEFENSE PER GAME			REBOUNDS PER GAME		
림에서의 거리	DFG	DFG%	림에서의 거리	CR	UCR
3점슛	2.0	39.4%	0~0.9m	0.0	0.0
2점슛	4.6	58.0%	0.9~1.8m	0.1	0.2
0~1.8m	3.5	67.4%	1.8~3.0m	0.1	0.4
0~3.0m	3.9	63.0%	3.0m 이상	0.1	1.5
4.5m 이상	2.4	40.7%			

2023-24 애틀랜타 54경기 평균 36.0분						항목 평점	TS	MS	3PS	FT	LU	DK	ID	OD	ST	BL
항목	PTS	RB	AS	ST	BL	평점	A-	B	B-	B+	A	D-	D-	D-	B-	D-
경기 평균	25.7	2.8	10.8	1.3	0.2	항목	ORG	DRG	PS	BH	BQ	SP	PO	ED	HS	OG
36분 기준	25.7	2.8	10.8	1.3	0.2	평점	D-	D-	A	A	A	B	D	A-	C	B+

G 13 Bogdan BOGDANOVIC — SG-SF

보그단 보그다노비치
1992.08.18 / 196cm

NBA 드래프트: 2014년 1라운드 27번
세르비아
NBA 우승: 0회 / 파이널 MVP: 0회
시즌 MVP: 0회 / NBA 퍼스트팀: 0회

196cm 키에 긴 윙스팬을 적극적으로 활용한다. 높은 타점과 빠른 릴리스, 안정된 스트로크에서 나오는 중거리 점퍼와 3점슛은 강력한 무기다. 풀업 점퍼, 캐치&슛, 스텝백, 페이드어웨이 등 모든 테크닉을 구사한다. 프로 통산 84.3%, 지난 시즌 92.1%(!)의 자유투는 '치명적인 무기'다. 림 어택도 나쁘지 않다. BQ가 우수하고, 화려하지는 않지만 나름 안정된 볼 핸들링을 한다. 스틸은 잘 하지만 페리미터 1대1은 다소 부족하다. 연봉은 1726만 달러.

SHOT ZONE

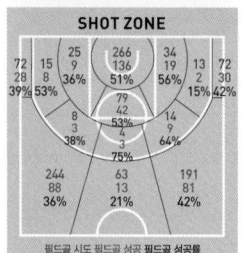

필드골 시도 1100 / 844
성공 471 / 339

●점프슛, 풀업 점퍼
●레이업, 핑거롤
●페이드어웨이
●덩크, 앨리웁
●훅슛
●팁슛
●뱅크슛

DEFENSE PER GAME			REBOUNDS PER GAME		
림에서의 거리	DFG	DFG%	림에서의 거리	CR	UCR
3점슛	2.5	41.1%	0~0.9m	0.3	0.2
2점슛	4.1	53.3%	0.9~1.8m	0.4	0.4
0~1.8m	2.9	61.2%	1.8~3.0m	0.1	0.7
0~3.0m	3.4	56.6%	3.0m 이상	0.1	2.9
4.5m 이상	2.7	40.7%			

2023-24 애틀랜타 79경기 평균 30.4분						항목 평점	TS	MS	3PS	FT	LU	DK	ID	OD	ST	BL
항목	PTS	RB	AS	ST	BL	평점	A-	B+	B+	A-	C+	D-	D-	C	B-	D
경기 평균	16.9	3.4	3.1	1.2	0.3	항목	ORG	DRG	PS	BH	BQ	SP	PO	ED	HS	OG
36분 기준	20.0	4.1	3.7	1.4	0.4	평점	D-	C	C+	C	D	B-	C	B+	D+	C

G 5 Dyson DANIELS — PG-SG

다이슨 대니얼스
2003.03.17 / 201cm

NBA 드래프트: 2022년 1라운드 8번
호주
NBA 우승: 0회 / 파이널 MVP: 0회
시즌 MVP: 0회 / NBA 퍼스트팀: 0회

지난 시즌 뉴올리언스에서 활약했고, 올여름 애틀랜타로 이적했다. 왼 무릎 부상으로 지난 시즌 19경기에 결장했다. 대니얼스는 201cm의 장신 콤보가드로 수비와 허슬 플레이가 좋은 '블루 워커'다. 키가 크고, 운동능력이 좋으며 경력에 비해 노련한 수비 스킬을 자랑한다. 루키 시즌부터 기량을 인정받아 빠르게 팀의 로테이션에 들어갔다. 플로터와 레이업, 외곽에서의 캐치&슛이 주 공격루트다. 그러나 득점력 자체는 낮다. 연봉은 606만 달러.

SHOT ZONE

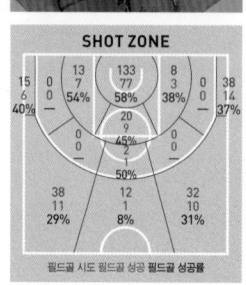

필드골 시도 311 / 203
성공 139 / 77

●점프슛, 풀업 점퍼
●레이업, 핑거롤
●페이드어웨이
●덩크, 앨리웁
●훅슛
●팁슛
●뱅크슛

DEFENSE PER GAME			REBOUNDS PER GAME		
림에서의 거리	DFG	DFG%	림에서의 거리	CR	UCR
3점슛	1.6	37.6%	0~0.9m	0.4	0.4
2점슛	3.7	52.9%	0.9~1.8m	0.4	0.4
0~1.8m	2.5	62.2%	1.8~3.0m	0.1	0.6
0~3.0m	3.0	57.1%	3.0m 이상	0.2	0.7
4.5m 이상	1.9	37.5%			

2023-24 뉴올리언스 61경기 평균 22.3분						항목 평점	TS	MS	3PS	FT	LU	DK	ID	OD	ST	BL
항목	PTS	RB	AS	ST	BL	평점	A-	C-	C-	B-	B	D	B-	B+	A	C
경기 평균	5.8	3.9	2.7	1.4	0.4	항목	ORG	DRG	PS	BH	BQ	SP	PO	ED	HS	OG
36분 기준	9.4	6.3	4.3	2.3	0.7	평점	B	B	B	C	C+	B-	D-	B+	B	C

	DEFENSE pg		REBOUNDS pg												항목 & 평점												
DFG	DFG%	CR	UCR	TS	MS	3PS	FT	LU	DK	ID	OD	ST	BL	ORG	OR3	ORB	DRG	DR3	DRB	PS	BH	BQ	SP	PO	ED	HS	OG
필드골 허용	필드골 허용률	유경쟁 리바운드	무경쟁 리바운드	tú','숏 성공율	중거리 슛	3점 슛	자유투 성공율	레이업 플로터	슬램 덩크	안쪽 수비	외곽 수비	스틸	블락	가드 공격RB	SF 공격RB	빅맨 공격RB	가드 수비RB	SF 수비RB	빅맨 수비RB	패스	볼 핸들링	농구 IQ	스피드 민첩성	파워	지구력	허슬 플레이	종합 평가

Garrison MATHEWS SG-SF

G 24

개리슨 매슈스

1996.10.24 / 198cm

미국

NBA 드래프트 : 2019년 미지명
NBA 우승 : 0회 / 파이널 MVP : 0회
시즌 MVP : 0회 / NBA 퍼스트팀 : 0회

경기당 15분 정도 출전하는 로테이션 멤버이자 외곽 슈팅 전문가다. 198cm의 큰 키에 릴리스 포인트가 높고, 릴리스 타이밍이 빠르며, 슈팅 스트로크가 안정되어 있다. 제한된 출전시간 때문에 득점력 자체는 낮지만, 성공률은 높다(2점 54.5%, 3점 44.0%, 자유투 81.0%). 결정적인 승부처에서 그의 장거리포가 터지면 상대는 치명타를 입는다. 그러나 림어택 횟수는 매우 적다. 수비를 열심히 하지만, 상대를 위협하지 못한다. 연봉은 223만 달러.

SHOT ZONE

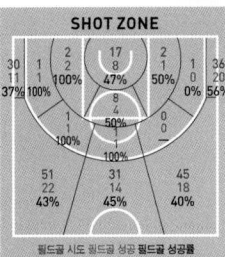

	2	17		2	1	36
30	1		2	1		
37%	100%	100%	47%	50%	0%	56%

1 / 50% / 100%

51	31	45
22	14	18
43%	45%	40%

필드골 시도 / 월드골 성공 / 필드골 성공률

필드골 시도 **226** 시도 208

4 ● 점프슛, 풀업 점퍼
12 ● 레이업, 핑거롤
● 페이드어웨이
● 덩크, 앨리웁
● 훅슛
● 팁슛
● 뱅크슛

필드골 성공 **103** 성공 94

DEFENSE PER GAME			REBOUNDS PER GAME		
림에서의 거리	DFG	DFG%	림에서의 거리	CR	UCR
3점슛	1.1	41.2%	0~0.9m	0.0	0.1
2점슛	1.6	57.4%	0.9~1.8m	0.1	0.3
0~1.8m	1.1	64.0%	1.8~3.0m	0.1	0.3
0~3.0m	1.3	59.0%	3.0m 이상	0.1	0.5
4.5m 이상	1.2	41.6%			

2023-24 애틀랜타 66경기 평균 15.0분					
항목	PTS	RB	AS	ST	BL
경기 평균	4.9	1.4	0.6	0.3	0.1
36분 기준	11.8	3.3	1.3	0.7	0.3

항목	TS	MS	3PS	FT	LU	DK	ID	OD	ST	BL
평점	B-	B+	A-	C+	D	D-	D-	B-	D	D-
항목	ORG	DRG	PS	BH	BQ	SP	PO	ED	HS	OG
평점	D-	D-	C-	C	D+	D-	B+	B+	C-	

Kobe BUFKIN SG-PG

G 4

코비 버프킨

2003.09.21 / 196cm

미국

NBA 드래프트 : 2023년 1라운드 15번
NBA 우승 : 0회 / 파이널 MVP : 0회
시즌 MVP : 0회 / NBA 퍼스트팀 : 0회

지난 시즌 정규리그 17경기 출전에 그쳤다. 결장한 65경기에는 왼손 엄지뼈 골절로 23경기, 왼발 엄지발가락 염좌로 14경기, G리그 경기 출전으로 17경기, 감독 결정 11경기 등이 포함되어 있다. 버프킨은 온-볼 디펜스, 풀업 점퍼, 스텝백 점퍼, 캐치&슛, 양손 레이업 마무리, 아이솔레이션, 허슬 플레이가 강점인 투웨이 가드 유망주다. 올 시즌 부상 없이, NBA 경기에만 출전한다면 급격한 성장을 이룰 수 있을 것이다. 시즌 연봉은 430만 달러.

SHOT ZONE

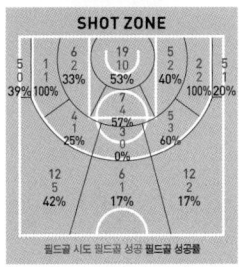

	6	19		6	5	
5	1		10		2	5
39%	100%	33%	53%	40%	100%	20%

	4		
	25%	57%	3
		0%	60%

12	6	12
5	1	2
42%	17%	17%

필드골 시도 **92** 시도 76

1 / 1 / 13 ● 점프슛, 풀업 점퍼
● 레이업, 핑거롤
● 페이드어웨이
● 덩크, 앨리웁
● 훅슛
● 팁슛
● 뱅크슛

필드골 성공 **34** 성공 27

DEFENSE PER GAME			REBOUNDS PER GAME		
림에서의 거리	DFG	DFG%	림에서의 거리	CR	UCR
3점슛	0.8	46.4%	0~0.9m	0.1	0.2
2점슛	2.3	59.0%	0.9~1.8m	0.1	0.6
0~1.8m	1.4	57.5%	1.8~3.0m	0.0	0.3
0~3.0m	1.7	57.4%	3.0m 이상	0.2	0.4
4.5m 이상	1.0	47.1%			

2023-24 애틀랜타 17경기 평균 11.5분					
항목	PTS	RB	AS	ST	BL
경기 평균	4.8	1.9	1.6	0.4	0.3
36분 기준	14.9	6.1	5.0	1.3	0.9

항목	TS	MS	3PS	FT	LU	DK	ID	OD	ST	BL
평점	B-	B+	A-	B	C	D+	D-	B-	D-	D-
항목	ORG	DRG	PS	BH	BQ	SP	PO	ED	HS	OG
평점	C+	A-	C-	C+	D+	D-	D-	B+	C-	

Vit Krejčí PG-SG

G 27

비트 크레이치

2000.06.19 / 203cm

체코

NBA 드래프트 : 2020년 2라운드 37번
NBA 우승 : 0회 / 파이널 MVP : 0회
시즌 MVP : 0회 / NBA 퍼스트팀 : 0회

체코 스트라코니체 출신. 2017~2020년 스페인 사라고사에서 뛰었고, 2021-22시즌부터 NBA에서 활약했다. 현대 농구의 윙답게 키가 크고(203cm), 윙스팬이 길며 운동능력이 좋다. 주특기는 3점슛. 높은 릴리스 포인트, 부드러운 슛터치, 빠른 릴리스, 안정된 스트로크로 지난 시즌 41.2%의 성공률을 보여주었다(2022-23시즌 23.8%는 표본 수가 너무 적으니 무시하자). BQ가 좋고, 패스가 정확하며 이타적인 플레이를 펼친다. 연봉은 216만 달러.

SHOT ZONE

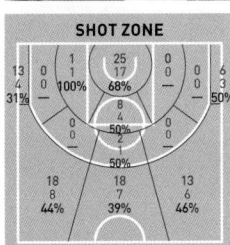

	25			
13	0	17	0	0	6
31%	100%	68%		50%

	8		
	50%		
	50%		

18	18	13
8	7	6
44%	39%	46%

필드골 시도 **104** 시도 75

3 / 4 ● 점프슛, 풀업 점퍼
21 ● 레이업, 핑거롤
● 페이드어웨이
● 덩크, 앨리웁
● 훅슛
● 팁슛
● 뱅크슛

필드골 성공 **51** 성공 31

DEFENSE PER GAME			REBOUNDS PER GAME		
림에서의 거리	DFG	DFG%	림에서의 거리	CR	UCR
3점슛	1.6	45.0%	0~0.9m	0.1	0.1
2점슛	3.0	55.0%	0.9~1.8m	0.1	0.6
0~1.8m	1.9	64.2%	1.8~3.0m	0.1	0.8
0~3.0m	2.3	58.8%	3.0m 이상	0.1	0.6
4.5m 이상	1.8	42.1%			

2023-24 애틀랜타 22경기 평균 24.6분					
항목	PTS	RB	AS	ST	BL
경기 평균	6.1	2.4	2.3	0.6	0.3
36분 기준	9.0	3.5	3.3	0.9	0.4

항목	TS	MS	3PS	FT	LU	DK	ID	OD	ST	BL
평점	D-	D-	D+	C-	D-	C	D-	B-	C-	
항목	ORG	DRG	PS	BH	BQ	SP	PO	ED	HS	OG
평점	D-	D-	D+	C-	D-	C	D-	B-	C-	

ATLANTA HAWKS
2024-25 REGULAR SEASON SCHEDULE

OCTOBER, 2024
Oct. 24 vs. Brooklyn
Oct. 26 vs. Charlotte
Oct. 28 @ Oklahoma City
Oct. 29 vs. Washington
Oct. 31 @ Washington

NOVEMBER, 2024
Nov. 2 vs. Sacramento
Nov. 4 @ New Orleans
Nov. 5 @ Boston
Nov. 7 @ New York
Nov. 9 @ Detroit
Nov. 10 vs. Chicago
Nov. 13 @ Boston
Nov. 16 vs. Washington
Nov. 18 @ Portland
Nov. 19 @ Sacramento
Nov. 21 @ Golden State
Nov. 23 @ Chicago
Nov. 26 vs. Dallas
Nov. 28 @ Cleveland
Nov. 30 vs. Cleveland

DECEMBER, 2024
Dec. 1 @ Charlotte
Dec. 3 vs. New Orleans
Dec. 5 @ Milwaukee
Dec. 7 vs. LA Lakers
Dec. 9 vs. Denver
Dec. 20 @ San Antonio

Dec. 22 vs. Memphis
Dec. 24 vs. Minnesota
Dec. 27 vs. Chicago
Dec. 29 vs. Miami
Dec. 30 @ Toronto

JANUARY, 2025
Jan. 2 @ Denver
Jan. 4 @ LA Lakers
Jan. 5 @ LA Clippers
Jan. 8 @ Utah
Jan. 10 @ Phoenix
Jan. 12 vs. Houston
Jan. 15 vs. Phoenix
Jan. 16 @ Chicago
Jan. 19 @ Boston
Jan. 20 @ New York
Jan. 23 @ Detroit
Jan. 24 @ Toronto
Jan. 26 vs. Toronto
Jan. 28 @ Minnesota
Jan. 31 @ Cleveland

FEBRUARY, 2025
Feb. 2 @ Indiana
Feb. 4 @ Detroit
Feb. 6 @ San Antonio
Feb. 8 @ Milwaukee
Feb. 9 @ Washington
Feb. 11 @ Orlando
Feb. 13 vs. New York

Feb. 21 vs. Orlando
Feb. 24 vs. Detroit
Feb. 25 vs. Miami
Feb. 27 @ Miami

MARCH, 2025
Mar. 1 vs. Oklahoma City
Mar. 4 @ Memphis
Mar. 5 vs. Milwaukee
Mar. 7 vs. Indiana
Mar. 9 vs. Indiana
Mar. 11 vs. Philadelphia
Mar. 13 vs. Charlotte
Mar. 15 vs. LA Clippers
Mar. 17 @ Brooklyn
Mar. 19 @ Charlotte
Mar. 23 vs. Golden State
Mar. 24 vs. Philadelphia
Mar. 26 @ Houston
Mar. 31 @ Milwaukee

APRIL, 2025
Apr. 2 vs. Portland
Apr. 3 @ Dallas
Apr. 6 vs. New York
Apr. 7 vs. Utah
Apr. 9 @ Orlando
Apr. 11 @ Brooklyn
Apr. 12 @ Philadelphia
Apr. 14 vs. Orlando

CHARLOTTE HORNETS

健康祈願·건강한 볼 보고싶다

뜻풀이 라멜로 볼은 샬럿의 에이스이자 리그 정상급 선수다. 그런데 지난 2시즌, 106경기를 결장했다. 샬럿 팬들은 올 시즌, 그의 풀타임 활약을 보고 싶다.

*통계는 2024년 10월 1일 기준

시즌 내내 되는 게 없었다

아무것도 안 된 팀. 바로 샬럿을 위한 설명이다. 공격이든 수비든 잘 되는 게 한 부분이라도 있어야 하는데 득점 28위, 실점 22위였다. 홈경기 관중도 30위. 이쯤 되니 스티브 클리포드 감독에게 기회를 더 주기가 어려웠다. 선수단을 아우르지 못했다. 미치 컵백 단장도 2024년 2월에 자리를 내려놨다. 후임 감독은 1984년생의 젊은 감독, 찰스 리다. 코치로 보스턴, 밀워키의 우승을 도왔다. 젊은 스타를 키워내며 우승까지 거머쥔 그의 강팀 DNA가 샬럿에도 이식될 수 있을까.

체질 개선의 핵은 라멜로 볼

팀의 중심은 누가 뭐래도 라멜로 볼이다. 건강히만 뛴다면 NBA의 대표 주자가 될 기대주다. 그러나 지난 2시즌 간 라멜로 볼은 무려 106경기를 결장했다. 그럼에도, 볼은 175경기 통산 만에 3점슛 500개를 돌파해 역대 최단기록 2위에 올랐다. '건강한 라멜로'를 기다리는 이유다. 드래프트 2순위 브랜든 밀러는 볼의 훌륭한 파트너가 될 것이다. 밀러는 3점슛 2.5개로 선배들을 도왔다. 마일스 브릿지스와의 재계약, 조시 그린 영입도 '도전'에 대한 기대감을 키워줄 것이다.

키포인트는 부상 방지와 리바운드

지난 시즌 샬럿은 리바운드 40.3개로 리그 최하위였다. 2년 차 빅맨 마크 윌리엄스가 11월에 시즌 아웃 된 것이 치명적이었다. P.J 워싱턴도 중반에 떠나면서 리바운드를 꾸준히 잡을 선수가 부족했다. 벤치의 닉 리처드, 그랜트 윌리엄스를 비롯하여 마크 윌리엄스까지 버텨준다면 그래도 한결 나아질 것이다. 그러나 아무리 좋은 지도자가 왔다 해도 뛸 선수가 없으면 무용지물이다. 가장 중요한 건 부상이 없어야 한다는 것이다. 라멜로 볼에만 해당하는 이야기는 아닐 것이다.

CLUB INFORMATION

| **Founded** 구단 창립 1988년 | **Owner** 게이브 플로킨 릭 슈널 | **CEO** 셸리 카에트웨스턴 | **Head Coach** 찰스 리 1984.11.11 | **24-25 Odds** 벳365 : 1000배 윌리엄힐 : 1000배 |

| **Nationality** ●미국 선수 10명 ●외국 선수 4명 | **Age** 14명 평균 25.4세 | **Height** 14명 평균 201.1cm | **Weight** 14명 평균 95.6kg | **Salary** 14명 평균 1010만 달러 |

| **Win** 2023-24 : 21승 통산 : 1174승 | **Loss** 2023-24 : 61패 통산 : 1539패 | **Winning%** 2023-24 : 25.6% 통산 : 43.3% | **Play-Off** PO 진출 : 10회 PO 탈락 : 25회 | **Titles** NBA우승 : 0회 컨퍼런스 : 0회 |

| **Top Scorer** 라멜로 볼 평균 21.0점 | **More Rebounds** 마크 윌리엄스 평균 9.7RB | **More Assists** 라멜로 볼 평균 8.0AS | **More Steals** 라멜로 볼 평균 1.8스틸 | **More Blocks** 닉 리처즈 평균 1.1블록 |

*항목별 1위는 지난 시즌 샬럿 소속으로 42경기 이상 출전한 선수 중 선별

Association · Icon · Statement · City

HEAD COACH & STADIUM

Charles LEE 찰스 리

생년월일 : 1984.11.11 / 출생지 : 미국 워싱턴 DC
경력 : 2012~2014년 버크넬대 코치 / 2014~2018년 애틀랜타 호크스 코치 / 2023~2024년 보스턴 셀틱스 코치 / 2024~ 샬럿 호네츠 감독

퀸스 오차드고를 졸업하고, 버크넬대로 진학했다. 대학에서 농구와 학업을 병행했다. 전공은 경영학. 2006년 '올해의 패트리어트 선수상'을 받고 NBA 드래프트를 신청했으나 어느 팀에서도 지명을 받지 못했다. 결국, 유럽으로 눈을 돌려 이스라엘, 벨기에, 독일 리그에서 4년간 활약한 뒤 26살의 젊은 나이에 은퇴했다. 2012년, 모교인 버크넬대 어시스턴트로 지도자 생활을 시작했고, 2014년부터 10년간 애틀랜타 호크스, 밀워키 벅스, 보스턴 셀틱스에서 어시스턴트로 경험을 쌓았다. 애틀랜타에서는 2014~15시즌 60승을 포함해 3년 연속 PO 진출을 도왔다. 2020-21시즌에는 밀워키의 NBA 우승에 힘을 보탰다. 2023-24시즌에는 보스턴 셀틱스가 2008년 이후 처음으로 NBA에서 우승하도록 선수들을 지도했다. 이렇게 어시스턴트로서 뚜렷한 족적을 남겼기에 보스턴과의 계약 기간이 종료된 시점에 많은 팀이 그를 탐냈다. 그리고 2024년 5월 9일, 샬럿 호네츠의 제12대 감독이 되었다.

SPECTRUM CENTER

구장 오픈 : 2005년 10월 21일
구장 증개축 : 2016년
오너 : 샬럿시
수용인원 : 1만 9077명
건축비용 : 2억 6000만달러
(현재가치)4억 600만달러

프로 스포츠팀과 대학 스포츠팀이 공동으로 사용한다. 매년 약 150개의 공연 및 전시회가 열린다. 샬럿의 다양한 도시 문화와 도시의 강인함, 그리고 안정성을 상징하도록 설계됐다. 스펙트럼 센터는 퀸시티 주민들이 역동적인 미래를 만드는 데 도움을 주고자 현대적인 디자인 요소들을 최대한 반영해 건설되었다. 호네츠 홈구장이 된 건 2002-26시즌부터다.

 0   0   0   1

NBA CHAMPIONS	CONFERENCE TITLES	DIVISION TITLES	RETIRED NUMBERS

NBA CHAMPIONSHIPS
NONE

CONFERENCE TITLES
NONE

DIVISION TITLES
NONE

RETIRED NUMBERS
13

REGULAR SEASON RANKING LAST 10YEARS

14-15	15-16	16-17	17-18	18-19	19-20	20-21	21-22	22-23	23-24
22	9	20	20	17	22	19	17	27	27
33승 49패	48승 34패	36승 46패	36승 46패	39승 43패	23승 42패	33승 39패	43승 39패	27승 55패	21승 61패

TEAM POTENTIAL

57점

28위

하프코트 세트오펜스 6점	트랜지션 오펜스 5점	하프코트 세트디펜스 6점	트랜지션 디펜스 6점	리바운드 5점
선수층 6점	선수 경험치 6점	감독 리더십 6점	감독 전술 6점	프런트 5점

*각 항목은 10점 만점, 평점은 NBA 30팀 사이 상대평가

우승 ODDS	배당	순위
bet 365	1000배	25위
Paddy Power	500배	23위
William Hill	1000배	25위

OFFENSIVE STYLE
트랜지션 오펜스 ———●——— 하프코트 세트오펜스

DEFENSIVE STYLE
하이 프레스 ——●———— 하프코트 디펜스

Player's Functions

Ball Handlers	Pull-Ups	Catch & Shoot
L.볼 / V.미치치 / M.브릿지스	B.윌리엄스 / M.브릿지스 / V.미치치	G.윌리엄스 / J.그린 / B.밀러

3 Pointers	Slam Dunkers	Free Throw
N.스미스 / B.밀러 / L.볼	M.브릿지스 / B.밀러 / M.윌리엄스	V.미치치 / S.커리 / L.볼

Rebounders	1-1 Defenders	Ball Stealers
M.윌리엄스 / N.리차즈 / M.디아바테	M.윌리엄스 / N.리차즈 / J.그린	L.볼 / T.맨 / C.마틴

Key Passes	Hustle Players	Rim Protectors
L.볼 / V.미치치 / T.맨	G.윌리엄스 / J.그린 / C.마틴	N.리차즈 / M.윌리엄스 / M.디아바테

SQUAD & TACTICS

STARTERS

PF 그랜트 윌리엄스
28.0분, 10.3점
4.2RB, 2.3AS

C 마크 윌리엄스
26.7분, 12.7점
9.7RB, 1.2AS

SF 마일스 브릿지스
37.4분, 21.0점
7.3RB, 3.3AS

SG 브랜든 밀러
32.2분, 17.3점
4.3RB, 2.4AS

PG 라멜로 볼
32.3분, 23.9점
5.1RB, 8.0AS

OFF THE BENCH

PG 바실리에 미치치
19.6분, 7.0점
1.5RB, 4.4AS

SG 세스 커리
14.0분, 5.1점
1.5RB, 1.0AS

SF 조시 그린
26.4분, 8.2점
3.2RB, 2.3AS

PF 코디 마틴
26.9분, 7.5점
3.9RB, 3.7AS

C 닉 리차즈
26.3분, 9.7점
8.0RB, 0.8AS

G 트레이 맨
G KJ 심슨
F 닉 스미스
F 티잔 살라원
C 타지 깁슨

OFFENSE MECHANISM

신임 감독에 의해 많은 것이 바뀔 전망이다. 찰스 리는 밀워키, 보스턴에서 코치를 맡는 동안 어느 한쪽에 치우치지 않고 공·수에서 고르게 전문성을 키워왔다. 우선 지난 시즌 28위에 그친 득점력부터 끌어올릴 계획이다. 지난 시즌 속공도, 세컨 찬스 득점도 모두 하위권이었다. 리바운드와 수비력이 약하니 달릴 기회도 적었다. 리 감독은 페이스를 올리는 작업부터 시작했다. 지난 시즌 22경기 출전에 그친 라멜로 볼이 마일스 브릿지스, 브랜든 밀러와 건강하게 손발을 맞추면서 작업을 주도할 것으로 보인다. 센터 마크 윌리엄스는 부상만 없다면 좋은 도우미가 될 수 있을 것이다. 다만 리 감독이 원하는 공격 타입은 외곽이 수반되어야 가능한데, 믿을 슈터가 많지 않다는 것이 걱정이다.

DEFENSE MECHANISM

지난 몇 년간 수비에서 뭔가 막아보겠다는 의지를 볼 수 없었다. 줄곧 실점 부문에서 20위권에 머물렀다. 특히 외곽슛 수비가 엉망이었다. 리그에서 7번째로 많은 13.6개의 3점슛을 허용했는데, 성공률 역시 높았다. 특히 픽 게임에 연계되는 찬스를 많이 내줬다. 컨테스트 시도조차 많지 않았다. 조직력과 의지 모두 아쉬웠다. 올스타전 직후 4연승을 달려 개선되나 싶었지만, 다시 무너졌다. 볼 없는 움직임에 대한 집중력 강화가 필요하다. 두 윌리엄스는 수비 분위기를 바꿔줄 수 있다. 그랜트 윌리엄스는 지속적인 토킹과 허슬로, 마크 윌리엄스는 젊음과 높이로 에너지를 더할 수 있다. 코디 마틴, 닉 리차즈, 조시 그린같이 수비 마인드가 좋은 선수들의 '꾸준한' 지원도 중요하다.

2023-24 SEASON PERFORMANCE

CHARLOTTE HORNETS vs. OPPONENTS PER GAME STATS

샬럿 vs 상대팀

	득점	필드골성공	필드골 %	3점슛성공	3점슛 %	자유투성공	자유투	공격리바운드	리바운드	어시스트	스틸	블락	턴오버	파울

106.6	116.8	**40.0** F↑ 43.4	**46.0%** FG% 49.4%	**12.1** 3↑ 13.5	**35.5%** 3P% 37.7%	**14.5** ⊖ 16.5	**78.6%** FT% 79.6%
9.3 OR 10.6	**40.3** RB 45.4	**24.8** A↑ 28.7	**6.9** 🎭 7.1	**4.5** 🏀 4.8	**13.8** ↩ 13.6	**18.0** 🏷 17.5	

LINE-UP

*샬럿은 지난 시즌 총 517개의 라인업을 가동시켰다. 그중 출전 시간이 가장 길었던 20개를 골라 게재했다.

5-MEN COMBINATION	MIN	PPG	RPG	APG
V. Micic - M. Bridges - N. Richards - T. Mann - B. Miller	115	20.5	6.4	5
V. Micic - M. Bridges - G. Williams - T. Mann - B. Miller	111	17.3	5.2	4.4
M. Bridges - C. Martin - N. Richards - T. Mann - B. Miller	102	26.4	11.4	6.9
G. Hayward - T. Rozier - M. Bridges - N. Richards - B. Miller	87	29.4	9.4	6.1
G. Hayward - P. Washington - L. Ball - M. Williams - B. Miller	79	23.3	10	5.8
V. Micic - M. Bridges - G. Williams - A. Pokusevski - B. Miller	72	10.9	4.2	2.7
D. Bertans - G. Williams - N. Richards - T. Mann - B. Miller	71	12.5	4.6	3.1
G. Hayward - T. Rozier - P. Washington - L. Ball - M. Williams	62	24.5	8.5	6
T. Rozier - M. Bridges - N. Richards - B. McGowens - B. Miller	60	16.1	5	4.1
D. Bertans - V. Micic - M. Bridges - G. Williams - B. Miller	55	11.8	4.5	2.8
G. Hayward - M. Bridges - L. Ball - M. Williams - B. Miller	51	30.8	14	7.3
S. Curry - G. Williams - N. Richards - T. Mann - B. Miller	46	12.6	6.3	3
G. Hayward - T. Rozier - M. Bridges - M. Williams - B. Miller	45	23	9	5.3
V. Micic - M. Bridges - G. Williams - N. Richards - B. Miller	41	19.5	8.5	4.3
M. Bridges - C. Martin - P. Washington - N. Richards - B. Miller	40	16.4	7.2	4
I. Smith - M. Bridges - P. Washington - N. Richards - B. Miller	35	8.1	2.5	1.8
M. Bridges - C. Martin - N. Richards - B. McGowens - B. Miller	35	18	7.8	4.3
D. Bertans - V. Micic - M. Bridges - A. Pokusevski - N. Richards	34	6.8	2.7	1.4
D. Bertans - M. Bridges - G. Williams - A. Pokusevski - T. Mann	33	8.1	3.4	2.1
T. Rozier - M. Bridges - P. Washington - L. Ball - B. Miller	32	43	10	11

PASS COMBINATIONS

→ 해당 선수가 경기당 동료로부터 패스 받은 횟수
→ 해당 선수가 경기당 동료에게 패스 해준 횟수

76.2	→	테리 로지어	→	62.0
70.0	→	라멜로 볼	→	56.1
41.2	→	마일스 브릿지스	→	43.5
49.1	→	바실리예 미치치	→	41.8
42.5	→	트레 맨	→	40.1
39.0	→	브랜든 밀러	→	35.4
36.5	→	고든 헤이워드	→	34.4
33.3	→	그랜트 윌리엄스	→	34.0
28.9	→	PJ 워싱턴	→	33.5
31.4	→	코디 마틴	→	32.3
28.0	→	이시 스미스	→	28.3
18.1	→	알렉세이 포쿠셰프스키	→	22.6
22.5	→	테오 멀레던	→	22.5
14.5	→	마크 윌리엄스	→	22.2
12.4	→	닉 리차즈	→	19.7
19.4	→	닉 스미스 Jr.	→	16.8
18.3	→	세스 커리	→	16.5
14.7	→	다비스 버탄스	→	13.4
9.3	→	JT 토어	→	13.1
7.4	→	마커스 볼든	→	11.9
11.6	→	브라이스 맥고웬스	→	11.6
8.4	→	리키 블락	→	10.5
8.2	→	프랭크 닐리키나	→	7.8
7.6	→	제임스 부크나잇	→	7.1
3.5	→	네이선 멘사	→	6.3
6.6	→	아마리 베일리	→	5.3

2023-24 RANKING

* 는 수치가 낮을수록 랭킹이 높아짐

샬럿	랭킹	GENERAL	상대팀*	랭킹
106.6	28위	득점 / 실점	116.8	22위
40.3	30위	리바운드	45.4	28위
24.8	26위	어시스트	28.7	28위
6.9	25위	스틸	7.1	11위
4.5	25위	블락	4.8	13위

득점	랭킹	PLAYTYPE	실점*	랭킹
4.9	26위	아이솔레이션	5.9	4위
18.0	29위	트랜지션	20.2	8위
21.0	1위	픽&롤 볼핸들러	14.2	5위
7.1	17위	픽&롤 롤맨	8.1	25위
2.5	20위	포스트-업	4.7	20위
25.6	25위	스팟-업	33.8	30위
4.3	20위	핸드오프	4.5	8위
8.6	22위	커팅	—	—
5.5	4위	오프 스크린	4.1	17위
6.9	11위	풋백	7.4	26위
3.1	12위	기타	—	—

SHOT ZONE

구간별 슈팅 및 성공률

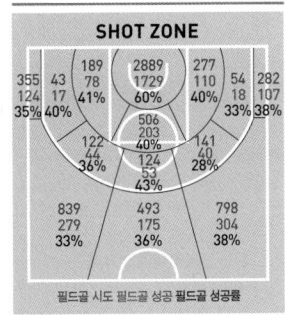

SHOT ZONE

항목	FGA	FGM	FG%	3PA	3PM	3P%
캐치&슛	25.4	9.4	36.9%	23.7	8.6	36.5%
풀업	23.8	8.6	36.1%	10.1	3.3	32.7%
3m 안쪽	37.4	21.8	58.3%	—	—	—
TOTAL	87.1	40.0	45.9%	34.0	12.1	35.5%

SHOT REPERTORIES

필드골 시도

평균 **87.0**
2.0 / 1.6 / 4.7 / 1.9 / 3.0 / 21.0 / 52.8

● 점프슛, 풀업 점퍼
● 레이업, 핑거롤
● 페이드어웨이
● 덩크, 앨리웁 덩크
● 훅슛
● 팁슛
● 뱅크슛

필드골 성공

평균 **40.0**
1.1 / 0.8 / 4.3 / 1.0 / 19.8 / 11.9

드리블과 슈팅 시도

평균 **87.0**
10.8 / 18.5 / 37.9 / 10.2 / 9.6

● 0드리블 + 슈팅
● 1드리블 + 슈팅
● 2드리블 + 슈팅
● 3~6드리블 + 슈팅
● 7+드리블 + 슈팅

드리블과 슈팅 성공

평균 **40.0**
4.8 / 8.1 / 18.1 / 4.7 / 4.3

SHOOTING

필드골 시도

평균 **87.0**
20.1 / 8.2 / 25.4 / 33.3

공격수와 수비수의 거리
● 0-0.6m
● 0.6-1.2m
● 1.2-1.8m
● 1.8m 이상

필드골 성공

평균 **40.0**
8.4 / 3.9 / 10.9 / 16.8

필드골 시도

평균 **87.0**
7.3 / 2.4 / 9.9 / 9.7 / 14.0 / 43.7

남은 시간
● 22-24초
● 18-22초
● 15-18초
● 7-15초
● 4-7초
● 0-4초

필드골 성공

평균 **40.0**
2.6 / 1.3 / 4.1 / 5.5 / 6.3 / 20.2

OPPONENT SHOOTING

상대 필드골 시도

평균 **87.7**
21.8 / 8.4 / 24.9 / 32.6

공격수와 수비수의 거리
● 0-0.6m
● 0.6-1.2m
● 1.2-1.8m
● 1.8m 이상

필드골 허용

평균 **43.4**
9.6 / 4.4 / 11.4 / 18.0

상대 필드골 시도

평균 **87.7**
6.9 / 3.1 / 11.0 / 8.9 / 13.9 / 43.9

남은 시간
● 22-24초
● 18-22초
● 15-18초
● 7-15초
● 4-7초
● 0-4초

필드골 허용

평균 **43.4**
2.6 / 2.0 / 4.2 / 6.0 / 6.9 / 21.7

CONTESTED REBOUNDS

공격 리바운드

평균 **5.1**
0.4 / 0.6 / 2.3 / 1.8

수비 리바운드

평균 **6.7**
0.3 / 1.2 / 2.3 / 2.9

림 아래부터 리바운드 위치까지의 거리
● 0~0.9m ● 0.9~1.8m ● 1.8~3m ● 3m 이상

UNCONTESTED REBOUNDS

공격 리바운드

평균 **4.1**
0.5 / 2.1 / 0.8 / 0.7

수비 리바운드

평균 **23.7**
4.7 / 3.9 / 6.6 / 8.5

림 아래부터 리바운드 위치까지의 거리
● 0~0.9m ● 0.9~1.8m ● 1.8~3m ● 3m 이상

DEFENSE OF 21 WINS

필드골 허용 %
46.2%

3점슛 허용 %
34.4%

상대 필드골 시도 90.5
필드골 허용 41.8
상대 3점슛 시도 37.7
3점슛 허용 13.0

DEFENSE OF 61 LOSSES

필드골 허용 %
50.6%

3점슛 허용 %
38.9%

상대 필드골 시도 86.7
필드골 허용 43.9
상대 3점슛 시도 35.6
3점슛 허용 13.9

DEFENSE pg		REBOUNDS pg		항목 & 평점																					
DFG	DFG%	CR	UCR	TS	MS	3PS	FT	LU	DK	ID	OD	ST	BL	ORG	DR3	ORB	DRG	DR3	DRB	PS	BH	BQ	SP	PO	ED	HS	OG
필드골 허용	필드골 허용%	유경쟁 리바운드	무경쟁 리바운드	타르샷 성공률	중거리 슈팅	3점 슈팅	자유투 성공률	레이업 플로터	슬램 덩크	안쪽 수비	외곽 수비	스틸	블락	가드 공격RB	SF 공격RB	빅맨 공격RB	가드 수비RB	SF 수비RB	빅맨 수비RB	패스	볼 핸들링	농구 IQ	스피드 민첩성	파워	지구력	허슬 플레이	종합 평가

Miles BRIDGES — PF-SF

F 0 마일스 브릿지스   1998.03.21 / 201cm

미국 🇺🇸
NBA 드래프트: 2018년 1라운드 12번
NBA 우승: 0회 / 파이널 MVP: 0회
시즌 MVP: 0회 / NBA 퍼스트팀: 0회

2022년, 아내 폭력, 아동 학대 사건에 휘말려 검찰에 기소됐고, NBA로부터 2022-23시즌 전체 출전을 정지당했다. 1년을 쉰 뒤 2023-24시즌에 복귀했고, 평균 37.4분, 21.0점, 7.3리바운드를 기록, 세 부문 모두 프로 데뷔 후 최고 성적을 냈다. 이제 정말 행동을 조심해야 한다. 브리지스는 NBA 최고의 덩커 중 1명이며 훌륭한 피니셔다. 양손 레이업도 OK. 속공 전개력도 있어 샬럿의 달리는 농구 하이라이트에 종종 등장한다. 연봉은 2717만 달러.

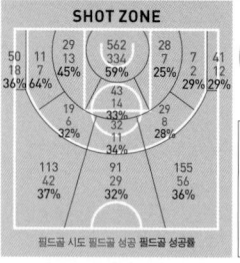

SHOT ZONE

필드골 635 시도 1210 380 · 211 559 성공 225

● 점프슛, 풀업 점퍼
● 레이업, 핑거롤
● 페이드어웨이
● 덩크, 앨리웁
● 훅슛
● 팁슛
● 뱅크슛

DEFENSE PER GAME			REBOUNDS PER GAME		
림에서의 거리	DFG	DFG%	림에서의 거리	CR	UCR
3점슛	2.0	36.5%	0~0.9m	0.7	1.0
2점슛	4.7	55.3%	0.9~1.8m	0.8	2.2
0~1.8m	3.3	65.5%	1.8~3.0m	0.3	1.3
0~3.0m	3.8	60.4%	3.0m 이상	0.0	0.8
4.5m 이상	2.4	36.9%			

필드골 시도 필드골 성공 필드골 성공률

2023-24 샬럿 69경기 평균 37.4분						항목 평점	TS	MS	3PS	FT	LU	DK	ID	OD	ST	BL
항목	PTS	RB	AS	ST	BL		B-	C-	C+	B+	A-	D-	D-	D+	D-
경기 평균	21.0	7.3	3.3	0.9	0.5	항목 평점	OR3	DR3	PS	BH	BQ	SP	PO	ED	HS	OG
36분 기준	20.2	7.0	3.2	0.9	0.5		D-	A-	D+	C	C	C	C-	B+	B	B

Grant WILLIAMS — PF-C

F 2 그랜트 윌리엄스   1998.11.30 / 198cm

미국 🇺🇸
NBA 드래프트: 2019년 1라운드 22번
NBA 우승: 0회 / 파이널 MVP: 0회
시즌 MVP: 0회 / NBA 퍼스트팀: 0회

몸통이 굵은 체형. 2019년 NBA 드래프트 당시 참가자 중 가장 힘이 좋은 선수로 측정되었다. 강력한 파워로 로포스트에서 잘 버티며, 박스아웃에 이은 리바운드를 잘 잡고, 2대2 공격 때 스크린을 잘 세팅해준다. 주로 빅맨(파워포워드, 센터)을 수비하지만, 가끔 3번을 막을 때도 있다. 덩크, 레이업, 플로터, 공격 리바운드 후의 풋백이 주무기이며, 스팟-업 3점슛도 정확한 편이다. BQ가 좋은 선수다. 승부처에서 해결사 역할을 한다. 연봉은 1303만 달러.

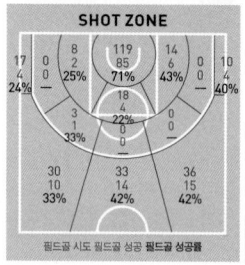

SHOT ZONE

필드골 415 시도 605 · 211 276 성공 157

● 점프슛, 풀업 점퍼
● 레이업, 핑거롤
● 페이드어웨이
● 덩크, 앨리웁
● 훅슛
● 팁슛
● 뱅크슛

DEFENSE PER GAME			REBOUNDS PER GAME		
림에서의 거리	DFG	DFG%	림에서의 거리	CR	UCR
3점슛	1.4	32.2%	0~0.9m	0.6	0.5
2점슛	4.3	57.8%	0.9~1.8m	0.7	0.9
0~1.8m	2.8	66.9%	1.8~3.0m	22.7	0.7
0~3.0m	3.3	63.0%	3.0m 이상	12.5	0.6
4.5m 이상	1.9	34.2%			

필드골 시도 필드골 성공 필드골 성공률

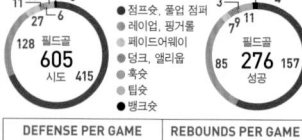

2023-24 댈러스+샬럿 76경기 평균 28.0분						항목 평점	TS	MS	3PS	FT	LU	DK	ID	OD	ST	BL
항목	PTS	RB	AS	ST	BL		B-	C-	C+	B-	D-	D-	D-	C-	D+	D-
경기 평균	10.3	4.2	2.3	0.6	0.5	항목 평점	ORB	DRB	PS	BH	BQ	SP	PO	ED	HS	OG
36분 기준	13.3	5.4	2.9	0.7	0.7		D-	D+	D+	D	A-	D-	C	B+	A	C+

Josh GREEN — SF-SG

F 8 조시 그린   2000.11.16 / 196cm

호주 🇦🇺
NBA 드래프트: 2020년 1라운드 18번
NBA 우승: 0회 / 파이널 MVP: 0회
시즌 MVP: 0회 / NBA 퍼스트팀: 0회

스윙맨으로 이상적인 체격(198cm, 100kg)에 발군의 운동능력을 코트에서 발휘한다. 팀에서의 제한적 역할 때문에 슈팅 시도 횟수 자체는 많지 않다. 그러나 전형적인 '오프-볼 슬래셔'로 기회를 잡으면 폭발적인 덩크, 부드러운 레이업, 현란한 핑거롤, 수비 타이밍을 뺏는 플로터 등 다양한 방법으로 림을 공략한다. 외곽 슈팅도 OK. 퍼리미터 1대1 수비 때 장점(운동능력)을 적극적으로 활용한다. 볼 핸들링 스킬은 우수하지 않다. 연봉은 1265만 달러.

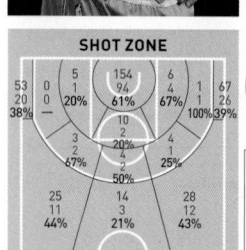

SHOT ZONE

필드골 374 시도 103 · 56 179 성공 86

● 점프슛, 풀업 점퍼
● 레이업, 핑거롤
● 페이드어웨이
● 덩크, 앨리웁
● 훅슛
● 팁슛
● 뱅크슛

DEFENSE PER GAME			REBOUNDS PER GAME		
림에서의 거리	DFG	DFG%	림에서의 거리	CR	UCR
3점슛	1.4	40.1%	0~0.9m	0.1	0.3
2점슛	3.4	55.1%	0.9~1.8m	0.1	0.9
0~1.8m	2.0	64.2%	1.8~3.0m	0.1	0.9
0~3.0m	2.4	58.5%	3.0m 이상	0.2	1.1
4.5m 이상	1.8	40.0%			

필드골 시도 필드골 성공 필드골 성공률

2023-24 댈러스 57경기 평균 26.4분						항목 평점	TS	MS	3PS	FT	LU	DK	ID	OD	ST	BL
항목	PTS	RB	AS	ST	BL		D+	C+	B+	D	C+	D+	D-	C+	C	D-
경기 평균	8.2	3.2	2.3	0.8	0.2	항목 평점	ORG	DRG	PS	BH	BQ	SP	PO	ED	HS	OG
36분 기준	11.2	4.4	3.1	1.1	0.2		D-	D-	C-	C-	B	D-	B+	A-	C

Cody MARTIN — SF

F 11 코디 마틴   1995.09.28 / 198cm

미국 🇺🇸
NBA 드래프트: 2019년 2라운드 36번
NBA 우승: 0회 / 파이널 MVP: 0회
시즌 MVP: 0회 / NBA 퍼스트팀: 0회

왼 무릎과 왼 발목에 고질적인 부상을 달고 산다. 부상 때문에 2022-23시즌 75경기, 지난 시즌 54경기에 결장했다. 부상 없이 시즌을 잘 치르는 게 정말 중요하다. 마틴은 정상 컨디션일 경우에는 안정적인 외곽슛을 선보인다. 오프-더-드리블 점퍼로 득점을 많이 올린다. 신체조건과 운동능력이 좋기에 1번~3번을 두루 수비할 수 있다. 트랜지션 게임과 하프코트 게임에 모두 잘 적응한다. 손이 빠르고 적극적이라 스틸을 많이 해낸다. 연봉은 812만 달러.

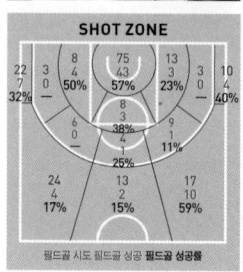

SHOT ZONE

필드골 134 시도 215 · 30 82 성공 38

● 점프슛, 풀업 점퍼
● 레이업, 핑거롤
● 페이드어웨이
● 덩크, 앨리웁
● 훅슛
● 팁슛
● 뱅크슛

DEFENSE PER GAME			REBOUNDS PER GAME		
림에서의 거리	DFG	DFG%	림에서의 거리	CR	UCR
3점슛	1.5	31.2%	0~0.9m	0.2	0.3
2점슛	3.3	53.0%	0.9~1.8m	0.5	0.8
0~1.8m	2.4	65.3%	1.8~3.0m	0.1	0.9
0~3.0m	2.8	61.4%	3.0m 이상	0.0	0.8
4.5m 이상	1.8	30.9%			

필드골 시도 필드골 성공 필드골 성공률

2023-24 샬럿 28경기 평균 26.9분						항목 평점	TS	MS	3PS	FT	LU	DK	ID	OD	ST	BL
항목	PTS	RB	AS	ST	BL		C	D-	C	D	C-	D-	D+	B	D+
경기 평균	7.5	3.9	3.7	1.1	0.6	항목 평점	D+	B-	C	C	C+	D+	D-	A-	A-	C
36분 기준	10.1	5.2	5.0	1.5	0.9											

DEFENSE pg		REBOUNDS pg													항목 & 평점												
DFG	DFG%	CR	UCR	TS	MS	3PS	FT	LU	DK	ID	OD	ST	BL	ORG	OR3	ORB	DRG	DR3	DRB	PS	BH	BQ	SP	PO	ED	HS	OG
필드골 허용	필드골 허용율	유경쟁 무경쟁 리바운드	리바운드	슈팅 성공율	중거리 슈팅	3점 슈팅	자유투 성공율	레이업 플로터	덩크	안쪽 수비	외곽 수비	스틸	블락	가드 공격RB	SF 공격RB	빅맨 공격RB	가드 수비RB	SF 수비RB	빅맨 수비RB	패스	볼 핸들링	농구 IQ	스피드 민첩성	파워	지구력	허슬 플레이	종합 평가

Tidjane SALAÜN — PF

F 31 티잔 살라윈
2005.08.10 / 206cm

NBA 드래프트 : 2024년 1라운드 6번
NBA 우승 : 0회 / 파이널 MVP : 0회
시즌 MVP : 0회 / NBA 퍼스트팀 : 0회
미국

프랑스 파리 출생. 2022~2024년, 프랑스리그 솔레 바스켓에서 뛰었고, 2024 NBA 드래프트를 통해 샬럿에 입단했다. 큰 키, 긴 윙스팬, 탄탄한 체형을 지닌 콤보 포워드. 뛰어난 운동능력을 바탕으로 자신 있게 림을 공략하며, 수비에도 적극적으로 한다. 높은 릴리스 포인트와 부드러운 슛터치를 이용해 중거리 점퍼와 3점슛을 시도한다. 상대 2번~4번을 다 수비할 수 있다. 볼 핸들링, 패스, 블락, 리바운드를 보완해야 한다. 연봉은 749만 달러.

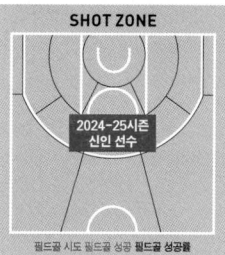

SHOT ZONE

2024-25시즌 신인 선수

필드골 시도 필드골 성공 필드골 성공률

필드골 **0** 시도

필드골 **0** 성공

- 점프슛, 풀업 점퍼
- 레이업, 핑거롤
- 페이드어웨이
- 덩크, 앨리웁
- 훅슛
- 팁슛
- 뱅크슛

DEFENSE PER GAME			REBOUNDS PER GAME		
림에서의 거리	DFG	DFG%	림에서의 거리	CR	UCR
3점슛			0~0.9m		
2점슛			0.9~1.8m		
0~1.8m			1.8~3.0m		
0~3.0m			3.0m 이상		
4.5m 이상					

2023-24시즌 기록 없음

항목	PTS	RB	AS	ST	BL
경기 평균	—	—	—	—	—
36분 기준	—	—	—	—	—

항목 평점	TS	MS	3PS	FT	LU	DK	ID	OD	ST	BL
항목 평점	ORB	DRB	PS	BH	BQ	SP	PO	ED	HS	OG

Brandon MILLER — SF-SG

F 24 브랜든 밀러
2002.11.22 / 201cm

NBA 드래프트 : 2023년 1라운드 2번
NBA 우승 : 0회 / 파이널 MVP : 0회
시즌 MVP : 0회 / NBA 퍼스트팀 : 0회
미국

슈팅력이 뛰어나고 볼 핸들링이 우수한 스윙맨. 코트에서 다양한 공격 패턴을 선보인다. 키 201cm로 슈팅할 때 타점이 높고, 릴리스가 빨라 상대 수비의 블락에 잘 걸리지 않는다. 림어택, 미드레인지 점퍼, 3점슛까지 두루 갖췄다. 가벼운 스텝으로 빠르게 올라가는 풀업 점퍼는 가장 강력한 무기다. 캣스텝 이후의 점퍼, 드리블 후 스텝백 점퍼는 주목할 만하다. 키, 윙스팬, 스피드, 점프력을 갖췄기에 1번~4번을 다 수비할 수 있다. 연봉은 1142만 달러.

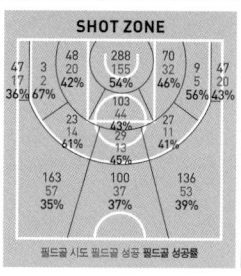

SHOT ZONE

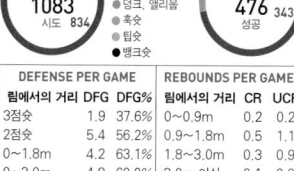

필드골 시도 필드골 성공 필드골 성공률

41 17 13
38 4
136 20
17 2
36% 67%

48 288 70
155 32 9
42% 54% 46%
103
23 43% 27
14 11
61% 13 41%
45%
163 100 136
57 37 53
35% 37% 39%

필드골 **136** 시도 834

필드골 **476** 성공 343

2 5
10 38 10
68 20

- 점프슛, 풀업 점퍼
- 레이업, 핑거롤
- 페이드어웨이
- 덩크, 앨리웁
- 훅슛
- 팁슛
- 뱅크슛

DEFENSE PER GAME			REBOUNDS PER GAME		
림에서의 거리	DFG	DFG%	림에서의 거리	CR	UCR
3점슛	1.9	37.6%	0~0.9m	0.0	0.2
2점슛	5.4	56.2%	0.9~1.8m	0.5	1.1
0~1.8m	4.2	63.1%	1.8~3.0m	0.3	0.6
0~3.0m	4.8	60.0%	3.0m 이상	0.1	0.9
4.5m 이상	2.1	37.3%			

2023-24 샬럿 74경기 평균 32.2분

항목	PTS	RB	AS	ST	BL
경기 평균	17.3	4.3	2.4	0.9	0.6
36분 기준	19.3	4.8	2.6	1.0	0.6

항목 평점	TS	MS	3PS	FT	LU	DK	ID	OD	ST	BL
	B-	A-	B-	B-	B-	B+	D-	C	C	D-
항목 평점	OR3	DR3	PS	BH	BQ	SP	PO	ED	HS	OG
	D-	D-	C	B	C+	C+	B	A-	B-	B

Mark WILLIAMS — C

C 5 마크 윌리엄스
2001.12.16 / 213cm

NBA 드래프트 : 2022년 1라운드 15번
NBA 우승 : 0회 / 파이널 MVP : 0회
시즌 MVP : 0회 / NBA 퍼스트팀 : 0회
미국

일단 압도적인 '하드웨어'에서 반쯤 먹고 들어간다. 키 213cm, 윙스팬 231cm, 스탠딩 리치 295cm다. 큰 체격과는 달리 운동능력이 우수하다. 높은 점프로 용수철처럼 튀어 오른 뒤 긴 팔을 파리채처럼 휘둘러 상대의 슛을 무섭게 쳐낸다. 공격 리바운드는 리그 최고 수준이다. 일명 '글루 핸드'로 잡기 어려운 공도 쉽게 잡아내며, 공격 리바운드 후의 풋백은 거의 백발백중이다. 부드러운 슛터치로 페인트존에서 득점을 많이 올린다. 연봉은 409만 달러.

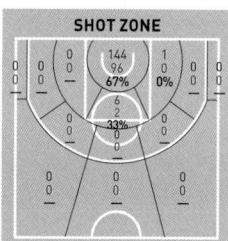

SHOT ZONE

필드골 시도 필드골 성공 필드골 성공률

1
27 16
6
필드골 **151** 시도
46
144 0
96 0
67% 0%
6
33%
0
0

12 1
3
필드골 **98** 성공 33
43

- 점프슛, 풀업 점퍼
- 레이업, 핑거롤
- 페이드어웨이
- 덩크, 앨리웁
- 훅슛
- 팁슛
- 뱅크슛

DEFENSE PER GAME			REBOUNDS PER GAME		
림에서의 거리	DFG	DFG%	림에서의 거리	CR	UCR
3점슛	1.3	37.9%	0~0.9m	2.2	1.2
2점슛	6.3	58.6%	0.9~1.8m	2.1	2.4
0~1.8m	4.3	65.1%	1.8~3.0m	0.5	0.6
0~3.0m	4.9	63.3%	3.0m 이상	0.1	0.6
4.5m 이상	2.0	39.6%			

2023-24 샬럿 43경기 평균 19.3분

항목	PTS	RB	AS	ST	BL
경기 평균	12.7	9.7	1.2	0.8	1.1
36분 기준	17.1	13.0	1.6	1.0	1.4

항목 평점	TS	MS	3PS	FT	LU	DK	ID	OD	ST	BL
	B-	C	D-	C+	B	C+	D-	C-	B-	B
항목 평점	ORB	DRB	PS	BH	BQ	SP	PO	ED	HS	OG
	A-	B+	D-	D-	C	D	B-	B	B+	B-

Nick RICHARDS — C

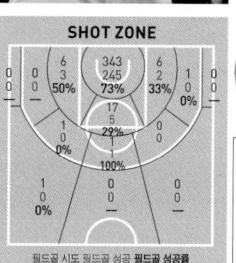

C 4 닉 리차즈
1997.11.29 / 213cm

NBA 드래프트 : 2020년 2라운드 42번
NBA 우승 : 0회 / 파이널 MVP : 0회
시즌 MVP : 0회 / NBA 퍼스트팀 : 0회
자메이카

리그에서 손꼽히는 '백업 센터'다. 제한된 시간에 득점, 리바운드, 블락을 꽤 쏠쏠하게 해준다. 가성비가 좋다는 얘기다. '파워 인사이드 스코어러'다. 필드골 대비 덩크 비율(39.6%)이 이 팀에서 가장 높다. 부드러운 터치를 이용한 레이업, 핑거롤도 자주 시도한다. 그러나 미드레인지 이상에서는 거의 슛을 하지 않는다. 현대 농구 트렌드와는 맞지 않는다고 볼 수 있다. 블락, 리바운드, 허슬 플레이, 인사이드 1대1 수비는 평균 이상이다. 연봉은 500만 달러.

SHOT ZONE

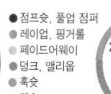

필드골 시도 필드골 성공 필드골 성공률

45 33
48 0
필드골 **376** 시도 131
116
6 343 6
3 245 2
50% 73% 33%
17
2 29% 1
0%
1
1 100%
0%

32 11
28 0
필드골 **260** 성공 84
103

2

- 점프슛, 풀업 점퍼
- 레이업, 핑거롤
- 페이드어웨이
- 덩크, 앨리웁
- 훅슛
- 팁슛
- 뱅크슛

DEFENSE PER GAME			REBOUNDS PER GAME		
림에서의 거리	DFG	DFG%	림에서의 거리	CR	UCR
3점슛	1.2	42.3%	0~0.9m	1.9	1.4
2점슛	5.8	56.6%	0.9~1.8m	1.1	1.8
0~1.8m	4.2	60.7%	1.8~3.0m	0.3	0.7
0~3.0m	4.7	58.9%	3.0m 이상	0.2	0.9
4.5m 이상	1.7	42.3%			

2023-24 샬럿 67경기 평균 26.3분

항목	PTS	RB	AS	ST	BL
경기 평균	9.7	8.0	0.8	0.4	1.1
36분 기준	13.3	11.0	1.1	0.5	1.5

항목 평점	TS	MS	3PS	FT	LU	DK	ID	OD	ST	BL
	B-	D-	D-	B-	B-	C	D-	C-	D-	B
항목 평점	ORB	DRB	PS	BH	BQ	SP	PO	ED	HS	OG
	C	B	D-	D-	D+	C-	D-	B-	C-	C

DFG	DFG%	CR	UCR	TS	MS	3PS	FT	LU	DK	ID	OD	ST	BL	ORG	OR3	ORB	DRG	DR3	DRB	PS	BH	IQ	SP	PO	ED	HS	OG
필드골 허용	필드골 허용률	유경쟁 리바운드	무경쟁 리바운드	터프샷 성공률	중거리 슈팅	3점 슈팅	자유투 성공률	레이업 플로터	덩크	안쪽 수비	외곽 수비	스틸	블락	가드 공격RB	SF 공격RB	빅맨 공격RB	가드 수비RB	SF 수비RB	빅맨 수비RB	패스	볼 핸들링	농구 IQ	스피드 민첩성	파워	지구력	허슬 플레이	종합 평가

 Taj GIBSON C-PF

C 67 타지 깁슨 1985.06.24 / 206cm

🇺🇸 미국 | NBA 드래프트 : 2009년 1라운드 26번
NBA 우승 : 0회 / 파이널 MVP : 0회
시즌 MVP : 0회 / NBA 퍼스트팀 : 0회

"노병은 죽지 않는다. 또한, 사라지지도 않았다." 타지 깁슨에게선 베테랑 선수의 품격이 느껴진다. 이제 평균 출전시간은 10분 안팎으로 줄었다. '서드 유닛' 선수에 불과하다. 그러나 스크린 세팅, 블락, 박스 아웃, 리바운드 등 '블루 칼라' 역할에 최선을 다한다. 후배들에게 귀감이 되는 선수다. 가끔 패턴에 의해 동료의 패스를 받아 노마크 상황에서 중거리 점퍼를 던지기도 한다. 림 근처에서는 부드러운 터치로 레이업을 얹는다. 연봉은 209만 달러.

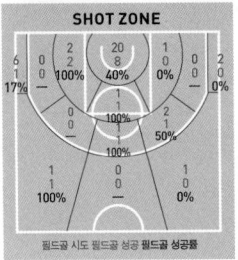

SHOT ZONE

필드골 **37** 시도 19 / 필드골 **15** 성공 7

● 점퍼슛, 풀업 점퍼 ● 레이업, 핑거롤 ● 페이드어웨이 ● 덩크, 앨리웁 ● 훅슛 ● 팁슛 ● 뱅크슛

필드골 시도 · 필드골 성공 · 필드골 성공률

DEFENSE PER GAME			REBOUNDS PER GAME		
림에서의 거리	DFG	DFG%	림에서의 거리	CR	UCR
3점슛	0.6	31.3%	0~0.9m	0.3	0.2
2점슛	1.7	51.8%	0.9~1.8m	0.5	0.3
0~1.8m	1.0	54.8%	1.8~3.0m	0.0	0.2
0~3.0m	1.8	58.5%	3.0m 이상	0.0	0.1
4.5m 이상	0.8	35.0%			

2023-24 뉴욕+디트로이트 20경기 평균 10.2분

항목 평점	PTS	RB	AS	ST	BL
경기 평균	1.7	1.9	0.6	0.2	0.4
36분 기준	6.0	6.5	1.9	0.5	1.2

항목	TS	MS	3PS	FT	LU	DK	ID	OD	ST	BL
평점	B-	B-	C	D-	C	D+	D	D-	D	C+
항목	ORB	DRB	PS	BH	BQ	SP	PO	ED	HS	OG
평점	D	D	D-	D-	D+	D-	D-	C	D-	C-

 LaMelo BALL PG

G 1 라멜로 볼 2001.08.22 / 201cm

🇺🇸 미국 | NBA 드래프트 : 2020년 1라운드 3번
NBA 우승 : 0회 / 파이널 MVP : 0회
시즌 MVP : 0회 / NBA 퍼스트팀 : 0회

2022-23시즌 왼 발목 부상으로 44경기, 지난 시즌 오른 발목 부상으로 60경기에 각각 결장했다. 정상 컨디션일 경우 볼은 '농구천재'다. 리그 최상급 BQ에서 나오는 창의적인 플레이는 최대 장점. 화려한 드리블로 밀집된 수비진을 뚫고는 픽&롤로 다양한 공격 기회를 만든다. 드라이브인, 풀업 미드레인지 점퍼, 풀업 3점슛, 레이업, 플로터, 덩크까지. 201cm의 장신 가드로 퍼리미터 1대1, 스틸, 리바운드 등 다방면에서 팀을 돕는다. 연봉은 3515만 달러.

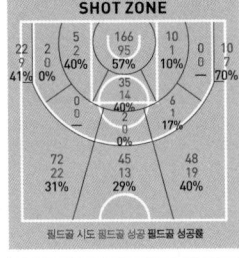

SHOT ZONE

필드골 **423** 시도 274 / 필드골 **183** 성공 105

● 점퍼슛, 풀업 점퍼 ● 레이업, 핑거롤 ● 페이드어웨이 ● 덩크, 앨리웁 ● 훅슛 ● 팁슛 ● 뱅크슛

필드골 시도 · 필드골 성공 · 필드골 성공률

DEFENSE PER GAME			REBOUNDS PER GAME		
림에서의 거리	DFG	DFG%	림에서의 거리	CR	UCR
3점슛	1.8	47.0%	0~0.9m	0.4	0.5
2점슛	3.9	65.9%	0.9~1.8m	0.2	1.1
0~1.8m	2.7	69.8%	1.8~3.0m	0.1	1.1
0~3.0m	3.6	68.3%	3.0m 이상	0.1	1.7
4.5m 이상	1.9	47.3%			

2023-24 샬럿 22경기 평균 32.3분

항목 평점	PTS	RB	AS	ST	BL
경기 평균	23.9	5.1	8.0	1.8	0.2
36분 기준	26.6	5.7	8.9	2.0	0.2

항목	TS	MS	3PS	FT	LU	DK	ID	OD	ST	BL
평점	B	C+	B	A	C	D+	D	C-	A-	D-
항목	ORG	DRG	PS	BH	BQ	SP	PO	ED	HS	OG
평점	B	B-	A	B+	A+	B	D-	A-	B+	B+

 Nick SMITH JR. SG-PG

G 8 닉 스미스 2004.04.18 / 188cm

🇺🇸 미국 | NBA 드래프트 : 2023년 1라운드 27번
NBA 우승 : 0회 / 파이널 MVP : 0회
시즌 MVP : 0회 / NBA 퍼스트팀 : 0회

평균 출전시간 15분 안팎의 '서드 유닛' 콤보 가드. 주전들의 휴식 시간을 커버하면서 여러 위치에 출전한다. 스미스 주니어는 출전시간 대비 평균 이상의 득점력을 보여준다. 미드레인지 풀업 점퍼와 오픈 3점슛은 꽤 정확한 편이다. 크지 않은 키에도 상대의 페인트존을 찢고 들어가 레이업, 핑거롤, 플로터를 림에 얹는다. 스피드는 평범하지만 스탑&고 플레이로 상대 수비를 흔든다. 수비력을 키우기 위해 벌크업을 해야 한다. 연봉은 259만 달러.

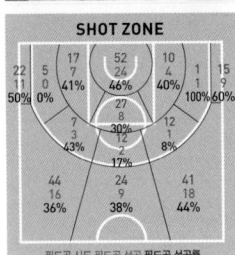

SHOT ZONE

필드골 **289** 시도 248 / 필드골 **113** 성공 97

● 점퍼슛, 풀업 점퍼 ● 레이업, 핑거롤 ● 페이드어웨이 ● 덩크, 앨리웁 ● 훅슛 ● 팁슛 ● 뱅크슛

필드골 시도 · 필드골 성공 · 필드골 성공률

DEFENSE PER GAME			REBOUNDS PER GAME		
림에서의 거리	DFG	DFG%	림에서의 거리	CR	UCR
3점슛	0.9	40.0%	0~0.9m	0.0	0.1
2점슛	1.6	54.5%	0.9~1.8m	0.1	0.1
0~1.8m	1.0	58.5%	1.8~3.0m	0.0	0.4
0~3.0m	1.2	56.7%	3.0m 이상	0.0	0.4
4.5m 이상	1.0	38.7%			

2023-24 샬럿 51경기 평균 14.3분

항목 평점	PTS	RB	AS	ST	BL
경기 평균	5.9	1.4	1.2	0.2	0.1
36분 기준	14.9	3.6	2.9	0.5	0.3

항목	TS	MS	3PS	FT	LU	DK	ID	OD	ST	BL
평점	B-	B-	B	C+	C-	D	C	D-	D-	D-
항목	ORG	DRG	PS	BH	BQ	SP	PO	ED	HS	OG
평점	D+	D-	C-	C+	C-	B	D-	B+	C	C

 Vasilije MICIC PG-SG

G 22 바실리예 미치치 1994.01.13 / 191cm

🇷🇸 세르비아 | NBA 드래프트 : 2014년 2라운드 52번
NBA 우승 : 0회 / 파이널 MVP : 0회
시즌 MVP : 0회 / NBA 퍼스트팀 : 0회

세르비아 국가대표 출신. 유럽리그 여러 팀에서 풍부한 경험을 쌓은 후 2014년 NBA 무대를 밟았다. 오프 스크린을 통해 중거리 점퍼와 3점슛을 던진다. 민첩하게 림을 공략해 레이업으로 마무리 짓기도 한다. 과감한 풀업 점퍼도 시도한다. 넓은 코트 비전, 안정된 볼 핸들링, 정확한 패스로 동료에게 기회를 제공한다. 일반적인 1대1 수비는 OK. 그러나 운동능력이 우수한 윙을 만나면 고전한다. 오프-볼 수비 응용력이 부족하다. 연봉은 772만 달러.

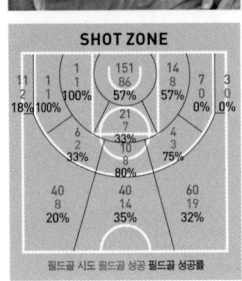

SHOT ZONE

필드골 **370** 시도 221 / 필드골 **159** 성공 71

● 점퍼슛, 풀업 점퍼 ● 레이업, 핑거롤 ● 페이드어웨이 ● 덩크, 앨리웁 ● 훅슛 ● 팁슛 ● 뱅크슛

필드골 시도 · 필드골 성공 · 필드골 성공률

DEFENSE PER GAME			REBOUNDS PER GAME		
림에서의 거리	DFG	DFG%	림에서의 거리	CR	UCR
3점슛	1.1	38.9%	0~0.9m	0.0	0.0
2점슛	2.2	59.3%	0.9~1.8m	0.0	0.3
0~1.8m	1.6	68.6%	1.8~3.0m	0.0	0.3
0~3.0m	1.8	62.6%	3.0m 이상	0.1	0.5
4.5m 이상	1.3	39.3%			

2023-24 오클라호마시티+샬럿 60경기 평균 19.6분

항목 평점	PTS	RB	AS	ST	BL
경기 평균	7.0	1.5	4.4	0.5	0.1
36분 기준	12.9	2.7	8.0	0.9	0.1

항목	TS	MS	3PS	FT	LU	DK	ID	OD	ST	BL
평점	A-	A+	B+	C	D	D	D-	B-	C	D-
항목	ORG	DRG	PS	BH	BQ	SP	PO	ED	HS	OG
평점	D-	D-	B	C-	B	C	D-	B+	B-	C

													항목 & 평점														
DEFENSE pg		REBOUNDS pg																									
DFG	DFG%	CR	UCR	TS	MS	3PS	FT	LU	DK	ID	OD	ST	BL	ORG	DRG	OR3	DR3	DRB	PS	BH	BQ	SP	PO	ED	HS	OG
필드골 허용	필드골 허용률	유경쟁 리바운드	무경쟁 리바운드	터프샷 슈팅	중거리 슈팅	3점 슈팅	자유투 성공률	레이업 플로터	슬램 덩크	안쪽 수비	외곽 수비	스틸	블락	가드 공격RB	SF 공격RB	빅맨 공격RB	가드 수비RB	SF 수비RB	빅맨 수비RB	패스	볼 핸들링	농구 IQ	스피드 민첩성	파워 지구력	허슬 플레이	종합 평가

G 30 Seth CURRY — SG-PG

세스 커리

1990.08.23 / 185cm

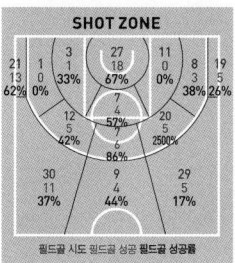

NBA 드래프트 : 2013년 미지명
NBA 우승 : 0회 / 파이널 MVP : 0회
시즌 MVP : 0회 / NBA 퍼스트팀 : 0회

시즌 도중 댈러스에서 샬럿으로 트레이드 됐다. 시간당 15분 안팎, 짧게 출전하는 '서드 유닛' 콤보 가드. 세스 커리는 스테픈 커리의 동생이자 델 커리의 아들이다. 스테픈은 NBA 역사상 최고의 슈터이고, 델도 현역 시절 당대 정상급 외곽 슈터였다. 세스에게도 '슈터의 유전자'가 있는 게 틀림없다. 정확한 중거리슛과 폭발적인 3점슛을 동시에 갖췄다. 공격과 허슬 플레이로 팀에 도움을 준다. NBA급 수비를 장착해야 살아남는다. 연봉은 209만 달러.

SHOT ZONE

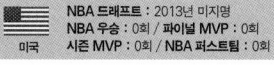

| 점프슛, 풀업 점퍼 |
| 레이업, 핑거롤 |
| 페이더웨이 |
| 덩크, 앨리웁 |
| 훅슛 |
| 팁슛 |
| 뱅크슛 |

필드골 시도 204 / 175
필드골 성공 80 / 62

DEFENSE PER GAME			REBOUNDS PER GAME		
림에서의 거리	DFG	DFG%	림에서의 거리	CR	UCR
3점슛	0.6	26.4%	0~0.9m	0.0	0.0
2점슛	1.8	64.5%	0.9~1.8m	0.0	0.3
0~1.8m	1.5	79.2%	1.8~3.0m	0.1	0.2
0~3.0m	1.5	73.2%	3.0m 이상	0.0	0.8
4.5m 이상	0.7	25.7%			

2023-24 댈러스+샬럿 44경기 평균 14.0분

항목	PTS	RB	AS	ST	BL
경기 평균	5.1	1.5	1.0	0.5	0.1
36분 기준	13.2	4.0	2.6	1.3	0.4

항목	TS	MS	3PS	FT	LU	DK	ID	OD	ST	BL
평점	B	C-	B-	A-	B	D-	F	D-	D+	D-
항목	ORG	DRG	PS	BH	BQ	SP	PO	ED	HS	OG
평점	C+	D-	C	C+	C-	C+	D-	B+	B-	C

G 23 Tre MANN — PG-SG

트레 맨

2001.02.03 / 191cm

NBA 드래프트 : 2021년 1라운드 18번
NBA 우승 : 0회 / 파이널 MVP : 0회
시즌 MVP : 0회 / NBA 퍼스트팀 : 0회

전반기 오클라호마, 후반기 샬럿에서 뛰었다. 올시즌 '서드 유닛' 콤보가드로 주전 가드들의 휴식 시간을 커버했다. 맨은 부드러운 슛터치와 빠른 릴리스로 외곽슛을 시도한다. 2점슛 50.9%, 3점슛 36.4%, 자유투 75.9%로 모두 평균 이상. 스텝백 점퍼와 드라이빙 레이업이 주무기다. 볼 핸들링도 수준급이다. 특히 '킬러 크로스오버'는 치명적인 무기. 정확한 패스로 공격을 풀어나간다. 1대1 수비, 팀 디펜스 모두 보강해야 한다. 연봉은 491만 달러.

SHOT ZONE

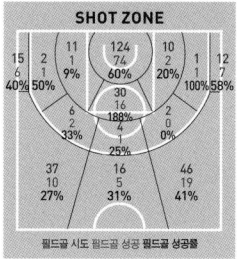

| 점프슛, 풀업 점퍼 |
| 레이업, 핑거롤 |
| 페이더웨이 |
| 덩크, 앨리웁 |
| 훅슛 |
| 팁슛 |
| 뱅크슛 |

필드골 시도 316 / 209
필드골 성공 145 / 82

DEFENSE PER GAME			REBOUNDS PER GAME		
림에서의 거리	DFG	DFG%	림에서의 거리	CR	UCR
3점슛	1.7	40.0%	0~0.9m	0.1	0.3
2점슛	3.9	58.6%	0.9~1.8m	0.2	1.1
0~1.8m	2.6	63.7%	1.8~3.0m	0.1	0.4
0~3.0m	3.0	57.5%	3.0m 이상	0.1	0.6
4.5m 이상	1.9	40.6%			

2023-24 오클라호마시티+샬럿 41경기 평균 24.1분

항목	PTS	RB	AS	ST	BL
경기 평균	9.3	3.6	4.0	1.2	0.1
36분 기준	13.9	5.4	6.0	1.9	0.1

항목	TS	MS	3PS	FT	LU	DK	ID	OD	ST	BL
평점	B+	B-	B	B-	C+	D-	D-	C	B+	D-
항목	ORG	DRG	PS	BH	BQ	SP	PO	ED	HS	OG
평점	D-	B	B-	C+	C	D-	B+	C	C+	C+

G 25 KJ SIMPSON — PG

KJ 심슨

2002.08.08 / 188cm

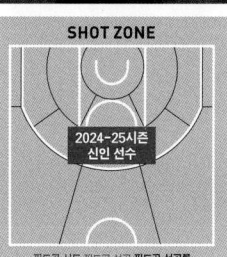

NBA 드래프트 : 2024년 2라운드 42번
NBA 우승 : 0회 / 파이널 MVP : 0회
시즌 MVP : 0회 / NBA 퍼스트팀 : 0회

콜로라도대 3학년을 마치고 2024 NBA에 입성했다. 대학 시절 매년 조금씩 미드레인지 점퍼, 3점슛, 자유투 성공률이 높아졌다. 온-볼 플레이와 오프-볼 플레이 모두 좋은 편. 주로 캐치&슛을 시도하지만, 풀업 점퍼도 장착했다. 과감하게 돌파를 많이 하기에 상대로부터 파울을 얻어내고, 림 어택으로 득점한다. 대학 시절부터 퍼리미터 1대1 수비는 문제점이었다. 얼마나 향상될지 지켜볼 일이다. 올여름 구단과 투웨이 계약을 맺었다. 연봉은 58만 달러.

SHOT ZONE

2024-25시즌 신인 선수

| 점프슛, 풀업 점퍼 |
| 레이업, 핑거롤 |
| 페이더웨이 |
| 덩크, 앨리웁 |
| 훅슛 |
| 팁슛 |
| 뱅크슛 |

필드골 시도 0
필드골 성공 0

DEFENSE PER GAME			REBOUNDS PER GAME		
림에서의 거리	DFG	DFG%	림에서의 거리	CR	UCR
3점슛	—	—	0~0.9m	—
2점슛	—	—	0.9~1.8m	—
0~1.8m	—	—	1.8~3.0m	—
0~3.0m	—	—	3.0m 이상	—
4.5m 이상	—	—			

2023-24시즌 기록 없음

항목	PTS	RB	AS	ST	BL
경기 평균	—	—	—	—	—
36분 기준	—	—	—	—	—

항목	TS	MS	3PS	FT	LU	DK	ID	OD	ST	BL
평점										
항목	OR	DR	PS	BH	BQ	SP	PO	ED	HS	OG
평점										

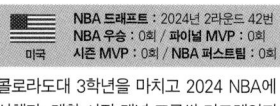

CHARLOTTE HORNETS 2024-25 REGULAR SEASON SCHEDULE

OCTOBER, 2024
Oct. 24 @ Houston
Oct. 26 @ Atlanta
Oct. 27 vs. Miami
Oct. 29 vs. Toronto

NOVEMBER, 2024
Nov. 2 vs. Boston
Nov. 3 vs. Boston
Nov. 5 @ Minnesota
Nov. 7 @ Detroit
Nov. 9 vs. Indiana
Nov. 11 @ Philadelphia
Nov. 13 @ Orlando
Nov. 17 vs. Milwaukee
Nov. 18 @ Cleveland
Nov. 20 @ Brooklyn
Nov. 22 vs. Detroit
Nov. 24 vs. Milwaukee
Nov. 26 vs. Orlando
Nov. 28 vs. Miami
Nov. 30 vs. New York

DECEMBER, 2024
Dec. 1 vs. Atlanta
Dec. 4 vs. Philadelphia
Dec. 6 @ New York
Dec. 8 vs. Cleveland
Dec. 9 vs. Indiana
Dec. 20 @ Washington
Dec. 21 @ Philadelphia

Dec. 24 vs. Houston
Dec. 27 @ Washington
Dec. 29 vs. Oklahoma City
Dec. 31 vs. Chicago

JANUARY, 2025
Jan. 4 @ Detroit
Jan. 6 @ Cleveland
Jan. 8 vs. Phoenix
Jan. 10 @ LA Lakers
Jan. 12 @ LA Clippers
Jan. 13 @ Phoenix
Jan. 16 @ Utah
Jan. 18 @ Chicago
Jan. 21 vs. Dallas
Jan. 23 @ Memphis
Jan. 25 vs. Portland
Jan. 26 vs. New Orleans
Jan. 28 vs. LA Lakers
Jan. 30 vs. Brooklyn

FEBRUARY, 2025
Feb. 1 vs. LA Clippers
Feb. 2 vs. Denver
Feb. 4 vs. Washington
Feb. 6 vs. Milwaukee
Feb. 8 @ San Antonio
Feb. 10 @ Detroit
Feb. 11 @ Brooklyn
Feb. 13 @ Orlando
Feb. 21 @ Denver

Feb. 23 @ Portland
Feb. 25 @ Sacramento
Feb. 26 @ Golden State
Feb. 28 @ Dallas

MARCH, 2025
Mar. 2 vs. Washington
Mar. 4 vs. Golden State
Mar. 6 vs. Minnesota
Mar. 8 vs. Cleveland
Mar. 9 vs. Brooklyn
Mar. 11 @ Miami
Mar. 13 @ Atlanta
Mar. 15 @ San Antonio
Mar. 19 vs. Atlanta
Mar. 21 vs. New York
Mar. 22 @ Oklahoma City
Mar. 24 @ Miami
Mar. 26 vs. Orlando
Mar. 29 @ Toronto
Mar. 31 @ New Orleans

APRIL, 2025
Apr. 1 vs. Utah
Apr. 3 vs. Indiana
Apr. 5 vs. Sacramento
Apr. 7 vs. Chicago
Apr. 9 vs. Memphis
Apr. 10 vs. Toronto
Apr. 12 @ Boston
Apr. 14 @ Boston

MIAMI HEAT

名不虛傳 · 명장 스포엘스트라

뜻풀이 널리 알려진 명성이 실제로 인증되었을 때 쓰는 말. 스포엘스트라는 선수 육성, 전술 구사, 위기 관리 능력 등에서 대체불가다.

*통계는 2024년 10월 1일 기준

줄부상 속 기적적으로 버틴 시즌

2023년 8번 시드로 파이널까지 진출했지만, 기적은 반복되지 않았다. 이번에도 8번 시드였지만 맥없이 물러났다. 부상이 문제였다. 버틀러와 로지어 등 핵심 멤버들이 PO에서조차 부상으로 못 나섰다. 줄부상은 '명장' 에릭 스포엘스트라 감독도 극복하기 어려웠다. 그러나 핵심 자원들이 20~40경기씩 결장한 가운데서도 팀이 버틸 수 있었던 건 구단의 선수 발굴 및 육성 능력 덕분이었다. 지난 시즌엔 18순위로 뽑은 하케즈가 히트 상품이었다. '기둥' 아데바요는 명불허전이었다.

불안했던 여름, 불안할 여름

2023년 여름에 빈센트와 스트라스가 떠났고 올여름에는 마틴이 이적했다. 무명 자원들을 잘 키워온 코칭스태프를 생각하면 걱정은 덜 되지만, '견고함' 유지에는 영향을 줄 수밖에 없다. 그러나 그보다는 '팀의 심장' 버틀러의 이적설이다. 구단은 FA가 임박한 버틀러를 그 연봉으로 잡아둘 생각이 없다. 따라서 버틀러에게는 마이애미와 동행하는 마지막 시즌이 될 수도 높다. 리더 입지가 불안한 상태에서 맞는 시즌인 만큼, 분위기도 어수선할 것이다. 의미 있는 전력 보강도 없었다.

부상 관리가 제일 중요

거듭 언급되는 이 팀의 키워드는 부상이다. '인저리 프론'이 너무 많다. 꾸준히 가동된 라인업이 얼마 안 될 정도로 골머리를 앓았다. 늘 어떻게든 잇몸을 찾아냈던 스포엘스트라 감독은 팀의 1옵션, 그 자체다. 선수 육성뿐 아니라 상대 감독과의 수 싸움에서도 한 수 위임을 보여왔다. 스포엘스트라가 있기에 플레이오프 탈락은 상상이 가지 않는다. 다만 잘 키운 멤버들이 계속 이탈하고, 부상 우려도 아주 크기에 50승 이상을 챙기는 그림도 잘 그려지지 않는 것이 사실이다.

Association	Icon	Statement	City

CLUB INFORMATION

Founded 구단 창립 1988년

Owner 미키 애리슨 1949.06.29

CEO 닉 애리슨

Head Coach 에릭 스포엘스트라 1970.11.01

24-25 Odds 벳365 : 40배 윌리엄힐 : 40배

Nationality ●미국 선수 12명 ●외국 선수 2명

Age 14명 평균 27.4세

Height 14명 평균 201.1cm

Weight 14명 평균 101.4kg

Salary 14명 평균 1330만 달러

Win 2023-24 : 46승 통산 : 1521승

Loss 2023-24 : 36패 통산 : 1364패

Winning% 2023-24 : 56.1% 통산 : 57.2%

Play-Off PO 진출 : 25회 PO 탈락 : 12회

Titles NBA우승 : 3회 컨퍼런스 : 7회

Top Scorer 지미 버틀러 평균 20.8점

More Rebounds 뱀 아데바요 평균 10.4RB

More Assists 지미 버틀러 평균 5.0AS

More Steals 지미 버틀러 평균 1.3스틸

More Blocks 뱀 아데바요 평균 0.9블록

*항목별 1위는 지난 시즌 마이애미 소속으로 정규 시즌 50경기 이상 출전한 선수 중 선별

HEAD COACH & STADIUM

Erik SPOELSTRA 에릭 스포엘스트라

생년월일 : 1970.01.11 / **국적** : 미국 / **출생지** : 미국 일리노이주 에반스턴
경력 : 1993~1995년 투스 헤어텐 코치 / 1997-2008년 마이애미 히트 어시스턴트 / 2008년~ 마이애미 히트 감독

1988년, 오리건주 비버튼에 위치한 예수회 고등학교를 졸업했다. 포틀랜드대에 진학했고, 4년간 포인트가드로 뛰었다. 1992년 NBA 드래프트를 신청했으나 어느 팀에서도 지명을 받지 못했다. 결국, 유럽으로 눈을 돌렸다. 독일 분데스리가 2부 팀인 투스 헤르텐에서 플레잉코치로 2년간 활약했고, 그 후 본격적으로 지도자로 나섰다. 1997년부터 2008년까지 투스 헤르텐 어시스턴트로 일했다. 그리고 2008년 4월 28일, 마이애미 제6대 감독으로 부임했다. 그는 마이애미 한 팀에서만 올해로 17년째 일하고 있다. 이 팀을 지도하면서 2011-12, 2012-13시즌 NBA 연속 우승을 견인했고, 2019-20시즌 다시 한번 파이널에 진출시켰다. 2016-17시즌에는 뛰어난 지도력을 인정받아 마이크 댄토니 감독과 함께 NBCA 올해의 감독상 공동 수상자로 선정되었다. 그리고, 뉴올리언스에서 열린 올스타전에서 2017 동부 컨퍼런스 감독을 맡기도 했다. 스포엘스트라는 아시아계 미국인으로는 최초로 4대 프로스포츠의 감독이 되었다.

KASEYA CENTER

구장 오픈 : 1999년 12월 13일
구장 증개축 :
오너 : 마이애미-데이드 카운티
수용인원 : 1만 9600명
건축비용 : 2억 1300만달러
(현재가치) 3억 9000만달러

호황을 누리는 마이애미 시내와 엔터테인먼트 구역의 중심부에 위치한다. 이 아레나는 빠르게 발전하는 도심 지역을 알리는 상징물이다. 매우 좋은 로케이션, 풍부한 편의시설, 멋진 주변 환경, 인상적인 다양한 이벤트를 갖췄다. 다른 지역 사람들이나 외국인들이 엔터테인먼트와 재미를 찾을 때 최고의 선택일 수 있다. 히트 홈구장이 된 건 2000-01시즌부터다.

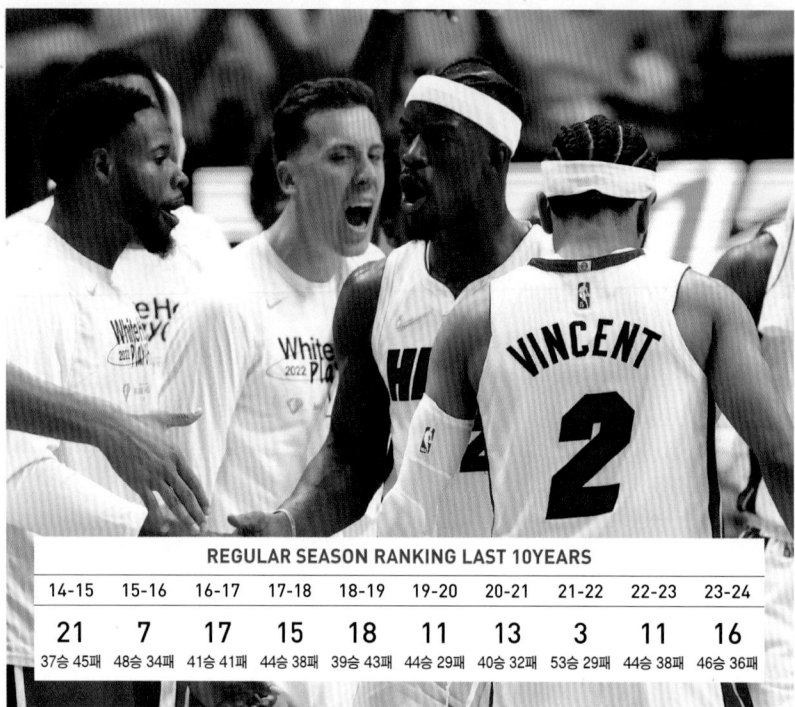

NBA CHAMPIONSHIPS
2006, 2012, 2013

CONFERENCE TITLES
2006, 2011, 2012, 2013, 2014, 2020, 2023

DIVISION TITLES
1997, 1998, 1999, 2000, 2005, 2006, 2007, 2011, 2012, 2013, 2014, 2016, 2018, 2020, 2022, 2023

RETIRED NUMBERS
1, 3, 10, 23, 32, 33, 40

REGULAR SEASON RANKING LAST 10YEARS

14-15	15-16	16-17	17-18	18-19	19-20	20-21	21-22	22-23	23-24
21	7	17	15	18	11	13	3	11	16
37승 45패	48승 34패	41승 41패	44승 38패	39승 43패	44승 29패	40승 32패	53승 29패	44승 38패	46승 36패

TEAM POTENTIAL

76점

11위

 하프코트 세트오펜스 6점

트랜지션 오펜스 6점

 하프코트 세트디펜스 8점

 트랜지션 디펜스 7점

 리바운드 6점

선수층 6점

선수 경험치 8점

감독 리더십 10점

감독 전술 9점

프런트 9점

*각 항목은 10점 만점, 평점은 NBA 30팀 사이 상대평가

우승 ODDS	배당	순위
bet 365	40배	12위
Paddy Power	45배	15위
William Hill	40배	12위

OFFENSIVE STYLE
트랜지션 오펜스 ●━━ 하프코트 세트오펜스

DEFENSIVE STYLE
하이 프레스 ━●━ 하프코트 디펜스

SQUAD & TACTICS

STARTERS

PF 니콜라 요비치
19.5분, 7.7점
4.2RB, 2.0AS

C 뱀 아데바요
34.0분, 19.3점
10.4RB, 3.9AS

SF 지미 버틀러
34.0분, 20.8점
5.3RB, 5.0AS

SG 타일러 히로
33.5분, 20.8점
5.3RB, 4.5AS

PG 테리 로지어
33.4분, 19.8점
4.0RB, 5.6AS

OFF THE BENCH

PG 조시 리차드슨
25.7분, 9.9점
2.8RB, 2.4AS

SG 던컨 로빈슨
28.0분, 12.9점
2.5RB, 2.8AS

SF 헤이우드 하이스미스
20.7분, 6.1점
3.2RB, 1.1AS

PF 하이메 하케스
28.2분, 11.9점
3.8RB, 2.6AS

C 케빈 러브
16.8분, 8.8점
6.1RB, 2.1AS

G 조시 크리스토퍼
G 알렉 벅스
F 펠라 라르손
F 커릴 웨어
C 토마스 브라이언트

OFFENSE MECHANISM

2022-23시즌 30위, 2023-24시즌 26위 등 최근 4시즌 동안 3번이나 득점이 하위권에 머물렀다. 슬로우 템포로 경기를 풀어가는 대신, 수비로 상대를 압도했다. 실제로 실점은 3번째로 적었다. 새 시즌에는 공격에 더 신경을 쓰겠다지만, 현 구성에서 애틀랜타나 인디애나같이 빠른 템포를 주도할 자원이 적다. 마이애미는 뱀 아데바요의 핸드오프와 스크린 서비스가 기반이 되어왔다. 핸드오프로 만들어지는 득점 및 앤드원 상황이 많았다. 또한, 지미 버틀러, 타일러 히로, 테리 로지어 등에 의해 파생되는 오펜스도 많았다. 문제는 이들이 100% 컨디션으로 다같이 뛴 상황이 많지 않았다는 것. 잇몸들의 선전으로 버텨왔지만 더 높은 시드, 원하는 템포를 실현하고자 한다면 선수단 건강 관리도 중요하다.

DEFENSE MECHANISM

톱니바퀴 같은 수비는 마이애미의 강점이다. 스포엘스트라 감독의 지략은 물론이고, 선수들의 수행 능력도 일품. 로테이션은 물론이고 사이사이 발생하는 여러 변수에 대해 필 스위치, 스크램 스위치 등 대처 방식이 다양하고, 기민하다. 올-디펜시브 팀 단골 손님 아데바요의 영리함도 한몫한다. 길을 열어줬다고 해서 무턱대고 파고들었다간 함정에 걸리게 된다. 하이메 하케스 역시 지속적으로 맨투맨 수비가 좋아져 새 시즌 윙 디펜더로 활약이 기대된다. 지미 버틀러의 손질 역시 마이애미의 원동력이다. 간간이 사용하는 2-3 지역방어도 마이애미의 무기. 선수들 간의 커뮤니케이션도 원활해 상대 포인트가드가 껄끄러워할 수밖에 없다. 새 시즌도 이런 기조는 변함이 없을 전망이다.

Player's Functions

 **Ball Handlers**
T.로지어
T.히로
J.버틀러

 Pull-Ups
T.히로
T.로지어
B.아데바요

 Catch & Shoot
D.로빈슨
T.히로
K.러브

 **3 Pointers**
D.로빈슨
A.벅스
T.에로

 Slam Dunkers
B.아데바요
J.하케스
J.버틀러

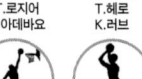 **Free Throw**
J.버틀러
A.벅스
J.리차드슨

 **Rebounders**
K.러브
B.아데바요
T.브라이언트

 1-1 Defenders
J.버틀러
B.아데바요
J.리차드슨

 Ball Stealers
J.버틀러
H.하이스미스
B.아데바요

 Key Passes
T.로지어
J.버틀러
T.히로

 Hustle Players
J.버틀러
T.브라이언트
T.로지어

 Rim Protectors
T.브라이언트
B.아데바요
H.하이스미스

2023-24 SEASON PERFORMANCE

MIAMI HEAT vs. OPPONENTS PER GAME STATS

마이애미 vs 상대팀

	득실점	필드골성공	필드골	3점슛성공	3점슛 %	자유투성공	자유투	공격리바운드	리바운드	어시스트	스틸	블락	턴오버	파울

	득실점		F↑ FG%		3↑ 3P%		FT%	OR	RB	A↑				
110.1		108.4	39.8 F↑ 40.2	46.5% FG% 46.7%	12.5 3↑ 13.0	37.0% 3P% 35.3%	18.0 — 15.0	81.8% FT% 78.0%						
9.3 OR 9.2	33.0 RB 42.8	25.8 A↑ 26.5	7.5 6.6	3.4 4.7	12.7 13.7	17.3 18.9								

LINE-UP

* 마이애미는 지난 시즌 총 539개의 라인업을 가동시켰다. 그중 출전 시간이 가장 길었던 20개를 골라 게재했다.

5-MEN COMBINATION	MIN	PPG	RPG	APG
J. Butler - T. Rozier - B. Adebayo - D. Robinson - N. Jovic	181	29.2	10.7	7.5
J. Butler - B. Adebayo - C. Martin - T. Herro - N. Jovic	109	31.9	11.1	7.3
K. Lowry - J. Butler - B. Adebayo - D. Robinson - H. Highsmith	79	22.2	7.0	4.6
K. Lowry - J. Butler - C. Martin - D. Robinson - O. Robinson	78	24.4	9.6	6.6
J. Richardson - B. Adebayo - C. Martin - D. Robinson - J. Jaquez Jr.	62	20.1	6.7	5.4
K. Lowry - K. Love - J. Butler - C. Martin - J. Jaquez Jr.	59	16.8	5.3	3.7
J. Butler - T. Rozier - B. Adebayo - H. Highsmith - T. Herro	59	27.6	10.0	7.0
K. Lowry - J. Butler - T. Herro - N. Jovic - J. Jaquez Jr.	55	23.6	10.4	6.2
J. Butler - T. Rozier - B. Adebayo - C. Martin - D. Robinson	48	9.1	3.7	1.3
T. Rozier - B. Adebayo - C. Martin - D. Robinson - J. Jaquez Jr.	47	9.8	4.7	2.3
J. Butler - T. Rozier - B. Adebayo - C. Martin - T. Herro	46	16.7	4.9	4.7
K. Love - J. Richardson - B. Adebayo - D. Robinson - J. Jaquez Jr.	43	17.0	6.3	3.7
K. Lowry - K. Love - J. Butler - J. Richardson - J. Jaquez Jr.	43	10.7	3.1	2.7
J. Richardson - C. Martin - D. Robinson - O. Robinson - J. Jaquez Jr.	43	17.2	7.7	3.8
J. Richardson - B. Adebayo - D. Robinson - H. Highsmith - J. Jaquez Jr.	43	15.3	6.8	4.0
K. Lowry - J. Butler - B. Adebayo - H. Highsmith - T. Herro	42	23.0	6.6	5.6
T. Rozier - B. Adebayo - D. Robinson - H. Highsmith - J. Jaquez Jr.	41	9.9	4.3	2.6
P. Mills - J. Butler - T. Rozier - B. Adebayo - N. Jovic	40	34.3	12.3	9.0
K. Lowry - J. Butler - J. Richardson - D. Robinson - J. Jaquez Jr.	39	14.1	5.4	3.7
K. Lowry - K. Love - J. Butler - B. Adebayo - T. Herro	38	49.0	22.5	11.0

PASS COMBINATIONS

→ 해당 선수가 경기당 동료로부터 패스 받은 횟수
→ 해당 선수가 경기당 동료들에게 패스 해준 횟수

받은	선수	해준
41.4	카일 로우리	45.4
50.8	테리 로지어	45.3
50.9	타일러 헤로	43.8
42.5	뱀 아데바요	43.2
47.0	지미 버틀러	40.8
31.7	조시 리차드슨	32.7
30.8	하이메 하케스	29.5
20.9	케빈 러브	28.5
26.6	케일럽 마틴	27.4
31.3	던컨 로빈슨	26.1
21.1	니콜라 요비치	24.1
22.1	델론 라이트	21.9
18.8	드루 스미스	20.9
13.6	헤이우드 하이스미스	17.8
19.5	패티 밀스	15.0
10.1	토머스 브라이언트	13.5
12.0	RJ 햄프턴	13.1
10.0	올랜도 로빈슨	12.6
9.8	저밀 케인	9.4
6.7	콜 스와이더	6.2
5.7	알론데스 윌리엄스	4.5

2023-24 RANKING

* 는 수치가 낮을수록 랭킹이 높아짐

마이애미	랭킹	GENERAL	상대팀*	랭킹
110.1	26위	득점 / 실점	108.4	3위
42.3	26위	리바운드	42.8	11위
25.8	18위	어시스트	26.5	14위
7.5	15위	스틸	6.6	4위
3.4	30위	블락	4.7	10위

득점	랭킹	PLAYTYPE	실점*	랭킹
6.9	12위	아이솔레이션	6.4	9위
19.4	22위	트랜지션	18.6	2위
13.5	27위	픽&롤 볼핸들러	13.5	2위
6.4	22위	픽&롤 롤맨	6.8	6위
6.6	6위	포스트-업	3.8	7위
27.9	17위	스팟-업	33.2	29위
5.2	13위	핸드오프	3.5	1위
10.6	10위	커팅	—	—
3.8	12위	오프 스크린	3.0	1위
5.1	19위	풋백	6.3	9위
3.4	3위	기타	—	—

SHOT ZONE

구간별 슈팅 및 성공률

SHOT ZONE

420 53	228 2754 290	114 48 394
170 21	90 1605	19 151
41% 40%	40% 58% 39%	40% 38%
	105 593 87	
	43 276 31	
	41% 47% 36%	
	99	
	43	
	46%	
766	460	712
260	175	266
34%	38%	37%

필드골 시도 필드골 성공 필드골 성공률

항목	FGA	FGM	FG%	3PA	3PM	3P%
캐치&슛	28.0	10.7	38.0%	24.8	9.3	37.5%
풀업	19.4	7.6	39.2%	7.9	2.9	36.4%
3m 안쪽	36.4	20.9	57.4%	—	—	—
TOTAL	84.5	39.4	46.6%	33.2	12.3	37.2%

SHOT REPERTORIES

필드골 시도

2.5 / 2.3
3.7 2.0
4.1 평균
20.1 **85.6** 50.9

●점프숏, 풀업 점퍼
●레이업, 핑거롤
●페이드어웨이
●덩크, 앨리웁 덩크
●훅슛
●팁슛
●뱅크슛

드리블과 슈팅 시도

7.7
16.3 평균
9.7 **85.6** 40.7
11.2

●0드리블 + 슈팅
●1드리블 + 슈팅
●2드리블 + 슈팅
●3~6드리블 + 슈팅
●7+드리블 + 슈팅

필드골 성공

1.3 / 1.2
1.1
3.3
1.7 평균 19.8
39.8
11.4

드리블과 슈팅 성공

3.6
7.5 평균 19.1
39.8
4.3
5.3

SHOOTING

필드골 시도

19.1 8.1
평균
85.6
25.2 33.2

공격수와 수비수의 거리
●0-0.6m
●0.6-1.2m
●1.2-1.8m
●1.8m 이상

필드골 시도

9.2 2.8
10.0 평균 10.0
85.6 13.1
40.5

남은 시간
●22-24초
●18-22초
●15-18초
●7-15초
●4-7초
●0-4초

필드골 성공

8.5 3.6
평균
39.8
11.2 16.5

필드골 성공

3.3 1.5
4.7 평균 5.2
39.8 6.3
18.8

OPPONENT SHOOTING

상대 필드골 시도

20.0 8.2
평균
86.0
25.2 42.4

공격수와 수비수의 거리
●0-0.6m
●0.6-1.2m
●1.2-1.8m
●1.8m 이상

상대 필드골 시도

8.2 2.6
8.8 평균 10.4
86.0 13.6

남은 시간
●22-24초
●18-22초
●15-18초
●7-15초
●4-7초
●0-4초

필드골 허용

8.6 4.2
평균
40.2
10.5 16.9

필드골 허용

2.9 1.5
3.9 평균 5.1
40.2 6.2
20.6

CONTESTED REBOUNDS

공격 리바운드

0.5
0.6 평균 2.2
5.0
1.7

수비 리바운드

0.5
1.3 평균 2.1
7.2
3.3

림 아래부터 리바운드 위치까지의 거리
●0~0.9m ●0.9~1.8m ●1.8~3m ●3m 이상

UNCONTESTED REBOUNDS

공격 리바운드

0.6
2.0 평균 0.9
4.3
0.8

수비 리바운드

5.5 3.6
평균
25.4
7.0 9.3

림 아래부터 리바운드 위치까지의 거리
●0~0.9m ●0.9~1.8m ●1.8~3m ●3m 이상

DEFENSE OF 46 WINS

필드골 허용 %

44.4%

3점슛 허용 %

32.2%

상대 필드골 시도 86.7
필드골 허용 38.5

상대 3점슛 시도 37.3
3점슛 허용 12.0

DEFENSE OF 36 LOSSES

필드골 허용 %

49.8%

3점슛 허용 %

39.3%

상대 필드골 시도 85.2
필드골 허용 42.4

상대 3점슛 시도 36.2
3점슛 허용 14.2

DEFENSE pg		REBOUNDS pg		항목 & 평점																							
DFG	DFG%	CR	UCR	TS	MS	3PS	FT	LU	DK	ID	OD	ST	BL	ORG	OR3	ORB	DRG	DR3	DRB	PS	BH	BQ	SP	PO	ED	HS	OG
필드골 허용	필드골 허용률	유경쟁 리바운드	무경쟁 리바운드	터프샷 성공률	중거리 성공률	3점 성공률	자유투 성공률	레이업 플로터	슬램 덩크	안쪽 수비	외곽 수비	스틸	블락	가드 공격RB	SF 공격RB	빅맨 공격RB	가드 수비RB	SF 수비RB	빅맨 수비RB	패스	볼 핸들링	농구 IQ	스피드 민첩성	파워	지구력	허슬 플레이	종합 평가

F 22 Jimmy BUTLER — SF-PF

지미 버틀러 · 1989.09.14 / 201cm

NBA 드래프트 : 2011년 1라운드 30번
미국
NBA 우승 : 0회 / 파이널 MVP : 0회
시즌 MVP : 0회 / NBA 퍼스트팀 : 0회

불타는 마이애미 히트의 로고 그 자체. 화려하고 역동적이며 투쟁적이다. 탄탄한 신체를 이용해 돌파해서 파울을 얻거나 득점한다. 덩크, 레이업, 핑거롤, 플로터로 다양하게 림을 공략한다. 과감한 풀업, 고난도 페이드어웨이 등 중거리에서 최고 공격을 펼친다. 클러치 타임에 특히 강하다. 정상급 퍼리미터 수비수이자 에이스 스토퍼. 패싱 레인, 팀 디펜스 등도 우수하다. 문제는 잔 부상. 이 때문에 지난 2년간 여러 차례 결장했다. 연봉은 4880만 달러.

SHOT ZONE

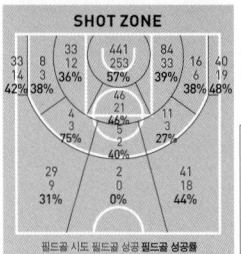

	15	
44 35		8 16
65	필드골 793 336 시도 286	40 9 24

● 점프슛, 풀업 점퍼 ● 레이업, 핑거롤 ● 페이드어웨이 ● 덩크, 앨리웁 ● 훅슛 ● 팁슛 ● 뱅크슛

필드골 396 성공 162 / 137

DEFENSE PER GAME			REBOUNDS PER GAME		
림에서의 거리	DFG	DFG%	림에서의 거리	CR	UCR
3점슛	1.7	34.1%	0~0.9m	0.5	0.5
2점슛	3.3	59.1%	0.9~1.8m	0.6	0.8
0~1.8m	2.3	70.1%	1.8~3.0m	0.3	1.0
0~3.0m	2.6	63.2%	3.0m 이상	0.3	1.2
4.5m 이상	2.0	35.1%			

필드골 시도 필드골 성공 필드골 성공률

2023-24 마이애미 60경기 평균 34.0분					
항목	PTS	RB	AS	ST	BL
경기 평균	20.8	5.3	5.0	1.3	0.3
36분 기준	22.0	5.6	5.3	1.4	0.3

항목	TS	MS	3PS	FT	LU	DK	ID	OD	ST	BL
평점	B+	B	A-	B	A-	B-	A	B-	A	A-
항목	OR3	DR3	PS	BH	BQ	SP	PO	ED	HS	OG
평점	B-	B	B	B+	A-	B	C+	A+	A+	A-

F 5 Nikola JOVIC — PF

니콜라 요비치 · 2003.06.09 / 208cm

NBA 드래프트 : 2022년 1라운드 27번
세르비아
NBA 우승 : 0회 / 파이널 MVP : 0회
시즌 MVP : 0회 / NBA 퍼스트팀 : 0회

감독 결정으로 23경기, 부상으로 4경기, G리그(수즈 폴스) 출전으로 8경기, 출전 정지 처분으로 1경기 등 총 36경기에 결장했다. 주전 파워포워드인 만큼, 감독에게 더 신뢰를 받아야 한다. 키가 크고, 윙스팬이 길다. 그러면서 가드급 기술을 선보인다. BQ가 좋은 볼 핸들러이고, 픽&롤 플레이어로서 스크린을 잘 세팅한다. 높은 타점, 안정된 스트로크에서 나오는 중장거리 점퍼가 주무기. 1대1 수비와 리바운드를 많이 보강해야 한다. 연봉은 246만 달러.

SHOT ZONE

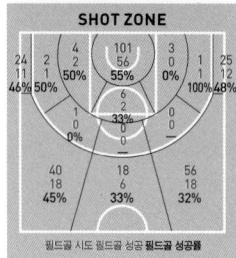

	5	
3 3		2 1
76	필드골 281 시도 187	45

● 점프슛, 풀업 점퍼 ● 레이업, 핑거롤 ● 페이드어웨이 ● 덩크, 앨리웁 ● 훅슛 ● 팁슛 ● 뱅크슛

필드골 127 성공 76

DEFENSE PER GAME			REBOUNDS PER GAME		
림에서의 거리	DFG	DFG%	림에서의 거리	CR	UCR
3점슛	1.1	32.9%	0~0.9m	0.4	0.3
2점슛	3.4	57.3%	0.9~1.8m	0.5	1.2
0~1.8m	2.4	64.0%	1.8~3.0m	0.2	0.6
0~3.0m	2.8	57.6%	3.0m 이상	0.1	0.5
4.5m 이상	1.3	34.6%			

필드골 시도 필드골 성공 필드골 성공률

2023-24 마이애미 46경기 평균 19.5분					
항목	PTS	RB	AS	ST	BL
경기 평균	7.7	4.2	2.0	0.5	0.3
36분 기준	14.1	7.7	3.6	1.0	0.6

항목	TS	MS	3PS	FT	LU	DK	ID	OD	ST	BL
평점	A-	C-	B-	B-	C	D-	D-	C-	C-	C+
항목	ORB	DRB	PS	BH	BQ	SP	PO	ED	HS	OG
평점	D-	C+	D+	C-	C	D+	D-	B	C-	C+

F 24 Haywood HIGHSMITH — PF-SF

헤이우드 하이스미스 · 1996.12.09 / 196cm

NBA 드래프트 : 2018년 미지명
미국
NBA 우승 : 0회 / 파이널 MVP : 0회
시즌 MVP : 0회 / NBA 퍼스트팀 : 0회

평균 20분 안팎 출전하는 백업 콤보 포워드. 그에게는 "Limited Offensively"라는 수식어가 따라붙는다. 제한된 출전시간 속에 득점력이 높지 않고, 슈팅 기술도 단순한 편이기 때문이다. 덩크, 레이업 등 림어택과 아크라인 외곽에서의 장거리포(3점슛)가 득점의 대부분을 이룬다. 프로 통산 성공률 54%에 불과한 자유투도 약점이다. 대신, 퍼리미터 1대1 수비, 가로채기, 팀 디펜스 응용 등 전체적인 수비력에서 높은 평가를 받는다. 연봉은 520만 달러.

SHOT ZONE

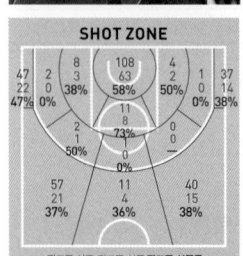

	13 4	
18		2 1
60	필드골 329 시도 226	16 33

● 점프슛, 풀업 점퍼 ● 레이업, 핑거롤 ● 페이드어웨이 ● 덩크, 앨리웁 ● 훅슛 ● 팁슛 ● 뱅크슛

필드골 153 성공 94

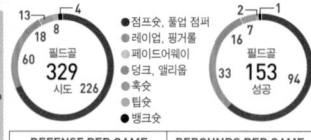

DEFENSE PER GAME			REBOUNDS PER GAME		
림에서의 거리	DFG	DFG%	림에서의 거리	CR	UCR
3점슛	1.3	35.8%	0~0.9m	0.3	0.1
2점슛	3.2	50.0%	0.9~1.8m	0.4	0.7
0~1.8m	1.8	57.3%	1.8~3.0m	0.2	0.5
0~3.0m	2.3	51.4%	3.0m 이상	0.1	0.6
4.5m 이상	1.7	38.2%			

필드골 시도 필드골 성공 필드골 성공률

2023-24 마이애미 66경기 평균 20.7분					
항목	PTS	RB	AS	ST	BL
경기 평균	6.1	3.2	1.1	0.8	0.5
36분 기준	10.7	5.5	1.8	1.4	0.8

항목	TS	MS	3PS	FT	LU	DK	ID	OD	ST	BL
평점	A-	C-	B-	D	C-	C-	C-	C+	B	D
항목	ORB	DRB	PS	BH	BQ	SP	PO	ED	HS	OG
평점	D-	D-	D-	C-	C-	C-	D-	C-	D-	C

F 11 Jaime JAQUEZ JR. — SF-PF

하이메 하케스 Jr. · 2001.02.18 / 198cm

NBA 드래프트 : 2023년 1라운드 18번
미국
NBA 우승 : 0회 / 파이널 MVP : 0회
시즌 MVP : 0회 / NBA 퍼스트팀 : 0회

멕시코 아버지와 노르웨이 어머니 사이에 미국 캘리포니아주 어바인에서 태어났다. 지난 시즌 데뷔하자마자 뛰어난 활약을 펼쳐 부상으로 초토화됐던 소속팀에서 돋보이는 존재였다. 이제 프로 2년 차지만, 플레이는 10년 차 베테랑처럼 보인다. 운동 능력보다는 좋은 BQ와 팀 플레이로 승리를 이끄는 스타일이다. 볼 핸들링, 플레이메이킹이 우수하고, 강력한 덩크와 부드러운 레이업, 좌우 코너에서 터뜨리는 3점슛으로 승부를 본다. 연봉은 369만 달러.

SHOT ZONE

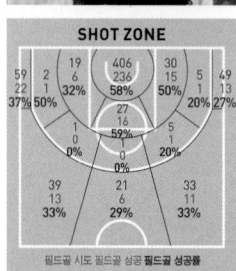

	40 27	
32		9 1
33	필드골 697 시도 268	27 14 / 97

● 점프슛, 풀업 점퍼 ● 레이업, 핑거롤 ● 페이드어웨이 ● 덩크, 앨리웁 ● 훅슛 ● 팁슛 ● 뱅크슛

필드골 341 성공 158

DEFENSE PER GAME			REBOUNDS PER GAME		
림에서의 거리	DFG	DFG%	림에서의 거리	CR	UCR
3점슛	1.8	35.1%	0~0.9m	0.3	0.3
2점슛	3.9	57.6%	0.9~1.8m	0.4	0.9
0~1.8m	2.4	63.1%	1.8~3.0m	0.3	0.6
0~3.0m	2.8	58.8%	3.0m 이상	0.1	0.8
4.5m 이상	2.3	38.5%			

필드골 시도 필드골 성공 필드골 성공률

2023-24 마이애미 75경기 평균 28.2분					
항목	PTS	RB	AS	ST	BL
경기 평균	11.9	3.8	2.6	1.0	0.3
36분 기준	15.1	4.9	3.3	1.3	0.3

항목	TS	MS	3PS	FT	LU	DK	ID	OD	ST	BL
평점	A-	B-	B+	B+	D+	C+	D	C+	C+	D
항목	OR3	DR3	PS	BH	BQ	SP	PO	ED	HS	OG
평점	D-	C-	C-	C+	D+	D+	B+	A-	C+	C+

DFG	DFG%	CR	UCR	TS	MS	3PS	FT	LU	DK	ID	OD	ST	BL	ORG	OR3	ORB	DRG	DR3	DRB	PS	BH	BQ	SP	PO	ED	HS	OG
필드골 허용	필드골 허용률	유경쟁 리바운드	무경쟁 리바운드	터프샷 성공률	중거리 슈팅	3점 슈팅	자유투 성공률	레이업 플로터	슬램 덩크	안쪽 수비	외곽 수비	스틸	블락	가드 공격RB	SF 공격RB	빅맨 공격RB	가드 수비RB	SF 수비RB	빅맨 수비RB	패스	볼 핸들링	농구 IQ	스피드 민첩성	파워	지구력	허슬 플레이	종합 평가

Thomas BRYANT — PF-C

F 31 토머스 브라이언트 1997.07.31 / 208cm

NBA 드래프트 : 2017년 2라운드 42번
NBA 우승 : 1회 | **파이널 MVP** : 0회
미국 시즌 MVP : 0회 | NBA 퍼스트팀 : 0회

평균 출전시간 11분 안팎의 '서드 유닛' 파워포워드. 제한된 출전시간 대비 득점력과 리바운드 능력은 상당히 우수하다. 픽&롤에서 롤맨을 담당한다. 덩크, 레이업, 짧은 거리 훅슛, 공격 리바운드 후의 풋백 등 득점의 대부분을 페인트존에서 올린다. 208cm의 좋은 체격에 타고난 본능이 그를 페인트존 스코어러로 만들었다. 물론, 외곽에서 3점포를 터뜨리기도 한다. 그러나 그 횟수는 제한적이다. 인사이드 1대1 수비는 부족한 편이다. 연봉은 209만 달러.

SHOT ZONE

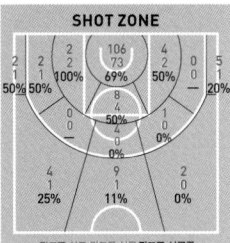

50%	50%	100%	69%	50%	—	20%

필드골 시도 필드골 성공 **필드골 성공률**

필드골 149 시도 — 점프슛, 풀업 점퍼 / 레이업, 핑거롤 / 페이드어웨이 / 덩크, 앨리웁 / 훅슛 / 팁슛 / 뱅크슛

필드골 86 성공

DEFENSE PER GAME			REBOUNDS PER GAME		
림에서의 거리	DFG	DFG%	림에서의 거리	CR	UCR
3점슛	0.3	33.3%	0~0.9m	0.5	0.5
2점슛	2.8	60.9%	0.9~1.8m	0.6	0.9
0~1.8m	2.0	65.2%	1.8~3.0m	0.2	0.2
0~3.0m	2.2	64.6%	3.0m 이상	0.1	0.1
4.5m 이상	0.6	35.5%			

2023-24 마이애미 38경기 평균 11.6분					
항목	PTS	RB	AS	ST	BL
경기 평균	5.7	3.7	0.6	0.3	0.4
36분 기준	17.7	11.5	1.9	0.8	1.3

항목 평점	TS	MS	3PS	FT	LU	DK	ID	OD	ST	BL
	A-	D+	D	B-	C-	C	D	D-	D	C
항목 평점	ORB	DRB	PS	BH	BQ	SP	PO	ED	HS	OG
	C-	B+	D	D-	D-	B-	B+	A		C

Pelle LARSSON — SF-SG

F 9 펠러 라르손 2001.02.23 / 196cm

NBA 드래프트 : 2024년 2라운드 44번
NBA 우승 : 0회 | **파이널 MVP** : 0회
스웨덴 시즌 MVP : 0회 | NBA 퍼스트팀 : 0회

스웨덴 나카 출생의 3&D 플레이어. 애리조나대를 졸업하고 2024 드래프트를 신청했다. 2라운드 44번으로 휴스턴에 지명됐고, 곧바로 마이애미로 트레이드됐다. 대학 시절 세컨더리 볼 핸들러로서 탁월한 역량을 발휘했다. 공격을 쉽게 하도록 만들고, 득점 기회를 창출해냈다. 픽&롤, 스페이싱 등 팀플레이를 이끌었다. 이타적(利他的)인 선수다. 레이업과 플로터로 림을 직접 공략하고, 코너, 윙에서 터지는 3점슛으로 승부를 본다. 연봉은 116만 달러.

SHOT ZONE

2024-25시즌 신인 선수

필드골 0 시도 — 점프슛, 풀업 점퍼 / 레이업, 핑거롤 / 페이드어웨이 / 덩크, 앨리웁 / 훅슛 / 팁슛 / 뱅크슛

필드골 0 성공

DEFENSE PER GAME			REBOUNDS PER GAME		
림에서의 거리	DFG	DFG%	림에서의 거리	CR	UCR
3점슛	—	—	0~0.9m	—	—
2점슛	—	—	0.9~1.8m	—	—
0~1.8m	—	—	1.8~3.0m	—	—
0~3.0m	—	—	3.0m 이상	—	—
4.5m 이상	—	—			

2023-24시즌 기록 없음					
항목	PTS	RB	AS	ST	BL
경기 평균	—	—	—	—	—
36분 기준	—	—	—	—	—

항목 평점	TS	MS	3PS	FT	LU	DK	ID	OD	ST	BL
항목 평점	OR	DR	PS	BH	BQ	SP	PO	ED	HS	OG

Bam ADEBAYO — C-PF

C 13 뱀 아데바요 1997.07.18 / 206cm

NBA 드래프트 : 2017년 1라운드 14번
NBA 우승 : 0회 | **파이널 MVP** : 0회
미국 시즌 MVP : 0회 | NBA 퍼스트팀 : 0회

BQ가 정말 좋은 빅맨. 항상 적재적소에 나타나 정말 효율적으로 공격과 수비를 이끈다. 코트비전이 우수해 늘 오픈된 슈터를 찾아낸다. 인사이드 1대1 수비는 리그 정상급이고, 페리미터 1대1 수비도 안정적이다. 운동 능력이 뛰어나 1번~5번을 다 마크할 수 있다. 리스트릭트존에서 엄청난 위력의 슬램덩크를 꽂아 넣는다. 레이업, 핑거롤, 풋백, 가까운 거리 훅슛도 레퍼토리 중 하나다. 터프샷 성공률은 리그 최고 수준이다. 시즌 연봉은 3485만 달러.

SHOT ZONE

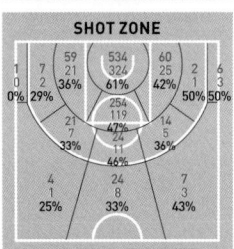

0%	29%	36%	61%	42%	50%	50%
	33%		47%			36%
		46%				
25%		33%				43%

필드골 시도 필드골 성공 **필드골 성공률**

필드골 1017 시도 — 점프슛, 풀업 점퍼 / 레이업, 핑거롤 / 페이드어웨이 / 덩크, 앨리웁 / 훅슛 / 팁슛 / 뱅크슛

필드골 530 성공

DEFENSE PER GAME			REBOUNDS PER GAME		
림에서의 거리	DFG	DFG%	림에서의 거리	CR	UCR
3점슛	1.5	33.0%	0~0.9m	1.3	1.0
2점슛	4.7	49.2%	0.9~1.8m	1.7	3.0
0~1.8m	2.8	58.0%	1.8~3.0m	0.4	1.6
0~3.0m	3.4	53.7%	3.0m 이상	0.2	0.8
4.5m 이상	2.2	35.6%			

2023-24 마이애미 71경기 평균 34.0분					
항목	PTS	RB	AS	ST	BL
경기 평균	19.3	10.4	3.9	1.1	0.9
36분 기준	20.4	11.0	4.1	1.2	1.0

항목 평점	TS	MS	3PS	FT	LU	DK	ID	OD	ST	BL
	A+	C-	C-	B-	B-	A	B-	A-	C+	C+
항목 평점	ORB	DRB	PS	BH	BQ	SP	PO	ED	HS	OG
	D	B+	C-	D+	A	B-	A	A-	A	B-

Kevin LOVE — C

C 42 케빈 러브 1988.09.07 / 203cm

NBA 드래프트 : 2008년 1라운드 5번
NBA 우승 : 1회 | **파이널 MVP** : 0회
미국 시즌 MVP : 0회 | NBA 퍼스트팀 : 0회

프로 17년 차. 이제 미네소타, 클리블랜드 시절의 폭발력을 더는 볼 수 없다. 그러나 백업 파워포워드로 제한된 시간, 나름 쏠쏠한 활약을 보였다. 현대 NBA에 최적화된 '스트레치 4'의 모습이었다. 외곽 팀플레이에서 이어지는 캐치&슛 3점포는 러브의 가장 큰 무기. 로포스트 레이업과 짧은 거리 훅슛도 레퍼토리 중 하나. 수비 리바운드와 허슬 플레이는 여전히 좋다. 그러나 인사이드 1대1 수비, 블락 능력은 많이 떨어졌다. 연봉은 385만 달러.

SHOT ZONE

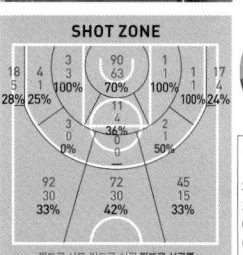

28%	25%	100%	70%	100%	100%	24%
		36%				
		0%			50%	
33%		42%				33%

필드골 시도 필드골 성공 **필드골 성공률**

필드골 359 시도 — 점프슛, 풀업 점퍼 / 레이업, 핑거롤 / 페이드어웨이 / 덩크, 앨리웁 / 훅슛 / 팁슛 / 뱅크슛

필드골 158 성공

DEFENSE PER GAME			REBOUNDS PER GAME		
림에서의 거리	DFG	DFG%	림에서의 거리	CR	UCR
3점슛	0.4	26.9%	0~0.9m	1.1	1.0
2점슛	2.9	51.6%	0.9~1.8m	1.0	1.8
0~1.8m	2.0	61.8%	1.8~3.0m	0.2	0.5
0~3.0m	2.3	56.1%	3.0m 이상	0.1	0.3
4.5m 이상	0.5	29.6%			

2023-24 마이애미 55경기 평균 16.8분					
항목	PTS	RB	AS	ST	BL
경기 평균	8.8	6.1	2.1	0.3	0.2
36분 기준	18.9	13.2	4.5	0.7	0.4

항목 평점	TS	MS	3PS	FT	LU	DK	ID	OD	ST	BL
	A	C-	B-	B-	C-	C-	D+	D-	D-	D-
항목 평점	ORB	DRB	PS	BH	BQ	SP	PO	ED	HS	OG
	D-	A	D-	D+	C	C	C	C	C	C

DEFENSE pg		REBOUNDS pg		항목 & 평점																											
DFG	DFG%	CR	UCR	TS	MS	3PS	FT	LU	DK	ID	OD	ST	BL	ORG	OR3	ORB	DRG	DR3	DRB	PS	BH	BQ	SP	PO	ED	HS	OG
필드골 허용	필드골 허용률	유경쟁 리바운드	무경쟁 리바운드	터프샷 성공률	중거리 수팅	3점 수팅	자유투 성공률	레이업 플로터	슬램 덩크	안쪽 수비	외곽 수비	스틸	블락	가드 공격RB	SF 공격RB	빅맨 공격RB	가드 수비RB	SF 수비RB	빅맨 수비RB	패스	볼 핸들링	농구 IQ	스피드 민첩성	파워	지구력	허슬 플레이	종합 평가

Kel'el WARE — C

C 7 / 커릴 웨어 / 2004.04.20 / 213cm

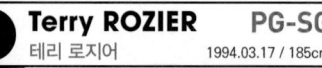

미국 · NBA 드래프트 : 2024년 1라운드 15번
NBA 우승 : 0회 / 파이널 MVP : 0회
시즌 MVP : 0회 / NBA 퍼스트팀 : 0회

인디애나대 2학년을 마치고 2024 NBA 드래프트를 신청했다. 마이애미에 1라운드 15번으로 지명됐다. 키가 크고, 운동 능력이 뛰어나 림 프로텍터로서 가치가 크다. 안정된 매커니즘과 부드러운 숏터치에서 나오는 3점슛은 강력한 무기다. 지난 시즌 NCAA에서 성공률 42.5%를 기록했다. 림어택도 위력적이고, 빅맨치고는 볼 핸들링이 괜찮은 편이다. 만약 출전 시간만 어느정도 보장된다면 평균 더블-더블도 충분히 가능한 선수다. 연봉은 466만 달러.

SHOT ZONE

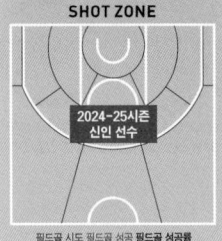

2024-25시즌 신인 선수

필드골 시도 필드골 성공 **필드골 성공률**

- ● 점프슛, 풀업 점퍼
- ● 레이업, 핑거롤
- ● 페이드어웨이
- ● 덩크, 앨리웁
- ● 훅슛
- ● 팁슛
- ● 뱅크슛

필드골 시도 **0** / 필드골 성공 **0**

DEFENSE PER GAME			REBOUNDS PER GAME		
림에서의 거리	DFG	DFG%	림에서의 거리	CR	UCR
3점슛	—	—	0~0.9m	—	—
2점슛	—	—	0.9~1.8m	—	—
0~1.8m	—	—	1.8~3.0m	—	—
0~3.0m	—	—	3.0m 이상	—	—
4.5m 이상	—	—			

2023-24시즌 기록 없음

항목	PTS	RB	AS	ST	BL
경기 평균	—	—	—	—	—
36분 기준	—	—	—	—	—

항목 평점	TS	MS	3PS	FT	LU	DK	ID	OD	ST	BL
항목 평점	OR	DR	PS	BH	BQ	SP	PO	ED	HS	OG

Terry ROZIER — PG-SG

G 2 / 테리 로지어 / 1994.03.17 / 185cm

미국 · NBA 드래프트 : 2015년 1라운드 16번
NBA 우승 : 0회 / 파이널 MVP : 0회
시즌 MVP : 0회 / NBA 퍼스트팀 : 0회

공격형 콤보 가드. 지난 시즌 왼쪽 사타구니 염좌, 오른 무릎 통증, 목 경련 등 '잔 부상'이 겹치며 21경기에 결장했다. 올 시즌, 건강에 더 신경을 써야 한다. 로지어는 풀업 점퍼, 스텝백 점퍼, 페이드어웨이 점퍼 등 고난이도 중장거리 슈팅을 성공시킨다. 림 근처에서는 드라이빙 혹은 러닝에서 이어지는 레이업, 플로터, 핑거롤로 마무리한다. 주전 PG로 볼 핸들링이 화려하고, 패스가 정확하다. 퍼리미터 1대1 수비, 스틸도 OK. 연봉 2492만 달러.

SHOT ZONE

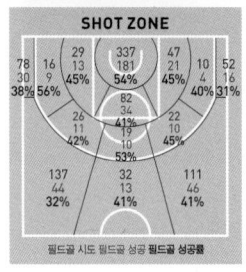

필드골 시도 필드골 성공 **필드골 성공률**

```
      2↘  27
   29↗ 7
78  16  13    337  47
30  15  18    21  10  12
38% 56%  45%   54%  45%  40% 31%
           82
           34
        26  41%
        14  51%
        42% 19  10
           10  45%
           53%
   137      32    111
   44       13    46
   32%      41%   41%
```

- ● 점프슛, 풀업 점퍼
- ● 레이업, 핑거롤
- ● 페이드어웨이
- ● 덩크, 앨리웁
- ● 훅슛
- ● 팁슛
- ● 뱅크슛

필드골 시도 **998** 681 / 필드골 성공 **442** 272
(2↘14 / 13↗3 / 135)

DEFENSE PER GAME			REBOUNDS PER GAME		
림에서의 거리	DFG	DFG%	림에서의 거리	CR	UCR
3점슛	1.9	37.8%	0~0.9m	0.0	0.4
2점슛	4.5	57.8%	0.9~1.8m	0.1	0.9
0~1.8m	3.1	70.6%	1.8~3.0m	0.1	1.1
0~3.0m	3.5	63.6%	3.0m 이상	0.1	1.1
4.5m 이상	2.2	38.3%			

2023-24 샬럿+마이애미 61경기 평균 33.4분

항목	PTS	RB	AS	ST	BL
경기 평균	19.8	4.0	5.6	1.0	0.3
36분 기준	21.3	4.4	6.0	1.1	0.4

항목 평점	TS	MS	3PS	FT	LU	DK	ID	OD	ST	BL
	A-	A-	B-	B	B	C	D-	C+	C	D-
항목 평점	ORG	DRG	PS	BH	BQ	SP	PO	ED	HS	OG
	D-	D+	B	B+	B	B-	D-	A+	A-	D-

Tyler HERRO — SG

G 14 / 타일러 헤로 / 2000.01.20 / 196cm

미국 · NBA 드래프트 : 2019년 1라운드 13번
NBA 우승 : 0회 / 파이널 MVP : 0회
시즌 MVP : 0회 / NBA 퍼스트팀 : 0회

마이애미 '미래의 에이스' 후보. 오른 발목, 오른 중족골 부상으로 39경기 결장했다. 그는 지난 시즌 평균 20.8점-5.3RB-4.5AS를 찍었다. 다양한 슈팅 기술로 코트 전 지역에서 득점을 올릴 수 있다. 페인트존의 플로터, 미드레인지와 3점 라인 밖에서의 스팟-업 점퍼와 오프-더-드리블 점퍼도 폭발적이다. 슈팅가드 중 수비 리바운드를 가장 많이 걷어낸다. '엘리트 2번'이 되려면 향후 퍼리미터 수비와 팀 디펜스를 보강해야 한다. 연봉은 2900만 달러.

SHOT ZONE

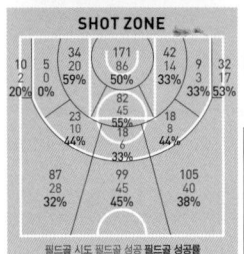

```
      6↘  18
   22↗ 3
10  5  34    171   42  9  32
2   4  20    86    14  14  17
20% 0% 59%   50%   33% 33% 53%
           82
           45
        23  55%
        10  18
        44% 6  44%
           33%
   87       99    105
   28       45    40
   32%      45%   38%
```

필드골 시도 필드골 성공 **필드골 성공률**

- ● 점프슛, 풀업 점퍼
- ● 레이업, 핑거롤
- ● 페이드어웨이
- ● 덩크, 앨리웁
- ● 훅슛
- ● 팁슛
- ● 뱅크슛

필드골 시도 **735** 573 / 필드골 성공 **324** 246
(6↘11 / 6↗4 / 56 / 111)

DEFENSE PER GAME			REBOUNDS PER GAME		
림에서의 거리	DFG	DFG%	림에서의 거리	CR	UCR
3점슛	1.8	32.9%	0~0.9m	0.0	0.7
2점슛	4.5	51.1%	0.9~1.8m	0.1	1.3
0~1.8m	3.0	60.3%	1.8~3.0m	0.1	1.5
0~3.0m	3.7	55.6%	3.0m 이상	0.1	1.2
4.5m 이상	2.2	33.7%			

2023-24 마이애미 42경기 평균 33.5분

항목	PTS	RB	AS	ST	BL
경기 평균	20.8	5.3	4.5	0.7	0.1
36분 기준	22.4	5.7	4.8	0.8	0.1

항목 평점	TS	MS	3PS	FT	LU	DK	ID	OD	ST	BL
	A-	A-	B-	B-	B+	C	D	D+	D-	D-
항목 평점	ORG	DRG	PS	BH	BQ	SP	PO	ED	HS	OG
	D-	A	C+	B-	B	C+	D-	B	C	B

Duncan ROBINSON — SF-SG

G 55 / 던컨 로빈슨 / 1994.04.22 / 201cm

미국 · NBA 드래프트 : 2018년 미지명
NBA 우승 : 0회 / 파이널 MVP : 0회
시즌 MVP : 0회 / NBA 퍼스트팀 : 0회

치명적인 3점 슈터. 평균 2.8회 3점슛을 넣으며 성공률 39.5%를 기록했다. 203cm의 큰 키라 타점이 높은 데다 한 템포 빨리 릴리스 한다. 숏터치가 부드럽고, 스트로크가 안정적이다. 매치업 상대가 블락하기 대단히 어렵다. 일단 '던지고 보는' 슈터다. 이런 자신감과 적극성이 그를 '양궁 선수'로 만들었다. 그러나 스피드가 느려 발이 빠른 윙을 잡지 못해 '자동문'이 된다. 리바운드, 트랜지션 게임에서도 팀에 전혀 도움이 안 된다. 연봉은 1941만 달러.

SHOT ZONE

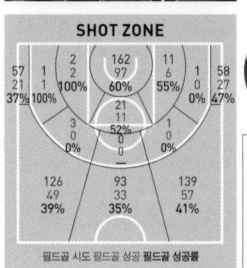

```
      3↘  15
   5↗ 2
57  1  2    162   11  1  58
21  1  1    97    5  4  9
37% 100% 100% 60%  55%  0% 47%
           21
           5
        3  52%
        0  0
        0% 0  0%
           0%
   126      93    139
   49       33    57
   39%      35%   41%
```

필드골 시도 필드골 성공 **필드골 성공률**

- ● 점프슛, 풀업 점퍼
- ● 레이업, 핑거롤
- ● 페이드어웨이
- ● 덩크, 앨리웁
- ● 훅슛
- ● 팁슛
- ● 뱅크슛

필드골 시도 **675** 532 / 필드골 성공 **304** 216
(3↘6 / 3↗2 / 75 / 113)

DEFENSE PER GAME			REBOUNDS PER GAME		
림에서의 거리	DFG	DFG%	림에서의 거리	CR	UCR
3점슛	1.1	33.8%	0~0.9m	0.0	0.2
2점슛	2.8	55.3%	0.9~1.8m	0.0	0.5
0~1.8m	2.0	63.4%	1.8~3.0m	0.1	0.6
0~3.0m	2.4	60.8%	3.0m 이상	0.1	0.6
4.5m 이상	1.3	33.6%			

2023-24 마이애미 68경기 평균 28.0분

항목	PTS	RB	AS	ST	BL
경기 평균	12.9	2.5	2.8	0.7	0.2
36분 기준	16.5	3.3	3.6	0.9	0.3

항목 평점	TS	MS	3PS	FT	LU	DK	ID	OD	ST	BL
	B+	B-	B	B-	C-	C-	D-	D-	D+	D-
항목 평점	ORG	DRG	PS	BH	BQ	SP	PO	ED	HS	OG
	D-	D-	C-	D-	D-	D-	D-	B-	C	C

DEFENSE pg		REBOUNDS pg		항목 & 평점																								
DFG	DFG%	CR	UCR	TS	MS	3PS	FT	LU	DK	ID	OD	ST	BL	ORG	OR3	ORB	DRG	DR3	DRB	PS	BH	BQ	SP	PO	ED	HS	OG
필드골 허용	필드골 허용률	유경쟁 리바운드	무경쟁 리바운드	터프샷 성공률	중거리 성공률	3점 성공률	자유투 성공률	레이업 플로터	덩크	안쪽 수비	외곽 수비	스틸	블락	가드 공격RB	SF 공격RB	빅맨 공격RB	가드 수비RB	SF 수비RB	빅맨 수비RB	패스	볼 핸들링	농구 IQ	스피드 민첩성	파워	지구력	허슬 플레이	종합 평가

G 0 Josh RICHARDSON SG-SF
조시 리차드슨 1993.09.15 / 196cm

미국

NBA 드래프트: 2015년 2라운드 40번
NBA 우승: 0회 / 파이널 MVP: 0회
시즌 MVP: 0회 / NBA 퍼스트팀: 0회

부상이 발목을 잡았다. 지난 시즌 오른 어깨 탈골로 28경기, 기타 잔 부상으로 11경기 등 총 39경기에 결장했다. 리차드슨은 196cm의 키에 윙스팬이 긴 스윙맨이다. 오프-볼 상황에서는 정확한 스팟-업 3점 슈터다. 온-볼 상황에서는 픽&롤로 기회를 만들거나 과감하게 파고들어 림을 공략한다. 미드레인지 풀업 점퍼도 OK. 페리미터 수비수로서 좋은 평가를 받지만, 가끔 치명적인 실수를 범한다. 리바운드와 스틸은 하위권이다. 연봉은 305만 달러.

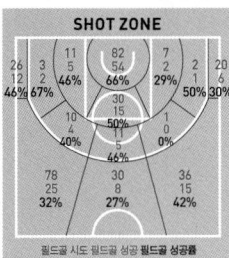

SHOT ZONE

11	82	7
82	54	2
46%	66%	29%

필드골 347 시도 260

필드골 154 성공 96

DEFENSE PER GAME			REBOUNDS PER GAME		
림에서의 거리	DFG	DFG%	림에서의 거리	CR	UCR
3점슛	1.9	41.1%	0~0.9m	0.3	0.5
2점슛	3.2	55.8%	0.9~1.8m	0.3	0.5
0~1.8m	2.0	64.4%	1.8~3.0m	0.1	0.7
0~3.0m	2.6	60.7%	3.0m 이상	0.1	0.7
4.5m 이상	2.0	40.4%			

2023-24 마이애미 43경기 평균 25.7분

항목	PTS	RB	AS	ST	BL
경기 평균	9.9	2.8	2.4	0.6	0.3
36분 기준	13.9	3.9	3.4	0.8	0.5

항목 평점	TS	MS	3PS	FT	LU	DK	ID	OD	ST	BL
	A	B-	C+	A-	C	C+	D+	B-	D	D-
항목 평점	ORG	DRG	PS	BH	BQ	SP	PO	ED	HS	OG
	D-	D-	D+	C+	C+	B-	C	B-	A-	C

G 18 ALEC BURKS SG-SF
알렉 벅스 1991.07.20 / 196cm

미국

NBA 드래프트: 2011년 1라운드 12번
NBA 우승: 0회 / 파이널 MVP: 0회
시즌 MVP: 0회 / NBA 퍼스트팀: 0회

프로 14년 차 베테랑 스윙맨. 지난 시즌, 디트로이트에서 43경기, 뉴욕에서 23경기씩 출전했고, 시즌 종료 후 마이애미로 이적했다. 올 시즌 '서드 유닛' 일원으로 주전 가드들의 휴식 시간을 커버할 것이다. 벅스는 동료의 세팅 없이 오프-더-드리블로 3점슛을 과감하게 던진다. 통산 자유투 성공률도 리그에서 상위권에 속한다. 화려하지는 않지만 나름대로 안정적인 볼 핸들링을 한다. 페리미터 1대1 수비는 비교적 좋은 편이다. 연봉은 209만 달러.

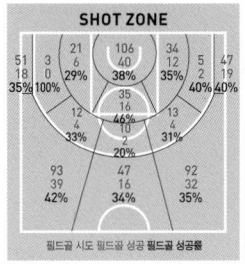

SHOT ZONE

필드골 569 시도 457

필드골 210 성공 165

DEFENSE PER GAME			REBOUNDS PER GAME		
림에서의 거리	DFG	DFG%	림에서의 거리	CR	UCR
3점슛	0.8	40.9%	0~0.9m	0.2	0.5
2점슛	2.1	51.0%	0.9~1.8m	0.2	0.6
0~1.8m	1.4	54.2%	1.8~3.0m	0.1	0.5
0~3.0m	1.6	50.2%	3.0m 이상	0.1	0.5
4.5m 이상	1.0	42.0%			

2023-24 디트로이트+뉴욕 66경기 평균 18.4분

항목	PTS	RB	AS	ST	BL
경기 평균	10.4	2.3	1.3	0.4	0.2
36분 기준	20.5	4.5	2.6	0.8	0.4

항목 평점	TS	MS	3PS	FT	LU	DK	ID	OD	ST	BL
	C+	B-	B	A-	B	D+	D-	C	D	D-
항목 평점	ORG	DRG	PS	BH	BQ	SP	PO	ED	HS	OG
	D-	D+	C-	C+	C+	D-	B+	C-	C+	

G 8 Josh CHRISTOPHER SG
조시 크리스토퍼 2001.12.08 / 193cm

미국

NBA 드래프트: 2021년 1라운드 24번
NBA 우승: 0회 / 파이널 MVP: 0회
시즌 MVP: 0회 / NBA 퍼스트팀: 0회

2021년 NBA 드래프트에서 휴스턴 로키츠에 1라운드 24번으로 지명된 유망주였다. 그러나 2년간 주로 '서드 유닛' 일원으로 경기에 출전했다. 평균 15.4분 뛰며 6.9점 1.9리바운드 1.6어시스트를 기록하는 데 그쳤다. 지난 시즌엔 G리그 수폴스 스카이포스에서만 촬영했다. 올여름 마이애미로 트레이드됐고, 구단과 투웨이 계약을 맺었다. 캐치&슛보다 오프-더-드리블 점퍼를 더 선호한다. 안정된 볼 핸들러로 픽&롤을 잘 세팅한다. 연봉은 435만 달러.

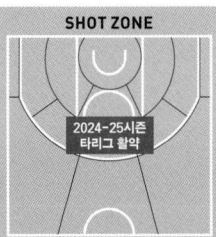

SHOT ZONE

2024-25시즌
타리그 활약

필드골 0 시도

필드골 0 성공

DEFENSE PER GAME			REBOUNDS PER GAME		
림에서의 거리	DFG	DFG%	림에서의 거리	CR	UCR
3점슛			0~0.9m		
2점슛			0.9~1.8m		
0~1.8m			1.8~3.0m		
0~3.0m			3.0m 이상		
4.5m 이상					

2023-24시즌 기록 없음

항목	PTS	RB	AS	ST	BL
경기 평균	—	—	—	—	—
36분 기준	—	—	—	—	—

항목 평점	TS	MS	3PS	FT	LU	DK	ID	OD	ST	BL
항목 평점	ORG	DRG	PS	BH	BQ	SP	PO	ED	HS	OG

MIAMI HEAT
2024-25 REGULAR SEASON SCHEDULE

OCTOBER, 2024
Oct. 24 vs. Orlando
Oct. 27 @ Charlotte
Oct. 29 @ Detroit
Oct. 31 vs. New York

NOVEMBER, 2024
Nov. 3 @ Washington
Nov. 5 vs. Sacramento
Nov. 7 @ Phoenix
Nov. 9 @ Denver
Nov. 11 @ Minnesota
Nov. 13 @ Detroit
Nov. 16 vs. Indiana
Nov. 18 vs. Indiana
Nov. 19 vs. Philadelphia
Nov. 25 vs. Dallas
Nov. 27 vs. Milwaukee
Nov. 28 @ Charlotte
Nov. 30 vs. Toronto

DECEMBER, 2024
Dec. 2 @ Toronto
Dec. 3 @ Boston
Dec. 5 vs. LA Lakers
Dec. 9 vs. Phoenix
Dec. 9 @ Cleveland
Dec. 21 @ Oklahoma City
Dec. 22 @ Orlando
Dec. 24 vs. Brooklyn
Dec. 27 @ Orlando
Dec. 29 @ Atlanta
Dec. 30 @ Houston

JANUARY, 2025
Jan. 2 vs. New Orleans
Jan. 3 vs. Indiana
Jan. 5 vs. Utah
Jan. 7 @ Sacramento
Jan. 8 @ Golden State
Jan. 10 @ Utah
Jan. 12 @ Portland
Jan. 14 @ LA Clippers
Jan. 16 @ LA Lakers
Jan. 18 vs. Denver
Jan. 20 vs. San Antonio
Jan. 22 vs. Portland
Jan. 24 @ Milwaukee
Jan. 26 @ Brooklyn
Jan. 28 vs. Orlando
Jan. 30 vs. Cleveland

FEBRUARY, 2025
Feb. 2 @ San Antonio
Feb. 5 @ Chicago
Feb. 6 @ Philadelphia
Feb. 8 @ Brooklyn
Feb. 11 @ Boston
Feb. 13 @ Oklahoma City
Feb. 14 @ Dallas
Feb. 22 @ Toronto
Feb. 24 @ Milwaukee
Feb. 25 @ Atlanta
Feb. 27 vs. Atlanta

MARCH, 2025
Mar. 1 vs. Indiana
Mar. 3 vs. New York
Mar. 4 @ Washington
Mar. 6 @ Cleveland
Mar. 8 @ Minnesota
Mar. 9 @ Chicago
Mar. 11 vs. Charlotte
Mar. 13 vs. LA Clippers
Mar. 15 vs. Boston
Mar. 16 @ Memphis
Mar. 18 @ New York
Mar. 20 vs. Detroit
Mar. 22 vs. Houston
Mar. 24 vs. Charlotte
Mar. 26 vs. Golden State
Mar. 28 @ Atlanta
Mar. 30 @ Philadelphia

APRIL, 2025
Apr. 1 @ Washington
Apr. 3 @ Boston
Apr. 6 vs. Memphis
Apr. 8 vs. Philadelphia
Apr. 10 @ Chicago
Apr. 12 vs. New Orleans
Apr. 14 vs. Washington

ORLANDO MAGIC

妙年才格 · 가장 젊고 역동적인 팀

뜻풀이 젊은 나이에 재주와 품격이 우수함. 올랜도는 평균연령 24.6세로 NBA에서 두 번째로 젊은 팀이다. 재능 있는 '젊은 피'들이 올 시즌 사고를 칠 기세다.

*통계는 2024년 10월 1일 기준

'명장'과 '마법사', 환상의 콜라보

22승→34승→47승. 자말 모슬리 감독이 지휘봉을 잡고, 반케로가 데뷔한 뒤 올랜도의 승률이 수직상승 했다. 가장 희망적인 부분은 코어와 지향점이 확실해졌다는 점이다. 반케로, 바그너, 석스 등이 중심이 된 올랜도는 보통의 젊은 팀과 달리 전투적인 수비로 승부수를 던졌고, 이것이 적중했다. NBA에서 실점이 3번째로 적었고, 3점슛도 11.5개만 허용했다. 반케로의 역할이 컸다. 반케로는 팀에서 득점, 리바운드, 어시스트를 모두 리드한 역대 최연소 선수가 되기도 했다.

콜드웰-포프 획득, 오프시즌 승자

지난 시즌 올랜도는 11명이 경력 3년 아래였고, 9명이 24세 이하였다. 젊은데도 정신 무장이 잘 된 팀이었다. 1년이 지났지만, 팀은 여전히 젊다. 그런 면에서 올랜도는 비시즌에 젊은 팀의 아쉬운 부분을 보강하는 데 집중했다. 이 팀은 공격이 아쉬웠다. 3점슛은 35.2%로 24위, 슛에 소질이 없는 게 아닌가 싶을 정도로, 승부처에서 슛이 안 터져 고개를 떨어뜨린 적이 많다. 그런 면에서 챔피언을 경험한 켄타비우스 콜드웰-포프를 FA로 잡은 건 큰 힘이 될 전망이다.

"이제는 우리가 승리해야 할 시간"

올랜도는 5할 이상 승률 팀을 상대로 19승 28패에 그쳤다. 노련미로 무장한 강팀들을 상대하기에는 아직 부족했다는 의미. 레벨을 더 끌어올려야 한다. 그런 면에서 여름의 보강은 젊은 핵심을 더 단단하게 만들어줄 것으로 기대된다. 가장 중요한 건 가드진의 성장이다. 석스가 앞장선 수비는 이미 리그 정상급이다. 그러나 플레이오프를 포함, 중요한 무대에서는 폭발적이지 못했다. 따라서 반케로와 함께 강팀을 상대로도 잘 해내기 위해서는 석스의 역할이 중요할 것이다.

CLUB INFORMATION

Founded 구단 창립 1989년	**Owner** RDV 스포츠 댄 디보스	**CEO** 제프 월트먼	**Head Coach** 자말 모슬리 1978.10.06	**24-25 Odds** 벳365 : 50배 윌리엄힐 : 50배

Nationality 미국 선수 9명 외국 선수 6명	**Age** 15명 평균 24.6세	**Height** 15명 평균 201.7cm	**Weight** 15명 평균 100.1kg	**Salary** 15명 평균 980만 달러

Win 2023-24 : 47승 통산 : 1315승	**Loss** 2023-24 : 35패 통산 : 1488패	**Winning%** 2023-24 : 57.3% 통산 : 46.9%	**Play-Off** PO 진출 : 17회 PO 탈락 : 19회	**Titles** NBA우승 : 0회 컨퍼런스 : 2회

Top Scorer 파울로 반케로 평균 22.6점	**More Rebounds** 웬델 카터+1명 평균 6.9RB	**More Assists** 파울로 반케로 평균 5.4AS	**More Steals** 제일런 석스 평균 1.4스틸	**More Blocks** 고가 비타제+1명 평균 1.2블록

*항목별 1위는 지난 시즌 올랜도 소속으로 42경기 이상 출전한 선수 중 선별

Association / Icon / Statement / City

HEAD COACH & STADIUM

Jamahl MOSLEY 자말 모슬리

생년월일 : 1978.10.06 / **출생지** : 미국 위스콘신주 밀워키
경력 : 2005~2010년 덴버 너기츠 코치 / 2010~2014년 클리블랜드 캐벌리어스 코치 / 2014~2021년 댈러스 매버릭스 코치 / 2021년~ 올랜도 매직 감독

캘리포니아 소재 란초 부에나 비스타고를 졸업하고, 1997년 콜로라도대에 입학했다. 대학 3학년 때인 1999-2000시즌에는 소속 컨퍼런스인 빅12의 올-써드팀에 뽑혔다. 졸업 후 드래프트를 신청했지만, 어느 팀에서도 지명받지 못했다. 결국, 2001년부터 5년간 페트롤레로스 살라망카, 비토리아 타이탄스, 발론세스토 레온, 코리헤이트, 삼성 썬더스 등 외국 리그에서 뛰었다. 현역 은퇴 후 2005년부터 2년간 덴버 너기츠 선수 육성 및 스카우트 팀에서 근무했고, 2007년 덴버 어시스턴트가 되면서 정식으로 지도자 생활을 시작했다. 2010년 클리블랜드 캐벌리어스, 2014년 댈러스 매버릭스에서 모두 어시스턴트를 지냈다. 덴버 어시스턴트 시절에는 팀이 3년 연속 50승+α를 거두도록 도왔고, 댈러스 어시스턴트 시절에는 소속팀이 4차례나 NBA 플레이오프에 오르도록 힘을 보탰다. 그리고 2021년 7월 11일, 올랜도 매직의 제14대 감독으로 부임했다.

KIA CENTER

구장 오픈 : 2010년 10월 1일
구장 증개축 : -
오너 : 올랜도시
수용인원 : 1만 8846명
건축비용 : 4억 8000만달러
(현재 가치) 6억 7900만달러

올랜도 최고의 스포츠, 엔터테인먼트 중심지다. 2023년 12월 20일, 기아 센터로 이름이 변경됐다. 이 아레나에는 새로운 실내외 간판이 들어섰고, 전기차 충전소가 설치되어 있으며, 기아가 생산한 다수 자동차들이 전시되어 있다. 자동차 애호가, 스포츠 및 음악 팬들이 즐길 수 있는 라운지인 기아 테라스도 자리한다. 매직 홈구장이 된 건 2010-11시즌부터.

0	2	7	2
NBA CHAMPIONS	CONFERENCE TITLES	DIVISION TITLES	RETIRED NUMBERS

NBA CHAMPIONSHIPS
NONE

CONFERENCE TITLES
1995, 2009

DIVISION TITLES
1995, 1996, 2008, 2009, 2010, 2019, 2024

RETIRED NUMBERS
6, 32

REGULAR SEASON RANKING LAST 10YEARS

14-15	15-16	16-17	17-18	18-19	19-20	20-21	21-22	22-23	23-24
26	20	26	26	14	18	28	29	25	12
25승 57패	35승 47패	29승 53패	25승 57패	42승 40패	33승 40패	21승 51패	22승 60패	34승 48패	47승 35패

TEAM POTENTIAL

75점

14위

하프코트 세트오펜스 7점
트랜지션 오펜스 7점
하프코트 세트디펜스 9점
트랜지션 디펜스 8점
리바운드 6점

선수층 8점
선수 경험치 7점
감독 리더십 8점
감독 전술 7점
프런트 8점

*각 항목은 10점 만점, 평점은 NBA 30팀 사이 상대평가

우승 ODDS	배당	순위
bet 365	50배	16위
Paddy Power	35배	10위
William Hill	50배	16위

OFFENSIVE STYLE
트랜지션 오펜스 ——————●———————— 하프코트 세트오펜스

DEFENSIVE STYLE
하이 프레스 ——————————————●—— 하프코트 디펜스

SQUAD & TACTICS

STARTERS

PF
P.반케로
35.0분, 22.63점
6.9RB, 5.4AS

C
W.카터 Jr.
25.6분, 11.0점
6.9RB, 1.7AS

SF
F.바그너
32.5분, 19.7점
5.3RB, 3.7AS

SG
K.콜드웰-포프
31.6분, 10.1점
2.4RB, 2.4AS

PG
J.석스
27.0분, 12.6점
3.1RB, 2.7AS

OFF THE BENCH

PG
A.블랙
16.9분, 4.6점
2.0RB, 1.3AS

SG
C.앤소니
22.4분, 11.6점
3.8RB, 2.9AS

SF
G.해리스
24.0분, 6.9점
1.7RB, 1.6AS

PF
J.아이작
15.8분, 6.8점
4.5RB, 0.5AS

C
M.바그너
17.7분, 10.9점
4.3RB, 1.2AS

G C.조셉
G C.휴스턴
F J.하워드
F T.다실바
C G.비타제

OFFENSE MECHANISM

공격은 고민이 많다. 3점슛 평균 11.0개는 리그 최하위. 자유투도 성공률이 하위권을 맴돈다. 이렇다 보니 클러치 구간에서 보일 수 있는 레퍼토리도 한계가 있다. 압도적인 수비로 위기를 벗어나고 하지만 슛이 필요할 때 안 터지다 보니 쉽게 갈 승부도 어렵게 간다. 콜드웰-포프의 가세는 고민 해소에 조금이나마 도움이 될 것이다. 또, 새 시즌에는 바그너와 석스가 더 적극적으로 공격에 가담할 필요가 있다. 반케로를 제외하면 경기 중 아이솔레이션을 반복해서 가져갈 자원이 없다. 바그너의 드라이브 마무리가 좀 더 정확해진다면 도움이 될 것이다. 한편 이 팀은 전체적으로 선수단이 학습이 잘 되어있다. 볼이 투입되면 적극적으로 움직이며 파생 효과를 노린다. 커트인 득점이 많았다.

DEFENSE MECHANISM

콜드웰-포프가 올랜도에 온 이유도 수비 때문이라 밝힐 정도로 선수단 모두가 감독 철학을 잘 이해하고 있다. 부상에서 돌아온 아이작은 감독의 밑그림을 채색해준 선수다. 안쪽으로 수비를 몰고, 반케로와 함께 터프샷을 유도했다. 외곽에서는 석스가 전투적인 수비를 앞세워 핸들러를 괴롭혔다. 상대 스타일에 따라 꺼내는 수비도 숙지가 잘 되어있다. 젊은 팀이지만, 수비에 나쁜 습관이 없고 토킹도 좋다. 덕분에 올랜도의 상대는 평균 14.4개의 실책을 기록했다. 리그에서 3번째로 많았다. 이어 올랜도는 상대 실책으로부터 16.6점(리그 2위)를 뽑아냈다. 리바운드는 모든 감독이 가장 부러워할 요소다. 골밑을 매우 전투적으로 사수한다. 지난 시즌 평균 4개 이상 잡은 선수가 6명이었다.

Player's Functions

Ball Handlers
J.석스
C.앤소니
F.바그너

Pull-Ups
P.반케로
C.앤소니
K.콜드웰-포프

Catch & Shoot
K.콜드웰-포프
F.바그너
J.석스

3 Pointers
K.콜드웰-포프
J.아이작
J.석스

Slam Dunkers
P.반케로
W.카터 Jr.
J.아이작

Free Throw
K.콜드웰-포프
F.바그너
C.앤소니

Rebounders
G.비타제
W.카터 Jr.
J.아이작

1-1 Defenders
K.콜드웰-포프
W.카터 Jr.

Ball Stealers
J.석스
J.아이작
G.해리스

Key Passes
C.앤소니
P.반케로
J.석스

Hustle Players
W.카터 Jr.
A.블랙
F.바그너

Rim Protectors
J.아이작
J.하워드
G.비타제

2023-24 SEASON PERFORMANCE

ORLANDO MAGIC vs. OPPONENTS PER GAME STATS

올랜도 vs 상대팀

득실점	필드골성공 F↑	필드골 FG%	3점슛성공 3↑	3점슛 % 3P%	자유투성공 ⊖	자유투 FT%	공격리바운드 OR	리바운드 RB	어시스트 A↑	스틸	블록	턴오버	파울
110.5 / 108.4	40.5 / 39.8	47.6% / 47.4%	11.0 / 11.5	35.2% / 35.8%	18.5 / 17.3	75.9% / 78.0%							
10.5 OR 8.9	42.3 RB 39.9	24.7 A↑ 23.9	8.2 🎭 8.1	5.2 🏀 4.6	14.7 ← 15.0	19.7 ◇ 20.9							

LINE-UP

* 올랜도는 지난 시즌 총 421개의 라인업을 가동시켰다. 그중 출전 시간이 가장 길었던 20개를 골라 게재했다.

5-MEN COMBINATION	MIN	PPG	RPG	APG
G. Harris - W. Carter Jr. - F. Wagner - J. Suggs - P. Banchero	300	33.5	12.1	7.5
M. Fultz - W. Carter Jr. - F. Wagner - J. Suggs - P. Banchero	280	33.9	13.6	8.1
G. Bitadze - F. Wagner - J. Suggs - P. Banchero - A. Black	274	30.2	11.9	6.7
G. Harris - J. Ingles - J. Isaac - M. Wagner - C. Anthony	102	13.2	5.2	3.2
G. Bitadze - C. Okeke - J. Suggs - P. Banchero - C. Houstan	101	27.1	12.6	5.4
J. Ingles - J. Isaac - M. Wagner - C. Anthony - A. Black	88	20.6	6.5	5.2
G. Harris - J. Isaac - F. Wagner - M. Wagner - F. Wagner	81	9.8	4.5	1.9
J. Ingles - M. Fultz - J. Isaac - M. Wagner - C. Anthony	80	13.2	5.8	3.5
J. Ingles - J. Isaac - M. Wagner - C. Anthony - F. Wagner	74	18.5	5.7	4.8
W. Carter Jr. - F. Wagner - J. Suggs - P. Banchero - A. Black	63	17.6	7.1	4.6
G. Harris - G. Bitadze - F. Wagner - P. Banchero - A. Black	55	11.3	4.8	1.8
G. Harris - J. Ingles - M. Wagner - C. Anthony - F. Wagner	54	12.9	4	3
G. Harris - M. Fultz - W. Carter Jr. - J. Suggs - P. Banchero	49	9.9	4.3	2.1
G. Harris - W. Carter Jr. - F. Wagner - P. Banchero - A. Black	47	13.2	6.2	2.5
G. Harris - G. Bitadze - F. Wagner - J. Suggs - P. Banchero	44	11	3.5	2.3
G. Harris - J. Isaac - F. Wagner - J. Suggs - P. Banchero	44	11.4	4.8	2.4
W. Carter Jr. - F. Wagner - J. Suggs - P. Banchero - C. Houstan	41	20	7	5.6
J. Ingles - G. Bitadze - J. Suggs - P. Banchero - A. Black	40	8.4	2.5	2.2
M. Wagner - C. Anthony - F. Wagner - J. Suggs - P. Banchero	38	4.4	2	1.2
G. Harris - J. Ingles - M. Wagner - C. Anthony - P. Banchero	37	4.3	1.5	1.1

PASS COMBINATIONS

→ 해당 선수가 경기당 동료로부터 패스 받은 횟수
→ 해당 선수가 경기당 동료들에게 패스 해준 횟수

받은	선수	해준
55.3 →	파올로 반케로	→ 49.8
42.8 →	프란츠 바그너	→ 36.5
32.8 →	제일런 석스	→ 32.3
34.7 →	콜 앤소니	→ 32.1
29.2 →	마켈 풀츠	→ 29.1
22.6 →	웬델 카터 Jr.	→ 26.9
20.5 →	조 잉글레스	→ 24.8
19.2 →	앤소니 블랙	→ 21.3
19.7 →	모리츠 바그너	→ 19.1
13.4 →	고가 비타제	→ 17.6
9.4 →	조너선 아이작	→ 15.3
15.9 →	게리 해리스	→ 13.6
8.2 →	추마 오케케	→ 9.8
10.3 →	트레블린 퀸	→ 8.3
8.1 →	케일럽 휴스턴	→ 7.7
4.6 →	애드미럴 쇼필드	→ 6.0
4.1 →	젯 하워드	→ 3.0
5.0 →	케본 해리스	→ 2.0

2023-24 RANKING

* 는 수치가 낮을수록 랭킹이 높아짐

올랜도	랭킹	GENERAL	상대팀*	랭킹
110.5	24위	득점 / 실점	108.4	4위
42.3	25위	리바운드	39.9	1위
24.7	28위	어시스트	23.9	1위
8.2	5위	스틸	8.1	23위
5.2	13위	블럭	4.6	7위

득점	랭킹	PLAYTYPE	실점*	랭킹
6.8	15위	아이솔레이션	7.4	21위
18.8	26위	트랜지션	21.6	16위
16.4	15위	픽&롤 볼핸들러	18.5	26위
8.0	9위	픽&롤 롤맨	7.0	9위
4.2	15위	포스트-업	4.5	15위
26.2	22위	스팟-업	23.4	2위
4.2	22위	핸드오프	5.3	19위
12.7	4위	커팅	—	—
2.5	26위	오프 스크린	3.3	4위
7.0	9위	풋백	6.3	9위
3.2	9위	기타	—	—

SHOT ZONE

구간별 슈팅 및 성공률

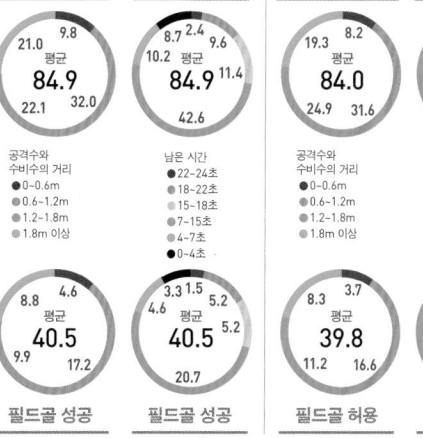

SHOT ZONE

374 135 37%	31 77 39%	202 1923 38%	3152 97 61%	275 15 35%
		405 180 44%		44 117 34% 323 36%
	70 22 31%	92 38 44%	125 51 41%	
750 266 36%		442 141 32%	662 241 36%	

필드골 시도 · 필드골 성공 · 필드골 성공률

항목	FGA	FGM	FG%	3PA	3PM	3P%
캐치&슛	24.8	9.3	37.5%	23.6	8.7	36.9%
풀업	18.5	6.6	35.5%	7.3	2.2	29.6%
3m 안쪽	41.1	24.5	59.6%	—	—	—
TOTAL	84.9	40.5	47.7%	31.3	11.0	35.2%

SHOT REPERTORIES

필드골 시도

평균 84.9
2.1 / 1.6 / 5.7 / 2.2 / 2.9 / 17.0 / 24.4 / 46.0

드리블과 슈팅 시도

평균 84.9 38.6
10.6 / 17.0 / 8.5 / 10.2

● 점프슛, 풀업 점퍼
● 레이업, 핑거롤
● 페이더어웨이
● 덩크, 앨리웁 덩크
● 훅슛
● 팁슛
● 뱅크슛

○ 0드리블 + 슈팅
● 1드리블 + 슈팅
● 2드리블 + 슈팅
● 3~6드리블 + 슈팅
● 7+ 드리블 + 슈팅

필드골 성공

평균 40.5
1.2 / 0.9 / 0.7 / 5.2 / 17.1 / 1.1 / 14.3

드리블과 슈팅 성공

평균 40.5 18.8
4.8 / 7.8 / 4.0 / 5.1

SHOOTING

필드골 시도

평균 84.9
21.0 / 9.8 / 22.1 / 32.0

공격수와 수비수의 거리
● 0-0.6m
● 0.6-1.2m
● 1.2-1.8m
● 1.8m 이상

필드골 시도

평균 84.9 11.4
8.7 / 2.4 / 9.6 / 10.2 / 42.6

남은 시간
● 22-24초
● 18-22초
● 15-18초
● 7-15초
● 4-7초
● 0-4초

필드골 성공

평균 40.5
8.8 / 4.6 / 9.9 / 17.2

필드골 성공

평균 40.5 5.2
3.3 / 1.5 / 4.6 / 5.2 / 20.7

OPPONENT SHOOTING

상대 필드골 시도

평균 84.0
19.3 / 8.2 / 24.9 / 31.6

공격수와 수비수의 거리
● 0-0.6m
● 0.6-1.2m
● 1.2-1.8m
● 1.8m 이상

상대 필드골 시도

평균 84.0 13.7
7.5 / 1.9 / 10.9 / 8.3 / 41.7

남은 시간
● 22-24초
● 18-22초
● 15-18초
● 7-15초
● 4-7초
● 0-4초

필드골 허용

평균 39.8
8.3 / 3.7 / 11.2 / 16.6

필드골 허용

평균 39.8 6.4
2.9 / 1.1 / 3.5 / 6.1 / 19.8

CONTESTED REBOUNDS

공격 리바운드

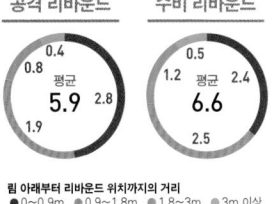

평균 5.9
0.4 / 0.8 / 2.8 / 1.9

수비 리바운드

평균 6.6
0.5 / 1.2 / 2.4 / 2.5

림 아래부터 리바운드 위치까지의 거리
● 0~0.9m ● 0.9~1.8m ● 1.8~3m ● 3m 이상

UNCONTESTED REBOUNDS

공격 리바운드

평균 4.4
0.6 / 2.2 / 0.8 / 0.8

수비 리바운드

평균 24.6
4.6 / 4.4 / 6.5 / 9.1

림 아래부터 리바운드 위치까지의 거리
● 0~0.9m ● 0.9~1.8m ● 1.8~3m ● 3m 이상

DEFENSE OF 47 WINS

필드골 허용 %

45.5%

3점슛 허용 %

32.9%

상대 필드골 시도 82.8
필드골 허용 37.6

상대 3점슛 시도 31.3
3점슛 허용 10.3

DEFENSE OF 35 LOSSES

필드골 허용 %

49.9%

3점슛 허용 %

39.6%

상대 필드골 시도 85.5
필드골 허용 42.7

상대 3점슛 시도 33.3
3점슛 허용 13.2

DEFENSE pg		REBOUNDS pg																		항목 & 평점											
DFG	DFG%	CR	UCR	TS	MS	3PS	FT	LU	DK	ID	OD	ST	BL	ORG	OR3	ORB	DRG	DR3	DRB	PS	BH	BQ	SP	PO	ED	HS	OG
필드골 허용	필드골 허용률	유효경쟁 리바운드	무경쟁 리바운드	터프샷 성공률	중거리 슈팅	3점 슈팅	자유투 성공률	레이업 플로터	슬램 덩크	안쪽 수비	외곽 수비	스틸	블락	가드 공격RB	SF 공격RB	빅맨 공격RB	가드 수비RB	SF 수비RB	빅맨 수비RB	패스	볼 핸들링	농구 IQ	스피드	파워 민첩성	지구력	허슬 플레이	종합 평가

Paolo BANCHERO — PF
F 5 파올로 반케로 2002.11.12 / 208cm

NBA 드래프트 : 2022년 1라운드 1번
미국 NBA 우승 : 0회 / 파이널 MVP : 0회
시즌 MVP : 0회 / NBA 퍼스트팀 : 0회

2022 드래프트 1순위답게 최고의 활약을 보였다. 뛰어난 득점력, 능숙한 슛 크리에이션을 지녀 공격효율이 높다. 또한, 중요한 순간 클러치 슛을 터뜨릴 만큼 심장도 강하다. 드라이빙에서 이어지는 레이업, 덩크, 플로터, 핑거롤로 림을 공략한다. 드리블 이후 헤지테이션 풀업 점퍼, 크로스오버 풀업 점퍼, 스텝백 점퍼 등 고난도 슛을 자유롭게 구사한다. BQ가 좋고, 퍼리미터 1대1 수비, 팀 디펜스 모두 수준급으로 평가받는다. 연봉은 1216만 달러.

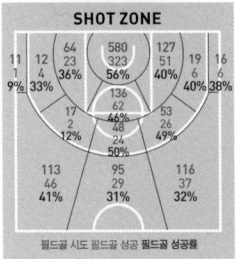

SHOT ZONE
필드골 1407 시도 741
필드골 640 성공 281

● 점프슛, 풀업 점퍼
● 레이업, 핑거롤
● 페이드어웨이
● 덩크, 앨리웁
● 훅슛
● 팁슛
● 뱅크슛

DEFENSE PER GAME			REBOUNDS PER GAME		
림에서의 거리	DFG	DFG%	림에서의 거리	CR	UCR
3점슛	1.7	34.0%	0~0.9m	0.6	1.2
2점슛	5.1	56.0%	0.9~1.8m	0.6	2.4
0~1.8m	3.7	60.2%	1.8~3.0m	0.3	0.9
0~3.0m	4.2	58.0%	3.0m 이상	0.1	0.9
4.5m 이상	2.1	35.7%			

필드골 시도 필드골 성공 필드골 성공률

2023-24 올랜도 80경기 평균 35.0분

항목 평점	TS	MS	3PS	FT	LU	DK	ID	OD	ST	BL
	B	C+	B	B	C+	B	D+	D	D+	D-

항목	PTS	RB	AS	ST	BL
경기 평균	22.6	6.9	5.4	0.9	0.6
36분 기준	23.2	7.1	5.5	0.9	0.6

항목 평점	ORB	DRB	PS	BH	BQ	SP	PO	ED	HS	OG
	D	C+	C	C	B-	B-	C+	A-	B	B+

Franz WAGNER — SF
F 22 프란츠 바그너 2001.08.27 / 208cm

NBA 드래프트 : 2021년 1라운드 8번
독일 NBA 우승 : 0회 / 파이널 MVP : 0회
시즌 MVP : 0회 / NBA 퍼스트팀 : 0회

공격과 수비, 인사이드와 아웃사이드, 온-볼과 오프-볼, 콤보 플레이와 솔로 플레이에 모두 능한 포워드. 긴 보폭의 유로 스텝을 활용해 페인트존을 번개처럼 돌파한다. 드라이빙, 무빙, 커팅 등 다양한 동작에서 파생되는 덩크, 레이업, 플로터, 핑거롤 등 무기가 다양하다. 스텝백 또는 풀업 3점슛도 위력적이다. BQ가 우수해 플레이메이킹과 패스를 잘 해낸다. 수비에서는 1번~4번을 다 막을 수 있다. 열심히 허슬 플레이를 한다. 연봉은 701만 달러.

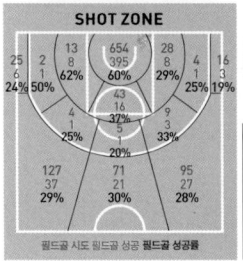

SHOT ZONE
필드골 1096 시도 459
필드골 528 성공 268

● 점프슛, 풀업 점퍼
● 레이업, 핑거롤
● 페이드어웨이
● 덩크, 앨리웁
● 훅슛
● 팁슛
● 뱅크슛

DEFENSE PER GAME			REBOUNDS PER GAME		
림에서의 거리	DFG	DFG%	림에서의 거리	CR	UCR
3점슛	1.8	41.3%	0~0.9m	0.5	0.4
2점슛	3.8	51.3%	0.9~1.8m	0.3	1.2
0~1.8m	2.5	59.5%	1.8~3.0m	0.2	1.3
0~3.0m	3.0	55.3%	3.0m 이상	0.1	1.2
4.5m 이상	2.2	40.9%			

필드골 시도 필드골 성공 필드골 성공률

2023-24 올랜도 72경기 평균 32.5분

항목 평점	TS	MS	3PS	FT	LU	DK	ID	OD	ST	BL
	C	C+	B-	B-	B	C-	D-	C-	C+	D

항목	PTS	RB	AS	ST	BL
경기 평균	19.7	5.3	3.7	1.1	0.4
36분 기준	21.9	5.9	4.1	1.2	0.4

항목 평점	OR3	DR3	PS	BH	BQ	SP	PO	ED	HS	OG
	D-	C-	B-	B	B	C-	D	B	B	B

Jonathan ISAAC — PF
F 1 조너선 아이작 1997.10.03 / 208cm

NBA 드래프트 : 2017년 1라운드 6번
미국 NBA 우승 : 0회 / 파이널 MVP : 0회
시즌 MVP : 0회 / NBA 퍼스트팀 : 0회

리그 정상급 수비수. 필드골 허용률이 리그 평균보다 15% 정도 낮다. 상대 공격수가 슛을 어렵게 하도록 만들었다. 1번~5번을 다 수비한다. 인사이드와 퍼리미터, 1대1 수비와 팀 디펜스, 가로채기 모두 압도적이다. 블락은 리그 최고 수준이다. 득점 패턴은 덩크, 레이업, 3점슛으로 무척 단순하다. 문제는 부상. 아킬레스건 부상으로 2020~22시즌을 통째로 날렸고, 지난 시즌에도 햄스트링, 무릎, 발목 부상으로 24경기 결장했다. 연봉은 2500만 달러.

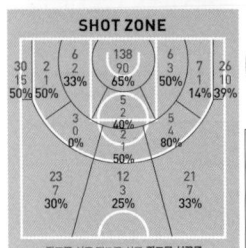

SHOT ZONE
필드골 286 시도 145
필드골 146 성공 54

● 점프슛, 풀업 점퍼
● 레이업, 핑거롤
● 페이드어웨이
● 덩크, 앨리웁
● 훅슛
● 팁슛
● 뱅크슛

DEFENSE PER GAME			REBOUNDS PER GAME		
림에서의 거리	DFG	DFG%	림에서의 거리	CR	UCR
3점슛	1.3	39.7%	0~0.9m	1.1	0.7
2점슛	4.8	42.7%	0.9~1.8m	0.6	1.2
0~1.8m	2.7	47.4%	1.8~3.0m	0.1	0.3
0~3.0m	3.3	46.3%	3.0m 이상	0.0	0.3
4.5m 이상	2.2	35.7%			

필드골 시도 필드골 성공 필드골 성공률

2023-24 올랜도 58경기 평균 15.8분

항목 평점	TS	MS	3PS	FT	LU	DK	ID	OD	ST	BL
	C-	C	B-	B-	D+	B-	B+	B+	B+	A

항목	PTS	RB	AS	ST	BL
경기 평균	6.8	4.5	0.5	0.7	1.2
36분 기준	15.5	10.2	1.2	1.7	2.8

항목 평점	ORB	DRB	PS	BH	BQ	SP	PO	ED	HS	OG
	D+	B	D	C	D+	C-	C	A-	C	C+

Jett HOWARD — SF
F 13 젯 하워드 2003.09.14 / 198cm

NBA 드래프트 : 2023년 1라운드 11번
미국 NBA 우승 : 0회 / 파이널 MVP : 0회
시즌 MVP : 0회 / NBA 퍼스트팀 : 0회

시즌 일정의 절반 이상을 G리그 오시올라 매직에서 보냈다. 올 시즌은 지난 시즌보다 올랜도에서의 출전 시간이 늘어날 것이다. 하워드는 198cm의 스윙맨이다. 출전 시간 대비 득점력은 평균 이상. 특히 빠른 타이밍의 캐치&슛 3점이 주무기다. 왼쪽 윙이 그의 핫스팟이다. 최근에는 풀업 점퍼 능력도 향상되었다. 1대1 수비력이 부족하다. 상대 윙에게 아이솔레이션 공격을 쉽게 허용한다. 발전을 위해선 수비력을 많이 보완해야 한다. 연봉은 528만 달러.

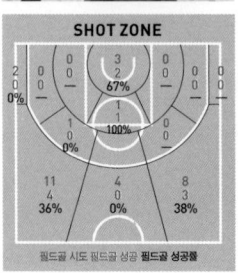

SHOT ZONE
필드골 30 시도 27
필드골 10 성공 8

● 점프슛, 풀업 점퍼
● 레이업, 핑거롤
● 페이드어웨이
● 덩크, 앨리웁
● 훅슛
● 팁슛
● 뱅크슛

DEFENSE PER GAME			REBOUNDS PER GAME		
림에서의 거리	DFG	DFG%	림에서의 거리	CR	UCR
3점슛	0.3	30.0%	0~0.9m	0.0	0.0
2점슛	0.6	54.5%	0.9~1.8m	0.1	0.1
0~1.8m	0.6	85.7%	1.8~3.0m	0.0	0.1
0~3.0m	0.6	66.7%	3.0m 이상	0.0	0.1
4.5m 이상	0.3	30.0%			

필드골 시도 필드골 성공 필드골 성공률

2023-24 올랜도 18경기 평균 3.7분

항목 평점	TS	MS	3PS	FT	LU	DK	ID	OD	ST	BL
	C-	C-	B-	D+	B-	C-	C+	C	C

항목	PTS	RB	AS	ST	BL
경기 평균	1.6	0.4	0.3	0.1	0.1
36분 기준	15.6	3.8	3.2	1.1	1.1

항목 평점	OR3	DR3	PS	BH	BQ	SP	PO	ED	HS	OG
	D-	D-	D	C	D+	D-	C-	A-	C+

	DEFENSE pg	REBOUNDS pg									항목 & 평점												
DFG	DFG%	CR	UCR	TS	MS	3PS	FT	LU	DK	ID	OD	ST	BL	ORG	OR3	ORB	DRG	DR3	DRB	PS	BH	BQ	SP	PO	ED	HS	OG
필드골 허용	필드골 허용률	유경쟁 리바운드	무경쟁 리바운드	터프샷 성공률	중거리 슈팅	3점 슈팅	자유투 성공률	레이업 플로터	슬램 덩크	안쪽 수비	외곽 수비	스틸	블락	가드 공격RB	SF 공격RB	빅맨 공격RB	가드 수비RB	SF 수비RB	빅맨 수비RB	패스	볼 핸들링	농구 IQ	스피드	민첩성	파워 지구력	허슬 플레이	종합 평가

Tristan DA SILVA — SF-PF · F 23

트리스탄 다실바 · 2001.05.15 / 203cm

NBA 드래프트 : 2024년 1라운드 18번
NBA 우승 : 0회 / 파이널 MVP : 0회
독일 · 시즌 MVP : 0회 / NBA 퍼스트팀 : 0회

브라질계 이민 2세로 독일 뮌헨에서 태어났다. 콜로라도대를 졸업하고, 2024 드래프트에서 올랜도에 1라운드 18번으로 지명되었다. 대학 시절, 정확한 캐치&슛으로 자신 있게 3점포를 터뜨렸다. 또한, 자유투 성공률 83.5%도 인상적이었다. 페인트존에선 양손을 사용해 점프 훅슛을 던졌다. BQ가 좋고, 비교적 안정된 볼 핸들링을 전개하며, 정확하게 패스한다. 그러나 운동능력이 평범하고, NBA 수준의 수비력을 갖추지 못했다. 연봉은 363만 달러.

SHOT ZONE

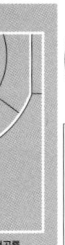

2024-25시즌 신인 선수

필드골 시도 0 · 필드골 성공 0

● 점프숏, 풀업 점퍼
● 레이업, 핑거롤
◐ 페이드어웨이
◑ 덩크, 앨리웁
● 훅슛
● 팁슛
● 뱅크슛

필드골 시도 필드골 성공 **필드골 성공률**

DEFENSE PER GAME			REBOUNDS PER GAME		
림에서의 거리	DFG	DFG%	림에서의 거리	CR	UCR
3점숏			0~0.9m		
2점숏			0.9~1.8m		
0~1.8m			1.8~3.0m		
0~3.0m			3.0m 이상		
4.5m 이상					

2023-24시즌 기록 없음

항목 평점	TS	MS	3PS	FT	LU	DK	ID	OD	ST	BL
경기 평균	—	—	—	—	—					
36분 기준	—	—	—	—	—					

항목 평점	OR3	DR3	PS	BH	BQ	SP	PO	ED	HS	OG

Caleb HOUSTAN — SF-SG · F 2

케일럽 휴스턴 · 2003.01.09 / 203cm

NBA 드래프트 : 2022년 2라운드 32번
NBA 우승 : 0회 / 파이널 MVP : 0회
캐나다 · 시즌 MVP : 0회 / NBA 퍼스트팀 : 0회

203cm 장신 스윙맨. 캐나다 온타리오주 미시소가 출신이다. 올랜도의 '서드 유닛' 일원으로 경기 평균 14분 안팎 출전했다. 올 시즌에도 역할에는 큰 변화가 없을 것이다. 휴스턴의 득점은 주로 캐치&슛에서 이어지는 3점슛이다. 탑, 좌우 윙, 좌우 코너 등 다양한 각도에서 과감하게 슛을 한다. 성공률 80.8%의 자유투도 큰 자산이다. 플로어 스페이서로서 동료들의 공간 활용을 돕는다. 수비, 리바운드는 아직 보강할 점이 많다. 연봉은 202만 달러.

SHOT ZONE

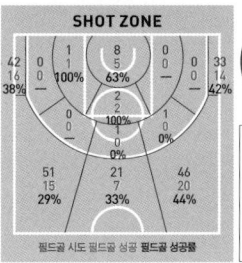
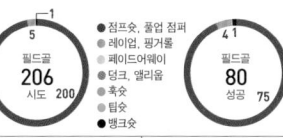

필드골 시도 206 (200) · 필드골 성공 80 (75)

● 점프숏, 풀업 점퍼
● 레이업, 핑거롤
◐ 페이드어웨이
◑ 덩크, 앨리웁
● 훅슛
● 팁슛
● 뱅크슛

필드골 시도 필드골 성공 **필드골 성공률**

DEFENSE PER GAME			REBOUNDS PER GAME		
림에서의 거리	DFG	DFG%	림에서의 거리	CR	UCR
3점숏	0.7	38.9%	0~0.9m	0.1	0.1
2점숏	1.4	52.9%	0.9~1.8m	0.1	0.2
0~1.8m	0.9	60.5%	1.8~3.0m	0.0	0.2
0~3.0m	1.1	58.8%	3.0m 이상	0.1	0.6
4.5m 이상	0.8	39.3%			

2023-24 올랜도 59경기 평균 13.8분

항목 평점	TS	MS	3PS	FT	LU	DK	ID	OD	ST	BL
경기 평균	4.3	1.4	0.5	0.3	0.1					
36분 기준	11.2	3.7	1.3	0.7	0.2					

항목 평점	OR3	DR3	PS	BH	BQ	SP	PO	ED	HS	OG
	D+	B	D-	C-	C-	C+	D-	B	C-	D

Wendell CARTER JR. — C-PF · F 34

원델 카터 Jr. · 1999.04.16 / 208cm

NBA 드래프트 : 2018년 1라운드 7번
NBA 우승 : 0회 / 파이널 MVP : 0회
미국 · 시즌 MVP : 0회 / NBA 퍼스트팀 : 0회

공수 밸런스가 좋은 빅맨이다. 여러 종류의 덩크(스탠딩 덩크, 무빙 덩크, 앨리웁 덩크)와 레이업, 짧은 거리 훅슛으로 득점을 올린다. 픽&롤 전술 롤맨으로서의 득점력도 갖췄다. 예전에 비해 3점 성공률이 많이 높아져 '스트레치 5번'에 점점 가까워지고 있다. 스크린 세팅, 핸드오프 플레이, 공-수 리바운드도 그런대로 OK. 그러나 잦은 부상이 큰 문제다. 프로 데뷔 후 6년간 부상 없이 풀타임 뛴 시즌이 단 한 번도 없었다. 연봉은 1195만 달러.

SHOT ZONE

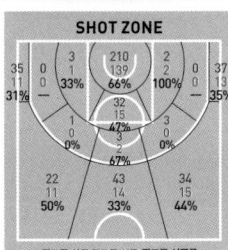

필드골 시도 425 (221) · 필드골 성공 223 (87)

● 점프숏, 풀업 점퍼
● 레이업, 핑거롤
◐ 페이드어웨이
◑ 덩크, 앨리웁
● 훅슛
● 팁슛
● 뱅크슛

필드골 시도 필드골 성공 **필드골 성공률**

DEFENSE PER GAME			REBOUNDS PER GAME		
림에서의 거리	DFG	DFG%	림에서의 거리	CR	UCR
3점숏	1.0	38.6%	0~0.9m	1.5	0.6
2점숏	5.0	52.6%	0.9~1.8m	1.4	1.6
0~1.8m	2.8	59.6%	1.8~3.0m	0.3	1.0
0~3.0m	3.5	58.4%	3.0m 이상	0.1	0.2
4.5m 이상	1.8	37.6%			

2023-24 올랜도 55경기 평균 25.6분

항목 평점	TS	MS	3PS	FT	LU	DK	ID	OD	ST	BL
경기 평균	11.0	6.9	1.7	0.6	0.9	B-	C+	B-	C+	D-	D+	D-
36분 기준	15.4	9.8	2.4	0.9	0.7					

항목 평점	ORB	DRB	PS	BH	BQ	SP	PO	ED	HS	OG
	D+	B-	B-	D-	C	D+	B-	B	A-	B-

Moritz WAGNER — C-PF · C 21

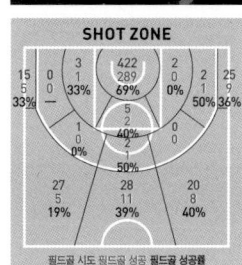

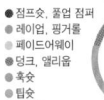

모리츠 바그너 · 1997.04.26 / 211cm

NBA 드래프트 : 2018년 1라운드 25번
NBA 우승 : 0회 / 파이널 MVP : 0회
독일 · 시즌 MVP : 0회 / NBA 퍼스트팀 : 0회

포워드 프란츠 바그너의 형이다. 우리 속담에 '형보다 나은 아우 없다'고 했다. 하지만 올랜도의 '바그너 형제'에게는 그 말이 해당하지 않는다. 동생 프란츠가 형 모리츠보다 훨씬 임팩트 있는 활약을 하고 있기 때문이다. 모리츠는 대부분 림 근처(파워 덩크, 앨리웁, 레이업, 핑거롤, 짧은 거리 훅슛) 아니면 캐치&슛 3점으로 득점한다. 성공률 81.4%의 자유투도 OK. 그러나 힘 좋은 상대 빅맨과의 1대1 수비 때 많이 밀린다. 연봉은 1100만 달러.

필드골 시도 552 (318) · 필드골 성공 332 (216)

● 점프숏, 풀업 점퍼
● 레이업, 핑거롤
◐ 페이드어웨이
◑ 덩크, 앨리웁
● 훅슛
● 팁슛
● 뱅크슛

필드골 시도 필드골 성공 **필드골 성공률**

DEFENSE PER GAME			REBOUNDS PER GAME		
림에서의 거리	DFG	DFG%	림에서의 거리	CR	UCR
3점숏	0.8	31.7%	0~0.9m	0.6	0.6
2점숏	3.2	56.6%	0.9~1.8m	0.7	1.1
0~1.8m	1.9	63.7%	1.8~3.0m	0.2	0.6
0~3.0m	2.3	60.5%	3.0m 이상	0.1	0.4
4.5m 이상	1.2	34.9%			

2023-24 올랜도 80경기 평균 17.7분

항목 평점	TS	MS	3PS	FT	LU	DK	ID	OD	ST	BL
경기 평균	10.9	4.3	1.2	0.5	0.3	A-	C+	C	C	D-	C-	D-
36분 기준	22.1	8.8	2.4	1.0	0.5					

항목 평점	ORB	DRB	PS	BH	BQ	SP	PO	ED	HS	OG
	D-	C	D-	D-	D+	C-	C+	B	B	C+

DEFENSE pg		REBOUNDS pg				항목 & 평점																			
DFG	DFG%	CR	UCR	TS	MS	3PS	FT	LU	DK	ID	OD	ST	BL	OR3	ORB	DRG	DR3	DRB	PS	BH	BQ	SP	PO	ED	HS	OG
필드골 허용	필드골 허용률	유경쟁 리바운드	무경쟁 리바운드	터프샷 슈팅	중거리 슈팅	3점 슈팅	자유투 성공률	레이업 플로터	덩크	안쪽 수비	외곽 수비	스틸	블락	가드 공격RB	SF 공격RB	빅맨 공격RB	가드 수비RB	SF 수비RB	빅맨 수비RB	패스	볼 핸들링	농구 IQ	스피드	파워	지구력	허슬 플레이	종합 평가

Goga BITADZE — C-PF
ⓒ 35 · 고가 비타제 · 1999.07.20 / 208cm

NBA 드래프트 : 2019년 1라운드 18번
NBA 우승 : 0회 / 파이널 MVP : 0회
미국 / 시즌 MVP : 0회 / NBA 퍼스트팀 : 0회

유럽 조지아의 사가레조 출신. 2015~2019년, 유럽 프로리그에서 뛰었다. 2019년 NBA 드래프트를 신청해 인디애나에 지명되었고, 2023년 여름 올랜도로 이적했다. 비타제는 정확한 타이밍에 거의 본능적으로 슛을 던진다. 덩크, 레이업, 공격 리바운드 풋백 등 림 근처에서 득점이 집중적으로 이뤄진다. 가끔, 패턴에 의해 오픈 찬스를 잡으면 3점슛을 던진다. 블락과 리바운드는 수준급이다. 그러나 인사이드 1대1 수비는 부족하다. 연봉은 906만 달러.

SHOT ZONE
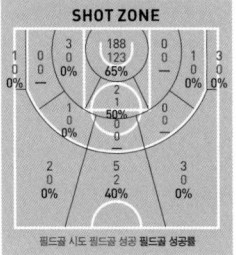

필드골 시도 209 / 필드골 성공 126

DEFENSE PER GAME			REBOUNDS PER GAME		
팀에서의 거리	DFG	DFG%	팀에서의 거리	CR	UCR
3점슛	0.7	35.8%	0~0.9m	1.1	1.1
2점슛	3.7	54.2%	0.9~1.8m	0.5	0.9
0~1.8m	2.5	62.3%	1.8~3.0m	0.1	0.9
0~3.0m	3.0	59.8%	3.0m 이상	0.1	0.3
4.5m 이상	0.9	35.1%			

2023-24 올랜도 62경기 평균 15.4분

항목	PTS	RB	AS	ST	BL
경기 평균	5.0	4.6	1.3	0.5	1.2
36분 기준	11.7	10.8	3.0	1.2	2.7

항목	TS	MS	3PS	FT	LU	DK	ID	OD	ST	BL
평점	A-	B-	C+	B-	C	D	C-	D-	C+	A
항목	ORB	DRB	PS	BH	BQ	SP	PO	ED	HS	OG
평점	B+	B-	D-	D-	C	D-	B-	C	C	C

Kentavious CALDWELL-POPE — SG
ⓖ 3 · 켄타비우스 콜드웰-포프 · 1993.02.18 / 196cm

NBA 드래프트 : 2013년 1라운드 8번
NBA 우승 : 2회 / 파이널 MVP : 0회
미국 / 시즌 MVP : 0회 / NBA 퍼스트팀 : 0회

196cm의 3&D 슈팅 가드. 지난 시즌 덴버에서 뛰었고, 올여름 올랜도로 이적했다. 트랜지션 상황에 폭발적으로 대시한 다음 호쾌한 덩크로 마무리 한다. 레이업과 핑거롤 득점도 쏠쏠한 편. 포프의 주무대는 외곽이다. 중거리 풀업 점퍼와 3점 라인 밖 캐치&슛을 주로 시도한다. 성공률 89.4%의 자유투는 치명적인 무기다. 퍼리미터 1대1 수비와 조직적인 팀 디펜스는 꽤 강력하다. 또한, 패싱 레인 수비로 스틸을 많이 해낸다. 연봉은 2276만 달러.

SHOT ZONE
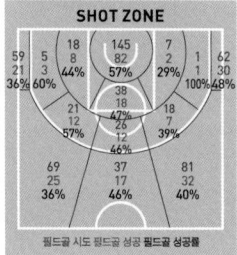

필드골 시도 587 / 필드골 성공 270

DEFENSE PER GAME			REBOUNDS PER GAME		
팀에서의 거리	DFG	DFG%	팀에서의 거리	CR	UCR
3점슛	1.1	32.1%	0~0.9m	0.1	0.1
2점슛	3.0	51.9%	0.9~1.8m	0.1	0.3
0~1.8m	1.9	66.2%	1.8~3.0m	0.1	0.3
0~3.0m	2.2	58.1%	3.0m 이상	0.1	0.9
4.5m 이상	1.5	34.1%			

2023-24 덴버 76경기 평균 31.6분

항목	PTS	RB	AS	ST	BL
경기 평균	10.1	2.7	2.4	1.5	0.6
36분 기준	11.5	2.7	2.7	1.5	0.6

항목	TS	MS	3PS	FT	LU	DK	ID	OD	ST	BL
평점	B	A	B+	A	C-	D	B+	B	B+	D
항목	ORG	DRG	PS	BH	BQ	SP	PO	ED	HS	OG
평점	D-	C	C	C	B	B	D-	A-	B	C+

Jalen SUGGS — SG-PG
ⓖ 4 · 제일런 석스 · 2001.06.03 / 196cm

NBA 드래프트 : 2021년 1라운드 5번
NBA 우승 : 0회 / 파이널 MVP : 0회
미국 / 시즌 MVP : 0회 / NBA 퍼스트팀 : 0회

데뷔 3년 차인 지난 시즌, NBA 기량 발전상 투표 6위, 올해의 수비선수 투표 10위에 올랐다. 그리고 디펜시브 세컨드 팀에 선정되었다. 리그 최고의 퍼리미터 수비수 중 1명이다. 사이드 스텝이 빨라 '에이스 스토퍼'를 맡는다. 손이 빨라 스틸을 많이 한다. 프로 초창기 외곽슛에 약점이 있었으나, 지난 시즌에 크게 좋아졌다. 폭발적인 덩크, 부드러운 레이업, 위치를 가리지 않는 3점슛으로 이제 팀에서 중요한 공격 옵션이 되었다. 연봉은 919만 달러.

SHOT ZONE
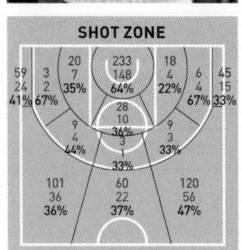

필드골 시도 714 / 필드골 성공 336

DEFENSE PER GAME			REBOUNDS PER GAME		
팀에서의 거리	DFG	DFG%	팀에서의 거리	CR	UCR
3점슛	1.3	36.3%	0~0.9m	0.2	0.3
2점슛	3.4	51.9%	0.9~1.8m	0.2	0.7
0~1.8m	2.2	56.9%	1.8~3.0m	0.1	0.8
0~3.0m	2.6	54.1%	3.0m 이상	0.1	0.8
4.5m 이상	1.6	37.4%			

2023-24 올랜도 75경기 평균 27.0분

항목	PTS	RB	AS	ST	BL
경기 평균	12.6	3.1	2.7	1.4	0.6
36분 기준	16.8	4.1	3.6	1.9	0.8

항목	TS	MS	3PS	FT	LU	DK	ID	OD	ST	BL
평점	A-	C-	B	C+	B+	B-	D-	A	B+	D
항목	ORG	DRG	PS	BH	BQ	SP	PO	ED	HS	OG
평점	91	145	C+	B	B+	B+	D-	B+	B-	C

Cole ANTHONY — PG
ⓖ 50 · 콜 앤소니 · 2000.05.15 / 188cm

NBA 드래프트 : 2020년 1라운드 15번
NBA 우승 : 0회 / 파이널 MVP : 0회
미국 / 시즌 MVP : 0회 / NBA 퍼스트팀 : 0회

득점력이 좋은 콤보 가드. 데뷔 초창기에 비해 개인기를 바탕으로 슈팅 기회를 잘 만들고, 훨씬 효율적으로 공격을 전개한다. 스크린을 잘 활용하기에 탑, 윙에서 상대 수비를 빠르게 제치고 림까지 파고든다. 상대 수비가 더블팀을 하면 정확하게 외곽으로 빼준다. 예전만 하더라도 수비가 약하다는 평가였으나, 최근 열정적으로 움직이며 파울을 많이 유도하고, 굵은 상체를 활용해 범핑도 잘 한다. 가드 중 리바운드를 많이 따낸다. 연봉은 1290만 달러.

SHOT ZONE
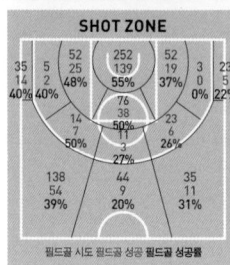

필드골 시도 763 / 필드골 성공 332

DEFENSE PER GAME			REBOUNDS PER GAME		
팀에서의 거리	DFG	DFG%	팀에서의 거리	CR	UCR
3점슛	1.2	35.4%	0~0.9m	0.2	0.3
2점슛	3.1	54.3%	0.9~1.8m	0.3	0.9
0~1.8m	1.9	61.2%	1.8~3.0m	0.2	0.9
0~3.0m	2.5	59.8%	3.0m 이상	0.2	0.8
4.5m 이상	1.5	36.8%			

2023-24 올랜도 81경기 평균 22.4분

항목	PTS	RB	AS	ST	BL
경기 평균	11.6	3.8	2.9	0.8	0.5
36분 기준	18.6	6.2	4.7	1.3	0.7

항목	TS	MS	3PS	FT	LU	DK	ID	OD	ST	BL
평점	A-	C	B+	B	B	B	D-	D+	B-	D-
항목	ORG	DRG	PS	BH	BQ	SP	PO	ED	HS	OG
평점	B-	B+	B-	C-	B	C-	D-	B+	B	C+

DEFENSE pg		REBOUNDS pg		TS	MS	3PS	FT	LU	DK	ID	OD	ST	BL	ORG	DRG	OR3	ORB	DRG	DR3	DRB	PS	BH	BQ	SP	PO	ED	HS	OG
DFG	DFG%	CR	UCR											가드	SF	빅맨	가드	SF	빅맨			볼	농구	스피드	파워	지구력	허슬	종합
필드골 허용	필드골 허용률	유경쟁 리바운드	무경쟁 리바운드	터프샷 성공률	중거리 슈팅	3점 슈팅	자유투 성공률	레이업 플로터	슬램 덩크	안쪽 수비	외곽 수비	스틸	블락	공격RB	공격RB	공격RB	수비RB	수비RB	수비RB	패스	핸들링	IQ	민첩성			플레이	평가

Anthony BLACK PG-SG

앤소니 블랙

G 0

2004.01.20 / 201cm

NBA 드래프트: 2023년 1라운드 6번
NBA 우승: 0회 / 파이널 MVP: 0회
시즌 MVP: 0회 / NBA 퍼스트팀: 0회
미국

201cm 장신 콤보 가드. 키가 크고, 팔이 길며 운동능력이 좋기에 2023 드래프트 당시부터 많은 주목을 받았다. 덩크, 앨리웁 덩크, 드라이빙 레이업으로 림을 공략한다. 풀업 점퍼 혹은 캐치&슛에서 나오는 3점슛이 좋다. 볼을 안정적으로 핸들링하고, 정확한 패스를 구사한다. 프로 2년 차에 불과하지만 벌써부터 숙련된 플레이메이커로 평가받는다. 그의 체형, 플레이 스타일을 봤을 때 론조 볼, 숀 리빙스턴과 자주 비교된다. 연봉은 761만 달러.

SHOT ZONE

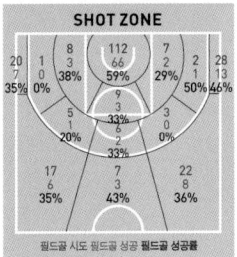

필드골 247 시도 140
필드골 115 성공

● 점프슛, 풀업 점퍼
● 레이업, 핑거롤
● 페이드어웨이
● 덩크, 앨리웁
● 훅슛
● 팁슛
● 뱅크슛

DEFENSE PER GAME			REBOUNDS PER GAME		
림에서의 거리	DFG	DFG%	림에서의 거리	CR	UCR
3점슛	1.1	36.7%	0~0.9m	0.1	0.3
2점슛	2.6	53.5%	0.9~1.8m	0.2	0.3
0~1.8m	1.5	54.6%	1.8~3.0m	0.1	0.5
0~3.0m	1.9	54.3%	3.0m 이상	0.0	0.4
4.5m 이상	1.4	39.2%			

2023-24 올랜도 69경기 평균 16.9분

항목	PTS	RB	AS	ST	BL
경기 평균	4.6	2.0	1.3	0.5	0.3
36분 기준	9.8	4.3	2.8	1.1	0.6

항목	TS	MS	3PS	FT	LU	DK	ID	OD	ST	BL
평점	C+	D	B-	B-	C	B-	C	D-	C	D-
항목	ORG	DRG	PS	BH	BQ	SP	PO	ED	HS	OG
평점	C	D-	B-	B	B-	C	D-	A-	A-	C

Gary HARRIS SG-SF

게리 해리스

G 14

1994.09.14 / 193cm

NBA 드래프트: 2014년 1라운드 19번
NBA 우승: 0회 / 파이널 MVP: 0회
시즌 MVP: 0회 / NBA 퍼스트팀: 0회
미국

전형적인 3-D 스윙맨. 동료와 늘 합을 잘 맞춘다. 프로 초창기, 그의 외곽슛, 특히 3점슛은 들쭉날쭉했다. 잘 들어갈 때와 그렇지 않을 때 격차가 큰 편이었다. 그러나 2021-22시즌, 성공 횟수와 성공률 면에서 큰 발전이 있었다. 이제는 자신 있게 "3-D"라고 외칠 수 있다. 전체적으로 수비력이 뛰어난 선수다. 강한 스태미나를 바탕으로 역동적으로 움직인다. 훌륭한 퍼리미터 1대1 수비수이고, 다양한 허슬 플레이로 팀을 돕는다. 연봉은 750만 달러.

SHOT ZONE

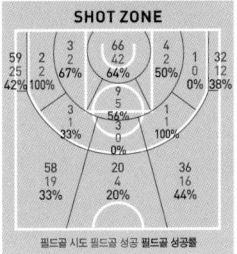

필드골 297 시도 228
필드골 131 성공 86

● 점프슛, 풀업 점퍼
● 레이업, 핑거롤
● 페이드어웨이
● 덩크, 앨리웁
● 훅슛
● 팁슛
● 뱅크슛

DEFENSE PER GAME			REBOUNDS PER GAME		
림에서의 거리	DFG	DFG%	림에서의 거리	CR	UCR
3점슛	0.9	35.5%	0~0.9m	0.0	0.0
2점슛	2.5	54.6%	0.9~1.8m	0.1	0.2
0~1.8m	1.7	63.0%	1.8~3.0m	0.0	0.5
0~3.0m	2.0	58.6%	3.0m 이상	0.1	0.7
4.5m 이상	1.1	37.2%			

2023-24 올랜도 54경기 평균 24.0분

항목	PTS	RB	AS	ST	BL
경기 평균	6.9	1.7	1.6	0.9	0.3
36분 기준	10.3	2.5	2.4	1.4	0.4

항목	TS	MS	3PS	FT	LU	DK	ID	OD	ST	BL
평점	A-	C+	B	C+	B	D	D+	B	B	D-
항목	ORG	DRG	PS	BH	BQ	SP	PO	ED	HS	OG
평점	D-	D-	C	C	C	C	D-	B	B-	C

Cory JOSEPH PG-SG

코리 조셉

G 10

1991.08.20 / 188cm

NBA 드래프트: 2011년 1라운드 29번
NBA 우승: 1회 / 파이널 MVP: 0회
시즌 MVP: 0회 / NBA 퍼스트팀: 0회
캐나다

샌안토니오 시절 그렉 포포비치 감독에게 수없이 혼이 났었다. 명색이 가드인데 경기를 보는 눈이 매우 형편없었기 때문이다. 그러나 포포비치 감독의 조련과 본인의 피나는 노력을 통해 리그에서 잘 살아남았었다. 조셉은 백업 콤보 가드다. 36분 기준으로 환산해도 득점력은 낮은 편이다. 슈팅 시도 횟수 자체가 적다. 대신, 동료들을 살려주는 팀플레이에 중점을 둔다. 퍼리미터 1대1 수비와 다양한 허슬 플레이로 팀 승리를 돕는다. 연봉은 390만 달러.

SHOT ZONE

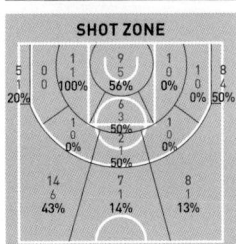

필드골 64 시도 52
필드골 23 성공 16

● 점프슛, 풀업 점퍼
● 레이업, 핑거롤
● 페이드어웨이
● 덩크, 앨리웁
● 훅슛
● 팁슛
● 뱅크슛

DEFENSE PER GAME			REBOUNDS PER GAME		
림에서의 거리	DFG	DFG%	림에서의 거리	CR	UCR
3점슛	0.6	32.6%	0~0.9m	0.0	0.1
2점슛	1.8	57.5%	0.9~1.8m	0.1	0.1
0~1.8m	1.1	67.5%	1.8~3.0m	0.1	0.1
0~3.0m	1.5	64.8%	3.0m 이상	0.1	0.2
4.5m 이상	0.4	34.8%			

2023-24 골든스테이트 26경기 평균 11.4분

항목	PTS	RB	AS	ST	BL
경기 평균	2.4	1.2	1.6	0.2	0.1
36분 기준	7.7	3.6	5.1	0.5	0.4

항목	TS	MS	3PS	FT	LU	DK	ID	OD	ST	BL
평점	B+	C	B-	C+	C-	D-	D-	C	D-	D-
항목	ORG	DRG	PS	BH	BQ	SP	PO	ED	HS	OG
평점	D-	D-	B-	B	C	D-	B+	C-	C-	

ORLANDO MAGIC
2024-25 REGULAR SEASON SCHEDULE

OCTOBER, 2024
Oct. 24 @ Miami
Oct. 26 vs. Brooklyn
Oct. 27 @ Memphis
Oct. 29 vs. Indiana
Oct. 31 @ Chicago

NOVEMBER, 2024
Nov. 2 @ Cleveland
Nov. 4 @ Dallas
Nov. 5 @ Oklahoma City
Nov. 7 @ Indiana
Nov. 9 vs. New Orleans
Nov. 11 vs. Washington
Nov. 13 vs. Charlotte
Nov. 14 vs. Indiana
Nov. 16 vs. Philadelphia
Nov. 19 @ Phoenix
Nov. 21 vs. LA Clippers
Nov. 22 @ LA Lakers
Nov. 24 vs. Detroit
Nov. 26 @ Charlotte
Nov. 28 vs. Chicago
Nov. 30 @ Brooklyn

DECEMBER, 2024
Dec. 2 @ Brooklyn
Dec. 3 @ New York
Dec. 5 @ Philadelphia
Dec. 7 @ Philadelphia
Dec. 9 vs. Phoenix
Dec. 20 vs. Oklahoma City
Dec. 22 vs. Miami
Dec. 24 vs. Boston
Dec. 27 vs. Miami
Dec. 28 vs. New York
Dec. 30 vs. Brooklyn

JANUARY, 2025
Jan. 2 @ Detroit
Jan. 3 @ Toronto
Jan. 6 vs. Utah
Jan. 7 @ New York
Jan. 10 vs. Minnesota
Jan. 11 vs. Milwaukee
Jan. 13 vs. Philadelphia
Jan. 16 vs. Milwaukee
Jan. 18 vs. Boston
Jan. 20 vs. Denver
Jan. 22 @ Toronto
Jan. 24 vs. Portland
Jan. 26 vs. Detroit
Jan. 28 @ Miami
Jan. 31 @ Portland

FEBRUARY, 2025
Feb. 2 @ Utah
Feb. 4 @ Golden State
Feb. 6 @ Sacramento
Feb. 9 @ Denver
Feb. 9 vs. San Antonio
Feb. 11 vs. Atlanta
Feb. 13 vs. Charlotte
Feb. 21 @ Atlanta
Feb. 22 vs. Memphis
Feb. 24 vs. Washington
Feb. 26 vs. Cleveland
Feb. 28 vs. Golden State

MARCH, 2025
Mar. 3 vs. Toronto
Mar. 5 vs. Toronto
Mar. 9 @ Milwaukee
Mar. 11 @ Houston
Mar. 13 vs. Chicago
Mar. 15 @ Minnesota
Mar. 17 @ Cleveland
Mar. 18 @ San Antonio
Mar. 20 @ Houston
Mar. 22 @ Washington
Mar. 25 vs. LA Lakers
Mar. 26 @ Charlotte
Mar. 28 @ Dallas
Mar. 30 @ Sacramento

APRIL, 2025
Apr. 1 vs. LA Clippers
Apr. 4 @ Washington
Apr. 7 @ New Orleans
Apr. 9 @ Atlanta
Apr. 10 vs. Boston
Apr. 12 @ Indiana
Apr. 14 @ Atlanta

勿忘初心·과욕 금물, 목표는 PO 1R

뜻풀이 초심을 잃지 말아야 한다. 워싱턴은 1979년 이후 45년간 PO 2라운드를 통과하지 못했다. 단계가 필요하다. 올 시즌 목표는 40승 정도가 적당하다.

*통계는 2024년 10월 1일 기준

시즌 중 감독 교체가 가져온 효과는

조던 풀과 카일 쿠즈마의 만남은 페이스 2위(102.7), 속공 2위의 결과를 낳았지만, 팀 성적과 반비례했다. '이적생' 조던 풀은 팀에 녹아들지 못했다. 공격에서 자율권을 얻었지만 비효율적이었다. 팀 수비는 조던 풀 뿐만 아니라 전체적으로 엉성했다. 부진이 계속되자 워싱턴은 시즌 중 감독 교체를 단행했다. 그러나, 브라이언 키프가 감독대행을 맡은 뒤에도 8승 31패로 부진은 여전했다. 다만 감독과 선수 사이 대화가 늘고, 수비에서의 나쁜 습관을 제거한 것은 의미 있는 성과였다.

영 코어 성장 도울 베테랑들 가세

워싱턴의 목표는 젊은 코어를 성장시키는 것이다. 그러나 많이 뛴다고 다 성장하는 것은 아니다. 이겨온 선배들의 조언도 필요하고, 성취감을 느끼는 것도 중요하다. 트레이드를 통해 발란추나스와 말콤 브록던을 영입한 이유다. 트레이드로 '3&D' 자원인 대니 아브디아를 내준 것은 아쉽다. 그러나, 리션 홈즈를 붙잡고 드래프트에서 알렉스 사르와 키션 조지를 2순위와 24순위로 영입한 부분은 새 시즌을 기대하게 해준다. 다만 사르가 NBA에서 적응하려면 시간이 더 필요하다.

올 시즌 현실적인 목표는 40승

워싱턴은 1979년 이후 PO 2라운드를 통과하지 못했다. 간판이 될 것처럼 보였던 존 월-브래들리 빌 콤비는 해체됐고, NBA에서 7번째로 젊은 팀(24.9세)이 되어 또 리빌딩에 돌입한 상태다. 당장의 고민은 플레이오프 진출이나 2라운드가 아니다. 희망을 가질 만한 승률을 내는 것이다. 아무리 리더십이 좋아도 성과가 안 나면 뿌리는 흔들릴 수밖에 없다. 다행인 점은 키프 감독이 선수들과 관계가 원만하고, 자신의 철학을 인내심을 갖고 기다릴 여유가 있는 인물이라는 점이다.

CLUB INFORMATION

Founded 구단 창립 1961년	**Owner** 모뉴멘탈 스포츠&엔터	**CEO** 마이클 윙어	**Head Coach** 브라이언 키프 1976.04.07	**24-25 Odds** 벳365 : 1000배 윌리엄힐 : 1000배

Nationality ●미국 선수 13명 ●외국 선수 4명	**Age** 17명 평균 24.9세	**Height** 17명 평균 201.9cm	**Weight** 17명 평균 98.8kg	**Salary** 17명 평균 960만 달러

Win 2023-24 : 15승 통산 : 2272승	**Loss** 2023-24 : 67패 통산 : 2815패	**Winning%** 2023-24 : 18.3% 통산 : 44.7%	**Play-Off** PO 진출 : 30회 PO 탈락 : 34회	**Titles** NBA우승 : 1회 컨퍼런스 : 0회

Top Scorer 카일 쿠즈마 평균 22.2점	**More Rebounds** 대니얼 가포드 평균 8.0RB	**More Assists** 타이어스 존스 평균 7.3AS	**More Steals** 조던 풀+1명 평균 1.1스틸	**More Blocks** 대니얼 가포드 평균 2.2블록

*항목별 1위는 지난 시즌 워싱턴 소속으로 42경기 이상 출전한 선수 중 선별함

Association / Icon / Statement / City

HEAD COACH & STADIUM

Brian KEEFE 브라이언 키프

생년월일 : 1976.04.07 / **출생지** : 미국 매사추세츠주 윈체스터
경력 : 2000~2001년 사우스 플로리다대 코치 / 2001~2005년 브라이언트대 코치 / 2007~2015년 시애틀 슈퍼소닉스+오클라호마시티 선더스 코치 / 2021~2023년 워싱턴 위저즈 코치 / 2024년~ 워싱턴 위저즈 감독

윈체스터고를 졸업하고, 1994년 UC 어바인에 입학해 2학년까지 마쳤다. 3학년 때 UNLV(네바다 라스베거스대)로 편입했고, 그곳에서 졸업했다. UC 어바인 시절엔 올-빅 웨스트 컨퍼런스 세컨드 팀에 선정되었고, UNLV에서는 소속팀을 NCAA 토너먼트로 진출시켰다. 현역 시절 가드로 뛰었지만 NBA 팀들로부터 주목을 받지 못했고, 결국 졸업하자마자 바로 지도자로 나섰다. 2000년 사우스 플로리다대 어시스턴트를 시작으로, 2001년 브라이언트대, 2005년 샌안토니오(비디오 코디네이터), 2007년 시애틀 슈퍼소닉스/오클라호마 시티 선더, 2015년 뉴욕 닉스, 2016년 LA 레이커스, 2019년 오클라호마시티 선더스, 2021년 브루클린 네츠, 2023년 워싱턴 위저즈까지 23년간 어시스턴트로 근무하면서 풍부한 경험을 쌓았다. 샌안토니오 시절엔 그의 비디오 분석이 소속팀의 NBA 챔피언십 우승에 크게 도움이 되었다고 한다. 그리고 2024년 1월 25일, 워싱턴 위저즈의 제26대 감독으로 부임했다.

CAPITAL ONE ARENA

구장 오픈 : 1997년 12월 2일
구장 증개축 : ―
오너 : 모뉴멘탈 스포츠&엔터
수용인원 : 2만 356명
건축비용 : 2억 6000만달러 (현재 가치) 4억 2000만달러

이 아레나는 NBA 농구팀 워싱턴 위저즈, 2018 NHL 우승팀 워싱턴 캐피털스, 그리고 NCAA(대학농구) 명문 조지타운대에서 홈구장으로 사용 중이다. 이 경기장에서는 매년 평균 220회 안팎의 다양한 이벤트(스포츠, 공연, 전시회)가 열린다. 지난 2024년 7월 22일에는 아이유 투어 콘서트 'HEREH'가 개최되었다. 위저즈 홈구장이 된 건 1997-98시즌부터다.

NBA CHAMPIONSHIPS
1978

CONFERENCE TITLES
1971, 1975, 1978, 1979

DIVISION TITLES
1969, 1971, 1972, 1973, 1974, 1975, 1979, 2017

RETIRED NUMBERS
10, 11, 25, 41, 45

REGULAR SEASON RANKING LAST 10YEARS   ★NBA 파이널 우승

14-15	15-16	16-17	17-18	18-19	19-20	20-21	21-22	22-23	23-24
12	**17**	**9**	**17**	**25**	**23**	**16**	**21**	**23**	**29**
46승 36패	41승 41패	49승 33패	43승 39패	32승 50패	25승 47패	34승 38패	35승 47패	35승 47패	15승 67패

TEAM POTENTIAL

56점

29위

하프코트 세트오펜스 5점	트랜지션 오펜스 8점	하프코트 세트디펜스 5점	트랜지션 디펜스 5점	리바운드 5점
선수층 5점	선수 경험치 6점	감독 리더십 6점	감독 전술 6점	프런트 5점

*각 항목은 10점 만점, 평점은 NBA 30팀 사이 상대평가

우승 ODDS	배당	순위
bet 365	1000배	25위
Paddy Power	500배	23위
William Hill	1000배	25위

OFFENSIVE STYLE
트랜지션 오펜스 ———●——— 하프코트 세트오펜스

DEFENSIVE STYLE
하이 프레스 ———●——— 하프코트 디펜스

Player's Functions

Ball Handlers	Pull-Ups	Catch & Shoot
J.폴	J.폴	J.폴
M.브록던	K.쿠즈마	C.키스퍼트
C.캐링턴	M.브록던	J.발란추나스

3 Pointers	Slam Dunkers	Free Throw
J.폴	J.발란추나스	J.버틀러
C.키스퍼트	B.쿨리발리	J.폴
K.쿠즈마	M.배글리	R.홈즈

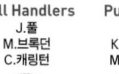

Rebounders	1-1 Defenders	Ball Stealers
J.발란추나스	B.쿨리발리	B.쿨리발리
R.홈즈	J.발란추나스	J.버틀러
M.배글리	M.브록던	E.오모루이

Key Passes	Hustle Players	Rim Protectors
M.브록던	K.쿠즈마	J.발란추나스
J.폴	R.홈즈	T.부크체비치
K.쿠즈마	M.브록던	J.샴페니

SQUAD & TACTICS

STARTERS

PF 알렉스 사
2024-25시즌
신인 선수

C 요나스 발란추나스
23.5분, 12.2점
8.8RB, 2.1AS

SF 카일 쿠즈마
32.6분, 22.2점
6.6RB, 4.2AS

SG 코리 키스퍼트
25.8분, 13.4점
2.8RB, 2.0AS

PG 조던 풀
30.1분, 17.4점
2.7RB, 4.4AS

OFF THE BENCH

PG 칼튼 캐링턴
2024-25시즌
신인 선수

SG 말콤 브록던
28.7분, 15.7점
3.1RB, 5.5AS

SF 키션 조지
2024-25시즌
신인 선수

PF 빌랄 쿨리발리
27.2분, 8.4점
4.1RB, 1.7AS

C 라숀 홈즈
13.9분, 5.0점
4.6RB, 0.6AS

G 제러드 버틀러
G 조니 데이비스
F 앤소니 길
F 패트릭 볼드윈
C 마빈 배글리

OFFENSE MECHANISM

경기 페이스가 가장 빨랐다. 얼리 오펜스, 속공 등으로 점수를 잘 따냈지만 세트 상황에서는 공격이 잘 안 풀렸다. 스크린을 타고 나와 바로 슛을 던지는 상황이 많았는데 성공률이 많이 떨어졌다. 게다가 바운드(29위)마저 취약하다 보니 오히려 역공을 자주 당했다. 실책으로 뺏긴 실점이 17.1점으로 하위권이었다. 수비를 달고 뜨는 공격도 상당히 자주 이뤄졌다. 수비자가 매우 근접하게(0~60cm) 붙은 상황에서의 슈팅이 경기당 9.4회로 많은 편이었다. 팀내 USG% 1~2위인 쿠즈마와 풀이 더 영리하게 경기를 풀어야 한다. 공격 횟수, 볼 소유에 비해 자유투를 얻어내는 공격도 적었다. 발란추나스, 베글리, 브록던 등 베테랑이 가세한 만큼 정돈을 위한 노력은 조금 더 이뤄지지 않을까 기대한다.

DEFENSE MECHANISM

다른 팀에 비해 실점이 상대적으로 높았다. 2위 애틀랜타보다 2.5 많은 123.0점을 뺏었다. 리그에서 레이업과 덩크슛을 가장 많이 허용했다. 풀과 같은 주전선수들이 스크린에 대해 싸우고자 하는 의지를 안 보이는 장면이 많았고, 이에 대한 코칭스태프의 제재도 없었다. 리바운드(29위) 난조는 속공 및 세컨 찬스 실점으로도 연결됐다. 특히, 세컨 찬스 실점은 16.4점으로 리그에서 가장 많았다. 브라이언 키프 감독이 시즌 중 지휘봉을 잡은 뒤에도 이런 단점은 좀처럼 감춰지지 않았다. 그러나 코칭스태프와 선수단의 상호 작용은 잘 이뤄지고 있다. 2024-25시즌에는 지난 시즌만큼의 처참한 수비는 잘 안 나올 것으로 보인다. 단, 성실한 수비수 중 하나였던 대니 아브디야가 떠난 건 아쉽다.

2023-24 SEASON PERFORMANCE

WASHINGTON WIZARDS vs. OPPONENTS PER GAME STATS

워싱턴 vs 상대팀

	득실점	F	필드골성공	FG% 필드골	3 3점슛성공	3P% 3점슛 %	FT% 자유투성공 자유투	OR 공격리바운드	RB 리바운드	A 어시스트	스틸	블락	턴오버	파울

113.7	123.0	43.0 **F** 46.1	47.0% **FG%** 49.6%	12.4 **3** 12.3	34.8% **3P%** 36.2%	15.4 ⊖ 18.6	76.4% **FT%** 77.7%
9.2 **OR** 12.1	41.1 **RB** 48.9	27.9 **A** 29.0	7.6 🎭 8.0	5.1 🏀 6.0	14.0 ↩ 14.0	20.0 🏷 18.0	

LINE-UP

* 워싱턴은 지난 시즌 총 583개의 라인업을 가동시켰다. 그중 출전 시간이 가장 길었던 20개를 골라 게재했다.

5-MEN COMBINATION	MIN	PPG	RPG	APG
T. Jones - K. Kuzma - D. Gafford - J. Poole - D. Avdija	577	34.2	12.2	8.7
T. Jones - K. Kuzma - D. Gafford - J. Poole - B. Coulibaly	160	12.6	3.9	3.2
T. Jones - K. Kuzma - J. Poole - D. Avdija - B. Coulibaly	92	12.8	3.8	3
T. Jones - K. Kuzma - D. Avdija - C. Kispert - B. Coulibaly	87	23.8	6.7	6.9
T. Jones - K. Kuzma - D. Gafford - C. Kispert - B. Coulibaly	79	7.6	2.7	2.2
T. Jones - K. Kuzma - M. Bagley III - J. Poole - D. Avdija	69	25.8	11.5	6.5
R. Holmes - K. Kuzma - J. Poole - D. Avdija - C. Kispert	55	37	16.3	8
T. Jones - K. Kuzma - J. Poole - D. Avdija - B. Coulibaly	51	12.2	3.5	3.1
M. Muscala - D. Wright - D. Avdija - C. Kispert - B. Coulibaly	45	13.4	5.9	3.4
T. Jones - K. Kuzma - D. Gafford - J. Poole - C. Kispert	37	8.3	2.4	2.2
T. Jones - K. Kuzma - D. Gafford - D. Avdija - B. Coulibaly	36	6.5	1.9	1.5
D. Wright - M. Bagley III - L. Shamet - C. Kispert - B. Coulibaly	33	12.5	6.2	3.2
M. Muscala - T. Jones - K. Kuzma - J. Poole - D. Avdija	33	18.5	5.3	5.8
D. Gallinari - L. Shamet - D. Avdija - C. Kispert - B. Coulibaly	32	12.9	3.9	2.4
T. Jones - K. Kuzma - J. Poole - C. Kispert - B. Coulibaly	32	9.6	2.3	3.1
J. Butler - A. Gill - E. Omoruyi - J. Davis - B. Coulibaly	30	13.8	3.8	3.3
T. Jones - K. Kuzma - M. Bagley III - J. Poole - B. Coulibaly	29	9.1	3.8	2.3
T. Jones - K. Kuzma - M. Bagley III - L. Shamet - D. Avdija	28	25.3	8	7.3
K. Kuzma - M. Bagley III - J. Poole - D. Avdija - C. Kispert	28	20.7	9.3	5.3
D. Wright - D. Avdija - C. Kispert - P. Baldwin Jr. - B. Coulibaly	27	15.5	7.5	3.8

PASS COMBINATIONS

→ 해당 선수가 경기당 동료로부터 패스 받은 횟수
→ 해당 선수가 경기당 동료들에게 패스 해준 횟수

57.7	→	타이어스 존스	→	55.6
32.1	→	데니 아브디아	→	39.6
40.7	→	카일 쿠즈마	→	33.6
46.7	→	조던 풀	→	33.2
19.6	→	대니얼 가포드	→	32.0
19.0	→	마빈 배글리	→	25.0
25.2	→	코리 키스퍼트	→	23.2
22.6	→	델론 라이트	→	22.9
19.1	→	빌랄 쿨리발리	→	22.7
24.1	→	제러드 버틀러	→	21.7
17.1	→	다닐로 갈리나리	→	18.9
12.9	→	라슨 홈즈	→	17.3
13.1	→	마이크 머스칼라	→	17.3
10.8	→	저스틴 샴페니	→	16.7
16.9	→	랜드리 셰밋	→	14.6
16.3	→	트리스탄 부크체비치	→	14.1
9.8	→	패트릭 볼드윈	→	13.3
8.7	→	유진 오모루이	→	10.1
9.1	→	앤소니 길	→	9.4
10.1	→	라이언 롤린스	→	8.9
10.1	→	질 버나드	→	8.5
7.1	→	조니 데이비스	→	8.0
5.0	→	하미두 디알로	→	6.0
1.0	→	트레이 제미슨	→	2.0

2023-24 RANKING

* 는 수치가 낮을수록 랭킹이 높아짐

워싱턴	랭킹	GENERAL	상대팀*	랭킹
113.7	17위	득점 / 실점	123.0	30위
41.1	29위	리바운드	48.9	30위
27.9	9위	어시스트	29.0	29위
7.6	14위	스틸	8.0	22위
5.1	14위	블락	6.0	26위

득점	랭킹	PLAYTYPE	실점	랭킹
5.7	21위	아이솔레이션	7.2	19위
26.2	2위	트랜지션	23.5	26위
16.0	16위	픽&롤 볼핸들러	16.9	19위
7.5	14위	픽&롤 롤맨	7.3	16위
2.2	27위	포스트-업	6.4	29위
25.9	24위	스팟-업	28.0	19위
4.9	15위	핸드오프	4.5	8위
9.3	17위	커팅	—	—
5.7	3위	오프 스크린	5.1	29위
8.0	4위	풋백	7.9	30위
3.1	12위	기타	—	—

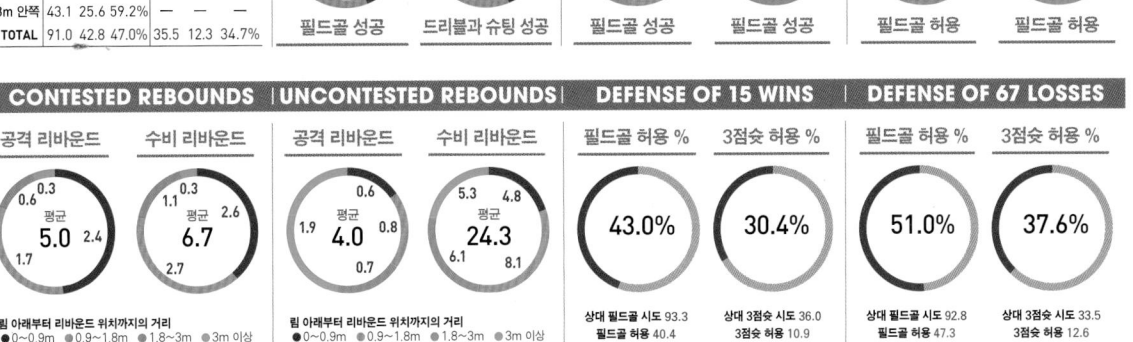

SHOT ZONE

구간별 슈팅 및 성공률

SHOT ZONE

357 135 38%	28 10 36%	276 110 40%	3282 1983 60%	256 110 43%	34 15 44%	328 128 39%

80 31 39% · 436 176 40% · 96 38 38%

90 41%

874 310 36%	607 206 34%	734 235 32%

필드골 시도 필드골 성공 필드골 성공률

항목	FGA	FGM	FG%	3PA	3PM	3P%
캐치&슛	26.8	9.7	36.3%	25.4	9.2	36.3%
풀업	20.6	7.3	35.8%	9.7	3.0	31.0%
3m 안쪽	43.1	25.6	59.2%	—	—	—
TOTAL	91.0	42.8	47.0%	35.5	12.3	34.7%

SHOT REPERTORIES

필드골 시도
평균 **91.4**
2.2 2.5 4.7 2.4 2.4 25.6 51.6 11.4 11.8

드리블과 슈팅 시도
평균 **91.4**
10.1 18.0 40.1 11.4 11.8

- ● 점프슛, 풀업 점퍼
- ● 레이업, 핑거롤
- ● 페이드어웨이
- ● 덩크, 앨리웁 덩크
- ● 훅슛
- ● 팁슛
- ● 뱅크슛

- ● 0드리블 + 슈팅
- ● 1드리블 + 슈팅
- ● 2드리블 + 슈팅
- ● 3~6드리블 + 슈팅
- ● 7+ 드리블 + 슈팅

필드골 성공
평균 **43.0**
1.1 1.3 4.2 1.4 0.8 19.1 15.1

드리블과 슈팅 성공
평균 **43.0**
4.2 8.1 18.9 5.7 6.1

SHOOTING

필드골 시도
평균 **91.4**
22.6 9.5 25.2 34.1

공격수와 수비수의 거리
- ● 0-0.6m
- ● 0.6-1.2m
- ● 1.2-1.8m
- ● 1.8m 이상

필드골 시도
평균 **91.4**
6.8 2.9 7.9 14.8 42.9 16.1

남은 시간
- ● 22-24초
- ● 18-22초
- ● 15-18초
- ● 7-15초
- ● 4-7초
- ● 0-4초

필드골 성공
평균 **43.0**
9.8 4.7 10.8 17.7

필드골 성공
평균 **43.0**
3.4 2.4 1.7 8.4 19.6 7.5

OPPONENT SHOOTING

상대 필드골 시도
평균 **92.9**
20.5 9.7 25.9 36.8 46.4

공격수와 수비수의 거리
- ● 0-0.6m
- ● 0.6-1.2m
- ● 1.2-1.8m
- ● 1.8m 이상

상대 필드골 시도
평균 **92.9**
7.5 3.0 8.5 11.7 15.8

남은 시간
- ● 22-24초
- ● 18-22초
- ● 15-18초
- ● 7-15초
- ● 4-7초
- ● 0-4초

필드골 허용
평균 **46.1**
9.0 4.9 12.2 20.0 22.9

필드골 허용
평균 **46.1**
2.7 1.8 6.6 8.1

CONTESTED REBOUNDS

공격 리바운드
평균 **5.0**
0.3 0.3 1.7 2.4

수비 리바운드
평균 **6.7**
1.1 0.6 2.7 2.6

UNCONTESTED REBOUNDS

공격 리바운드
평균 **4.0**
1.9 0.6 0.7 0.8

수비 리바운드
평균 **24.3**
5.3 4.8 6.1 8.1

림 아래부터 리바운드 위치까지의 거리
- ● 0~0.9m ● 0.9~1.8m ● 1.8~3m ● 3m 이상

DEFENSE OF 15 WINS

필드골 허용 %
43.0%

3점슛 허용 %
30.4%

상대 필드골 시도 93.3
필드골 허용 40.4

상대 3점슛 시도 36.0
3점슛 허용 10.9

DEFENSE OF 67 LOSSES

필드골 허용 %
51.0%

3점슛 허용 %
37.6%

상대 필드골 시도 92.8
필드골 허용 47.3

상대 3점슛 시도 33.5
3점슛 허용 12.6

DFG	DFG%		CR	UCR		TS	MS	3PS	FT	LU	DK	ID	OD	ST	BL	ORG	OR3	ORB	DRG	DR3	DRB	PS	BH	BQ	SP	PO	ED	HS	OG
필드골 허용	필드골 허용률		유경쟁 리바운드	무경쟁 리바운드		터닝샷 성공률	중거리 슛	3점 슛	자유투 성공률	레이업 플로터	슬램 덩크	안쪽 수비	외곽 수비	스틸	블락	가드 공격RB	SF 공격RB	빅맨 공격RB	가드 수비RB	SF 수비RB	빅맨 수비RB	패스	볼 핸들링	농구 IQ	스피드 민첩성	파워	지구력	허슬 플레이	종합 평점

Kyle KUZMA — PF-SF

F 33 카일 쿠즈마
1995.07.24 / 206cm
미국

NBA 드래프트 : 2017년 1라운드 27번
NBA 우승 : 1회 / 파이널 MVP : 0회
시즌 MVP : 0회 / NBA 퍼스트팀 : 0회

워싱턴의 공격 '1옵션.' 파워포워드이면서 스윙맨처럼 플레이하는 '윙4'다. 몸놀림이 유연하면서도 폭발적이다. 과감한 드라이빙에서 파생되는 덩크, 리버스 덩크, 레이업, 리버스 레이업으로 림을 직접 공략하며, 근거리에서 플로터와 점프 훅슛을 던진다. 미드레인지 풀업 점퍼, 코트 전 지역에서 터뜨리는 3점슛 등 공격 루트가 다양하다. 클러치 본능도 있다. 인사이드 1대1 수비, 페리미터 1대1 수비, 리바운드는 취약한 편이다. 연봉은 2352만 달러.

SHOT ZONE

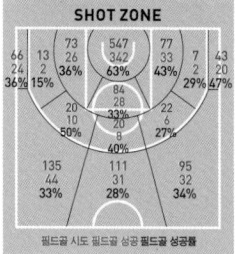

66 13 26 73 547 77 33 43
24 2 342 33 4 20
36% 15% 63% 43% 29% 47%
20 84 22
28 33% 6
10 22% 27%
50% 40%
135 111 95
44 31 32
33% 28% 34%

필드골 시도 필드골 성공 필드골 성공률

● 점프슛, 풀업 점퍼
● 레이업, 핑거롤
● 페이드어웨이
● 덩크, 앨리웁
● 훅슛
● 팁슛
● 뱅크슛

58 66
58 10
97 310
필드골 1313
시도 714 20

6 29
54 260
28 192
필드골 608
성공

DEFENSE PER GAME			REBOUNDS PER GAME		
림에서의 거리	DFG	DFG%	림에서의 거리	CR	UCR
3점슛	1.3	34.6%	0~0.9m	0.6	0.8
2점슛	4.8	55.8%	0.9~1.8m	0.6	1.9
0~1.8m	3.5	63.7%	1.8~3.0m	0.4	1.3
0~3.0m	4.0	60.4%	3.0m 이상	0.2	0.5
4.5m 이상	1.7	35.8%			

2023-24 워싱턴 70경기 평균 32.6분					
항목	PTS	RB	AS	ST	BL
경기 평균	22.2	6.6	4.2	0.5	0.7
36분 기준	24.5	7.3	4.7	0.6	0.8

항목	TS	MS	3PS	FT	LU	DK	ID	OD	ST	BL
평점	B+	D+	B-	C	A-	C	D+	E+	D-	D
항목	ORB	DRB	PS	BH	BQ	SP	PO	ED	HS	OG
평점	D-	C	D+	C+	C+	C	C	B	A	B

Alex SARR — PF-C

F 12 알렉스 사
2005.04.26 / 213cm
프랑스

NBA 드래프트 : 2024년 1라운드 2번
NBA 우승 : 0회 / 파이널 MVP : 0회
시즌 MVP : 0회 / NBA 퍼스트팀 : 0회

세네갈계 이민 2세로 프랑스 보르도에서 태어났다. 아버지 마사는 세네갈에서 선수로 뛰었고, 형 올리비에는 현재 오클라호마시티에서 활약 중이다. 2021~2024년 유럽과 호주 리그에서 활약했고, 2024 드래프트를 통해 워싱턴에 입단했다. 213cm 큰 키에 비해 민첩하다. 덩크, 레이업, 훅슛, 풋백으로 림 근처에서 득점한다. 페이스업 점퍼, 3점슛도 정확하다. 아직 NBA 수준의 수비력을 갖추지 못했다. 향후 많이 보완해야 한다. 연봉은 1125만 달러.

SHOT ZONE

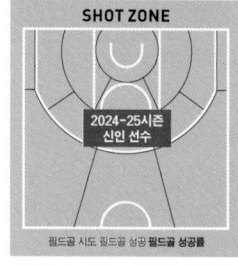

2024-25시즌
신인 선수

필드골 시도 필드골 성공 필드골 성공률

● 점프슛, 풀업 점퍼
● 레이업, 핑거롤
● 페이드어웨이
● 덩크, 앨리웁
● 훅슛
● 팁슛
● 뱅크슛

필드골 0 시도
필드골 0 성공

DEFENSE PER GAME			REBOUNDS PER GAME		
림에서의 거리	DFG	DFG%	림에서의 거리	CR	UCR
3점슛			0~0.9m		
2점슛			0.9~1.8m		
0~1.8m			1.8~3.0m		
0~3.0m			3.0m 이상		
4.5m 이상					

2023-24시즌 기록 없음					
항목	PTS	RB	AS	ST	BL
경기 평균	—	—	—	—	—
36분 기준	—	—	—	—	—

항목	TS	MS	3PS	FT	LU	DK	ID	OD	ST	BL
평점										
항목	ORB	DRB	PS	BH	BQ	SP	PO	ED	HS	OG
평점										

Bilal COULIBALY — SF

F 0 빌랄 쿨리발리
2004.07.26 / 203cm
프랑스

NBA 드래프트 : 2023년 1라운드 7번
NBA 우승 : 0회 / 파이널 MVP : 0회
시즌 MVP : 0회 / NBA 퍼스트팀 : 0회

키 203cm에 윙스팬 218cm. 매우 훌륭한 하드웨어를 갖췄다. 리그 최상위권 '블루워커'다. 퍼리미터 수비는 상당히 위협적이며, '엘리트 윙 스토퍼'로 소문나 있다. 스틸, 블락도 평균 이상. 긴 팔을 활용해 볼 핸들러를 맡기도 한다. BQ와 잠재력도 우수한 프로젝트형 유망주다. 수비에 비해 공격은 제한적이다. 폭발적인 덩크를 구사하고, 부드러운 레이업을 얹지만, 중거리슛과 3점슛은 다소 불안정하다. 자유투도 70%에 불과하다. 연봉은 695만 달러.

SHOT ZONE

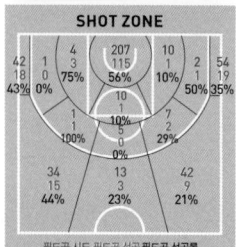

42 1 4 207 10 1 54
18 0 3 115 1 10 2
43% 0% 75% 56% 10% 50% 35%
1 10 22
1 10% 29%
100% 0%
34 13 42
15 3 9
44% 23% 21%

필드골 시도 필드골 성공 필드골 성공률

● 점프슛, 풀업 점퍼
● 레이업, 핑거롤
● 페이드어웨이
● 덩크, 앨리웁
● 훅슛
● 팁슛
● 뱅크슛

4 2
55 1
128
필드골 432 233
시도

5 2
50 1
55
필드골 188 76
성공

DEFENSE PER GAME			REBOUNDS PER GAME		
림에서의 거리	DFG	DFG%	림에서의 거리	CR	UCR
3점슛	1.3	38.6%	0~0.9m	0.3	0.5
2점슛	4.0	56.3%	0.9~1.8m	0.4	1.0
0~1.8m	2.8	60.8%	1.8~3.0m	0.2	0.7
0~3.0m	3.4	60.8%	3.0m 이상	0.1	0.7
4.5m 이상	1.6	39.4%			

2023-24 워싱턴 63경기 평균 27.2분					
항목	PTS	RB	AS	ST	BL
경기 평균	8.4	4.1	1.7	0.9	0.8
36분 기준	11.2	5.4	2.3	1.2	1.0

항목	TS	MS	3PS	FT	LU	DK	ID	OD	ST	BL
평점	C	D-	D+	B-	B+	B-	B-	A-	B-	C+
항목	OR3	DR3	PS	BH	BQ	SP	PO	ED	HS	OG
평점	D+	D	D+	D+	C+	B-	D-	A-	B-	C

Kyshawn GEORGE — SF-SG

F 18 키션 조지
2003.12.12 / 203cm
스위스

NBA 드래프트 : 2024년 1라운드 24번
NBA 우승 : 0회 / 파이널 MVP : 0회
시즌 MVP : 0회 / NBA 퍼스트팀 : 0회

스위스 에글에서 태어났고, 2022~2023년 프랑스 리그 엘랑 샬롱에서 활약했다. 2023-24 시즌 NCAA 마이애미대에서 1년을 뛴 후 NBA 드래프트를 신청해 워싱턴에 지명됐다. 조지는 203cm의 3번이다. 성장 잠재력이 풍부하고, 향후 다재다능한 스윙맨이 될 수 있다. 운동 능력을 활용해 림을 직접 공략할 수 있다. 대학 시절 3점슛 41%, 자유투 78%의 성공률을 기록했다. 패스 능력도 OK. 수비와 리바운드를 보강해야 한다. 연봉은 283만 달러.

SHOT ZONE

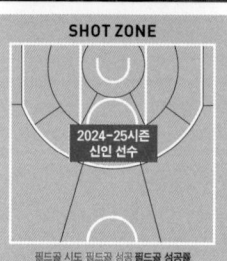

2024-25시즌
신인 선수

필드골 시도 필드골 성공 필드골 성공률

● 점프슛, 풀업 점퍼
● 레이업, 핑거롤
● 페이드어웨이
● 덩크, 앨리웁
● 훅슛
● 팁슛
● 뱅크슛

필드골 0 시도
필드골 0 성공

DEFENSE PER GAME			REBOUNDS PER GAME		
림에서의 거리	DFG	DFG%	림에서의 거리	CR	UCR
3점슛			0~0.9m		
2점슛			0.9~1.8m		
0~1.8m			1.8~3.0m		
0~3.0m			3.0m 이상		
4.5m 이상					

2023-24시즌 기록 없음					
항목	PTS	RB	AS	ST	BL
경기 평균	—	—	—	—	—
36분 기준	—	—	—	—	—

항목	TS	MS	3PS	FT	LU	DK	ID	OD	ST	BL
평점										
항목	OR3	DR3	PS	BH	BQ	SP	PO	ED	HS	OG
평점										

DFG	DFG%	CR	UCR	TS	MS	3PS	FT	LU	DK	ID	OD	ST	BL	ORG	OR3	DRG	DR3	DRB	PS	BH	BQ	SP	PO	ED	HS	OG
필드골 허용	필드골 허용율	유효샷 리바운드	무효샷 리바운드	터프샷 성공율	중거리 슈팅	3점 슈팅	자유투 성공율	레이업 플로터	슬램 덩크	안쪽 수비	외곽 수비	스틸	블락	가드 공격RB	SF 공격RB	빅맨 공격RB	가드 수비RB	SF 수비RB	빅맨 수비RB	패스	볼 핸들링	농구 IQ	스피드 민첩성	파워	지구력	허슬 플레이	종합 평가

Patrick BALDWIN JR. SF-PF

F 7 패트릭 볼드윈 JR   2002.11.18 / 206cm

NBA 드래프트: 2022년 1라운드 28번
NBA 우승: 0회 / **파이널 MVP**: 0회
미국 **시즌 MVP**: 0회 / **NBA 퍼스트팀**: 0회

정규 시즌 38경기 출전에 그쳤다. 결장한 44경기 중 23경기는 감독의 결정, 6경기는 부상, 15경기는 G리그 캐피털 시티 고고 경기 출전 때문에 빠진 것이었다. 올 시즌도 투웨이 계약이기에 NBA와 G리그를 넘나들 것이다. 볼드윈은 206cm, 윙스팬 218cm의 장신 슈터다. 타점이 높고 슛터치가 부드럽다. 운동 능력이 좋은 편은 아니라 림 어택은 많지 않다. 3번 중에선 수비 리바운드를 상당히 많이 잡아낸다. 스틸과 블락도 OK. 연봉은 245만 달러.

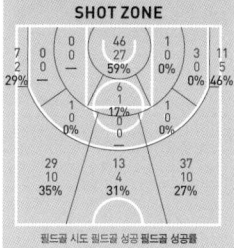

SHOT ZONE

필드골 **155** 시도 111
필드골 **59** 성공 32

DEFENSE PER GAME			REBOUNDS PER GAME		
림에서의 거리	DFG	DFG%	림에서의 거리	CR	UCR
3점슛	0.6	33.8%	0~0.9m	0.3	0.5
2점슛	2.1	54.8%	0.9~1.8m	0.6	0.8
0~1.8m	1.4	59.8%	1.8~3.0m	0.4	0.7
0~3.0m	1.7	59.6%	3.0m 이상	0.0	0.3
4.5m 이상	0.7	31.0%			

2023-24 워싱턴 38경기 평균 13.0분						항목 평점	TS	MS	3PS	FT	LU	DK	ID	OD	ST	BL
항목	PTS	RB	AS	ST	BL		C-	C-	C	C-	D	C-	D-	C	C-	C-
경기 평균	4.4	3.2	0.8	0.5	0.4	항목 평점	ORB3	DR3	PS	BH	BQ	SP	PO	ED	HS	OG
36분 기준	12.3	9.0	2.1	1.3	1.1		D+	A+	D-	D-	D	D-	C-	B-	C-	C-

Anthony GILL PF-C

F 16 앤소니 길   1992.10.17 / 203cm

NBA 드래프트: 2016년 미지명
NBA 우승: 0회 / **파이널 MVP**: 0회
미국 **시즌 MVP**: 0회 / **NBA 퍼스트팀**: 0회

버지니아대를 졸업하고, 2016년 NBA 드래프트를 신청했지만 지명되지 않았다. 그는 유럽으로 눈을 돌려 2016~2020년 터키리그의 에실기레슌, 러시아리그의 킴키 모스크바에서 뛰었다. 그리고 2020-21시즌, 워싱턴과 자유계약을 맺고 입단했다. BQ가 좋고, 부드러운 슛터치를 활용해 페인트존에서 득점을 많이 올린다(레이업, 핑거롤, 플로터). 제한된 출전 시간 대비, 득점과 리바운드는 괜찮은 수준이다. 안정된 볼 핸들러이고, 수비를 열심히 한다.

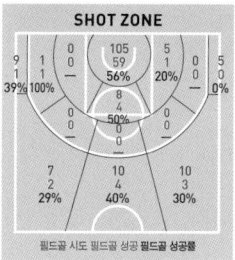

SHOT ZONE

필드골 **160** 시도 61
필드골 **75** 성공 38

DEFENSE PER GAME			REBOUNDS PER GAME		
림에서의 거리	DFG	DFG%	림에서의 거리	CR	UCR
3점슛	0.7	40.3%	0~0.9m	0.2	0.2
2점슛	2.1	56.1%	0.9~1.8m	0.3	0.3
0~1.8m	1.3	67.6%	1.8~3.0m	0.2	0.5
0~3.0m	1.6	61.5%	3.0m 이상	0.1	0.3
4.5m 이상	0.9	38.9%			

2023-24 워싱턴 50경기 평균 9.3분						항목 평점	TS	MS	3PS	FT	LU	DK	ID	OD	ST	BL
항목	PTS	RB	AS	ST	BL		C	C-	C-	D	C	C-	C-	D-	C	D
경기 평균	3.8	1.9	0.7	0.3	0.2	항목 평점	ORB	DRB	PS	BH	BQ	SP	PO	ED	HS	OG
36분 기준	14.6	7.3	2.6	1.0	0.8		D+	D-	D-	D-	D-	D-	B-	B+	C-

Jonas VALANČIŪNAS C

C 17 요나스 발란츄나스   1992.05.06 / 211cm

NBA 드래프트: 2011년 1라운드 5번
NBA 우승: 0회 / **파이널 MVP**: 0회
리투아니아 **시즌 MVP**: 0회 / **NBA 퍼스트팀**: 0회

키 211cm, 윙스팬 230cm의 정통파 빅맨. 지난 시즌 평균 23.5분 동안 12.2점-8.8RB를 기록했다. 36분 기준으로 환산하면 18.7점-13.5RB다. 큰 체격과 강력한 파워를 이용한 포스트업이 위력적이다. 최강의 무기는 림 가까운 거리에서 시도하는 훅샷. 상대 수비는 알고도 막지 못한다. 덩크, 레이업, 핑거롤, 파워 슬램 덩크와 부드러운 레이업도 레퍼토리의 하나다. 박스 아웃, 리바운드, 블락, 허슬 플레이에서 나름 큰 몫을 한다. 연봉은 990만 달러.

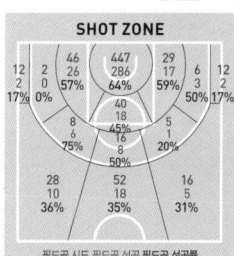 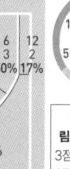  

SHOT ZONE

필드골 **719** 시도 174
필드골 **402** 성공 116

DEFENSE PER GAME			REBOUNDS PER GAME		
림에서의 거리	DFG	DFG%	림에서의 거리	CR	UCR
3점슛	1.1	36.5%	0~0.9m	2.0	2.8
2점슛	5.0	56.9%	0.9~1.8m	2.0	3.3
0~1.8m	3.3	64.4%	1.8~3.0m	0.3	0.5
0~3.0m	3.9	60.6%	3.0m 이상	0.0	0.3
4.5m 이상	1.7	39.0%			

2023-24 뉴올리언스 82경기 평균 23.5분						항목 평점	TS	MS	3PS	FT	LU	DK	ID	OD	ST	BL
항목	PTS	RB	AS	ST	BL		A+	B+	C+	C+	B-	B-	C	D-	D-	B-
경기 평균	12.2	8.8	2.1	0.4	0.8	항목 평점	ORB	DRB	PS	BH	BQ	SP	PO	ED	HS	OG
36분 기준	18.7	13.5	3.2	0.6	1.3		C	A-	D-	D-	C-	D-	B+	A-	B-

Richaun HOLMES C-PF

C 22 라숀 홈즈   1993.10.15 / 206cm

NBA 드래프트: 2015년 2라운드 37번
NBA 우승: 0회 / **파이널 MVP**: 0회
미국 **시즌 MVP**: 0회 / **NBA 퍼스트팀**: 0회

댈러스와 워싱턴에서 활약했다. 정규 시즌에 결장한 42경기에는 감독의 결정 27경기, 왼엄지발가락 부상 결장 12경기, 트레이드로 인한 펜딩 2경기가 포함되어 있다. 효과적인 백업 센터. 폭발적이고, 거침없이 움직인다. 발군의 운동 능력을 이용해 강력한 인사이드 수비를 펼치고, 리바운드를 잡아내며 다양한 허슬 플레이를 펼친다. 효율적인 픽&롤 플레이어다. 덩크, 레이업, 플로터 등 대부분의 득점은 림 근처에서 이뤄진다. 연봉은 1265만 달러.

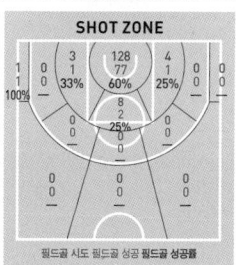 

SHOT ZONE

필드골 **147** 시도 30
필드골 **82** 성공 28

DEFENSE PER GAME			REBOUNDS PER GAME		
림에서의 거리	DFG	DFG%	림에서의 거리	CR	UCR
3점슛	0.6	40.0%	0~0.9m	0.9	0.5
2점슛	3.1	58.5%	0.9~1.8m	0.8	1.1
0~1.8m	1.8	69.3%	1.8~3.0m	0.3	0.5
0~3.0m	2.4	65.2%	3.0m 이상	0.1	0.3
4.5m 이상	0.9	38.0%			

2023-24 댈러스+워싱턴 40경기 평균 13.9분						항목 평점	TS	MS	3PS	FT	LU	DK	ID	OD	ST	BL
항목	PTS	RB	AS	ST	BL		B-	C-	D-	C+	B-	C	D	C-	D-	C-
경기 평균	5.0	4.6	0.6	0.3	0.5	항목 평점	ORB	DRB	PS	BH	BQ	SP	PO	ED	HS	OG
36분 기준	12.9	11.8	1.6	0.7	1.2		B+	B-	D-	D-	D-	B-	B-	B-	A	C

(C) 35 Marvin BAGLEY C-PF
마빈 배글리   1999.03.14 / 208cm

NBA 드래프트 : 2018년 1라운드 2번
NBA 우승 : 0회 / 파이널 MVP : 0회
미국   시즌 MVP : 0회 / NBA 퍼스트팀 : 0회

디트로이트와 워싱턴을 거치며 정규 시즌 50경기에 평균 21.1분씩 출전, 11.7점 6.2리바운드를 기록했다. '36분 기준 20-10'이다. 사이즈에 비해 스피드가 빠르고, 점프력이 좋다. 페이스업 상황에서 저돌적인 돌파를 통한 림어택(덩크, 레이업, 플로터)를 즐긴다. 가끔 터프 샷도 성공시킨다. 그러나 미드레인지 점퍼나 3점슛은 그야말로 '가뭄에 콩 나듯' 보기 어렵다. 리바운드는 그런대로 괜찮지만, 인사이드 수비는 약점으로 지적된다. 연봉 1250만 달러.

SHOT ZONE
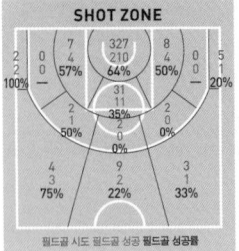

필드골 시도 141 : 408
필드골 성공 : 239

DEFENSE PER GAME			REBOUNDS PER GAME		
림에서의 거리	DFG	DFG%	림에서의 거리	CR	UCR
3점슛	1.2	34.3%	0~0.9m	1.6	0.8
2점슛	4.9	54.8%	0.9~1.8m	1.0	1.2
0~1.8m	2.9	59.6%	1.8~3.0m	0.3	0.6
0~3.0m	3.7	59.1%	3.0m 이상	0.1	0.5
4.5m 이상	1.9	37.3%			

2023-24 디트로이트+워싱턴 50경기 평균 21.1분						항목 평점	TS	MS	3PS	FT	LU	DK	ID	OD	ST	BL
항목	PTS	RB	AS	ST	BL		B+	C	C	B	B	C-	D-	C	C-	C
경기 평균	11.7	6.2	1.1	0.4	0.7	항목 평점	ORG	DRG	PS	BH	BQ	SP	PO	ED	HS	OG
36분 기준	19.9	10.7	1.9	0.7	1.1		B	C	D-	D	D	C-	B	B	B-	C+

(G) 13 Jordan POOLE SG-PG
조던 풀   1999.06.19 / 193cm

NBA 드래프트 : 2019년 1라운드 28번
NBA 우승 : 1회 / 파이널 MVP : 0회
미국   시즌 MVP : 0회 / NBA 퍼스트팀 : 0회

워싱턴의 간판스타. 다양하게 공격을 전개한다. 민첩한 퍼스트스텝으로 상대 수비를 제친 다음 플로터, 핑거롤, 더블 클러치로 마무리한다. 미드레인지와 라인 밖에서 풀업 점퍼, 캐치&슛을 자유자재로 구사한다. 프로 통산 자유투는 88%. 크로스오버 드리블, 레그 드리블, 스핀 무브 등 화려한 볼 핸들링을 선보인다. 반면, 수비는 약한 편이다. 페리미터 1대1은 어느 정도 버텨내지만, 팀 디펜스 응용력이 많이 떨어진다는 지적이다. 연봉 2965만 달러.

SHOT ZONE
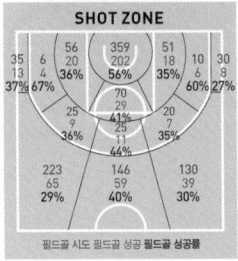

필드골 시도 805 : 1186
필드골 성공 : 490

DEFENSE PER GAME			REBOUNDS PER GAME		
림에서의 거리	DFG	DFG%	림에서의 거리	CR	UCR
3점슛	1.6	36.2%	0~0.9m	0.1	0.1
2점슛	3.8	60.2%	0.9~1.8m	0.1	0.3
0~1.8m	2.8	67.7%	1.8~3.0m	0.1	0.6
0~3.0m	3.1	62.6%	3.0m 이상	0.0	1.4
4.5m 이상	1.8	37.2%			

2023-24 워싱턴 78경기 평균 30.1분						항목 평점	TS	MS	3PS	FT	LU	DK	ID	OD	ST	BL
항목	PTS	RB	AS	ST	BL		B+	B	B+	A-	B	C	D	D	C	C
경기 평균	17.4	2.7	4.4	1.1	0.3	항목 평점	ORG	DRG	PS	BH	BQ	SP	PO	ED	HS	OG
36분 기준	20.8	3.3	5.3	1.3	0.4		D-	D-	B-	B+	C	B	B-	B	D	B-

(G) 24 Corey KISPERT SG-SF
코리 키스퍼트   1999.03.03 / 198cm

NBA 드래프트 : 2021년 1라운드 15번
NBA 우승 : 0회 / 파이널 MVP : 0회
미국   시즌 MVP : 0회 / NBA 퍼스트팀 : 0회

198cm의 스윙맨. 조던 풀과 백코트 콤비다. 키스퍼트는 3점슛 전문가다. 코트 여러 위치에서 3점포를 날리지만, 특히 좌우 윙에서 많이 시도한다. 드라이빙에 이은 레이업과 덩크도 OK. 프로 데뷔 후 85%를 넘나들던 자유투가 지난 시즌에 73%로 낮아져 아쉽다. 윙으로서 볼 핸들링이 안정적이고, 열심히 허슬 플레이를 한다. 페리미터 1대1 수비는 그런대로 나쁘지 않다. 그러나 투맨 게임, 픽&롤 응용력 등에서 약점을 보인다. 연봉 571만 달러.

SHOT ZONE
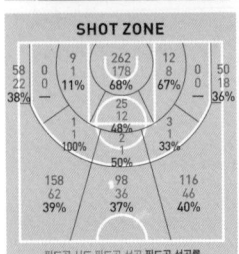

필드골 시도 536 : 794
필드골 성공 : 386

DEFENSE PER GAME			REBOUNDS PER GAME		
림에서의 거리	DFG	DFG%	림에서의 거리	CR	UCR
3점슛	1.4	36.8%	0~0.9m	0.1	0.3
2점슛	3.6	56.8%	0.9~1.8m	0.2	0.7
0~1.8m	2.6	64.1%	1.8~3.0m	0.1	0.7
0~3.0m	2.9	58.9%	3.0m 이상	0.1	0.6
4.5m 이상	1.8	39.6%			

2023-24 워싱턴 80경기 평균 25.8분						항목 평점	TS	MS	3PS	FT	LU	DK	ID	OD	ST	BL
항목	PTS	RB	AS	ST	BL		A+	B	A	D-	C-	D	D-	C	D-	D-
경기 평균	13.4	2.8	2.0	0.6	0.2	항목 평점	ORG	DRG	PS	BH	BQ	SP	PO	ED	HS	OG
36분 기준	18.4	3.9	2.7	0.9	0.3		D-	D-	D	C	C	C	D	B	B-	C+

(G) 15 Malcolm BROGDON PG-SG
말콤 브록던   1992.12.11 / 193cm

NBA 드래프트 : 2016년 2라운드 36번
NBA 우승 : 0회 / 파이널 MVP : 0회
미국   시즌 MVP : 0회 / NBA 퍼스트팀 : 0회

베테랑 백업 포인트가드. 그는 대학 시절만 해도 3&D 슈팅가드였다. 그러나 프로에서 포인트가드로 성공적으로 변신했다. 풀업 점퍼와 캐치&슛 모두 정확하다. 3점슛 41.2%, 자유투 81.2%다. 2대2 플레이에서 파생되는 기회 때 레이업으로 림을 공략하기도 한다. BQ가 높고, 코트비전이 훌륭하다. 볼을 잘 핸들링하고, 정확한 패스를 구사한다. 탄탄한 몸으로 1번~3번까지 수비할 수 있다. 상대를 슛을 어렵게 하도록 유도한다. 연봉 2250만 달러.

SHOT ZONE
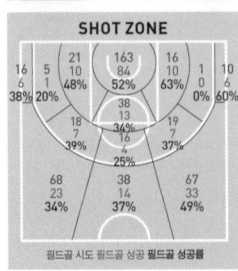

필드골 시도 318 : 496
필드골 성공 : 218

DEFENSE PER GAME			REBOUNDS PER GAME		
림에서의 거리	DFG	DFG%	림에서의 거리	CR	UCR
3점슛	0.9	29.5%	0~0.9m	0.4	0.2
2점슛	3.6	57.3%	0.9~1.8m	0.1	0.5
0~1.8m	2.5	67.6%	1.8~3.0m	0.2	0.7
0~3.0m	2.9	63.3%	3.0m 이상	0.1	1.4
4.5m 이상	1.3	32.0%			

2023-24 포틀랜드 39경기 평균 28.7분						항목 평점	TS	MS	3PS	FT	LU	DK	ID	OD	ST	BL
항목	PTS	RB	AS	ST	BL		C+	B	C+	B+	C-	D	C+	D+	D-	D-
경기 평균	15.7	3.8	5.5	0.7	0.2	항목 평점	ORG	DRG	PS	BH	BQ	SP	PO	ED	HS	OG
36분 기준	19.7	4.8	6.9	0.9	0.3		D+	C	B+	B	C+	D-	A-	A	B	C

DEFENSE pg		REBOUNDS pg																항목 & 평점									
DFG	DFG%	CR	UCR	TS	MS	3PS	FT	LU	DK	ID	OD	ST	BL	ORG	OR3	ORB	DRG	DR3	DRB	PS	BH	BQ	SP	PO	ED	HS	OG
필드골 허용	필드골 허용률	유경쟁 리바운드	무경쟁 리바운드	터프샷 성공률	중거리 슈팅	3점 슈팅	자유투 성공률	레이업 플로터	슬램 덩크	안쪽 수비	외곽 수비	스틸	블락	가드 공격RB	SF 공격RB	빅맨 공격RB	가드 수비RB	SF 수비RB	빅맨 수비RB	패스	볼 핸들링	농구 IQ	스피드 민첩성	파워	지구력	허슬 플레이	종합 평가

(G8) Carlton CARRINGTON PG
칼튼 캐링턴
2005.07.21 / 198cm

NBA 드래프트 : 2024년 1라운드 14번
미국
NBA 우승 : 0회 / 파이널 MVP : 0회
시즌 MVP : 0회 / NBA 퍼스트팀 : 0회

피츠버그대 1학년을 마치고 2024 NBA 드래 프트를 신청했다. 포틀랜드에 1라운드 14번 으로 지명된 직후 워싱턴으로 트레이드됐다. 198cm의 장신 포인트가드다. 캐치&슛 상황 에 안정된 스트로크로 3점슛을 던진다. 자유 투 성공률도 평균 이상이다. 운동 능력이 좋아 온-볼, 오프-볼 수비를 다 잘 해낸다. 그러나 림아택과 미드레인지 풀업 점퍼 성공률이 다소 들쭉날쭉하다. 스위치 상황에서 상대 빅맨에게 미스매치로 쉽게 당한다. 연봉은 445만 달러.

SHOT ZONE

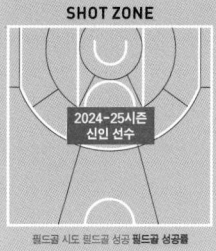

2024-25시즌 신인 선수

필드골 시도 필드골 성공 **필드골 성공률**

필드골 **0** 시도

필드골 **0** 성공

● 점프슛, 풀업 점퍼
● 레이업, 핑거롤
● 페이드어웨이
● 덩크, 앨리웁
● 훅슛
● 팁슛
● 뱅크슛

DEFENSE PER GAME			REBOUNDS PER GAME		
림에서의 거리	DFG	DFG%	림에서의 거리	CR	UCR
3점슛			0~0.9m		
2점슛			0.9~1.8m		
0~1.8m			1.8~3.0m		
0~3.0m			3.0m 이상		
4.5m 이상					

2023-24시즌 기록 없음

항목	PTS	RB	AS	ST	BL		항목 평점	TS	MS	3PS	FT	LU	DK	ID	OD	ST	BL
경기 평균	—	—	—	—	—		항목 평점	OR	DR	PS	BH	BQ	SP	ED	HS	OG	
36분 기준	—	—	—	—	—												

(G1) Johnny DAVIS SG
조니 데이비스
2002.02.27 / 193cm

NBA 드래프트 : 2022년 1라운드 10번
미국
NBA 우승 : 0회 / 파이널 MVP : 0회
시즌 MVP : 0회 / NBA 퍼스트팀 : 0회

미국프로야구(MLB) 탬파베이에서 활약 중인 외야수 조니 데이비스와 동명이인이다. 지난 시즌 팀의 '서드 유닛' 슈팅가드로 제한된 출전 시간에 스탯이 높이 쌓이진 못했다. 올 시즌은 지 난 시즌보다 출전 기회가 조금 더 늘어날 것이 다. 데이비스는 "Pass First" 마인드를 지닌 이 타적인 선수다. 볼 핸들링이 안정적이고, 수비 와 허슬 플레이에 열심히 가담한다. 문제는 빈 약한 공격력. 야투, 3점, 자유투 성공률 모두 리그 평균 이하다. 연봉은 529만 달러.

SHOT ZONE

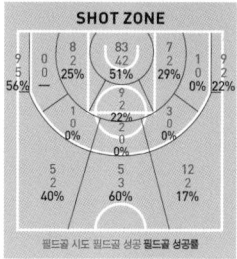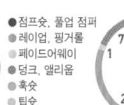

필드골 시도 필드골 성공 **필드골 성공률**

필드골 **154** 시도 **76** 59

필드골 **62** 성공 **24** 26

● 점프슛, 풀업 점퍼
● 레이업, 핑거롤
● 페이드어웨이
● 덩크, 앨리웁
● 훅슛
● 팁슛
● 뱅크슛

DEFENSE PER GAME			REBOUNDS PER GAME		
림에서의 거리	DFG	DFG%	림에서의 거리	CR	UCR
3점슛	0.6	39.7%	0~0.9m	0.1	0.2
2점슛	2.0	59.9%	0.9~1.8m	0.1	0.2
0~1.8m	1.4	67.4%	1.8~3.0m	0.0	0.4
0~3.0m	1.6	62.2%	3.0m 이상	0.1	0.3
4.5m 이상	0.7	39.7%			

2023-24 워싱턴 50경기 평균 12.3분

항목 평점	TS	MS	3PS	FT	LU	DK	ID	OD	ST	BL
	C-	D-	C	C	B-	C	D	D+	C	D-
항목	PTS	RB	AS	ST	BL		ORG	DRG	PS	BH	BQ	SP	PO	ED	HS	OG
경기 평균	3.0	1.4	0.6	0.4	0.2		C+	D-	C-	B-	D+	C+	D-	B	C-	C-
36분 기준	8.9	4.2	1.9	1.1	0.6											

(G4) Jared BUTLER PG-SG
제러드 버틀러
2000.08.25 / 191cm

NBA 드래프트 : 2021년 2라운드 40번
미국
NBA 우승 : 0회 / 파이널 MVP : 0회
시즌 MVP : 0회 / NBA 퍼스트팀 : 0회

워싱턴 위저즈와 G리그 소속 캐피탈 시티 고 를 넘나들었다. 지난 시즌 출전 경기가 40회 밖에 안 된 이유다. 올 시즌엔 투웨이 계약이 아닌 정식 계약이므로 지난 시즌보다 출전 기 회가 더 늘어날 가능성이 크다. 공격 루트는 두 가지다. 돌파 후의 레이업 아니면 3점슛. 미드 레인지 점퍼는 시도 횟수 자체가 적다. 가끔 터 프샷을 성공시킬 때가 있다. 콤보 가드로서 볼 핸들링은 나쁘지 않다. 그러나 수비, 리바운드 는 많이 부족하다. 연봉은 220만 달러.

SHOT ZONE

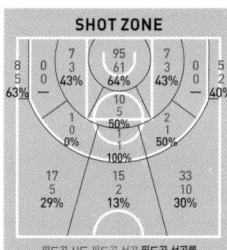

필드골 시도 필드골 성공 **필드골 성공률**

필드골 **201** 시도 **113** 79

필드골 **98** 성공 **40** 53

● 점프슛, 풀업 점퍼
● 레이업, 핑거롤
● 페이드어웨이
● 덩크, 앨리웁
● 훅슛
● 팁슛
● 뱅크슛

DEFENSE PER GAME			REBOUNDS PER GAME		
림에서의 거리	DFG	DFG%	림에서의 거리	CR	UCR
3점슛	1.0	36.0%	0~0.9m	0.0	0.0
2점슛	2.1	56.9%	0.9~1.8m	0.0	0.1
0~1.8m	1.8	58.3%	1.8~3.0m	0.0	0.5
0~3.0m	1.6	57.7%	3.0m 이상	0.0	0.2
4.5m 이상	1.2	36.8%			

2023-24 워싱턴 40경기 평균 14.2분

항목 평점	TS	MS	3PS	FT	LU	DK	ID	OD	ST	BL
	A-	D	C	C	C	D	D-	D-	C-	D-
항목	PTS	RB	AS	ST	BL		ORG	DRG	PS	BH	BQ	SP	PO	ED	HS	OG
경기 평균	6.3	1.5	3.2	0.7	0.2		D-	D-	C+	B-	D	B-	B-	B-	C-	
36분 기준	16.0	3.7	8.0	1.8	0.5											

WASHINGTON WIZARDS
2024-25 REGULAR SEASON SCHEDULE

OCTOBER, 2024		Dec. 29 vs. New York		Feb. 24 @ Orlando
Oct. 25 vs. Boston		Dec. 31 vs. New York		Feb. 25 vs. Brooklyn
Oct. 27 vs. Cleveland		**JANUARY, 2025**		Feb. 27 vs. Portland
Oct. 29 @ Atlanta		Jan. 2 vs. Chicago		**MARCH, 2025**
Oct. 31 @ Atlanta		Jan. 4 @ New Orleans		Mar. 2 @ Charlotte
NOVEMBER, 2024		Jan. 6 vs. New Orleans		Mar. 4 @ Miami
Nov. 3 vs. Miami		Jan. 8 vs. Houston		Mar. 6 vs. Utah
Nov. 5 vs. Golden State		Jan. 9 @ Philadelphia		Mar. 9 @ Toronto
Nov. 9 @ Memphis		Jan. 11 @ Chicago		Mar. 11 @ Toronto
Nov. 11 @ Orlando		Jan. 13 @ Oklahoma City		Mar. 12 @ Detroit
Nov. 12 @ Houston		Jan. 14 vs. Minnesota		Mar. 14 @ Detroit
Nov. 14 @ San Antonio		Jan. 17 vs. Phoenix		Mar. 16 @ Denver
Nov. 16 @ Atlanta		Jan. 19 @ Golden State		Mar. 17 @ LA Clippers
Nov. 18 @ Detroit		Jan. 20 @ Sacramento		Mar. 19 @ Portland
Nov. 19 @ New York		Jan. 22 @ LA Lakers		Mar. 22 vs. Orlando
Nov. 23 vs. Boston		Jan. 24 @ Utah		Mar. 23 @ New York
Nov. 25 @ Indiana		Jan. 26 @ Phoenix		Mar. 25 vs. Toronto
Nov. 27 vs. Chicago		Jan. 28 @ Dallas		Mar. 27 @ Philadelphia
Nov. 28 vs. LA Clippers		Jan. 30 vs. Toronto		Mar. 28 vs. Indiana
DECEMBER, 2024		Jan. 31 vs. LA Lakers		Mar. 30 vs. Brooklyn
Dec. 1 @ Milwaukee		**FEBRUARY, 2025**		**APRIL, 2025**
Dec. 4 @ Cleveland		Feb. 2 @ Minnesota		Apr. 1 vs. Miami
Dec. 6 vs. Dallas		Feb. 4 @ Charlotte		Apr. 3 vs. Sacramento
Dec. 8 @ Denver		Feb. 6 @ Brooklyn		Apr. 4 vs. Orlando
Dec. 9 vs. Memphis		Feb. 8 vs. Cleveland		Apr. 7 @ Boston
Dec. 20 vs. Charlotte		Feb. 9 vs. Atlanta		Apr. 9 vs. Indiana
Dec. 22 @ Milwaukee		Feb. 11 vs. San Antonio		Apr. 10 vs. Philadelphia
Dec. 24 @ Oklahoma City		Feb. 13 vs. Indiana		Apr. 12 @ Chicago
Dec. 27 vs. Charlotte		Feb. 22 vs. Milwaukee		Apr. 14 @ Miami

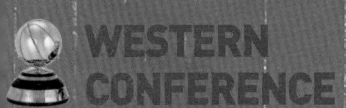
전 국 칠 웅

戰國七雄

올 시즌도 서부의 경쟁력이 더 좋다. 오클라호마시티, 덴버, 미네소타, 댈러스는 서부 최강을 놓고 경쟁한다. 피닉스와 멤피스는 컨퍼런스 판도에 중요한 변수가 될 복병들이다. 전통강호 레이커스와 골든스테이트의 선전 여부도 주목된다.

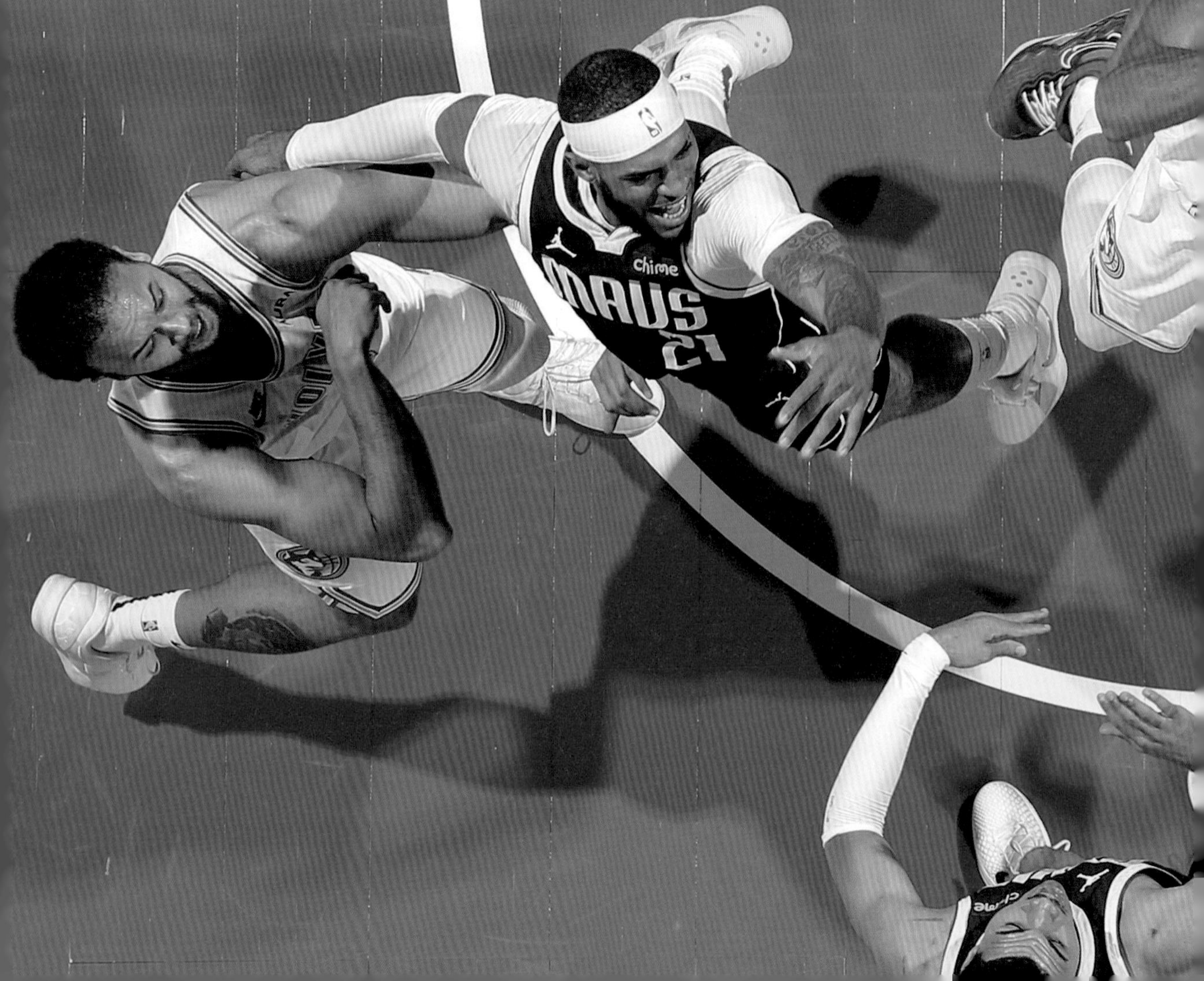

격 전 필 지

激戰必至

2024-25 WESTERN CONFERENCE ODDS

순위	TEAM	벳 365	윌리엄힐	888스포츠	벳빅터
1	Oklahoma City Thunder	3.5배	3.5배	3배	3.5배
2	Denver Nuggets	4배	4배	5배	4배
3	Minnesota Timberwolves	4.5배	4.5배	5배	4.5배
4	Dallas Mavericks	4.5배	4.5배	5배	4.5배
5	Phoenix Suns	14배	14배	12배	14배
6	Los Angeles Lakers	14배	14배	20배	14배
7	Memphis Grizzlies	18배	18배	14배	18배
8	Golden State Warriors	18배	20배	20배	18배
9	New Orleans Pelicans	20배	20배	20배	20배
10	Sacramento Kings	25배	25배	25배	25배
11	Los Angeles Clippers	22배	22배	66배	20배
12	Houston Rockets	50배	50배	30배	50배
13	San Antonio Spurs	65배	66배	80배	65배
14	Utah Jazz	500배	500배	250배	500배
15	Portland Trail Blazers	500배	500배	500배	500배

2023-24 WESTERN CONFERENCE STANDING

순위	TEAM	승	패	승률	승차
1	Oklahoma City Thunder*	57	25	69.5%	—
2	Denver Nuggets*	57	25	69.5%	—
3	Minnesota Timberwolves*	56	26	68.3%	1
4	Los Angeles Clippers*	51	31	62.2%	6
5	Dallas Mavericks*	50	32	61.0%	7
6	Phoenix Suns*	49	33	59.8%	8
7	New Orleans Pelicans*	49	33	59.8%	8
8	Los Angeles Lakers*	47	35	57.3%	10
9	Sacramento Kings	46	36	56.1%	11
10	Golden State Warriors	46	36	56.1%	11
11	Houston Rockets	41	41	50.0%	16
12	Utah Jazz	31	51	37.8%	26
13	Memphis Grizzlies	27	55	32.9%	30
14	San Antonio Spurs	22	60	26.8%	35
15	Portland Trail Blazers	21	61	25.6%	36

플레이오프 진출팀

多才多能

다 재 다 능

오클라호마시티의 셰이 길저스 알렉산더, 미네소타의 앤소니 에드워즈, 덴버의 요키치는 리그 정상급 스타들이다. 이들은 소속팀 디비전 1위 및 서부 우승을 위해 본인들의 재능을 적극적으로 활용할 것이다.

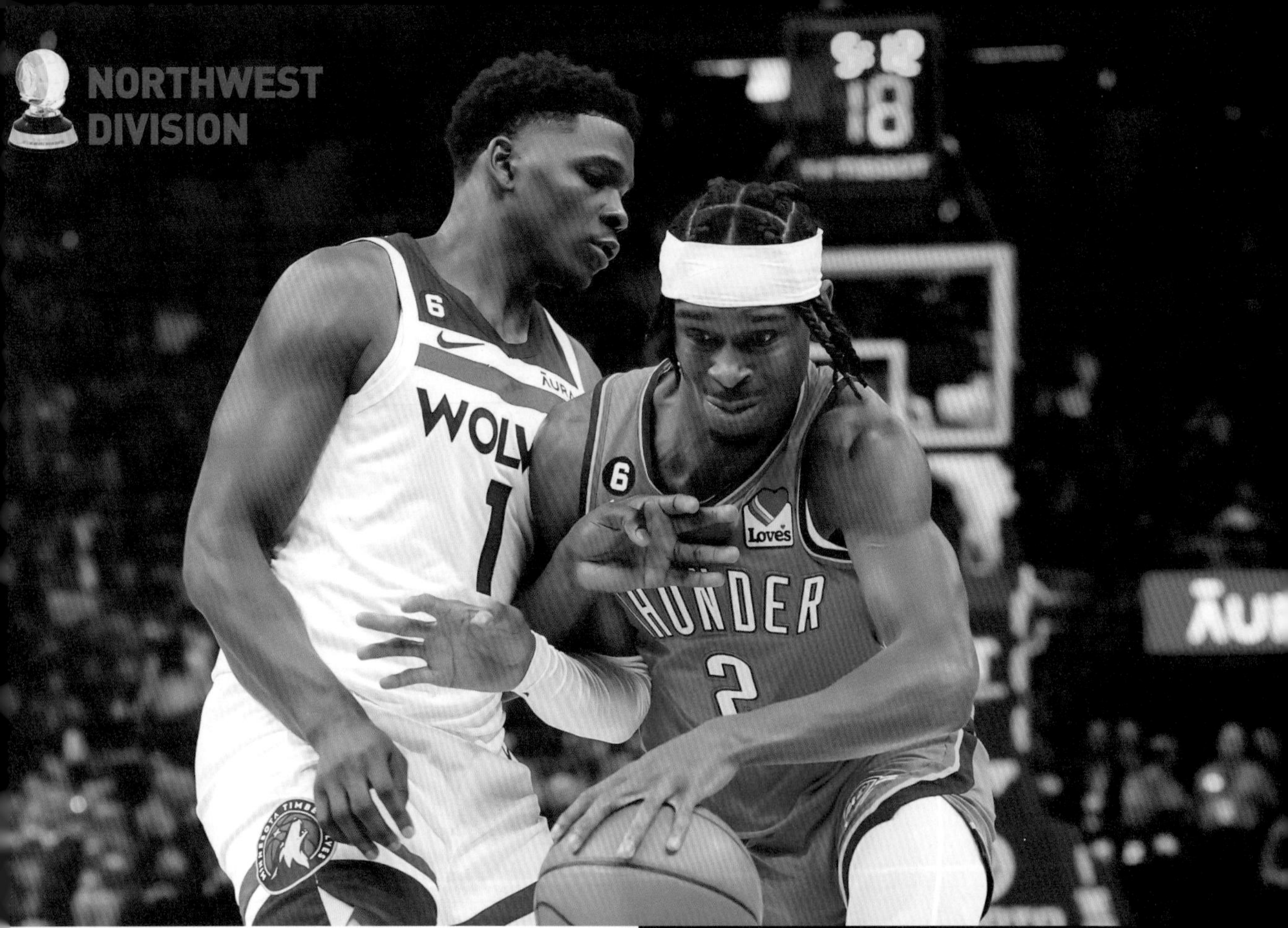

DENVER NUGGETS

2024-25 DIVISION ODDS

순위	TEAM	벳 365	스카이벳	패디파워	윌리엄힐
1	Oklahoma City Thunder	1.05배	1.38배	0.62배	1.05배
2	Denver Nuggets	2.2배	1.75배	3.2배	2.25배
3	Minnesota Timberwolves	2.4배	2.25배	2.75배	2.4배
4	Utah Jazz	500배	400배	250배	300배
5	Portland Trail Blazers	500배	500배	250배	400배

2023-24 DIVISION STANDING

순위	TEAM	승	패	승률	승차
1	Oklahoma City Thunder*	57	25	.695	—
2	Denver Nuggets*	57	25	.695	—
3	Minnesota Timberwolves*	56	26	.683	1.0
4	Utah Jazz	31	51	.378	26.0
5	Portland Trail Blazers	21	61	.256	36.0

*플레이오프 진출팀

MINNESOTA TIMBERWOLVES

OKLAHOMA CITY THUNDER

PORTLAND TRAIL BLAZERS

UTAH JAZZ

DENVER NUGGETS

魔法巨人·리그 최고 선수 요키치

뜻풀이 마술을 부리는 거인. 덴버의 센터 요키치는 명실상부한 NBA 최고의 센터다. 그는 매 경기 환상적인 플레이를 펼친다. 마치 마법사처럼 말이다.

얇아진 뎁쓰, 아쉬운 타이틀 사수

정상은 오르는 것만큼이나 지키는 것도 힘들다는 걸 깨달은 시즌이었다. MVP 니콜라 요키치가 건재한 가운데 프랜차이즈 최다승(57승) 타이기록을 세웠지만, 영광을 재현하지는 못했다. 얇아진 뎁쓰가 아쉬웠다. 우승에 큰 힘을 보탰던 브라운과 그린이 이탈했고, 대신할 퍼즐 조각을 찾지 못했다. 신인 스트로더, 피켓, 타이슨 등이 기회를 부여받았지만 해답은 되지 못했다. 머레이, 고든, 포터 등이 분투해 2라운드까지 갔지만, '높이'의 미네소타를 상대로 6~7차전 연패를 당했다.

샐러리캡에 발목 잡혀 조용했던 오프시즌

덴버는 올여름을 무척 조용히 보냈다. NBA 우승이 목표인 팀에 맞지 않게 여름 행보가 돋보이지 않았다는 얘기다. 샐러리캡 문제 탓이었다. 켄타비우스 칼드웰-포프가 이적한 점은 여러모로 아쉽다. 대신 샤리치와 웨스트브룩을 영입해 벤치를 보강했다. 마이클 말론 감독은 웨스트브룩에게 '에이스 스토퍼' 역할을 맡길 계획이다. 유기적인 움직임+공격적 수비를 따를 수 있다면 덴버에게는 더할 나위 없이 좋은 퍼즐이 될 것이다. 다리오 샤리치 역시 입체감을 더해줄 카드다.

요키치의 농구 교실, 특급 수강생 필요

2024-25시즌도 요키치의 주변 인물들이 얼마나 잘 서포트할 지가 중요하다. 요키치는 현역 NBA 최고의 선수다. 우선 올림픽에서 실망을 안긴 머레이가 얼마나 좋은 컨디션으로 시즌에 임할지가 변수다. 지난 시즌 59경기 출전에 그쳤다. 또한, 덴버는 외곽슛을 해결해야 한다. 3점슛은 요키치 효과를 극대화해줄 무기다. 그러나 전 시즌 덴버의 평균 3점슛은 11.7개로 겨우 24위였다(성공률은 37.4%로 10위). 더 자신 있게 많이 던져 상대가 사방팔방으로 헤매게 만들어야 한다.

Association　Icon　Statement　City

---

*통계는 2024년 10월 1일 기준

CLUB INFORMATION

Founded 구단 창립 1967년	Owner 크랑키 스포츠&엔터	CEO 조시 크랑키	Head Coach 마이클 말론 1971.09.15	24-25 Odds 벳365 : 10배 윌리엄힐 : 9배

Nationality ●미국 선수 11명 ●외국 선수 4명	Age 15명 평균 26.4세	Height 15명 평균 203.2cm	Weight 15명 평균 100.1kg	Salary 15명 평균 1230만 달러

Win 2023-24 : 57승 통산 : 2367승	Loss 2023-24 : 25패 통산 : 2246패	Winning% 2023-24 69.5% 통산 : 51.3%	Play-Off PO 진출 : 39회 PO 탈락 : 19회	Titles NBA우승 : 1회 컨퍼런스 : 1회

Top Scorer 니콜라 요키치 평균 26.4점	More Rebounds 니콜라 요키치 평균 12.4RB	More Assists 니콜라 요키치 평균 9.0AS	More Steals 니콜라 요키치 평균 1.4스틸	More Blocks 페이튼 왓스 평균 1.1블록

*항목별 1위는 지난 시즌 덴버 소속으로 42경기 이상 출전한 선수 중 선별

HEAD COACH & STADIUM

Michael MALONE 마이클 말론

생년월일 : 1971.09.15 / 출생지 : 미국 뉴욕주 퀸즈
경력 : 1993~1994년 볼티모어 프렌즈쿨 코치 / 1994~1995년 오클랜드대 코치 / 1995~1998년 프로비던스대 코치 / 1999~2001년 맨해튼대 코치 / 2013~2014년 새크라멘토 킹스 감독 / 2015년~ 덴버 너기츠 감독

1986년 비숍 헨드리켄고에 입학해 세튼홀 예비학교를 거쳐 우스터 아카데미에서 고교 과정을 마쳤다. 1989년 로욜라대에 입학해 가드로 활약했다. 그러나 대학 시절 그리 유명한 선수는 아니었고, 졸업 후 바로 지도자로 나섰다. 1993년 볼티모어 스쿨에서 어시스턴트로 시작했고, 1994년부터 2013년까지 대학 3개팀, NBA 4개 팀에서 어시스턴트로 일했다. 클리블랜드 캐벌리어스 소속이던 2005~2010년 사이, 팀은 272승 138패의 좋은 성적을 거뒀다. 골든 스테이트 워리어스에서 일하던 2012년에는 NBA 단장들로부터 최고의 어시스턴트로 선정된 바 있다. 2013-14시즌, 처음 NBA팀의 감독을 맡아 한 시즌을 치러냈고, 2015년 6월 15일, 덴버 너기츠 제16대 감독으로 부임했다. 말론은 2018~2019시즌, 덴버를 6년 만에 플레이오프에 진출시켰고, 서부 컨퍼런스 2번 시드, 그리고 NBA 파이널까지 이끌었다. 그는 이런 능력을 인정받아 2019 NBA 올스타전에서 '팀 리브론'의 감독을 맡았다.

BALL ARENA

구장 오픈 : 1999년 9월 18일
구장 증개축 : —
오너 : 크랑키 스포츠&엔터
수용인원 : 1만 8000명
건축비용 : 1억 8700만달러
(현재 가치) 3억 5500만달러

이전 명칭은 펩시 센터였다. 이 아레나는 콜로라도주 최고의 스포츠, 엔터테인먼트 시설 중 하나이다. 매년 스포츠 경기, 각종 공연, 음악 콘서트, 다양한 패밀리쇼, 전시회 등 250개 이상의 행사가 개최된다. 농구팀 덴버 너기츠, 하키팀 콜로라도 애벌랜치, 라크로스팀 콜로라도 매머드의 홈구장으로 사용되고 있다. 너기츠 홈구장이 된 건 1999-2000시즌부터이다.

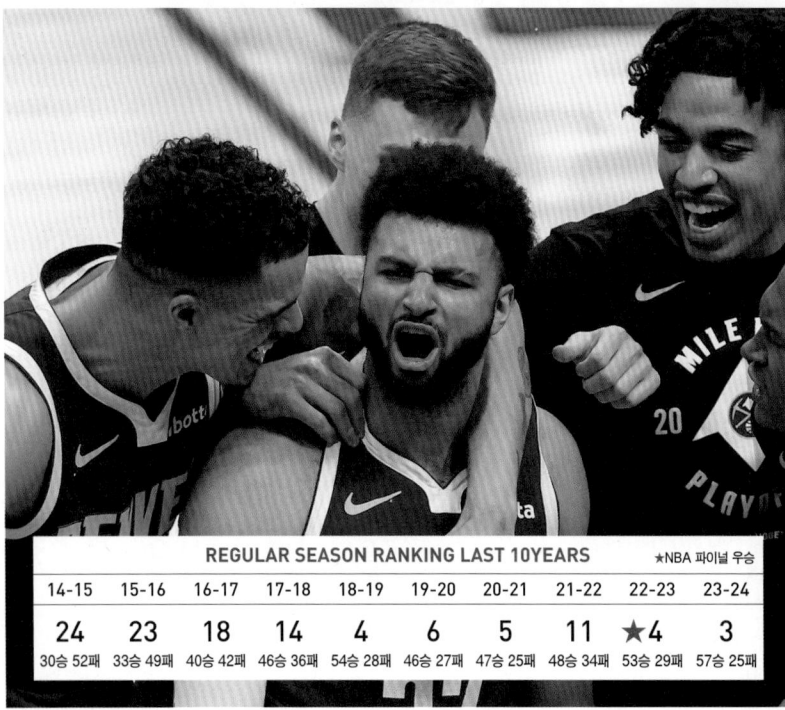

Honours

NBA CHAMPIONS	CONFERENCE TITLES	DIVISION TITLES	RETIRED NUMBERS
1	1	12	6

NBA CHAMPIONSHIPS
2023

CONFERENCE TITLES
2023

DIVISION TITLES
ABA : 1970, 1975 / NBA : 1977, 1978, 1985, 1988, 2006, 2009, 2010, 2019, 2020, 2023

RETIRED NUMBERS
2, 12, 33, 40, 44, 55, 432

REGULAR SEASON RANKING LAST 10YEARS ★NBA 파이널 우승

14-15	15-16	16-17	17-18	18-19	19-20	20-21	21-22	22-23	23-24
24	23	18	14	4	6	5	11	★4	3
30승 52패	33승 49패	40승 42패	46승 36패	54승 28패	46승 27패	47승 25패	48승 34패	53승 29패	57승 25패

TEAM POTENTIAL

88점

2위

 하프코트 세트오펜스 9점
트랜지션 오펜스 8점
하프코트 세트디펜스 9점
트랜지션 디펜스 7점
리바운드 9점

선수층 8점
선수 경험치 9점
감독 리더십 10점
감독 전술 10점
프런트 9점

*각 항목은 10점 만점, 평점은 NBA 30팀 사이 상대평가

우승 ODDS	배당	순위
bet 365	10배	5위
Paddy Power	10배	6위
William Hill	9배	5위

OFFENSIVE STYLE

트랜지션 오펜스 ——————●—— 하프코트 세트오펜스

DEFENSIVE STYLE

하이 프레스 ——————●—— 하프코트 디펜스

Player's Functions

Ball Handlers
J.머레이
R.웨스트브룩
T.알렉산더

Pull-Ups
J.머레이
M.포터 Jr.
R.웨스트브룩

Catch & Shoot
M.포터 Jr.
N.요키치
J.머레이

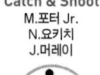

3 Pointers
M.포터
J.머레이
D.샤리치

Slam Dunkers
A.고든
M.포터 Jr.
C.브라운

Free Throw
J.머레이
M.포터 Jr.
V.찬차르

Rebounders
N.요키치
Z.나지
M.포터 Jr.

1-1 Defenders
N.요키치
A.고든
J.머레이

Ball Stealers
N.요키치
J.머레이

Key Passes
N.요키치
J.머레이
R.웨스트브룩

Hustle Players
A.고든
C.브라운
Z.나니

Rim Protectors
Z.나지
P.왓슨

SQUAD & TACTICS

STARTERS

PF 애런 고든
31.5분, 13.9점
6.5RB, 3.5AS

C 니콜라 요키치
34.6분, 26.4점
12.4RB, 9.0AS

SF 마이클 포터 Jr.
31.7분, 16.7점
7.0RB, 1.5AS

SG 크리스천 브라운
20.2분, 7.3점
3.7RB, 1.6AS

PG 저말 머레이
31.5분, 21.2점
4.1RB, 6.5AS

OFF THE BENCH

PG 러셀 웨스트브룩
22.5분, 11.1점
5.0RB, 4.5AS

SG 줄리안 스트로더
10.9분, 4.5점
1.2RB, 0.9AS

SF 페이튼 왓슨
18.6분, 6.7점
3.2RB, 1.1AS

PF 다리오 샤리치
17.2분, 8.0점
4.4RB, 2.3AS

C 지크 나지
9.9분, 3.2점
2.2RB, 0.6AS

G 트레이 알렉산더
G 제일런 피켓
F 헌터 타이슨
F 블라트코 찬차르
C 디안드레 조던

OFFENSE MECHANISM

덴버의 공격은 요키치, 그 자체다. 트리플더블 전체 2위(25회), 어시스트 9.0개 등 공격의 중추적인 역할을 했다. 세트 상황에서 볼 없는 움직임으로 공격 기회를 창출했는데, 그 과정에서 수비 이목을 끌고 대형을 깨는 역할을 요키치가 잘 해냈다. 핸드오프(2위), 컷인(3위), 오프 스크린(5위) 등 순위가 높은 배경이다. 요키치의 포스트업도 핵심무기다. 정규시즌 6.9점(1위), 플레이오프 6.4점(3위)이었다. 오펜스의 높은 완성도 뒤에는 베테랑들의 수행능력도 있었다. 고든, 머레이 등은 좋은 스크리너이자 커터다. 샤리치와 웨스트브룩은 덴버 농구에 옵션을 더할 것이다. 샤리치는 스크린 후 다이브와 팝 모두 좋고, 웨스트브룩은 클리퍼스에서도 하든과 손발을 맞출 때 뛰어난 커터로 역할을 해냈다.

DEFENSE MECHANISM

지난 시즌 실점 6위(109.6점), 디펜시브 레이팅 8위(113.0점)로 밸런스가 좋았다. 마이클 말론 감독은 단기전에서 상대 약점을 잘 공략하고, 팀의 단점은 잘 가리는 감독이다. 지난 시즌 클러치 구간에서 상대 3점슛을 23.3%로 틀어막으며 최저 실점(6.8점)을 기록했다. 2대2 상황에서 핸들러를 기습적으로 더블팀으로 압박하고, 이때 우려되는 3대 4 상황은 적절한 위치 배치를 통해 상쇄해 역습을 노린다. 마이클 포터와 크리스천 브라운을 잘 활용한 결과다. 애런 고든은 덴버 수비의 가장 중요한 존재다. 가드부터 빅맨까지 다양한 선수와 매치가 가능하다. 마이클 말론은 새 시즌 클러치 구간에 웨스트브룩을 투입할 것이라 밝혔다. 여전히 에너지가 넘치고 탄력이 좋아 상대 압박이 가능할 것이다.

2023-24 SEASON PERFORMANCE

DENVER NUGGETS vs. OPPONENTS PER GAME STATS

덴버 vs 상대팀

	득실점	F↑ 필드골성공	FG% 필드골	3↑ 3점슛성공	3P% 3점슛 %	FT% 자유투성공	OR 공격리바운드	RB 리바운드	A↑ 어시스트	스틸	블락	턴오버	파울

114.9	109.6	44.0 **F↑** 40.6	49.6% **FG%** 46.2%	11.7 **3↑** 11.2	37.4% **3P%** 35.5%	15.1 17.1	76.2% **FT%** 77.2%
10.7 **OR** 10.9	44.4 **RB** 42.3	29.5 **A↑** 25.7	7.1 7.0	5.6 4.8	12.6 12.4	18.2 17.9	

LINE-UP

* 덴버는 지난 시즌 총 327개의 라인업을 가동시켰다. 그중 출전 시간이 가장 길었던 20개를 골라 게재했다.

5-MEN COMBINATION	MIN	PPG	RPG	APG
K. Caldwell-Pope - A. Gordon - N. Jokic - J. Murray - M. Porter Jr.	958	51.2	18.4	12.8
R. Jackson - K. Caldwell-Pope - A. Gordon - N. Jokic - M. Porter Jr.	444	22.7	7.7	5.3
R. Jackson - K. Caldwell-Pope - N. Jokic - C. Braun - P. Watson	90	4.1	1.9	1.4
R. Jackson - Z. Nnaji - J. Strawther - C. Braun - P. Watson	86	3.8	4.4	2.5
D. Jordan - R. Jackson - J. Murray - C. Braun - P. Watson	81	3.9	4.6	2.0
K. Caldwell-Pope - A. Gordon - N. Jokic - M. Porter Jr. - C. Braun	73	3.1	6.8	2.8
J. Holiday - A. Gordon - N. Jokic - J. Murray - M. Porter Jr.	66	3.4	8.6	5.7
K. Caldwell-Pope - A. Gordon - N. Jokic - M. Porter Jr. - P. Watson	64	3.4	3.6	3.6
R. Jackson - J. Murray - Z. Nnaji - C. Braun - P. Watson	63	2.4	3.9	2.1
J. Holiday - J. Murray - Z. Nnaji - C. Braun - P. Watson	57	2.7	5.9	4.0
K. Caldwell-Pope - A. Gordon - N. Jokic - M. Porter Jr. - C. Gillespie	53	2.8	6.8	4.8
R. Jackson - J. Holiday - N. Jokic - C. Braun - P. Watson	50	2.4	2.6	1.5
R. Jackson - K. Caldwell-Pope - A. Gordon - N. Jokic - C. Braun	48	2.6	2.3	1.5
D. Jordan - R. Jackson - J. Strawther - C. Braun - P. Watson	43	2.0	4.2	2.4
R. Jackson - J. Holiday - K. Caldwell-Pope - N. Jokic - M. Porter Jr.	42	2.9	8.5	9.5
R. Jackson - J. Holiday - A. Gordon - N. Jokic - M. Porter Jr.	39	1.9	5.3	4.8
R. Jackson - J. Holiday - Z. Nnaji - C. Braun - P. Watson	38	1.7	3.6	2.3
K. Caldwell-Pope - N. Jokic - J. Murray - M. Porter Jr. - C. Braun	35	2.2	7.5	7.8
R. Jackson - K. Caldwell-Pope - A. Gordon - M. Porter Jr. - C. Braun	32	1.6	9.0	7.3
R. Jackson - M. Porter Jr. - Z. Nnaji - C. Braun - P. Watson	32	1.5	3.9	3.0

PASS COMBINATIONS

→ 해당 선수가 경기당 동료로부터 패스 받은 횟수
→ 해당 선수가 경기당 동료들에게 패스 해준 횟수

받은	선수	해준
67.9	니콜라 요키치	74.9
58.4	저멀 머레이	46.7
39.0	레지 잭슨	33.7
28.4	애런 고든	28.3
25.8	켄터비우스 콜드웰-포프	26.3
26.1	마이클 포터 Jr.	25.8
18.0	크리스천 브라운	20.9
15.4	페이턴 왓슨	19.2
17.4	콜린 길레스피	16.5
10.9	저스틴 할러데이	11.4
12.4	줄리안 스트로더	10.9
7.7	디앤드리 조던	9.7
9.0	제일런 피켓	8.9
7.3	지크 나지	7.6
4.3	브랙스턴 키	5.1
3.7	제이 허프	3.7
3.5	헌터 타이슨	3.1

2023-24 RANKING

* 는 수치가 낮을수록 랭킹이 높아짐

덴버	랭킹	GENERAL	상대팀*	랭킹
114.9	14위	득점 / 실점	109.6	6위
44.4	7위	리바운드	42.3	7위
29.5	3위	어시스트	25.7	9위
7.1	21위	스틸	7.0	9위
5.6	10위	블락	4.8	12위

득점*	랭킹	PLAYTYPE	실점*	랭킹
5.1	23위	아이솔레이션	6.9	15위
19.4	22위	트랜지션	20.5	9위
12.6	29위	픽&롤 볼핸들러	14.1	3위
7.0	18위	픽&롤 롤맨	8.0	24위
9.3	1위	포스트-업	5.0	22위
24.4	29위	스팟-업	26.3	11위
6.8	2위	핸드오프	5.2	17위
13.2	3위	커팅	—	—
5.3	5위	오프 스크린	3.8	9위
6.8	12위	풋백	6.2	6위
2.9	18위	기타	—	—

SHOT ZONE

구간별 슈팅 및 성공률

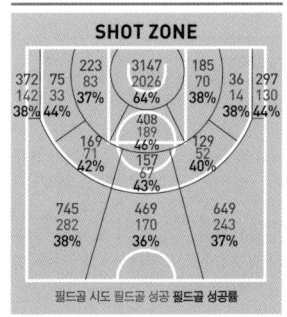

SHOT ZONE

필드골 시도 / 필드골 성공 / 필드골 성공률

항목	FGA	FGM	FG%	3PA	3PM	3P%
캐치&슛	24.9	9.9	39.7%	22.3	8.5	38.2%
풀업	21.8	8.8	40.4%	8.6	3.0	34.8%
3m 안쪽	41.1	24.8	60.3%	—	—	—
TOTAL	88.7	43.8	49.4%	31.2	11.6	37.1%

SHOT REPERTORIES

필드골 시도

3.6 / 1.8 / 2.8 / 5.6 / 3.7 / 평균 **88.8** 48.9 / 22.4 / 12.7 / 10.6 / 14.8

● 점프슛, 풀업 점퍼
● 레이업, 핑거롤
● 페이드어웨이
● 덩크, 앨리웁 덩크
● 훅슛
● 팁슛
● 뱅크슛

드리블과 슈팅 시도

평균 **88.8** 42.2 / 14.8 / 10.6

● 0드리블 + 슈팅
● 1드리블 + 슈팅
● 2드리블 + 슈팅
● 3~6드리블 + 슈팅
● 7+ 드리블 + 슈팅

필드골 성공

1.8 / 1.0 / 1.4 / 5.1 / 평균 **44.0** 20.2 / 1.6 / 12.9

드리블과 슈팅 성공

4.0 / 평균 **44.0** 21.4 / 5.4 / 6.5

SHOOTING

필드골 시도

19.8 / 10.5 / 평균 **88.8** 34.4 / 24.1

공격수와 수비수의 거리
● 0~0.6m
● 0.6~1.2m
● 1.2~1.8m
● 1.8m 이상

필드골 시도

8.0 / 3.0 / 10.6 / 10.6 / 평균 **88.8** 11.3 / 45.3

남은 시간
● 22~24초
● 18~22초
● 15~18초
● 7~15초
● 4~7초
● 0~4초

필드골 성공

8.7 / 5.3 / 평균 **44.0** 18.3 / 11.7

필드골 성공

3.2 / 1.6 / 5.1 / 5.9 / 평균 **44.0** 5.3 / 22.9

OPPONENT SHOOTING

상대 필드골 시도

18.9 / 8.7 / 평균 **87.9** 36.4 / 23.9

공격수와 수비수의 거리
● 0~0.6m
● 0.6~1.2m
● 1.2~1.8m
● 1.8m 이상

상대 필드골 시도

7.8 / 2.1 / 9.1 / 11.2 / 평균 **87.9** 14.9 / 42.8

남은 시간
● 22~24초
● 18~22초
● 15~18초
● 7~15초
● 4~7초
● 0~4초

필드골 허용

7.9 / 3.9 / 평균 **40.6** 18.1 / 10.7

필드골 허용

2.8 / 1.2 / 3.9 / 5.7 / 평균 **40.6** 7.0 / 20.0

CONTESTED REBOUNDS

공격 리바운드

0.7 / 0.4 / 평균 **6.9** 3.3 / 2.5

수비 리바운드

0.5 / 1.2 / 평균 **8.8** 3.5 / 3.6

림 아래부터 리바운드 위치까지의 거리
● 0~0.9m ● 0.9~1.8m ● 1.8~3m ● 3m 이상

UNCONTESTED REBOUNDS

공격 리바운드

0.7 / 1.8 / 평균 **4.0** 0.8 / 0.7

수비 리바운드

4.8 / 5.3 / 1.8 / 평균 **24.4** 8.4 / 5.9

림 아래부터 리바운드 위치까지의 거리
● 0~0.9m ● 0.9~1.8m ● 1.8~3m ● 3m 이상

DEFENSE OF 57 WINS

필드골 허용 %

45.2%

상대 필드골 시도 88.8
필드골 허용 40.1

3점슛 허용 %

33.8%

상대 3점슛 시도 31.7
3점슛 허용 10.7

DEFENSE OF 25 LOSSES

필드골 허용 %

48.7%

상대 필드골 시도 85.9
필드골 허용 41.8

3점슛 허용 %

39.5%

상대 3점슛 시도 31.1
3점슛 허용 12.3

DEFENSE pg		REBOUNDS pg		항목 & 평점

DFG	DFG%	CR	UCR	TS	MS	3PS	FT	LU	DK	ID	OD	ST	BL	ORG	OR3	ORB	DRG	DR3	DRB	PS	BH	BQ	SP	PO	ED	HS	OG
필드골 허용	필드골 허용률	유경쟁 리바운드	무경쟁 리바운드	터프샷 성공률	미드샷 성공률	3점 성공률	자유투 성공률	레이업 플로터	슬램 덩크	안쪽 수비	외곽 수비	스틸	블락	가드 공격RB	SF 공격RB	빅맨 공격RB	가드 수비RB	SF 수비RB	빅맨 수비RB	패스	볼 핸들링	농구 IQ	민첩성	파워	지구력	허슬 플레이	종합 평가

Michael PORTER JR. SF

F 1

마이클 포터 Jr. | 1998.06.29 / 208cm

NBA 드래프트: 2018년 1라운드 14번
NBA 우승: 1회 / 파이널 MVP: 0회
미국 | 시즌 MVP: 0회 / NBA 퍼스트팀: 0회

부상 없이 정규 시즌 81경기에 풀타임 선발 출전했다. 키가 크고, 윙스팬이 긴 3번이다. 특기는 슈팅. 미드레인지 점퍼와 3점슛 모두 리그 정상급이다. 풀업과 캐치&슛이 다 좋다. 릴리스 포인트가 높고, 부드러운 슛터치와 안정된 스트로크로 코트 전 지역에서 폭발적인 슈팅을 터뜨린다. 림어택, 자유투, 오프-더-볼 무브도 수준급. 부상으로 여러 차례 수술을 받은 탓인지 내·외곽 수비, 스틸, 블락 등 전체적인 수비력은 좋지 않다. 연봉은 3586만 달러.

SHOT ZONE

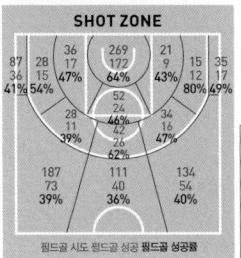

필드골 시도 1079 / 799
필드골 성공 522 / 346

DEFENSE PER GAME			REBOUNDS PER GAME		
림에서의 거리	DFG	DFG%	림에서의 거리	CR	UCR
3점슛	1.1	43.3%	0~0.9m	1.0	1.4
2점슛	3.7	53.4%	0.9~1.8m	0.8	1.9
0~1.8m	2.5	59.9%	1.8~3.0m	0.3	0.9
0~3.0m	3.0	56.1%	3.0m 이상	0.1	0.7
4.5m 이상	1.5	42.3%			

2023-24 덴버 81경기 평균 31.7분					
항목	PTS	RB	AS	ST	BL
경기 평균	16.7	7.0	1.5	0.5	0.7
36분 기준	19.0	7.9	1.7	0.6	0.7

항목 평점	TS	MS	3PS	FT	LU	DK	ID	OD	ST	BL
	A-	A	A	B	C	A-	B-	D	C	C
항목 평점	OR3	DR3	PS	BH	BQ	SP	PO	ED	HS	OG
	C+	A-	D	C+	C-	B-	C	B+	B-	B

Aaron GORDON PF-SF

F 32

애런 고든 | 1995.09.16 / 203cm

NBA 드래프트: 2014년 1라운드 4번
NBA 우승: 1회 / 파이널 MVP: 0회
미국 | 시즌 MVP: 0회 / NBA 퍼스트팀: 0회

폭발적인 운동능력을 소유한 선수다. '언더 사이즈 4번'이지만, 빅윙의 역할이 중요한 현대 농구 트렌드에서 장점을 살릴 수 있다. 슬램덩크 컨테스트에서 보듯, 리그 최상급 덩크 아티스트다. 레이업, 핑거롤, 플로터를 자신 있고 부드럽게 얹는다. 과거에 비해서는 미드레인지 점퍼와 3점슛 빈도가 늘기는 했다. 그러나 여전히 림어택이 필드골의 대부분을 차지한다. 인사이드 수비, 페리미터 수비, 허슬 플레이가 모두 평균 이상이다. 연봉은 2284만 달러.

SHOT ZONE

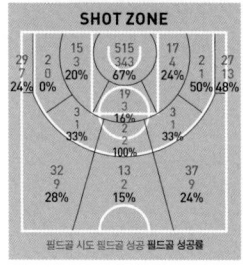

필드골 시도 716 / 241
필드골 성공 398 / 130

DEFENSE PER GAME			REBOUNDS PER GAME		
림에서의 거리	DFG	DFG%	림에서의 거리	CR	UCR
3점슛	1.1	33.7%	0~0.9m	1.2	0.6
2점슛	3.9	48.0%	0.9~1.8m	1.0	1.1
0~1.8m	2.4	59.3%	1.8~3.0m	0.4	0.8
0~3.0m	3.0	53.9%	3.0m 이상	0.2	0.6
4.5m 이상	1.7	34.3%			

2023-24 덴버 73경기 평균 31.5분					
항목	PTS	RB	AS	ST	BL
경기 평균	13.9	6.5	3.5	0.8	0.6
36분 기준	15.9	7.4	4.1	0.9	0.7

항목 평점	TS	MS	3PS	FT	LU	DK	ID	OD	ST	BL
	B	D-	C-	D-	B	A	C+	B	D+	D-
항목 평점	ORB	DRB	PS	BH	BQ	SP	PO	ED	HS	OG
	C-	C	D	C	C	C-	A	A	A	B

Dario ŠARIĆ PF-C

F 9

다리오 샤리치 | 1994.04.08 / 208cm

NBA 드래프트: 2014년 1라운드 12번
NBA 우승: 0회 / 파이널 MVP: 0회
크로아티아 | 시즌 MVP: 0회 / NBA 퍼스트팀: 0회

크로아티아 시베니크 출생. 2009~2016년 유럽 리그의 여러 클럽에서 활약했다. 2014 드래프트에서 올랜도에 지명됐고, 필라델피아로 트레이드된 후 2016-17시즌부터 NBA에서 활약했다. 올어라운드형 PFC다. 가끔 센터로도 출전한다. 안정된 볼 핸들링과 정확한 패스를 구사한다. 스트레치 빅맨으로 탑과 좌우 윙에서 던지는 3점슛은 강력한 무기다. 사이드스텝이 좋아 3번~5번을 다 수비할 수 있다. 림 프로텍팅은 부족하다. 시즌 연봉은 517만 달러.

SHOT ZONE

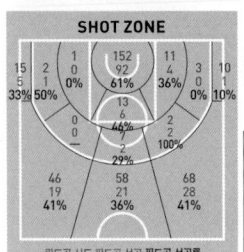

필드골 시도 388 / 239
필드골 성공 181 / 90

DEFENSE PER GAME			REBOUNDS PER GAME		
림에서의 거리	DFG	DFG%	림에서의 거리	CR	UCR
3점슛	1.1	41.0%	0~0.9m	0.8	0.5
2점슛	4.0	53.6%	0.9~1.8m	0.7	1.4
0~1.8m	2.6	56.7%	1.8~3.0m	0.3	0.7
0~3.0m	3.2	55.6%	3.0m 이상	0.1	0.4
4.5m 이상	1.3	39.9%			

2023-24 골든스테이트 64경기 평균 17.2분					
항목	PTS	RB	AS	ST	BL
경기 평균	8.0	4.4	2.3	0.5	0.2
36분 기준	16.9	9.3	4.7	1.0	0.3

항목 평점	TS	MS	3PS	FT	LU	DK	ID	OD	ST	BL
	A-	C-	B-	C	D	D	C+	C+	C-	D
항목 평점	ORB	DRB	PS	BH	BQ	SP	PO	ED	HS	OG
	D-	C+	C	D+	C	D	D	B-	B	C+

Peyton WATSON SF-SG

F 8

페이튼 왓슨 | 2002.09.11 / 201cm

NBA 드래프트: 2022년 1라운드 30번
NBA 우승: 1회 / 파이널 MVP: 0회
미국 | 시즌 MVP: 0회 / NBA 퍼스트팀: 0회

좋은 사이즈와 긴 윙스팬을 지닌 스윙맨. 상대 페인트존을 과감하게 자르고 들어가는 슬래셔 타입. 전체 필드골의 절반 이상이 림 근처에서 이뤄진다. 호쾌한 덩크를 자랑하지만, 레이업 성공률은 평균 이하다. 그리고, 외곽슛, 모션 오펜스 응용력도 약점이다. 최대 장점은 수비. 특히 블락은 웬만한 빅맨을 능가하는 수준이다. 상대의 림어택을 따라가면서 위에서 찍어버리는 블락은 단연 압권이다. 수비 리바운드도 평균 이상이다. 연봉은 241만 달러.

SHOT ZONE

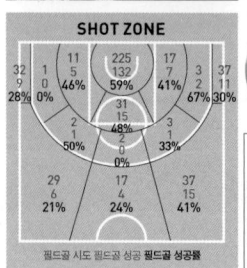

필드골 시도 447 / 218
필드골 성공 208 / 57

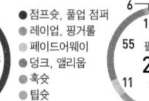

DEFENSE PER GAME			REBOUNDS PER GAME		
림에서의 거리	DFG	DFG%	림에서의 거리	CR	UCR
3점슛	2.8	43.7%	0~0.9m	0.3	0.6
2점슛	1.8	48.3%	0.9~1.8m	0.3	0.7
0~1.8m	2.2	46.1%	1.8~3.0m	0.2	0.6
0~3.0m	3.8	42.4%	3.0m 이상	0.1	0.4
4.5m 이상	1.2	36.2%			

2023-24 덴버 80경기 평균 18.6분					
항목	PTS	RB	AS	ST	BL
경기 평균	6.7	3.2	1.1	0.5	1.1
36분 기준	12.9	6.2	2.1	1.0	2.1

항목 평점	TS	MS	3PS	FT	LU	DK	ID	OD	ST	BL
	C+	D	C	C+	D	C	D	C+	C+	A-
항목 평점	OR3	DR3	PS	BH	BQ	SP	PO	ED	HS	OG
	D-	C-	D	C-	C+	D-	B+	C	C

DEFENSE pg		REBOUNDS pg															항목 & 평점								
DFG	DFG%	CR	UCR	TS	MS	3PS	FT	LU	DK	ID	OD	ST	BL	ORG	OR3	ORB	DRG	DR3	DRB	PS	BH	BQ	SP	PO	ED	HS	OG
필드골 허용	필드골 허용률	유경쟁 리바운드	무경쟁 리바운드	터프샷 성공률	중거리 슈팅	3점 슈팅	자유투 성공률	레이업 플로터	슬램 덩크	안쪽 수비	외곽 수비	스틸	블락	가드 공격RB	SF 공격RB	빅맨 공격RB	가드 수비RB	SF 수비RB	빅맨 수비RB	패스	볼 핸들링	농구 IQ	스피드 민첩성	파워 지구력		허슬 플레이	종합 평가

Vlatko ČANČAR PF-SF
블라트코 찬차르

F 31 / 1997.04.10 / 203cm

NBA 드래프트 : 2017년 2라운드 49번
NBA 우승 : 0회 / 파이널 MVP : 0회
슬로베니아
시즌 MVP : 0회 / NBA 퍼스트팀 : 0회

왼 무릎 수술을 받고 지난 시즌을 통째로 날렸다. 건강이 그 무엇보다도 중요하다. 슬로베니아 코페르 출신으로 2014~2020년 유럽 리그의 여러 클럽에서 뛰었고, 2019-20시즌부터 NBA에서 활약해왔다. 팀의 '서드 유닛' 파워포워드다. 무릎 수술 전까지의 스탯을 보면 미드레인저 점퍼와 3점슛에 강점이 있는 선수다. 돌파에 이은 레이업도 OK. 그러나 수비와 리바운드는 약점이다. 수술 이후에는 그 약점이 더 부각 될 수 있다. 연봉은 209만 달러.

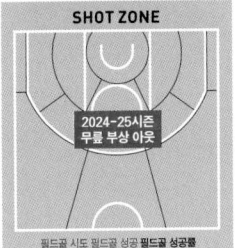

SHOT ZONE

필드골 시도 0 / 필드골 성공 0

2024-25시즌 무릎 부상 아웃

● 점프슛, 풀업 점퍼
● 레이업, 핑거롤
● 페이더웨이
● 덩크, 앨리웁
● 훅슛
● 팁슛
● 뱅크슛

DEFENSE PER GAME			REBOUNDS PER GAME		
림에서의 거리	DFG	DFG%	림에서의 거리	CR	UCR
3점슛	—	—	0~0.9m	—	—
2점슛	—	—	0.9~1.8m	—	—
0~1.8m	—	—	1.8~3.0m	—	—
0~3.0m	—	—	3.0m 이상	—	—
4.5m 이상	—	—			

필드골 시도 필드골 성공 필드골 성공률

2023-24시즌 기록 없음					
항목	PTS	RB	AS	ST	BL
경기 평균	—	—	—	—	—
36분 기준	—	—	—	—	—

항목	TS	MS	3PS	FT	LU	DK	ID	OD	ST	BL
평점	B+	C-	B-	A-	C+	D	D-	C-	—	—
항목	ORB	DRB	PS	BH	BQ	SP	PO	ED	HS	OG
평점	D-	D-	D	D+	D-	D-	B-	D	—	C-

Hunter TYSON PF-SF
헌터 타이슨

F 4 / 2000.06.13 / 203cm

NBA 드래프트 : 2023년 2라운드 37번
NBA 우승 : 0회 / 파이널 MVP : 0회
미국
시즌 MVP : 0회 / NBA 퍼스트팀 : 0회

스트레치 4번. 지난 시즌 G리그 출전 및 부상으로 정규리그 18경기 출전에 그쳤다. 올 시즌은 어떻게 될지 궁금하다. 210cm의 긴 윙스팬을 적극적으로 활용한다. 그의 별명은 '스나이퍼'. 캐치&슛으로 정확히 림을 가른다. 스페이싱을 활용해 오픈 3점 기회를 잘 만들어낸다. 그러나 스피드 부족으로 상대 수비를 제치거나 림을 공략하는 능력은 떨어진다. 수비가 약하기에 상대 팀은 그를 스위치 상대로 선택할 때가 많다. 연봉은 189만 달러.

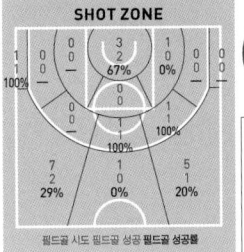

SHOT ZONE

필드골 시도 20 16 / 필드골 성공 8 6

1 100% / 3 0 2 1 / 67% 0% / 100% / 7 2 29% 0% / 5 1 20%

● 점프슛, 풀업 점퍼
● 레이업, 핑거롤
● 페이더웨이
● 덩크, 앨리웁
● 훅슛
● 팁슛
● 뱅크슛

DEFENSE PER GAME			REBOUNDS PER GAME		
림에서의 거리	DFG	DFG%	림에서의 거리	CR	UCR
3점슛	0.2	14.3%	0~0.9m	0.1	0.0
2점슛	0.6	66.7%	0.9~1.8m	0.0	0.0
0~1.8m	0.4	80.0%	1.8~3.0m	0.0	0.3
0~3.0m	0.5	83.3%	3.0m 이상	0.0	0.1
4.5m 이상	0.4	13.3%			

필드골 시도 필드골 성공 필드골 성공률

2023-24 덴버 18경기 평균 2.7분					
항목	PTS	RB	AS	ST	BL
경기 평균	1.1	0.5	0.1	0.1	0.0
36분 기준	15.0	6.8	1.5	0.7	0.0

항목	TS	MS	3PS	FT	LU	DK	ID	OD	ST	BL
평점	C-	C	C	B-	C	C	D-	D	D-	C-
항목	ORB	DRB	PS	BH	BQ	SP	PO	ED	HS	OG
평점	D-	D-	D	D+	D	D+	D-	B+	C	C

Nikola JOKIĆ C
니콜라 요키치

C 15 / 1995.02.19 / 211cm

NBA 드래프트 : 2014년 2라운드 41번
NBA 우승 : 1회 / 파이널 MVP : 1회
세르비아
시즌 MVP : 3회 / NBA 퍼스트팀 : 4회

명실상부한 NBA 최고의 선수. 최근 4년간 무려 3차례나 시즌 MVP로 선정됐다. '조커'라는 별명처럼 정말 다재다능하다. 빅맨이면서도 3점슛, 미드레인지 점퍼, 레이업, 핑거롤, 풋백, 뱅크슛, 훅슛 등 모든 종류의 슈팅을 최고 수준으로 성공시킨다(오히려 덩크 횟수는 적다). 리그 정상급 BQ로 환상적인 패스플레이를 펼친다. 온-볼 상황 탑에 포진해 공격 전술을 직접 지휘한다. 리바운드, 인사이드 1대1 수비도 리그 최상급이다. 연봉은 5142만 달러.

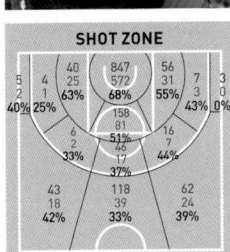

SHOT ZONE

필드골 시도 1411 382 / 필드골 성공 822 278

61 54 / 18 69 218 609 / 40% 25% / 40 847 572 63% 68% 55% / 56 31 55% / 3 43% 0%
158 81 6 51% 33% 2 44% 37%
43 118 62 42% 33% 39%
36 39 / 128 298 / 17 26 822 278

● 점프슛, 풀업 점퍼
● 레이업, 핑거롤
● 페이더웨이
● 덩크, 앨리웁
● 훅슛
● 팁슛
● 뱅크슛

DEFENSE PER GAME			REBOUNDS PER GAME		
림에서의 거리	DFG	DFG%	림에서의 거리	CR	UCR
3점슛	1.5	35.9%	0~0.9m	3.0	2.2
2점슛	8.7	55.1%	0.9~1.8m	2.1	2.8
0~1.8m	5.5	64.7%	1.8~3.0m	0.3	0.9
0~3.0m	6.7	59.7%	3.0m 이상	0.1	0.6
4.5m 이상	3.7	37.4%			

필드골 시도 필드골 성공 필드골 성공률

2023-24 덴버 79경기 평균 34.6분					
항목	PTS	RB	AS	ST	BL
경기 평균	26.4	12.4	9.0	1.4	0.9
36분 기준	27.4	12.8	9.3	1.4	0.9

항목	TS	MS	3PS	FT	LU	DK	ID	OD	ST	BL
평점	A+	A	B-	C+	A-	A-	A-	D-	B	D+
항목	ORB	DRB	PS	BH	BQ	SP	PO	ED	HS	OG
평점	C+	A	A	C	A	D-	A-	A+	B-	A+

Zeke NNAJI PF-C
지크 나지

C 22 / 2001.01.09 / 206cm

NBA 드래프트 : 2020년 1라운드 22번
NBA 우승 : 1회 / 파이널 MVP : 0회
미국
시즌 MVP : 0회 / NBA 퍼스트팀 : 0회

센터 206cm의 키는 평범하지만, 윙스팬이 무려 220cm다. 이런 신체조건과 폭발적인 운동 능력을 활용해 림을 직접 공략한다. 지난 시즌 전체 필드골 성공 횟수 69회 중 62회가 림 근처에서 이뤄졌다. 그 비중은 무려 90%(!). 돌고래처럼 솟구쳐 찍어대는 블락은 그야말로 압권이다. 그러나 팀플레이를 더 생각할 필요가 있다. 공격 리바운드를 잡으면 무조건 풋백을 시도한다. 그러다 슛을 놓치거나 막힐 때가 많은 데도 말이다. 연봉은 889만 달러.

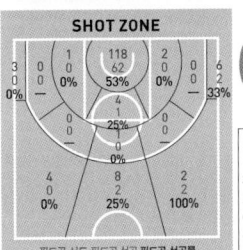

SHOT ZONE

필드골 시도 149 73 / 필드골 성공 69 34

22 30 / 23 1 149 73 / 0% 0% / 118 62 53% 0% / 6 2 33%
2 25% 4 0% 0%
4 2 0% 2 2 25% 100%
8 7 / 20 69 34

● 점프슛, 풀업 점퍼
● 레이업, 핑거롤
● 페이더웨이
● 덩크, 앨리웁
● 훅슛
● 팁슛
● 뱅크슛

DEFENSE PER GAME			REBOUNDS PER GAME		
림에서의 거리	DFG	DFG%	림에서의 거리	CR	UCR
3점슛	0.7	37.8%	0~0.9m	0.6	0.2
2점슛	1.8	43.9%	0.9~1.8m	0.5	0.3
0~1.8m	1.3	45.9%	1.8~3.0m	0.1	0.2
0~3.0m	1.4	46.4%	3.0m 이상	0.0	0.1
4.5m 이상	0.8	38.2%			

필드골 시도 필드골 성공 필드골 성공률

2023-24 덴버 58경기 평균 9.9분					
항목	PTS	RB	AS	ST	BL
경기 평균	3.2	2.2	0.6	0.3	0.7
36분 기준	11.6	7.9	2.0	0.9	2.4

항목	TS	MS	3PS	FT	LU	DK	ID	OD	ST	BL
평점	C-	C	C	D-	C	B-	D+	D-	D+	A-
항목	ORB	DRB	PS	BH	BQ	SP	PO	ED	HS	OG
평점	B-	D-	D-	D	C+	C-	B-	B+	C	B

DFG	DFG%	CR	UCR	TS	MS	3PS	FT	LU	DK	ID	OD	ST	BL	ORG	OR3	ORB	DRG	DR3	DRB	PS	BH	BQ	SP	PO	ED	HS	OG
필드골 허용	필드골 허용률	유효장 리바운드	무효장 리바운드	터프샷 성공률	중거리 슈팅	3점 슈팅	자유투 성공률	레이업 플로터	덩크	인사이드 수비	외곽 수비	스틸	블락	가드 공격RB	SF 공격RB	빅맨 공격RB	가드 수비RB	SF 수비RB	빅맨 수비RB	패스	볼 핸들링	농구 IQ	스피드 민첩성	파워	지구력	허슬 플레이	종합 평가

DeAndre JORDAN — C

디앤드리 조던 · 1988.07.21 / 211cm

미국 · NBA 드래프트: 2008년 2라운드 35번
NBA 우승: 1회 / 파이널 MVP: 0회
시즌 MVP: 0회 / NBA 퍼스트팀: 0회

정규 시즌 39경기 출전에 그쳤다. 결장한 43경기 모두 '감독의 결정(Coach's Decision)'이었다. 어차피 덴버는 '요키치의 팀'이고, 한참 젊은 센터 지크 나지도 성장하고 있기에 36살 노장 디조던의 입지는 줄어들 수밖에 없다. 그럼에도 그는 여전히 팀에 꼭 필요한 '백업 센터' 혹은 '서드 유닛' 빅맨이다. 긴 윙스팬(230cm), 강한 파워, 높은 점프를 활용해 박스-아웃과 리바운드, 스크린 세팅 등 '블루칼러'로서 효용 가치가 크다. 연봉은 291만 달러.

SHOT ZONE

DEFENSE PER GAME			REBOUNDS PER GAME		
림에서의 거리	DFG	DFG%	림에서의 거리	CR	UCR
3점슛	0.7	46.9%	0~0.9m	0.9	0.7
2점슛	1.9	48.1%	0.9~1.8m	1.0	1.0
0~1.8m	1.3	64.2%	1.8~3.0m	0.2	0.3
0~3.0m	1.5	53.2%	3.0m 이상	0.1	0.1
4.5m 이상	44.6%				

2023-24 덴버 39경기 평균 15.0분					
항목	PTS	RB	AS	ST	BL
경기 평균	3.9	4.4	0.7	0.2	0.4
36분 기준	12.9	14.3	2.4	0.5	1.5

	TS	MS	3PS	FT	LU	DK	ID	OD	ST	BL
평점	C	D	C	D-	C	D	C-	D-	D-	B
	ORB	DRB	PS	BH	BQ	SP	PO	ED	HS	OG
평점	A	A-	D-	D-	C-	D	B+	A-	B-	C+

Jamal MURRAY — PG-SG

저멀 머레이 · 1997.02.23 / 193cm

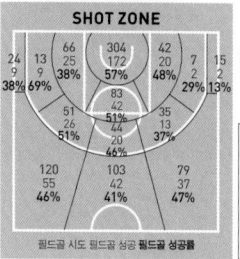

캐나다 · NBA 드래프트: 2016년 1라운드 7번
NBA 우승: 0회 / 파이널 MVP: 0회
시즌 MVP: 0회 / NBA 퍼스트팀: 0회

큰 부상은 없었지만, 이런저런 잔 부상이 이어지며 정규 시즌 23경기에 결장했다. 올 시즌을 건강하게 치르는 게 가장 중요하다. 머레이는 뛰어난 운동능력, 다양한 기술, 우수한 BQ, 전술적인 유연성을 지닌 콤보 가드. 풀업 점퍼와 캐치&슛이 모두 좋고, 고난도 페이드어웨이슛과 림어택도 자주 시도한다. 3점슛의 주요 스팟은 탑과 좌우 윙. 볼 핸들링과 패스는 정확하다. 센터 요키치와 벌이는 2대2 게임은 정말 환상적이다. 연봉은 3602만 달러.

SHOT ZONE

DEFENSE PER GAME			REBOUNDS PER GAME		
림에서의 거리	DFG	DFG%	림에서의 거리	CR	UCR
3점슛	1.7	30.1%	0~0.9m	0.3	0.2
2점슛	4.7	54.3%	0.9~1.8m	0.3	0.8
0~1.8m	3.2	64.3%	1.8~3.0m	0.3	0.8
0~3.0m	3.8	60.5%	3.0m 이상	0.1	1.2
4.5m 이상	30.9%				

2023-24 덴버 59경기 평균 31.5분					
항목	PTS	RB	AS	ST	BL
경기 평균	21.2	4.1	6.5	1.0	0.7
36분 기준	24.2	4.7	7.4	1.1	0.8

	TS	MS	3PS	FT	LU	DK	ID	OD	ST	BL
평점	B+	A-	B	A-	A-	B-	D-	C+	C	D
	ORG	DRG	PS	BH	BQ	SP	PO	ED	HS	OG
평점	D	C	B	B+	B-	B-	D-	A	B	B+

Christian BRAUN — SG

크리스천 브라운 · 2001.04.17 / 198cm

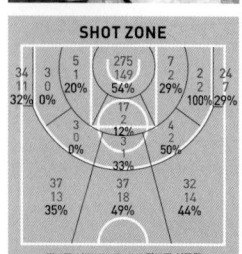

미국 · NBA 드래프트: 2022년 1라운드 21번
NBA 우승: 0회 / 파이널 MVP: 0회
시즌 MVP: 0회 / NBA 퍼스트팀: 0회

콜드웰-포프는 올랜도로 이적했다. 백업이었던 브라운이 올 시즌 그 자리(2번)를 대신한다. 브라운은 리그 상위권의 블루칼러 워커이자 에너자이저다. 36분 기준 득점과 어시스트는 평범해 보인다. 그러나 트랜지션 오펜스에서 잘 달리고, 세트 오펜스에서의 컷인 플레이를 잘 해낸다. 외곽슛보다는 덩크, 레이업, 핑거롤 등 림어택 득점이 훨씬 많다. 점퍼 성공률은 그리 높지 않아 아쉽다. 가드 중 리바운드를 많이 걷어내는 편이다. 연봉은 309만 달러.

SHOT ZONE

DEFENSE PER GAME			REBOUNDS PER GAME		
림에서의 거리	DFG	DFG%	림에서의 거리	CR	UCR
3점슛	0.8	33.2%	0~0.9m	0.2	0.2
2점슛	2.6	50.2%	0.9~1.8m	0.5	0.6
0~1.8m	1.6	53.7%	1.8~3.0m	0.2	0.4
0~3.0m	2.0	49.5%	3.0m 이상	0.1	0.8
4.5m 이상	35.5%				

2023-24 덴버 82경기 평균 20.2분					
항목	PTS	RB	AS	ST	BL
경기 평균	7.3	3.7	1.6	0.5	0.4
36분 기준	13.1	6.7	2.9	0.9	0.8

	TS	MS	3PS	FT	LU	DK	ID	OD	ST	BL
평점	D+	D-	B-	C	C+	B-	D-	C+	D+	D
	ORG	DRG	PS	BH	BQ	SP	PO	ED	HS	OG
평점	B+	B+	D+	D+	C	B-	D-	A-	A-	C

Russell WESTBROOK — PG

러셀 웨스트브룩 · 1988.11.12 / 193cm

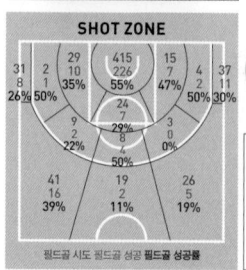

미국 · NBA 드래프트: 2008년 1라운드 4번
NBA 우승: 0회 / 파이널 MVP: 0회
시즌 MVP: 1회 / NBA 퍼스트팀: 2회

예전만큼은 아니라도, 여전히 리그 정상급 운동능력의 소유자다. 파워가 좋아 돌파를 한 다음 상대 빅맨과 몸 부딪히며 림어택을 한다. 전체 필드골 중 레이업, 핑거롤, 덩크의 비중이 매우 높다. 전성기보다 풀업 점퍼, 3점슛, 자유투 성공률은 낮아졌다. 그러나 과감하고 화려한 패스, 정석 패스 모두 전혀 녹슬지 않았다. 가드로서 리바운드 숫자는 리그 정상급이다. 과거 '트리플더블 머신'이었던 흔적은 여전히 남아 있다. 연봉은 330만 달러.

SHOT ZONE

DEFENSE PER GAME			REBOUNDS PER GAME		
림에서의 거리	DFG	DFG%	림에서의 거리	CR	UCR
3점슛	0.9	34.8%	0~0.9m	0.7	0.6
2점슛	2.2	48.7%	0.9~1.8m	0.5	0.8
0~1.8m	1.4	57.1%	1.8~3.0m	0.1	0.8
0~3.0m	1.7	50.6%	3.0m 이상	0.1	1.1
4.5m 이상	1.2	38.4%			

2023-24 LA 클리퍼스 68경기 평균 22.5분					
항목	PTS	RB	AS	ST	BL
경기 평균	11.1	5.0	4.5	1.1	0.3
36분 기준	17.8	8.1	7.2	1.7	0.5

	TS	MS	3PS	FT	LU	DK	ID	OD	ST	BL
평점	C-	C-	D+	D-	B-	B-	D-	C	B+	D-
	ORG	DRG	PS	BH	BQ	SP	PO	ED	HS	OG
평점	A-	A	B-	B	C-	A-	C	A-	B	C+

DEFENSE pg		REBOUNDS pg													항목 & 평점														
DFG	DFG%	CR	UCR	TS	MS	3PS	FT	LU	DK	ID	OD	ST	BL	ORG	OR3	ORB	DRG	DR3	DRB	PS	BH	BQ	SP	PO	ED	HS	OG
필드골 허용	필드골 허용%	유경쟁 리바운드	무경쟁 리바운드	터프샷 성공률	중거리 슛팅	3점 슛팅	자유투 성공률	레이업 플로터	덩크	안쪽 수비	외곽 수비	스틸	블락	가드 공격RB	SF 공격RB	빅맨 공격RB	가드 수비RB	SF 수비RB	빅맨 수비RB	패스	볼 핸들링	농구 IQ	스피드 민첩성	파워	지구력	허슬 플레이	종합 평가

G3 Julian STRAWTHER SG-SF

줄리안 스트로더   2002.04.18 / 198cm

🇺🇸 미국
NBA 드래프트 : 2023년 1라운드 29번
NBA 우승 : 0회 / 파이널 MVP : 0회
시즌 MVP : 0회 / NBA 퍼스트팀 : 0회

프로 1년 차 지난 시즌, 50경기에 출전했다. 뛰지 못한 32경기에는 감독 결정 18경기, 오른 무릎 부상으로 인한 결장 14경기가 포함되어 있다. 올 시즌 경험을 더 늘릴 것이다. 스트로더는 프레임이 좋은 스윙맨이다. 큰 키, 빠른 릴리스, 안정된 스트로크에서 나오는 3점슛이 특기다. 지난 시즌엔 성공률이 낮았으나, 오프-볼 무브를 향상시켜 오픈 찬스를 더 많이 잡는다면 더 좋아질 수 있다. 수비, 리바운드 능력은 많이 부족하다. 연봉은 255만 달러.

SHOT ZONE

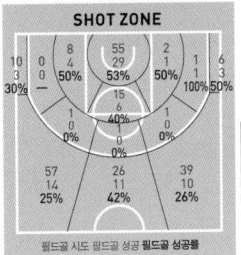

필드골 시도 필드골 성공 **필드골 성공률**

필드골 시도 222 / 174
- 점프슛, 풀업 점퍼
- 레이업, 핑거롤
- 페이드어웨이
- 덩크, 앨리웁
- 훅슛
- 팁슛
- 뱅크슛

2 — 8 / 14-1 / 32

필드골 성공 82 / 55

1 2 4 3 / 17

DEFENSE PER GAME			REBOUNDS PER GAME		
림에서의 거리	DFG	DFG%	림에서의 거리	CR	UCR
3점슛	0.5	36.2%	0~0.9m	0.1	0.1
2점슛	1.3	47.4%	0.9~1.8m	0.1	0.1
0~1.8m	0.8	56.3%	1.8~3.0m	0.0	0.3
0~3.0m	1.1	52.9%	3.0m 이상	0.0	0.3
4.5m 이상	0.6	37.3%			

2023-24 덴버 50경기 평균 10.9분					
항목	PTS	RB	AS	ST	BL
경기 평균	4.5	1.2	0.9	0.3	0.1
36분 기준	15.0	4.0	3.1	1.1	0.5

항목 평점	TS	MS	3PS	FT	LU	DK	ID	OD	ST	BL
	B	C	C	C	C+	D-	D-	D	C	D-
항목 평점	OR3	DR3	PS	BH	BQ	SP	PO	ED	HS	OG
	D-	D-	D	C	D+	D-	D-	A-	C	C-

G23 Trey ALEXANDER PG-SG

트레이 알렉산더   2003.05.02 / 193cm

🇺🇸 미국
NBA 드래프트 : 2024년 미지명
NBA 우승 : 0회 / 파이널 MVP : 0회
시즌 MVP : 0회 / NBA 퍼스트팀 : 0회

크레이턴대 3학년을 마치고 2024 드래프트를 신청했다. 어느 구단에도 지명받지 못했지만, 덴버에 투웨이 계약으로 입단했다. 올 시즌은 일단 덴버와 G리그 팀 그랜드 래피즈를 넘나들 것이다. 알렉산더는 점프슈터다. 미드레인지 점퍼와 3점 모두 정확한 편이다. 수준급이다. 가드이면서 리바운드도 쏠쏠하게 걷어낸다. 운동능력을 활용한 다양한 허슬 플레이로 팀플레이를 뒷받침한다. 그러나 스페이싱, 온-볼 수비, 오프-볼 수비는 많이 향상되어야 한다.

SHOT ZONE

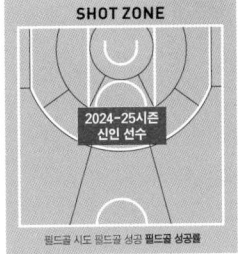

2024-25시즌 신인 선수

필드골 시도 0
- 점프슛, 풀업 점퍼
- 레이업, 핑거롤
- 페이드어웨이
- 덩크, 앨리웁
- 훅슛
- 팁슛
- 뱅크슛

필드골 성공 0

필드골 시도 필드골 성공 **필드골 성공률**

DEFENSE PER GAME			REBOUNDS PER GAME		
림에서의 거리	DFG	DFG%	림에서의 거리	CR	UCR
3점슛	—	—	0~0.9m	—	—
2점슛	—	—	0.9~1.8m	—	—
0~1.8m	—	—	1.8~3.0m	—	—
0~3.0m	—	—	3.0m 이상	—	—
4.5m 이상	—	—			

2023-24시즌 기록 없음

항목 평점	TS	MS	3PS	FT	LU	DK	ID	OD	ST	BL
경기 평균	—	—	—	—	—	—	—	—	—	—
36분 기준	—	—	—	—	—	—	—	—	—	—

항목 평점	PTS	RB	AS	ST	BL					
항목 평점	ORG	DRG	PS	BH	BQ	SP	PO	ED	HS	OG

G24 Jalen PICKETT SG-SF

제일런 피켓   1999.10.22 / 188cm

🇺🇸 미국
NBA 드래프트 : 2023년 2라운드 32번
NBA 우승 : 0회 / 파이널 MVP : 0회
시즌 MVP : 0회 / NBA 퍼스트팀 : 0회

프로 1년 차였던 지난 시즌, 27경기에 출전했다. 결장한 55경기 중엔 감독 결정 33경기, G리그 출전으로 인한 결장 22경기가 포함되어 있다. 올 시즌엔 정식 계약을 맺고 출발하기에 출전 시간은 많이 늘어날 전망이다. 피켓은 제한된 출전 시간에 득점력은 그리 높지 않지만, 단단한 근육질 몸매를 활용해 림을 직접 공격한다. 대학 시절 중거리 점퍼와 3점슛은 나름 괜찮은 수준이었다. 픽&롤 응용력과 스틸 능력은 나쁘지 않다. 연봉은 189만 달러.

SHOT ZONE

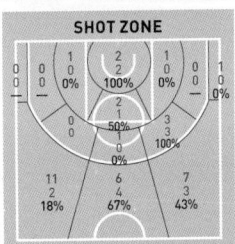

필드골 시도 필드골 성공 **필드골 성공률**

필드골 시도 35 / 34
- 점프슛, 풀업 점퍼
- 레이업, 핑거롤
- 페이드어웨이
- 덩크, 앨리웁
- 훅슛
- 팁슛
- 뱅크슛

1

필드골 성공 15 / 14

1

DEFENSE PER GAME			REBOUNDS PER GAME		
림에서의 거리	DFG	DFG%	림에서의 거리	CR	UCR
3점슛	0.3	40.0%	0~0.9m	0.0	0.0
2점슛	1.1	63.3%	0.9~1.8m	0.0	0.1
0~1.8m	0.6	73.3%	1.8~3.0m	0.0	0.2
0~3.0m	0.9	73.9%	3.0m 이상	0.0	0.1
4.5m 이상	0.4	38.9%			

2023-24 덴버 27경기 평균 4.5분					
항목	PTS	RB	AS	ST	BL
경기 평균	1.6	0.5	0.8	0.1	0.0
36분 기준	12.4	4.1	6.2	1.2	0.0

항목 평점	TS	MS	3PS	FT	LU	DK	ID	OD	ST	BL
	C	D+	C	C	C	D-	D-	D-	C+	D-
항목 평점	ORG	DRG	PS	BH	BQ	SP	PO	ED	HS	OG
	D-	D+	C-	C-	C-	D-	D-	B+	C-	C-

DENVER NUGGETS
2024-25 REGULAR SEASON SCHEDULE

OCTOBER, 2024
Oct. 25   vs. Oklahoma City
Oct. 27   vs. LA Clippers
Oct. 29   @ Toronto
Oct. 30   @ Brooklyn

NOVEMBER, 2024
Nov. 2   @ Minnesota
Nov. 3   vs. Utah
Nov. 5   vs. Toronto
Nov. 7   vs. Oklahoma City
Nov. 9   vs. Miami
Nov. 11   vs. Dallas
Nov. 16   @ New Orleans
Nov. 18   @ Memphis
Nov. 20   @ Memphis
Nov. 23   vs. Dallas
Nov. 23   @ LA Lakers
Nov. 26   vs. New York
Nov. 28   @ Utah

DECEMBER, 2024
Dec. 2   @ LA Clippers
Dec. 4   vs. Golden State
Dec. 6   @ Cleveland
Dec. 8   @ Washington
Dec. 9   @ Atlanta
Dec. 20   @ Portland
Dec. 23   @ New Orleans
Dec. 24   vs. Phoenix
Dec. 26   @ Phoenix
Dec. 28   vs. Cleveland
Dec. 29   vs. Detroit
Dec. 31   @ Utah

JANUARY, 2025
Jan. 2   vs. Atlanta
Jan. 4   vs. San Antonio
Jan. 5   @ San Antonio
Jan. 6   @ Boston
Jan. 9   vs. LA Clippers
Jan. 11   vs. Brooklyn
Jan. 13   @ Dallas
Jan. 15   @ Dallas
Jan. 16   vs. Houston
Jan. 18   @ Miami
Jan. 20   @ Orlando
Jan. 22   vs. Philadelphia
Jan. 24   @ Sacramento
Jan. 26   @ Minnesota
Jan. 28   @ Chicago
Jan. 30   @ New York

FEBRUARY, 2025
Feb. 1   @ Philadelphia
Feb. 2   @ Charlotte
Feb. 4   vs. New Orleans
Feb. 6   vs. New Orleans
Feb. 7   vs. Orlando
Feb. 9   @ Phoenix
Feb. 11   vs. Portland
Feb. 13   vs. Portland
Feb. 21   vs. Charlotte
Feb. 23   vs. LA Lakers
Feb. 25   @ Indiana
Feb. 28   @ Milwaukee

MARCH, 2025
Mar. 2   @ Detroit
Mar. 3   @ Boston
Mar. 6   @ Sacramento
Mar. 8   vs. Phoenix
Mar. 10   @ Oklahoma City
Mar. 11   @ Oklahoma City
Mar. 13   vs. Minnesota
Mar. 15   vs. LA Lakers
Mar. 16   vs. Washington
Mar. 18   @ Golden State
Mar. 20   @ LA Lakers
Mar. 22   @ Portland
Mar. 24   @ Houston
Mar. 25   @ Chicago
Mar. 27   vs. Milwaukee
Mar. 29   @ Utah

APRIL, 2025
Apr. 2   vs. Minnesota
Apr. 3   vs. San Antonio
Apr. 5   vs. Golden State
Apr. 7   vs. Indiana
Apr. 10   @ Sacramento
Apr. 12   vs. Memphis
Apr. 14   @ Houston

MINNESOTA TIMBERWOLVES

不世之才·역대급 재능 에드워즈

뜻풀이 세상에 보기드문 큰 재주. 혹은 그런 재주를 가진 사람. 에드워즈는 재능 면에서 미네소타의 간판이자, 현 NBA를 대표할 만한 선수다.

화창했던 미네소타, 20년 만의 50승

미네소타에도 이런 날이 찾아왔다. 칼 앤소니-타운스와 고베어가 이루는 트윈타워에 기량이 만개한 '앤트맨' 앤소니 에드워즈가 연일 활약하며 20년 만에 50승 고지를 밟았다. 아쉽게 파이널 진출에는 실패했지만, 과정은 아름다웠다. 1년 전, 고베어 영입 당시 받았던 우려와 조롱을 잊기에 충분했다. 상복도 쏟아졌다. 고베어는 또다시 '올해의 수비수'에 선정됐고, KAT은 올스타가 됐다. 나즈 리드는 2024 최고 식스맨이 됐다. 에드워즈는 올-NBA 세컨드 팀에 처음으로 이름을 올렸다.

갑자기 불어닥친 '깜짝 트레이드'

미네소타는 변화를 줄 필요가 없는 팀이었다. 그런데 갑작스레 타운스가 뉴욕으로 가고, 뉴욕에서 랜들과 디비첸조를 받는 트레이드가 성사되었다. 미네소타에서 가장 오래 뛴 타운스조차 짐작하지 못한 충격적인 딜이었다. 구단은 사치세 부담을 확실히 덜 카드가 필요했고, 그게 바로 타운스를 보내는 것이었다. 랜들과 고베어, 에드워즈가 합을 맞출 과정이 필요하다. 애초 페이스가 빠른 팀은 아니었지만, 역할 분담이 확실히 이뤄져야 한다. 디비첸조는 다양한 곳에서 도움이 될 선수다.

에드워즈 중심, 타깃은 '6월 농구'

미네소타 구단은 아직 6월에 티켓을 팔아본 적이 없다. NBA 파이널 진출은 그들의 지상 과제이자, 투자의 이유다. 타운스가 떠났지만, 핵심이 견고하고, 랜들도 가진 것이 많은 선수다. 리드의 3점슛, 맥대니얼스의 수비, 콘리의 리더십과 패스워크 등은 미네소타를 강팀으로 유지 시키는 또 다른 이유다. 중요한 건 에드워즈다. 이번 트레이드로 그가 팀의 얼굴임이 확인되었다. 다음 플레이오프에서는 슈퍼스타답게 에이스의 중책을 소화할 수 있어야 한다. 팬들의 기대가 크다.

| Association | Icon | Statement | City |

*통계는 2024년 10월 1일 기준

CLUB INFORMATION

Founded
구단 창립
1989년

Owner
글렌 테일러
알렉스 로드리게스

CEO
이단 캐슨

Head Coach
크리스 핀치
1969.11.06

24-25 Odds
벳365 : 10배
윌리엄힐 : 9배

Nationality
●미국 선수 10명
●외국 선수 4명

Age
14명 평균
25.9세

Height
14명 평균
201.7cm

Weight
14명 평균
97.6kg

Salary
14명 평균
1430만 달러

Win
2023-24 : 56승
통산 : 1147승

Loss
2023-24 : 26패
통산 : 1647패

Winning%
2023-24 : 68.3%
통산 : 41.1%

Play-Off
PO 진출 : 12회
PO 탈락 : 24회

Titles
NBA우승 : 0회
컨퍼런스 : 0회

Top Scorer
앤소니 에드워즈
평균 25.9점

More Rebounds
루디 고베어
평균 12.9RB

More Assists
마이크 콘리
평균 5.9AS

More Steals
앤소니 에드워즈
평균 1.3스틸

More Blocks
루디 고베어
평균 2.1블록

*항목별 1위는 지난 시즌 미네소타 소속으로 42경기 이상 출전한 선수 중 선별

HEAD COACH & STADIUM

Chris FINCH 크리스 핀치
생년월일 : 1969.11.06 / 출생지 : 미국 오하이오주 캠브리지
경력 : 1997~2003년 셰필드 샥스 감독 / 2003~2004년 지선 46ERS. / 2004~2007년 유포니 브리 감독 / 2007~2009년 벨피우몽에노 감독 / 2009~2011년 리오 그란데 밸리 감독

윌슨 고등학교를 졸업한 후 1988년 프랭클린&마샬 칼리지에 입학했다. 대학 시절 2번의 올-어메리칸 플레이어로 선정됐다. 대학 졸업 후 영국으로 건너가 1993~1997년, 셰필드 포저스에서 활약했다. 비교적 일찍 선수 생활을 접고 1997년부터 지도자로 나섰다. 2010년까지 주로 영국, 독일, 벨기에 등 유럽 리그, 그리고 NBA 산하 G리그(리오 그란데 밸리)에서 감독으로 일했다. 2011년, 휴스턴 로키츠 어시스턴트가 되면서 본격적으로 NBA 지도자의 길을 걷기 시작했다. 이어 2016년 덴버 너기츠, 2017년 뉴올리언스 펠리컨스, 2020년 토론토 랩터스 등에서도 어시스턴트로 경험을 쌓았다. 2021년 2월 22일, 핀치는 미네소타 팀버울브스의 제14대 감독으로 부임했다. 그는 2002년 프랭클린&마샬 명예의 전당에 헌액되었고, 2019년에는 펜실베이니아 스포츠 명예의 전당에도 이름을 올렸다. 2024년에는 NBA 올스타게임에서 웨스턴 컨퍼런스 팀 감독을 맡아 선수들을 지휘했다.

TARGET CENTER
구장 오픈 1990.10.13년
구장 증개축 2004, 2014, 2017년
오너 미니애폴리스시
수용인원 1만 8798명
건축비용 1억 400만달러
(현재 가치) 2억 6800만달러

미니애폴리스 시내 활기찬 구역 중심부에 위치한 스포츠 및 엔터테인먼트 허브다. NBA 팀 미네소타 팀버울브스와 WNBA 챔피언팀 미네소타 링스가 공동 홈구장으로 사용 중이다. 매년 스포츠 경기, 음악 콘서트, 각종 공연, 전시회 등 다양한 행사를 개최하며 100만 명 이상이 이곳을 방문한다. 팀버울브스 홈구장으로 사용된 건 1990-91시즌부터다.

NBA CHAMPIONSHIPS
NONE

CONFERENCE TITLES
NONE

DIVISION TITLES
2004

RETIRED NUMBERS
2

REGULAR SEASON RANKING LAST 10YEARS

14-15	15-16	16-17	17-18	18-19	19-20	20-21	21-22	22-23	23-24
30	26	25	13	21	28	25	13	15	4
16승 66패	29승 53패	31승 51패	47승 35패	36승 46패	19승 45패	23승 49패	46승 36패	42승 40패	56승 26패

TEAM POTENTIAL

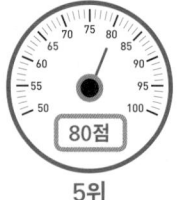

80점

5위

하프코트 세트오펜스 8점	트랜지션 오펜스 7점	하프코트 세트디펜스 9점	트랜지션 디펜스 7점	리바운드 8점
선수층 8점	선수 경험치 8점	감독 리더십 8점	감독 전술 8점	프런트 9점

*각 항목은 10점 만점, 평점은 NBA 30팀 사이 상대평가

우승 ODDS	배당	순위
bet 365	10배	5위
Paddy Power	9배	4위
William Hill	9배	5위

OFFENSIVE STYLE

트랜지션 오펜스 ●――― 하프코트 세트오펜스

DEFENSIVE STYLE

하이 프레스 ●――― 하프코트 디펜스

SQUAD & TACTICS

STARTERS

PF 줄리어스 랜들
35.4분, 24.0점
9.2RB, 5.0AS

C 루디 고베어
34.1분, 14.0점
12.9RB, 1.3AS

SF 제이든 맥대니얼스
29.2분, 10.5점
3.1RB, 1.4AS

SG 앤소니 에드워즈
35.1분, 25.9점
5.4RB, 5.1AS

PG 마이크 콘리
28.9분, 11.4점
2.9RB, 5.9AS

OFF THE BENCH

PG 롭 딜링엄
2024-25시즌
신인 선수

SG 니킬 알렉산더-워커
23.4분, 8.0점
2.0RB, 2.5AS

SF 단테 디빈첸조
29.1분, 15.5점
3.7RB, 2.7AS

PF 조 잉글스
17.2분, 4.4점
2.1RB, 3.0AS

C 나즈 리드
24.2분, 13.5점
5.2RB, 1.3AS

G 데이신 닉스
G PJ 도지어
F 터렌스 섀넌 Jr.
F 케이타 베이츠-디옵
C 루카 가르자

OFFENSE MECHANISM

'트윈타워'가 참여하는 공격이 많았다. 혼셋에서는 타운스가 외곽으로, 고베어가 다이브하면서 찬스를 노렸다. 그러나 고베어가 롤(roll)하는 것보다는, 같은 대형에서 고베어가 에드워즈를 위해 스크린을 설 때가 더 효율적이었다. 상대가 고베어의 한계를 알고 대처할 때가 많았기 때문이다. 식스맨상 수상자인 리드가 혼셋의 한 축을 맡는 것이 더 발랄할 때도 있었다. 타운스 자리는 새 식구 랜들이 맡을 것이다. 랜들은 뉴욕 시절처럼 에드워즈 대신 공격의 시작과 끝을 책임질 수도 있다. 랜들과 고베어의 2대2도 옵션이 될 수도 있다. 미네소타는 에드워즈에게만 의존하기보다는 플로피, 플레어 등으로 외곽을 살리곤 했다. 디빈첸조, 잉글스는 그 수혜자이자 에드워즈의 부담을 덜어줄 것이다.

DEFENSE MECHANISM

지난 시즌 리그 최고의 수비팀이었다. 공격뿐 아니라 수비에서도 온 힘을 다해온 선수들이었기에 106.5점으로 상대를 틀어막아 이 부문 1위에 올랐다. 리바운드를 가장 적게 내주었고, 마찬가지로 외곽에서도 슈팅 기회를 최대한 저지했다. 세컨 찬스 저지, 속공 수비 등도 상위권이었다. 타운스와 고베어가 안쪽에서 잘 버텨준 덕분에 안쪽과 외곽의 균형도 잘 이루어다. 타운스가 빠진 자리는 랜들과 리드가 물려받을 것이다. 메인 빅맨을 번갈아 막는 매력이 있고, 설사 자리를 뺏기더라도 곧장 다른 빅맨이 커버하면서 터프샷을 유도하거나 디플렉션을 발생시켰다. 에드워즈 외에도 알렉산더-워커 니킬, 디빈첸조 등도 꽤 끈질긴 선수들이다. 계속 덤핑하며 공격을 지연시키면 큰 효과를 볼 것이다.

Player's Functions

 Ball Handlers M.콘리 A.에드워즈 N.알렉산더-워커	Pull-Ups A.에드워즈 M.콘리 J.맥대니얼	Catch & Shoot A.에드워즈 M.콘리 N.리드
3 Pointers A.에드워즈 M.콘리 N.리드	Slam Dunkers A.에드워즈 N.리드 R.고베어	Free Throw A.에드워즈 N.리드 M.콘리
Rebounds R.고베어 L.가르자 J.랜들	1-1 Defenders R.고베어 J.맥대니얼 A.에드워즈	Ball Stealers M.콘리 A.에드워즈 D.닉스
Key Passes M.콘리 J.잉글스 A.에드워즈	Hustle Players R.고베어 A.에드워즈 N.리드	Rim Protectors R.고베어 N.리드 J.마이넛

2023-24 SEASON PERFORMANCE

MINNESOTA TIMBERWOLVES vs. OPPONENTS PER GAME STATS

미네소타 vs 상대팀

	F↑	FG%	3↑	3P%	⊖	FT%	OR	RB	A↑	😎	🏀	↩	🔲
	득실점	필드골성공	필드골	3점슛성공	3점슛 %	자유투성공	자유투	공격리바운드	리바운드	어시스트	스틸	블락	턴오버	파울

113.0 🏀 106.5	41.3 F↑ 39.0	48.5% FG% 45.0%	12.6 3↑ 11.4	38.7% 3P% 35.4%	17.8 ⊖ 17.1	77.7% FT% 78.1%
9.4 OR 10.3	43.6 RB 41.4	26.6 A↑ 24.5	7.9 😎 7.5	6.1 🏀 4.5	14.2 ↩ 14.2	18.8 🔲 19.9

LINE-UP

* 미네소타는 지난 시즌 총 362개의 라인업을 가동시켰다. 그중 출전 시간이 가장 길었던 20개를 골라 게재했다.

5-MEN COMBINATION	MIN	PPG	RPG	APG
M. Conley - R. Gobert - K. Towns - A. Edwards - J. McDaniels	641	34.3	12.9	7.9
M. Conley - R. Gobert - N. Reid - A. Edwards - J. McDaniels	200	10.6	4.4	2.4
K. Anderson - K. Towns - N. Alexander-Walker - N. Reid - A. Edwards	153	8.6	3.0	2.0
M. Conley - R. Gobert - K. Towns - N. Alexander-Walker - A. Edwards	124	16.2	6.7	3.8
M. Conley - R. Gobert - K. Anderson - A. Edwards - J. McDaniels	123	7.3	3.6	1.7
R. Gobert - K. Towns - N. Alexander-Walker - A. Edwards - J. McDaniels	106	10.6	3.6	2.5
R. Gobert - K. Anderson - N. Alexander-Walker - N. Reid - A. Edwards	99	7.2	2.7	1.6
R. Gobert - N. Alexander-Walker - N. Reid - A. Edwards - J. McDaniels	64	4.0	2.3	0.9
M. Conley - R. Gobert - K. Towns - T. Brown Jr. - N. Alexander-Walker	62	18.9	6.3	5.5
M. Conley - R. Gobert - K. Anderson - N. Alexander-Walker - N. Reid	48	7.5	3.0	2.2
K. Anderson - M. Morris - N. Alexander-Walker - N. Reid - A. Edwards	47	7.6	2.5	1.8
K. Anderson - K. Towns - J. McLaughlin - N. Alexander-Walker - N. Reid	45	10.2	4.3	3.4
K. Towns - N. Alexander-Walker - N. Reid - A. Edwards - J. McDaniels	44	7.0	1.7	1.6
M. Conley - R. Gobert - K. Anderson - J. McLaughlin - N. Alexander-Walker	44	8.1	3.0	2.6
K. Anderson - K. Towns - S. Milton - N. Alexander-Walker - N. Reid	43	8.5	3.0	1.6
M. Conley - R. Gobert - K. Anderson - K. Towns - A. Edwards	38	5.2	2.2	1.2
M. Conley - K. Anderson - N. Reid - A. Edwards - J. McDaniels	35	4.7	1.7	0.7
R. Gobert - K. Anderson - N. Alexander-Walker - A. Edwards - J. McDaniels	32	3.1	1.3	0.5
R. Gobert - K. Anderson - M. Morris - N. Alexander-Walker - A. Edwards	32	7.0	3.0	1.6
R. Gobert - M. Morris - N. Reid - A. Edwards - J. McDaniels	31	7.4	2.7	1.8

PASS COMBINATIONS

→ 해당 선수가 경기당 동료로부터 패스 받은 횟수
→ 해당 선수가 경기당 동료들에게 패스 해준 횟수

받은	선수	해준
56.0	마이크 콘리	54.1
53.1	앤소니 에드워즈	42.6
22.2	루디 고베어	33.4
28.9	카일 앤더슨	31.4
36.7	칼-앤소니 타운스	31.4
29.8	니킬 알렉산더-워커	30.2
24.2	나즈 리드	26.2
22.0	몬테 모리스	22.7
22.2	제이든 맥러플린	21.8
18.7	조던 맥러플린	20.0
17.4	셰이크 밀턴	16.1
10.2	트로이 브라운 Jr.	10.0
9.6	TJ 워렌	9.1
5.6	루카 가르자	5.5
3.4	레너드 밀러	4.7
5.9	데이신 닉스	4.5
4.4	웬델 무어 Jr.	4.3
2.8	조시 마이닛	3.0

2023-24 RANKING

* 는 수치가 낮을수록 랭킹이 높아짐

미네소타	랭킹	GENERAL	상대팀*	*랭킹
113.8	18위	득점 / 실점	106.5	1위
43.6	15위	리바운드	41.4	4위
26.6	15위	어시스트	24.5	3위
7.9	6위	스틸	7.5	18위
6.1	5위	블락	4.5	5위

득점	랭킹	PLAYTYPE	실점*	랭킹
7.4	10위	아이솔레이션	6.1	6위
19.1	25위	트랜지션	19.7	7위
13.9	25위	픽&롤 볼핸들러	17.0	20위
7.8	11위	픽&롤 롤맨	8.7	28위
5.9	8위	포스트-업	3.5	3위
30.8	5위	스팟-업	23.8	3위
3.8	25위	핸드오프	5.8	25위
8.4	24위	커팅	—	—
5.2	6위	오프 스크린	4.2	20위
5.9	22위	풋백	5.7	2위
2.3	29위	기타	—	—

SHOT ZONE

구간별 슈팅 및 성공률

SHOT ZONE

419	44	286	2980	210	34	359
172	18	115	1808	87	11	146
41%	41%	40%	61%	41%	32%	41%

100	466	85
39	207	29
39%	44%	34%

| 87 |
| 32 |
| 37% |

699	568	619
252	221	245
36%	39%	40%

필드골 시도 필드골 성공 **필드골 성공률**

항목	FGA	FGM	FG%	3PA	3PM	3P%
캐치&슛	24.0	9.7	40.3%	22.9	9.1	39.9%
풀업	20.5	7.8	38.0%	9.6	3.4	35.5%
3m 안쪽	40.1	23.6	58.9%	—	—	—
TOTAL	85.0	41.2	48.5%	32.7	12.6	38.7%

SHOT REPERTORIES

필드골 시도

3.0 — 2.9
6.0 — 1.9
2.2 평균
21.3 **85.0** 47.7

● 점프슛, 풀업 점퍼
● 레이업, 핑거롤
● 페이드어웨이
● 덩크, 앨리웁 덩크
● 훅슛
● 팁슛
● 뱅크슛

드리블과 슈팅 시도

8.6
17.6 평균
85.0 35.7
12.3
10.8

● 0드리블 + 슈팅
● 1드리블 + 슈팅
● 2드리블 + 슈팅
● 3~6드리블 + 슈팅
● 7+ 드리블 + 슈팅

필드골 성공

1.3 — 1.4
5.3 평균
0.8 **41.3** 19.1
12.1

드리블과 슈팅 성공

3.9
8.2 평균
41.3 17.7
6.1
5.4

SHOOTING

필드골 시도

20.7 8.4
평균
85.0
23.4 32.5

공격수와 수비수의 거리
● 0~0.6m
● 0.6~1.2m
● 1.2~1.8m
● 1.8m 이상

필드골 시도

7.3 2.5
8.3 8.6
평균
85.0 12.8
45.5

남은 시간
● 22~24초
● 18~22초
● 15~18초
● 7~15초
● 4~7초
● 0~4초

필드골 성공

9.1 4.1
평균
41.3
10.9 17.2

필드골 성공

2.8 1.6
3.7 4.7
평균
41.3 6.0
22.5

OPPONENT SHOOTING

상대 필드골 시도

19.9 7.9
평균
86.8
25.6 33.4

공격수와 수비수의 거리
● 0~0.6m
● 0.6~1.2m
● 1.2~1.8m
● 1.8m 이상

상대 필드골 시도

8.1 2.4 10.7
9.3 평균
86.8 13.8
42.5

남은 시간
● 22~24초
● 18~22초
● 15~18초
● 7~15초
● 4~7초
● 0~4초

필드골 허용

8.1 3.4
평균
39.0
11.2 16.3

필드골 허용

2.7 1.4
3.8 5.5
평균
39.0 6.3
19.3

CONTESTED REBOUNDS

공격 리바운드

0.4
0.7 평균 2.0
5.1
2.0

수비 리바운드

0.7
1.1 평균 2.4
7.9
3.7

림 아래부터 리바운드 위치까지의 거리
● 0~0.9m ● 0.9~1.8m ● 1.8~3m ● 3m 이상

UNCONTESTED REBOUNDS

공격 리바운드

0.7
1.9 평균 0.8
4.1
0.7

수비 리바운드

4.9 5.2
평균
6.3 **26.0**
9.6

림 아래부터 리바운드 위치까지의 거리
● 0~0.9m ● 0.9~1.8m ● 1.8~3m ● 3m 이상

DEFENSE OF 56 WINS

필드골 허용 %

42.8%

3점슛 허용 %

32.8%

상대 필드골 시도 87.0
필드골 허용 37.3

상대 3점슛 시도 32.8
3점슛 허용 10.8

DEFENSE OF 26 LOSSES

필드골 허용 %

49.5%

3점슛 허용 %

41.4%

상대 필드골 시도 86.3
필드골 허용 42.7

상대 3점슛 시도 31.0
3점슛 허용 12.8

DEFENSE pg		REBOUNDS pg													항목 & 평점									
DFG	DFG%	CR	UCR	TS	MS	3PS	FT	LU	DK	ID	OD	ST	OD3	DRG	DR3	DRB	PS	BH	BQ	SP	PO	ED	HS	OG
필드골 허용	필드골 허용률	유경쟁 리바운드	무경쟁 리바운드	터프샷 성공률	중거리 슈팅	3점 슈팅	자유투 성공률	레이업 플로터	슬램 덩크	안쪽 수비	외곽 수비	스틸	가드 공격RB	SF 공격RB	빅맨 공격RB	가드 수비RB	SF 수비RB	빅맨 수비RB	패스	볼 핸들링	농구 IQ	스피드 민첩성	파워 지구력	허슬 플레이	종합 평가

Julius RANDLE — PF-C

줄리어스 랜들
F 30
1994.11.29 / 203cm

NBA 드래프트 : 2014년 1라운드 7번
NBA 우승 : 0회 / 파이널 MVP : 0회
미국
시즌 MVP : 0회 / NBA 퍼스트팀 : 0회

2024년 10월 2일, 뉴욕에서 미네소타로 전격 트레이드됐다. 지난 시즌은 오른쪽 어깨 탈구로 후반기를 날렸다. 정상일 경우 엘보우 지역에서 공을 잡은 후 과감하게 돌파한다. 수비의 힘이 좋으면 백다운으로 기회를 만든다. 덩크, 레이업, 플로터로 림을 공략한다. 최근에는 스텝백 점퍼, 잽스텝 점퍼, 풀업 점퍼, 페이드어웨이 등 다양한 무기를 선보였다. 지나치게 왼손에 의존하고, '새가슴'이라 PO 등 큰 경기 성적이 좋지 않다. 연봉은 2894만 달러.

SHOT ZONE

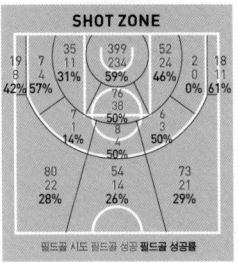

필드골 시도 필드골 성공 **필드골 성공률**

필드골 **836** 시도 271 / 394
필드골 **395** 성공 160

- 점프슛, 풀업 점퍼
- 레이업, 핑거롤
- 페이드어웨이
- 덩크, 앨리웁
- 훅슛
- 팁슛
- 뱅크슛

DEFENSE PER GAME			REBOUNDS PER GAME		
림에서의 거리	DFG	DFG%	림에서의 거리	CR	UCR
3점슛	2.4	40.6%	0~0.9m	1.1	1.6
2점슛	4.4	53.4%	0.9~1.8m	1.1	2.8
0~1.8m	2.7	61.8%	1.8~3.0m	0.4	0.9
0~3.0m	3.4	58.9%	3.0m 이상	0.4	0.8
4.5m 이상	2.9	40.7%			

2023-24 뉴욕 46경기 평균 35.4분				
항목	PTS	RB	AS	ST	BL
경기 평균	24.0	9.2	5.0	0.5	0.3
36분 기준	24.3	9.3	5.1	0.6	0.3

항목	TS	MS	3PS	FT	LU	DK	ID	OD	ST	BL
평점	B+	B	B+	C	B+	A	C-	D-	C-	D-
항목	ORB	DRB	PS	BH	BQ	SP	PO	ED	HS	OG
평점	D-	B	C	B-	C-	B+	A	A	B-	B+

Jaden McDANIELS — SF-PF

제이든 맥대니얼스
F 3
2000.09.29 / 206cm

NBA 드래프트 : 2020년 1라운드 28번
NBA 우승 : 0회 / 파이널 MVP : 0회
미국
시즌 MVP : 0회 / NBA 퍼스트팀 : 0회

키는 크지만 마른 체형의 콤보 포워드다. 뛰어난 수비력을 갖춘 NBA 정상급 '블루워커'이자 '에너자이저'다. 큰 키, 긴 팔, 우수한 운동능력을 활용해 1번~4번까지 모두 수비한다. 인사이드 1대1, 페리미터 1대1 수비에 모두 강점이 있는 '에이스 스토퍼'로서 주가를 높인다. 공격은 림어택과 3점슛으로 제한적이다. 전체 림 어택 대비 덩크의 비중이 높다. 외곽에서는 높은 타점, 부드러운 터치, 안정된 스트로크로 점퍼를 날린다. 연봉은 2302만 달러.

SHOT ZONE

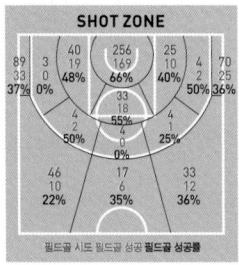

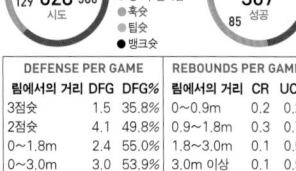

필드골 **628** 시도 129 / 386
필드골 **307** 성공 85

- 점프슛, 핑거롤
- 레이업, 핑거롤
- 페이드어웨이
- 덩크, 앨리웁
- 훅슛
- 팁슛
- 뱅크슛

DEFENSE PER GAME			REBOUNDS PER GAME		
림에서의 거리	DFG	DFG%	림에서의 거리	CR	UCR
3점슛	1.5	35.8%	0~0.9m	0.2	0.2
2점슛	4.1	49.8%	0.9~1.8m	0.3	0.7
0~1.8m	2.4	55.0%	1.8~3.0m	0.1	0.4
0~3.0m	3.0	53.9%	3.0m 이상	0.1	0.9
4.5m 이상	1.9	35.5%			

2023-24 미네소타 72경기 평균 29.2분				
항목	PTS	RB	AS	ST	BL
경기 평균	10.5	3.1	1.4	0.9	0.6
36분 기준	12.9	3.8	1.7	1.1	0.7

항목	TS	MS	3PS	FT	LU	DK	ID	OD	ST	BL
평점	A-	C+	C	B-	C-	B+	B+	B+	C-	B-
항목	OR3	DR3	PS	BH	BQ	SP	PO	ED	HS	OG
평점	D-	C-	D+	C-	C+	D	B	B	B	B+

Joe INGLES — SF-PF

조 잉글스
F 7
1987.10.02 / 206cm

NBA 드래프트 : 2009년 미지명
NBA 우승 : 0회 / 파이널 MVP : 0회
호주
시즌 MVP : 0회 / NBA 퍼스트팀 : 0회

올여름 올랜도에서 미네소타로 이적했다. 경기당 17분 정도 출전하면서 동료 3번, 4번의 휴식 시간을 잘 커버해준다. 출전 시간이 제한적인 데다 득점력 자체도 낮다. 그러나 정확한 3점슛과 자유투로 필요할 때마다 쏠쏠하게 득점한다. 좌우 윙에서 던지는 3점슛이 강력하다. 운동능력은 평범하지만 BQ가 우수하고, 경기 도중 임시 메인 볼 핸들러 역할도 해낸다. 동료에게 간결하게 패스한다. 페리미터 1대1 및 스틸도 평균 이상. 연봉은 209만 달러.

SHOT ZONE

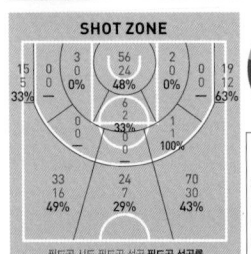

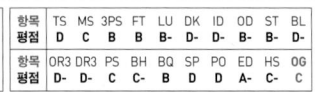

필드골 시도 필드골 성공 **필드골 성공률**

필드골 **227** 시도 177
필드골 **99** 성공 77

- 점프슛, 풀업 점퍼
- 레이업, 핑거롤
- 페이드어웨이
- 덩크, 앨리웁
- 훅슛
- 팁슛
- 뱅크슛

DEFENSE PER GAME			REBOUNDS PER GAME		
림에서의 거리	DFG	DFG%	림에서의 거리	CR	UCR
3점슛	0.6	32.5%	0~0.9m	0.0	0.1
2점슛	1.4	58.4%	0.9~1.8m	0.1	0.4
0~1.8m	1.0	70.1%	1.8~3.0m	0.0	0.7
0~3.0m	1.2	64.8%	3.0m 이상	0.1	0.6
4.5m 이상	0.6	32.0%			

2023-24 올랜도 68경기 평균 17.2분				
항목	PTS	RB	AS	ST	BL
경기 평균	4.4	2.1	3.0	0.6	0.1
36분 기준	9.1	4.4	6.3	1.3	0.2

항목	TS	MS	3PS	FT	LU	DK	ID	OD	ST	BL
평점	D-	M	C	C	C	B	D	D-	B-	D-
항목	OR3	DR3	PS	BH	BQ	SP	PO	ED	HS	OG
평점	D-	D-	C	C	B	D	A	C-	C	C

Donte DIVINCENZO — SF-PF

단테 디빈첸조
F 0
1997.01.31 / 193cm

NBA 드래프트 : 2018년 1라운드 17번
NBA 우승 : 1회 / 파이널 MVP : 0회
미국
시즌 MVP : 0회 / NBA 퍼스트팀 : 0회

뉴욕에서의 '빌라노바 트리오'는 해체됐다. 디빈첸조가 2024년 10월 2일, 미네소타로 전격 트레이드됐기 때문이다. 디빈첸조는 뛰어난 운동 능력을 활용해 커팅 레이업, 드라이빙 레이업, 드라이빙 플로터로 림을 공략한다. 3점슛은 데뷔 후 매년 조금씩 향상됐고, 지난 시즌엔 성공률 40%였다. 디트로이트전에서는 3점슛 11개를 성공시켜 프랜차이즈 단일 경기 최다 기록을 세웠다. 페리미터 1대1 수비, 가로채기도 수준급. 시즌 연봉은 1145만 달러.

SHOT ZONE

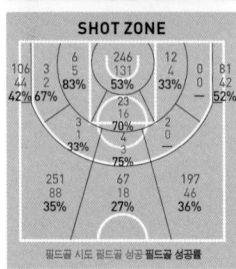

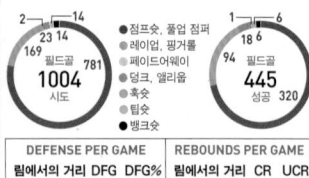

필드골 시도 필드골 성공 **필드골 성공률**

필드골 **1004** 시도 169 / 781
필드골 **445** 성공 320

- 점프슛, 풀업 점퍼
- 레이업, 핑거롤
- 페이드어웨이
- 덩크, 앨리웁
- 훅슛
- 팁슛
- 뱅크슛

DEFENSE PER GAME			REBOUNDS PER GAME		
림에서의 거리	DFG	DFG%	림에서의 거리	CR	UCR
3점슛	1.5	35.3%	0~0.9m	0.3	0.4
2점슛	3.7	59.2%	0.9~1.8m	0.1	0.7
0~1.8m	2.8	66.5%	1.8~3.0m	0.1	0.8
0~3.0m	3.0	62.7%	3.0m 이상	0.1	0.9
4.5m 이상	1.8	36.3%			

2023-24 뉴욕 81경기 평균 29.1분				
항목	PTS	RB	AS	ST	BL
경기 평균	15.5	3.7	2.7	1.3	0.4
36분 기준	19.2	4.5	3.3	1.6	0.5

항목	TS	MS	3PS	FT	LU	DK	ID	OD	ST	BL
평점	B+	M	C	C+	C	D-	B	B+	D-	
항목	ORG	DRG	PS	BH	BQ	SP	PO	ED	HS	OG
평점	C	D-	C+	C+	B	B	D+	A-	B	C

DEFENSE pg		REBOUNDS pg		항목 & 평점																									
DFG	DFG%	CR	UCR	TS	MS	3PS	FT	LU	DK	ID	OD	ST	BL	ORG	OR3	ORB	DRG	DR3	DRB	BH	BQ	ST	PO	ED	HS	OG				
필드골 허용	필드골 허용율	유경쟁 리바운드	무경쟁 리바운드	터프샷 성공률	중거리 슈팅	3점 슈팅	자유투 성공률	레이업 플로터	슬램 덩크	인사이드 수비	외곽 수비	스틸	블락	가드 공격RB	빅맨 공격RB	공격RB	가드 수비RB	빅맨 수비RB	수비RB	볼 핸들링	농구 IQ	스피드 민첩성	파워 지구력		허슬 플레이	종합 평가				

Terrence SHANNON JR. SF-SG
테런스 섀넌 Jr.
00 · F

2000.07.30 / 198cm

NBA 드래프트 : 2024년 1라운드 27번
NBA 우승 : 0회 | 파이널 MVP : 0회
미국
시즌 MVP : 0회 | NBA 퍼스트팀 : 0회

과거 KBL 인천 전자랜드와 서울 SK에서 활약했던 테런스 섀넌의 아들. 일리노이대를 졸업하고, 2024 드래프트 때 미네소타에 1라운드 지명됐다. 정확한 외곽숏과 끊임없는 돌파로 득점을 노린다. 지난 시즌 NCAA 무대에서 평균 6.7회의 3점숏을 시도해 2.4회를 성공시켰다(36.2%). 발군의 운동능력으로 트랜지션 게임에서 특히 빛을 발한다. 그러나 시야가 넓지 않고, 패스도 불안정하다. 플레이메이킹 스킬을 보완해야 한다. 연봉은 255만 달러.

SHOT ZONE

2024-25시즌
신인 선수

필드골 시도 필드골 성공 필드골 성공률

필드골 0 시도
● 점프숏, 풀업 점퍼
● 레이업, 핑거롤
● 페이드어웨이
● 덩크, 앨리웁
● 훅숏
● 팁숏
● 뱅크숏

필드골 0 성공

DEFENSE PER GAME			REBOUNDS PER GAME		
림에서의 거리	DFG	DFG%	림에서의 거리	CR	UCR
3점숏			0~0.9m		
2점숏			0.9~1.8m		
0~1.8m			1.8~3.0m		
0~3.0m			3.0m 이상		
4.5m 이상					

2023-24시즌 기록 없음

항목	PTS	RB	AS	ST	BL
경기 평균	—	—	—	—	—
36분 기준	—	—	—	—	—

항목 평점	TS	MS	3PS	FT	LU	DK	ID	OD	ST	BL
항목 평점	OR3	DR3	PS	BH	BQ	SP	PO	ED	HS	OG

Keita BATES-DIOP SF-PF
케이타 베이츠-디옵
31 · F

1996.01.23 / 203cm

NBA 드래프트 : 2018년 2라운드 48번
NBA 우승 : 0회 | 파이널 MVP : 0회
미국
시즌 MVP : 0회 | NBA 퍼스트팀 : 0회

2024년 10월 2일, 뉴욕에서 미네소타로 전격 트레이드됐다. 뉴욕에서 열심히 했으나 시즌 막판, 오른쪽 경골 골절로 11경기에 결장했다. 올 시즌 정상 컨디션으로 출전한다. 베이츠디옵은 훌륭한 수비수다. 블락과 리바운드에 강점이 있다. 공격력이 강하지는 않지만, 적은 슈팅 기회에서 나름 효율적으로 득점을 올린다. 슈팅 셀렉션이 좋은 편이다. 키가 크고 리치가 긴 데다 운동 능력이 좋기에 1번~4번까지 두루 막을 수 있다. 연봉은 265만 달러.

SHOT ZONE

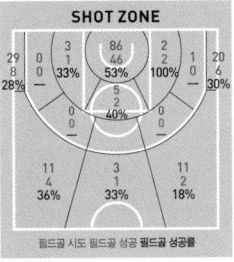

29	3	86	2	1	20
8		46	2		6
28%	33%	53%	100%		30%
		2			
		40%			
11		3		11
4		1		2
36%		33%		18%

7 — 5
15 3
54
필드골 166 시도 82

3
14 필드골 26
72 성공
26

● 점프숏, 풀업 점퍼
● 레이업, 핑거롤
● 페이드어웨이
● 덩크, 앨리웁
● 훅숏
● 팁숏
● 뱅크숏

DEFENSE PER GAME			REBOUNDS PER GAME		
림에서의 거리	DFG	DFG%	림에서의 거리	CR	UCR
3점숏	0.6	34.1%	0~0.9m	0.2	0.2
2점숏	2.0	50.3%	0.9~1.8m	0.2	0.4
0~1.8m	1.8	57.7%	1.8~3.0m	0.2	0.3
0~3.0m	1.7	58.3%	3.0m 이상	0.1	0.4
4.5m 이상	0.8	31.9%			

2023-24 피닉스+브루클린 53경기 평균 12.5분

항목	PTS	RB	AS	ST	BL
경기 평균	3.7	2.1	0.7	0.5	0.4
36분 기준	10.7	6.0	2.1	1.4	1.2

항목 평점	TS	MS	3PS	FT	LU	DK	ID	OD	ST	BL
	C	C	C-	C+	B	D	D	D	B	D+
항목 평점	OR3	DR3	PS	BH	BQ	SP	PO	ED	HS	OG
	B-	D+	D-	D+	D+	C+	D-	B-	C-	C-

Rudy GOBERT C
루디 고베어
27 · C

1992.06.26 / 216cm

NBA 드래프트 : 2013년 1라운드 27번
NBA 우승 : 0회 | 파이널 MVP : 0회
프랑스
시즌 MVP : 0회 | NBA 퍼스트팀 : 0회

DPOY를 4번이나 받은 리그 정상급 수비수다. 216cm의 키, 235cm의 윙스팬, 293cm의 스탠딩 리치 등 더할 나위 없이 좋은 신체 조건이다. 큰 체격에 비해 기동력이 꽤 좋다. 인사이드 1대1 수비는 압도적이다. 그런데 그의 픽&롤 수비를 비판하는 전문가도 있다. 정규시즌과 PO의 경기력에 기복이 큰 편이다. 리바운드, 블락, 스크린 세팅 모두 정상급이다. 반면, 공격루트는 매우 제한적이다. 림어택이 전체 필드골의 무려 95%다(!). 연봉은 4383만 달러.

SHOT ZONE

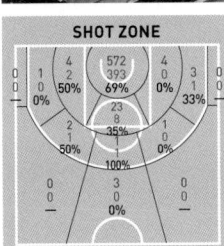

0	1	4	4	3
	2	393		1
0%	50%	69%	0%	33%
		23		
		35%		
2				0
50%				0%
		1		
		100%		
		0		
		0%		

13
71 38
20
필드골 614 시도 224
247 시도
1

49 12
4 필드골 112
406 성공
225

● 점프숏, 풀업 점퍼
● 레이업, 핑거롤
● 페이드어웨이
● 덩크, 앨리웁
● 훅숏
● 팁숏
● 뱅크숏

DEFENSE PER GAME			REBOUNDS PER GAME		
림에서의 거리	DFG	DFG%	림에서의 거리	CR	UCR
3점숏	1.2	32.9%	0~0.9m	1.9	3.0
2점숏	7.0	46.1%	0.9~1.8m	2.2	3.5
0~1.8m	3.8	49.4%	1.8~3.0m	0.5	1.1
0~3.0m	4.7	47.9%	3.0m 이상	0.2	0.4
4.5m 이상	2.4	36.5%			

2023-24 미네소타 76경기 평균 34.1분

항목	PTS	RB	AS	ST	BL
경기 평균	14.0	12.9	1.3	0.7	2.1
36분 기준	14.7	13.6	1.4	0.7	2.2

항목 평점	TS	MS	3PS	FT	LU	DK	ID	OD	ST	BL
	B	A-	D	B-	D-	A-	A+	D-	B-	A-
항목 평점	ORB	DRB	PS	BH	BQ	SP	PO	ED	HS	OG
	A-	A	D+	D-	B-	D-	B+	A-	B	A

Naz REID C-PF
나즈 리드
11 · C

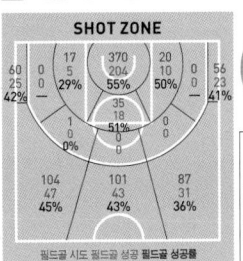

1999.08.26 / 206cm

NBA 드래프트 : 2019년 미지명
NBA 우승 : 0회 | 파이널 MVP : 0회
미국
시즌 MVP : 0회 | NBA 퍼스트팀 : 0회

정말 든든한 '백업 센터'다. 지난 시즌 단 한 차례의 부상도 없이 81경기에 풀타임 출전하며 평균 24.2분씩 뛰었다. '스트레치 빅맨'으로 숏 거리가 길고 포물선이 높다. 3점 숏의 경우 점프를 거의 하지 않고 던진다. 신장 대비 나쁘지 않은 블락, 박스아웃, 리바운드, 허슬 플레이도 좋다. 팀에 더블포스트 시스템이 정착한 이후에는 빅맨으로서 인사이드 1대1 수비에, 빅윙으로서는 팀의 로테이션 수비에 잘 적응한 모습이다. 연봉은 1399만 달러.

SHOT ZONE

60	0	17	370	20	0	56
5		204	10		23
42%	29%	55%	50%		41%
		35			
		51%			
104		101		87
47		43		31
45%		43%		36%

12 — 32
1
39
필드골 851 시도 460
239 시도
126

15
31
37 필드골 406
406 성공
190

● 점프숏, 풀업 점퍼
● 레이업, 핑거롤
● 페이드어웨이
● 덩크, 앨리웁
● 훅숏
● 팁숏
● 뱅크숏

DEFENSE PER GAME			REBOUNDS PER GAME		
림에서의 거리	DFG	DFG%	림에서의 거리	CR	UCR
3점숏	1.1	35.2%	0~0.9m	0.7	0.9
2점숏	3.5	53.6%	0.9~1.8m	0.7	1.3
0~1.8m	2.5	57.3%	1.8~3.0m	0.3	0.8
0~3.0m	2.8	55.3%	3.0m 이상	0.1	0.5
4.5m 이상	1.4	38.0%			

2023-24 미네소타 81경기 평균 24.2분

항목	PTS	RB	AS	ST	BL
경기 평균	13.5	5.2	1.3	0.8	0.9
36분 기준	20.0	7.8	1.9	1.2	1.3

항목 평점	TS	MS	3PS	FT	LU	DK	ID	OD	ST	BL
	B	D+	C	B-	C-	B	C+	C+	C	C
항목 평점	ORB	DRB	PS	BH	BQ	SP	PO	ED	HS	OG
	D-	C	D-	C-	C-	B-	B+	A-	B-	C

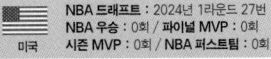

	DEFENSE pg		REBOUNDS pg									항목 & 평점											
DFG	DFG%	CR	UCR	TS	MS	3PS	FT	LU	DK	ID	OD	ST	BL	ORG	OR3	ORB	DRG	DR3	DRB	PS	BH	BQ	SP	PO	ED	HS	OG
필드골 허용	필드골 허용률	유경쟁 리바운드	무경쟁 리바운드	터프샷 성공률	중거리 슛	3점 슛팅	자유투 성공	가드 슬램 플로터	덩크	안쪽 수비	외곽 수비	스틸	블락	가드 공격RB	SF 공격RB	빅맨 공격RB	가드 수비RB	SF 수비RB	빅맨 수비RB	패스	볼 핸들링	농구 IQ	스피드 민첩성	파워	지구력	허슬 플레이	종합 평가

C 55 Luka GARZA — C
루카 가르자 1998.12.27 / 208cm

NBA 드래프트 : 2021년 2라운드 52번
NBA 우승 : 0회 / 파이널 MVP : 0회
미국
시즌 MVP : 0회 / NBA 퍼스트팀 : 0회

아버지는 스페인계 미국인, 어머니는 보스니아인이다. '서드 유닛' 빅맨으로 시즌 25경기에 출전했다. 결장한 57경기에는 감독의 결정 25경기, G리그 출전으로 인한 결장 27경기, 기타 사유 5경기가 포함되어 있다. 매우 적극적이면서도 지능적인 공격을 펼친다. 에너자이저와 같은 지구력의 소유자이다. 오펜스 리바운드에 특화된 선수로 풋백을 자주 시도하며 스크린 세팅도 열심히 한다. 그러나 전체적인 수비력은 많이 부족하다. 연봉은 216만 달러.

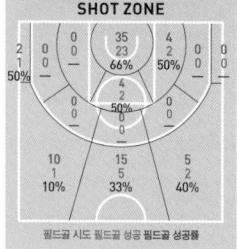

SHOT ZONE
2	0	0	35	0	2
50%			23 66%		50%
			2 50%		
10		15		5	
1 10%		2 33%		2 40%	

필드골 시도 / 필드골 성공 / 필드골 성공률

필드골 75 시도 40 (10 21 18 2)
● 점프슛, 풀업 점퍼 ● 레이업, 핑거롤 ● 페이드어웨이 ● 덩크, 앨리웁 ● 훅슛 ● 팁슛 ● 뱅크슛

필드골 36 성공 16 (3 1 12)

DEFENSE PER GAME			REBOUNDS PER GAME		
림에서의 거리	DFG	DFG%	림에서의 거리	CR	UCR
3점슛	0.2	30.0%	0~0.9m	0.4	0.1
2점슛	1.5	54.9%	0.9~1.8m	0.3	0.2
0~1.8m	0.9	66.7%	1.8~3.0m	0.1	0.2
0~3.0m	1.2	67.6%	3.0m 이상	0.1	0.1
4.5m 이상	0.3	30.0%			

2023-24 미네소타 25경기 평균 4.9분						항목 평점	TS	MS	3PS	FT	LU	DK	ID	OD	ST	BL
항목	PTS	RB	AS	ST	BL	평점	A-	C-	C	D+	C	A	D-	D	D-	C
경기 평균	4.0	1.2	0.2	0.2	0.0	항목	ORB	DRB	PS	BH	BQ	SP	PO	ED	HS	OG
36분 기준	29.2	9.1	1.2	1.2	0.3	평점	A	D-	D-	D	D	D+	B-	B-	B	C

G 5 Anthony EDWARDS — SG
앤소니 에드워즈 2001.08.05 / 193cm

NBA 드래프트 : 2020년 1라운드 1번
NBA 우승 : 0회 / 파이널 MVP : 0회
미국
시즌 MVP : 0회 / NBA 퍼스트팀 : 0회

최고의 슈퍼스타 중 1명. 최근 NBA에 유럽 출신 스타가 많아진 데 비해 미국인 스타가 부족해지면서 더 주목받는다. 차세대 공수겸장이다. 폭발적인 운동능력, 뛰어난 풋워크, 화려한 볼 핸들링, 저돌적인 돌파와 마무리(덩크, 레이업, 플로터, 핑거롤), 어느 위치에서든 불을 뿜는 풀업 점퍼와 캐치&슛, 강력한 퍼리미터 1대1 수비와 BQ를 활용한 팀 디펜스 등 모든 걸 다 잘 한다. 외모는 마이클 조던을 빼닮았다. 과연 실력도? 연봉은 4218만 달러.

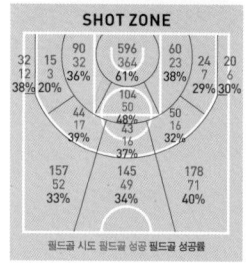
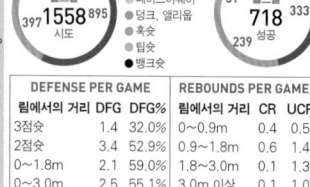

SHOT ZONE
32	15	32	90	60	24
12 38%	5 36%	61%	364 61%	23 38%	7 29%
			104 48%		
			50		30%
			44 17	16	
39%			43 37%		32%
157		145		178	
52 33%		49 34%		71 40%	

필드골 시도 / 필드골 성공 / 필드골 성공률

필드골 1558 시도 895 (6 74 397 93 239)
● 점프슛, 풀업 점퍼 ● 레이업, 핑거롤 ● 페이드어웨이 ● 덩크, 앨리웁 ● 훅슛 ● 팁슛 ● 뱅크슛

필드골 718 성공 333 (3 40 31 63)

DEFENSE PER GAME			REBOUNDS PER GAME		
림에서의 거리	DFG	DFG%	림에서의 거리	CR	UCR
3점슛	1.4	32.0%	0~0.9m	0.4	0.5
2점슛	3.4	52.9%	0.9~1.8m	0.6	1.4
0~1.8m	2.1	59.0%	1.8~3.0m	0.1	1.3
0~3.0m	2.5	55.1%	3.0m 이상	0.1	1.3
4.5m 이상	1.9	34.0%			

2023-24 미네소타 79경기 평균 35.1분						항목 평점	TS	MS	3PS	FT	LU	DK	ID	OD	ST	BL
항목	PTS	RB	AS	ST	BL	평점	A	B+	B+	B	A	A+	D-	B	B-	D
경기 평균	25.9	5.4	5.1	1.3	0.5	항목	ORG	DRG	PS	BH	BQ	SP	PO	ED	HS	OG
36분 기준	26.6	5.6	5.3	1.3	0.5	평점	D-	B+	C	B	B+	A-	D-	A+	A-	A-

G 10 Mike CONLEY — PG
마이크 콘리 1987.10.11 / 183cm

NBA 드래프트 : 2007년 1라운드 4번
NBA 우승 : 0회 / 파이널 MVP : 0회
미국
시즌 MVP : 0회 / NBA 퍼스트팀 : 0회

프로 18년 차 베테랑 포인트가드. 올해 37세지만, 여전히 팀플레이의 중심을 잡는다. 양손으로 드리블을 할 수 있고, 볼 핸들링이 좋아 소유권을 잘 지키며, 턴오버를 매우 적게 범한다. 풀업 점퍼와 캐치&슛을 섞은 3점슛은 성공률 44%로 매우 정확하다. 재미있는 건, 점프슛을 왼손으로 쏘지만, 플로터 마무리는 오른손으로 한다는 점. 빠른 사이드 스텝을 바탕으로 강력한 퍼리미터 1대1 수비를 구사한다. 패싱 레인 수비도 OK. 연봉은 998만 달러.

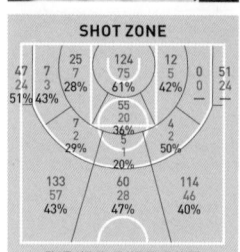

SHOT ZONE
47	7	25	124	12	51
24 51%	3 43%	7 28%	75 61%	5 42%	24
			55 36%		
			7 2 29%	2 20%	4 50%
133		60		114	
57 43%		28 47%		46 40%	

필드골 시도 / 필드골 성공 / 필드골 성공률

필드골 644 시도 528 (3 4 13 2 94)
● 점프슛, 풀업 점퍼 ● 레이업, 핑거롤 ● 페이드어웨이 ● 덩크, 앨리웁 ● 훅슛 ● 팁슛 ● 뱅크슛

필드골 294 성공 221 (1 2 7 61)

DEFENSE PER GAME			REBOUNDS PER GAME		
림에서의 거리	DFG	DFG%	림에서의 거리	CR	UCR
3점슛	1.2	32.1%	0~0.9m	0.1	0.1
2점슛	3.2	52.8%	0.9~1.8m	0.1	0.4
0~1.8m	1.9	60.9%	1.8~3.0m	0.1	0.8
0~3.0m	2.4	56.5%	3.0m 이상	0.1	1.2
4.5m 이상	1.6	34.4%			

2023-24 미네소타 76경기 평균 28.9분						항목 평점	TS	MS	3PS	FT	LU	DK	ID	OD	ST	BL
항목	PTS	RB	AS	ST	BL	평점	A-	B+	A-	B+	B	D-	D-	B	B-	D-
경기 평균	11.4	2.9	5.9	1.2	0.2	항목	ORG	DRG	PS	BH	BQ	SP	PO	ED	HS	OG
36분 기준	14.3	3.6	7.4	1.4	0.3	평점	D-	D-	A-	B+	B	B	D-	B-	B-	B-

G 4 Rob DILLINGHAM — PG-SG
롭 딜링엄 2005.01.04 / 191cm

NBA 드래프트 : 2024년 1라운드 8번
NBA 우승 : 0회 / 파이널 MVP : 0회
미국
시즌 MVP : 0회 / NBA 퍼스트팀 : 0회

켄터키대 1학년을 마치고 2024 드래프트를 신청했다. 샌안토니오에 1라운드 8번으로 지명됐고, 바로 미네소타로 트레이드됐다. 딜링엄은 미네소타에 매우 유용한 공격 옵션이 될 수 있다. 퍼스트스텝이 빠르고, 자신 있게 돌파한다. 지난 시즌 NCAA에서 평균 15.2점을 올렸고, 3점슛을 4.5회 시도해 무려 44%를 적중시켰다. 오픈 동료를 잘 찾아 패스한다. 그러나 플레이메이킹을 업그레이드해야 한다. 이건 시간이 필요한 문제다. 연봉은 623만 달러.

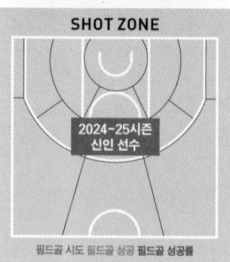

SHOT ZONE

2024-25시즌 신인 선수

필드골 시도 / 필드골 성공 / 필드골 성공률

필드골 0 시도
● 점프슛, 풀업 점퍼 ● 레이업, 핑거롤 ● 페이드어웨이 ● 덩크, 앨리웁 ● 훅슛 ● 팁슛 ● 뱅크슛

필드골 0 성공

DEFENSE PER GAME			REBOUNDS PER GAME		
림에서의 거리	DFG	DFG%	림에서의 거리	CR	UCR
3점슛			0~0.9m		
2점슛			0.9~1.8m		
0~1.8m			1.8~3.0m		
0~3.0m			3.0m 이상		
4.5m 이상					

2023-24시즌 기록 없음						항목 평점	TS	MS	3PS	FT	LU	DK	ID	OD	ST	BL
항목	PTS	RB	AS	ST	BL	평점	—	—	—	—	—	—	—	—	—	—
경기 평균	—	—	—	—	—	항목	OR	DR	PS	BH	BQ	SP	PO	ED	HS	OG
36분 기준	—	—	—	—	—	평점	—	—	—	—	—	—	—	—	—	—

DEFENSE pg		REBOUNDS pg		항목 & 평점																				
DFG	DFG%	CR	UCR	TS	MS	3PS	FT	LU	DK	ID	OD	ST	BL	ORG	OR3	ORB	DRG	DR3	DRB	PS	BH	BQ	SP	PO	ED	HS	OG
필드골 허용	필드골 허용률	무경쟁 리바운드	무경쟁 리바운드	터프샷 성공률	중거리 슈팅	3점 슈팅	자유투 성공률	레이업 플로터	덩크	안쪽 수비	외곽 수비	스틸	블락	가드 공격RB	SF 공격RB	빅맨 공격RB	가드 수비RB	SF 수비RB	빅맨 수비RB	패스	볼 핸들링	농구 IQ	스피드 민첩성	파워	지구력	허슬 플레이	종합 평가

G 9 — Nickeil ALEXANDER-WALKER — SG

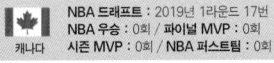

니킬 알렉산더-워커　1998.09.02 / 196cm

NBA 드래프트 : 2019년 1라운드 17번
NBA 우승 : 0회 / 파이널 MVP : 0회
캐나다　시즌 MVP : 0회 / NBA 퍼스트팀 : 0회

캐나다 온타리오주 토론토 출신. 셰이 길저스-알렉산더와 사촌 관계다. 지난 시즌 백업 슈팅 가드로 82경기에 모두 출전했다. 제한된 출전 시간 속에 나름대로 제 몫을 해냈다. 주무기는 3점슛. 캐치&슛이 대부분이지만, 풀업 점퍼도 시도하는다. 또한, 과감한 돌파 후 정확한 레이업으로 마무리한다. 좋은 사이즈와 우수한 운동 능력을 활용해 강력한 페리미터 1대1 수비를 펼친다. 흔히 말하는 '에이스 스토퍼'다. 스틸 실력도 우수하다. 연봉은 431만 달러.

SHOT ZONE

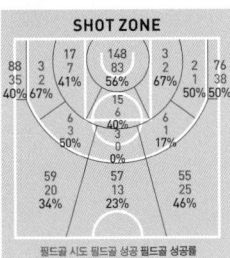

	11	3			
88	17	148	3	2	76
35	83		67%	38	
40%	67%	41%	56%	67%	50% 50%

필드골 538 시도 396 / 114 / 54~5

필드골 236 성공 158 / 59 / 2 2 / 3 9 3

- 점프슛, 풀업 점퍼
- 레이업, 핑거롤
- 페이드어웨이
- 덩크, 앨리웁
- 훅슛
- 팁슛
- 뱅크슛

	15			40%	
	6				
	50%			17%	
		0%			
59		57		55	
20		13		25	
34%		23%		46%	

필드골 시도 필드골 성공 필드골 성공률

DEFENSE PER GAME			REBOUNDS PER GAME		
림에서의 거리	DFG	DFG%	림에서의 거리	CR	UCR
3점슛	0.9	40.0%	0~0.9m	0.1	0.1
2점슛	3.4	60.4%	0.9~1.8m	0.2	0.4
0~1.8m	2.3	70.6%	1.8~3.0m	0.1	0.3
0~3.0m	2.4	58.5%	3.0m 이상	0.1	0.7
4.5m 이상	1.3	43.5%			

2023-24 미네소타 82경기 평균 23.4분						항목 평점	TS	MS	3PS	FT	LU	DK	ID	OD	ST	BL
항목	PTS	RB	AS	ST	BL		B+	C	B	D	B	D-	B-	C+	D
경기 평균	8.0	2.0	2.5	0.8	0.5	항목 평점	OR3	DRG	PS	BH	BQ	SP	PO	ED	HS	OG
36분 기준	12.3	3.1	3.8	1.2	0.8		D-	C	B-	C	C	D-	A-	C	C+

G 8 — Josh MINOTT — SF

조시 마이넛　2002.11.25 / 203cm

NBA 드래프트 : 2022년 2라운드 45번
NBA 우승 : 0회 / 파이널 MVP : 0회
미국　시즌 MVP : 0회 / NBA 퍼스트팀 : 0회

정규리그 32경기에 출전했다. 결장한 50경기에는 감독 결정으로 빠진 27경기, G리그 출전으로 인한 결장 22경기가 포함되어 있다. 올 시즌은 투웨이 계약이 아닌 정식 계약을 체결했기에 출전 기회는 더 늘어날 것이다. 스윙맨으로서 큰 203cm와 211cm의 윙스팬을 지녔다. 평균 이상의 운동능력을 적극적으로 활용해 돌파에 이은 림 어택(덩크, 레이업, 핑거롤)을 시도한다. SF 중에선 리바운드, 스틸, 블락이 좋은 편이다. 연봉은 202만 달러.

SHOT ZONE

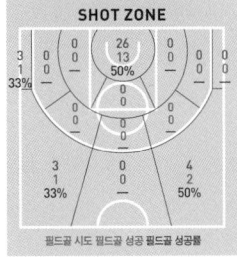

5	1		13		
3		26		3	
		13			
		50%			
33%				16	

필드골 36 시도

	1				
4	필드골 5				
	17 성공				
	6				

- 점프슛, 풀업 점퍼
- 레이업, 핑거롤
- 페이드어웨이
- 덩크, 앨리웁
- 훅슛
- 팁슛
- 뱅크슛

	0			0	
	0			0	
3				4	
33%				50%	

필드골 시도 필드골 성공 필드골 성공률

DEFENSE PER GAME			REBOUNDS PER GAME		
림에서의 거리	DFG	DFG%	림에서의 거리	CR	UCR
3점슛	0.1	25.0%	0~0.9m	0.1	0.0
2점슛	0.9	75.0%	0.9~1.8m	0.1	0.2
0~1.8m	0.6	92.3%	1.8~3.0m	0.0	0.1
0~3.0m	0.7	75.0%	3.0m 이상	0.0	0.3
4.5m 이상	0.3	41.2%			

2023-24 미네소타 32경기 평균 2.8분						항목 평점	TS	MS	3PS	FT	LU	DK	ID	OD	ST	BL
항목	PTS	RB	AS	ST	BL		D	C	C	C	B	D	D	D	A-	A
경기 평균	1.6	0.5	0.3	0.2	0.2	항목 평점	OR3	DR3	PS	BH	BQ	SP	PO	ED	HS	OG
36분 기준	19.8	6.7	3.2	2.0	2.0		C+	B-	D	C	C-	D-	B-	C-

G 1 — Daishen NIX — PG-SG

데이신 닉스　2002.02.12 / 191cm

NBA 드래프트 : 2021년 미지명
NBA 우승 : 0회 / 파이널 MVP : 0회
미국　시즌 MVP : 0회 / NBA 퍼스트팀 : 0회

2020년 G리그 이그나이트에서 프로 경력을 시작했다. 이후 휴스턴 로키츠, 리오그란데 바이퍼스(G리그), 미네소타 팀버울브스, 아이오와 울브스(G리그) 등을 거쳤다. 2022년엔 G리그 우승을 경험했다. 그는 '서드 유닛' 콤보 가드다. 지난 시즌 G리그에서는 메인 볼 핸들러로 활약하며 이타적으로 플레이했다. 수비에서는 자신보다 큰 가드들을 잘 막아냈다. 공격은 제한적이다. 올 시즌 투웨이 계약을 맺었다. 출전 시간이 어떻게 배분될지 궁금하다.

SHOT ZONE

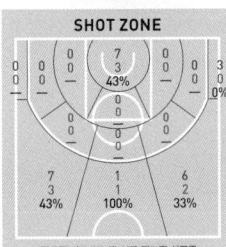

0	0		0	0	
0		7		3	0
		43%			0%

필드골 24 시도

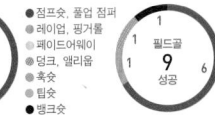

	1			1	
		필드골			
	1	9 성공		1	6

- 점프슛, 풀업 점퍼
- 레이업, 핑거롤
- 페이드어웨이
- 덩크, 앨리웁
- 훅슛
- 팁슛
- 뱅크슛

	0			0	
7		1		6	
3		1		2	
43%		100%		33%	

필드골 시도 필드골 성공 필드골 성공률

DEFENSE PER GAME			REBOUNDS PER GAME		
림에서의 거리	DFG	DFG%	림에서의 거리	CR	UCR
3점슛	0.0	0.0%	0~0.9m	0.0	0.1
2점슛	1.3	66.7%	0.9~1.8m	0.0	0.0
0~1.8m	1.0	75.0%	1.8~3.0m	0.0	0.0
0~3.0m	1.3	80.0%	3.0m 이상	0.0	0.0
4.5m 이상	0.0	0.0%			

2023-24 미네소타 15경기 평균 3.3분						항목 평점	TS	MS	3PS	FT	LU	DK	ID	OD	ST	BL
항목	PTS	RB	AS	ST	BL		D-	C	D+	C	D-	C	D	D	C	D
경기 평균	1.8	0.2	0.4	0.3	0.0	항목 평점	ORG	DRG	PS	BH	BQ	SP	PO	ED	HS	OG
36분 기준	19.4	2.2	4.3	3.6	0.0		D-	D-	C-	C	D	A-	D-	B-	C

MINNESOTA TIMBERWOLVES
2024-25 REGULAR SEASON SCHEDULE

OCTOBER, 2024		
Oct. 23	@	LA Lakers
Oct. 25	@	Sacramento
Oct. 27	vs.	Toronto
Oct. 30	vs.	Dallas

NOVEMBER, 2024		
Nov. 2	vs.	Denver
Nov. 3	@	San Antonio
Nov. 5	vs.	Charlotte
Nov. 8	vs.	Chicago
Nov. 9	vs.	Portland
Nov. 11	vs.	Miami
Nov. 13	@	Portland
Nov. 14	@	Portland
Nov. 16	@	Sacramento
Nov. 18	vs.	Phoenix
Nov. 22	vs.	Toronto
Nov. 25	@	Boston
Nov. 27	vs.	Houston
Nov. 28	@	Sacramento
Nov. 30	vs.	LA Clippers

DECEMBER, 2024		
Dec. 3	vs.	LA Lakers
Dec. 5	@	LA Clippers
Dec. 7	@	Golden State
Dec. 9	@	Golden State
Dec. 20	vs.	New York
Dec. 22	vs.	Golden State
Dec. 24	@	Atlanta
Dec. 26	@	Dallas
Dec. 28	@	Houston
Dec. 30	vs.	San Antonio

JANUARY, 2025		
Jan. 1	@	Oklahoma City
Jan. 3	vs.	Boston
Jan. 5	@	Detroit
Jan. 7	vs.	LA Clippers
Jan. 8	@	New Orleans
Jan. 10	@	Orlando
Jan. 12	vs.	Memphis
Jan. 14	vs.	Washington
Jan. 16	vs.	Golden State
Jan. 18	@	New York
Jan. 19	vs.	Cleveland
Jan. 21	@	Memphis
Jan. 23	@	Dallas
Jan. 26	vs.	Denver
Jan. 28	vs.	Atlanta
Jan. 30	@	Phoenix
Jan. 31	@	Utah

FEBRUARY, 2025		
Feb. 2	vs.	Washington
Feb. 4	vs.	Sacramento
Feb. 6	vs.	Chicago
Feb. 7	@	Houston
Feb. 9	vs.	Portland
Feb. 11	@	Cleveland
Feb. 13	vs.	Milwaukee
Feb. 14	vs.	Oklahoma City
Feb. 22	@	Houston
Feb. 24	@	Oklahoma City
Feb. 25	@	Oklahoma City
Feb. 28	@	LA Lakers

MARCH, 2025		
Mar. 1	@	Utah
Mar. 3	@	Phoenix
Mar. 5	vs.	Philadelphia
Mar. 6	@	Charlotte
Mar. 8	@	Miami
Mar. 10	vs.	San Antonio
Mar. 13	@	Denver
Mar. 15	vs.	Orlando
Mar. 17	vs.	Utah
Mar. 18	vs.	Indiana
Mar. 20	vs.	New Orleans
Mar. 22	vs.	New Orleans
Mar. 25	@	Indiana
Mar. 29	vs.	Phoenix
Mar. 31	vs.	Detroit

APRIL, 2025		
Apr. 2	@	Denver
Apr. 4	@	Brooklyn
Apr. 6	@	Philadelphia
Apr. 9	@	Milwaukee
Apr. 11	@	Memphis
Apr. 12	vs.	Brooklyn
Apr. 14	vs.	Utah

OKLAHOMA CITY THUNDER

不贊一詞·서부지구 최강 전력 구축

뜻풀이 너무 뛰어나 흠을 잡을 수가 없다는 뜻. 오클라호마는 올 시즌 서부지구 최고의 전력을 구축해 동부지구의 보스턴과 우승을 다툴 것이라는 예상이 많다.

재능 넘치는 '젊은 피'들 가득

역대 최연소 55승+서부 1위로 PO에 진출했지만, 준결승에서 댈러스를 만나 2승 4패로 탈락했다. 패배는 아쉬웠지만, '서부 1위' 자체가 목표 초과 달성이었기에 더 밝은 내일을 기약했다. 오클라호마 시티는 'MVP 후보' 셰이 길저스-알렉산더를 중심으로 전도유망한 유망주들이 가득하다. 이건 모두 좋은 리빌딩의 결실이었다. 특히, 216cm 중고신인 첻 홈그린은 웸반야마에 가리긴 했지만, 공·수에서 훌륭한 시즌을 보냈다. 제일런 윌리엄스의 단단한 활약도 빼놓을 수 없다.

전력보강 알찼던 여름 이적시장

샘 프레스티가 NBA 최고 단장 중 1명이라는 건 의심의 여지가 없다. 확고한 계획을 수립하며 팀을 우승 후보에 올려놨고, 그 작업은 계속됐다. 조시 기디를 포기하고 검증된 '허슬러' 알렉스 카루소를 영입했다. 213cm의 아이재이아 하텐슈타인을 FA시장에서 영입한 것 역시 단점 극복의 일환이다. 모든 게 순조로웠던 오클라호마 시티이지만 유독 리바운드가 약했기 때문. 두 선수 합류는 그 고민을 덜어주고 동시에 팀의 전력이 서부지구 최고 수준으로 올라갔음을 확인하는 결과다.

모범적인 성장, 계속되어야 한다

압도적인 볼 점유율의 길저스-알렉산더, 그런 그를 에이스로 인정하고 분위기를 잡아주는 서포터들. 오클라호마 시티는 NBA에서 가장 모범적인 구조의 팀으로 성장하고 있다. 젊은 팀답게 팀 문화도 건전하게 잘 만들어졌고, 미래 지명권과 계약 구조 역시 훌륭하다. 그러나 서부에서 55승+1번 시드를 다시 해내기 위해서는 길저스-알렉산더를 둘러싼 지원군들의 성장이 필요하다. 누군가는 그의 부담을 덜어줘야 하며, 제공권 싸움도 이겨내기 위해 전투적으로 달려들어야 한다.

---

*통계는 2024년 10월 1일 기준

CLUB INFORMATION

Founded 구단 창립 1967년	**Owner** 프로 바스켓볼 클럽 LLC	**CEO** 클레이 베넷	**Head Coach** 마크 데이그널트 1985.02.23	**24-25 Odds** 벳365 : 7배 윌리엄힐 : 7.5배

Nationality ●미국 선수 10명 ●외국 선수 5명	**Age** 15명 평균 23.9세	**Height** 15명 평균 200.0cm	**Weight** 15명 평균 93.8kg	**Salary** 15명 평균 1050만 달러

Win 2023-24 : 승 통산 : 승	**Loss** 2023-24 : 패 통산 : 패	**Winning%** 2023-24 : % 통산 : %	**Play-Off** PO 진출 : 회 PO 탈락 : 회	**Titles** NBA우승 : 회 컨퍼런스 : 회

Top Scorer 셰이 길저스-알렉산더 평균 30.1점	**More Rebounds** 첻 홈그린 평균 7.9RB	**More Assists** 셰이 길저스-알렉산더 평균 6.2AS	**More Steals** 셰이 길저스-알렉산더 평균 2.0스틸	**More Blocks** 첻 홈그린 평균 2.3블록

*항목별 1위는 지난 시즌 오클라호마 시티 소속으로 42경기 이상 출전한 선수 중 선별

Association   **Icon**   **Statement**   **City**

HEAD COACH & STADIUM

Mark DAIGNEAULT 마크 데이그널트

생년월일 : 1985.02.23 | **국적** : 미국 | **출생지** : 미국 매사추세츠주 레민스터
경력 : 2007~2010년 홀리 크로스대 코치 / 2010~ 2014년 플로리다대 코치 / 2014~2016년 오클라호마 시티 블루 감독 / 2016년 오클라호마 시티 선더 코치 / 2017~2019년 오클라호마 시티 블루 감독 / 2019~2020년 오클라호마 시티 선더 코치 / 2020년~ 오클라호마 시티 선더 감독

레오민스터고를 졸업했다. 2003년 코네티컷대에 입학해 3학년까지 다녔고, 플로리다대로 편입해 4학년을 마쳤다. 그는 코네티컷대 시절, 농구팀 학생 매니저로 근무했다. 교육학 학위를 취득했고, 선수들과 제대로 소통할 수 있는 걸 보여줬다. 2007년 홀리 크로스대 어시스턴트로 지도자 생활을 시작했다. 2010~2014년 플로리다대, 2014~2019년 오클라호마시티 블루, 2016년 오클라호마시티 선더, 2019~2020년 오클라호마시티 선더(복귀) 등 13년간 어시스턴트로 일했다. 오클라호마시티 블루 시절, 팀을 G리그 3연속 우승으로 견인했다. 2016년에는 팀 코칭스태프에 합류하여 팀이 서부 컨퍼런스 결승에 진출하는 데 일조했다. 2020년 11월 11일, 그는 오클라호마시티 선더의 제4대 감독이 되었다. 그는 2023-24시즌 훌륭한 지도력을 발휘하며 오클라호마시티가 정규시즌 57승 25패(리그 2위)를 기록하도록 만들었다. 그리고 시즌 종료 후 NBA 올해의 감독상을 받았다.

PAYCOM CENTER

구장 오픈 : 2002년 5월 11일
구장 증개축 : —
오너 : 오클라호마시
수용인원 : 1만 8203명
건축비용 : 8920만달러
  (현재 가치) 1억 5100만달러

이곳에서는 콘서트, 패밀리 쇼, 스포츠 이벤트 및 다양한 엔터테인먼트가 개최된다. 이 경기장은 다운타운 르네상스의 중심부에 위치한다. 오클라호마시티 시내와 브릭타운의 호텔, 레스토랑, 엔터테인먼트 장소에서 매우 가깝다. 20025-06시즌엔 뉴올리언스와 오클라호마시티가 공동 홈구장으로 사용했고, 2008-09시즌부터 오클라호마가 단독으로 사용 중이다.

NBA CHAMPIONSHIPS
1979

CONFERENCE TITLES
1978, 1979, 1996, 2012

DIVISION TITLES
1979, 1994, 1996, 1997, 1998, 2005, 2011, 2012, 2013, 2014, 2016, 2024

RETIRED NUMBERS
1, 4, 10, 19, 24, 32, 43

REGULAR SEASON RANKING LAST 10YEARS

14-15	15-16	16-17	17-18	18-19	19-20	20-21	21-22	22-23	23-24
14	5	10	9	10	9	27	27	19	2
45승 37패	55승 27패	47승 35패	48승 34패	49승 33패	44승 28패	22승 50패	24승 58패	40승 42패	57승 25패

TEAM POTENTIAL

88점

2위

하프코트 세트오펜스 10점   트랜지션 오펜스 9점   하프코트 세트디펜스 8점   트랜지션 디펜스 9점   리바운드 7점

선수층 9점   선수 경험치 8점   감독 리더십 9점   감독 전술 9점   프런트 10점

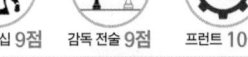

*각 항목은 10점 만점, 평점은 NBA 30팀 사이 상대평가

우승 ODDS	배당	순위
bet 365	7배	2위
Paddy Power	7배	2위
William Hill	7.5배	3위

OFFENSIVE STYLE
트랜지션 오펜스 ——●———— 하프코트 세트오펜스

DEFENSIVE STYLE
하이 프레스 ———●——— 하프코트 디펜스

Player's Functions

Ball Handlers
S.길저스-알렉산더
JA.윌리엄스
A.카루소

Pull-Ups
S.길저스-알렉산더
JA.윌리엄스
C.홈그린

Catch & Shoot
S.길저스-알렉산더
C.홈그린
A.위긴스

3 Pointers
A.위긴스
JA.윌리엄스
I.조

Slam Dunkers
L.도트
JA.윌리엄스
I.하텐슈타인

Free Throw
S.길저스-알렉산더
L.도트
J.윌리엄스

Rebounders
I.하텐슈타인
C.홈그린
JY.윌리엄스

1-1 Defenders
L.도트
S.길저스-알렉산더
A.카루소

Ball Stealers
A.카루소
S.길저스-알렉산더
A.위긴스

Key Passes
S.길저스-알렉산더
JA.윌리엄스
C.홈그린

Hustle Players
I.하텐슈타인
L.도트

Rim Protectors
I.하텐슈타인
JY.윌리엄스

SQUAD & TACTICS

STARTERS

PF 쳇 홈그린
29.4분, 16.5점
7.9RB, 2.4AS

C 아이재이아 하텐슈타인
25.3분, 7.8점
8.3RB, 2.5AS

SF 루겐츠 도트
28.4분, 10.9점
3.6RB, 1.4AS

SG 제일런 윌리엄스
31.3분, 19.1점
4.0RB, 4.5AS

PG 셰이 길저스-알렉산더
34.0분, 30.1점
5.5RB, 6.2AS

OFF THE BENCH

PG 케이슨 월러스
20.6분, 6.8점
2.3RB, 1.5AS

SG 알렉스 카루소
28.7분, 10.1점
3.8RB, 3.5AS

SF 애런 위긴스
15.7분, 6.9점
2.4RB, 1.1AS

PF 켄리치 윌리엄스
14.9분, 4.7점
3.0RB, 1.3AS

C 제일린 윌리엄스
13.0분, 4.0점
3.4RB, 1.6AS

G 애덤 플래거
G 아이재이아 조
F 아자이 미첼
F 딜런 존스
C 우스만 쩽

OFFENSE MECHANISM

드라이브 빈도가 압도적으로 높다. 셰이 길저스-알렉산더의 빠른 스텝과 개인 기술을 이용한 돌파가 위력적. 길저스-알렉산더는 아이솔레이션 포제션(6.1회)이 리그에서 3번째로 많고, 이를 통해 6.8득점을 따냈다. 여기서 파생되는 공격도 효율적이었다. 다만, PO에서는 거의 2배 가까이 비중이 늘어났는데 바람직하지 못했다. 오클라호마 시티는 스틸+블록을 의미하는 '스톡스(STOCKS)' 지표에서 가장 높은 성적을 냈다. 리바운드 열세에도 불구, 오클라호마 시티가 수많은 역습 기회를 창출한 배경이 됐다. 덕분에 트랜지션 득점도 선두급이다. 수비 매치가 정리 안 된 틈을 노려 발만 맞으면 언제든 올라가며 분위기를 주도했다. 쳇 홈그린, 제일런 윌리엄스 등이 이런 역할을 더 해줘야 할 것이다.

DEFENSE MECHANISM

온-볼 수비는 물론이고, 팀 수비도 조직력이 뛰어났기 때문이다. 지난 시즌 오클라호마 시티 상대 팀들은 평균 15.0개의 실책을 기록했다. 30개 구단 중 가장 많은 수치다. 이는 곧장 속공으로 연결되었다. 득점 3위 길저스-알렉산더는 평균 30득점을 기록하면서 스틸도 2.0개를 기록했다. 그만큼 손질이 좋고, 맥을 끊는 능력이 탁월하다. 새 시즌에 이 수치는 더 좋아질 것이다. '허슬러' 알렉스 카루소와 아이재아 하텐슈타인 덕분이다. 지난 시즌 디플렉션 1위인 카루소는 상대 맥을 끊는 수비에 정통하다. 또, 제일린 윌리엄스와 아이재아 조, 루 도트 등 이 팀에는 과감한 신체접촉으로 공격자 파울을 잘 이끌어 내는 수비수들이 많다. 오클라호마는 지난 시즌 가장 많은 공격자 파울을 이끌어냈다.

2023-24 SEASON PERFORMANCE

OKLAHOMA CITY THUNDER vs. OPPONENTS PER GAME STATS

오클라호마 시티 vs 상대팀

	득실점	필드골성공	필드골 %	3점슛성공	3점슛 %	자유투성공	자유투 %	공격리바운드	리바운드	어시스트	스틸	블락	턴오버	파울

120.1	득실점	112.7
44.5 F↑ 40.6		
49.9% FG% 45.5%		
13.3 3↑ 13.4		
38.9% 3P% 36.1%		
17.7 ◯ 18.1		
82.5% FT% 78.9%		
8.8 OR 11.8		
42.0 RB 44.7		
27.1 A↑ 26.9		
8.5 🕶 7.1		
6.6 🏀 5.1		
12.7 ↩ 15.7		
18.8 ✎ 18.9		

LINE-UP

* 오클라호마 시티는 지난 시즌 총 625개의 라인업을 가동시켰다. 그중 출전 시간이 가장 길었던 20개를 골라 게재했다.

5-MEN COMBINATION	MIN	PPG	RPG	APG
S. Gilgeous-Alexander - L. Dort - J. Giddey - C. Holmgren - J. Williams	799	32.7	11.3	8.0
S. Gilgeous-Alexander - L. Dort - I. Joe - C. Holmgren - J. Williams	101	8.0	2.1	1.1
J. Giddey - A. Wiggins - C. Holmgren - J. Williams - C. Wallace	86	13.6	3.6	3.5
S. Gilgeous-Alexander - J. Giddey - C. Holmgren - J. Williams - C. Wallace	71	12.8	4.8	3.2
V. Micic - A. Wiggins - C. Holmgren - J. Williams - C. Wallace	62	12.3	4.0	3.1
S. Gilgeous-Alexander - L. Dort - J. Giddey - C. Holmgren - C. Wallace	60	10.5	2.8	2.6
S. Gilgeous-Alexander - K. Williams - I. Joe - J. Williams - C. Wallace	55	10.0	3.5	1.9
S. Gilgeous-Alexander - I. Joe - A. Wiggins - J. Williams - C. Wallace	42	7.9	2.4	1.7
S. Gilgeous-Alexander - L. Dort - I. Joe - J. Giddey - C. Holmgren	40	4.8	1.8	0.8
S. Gilgeous-Alexander - K. Williams - I. Joe - A. Wiggins - C. Wallace	37	6.0	2.5	1.1
S. Gilgeous-Alexander - L. Dort - C. Holmgren - J. Williams - C. Wallace	35	5.3	1.9	0.8
S. Gilgeous-Alexander - L. Dort - A. Wiggins - C. Holmgren - J. Williams	34	4.5	1.8	0.8
L. Dort - J. Giddey - A. Wiggins - C. Holmgren - J. Williams	33	11.6	3.5	3.3
S. Gilgeous-Alexander - L. Dort - J. Giddey - J. Williams - C. Wallace	32	4.9	1.9	1.1
L. Dort - J. Giddey - C. Holmgren - J. Williams - C. Wallace	32	13.0	3.8	2.5
S. Gilgeous-Alexander - L. Dort - I. Joe - J. Williams - C. Wallace	32	7.1	1.8	1.4
S. Gilgeous-Alexander - K. Williams - L. Dort - J. Giddey - J. Williams	31	5.9	1.5	0.9
S. Gilgeous-Alexander - L. Dort - I. Joe - C. Holmgren - C. Wallace	31	4.6	1.3	0.9
G. Hayward - S. Gilgeous-Alexander - K. Williams - I. Joe - C. Wallace	30	12.0	3.7	2.4
S. Gilgeous-Alexander - K. Williams - L. Dort - I. Joe - C. Wallace	29	6.3	1.8	1.2

PASS COMBINATIONS

→ 해당 선수가 경기당 동료로부터 패스 받은 횟수
→ 해당 선수가 경기당 동료들에게 패스 해준 횟수

받은	선수	해준
58.7	셰이 길저스-알렉산더	42.3
35.6	조시 기디	42.1
30.1	쳇 홈그렌	39.2
46.6	제일런 윌리엄스	38.6
15.2	제일린 윌리엄스	22.6
14.3	고든 헤이워드	17.2
20.3	루겐츠 도트	16.9
18.1	아이재이아 조	16.8
17.9	바실리에 미치치	16.7
15.4	트레 맨	14.4
11.4	켄리치 윌리엄스	14.4
14.5	케이슨 월러스	14.1
12.4	애런 위긴스	13.4
10.4	우스만 젱	10.2
7.2	마이크 머스컬라	8.6
9.5	린디 워터스	8.6
5.1	비스막 비욤보	7.8
4.4	올리비에 사	7.3
5.3	알렉세이 포쿠셰프스키	6.8
5.4	키온테 존스	6.4
9.0	애덤 플래글러	6.0
4.7	다비스 베르탄스	5.4

2023-24 RANKING

* 는 수치가 낮을수록 랭킹이 높아짐

오클라호마	랭킹	GENERAL	상대팀*	랭킹
120.1	1위	득점 / 실점	112.7	11위
42.0	27위	리바운드	44.7	23위
27.1	11위	어시스트	26.9	18위
8.5	1위	스틸	7.1	11위
6.6	1위	블락	5.1	18위

득점	랭킹	PLAYTYPE	실점*	랭킹
9.2	5위	아이솔레이션	5.5	2위
26.5	1위	트랜지션	18.4	1위
19.1	6위	픽&롤 볼핸들러	14.4	7위
7.9	10위	픽&롤 롤맨	6.7	5위
2.0	28위	포스트-업	5.3	25위
31.0	4위	스팟-업	32.4	27위
3.4	27위	핸드오프	5.2	17위
10.1	14위	커팅	—	—
3.0	20위	오프 스크린	4.0	15위
7.1	8위	풋백	7.7	29위
2.8	21위	기타	—	—

SHOT ZONE

구간별 슈팅 및 성공률

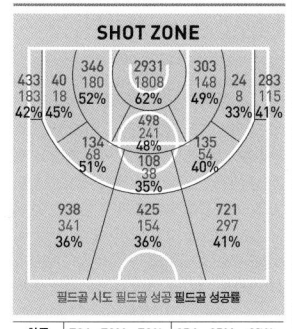

SHOT ZONE

433 180 42%	40 183 45%	346 1808 52%	2931 148 62%	303 24 49%	283 115 33%	41%

134 68 51% / 498 241 48% / 135 54 40%

108 35%

938 341 36%	425 154 36%	721 297 41%

필드골 시도 필드골 성공 필드골 성공률

항목	FGA	FGM	FG%	3PA	3PM	3P%
캐치&슛	28.4	11.5	40.5%	27.0	10.9	40.2%
풀업	22.7	10.1	44.5%	6.8	2.3	34.0%
3m 안쪽	37.8	22.8	60.4%	—	—	—
TOTAL	89.3	44.5	49.9%	34.2	13.3	38.9%

SHOT REPERTORIES

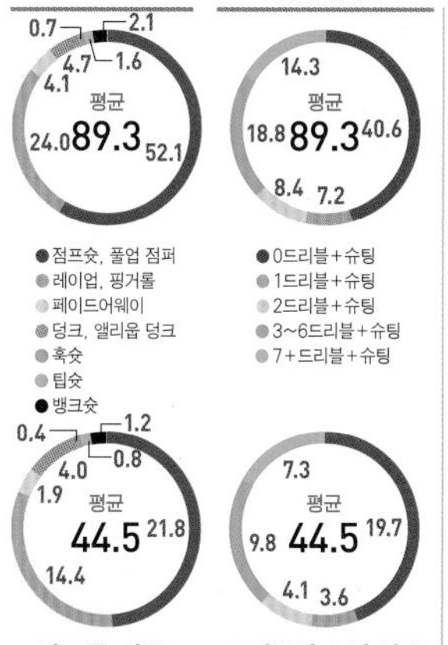

필드골 시도

0.7 / 2.1 / 4.7 1.6 / 4.1
평균 **89.3** 52.1
24.0 / 8.4

● 점프슛, 풀업 점퍼
● 레이업, 핑거롤
● 페이드어웨이
● 덩크, 앨리웁 덩크
● 훅슛
● 팁슛
● 뱅킹슛

드리블과 슈팅 시도

14.3
평균 **89.3** 40.6
18.8 / 8.4

● 0드리블 + 슈팅
● 1드리블 + 슈팅
● 2드리블 + 슈팅
● 3~6드리블 + 슈팅
● 7+드리블 + 슈팅

필드골 시도

8.6
27.1 평균 **89.3** 28.7
24.9

공격수와 수비수의 거리
● 0~0.6m
● 0.6~1.2m
● 1.2~1.8m
● 1.8m 이상

필드골 시도

7.1 1.8
6.8 평균 **89.3** 12.7
15.7
45.6

남은 시간
● 22~24초
● 18~22초
● 15~18초
● 7~15초
● 4~7초
● 0~4초

필드골 성공

0.4 / 1.2 / 0.8
4.0
1.9 평균 **44.5** 21.8
14.4

드리블과 슈팅 성공

7.3
평균 **44.5** 19.7
9.8 / 4.1 / 3.6

필드골 성공

12.3 4.2
평균 **44.5**
11.9 / 16.1

필드골 성공

3.0 1.1 6.9
평균 **44.5** 7.9
23.0

SHOOTING

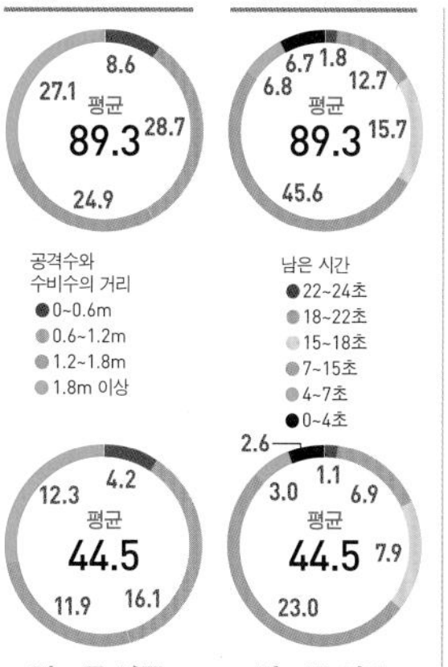

(내용은 위 SHOT REPERTORIES 섹션에 포함)

OPPONENT SHOOTING

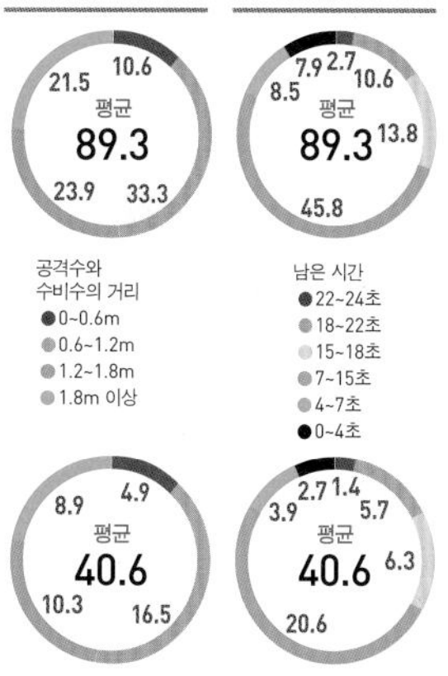

상대 필드골 시도

21.5 10.6
평균 **89.3**
23.9 / 33.3
45.8

공격수와 수비수의 거리
● 0~0.6m
● 0.6~1.2m
● 1.2~1.8m
● 1.8m 이상

상대 필드골 시도

7.9 2.7 10.6
8.5 평균 **89.3** 13.8

남은 시간
● 22~24초
● 18~22초
● 15~18초
● 7~15초
● 4~7초
● 0~4초

필드골 허용

8.9 4.9
평균 **40.6**
10.3 / 16.5

필드골 허용

2.7 1.4
3.9 평균 **40.6** 5.7
20.6 / 6.3

CONTESTED REBOUNDS

공격 리바운드
0.5
0.8 평균 1.9
4.9
1.7

수비 리바운드
0.3
1.6 평균 2.9
8.5
3.2

림 아래부터 리바운드 위치까지의 거리
● 0~0.9m ● 0.9~1.8m ● 1.8~3m ● 3m 이상

UNCONTESTED REBOUNDS

공격 리바운드
0.5
2.0 평균 0.7
3.8
0.6

수비 리바운드
4.5 3.9
1.6 평균
24.2 9.2
6.6

림 아래부터 리바운드 위치까지의 거리
● 0~0.9m ● 0.9~1.8m ● 1.8~3m ● 3m 이상

DEFENSE OF 57 WINS

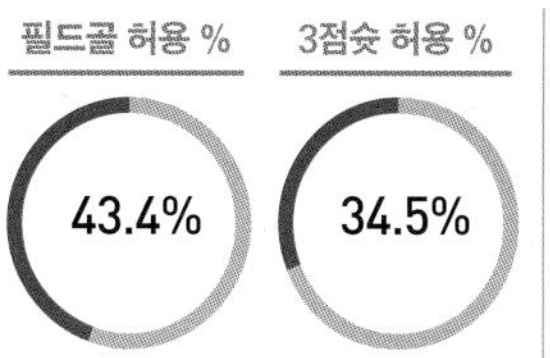

필드골 허용 %
43.4%

3점슛 허용 %
34.5%

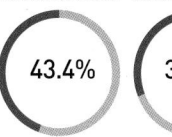

상대 필드골 시도 89.3 상대 3점슛 시도 37.8
필드골 허용 38.8 3점슛 허용 13.0

DEFENSE OF 25 LOSSES

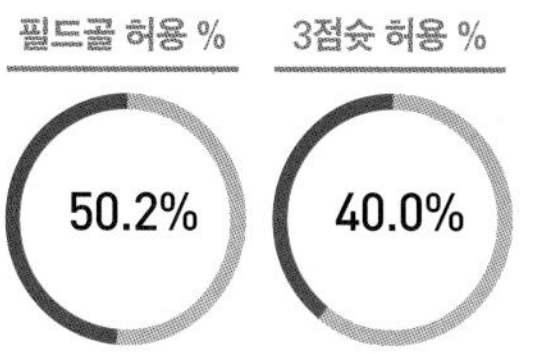

필드골 허용 %
50.2%

3점슛 허용 %
40.0%

상대 필드골 시도 89.2 상대 3점슛 시도 35.8
필드골 허용 44.8 3점슛 허용 14.3

DEFENSE pg		REBOUNDS pg		항목 & 평점																									
DFG	DFG%	CR	UCR	TS	MS	3PS	FT	LU	DK	ID	OD	ST	BL	ORG	OR3	ORB	DRG	DR3	DRB	PS	BH	BQ	SP	PO	ED	HS	OG
필드골 허용	필드골 허용율	유경쟁 리바운드	무경쟁 리바운드	터프샷 성공률	중거리 슈팅	3점 슈팅	자유투 성공률	레이업 플로터	슬램 덩크	안쪽 수비	외곽 수비	스틸	블락	가드 공격RB	SF 공격RB	빅맨 공격RB	가드 수비RB	SF 수비RB	빅맨 수비RB	패스	볼 핸들링	농구 IQ	스페이싱	포스트업	파워	허슬 플레이	종합 평가

Luguentz DORT SF-SG
루겐츠 도트 — 1999.04.19 / 193cm

NBA 드래프트 : 2019년 미지명
NBA 우승 : 0회 / **파이널 MVP** : 0회
시즌 MVP : 0회 / **NBA 퍼스트팀** : 0회
캐나다

리그 최고의 퍼리미터 수비수 중 1명. 1번~4번을 다 막는다. 스윙맨으로 키(193cm)는 평범하지만, 힘이 좋고 발이 빠르며 204cm의 윙스팬을 지녔다. 이 장점을 잘 활용한다. 사이드 스텝이 빨라 상대 에이스의 돌파를 쉽게 허용하지 않는다. 루즈 볼 상황에 바로 몸을 던져 공을 살려낸다. 공격력 자체는 평범하다. 최근 슛 셀렉션이 좋아져 3점슛 성공률이 39.4%로 수직상승했다. 트랜지션 상황에 덩크나 레이업으로 마무리하는다. 연봉은 1650만 달러.

SHOT ZONE
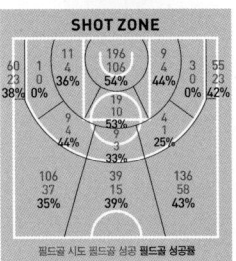

필드골 657 시도 468
필드골 288 성공 185

● 점프슛, 풀업 점퍼
● 레이업, 핑거롤
● 페이드어웨이
● 덩크, 앨리웁
● 훅슛
● 팁인
● 뱅크슛

DEFENSE PER GAME			REBOUNDS PER GAME		
림에서의 거리	DFG	DFG%	림에서의 거리	CR	UCR
3점슛	1.8	36.5%	0~0.9m	0.4	0.3
2점슛	3.3	50.9%	0.9~1.8m	0.4	0.7
0~1.8m	2.1	60.1%	1.8~3.0m	0.3	0.6
0~3.0m	3.4	54.9%	3.0m 이상	0.1	0.8
4.5m 이상	2.3	38.1%			

2023-24 오클라호마 시티 79경기 평균 28.4분						항목 평점	TS	MS	3PS	FT	LU	DK	ID	OD	ST	BL
항목	PTS	RB	AS	ST	BL		B-	C-	B-	B-	B+	B	C	A-	C+	D
경기 평균	10.9	3.6	1.4	0.9	0.6	항목 평점	OR3	DR3	PS	BH	BQ	SP	PO	ED	HS	OG
36분 기준	13.8	4.6	1.8	1.2	0.8		D+	D-	D-	C-	C+	C-	C-	A-	A	B-

Chet HOLMGREN PF-C
쳇 홈그린 — 2002.05.01 / 216cm

NBA 드래프트 : 2022년 1라운드 2번
NBA 우승 : 0회 / **파이널 MVP** : 0회
시즌 MVP : 0회 / **NBA 퍼스트팀** : 0회
미국

지난 시즌 정규리그와 PO를 포함 전 경기 출장했다. 2022-23시즌, 오른발 수술을 받고 1년을 통째로 날렸던 것과 비교하면 정말 다행이었다. 지난 시즌 신인왕 투표에서 2위에 올랐다(1위는 웸반야마). 홈그린은 운동능력, 수비, 리바운드, 블락, 3점슛, BQ, 패스, 돌파 등 현대 농구에서 빅맨에게 요구하는 모든 조건을 완비했다. 오프-볼 무브가 좋아 '받아먹기'를 매우 잘 한다. 이타적이라 팀플레이에 최적화된 선수이기도 하다. 연봉은 1088만 달러.

SHOT ZONE
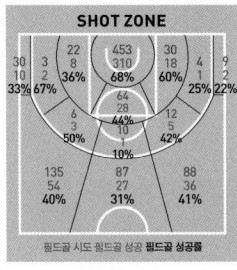
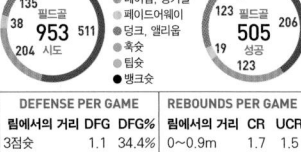

필드골 953 시도 511
필드골 505 성공 206

● 점프슛, 풀업 점퍼
● 레이업, 핑거롤
● 페이드어웨이
● 덩크, 앨리웁
● 훅슛
● 팁인
● 뱅크슛

DEFENSE PER GAME			REBOUNDS PER GAME		
림에서의 거리	DFG	DFG%	림에서의 거리	CR	UCR
3점슛	1.1	34.4%	0~0.9m	1.7	1.5
2점슛	6.9	48.3%	0.9~1.8m	1.2	2.0
0~1.8m	5.2	53.1%	1.8~3.0m	0.4	0.4
0~3.0m	5.7	48.7%	3.0m 이상	0.1	0.8
4.5m 이상	1.7	37.8%			

2023-24 오클라호마 시티 82경기 평균 29.4분						항목 평점	TS	MS	3PS	FT	LU	DK	ID	OD	ST	BL
항목	PTS	RB	AS	ST	BL		A	B-	B+	C+	C	B	D	D-	D	A
경기 평균	16.5	7.9	2.4	0.6	2.3	항목 평점	ORB	DRB	PS	BH	BQ	SP	PO	ED	HS	OG
36분 기준	20.2	9.7	3.0	0.8	2.8		D	B	D	D	C	D	C-	B+	A-	B+

Aaron WIGGINS SF-SG
애런 위긴스 — 1999.01.02 / 196cm

NBA 드래프트 : 2021년 2라운드 55번
NBA 우승 : 0회 / **파이널 MVP** : 0회
시즌 MVP : 0회 / **NBA 퍼스트팀** : 0회
미국

196cm의 키에 208cm 윙스팬을 지닌 스윙맨. 벤치 멤버로 쏠쏠한 활약을 보인다. 지난 시즌 제한된 출전 시간 속에서도 평균 이상의 득점력을 보였다. 그 원동력은 역시 캐치&슛에서 터지는 폭발적인 3점슛. 높은 타점, 부드러운 슛터치, 빠른 릴리스, 안정된 스트로크로 무려 49%를 적중시켰다(126회 시도-62회 성공). 드라이빙 레이업, 커팅 레이업으로 림을 직접 공략한다. 수비 리바운드와 패싱 레인 수비는 꽤 좋은 편이다. 연봉은 1051만 달러.

SHOT ZONE
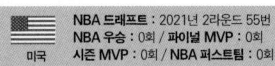

필드골 377 시도 165
필드골 212 성공 105

● 점프슛, 풀업 점퍼
● 레이업, 핑거롤
● 페이드어웨이
● 덩크, 앨리웁
● 훅슛
● 팁인
● 뱅크슛

DEFENSE PER GAME			REBOUNDS PER GAME		
림에서의 거리	DFG	DFG%	림에서의 거리	CR	UCR
3점슛	1.0	39.7%	0~0.9m	0.4	0.3
2점슛	2.2	46.8%	0.9~1.8m	0.3	0.6
0~1.8m	1.6	52.8%	1.8~3.0m	0.1	0.3
0~3.0m	1.8	48.5%	3.0m 이상	0.1	0.3
4.5m 이상	1.3	39.8%			

2023-24 오클라호마 시티 78경기 평균 15.7분						항목 평점	TS	MS	3PS	FT	LU	DK	ID	OD	ST	BL
항목	PTS	RB	AS	ST	BL		B	C+	B+	B+	C+	B	D	C-	D+	D
경기 평균	6.9	2.4	1.1	0.7	0.2	항목 평점	ORG	DRG	PS	BH	BQ	SP	PO	ED	HS	OG
36분 기준	15.9	5.5	2.5	1.6	0.6		B+	D+	D+	C-	C	B	D-	D	C	C+

Kenrich WILLIAMS PF-SF
켄리치 윌리엄스 — 1994.12.02 / 198cm

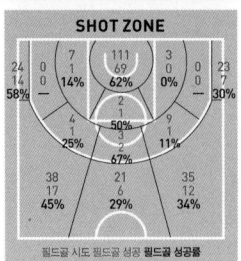

NBA 드래프트 : 2018년 미지명
NBA 우승 : 0회 / **파이널 MVP** : 0회
시즌 MVP : 0회 / **NBA 퍼스트팀** : 0회
미국

평균 출전 시간 14.9분. 데뷔 후 가장 낮은 수치다. 롤 자체는 변하지 않았으나, 비중이 조금 줄어들었다. 반등이 필요하다. 윌리엄스는 203cm의 윙스팬을 수비할 때 적극적으로 활용한다. 1번~4번을 다 막을 수 있다. 패싱 레인 수비도 OK. 공격력도 나름 괜찮다. BQ가 우수해 림으로 자르고 들어가거나 패스 아웃할 수 있다. 스팟업 오픈 상황에서 3점슛을 한다. 그러나 파워포워드로서 리바운드를 많이 걷어내지 못해 아쉽다. 연봉은 667만 달러.

SHOT ZONE
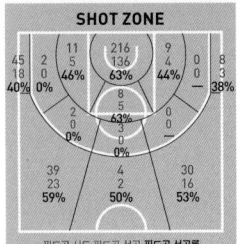

필드골 280 시도 170
필드골 131 성공 64

● 점프슛, 풀업 점퍼
● 레이업, 핑거롤
● 페이드어웨이
● 덩크, 앨리웁
● 훅슛
● 팁인
● 뱅크슛

DEFENSE PER GAME			REBOUNDS PER GAME		
림에서의 거리	DFG	DFG%	림에서의 거리	CR	UCR
3점슛	0.7	38.5%	0~0.9m	0.5	0.3
2점슛	2.3	60.1%	0.9~1.8m	0.5	0.7
0~1.8m	1.4	67.1%	1.8~3.0m	0.2	0.4
0~3.0m	1.7	65.4%	3.0m 이상	0.1	0.3
4.5m 이상	0.9	40.9%			

2023-24 오클라호마 시티 69경기 평균 14.9분						항목 평점	TS	MS	3PS	FT	LU	DK	ID	OD	ST	BL
항목	PTS	RB	AS	ST	BL		B-	D+	B-	D-	C+	B-	C+	B-	D+	D
경기 평균	4.7	3.0	1.3	0.6	0.1	항목 평점	ORB	DRB	PS	BH	BQ	SP	PO	ED	HS	OG
36분 기준	11.4	7.3	3.3	1.3	0.3		D-	D+	B+	D	C	D	D-	B-	A	C

DEFENSE pg			REBOUNDS pg			항목 & 평점																							
DFG	DFG%	CR	UCR			TS	MS	3PS	FT	LU	DK	ID	OD	ST	BL	ORG	OR3	ORB	DRG	DR3	DRB	PS	BH	BQ	SP	PO	ED	HS	OG
필드골 허용	필드골 허용률	유경쟁 리바운드	무경쟁 리바운드			터프샷 성공률	중거리 슈팅	3점 슈팅	자유투 성공률	레이업 플로터	슬램 덩크	안쪽 수비	외곽 수비	스틸	블락	가드 공격RB	SF 공격RB	빅맨 공격RB	가드 수비RB	SF 수비RB	빅맨 수비RB	패스	볼 핸들링	농구 IQ	스피드 민첩성	파워	지구력	허슬 플레이	종합 평가

 ⑤③ Dillon JONES SF

딜런 존스 2001.10.29 / 198cm

🇺🇸 미국

NBA 드래프트 : 2024년 1라운드 26번	
NBA 우승 : 0회 / 파이널 MVP : 0회	
시즌 MVP : 0회 / NBA 퍼스트팀 : 0회	

웨버 주립대 4학년을 마치고 2024 드래프트를 신청했다. 워싱턴에 1라운드 26번으로 지명됐고, 곧바로 오클라호마로 트레이드됐다. 198cm의 스윙맨이다. 포워드를 수비할 수 있는 파워, 가드를 막을 수 있는 스피드를 모두 지녔다. 지난 시즌 대학농구에서 나름 공격력과 리바운드 실력을 선보였다. 프로에서 그가 성공하는 데 키포인트는 3점슛이 될 것이다. 일단 시도를 많이 하고는 있으나 아직 확실한 무기로 장착하지는 못했다. 연봉은 262만 달러.

SHOT ZONE

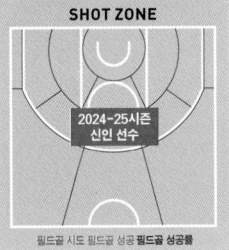

2024-25시즌 신인 선수

필드골 시도 필드골 성공 **필드골 성공률**

- ● 점프슛, 풀업 점퍼
- ● 레이업, 핑거롤
- ● 페이드어웨이
- ● 덩크, 앨리웁
- ● 훅슛
- ● 팁슛
- ● 뱅크슛

필드골 0 시도 / 필드골 0 성공

DEFENSE PER GAME			REBOUNDS PER GAME		
림에서의 거리	DFG	DFG%	림에서의 거리	CR	UCR
3점슛	—	—	0~0.9m	—	—
2점슛	—	—	0.9~1.8m	—	—
0~1.8m	—	—	1.8~3.0m	—	—
0~3.0m	—	—	3.0m 이상	—	—
4.5m 이상	—	—			

2023-24시즌 기록 없음							항목 평점	TS	MS	3PS	FT	LU	DK	ID	OD	ST	BL
항목	PTS	RB	AS	ST	BL			—	—	—	—	—	—	—	—	—	—
경기 평균	—	—	—	—	—		항목 평점	OR	DR	PS	BH	BQ	SP	PO	ED	HS	OG
36분 기준	—	—	—	—	—			—	—	—	—	—	—	—	—	—	—

 Ⓕ㉕ Ajay MITCHELL SF-SG

아자이 미첼 2002.06.25 / 196cm

🇧🇪 벨기에

NBA 드래프트 : 2024년 2라운드 38번	
NBA 우승 : 0회 / 파이널 MVP : 0회	
시즌 MVP : 0회 / NBA 퍼스트팀 : 0회	

벨기에 앙스 출신. 2019~2021년 벨기에 리그 클럽 림부르 유나이티드에서 뛰었다. 이어 UC 산타바바라에서 3학년을 마치고 2024 드래프트를 신청했다. 뉴욕에 2라운드 38번으로 지명된 다음 곧바로 오클라호마로 트레이드돼 투웨이 계약을 맺었다. 대학 때 필드골 50.4%, 3점슛 39.3%, 자유투 85.8%를 기록했다. 풋워크가 좋아 림어택도 충분히 가능하다. NBA 수준의 플레이메이킹, 패스 능력을 키워야 한다. 리바운드와 허슬 플레이는 부족한 편이다.

SHOT ZONE

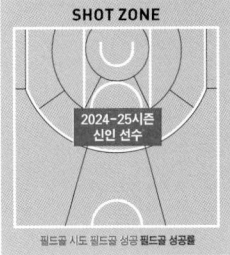

2024-25시즌 신인 선수

필드골 시도 필드골 성공 **필드골 성공률**

- ● 점프슛, 풀업 점퍼
- ● 레이업, 핑거롤
- ● 페이드어웨이
- ● 덩크, 앨리웁
- ● 훅슛
- ● 팁슛
- ● 뱅크슛

필드골 0 시도 / 필드골 0 성공

DEFENSE PER GAME			REBOUNDS PER GAME		
림에서의 거리	DFG	DFG%	림에서의 거리	CR	UCR
3점슛	—	—	0~0.9m	—	—
2점슛	—	—	0.9~1.8m	—	—
0~1.8m	—	—	1.8~3.0m	—	—
0~3.0m	—	—	3.0m 이상	—	—
4.5m 이상	—	—			

2023-24시즌 기록 없음							항목 평점	TS	MS	3PS	FT	LU	DK	ID	OD	ST	BL
항목	PTS	RB	AS	ST	BL			—	—	—	—	—	—	—	—	—	—
경기 평균	—	—	—	—	—		항목 평점	OR	DR	PS	BH	BQ	SP	PO	ED	HS	OG
36분 기준	—	—	—	—	—			—	—	—	—	—	—	—	—	—	—

 Ⓒ㉟ Isaiah HARTENSTEIN C-PF

아이재이아 하텐슈타인 1998.05.05 / 213cm

🇩🇪 독일

NBA 드래프트 : 2017년 2라운드 43번	
NBA 우승 : 0회 / 파이널 MVP : 0회	
시즌 MVP : 0회 / NBA 퍼스트팀 : 0회	

독일계 이민 2세. 뉴욕에서 선발 겸 백업 센터로 활약했고, 올여름 오클라호마로 이적했다. 213cm의 이상적인 체격에 다양한 옵션을 수행한다. 공격 루트는 매우 단순하다. 덩크, 레이업, 팁인, 플로터, 근거리 훅슛 등 대부분 림 근처에서 이뤄졌다. 그나마 점퍼도 3m 안쪽에서 성공시킨 게 전부다. 그렇기에 야투 성공률이 무려 64.4%에 달한다. 스크린 세팅, 블락, 스틸, 박스아웃, 리바운드 등 허슬 플레이 능력은 매우 우수하다. 연봉은 3000만 달러.

SHOT ZONE

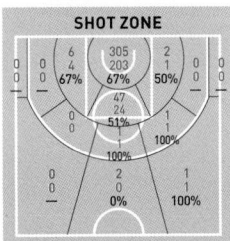

필드골 시도 필드골 성공 **필드골 성공률**

67 6 6
305 2 1
31 203 67% 67% 50%
필드골 365 시도 / 111
75 47 1
24 4
51%
100%
100%
2 1
— 0% 100%

- ● 점프슛, 풀업 점퍼
- ● 레이업, 핑거롤
- ● 페이드어웨이
- ● 덩크, 앨리웁
- ● 훅슛
- ● 팁슛
- ● 뱅크슛

39 6 38
16 필드골 235 / 성공 66
69 1

DEFENSE PER GAME			REBOUNDS PER GAME		
림에서의 거리	DFG	DFG%	림에서의 거리	CR	UCR
3점슛	1.0	36.4%	0~0.9m	1.9	1.0
2점슛	5.0	49.3%	0.9~1.8m	1.5	1.7
0~1.8m	3.3	53.1%	1.8~3.0m	0.9	0.9
0~3.0m	3.9	51.5%	3.0m 이상	0.2	0.5
4.5m 이상	1.4	39.7%			

2023-24 뉴욕 75경기 평균 25.3분							항목 평점	TS	MS	3PS	FT	LU	DK	ID	OD	ST	BL
항목	PTS	RB	AS	ST	BL			A	C-	D-	D+	C+	C	C	C	D-	B+	B
경기 평균	7.8	8.3	2.5	1.2	1.1		항목 평점	ORB	DRB	PS	BH	BQ	SP	PO	ED	HS	OG
36분 기준	11.1	11.9	3.6	1.7	1.6			A-	B-	D	D	D+	D-	B-	B-	A	B-

 Ⓒ⑥ Jaylin WILLIAMS PF-C

제일린 윌리엄스 2002.06.29 / 206cm

🇺🇸 미국

NBA 드래프트 : 2022년 2라운드 34번	
NBA 우승 : 0회 / 파이널 MVP : 0회	
시즌 MVP : 0회 / NBA 퍼스트팀 : 0회	

백업 센터 겸 파워포워드. 제한된 출전 시간 안에서 나름 역할을 잘 해주고 있다. 득점 루트는 2가지다. 3점슛과 림 어택(레이업, 덩크). 지난 시즌 3점슛을 평균 3.3회 시도해 1.4회 성공시키며 성공률 36.8%를 기록했다. 자유투도 80.5%로 평균 이상이다. 인사이드 1대1은 그런대로 괜찮고, 수비 리바운드와 허슬 플레이는 매우 훌륭하다. 아버지는 미국인, 어머니는 베트남인이다. 그래서 얼굴에 동양적인 풍모가 많이 나타난다. 연봉은 202만 달러.

SHOT ZONE

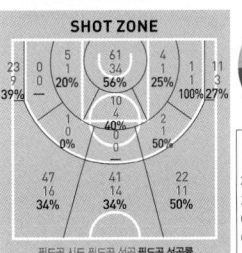

필드골 시도 필드골 성공 **필드골 성공률**

23 5 61 1
9 34 56% 25%
39% 20% 25%
0 40%
2 2
50%
47 41 22
16 14 11
34% 34% 50%

- ● 점프슛, 풀업 점퍼
- ● 레이업, 핑거롤
- ● 페이드어웨이
- ● 덩크, 앨리웁
- ● 훅슛
- ● 팁슛
- ● 뱅크슛

6 5
1 7
39 필드골 228 / 170
7
100% 27%

5 22
22 필드골 95 / 성공 64

DEFENSE PER GAME			REBOUNDS PER GAME		
림에서의 거리	DFG	DFG%	림에서의 거리	CR	UCR
3점슛	0.7	33.6%	0~0.9m	0	0.5
2점슛	2.9	56.7%	0.9~1.8m	0.6	0.8
0~1.8m	1.8	66.1%	1.8~3.0m	0.5	0.6
0~3.0m	2.0	59.7%	3.0m 이상	0.1	0.1
4.5m 이상	1.2	38.3%			

2023-24 오클라호마 시티 69경기 평균 13.0분							항목 평점	TS	MS	3PS	FT	LU	DK	ID	OD	ST	BL
항목	PTS	RB	AS	ST	BL			C+	C	B	C-	D+	C-	C	D-	C	C
경기 평균	4.0	3.4	1.6	0.4	0.4		항목 평점	ORB	DRB	PS	BH	BQ	SP	PO	ED	HS	OG
36분 기준	11.1	9.4	4.4	1.1	1.1			D-	B+	D-	C-	C	D-	C-	C+	B	C

DEFENSE pg		REBOUNDS pg											항목 & 평점													
DFG	DFG%	CR	UCR		TS	MS	3PS	FT	LU	DK	ID	OD	ST	BL	ORG	DRG	DR3	DRB	PS	BH	BQ	SP	PO	ED	HS	OG
필드골 허용	필드골 허용률	유경쟁 리바운드	무경쟁 리바운드		터프샷 성공률	중거리 슈팅	3점 슈팅	자유투 슈팅	레이업 플로터	슬램 덩크	안쪽 수비	외곽 수비	스틸	블락	가드 공격RB	SF 공격RB	빅맨 공격RB	가드 수비RB	SF 수비RB	빅맨 수비RB	패스	볼 핸들링	농구 IQ	스피드 민첩성	파워 지구력	허슬 플레이	종합 평가

ⓒ13 Ousmane DIENG PF-C
우스만 젱
2003.05.21 / 206cm

프랑스

NBA 드래프트 : 2022년 1라운드 11번
NBA 우승 : 0회 / **파이널 MVP** : 0회
시즌 MVP : 0회 / NBA 퍼스트팀 : 0회

NBA와 G리그 무대를 넘나들었다. 그래서 정규시즌 33경기 출전에 그쳤다. 지난 시즌 오클라호마 시티 블루를 G리그 우승으로 이끌며 파이널 MVP를 수상했다. 젱은 잠재력이 많은 센터. 출전 시간만 보장된다면 코트 여러 위치에서 3점슛을 쏠 수 있다. 오프-더-드리블 점퍼도 가능하다. 물론 지난 시즌엔 슛이 부족했던 게 사실이다. 유연한 드리블과 강력한 허슬 플레이로 동료들을 돕는다. 수비할 때는 좀 더 강해져야 한다. 연봉은 503만 달러.

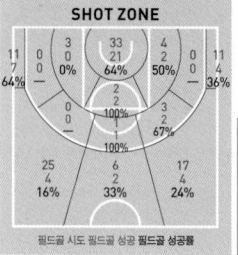

SHOT ZONE

```
          1    4
     3        33
11   0   0   21   1   11
64%  0%  64%  50%      36%
          2
     0    3    2
     0        2
          100%  67%
25        4    1    4
16%      33%      24%
```

필드골 시도 필드골 성공 **필드골 성공률**

● 점프슛, 풀업 점퍼
● 레이업, 핑거롤
● 페이드어웨이
● 덩크, 앨리웁
● 훅슛
● 팁슛
● 뱅크슛

필드골 시도 84: 116 (14, 1, 3, 4, 2 ...)
필드골 성공: 49 (2, 13, 27, 7)

DEFENSE PER GAME			REBOUNDS PER GAME		
림에서의 거리	DFG	DFG%	림에서의 거리	CR	UCR
3점슛	0.5	28.6%	0~0.9m	0.1	0.1
2점슛	1.5	52.2%	0.9~1.8m	0.1	0.3
0~1.8m	1.0	59.3%	1.8~3.0m	0.1	0.3
0~3.0m	1.1	50.7%	3.0m 이상	0.1	0.1
4.5m 이상	0.7	31.8%			

2023-24 오클라호마 시티 33경기 평균 11.1분

항목	TS	MS	3PS	FT	LU	DK	ID	OD	ST	BL
평점	C	C-	C-	D	D+	C	D-	D	D	D-

항목	PTS	RB	AS	ST	BL
경기 평균	4.0	1.5	1.1	0.2	0.2
36분 기준	13.1	5.0	3.6	0.8	0.5

항목	ORB	DRB	PS	BH	BQ	SP	PO	ED	HS	OG
평점	D-	D-	D+	C-	C+	C+	D-	B+	B-	C-

Ⓖ2 Shai GILGEOUS-ALEXANDER PG-SG
셰이 길저스-알렉산더
1998.07.12 / 198cm

미국

NBA 드래프트 : 2018년 1라운드 11번
NBA 우승 : 0회 / **파이널 MVP** : 0회
시즌 MVP : 0회 / NBA 퍼스트팀 : 2회

리그 최고 선수 중 1명. 지난 시즌 MVP 투표 2위였다. 본인의 개인 기록은 압도적이었고, 팀을 서부 1위로 이끈 공이 컸다. 슬래셔형 콤보가드다. 저돌적으로 페인트존에 진입한 후 덩크, 레이업, 플로터, 핑거롤 등 모든 공격 수단을 활용한다. 정상급 풀업 점퍼를 구사한다. 좌우 윙에서 3점포를 폭발시킨다. 페리미터 수비, 스틸, 리바운드, 볼 핸들링, 패스, BQ, 허슬 등 모든 면에서 'A학점'을 줄 만하다. 약점이 없는 선수다. 연봉은 3596만 달러.

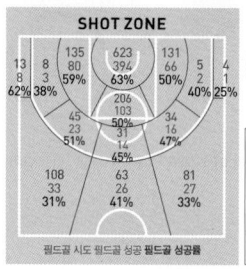

SHOT ZONE

```
        40    50
     182        623   131
13   8   80   394   66   5
62% 38%  59%      50%  40% 25%
          206
     45   103
     23        16
     51%  50%  45%
108       63        81
33        26        27
31%      41%      33%
```

필드골 시도 필드골 성공 **필드골 성공률**

● 점프슛, 풀업 점퍼
● 레이업, 핑거롤
● 페이드어웨이
● 덩크, 앨리웁
● 훅슛
● 팁슛
● 뱅크슛

필드골 시도 470: 1487 / 735
필드골 성공: 796 / 336 (88, 32, 299)

DEFENSE PER GAME			REBOUNDS PER GAME		
림에서의 거리	DFG	DFG%	림에서의 거리	CR	UCR
3점슛	2.0	34.5%	0~0.9m	0.3	0.3
2점슛	4.3	52.4%	0.9~1.8m	0.4	1.2
0~1.8m	3.4	61.7%	1.8~3.0m	0.3	1.4
0~3.0m	3.7	56.5%	3.0m 이상	0.2	1.3
4.5m 이상	2.2	34.2%			

2023-24 오클라호마 시티 75경기 평균 34.0분

항목	TS	MS	3PS	FT	LU	DK	ID	OD	ST	BL
평점	A+	A	A-	A+	A+	C	D+	B	A-	D+

항목	PTS	RB	AS	ST	BL
경기 평균	30.1	5.5	6.2	2.0	0.9
36분 기준	31.8	5.9	6.6	2.1	0.9

항목	ORG	DRG	PS	BH	BQ	SP	PO	ED	HS	OG
평점	D+	B+	A+	A	A	B	D	A+	A+	A+

Ⓖ8 Jalen WILLIAMS SG-SF
제일런 윌리엄스
2001.04.14 / 196cm

미국

NBA 드래프트 : 2022년 1라운드 12번
NBA 우승 : 0회 / **파이널 MVP** : 0회
시즌 MVP : 0회 / NBA 퍼스트팀 : 0회

길저스-알렉산더와 최강의 백코트 콤비를 이룬다. 윌리엄스는 우수한 공수겸장 가드다. 196cm 키에 윙스팬이 무려 218cm다(!). 탄탄한 상체와 강력한 파워까지 갖췄다. 필드골 536개 중 249개가 림 어택(덩크, 레이업, 핑거롤, 플로터)에서 나왔다. 그 비중은 46%였고 성공률은 64%였다. 미드레인지 풀업 점퍼는 최고의 무기. 좌우 윙에서 폭발하는 3점포도 위력적이다. 페리미터 1대1 수비와 팀 디펜스, 스틸 능력도 좋다. 연봉은 478만 달러.

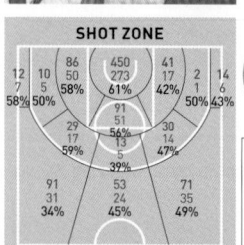

SHOT ZONE

```
        8    22
     74        450   41
12   10   86   273   47   14
58% 50%  58%  61%  42%  43%
          91
     29   56%   14
     13        14
     59%      47%
          39%
91        53        71
31        24        35
34%      45%      49%
```

필드골 시도 필드골 성공 **필드골 성공률**

● 점프슛, 풀업 점퍼
● 레이업, 핑거롤
● 페이드어웨이
● 덩크, 앨리웁
● 훅슛
● 팁슛
● 뱅크슛

필드골 시도 302: 993 / 512
필드골 성공: 536 / 247 (63, 3, 180)

DEFENSE PER GAME			REBOUNDS PER GAME		
림에서의 거리	DFG	DFG%	림에서의 거리	CR	UCR
3점슛	1.1	34.1%	0~0.9m	0.3	0.2
2점슛	3.4	49.8%	0.9~1.8m	0.2	0.4
0~1.8m	2.3	53.7%	1.8~3.0m	0.2	1.0
0~3.0m	2.5	50.7%	3.0m 이상	0.1	0.9
4.5m 이상	1.4	36.2%			

2023-24 오클라호마 시티 71경기 평균 31.3분

항목	TS	MS	3PS	FT	LU	DK	ID	OD	ST	BL
평점	A	A	A	A	A-	B+	D-	C+	B-	D-

항목	PTS	RB	AS	ST	BL
경기 평균	19.1	4.0	4.5	1.1	0.6
36분 기준	21.9	4.6	5.2	1.3	0.7

항목	ORG	DRG	PS	BH	BQ	SP	PO	ED	HS	OG
평점	D-	C	C+	B-	B	B+	D-	A-	A-	B

Ⓖ9 Alex CARUSO PG-SG
알렉스 카루소
1994.02.28 / 196cm

미국

NBA 드래프트 : 2016년 미지명
NBA 우승 : 1회 / **파이널 MVP** : 0회
시즌 MVP : 0회 / NBA 퍼스트팀 : 0회

지난 시즌 시카고에서 뛰었고, 올여름 오클라호마 시티로 이적했다. 그는 리그 정상급 페리미터 수비수이자 리그 최고의 블루칼라 워커다. 최고 강점은 허슬 플레이. 정말 코트 전체를 미친 듯이 휘젓고 다닌다. 상대 '에이스 스토퍼'이자 '볼 핸들러 마크맨'이다. 운동능력이 매우 뛰어나 가끔 시원한 드라이빙 덩크를 꽂아 넣는다. 주득점 루트는 캐치&슛으로 시도하는 미드레인지 점퍼와 3점슛. 그러나 득점력 자체는 높지 않다. 연봉은 989만 달러.

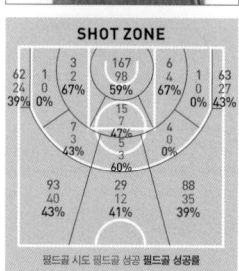

SHOT ZONE

```
        4    7
     3        167
117       98
62   3   67%  59%  14   63
39% 0%        67%      43%
          15
     3        3
     3%       0%
93        29        88
40        12        35
43%      41%      39%
```

필드골 시도 필드골 성공 **필드골 성공률**

● 점프슛, 풀업 점퍼
● 레이업, 핑거롤
● 페이드어웨이
● 덩크, 앨리웁
● 훅슛
● 팁슛
● 뱅크슛

필드골 시도 386: 541
필드골 성공: 253 / 158 (66, 6)

DEFENSE PER GAME			REBOUNDS PER GAME		
림에서의 거리	DFG	DFG%	림에서의 거리	CR	UCR
3점슛	2.1	36.0%	0~0.9m	0.1	0.2
2점슛	3.9	52.4%	0.9~1.8m	0.3	0.6
0~1.8m	2.5	58.2%	1.8~3.0m	0.2	0.9
0~3.0m	3.0	55.1%	3.0m 이상	0.2	1.1
4.5m 이상	2.9	37.1%			

2023-24 시카고 71경기 평균 28.7분

항목	TS	MS	3PS	FT	LU	DK	ID	OD	ST	BL
평점	B-	B	C+	C-	C	D	A-	A	C-	B

항목	PTS	RB	AS	ST	BL
경기 평균	10.1	3.8	3.5	1.7	1.0
36분 기준	12.6	4.8	4.4	2.1	1.2

항목	ORG	DRG	PS	BH	BQ	SP	PO	ED	HS	OG
평점	C+	D+	C+	C+	C+	B-	D-	B	B-	B

DFG	DFG%	CR	UCR	TS	MS	3PS	FT	LU	DK	ID	OD	ST	BL	ORG	DRG	OR3	DR3	DRB	PS	BH	BQ	SP	PO	ED	HS	OG
필드골 허용	필드골 허용률	유효경쟁 리바운드	무효경쟁 리바운드	터프샷 성공률	중거리 슈팅	3점 슈팅	자유투 성공률	레이업 플로터	슬램 덩크	안쪽 수비	외곽 수비	스틸	블락	가드 공격RB	SF 공격RB	빅맨 공격RB	가드 수비RB	SF 수비RB	빅맨 수비RB	패스	볼 핸들링	농구 IQ	스피드 민첩성	파워 지구력	허슬 플레이	종합 램어빌

(G 22) Cason WALLACE SG-PG
케이슨 월러스 2003.11.07 / 191cm

🇺🇸 미국
- NBA 드래프트 : 2023년 1라운드 10번
- NBA 우승 : 0회 / 파이널 MVP : 0회
- 시즌 MVP : 0회 / NBA 퍼스트팀 : 0회

'든든한 백업'이다. 82경기에 모두 출전했다. 올 시즌에도 역할은 변함없다. 오프-볼 움직임에서 캐치&슛으로 이어지는 3점슛이 주무기. 좌우 코너와 좌우 윙에서 고루 던진다. 반면, 풀업 점퍼는 취약하다. 전체적으로 공격력에서는 NBA 수준에 살짝 못 미치는 게 사실이다. 그러나 안정된 볼 핸들링과 정확한 플레이메이킹을 연출한다. 픽&롤 응용력이 발군이다. 수준급 퍼리미터 수비수이고, 상대의 패싱 레인을 잘 자르고 들어간다. 연봉은 556만 달러.

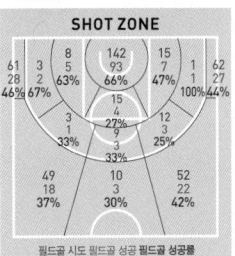

SHOT ZONE

61	8	142	15	1	62
28	5	93	7	1	24
46%	67%	63%	66%	47%	100%	44%

15 / 4 / 27% / 3
33%

12 / 3 / 25%
33%

49	10	52
18	3	22
37%	30%	42%

필드골 시도 / 필드골 성공 / 필드골 성공률

필드골 **442** 시도 303
(24 2 2 8 / 101)

필드골 **217** 성공 124
(1 / 19 / 67)

● 점프숏, 풀업 점퍼
● 레이업, 핑거롤
● 페이드어웨이
● 덩크, 앨리웁
● 훅숏
● 팁숏
● 뱅크숏

DEFENSE PER GAME			REBOUNDS PER GAME		
림에서의 거리	DFG	DFG%	림에서의 거리	CR	UCR
3점슛	1.2	34.8%	0~0.9m	0.1	0.1
2점슛	2.8	50.7%	0.9~1.8m	0.2	0.3
0~1.8m	1.9	63.6%	1.8~3.0m	0.2	0.4
0~3.0m	2.2	55.4%	3.0m 이상	0.2	0.8
4.5m 이상	1.4	34.5%			

2023-24 오클라호마 시티 82경기 평균 20.6분

항목	PTS	RB	AS	ST	BL
경기 평균	6.8	2.3	1.5	0.9	0.5
36분 기준	11.9	4.0	2.6	1.6	0.8

항목 평점	TS	MS	3PS	FT	LU	DK	ID	OD	ST	BL
	C-	C+	C+	A	C-	D-	C-	B-	B+	B
항목 평점	ORG	DRG	PS	BH	BQ	SP	PO	ED	HS	OG
	C+	D+	C	C+	C	C	D-	A-	B	C

(G 11) Isaiah JOE SG
아이재이아 조 1999.07.02 / 191cm

🇺🇸 미국
- NBA 드래프트 : 2020년 2라운드 49번
- NBA 우승 : 0회 / 파이널 MVP : 0회
- 시즌 MVP : 0회 / NBA 퍼스트팀 : 0회

'백업 가드' 혹은 '서드 유닛 가드'로 출전한다. 제한된 출전 시간에 비해 득점력은 평균 이상이다(36분 기준 15.8점). 가장 강력한 무기는 역시 3점슛. 안정된 스트로크로 좌우 윙, 탑, 좌우 코너 등 여러 위치에서 폭발적으로 성공시킨다. 주로 캐치&슛이 많지만, 간혹 풀업 점퍼를 던질 때도 있다. 86.5%의 자유투도 강력한 무기다. 그러나 림리택을 적게 시도하고, 빠른 스피드와 저돌적인 승부 근성으로 상대의 볼을 가로챈다. 연봉은 1299만 달러.

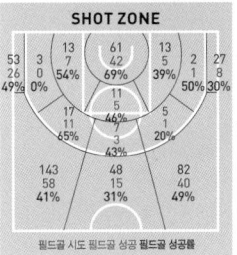

SHOT ZONE

53	13	61	13	2	27
26	7	42	9	1	20
49%	0%	54%	69%	39%	50%	30%

11 / 5 / 46% / 1
65%

12 / 3 / 20%
43%

143	48	82
58	15	40
41%	31%	49%

필드골 시도 / 필드골 성공 / 필드골 성공률

필드골 **485** 시도 418
(19 1 1 4 / 35)

필드골 **222** 성공 180
(1 / 15 / 24 / 67)

● 점프숏, 풀업 점퍼
● 레이업, 핑거롤
● 페이드어웨이
● 덩크, 앨리웁
● 훅숏
● 팁숏
● 뱅크숏

DEFENSE PER GAME			REBOUNDS PER GAME		
림에서의 거리	DFG	DFG%	림에서의 거리	CR	UCR
3점슛	1.1	39.3%	0~0.9m	0.2	0.2
2점슛	2.3	55.3%	0.9~1.8m	0.1	0.5
0~1.8m	1.5	61.3%	1.8~3.0m	0.2	0.4
0~3.0m	1.8	58.1%	3.0m 이상	0.1	0.5
4.5m 이상	1.3	39.5%			

2023-24 오클라호마 시티 78경기 평균 18.5분

항목	PTS	RB	AS	ST	BL
경기 평균	8.2	2.3	1.3	0.6	0.3
36분 기준	15.8	4.5	2.5	1.1	0.5

항목 평점	TS	MS	3PS	FT	LU	DK	ID	OD	ST	BL
	C	C	B	A	C	D-	D-	C+	C	D-
항목 평점	ORG	DRG	PS	BH	BQ	SP	PO	ED	HS	OG
	D	D+	D+	C	C-	C-	D-	C	C	C+

(G 14) Adam FLAGLER SG
애덤 플래거 1999.12.01 / 191cm

🇺🇸 미국
- NBA 드래프트 : 2023년 미지명
- NBA 우승 : 0회 / 파이널 MVP : 0회
- 시즌 MVP : 0회 / NBA 퍼스트팀 : 0회

지난 시즌을 주로 G리그에서 뛰었다. 올 시즌은 지난 시즌보다 발전된 모습을 보일 것이다. 플래글러는 콤보 가드다. G리그에서 최고의 3점슛 능력을 선보였다. 코트의 여러 위치에서 시도했고, 캐치&슛이 많았다. 픽&롤 플레이에 대한 이해도가 우수하다. 가끔 과감하게 페인트존을 파고들어 레이업을 얹는다. 자유투 성공률도 평균 이상이다. 그러나 NBA 무대에 제대로 적응하려면 수비를 대폭 보강해야 한다. 그렇지 않으면 반쪽 선수로 끝난다.

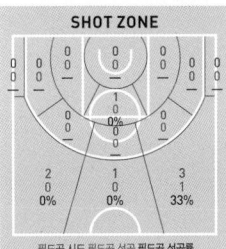

SHOT ZONE

0	0	0	0	0	0
0	0	0	0	0	0

0 / 0 / 0%
0%

0 / 0 / 0%
0%

2	1	3
0	0	1
0%	0%	33%

필드골 시도 / 필드골 성공 / 필드골 성공률

필드골 **7** 시도

필드골 **1** 성공

● 점프숏, 풀업 점퍼
● 레이업, 핑거롤
● 페이드어웨이
● 덩크, 앨리웁
● 훅숏
● 팁숏
● 뱅크숏

DEFENSE PER GAME			REBOUNDS PER GAME		
림에서의 거리	DFG	DFG%	림에서의 거리	CR	UCR
3점슛	0.0	0.0%	0~0.9m	0.0	0.0
2점슛	1.0	66.7%	0.9~1.8m	0.0	0.0
0~1.8m	1.0	100.0%	1.8~3.0m	0.0	0.0
0~3.0m	1.0	66.7%	3.0m 이상	0.0	0.0
4.5m 이상	0.0	0.0%			

2023-24 오클라호마 시티 2경기 평균 7.0분

항목	PTS	RB	AS	ST	BL
경기 평균	1.5	0.0	0.0	0.0	0.0
36분 기준	7.7	0.0	10.3	0.0	0.0

항목 평점	TS	MS	3PS	FT	LU	DK	ID	OD	ST	BL
	B-	C+	C+	B	C-	D-	D-	D-	D-	D-
항목 평점	ORG	DRG	PS	BH	BQ	SP	PO	ED	HS	OG
	D-	D-	D+	D+	D-	C-	D-	C	C	D+

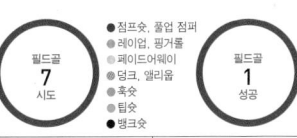

OKLAHOMA CITY THUNDER
2024-25 REGULAR SEASON SCHEDULE

OCTOBER, 2024
- Oct. 25 @ Denver
- Oct. 27 @ Chicago
- Oct. 28 vs. Atlanta
- Oct. 31 vs. San Antonio

NOVEMBER, 2024
- Nov. 2 @ Portland Trail
- Nov. 3 @ LA Clippers
- Nov. 5 @ Orlando
- Nov. 7 @ Denver
- Nov. 9 vs. Houston
- Nov. 11 vs. Golden State
- Nov. 12 vs. LA Clippers
- Nov. 14 vs. New Orleans
- Nov. 16 vs. Phoenix
- Nov. 18 vs. Dallas
- Nov. 20 @ San Antonio
- Nov. 21 vs. Portland
- Nov. 26 @ Sacramento
- Nov. 28 @ Golden State
- Nov. 30 @ LA Lakers

DECEMBER, 2024
- Dec. 2 @ Houston
- Dec. 4 vs. Utah
- Dec. 6 @ Toronto
- Dec. 8 @ New Orleans
- Dec. 20 @ Orlando
- Dec. 21 @ Miami
- Dec. 24 vs. Washington

- Dec. 27 @ Indiana
- Dec. 29 @ Charlotte
- Dec. 30 vs. Memphis

JANUARY, 2025
- Jan. 1 vs. Minnesota
- Jan. 3 vs. Los Angeles
- Jan. 4 vs. New York
- Jan. 6 vs. Boston
- Jan. 9 vs. Cleveland
- Jan. 11 @ New York
- Jan. 13 vs. Washington
- Jan. 15 @ Philadelphia
- Jan. 17 vs. Cleveland
- Jan. 18 @ Dallas
- Jan. 20 @ Brooklyn
- Jan. 23 vs. Utah
- Jan. 24 vs. Dallas
- Jan. 27 @ Portland
- Jan. 30 @ Golden State

FEBRUARY, 2025
- Feb. 2 vs. Sacramento
- Feb. 4 vs. Milwaukee
- Feb. 6 vs. Phoenix
- Feb. 8 vs. Toronto
- Feb. 9 @ Memphis
- Feb. 11 vs. New Orleans
- Feb. 13 vs. Miami
- Feb. 14 @ Minnesota
- Feb. 22 vs. Utah

- Feb. 24 @ Minnesota
- Feb. 25 vs. Minnesota
- Feb. 27 @ Brooklyn

MARCH, 2025
- Mar. 1 @ Atlanta
- Mar. 3 @ San Antonio
- Mar. 4 vs. Houston
- Mar. 6 @ Memphis
- Mar. 8 vs. Portland
- Mar. 10 vs. Denver
- Mar. 11 vs. Denver
- Mar. 13 @ Boston
- Mar. 16 @ Detroit
- Mar. 17 @ Milwaukee
- Mar. 20 vs. Philadelphia
- Mar. 22 vs. Charlotte
- Mar. 24 @ LA Clippers
- Mar. 26 @ Sacramento
- Mar. 28 vs. Memphis
- Mar. 30 vs. Indiana

APRIL, 2025
- Apr. 1 vs. Chicago
- Apr. 3 vs. Detroit
- Apr. 5 @ Houston
- Apr. 7 vs. LA Lakers
- Apr. 9 vs. LA Lakers
- Apr. 10 @ Phoenix
- Apr. 12 @ Utah
- Apr. 14 @ New Orleans

PORTLAND TRAIL BLAZERS

心機一轉·재능 있는 젊은피 주목

뜻풀이 새로 마음을 다잡고 완전히 달라짐. 포틀랜드는 지난 시즌 최악의 성적을 냈다. 젊은 선수들 중심으로 새로운 각오를 다지고 올 시즌에 임한다.

리더 잃고 크게 휘청거린 포틀랜드

2023년 9월 28일, 포틀랜드의 역사가 바뀌었다. 프랜차이즈 스타 릴라드가 3각 트레이드로 팀을 떠났다. 팀의 심장을 잃은 포틀랜드는 휘청거렸고, 21승에 그쳤다. 홈과 원정에서 30번 이상 패하는 암울한 시즌이었다. 밑천이 없다 보니 팀이 굴러갈 리 없었다. 릴라드 자리를 물려받은 외곽 자원들은 줄부상을 당했고, 3순위 스쿳 핸더슨은 본인 챙기기에 바쁜 전형적인 루키였다. 트레이드 대가였던 디앤드리 에이튼은 피닉스와의 궁합이 문제가 아니라 실력 자체가 기대 이하였다.

20대 선수들, '성장판'은 열려있다

농구에 열성적인 포틀랜드 팬들이 미련을 못 버리는 건 핸더슨, 앤퍼니 사이먼스, 쉐이든 샤프 등 20대 선수들의 재능 때문이다. 그 부진 속에서도 꽃은 피어나 크리스 머레이, 투마니 카마라, 두프 리스 같은 젊은 자원들도 확보했다. 각자의 장점이 확고한 선수들로, 지난 시즌의 경험이 올 시즌 생산력 강화에 긍정적인 영향을 줄 것이다. 드래프트도 좋았다. 7순위 빅맨 도노반 클링언(218cm)은 UCONN의 2년 연속 우승에 기여한 선수로, 에이튼이 긴장해야 할 재능의 소유자다.

그렇기에 '성장통'도 계속 이어진다

전체적으로 어린 선수들이 너무 많고, 리더십을 갖춘 선수는 없다. 지난 시즌 팀 득점 1위 그랜트의 행동이 중요한 이유다. 너무 본인 득점만 챙겼는데 좀 더 성숙해질 필요가 있다. 만일 그랜트가 개선된 모습을 보이지 않는다면, 그 역시 시즌을 끝까지 채우지 못할 수 있다. 천시 빌럽스 감독도 같은 처지다. 선임 이전의 기대감과는 완전히 다른 지도력을 보이고 있다. 더 발전된 경기력을 못 내놓는다면 자리를 지키기 힘들 수 있다. 팬들의 인내심이 길게 가지는 않을 것이다.

Association	Icon	Statement	City

CLUB INFORMATION

Founded	Owner	CEO	Head Coach	24-25 Odds
구단 창립 1970년	폴 앨런 재단 조디 앨런	드웨인 핸킨스	천시 빌럽스 1976.09.25	벳365 : 1000배 윌리엄힐 : 1000배

Nationality	Age	Height	Weight	Salary
●미국 선수 9명 ●외국 선수 7명	16명 평균 24.3세	16명 평균 200.6cm	16명 평균 97.6kg	16명 평균 1050만 달러

Win	Loss	Winning%	Play-Off	Titles
2023-24 : 21승 통산 : 2292승	2023-24 : 61패 통산 : 2070패	2023-24 : 25.6% 통산 : 52.5%	PO 진출 : 37회 PO 탈락 : 18회	NBA우승 : 1회 컨퍼런스 : 3회

Top Scorer	More Rebounds	More Assists	More Steals	More Blocks
앤퍼니 사이먼 평균 22.6점	디앤드리 에이튼 평균 11.1RB	앤퍼니 사이먼 평균 5.5AS	마티스 타이볼 평균 1.7스틸	마티스 타이볼 평균 0.8블록

HEAD COACH & STADIUM

Chauncey BILLUPS 천시 빌럽스

생년월일 : 1976.09.25 / **출생지** : 미국 콜로라도주 덴버
경력 : 2020~2021년 로스앤젤레스 클리퍼스 코치 / 2021년~포틀랜드 트레일블레이저스 감독

조지 워싱턴고를 졸업하고 1995년 콜로라도대에 입학했다. 빌럽스는 1997년에 올-어메리카 세컨드팀 및 올-빅12 퍼스트팀에 각각 선정되었다. 1997년 NBA 드래프트에서 보스턴 셀틱스에 지명됐고, 이후 17년간 보스턴, 토론토, 덴버, 미네소타, 디트로이트, 뉴욕, LA 클리퍼스 등을 거쳤다. 현역 시절 NBA 올스타전 출전 5회, 올-NBA 세컨드팀 1회, 올-NBA 서드팀 2회, 올-디펜시브 세컨드팀 2회씩 수상했다. 2003-2004시즌에는 디트로이트가 NBA에서 우승하자 파이널 MVP를 수상했다. 2014년 디트로이트 소속으로 현역에서 은퇴했고, 2016년 2월, 구단에 의해 그의 유니폼 1번은 영구결번이 되었다. 2020년 LA 클리퍼스 어시스턴트로 출발했다. 부임 첫해에 LA 클리퍼스를 47승 25패 서부 4번 시드로 견인했다. 그리고 2021년 6월 27일, 포틀랜드 트레일블레이저스의 제15대 감독으로 부임했다. 그런데 그가 팀을 맡고 3년이 지난 시점, 팀 운영에 대해서는 합격점을 주기 어렵다. 올 시즌 더 분발해야 한다.

MODA CENTER

구장 오픈 : 1995년 10월 12일
구장 증개축 : -
오너 : 포틀랜드시
수용인원 : 1만 9393명
건축비용 : 2억 6200만달러
(현재 가치) 5억 2400만달러

1995년 가을, 로즈 가든으로 개장했고, 2013년 의료보험 회사 모다헬스가 명명권을 사들여, 모다 센터가 되었다. 지역의 지속적인 커뮤니티 아이콘이었다. 농구장은 1만 9393명, 콘서트 때는 2만 500명을 각각 수용한다. 70개의 스위트룸, 8개의 스카이박스를 갖췄다. 1995-96시즌부터 트레일블레이저스 홈구장이 됐고, WHL 윈터호크스도 함께 사용하고 있다.

Honours

 1   3   6   12

NBA CHAMPIONS	CONFERENCE TITLES	DIVISION TITLES	RETIRED NUMBERS

NBA CHAMPIONSHIPS
1977

CONFERENCE TITLES
1977, 1990, 1992

DIVISION TITLES
1978, 1991, 1992, 1999, 2015, 2018

RETIRED NUMBERS
1, 13, 14, 15, 20, 22, 30, 30, 32, 36, 45, 77

PORTLAND
TRAIL BLAZERS

REGULAR SEASON RANKING LAST 10YEARS

14-15	15-16	16-17	17-18	18-19	19-20	20-21	21-22	22-23	23-24
8	13	15	7	6	15	9	25	26	28
51승 31패	44승 38패	41승 41패	49승 33패	53승 29패	35승 39패	42승 30패	27승 55패	33승 49패	21승 61패

TEAM POTENTIAL

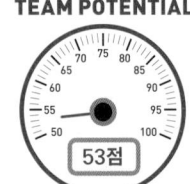

53점

30위

하프코트 5점 세트오펜스	트랜지션 5점 오펜스	하프코트 5점 세트디펜스	트랜지션 5점 디펜스	리바운드 5점
선수층 5점	선수 경험치 6점	감독 리더십 5점	감독 전술 5점	프런트 6점

*각 항목은 10점 만점, 평점은 NBA 30팀 사이 상대평가

우승 ODDS	배당	순위
bet 365	1000배	25위
Paddy Power	500배	23위
William Hill	1000배	25위

OFFENSIVE STYLE
트랜지션 오펜스 ——●—— 하프코트 세트오펜스

DEFENSIVE STYLE
하이 프레스 ——●—— 하프코트 디펜스

Player's Functions

Ball Handlers 앤퍼니 사이먼스 스쿠트 헨더슨 셰이든 샤프	**Pull-Ups** 스쿠트 헨더슨 앤퍼니 사이먼스 제러미 그랜트	**Catch & Shoot** 제러미 그랜트 앤퍼니 사이먼스 스쿠트 헨더슨
3 Pointers 앤퍼니 사이먼스 제러미 그랜트 데니 아브디야	**Slam Dunkers** 스쿠트 헨더슨 디앤드리 에이튼 제러미 그랜트	**Free Throw** 제러미 그랜트 데니 아브디야 셰이던 샤프
Rebounders 디앤드리 에이튼 로버트 윌리엄스 자바리 워커	**1-1 Defenders** 마티스 타이블 데니 아브디야 로버트 윌리엄스	**Ball Stealers** 마티스 타이블 로버트 윌리엄스 크리스 머레이
Key Passes 스쿠트 헨더슨 앤퍼니 사이먼스 달라노 벤튼	**Hustle Players** 제러미 그랜트 앤퍼니 사이먼스 로버트 윌리엄스	**Rim Protectors** 로버트 윌리엄스 마티스 타이블

SQUAD & TACTICS

STARTERS

PF 제러미 그랜트
33.9분, 21.0점
3.5RB, 2.8AS

C 디앤드리 에이튼
32.4분, 16.7점
11.1RB, 1.6AS

SF 데니 아브디야
30.1분, 14.7점
7.2RB, 3.8AS

SG 앤퍼니 사이먼스
34.4분, 22.6점
3.6RB, 5.5AS

PG 스쿠트 헨더슨
28.5분, 14.0점
3.1RB, 5.4AS

OFF THE BENCH

PG 셰이든 샤프
33.1분, 15.9점
5.0RB, 2.9AS

SG 마티스 타이블
22.9분, 5.4점
2.1RB, 1.4AS

SF 투마니 카마라
24.8분, 7.5점
4.9RB, 1.2AS

PF 자바리 워커
23.6분, 8.9점
7.1RB, 1.0AS

C 도노번 클링언
2024-25시즌
신인 선수

G 달라노 벤튼
G 라이언 루페어
F 크리스 머레이
F 두프 리스
C 로버트 윌리엄스

OFFENSE MECHANISM

공격을 주도할 대장을 잃은 포틀랜드는 시즌 내내 미숙했다. 20득점이 가능한 선수는 많았지만, 다른 동료를 연계시키며 시스템을 발전시키기에는 미숙했다. 빌럽스 감독은 무리하게 페이스를 올리기보다는 세트 상황을 추구했다. 우선은 좋은 수비부터 노렸다. 그러나 세트 상황에서는 선수단의 스페이싱에 대한 개념이 부족했고, 슈팅 능력도 좋지 않았다. 흔히 말하는 '유기적인 움직임'이 없었다. 공격 상황에서 평균 이동 거리는 중위권이었다. 패스 횟수도 하위권(274회)이었고, 세컨더리 어시스트(2.4개) 역시 최하위였다. 그렇다고 빅맨과의 플레이가 잘 된 것도 아니었다. 가드와 빅맨이 서로를 살리는데 재주가 부족했다. 결국, 스크린 어시스트도 평균 아래였다. 경험이 더 필요하다.

DEFENSE MECHANISM

선수 개개인의 능력이 바탕이 되는 수비로 그나마 역공 찬스를 맞았다. 예를 들어 민첩하게 움직여 패스를 가로챈 뒤 속공으로 전환하는 경우다. 그렇지만 조직적으로 상대를 궁지에 몰아넣는 수비는 덜 '진화'됐다. 2대2에서 '아이스'를 선호했지만, 허점이 많았다. 또한, 빌럽스 감독은 2-2-1 프레스에서 2-3 지역방어로 전환되는 방식의 수비를 써왔다. 기동력 좋은 선수들이 많기에 가능한 일이다. 다만, 이 역시도 2022-23시즌에 비해 2023-24시즌은 큰 재미를 못 봤다. 하드웨어가 좋은 선수들이 많기에 부상자(윌리엄스)가 건강히 돌아오고 아브디야가 녹아든다면 전 시즌보다는 나아질 것으로 보인다. 특히 로빈슨은 지난 시즌 포틀랜드에서 유일하게 블록슛 1개 이상을 기록한 선수다.

2023-24 SEASON PERFORMANCE

PORTLAND TRAIL BLAZERS vs. OPPONENTS PER GAME STATS

포틀랜드 vs 상대팀

	득실점	F↑ 필드골성공	FG% 필드골%	3↑ 3점슛성공	3P% 3점슛%	⊖ 자유투성공	FT% 자유투%	OR 공격리바운드	RB 리바운드	A↑ 어시스트	스틸	블락	← 턴오버	파울

106.4	F↑	39.4	FG%	43.9%	3↑	11.5	3P%	34.5%	⊖	16.2	FT%	79.1%
115.4		42.5		49.1%		11.7		35.1%		18.7		79.2%

12.6	OR	10.6	42.7	RB	42.8	23.1	A↑	27.1	7.6	😎	8.9	4.3	🏀	6.4	15.2	←	14.3	20.2	◇	17.9

LINE-UP

* 포틀랜드는 지난 시즌 총 627개의 라인업을 가동시켰다. 그중 출전 시간이 가장 길었던 20개를 골라 게재했다.

5-MEN COMBINATION	MIN	PPG	RPG	APG
J. Grant - M. Brogdon - D. Ayton - S. Sharpe - T. Camara	113	25.2	9.4	5.0
D. Ayton - S. Henderson - J. Walker - K. Murray - R. Rupert	97	24.9	12.1	6.0
J. Grant - M. Brogdon - A. Simons - D. Ayton - J. Walker	89	32.3	13.8	8.0
J. Grant - D. Ayton - S. Mays - S. Sharpe - T. Camara	73	16.4	6.3	4.5
J. Grant - A. Simons - S. Henderson - T. Camara - D. Reath	67	11.0	4.7	2.4
J. Grant - D. Ayton - M. Thybulle - S. Henderson - S. Sharpe	61	19.0	8.0	4.3
J. Grant - M. Brogdon - A. Simons - D. Ayton - T. Camara	52	17.6	6.3	4.0
A. Simons - D. Ayton - D. Banton - K. Murray - T. Camara	52	26.8	10.0	6.4
J. Grant - A. Simons - D. Ayton - S. Henderson - T. Camara	51	11.6	4.0	2.5
J. Grant - M. Brogdon - D. Ayton - M. Thybulle - S. Sharpe	49	19.7	6.3	3.5
J. Grant - A. Simons - D. Ayton - K. Murray - T. Camara	43	32.0	11.3	8.7
M. Brogdon - M. Thybulle - S. Henderson - J. Walker - D. Reath	42	14.9	3.8	3.3
D. Ayton - D. Banton - S. Henderson - J. Walker - K. Murray	41	11.4	5.7	2.7
A. Simons - M. Thybulle - S. Sharpe - T. Camara - D. Reath	38	21.5	9.3	5.0
J. Grant - A. Simons - D. Ayton - M. Thybulle - S. Henderson	34	10.0	3.3	1.9
J. Grant - D. Ayton - M. Thybulle - S. Mays - S. Sharpe	33	14.8	4.4	3.6
J. Grant - A. Simons - D. Ayton - S. Sharpe - T. Camara	33	26.7	9.7	6.3
D. Banton - S. Henderson - J. Walker - R. Rupert - D. Reath	32	14.0	3.0	3.0
J. Grant - M. Brogdon - A. Simons - D. Ayton - M. Thybulle	32	10.7	5.0	2.0
A. Simons - M. Thybulle - S. Sharpe - J. Walker - D. Reath	31	11.3	3.8	2.3

PASS COMBINATIONS

→ 해당 선수가 경기당 동료로부터 패스 받은 횟수
→ 해당 선수가 경기당 동료들에게 패스 해준 횟수

받은	선수	해준
62.7	엔러니 사이먼스	48.2
55.9	스쿠트 헨더슨	47.6
48.8	달라노 밴튼	44.3
47.4	말콤 브록던	41.6
29.7	디안드레 에이튼	38.0
31.5	애시턴 헤이겐스	31.5
38.1	제러미 그랜트	30.8
31.3	스카일라 메이스	29.1
37.1	셰이던 샤프	28.9
16.0	투마니 카마라	22.5
15.3	마티스 타이불	20.7
18.0	두프 리스	19.8
15.2	자바리 워커	19.4
15.1	크리스 머레이	18.1
14.6	라이언 루페어	17.8
19.8	자마리 부에이	17.7
11.3	로버트 윌리엄스	15.5
14.3	타제 무어	12.5
6.5	이부 바지	10.4
6.8	모제스 브라운	10.2
8.7	저스틴 미나야	10.2
6.4	이시 웨인라이트	6.7

2023-24 RANKING

* 는 수치가 낮을수록 랭킹이 높아짐

포틀랜드	랭킹	GENERAL	상대팀*	랭킹
106.4	29위	득점 / 실점	115.4	19위
42.7	22위	리바운드	43.8	17위
23.1	30위	어시스트	27.1	21위
7.6	12위	스틸	8.9	29위
4.3	27위	블락	6.4	28위

득점	랭킹	PLAYTYPE	실점*	랭킹
6.0	18위	아이솔레이션	6.8	14위
17.5	30위	트랜지션	24.6	29위
17.0	12위	픽&롤 볼핸들러	16.3	17위
7.3	16위	픽&롤 롤맨	7.3	16위
3.0	23위	포스트-업	4.1	10위
28.1	15위	스팟-업	24.9	4위
4.1	24위	핸드오프	6.3	28위
7.1	29위	커팅	—	—
3.8	12위	오프 스크린	3.8	9위
4.6	30위	풋백	6.5	16위
2.7	23위	기타	—	—

SHOT ZONE

구간별 슈팅 및 성공률

SHOT ZONE

355 25	228 3124	214
131 12	87 1676	84 40 331
37% 48%	38% 54%	39% 122
	543	38% 37%
124	219	166
50	40%	72
40%	170	43%
	73	
	43%	
791	452	781
263	154	269
33%	34%	34%

필드골 시도 필드골 성공 필드골 성공률

항목	FGA	FGM	FG%	3PA	3PM	3P%
캐치&슛	27.1	10.2	37.5%	23.9	8.6	35.9%
풀업	20.7	7.4	35.7%	8.9	2.7	30.2%
3m 안쪽	40.9	21.3	52.1%	—	—	—
TOTAL	89.5	39.2	43.8%	33.1	11.4	34.4%

SHOT REPERTORIES

필드골 시도

평균 **89.7**

3.0 — 2.1 / 3.8 — 2.9 / 2.6 / 24.5 / 50.8

● 점프슛, 풀업 점퍼
● 레이업, 핑거롤
● 페이드어웨이
● 덩크, 앨리웁 덩크
● 훅슛
● 팁슛
● 뱅크슛

드리블과 슈팅 시도

평균 **89.7**

12.6 / 16.9 / 39.9 / 10.1 / 10.2

● 0드리블 + 슈팅
● 1드리블 + 슈팅
● 2드리블 + 슈팅
● 3~6드리블 + 슈팅
● 7+드리블 + 슈팅

필드골 성공

평균 **39.4**

1.3 — 0.9 / 1.7 / 3.2 / 1.0 / 18.7 / 12.6

드리블과 슈팅 성공

평균 **39.4**

5.2 / 7.0 / 18.1 / 4.2 / 4.9

SHOOTING

필드골 시도

평균 **89.7**

21.7 / 10.2 / 22.6 / 35.2 / 43.9

공격수와 수비수의 거리
● 0~0.6m
● 0.6~1.2m
● 1.2~1.8m
● 1.8m 이상

필드골 시도

평균 **89.7**

8.5 3.5 / 8.9 / 10.4 / 14.5 / 43.9

남은 시간
● 22~24초
● 18~22초
● 15~18초
● 7~15초
● 4~7초
● 0~4초

필드골 성공

평균 **39.4**

8.5 / 4.3 / 3.7 / 9.9 / 16.2

필드골 성공

평균 **39.4**

3.0 2.0 / 5.0 / 6.3 / 19.4

OPPONENT SHOOTING

상대 필드골 시도

평균 **86.6**

21.1 / 8.3 / 9.3 / 32.8 / 24.4 / 41.9

공격수와 수비수의 거리
● 0~0.6m
● 0.6~1.2m
● 1.2~1.8m
● 1.8m 이상

상대 필드골 시도

평균 **86.6**

8.3 3.2 / 11.6 / 12.3 / 41.9

남은 시간
● 22~24초
● 18~22초
● 15~18초
● 7~15초
● 4~7초
● 0~4초

필드골 허용

평균 **42.5**

9.1 / 4.3 / 3.9 / 11.2 / 20.4

필드골 허용

평균 **42.5**

3.1 2.0 / 7.1 / 6.0

CONTESTED REBOUNDS

공격 리바운드

평균 **7.2**

0.5 / 1.1 / 2.9 / 2.7

수비 리바운드

평균 **6.6**

0.4 / 1.1 / 2.5 / 2.6

림 아래부터 리바운드 위치까지의 거리
● 0~0.9m ● 0.9~1.8m ● 1.8~3m ● 3m 이상

UNCONTESTED REBOUNDS

공격 리바운드

평균 **6.1**

0.9 / 2.3 / 1.8 / 1.1

수비 리바운드

평균 **22.9**

4.7 4.3 / 6.0 / 7.9

림 아래부터 리바운드 위치까지의 거리
● 0~0.9m ● 0.9~1.8m ● 1.8~3m ● 3m 이상

DEFENSE OF 21 WINS

필드골 허용 %

45.7%

상대 필드골 시도 88.0
필드골 허용 40.2

3점슛 허용 %

30.5%

상대 3점슛 시도 34.7
3점슛 허용 10.6

DEFENSE OF 61 LOSSES

필드골 허용 %

50.2%

상대 필드골 시도 86.2
필드골 허용 43.3

3점슛 허용 %

36.7%

상대 3점슛 시도 32.8
3점슛 허용 12.0

	DEFENSE pg		REBOUNDS pg		항목 & 평점																								
	DFG	DFG%	CR	UCR	TS	MS	3PS	FT	LU	DK	ID	OD	ST	BL	ORG	OR3	ORB	DRG	DR3	DRB	PS	BH	BQ	SP	PO	ED	HS	OG
	필드골 허용	필드골 허용율	유경쟁 리바운드	무경쟁 리바운드	터프샷 성공률	중거리 슈팅	3점 슈팅	자유투 성공률	레이업 플로터	슬램 덩크	안쪽 수비	외곽 수비	스틸	블락	공격RB	공격RB	공격RB	수비RB	수비RB	수비RB	패스	볼 핸들링	농구 IQ	스피드	파워	지구력	허슬 플레이	종합 평가

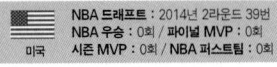

Jerami GRANT PF-SF
제러미 그랜트 · 1994.03.12 / 201cm

미국 · NBA 드래프트 : 2014년 2라운드 39번 / NBA 우승 : 0회 / 파이널 MVP : 0회 / 시즌 MVP : 0회 / NBA 퍼스트팀 : 0회

프로 데뷔 이후 8년간, 완전히 3&D 플레이어였다. 그러나 2020-21시즌 디트로이트로 이적한 이후 공격형 PF로 '페이스-오프' 했고, 그 기조는 현재도 이어지고 있다. 폭발적인 덩크, 부드러운 레이업, 절묘한 플로터로 림을 공략한다. 미드레인지 풀업 점퍼와 페이드어웨이 슛, 코트 전 지역에서 터지는 3점슛 등 무기가 다양하다. 2024년 3월, 햄스트링에 문제가 생겼고, 여러 차례 재발했다. 결국, 정규시즌 54경기 출전에 그쳤다. 연봉은 2979만 달러.

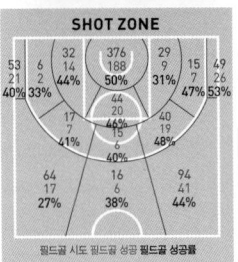

SHOT ZONE · 필드골 시도 850 459 · 필드골 성공 383 191

DEFENSE PER GAME			REBOUNDS PER GAME		
림에서의 거리	DFG	DFG%	림에서의 거리	CR	UCR
3점슛	1.4	34.4%	0~0.9m	0.2	0.2
2점슛	4.2	61.2%	0.9~1.8m	0.4	0.7
0~1.8m	3.0	68.8%	1.8~3.0m	0.1	0.7
0~3.0m	3.4	67.2%	3.0m 이상	0.1	0.4
4.5m 이상	1.8	37.0%			

2023-24 포틀랜드 54경기 평균 33.9분

항목	PTS	RB	AS	ST	BL
경기 평균	21.0	3.5	2.8	0.8	0.6
36분 기준	22.3	3.8	3.0	0.9	0.7

항목	TS	MS	3PS	FT	LU	DK	ID	OD	ST	BL
평점	B-	B+	B	B-	B+	B	C	D+	D	C
항목	ORB	DRB	PS	BH	BQ	SP	PO	ED	HS	OG
평점	D-	D-	C	C	C	C+	D+	A	A	B-

Deni AVDIJA SF
데니 아브디아 · 2001.01.03 / 206cm

이스라엘 · NBA 드래프트 : 2020년 1라운드 9번 / NBA 우승 : 0회 / 파이널 MVP : 0회 / 시즌 MVP : 0회 / NBA 퍼스트팀 : 0회

이스라엘 베이트 제라 출신. 2017~2020년, 이스라엘 리그 마카비 텔아비브에서 활약했고, 2020년 워싱턴에 입단했다. 그리고 올여름 포틀랜드로 옮겼다. 206cm의 윙이다. 덩크, 레이업, 핑거롤 등 림 어택이 전체 필드골의 절반을 넘는다. 그다음 옵션은 정확한 3점슛. 높은 릴리스, 안정된 스트로크로 37%의 성공률을 보였다. 큰 키를 이용해 퍼리미터에서 좋은 수비를 보인다. 3번 중에서 리바운드를 많이 걷어내는 편이다. 연봉은 1563만 달러.

SHOT ZONE · 필드골 시도 803 353 · 필드골 성공 406 207

DEFENSE PER GAME			REBOUNDS PER GAME		
림에서의 거리	DFG	DFG%	림에서의 거리	CR	UCR
3점슛	1.6	33.2%	0~0.9m	1.1	1.7
2점슛	6.3	53.4%	0.9~1.8m	0.6	2.1
0~1.8m	4.4	60.8%	1.8~3.0m	0.2	0.6
0~3.0m	5.2	56.5%	3.0m 이상	0.0	0.6
4.5m 이상	2.1	34.0%			

2023-24 워싱턴 75경기 평균 30.1분

항목	PTS	RB	AS	ST	BL
경기 평균	14.7	7.2	3.8	0.8	0.5
36분 기준	17.6	8.6	4.6	1.0	0.6

항목	TS	MS	3PS	FT	LU	DK	ID	OD	ST	BL
평점	C	C+	B	B+	B+	C+	C+	C-	D	C
항목	OR3	DR3	PS	BH	BQ	SP	PO	ED	HS	OG
평점	C-	A	C+	C+	C+	C-	D	B+	B	B-

Jabari WALKER SF-PF
자바리 워커 · 2002.07.30 / 201cm

미국 · NBA 드래프트 : 2022년 2라운드 57번 / NBA 우승 : 0회 / 파이널 MVP : 0회 / 시즌 MVP : 0회 / NBA 퍼스트팀 : 0회

공격력은 평범하고, 리바운드는 우수하다. 주 위치는 3번과 4번을 넘나들지만 지난 시즌엔 주로 3번으로 활약했다. 득점력 자체는 높지 않다. 주로 림 어택(덩크, 레이업, 플로터, 핑거롤)을 많이 하고, 보조 수단으로 캐치&슛 3점을 던진다. 콜로라도대 시절 부드러운 슛터치와 안정된 스트로크로 유명해 기대를 모았지만, 프로에서는 성공률 30% 미만에 머물렀다. 반면, 3번으로서 수비 리바운드, 공격 리바운드 모두 최상위권이다. 연봉은 202만 달러.

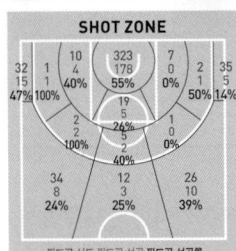

SHOT ZONE · 필드골 시도 509 251 · 필드골 성공 234 144

DEFENSE PER GAME			REBOUNDS PER GAME		
림에서의 거리	DFG	DFG%	림에서의 거리	CR	UCR
3점슛	0.9	32.8%	0~0.9m	1.3	1.7
2점슛	3.2	54.4%	0.9~1.8m	0.9	1.5
0~1.8m	2.3	62.0%	1.8~3.0m	0.3	1.0
0~3.0m	2.6	57.7%	3.0m 이상	0.1	0.4
4.5m 이상	1.2	34.6%			

2023-24 포틀랜드 72경기 평균 23.6분

항목	PTS	RB	AS	ST	BL
경기 평균	8.9	7.1	1.0	0.6	0.3
36분 기준	13.5	10.8	1.5	0.9	0.5

항목	TS	MS	3PS	FT	LU	DK	ID	OD	ST	BL
평점	C-	C-	C+	C+	C	C	D+	D	C	C-
항목	OR3	DR3	PS	BH	BQ	SP	PO	ED	HS	OG
평점	A+	A+	D-	D-	D+	C	D-	B-	C-	C

Toumani CAMARA PF-SF
투마니 카마라 · 2000.05.08 / 201cm

벨기에 · NBA 드래프트 : 2023년 2라운드 52번 / NBA 우승 : 0회 / 파이널 MVP : 0회 / 시즌 MVP : 0회 / NBA 퍼스트팀 : 0회

현대 농구에 맞는 파워포워드. 득점은 림 근처에서 많이 이뤄진다. 드라이빙 혹은 커팅 플레이에서 덩크, 레이업, 핑거롤을 성공시킨다. 보조 수단으로 캐치&슛 3점을 종종 시도한다. 스틸, 박스아웃, 스크린세팅, 리바운드 등 허슬 플레이를 열심히 하면서 팀플레이를 뒷받침한다. 카마라는 여러 가지를 다 조금씩 할 수 있다. 성실한 편이다. 그러나 특별히 잘 하는 건 또 없다. 그래서 선발보다는 백업으로 출전할 가능성이 크다. 연봉은 189만 달러.

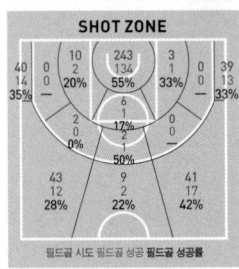

SHOT ZONE · 필드골 시도 438 196 · 필드골 성공 197 82

DEFENSE PER GAME			REBOUNDS PER GAME		
림에서의 거리	DFG	DFG%	림에서의 거리	CR	UCR
3점슛	1.3	36.1%	0~0.9m	0.7	0.5
2점슛	3.7	57.1%	0.9~1.8m	0.7	1.0
0~1.8m	2.6	64.3%	1.8~3.0m	0.2	0.7
0~3.0m	3.0	59.7%	3.0m 이상	0.0	0.3
4.5m 이상	1.5	37.5%			

2023-24 포틀랜드 70경기 평균 24.8분

항목	PTS	RB	AS	ST	BL
경기 평균	7.5	4.9	1.2	0.9	0.5
36분 기준	10.9	7.1	1.8	1.4	0.7

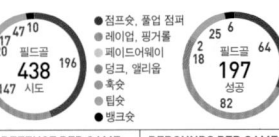

항목	TS	MS	3PS	FT	LU	DK	ID	OD	ST	BL
평점	D+	C	C+	C+	C	C+	C	D	B+	C
항목	ORB	DRB	PS	BH	BQ	SP	PO	ED	HS	OG
평점	D+	D	D-	D-	C-	D-	D	B	B	C

DEFENSE pg		REBOUNDS pg		항목 & 평점																										
DFG	DFG%	CR	UCR	TS	MS	3PS	FT	LU	DK	ID	OD	ST	BL	ORG	OR3	ORB	DRG	DR3	DRB	PS	BH	BQ	SP	PO	ED	HS	OG
필드골 허용	필드골 허용률	유경쟁 리바운드	무경쟁 리바운드	터프샷 성공률	중거리 슈팅	3점 슈팅	자유투 성공률	레이업 플로터	슬램 덩크	안쪽 수비	외곽 수비	스틸	블락	가드 공격RB	SF 공격RB	빅맨 공격RB	가드 수비RB	SF 수비RB	빅맨 수비RB	패스	볼 핸들링	농구 IQ	스피드 민첩성	파워 지구력		허슬 플레이	종합 평가

Kris MURRAY — SF

F 24
크리스 머레이
2000.08.19 / 203cm

미국
NBA 드래프트 : 2023년 1라운드 23번
NBA 우승 : 0회 / 파이널 MVP : 0회
시즌 MVP : 0회 / NBA 퍼스트팀 : 0회

'머레이가(家)'는 '바스켓볼 패밀리'다. 크리스의 아버지 케니언은 아이오와대 감독이고, 쌍둥이 동생 키건은 현재 새크라멘토 킹스에서 활약 중이다. 크리스는 림어택 전문가다. 운동 능력은 평범하지만, 주로 왼쪽을 돌파한 뒤 긴 팔과 부드러운 숏터치로 레이업, 핑거롤을 정확하게 마무리한다. BQ가 좋아 미스매치를 잘 활용한다. 좋은 슈팅 매커니즘을 바탕으로 캐치&슈터로 활약한다. 하지만, 3점숏 성공률이 들쭉날쭉하다. 연봉은 299만 달러.

SHOT ZONE

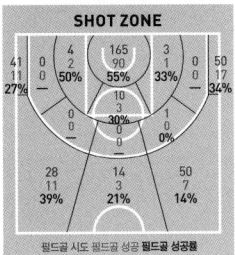

필드골 366 시도
필드골 145 성공

DEFENSE PER GAME			REBOUNDS PER GAME		
림에서의 거리	DFG	DFG%	림에서의 거리	CR	UCR
3점숏	0.9	41.2%	0~0.9m	0.6	0.3
2점숏	2.5	52.3%	0.9~1.8m	0.5	0.4
0~1.8m	1.8	56.0%	1.8~3.0m	0.3	0.6
0~3.0m	2.0	53.1%	3.0m 이상	0.1	0.8
4.5m 이상	1.0	40.3%			

2023-24 포틀랜드 62경기 평균 21.7분					
항목 평점	TS	MS	3PS	FT	LU	DK	ID	OD	ST	BL
경기 평균	6.1	3.6	1.3	0.9	0.3
36분 기준	10.0	6.0	2.1	1.4	0.6

항목 평점: C C B C C / C+ D+ B- C- C
항목 평점: OR3 DR3 PS BH BQ SP PO ED HS OG
C+ D- D+ D+ D+ C- A- B- C

Duop REATH — PF-C

F 26
두프 리스
1996.06.26 / 206cm

남수단
NBA 드래프트 : 2018년 미지명
NBA 우승 : 0회 / 파이널 MVP : 0회
시즌 MVP : 0회 / NBA 퍼스트팀 : 0회

남수단 와트 출신. 2018, 루이지애나 주립대 2학년을 마치고 NBA 드래프트를 신청했지만 지명받지 못했다. 결국, 외국으로 눈을 돌렸고, 이후 5년간 벨기에, 세르비아, 호주, 중국, 레바논 리그에서 활약했다. 그리고 2023년 여름, 포틀랜드에 투웨이 계약으로 입단했다. 2023년 10월에는 G리그 립시티 레믹스에서 출전했으나, 11월 중순 NBA에 콜-업 된 이후 실력을 발휘했다. 그래서 2024년 2월, 포틀랜드와 정식 계약을 맺었다. 연봉은 205만 달러.

SHOT ZONE

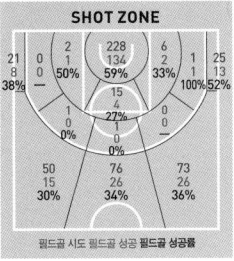

필드골 499 시도
필드골 230 성공

DEFENSE PER GAME			REBOUNDS PER GAME		
림에서의 거리	DFG	DFG%	림에서의 거리	CR	UCR
3점숏	0.8	32.0%	0~0.9m	0.7	0.4
2점숏	4.0	54.3%	0.9~1.8m	0.6	0.6
0~1.8m	2.8	61.5%	1.8~3.0m	0.2	0.6
0~3.0m	3.1	58.0%	3.0m 이상	0.0	0.4
4.5m 이상	1.2	35.4%			

2023-24 포틀랜드 68경기 평균 17.9분					
항목 평점	TS	MS	3PS	FT	LU	DK	ID	OD	ST	BL
경기 평균	9.1	3.7	1.0	0.5	0.6
36분 기준	18.3	7.4	2.0	1.0	1.1

항목 평점: B- B- B D- B D C- C C
항목 평점: ORB DRB PS BH BQ SP PO ED HS OG
D+ D D- C- D C B- A- C

DeAndre AYTON — C

C 2
디앤드리 에이튼
1998.07.23 / 213cm

바하마
NBA 드래프트 : 2018년 1라운드 1번
NBA 우승 : 0회 / 파이널 MVP : 0회
시즌 MVP : 0회 / NBA 퍼스트팀 : 0회

안정적인 '더블-더블 머신.' 2018년 데뷔 이후 6년 연속 이 기록을 작성했다. 공격은 주로 림 근처 혹은 페인트존에서 이뤄진다. 강력한 덩크와 부드러운 레이업, 재치 있는 팁인, 근거리 혹숏이 득점의 많은 부분을 차지한다. 또 하나의 무기는 미드레인지 점퍼. 지난 시즌 이 구역에서의 야투 성공률이 60%였다. 큰 키, 긴 윙스팬, 좋은 기동력, 높은 점프를 활용해 강력한 인사이드 디펜스를 펼친다. 리바운드는 리그 정상급이다. 연봉은 3400만 달러.

SHOT ZONE

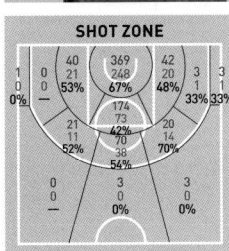

필드골 749 시도
필드골 427 성공

DEFENSE PER GAME			REBOUNDS PER GAME		
림에서의 거리	DFG	DFG%	림에서의 거리	CR	UCR
3점숏	1.9	32.8%	0~0.9m	1.5	1.4
2점숏	6.8	53.2%	0.9~1.8m	1.9	2.9
0~1.8m	4.0	62.3%	1.8~3.0m	0.5	1.4
0~3.0m	4.8	56.8%	3.0m 이상	0.1	0.9
4.5m 이상	3.0	36.6%			

2023-24 포틀랜드 55경기 평균 32.4분					
항목 평점	PTS	RB	AS	ST	BL
경기 평균	16.7	11.1	1.6	1.0	0.8
36분 기준	18.6	12.3	1.8	1.1	0.8

항목 평점: A A B- D C A- B- D- C
항목 평점: ORB DRB PS BH BQ SP PO ED HS OG
C A- D- D- C C B A- C+ D

Donovan CLINGAN — C

C
도노번 클링언
2004.02.23 / 218cm

미국
NBA 드래프트 : 2024년 1라운드 7번
NBA 우승 : 0회 / 파이널 MVP : 0회
시즌 MVP : 0회 / NBA 퍼스트팀 : 0회

전형적인 '올드 스쿨 5번'이다. 218cm, 130kg의 체격으로 주로 골밑에서 활동한다. 외곽에서 3점숏을 펑펑 쏘는 요즘 센터들과는 결이 다르다. 공격에서는 스크린을 세팅하고, 롤을 한 다음 로포스트에 진입해 덩크 기회를 엿본다. 림에서 가까운 거리에서는 캐치&슛 스타일로 점퍼 또는 혹숏을 시도한다. 수비 앵커다. 림프로텍터, 인사이드 디펜더, 리바운더로서 역할을 해야 한다. 올 시즌은 일단 백업 센터로서 경험을 쌓아야 한다. 연봉은 684만 달러.

SHOT ZONE

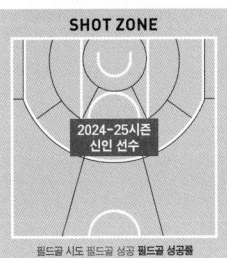

2024-25시즌 신인 선수

필드골 0 시도
필드골 0 성공

DEFENSE PER GAME			REBOUNDS PER GAME		
림에서의 거리	DFG	DFG%	림에서의 거리	CR	UCR
3점숏	—	—	0~0.9m	—	—
2점숏	—	—	0.9~1.8m	—	—
0~1.8m	—	—	1.8~3.0m	—	—
0~3.0m	—	—	3.0m 이상	—	—
4.5m 이상	—	—			

2023-24시즌 기록 없음					
항목 평점	TS	MS	3PS	FT	LU	DK	ID	OD	ST	BL
경기 평균	—	—	—	—	—
36분 기준	—	—	—	—	—

항목 평점: ORB DRB PS BH BQ SP PO ED HS OG

DEFENSE pg		REBOUNDS pg											항목 & 평점										
DFG	DFG%	CR	UCR	TS	MS	3PS	FT	LU	DK	ID	OD	ST	BL	ORG	OR3	ORB	DR3	DRB	PS	BH	BQ	SP	PO	ED	HS	OG
필드골 허용	필드골 허용률	유경쟁 리바운드	무경쟁 리바운드	티프샷 성공률	중거리 슈팅	3점 슈팅	자유투 성공률	레이업 플로터	슬램 덩크	안쪽 수비	외곽 수비	스틸	블락	가드 공격RB	SF 공격RB	빅맨 공격RB	가드 수비RB	SF 수비RB	빅맨 수비RB	패스	볼 핸들링	농구 IQ	스피드 민첩성	파워	지구력	허슬 플레이	종합 평가

Robert WILLIAMS III C-PF

로버트 윌리엄스 III 1997.10.17 / 206cm

미국

NBA 드래프트 : 2018년 1라운드 27번
NBA 우승 : 0회 / 파이널 MVP : 0회
시즌 MVP : 0회 / NBA 퍼스트팀 : 0회

2023년 11월, 오른 무릎을 크게 다쳤고, 결국 시즌 아웃 됐다. 건강해야 한다. '언더 사이즈 빅맨'이다. 그러나 228cm의 윙스팬, 높은 점프를 활용해 강력한 수비를 펼친다. 스피드가 뛰어나 1번~5번을 다 수비할 수 있다. 스틸, 박스아웃, 리바운드, 블락 등 수비의 전 항목에서 높은 점수를 받는다. 팀 전술상 스위칭과 드랍백 수비를 모두 잘 한다. 공격은 매우 제한적이다. 덩크, 앨리웁 덩크, 레이업, 풋백 팁인이 대부분이다. 연봉은 1243만 달러.

SHOT ZONE

필드골 시도 | 필드골 성공 | 필드골 성공률

필드골 26 시도
필드골 17 성공

● 점프슛, 풀업 점퍼
● 레이업, 핑거롤
■ 페이드어웨이
■ 덩크, 앨리웁
● 훅슛
■ 팁슛
■ 뱅크슛

DEFENSE PER GAME			REBOUNDS PER GAME		
림에서의 거리	DFG	DFG%	림에서의 거리	CR	UCR
3점슛	1.2	28.0%	0~0.9m	1.0	0.8
2점슛	4.3	53.1%	0.9~1.8m	2.1	1.8
0~1.8m	3.2	67.9%	1.8~3.0m	0.3	0.7
0~3.0m	3.8	63.9%	3.0m 이상	0.2	0.2
4.5m 이상	1.5	28.1%			

2023-24 포틀랜드 6경기 평균 19.8분						항목 평점	TS	MS	3PS	FT	LU	DK	ID	OD	ST	BL
항목	PTS	RB	AS	ST	BL		A-	D+	D-	A-	B+	A-	A-	A+	D-	A-
경기 평균	6.8	6.3	0.8	1.2	1.2	항목 평점	ORB	DRB	PS	BH	BQ	SP	PO	ED	HS	OG
36분 기준	12.4	11.5	1.5	2.1	2.1		C-	B+	D-	D-	C	C	B-	A-	A-	B-

Anfernee SIMONS SG

앤퍼니 사이먼스 1999.06.08 / 191cm

미국

NBA 드래프트 : 2018년 1라운드 24번
NBA 우승 : 0회 / 파이널 MVP : 0회
시즌 MVP : 0회 / NBA 퍼스트팀 : 0회

전반기에 오른손 엄지를, 후반기에 왼 무릎을 각각 다치며 정규시즌 36경기에 결장했다. 정상 컨디션일 경우 포틀랜드 최고 공격수다. 폭발적인 드라이빙에서 이어지는 플로터, 덩크, 레이업, 핑거롤 등 모든 기술을 구사한다. 미드레인지 풀업 점퍼의 대가이고, 라인에서 스텝백 3점슛을 터뜨린다. 자유투도 최상급. 팀 상황에 따라 '임시 1번'을 맡는다. 그러나 퍼리미터 수비, 팀 디펜스, 리바운드 등 전체적인 수비력은 상당히 취약하다. 연봉은 2590만 달러.

SHOT ZONE

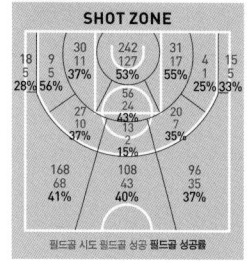

필드골 시도 | 필드골 성공 | 필드골 성공률

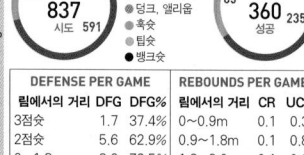

필드골 837 시도 591
필드골 360 성공 235

● 점프슛, 풀업 점퍼
● 레이업, 핑거롤
■ 페이드어웨이
■ 덩크, 앨리웁
● 훅슛
■ 팁슛
■ 뱅크슛

DEFENSE PER GAME			REBOUNDS PER GAME		
림에서의 거리	DFG	DFG%	림에서의 거리	CR	UCR
3점슛	1.7	37.4%	0~0.9m	0.1	0.3
2점슛	5.6	62.9%	0.9~1.8m	0.1	0.8
0~1.8m	3.9	72.5%	1.8~3.0m	0.1	0.4
0~3.0m	4.3	67.3%	3.0m 이상	0.2	1.0
4.5m 이상	2.1	38.3%			

2023-24 포틀랜드 46경기 평균 34.4분						항목 평점	TS	MS	3PS	FT	LU	DK	ID	OD	ST	BL
항목	PTS	RB	AS	ST	BL		B+	A-	A-	A+	B+	C+	D-	D-	C-	D-
경기 평균	22.6	3.6	5.5	0.5	0.1	항목 평점	ORG	DRG	PS	BH	BQ	SP	PO	ED	HS	OG
36분 기준	23.6	3.8	5.8	0.5	0.1		D-	D-	C+	B+	C-	B	A-	A-	B-	B-

Scoot HENDERSON PG

스쿠트 헨더슨 2004.02.03 / 191cm

미국

NBA 드래프트 : 2023년 1라운드 3번
NBA 우승 : 0회 / 파이널 MVP : 0회
시즌 MVP : 0회 / NBA 퍼스트팀 : 0회

선발 포인트가드. 지난 시즌 오른 발목과 왼쪽 내전근 부상으로 정규리그 62경기 출전에 그쳤다. 올 시즌 건강하다면 출전 횟수는 당연히 늘어날 것이다. 헨더슨은 투쟁심이 매우 강한 선수다. 그 누구를 만나도 절대 겁내지 않고 도전한다. 스피드는 리그 탑클래스이고, 드라이빙 플로터, 드라이빙 핑거롤, 풀업 점퍼, 스텝백 점퍼등 내외곽을 넘나들며 골을 터뜨린다. 볼 핸들링과 패스가 좋아 플레이메이커로서 팀 중심을 잡는다. 연봉은 1026만 달러.

SHOT ZONE

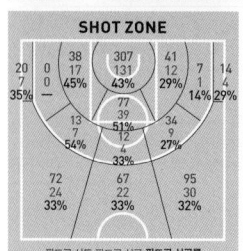

필드골 시도 | 필드골 성공 | 필드골 성공률

필드골 797 시도 510
필드골 307 성공 174

● 점프슛, 풀업 점퍼
● 레이업, 핑거롤
■ 페이드어웨이
■ 덩크, 앨리웁
● 훅슛
■ 팁슛
■ 뱅크슛

DEFENSE PER GAME			REBOUNDS PER GAME		
림에서의 거리	DFG	DFG%	림에서의 거리	CR	UCR
3점슛	1.9	38.7%	0~0.9m	0.2	0.2
2점슛	4.6	63.5%	0.9~1.8m	0.2	0.6
0~1.8m	3.3	73.6%	1.8~3.0m	0.1	0.7
0~3.0m	4.0	68.8%	3.0m 이상	0.1	0.9
4.5m 이상	2.2	38.9%			

2023-24 포틀랜드 62경기 평균 28.5분						항목 평점	TS	MS	3PS	FT	LU	DK	ID	OD	ST	BL
항목	PTS	RB	AS	ST	BL		C-	C+	C-	B+	B-	A	D-	D+	C-	D-
경기 평균	14.0	3.1	5.4	0.8	0.2	항목 평점	ORG	DRG	PS	BH	BQ	SP	PO	ED	HS	OG
36분 기준	17.7	4.0	6.9	1.0	0.3		C+	D-	C+	B	C	A	A	B-	C	C+

Matisse THYBULLE SG-SF

마티스 타이불 1997.03.04 / 196cm

미국

NBA 드래프트 : 2019년 1라운드 20번
NBA 우승 : 0회 / 파이널 MVP : 0회
시즌 MVP : 0회 / NBA 퍼스트팀 : 0회

리그 정상급 수비를 자랑하는 스윙맨. 퍼리미터 1대1 수비는 정말 환상적이다. 평범한 체격이지만 운동 능력이 우수한 데다 승부 근성까지 갖췄다. 상대 '에이스 스토퍼'를 맡는다. 또한, 패싱 레인을 날카롭게 자르며 가끔 블락도 성공시킨다. 하지만 팀 디펜스는 아쉽다. 공격은 제한적이다. 돌파에 이은 레이업, 코트 여러 위치에서 던지는 캐치&슛 3점이 대부분이다. 레이업 47.1%, 3점슛 34.6%로 성공률은 그리 높지 않다. 연봉은 1103만 달러.

SHOT ZONE

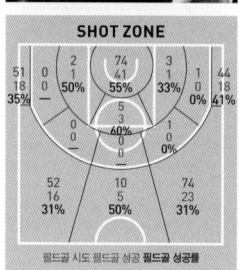

필드골 시도 | 필드골 성공 | 필드골 성공률

필드골 317 시도 244
필드골 126 성공 86

● 점프슛, 풀업 점퍼
● 레이업, 핑거롤
■ 페이드어웨이
■ 덩크, 앨리웁
● 훅슛
■ 팁슛
■ 뱅크슛

DEFENSE PER GAME			REBOUNDS PER GAME		
림에서의 거리	DFG	DFG%	림에서의 거리	CR	UCR
3점슛	0.9	29.6%	0~0.9m	0.1	0.1
2점슛	3.1	57.9%	0.9~1.8m	0.2	0.4
0~1.8m	2.4	70.9%	1.8~3.0m	0.1	0.4
0~3.0m	2.7	65.6%	3.0m 이상	0.1	0.5
4.5m 이상	1.1	30.7%			

2023-24 포틀랜드 65경기 평균 22.9분						항목 평점	TS	MS	3PS	FT	LU	DK	ID	OD	ST	BL
항목	PTS	RB	AS	ST	BL		C-	C+	C-	B-	A-	D+	D+	A-	A-	B-
경기 평균	5.4	2.1	1.4	1.7	0.8	항목 평점	OR3	DR3	PS	BH	BQ	SP	PO	ED	HS	OG
36분 기준	8.6	3.3	2.2	2.7	1.2		D-	D-	D-	C	D	C	B-	B	A-	C

Shaedon SHARPE — SG

G 17 · 셰이든 샤프 · 2003.05.30 / 196cm

NBA 드래프트 : 2022년 1라운드 7번
🇨🇦 캐나다 · NBA 우승 : 0회 / 파이널 MVP : 0회 · 시즌 MVP : 0회 / NBA 퍼스트팀 : 0회

복부 수술로 42경기, 오른쪽 내전근 통증으로 5경기, G리그 출전으로 2경기, 개인 사정으로 1경기 등 총 50경기를 결장했다. 그러나 코트에서 뛸 때는 쏠쏠한 활약을 했다. 196cm 스윙맨이지만, 213cm 윙스팬과 120cm 버티컬 점프를 바탕으로 폭발적인 덩크를 구사한다. 레이업, 핑거롤, 플로터로 림을 공략한다. 미드레인지 풀업 점퍼와 스텝백 점퍼도 강력한 무기다. 반면, 페리미터 1대1, 팀 디펜스 등 수비력은 많이 부족하다. 연봉은 661만 달러.

SHOT ZONE

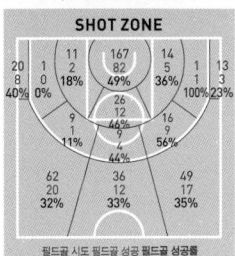

20	2	11	167	14	4	13
8	1	82	5	1	13	
40% 0%	18%	49%	36%	100% 23%		
		26		16		
	11%	46%		56%		
		44%				
62		36		49		
20		12		17		
32%		33%		35%		

필드골 시도 / 필드골 성공 / 필드골 성공률

필드골 시도 434 / 270 (13 · 111)
- 점프슛, 풀업 점퍼
- 레이업, 핑거롤
- 페이드어웨이
- 덩크, 앨리웁
- 훅슛
- 팁슛
- 뱅크슛

필드골 성공 176 / 92 (1 · 22 · 1 · 47)

DEFENSE PER GAME			REBOUNDS PER GAME		
림에서의 거리	DFG	DFG%	림에서의 거리	CR	UCR
3점슛	1.3	35.5%	0~0.9m	0.1	0.7
2점슛	4.8	61.3%	0.9~1.8m	0.3	1.2
0~1.8m	3.4	67.5%	1.8~3.0m	0.1	0.9
0~3.0m	4.0	65.2%	3.0m 이상	0.0	1.2
4.5m 이상	1.8	36.4%			

2023-24 포틀랜드 32경기 평균 33.1분						항목 평점	TS	MS	3PS	FT	LU	DK	ID	OD	ST	BL
항목	PTS	RB	AS	ST	BL											
경기 평균	15.9	5.0	2.9	0.9	0.4	평점	B	B-	C+	B+	B	A	D-	D-	C	C
36분 기준	17.3	5.4	3.2	1.0	0.4	항목 평점	ORG	DRG	PS	BH	BQ	SP	PO	ED	HS	OG
						평점	B-	C	D+	B-	C	B+	D-	A	B	B-

Dalano BANTON — PG-SF

G 5 · 달라노 밴튼 · 1999.11.07 / 203cm

NBA 드래프트 : 2021년 2라운드 46번
🇨🇦 캐나다 · NBA 우승 : 0회 / 파이널 MVP : 0회 · 시즌 MVP : 0회 / NBA 퍼스트팀 : 0회

캐나다 토론토 출신. 2024년 2월 8일, 보스턴에서 포틀랜드로 이적했다. 돌파 이후 림을 공략할 때 가장 많이 시도하는 기술은 플로터다. 단지, 지난 시즌엔 예년과는 달리 성공률이 조금 낮아졌다. 중장거리슛의 경우 일단 캐치&슛이 많다. 그러나 풀업 점퍼와 스텝백 점퍼도 가끔씩 시도한다. 밴튼은 코트에서 패스, 스틸, 리바운드 등 여러 스킬을 발휘하다. 그런데 그 레벨이 높은 건 아니다. 그냥 평타 혹은 평균 이상 수준이다. 연봉은 220만 달러.

SHOT ZONE

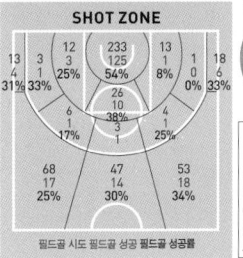

13	3	12	233	13		18
4	1	3	125	8	1	6
31% 33%	25%	54%	0%	0%	33%	
		26		4		
	6	10		1		
	17%	38%		25%		

필드골 시도 / 필드골 성공 / 필드골 성공률

필드골 시도 500 / 274 (17 · 2 · 10 · 170)
- 점프슛, 풀업 점퍼
- 레이업, 핑거롤
- 페이드어웨이
- 덩크, 앨리웁
- 훅슛
- 팁슛
- 뱅크슛

필드골 성공 202 / 97 (1 · 17 · 79)

DEFENSE PER GAME			REBOUNDS PER GAME		
림에서의 거리	DFG	DFG%	림에서의 거리	CR	UCR
3점슛	1.0	35.4%	0~0.9m	0.3	0.4
2점슛	2.2	53.8%	0.9~1.8m	0.3	0.7
0~1.8m	1.4	56.5%	1.8~3.0m	0.2	0.7
0~3.0m	1.7	57.6%	3.0m 이상	0.1	0.5
4.5m 이상	1.3	37.3%			

2023-24 보스턴+포틀랜드 54경기 평균 19.4분						항목 평점	TS	MS	3PS	FT	LU	DK	ID	OD	ST	BL
항목	PTS	RB	AS	ST	BL											
경기 평균	10.3	3.3	2.4	0.6	0.4	평점	C+	C-	C-	B	D	D-	D+	C	C	C
36분 기준	19.2	6.1	4.4	1.0	0.7	항목 평점	ORG	DRG	PS	BH	BQ	SP	PO	ED	HS	OG
						평점	B	B	C+	C+	C-	C	D+	B-	C	C

Rayan RUPERT — SG-SF

G 21 · 라이언 루페어 · 2004.05.31 / 198cm

NBA 드래프트 : 2023년 2라운드 43번
🇫🇷 프랑스 · NBA 우승 : 0회 / 파이널 MVP : 0회 · 시즌 MVP : 0회 / NBA 퍼스트팀 : 0회

정규시즌 39경기 출전에 그쳤다. 결장 43경기에는 감독 결정 24경기, G리그 출전으로 인한 결장 16경기, 오른 발목 염좌로 인한 결장 3경기가 포함되어 있다. '서드 유닛' 일원으로 올 시즌 감독의 신뢰를 더 얻어야 한다. 키가 크고 호리호리한 스윙맨으로 1번~3번을 모두 수비한다. 손이 빨라 스틸을 잘 하고, 블락도 가능하다. 트랜지션 게임에서 큰 효과를 본다. 이타적인 마인드를 지녔고, 플레이메이킹 능력도 향상되고 있다. 연봉은 189만 달러.

SHOT ZONE

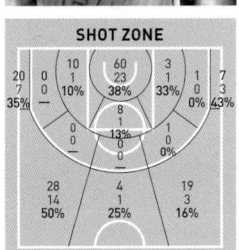

20		10	60	3		7
7		1	23	1		3
35%		10%	38%	33%	0%	43%
		8		1		
		1		0		
		13%		0%		

필드골 시도 / 필드골 성공 / 필드골 성공률

필드골 시도 161 / 101 (2 · 1 · 3 · 47)
- 점프슛, 풀업 점퍼
- 레이업, 핑거롤
- 페이드어웨이
- 덩크, 앨리웁
- 훅슛
- 팁슛
- 뱅크슛

필드골 성공 54 / 32 (1 · 16 · 2)

DEFENSE PER GAME			REBOUNDS PER GAME		
림에서의 거리	DFG	DFG%	림에서의 거리	CR	UCR
3점슛	0.6	35.9%	0~0.9m	0.1	0.3
2점슛	2.1	59.2%	0.9~1.8m	0.1	0.4
0~1.8m	1.4	64.2%	1.8~3.0m	0.1	0.6
0~3.0m	1.6	59.2%	3.0m 이상	0.0	0.5
4.5m 이상	0.7	33.3%			

2023-24 포틀랜드 39경기 평균 16.2분						항목 평점	TS	MS	3PS	FT	LU	DK	ID	OD	ST	BL
항목	PTS	RB	AS	ST	BL											
경기 평균	4.0	2.4	1.6	0.3	0.1	평점	D	D-	C+	D	C	D-	C-	D-	C-	D-
36분 기준	8.8	5.2	3.5	0.7	0.2	항목 평점	ORG	DRG	PS	BH	BQ	SP	PO	ED	HS	OG
						평점	B	C	D+	C-	C-	D+	D-	B+	B	C-

PORTLAND TRAILBLAZERS
2024-25 REGULAR SEASON SCHEDULE

OCTOBER, 2024	DECEMBER, 2024	JANUARY, 2025
Oct. 24 vs. Golden State	Dec. 24 @ Dallas	Jan. 3 @ LA Lakers
Oct. 26 vs. New Orleans	Dec. 27 vs. Utah	Jan. 5 @ Milwaukee
Oct. 28 vs. New Orleans	Dec. 29 vs. Dallas	Jan. 7 @ Detroit
Oct. 29 @ Sacramento	Dec. 31 vs. Philadelphia	Jan. 9 @ New Orleans
Oct. 31 @ LA Clippers		Jan. 10 @ Dallas
NOVEMBER, 2024		Jan. 12 vs. Miami
Nov. 2 vs. Oklahoma City		Jan. 15 vs. Brooklyn
Nov. 3 @ Phoenix		Jan. 17 vs. LA Clippers
Nov. 5 @ New Orleans		Jan. 19 vs. Houston
Nov. 8 @ San Antonio		Jan. 20 vs. Chicago
Nov. 9 @ Minnesota		Jan. 22 @ Miami
Nov. 11 vs. Memphis		Jan. 24 @ Orlando
Nov. 13 vs. Minnesota		Jan. 25 @ Charlotte
Nov. 14 vs. Minnesota		Jan. 27 vs. Oklahoma City
Nov. 18 vs. Atlanta		Jan. 29 @ Milwaukee
Nov. 21 @ Oklahoma City		Jan. 31 @ Orlando
Nov. 23 @ Houston	FEBRUARY, 2025	
Nov. 24 @ Houston	Feb. 2 @ Phoenix	
Nov. 26 @ Memphis	Feb. 4 @ Phoenix	
Nov. 28 @ Indiana	Feb. 5 vs. Indiana	
Nov. 30 vs. Sacramento	Feb. 7 vs. Sacramento	

FEBRUARY, 2025	MARCH, 2025	APRIL, 2025
Feb. 9 @ Minnesota	Mar. 1 @ Brooklyn	Apr. 2 @ Atlanta
Feb. 11 @ Denver	Mar. 3 @ Cleveland	Apr. 4 @ Toronto
Feb. 13 @ Denver	Mar. 4 @ Philadelphia	Apr. 5 @ Chicago
Feb. 21 vs. LA Lakers	Mar. 6 @ Boston	Apr. 7 vs. San Antonio
Feb. 23 vs. Charlotte	Mar. 8 @ Oklahoma City	Apr. 9 @ Utah
Feb. 25 @ Utah	Mar. 10 vs. Detroit	Apr. 12 vs. Golden State
Feb. 27 @ Washington	Mar. 11 @ Golden State	Apr. 14 vs. LA Lakers
	Mar. 13 vs. New York	
	Mar. 17 vs. Toronto	
	Mar. 19 vs. Washington	
	Mar. 20 vs. Memphis	
	Mar. 22 vs. Denver	
	Mar. 24 vs. Boston	
	Mar. 26 @ Cleveland	
	Mar. 28 @ Sacramento	
	Mar. 31 @ New York	

DECEMBER, 2024
Dec. 2 vs. Dallas
Dec. 4 @ LA Clippers
Dec. 7 vs. Utah
Dec. 9 @ LA Lakers
Dec. 20 @ Denver
Dec. 22 @ San Antonio

UTAH JAZZ

優柔不斷·이제는 결정해야 한다

뜻풀이 어물어물 망설이기만 하고 결단성이 없음. 유타는 지난 시즌 탱킹을 했지만, 오히려 예상보다 많이 승리했고, 정리할 선수도 정리하지 못했다.

*통계는 2024년 10월 1일 기준

애매한 타이밍, 예상보다 많은 승수

리셋을 결정했는데, 타이밍이 애매했다. 1월까지 홈 9연승, 전체 6연승을 달렸지만, 올스타전 이후 무너졌다. 연패는 '구단이 애초 원했던 방향'이었기에 그리 놀랍지 않았지만, 탱킹 팀답지 않게 승수를 많이 쌓았다. 성적 부담을 덜어낸 윌 하디 감독은 젊은 선수들이 더 경험을 쌓도록 분위기를 조성했고, 엄격하게 다루며 성장을 도모했다. 2023년 신인 3총사(조지, 핸드릭스, 센자바우)가 대표적이다. 라우리 마카넨은 전 시즌보다 부진했지만, 꼭 필요한 존재임을 재확인시켰다.

비교적 조용히 지나간 여름 이적시장

도노반 미첼 & 루디 고베어 시대 이후 개편에 돌입한 유타이지만 그렇게 급하게 팀 색깔을 정하지는 않았다. 이름값 있는 대형 FA 계약이 없었다. 조금 더 패배를 쌓겠다는 의도로 보인다. 마카넨의 이적 루머가 끊이지 않았지만, 유타와 계약하면서 잠잠해졌다. 10순위 코디 윌리엄스는 큰 키에 윙 디펜더 역할에 강점이 있는 선수다. 29순위 아이재아 콜리어(193cm)도 브로니 제임스가 아니었다면 USC에서 더 주목을 받았을 자원이다. 주전감은 아니지만, 후반기에는 기회가 올 것이다.

애매한 선수들, 이제 결정해야 한다

정리 과정에서 얻은 드래프트 지명권은 많지만, 팀에 남은 핵심선수들이 애매하다. 클락슨과 콜린스, 섹스턴 등이 언제까지 유타와 함께할지 알 수 없다. 지켜봐야 한다. 미래를 도모하기 위한 가장 좋은 방법은 트레이드다. 다음 시즌이 지나면 계약이 끝나기에 관심을 보이는 구단들이 있을 것이다. 또 하나 유타가 결정을 내릴 선수는 센터 워커 케슬러다. 213cm에 2시즌 연속 2.3블록을 기록했지만, 공격에 한계가 있어 윌 하디의 게임 플랜에서 종종 제외되곤 했다.

CLUB INFORMATION

 Founded 구단 창립 1974년

 **Owner** 스미스 엔터 그룹

 CEO 대니 에인지

 Head Coach 윌 하디 1988.01.21

 24-25 Odds 벳365 : 750배 윌리엄힐 : 750배

 Nationality ● 미국 선수 9명 ● 외국 선수 3명

 Age 12명 평균 23.4세

 Height 12명 평균 200.6cm

 Weight 12명 평균 98.5kg

 Salary 12명 평균 900만 달러

 Win 2023-24 : 31승 통산 : 2177승

 Loss 2023-24 : 51패 통산 : 1855패

 Winning% 2023-24 : 37.8% 통산 : 54.0%

 Play-Off PO 진출 : 31회 PO 탈락 : 20회

 **Titles** NBA우승 : 0회 컨퍼런스 : 2회

 **Top Scorer** 라우리 마카넨 평균 23.2점

More Rebounds 존 콜린스 평균 8.5RB

More Assists 조던 클락슨 평균 5.0AS

More Steals 크리스 던 평균 1.0스틸

More Blocks 워커 케슬러 평균 2.4블락

*항목별 1위는 지난 시즌 유타 소속으로 42경기 이상 출전한 선수 중 선별

Association / Icon / Statement / City

HEAD COACH & STADIUM

William HARDY 윌리엄 하디

생년월일 : 1988.01.21 / **출생지** : 미국 버지니아주 리치먼드
경력 : 2015~2021년 샌안토니오 스퍼스 코치 / 2021~2022년 보스턴 셀틱스 코치 / 2022년~ 유타 재즈 감독

세인트 크리스토퍼교를 졸업하고, 2006년 윌리엄스 칼리지에 입학해 농구 선수로 활약했다. 그가 4학년 때인 2010년, 소속팀은 30승 2패를 기록하며, 전미 대학 랭킹 2위에 올랐다. 하디는 그러나 프로 선수가 되지 않고, 일찍 지도자로 나섰다. 2010년 샌안토니오 스퍼스에서 농구 운영 인턴으로 경력을 쌓기 시작했고, 이듬해엔 팀의 비디오 코디네이터로 승진했다. 그레그 포포비치 감독의 전폭적인 신뢰 속에 2016-17시즌 어시스턴트 코치가 되었다. 하디가 2010~2021년 샌안토니오 프런트에서 일하는 동안 팀은 9번의 플레이오프 참가, 22번의 NBA 파이널 진출, 그리고 2014년에는 NBA 우승을 차지했다. 샌안토니오와 계약이 끝나자 그는 이메 우도카 감독이 지휘하던 보스턴 셀틱스의 어시스턴트가 되어 팀이 2010년 이후 처음 NBA 파이널에 진출할 수 있도록 힘을 보탰다. 그리고 2022년 6월 29일, 유타 재즈의 9대 감독으로 부임했다. 새 구단주 라이언 스미스의 "새 술은 새 부대에"라는 의지의 표현이었다.

DELTA CENTER
구장 오픈 : 1991년 10월 9일
구장 증개축 : —
오너 : 라이언 스미스
수용인원 : 1만 8306명
건축비용 : 9300만 달러
(현재 가치) 2억 1700만 달러

유타 재즈의 홈구장이고, 솔트레이크시티 시내 최고의 스포츠 및 엔터테인먼트 장소다. NBA 경기를 포함해 매년 320일 이상 다양한 이벤트(음악 콘서트, 전시회 등)를 개최한다. 연간 약 180만 명의 고객이 경기장을 찾는다. 아레나 입구에는 유타 재즈 레전드인 칼 말론과 존 스탁턴의 동상이 있다. 재즈 홈구장으로 사용되기 시작한 건 1991-92시즌부터다.

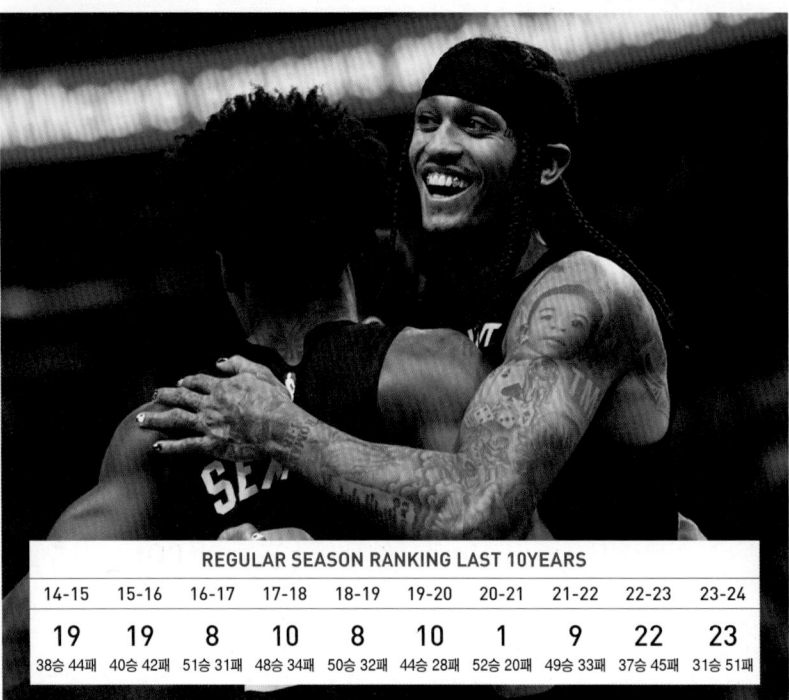

REGULAR SEASON RANKING LAST 10YEARS

14-15	15-16	16-17	17-18	18-19	19-20	20-21	21-22	22-23	23-24
19	**19**	**8**	**10**	**8**	**10**	**1**	**9**	**22**	**23**
38승 44패	40승 42패	51승 31패	48승 34패	50승 32패	52승 20패	52승 20패	49승 33패	37승 45패	31승 51패

TEAM POTENTIAL

62점

25위

하프코트 세트오펜스 7점	트랜지션 오펜스 6점	하프코트 세트디펜스 6점	트랜지션 디펜스 5점	리바운드 7점
선수층 5점	선수 경험치 6점	감독 리더십 6점	감독 전술 6점	프런트 8점

*각 항목은 10점 만점, 평점은 NBA 30팀 사이 상대평가

우승 ODDS	배당	순위
bet 365	750배	23위
Paddy Power	500배	23위
William Hill	750배	24위

OFFENSIVE STYLE
트랜지션 오펜스 ———●——— 하프코트 세트오펜스

DEFENSIVE STYLE
하이 프레스 ———●——— 하프코트 디펜스

SQUAD & TACTICS

STARTERS

PF
존 콜린스
28.0분, 15.1점
8.5RB, 1.1AS

C
워커 케슬러
23.3분, 8.1점
7.5RB, 0.9AS

SF
라우리 마카넨
33.1분, 23.2점
8.2RB, 2.0AS

SG
콜린 섹스턴
26.6분, 18.7점
2.6RB, 4.9AS

PG
키온테 조지
27.0분, 13.0점
2.8RB, 4.4AS

OFF THE BENCH

PG
조던 클락슨
30.6분, 17.1점
3.4RB, 5.0AS

SG
브라이스 센자바우
18.3분, 7.5점
3.2RB, 1.7AS

SF
코디 윌리엄스
2024-25시즌
신인 선수

PF
테일러 헨드릭스
21.4분, 7.3점
4.6RB, 0.8AS

C
드루 유뱅크스
15.6분, 5.1점
4.3RB, 0.8AS

G 아이재이아 콜리어
G 패티 밀스
F 스비 마카일리우크
F 조니 주뱅
C 카일 필리포우스키

OFFENSE MECHANISM

유타는 기본적으로 5-OUT을 선호했다. 수비가 갖춰지기 전에 빠르게 템포를 끌어올려 드라이브, 외곽슛을 노렸다. 간결한 피스톨, 혹은 스플릿 및 줌 액션 등으로 공격을 마무리 지었다. 비슷하게 페이스가 빨랐던 다른 하위팀들과 구분되는 점은 패스도 활발했고, 백도어 컷 같은 연계된 플레이로 어시스트가 많이 발생했다는 것이다. 적어도 전 시즌 성적을 포기하기 전까지는 말이다. 지난 시즌도 27.9개의 어시스트로 10위에 올랐다. 조던 클락슨이 있을 때 공격은 더 활발했다. 식스맨에도 팀내 가장 많은 아이솔레이션 공격을 가져갔고, 템포를 끌어올려 기술적으로 득점을 마무리하곤 했다. 다만 득점만큼이나 실수도 많았다. 속공을 가장 많이 허용했고, 실책으로 인한 실점도 리그 2위(19.3점)였다.

DEFENSE MECHANISM

120점대 실점을 기록했다. 130점대 실점만 15번이 넘는다. 그렇지만, 시즌 내내 최악의 수비를 펼친 건 아니다. 윌 하디 감독은 종종 변화무쌍한 수비를 들고나와 상대를 당황케 했다. 변형된 2-3 지역방어, 박스-앤드-원 등이 대표적으로, 상대 공격을 지연시키거나 메인 핸들러를 괴롭혔다. 지역방어를 사용할 때는 안쪽의 워커 케슬러(블록슛 2위)가 존재감을 발휘해준 것도 컸다. 그러나 중반 이후 로테이션과 라인업을 바꾸면서 완전히 무너졌다. 신입급 선수들의 수비 스킬과 커뮤니케이션이 미숙했고, 그 결과 3점슛을 쉽게 내줬다. 지난 시즌 코너 3점슛 포함, 전체적인 외곽 허용이 가장 많았다. 수비를 개선하는 것은 언제든 가능하다. 그러나 가장 중요한 건 팀의 방향을 설정하는 것이다.

Player's Functions

 Ball Handlers	 Pull-Ups	Catch & Shoot
K.조지 C.섹스턴 J.클락슨	C.섹스턴 K.조지 J.클락슨	C.섹스턴 L.마카넨 J.콜린스

 3 Pointers	Slam Dunkers	Free Throw
L.마카넨 C.섹스턴 J.콜린스	J.콜린스 W.케슬러 C.섹스턴	B.센자바우 D.유뱅크스 C.섹스턴

 Rebounders	1-1 Defenders	Ball Stealers
W.케슬러 D.유뱅크스 J.콜린스	W.케슬러 J.콜린스 O.시브웨	P.밀스 C.섹스턴

Key Passes	Hustle Players	Rim Protectors
C.섹스턴 K.조지 J.프레스턴	W.케슬러 C.섹스턴 O.시브웨	W.케슬러 D.유뱅크스 O.시브웨

2023-24 SEASON PERFORMANCE

UTAH JAZZ vs. OPPONENTS PER GAME STATS

유타 vs 상대팀

	득점 / 실점	F↑ 필드골성공	FG% 필드골	3↑ 3점슛성공	3P% 3점슛	⊖ 자유투성공	FT% 자유투	OR 공격리바운드	RB 리바운드	A↑ 어시스트	🎭 스틸	🏀 블락	← 턴오버	◇ 파울

115.7	120.5
89.9 **F↑** 91.6	45.7% **FG%** 48.7%	12.9 **3↑** 14.8	35.4% **3P%** 39.5%	18.8 **⊖** 16.6	83.0% **FT%** 77.1%
12.2 **OR** 11.0	45.5 **RB** 42.2	27.2 **A↑** 29.8	6.5 🎭 8.6	5.6 🏀 6.4	15.7 ← 12.3	18.6 ◇ 19.2

LINE-UP

* 유타는 지난 시즌 총 527개의 라인업을 가동시켰다. 그중 출전 시간이 가장 길었던 20개를 골라 게재했다.

5-MEN COMBINATION	MIN	PPG	RPG	APG
K. Dunn - L. Markkanen - J. Collins - C. Sexton - S. Fontecchio	256	34.8	12.0	9.6
K. Olynyk - J. Clarkson - O. Agbaji - W. Kessler - K. George	146	21.3	7.9	5.4
J. Clarkson - L. Markkanen - J. Collins - O. Agbaji - K. George	130	25.3	9.7	5.5
L. Markkanen - J. Collins - C. Sexton - T. Hendricks - K. George	99	26.1	9.3	5.9
J. Clarkson - L. Markkanen - J. Collins - T. Horton-Tucker - W. Kessler	84	22.0	9.8	6.1
J. Clarkson - L. Markkanen - W. Kessler - S. Fontecchio - K. George	72	9.9	5.2	2.2
K. Olynyk - J. Clarkson - J. Collins - O. Agbaji - K. George	71	8.3	3.8	1.9
J. Clarkson - L. Markkanen - J. Collins - C. Sexton - K. George	59	13.8	5.4	3.1
K. Olynyk - L. Markkanen - C. Sexton - T. Horton-Tucker - S. Fontecchio	57	18.4	7.1	4.8
J. Clarkson - L. Markkanen - J. Collins - C. Sexton - S. Fontecchio	54	9.5	4.2	2.0
L. Samanic - O. Yurtseven - J. Juzang - T. Hendricks - K. George	52	31.8	13.0	7.3
K. Dunn - L. Markkanen - C. Sexton - W. Kessler - S. Fontecchio	47	13.0	5.2	3.1
K. Olynyk - C. Sexton - T. Horton-Tucker - O. Agbaji - W. Kessler	45	18.3	7.5	5.3
K. Olynyk - J. Clarkson - L. Markkanen - J. Collins - K. George	44	14.9	5.1	3.8
J. Collins - O. Yurtseven - O. Agbaji - S. Fontecchio - K. George	41	24.3	14.0	5.7
J. Clarkson - J. Collins - W. Kessler - S. Fontecchio - K. George	41	20.5	8.0	4.5
C. Sexton - O. Yurtseven - T. Hendricks - K. George - B. Sensabaugh	37	15.8	5.2	4.0
K. Olynyk - C. Sexton - T. Horton-Tucker - W. Kessler - S. Fontecchio	34	13.0	6.2	2.8
K. Olynyk - J. Clarkson - L. Markkanen - J. Collins - C. Sexton	33	8.6	2.8	2.1
J. Collins - C. Sexton - T. Hendricks - K. George - B. Sensabaugh	33	23.3	13.3	6.0

PASS COMBINATIONS

→ 해당 선수가 경기당 동료로부터 패스 받은 횟수
→ 해당 선수가 경기당 동료들에게 패스 해준 횟수

→		→
53.2	키온테 조지	46.4
30.5	크리스 던	34.1
25.6	켈리 올리닉	33.1
36.3	테일러 호튼-터커	32.8
45.3	콜린 섹스턴	32.8
23.7	존 콜린스	30.4
42.3	조던 클락슨	29.9
29.4	라우리 마카넨	29.8
16.7	대리어스 베이즐리	26.3
27.3	케네스 로프턴	25.5
14.4	워커 케슬러	24.8
17.0	시모네 폰테키오	19.8
16.9	제이슨 프레스턴	19.6
15.4	키라 루이스 Jr.	15.0
10.6	외메르 유르트세벤	14.8
12.5	오차이 아바지	14.3
11.1	테일러 헨릭스	14.3
16.4	브라이스 센자바우	14.3
14.7	조니 주쟁	11.9
7.1	미카 포터	10.7
8.4	루카 사마니치	9.2

2023-24 RANKING

* 는 수치가 낮을수록 랭킹이 높아짐

유타	랭킹	GENERAL	상대팀*	랭킹
115.7	11위	득점 / 실점	120.5	29위
45.5	3위	리바운드	42.2	6위
27.2	10위	어시스트	29.8	30위
6.5	29위	스틸	8.6	27위
5.6	9위	블락	6.4	28위

득점	랭킹	PLAYTYPE	실점*	랭킹
6.3	16위	아이솔레이션	6.0	5위
21.5	13위	트랜지션	27.2	30위
15.0	19위	픽& 볼 핸들러	16.0	13위
7.4	15위	픽&롤 롤맨	8.3	26위
3.1	22위	포스트-업	5.0	22위
27.0	19위	스팟-업	28.4	20위
4.6	17위	핸드오프	4.5	8위
10.6	10위	커팅	—	—
7.7	2위	오프 스크린	4.5	24위
5.9	22위	풋백	6.9	19위
2.9	18위	기타	—	—

SHOT ZONE

구간별 슈팅 및 성공률

SHOT ZONE

428 179 42%	25 10 40%	225 80 36%	3189 1896 60%	277 110 40%	25 10 32%	424 150 35%
			433 203 47%			
	66 21 32%		69 25 36%		69 30 44%	
828 283 34%		543 183 34%		751 265 35%	

필드골 시도 필드골 성공 **필드골 성공률**

항목	FGA	FGM	FG%	3PA	3PM	3P%
캐치&슛	28.4	10.7	37.6%	27.5	10.3	37.4%
풀업	17.7	6.2	34.8%	9.0	2.7	29.6%
3m 안쪽	43.4	25.0	57.5%	—	—	—
TOTAL	89.8	41.9	46.7%	36.6	13.0	35.5%

SHOT REPERTORIES

필드골 시도

평균 **89.9** — 2.4, 2.5, 2.9, 2.2, 6.0, 22.1, 51.8

● 점프슛, 풀업 점퍼
● 레이업, 핑거롤
● 페이드어웨이
● 덩크, 앨리웁 덩크
● 훅슛
● 팁슛
● 뱅크슛

드리블과 슈팅 시도

평균 **89.9** 44.3 — 9.6, 16.6, 9.1, 10.3

● 0드리블 + 슈팅
● 1드리블 + 슈팅
● 2드리블 + 슈팅
● 3~6드리블 + 슈팅
● 7+ 드리블 + 슈팅

필드골 성공

평균 **42.0** 19.5 — 1.7, 1.3, 5.5, 0.8, 12.2

드리블과 슈팅 성공

평균 **42.0** 21.6 — 4.0, 7.5, 4.2, 4.7

SHOOTING

필드골 시도

평균 **89.9** — 9.8, 20.9, 24.9, 34.3

공격수와 수비수의 거리
● 0~0.6m
● 0.6~1.2m
● 1.2~1.8m
● 1.8m 이상

필드골 시도

평균 **89.9** 14.6 — 8.0, 3.0, 9.5, 10.0, 44.8

남은 시간
● 22~24초
● 18~22초
● 15~18초
● 7~15초
● 4~7초
● 0~4초

필드골 성공

평균 **42.0** — 4.8, 8.6, 11.1, 17.5

필드골 성공

평균 **42.0** 6.7 — 2.8, 1.7, 4.1, 5.5, 21.2

OPPONENT SHOOTING

상대 필드골 시도

평균 **91.6** — 9.7, 24.4, 25.4, 32.1

공격수와 수비수의 거리
● 0~0.6m
● 0.6~1.2m
● 1.2~1.8m
● 1.8m 이상

상대 필드골 시도

평균 **91.6** 16.0 — 6.9, 3.0, 7.6, 14.0, 44.1

남은 시간
● 22~24초
● 18~22초
● 15~18초
● 7~15초
● 4~7초
● 0~4초

필드골 허용

평균 **44.6** — 4.5, 11.0, 12.3, 16.8

필드골 허용

평균 **44.6** 7.4 — 2.8, 1.8, 3.7, 7.6, 21.3

CONTESTED REBOUNDS

공격 리바운드
평균 **7.0** — 0.6, 1.4, 2.9, 2.1

수비 리바운드
평균 **8.0** — 1.1, 0.4, 2.9, 3.6

UNCONTESTED REBOUNDS

공격 리바운드
평균 **5.1** — 0.8, 2.6, 0.9, 0.8

수비 리바운드
평균 **24.6** — 5.3, 4.9, 5.8, 8.6

림 아래부터 리바운드 위치까지의 거리
● 0~0.9m ● 0.9~1.8m ● 1.8~3m ● 3m 이상

DEFENSE OF 31 WINS

필드골 허용 %
44.9%

3점슛 허용 %
36.6%

상대 필드골 시도 91.9
필드골 허용 41.3

상대 3점슛 시도 36.7
3점슛 허용 13.5

DEFENSE OF 51 LOSSES

필드골 허용 %
50.9%

3점슛 허용 %
41.2%

상대 필드골 시도 91.4
필드골 허용 46.5

상대 3점슛 시도 37.9
3점슛 허용 15.6

DFG	DFG%	CR	UCR	TS	MS	3PS	FT	LU	DK	ID	OD	ST	BL	ORG	OR3	ORB	DRG	DR3	DRB	PS	BH	BQ	SP	PO	ED	HS	OG
필드골 허용	필드골 허용률	유효거리 리바운드	무효경쟁 리바운드	터프샷 성공률	중거리 슛임	3점 슛임	자유투 플로터	레이업 플로터	슬램 덩크	안쪽 수비	외곽 수비	스틸	블락	가드 공격RB	빅맨 공격RB	공격RB	가드 수비RB	SF 수비RB	수비RB	패스	볼 핸들링	농구 IQ	스피드 민첩성	파워	지구력	허슬 플레이	종합 평가

Lauri MARKKANEN PF-SF

라우리 마카넨 · F 23 · 1997.05.22 / 213cm

NBA 드래프트 : 2017년 1라운드 7번
NBA 우승 : 0회 / 파이널 MVP : 0회
시즌 MVP : 0회 / NBA 퍼스트팀 : 0회
핀란드

213cm의 빅맨이지만, 스몰포워드급 스피드와 민첩성을 자랑한다. 주요 공격옵션은 오프-볼-무브 후의 캐치&슛이다. 코트 전 지역에서 뿜어내는 3점슛은 치명적인 무기다. 키가 크기에 타점이 높은 데다 릴리스가 매우 빨라 블락에 잘 걸리지 않는다. 커팅에서 이어지는 원핸드 덩크는 가히 폭발적이다. 공격에 비해 수비는 많이 부족하다. 가장 큰 문제는 부상. 프로 데뷔 후 7년간 단 한 번도 부상 없이 시즌을 마친 적이 없다. 연봉은 4218만 달러.

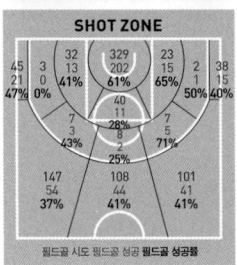

SHOT ZONE

필드골 시도 543 · 필드골 성공 890 / 427 · 성공 218

필드골 시도 필드골 성공 필드골 성공률

DEFENSE PER GAME			REBOUNDS PER GAME		
림에서의 거리	DFG	DFG%	림에서의 거리	CR	UCR
3점슛	1.8	39.1%	0~0.9m	1.3	0.9
2점슛	5.7	54.0%	0.9~1.8m	1.3	1.6
0~1.8m	3.8	60.4%	1.8~3.0m	0.5	1.1
0~3.0m	4.4	57.9%	3.0m 이상	0.3	1.2
4.5m 이상	2.5	39.6%			

2023-24 유타 55경기 평균 33.1분

항목	PTS	RB	AS	ST	BL
경기 평균	23.2	8.2	2.0	0.9	0.5
36분 기준	25.3	8.9	2.2	1.0	0.5

항목 평점	TS	MS	3PS	FT	LU	DK	ID	OD	ST	BL
	A+	B-	B	A	B	C+	C	D+	C	D
항목 평점	ORB	DRB	BH	BQ	SP	PO	ED	HS	OG	
	D-	C+	D-	D	B	D-	B-	B	B	

John COLLINS PF

존 콜린스 · F 20 · 1997.09.23 / 206cm

NBA 드래프트 : 2017년 1라운드 19번
NBA 우승 : 0회 / 파이널 MVP : 0회
시즌 MVP : 0회 / NBA 퍼스트팀 : 0회
미국

잔 부상이 여러 차례 발생해 14경기에 결장했다. 출전 시간만 보장된다면 언제든 20-10 가까운 성적을 올릴 수 있다(통산 평균 시간 29.0분이라 조금 짧다). 전체 필드골 중 덩크, 레이업, 팁슛, 가까운 훅슛 등 림 근처에서 이뤄진 것이 65%에 달한다. 횟수는 적지만 필요할 때마다 3점짜리도 한 개씩 넣는다. 스크린 세팅, 블락, 박스아웃, 리바운드 등 허슬 플레이도 OK. 그러나 인사이드 1대1, 팀 디펜스 모두 최하위권이다. 연봉은 2658만 달러.

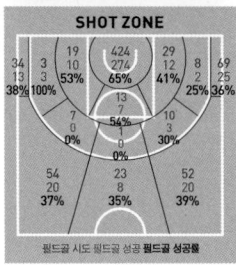

SHOT ZONE

필드골 시도 746 · 필드골 성공 338 / 397 · 성공 109

필드골 시도 필드골 성공 필드골 성공률

DEFENSE PER GAME			REBOUNDS PER GAME		
림에서의 거리	DFG	DFG%	림에서의 거리	CR	UCR
3점슛	1.7	42.9%	0~0.9m	1.7	1.6
2점슛	4.7	57.5%	0.9~1.8m	1.0	1.9
0~1.8m	3.3	62.3%	1.8~3.0m	0.3	0.8
0~3.0m	3.9	59.8%	3.0m 이상	0.1	0.7
4.5m 이상	2.1	43.6%			

2023-24 유타 68경기 평균 28.0분

항목	PTS	RB	AS	ST	BL
경기 평균	15.1	8.5	1.1	0.6	0.9
36분 기준	19.4	10.9	1.5	0.8	1.2

항목 평점	TS	MS	3PS	FT	LU	DK	ID	OD	ST	BL
	A+	B-	C	B	A	A	C	D-	D	C+
항목 평점	ORB	DRB	BH	BQ	SP	PO	ED	HS	OG	
	D+	B	D-	D-	C-	C-	C	A-	B-	

Taylor HENDRICKS PF

테일러 헨드릭스 · F 0 · 2003.11.22 / 206cm

NBA 드래프트 : 2023년 1라운드 9번
NBA 우승 : 0회 / 파이널 MVP : 0회
시즌 MVP : 0회 / NBA 퍼스트팀 : 3회
미국

지난 시즌 G리그와 NBA를 넘나드느라 40경기 출전에 그쳤다. 운동 능력이 뛰어나고, 활동 범위가 넓은 '스트레치 4번'이다. 팀이 스피드 위주의 스몰라인업을 짜는 데도 전략적으로 유리할 수 있다. 캐치&슛 위주 3점슛과 림 어택이 균형을 이룬다. 효율적인 픽&팝 슈터다. 좌우 코너에서 날리는 3점슛은 위력적이다. 트랜지션 게임에서 시원하게 덩크로 마무리한다. 운동 능력이 좋아 1번~5번을 다 수비할 수 있다. 블락도 수준급. 연봉은 585만 달러.

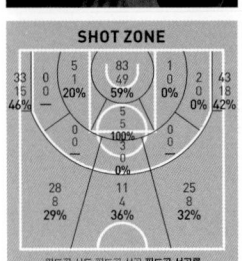

SHOT ZONE

필드골 시도 161 · 필드골 240 / 108 · 성공

필드골 시도 필드골 성공 필드골 성공률

DEFENSE PER GAME			REBOUNDS PER GAME		
림에서의 거리	DFG	DFG%	림에서의 거리	CR	UCR
3점슛	1.3	43.1%	0~0.9m	0.4	0.6
2점슛	3.8	55.8%	0.9~1.8m	0.7	1.3
0~1.8m	2.8	60.1%	1.8~3.0m	0.3	0.6
0~3.0m	3.1	58.3%	3.0m 이상	0.1	0.6
4.5m 이상	1.8	43.2%			

2023-24 유타 40경기 평균 21.4분

항목	PTS	RB	AS	ST	BL
경기 평균	7.3	4.6	0.8	0.7	0.8
36분 기준	12.3	7.8	1.3	1.2	1.3

항목 평점	TS	MS	3PS	FT	LU	DK	ID	OD	ST	BL
	B+	C	C	B	D+	D+	C	D+	C+	B
항목 평점	OR3	DR3	BH	BQ	SP	PO	ED	HS	OG	
	C+	C+	D-	D+	D+	C-	D-	A-	C	

Cody WILLIAMS SF-SG

코디 윌리엄스 · F 5 · 2004.11.24 / 203cm

NBA 드래프트 : 2024년 1라운드 10번
NBA 우승 : 0회 / 파이널 MVP : 0회
시즌 MVP : 0회 / NBA 퍼스트팀 : 0회
미국

콜로라도대 1학년을 마치고 NBA에 입성했다. 코디의 형 제일런은 현재 오클라호마 시티에서 활약 중이다. 코디는 203cm의 장신 윙으로 운동 능력이 뛰어나고, 투쟁심이 강하다. 스팟업 슈터 겸 슬래셔다. 대학 시절 3점슛 성공률이 41.5%였다. 상대팀 림 프로텍터 위에서 덩크를 그냥 찍어버린다. 트랜지션 게임 마무리도 훌륭하다. 1번~4번을 다 수비할 수 있다. 단지, 그 수준이 어느 정도일지는 프로에서 뚜껑을 열어봐야 한다. 연봉은 547만 달러.

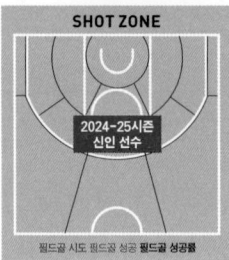

SHOT ZONE

필드골 시도 0 · 필드골 성공 0

2024-25시즌 신인 선수

필드골 시도 필드골 성공 필드골 성공률

DEFENSE PER GAME			REBOUNDS PER GAME		
림에서의 거리	DFG	DFG%	림에서의 거리	CR	UCR
3점슛			0~0.9m		
2점슛			0.9~1.8m		
0~1.8m			1.8~3.0m		
0~3.0m			3.0m 이상		
4.5m 이상					

2023-24시즌 기록 없음

항목	PTS	RB	AS	ST	BL
경기 평균	—	—	—	—	—
36분 기준	—	—	—	—	—

항목 평점	TS	MS	3PS	FT	LU	DK	ID	OD	ST	BL
항목 평점	OR	DR	PS	BH	BQ	SP	PO	ED	HS	OG

DEFENSE pg		REBOUNDS pg		항목 & 평점																						
DFG	DFG%	CR	UCR	TS	MS	3PS	FT	LU	DK	ID	OD	ST	BL	ORG	OR3	ORB	DRG	DR3	DRB	PS	BH	BQ	SP	PO	ED	HS	OG
필드골 허용	필드골 허용률	유경쟁 리바운드	무경쟁 리바운드	터프샷 성공률	중거리 성공률	3점 성공률	자유투 성공률	레이업 플로터	슬램 덩크	외곽 수비	외곽 수비	스틸	블락	가드 공격RB	SF 공격RB	빅맨 공격RB	가드 수비RB	SF 수비RB	빅맨 수비RB	패스	볼 핸들링	농구 IQ	스피드 민첩성	파워	지구력	허슬 플레이	종합 평가

Svi MYKHAILIUK SF-SG (F 19)

스비 미카일리우크 · 1997.06.10 / 201cm · 우크라이나

NBA 드래프트 : 2018년 2라운드 47번
NBA 우승 : 1회 / 파이널 MVP : 0회
시즌 MVP : 0회 / NBA 퍼스트팀 : 0회

프로 입문 후 6년간 소속팀이 7번 바뀐 '저니 맨'이다. 지난 시즌 '서드 유닛' 일원으로 평균 10분 정도 뛰었다. 올 시즌도 역할은 크게 바뀌지 않을 것이다. 제한된 출전 시간 대비 득점력은 낮지 않다(36분 기준 14.1점). 전형적인 외곽 슈터다. 키가 크고 오프-볼 무브를 활용해 오픈 찬스를 잡아 던지는 캐치&슈터다. 타점이 높고 슛터치가 부드러워 안정적이다. 그러나 전체적인 수비력은 최하위권이다. 그냥 '원-웨이 플레이어'다. 연봉은 375만 달러.

SHOT ZONE

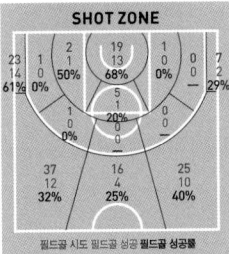

필드골 시도 필드골 성공 **필드골 성공률**

필드골 137 시도 112 / 필드골 57 성공 42

● 점프슛, 풀업 점퍼
● 레이업, 핑거롤
● 페이드어웨이
● 덩크, 앨리웁
● 훅슛
● 팁슛
● 뱅크슛

DEFENSE PER GAME			REBOUNDS PER GAME		
림에서의 거리	DFG	DFG%	림에서의 거리	CR	UCR
3점슛	0.4	22.8%	0~0.9m	0.1	0.1
2점슛	0.8	47.5%	0.9~1.8m	0.0	0.2
0~1.8m	0.5	56.7%	1.8~3.0m	0.0	0.4
0~3.0m	0.6	53.5%	3.0m 이상	0.1	0.4
4.5m 이상	0.4	23.9%			

2023-24 보스턴 41경기 평균 10.1분

항목	PTS	RB	AS	ST	BL
경기 평균	4.0	1.2	0.9	0.3	0.0
36분 기준	14.1	4.4	3.1	1.0	0.1

항목	TS	MS	3PS	FT	LU	DK	ID	OD	ST	BL
평점	B-	B-	B+	A	B	D+	D	D	B-	D
항목	OR3	DR3	PS	BH	BQ	SP	PO	ED	HS	OG
평점	D-	D+	D	D	B-	B-	D	B-	D	C-

Johnny JUZANG SF-SG (F 33)

조니 주쟁 · 2001.03.17 / 196cm · 미국

NBA 드래프트 : 2022년 미지명
NBA 우승 : 0회 / 파이널 MVP : 0회
시즌 MVP : 0회 / NBA 퍼스트팀 : 0회

프로의 벽은 높았다. 주쟁은 UCLA 시절 소속팀을 NCAA 4강으로 이끈 주역 중 1명이다. 그러나 지난 시즌 유타에서 20경기 출전에 그쳤다. G리그 솔트레이크 시티의 경기에 많이 나섰기 때문이다. 경험을 쌓았기에 올 시즌은 출전 기회가 많아질 것이다. 그는 캐치&슈터다. 탑, 윙, 코너 등 여러 위치에서 3점슛을 던진다. 대학 시절부터 유명했던 클러치 능력은 여전하다. 그러나 수비, 리바운드, 허슬 플레이는 많이 부족하다. 연봉은 309만 달러.

SHOT ZONE

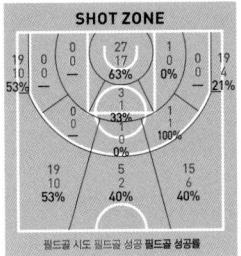

필드골 시도 필드골 성공 **필드골 성공률**

필드골 110 시도 86 / 필드골 51 성공 36

● 점프슛, 풀업 점퍼
● 레이업, 핑거롤
● 페이드어웨이
● 덩크, 앨리웁
● 훅슛
● 팁슛
● 뱅크슛

DEFENSE PER GAME			REBOUNDS PER GAME		
림에서의 거리	DFG	DFG%	림에서의 거리	CR	UCR
3점슛	1.1	34.5%	0~0.9m	0.1	0.0
2점슛	2.7	55.2%	0.9~1.8m	0.2	0.4
0~1.8m	2.1	64.4%	1.8~3.0m	0.1	0.5
0~3.0m	2.4	58.9%	3.0m 이상	0.0	0.5
4.5m 이상	1.4	34.9%			

2023-24 유타 20경기 평균 18.6분

항목	PTS	RB	AS	ST	BL
경기 평균	7.2	1.8	1.2	0.2	0.1
36분 기준	13.9	3.5	2.2	0.4	0.2

항목	TS	MS	3PS	FT	LU	DK	ID	OD	ST	BL
평점	B	C-	C+	B	C	D	D	D	D	D
항목	OR3	DR3	PS	BH	BQ	SP	PO	ED	HS	OG
평점	D-	D-	D-	D-	C-	B-	D	B	C	C-

Walker KESSLER C (C 24)

워커 케슬러 · 2001.07.26 / 213cm · 미국

NBA 드래프트 : 2022년 1라운드 22번
NBA 우승 : 0회 / 파이널 MVP : 0회
시즌 MVP : 0회 / NBA 퍼스트팀 : 0회

잔 부상이 여러 차례 발생해 정규 시즌 64경기 출전에 그쳤다. 리그 최강의 림 프로텍터로 꼽힌다. 지난 시즌 36분 기준 3.7개의 블락으로 리그 톱3에 들었다. 큰 키와 긴 윙스팬으로 강력한 인사이드 1대1 수비를 펼치고, 박스아웃, 리바운드, 스크린 세팅 등 블루워커로서 제 몫을 다 하고 있다. 상대의 픽&롤 때 드랍 수비를 주로 한다. 골밑에서 덩크, 레이업으로 잘 마무리하고, 가끔 안정된 스트로크로 3점슛을 던질 때도 있다. 연봉은 297만 달러.

SHOT ZONE

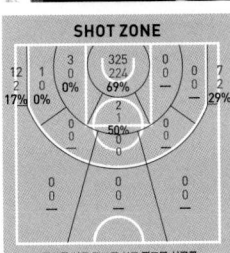

필드골 시도 필드골 성공 **필드골 성공률**

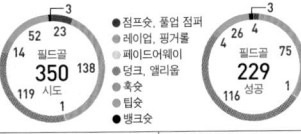

필드골 350 시도 138 / 필드골 229 성공 116

● 점프슛, 풀업 점퍼
● 레이업, 핑거롤
● 페이드어웨이
● 덩크, 앨리웁
● 훅슛
● 팁슛
● 뱅크슛

DEFENSE PER GAME			REBOUNDS PER GAME		
림에서의 거리	DFG	DFG%	림에서의 거리	CR	UCR
3점슛	1.4	37.6%	0~0.9m	1.7	1.2
2점슛	5.1	49.5%	0.9~1.8m	1.4	1.4
0~1.8m	3.8	51.0%	1.8~3.0m	0.4	0.6
0~3.0m	3.7	48.8%	3.0m 이상	0.1	0.3
4.5m 이상	2.1	41.7%			

2023-24 유타 64경기 평균 23.3분

항목	PTS	RB	AS	ST	BL
경기 평균	8.1	7.5	0.9	0.5	2.4
36분 기준	12.5	11.6	1.4	0.7	3.7

항목	TS	MS	3PS	FT	LU	DK	ID	OD	ST	BL
평점	A	D+	D	D-	D	B	B	D+	D-	A+
항목	ORB	DRB	PS	BH	BQ	SP	PO	ED	HS	OG
평점	B-	B	D-	D-	D	C	B+	A-	B-	B

Drew EUBANKS C-PF (C 15)

드루 유뱅크스 · 1997.02.01 / 208cm · 미국

NBA 드래프트 : 2018년 미지명
NBA 우승 : 0회 / 파이널 MVP : 0회
시즌 MVP : 0회 / NBA 퍼스트팀 : 0회

백업 센터 겸 파워포워드로 부상 없이 한 시즌을 소화했다. 평균 15.6분씩 뛰었지만 제한된 시간에 나름대로 제 몫을 했다. 올 시즌도 역할은 계속된다. 박스 아웃, 리바운드, 블락, 스크린 세팅 등 궂은일을 정말 열심히 한다. 감독이 좋아할 수밖에 없다. 에너지가 넘치기에 늘 코트를 부지런히 왕복한다. 공격은 매우 단순하다. 양손을 사용해 마무리하는 덩크, 훅슛, 레이업 등이다. 외곽 점프슛은 '가뭄에 콩 나듯이' 거의 없다. 연봉은 500만 달러.

SHOT ZONE

필드골 시도 필드골 성공 **필드골 성공률**

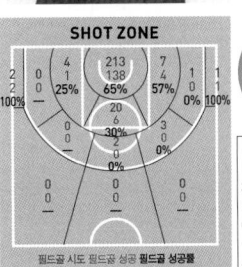

필드골 253 시도 68 / 필드골 152 성공 58

● 점프슛, 풀업 점퍼
● 레이업, 핑거롤
● 페이드어웨이
● 덩크, 앨리웁
● 훅슛
● 팁슛
● 뱅크슛

DEFENSE PER GAME			REBOUNDS PER GAME		
림에서의 거리	DFG	DFG%	림에서의 거리	CR	UCR
3점슛	1.0	37.8%	0~0.9m	0.7	0.6
2점슛	3.2	50.5%	0.9~1.8m	0.8	1.1
0~1.8m	2.2	56.7%	1.8~3.0m	0.2	0.5
0~3.0m	2.5	53.3%	3.0m 이상	0.0	0.2
4.5m 이상	1.3	38.2%			

2023-24 피닉스 75경기 평균 15.6분

항목	PTS	RB	AS	ST	BL
경기 평균	5.1	4.3	0.8	0.4	0.8
36분 기준	11.7	9.9	1.9	0.8	1.9

항목	TS	MS	3PS	FT	LU	DK	ID	OD	ST	BL
평점	A-	C-	D-	B	D+	C	D	D-	D	B+
항목	ORB	DRB	PS	BH	BQ	SP	PO	ED	HS	OG
평점	C-	C+	D-	D-	D+	D-	B-	B	C	C

DEFENSE pg		REBOUNDS pg															항목 & 평점									
DFG	DFG%	CR	UCR	TS	MS	3PS	FT	LU	DK	ID	OD	ST	BL	ORG	OR3	ORB	DRG	DR3	DRB	PS	BH	BQ	SP	PO	ED	HS	OG
필드골 허용	필드골 허용%	유경쟁 리바운드	무경쟁 리바운드	터프샷 성공력	중거리 슈팅	3점 슈팅	자유투 성공력	레이업 플로터	슬램 덩크	안쪽 수비	외곽 수비	스틸	블락	가드 공격RB	SF 공격RB	빅맨 공격RB	가드 수비RB	SF 수비RB	빅맨 수비RB	패스	볼 핸들링	농구 IQ	스피드 민첩성	파워	지구력	허슬	종합 플레이 평가

Kyle FILIPOWSKI — C #22

카일 필리포우스키 2003.11.07 / 213cm

미국

NBA 드래프트 : 2024년 2라운드 32번
NBA 우승 : 0회 / 파이널 MVP : 0회
시즌 MVP : 0회 / NBA 퍼스트팀 : 0회

듀크대 2학년을 마치고 2024 드래프트에서 유타에 2라운드 32번으로 지명됐다. 하위 순번이기에 가성비는 높다. 대학 시절 필드골 50.5%, 3점슛 34.8%를 성공시켰다. 타점이 높고, 터치가 부드러워 빅맨치고는 그런대로 안정적인 외곽슛을 시도했다. 림 근처에서의 마무리 능력도 OK. 시야가 넓어 오픈된 동료를 잘 발견해 패스를 찔러준다. 리바운드도 평균 이상. 그러나 NBA 수준의 수비력을 갖추려면 정말 많이 노력해야 한다. 연봉은 300만 달러.

SHOT ZONE

필드골 0 시도	필드골 0 성공

● 점프슛, 풀업 점퍼
● 레이업, 핑거롤
● 페이드어웨이
● 덩크, 앨리웁
● 훅슛
● 팁슛
● 뱅크슛

2024-25시즌 신인 선수

필드골 시도 필드골 성공 필드골 성공률

DEFENSE PER GAME			REBOUNDS PER GAME		
림에서의 거리	DFG	DFG%	림에서의 거리	CR	UCR
3점슛	—	—	0~0.9m	—	—
2점슛	—	—	0.9~1.8m	—	—
0~1.8m	—	—	1.8~3.0m	—	—
0~3.0m	—	—	3.0m 이상	—	—
4.5m 이상	—	—			

2023-24시즌 기록 없음

항목	PTS	RB	AS	ST	BL		항목 평점	TS	MS	3PS	FT	LU	DK	ID	OD	ST	BL
경기 평균	—	—	—	—	—		항목 평점	ORB	DRB	PS	BH	BQ	SP	PO	ED	HS	OG
36분 기준	—	—	—	—	—												

Collin SEXTON — SG-PG #2

콜린 섹스턴 1999.01.04 / 191cm

미국

NBA 드래프트 : 2018년 1라운드 8번
NBA 우승 : 0회 / 파이널 MVP : 0회
시즌 MVP : 0회 / NBA 퍼스트팀 : 0회

공격력이 우수한 콤보 가드. 지난 시즌 36분 기준 25.3점이었다. 뛰어난 운동 능력을 최대한 활용한다. 풀업 점퍼와 캐치&슛이 다 된다. 탑과 좌우 윙에서 터지는 3점슛은 강력한 무기다. 늘 자신 있게 페인트존을 파고들어 덩크, 레이업, 플로터를 성공시킨다. 트랜지션에서의 마무리는 폭발적이다. 기본적으로 볼 핸들링이 좋은 선수였고, 부족했던 플레이메이킹 능력도 조금씩 좋아지고 있다. 그러나 수비에 치명적인 약점이 있다. 연봉은 1835만 달러.

SHOT ZONE

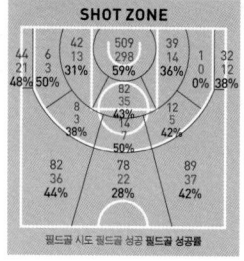

42	509	39
6	298	14	1	32
44	31%	59%	36%	0%	38%
21	48% 50%				
82			
8	43%		
3	50%		
38%		42%	
82	78	89
36	22	37
44%	28%	42%

25	8	32
352 필드골	-11	235
1038 시도 585	213	506 성공
21	3	17
11		

● 점프슛, 풀업 점퍼
● 레이업, 핑거롤
● 페이드어웨이
● 덩크, 앨리웁
● 훅슛
● 팁슛
● 뱅크슛

필드골 시도 필드골 성공 필드골 성공률

DEFENSE PER GAME			REBOUNDS PER GAME		
림에서의 거리	DFG	DFG%	림에서의 거리	CR	UCR
3점슛	1.7	40.9%	0~0.9m	0.1	0.1
2점슛	2.8	56.8%	0.9~1.8m	0.2	0.1
0~1.8m	1.9	66.1%	1.8~3.0m	0.1	0.4
0~3.0m	2.2	61.2%	3.0m 이상	0.1	1.3
4.5m 이상	2.0	42.1%			

2023-24 유타 78경기 평균 26.6분

항목	PTS	RB	AS	ST	BL		항목 평점	TS	MS	3PS	FT	LU	DK	ID	OD	ST	BL
경기 평균	18.7	2.6	4.9	0.8	0.2			B+	B	B	C+	A	C+	D	C	D+	D
36분 기준	25.3	3.6	6.6	1.1	0.3		항목 평점	ORG	DRG	PS	BH	BQ	SP	PO	ED	HS	OG
								C+	C	B	C	B-	B+	D-	A	A-	B-

Keyonte GEORGE — PG-SG #3

키온테 조지 2003.11.08 / 193cm

미국

NBA 드래프트 : 2023년 1라운드 16번
NBA 우승 : 0회 / 파이널 MVP : 0회
시즌 MVP : 0회 / NBA 퍼스트팀 : 0회

루키 시즌 주전 PG를 꿰찼다. 더욱 성장이 기대된다. 미드레인지와 3점 라인 밖에서 과감한 풀업 점퍼를 시도한다. 물론, 캐치&슛도 안정적. 림을 파고들어 얹는 레이업과 핑거롤도 볼만하다. 84.8%의 자유투도 OK. 단지, 3점슛이 들쭉날쭉한 건 아쉽다. '야전 사령관'으로 유려한 볼 핸들링과 정확한 패스를 구사한다. 그러나 지난 시즌 NBA 수준 수비를 보여주지 못했다. 반쪽짜리가 되지 않으려면 빨리 디펜스를 강화해야 한다. 연봉은 408만 달러.

SHOT ZONE

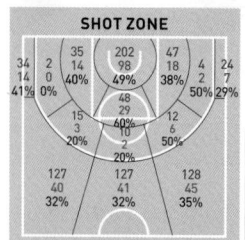

35	202	47
34	2	98	49%	18	2	24
14	0	40%		38%	0	24
41% 0%				50% 29%
15	49	2
9	60%	6
12	10	10%
20%			40%
127	127	128
40	41	45
32%	32%	35%

12	50	12	26
5			
146 필드골		65 필드골	
815 시도 602		319 성공 215	

● 점프슛, 풀업 점퍼
● 레이업, 핑거롤
● 페이드어웨이
● 덩크, 앨리웁
● 훅슛
● 팁슛
● 뱅크슛

필드골 시도 필드골 성공 필드골 성공률

DEFENSE PER GAME			REBOUNDS PER GAME		
림에서의 거리	DFG	DFG%	림에서의 거리	CR	UCR
3점슛	1.9	41.0%	0~0.9m	0.0	0.1
2점슛	3.2	56.4%	0.9~1.8m	0.1	0.6
0~1.8m	2.3	67.2%	1.8~3.0m	0.1	0.8
0~3.0m	2.6	61.2%	3.0m 이상	0.1	1.0
4.5m 이상	2.0	40.5%			

2023-24 유타 75경기 평균 27.0분

항목	PTS	RB	AS	ST	BL		항목 평점	TS	MS	3PS	FT	LU	DK	ID	OD	ST	BL
경기 평균	13.0	2.8	4.4	0.5	0.1			B	C-	C+	B	B	D	D-	D	D	D
36분 기준	17.3	3.8	5.9	0.6	0.1		항목 평점	ORG	DRG	PS	BH	BQ	SP	PO	ED	HS	OG
								D-	D-	B	B+	B-	C+	D-	B	B	C+

Brice SENSABAUGH — SG-SF #28

브라이스 센자바우 2003.10.30 / 196cm

미국

NBA 드래프트 : 2023년 1라운드 28번
NBA 우승 : 0회 / 파이널 MVP : 0회
시즌 MVP : 0회 / NBA 퍼스트팀 : 0회

슈팅 기술이 좋은 196cm의 윙. 효율적인 캐치&슛 플레이어다. 슈팅 거리는 미드레인지부터 3점 라인 밖까지 넓은 편이다. 타점이 높고 릴리스 타이밍이 빨라 상대의 블락에 잘 걸리지 않는다. 강심장이라 클러치 상황에서 터프샷을 자신 있게 성공시킨다. 키가 크고 운동 능력이 뛰어나 1번~4번을 다 수비할 수 있다. 넓은 가슴을 앞으로 쭉 내밀면 상대 볼 핸들러가 위축된다. 포인트가드로서 플레이메이킹 능력을 더 키워야 한다. 연봉은 257만 달러.

SHOT ZONE

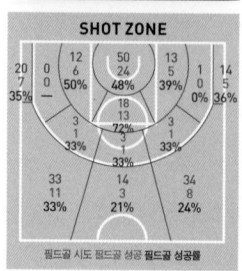

12	50	15
20	6	24	15	7
7	0	50%	48%	39%	0	36%
35%					
18			
13	72%		
33%			
33	14	34
11	3	21
33%	21%	24%

2	1	1
11	10	7
29 필드골		15 필드골	57
218 시도 165		85 성공	
6	5	

● 점프슛, 풀업 점퍼
● 레이업, 핑거롤
● 페이드어웨이
● 덩크, 앨리웁
● 훅슛
● 팁슛
● 뱅크슛

필드골 시도 필드골 성공 필드골 성공률

DEFENSE PER GAME			REBOUNDS PER GAME		
림에서의 거리	DFG	DFG%	림에서의 거리	CR	UCR
3점슛	1.2	35.3%	0~0.9m	0.1	0.4
2점슛	2.1	57.4%	0.9~1.8m	0.3	0.7
0~1.8m	1.7	66.2%	1.8~3.0m	0.1	0.6
0~3.0m	1.8	57.6%	3.0m 이상	0.0	0.9
4.5m 이상	1.4	37.0%			

2023-24 유타 32경기 평균 18.3분

항목	PTS	RB	AS	ST	BL		항목 평점	TS	MS	3PS	FT	LU	DK	ID	OD	ST	BL
경기 평균	7.5	3.2	1.7	0.4	0.2			A-	A-	B	C	D	D-	D-	D	D	D
36분 기준	14.9	6.3	3.4	0.8	0.4		항목 평점	OR3	DR3	PS	BH	BQ	SP	PO	ED	HS	OG
								C	A-	D	C	D	D-	B+	C-	C-	C+

DFG	DFG%	CR	UCR	TS	MS	3PS	FT	LU	DK	ID	OD	ST	BL	ORG	OR3	ORB	DRG	DR3	DRB	PS	BH	BQ	SP	PO	ED	HS	OG
필드골 허용	필드골 허용율	유경쟁 리바운드	무경쟁 리바운드	터프샷 성공률	중거리 슈팅	3점 슈팅	자유투 성공률	레이업 플로터	슬램 덩크	안쪽 수비	외곽 수비	스틸	블락	가드 공격RB	SF 공격RB	빅맨 공격RB	가드 수비RB	SF 수비RB	빅맨 수비RB	패스	볼 핸들링	농구 IQ	스피드 민첩성	파워	지구력	허슬 플레이	종합 평가

Jordan CLARKSON SG-PG

조던 클락슨 — 1992.06.07 / 191cm

NBA 드래프트 : 2014년 2라운드 46번
NBA 우승 : 0회 / 파이널 MVP : 0회
미국 — 시즌 MVP : 0회 / NBA 퍼스트팀 : 0회

선발보다는 백업으로서 가치가 높다. 득점력이 뛰어난 윙이다(36분 기준 20.2점). 1대1 아이솔레이션을 즐기고, 화려한 드리블을 구사하며, 클러치 터프샷을 자신 있게 꽂는다. 풀업 점퍼, 스텝백 점퍼, 캐치&슛, 드라이빙 플로터, 러닝 덩크, 드라이빙 레이업 등 내외곽을 넘나들며 다양한 형태로 골을 터뜨린다. 그러나 퍼리미터 1대1, 팀 디펜스는 많이 부족하다. 그가 데뷔 10년간 선발 아닌 백업 멤버로 주로 출전한 이유다. 연봉은 1409만 달러.

SHOT ZONE

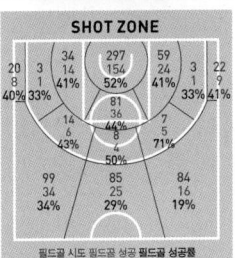

필드골 시도 필드골 성공 **필드골 성공률**

필드골 시도 150 · **816** 시도 557
필드골 성공 **337** 성공 200

DEFENSE PER GAME			REBOUNDS PER GAME		
림에서의 거리	DFG	DFG%	림에서의 거리	CR	UCR
3점슛	1.6	39.9%	0~0.9m	0.2	0.2
2점슛	3.2	56.8%	0.9~1.8m	0.2	0.5
0~1.8m	2.3	60.6%	1.8~3.0m	0.2	0.8
0~3.0m	2.7	58.3%	3.0m 이상	0.1	1.2
4.5m 이상	1.8	41.9%			

2023-24 유타 55경기 평균 30.6분					
항목	PTS	RB	AS	ST	BL
경기 평균	17.1	3.4	5.0	0.6	0.1
36분 기준	20.2	4.0	5.9	0.7	0.1

항목 평점	TS	MS	3PS	FT	LU	DK	ID	OD	ST	BL
	A-	B-	C+	B-	A-	C	D	D	D-	D-
항목 평점	ORG	DRG	PS	BH	BQ	SP	PO	ED	HS	OG
	C	D-	C+	B+	C	C+	B-	B-	C-	C+

Patty MILLS PG-SG

패티 밀스 — 1988.08.11 / 188cm

NBA 드래프트 : 2009년 2라운드 55번
NBA 우승 : 1회 / 파이널 MVP : 0회
호주 — 시즌 MVP : 0회 / NBA 퍼스트팀 : 0회

우승 경험이 있는 베테랑이자 최고의 벤치 멤버. 캐치&슛, 풀업 점퍼 2가지 모두 높은 수준으로 성공시킨다. 키는 크지 않지만 높이 점프하고, 빠르게 릴리스 하며, 정확히 펄로스루 하기에 슈팅 스트로크가 매우 안정되어 있다. 전성기보다는 속도가 느려졌지만, 여전히 움직임이 빠르다. 픽&롤에서 영리하게 패스를 한다. 그래서 동료들은 밀스가 코트에 있을 때 경기를 즐긴다고 한다. 손이 빨라 상대의 패싱 레인을 잘 끊어낸다. 연봉은 330만 달러.

SHOT ZONE

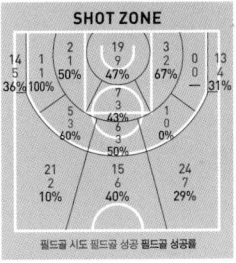

필드골 시도 필드골 성공 **필드골 성공률**

필드골 **131** 시도 109
필드골 **46** 성공 36

DEFENSE PER GAME			REBOUNDS PER GAME		
림에서의 거리	DFG	DFG%	림에서의 거리	CR	UCR
3점슛	0.9	40.3%	0~0.9m	0.0	0.0
2점슛	1.3	58.8%	0.9~1.8m	0.0	0.1
0~1.8m	0.9	71.8%	1.8~3.0m	0.1	0.3
0~3.0m	1.0	66.7%	3.0m 이상	0.0	0.6
4.5m 이상	1.1	42.3%			

2023-24 애틀랜타+마이애미 32경기 평균 13.0분					
항목	PTS	RB	AS	ST	BL
경기 평균	4.0	1.1	1.1	0.6	0.0
36분 기준	11.0	3.0	2.9	1.7	0.1

항목 평점	TS	MS	3PS	FT	LU	DK	ID	OD	ST	BL
	B+	C-	B+	C+	D	D-	D	B+	D
항목 평점	ORG	DRG	PS	BH	BQ	SP	PO	ED	HS	OG
	D	D-	C+	B+	B-	B-	D-	B-	C-	C-

Isaiah COLLIER PG

아이재이아 콜리어 — 2004.10.08 / 193cm

NBA 드래프트 : 2024년 1라운드 29번
NBA 우승 : 0회 / 파이널 MVP : 0회
미국 — 시즌 MVP : 0회 / NBA 퍼스트팀 : 0회

남캘리포니아대(USC) 1학년만 마치고 2024 드래프트를 신청했다. 유타에 1라운드 29번으로 지명됐다. 포인트가드로서 193cm의 좋은 체격에 BQ가 우수하고, 재능이 풍부한 선수다. 퍼스트 스텝이 빠르고, 볼 핸들링이 화려하며, 넓은 시야를 바탕으로 정확한 패스를 찔러준다. 돌파에 이은 레이업은 위력적이다. 그러나 외곽슛은 들쭉날쭉해서 불안하다. 퍼리미터 1대1 수비와 팀 디펜스 이해도가 부족한 편이다. 많이 보완해야 한다. 연봉은 251만 달러.

SHOT ZONE

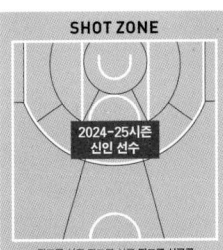

2024-25시즌 신인 선수

필드골 **0** 시도
필드골 **0** 성공

필드골 시도 필드골 성공 **필드골 성공률**

DEFENSE PER GAME			REBOUNDS PER GAME		
림에서의 거리	DFG	DFG%	림에서의 거리	CR	UCR
3점슛			0~0.9m		
2점슛			0.9~1.8m		
0~1.8m			1.8~3.0m		
0~3.0m			3.0m 이상		
4.5m 이상					

2023-24시즌 기록 없음					
항목	PTS	RB	AS	ST	BL
경기 평균	—	—	—	—	—
36분 기준	—	—	—	—	—

항목 평점	TS	MS	3PS	FT	LU	DK	ID	OD	ST	BL
항목 평점	ORG	DRG	PS	BH	BQ	SP	PO	ED	HS	OG

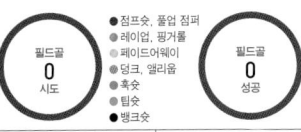

UTAH JAZZ
2024-25 REGULAR SEASON SCHEDULE

OCTOBER, 2024
- Oct. 24 vs. Memphis
- Oct. 26 vs. Golden State
- Oct. 29 @ Dallas
- Oct. 30 vs. Sacramento

NOVEMBER, 2024
- Nov. 1 vs. San Antonio
- Nov. 3 @ Denver
- Nov. 5 @ Chicago
- Nov. 8 @ Milwaukee
- Nov. 10 @ San Antonio
- Nov. 13 vs. Phoenix
- Nov. 15 vs. Dallas
- Nov. 17 @ Sacramento
- Nov. 18 @ LA Clippers
- Nov. 20 @ LA Lakers
- Nov. 22 @ San Antonio
- Nov. 24 vs. New York
- Nov. 27 vs. San Antonio
- Nov. 28 vs. Denver

DECEMBER, 2024
- Dec. 1 vs. Dallas
- Dec. 2 vs. Los Angeles
- Dec. 4 @ Oklahoma City
- Dec. 7 @ Portland
- Dec. 9 @ Sacramento
- Dec. 20 @ Detroit
- Dec. 22 @ Brooklyn
- Dec. 24 @ Cleveland
- Dec. 27 @ Portland
- Dec. 29 vs. Philadelphia
- Dec. 31 vs. Denver

JANUARY, 2025
- Jan. 2 @ New York
- Jan. 5 @ Miami
- Jan. 6 @ Orlando
- Jan. 8 vs. Atlanta
- Jan. 10 vs. Miami
- Jan. 12 @ Phoenix
- Jan. 13 vs. Brooklyn
- Jan. 16 vs. Charlotte
- Jan. 18 @ New Orleans
- Jan. 21 vs. New Orleans
- Jan. 23 @ Oklahoma City
- Jan. 24 @ Washington
- Jan. 26 @ Memphis
- Jan. 28 vs. Milwaukee
- Jan. 29 @ Golden State
- Jan. 31 vs. Minnesota

FEBRUARY, 2025
- Feb. 2 vs. Orlando
- Feb. 4 vs. Indiana
- Feb. 6 vs. Golden State
- Feb. 8 @ Phoenix
- Feb. 9 @ LA Clippers
- Feb. 12 @ LA Lakers
- Feb. 13 vs. LA Lakers
- Feb. 22 vs. Oklahoma City
- Feb. 23 vs. Houston
- Feb. 25 vs. Portland
- Feb. 27 vs. Sacramento

MARCH, 2025
- Mar. 1 vs. Minnesota
- Mar. 3 vs. New Orleans
- Mar. 4 vs. Detroit
- Mar. 6 @ Washington
- Mar. 8 @ Toronto
- Mar. 10 @ Philadelphia
- Mar. 11 @ Boston
- Mar. 13 @ Memphis
- Mar. 15 vs. Toronto
- Mar. 17 @ Minnesota
- Mar. 18 vs. Chicago
- Mar. 20 vs. LA Clippers
- Mar. 22 vs. Boston
- Mar. 24 vs. Cleveland
- Mar. 26 vs. Memphis
- Mar. 28 vs. Houston
- Mar. 29 @ Denver

APRIL, 2025
- Apr. 1 @ Charlotte
- Apr. 3 @ Houston
- Apr. 5 @ Indiana
- Apr. 7 @ Atlanta
- Apr. 10 vs. Portland
- Apr. 12 vs. Oklahoma City
- Apr. 14 @ Minnesota

삼인전설
三人傳說

GOLDEN STATE WARRIORS

르브론 제임스, 스테픈 커리, 케빈 듀란트. NBA '살아있는 전설' 트리오의 맞대결이 가장 큰 관심사다. 2024 파리 올림픽 때 드림팀 멤버로 호흡을 맞춰 우승했던 이들이 어떤 경기력을 보일지 주목된다.

2024-25 DIVISION ODDS

순위	TEAM	벳 365	스카이벳	패디파워	윌리엄힐
1	Phoenix Suns	2.25배	2.5배	1.6배	2.25배
2	Sacramento Kings	3배	2.5배	2.4배	3배
3	Los Angeles Lakers	3.5배	3.5배	4배	3.5배
4	Golden State Warriors	4.5배	5배	3.5배	4.5배
5	Los Angeles Clippers	5.5배	4배	12배	5배

2023-24 DIVISION STANDING

순위	TEAM	승	패	승률	승차
1	Los Angeles Clippers*	51	31	62.2%	—
2	Phoenix Suns*	49	33	59.8%	2.0
3	Los Angeles Lakers*	47	35	57.3%	4.0
4	Sacramento Kings	46	36	56.1%	5.0
5	Golden State Warriors	46	36	56.1%	5.0

*플레이오프 진출팀

LOS ANGELES CLIPPERS

LOS ANGELES LAKERS

PHOENIX SUNS

SACRAMENTO KINGS

GOLDEN STATE WARRIORS

有終之美·3점神 커리, 라스트댄스

유 종 지 미

뜻풀이 마지막을 아름답게 마무리하다. 2010년대 '골스왕조'의 중심이었던 '3점슛의 신' 스테픈 커리는 드레이먼드 그린과 함께 마지막 불꽃을 태울 것이다.

유통기한 임박한 커리의 시간

얼마 남지 않은 커리의 시간. 한 번 더 정상을 밟길 원했던 팬들의 염원과 달리, 골든스테이트는 지난 시즌 내내 삐걱거리다 플레이-인 토너먼트에서 시즌을 마쳤다. 그린은 선 넘는 행동을 반복, 징계를 받으면서 팀에 해를 끼쳤다. 위긴스는 가정사로 들락날락했고, 클레이 탐슨 역시 장점으로 꼽힌 슛과 수비 모두에서 한계를 노출했다. 그나마 쿠밍가와 포젬스키가 깜짝 선전으로 인지도를 얻었고, 57순위에서 건진 트레이시 잭슨-데이비스가 쏠쏠한 활약을 보였던 것이 위안이었다.

바빴던 여름, 아듀! 스플래시 브라더스

구단 프런트는 오프시즌을 바쁘게 보냈다. 커리와 '3점슛 시대'를 함께 열었던 탐슨이 6각 트레이드로 팀을 떠났다. 우승만 바라보고 합류했던 폴과 샤리치 역시 FA가 되어 팀을 떠났다. 그 자리는 힐드와 앤더슨, 멜튼으로 메운다. 힐드는 현역 최고의 3점 슈터 중 하나다. 지난 시즌도 38.6%의 성공률을 기록했다. 힐드가 공격이라면 멜튼은 수비다. 캐치&슛도 나쁘지 않아 다양한 라인업에서 요긴하게 기용될 수 있다. 앤더슨은 벤치에서 출격해 올-어라운드 서비스가 가능한 선수다.

마지막 불꽃. 활활 태워야 한다

커리와 그린이 남아있는 이상, 골든스테이트는 섣불리 리셋 버튼을 누르지 못할 것이다. 우승 전력이 아닐지라도 유종의 미를 위해 온 힘을 쏟을 것이다. 그러나 서부에서 50승을 거둘 경쟁력은 없다. '척하면 척'이었던 왕조 시절의 노련함도 없다. 커리는 여전히 화성을 끌어낼 선수이고, 그린도 오펜스의 중추적인 역할을 해내겠지만 쿠밍가, 포젬스키들이 같은 신예들이 주전들의 기준까지 올라오지 못한다면 2010년대의 성과는 추억으로만 남겨두게 될 것이다.

Association　　Icon　　Statement　　City

*통계는 2024년 10월 1일 기준

CLUB INFORMATION

| Founded 구단 창립 1946년 | Owner 조 레이콥 패터 구버 | CEO 마이크 던리비 Jr. | Head Coach 스티브 커 1965.09.27 | 24-25 Odds 벳365 : 35배 윌리엄힐 : 35배 |

| Nationality ●미국 선수 10명 ●외국 선수 4명 | Age 14명 평균 27.3세 | Height 14명 평균 198.1cm | Weight 14명 평균 97.0kg | Salary 14명 평균 1260만 달러 |

| Win 2023-24 : 46승 통산 : 2969승 | Loss 2023-24 : 36패 통산 : 3134패 | Winning% 2023-24 : 56.1% 통산 : 48.6% | Play-Off PO 진출 : 37회 PO 탈락 : 42회 | Titles NBA우승 : 7회 컨퍼런스 : 7회 |

| Top Scorer 스테픈 커리 평균 26.4점 | More Rebounds 드레이먼드 그린 평균 7.2RB | More Assists 크리스 폴 평균 6.8AS | More Steals 크리스 폴 평균 1.2스틸 | More Blocks 트레이스 잭슨-데이비스 평균 1.1블락 |

*항목별 1위는 지난 시즌 골든스테이트 소속으로 42경기 이상 출전한 선수 중 선별

HEAD COACH & STADIUM

Steve KERR 스티브 커

생년월일 : 1965.09.27 / 출생지 : 레바논 베이루트
경력 : 2014년~ 골든스테이트 워리어스 감독

캘리포니아주 로스앤젤레스의 팰리세이즈 차터고를 다녔고, 1983년 애리조나대에 입학해 1988년에 졸업했다. 커는 대학 시절 소속팀이 NCAA 토너먼트 '파이널 포'에 진출하도록 힘을 보탰다. 1988년 NBA 드래프트 2라운드에서 피닉스 선즈에 지명되었다. 그는 NBA에서 피닉스, 클리블랜드, 올랜도, 시카고, 샌안토니오, 포틀랜드를 거치며 15년간 활약했다. 1993년에는 시카고의 NBA 3년 연속 우승에, 샌안토니오에서는 NBA 우승 2번에 각각 기여했다. 은퇴 후 2004년 피닉스 경영진에 합류했고, 2007년에 피닉스 단장을 맡았다. 피닉스 보드진으로서의 계약이 끝난 후 TNT 해설가로 잠시 일했다. 그러다 2014년 5월 19일, 커는 골든스테이트의 제25대 감독이 되었다. 커는 팀의 NBA 파이널 우승 4회(2015, 2017, 2018, 2022년)로 견인했다. 2016년 'NBA 올해의 감독상'을 받았고, NBA로부터 '역대 가장 위대한 감독 15명'에 선정됐다.

CHASE CENTER

구장 오픈 : 2019년 월 6일
구장 증개축 : —
오너 : 골든스테이트 워리어스
수용인원 : 1만 8064명
건축비용 : 14억 달러
(현재 가치) 16억 7000만달러

샌프란시스코 미션 베이 지역에 위치한 스포츠&엔터 허브. JP모건 체이스의 기금으로 지어져 체이스 센터로 명명됐다. NBA 7회 우승의 골든스테이트 워리어스의 홈구장이다. 스포츠 외에 콘서트, 패밀리 쇼, 특별 공연, 전시회를 개최한다. 이곳에서 리그 오브 레전드 2022 월드 챔피언십 결승전이 개최되었다. 워리어스 홈구장이 된 건 2019-20시즌부터다.

REGULAR SEASON RANKING LAST 10YEARS   ★NBA 파이널 우승

14-15	15-16	16-17	17-18	18-19	19-20	20-21	21-22	22-23	23-24
★1	1	★1	★3	3	30	17	★4	13	18
67승 15패	73승 9패	67승 15패	58승 24패	57승 25패	15승 50패	39승 33패	53승 29패	44승 38패	46승 36패

TEAM POTENTIAL

77점

8위

하프코트 세트오펜스 8점	트랜지션 오펜스 7점	하프코트 세트디펜스 7점	트랜지션 디펜스 6점	리바운드 8점
선수층 7점	선수 경험치 8점	감독 리더십 9점	감독 전술 8점	프런트 9점

*각 항목은 10점 만점, 평점은 NBA 30팀 사이 상대평가

우승 ODDS	배당	순위
bet 365	35배	11위
Paddy Power	40배	14위
William Hill	33배	11위

OFFENSIVE STYLE
트랜지션 오펜스 ——————●— 하프코트 세트오펜스

DEFENSIVE STYLE
하이 프레스 ———●———— 하프코트 디펜스

SQUAD & TACTICS

STARTERS

PF 조나산 쿠밍가
26.3분, 16.1점
4.8RB, 2.2AS

C 드레이먼드 그린
27.1분, 8.6점
7.2RB, 6.0AS

SF 앤드류 위긴스
27.0분, 13.2점
4.5RB, 1.7AS

SG 브랜딘 포젬스키
26.6분, 9.2점
5.8RB, 3.7AS

PG 스테픈 커리
32.7분, 26.4점
4.5RB, 5.1AS

OFF THE BENCH

PG 디앤소니 멜튼
26.9분, 11.1점
3.7RB, 3.0AS

SG 게리 페이튼 II
15.5분, 5.5점
2.6RB, 1.1AS

SF 버디 힐드
25.7분, 12.1점
3.2RB, 2.8AS

PF 카일 앤더슨
22.6분, 6.4점
3.5RB, 4.2AS

C 트레이스 잭슨-데이비스
16.6분, 7.9점
5.0RB, 1.2AS

G 리스 비크먼
G 모제스 무디
F 린디 워터스
F 기 산토스
C 케본 루니

OFFENSE MECHANISM

많은 커트인, 핸드오프, 스크린이 기반이 된 '5-OUT'을 지향한다. 스티브 커 감독 부임 후 골든스테이트는 늘 패스 횟수에서 리그 선두를 달려왔다. 커리라는 슈퍼스타를 보유한 팀이지만, 아이솔레이션 같은 특정 선수의 1대1 공격보다는 볼 없는 움직임이 제2, 제3의 찬스를 만들어왔다. 그린은 오펜스의 완성에 중요한 퍼즐이다. 출전 여부에 의한 품질 차이가 컸다. 새 시즌, '스플래시 브라더스'의 한 축이 사라진 만큼 그린이 반드시 육체적, 정신적으로 건강한 시즌을 보내야 한다. 새 시즌 주전 라인업도 중요하다. 그린이 단독 센터로 나설 경우, 이후에 발생할 체력 부담을 고려해야 한다. 잭슨-데이비스가 지원군이 되면 공격이 답답해질 수 있다. 새 식구 힐드와 멜튼이 어떻게 녹아들지도 관건이다.

DEFENSE MECHANISM

'해결사' 커리가 있지만, 골든스테이트의 클러치 승률은 24승 24패로 평범하다. 지난 시즌 클러치 상황에 가장 자주 직면했던 팀이기도 하다. 스티브 커 감독의 판단 미스로 놓친 경기도 있지만, 수비에서 꾸준함을 보이지 못해 클러치에 가야만 했던 상황도 있었다. 가장 수비가 안 되는 부분 중 하나는 트랜지션 디펜스다. 전성기와 비교하면 터무니없을 정도로 집중력이 떨어졌다. 우승했던 2022만 해도 스위치 수비가 원활했으나, 이 역시 팀의 여러 악재로 기복이 있었다. 제리 스택하우스를 코치로 영입한 이유도 이 때문. 스택하우스는 수비 전문코치로 명성을 쌓아가고 있다. 건강한 그린, 위긴스, 포젬스키, 새 식구 멜튼 등은 팀 수비를 끌어올릴 중요한 요소로 꼽히고 있다.

Player's Functions

Ball Handlers	Pull-Ups	Catch & Shoot
S.커리 D.멜튼 K.앤더슨	S.커리 B.힐드 A.위긴스	S.커리 B.힐드 L.워터스

3 Pointers	Slam Dunkers	Free Throw
S.커리 B.힐드 L.워터스	A.위긴스 J.쿠밍가 T.잭슨-데이비스	S.커리 G.산토스 J.쿠밍가

Rebounders	1-1 Defenders	Ball Stealers
T.잭슨-데이비스 D.그린 K.루니	D.그린 D.멜튼 G.페이튼 II	D.멜튼 G.페이튼 II M.무디

Key Passes	Hustle Players	Rim Protectors
S.커리 B.포젬스키 D.그린	S.커리 K.루니 D.그린	T.잭슨-데이비스 K.루니

2023-24 SEASON PERFORMANCE

GOLDEN STATE WARRIORS vs. OPPONENTS PER GAME STATS

골든스테이트 vs 상대팀

	득실점	F↑ 필드골성공	FG% 필드골 %	3↑ 3점슛성공	3P% 3점슛 %	FT% 자유투 %	OR 공격리바운드	RB 리바운드	A↑ 어시스트	스틸	블락	턴오버	파울
	117.8 / 115.2	43.7 F↑ 42.1	47.7% FG% 46.6%	14.8 3↑ 13.3	38.0% 3P% 35.9%	15.6 ⊖ 17.7	78.0% FT% 78.8%						
	12.1 OR 10.9	46.7 RB 42.9	29.3 A↑ 26.7	7.0 🎭 7.7	4.6 🏀 5.0	14.3 ↩ 13.0	19.5 ◇ 17.9						

LINE-UP

* 골든스테이트는 지난 시즌 총 549개의 라인업을 가동시켰다. 그중 출전 시간이 가장 길었던 20개를 골라 게재했다.

5-MEN COMBINATION	MIN	PPG	RPG	APG
S. Curry - D. Green - A. Wiggins - J. Kuminga - B. Podziemski	232	24.3	9.8	6.6
S. Curry - K. Thompson - D. Green - A. Wiggins - J. Kuminga	157	16.5	6.3	4.0
S. Curry - K. Thompson - D. Green - A. Wiggins - K. Looney	140	25.1	10.9	5.8
S. Curry - K. Thompson - K. Looney - J. Kuminga - B. Podziemski	108	14.4	5.8	3.8
C. Paul - S. Curry - K. Thompson - A. Wiggins - K. Looney	93	18.0	5.9	4.9
S .Curry - K. Thompson - D. Green - A. Wiggins - T. Jackson-Davis	69	16.6	6.9	4.6
C. Paul - S. Curry - K. Thompson - K. Looney - J. Kuminga	63	9.4	3.3	2.5
C. Paul - D. Saric - G. Payton II - J. Kuminga - M. Moody	62	14.7	5.9	3.4
S. Curry - A. Wiggins - D. Saric - K. Looney	58	28.0	10.8	7.2
S. Curry - K. Thompson - D. Green - J. Kuminga - B. Podziemski	46	8.6	3.3	2.2
C. Paul - S. Curry - K. Thompson - J. Kuminga - T. Jackson-Davis	45	14.0	5.3	3.5
C. Paul - K. Thompson - D. Saric - J. Kuminga - B. Podziemski	43	12.3	5.1	3.4
S. Curry - D. Green - A. Wiggins - K. Looney - M. Moody	38	11.1	6.1	3.0
C. Paul - A. Wiggins - D. Saric - M. Moody - B. Podziemski	35	12.6	4.9	2.4
C. Paul - K. Thompson - A. Wiggins - T. Jackson-Davis - B. Podziemski	33	6.7	3.1	1.5
K. Thompson - K. Looney - J. Kuminga - L. Quinones - B. Podziemski	31	8.1	3.6	2.2
C. Paul - K. Thompson - D. Green - T. Jackson-Davis - B. Podziemski	31	11.4	3.7	3.1
K. Thompson - C. Joseph - D. Saric - J. Kuminga - B. Podziemski	31	12.6	4.0	3.1
C. Paul - S. Curry - K. Thompson - D. Green - A. Wiggins	30	6.4	1.6	1.5
S. Curry - K. Thompson - A. Wiggins - K. Looney - J. Kuminga	29	5.0	1.7	1.2

PASS COMBINATIONS

→ 해당 선수가 경기당 동료로부터 패스 받은 횟수
→ 해당 선수가 경기당 동료들에게 패스 해준 횟수

받은	선수	해준
37.5 →	드레이먼드 그린	→ 49.6
48.8 →	크리스 폴	→ 46.9
56.7 →	스테픈 커리	→ 42.7
32.4 →	브랜딘 포제스키	→ 35.9
29.8 →	조나산 쿠밍가	→ 30.6
22.8 →	다리오 사리치	→ 27.5
17.7 →	케본 루니	→ 24.5
25.4 →	앤드류 위긴스	→ 22.7
31.1 →	클레이 탐슨	→ 21.8
16.5 →	트레이스 잭슨-데이비스	→ 21.4
19.7 →	코리 조셉	→ 20.0
12.0 →	게리 페이튼 II	→ 15.5
14.7 →	레스터 키논네스	→ 13.3
15.1 →	모제스 무디	→ 12.6
6.5 →	기 산토스	→ 8.4
5.2 →	팻 스펜서	→ 6.8
4.6 →	우스만 가루바	→ 6.3
5.7 →	제롬 로빈슨	→ 5.7

2023-24 RANKING

* 는 수치가 낮을수록 랭킹이 높아짐

골든스테이트	랭킹	GENERAL	상대팀*	랭킹
117.8	8위	득실점	115.2	18위
46.7	1위	리바운드	42.9	12위
29.3	4위	어시스트	26.7	16위
7.0	23위	스틸	7.7	20위
4.6	23위	블락	5.0	15위

득점	랭킹	PLAYTYPE	실점*	랭킹
5.8	20위	아이솔레이션	6.7	12위
18.5	27위	트랜지션	23.0	23위
14.7	21위	픽&롤 볼핸들러	14.7	9위
6.2	24위	픽&롤 롤맨	7.2	12위
3.9	17위	포스트-업	5.4	26위
24.9	25위	스팟-업	28.5	21위
5.7	9위	핸드오프	5.1	15위
15.5	1위	커팅	—	—
12.4	1위	오프 스크린	3.7	8위
6.4	18위	풋백	6.9	19위
3.3	7위	기타	—	—

SHOT ZONE

구간별 슈팅 및 성공률

SHOT ZONE

	302	56	184	2931	279	66	251
	107	24	65	1793	122	29	105
	35%	43%	35%	61%	44%	44%	42%
		101		395		165	
		37		168		62	
		37%		43%		38%	
			147	48%			
	992		569		1062	
	381		213		404	
	38%		37%		38%	

필드골 시도 필드골 성공 **필드골 성공률**

항목	FGA	FGM	FG%	3PA	3PM	3P%
캐치&슛	29.4	11.4	38.8%	27.4	10.5	38.3%
풀업	22.9	9.0	39.3%	10.5	3.9	37.5%
3m 안쪽	37.3	22.4	60.1%	—	—	—
TOTAL	90.3	43.1	47.7%	38.3	14.6	38.0%

SHOT REPERTORIES

필드골 시도

평균 91.6

● 점프슛, 풀업 점퍼
● 레이업, 핑거롤
● 페이더웨이
● 덩크, 앨리웁 덩크
● 훅슛
● 팁슛
● 뱅크슛

필드골 성공 평균 43.7

드리블과 슈팅 시도

평균 91.6

● 0드리블 + 슈팅
● 1드리블 + 슈팅
● 2드리블 + 슈팅
● 3~6드리블 + 슈팅
● 7+드리블 + 슈팅

드리블과 슈팅 성공 평균 43.7

SHOOTING

필드골 시도

평균 91.6

공격수와 수비수의 거리
● 0~0.6m
● 0.6~1.2m
● 1.2~1.8m
● 1.8m 이상

필드골 성공 평균 43.7

필드골 시도

평균 91.6

남은 시간
● 22~24초
● 18~22초
● 15~18초
● 7~15초
● 4~7초
● 0~4초

필드골 성공 평균 43.7

OPPONENT SHOOTING

상대 필드골 시도

평균 90.4

공격수와 수비수의 거리
● 0~0.6m
● 0.6~1.2m
● 1.2~1.8m
● 1.8m 이상

필드골 허용 평균 42.1

상대 필드골 시도

평균 90.4

남은 시간
● 22~24초
● 18~22초
● 15~18초
● 7~15초
● 4~7초
● 0~4초

필드골 허용 평균 42.1

CONTESTED REBOUNDS

공격 리바운드

평균 6.8

수비 리바운드

평균 7.7

림 아래부터 리바운드 위치까지의 거리
● 0~0.9m ● 0.9~1.8m ● 1.8~3m ● 3m 이상

UNCONTESTED REBOUNDS

공격 리바운드

평균 5.3

수비 리바운드

평균 26.0

림 아래부터 리바운드 위치까지의 거리
● 0~0.9m ● 0.9~1.8m ● 1.8~3m ● 3m 이상

DEFENSE OF 46 WINS

필드골 허용 %

44.2%

상대 필드골 시도 91.2
필드골 허용 40.3

3점슛 허용 %

33.6%

상대 3점슛 시도 38.3
3점슛 허용 12.9

DEFENSE OF 36 LOSSES

필드골 허용 %

49.6%

상대 필드골 시도 89.5
필드골 허용 44.4

3점슛 허용 %

39.1%

상대 3점슛 시도 35.3
3점슛 허용 13.8

DEFENSE pg		REBOUNDS pg										항목 & 평점												
DFG	DFG%	CR	UCR	TS	MS	3PS	FT	LU	DK	ID	OD	ST	BL	ORG	OR3	ORB	DRG	DR3	DRB	PS	BH	BQ	SP	PO	ED	HS	OG
필드골 허용	필드골 허용률	유경쟁 리바운드	무경쟁 리바운드	터프샷 성공률	중거리 슛팅	3점 슈팅	자유투 성공률	레이업 플로터	슬램 덩크	안쪽 수비	외곽 수비	스틸	블락	가드 공격RB	SF 공격RB	빅맨 공격RB	가드 수비RB	SF 수비RB	빅맨 수비RB	패스	볼 핸들링	농구 IQ	스피드 민첩성	파워	지구력	허슬 플레이	종합 평가

ANDREW WIGGINS SF-PF
앤드류 위긴스 · F 22 · 1995.02.23 / 201cm

NBA 드래프트 : 2014년 1라운드 1번
NBA 우승 : 1회 / 파이널 MVP : 0회
캐나다 · 시즌 MVP : 0회 / NBA 퍼스트팀 : 0회

지난 시즌, 데뷔 후 처음 벤치 출발을 경험했다. 그 이전까지는 100% 선발 출전이었다. 과거 트레이시 맥그레이디를 떠올리게 하는 슬래셔. 볼을 잡은 상태에서 놀라운 퍼스트 스텝으로 파고든 뒤 폭발적인 덩크를 꽂는다. 림 근처에서의 레이업, 플로터, 핑거롤도 주무기. 좌우 윙에서 던지는 3점슛은 횟수와 성공률 모두 만족할 수준. 3번 중 공격 리바운드를 많이 걷어낸다. 전체적인 수비에서도 예전보다 많이 발전했다는 평. 연봉은 2628만 달러.

SHOT ZONE
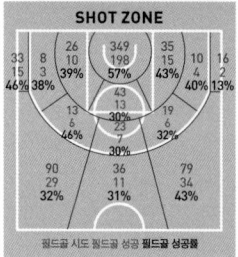

필드골 시도 780 / 426
필드골 성공 353 / 157

DEFENSE PER GAME			REBOUNDS PER GAME		
림에서의 거리	DFG	DFG%	림에서의 거리	CR	UCR
3점슛	1.5	35.2%	0~0.9m	0.8	0.4
2점슛	3.6	54.9%	0.9~1.8m	0.5	1.1
0~1.8m	2.6	65.2%	1.8~3.0m	0.2	0.6
0~3.0m	3.0	60.0%	3.0m 이상	0.1	0.6
4.5m 이상	1.8	35.0%			

필드골 시도 필드골 성공 **필드골 성공률**

2023-24 골든스테이트 71경기 평균 27.0분					
항목	PTS	RB	AS	ST	BL
경기 평균	13.2	4.5	1.7	0.6	0.6
36분 기준	17.6	6.0	2.2	0.8	0.8

항목	TS	MS	3PS	FT	LU	DK	ID	OD	ST	BL
평점	B	A-	C	C-	B	C	A-	C	B	C-
항목	OR3	DR3	PS	BH	BQ	SP	PO	ED	HS	OG
평점	B+	D-	D-	C+	C-	B	D-	B+	A-	C+

Jonathan KUMINGA PF-SF
조나산 쿠밍가 · F 00 · 2002.10.06 / 201cm

NBA 드래프트 : 2021년 1라운드 7번
NBA 우승 : 1회 / 파이널 MVP : 0회
콩고민주공화국 · 시즌 MVP : 0회 / NBA 퍼스트팀 : 0회

운동 능력이 뛰어난 포워드. 지난 시즌 그린이 출전 정지를 받은 상황에 가장 돋보였다. 시즌 평균 26.3분 출전해 16.1점을 기록했다(36분 기준 21.9점). 전형적인 림어태커. 팀 최다 덩크(132개)를 폭발시켰다. 또한, 레이업, 팁인으로 많은 골을 넣었다. 캐치&슛에서 시도하는 3점슛은 평균 수준. 인&아웃에서 1대1 수비가 다 되고, 헬프 디펜스도 잘 한다. 볼 핸들링이 미숙해 턴오버가 많다. 포워드치고 리바운드가 너무 적다. 연봉은 764만 달러.

SHOT ZONE
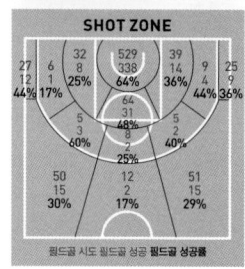

필드골 시도 862 / 324
필드골 성공 456 / 157

DEFENSE PER GAME			REBOUNDS PER GAME		
림에서의 거리	DFG	DFG%	림에서의 거리	CR	UCR
3점슛	1.4	35.7%	0~0.9m	0.4	0.6
2점슛	3.4	52.2%	0.9~1.8m	0.5	1.1
0~1.8m	2.3	60.6%	1.8~3.0m	0.3	0.9
0~3.0m	2.6	56.2%	3.0m 이상	0.1	0.6
4.5m 이상	1.7	35.5%			

필드골 시도 필드골 성공 **필드골 성공률**

2023-24 골든스테이트 74경기 평균 26.3분					
항목	PTS	RB	AS	ST	BL
경기 평균	16.1	4.8	2.2	0.7	0.5
36분 기준	21.9	6.6	3.0	1.0	0.7

항목	TS	MS	3PS	FT	LU	DK	ID	OD	ST	BL
평점	A	B-	C	C-	A-	B	C	A	C-	C-
항목	ORB	DRB	PS	BH	BQ	SP	PO	ED	HS	OG
평점	D-	D-	D+	D+	C	B	C	B+	B-	B-

Kyle ANDERSON SF-SG
카일 앤더슨 · F 1 · 1993.09.20 / 206cm

NBA 드래프트 : 2014년 1라운드 30번
NBA 우승 : 0회 / 파이널 MVP : 0회
미국 · 시즌 MVP : 0회 / NBA 퍼스트팀 : 0회

"One of the slowest players in the NBA." 농구 전문 '훕스-하이프'에 나온 선수소개다. 그는 정말로 '느림의 미학'을 실천한다. 운동 능력이 많이 떨어지지만, 훌륭한 BQ, 넓은 시야, 특유의 리듬을 살려 적절히 밀고 당기며 NBA 무대에서 10년간 살아남았다. 레이업, 핑거롤, 플로터와 중거리 점퍼가 정확하며, 아주 가끔 3점슛도 던진다. 볼을 잘 다루기에 2옵션 볼 핸들러를 맡을 수도 있다. 퍼리미터 1대1 수비도 나쁘지 않다. 연봉은 878만 달러.

SHOT ZONE
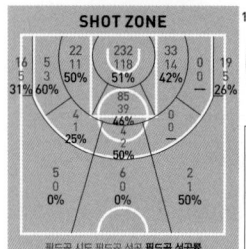

필드골 시도 433 / 226
필드골 성공 199 / 96

DEFENSE PER GAME			REBOUNDS PER GAME		
림에서의 거리	DFG	DFG%	림에서의 거리	CR	UCR
3점슛	1.1	33.2%	0~0.9m	0.3	0.3
2점슛	3.0	52.4%	0.9~1.8m	0.5	0.8
0~1.8m	2.1	60.8%	1.8~3.0m	0.2	0.9
0~3.0m	2.4	57.6%	3.0m 이상	0.1	0.9
4.5m 이상	1.4	34.4%			

필드골 시도 필드골 성공 **필드골 성공률**

2023-24 미네소타 79경기 평균 22.6분					
항목	PTS	RB	AS	ST	BL
경기 평균	6.4	3.5	4.2	0.9	0.6
36분 기준	10.2	5.5	6.7	1.4	0.9

항목	TS	MS	3PS	FT	LU	DK	ID	OD	ST	BL
평점	B	A-	D	B-	B-	D	C-	C+	B	C+
항목	ORB	DRB	PS	BH	BQ	SP	PO	ED	HS	OG
평점	D-	D-	C+	B-	B	D	D	D	B	C

Buddy HIELD SF-SG
버디 힐드 · F 7 · 1992.12.17 / 193cm

NBA 드래프트 : 2016년 1라운드 6번
NBA 우승 : 0회 / 파이널 MVP : 0회
바하마스 · 시즌 MVP : 0회 / NBA 퍼스트팀 : 0회

인디애나와 필라델피아 2팀에서 활약했고, 올여름 골든스테이트로 이적했다. 인디애나와 필라델피아의 일정 차이로 NBA 정규시즌 82경기보다 많은 84경기에 출전했다. 타고난 슈터다. 리그 최고 3점 슈터 중 1명이다. 강심장이라 실패를 전혀 두려워하지 않고, 일단 잡으면 쏜다. 특히 좌우 윙과 탑에서 폭발적이다. 트랜지션 상황에서 마무리도 나름 잘 하는 편이다. 키에 비해 팔이 짧다. 그래서 퍼리미터 1대1 수비는 취약하다. 연봉은 878만 달러.

SHOT ZONE
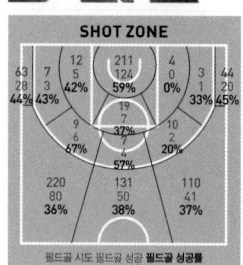

필드골 시도 850 / 630
필드골 성공 371 / 242

DEFENSE PER GAME			REBOUNDS PER GAME		
림에서의 거리	DFG	DFG%	림에서의 거리	CR	UCR
3점슛	1.4	40.1%	0~0.9m	0.2	0.2
2점슛	4.5	55.8%	0.9~1.8m	0.2	0.7
0~1.8m	3.0	61.5%	1.8~3.0m	0.2	0.4
0~3.0m	3.6	58.1%	3.0m 이상	0.1	0.9
4.5m 이상	1.7	41.5%			

필드골 시도 필드골 성공 **필드골 성공률**

2023-24 인디애나+필라델피아 84경기 평균 25.7분					
항목	PTS	RB	AS	ST	BL
경기 평균	12.1	3.2	2.8	0.8	0.5
36분 기준	16.9	4.5	3.9	1.2	0.7

항목	TS	MS	3PS	FT	LU	DK	ID	OD	ST	BL
평점	B+	A-	A	C	D-	D+	C+	D	D	B
항목	OR3	DR3	PS	BH	BQ	SP	PO	ED	HS	OG
평점	D-	D-	C-	C+	D	C	D-	A-	D-	C+

DFG	DFG%	CR	UCR	TS	MS	3PS	FT	LU	DK	ID	OD	ST	BL	ORG	OR3	ORB	DRG	DR3	DRB	PS	BH	BQ	SP	PO	ED	HS	OG
필드골 허용	필드골 허용률	유경쟁 리바운드	무경쟁 리바운드	터프샷 성공률	중거리 슈팅	3점 슈팅	자유투 성공률	레이업 플로터	덩크	안쪽 수비	외곽 수비	스틸	블락	가드 공격RB	SF 공격RB	빅맨 공격RB	가드 수비RB	SF 수비RB	빅맨 수비RB	패스	볼 핸들링	농구 IQ	스피드 민첩성	파워	지구력	허슬 플레이	종합 평가

Lindy WATERS III SF-SG

F 43 린디 워터스 1997.07.28 / 198cm

미국

NBA 드래프트 : 2020년 미지명
NBA 우승 : 0회 / 파이널 MVP : 0회
시즌 MVP : 0회 / NBA 퍼스트팀 : 0회

지난 시즌 오클라호마 소속이었다. 정규시즌 38경기에 출전했고, 44경기 결장했다. 빠진 경기 중에는 G리그 출전 20경기, 감독 결정 17경기, 기타 사유 7경기 등이 포함되어 있다. 그리고 올여름 골든스테이트로 이적했다. 워터스는 캐치&슛 플레이어다. 출전 시간이 매우 짧고 횟수 자체는 적지만, 3점슛으로 많이 득점한다. 통산 80%를 상회하는 자유투도 무기 중 하나다. 그러나 수비, 스틸, 리바운드 등 허슬 플레이는 많지 않다. 연봉은 220만 달러.

SHOT ZONE

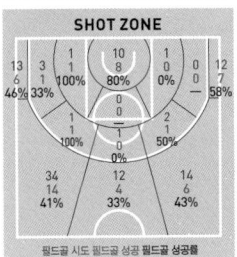

필드골 시도 필드골 성공 **필드골 성공률**

필드골 **104** 시도 94

● 점프슛, 풀업 점퍼
● 레이업, 핑거롤
● 페이드어웨이
● 덩크, 앨리웁
● 훅슛
● 팁슛
● 뱅크슛

필드골 **49** 성공 42

DEFENSE PER GAME			REBOUNDS PER GAME		
림에서의 거리	DFG	DFG%	림에서의 거리	CR	UCR
3점슛	0.8	36.5%	0~0.9m	0.0	0.1
2점슛	1.0	42.4%	0.9~1.8m	0.1	0.2
0~1.8m	0.7	54.1%	1.8~3.0m	0.0	0.1
0~3.0m	0.8	46.0%	3.0m 이상	0.0	0.1
4.5m 이상	0.9	36.2%			

2023-24 오클라호마 38경기 평균 7.4분						항목 평점	TS	MS	3PS	FT	LU	DK	ID	OD	ST	BL
항목	PTS	RB	AS	ST	BL		B-	C+	B-	A-	D	D	D+	D+	D-	D+
경기 평균	3.6	1.1	0.6	0.1	0.2	항목 평점	ORG	DRG	PS	BH	BQ	SP	PO	ED	HS	OG
36분 기준	17.6	5.1	3.1	0.6	0.9		D+	C+	D+	D+	C	D-	B-	C	B-	C+

Gui SANTOS SF-PF

F 15 기 산토스 2002.06.22 / 198cm

브라질

NBA 드래프트 : 2022년 2라운드 55번
NBA 우승 : 0회 / 파이널 MVP : 0회
시즌 MVP : 0회 / NBA 퍼스트팀 : 0회

브라질 수도 브라질리아 출신이다. 2018~2022년, 브라질 클럽 미나스에서 활약했고, 2022 드래프트를 통해 골든스테이트에 입단했다. 지난 시즌 NBA와 G리그(산타크루스 워리어스)를 넘나들었다. 올 어라운드 콤보 포워드다. 오프-더-드리블 슛이 좋다. 타점이 높고, 릴리스 포인트가 일정하며 펄스루도 좋다. 가끔 스텝백 3점슛도 던진다. 드라이빙하는 상대에 잘 뚫린다. 림 어택 시 마무리가 불안하다. 턴오버가 많은 편이다. 연봉은 189만 달러.

SHOT ZONE

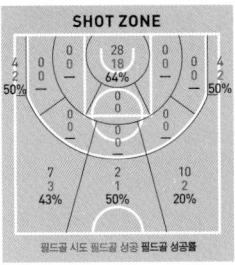

필드골 시도 필드골 성공 **필드골 성공률**

필드골 **55** 시도 28

● 점프슛, 풀업 점퍼
● 레이업, 핑거롤
● 페이드어웨이
● 덩크, 앨리웁
● 훅슛
● 팁슛
● 뱅크슛

필드골 **28** 성공 14

DEFENSE PER GAME			REBOUNDS PER GAME		
림에서의 거리	DFG	DFG%	림에서의 거리	CR	UCR
3점슛	0.8	43.6%	0~0.9m	0.2	0.2
2점슛	1.9	57.4%	0.9~1.8m	0.3	0.4
0~1.8m	1.1	54.8%	1.8~3.0m	0.1	0.3
0~3.0m	1.4	54.5%	3.0m 이상	0.0	0.3
4.5m 이상	0.9	45.5%			

2023-24 골든스테이트 23경기 평균 8.3분						항목 평점	TS	MS	3PS	FT	LU	DK	ID	OD	ST	BL
항목	PTS	RB	AS	ST	BL		B-	C+	C+	B-	C	D	D-	D-	D-	D-
경기 평균	3.6	2.1	0.6	0.2	0.1	항목 평점	ORB	DRB	PS	BH	BQ	SP	PO	ED	HS	OG
36분 기준	15.4	9.2	2.6	0.7	0.4		D	D	D	C-	B-	B-	D-	B-	D-	C

Draymond GREEN PF-C

C 23 드레이먼드 그린 1990.03.04 / 198cm

미국

NBA 드래프트 : 2012년 2라운드 35번
NBA 우승 : 4회 / 파이널 MVP : 0회
시즌 MVP : 0회 / NBA 퍼스트팀 : 0회

리그 최고의 수비수. '언더사이즈 빅맨'이지만, '블루워커'로서 모든 것을 거의 완벽히 갖춘 선수다. 그는 1번~5번을 모두 수비할 수 있다. 최고의 인사이드 1대1 수비수이면서 막강한 퍼리미터 수비수이기도 하다. 도움 수비도 역대급이다. 공격에서도 매우 중요한 역할을 한다. 스크린 세터이면서 볼 핸들링, 패스, 플레이메이킹까지 해낸다. 득점 기술 자체는 화려하지 않다. 그러나 클러치 상황에서 터프샷을 자신 있게 성공시킨다. 연봉은 2411만 달러.

SHOT ZONE

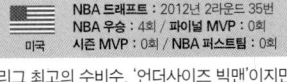

필드골 시도 필드골 성공 **필드골 성공률**

필드골 **372** 시도 161

● 점프슛, 풀업 점퍼
● 레이업, 핑거롤
● 페이드어웨이
● 덩크, 앨리웁
● 훅슛
● 팁슛
● 뱅크슛

필드골 **185** 성공 100

DEFENSE PER GAME			REBOUNDS PER GAME		
림에서의 거리	DFG	DFG%	림에서의 거리	CR	UCR
3점슛	1.6	32.0%	0~0.9m	0.9	1.0
2점슛	4.5	49.0%	0.9~1.8m	1.0	1.8
0~1.8m	2.7	61.0%	1.8~3.0m	0.3	1.1
0~3.0m	3.4	54.6%	3.0m 이상	0.1	0.6
4.5m 이상	2.2	33.0%			

2023-24 골든스테이트 55경기 평균 27.1분						항목 평점	TS	MS	3PS	FT	LU	DK	ID	OD	ST	BL
항목	PTS	RB	AS	ST	BL		D-	B	B-	C+	B	C-	B	A-	B	B-
경기 평균	8.6	7.2	6.0	1.0	0.9	항목 평점	ORB	DRB	PS	BH	BQ	SP	PO	ED	HS	OG
36분 기준	11.5	9.6	8.0	1.3	1.1		D-	B	B-	C+	B	C-	B	A-	B	B-

Trayce JACKSON-DAVIS PF-C

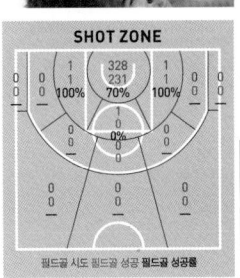

C 32 트레이스 잭슨-데이비스 2000.02.22 / 206cm

미국

NBA 드래프트 : 2023년 2라운드 57번
NBA 우승 : 0회 / 파이널 MVP : 0회
시즌 MVP : 0회 / NBA 퍼스트팀 : 0회

'언더사이즈 빅맨'이다. 그러나 팔이 길고, 점프력이 좋다. 리그 정상급 블로커이자 강력한 허슬 플레이어다. 공격 리바운드에 특화되어 있다. 공격은 제한적이다. 지난 시즌 필드골 233개 중 덩크 105개, 레이업과 핑거롤 93개, 팁슛 26개였다. 짧은 거리 훅슛이 몇 개 있었던 것을 감안하더라도 림에서 3m 밖에서는 아예 슛을 시도조차 하지 않았다. 그리고 수비력도 의문부호다. 아직 젊기에 외곽슛과 수비를 많이 보강해야 한다. 연봉은 189만 달러.

SHOT ZONE

필드골 시도 필드골 성공 **필드골 성공률**

필드골 **332** 시도 153

● 점프슛, 풀업 점퍼
● 레이업, 핑거롤
● 페이드어웨이
● 덩크, 앨리웁
● 훅슛
● 팁슛
● 뱅크슛

필드골 **233** 성공 105

DEFENSE PER GAME			REBOUNDS PER GAME		
림에서의 거리	DFG	DFG%	림에서의 거리	CR	UCR
3점슛	0.9	39.0%	0~0.9m	1.2	0.5
2점슛	3.5	50.6%	0.9~1.8m	0.8	1.1
0~1.8m	2.6	54.5%	1.8~3.0m	0.3	0.6
0~3.0m	2.9	52.7%	3.0m 이상	0.1	0.4
4.5m 이상	1.3	42.9%			

2023-24 골든스테이트 68경기 평균 16.6분						항목 평점	TS	MS	3PS	FT	LU	DK	ID	OD	ST	BL
항목	PTS	RB	AS	ST	BL		A-	C	D-	D	C+	B-	D	D-	D+	A-
경기 평균	7.9	5.0	1.2	0.4	1.1	항목 평점	ORB	DRB	PS	BH	BQ	SP	PO	ED	HS	OG
36분 기준	17.2	10.9	2.6	0.9	2.4		B+	C	D-	D	C	C+	D-	B	B	C+

DFG	DFG%	CR	UCR	TS	MS	3PS	FT	LU	DK	ID	OD	ST	BL	ORG	OR3	ORB	DRG	DR3	DRB	PS	BH	BQ	SP	PO	ED	HS	OG
필드골 허용	필드골 허용률	유경쟁 리바운드	무경쟁 리바운드	터프샷 성공률	중거리 슈팅	3점 슈팅	자유투 성공률	레이업 플로터	슬램 덩크	가드 수비	외곽 수비	스틸	블락	가드 공격RB	SF 공격RB	빅맨 공격RB	가드 수비RB	SF 수비RB	빅맨 수비RB	패스	볼 핸들링	농구 IQ	스피드 민첩성	파워	지구력	허슬 플레이	종합 평가

Kevon LOONEY — C-PF

케본 루니 · 1996.02.06 / 206cm

- NBA 드래프트 : 2015년 1라운드 30번
- 미국
- NBA 우승 : 3회 / 파이널 MVP : 0회
- 시즌 MVP : 0회 / NBA 퍼스트팀 : 0회

2021-22, 2022-23 두 시즌은 팀의 선발 센터였고, 지난 시즌엔 선발과 백업을 오갔다. 어쨌든 오랜 기간 골든스테이트의 골밑을 사수하며 '언성 히어로' 역할을 했다는 그 자체가 중요하다. 강력하게 스크린을 걸고, 페인트존에서 간결한 캐치&슛으로 득점한다(덩크, 레이업). 우수한 BQ, 천부적인 감각, 좋은 위치 선정에서 나오는 공격 리바운드는 리그 최고 수준이다. 하지만, 포스트업 플레이는 별로 기대하지 않는 게 좋다. 연봉은 800만 달러.

SHOT ZONE

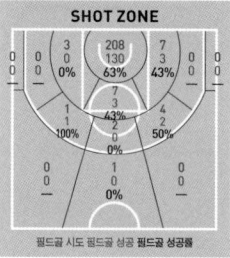

```
  0    0    3    0    0
  0    0  208    3    0
       0  130    0   0%
          63%       43%
      0    3    0
      1       43%
    100%      0%
       0    2    0
            0%         50%
    1              1         0
              0%
```

필드골 시도 138 | 필드골 성공 | 필드골 성공률

필드골 시도 233 (138) — ● 점프슛, 풀업 점퍼 ● 레이업, 핑거롤 ● 페이드어웨이 ● 덩크, 앨리웁 ● 훅슛 ● 팁슛 ● 뱅크슛

28 / 23 / 5
필드골 성공 139 (84) — 16 / 24 / 3

DEFENSE PER GAME

림에서의 거리	DFG	DFG%
3점슛	1.1	34.4%
2점슛	3.6	52.2%
0~1.8m	2.1	60.9%
0~3.0m	2.5	56.2%
4.5m 이상	1.6	34.9%

REBOUNDS PER GAME

림에서의 거리	CR	UCR
0~0.9m	1.0	0.6
0.9~1.8m	0.9	1.3
1.8~3.0m	0.4	0.9
3.0m 이상	0.4	0.9

2023-24 골든스테이트 74경기 평균 16.1분

항목	PTS	RB	AS	ST	BL
경기 평균	4.5	5.7	1.8	0.4	0.4
36분 기준	10.1	12.6	4.0	0.8	0.9

항목	TS	MS	3PS	FT	LU	DK	ID	OD	ST	BL
평점	B+	D+	D+	D+	B+	A	D	C	D-	D-

항목	ORB	DRB	PS	BH	BQ	SP	PO	ED	HS	OG
평점	A	B	D-	D-	C-	C	B	A	B	C+

Stephen CURRY — PG

스테픈 커리 · 1988.03.14 / 188cm

- NBA 드래프트 : 2009년 1라운드 7번
- 미국
- NBA 우승 : 4회 / 파이널 MVP : 1회
- 시즌 MVP : 2회 / NBA 퍼스트팀 : 4회

NBA 역대 최고의 3점 슈터로 농구의 패러다임을 바꾼 인물. 3점슛은 '신의 경지'에 이르렀다. 3점 릴리스 속도는 NBA에서 가장 빠르다. 점프한 후 올라가는 순간에 바로 던지기에 상대 수비가 반응하기 거의 불가능하다. 일반 선수는 상상하기 힘든 먼 거리에서 풀업 점퍼, 스텝백 점퍼 등 고난도 기술로 3점을 쏜다. 횟수는 가장 많고, 성공률도 최상이다. 돌파에 이은 레이업도 압권이다. 볼 핸들링, 패스, 플레이메이킹 역시 훌륭하다. 연봉 5576만 달러.

SHOT ZONE

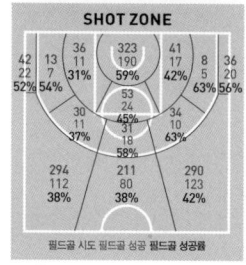

```
  42   13   36  323   41
  22   11   11  190   11
  52% 54% 31%  59%   42%
            53
            24
            45%
       30        34
       11        10
       37%       63%
          18
          58%
```

필드골 시도 1445 (1077) — ● 점프슛, 풀업 점퍼 ● 레이업, 핑거롤 ● 페이드어웨이 ● 덩크, 앨리웁 ● 훅슛 ● 팁슛 ● 뱅크슛

1 / 38 / 5
필드골 성공 650 (450) — 179 / 4 / 14

DEFENSE PER GAME

림에서의 거리	DFG	DFG%
3점슛	1.7	37.0%
2점슛	3.5	55.4%
0~1.8m	2.4	66.7%
0~3.0m	2.7	58.6%
4.5m 이상	2.1	38.5%

REBOUNDS PER GAME

림에서의 거리	CR	UCR
0~0.9m	0.1	0.4
0.9~1.8m	0.2	0.8
1.8~3.0m	0.2	1.4
3.0m 이상	0.1	1.2

```
294   211   290
112    80   123
38%   38%    42%
```

2023-24 골든스테이트 74경기 평균 32.7분

항목	PTS	RB	AS	ST	BL
경기 평균	26.4	4.5	5.1	0.7	0.4
36분 기준	29.1	4.9	5.6	0.8	0.4

항목	TS	MS	3PS	FT	LU	DK	ID	OD	ST	BL
평점	A+	A-	A+	A-	A	D-	D-	C	D	D-

항목	ORG	DRG	PS	BH	BQ	SP	PO	ED	HS	OG
평점	D-	B	A	A+	A	B	D-	A+	A+	A

Brandin PODZIEMSKI — SG

브랜딘 포젬스키 · 2003.02.25 / 193cm

- NBA 드래프트 : 2023년 1라운드 19번
- 미국
- NBA 우승 : 0회 / 파이널 MVP : 0회
- 시즌 MVP : 0회 / NBA 퍼스트팀 : 0회

콤보가드. 캐치&슛과 풀업 두 가지 형태의 3점슛을 모두 잘 구사한다. 코트 여러 위치에서 던지지만, 특히 좌우 윙에서 가장 많이 쏜다. 돌파력이 그리 뛰어나지는 않지만 수비를 속이는 변칙 레이업으로 극복한다. 화려하지는 않지만 비교적 안정된 볼 핸들링을 한다. 트랜지션 상황에 오픈맨을 잘 발견한다. 가드 중에선 리바운드를 가장 많이 걷어내는 선수 중 1명이다. 그러나 페리미터 1대1 수비에서는 약점을 보인다. 연봉은 352만 달러.

SHOT ZONE

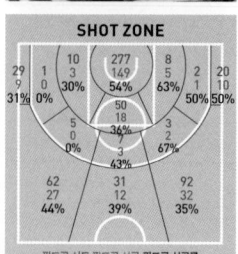

```
  29    1   10  277    8    2   20
   3    3    3  149   63    5    2   10
  31%  0% 30%   54%  63%      50% 50%
            50
            18
            36%
        0         7
        0%        3
                  43%
       62        31        92
       27        12        32
      44%       39%       35%
```

필드골 시도 597 (323) — ● 점프슛, 풀업 점퍼 ● 레이업, 핑거롤 ● 페이드어웨이 ● 덩크, 앨리웁 ● 훅슛 ● 팁슛 ● 뱅크슛

8 / 16 / 10
필드골 성공 271 (125) — 4 / 8 / 3

DEFENSE PER GAME

림에서의 거리	DFG	DFG%
3점슛	1.4	37.5%
2점슛	3.9	54.2%
0~1.8m	2.5	65.0%
0~3.0m	3.1	60.2%
4.5m 이상	1.7	36.8%

REBOUNDS PER GAME

림에서의 거리	CR	UCR
0~0.9m	0.4	0.5
0.9~1.8m	0.6	1.3
1.8~3.0m	0.3	1.4
3.0m 이상	0.1	0.9

2023-24 골든스테이트 74경기 평균 26.6분

항목	PTS	RB	AS	ST	BL
경기 평균	9.2	5.8	3.7	0.8	0.2
36분 기준	12.5	7.8	5.0	1.1	0.3

항목	TS	MS	3PS	FT	LU	DK	ID	OD	ST	BL
평점	B+	B	B	B	C	D	D+	D+	C	D

항목	ORG	DRG	PS	BH	BQ	SP	PO	ED	HS	OG
평점	A-	A	D+	B-	C	B-	D-	B+	B	C-

De'Anthony MELTON — PG-SG

디앤소니 멜튼 · 1998.05.28 / 191cm

- NBA 드래프트 : 2018년 2라운드 46번
- 미국
- NBA 우승 : 0회 / 파이널 MVP : 0회
- 시즌 MVP : 0회 / NBA 퍼스트팀 : 0회

요추 골관절염으로 지난 시즌 38경기 출전에 그쳤다. 올 시즌을 건강하게 치르는 게 가장 중요하다. 멜튼은 디플렉션과 스틸에 능한 수비형 가드다. 팔이 길고, 수비 감각이 뛰어나며, 팀 디펜스 응용력을 겸비했다. 상대 팀의 '가드 에이스 스토퍼'로 활약했다. 적극적인 수비로 패싱레인을 끊어낸다. 정확한 3점 슈터다. 종류도 캐치&슛과 풀업 점퍼가 균형을 이룬다. 핫스팟은 탑과 좌우 윙. 돌파에 이은 레이업과 핑거롤도 OK. 연봉은 1282만 달러.

SHOT ZONE

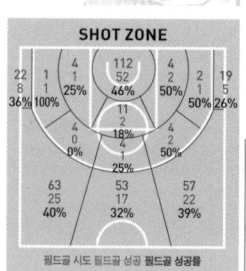

```
  22    1   4   112    7    2    1   19
   2    1       52           2    1    9
  36% 100%     46%           50% 26%
  36%  25%                    50%
            4
            18%
            25%
        4
        0%
```

필드골 시도 360 (249) — ● 점프슛, 풀업 점퍼 ● 레이업, 핑거롤 ● 페이드어웨이 ● 덩크, 앨리웁 ● 훅슛 ● 팁슛 ● 뱅크슛

9 / 12 / 23
필드골 성공 139 (87) — 31 / 9 / 3

DEFENSE PER GAME

림에서의 거리	DFG	DFG%
3점슛	1.5	43.8%
2점슛	4.0	53.5%
0~1.8m	2.8	62.6%
0~3.0m	3.2	60.6%
4.5m 이상	1.6	40.1%

REBOUNDS PER GAME

림에서의 거리	CR	UCR
0~0.9m	0.3	0.4
0.9~1.8m	0.3	0.7
1.8~3.0m	0.2	0.8
3.0m 이상	0.1	0.9

2023-24 필라델피아 38경기 평균 26.9분

항목	PTS	RB	AS	ST	BL
경기 평균	11.1	3.7	3.0	1.6	0.4
36분 기준	14.8	5.0	4.0	2.1	0.6

항목	TS	MS	3PS	FT	LU	DK	ID	OD	ST	BL
평점	D-	B-	B-	B-	C-	D	D+	C	B	C

항목	ORG	DRG	PS	BH	BQ	SP	PO	ED	HS	OG
평점	C	C	C+	B-	C	D-	D-	B-	C	C+

DFG	DFG%	CR	UCR	TS	MS	3PS	FT	LU	DK	ID	OD	ST	BL	ORG	OR3	ORB	DRG	DR3	DRB	PS	BH	BQ	SP	PO	ED	HS	OG
필드골 허용	필드골 허용률	유경쟁 리바운드	무경쟁 리바운드	터프샷 성공력	중거리 슛력	3점 슛력	자유투 성공력	레이업 플로터	슬램 덩크	안쪽 수비	외곽 수비	스틸	블락	가드 공격RB	SF 공격RB	빅맨 공격RB	가드 수비RB	SF 수비RB	빅맨 수비RB	패스	볼 핸들링	농구 IQ	스피드 민첩성	파워	지구력	허슬 플레이	종합 평가

GARY PAYTON II PG-SG

게리 페이튼 II — 1992.12.01 / 188cm

NBA 드래프트: 2016년 미지명
NBA 우승: 1회 / 파이널 MVP: 0회
미국
시즌 MVP: 0회 / NBA 퍼스트팀: 0회

햄스트링과 종아리 부상으로 시즌 44경기 출전에 그쳤다. 페이튼 2세는 수비의 귀재다. 퍼리미터 1대1, 픽&롤 수비, 스틸은 리그 상위권이다. 그의 아버지 페이튼 1세 역시 현역 시절 최고의 수비수였다. 부전자전(父傳子傳)인 셈. 득점력 자체는 높지 않다. 그러나 버티컬 1m에 가까운 점프를 활용해 폭발적인 덩크를 구사한다. 레이업, 핑거롤도 레퍼토리. 외곽에서 캐치&슛으로 3점슛을 시도한다. 좌우 코너에서 많이 던진다. 연봉은 913만 달러.

SHOT ZONE

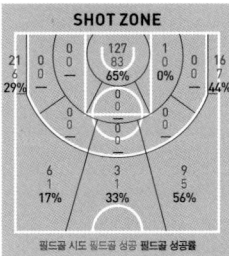

21	0	127	1	0	16
6	83		0		1
29%	65%		0%		44%

6	3	9
1	1	5
17%	33%	56%

필드골 시도 필드골 성공 필드골 성공률

● 점프슛, 풀업 점퍼
● 레이업, 핑거롤
● 페이드어웨이
● 덩크, 앨리웁
● 훅슛
● 팁슛
● 뱅크슛

필드골 183 시도

8 14
21 60
80

필드골 103 성공

3 7 23
18 52

DEFENSE PER GAME			REBOUNDS PER GAME		
림에서의 거리	DFG	DFG%	림에서의 거리	CR	UCR
3점슛	0.8	33.3%	0~0.9m	0.3	0.3
2점슛	1.8	51.9%	0.9~1.8m	0.2	0.6
0~1.8m	1.4	67.4%	1.8~3.0m	0.2	0.3
0~3.0m	1.5	60.7%	3.0m 이상	0.1	0.4
4.5m 이상	0.9	32.0%			

2023-24 골든스테이트 44경기 평균 15.5분						항목 평점	TS	MS	3PS	FT	LU	DK	ID	OD	ST	BL
항목	PTS	RB	AS	ST	BL		A	D	C+	D	C+	C	C+	B+	A-	C-
경기 평균	5.5	2.6	1.1	0.9	0.4	항목 평점	ORG	DRG	PS	BH	BQ	SP	PO	ED	HS	OG
36분 기준	12.7	6.0	2.5	2.1	1.0		A	D+	C+	C+	D	B-	D-	B-	A-	C+

Moses MOODY SG

모제스 무디 — 2002.05.31 / 196cm

NBA 드래프트: 2021년 1라운드 14번
NBA 우승: 1회 / 파이널 MVP: 0회
미국
시즌 MVP: 0회 / NBA 퍼스트팀: 0회

36분 기준 16.6점으로 득점력은 평균 이상이다. 전형적인 캐치&슈터. 3점슛 폼이 부드럽고 안정적이어서 코트 어느 위치에서든 자신 있게 던진다. 스트로크가 훌륭하고, 슛 거리가 길며, 리로케이션을 잘 한다. 가드로서 환상적인 사이즈를 자랑한다. 키 196cm에 윙스팬 216cm다. 이 장점을 수비할 때 적극적으로 활용한다. 강력한 퍼리미터 1대1 수비를 구사하고, 패싱 레인을 날카롭게 가른다. 가드 중 공격 리바운드는 최상위권이다. 연봉은 580만 달러.

SHOT ZONE

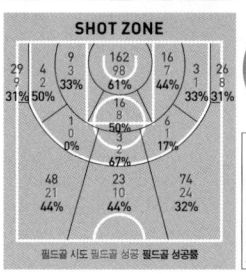

29	4	9	162	16	3	26
9		98			8
31%	50%	33%	61%	44%		33%	31%

48	23	74
21	10	24
44%	44%	32%

필드골 시도 필드골 성공 필드골 성공률

● 점프슛, 풀업 점퍼
● 레이업, 핑거롤
● 페이드어웨이
● 덩크, 앨리웁
● 훅슛
● 팁슛
● 뱅크슛

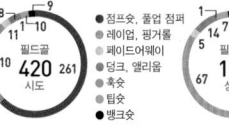

필드골 420 시도

18 9
11 10
110 261

필드골 194 성공

1 4
14 7
5 96
67

DEFENSE PER GAME			REBOUNDS PER GAME		
림에서의 거리	DFG	DFG%	림에서의 거리	CR	UCR
3점슛	0.9	34.7%	0~0.9m	0.3	0.2
2점슛	1.9	47.0%	0.9~1.8m	0.4	0.7
0~1.8m	1.3	54.1%	1.8~3.0m	0.1	0.5
0~3.0m	1.6	51.5%	3.0m 이상	0.1	0.6
4.5m 이상	1.1	35.0%			

2023-24 골든스테이트 66경기 평균 17.5분						항목 평점	TS	MS	3PS	FT	LU	DK	ID	OD	ST	BL
항목	PTS	RB	AS	ST	BL		A	C	B-	C	B-	C-	D+	C-	B-	D
경기 평균	8.1	3.0	0.9	0.6	0.4	항목 평점	ORG	DRG	PS	BH	BQ	SP	PO	ED	HS	OG
36분 기준	16.6	6.1	1.8	1.3	0.7		A-	C+	D	C	D+	C-	D+	B+	C-	C+

Reece BEEKMAN PG-SG

리스 비크먼 — 2001.10.08 / 191cm

NBA 드래프트: 2024년 미지명
NBA 우승: 0회 / 파이널 MVP: 0회
미국
시즌 MVP: 0회 / NBA 퍼스트팀: 0회

버지니아대를 졸업하고 2024 드래프트를 신청했으나 지명받지 못했다. 그래서 2024년 7월 3일, 골든스테이트와 투웨이 계약을 맺었다. 개막 후 좋은 모습을 보여 정식 계약을 맺도록 노력해야 한다. 비크먼은 본인의 근육질 몸을 어떻게 활용할지 잘 안다. 대학 시절 ACC에서 두 차례나 DPOY를 받았던 수비수다. 당장 수비로는 NBA에 적응하는 데 전혀 문제가 없다. 그러나 전체적인 공격에서는 의문부호가 붙는다. 결국 본인이 입증할 수밖에 없다.

SHOT ZONE

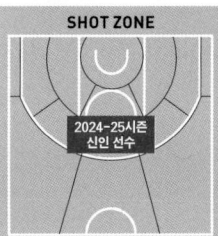

2024-25시즌 신인 선수

필드골 시도 필드골 성공 필드골 성공률

● 점프슛, 풀업 점퍼
● 레이업, 핑거롤
● 페이드어웨이
● 덩크, 앨리웁
● 훅슛
● 팁슛
● 뱅크슛

필드골 0 시도

필드골 0 성공

DEFENSE PER GAME			REBOUNDS PER GAME		
림에서의 거리	DFG	DFG%	림에서의 거리	CR	UCR
3점슛			0~0.9m		
2점슛			0.9~1.8m		
0~1.8m			1.8~3.0m		
0~3.0m			3.0m 이상		
4.5m 이상					

2023-24시즌 기록 없음						항목 평점	TS	MS	3PS	FT	LU	DK	ID	OD	ST	BL
항목	PTS	RB	AS	ST	BL											
경기 평균	—	—	—	—	—	항목 평점	ORG	DRG	PS	BH	BQ	SP	PO	ED	HS	OG
36분 기준	—	—	—	—	—											

GOLDEN STATE WARRIORS
2024-25 REGULAR SEASON SCHEDULE

OCTOBER, 2024		
Oct. 24	@	Portland
Oct. 26	@	Utah
Oct. 28	vs.	LA Clippers
Oct. 30	vs.	New Orleans
Oct. 31	vs.	New Orleans

NOVEMBER, 2024		
Nov. 3	@	Houston
Nov. 5	@	Washington
Nov. 7	@	Boston
Nov. 9	@	Cleveland
Nov. 11	@	Oklahoma City
Nov. 13	vs.	Dallas
Nov. 16	vs.	Memphis
Nov. 19	vs.	LA Clippers
Nov. 21	vs.	Atlanta
Nov. 23	vs.	New Orleans
Nov. 24	vs.	San Antonio
Nov. 26	vs.	Brooklyn
Nov. 28	vs.	Oklahoma City

DECEMBER, 2024		
Dec. 1	@	Phoenix
Dec. 4	@	Denver
Dec. 6	vs.	Houston
Dec. 7	@	Minnesota
Dec. 9	@	Minnesota
Dec. 20	vs.	Memphis
Dec. 22	vs.	Minnesota
Dec. 24	vs.	Indiana
Dec. 26	vs.	LA Lakers
Dec. 28	@	LA Clippers
Dec. 29	vs.	Phoenix
Dec. 31	vs.	Cleveland

JANUARY, 2025		
Jan. 3	vs.	Philadelphia
Jan. 5	vs.	Memphis
Jan. 6	vs.	Sacramento
Jan. 8	vs.	Miami
Jan. 10	@	Detroit
Jan. 11	@	Indiana
Jan. 14	@	Toronto
Jan. 16	@	Minnesota
Jan. 19	vs.	Washington
Jan. 21	vs.	Boston
Jan. 23	@	Sacramento
Jan. 24	vs.	Chicago
Jan. 26	vs.	LA Lakers
Jan. 29	vs.	Utah
Jan. 30	@	Oklahoma City

FEBRUARY, 2025		
Feb. 1	vs.	Phoenix
Feb. 4	vs.	Orlando
Feb. 6	@	Utah
Feb. 7	@	LA Lakers
Feb. 9	@	Chicago
Feb. 11	@	Milwaukee
Feb. 13	@	Dallas
Feb. 14	@	Houston
Feb. 22	@	Sacramento
Feb. 24	@	Dallas
Feb. 26	vs.	Charlotte
Feb. 28	@	Orlando

MARCH, 2025		
Mar. 2	@	Philadelphia
Mar. 5	@	Charlotte
Mar. 5	@	New York
Mar. 7	@	Brooklyn
Mar. 9	vs.	Detroit
Mar. 11	vs.	Portland
Mar. 14	@	Sacramento
Mar. 16	vs.	New York
Mar. 18	vs.	Denver
Mar. 20	vs.	Toronto
Mar. 21	vs.	Milwaukee
Mar. 23	@	Atlanta
Mar. 26	@	Miami
Mar. 29	@	New Orleans
Mar. 31	@	San Antonio

APRIL, 2025		
Apr. 2	@	Memphis
Apr. 4	@	LA Lakers
Apr. 5	vs.	Denver
Apr. 7	vs.	Houston
Apr. 9	@	Phoenix
Apr. 10	vs.	San Antonio
Apr. 12	@	Portland
Apr. 14	vs.	LA Clippers

LOS ANGELES CLIPPERS

面目一新·새 경기장, 새 선수들

뜻풀이 사물의 모양, 일의 상태가 완전히 새롭게 됨. 클리퍼스는 최첨단 인튜잇돔을 새 전용구장으로 사용하고, 레너드를 보조할 선수로 새 얼굴들을 뽑았다.

*통계는 2024년 10월 1일 기준

슈퍼팀 발목 잡은 부상 악령

제임스 하든 영입은 NBA를 술렁이게 했다. 한번 손발이 맞기 시작하자 무적, 그 자체였다. 클리퍼스는 12월과 1월에 걸쳐 9연승 1회, 5연승 2회를 달리며 승수를 쌓았다. 1월에는 오펜시브 레이팅(124.6) 1위 3점슛 1위(42.3%) 등 많은 공격 지표에서 상대를 압도했다. 이러한 선전은 빛난 건 '건강한' 폴 조지와 카와이 레너드의 존재 덕분이었다. 이 잔인한 전제조건이 클리퍼스의 발목을 잡았다. 레너드가 무릎을 다쳐 아웃되면서 플레이오프에서는 맥없이 물러났다.

대변화의 시대 맞은 여름

124승 57패. 카와이 레너드와 폴 조지가 함께 뛰었을 때 클리퍼스가 거둔 성적이다. 하지만 돈이 걸린 현실적인 고민이 시작되자, 다시 콤비의 지속 여부가 불투명해졌다. 레너드에 큰 돈(3년 1억 4951만 달러)을 안긴 것과 달리, 구단은 조지와의 대형 계약은 꺼렸다. 결국, 이는 대변혁으로 이어졌다. 조지는 필라델피아로 팀을 옮겼고, 웨스트브룩과 마일스 플럼리 등도 유니폼을 바꿔 입었다. 클리퍼스도 보강을 서둘렀다. 새로이 중심에 설 레너드의 보디가드 영입이 이어졌다.

인튜잇 돔에서의 새 시즌

클리퍼스는 새 시즌부터 크립토닷컴 아레나가 아닌 인튜잇 돔을 홈경기장으로 쓴다. 새 경기장에서 기분 좋게 플레이오프를 치르고 싶겠지만, 변동이 워낙 크기에 장담하기 어렵다. 게다가 클리퍼스가 소속된 컨퍼런스는 서부다. 그렇지만 하든이 작년과 달리 일찌감치 시즌준비를 시작했다는 점에 기대를 걸어볼 만하다. 수술로 대표팀에서 하차했던 레너드의 무릎이 여전히 불안감을 남기고 있는데, 만일 레너드가 건강하게 시즌을 소화한다면 새 구장에서 '봄 농구'를 할 수 있을 것이다.

CLUB INFORMATION

| Founded 구단 창립 1970년 | Owner 스티브 발머 1956.03.24 | CEO 로렌스 프랭크 | Head Coach 타이론 루 1977.05.03 | 24-25 Odds 벳365 : 50배 윌리엄힐 : 50배 |

 Age

| Nationality ●미국 선수 14명 ●외국 선수 2명 | Age 16명 평균 28.1세 | Height 16명 평균 199.4cm | Weight 16명 평균 98.0kg | Salary 16명 평균 1110만 달러 |

| Win 2023-24 : 51승 통산 1843승 | Loss 2023-24 : 31패 통산 2517패 | Winning% 2023-24 : 62.2% 통산 42.3% | Play-Off PO 진출 : 18회 PO 탈락 : 37회 | Titles NBA우승 : 0회 컨퍼런스 : 0회 |

  R A S

| Top Scorer 카와이 레너드 평균 23.7점 | More Rebounds 이비차 주바치 평균 9.2RB | More Assists 제임스 하든 평균 8.5AS | More Steals 카와이 레너드 평균 1.6스틸 | More Blocks 이비차 주바치 평균 1.2블록 |

*항목별 1위는 지난 시즌 LA 클리퍼스 소속으로 42경기 이상 출전한 선수 중 선별

Association / Icon / Statement / City

HEAD COACH & STADIUM

Tyronn Lue 타이론 루

생년월일 : 1977.05.03 **출생지** : 미국 미주리주 멕시코
경력 : 2011~2013년 보스턴 셀틱스 코치 / 2013~2014년 로스앤젤레스 클리퍼스 코치 / 2014~2016년 클리블랜드 캐벌리어스 코치 / 2016~2018년 클리블랜드 캐벌리어스 감독 / 2019~2020년 로스앤젤레스 클리퍼스 코치 / 2020년~ 로스앤젤레스 클리퍼스 감독

레이타운고를 졸업하고, 1995년 네브래스카대에 입학해 포인트가드로 활약했다. 1998년 NBA 드래프트를 신청했고, 덴버 너기츠에 1라운드 23번으로 지명되었다. 루는 2009년까지 11년간 7팀을 거치며 NBA에서 뛰었다. 그중 가장 명예로웠던 건 2000, 2001년 LA 레이커스의 NBA 우승에 힘을 보탠 일이었다. 은퇴 후 지도자로 나섰다. 2011년 보스턴 셀틱스, 2013년 LA 클리퍼스, 2014년 클리블랜드 캐벌리어스에서 각각 코치로 일했다. 그리고 2016년엔 클리블랜드의 감독이 되어 2년을 보냈다. 그가 클리블랜드 코치진에 합류한 동안 정규시즌 128승 83패를 기록했다. 또한, 2016년에는 올스타전 이스턴 컨퍼런스 감독을 맡기도 했다. 루는 2019년, LA 클리퍼스 코치로 자리를 옮겨 1년간 일했다. 그리고 2020년 10월 20일, LA 클리퍼스의 제26대 감독이 되었다. 그는 부임 첫 시즌에 팀을 47승 25패로 이끌었다. 루는 NBA 슈퍼스타 제이슨 테이텀과 사촌 관계이다.

INTUIT DOME

구장 오픈 : 2024년 8월 15일
구장 증개축 : —
오너 : 스티브 발머
수용인원 : 1만 8000명
건축비용 : 20억 달러

클리퍼스 선수와 팬들에게 홈코트 어드밴티지를 강하게 인식시키고, 일반 시민에게는 가장 완벽한 라이브를 즐길 방법을 제공하기 위해 건설된 초현대식 아레나다. 특수 공법을 사용해 관객이 스탠드 어디에 있던지 코트가 잘 보이도록 설계했다. 또한, 편안한 좌석과 다리를 뻗을 수 있는 공간을 제공한다. 2024-25시즌부터 클리퍼스 홈구장으로 사용된다.

NBA CHAMPIONSHIPS
NONE

CONFERENCE TITLES
NONE

DIVISION TITLES
2013, 2014, 2024

RETIRED NUMBERS
NONE

REGULAR SEASON RANKING LAST 10YEARS

14-15	15-16	16-17	17-18	18-19	19-20	20-21	21-22	22-23	23-24
4	6	6	18	11	4	6	18	12	5
56승 26패	53승 29패	51승 31패	42승 40패	48승 34패	49승 23패	47승 25패	42승 40패	44승 38패	51승 31패

TEAM POTENTIAL

71점

17위

하프코트 세트오펜스 8점
트랜지션 오펜스 7점
하프코트 세트디펜스 7점
트랜지션 디펜스 6점
리바운드 6점

선수층 8점
선수 경험치 8점
감독 리더십 7점
감독 전술 7점
프런트 7점

*각 항목은 10점 만점, 평점은 NBA 30팀 사이 상대평가

우승 ODDS	배당	순위
bet 365	50배	16위
Paddy Power	90배	20위
William Hill	50배	16위

OFFENSIVE STYLE
트랜지션 오펜스 ——— 하프코트 세트오펜스

DEFENSIVE STYLE
하이 프레스 ——— 하프코트 디펜스

SQUAD & TACTICS

STARTERS

PF 데릭 존스 Jr.
23.5분, 8.6점
3.3RB, 1.0AS

C 이비차 주바치
26.4분, 11.7점
9.2RB, 1.4AS

SF 카와이 레너드
34.3분, 23.7점
6.1RB, 3.6AS

SG 테런스 맨
25.0분, 8.8점
3.4RB, 1.6AS

PG 제임스 하든
34.3분, 16.8점
5.1RB, 8.5AS

OFF THE BENCH

PG 크리스 던
18.9분, 5.4점
2.9RB, 3.8AS

SG 아미르 커피
20.9분, 6.6점
2.1RB, 1.1AS

SF 노먼 파웰
26.2분, 13.9점
2.6RB, 1.1AS

PF 니콜라스 바툼
25.5분, 5.3점
4.1RB, 2.1AS

C 모 밤바
13.0분, 4.4점
4.2RB, 0.7AS

G 본스 하일랜드
G 켐 크리스티
F 케빈 포터
F 코비 브라운
C PJ 터커

OFFENSE MECHANISM

새 시즌에도 기존의 경기 템포를 유지할 것이다. '더 준비된' 하든이 키맨이다. 전 시즌 역시 공백이 있었지만 하든은 하든이었다. 워낙 기술이 좋고 노련하다 보니 금세 녹아들어 클리퍼스 공격의 티어를 끌어올렸다. 빅맨 주바치와의 2대2 플레이는 물론이고, 본인의 돌파로 테런스 맨, 아미르 커피, 노먼 파웰 등의 찬스도 살렸다. 타란 루 감독은 그런 하든을 비롯해 폴 조지, 카와이 레너드 등의 아이솔레이션을 적극 활용했다. 지난 시즌 아이솔레이션 부문 1위. 다들 각자의 방식으로 1대1 찬스를 만들다 보니 사방에서 찬스가 생겼다. 다만 에이스급 자원에 비해서 외곽에서의 도움이 부족했다. 리그에서 3점슛 성공률이 6번째(38.1%)로 좋았지만 정작 성공 횟수는 중위권에 머물렀던 이유다.

DEFENSE MECHANISM

클리퍼스 키워드는 '압박과 차단'이었다. 앞선 압박으로 드리블을 포기시키고, 터프샷을 유도한 뒤 역습을 시도했다. 기습적인 존 디펜스도 혈액순환을 방해했다. 폴 조지와 러셀 웨스트브룩도 각기 다른 방식으로 상대 흐름을 끊었다. 덕분에 팀 스틸 7위(7.8개)에 올랐다. 조지와 웨스트브룩 없는 새 시즌은 어떤 식으로 바뀔지 봐야 한다. 수비 라인업 면면은 나쁘지 않다. 테런스 맨, 데릭 존스 Jr. 등은 압박으로 메인 핸들러를 방해할 수 있다. 얼마나 영리하게, 능동적으로 해주느냐가 중요하다. 친정에 돌아온 바툼도 수비 길을 아는 베테랑이다. 수비에서 중심을 잡는 역할을 맡을 것이다. 주바치는 든든한 림 프로텍터다. 다만 파울 트러블 이슈가 생겼을 때 인사이드를 도울 인물이 부족하다.

Player's Functions

Ball Handlers
J.하든
K.던
K.레너드

Pull-Ups
K.레너드
J.하든
N.파웰

Catch & Shoot
K.레너드
J.하든
N.파웰

3 Pointers
N.파웰
J.하든
K.레너드

Slam Dunkers
D.존스 Jr.
I.주바치
K.레너드

Free Throw
K.레너드
J.하든
N.파웰

Rebounders
I.주바치
M.밤바
K.레너드

1-1 Defenders
K.레너드
PJ 터커
K.던

Ball Stealers
K.던
K.레너드
B.하일랜드

Key Passes
J.하든
K.던
K.레너드

Hustle Players
J.하든
K.레너드
D.존스 Jr.

Rim Protectors
M.밤바
K.존스
I.주바치

2023-24 SEASON PERFORMANCE

LOS ANGELES CLIPPERS vs. OPPONENTS PER GAME STATS

LA 클리퍼스 vs 상대팀

	득점	F↑ 필드골성공	FG% 필드골 %	3↑ 3점슛성공	3P% 3점슛 %	FT% 자유투성공 자유투 %	OR 공격리바운드	RB 리바운드	A↑ 어시스트	🎭 스틸	블락	턴오버	파울

115.6	🏀	112.3	42.4	F↑	41.6	48.9%	FG%	46.8%	12.6	3↑	12.9	38.1%	3P%	36.3%	18.3	⊖	16.2	82.5%	FT%	77.5%
10.0	OR	11.1	43.0	RB	42.2	25.6	A↑	26.4	7.8	🎭	7.3	5.0	🏀	4.7	13.1	↩	13.0	18.5	🪣	18.7

LINE-UP

* LA 클리퍼스는 지난 시즌 총 396개의 라인업을 가동시켰다. 그중 출전 시간이 가장 길었던 20개를 골라 게재했다.

5-MEN COMBINATION	MIN	PPG	RPG	APG
J. Harden - P. George - K. Leonard - I. Zubac - T. Mann	593	34.1	13.2	8.0
J. Harden - P. George - K. Leonard - M. Plumlee - T. Mann	148	35.7	11.9	8.4
J. Harden - P. George - K. Leonard - N. Powell - I. Zubac	121	11.2	3.6	2.5
R. Westbrook - K. Leonard - N. Powell - D. Theis - A. Coffey	98	12.4	4.2	2.7
J. Harden - P. George - I. Zubac - A. Coffey - T. Mann	82	15.7	6.3	3.7
R. Westbrook - J. Harden - P. George - K. Leonard - I. Zubac	71	10.6	5.7	2.4
R. Westbrook - J. Harden - N. Powell - D. Theis - A. Coffey	71	11.9	3.3	2.6
J. Harden - P. George - K. Leonard - D. Theis - T. Mann	64	7.9	3.1	2.1
J. Harden - K. Leonard - N. Powell - I. Zubac - T. Mann	63	7.8	3.2	1.7
R. Westbrook - P. George - K. Leonard - I. Zubac - T. Mann	59	7.6	3.1	1.9
J. Harden - P. George - N. Powell - I. Zubac - T. Mann	56	8.6	3.9	1.9
J. Harden - P. George - N. Powell - I. Zubac - A. Coffey	53	7.6	2.9	1.8
R. Westbrook - P. George - K. Leonard - R. Covington - I. Zubac	51	47.3	16.0	12.3
P. Tucker - J. Harden - P. George - I. Zubac - T. Mann	46	29.3	10.3	7.5
R. Westbrook - K. Leonard - M. Plumlee - N. Powell - A. Coffey	46	7.1	2.5	1.7
J. Harden - P. George - N. Powell - D. Theis - A. Coffey	44	7.8	1.9	2.2
R. Westbrook - J. Harden - M. Plumlee - N. Powell - A. Coffey	43	12.3	3.3	3.0
R. Westbrook - J. Harden - K. Leonard - N. Powell - D. Theis	42	6.1	2.9	1.5
J. Harden - K. Leonard - I. Zubac - A. Coffey - T. Mann	40	10.5	4.1	2.5
R. Westbrook - P. George - N. Powell - D. Theis - A. Coffey	38	7.5	2.6	1.3

PASS COMBINATIONS

→ 해당 선수가 경기당 동료로부터 패스 받은 횟수
→ 해당 선수가 경기당 동료들에게 패스 해준 횟수

받은	선수	해준
61.6 →	제임스 하든	→ 56.6
41.2 →	폴 조지	→ 34.8
19.1 →	이바차 주바치	→ 32.4
38.6 →	카와이 레너드	→ 30.8
32.4 →	러셀 웨스트브룩	→ 30.8
17.3 →	로버트 코빙턴	→ 26.0
25.5 →	본즈 하일랜드	→ 22.1
19.0 →	테렌스 맨	→ 21.0
11.7 →	메이슨 플럼리	→ 18.9
10.7 →	니콜라스 바툼	→ 17.7
12.2 →	대니얼 타이스	→ 17.1
18.5 →	KJ 마틴	→ 17.0
16.8 →	재비어 문	→ 16.5
14.2 →	아미르 커피	→ 14.5
19.8 →	노먼 파웰	→ 14.4
5.4 →	PJ 터커	→ 11.0
11.6 →	브랜든 보스턴 Jr.	→ 10.8
7.0 →	코비 브라운	→ 9.8
3.8 →	무사 디아바테	→ 6.4
4.0 →	조슈아 프리모	→ 4.0
3.0 →	조던 밀러	→ 3.8

2023-24 RANKING

* 는 수치가 낮을수록 랭킹이 높아짐

LA클리퍼스	랭킹	GENERAL	상대팀	랭킹
115.6	12위	득점 / 실점	112.3	10위
43.0	19위	리바운드	42.2	5위
25.6	21위	어시스트	26.4	5위
7.8	7위	스틸	7.3	14위
5.0	15위	블락	4.7	9위

득점	랭킹	PLAYTYPE	실점*	랭킹
13.6	1위	아이솔레이션	7.0	16위
21.7	13위	트랜지션	23.4	25위
14.9	20위	픽&롤 볼핸들러	16.5	18위
6.5	20위	픽&롤 롤맨	5.9	3위
5.2	11위	포스트-업	3.6	4위
26.4	21위	스팟-업	27.1	14위
3.3	28위	핸드오프	4.7	12위
10.5	12위	커팅	—	—
4.5	8위	오프 스크린	3.4	5위
5.5	27위	풋백	7.2	25위
3.9	1위	기타		

SHOT ZONE

구간별 슈팅 및 성공률

SHOT ZONE

372 156 42%	37 17 46%	220 92 42%	2802 1723 62%	292 125 43%	42 22 52%	343 138 40%
		120 36 36%	607 307 51%	151 57 38%		
			51 43%			
622 240 39%		531 189 36%		842 313 37%		

필드골 시도 / 필드골 성공 / 필드골 성공률

항목	FGA	FGM	FG%	3PA	3PM	3P%
캐치&슛	21.8	8.7	40.0%	19.9	7.9	39.6%
풀업	27.3	11.2	41.0%	12.6	4.4	35.3%
3m 안쪽	36.3	21.7	59.9%	—	—	—
TOTAL	86.1	42.0	48.8%	32.8	12.5	38.1%

SHOT REPERTORIES

필드골 시도
2.0 / 1.7 / 1.9 / 6.3 / 4.6 / 평균 86.7 / 23.8 / 46.4 / 8.4

- 점프슛, 풀업 점퍼
- 레이업, 핑거롤
- 페이드어웨이
- 덩크, 앨리웁 덩크
- 훅슛
- 팁슛
- 뱅크슛

드리블과 슈팅 시도
6.0 / 평균 86.7 / 17.8 / 8.4 / 4.8 / 5.4

- 0드리블 + 슈팅
- 1드리블 + 슈팅
- 2드리블 + 슈팅
- 3~6드리블 + 슈팅
- 7+드리블 + 슈팅

필드골 성공
0.8 / 0.8 / 1.0 / 5.7 / 1.8 / 평균 42.4 / 18.1 / 14.2

드리블과 슈팅 성공
6.0 / 평균 42.4 / 17.8 / 8.4 / 4.8 / 5.4

SHOOTING

필드골 시도
16.8 / 7.9 / 평균 86.7 / 25.3 / 36.7

공격수와 수비수의 거리
- 0~0.6m
- 0.6~1.2m
- 1.2~1.8m
- 1.8m 이상

필드골 시도
9.1 / 2.8 / 10.4 / 9.0 / 평균 86.7 / 13.0 / 42.4

남은 시간
- 22~24초
- 18~22초
- 15~18초
- 7~15초
- 4~7초
- 0~4초

필드골 성공
7.4 / 3.7 / 평균 42.4 / 12.2 / 19.1

필드골 성공
21.1 / 1.7 / 평균 42.4 / 6.0 / 5.9

OPPONENT SHOOTING

상대 필드골 시도
21.5 / 8.7 / 평균 88.9 / 24.4 / 33.5 / 41.5

공격수와 수비수의 거리
- 0~0.6m
- 0.6~1.2m
- 1.2~1.8m
- 1.8m 이상

상대 필드골 시도
7.5 / 3.1 / 12.4 / 8.3 / 평균 88.9 / 15.2

남은 시간
- 22~24초
- 18~22초
- 15~18초
- 7~15초
- 4~7초
- 0~4초

필드골 허용
9.4 / 3.9 / 평균 41.6 / 11.4 / 16.7

필드골 허용
3.6 / 2.6 / 1.8 / 6.9 / 평균 41.6 / 7.4 / 19.1

CONTESTED REBOUNDS

공격 리바운드
0.8 / 0.3 / 평균 5.9 / 2.9 / 1.9

수비 리바운드
0.6 / 1.1 / 평균 7.5 / 2.6 / 3.2

림 아래부터 리바운드 위치까지의 거리
- 0~0.9m
- 0.9~1.8m
- 1.8~3m
- 3m 이상

UNCONTESTED REBOUNDS

공격 리바운드
0.6 / 1.9 / 평균 4.2 / 0.9 / 6.3

수비 리바운드
5.4 / 4.0 / 평균 24.7 / 9.0

림 아래부터 리바운드 위치까지의 거리
- 0~0.9m
- 0.9~1.8m
- 1.8~3m
- 3m 이상

DEFENSE OF 51 WINS

필드골 허용 %
45.0%

3점슛 허용 %
34.5%

상대 필드골 시도 89.4 | 상대 3점슛 시도 35.3
필드골 허용 40.2 | 3점슛 허용 12.2

DEFENSE OF 31 LOSSES

필드골 허용 %
50.0%

3점슛 허용 %
39.3%

상대 필드골 시도 88.0 | 상대 3점슛 시도 35.5
필드골 허용 44.0 | 3점슛 허용 13.9

	DEFENSE pg		REBOUNDS pg												항목 & 평점															
DFG	DFG%	CR	UCR	TS	MS	3PS	FT	LU	DK	ID	OD	ST	BL	ORG	DRG	ORB	DRG	DR3	DRB	PS	BH	BQ	SP	PO	ED	HS	OG
필드골 허용	필드골 허용%	유경쟁 리바운드	무경쟁 리바운드	터프샷 성공률	중거리 슈팅	3점 슈팅	자유투 성공률	레이업 플로터	덩크	안쪽 수비	외곽 수비	스틸	블락	가드 공격RB	SF 공격RB	빅맨 공격RB	가드 수비RB	SF 수비RB	빅맨 수비RB	패스	볼 핸들링	농구 IQ	스피드 민첩성	파워	지구력	허슬 플레이	종합 평점

Kawhi LEONARD SF-PF

F 2 카와이 레너드 1991.06.29 / 201cm

🇺🇸 미국 | NBA 드래프트 : 2011년 1라운드 15번
NBA 우승 : 2회 / 파이널 MVP : 2회
시즌 MVP : 0회 / NBA 퍼스트팀 : 3회

리그 최고 선수 중 1명. 지난 시즌은 무릎 부상으로 68경기 출전에 그쳤다. 개인기가 출중해 아이솔레이션, 포스트업을 즐긴다. 덩크, 레이업, 플로터, 핑거롤, 풀업 점퍼, 스텝백 점퍼, 페이드어웨이슛, 턴어라운드슛 등 농구에 존재하는 모든 종류의 슛을 하이퀄리티로 시도한다. 클러치 타임에 빅샷을 성공시킨다. 피펜과 함께 역대 SF 최강 수비수다. 1번~5번을 다 수비한다. BQ가 매우 높고, 볼 핸들링과 플레이메이킹도 압권이다. 연봉 4921만 달러.

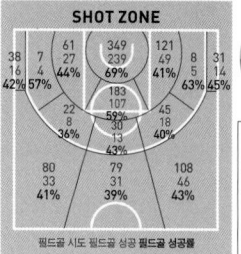

SHOT ZONE

필드골 1162 시도 705
필드골 610 성공 322

◉ 점프슛, 풀업 점퍼
◉ 레이업, 핑거롤
● 페이드어웨이
● 덩크, 앨리웁
● 훅슛
● 팁슛
● 뱅크슛

DEFENSE PER GAME			REBOUNDS PER GAME		
림에서의 거리	DFG	DFG%	림에서의 거리	CR	UCR
3점슛	1.9	39.0%	0~0.9m	0.4	0.3
2점슛	3.9	53.3%	0.9~1.8m	0.8	1.2
0~1.8m	2.8	62.9%	1.8~3.0m	0.2	1.3
0~3.0m	3.2	57.7%	3.0m 이상	0.1	1.4
4.5m 이상	2.2	39.2%			

2023-24 LA 클리퍼스 68경기 평균 34.3분

항목 평점	TS	MS	3PS	FT	LU	DK	ID	OD	ST	BL
	A+	A-	B	B+	A-	B-	B-	A-	B+	D+
항목	PTS	RB	AS	ST	BL					
경기 평균	23.7	6.1	3.6	1.6	0.9					
36분 기준	24.9	6.4	3.8	1.7	0.9					
항목 평점	ORG	DRG	PS	BH	BQ	SP	PO	ED	HS	OG
	C-	B-	C+	B	A-	B	B+	A	A-	

Derrick JONES JR SF-PF

F 55 데릭 존스 Jr. 1997.02.15 / 198cm

🇺🇸 미국 | NBA 드래프트 : 2016년 미지명
NBA 우승 : 0회 / 파이널 MVP : 0회
시즌 MVP : 0회 / NBA 퍼스트팀 : 0회

NBA 최고의 덩크 아티스트. 두 번이나 덩크 챔피언에 올랐다. 놀라운 점프로 하늘로 날아오른 뒤 볼을 무자비하게 림으로 내리꽂는다. 거의 전율이 느껴질 정도. 그는 경기 중 상대팀의 기를 꺾기 위해 이런 모습을 자주 연출한다. 덩크 외에 캐치&슛으로 3점슛을 던진다. 그러나 횟수, 성공률 모두 높지는 않다. 미드레인지 점퍼는 정말 '가뭄에 콩나듯' 적다. 최강의 오펜스 리바운더이기도 하다. 운동 능력에 비해 수비는 약하다. 연봉은 952만 달러.

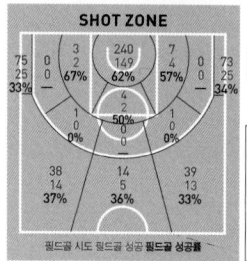

SHOT ZONE

필드골 495 시도
필드골 239 성공 65

◉ 점프슛, 풀업 점퍼
◉ 레이업, 핑거롤
● 페이드어웨이
● 덩크, 앨리웁
● 훅슛
● 팁슛
● 뱅크슛

DEFENSE PER GAME			REBOUNDS PER GAME		
림에서의 거리	DFG	DFG%	림에서의 거리	CR	UCR
3점슛	1.0	34.1%	0~0.9m	0.3	0.2
2점슛	3.0	51.8%	0.9~1.8m	0.0	0.6
0~1.8m	1.9	56.3%	1.8~3.0m	0.1	0.5
0~3.0m	2.3	53.4%	3.0m 이상	0.1	0.9
4.5m 이상	1.3	35.6%			

2023-24 댈러스 76경기 평균 23.5분

항목 평점	TS	MS	3PS	FT	LU	DK	ID	OD	ST	BL
	B-	D	B	B+	A-	B+	B-	C+	B	C+
항목	PTS	RB	AS	ST	BL					
경기 평균	8.6	3.3	1.0	0.7	0.7					
36분 기준	13.3	5.0	1.5	1.1	1.0					
항목 평점	ORG	DR3	PS	BH	BQ	SP	PO	ED	HS	OG
	B-	D-	D	D+	D+	C+	D-	B-	A	C+

Norman POWELL SG-SF

F 24 노먼 파웰 1993.05.25 / 193cm

🇺🇸 미국 | NBA 드래프트 : 2015년 2라운드 46번
NBA 우승 : 1회 / 파이널 MVP : 0회
시즌 MVP : 0회 / NBA 퍼스트팀 : 0회

키는 크지 않지만, 탄력 넘치는 체형에 윙스팬이 길고, 운동 능력이 뛰어난 스윙맨. 슬래셔로서 림을 적극적으로 공략해 덩크를 터뜨리고, 레이업을 얹는다. 라인 밖에서는 주로 캐치&슛으로 3점을 던진다. 핫스팟은 왼쪽 코너와 왼쪽 윙. 풀업 점퍼도 시도하지만, 캐치&슛에 비해 횟수가 훨씬 적다. 퍼리미터에서는 1번~3번을 다 막을 수 있다. 그러나 경기마다 슈팅과 수비에 큰 기복을 보인다. 그가 식스맨으로 출전하는 이유다. 연봉은 1924만 달러.

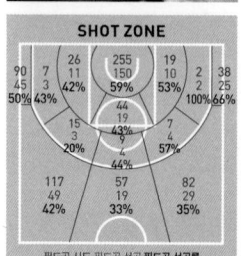

SHOT ZONE

필드골 768 시도 535
필드골 373 성공 236

◉ 점프슛, 풀업 점퍼
◉ 레이업, 핑거롤
● 페이드어웨이
● 덩크, 앨리웁
● 훅슛
● 팁슛
● 뱅크슛

DEFENSE PER GAME			REBOUNDS PER GAME		
림에서의 거리	DFG	DFG%	림에서의 거리	CR	UCR
3점슛	1.0	31.0%	0~0.9m	0.1	0.1
2점슛	2.8	54.9%	0.9~1.8m	0.2	0.6
0~1.8m	1.9	62.7%	1.8~3.0m	0.1	0.6
0~3.0m	2.2	58.8%	3.0m 이상	0.1	0.7
4.5m 이상	1.3	32.6%			

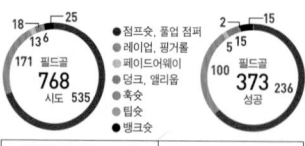

2023-24 LA 클리퍼스 76경기 평균 26.2분

항목 평점	TS	MS	3PS	FT	LU	DK	ID	OD	ST	BL
	A-	B	B+	B	B	B-	D-	C+	D	D-
항목	PTS	RB	AS	ST	BL					
경기 평균	13.9	2.6	1.1	0.6	0.3					
36분 기준	19.1	3.5	1.5	0.8	0.4					
항목 평점	ORG	DRG	PS	BH	BQ	SP	PO	ED	HS	OG
	D-	D-	C	C+	B	C+	A-	A-	C	

Nicolas BATUM PF-SF

F 33 니콜라 바툼 1988.12.14 / 203cm

🇫🇷 프랑스 | NBA 드래프트 : 2008년 1라운드 25번
NBA 우승 : 0회 / 파이널 MVP : 0회
시즌 MVP : 0회 / NBA 퍼스트팀 : 0회

프랑스 칼바도스주 리지외 출신. 2006~2008년, 프랑스 르망사르트에서 뛰었고, 2008 드래프트로 NBA에 입성했다. 예전보다 운동 능력은 많이 약해졌다. 그러나 BQ는 사라지지 않았다. 과거에는 젊은 돌파형 슬래셔였다면 지금은 노련한 3&D 플레이어다. 캐치&슛으로 시도하는 3점슛은 여전히 위력적이다. 특히 좌우 코너에서 많이 시도한다. 퍼리미터 1대1 수비, 팀 디펜스 응용, 스틸 등 허슬 플레이를 정말 열심히 해준다. 연봉은 467만 달러.

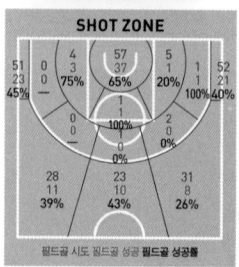

SHOT ZONE

필드골 256 시도 194
필드골 116 성공 78

◉ 점프슛, 풀업 점퍼
◉ 레이업, 핑거롤
● 페이드어웨이
● 덩크, 앨리웁
● 훅슛
● 팁슛
● 뱅크슛

DEFENSE PER GAME			REBOUNDS PER GAME		
림에서의 거리	DFG	DFG%	림에서의 거리	CR	UCR
3점슛	1.1	32.3%	0~0.9m	0.5	0.4
2점슛	3.1	51.6%	0.9~1.8m	0.3	0.5
0~1.8m	2.2	59.4%	1.8~3.0m	0.1	0.7
0~3.0m	2.6	56.5%	3.0m 이상	0.1	0.6
4.5m 이상	1.3	33.0%			

2023-24 LA 클리퍼스+필라델피아 60경기 평균 25.5분

항목 평점	TS	MS	3PS	FT	LU	DK	ID	OD	ST	BL
	B+	C+	B	C	C	D-	D-	C-	C	D+
항목	PTS	RB	AS	ST	BL					
경기 평균	5.3	4.1	2.1	0.8	0.6					
36분 기준	7.5	5.8	3.0	1.1	0.9					
항목 평점	ORB	DRB	PS	BH	BQ	SP	PO	ED	HS	OG
	D-	D-	C-	C	B	D+	D	B+	B	C

	DEFENSE pg		REBOUNDS pg			항목 & 평점																
	DFG	DFG%	CR	UCR	TS	MS	3PS	FT	LU	DK	ID	OD	ST	BL	OR3	ORB	DRG	DR3	DRB	PS	BH	BQ	SP	PO	ED	HS	OG
	필드골 허용	필드골 허용률	유경쟁 리바운드	무경쟁 리바운드	터프샷 성공률	중거리 슈팅	3점 슈팅	자유투 성공률	레이업 플로터	덩크	안쪽 수비	외곽 수비	스틸	블락	가드 공격RB	SF 공격RB	빅맨 공격RB	가드 수비RB	SF 수비RB	빅맨 수비RB	패스	볼 핸들링	농구 IQ	스피드 민첩성	파워	지구력	허슬 플레이	종합 평점

Kobe BROWN — SF-PF

F 21 코비 브라운 — 2000.01.01 / 201cm

미국

NBA 드래프트 : 2023년 1라운드 30번
NBA 우승 : 0회 / 파이널 MVP : 0회
시즌 MVP : 0회 / NBA 퍼스트팀 : 0회

'서드 유닛' 콤보 포워드. 지난 시즌 NBA와 G 리그(온타리오 클리퍼스)를 넘나들었다. 빅맨 같은 포스트 스킬을 지녔다. 시야가 넓고, 리바운드 후 아울렛 패스를 정확히 던져준다. 미드 레인지와 3점 라인 밖 슈팅 매커니즘은 OK. 그런데 상대 수비의 도전을 받으면 급히 서두르다 미스를 범한다. 적극적으로 움직이며 상대의 패싱레인을 자른다. 그러나 전체적인 인사이드 1대1, 블락, 공격 리바운드, 수비 리바운드 등은 부족하다. 연봉은 253만 달러.

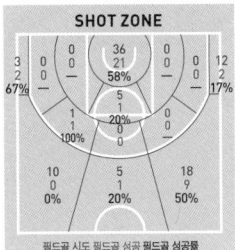

SHOT ZONE

필드골 시도 90 성공 37

	점프숏, 풀업 점퍼
	레이업, 핑거롤
	페이드어웨이
	덩크, 앨리웁
	훅숏
	팁숏
	뱅크숏

DEFENSE PER GAME			REBOUNDS PER GAME		
림에서의 거리	DFG	DFG%	림에서의 거리	CR	UCR
3점숏	0.5	31.5%	0~0.9m	0.2	0.1
2점숏	1.2	51.9%	0.9~1.8m	0.3	0.3
0~1.8m	0.9	57.4%	1.8~3.0m	0.3	0.3
0~3.0m	1.0	53.0%	3.0m 이상	0.0	0.0
4.5m 이상	0.6	31.7%			

2023-24 LA 클리퍼스 44경기 평균 9.0분

항목	PTS	RB	AS	ST	BL
경기 평균	2.0	1.4	0.6	0.3	0.1
36분 기준	8.1	5.7	2.3	1.1	0.5

항목 평점	TS	MS	3PS	FT	LU	DK	ID	OD	ST	BL
	B-	C-	C-	C+	C	D	D-	D-	C	D
항목 평점	ORB	DRB	PS	BH	BQ	SP	PO	ED	HS	OG
	D-	D-	D-	D-	D-	D-	B-	B+	B	C-

Kevin PORTER JR. — SG-SF

F 77 케빈 포터 — 2000.05.04 / 193cm

미국

NBA 드래프트 : 2019년 1라운드 30번
NBA 우승 : 0회 / 파이널 MVP : 0회
시즌 MVP : 0회 / NBA 퍼스트팀 : 0회

지난 시즌 그리스 명문 PAOK에서 뛰었고, 올여름 LA 클리퍼스와 계약했다. 그는 '악마의 재능'이다. 터지는 날은 정말 무섭게 폭발한다. 덩크, 레이업, 플로터, 핑거롤, 풀업 점퍼, 스텝백 점퍼 등 고난도 슈팅을 폭포수처럼 쏟아낸다. 크로스오버 드리블을 비롯한 환상적인 핸들링을 선보인다. 그러나 안 풀리는 날 그 슈팅은 림을 철저히 외면하고, 턴오버가 속출한다. NBA 역사에 이렇게 천당과 지옥을 오가는 선수는 없었다. 연봉은 224만 달러.

SHOT ZONE

2023-24시즌 그리스 리그

필드골 시도 0 성공 0

	점프숏, 풀업 점퍼
	레이업, 핑거롤
	페이드어웨이
	덩크, 앨리웁
	훅숏
	팁숏
	뱅크숏

DEFENSE PER GAME			REBOUNDS PER GAME		
림에서의 거리	DFG	DFG%	림에서의 거리	CR	UCR
3점숏	—	—	0~0.9m	—	—
2점숏	—	—	0.9~1.8m	—	—
0~1.8m	—	—	1.8~3.0m	—	—
0~3.0m	—	—	3.0m 이상	—	—
4.5m 이상	—	—			

2023-24시즌 NBA 기록 없음

항목 평점	TS	MS	3PS	FT	LU	DK	ID	OD	ST	BL
	—	—	—	—	—	—	—	—	—	—
항목 평점	ORG	DRG	PS	BH	BQ	SP	PO	ED	HS	OG
	—	—	—	—	—	—	—	—	—	—

Ivića ZUBAČ — C

C 40 이비차 주바치 — 1997.03.18 / 213cm

크로아티아

NBA 드래프트 : 2016년 2라운드 32번
NBA 우승 : 0회 / 파이널 MVP : 0회
시즌 MVP : 0회 / NBA 퍼스트팀 : 0회

213cm의 큰 체격에 힘도 좋다. 플레이 대부분이 페인트존에서 이뤄지는 '올드 스쿨' 센터다. 전체 필드골 중 덩크, 레이업, 핑거롤, 가까운 거리 훅숏, 풋백 및 팁인 등 림 근처에서 나온 숏의 비중이 88%였다. 반면, 3m 이상 거리에서 시도한 숏은 0이다. 픽&롤 응용을 잘 하고, 공격 및 수비 리바운드가 우수하며, 블락도 수준급이다. 인사이드 1대1 수비는 OK. 그러나 픽&롤 수비 때 볼 핸들러 쪽으로 스위치 하면 그냥 털린다. 연봉은 1174만 달러.

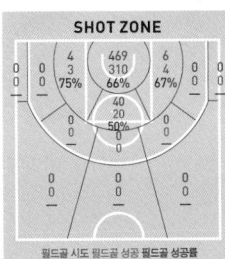

SHOT ZONE

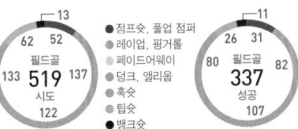

필드골 시도 519 성공 337

	점프숏, 풀업 점퍼
	레이업, 핑거롤
	페이드어웨이
	덩크, 앨리웁
	훅숏
	팁숏
	뱅크숏

DEFENSE PER GAME			REBOUNDS PER GAME		
림에서의 거리	DFG	DFG%	림에서의 거리	CR	UCR
3점숏	1.6	39.1%	0~0.9m	2.1	1.2
2점숏	6.1	48.1%	0.9~1.8m	1.4	2.3
0~1.8m	3.4	51.8%	1.8~3.0m	0.3	1.0
0~3.0m	4.2	50.1%	3.0m 이상	0.1	0.4
4.5m 이상	2.7	41.9%			

2023-24 LA 클리퍼스 68경기 평균 26.4분

항목	PTS	RB	AS	ST	BL
경기 평균	11.7	9.2	1.4	0.3	1.2
36분 기준	15.9	12.6	1.9	0.4	1.7

항목 평점	TS	MS	3PS	FT	LU	DK	ID	OD	ST	BL
	A+	A	—	C-	B	B	C+	D-	D-	B+
항목 평점	ORB	DRB	PS	BH	BQ	SP	PO	ED	HS	OG
	B	B+	C-	D-	C	D-	B-	B-	A-	B-

Mo BAMBA — C

C 4 모 밤바 — 1998.05.12 / 213cm

미국

NBA 드래프트 : 2018년 1라운드 6번
NBA 우승 : 0회 / 파이널 MVP : 0회
시즌 MVP : 0회 / NBA 퍼스트팀 : 0회

코트디부아르계 이민 2세. 오른 무릎 부상, 감독의 결정으로 시즌 57경기에 출전했다. 213cm의 '스트레치 빅맨'이다. 공격은 제한적이다. 로포스트의 덩크, 레이업, 풋백, 가까운 거리의 훅숏이 대부분. 그러나 큰 키와 높은 타점을 활용해 3점숏을 던진다. 핫스팟은 탑과 좌우 윙. 출전 시간 대비 블락은 리그 최고 수준이고, 리바운드도 OK. 그러나 인사이드 1대1 수비가 약해 종종 파울 트러블에 걸린다. 평균 출전 시간 13분인데도. 연봉은 209만 달러.

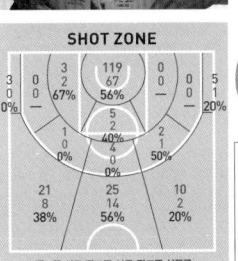

SHOT ZONE

필드골 시도 198 성공 97

	점프숏, 풀업 점퍼
	레이업, 핑거롤
	페이드어웨이
	덩크, 앨리웁
	훅숏
	팁숏
	뱅크숏

DEFENSE PER GAME			REBOUNDS PER GAME		
림에서의 거리	DFG	DFG%	림에서의 거리	CR	UCR
3점숏	0.7	36.9%	0~0.9m	0.9	0.9
2점숏	2.9	55.0%	0.9~1.8m	0.7	0.9
0~1.8m	2.1	62.7%	1.8~3.0m	0.1	0.3
0~3.0m	2.4	59.9%	3.0m 이상	0.0	0.2
4.5m 이상	0.9	36.8%			

2023-24 필라델피아 57경기 평균 13.0분

항목	PTS	RB	AS	ST	BL
경기 평균	4.4	4.2	0.7	0.4	1.1
36분 기준	12.3	11.6	2.0	1.1	2.9

항목 평점	TS	MS	3PS	FT	LU	DK	ID	OD	ST	BL
	C	D	C+	D	D-	C	C	D-	C	A
항목 평점	ORB	DRB	PS	BH	BQ	SP	PO	ED	HS	OG
	C	B	D-	D-	D	C	D+	C+	C	C

C 17 PJ TUCKER — PF-C

PJ 터커
1985.05.05 / 196cm

🇺🇸 미국
NBA 드래프트 : 2006년 2라운드 35번
NBA 우승 : 1회 / 파이널 MVP : 0회
시즌 MVP : 0회 / NBA 퍼스트팀 : 0회

전형적인 3&D 플레이어. '페이스&스페이스(Pace&Space)' 시대로 넘어간 현대농구 트렌드에 적합하다. 그의 키는 196m. 4번 혹은 5번으로서 정말 작다. 그러나 두꺼운 몸에 강한 파워, 민첩한 움직임으로 3번, 4번, 5번을 다 수비한다. 픽&롤 수비 때 스위치 후 미스매치에 대응하는 능력이 정말 뛰어나다. 득점력은 낮다. 그러나 주어진 찬스에서 3점슛을 시도한다. 코너 3점슛이 정확하다. 림 근처에서 플로터를 종종 구사한다. 연봉은 1154만 달러.

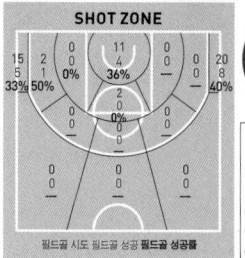

SHOT ZONE

필드골 시도: 50 / 40
필드골 성공: 18 / 14

● 점프슛, 풀업 점퍼 ● 레이업, 핑거롤 ● 페이드어웨이 ● 덩크, 앨리웁 ● 훅슛 ● 팁슛 ● 뱅크슛

DEFENSE PER GAME			REBOUNDS PER GAME		
림에서의 거리	DFG	DFG%	림에서의 거리	CR	UCR
3점슛	0.8	32.9%	0~0.9m	0.2	0.2
2점슛	2.3	52.6%	0.9~1.8m	0.3	0.6
0~1.8m	1.2	62.3%	1.8~3.0m	0.1	0.6
0~3.0m	1.7	55.9%	3.0m 이상	0.2	0.6
4.5m 이상	1.1	35.5%			

2023-24 필라델피아+LA 클리퍼스 31경기 평균 15.7분

항목	PTS	RB	AS	ST	BL
경기 평균	1.7	2.7	0.5	0.5	0.2
36분 기준	3.9	6.3	1.2	1.2	0.5

항목	TS	MS	3PS	FT	LU	DK	ID	OD	ST	BL
평점	B+	C+	B	C	D-	D-	C+	B-	C+	D-
항목	ORG	DRG	PS	BH	BQ	SP	PO	ED	HS	OG
평점	D-	D-	C-	D	D	D-	B-	B+	A-	C-

G 1 James HARDEN — PG-SG

제임스 하든
1989.08.26 / 196cm

🇺🇸 미국
NBA 드래프트 : 2009년 1라운드 3번
NBA 우승 : 0회 / 파이널 MVP : 0회
시즌 MVP : 1회 / NBA 퍼스트팀 : 6회

역사상 최고의 공격수 중 1명. 돌파를 시작하면 메이드 되거나 자유투 파울. 레이업, 핑거롤, 플로터로 득점을 공략한다. 풀업 점퍼와 캐치&슛 모두 기본으로 깔고 간다. 여기에 '예술의 경지'에 오른 스텝백 점퍼는 단연 '킬러 컨텐츠'다. 휴스턴 시절 평균 29점을 올린 것에 비해 지난 시즌 득점은 아쉽다. 그러나 그건 레너드, 조지에게 패스를 많이 했기 때문이다. 올 시즌 조지가 떠났기에 예전처럼 평균 25점 안팎을 올릴 것이다. 연봉은 3366만 달러.

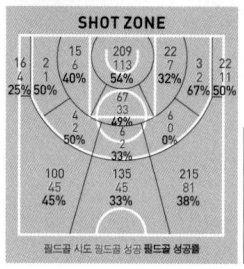

SHOT ZONE

필드골 시도: 822 / 649
필드골 성공: 352 / 254

● 점프슛, 풀업 점퍼 ● 레이업, 핑거롤 ● 페이드어웨이 ● 덩크, 앨리웁 ● 훅슛 ● 팁슛 ● 뱅크슛

DEFENSE PER GAME			REBOUNDS PER GAME		
림에서의 거리	DFG	DFG%	림에서의 거리	CR	UCR
3점슛	1.8	35.6%	0~0.9m	0.2	0.4
2점슛	4.7	55.4%	0.9~1.8m	0.4	1.0
0~1.8m	3.2	63.8%	1.8~3.0m	0.3	1.1
0~3.0m	3.9	59.9%	3.0m 이상	0.1	1.3
4.5m 이상	2.1	36.8%			

2023-24 LA 클리퍼스 72경기 평균 34.3분

항목	PTS	RB	AS	ST	BL
경기 평균	16.6	5.1	8.5	1.1	0.8
36분 기준	17.4	5.4	8.9	1.1	0.8

항목	TS	MS	3PS	FT	LU	DK	ID	OD	ST	BL
평점	A	B	B-	A	B	D	C	B-	B+	C
항목	ORG	DRG	PS	BH	BQ	SP	PO	ED	HS	OG
평점	D-	B	B-	A	B	B	C-	A+	A+	B

G 14 Terance MANN — PG-SG

테런스 맨
1996.10.18 / 196cm

🇺🇸 미국
NBA 드래프트 : 2019년 2라운드 48번
NBA 우승 : 0회 / 파이널 MVP : 0회
시즌 MVP : 0회 / NBA 퍼스트팀 : 0회

슬래셔형 콤보 가드. 196cm의 키에 호리호리한 체형이며 순간적으로 방향을 바꾸고 민첩하게 움직인다. 늘 자신 있게 덩크, 레이업, 플로터를 시도한다. 양손으로 마무리할 수 있고, 스핀무브를 자유롭게 구사한다. 가끔 클러치 상황에 터프샷도 성공시킨다. 좌우 코너 3점슛이 많다. 볼을 안정적으로 핸들링하고, 정확하게 패스한다. 픽&롤에서 볼 핸들러와 롤맨 역할을 둘 다 잘 해낸다. 가드치고 공격 리바운드를 잘 잡아낸다. 연봉은 1142만 달러.

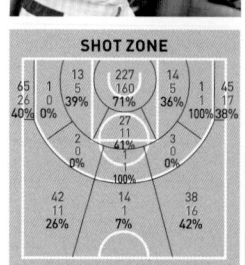

SHOT ZONE

필드골 시도: 493 / 267
필드골 성공: 254 / 90

● 점프슛, 풀업 점퍼 ● 레이업, 핑거롤 ● 페이드어웨이 ● 덩크, 앨리웁 ● 훅슛 ● 팁슛 ● 뱅크슛

DEFENSE PER GAME			REBOUNDS PER GAME		
림에서의 거리	DFG	DFG%	림에서의 거리	CR	UCR
3점슛	1.2	38.8%	0~0.9m	0.4	0.4
2점슛	3.1	56.4%	0.9~1.8m	0.4	0.8
0~1.8m	1.9	64.1%	1.8~3.0m	0.1	0.5
0~3.0m	2.3	61.2%	3.0m 이상	0.0	0.6
4.5m 이상	1.4	38.4%			

2023-24 LA 클리퍼스 75경기 평균 25.0분

항목	PTS	RB	AS	ST	BL
경기 평균	8.8	3.4	1.6	0.6	0.2
36분 기준	12.6	4.9	2.3	0.8	0.3

항목	TS	MS	3PS	FT	LU	DK	ID	OD	ST	BL
평점	A-	D-	C+	D+	B-	C	D	D	D	D
항목	ORG	DRG	PS	BH	BQ	SP	PO	ED	HS	OG
평점	B+	D-	C+	C+	C+	C-	D-	B	A-	C

G 8 Kris DUNN — PG-SG

크리스 던
1994.03.18 / 191cm

🇺🇸 미국
NBA 드래프트 : 2016년 1라운드 5번
NBA 우승 : 0회 / 파이널 MVP : 0회
시즌 MVP : 0회 / NBA 퍼스트팀 : 0회

키 191cm, 몸무게 93kg, 윙스팬 206cm. 리그 정상급 퍼리미터 수비수다. 운동 능력이 좋아 1번, 2번, 3번을 다 막는다. 픽&롤 수비, 헬프 디펜스 등 팀 디펜스도 우수하다. 손이 빨라 스틸도 많이 한다. 가드 중 공격 리바운드를 많이 잡아낸다. 공격은 림어택과 3점슛 딱 2가지다. 미드레인지 점퍼는 시도 횟수나 성공률 모두 크게 부족하다. 볼을 안전하게 핸들링한다. 그러나 모험적인 플레이나 과감한 패스를 하는 것은 아니다. 연봉은 517만 달러.

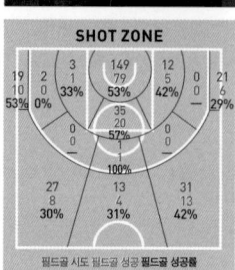

SHOT ZONE

필드골 시도: 313 / 212
필드골 성공: 147 / 92

● 점프슛, 풀업 점퍼 ● 레이업, 핑거롤 ● 페이드어웨이 ● 덩크, 앨리웁 ● 훅슛 ● 팁슛 ● 뱅크슛

DEFENSE PER GAME			REBOUNDS PER GAME		
림에서의 거리	DFG	DFG%	림에서의 거리	CR	UCR
3점슛	3.5	42.6%	0~0.9m	0.2	0.4
2점슛	1.2	37.1%	0.9~1.8m	0.2	0.7
0~1.8m	2.3	46.1%	1.8~3.0m	0.2	0.5
0~3.0m	1.6	59.2%	3.0m 이상	0.1	0.6
4.5m 이상	1.4	34.9%			

2023-24 유타 66경기 평균 18.9분

항목	PTS	RB	AS	ST	BL
경기 평균	5.4	2.9	3.8	1.0	0.4
36분 기준	10.3	5.4	7.3	2.0	0.8

항목	TS	MS	3PS	FT	LU	DK	ID	OD	ST	BL
평점	A-	C+	B	C-	C+	D	D-	B-	A	D
항목	ORG	DRG	PS	BH	BQ	SP	PO	ED	HS	OG
평점	B	C	B	C	B-	B-	D-	B-	A-	C

DEFENSE pg		REBOUNDS pg		항목 & 평점																								
DFG	DFG%	CR	UCR	TS	MS	3PS	FT	LU	DK	ID	OD	ST	BL	ORG	OR3	ORB	DRG	DR3	DRB	PS	BH	BQ	SP	PO	ED	HS	OG
필드골 허용	필드골 허용률	유경쟁 리바운드	무경쟁 리바운드	터프샷 성공률	중거리 슛팅	3점 슛팅	자유투 성공률	레이업 플로터	슬램 덩크	안쪽 수비	외곽 수비	스틸	블락	가드 공격RB	SF 공격RB	빅맨 공격RB	가드 수비RB	SF 수비RB	빅맨 수비RB	패스	볼 핸들링	농구 IQ	스피드 민첩성	파워	지구력	허슬 플레이	종합 평가

Amir COFFEY — SG-SF
G 7
아미르 커피
1997.06.17 / 201cm

NBA 드래프트 : 2019년 미지명
미국
NBA 우승 : 0회 / 파이널 MVP : 0회
시즌 MVP : 0회 / NBA 퍼스트팀 : 0회

LA 클리퍼스의 소중한 백업 멤버. 201cm 왼손잡이 스윙맨이다. 과감하게 림을 직접 공략하고, 정확히 마무리한다. 움직임이 변칙적이라 상대 수비가 잘 속는다. 공격에서는 캐치&슛이 주를 이룬다. 좌우 코너에서 날리는 3점슛이 가장 강력한 무기다. 풀업 점퍼를 가끔 시도하지만 횟수는 많지 않다. BQ가 좋은 데다 민첩한 크로스오버 드리블로 수비를 무너트리고 기회를 만든다. 트랜지션 게임을 효과적으로 수행한다. 연봉은 394만 달러.

SHOT ZONE

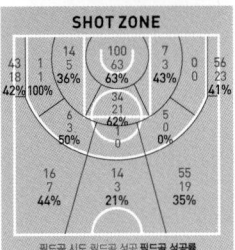

필드골 시도 월드골 성공 **필드골 성공률**

필드골 시도 **352** 247
2 7
15 8
73
43 1 14 100 7 0 56
18 1 36% 63% 43% 23
42% 100% 63% 41%
34
6 21
3 62% 1
50% 0%
16 14 55
7 3 19
44% 21% 35%

필드골 성공 **166** 101
1 2
8 7
47
● 점프슛, 풀업 점퍼
● 레이업, 핑거롤
● 페이드어웨이
● 덩크, 앨리웁
● 훅슛
● 팁슛
● 뱅크슛

DEFENSE PER GAME			REBOUNDS PER GAME		
팀에서의 거리	DFG	DFG%	팀에서의 거리	CR	UCR
3점슛	1.2	39.4%	0~0.9m	0.1	0.1
2점슛	2.5	53.5%	0.9~1.8m	0.1	0.4
0~1.8m	1.6	62.2%	1.8~3.0m	0.1	0.4
0~3.0m	1.9	59.3%	3.0m 이상	0.1	0.8
4.5m 이상	1.6	41.5%			

2023-24 LA 클리퍼스 70경기 평균 20.9분						항목 평점	TS	MS	3PS	FT	LU	DK	ID	OD	ST	BL
항목	PTS	RB	AS	ST	BL		A-	B-	B-	C+	B	D-	D-	D	C-	D-
경기 평균	6.6	2.1	1.1	0.6	0.2	항목 평점	ORG	DRG	PS	BH	BQ	SP	PO	ED	HS	OG
36분 기준	11.4	3.6	1.9	1.0	0.3		D-	D-	C	C	B	C-	D-	D	C	C

Bones HYLAND — PG-SG
G 5
본스 하일랜드
2000.09.14 / 188cm

NBA 드래프트 : 2021년 1라운드 26번
미국
NBA 우승 : 0회 / 파이널 MVP : 0회
시즌 MVP : 0회 / NBA 퍼스트팀 : 0회

'서드 유닛' 일원으로 리그 37경기에 출전했다. 36분 기준 17.1점-6.2어시스트를 기록했다. 공격력과 플레이메이킹 능력을 어느 정도 인정받은 셈이다. 주 득점 루트는 돌파 후의 레이업과 좌우 윙에서 시도하는 3점슛. 캐치&슛 위주이지만 가끔 풀업 점퍼도 던진다. 스틸과 허슬 플레이도 OK. 그러나 퍼리미터 1대1과 팀 디펜스는 부족하다. 2023-24시즌 막판에 3점슛 능력이 급격히 떨어져 클리퍼스 팬들의 걱정을 산 바 있다. 연봉은 220만 달러.

SHOT ZONE

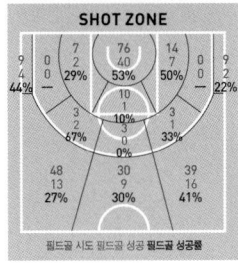

필드골 시도 필드골 성공 **필드골 성공률**

필드골 시도 **251** 169
2 2
9 10
59
9 7 76 14 9
2 29% 53% 50% 2
44% 22%
10
3 10%
0%
3 5
67% 33%
48 30 39
13 9 16
27% 30% 41%

필드골 성공 **97** 59
2 4
30 2
● 점프슛, 풀업 점퍼
● 레이업, 핑거롤
● 페이드어웨이
● 덩크, 앨리웁
● 훅슛
● 팁슛
● 뱅크슛

DEFENSE PER GAME			REBOUNDS PER GAME		
팀에서의 거리	DFG	DFG%	팀에서의 거리	CR	UCR
3점슛	0.9	36.0%	0~0.9m	0.1	0.1
2점슛	2.2	60.2%	0.9~1.8m	0.1	0.3
0~1.8m	1.6	73.3%	1.8~3.0m	0.0	0.4
0~3.0m	1.9	65.3%	3.0m 이상	0.1	0.5
4.5m 이상	1.1	37.3%			

2023-24 LA 클리퍼스 37경기 평균 14.6분						항목 평점	TS	MS	3PS	FT	LU	DK	ID	OD	ST	BL
항목	PTS	RB	AS	ST	BL		B	D	C	B	B-	D-	D-	D	B+	D-
경기 평균	6.9	1.5	2.5	0.7	0.1	항목 평점	ORG	DRG	PS	BH	BQ	SP	PO	ED	HS	OG
36분 기준	17.1	3.7	6.2	1.7	0.3		D-	D-	C+	B	B+	D-	B+	D	C	C

Cam CHRISTIE — SG
G 12
캠 크리스티
2005.07.24 / 198cm

NBA 드래프트 : 2024년 2라운드 46번
미국
NBA 우승 : 0회 / 파이널 MVP : 0회
시즌 MVP : 0회 / NBA 퍼스트팀 : 0회

미네소타 1학년을 마치고 2024 드래프트를 신청해 LA 클리퍼스에 지명됐다. 크리스티는 좋은 사이즈와 적당한 운동 능력, 부드러운 슛 터치를 지녔다. 드리블 기술이 좋아 돌파 후 레이업을 올리거나 패스 아웃을 통해 동료의 플레이를 돕고 상대 수비를 흔들 수 있다. 대학 시절 39%의 3점슛 성공률과 79%의 자유투 성공률을 기록했다. 그러나 NBA에 정착하려면 퍼리미터 1대1 수비 및 팀 디펜스 응용력을 많이 보강해야 한다. 연봉은 116만 달러.

SHOT ZONE

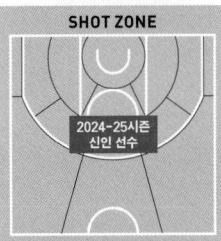

필드골 시도 필드골 성공 **필드골 성공률**

필드골 시도 **0**
2024-25시즌 신인 선수
필드골 성공 **0**
● 점프슛, 풀업 점퍼
● 레이업, 핑거롤
● 페이드어웨이
● 덩크, 앨리웁
● 훅슛
● 팁슛
● 뱅크슛

DEFENSE PER GAME			REBOUNDS PER GAME		
팀에서의 거리	DFG	DFG%	팀에서의 거리	CR	UCR
3점슛			0~0.9m		
2점슛			0.9~1.8m		
0~1.8m			1.8~3.0m		
0~3.0m			3.0m 이상		
4.5m 이상					

2023-24시즌 NBA 기록 없음						항목 평점	TS	MS	3PS	FT	LU	DK	ID	OD	ST	BL
항목	PTS	RB	AS	ST	BL											
경기 평균	—	—	—	—	—	항목 평점	ORG	DRG	PS	BH	BQ	SP	PO	ED	HS	OG
36분 기준	—	—	—	—	—											

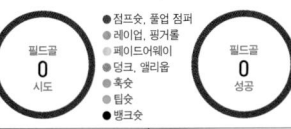

LOS ANGELES CLIPPERS
2024-25 REGULAR SEASON SCHEDULE

OCTOBER, 2024
Oct. 24 vs. Phoenix
Oct. 27 @ Denver
Oct. 28 @ Golden State
Oct. 31 vs. Portland

NOVEMBER, 2024
Nov. 1 vs. Phoenix
Nov. 3 vs. Oklahoma City
Nov. 5 vs. San Antonio
Nov. 7 vs. Philadelphia
Nov. 9 vs. Sacramento
Nov. 10 vs. Toronto
Nov. 12 @ Oklahoma City
Nov. 14 @ Houston
Nov. 16 @ Houston
Nov. 18 @ Utah
Nov. 19 vs. Golden State
Nov. 21 vs. Orlando
Nov. 23 vs. Sacramento
Nov. 25 vs. Philadelphia
Nov. 26 @ Boston
Nov. 28 @ Washington
Nov. 30 @ Minnesota

DECEMBER, 2024
Dec. 2 vs. Denver
Dec. 4 vs. Portland
Dec. 5 vs. Minnesota
Dec. 9 vs. Houston
Dec. 20 @ Dallas

Dec. 22 @ Dallas
Dec. 24 @ Memphis
Dec. 28 vs. Golden State
Dec. 31 @ New Orleans

JANUARY, 2025
Jan. 1 @ San Antonio
Jan. 3 @ Oklahoma City
Jan. 5 @ Atlanta
Jan. 7 @ Minnesota
Jan. 9 @ Denver
Jan. 12 vs. Charlotte
Jan. 14 vs. Miami
Jan. 16 vs. Brooklyn
Jan. 17 vs. Portland
Jan. 20 vs. LA Lakers
Jan. 22 vs. Chicago
Jan. 23 vs. Boston
Jan. 26 vs. Milwaukee
Jan. 28 vs. Phoenix
Jan. 30 @ San Antonio

FEBRUARY, 2025
Feb. 1 @ Charlotte
Feb. 3 @ Toronto
Feb. 5 vs. LA Lakers
Feb. 7 vs. Indiana
Feb. 9 vs. Utah
Feb. 13 vs. Memphis
Feb. 21 @ Milwaukee
Feb. 24 @ Indiana

Feb. 25 @ Detroit
Feb. 27 @ Chicago

MARCH, 2025
Mar. 1 @ LA Lakers
Mar. 3 @ LA Lakers
Mar. 5 @ Phoenix
Mar. 6 @ Detroit
Mar. 8 vs. New York
Mar. 10 @ Sacramento
Mar. 12 @ New Orleans
Mar. 13 @ Miami
Mar. 15 @ Atlanta
Mar. 18 vs. Washington
Mar. 19 vs. Cleveland
Mar. 20 @ Utah
Mar. 22 @ Memphis
Mar. 24 @ Oklahoma City
Mar. 28 @ New York
Mar. 28 @ Brooklyn
Mar. 31 @ Cleveland

APRIL, 2025
Apr. 1 @ Orlando
Apr. 3 vs. New Orleans
Apr. 5 vs. Dallas
Apr. 6 vs. Dallas
Apr. 9 vs. San Antonio
Apr. 10 vs. Houston
Apr. 12 @ Sacramento
Apr. 14 @ Golden State

LOS ANGELES LAKERS

뜻풀이 아버지와 아들의 도(道)는 친애에 있음. 르브론의 아들 사랑은 각별하다. 원하던 대로 드디어 함께 뛰게 됐다. 축구스타 호날두의 아들 사랑과 비슷하다.

*통계는 2024년 10월 1일 기준

AD 분투했지만 개운치 못한 마무리

인 시즌 토너먼트(NBA 컵)에서 인디애나를 꺾고 우승했지만, 시즌 마무리가 개운치 않았다. 2년 연속 덴버를 만나 탈락했다. 앤소니 데이비스가 데뷔 후 가장 많은 76경기나 뛰었는데도 플레이-인 토너먼트를 거친 뒤에야 간신히 플레이오프 진출을 확정지었다. 르브론 제임스와 데이비스를 도울 롤 플레이어들이 부상으로 들쑥날쑥했던 것이 아쉬웠다. 우드, 밴더빌트, 레디시, 빈센트 모두 건강 이슈가 있었다. 다빈 햄 감독도 냉혹한 평가 속에서 시즌 종료 후 사임했다.

'초보 감독' JJ 레디 영입, 그 결과는

다빈 햄의 후임으로 여러 인물이 물망에 올랐다. 코네티컷 대학을 우승시킨 댄 헐리 감독이 유력했지만, 레이커스의 파격 제안을 거절하고 대학에 남았다. 결국, 레이커스의 최종 선택은 '초보 감독' J.J 레딕이었다. 제임스와 동갑(1984년생)인 그는 지도자 경험이 전혀 없었다. 팟캐스트와 해설위원으로 친숙하지만, 제임스와 데이비스같이 '명예의 전당' 입성을 대기 번호 뽑고 기다리는 대스타들을 어떻게 이끌지 궁금하다. 게다가 레딕이 서는 무대는 언론 콧대가 높기로 유명한 LA다.

아버지와 아들, 함께 뛰는 모습 현실로

올여름도 이렇다 할 영입이 없었다. 소문은 많았지만, 실속이 없었다. 레이커스는 3점슛 성공 24위(11.8개)로 외곽 찬스를 잘 넣지 못했고, 수비에서는 30개 구단 중 3번째로 많은 3점슛(14.3개)을 허용하는 등 공·수에서 허점을 노출해왔다. 그리고 그 약점은 그대로다. 데이비스의 부담을 덜어줄 센터도 부족하다. 드라마틱한 변화가 없다면 성적은 기대할 수 없을 것이다. 아버지 르브론과 아들 브로니가 사상 처음 코트에서 함께 뛰는 모습을 보는 것이 유일한 볼거리로 남을 것이다.

CLUB INFORMATION

Founded 구단 창립 1947년

Owner 버스 패밀리 필립 안슈츠+2명

CEO 롭 펠린카 지니 버스

Head Coach JJ 레딕 1984.06.24

24-25 Odds 벳365 : 30배 윌리엄힐 : 30배

15명 Nationality ● 미국 선수 14명 ● 외국 선수 1명

Age 15명 평균 25.7세

Height 15명 평균 199.5cm

Weight 15명 평균 97.7kg

Salary 15명 평균 1250만 달러

Win 2023-24 : 47승 통산 3550승

Loss 2023-24 : 35패 통산 2454패

Winning% 2023-24 : 57.3% 통산 59.1%

Play-Off PO 진출 : 64회 PO 탈락 : 13회

Titles NBA우승 : 17회 컨퍼런스 : 19회

Top Scorer 르브론 제임스 평균 25.7점

More Rebounds 앤소니 데이비스 평균 12.6RB

More Assists 르브론 제임스 평균 8.3AS

More Steals 르브론 제임스 평균 1.3스틸

More Blocks 앤소니 데이비스 평균 2.3블록

*항목별 1위는 지난 시즌 LA 레이커스 소속으로 42경기 이상 출전한 선수 중 선별

| Association | Icon | Statement | City |

HEAD COACH & STADIUM

JJ REDICK JJ 레딕

생년월일 : 1984.06.24 / **출생지** : 미국 테네시주 쿠크빌
경력 : 2024년~ 로스앤젤레스 레이커스 감독

버지니아주 로어노크에서 자랐고, 케이브 스프링고를 다녔다. 고교 시절 그는 2002 맥도널드 올-어메리칸 게임에서 MVP를 받았고, 그해 버지니아주 Mr.바스켓볼로 선정되었다. 고교 졸업 후 2002년 듀크대에 입학했다. 듀크대에서의 4년간, ACC 올해의 선수상 수상 2회(2005, 2006년), 올-어메리칸 팀 선정 2회(2005, 2006년), 네이스미스 올해의 대학농구선수상 수상(2006년) 등 꽤 좋은 활약을 보였다. 2007년 듀크대는 레딕의 유니폼 4번을 영구결번했다. 2006년 듀크를 졸업한 레딕은 NBA 드래프트를 신청했고, 올랜도 매직에 1라운드 11번으로 지명되었다. 그러나 대학 시절의 명성에 비해 프로에서는 별로 큰 족적을 남기지 못했다. 15년간 올랜도, 밀워키, LA 클리퍼스, 필라델피아, 뉴올리언스를 거쳐 2021년 댈러스에서 은퇴했다. 이후 팟캐스트에 출연하고, ESPN에서 해설자로 일했다. 그러다 2024년 6월 24일, LA 레이커스가 "레딕을 우리 팀의 제29대 감독으로 신임했다"고 발표했다. 정말 세상을 깜짝 놀라게 한 결정이었다. 그는 올해 세상을 깜짝 놀라게 한 결정이었다. 그는 올해 40세로 슈퍼스타 르브론 제임스와 동갑이다.

CRYPTO.COM ARENA

구장 오픈 : 1999년 10월 17일
구장 증개축 : —
오너 : 안슈츠 엔터그룹
수용인원 : 1만 9079명
건축비용 : 3억 7500만 달러
(현재 가치) 6억 8600만 달러

LA는 세계 최고의 엔터테인먼트 도시다. 이 아레나는 도시 이미지에 걸맞게 세계에서 가장 바쁘고 성공적인 장소로 자리매김했고, 독보적인 명성을 쌓아왔다. NBA의 로스앤젤레스 레이커스, NHL의 로스앤젤레스 킹스, WNBA의 로스앤젤레스 스파크 등 3개 프로 스포츠팀의 홈구장이기도 하다. 레이커스 홈구장으로 사용하기 시작한 건 1999-2000시즌부터.

 17 19 34 13

NBA CHAMPIONS	CONFERENCE TITLES	DIVISION TITLES	RETIRED NUMBERS

NBA CHAMPIONSHIPS
1949, 1950, 1952, 1953, 1954, 1972, 1980, 1982, 1985, 1987, 1988, 2000, 2001, 2002, 2009, 2010, 2020

CONFERENCE TITLES
1972, 1973, 1980, 1982, 1983, 1984, 1985, 1987, 1988, 1989, 1991, 2000, 2001, 2002, 2004, 2008, 2009, 2010, 2020

DIVISION TITLES
1949, 1950, 1951, 1953, 1954, 1962, 1963, 1965, 1966, 1969, 1971, 1972, 1973, 1974, 1977, 1980, 1982, 1983, 1984, 1985, 1986, 1987, 1988, 1989, 1990, 2000, 2001, 2004, 2008, 2009, 2010, 2011, 2012, 2020

RETIRED NUMBERS
8, 13, 16, 22, 24, 25, 32, 33, 34, 42, 44, 52, 99

REGULAR SEASON RANKING LAST 10YEARS ★NBA 파이널 우승

14-15	15-16	16-17	17-18	18-19	19-20	20-21	21-22	22-23	23-24
27	29	28	21	20	★3	10	23	14	15
21승 61패	17승 65패	26승 56패	35승 47패	37승 45패	52승 19패	42승 30패	33승 49패	43승 39패	47승 35패

TEAM POTENTIAL

71점

17위

 하프코트 세트오펜스 8점　 트랜지션 오펜스 7점　 하프코트 세트디펜스 7점　 트랜지션 디펜스 6점　리바운드 6점

선수층 6점　선수 경험치 8점　감독 리더십 8점　감독 전술 8점　 프런트 7점

*각 항목은 10점 만점, 평점은 NBA 30팀 사이 상대평가

우승 ODDS	배당	순위
bet 365	30배	9위
Paddy Power	35배	10위
William Hill	30배	10위

OFFENSIVE STYLE
트랜지션 오펜스 —●——— 하프코트 세트오펜스

DEFENSIVE STYLE
하이 프레스 ———●— 하프코트 디펜스

SQUAD & TACTICS

STARTERS

PF 루이 하치무라
26.9분, 13.6점
4.3RB, 1.2AS

C 앤소니 데이비스
35.5분, 24.7점
12.6RB, 3.5AS

SF 르브론 제임스
35.3분, 25.7점
7.3RB, 8.3AS

SG 오스틴 리브스
32.1분, 15.9점
4.3RB, 5.5AS

PG 디안젤로 러셀
32.7분, 18.0점
3.1RB, 6.3AS

OFF THE BENCH

PG 게이브 빈센트
19.8분, 3.1점
0.8RB, 1.9AS

SG 맥스 크리스티
14.1분, 4.2점
2.1RB, 0.9AS

SF 돌턴 커넥트
2024-25시즌
신인 선수

PF 제러드 밴더빌트
20.0분, 5.2점
4.8RB, 1.2AS

C 잭슨 헤이즈
12.5분, 4.3점
3.0RB, 0.5AS

○ 브로니 제임스
○ 제일런 후드-시파노
○ 캐머론 레디시
○ 맥스웰 루이스
○ 크리스천 우드

OFFENSE MECHANISM

레이커스의 가장 큰 불안 요소는 외곽이다. 지난 시즌을 보면, 슛 타이밍이 늦었고, 성공률도 저조했다. 선수들의 자신감도 떨어질 뿐 아니라 3점 슛을 세팅하는 과정도 미흡했다. 경기 템포도 느린 편이지만, 인사이드의 데이비스, 40세의 르브론을 보유한 팀이기에 어쩔 수 없는 부분이다. 신임 감독 JJ 레딕도 팀의 핵심에 영향을 주지 않을 것이다. 데이비스가 포스트에서 보이는 위력, 르브론에 의해 창출되는 옵션 등은 팀의 가장 큰 자산이다. 단, 대책 없이 눈치와 임기응변으로 이뤄지던 공격에 대해서는 약속된 공격 패턴을 더 강조할 것으로 보인다. 5-OUT을 유지하되 슈터 출신답게 약점인 3점 슛을 살릴 요소를 주입할 것으로 보인다. 데이비스가 공격에 더 관여하는 방식도 예상된다.

DEFENSE MECHANISM

지난 시즌 스탯을 보자. 실점 부문 23위. 117.4점은 르브론이 합류한 이래 최악의 기록이었다. 올-디펜시브 팀 선수(데이비스)를 보유했는데도 이렇다는 것이 놀라울 정도. 12월 7일 뉴올리언스를 89점으로 묶은 이후 100점 이하로 막은 경기가 2번밖에 없었으나. 수비를 위해 롤-플레이어가 다치거나 공격에서 한계를 보인 탓에 문제가 심화됐다. 특히 아이솔레이션 혹은 핸들러에 의해 마무리되는 공격에서 실점이 많았다. '포인트 오브 어택 디펜스'가 미흡한 탓이다. 르브론도 승부처에서는 집중력이 대단할지 몰라도, 전체를 놓고 보면 '좋은 수비수'와는 멀어지고 있다. 비시즌에 이런 문제를 해소해줄 자원의 영입은 없었다. 레딕 신임 감독이 수비에서는 어떤 식으로 설계해갈지가 관건이다.

Player's Functions

 **Ball Handlers**
D.러셀
L.제임스
C.레디시

 Pull-Ups
D.러셀
A.리브스
L.제임스

 **Catch & Shoot**
L.제임스
D.러셀
A.리브스

 **3 Pointers**
D.러셀
L.제임스
A.리브스

 Slam Dunkers
A.데이비스
C.우드
L.제임스

 Free Throw
D.러셀
A.리브스
A.데이비스

 Rebounders
A.데이비스
C.우드
L.제임스

 1-1 Defenders
A.데이비스
J.밴더빌트
J.헤이즈

 **Ball Stealers**
J.밴더빌트
C.레디시
G.빈센트

Key Passes
L.제임스
D.러셀
A.리브스

Hustle Players
A.데이비스
J.밴더빌트
L.제임스

Rim Protectors
A.데이비스
C.우드
J.헤이즈

2023-24 SEASON PERFORMANCE

LOS ANGELES LAKERS vs. OPPONENTS PER GAME STATS

LA 레이커스 vs 상대팀

| | 득실점 | F↑ 필드골성공 | FG% 필드골 | 3↑ 3점슛성공 | 3P% 3점슛 % | ⊖ 자유투성공 | FT% 자유투 | OR 공격리바운드 | RB 리바운드 | A↑ 어시스트 | 🥸 스틸 | 🏀 블락 | ↩ 턴오버 | 🧽 파울 |

| 118.0 | 🏀 | 117.4 | 43.7 **F↑** 44.4 | 49.9% **FG%** 47.4% | 11.8 **3↑** 14.3 | 37.7% **3P%** 37.6% | 18.9 ⊖ 14.3 | 78.2% **FT%** 79.5% |
| 8.2 **OR** 10.9 | 43.1 **RB** 44.0 | 28.5 **A↑** 28.2 | 7.4 🥸 8.2 | 5.5 🏀 4.8 | 14.0 ↩ 13.4 | 15.6 🧽 19.7 |

LINE-UP

*LA 레이커스는 지난 시즌 총 414개의 라인업을 가동시켰다. 그중 출전 시간이 가장 길었던 20개를 골라 게재했다.

5-MEN COMBINATION	MIN	PPG	RPG	APG
L. James - A. Davis - D. Russell - R. Hachimura - A. Reaves	389	38.8	14.0	10.8
L. James - A. Davis - D. Russell - T. Prince - A. Reaves	243	18.1	6.5	4.6
L. James - A. Davis - T. Prince - C. Reddish	151	25.6	10.0	7.0
L. James - A. Davis - T. Prince - C. Reddish - A. Reaves	101	19.8	6.8	5.4
A. Davis - S. Dinwiddie - D. Russell - R. Hachimura - A. Reaves	99	18.6	5.9	4.1
A. Davis - D. Russell - T. Prince - R. Hachimura - A. Reaves	97	9.1	3.4	2.2
L. James - A. Davis - S. Dinwiddie - R. Hachimura - A. Reaves	90	12.0	3.5	3.1
L. James - A. Davis - D. Russell - T. Prince - M. Christie	79	20.0	8.0	5.4
L. James - A. Davis - D. Russell - C. Reddish - A. Reaves	61	11.8	3.9	2.6
L. James - A. Davis - T. Prince - R. Hachimura - A. Reaves	60	8.0	2.6	1.9
A. Davis - D. Russell - T. Prince - R. Hachimura - C. Reddish	55	13.7	5.0	3.8
L. James - D. Russell - R. Hachimura - J. Hayes - A. Reaves	49	9.5	3.8	2.5
A. Davis - D. Russell - C. Wood - T. Prince - A. Reaves	40	6.9	2.6	1.1
L. James - S. Dinwiddie - D. Russell - T. Prince - J. Hayes	39	9.5	3.4	2.5
L. James - A. Davis - R. Hachimura - C. Reddish - A. Reaves	39	9.3	3.5	2.4
L. James - D. Russell - T. Prince - J. Hayes - M. Christie	38	10.2	2.9	2.3
L. James - A. Davis - T. Prince - A. Reaves - M. Christie	37	7.7	2.7	1.5
L. James - A. Davis - D. Russell - J. Vanderbilt - A. Reaves	32	13.0	4.9	2.4
L. James - D. Russell - C. Wood - J. Vanderbilt - M. Christie	30	14.6	7.4	3.6
A. Davis - D. Russell - T. Prince - J. Vanderbilt - A. Reaves	30	10.4	2.5	2.8

PASS COMBINATIONS

→ 해당 선수가 경기당 동료로부터 패스 받은 횟수
→ 해당 선수가 경기당 동료들에게 패스 해준 횟수

받은	선수	해준
61.3	르브론 제임스	50.7
43.6	앤소니 데이비스	50.3
50.2	디안젤로 러셀	48.1
45.5	오스틴 리브스	44.4
23.4	스펜서 딘위디	20.7
20.3	루이 하치무라	20.4
17.7	게이브 빈센트	17.6
13.4	크리스천 우드	17.5
18.0	토어린 프린스	16.5
11.7	맥스 크리스티	13.0
7.7	잭슨 헤이즈	12.6
7.7	제러드 밴더빌트	12.4
11.9	캠 레디시	10.7
8.8	제일런 후드-시피노	7.4
5.6	스카일라 메이스	6.0
5.3	디모 호지	4.7
3.2	콜린 캐스틀턴	3.9
2.8	알렉스 퍼지	3.7
4.0	딜런 윈들러	3.4
2.0	해리 자일스 III	3.0
2.5	맥스웰 루이스	2.5

2023-24 RANKING

*는 수치가 낮을수록 랭킹이 높아짐

LA레이커스	랭킹	GENERAL	상대팀*	랭킹
118.0	6위	득점 / 실점	117.4	23위
43.1	18위	리바운드	44.0	19위
28.5	5위	어시스트	28.2	26위
7.4	19위	스틸	8.2	25위
5.5	11위	블락	4.8	11위

득점	랭킹	PLAYTYPE	실점	랭킹
6.9	12위	아이솔레이션	7.7	24위
24.7	5위	트랜지션	24.0	27위
16.5	14위	픽&롤 볼핸들러	17.9	22위
10.4	2위	픽&롤 롤맨	7.1	11위
7.5	4위	포스트-업	3.3	2위
25.3	26위	스팟-업	27.6	16위
3.6	26위	핸드오프	6.0	27위
11.1	8위	커팅	—	—
2.4	27위	오프 스크린	5.7	30위
7.5	6위	풋백	6.4	12위
3.0	16위	기타	—	—

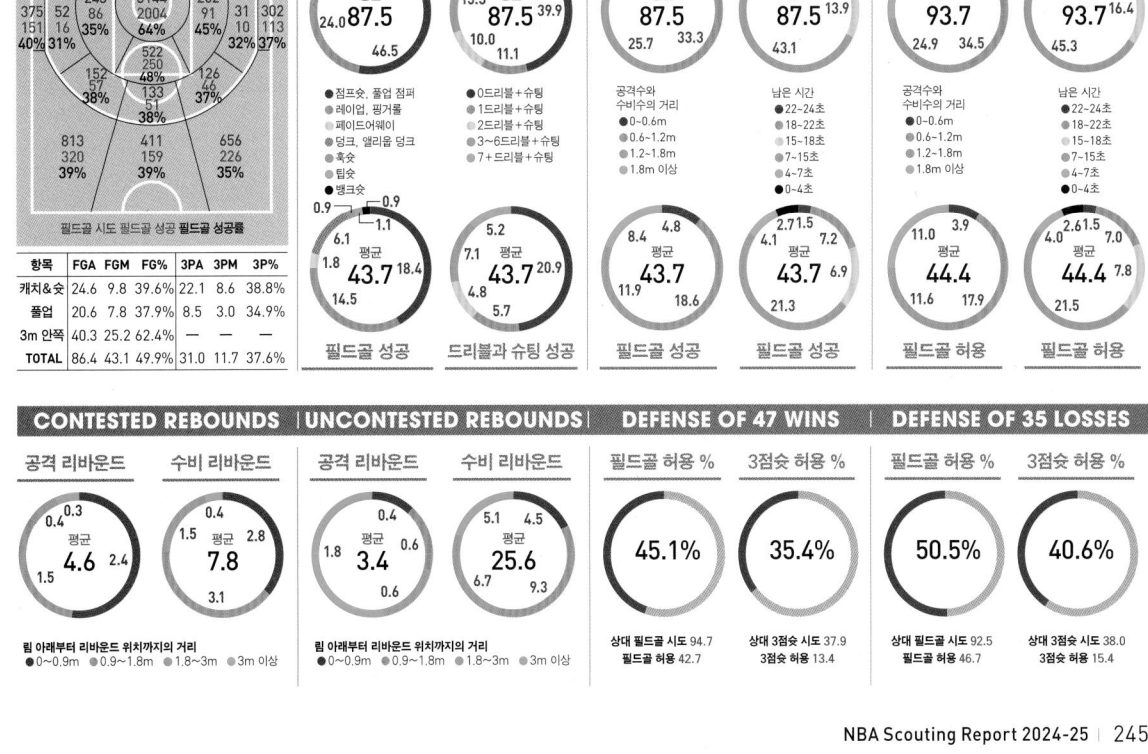

SHOT ZONE

구간별 슈팅 및 성공률

SHOT ZONE

항목	FGA	FGM	FG%	3PA	3PM	3P%
캐치&슛	24.6	9.8	39.6%	22.1	8.6	38.8%
풀업	20.6	7.8	37.9%	8.5	3.0	34.9%
3m 안쪽	40.3	25.2	62.4%			
TOTAL	86.4	43.1	49.9%	31.0	11.7	37.6%

SHOT REPERTORIES

필드골 시도 / 드리블과 슈팅 시도 / 필드골 성공 / 드리블과 슈팅 성공

- 점프슛, 풀업 점퍼
- 레이업, 핑거롤
- 페이드어웨이
- 덩크, 앨리웁 덩크
- 훅슛
- 팁슛
- 뱅크슛

- 0드리블 + 슈팅
- 1드리블 + 슈팅
- 2드리블 + 슈팅
- 3~6드리블 + 슈팅
- 7+드리블 + 슈팅

SHOOTING

필드골 시도 / 필드골 성공

공격수와 수비수의 거리
- 0~0.6m
- 0.6~1.2m
- 1.2~1.8m
- 1.8m 이상

남은 시간
- 22~24초
- 18~22초
- 15~18초
- 7~15초
- 4~7초
- 0~4초

OPPONENT SHOOTING

상대 필드골 시도 / 상대 필드골 시도 / 필드골 허용

공격수와 수비수의 거리
- 0~0.6m
- 0.6~1.2m
- 1.2~1.8m
- 1.8m 이상

남은 시간
- 22~24초
- 18~22초
- 15~18초
- 7~15초
- 4~7초
- 0~4초

CONTESTED REBOUNDS

공격 리바운드 4.6 / 수비 리바운드 7.8

림 아래부터 리바운드 위치까지의 거리
- 0~0.9m
- 0.9~1.8m
- 1.8~3m
- 3m 이상

UNCONTESTED REBOUNDS

공격 리바운드 3.4 / 수비 리바운드 25.6

림 아래부터 리바운드 위치까지의 거리
- 0~0.9m
- 0.9~1.8m
- 1.8~3m
- 3m 이상

DEFENSE OF 47 WINS

필드골 허용 % **45.1%** / 3점슛 허용 % **35.4%**

상대 필드골 시도 94.7
필드골 허용 42.7
상대 3점슛 시도 37.9
3점슛 허용 13.4

DEFENSE OF 35 LOSSES

필드골 허용 % **50.5%** / 3점슛 허용 % **40.6%**

상대 필드골 시도 92.5
필드골 허용 46.7
상대 3점슛 시도 38.0
3점슛 허용 15.4

DFG	DFG%	CR	UCR	TS	MS	3PS	FT	LU	DK	ID	OD	ST	ORG	DRG	DR3	DRB	PS	BH	BQ	SP	PO	ED	HS	OG
필드골 허용	필드골 허용률	유경쟁 리바운드	무경쟁 리바운드	팁슛·풀업 점퍼 성공률	중거리 슈팅	3점 슈팅	자유투 성공률	레이업·플로터	덩크	안쪽 수비	외곽 수비	스틸	블락	가드 공격RB	SF 공격RB	빅맨 공격RB	가드 수비RB	SF 수비RB	빅맨 수비RB	패스	볼 핸들링	농구 IQ	스피드	민첩성	파워	지구력	허슬 플레이	종합 평가

LeBron JAMES SF-PF

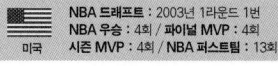

르브론 제임스 1984.12.30 / 206cm

미국

NBA 드래프트 : 2003년 1라운드 1번
NBA 우승 : 4회 / 파이널 MVP : 4회
시즌 MVP : 4회 / NBA 퍼스트팀 : 13회

마이클 조던과 GOAT를 다툰다. 통산 4만 474점으로 1위, 어시스트 1만 1009개로 2위다. '금강불괴'의 신체에 운동 능력이 압도적이다. 1번~5번의 역할을 모두 다, 그것도 최고 수준으로 수행한다. 폭발적으로 돌파하고, 덩크, 레이업, 플로터, 핑거롤로 마무리한다. 풀업, 스텝백, 페이드어웨이, 턴어라운드 등 고난도 점퍼를 자유자재로 구사한다. 화려한 볼 핸들링, 정확한 패스, 강력한 리바운드를 선보인다. 위대한 여정은 계속된다. 연봉 4873만 달러.

SHOT ZONE

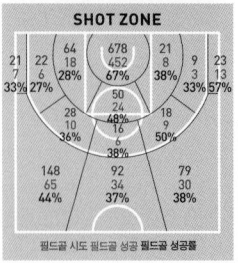

필드골 시도 필드골 성공 **필드골 성공률**

● 점프슛, 풀업 점퍼
● 레이업, 핑거롤
● 페이드어웨이
● 덩크, 앨리웁
● 훅슛
● 팁슛
● 뱅크슛

17 45
90 17
149 필드골 467
1269 시도
484
25
84 필드골 188
57 성공 317
685

DEFENSE PER GAME			REBOUNDS PER GAME		
림에서의 거리	DFG	DFG%	림에서의 거리	CR	UCR
3점슛	1.5	35.0%	0~0.9m	0.6	0.7
2점슛	3.2	54.5%	0.9~1.8m	0.6	1.8
0~1.8m	2.1	61.5%	1.8~3.0m	0.5	1.6
0~3.0m	2.5	58.0%	3.0m 이상	0.1	1.2
4.5m 이상	1.9	37.1%			

2023-24 LA 레이커스 71경기 평균 35.3분						항목	TS	MS	3PS	FT	LU	DK	ID	OD	ST	BL
항목	PTS	RB	AS	ST	BL	평점	B+	B+	A+	B+	C+	A	B+	C+	B-	B-
경기 평균	25.7	7.3	8.3	1.3	0.5	항목	ORB	DRB	PS	BH	BQ	SP	PO	ED	HS	OG
36분 기준	26.2	7.4	8.5	1.3	0.5	평점	D	C+	A-	B+	A-	B+	A+	A-	A

Rui HACHIMURA PF

루이 하치무라 1998.02.08 / 203cm

일본

NBA 드래프트 : 2019년 1라운드 9번
NBA 우승 : 0회 / 파이널 MVP : 0회
시즌 MVP : 0회 / NBA 퍼스트팀 : 0회

출전 시간 대비 득점력은 평균 이상(36분 기준 18.2점)이다. 포스트업보다 페이스업에서 더 효과를 본다. 캐치&슈터로 6~7m 거리 중거리 슛과 3점슛으로 많이 득점한다. 특히 지난 시즌 3점슛 싱글률은 42.2%로 비약적인 발전을 보였다. 덩크와 레이업도 OK. 그러나 4번으로서 수비와 리바운드를 대폭 보강해야 한다. 키 203cm에 윙스팬 218cm의 훌륭한 신체와 좋은 운동 능력을 지녔으나, 블루워커의 역할을 잘 하지 못했다. 연봉은 1700만 달러.

SHOT ZONE

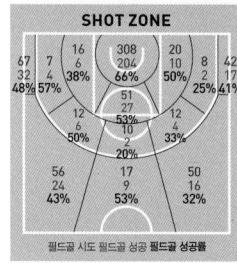

필드골 시도 필드골 성공 **필드골 성공률**

● 점프슛, 풀업 점퍼
● 레이업, 핑거롤
● 페이드어웨이
● 덩크, 앨리웁
● 훅슛
● 팁슛
● 뱅크슛

11 3
87
35 필드골 345
676 시도
187
2 1
4
77 필드골 149
13 성공 117
363

DEFENSE PER GAME			REBOUNDS PER GAME		
림에서의 거리	DFG	DFG%	림에서의 거리	CR	UCR
3점슛	1.3	36.9%	0~0.9m	0.2	0.4
2점슛	3.7	54.0%	0.9~1.8m	0.3	1.1
0~1.8m	2.6	61.5%	1.8~3.0m	0.2	0.9
0~3.0m	3.0	56.8%	3.0m 이상	0.1	0.7
4.5m 이상	1.7	38.7%			

2023-24 LA 레이커스 68경기 평균 26.9분						항목	TS	MS	3PS	FT	LU	DK	ID	OD	ST	BL
항목	PTS	RB	AS	ST	BL	평점	B	B	B+	C	B-	B+	C-	C-	D	D
경기 평균	13.6	4.3	1.2	0.6	0.4	항목	ORB	DRB	PS	BH	BQ	SP	PO	ED	HS	OG
36분 기준	18.2	5.8	1.6	0.8	0.5	평점	D-	D	D-	C-	C-	C-	A	B	C+

Jarred VANDERBILT PF

제러드 밴더빌트 1999.04.03 / 203cm

미국

NBA 드래프트 : 2018년 2라운드 41번
NBA 우승 : 0회 / 파이널 MVP : 0회
시즌 MVP : 0회 / NBA 퍼스트팀 : 0회

왼발 뒤꿈치, 오른 중족(中足)에 큰 문제가 생겨 지난 시즌 53경기를 결장했다. 건강이 가장 중요하다. 밴더빌트는 리그에서 손꼽히는 블루워커다. 203cm 키에 216cm 윙스팬을 지녔다. 최상급 운동 능력으로 인사이드 1대1, 퍼리미터 1대1을 다 잘 해낸다. 박스아웃과 리바운드, 스크린 세팅, 스틸 등 허슬 플레이를 열심히 한다. 득점은 덩크와 레이업 등 림 근처에서 대부분 이뤄진다. 가끔 좌우 코너에서 오픈 3점슛을 던진다. 연봉은 1071만 달러.

SHOT ZONE

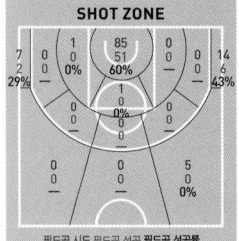
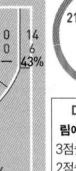

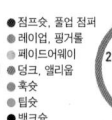

필드골 시도 필드골 성공 **필드골 성공률**

● 점프슛, 풀업 점퍼
● 레이업, 핑거롤
● 페이드어웨이
● 덩크, 앨리웁
● 훅슛
● 팁슛
● 뱅크슛

5 6
21 필드골 32
114 시도
50
2 2
20 필드골
26 성공
59

DEFENSE PER GAME			REBOUNDS PER GAME		
림에서의 거리	DFG	DFG%	림에서의 거리	CR	UCR
3점슛	1.2	44.2%	0~0.9m	0.2	0.3
2점슛	2.5	55.6%	0.9~1.8m	0.5	1.6
0~1.8m	1.7	67.6%	1.8~3.0m	0.4	0.9
0~3.0m	2.0	63.7%	3.0m 이상	0.2	0.3
4.5m 이상	1.4	42.9%			

2023-24 LA 레이커스 29경기 평균 20.0분						항목	TS	MS	3PS	FT	LU	DK	ID	OD	ST	BL
항목	PTS	RB	AS	ST	BL	평점	B	D+	D+	D+	C	C	B-	B-	A-	D-
경기 평균	5.2	4.8	1.2	1.2	0.2	항목	ORB	DRB	PS	BH	BQ	SP	PO	ED	HS	OG
36분 기준	9.8	8.6	2.2	2.2	0.3	평점	D	C	D-	D	D+	C-	C	A	C+

Dalton KNECHT SF

돌턴 커넥트 2001.04.19 / 198cm

미국

NBA 드래프트 : 2024년 1라운드 17번
NBA 우승 : 0회 / 파이널 MVP : 0회
시즌 MVP : 0회 / NBA 퍼스트팀 : 0회

테네시대 3학년을 마치고 2024 드래프트를 신청해 LA 레이커스에 지명됐다. 3번과 2번을 겸한다. 전형적인 캐치&슛 스타일 점프 슈터다. 지난 시즌 대학 농구에서 평균 6.5회의 3점슛을 시도해 2.7을 성공시켰다(39.7%). 트랜지션 혹은 커팅을 통해 호쾌한 덩크를 꽂는다. BQ가 좋아 오프-볼 무브에 이어 오픈 찬스를 잘 잡고, 팀 디펜스에도 잘 적응한다. 그러나 중거리슛 성공률이 들쭉날쭉하고, 페리미터 1대1 수비에 약점이 있다. 연봉은 382만 달러.

SHOT ZONE

2024-25시즌 신인 선수

필드골 시도 필드골 성공 **필드골 성공률**

● 점프슛, 풀업 점퍼
● 레이업, 핑거롤
● 페이드어웨이
● 덩크, 앨리웁
● 훅슛
● 팁슛
● 뱅크슛

필드골 **0** 시도

필드골 **0** 성공

DEFENSE PER GAME			REBOUNDS PER GAME		
림에서의 거리	DFG	DFG%	림에서의 거리	CR	UCR
3점슛	—	—	0~0.9m	—	—
2점슛	—	—	0.9~1.8m	—	—
0~1.8m	—	—	1.8~3.0m	—	—
0~3.0m	—	—	3.0m 이상	—	—
4.5m 이상	—	—			

2023-24시즌 NBA 기록 없음						항목	TS	MS	3PS	FT	LU	DK	ID	OD	ST	BL
항목	PTS	RB	AS	ST	BL	평점	—	—	—	—	—	—	—	—	—	—
경기 평균	—	—	—	—	—	항목	OR3	DR3	PS	BH	BQ	SP	PO	ED	HS	OG
36분 기준	—	—	—	—	—	평점	—	—	—	—	—	—	—	—	—

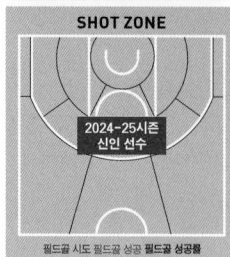

DEFENSE pg		REBOUNDS pg		항목 & 평점																									
DFG	DFG%	CR	UCR	TS	MS	3PS	FT	LU	DK	ID	OD	OR3	DRG	DR3	DRB	PS	BH	BQ	SP	PO	ED	HS	OG
필드골 허용	필드골 허용률	유경쟁 리바운드	무경쟁 리바운드	팁슛 성공률	중거리 슈팅	3점 슈팅	자유투 성공률	레이업 플로터	슬램 덩크	안쪽 수비	외곽 수비	공격RB	공격RB	수비RB	수비RB	패스	볼 핸들링	농구 IQ	스피드	파워	지구력	허슬 플레이	종합 평가

Cam REDDISH   SF-SG
캠 레디시   1999.09.01 / 201cm

NBA 드래프트 : 2019년 1라운드 10번
NBA 우승 : 0회 / 파이널 MVP : 0회
미국   시즌 MVP : 0회 / NBA 퍼스트팀 : 0회

왼쪽 내전근, 오른 무릎, 왼쪽 사타구니, 왼 무릎, 오른 발목 등에 잔 부상이 반복되며 시즌 34경기를 결장했다. 올 시즌 건강에 더 신경 써야 한다. 레디시는 키 201cm, 윙스팬 215cm의 축복받은 몸을 지닌 스윙맨이다. 드라이빙 레이업과 커팅 레이업으로 득점한다. 외곽에서는 캐치&슛으로 3점슛 혹은 롱2(6~7m 거리의 2점슛)를 던진다. 퍼리미터 1대1 수비는 평균 이상이고, 긴 팔을 쭉 뻗어 상대의 패스를 잘 자른다. 연봉은 246만 달러.

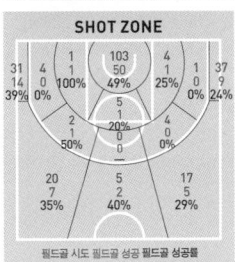

SHOT ZONE

필드골 시도 234 | 필드골 성공 136

필드골 91 | 36 성공 | 41

● 점프슛, 풀업 점퍼
● 레이업, 핑거롤
● 페이드어웨이
● 덩크, 앨리웁
● 훅슛
● 팁슛
● 뱅크슛

DEFENSE PER GAME			REBOUNDS PER GAME		
림에서의 거리	DFG	DFG%	림에서의 거리	CR	UCR
3점슛	1.1	39.7%	0~0.9m	0.1	0.1
2점슛	2.8	57.3%	0.9~1.8m	0.2	0.4
0~1.8m	1.8	69.2%	1.8~3.0m	0.0	0.3
0~3.0m	2.1	66.2%	3.0m 이상	0.1	0.7
4.5m 이상	1.5	39.9%			

2023-24 LA 레이커스 48경기 평균 20.5분						항목 평점	TS	MS	3PS	FT	LU	DK	ID	OD	ST	BL
항목	PTS	RB	AS	ST	BL		C+	D	C-	C+	B	D-	C-	C+	C+	D-
경기 평균	5.4	2.1	1.0	1.0	0.3	항목 평점	OR3	DR3	PS	BH	BQ	SP	PO	ED	HS	OG
36분 기준	9.5	3.6	1.8	1.7	0.5		D	B-	D+	B-	C	B-	A-	D+	C-

Maxwell LEWIS   SF
맥스웰 루이스   2002.07.27 / 201cm

NBA 드래프트 : 2023년 2라운드 40번
NBA 우승 : 0회 / 파이널 MVP : 0회
미국   시즌 MVP : 0회 / NBA 퍼스트팀 : 0회

지난 시즌 NBA와 G리그(사우스베이 레이커스)를 넘나들었다. LA 레이커스에서는 34경기, 평균 3.0분 출전에 그쳤다. 루이스는 캐치&슛 플레이어다. 와이드 오픈 찬스에서 주저 없이 중장거리슛을 던진다. 좋아하는 장소는 왼쪽 코너. 또한, 심심찮게 림을 직접 공략한다. 긴 팔(210cm)을 활용해 퍼리미터 1대1 수비를 펼치고 가로채기를 시도한다. 그러나 전체적인 슛 셀렉션이 좋지 않고, 부정확한 패스에 의한 턴오버가 많다. 연봉은 189만 달러.

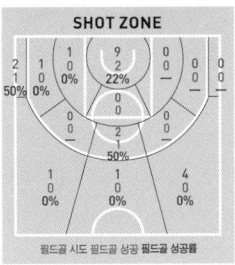

SHOT ZONE

필드골 시도 21 | 11

필드골 4 | 36 성공 | 2

● 점프슛, 풀업 점퍼
● 레이업, 핑거롤
● 페이드어웨이
● 덩크, 앨리웁
● 훅슛
● 팁슛
● 뱅크슛

DEFENSE PER GAME			REBOUNDS PER GAME		
림에서의 거리	DFG	DFG%	림에서의 거리	CR	UCR
3점슛	0.2	21.4%	0~0.9m	0.0	0.0
2점슛	0.8	71.4%	0.9~1.8m	0.0	0.0
0~1.8m	0.7	72.2%	1.8~3.0m	0.0	0.0
0~3.0m	0.7	72.2%	3.0m 이상	0.0	0.1
4.5m 이상	0.2	26.7%			

2023-24 LA 레이커스 34경기 평균 3.0분						항목 평점	TS	MS	3PS	FT	LU	DK	ID	OD	ST	BL
항목	PTS	RB	AS	ST	BL		C-	C-	C+	C+	C-	D	C-	C-	C+	D-
경기 평균	1.1	0.4	0.2	0.1	0.0	항목 평점	OR3	DR3	PS	BH	BQ	SP	PO	ED	HS	OG
36분 기준	3.8	1.4	0.7	0.3	0.3		D-	D	D-	D-	D+	D-	B	B-	D+

Anthony DAVIS   C-PF
앤소니 데이비스   1993.03.11 / 208cm

NBA 드래프트 : 2012년 1라운드 1번
NBA 우승 : 1회 / 파이널 MVP : 0회
미국   시즌 MVP : 0회 / NBA 퍼스트팀 : 4회

최고의 양수겸장 빅맨. 저돌적으로 페인트존을 파고든 뒤 슈퍼 슬램덩크, 레이업, 핑거롤, 플로터, 팁인, 가까운 거리 훅슛 등 모든 기술을 다 동원한다. 캐치&슛 위주로 6~7m 중거리슛 또는 3점슛을 시도한다. 가끔 스텝백, 페이드어웨이도 선보인다. 리그 최강 수비수다. 경이적인 운동능력, 225cm 윙스팬을 활용해 1번~5번을 모두 수비한다. 인사이드 1대1, 퍼리미터 1대1, 팀 디펜스, 블락, 리바운드 등 최고의 블루워커다. 연봉은 4322만 달러.

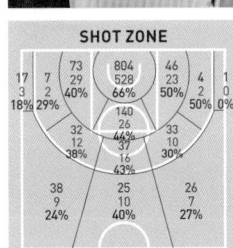

SHOT ZONE

필드골 시도 1283 | 필드골 성공 448

필드골 713 | 30 성공 | 222

● 점프슛, 풀업 점퍼
● 레이업, 핑거롤
● 페이드어웨이
● 덩크, 앨리웁
● 훅슛
● 팁슛
● 뱅크슛

DEFENSE PER GAME			REBOUNDS PER GAME		
림에서의 거리	DFG	DFG%	림에서의 거리	CR	UCR
3점슛	2.2	41.0%	0~0.9m	3.2	2.1
2점슛	6.7	49.7%	0.9~1.8m	1.7	2.9
0~1.8m	4.8	56.4%	1.8~3.0m	0.6	1.0
0~3.0m	4.9	53.7%	3.0m 이상	0.1	0.3
4.5m 이상	3.3	42.0%			

2023-24 LA 레이커스 76경기 평균 35.5분						항목 평점	TS	MS	3PS	FT	LU	DK	ID	OD	ST	BL
항목	PTS	RB	AS	ST	BL		B-	B-	C+	B	A-	A-	A	A+	C+	A-
경기 평균	24.7	12.6	3.5	1.2	2.3	항목 평점	ORB	DRB	PS	BH	BQ	SP	PO	ED	HS	OG
36분 기준	25.0	12.8	3.5	1.2	2.4		C	A	D-	C	B+	C+	A-	A+	A+

Jaxson HAYES   C-PF
잭슨 헤이즈   2000.05.23 / 213cm

NBA 드래프트 : 2019년 1라운드 8번
NBA 우승 : 0회 / 파이널 MVP : 0회
미국   시즌 MVP : 0회 / NBA 퍼스트팀 : 0회

'서드 유닛' 빅맨으로 경기당 12.5분 짧은 시간, 그러나 70경기에 꾸준히 나섰다. 213cm 키, 222cm 윙스팬의 축복받은 신체와 엄청난 점프를 활용해 인사이드 1대1 수비를 펼치고, 상대의 슛을 쳐내며 볼을 가로챈다. 픽&롤 수비 때 스위치 혹은 드랍을 다 잘 한다. 공격은 '1차원'이다. 전체 필드골의 80% 이상이 덩크 혹은 레이업이다. 가끔 코너에서 와이드 오픈 상황에만 3점슛을 던진다. 향후 점퍼 비중, 성공률을 높여야 한다. 연봉은 246만 달러.

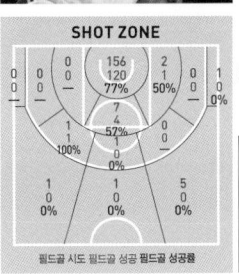

SHOT ZONE

필드골 시도 175 | 53

필드골 126 | 69 성공 | 34

● 점프슛, 풀업 점퍼
● 레이업, 핑거롤
● 페이드어웨이
● 덩크, 앨리웁
● 훅슛
● 팁슛
● 뱅크슛

DEFENSE PER GAME			REBOUNDS PER GAME		
림에서의 거리	DFG	DFG%	림에서의 거리	CR	UCR
3점슛	0.8	29.3%	0~0.9m	0.4	0.4
2점슛	2.7	55.3%	0.9~1.8m	0.5	0.6
0~1.8m	1.8	65.7%	1.8~3.0m	0.2	0.3
0~3.0m	2.1	60.8%	3.0m 이상	0.1	0.3
4.5m 이상	1.1	31.7%			

2023-24 LA 레이커스 70경기 평균 12.5분						항목 평점	TS	MS	3PS	FT	LU	DK	ID	OD	ST	BL
항목	PTS	RB	AS	ST	BL		A-	D	D-	C-	B	C+	B	C-	D-	C+
경기 평균	4.3	3.0	0.5	0.5	0.4	항목 평점	ORB	DRB	PS	BH	BQ	SP	PO	ED	HS	OG
36분 기준	12.4	8.7	1.4	1.4	1.2		D+	D+	D-	D-	C-	C-	B-	A	C-

DFG	DFG%	CR	UCR	TS	MS	3PS	FT	LU	DK	ID	OD	ST	BL	ORG	OR3	ORB	DRG	DR3	DRB	PS	BH	BQ	SP	PO	ED	HS	OG
필드골 허용	필드골 허용률	유경쟁 리바운드	무경쟁 리바운드	터프샷 성공률	중거리 슈팅	3점 슈팅	자유투 성공률	레이업 플로터	슬램 덩크	안쪽 수비	외곽 수비	스틸	블락	가드 공격RB	SF 공격RB	빅맨 공격RB	가드 수비RB	SF 수비RB	빅맨 수비RB	패스	볼 핸들링	농구 IQ	스피드 민첩성	파워	지구력	허슬 플레이	종합 평가

Christian WOOD PF-C

크리스천 우드

1995.09.27 / 203cm

NBA 드래프트 : 2015년 미지명
NBA 우승 : 0회 / **파이널 MVP :** 0회
미국   **시즌 MVP :** 0회 / **NBA 퍼스트팀 :** 0회

2024년 2월 22일, 왼 무릎 수술을 받고 시즌 아웃 됐다. 올 시즌 정상 상태로 개막전에 참가 하므로 건강해야 한다. 드라이빙 혹은 커팅에서 이어지는 덩크와 레이업이 주득점 루트. 공격 리바운드 후 풋백은 꽤 쏠쏠하다. 좌우 코너, 윙에서의 오픈 찬스에선 3점슛을 시도한다. 인사이드 1대1 수비, 블락, 박스아웃, 수비 리바운드 등은 꽤 높은 수준이다. 그러나 픽&롤 수비에서 스위치 되어 가드를 맡게 되면, 자주 문제가 발생한다. 연봉은 304만 달러.

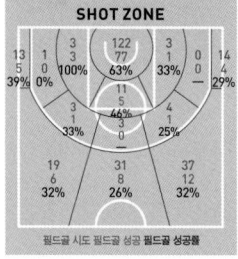

SHOT ZONE

필드골 시도 264 148 / 필드골 성공 123 43

	필드골				필드골
3 2410	73 264 148		6 22 50	73 123 43	

- 점프슛, 풀업 점퍼
- 레이업, 핑거롤
- 페이드어웨이
- 덩크, 앨리웁
- 훅슛
- 팁슛
- 뱅크슛

DEFENSE PER GAME			REBOUNDS PER GAME		
림에서의 거리	DFG	DFG%	림에서의 거리	CR	UCR
3점슛	1.3	39.5%	0~0.9m	0.6	0.8
2점슛	2.4	46.3%	0.9~1.8m	0.8	1.3
0~1.8m	1.6	55.5%	1.8~3.0m	0.1	0.7
0~3.0m	1.9	52.0%	3.0m 이상	0.0	0.4
4.5m 이상	1.6	37.6%			

2023-24 LA 레이커스 50경기 평균 17.4분						항목	TS	MS	3PS	FT	LU	DK	ID	OD	ST	BL
항목	PTS	RB	AS	ST	BL	평점	B-	C-	C-	C+	B+	A-	D-	C-	D	B
경기 평균	6.9	5.1	1.0	0.3	0.7	항목	ORG	DRG	PS	BH	BQ	SP	PO	ED	HS	OG
36분 기준	14.3	10.5	2.0	0.7	1.4	평점	D-	B+	D-	D-	D-	D-	C-	A-	B	

D'Angelo RUSSELL PG

디안젤로 러셀

1996.02.23 / 191cm

NBA 드래프트 : 2015년 1라운드 2번
NBA 우승 : 0회 / **파이널 MVP :** 0회
미국   **시즌 MVP :** 0회 / **NBA 퍼스트팀 :** 0회

창의적인 볼 핸들러이고, 정확히 패스한다. 그러나 레이커스에는 르브론이 있다. 올 시즌도 두 선수가 돌아와서 볼 핸들러를 맡는다. 레이업, 플로터, 핑거롤로 림을 공격하고, 미드레인지와 3점슛도 던진다. 위치도 윙, 코너, 탑 등 다양하다. 캐치&슛은 물론이고, 풀업과 페이더웨이슛도 구사한다. 팀 승리를 가져오는 '빅샷'과 패배 원흉이 되는 '배드샷'이 교차 되어 나타난다. 페리미터 1대1 수비와 팀 디펜스 모두 하위권이다. 연봉은 1869만 달러.

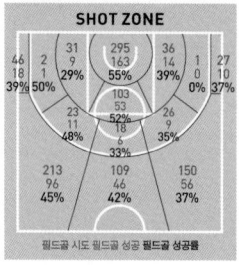

SHOT ZONE

필드골 시도 1080 799 / 필드골 성공 492 334

- 점프슛, 풀업 점퍼
- 레이업, 핑거롤
- 페이드어웨이
- 덩크, 앨리웁
- 훅슛
- 팁슛
- 뱅크슛

DEFENSE PER GAME			REBOUNDS PER GAME		
림에서의 거리	DFG	DFG%	림에서의 거리	CR	UCR
3점슛	2.0	39.8%	0~0.9m	0.0	0.3
2점슛	4.4	54.4%	0.9~1.8m	0.2	0.7
0~1.8m	3.0	66.5%	1.8~3.0m	0.1	0.6
0~3.0m	3.5	58.7%	3.0m 이상	0.1	1.0
4.5m 이상	2.3	39.7%			

2023-24 LA 레이커스 76경기 평균 32.7분						항목	TS	MS	3PS	FT	LU	DK	ID	OD	ST	BL
항목	PTS	RB	AS	ST	BL	평점	B-	B-	B+	A-	B-	B-	D-	D-	C-	D-
경기 평균	18.0	3.1	6.3	0.9	0.5	항목	ORG	DRG	PS	BH	BQ	SP	PO	ED	HS	OG
36분 기준	19.8	3.4	7.0	1.0	0.5	평점	D-	B+	A-	B-	B-	B-	D-	A-	D	B

Austin REAVES SG

오스틴 리브스

1998.05.29 / 196cm

NBA 드래프트 : 2021년 미지명
NBA 우승 : 0회 / **파이널 MVP :** 0회
미국   **시즌 MVP :** 0회 / **NBA 퍼스트팀 :** 0회

레이커스 팬들로부터 가장 많은 사랑을 받는 선수. 지난 시즌 82경기에 모두 출전했다. 페인트존, 중거리, 3점 구역 등 전 지역에서 득점한다. 점퍼의 경우 풀업과 캐치&슛이 균형을 이룬다. 승부 근성이 매우 강해 결정적인 터프 샷을 자주 성공시킨다. 볼 핸들링은 평범하지만, 픽&롤 응용력은 꽤 우수하다. 페리미터 1대1 수비도 OK. 허슬 플레이를 정말 열심히 한다. 지난 시즌 루즈볼 쟁취 횟수 81회로 리그 전체 1위였다. 연봉은 1298만 달러.

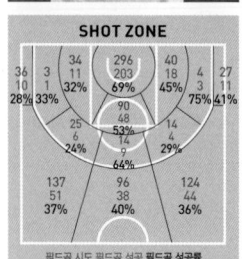

SHOT ZONE

필드골 시도 940 627 / 필드골 성공 457 257

- 점프슛, 풀업 점퍼
- 레이업, 핑거롤
- 페이드어웨이
- 덩크, 앨리웁
- 훅슛
- 팁슛
- 뱅크슛

DEFENSE PER GAME			REBOUNDS PER GAME		
림에서의 거리	DFG	DFG%	림에서의 거리	CR	UCR
3점슛	2.0	37.1%	0~0.9m	0.1	0.2
2점슛	5.2	56.6%	0.9~1.8m	0.2	0.8
0~1.8m	3.2	62.7%	1.8~3.0m	0.2	1.1
0~3.0m	3.8	59.3%	3.0m 이상	0.1	1.4
4.5m 이상	2.6	38.6%			

2023-24 LA 레이커스 82경기 평균 32.1분						항목	TS	MS	3PS	FT	LU	DK	ID	OD	ST	BL
항목	PTS	RB	AS	ST	BL	평점	A	B-	B+	A	B+	C-	D-	C	D+	D-
경기 평균	15.9	4.3	5.5	0.8	0.3	항목	ORG	DRG	PS	BH	BQ	SP	PO	ED	HS	OG
36분 기준	17.8	4.8	6.2	0.9	0.3	평점	D	C	C-	C-	C	B	D	B-	B-	

Gabe VINCENT PG

게이브 빈센트

1996.06.14 / 188cm

NBA 드래프트 : 2018년 미지명
NBA 우승 : 0회 / **파이널 MVP :** 0회
미국   **시즌 MVP :** 0회 / **NBA 퍼스트팀 :** 0회

2023년 11월 1일, 왼 무릎을 크게 다쳤다. 처음에는 재활에 전념했으나 안 됐고, 결국 그해 12월 21일 수술을 받았다. 시즌 아웃. 올 시즌 정말 조심해야 한다. 빈센트는 볼 핸들링과 슈팅을 갖춘 콤보 가드다. 주로 미드레인지와 3점 구역에서 점퍼를 시도하지만, 페인트존 돌파력도 어느 정도 갖췄다. 리그에서 좋은 평가를 받는 페리미터 수비수다. 특히 상대의 빠른 가드 혹은 볼 핸들러에 대해 '스토퍼' 역할을 맡는다. 연봉은 1100만 달러.

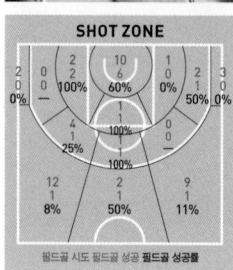

SHOT ZONE

필드골 시도 49 36 / 필드골 성공 15 6

- 점프슛, 풀업 점퍼
- 레이업, 핑거롤
- 페이드어웨이
- 덩크, 앨리웁
- 훅슛
- 팁슛
- 뱅크슛

DEFENSE PER GAME			REBOUNDS PER GAME		
림에서의 거리	DFG	DFG%	림에서의 거리	CR	UCR
3점슛	1.0	32.4%	0~0.9m	0.1	0.0
2점슛	2.2	50.0%	0.9~1.8m	0.1	0.2
0~1.8m	1.6	56.3%	1.8~3.0m	0.0	0.2
0~3.0m	1.3	53.8%	3.0m 이상	0.1	0.4
4.5m 이상	1.4	32.6%			

2023-24 LA 레이커스 11경기 평균 19.8분						항목	TS	MS	3PS	FT	LU	DK	ID	OD	ST	BL
항목	PTS	RB	AS	ST	BL	평점	A-	A	C	B+	C	D-	D-	C-	D	D-
경기 평균	3.1	0.8	1.9	0.8	0.0	항목	ORG	DRG	PS	BH	BQ	SP	PO	ED	HS	OG
36분 기준	5.6	1.5	3.5	1.5	0.0	평점	D-	D-	C+	B-	C-	D-	D-	B	D+	C

DEFENSE pg		REBOUNDS pg												항목 & 평점																
DFG	DFG%	CR	UCR	TS	MS	3PS	FT	LU	DK	ID	OD	ST	BL	ORG	OR3	ORB	DRG	DR3	DRB	PS	BH	BQ	SP	PO	ED	HS	OG
필드골 허용	필드골 허용률	무경쟁 리바운드	무경쟁 리바운드	터프샷 성공률	중거리 슈팅	3점 슈팅	자유투 성공률	레이업 플로터	덩크 앨리웁	안쪽 수비	외곽 수비	스틸	블락	가드 공격RB	빅맨 공격RB	공격RB	가드 수비RB	빅맨 수비RB	수비RB	패스	볼 핸들링	농구 IQ	스피드 민첩성	파워 지구력	허슬 플레이	종합 평가	

Max CHRISTIE — SG

맥스 크리스티
2003.02.10 / 196cm

NBA 드래프트 : 2022년 2라운드 35번
NBA 우승 : 0회 / 파이널 MVP : 0회
시즌 MVP : 0회 / NBA 퍼스트팀 : 0회
미국

레이커스에서는 그에게 어느 정도 기회를 줬다. 그러나 뭔가 "2% 부족한 느낌"이다. 미시건 주립대 시절 보여준 잠재력에 비해 "아직 포텐이 터지지 않았다"는 평가가 나온다. 경험을 쌓았기에 올 시즌은 식스맨으로 본인의 능력을 보여줘야 한다. 그는 3&D 플레이어가 될 자질이 있다. 높은 타점에서 중거리 점퍼나 3점슛을 성공시킨다. 물론, 림어택도 가능하다. 운동 능력과 신체를 활용해 좋은 페리미터 디펜더가 될 수 있다. 연봉은 714만 달러.

SHOT ZONE

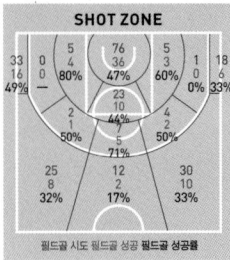

● 점프슛, 풀업 점퍼
● 레이업, 핑거롤
■ 페이드어웨이
● 덩크, 앨리웁
● 훅슛
● 팁슛
● 뱅크슛

필드골 241 시도 166
필드골 103 성공

DEFENSE PER GAME			REBOUNDS PER GAME		
림에서의 거리	DFG	DFG%	림에서의 거리	CR	UCR
3점슛	0.8	33.8%	0~0.9m	0.1	0.3
2점슛	2.3	50.5%	0.9~1.8m	0.3	0.4
0~1.8m	1.4	59.6%	1.8~3.0m	0.1	0.5
0~3.0m	1.7	55.6%	3.0m 이상	0.1	0.3
4.5m 이상	1.1	36.1%			

필드골 시도 필드골 성공 필드골 성공률

2023-24 LA 레이커스 67경기 평균 14.1분					항목 평점	TS	MS	3PS	FT	LU	DK	ID	OD	ST	BL
항목	PTS	RB	AS	ST	BL		A-	B-	C+	C	C-	B-	B2	C	B-	D
경기 평균	4.2	2.1	0.9	0.3	0.3	항목 평점	ORG	DRG	PS	BH	BQ	SP	PO	ED	HS	OG
36분 기준	10.8	5.4	2.3	0.8	0.6		D-	B+	D+	C-	D	B+	D-	A+	B-	C-

Jalen HOOD-SCHIFINO — SG

제일런 후드-시피노
2003.06.19 / 196cm

NBA 드래프트 : 2023년 1라운드 17번
NBA 우승 : 0회 / 파이널 MVP : 0회
시즌 MVP : 0회 / NBA 퍼스트팀 : 0회
미국

처음과 끝이 안 좋았다. 2023년 10월 24일, 오른 무릎뼈 타박상으로 13경기 결장했고, 2024년 3월 22일, 요추 디스크 수술을 받아 19경기 결장하며 시즌 아웃 됐다. 올 시즌 무엇보다도 건강이 가장 중요하다. 그는 2대2 상황에서 돌파한 후 플로터, 레이업을 얹거나 근거리 점퍼를 날린다. 대학 시절 1번 롤을 맡기는 했지만, 경기를 조립하는 유형이라고 보기는 어렵다. 중거리 점퍼와 3점슛이 불안정하다. 많이 보완해야 한다. 연봉은 388만 달러.

SHOT ZONE

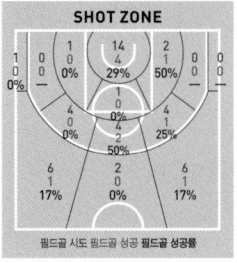

● 점프슛, 풀업 점퍼
● 레이업, 핑거롤
■ 페이드어웨이
● 덩크, 앨리웁
● 훅슛
● 팁슛
● 뱅크슛

필드골 45 시도 29
필드골 10 성공

DEFENSE PER GAME			REBOUNDS PER GAME		
림에서의 거리	DFG	DFG%	림에서의 거리	CR	UCR
3점슛	0.4	42.9%	0~0.9m	0.1	0.1
2점슛	0.9	56.5%	0.9~1.8m	0.0	0.2
0~1.8m	0.7	66.7%	1.8~3.0m	0.0	0.2
0~3.0m	0.7	57.9%	3.0m 이상	0.0	0.1
4.5m 이상	0.5	41.2%			

필드골 시도 필드골 성공 필드골 성공률

2023-24 LA 레이커스 21경기 평균 5.2분					항목 평점	TS	MS	3PS	FT	LU	DK	ID	OD	ST	BL
항목	PTS	RB	AS	ST	BL		C	C+	D	C+	C	D	C-	C-	C-	D-
경기 평균	1.6	0.6	0.4	0.1	0.1	항목 평점	ORG	DRG	PS	BH	BQ	SP	PO	ED	HS	OG
36분 기준	11.2	4.3	2.6	1.0	0.7		D-	D-	C+	B-	C	C+	D-	B	B	C-

Bronny JAMES — PG-SG

브로니 제임스
2004.10.06 / 188cm

NBA 드래프트 : 2024년 2라운드 55번
NBA 우승 : 0회 / 파이널 MVP : 0회
시즌 MVP : 0회 / NBA 퍼스트팀 : 0회
미국

르브론은 아들 브로니와 한 팀 소속으로 NBA 코트에 나서길 염원했다. 꿈은 이뤄졌다. 브로니는 2024 드래프트에서 레이커스에 지명됐다. 아버지를 닮아 프레임과 BQ는 매우 좋다. 캐치&슛으로 3점은 물론, '딥쓰리'도 가능하다. 그러나 공격은 제한적이다. 그의 진가는 수비에서 나온다. 볼 핸들러에 강력한 1대1 수비를 할 수 있다. 그러나 그의 현 모습은 서드 유닛, G리그, 아니면 해외 리그 수준이다. 르브론의 부정(父情)이 어느 정도일지 궁금하다.

SHOT ZONE

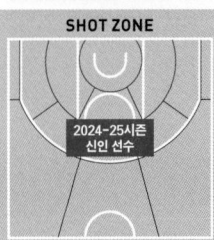

● 점프슛, 풀업 점퍼
● 레이업, 핑거롤
■ 페이드어웨이
● 덩크, 앨리웁
● 훅슛
● 팁슛
● 뱅크슛

필드골 0 시도
필드골 0 성공

2024-25시즌 신인 선수

DEFENSE PER GAME			REBOUNDS PER GAME		
림에서의 거리	DFG	DFG%	림에서의 거리	CR	UCR
3점슛			0~0.9m		
2점슛			0.9~1.8m		
0~1.8m			1.8~3.0m		
0~3.0m			3.0m 이상		
4.5m 이상					

필드골 시도 필드골 성공 필드골 성공률

2023-24시즌 NBA 기록 없음					항목 평점	TS	MS	3PS	FT	LU	DK	ID	OD	ST	BL
항목	PTS	RB	AS	ST	BL											
경기 평균	—	—	—	—	—	항목 평점	ORG	DRG	PS	BH	BQ	SP	PO	ED	HS	OG
36분 기준	—	—	—	—	—											

GOLDEN STATE WARRIORS 2024-25 REGULAR SEASON SCHEDULE

OCTOBER, 2024		
Oct. 23 vs. Minnesota	Dec. 24 vs. Detroit	Feb. 23 @ Denver
Oct. 26 vs. Phoenix	Dec. 26 @ Golden State	Feb. 26 vs. Dallas
Oct. 27 vs. Sacramento	Dec. 29 vs. Sacramento	Feb. 28 vs. Minnesota
Oct. 29 vs. Phoenix	**JANUARY, 2025**	**MARCH, 2025**
Oct. 31 vs. Cleveland	Jan. 1 vs. Cleveland	Mar. 1 vs. LA Clippers
NOVEMBER, 2024	Jan. 3 vs. Portland	Mar. 3 @ LA Clippers
Nov. 2 @ Toronto	Jan. 4 vs. Atlanta	Mar. 5 vs. New Orleans
Nov. 5 @ Detroit	Jan. 6 @ Houston	Mar. 7 vs. New York
Nov. 7 @ Memphis	Jan. 8 @ Dallas	Mar. 8 vs. Boston
Nov. 9 vs. Philadelphia	Jan. 10 vs. Charlotte	Mar. 11 @ Brooklyn
Nov. 11 vs. Toronto	Jan. 12 vs. San Antonio	Mar. 14 @ Milwaukee
Nov. 14 vs. Memphis	Jan. 14 vs. San Antonio	Mar. 15 @ Denver
Nov. 16 vs. San Antonio	Jan. 16 vs. Miami	Mar. 17 vs. Phoenix
Nov. 17 vs. New Orleans	Jan. 18 vs. Brooklyn	Mar. 19 vs. Milwaukee
Nov. 20 vs. Utah	Jan. 20 vs. LA Clippers	Mar. 20 vs. Denver
Nov. 22 vs. Orlando	Jan. 22 vs. Washington	Mar. 23 vs. Chicago
Nov. 24 vs. Denver	Jan. 24 vs. Boston	Mar. 25 @ Orlando
Nov. 27 @ Phoenix	Jan. 26 @ Golden State	Mar. 27 @ Indiana
Nov. 28 @ San Antonio	Jan. 28 @ Charlotte	Mar. 29 @ Chicago
Nov. 30 vs. Oklahoma City	Jan. 29 @ Philadelphia	Mar. 30 @ Memphis
DECEMBER, 2024	Jan. 31 @ Washington	**APRIL, 2025**
Dec. 2 @ Utah	**FEBRUARY, 2025**	Apr. 1 vs. Houston
Dec. 3 @ Minnesota	Feb. 2 @ New York	Apr. 4 vs. Golden State
Dec. 5 @ Miami	Feb. 5 vs. LA Clippers	Apr. 5 vs. New Orleans
Dec. 7 @ Atlanta	Feb. 7 vs. Golden State	Apr. 7 @ Oklahoma City
Dec. 9 vs. Portland	Feb. 9 vs. Indiana	Apr. 9 @ Oklahoma City
Dec. 20 @ Sacramento	Feb. 12 vs. Utah	Apr. 10 @ Dallas
Dec. 22 @ Sacramento	Feb. 13 vs. Utah	Apr. 12 vs. Houston
	Feb. 21 @ Portland	Apr. 14 @ Portland

PHOENIX SUNS

時節因緣·건강한 빅3가 필요하다

뜻풀이 모든 인연에는 다 때가 있다. 피닉스는 '빅3'를 구성하고 우승을 노렸으나 부상 등 여러 요인으로 뜻을 이루지 못했다. 차분히 준비하고 기다려야 한다.

아쉬움 가득했던 '빅3'의 첫 시즌

'빅3'라는 명성답지 않은 결말이었다. 데빈 부커-케빈 듀란트-브래들리 빌 라인업은 만족스럽지 못했다. 잦은 부상 탓이었다. 애초 구상한 라인업이 가동된 건 겨우 41경기. 성적도 26승 15패로 평범했다. 세 선수에게 집중된 샐러리도 발목을 잡았다. 자연스럽게 벤치가 얇아졌다. 그레이슨 알렌이 신뢰할 만한 득점원이 된 것이 위안거리이나, 응집력이 중요한 PO에서 얇은 뎁쓰와 사라진 목표 의식은 팀을 산으로 가게 했다. 특히 수비에서 노출된 문제점들이 아쉬웠다.

변화 없이 보낸 여름 오프시즌

PO 탈락 후 프랭크 보겔이 해고됐고, 그 자리에 2021년 밀워키 우승을 이끈 마이크 부덴홀저가 앉았다. 공교롭게도 피닉스에 준우승의 아픔을 안긴 인물이다. 아테토쿤보를 훌륭히 관리하며 파이널에 올랐던 부덴홀저이기에 35살의 최고령, 듀란트에 대한 관리도 가능할 것으로 보인다. 피닉스는 사치세 부담까지 가중되는 탓에 벤치 전력 보강도 적극적이지 못했다. 오히려 3&D 자원이었던 나사르 리틀을 포기했는데, 샐러리캡 이슈가 가장 큰 이유였다. 벤치 에이스가 없는 현실이다.

자나 깨나 빅3, 목표는 '윈 나우'

맷 이시비아 구단주는 공격적인 템포로 '빅3'를 구축했지만, 화제를 불러온 만큼 출혈도 컸다. 준수한 자원을 많이 내줬고, 1~2라운드 드래프트 지명권도 대량으로 퍼줬다. 이제 '윈 나우'가 아니면 폭삭 무너질 상황이다. 부덴홀저 감독의 리더십이 팀을 어떻게 바꿔놓을지 봐야 한다. 그러나 이미 본인들 고유의 농구 스타일로 '맥시멈' 경지에 이른 스타들을 얼마나 감독 입맛에 맞게 바꿀 수 있을지는 의문이다. 또한, 어떤 변화가 있든 '빅3'가 건강하지 않으면 성사될 수 없다.

| Association | Icon | Statement | City |

---

*통계는 2024년 10월 1일 기준

CLUB INFORMATION

Founded 구단 창립 1968년	**Owner** 맷 이시비아 저스틴 이시비아	**CEO** 제프 바우어	**Head Coach** 마이크 부덴홀저 1969.08.06	**24-25 Odds** 벳365 : 30배 윌리엄힐 : 28배

Nationality ●미국 선수 13명 ●외국 선수 3명	**Age** 16명 평균 27.6세	**Height** 16명 평균 199.8cm	**Weight** 16명 평균 100.7kg	**Salary** 16명 평균 1430만 달러

Win 2023-24 : 49승 통산 : 2429승	**Loss** 2023-24 : 33패 통산 : 2096패	**Winning%** 2023-24 : 59.8% 통산 : 53.7%	**Play-Off** PO 진출 : 33회 PO 탈락 : 24회	**Titles** NBA우승 : 0회 컨퍼런스 : 3회

Top Scorer 케빈 듀란트 평균 27.1점	**More Rebounds** 유수프 누르키치 평균 11.0RB	**More Assists** 데빈 부커 평균 6.9AS	**More Steals** 유수프 누르키치 평균 1.1스틸	**More Blocks** 케빈 듀란트 평균 1.2블록

*항목별 1위는 지난 시즌 피닉스 소속으로 42경기 이상 출전한 선수 중 선별

HEAD COACH & STADIUM

Mike BUDENHOLZER 마이크 부덴홀저

생년월일 : 1969.08.06 **출생지** : 미국 애리조나주 홀브룩
경력 : 베일레 BK 유스팀 / 샌안토니오 스퍼스 코치 / 애틀랜타 호크스 감독 / 밀워키 벅스 감독 / 피닉스 선즈 감독

홀브룩고를 졸업하고, 1988년 포모나대에 입학했다. 그는 대학에서 골프와 농구 선수를 병행했다. 1993년에 포모나대를 졸업한 후, 덴마크로 건너가 펜틀렌드와 베즈 클럽에서 활약했다. 그는 유럽에서의 짧은 선수 생활을 마치고 1996년 미국으로 돌아갔다. 그는 1996년부터 2013년까지 무려 17년간 샌안토니오에서 코치로 일했다(!). 그가 코치로 있는 동안, 샌안토니오는 1999, 2003, 2005, 2007년 4번의 NBA 타이틀을 휩쓸며 '왕조'를 건설했다. '명장' 그렉 포포비치 감독을 보좌하며 쌓은 훌륭한 경험들은 그가 NBA의 좋은 감독이 되는데 자양분이 되었다. 2013년 그는 애틀랜타 호크스, 2018년 밀워키 벅스에서 각각 감독직을 수행했다. 밀워키 시절인 2019년에는 'NBA 올해의 감독상'을 수상했고, 2020-21시즌에는 1971년 이후 무려 50년 만에 소속팀에 NBA 우승을 선물했다. 밀워키와 계약이 종료되자 2024년 5월 11일, 피닉스 선즈의 제22대 감독이 되었다.

FOOTPRINT CENTER

구장 오픈 : 1992년 8월 1일
구장 증개축 : 2003, 2020년
오너 : 피닉스시
수용인원 : 1만 7071명
건축비용 : 8900만 달러
(현재 가치) 1억 9300만 달러

피닉스 시내 중심부에 위치한 다목적 경기장. NBA 피닉스 선즈, WNBA 피닉스 머큐리 등이 홈구장으로 사용 중이다. 2021년 7월 16일, 재료과학 회사인 '풋프린트'와 경기장 명명권 계약을 체결하면서 '풋프린트 센터'가 되었다. 가장 널리 알려진 별칭으로 동의 조명색이 보라색인지라 '퍼플 팰리스(The Purple Palace)'다. 선즈 홈이 된 건 1992-93시즌부터.

REGULAR SEASON RANKING LAST 10YEARS ★NBA 파이널 우승

14-15	15-16	16-17	17-18	18-19	19-20	20-21	21-22	22-23	23-24
17	27	29	30	29	17	2	1	9	10
39승 43패	23승 59패	24승 58패	21승 61패	19승 63패	34승 39패	51승 21패	64승 18패	45승 37패	49승 33패

TEAM POTENTIAL

72점

16위

 하프코트 세트오펜스 7점
 트랜지션 오펜스 8점
하프코트 세트디펜스 7점
트랜지션 디펜스 7점
 리바운드 7점

 선수층 7점
 선수 경험치 8점
 감독 리더십 7점
 감독 전술 7점
프런트 7점

*각 항목은 10점 만점, 평점은 NBA 30팀 사이 상대평가

우승 ODDS	배당	순위
bet 365	30배	9위
Paddy Power	14배	9위
William Hill	28배	9위

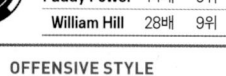

OFFENSIVE STYLE
트랜지션 오펜스 ——————●—— 하프코트 세트오펜스

DEFENSIVE STYLE
하이 프레스 ————●———— 하프코트 디펜스

SQUAD & TACTICS

STARTERS

PF 케빈 듀란트
37.2분, 27.1점
6.6RB, 5.0AS

C 유수프 누르키치
27.3분, 10.9점
11.0RB, 4.0AS

SF 그레이슨 앨런
33.5분, 13.5점
3.9RB, 3.0AS

SG 데빈 부커
36.0분, 27.1점
4.5RB, 6.9AS

PG 브래들리 빌
33.3분, 18.2점
4.4RB, 5.0AS

OFF THE BENCH

PG 타이어스 존스
29.3분, 12.0점
2.7RB, 7.3AS

SG 조시 오코기
16.0분, 4.6점
2.6RB, 1.1AS

SF 로이스 오닐
24.7분, 7.7점
4.8RB, 2.8AS

PF 볼 볼
10.9분, 5.2점
3.2RB, 0.4AS

C 메이슨 플럼리
14.7분, 5.3점
5.1RB, 1.2AS

G 몬테 모리스
G 데미언 리
F 제일런 브리지스
F 라이언 던
C 오소 이고다로

OFFENSE MECHANISM

늘 수비를 끌어당길 수 있는 세 선수(듀란트, 부커, 빌)에 지난 시즌 어시스트 커리어하이(4.0개)를 기록한 너기치의 존재가 든든하다. 너기치는 스크린 어시스트 부문 6위였고, 이를 통해 9.8점을 만들어냈다. 부덴홀저 아래 로페스의 외곽 시도가 늘었듯, 너기치도 3점슛 비중이 늘어날 것으로 예상된다. 다만 24.4%에 그쳤던 지난 시즌 3점슛이 얼마나 좋아질지가 중요하다. 이는 팀 스페이싱을 더 넓혀줄 것으로 보인다. 또한, 피닉스는 페이스를 더 끌어 올릴 가능성이 크다. 다만, 단순히 빨리 넘어온다고 얼리오펜스가 되는 건 아니다. 전 시즌, 피닉스는 잔여 시간 4초 이내까지 쫓기다 던진 슛이 전체 슈팅의 10%였고, 24초에 걸린 상황에서 던진 슛도도 62회로 리그에서 10번째로 많았다.

DEFENSE MECHANISM

새로운 감독 아래 수비가 어떤 식으로 바뀔지 지켜봐야 한다. 수비 전문으로 평판이 좋았던 프랭크 보겔 체제에서 피닉스는 디펜시브 레이팅 13위를 기록했지만, 시즌 막판에 갈수록 무기력한 수비로 일관했다. 한정된 자원으로 버티는 것이 한계가 있었다. 부덴홀저는 오랫동안 적극적인 압박 대신 상대를 안쪽으로 당기고, 림을 지키는 방식의 수비 시스템을 선호해왔다. 이미 우승까지 차지한 이 수비 시스템을 그대로 적용할지, 아니면 팀 상황에 맞게 새로운 것을 적용할지 지켜봐야 한다. 듀란트, 빌, 부커 모두 수비에 뛰어난 선수들이 아니고, 그렇다고 피닉스 선수 구성의 뎁쓰가 아주 훌륭한 편도 아니다. 밀워키처럼 공격적이고 도박적인 수비보다는 안정적인 수비를 택할 수도 있다.

Player's Functions

 **Ball Handlers**
D.부커
K.듀란트
B.빌

Pull-Ups
D.부커
K.듀란트
B.빌

Catch & Shoot
K.듀란트
D.부커
G.앨런

3 Pointers
K.듀란트
G.앨런

Slam Dunkers
K.듀란트
B.볼
B.빌

Free Throw
D.부커
G.앨런
K.듀란트

Rebounders
J.누르키치
M.플럼리
B.볼

1-1 Defenders
R.오닐
K.듀란트
J.오코기

Ball Stealers
J.오코기
J.누르키치
M.모리스

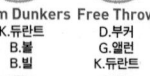

 **Key Passes**
D.부커
M.모리스
T.존스

 Hustle Players
J.오코기
D.부커
K.듀란트

 Rim Protectors
B.볼
J.누르키치

2023-24 SEASON PERFORMANCE

PHOENIX SUNS vs. OPPONENTS PER GAME STATS

피닉스 vs 상대팀

	득실점	F↑ 필드골성공	FG% 필드골	3↑ 3점슛성공	3P% 3점슛 %	⊖ FT% 자유투성공	FT% 자유투	OR 공격리바운드	RB 리바운드	A↑ 어시스트	🥸 스틸	🏀 블락	↩ 턴오버	🏷 파울
	116.2 / 113.2	42.5 F↑ 42.0	49.3% FG% 46.4%	12.4 3↑ 13.1	38.2% 3P% 36.4%	18.9 ⊖ 16.1	80.8% FT% 77.4%							
	10.1 OR 11.0	44.1 RB 41.3	27.0 A↑ 26.3	7.4 🥸 8.4	6.0 🏀 4.5	14.9 ↩ 12.7	18.0 🏷 19.7							

LINE-UP

* 피닉스는 지난 시즌 총 250개의 라인업을 가동시켰다. 그중 출전 시간이 가장 길었던 20개를 골라 게재했다.

5-MEN COMBINATION	MIN	PPG	RPG	APG
K. Durant - B. Beal - J. Nurkic - D. Booker - G. Allen	503	37.4	13.0	9.7
K. Durant - E. Gordon - J. Nurkic - D. Booker - G. Allen	220	14.6	5.6	3.8
K. Durant - B. Beal - D. Booker - G. Allen - J. Eubanks	90	16.8	4.0	2.7
K. Durant - D. Booker - G. Allen - D. Eubanks	78	7.2	2.5	1.5
K. Durant - E. Gordon - J. Nurkic - G. Allen - J. Okogie	74	13.9	4.4	3.4
K. Durant - B. Beal - J. Nurkic - R. O'Neale - G. Allen	67	24.6	10.1	5.7
K. Durant - J. Nurkic - D. Booker - G. Allen - J. Okogie	60	7.8	3.0	1.9
K. Durant - D. Booker - R. O'Neale - G. Allen	60	12.1	4.7	2.5
K. Durant - E. Gordon - B. Beal - D. Booker - G. Allen	54	11.1	2.2	2.5
K. Durant - J. Nurkic - D. Booker - G. Allen - N. Little	50	25.2	9.4	5.6
K. Durant - E. Gordon - J. Nurkic - G. Allen - K. Bates-Diop	48	19.4	5.3	4.9
K. Durant - E. Gordon - B. Beal - J. Nurkic - D. Booker	47	10.1	3.4	2.9
K. Durant - B. Beal - J. Nurkic - D. Booker - R. O'Neale	37	22.5	10.0	5.8
K. Durant - B. Beal - J. Nurkic - G. Allen - K. Bates-Diop	37	15.0	7.5	4.0
K. Durant - E. Gordon - B. Beal - D. Eubanks - B. Bol	35	8.6	3.8	1.8
E. Gordon - B. Beal - D. Booker - R. O'Neale - D. Eubanks	35	8.0	3.0	2.0
B. Beal - J. Nurkic - D. Booker - G. Allen - C. Metu	33	26.0	9.7	6.7
K. Durant - E. Gordon - J. Nurkic - D. Booker - J. Okogie	32	9.4	3.7	1.8
K. Durant - E. Gordon - D. Booker - R. O'Neale - G. Allen	31	7.1	2.7	1.4
K. Durant - B. Beal - D. Booker - R. O'Neale - G. Allen	30	8.7	2.7	1.7

PASS COMBINATIONS

→ 해당 선수가 경기당 동료로부터 패스 받은 횟수
→ 해당 선수가 경기당 동료들에게 패스 해준 횟수

받은	선수	해준
52.8 →	브래들리 빌	→ 48.6
63.6 →	데빈 부커	→ 47.0
54.3 →	케빈 듀란트	→ 44.0
32.9 →	유수프 누르키치	→ 43.1
33.1 →	그레이슨 앨런	→ 37.0
23.6 →	로이스 오닐	→ 34.5
22.7 →	조던 구드윈	→ 25.4
27.5 →	에릭 고든	→ 24.1
11.6 →	드루 유뱅크스	→ 16.7
11.4 →	조시 오코기	→ 13.4
8.9 →	테디어스 영	→ 12.2
12.2 →	세이빈 리	→ 11.9
9.6 →	치메지 메투	→ 11.6
9.1 →	케이타 베이츠-디옵	→ 11.4
9.7 →	유타 와타나베	→ 10.6
8.1 →	나시르 리틀	→ 9.3
7.6 →	볼 볼	→ 9.0
6.0 →	이시 웨인라이트	→ 7.0
7.3 →	테오 말레돈	→ 6.7
7.7 →	아이재이아 토머스	→ 5.7
4.2 →	유도카 아주부이케	→ 5.1
3.8 →	데이비드 로디	→ 4.9

2023-24 RANKING

* 는 수치가 낮을수록 랭킹이 높아짐

피닉스	랭킹	GENERAL	상대팀*	랭킹
116.2	10위	득점 / 실점	113.2	13위
44.1	10위	리바운드	41.3	3위
27.0	12위	어시스트	26.3	11위
7.4	18위	스틸	8.4	26위
6.0	6위	블락	4.5	6위

득점	랭킹	PLAYTYPE	실점*	랭킹
8.7	6위	아이솔레이션	6.7	12위
21.5	13위	트랜지션	22.8	20위
15.6	17위	픽&롤 볼핸들러	17.0	20위
6.0	26위	픽&롤 롤맨	7.2	12위
5.0	12위	포스트-업	4.2	12위
31.8	2위	스팟-업	27.0	13위
4.2	22위	핸드오프	4.8	14위
10.5	12위	커팅	—	—
3.7	15위	오프 스크린	4.3	22위
8.4	3위	풋백	6.4	12위
2.8	21위	기타	—	—

SHOT ZONE

구간별 슈팅 및 성공률

SHOT ZONE

372	63	326	2557	345	59	312
158	27	166	1566	162	23	119
43%	43%	51%	61%	47%	39%	38%

567 / 280 / 49%
145 / 75 / 52%

782	449	754
295	166	282
38%	37%	37%

필드골 시도 필드골 성공 **필드골 성공률**

항목	FGA	FGM	FG%	3PA	3PM	3P%
캐치&슛	26.3	10.5	40.0%	24.1	9.3	38.8%
풀업	24.8	11.2	44.9%	7.8	2.9	36.8%
3m 안쪽	33.2	19.9	60.0%	—	—	—
TOTAL	84.9	41.8	49.2%	32.2	12.3	38.3%

SHOT REPERTORIES

필드골 시도
2.5 / 1.8 / 4.7 / 1.6 / 4.4 / 19.0 **86.1** 52.1 / 10.5 / 10.8 평균

드리블과 슈팅 시도
10.5 / 16.4 / 37.9 **86.1** / 10.5 / 10.8 평균

- ● 점프슛, 풀업 점퍼
- ● 레이업, 핑거롤
- ● 페이드어웨이
- ● 덩크, 앨리웁 덩크
- ● 훅슛
- ● 팁슛
- ● 뱅크슛

- ● 0드리블 + 슈팅
- ● 1드리블 + 슈팅
- ● 2드리블 + 슈팅
- ● 3~6드리블 + 슈팅
- ● 7+드리블 + 슈팅

필드골 성공
1.2 / 1.0 / 4.0 / 0.8 / 2.1 **42.5** 22.2 / 11.2 평균

드리블과 슈팅 성공
5.4 / 8.1 **42.5** 18.1 / 5.6 평균

SHOOTING

필드골 시도
7.8 / 21.2 **86.1** / 20.6 / 36.5 평균

공격수와 수비수의 거리
- ● 0-0.6m
- ● 0.6-1.2m
- ● 1.2-1.8m
- ● 1.8m 이상

필드골 시도
8.5 / 2.3 / 10.0 **86.1** 10.4 / 12.7 / 42.2 평균

남은 시간
- ● 22-24초
- ● 18-22초
- ● 15-18초
- ● 7-15초
- ● 4-7초
- ● 0-4초

필드골 성공
9.4 / 3.6 **42.5** / 10.5 / 20.0 평균

필드골 성공
3.0 / 1.2 / 4.7 **42.5** 6.9 / 20.7 평균

OPPONENT SHOOTING

상대 필드골 시도
22.3 / 8.9 **90.6** / 25.5 / 33.9 평균

공격수와 수비수의 거리
- ● 0-0.6m
- ● 0.6-1.2m
- ● 1.2-1.8m
- ● 1.8m 이상

상대 필드골 시도
7.9 / 2.7 / 8.8 **90.6** 12.3 / 15.5 / 43.4 평균

남은 시간
- ● 22-24초
- ● 18-22초
- ● 15-18초
- ● 7-15초
- ● 4-7초
- ● 0-4초

필드골 허용
9.5 / 3.9 **42.0** / 11.5 / 17.1 평균

필드골 허용
2.8 / 1.6 / 3.7 **42.0** 6.5 / 7.3 / 20.1 평균

CONTESTED REBOUNDS

공격 리바운드
0.5 / 0.9 **5.7** 2.4 / 1.9 평균

수비 리바운드
0.6 / 1.6 **7.7** 2.4 / 3.1 평균

UNCONTESTED REBOUNDS

공격 리바운드
0.4 / 2.6 **4.6** 0.8 / 0.8 평균

수비 리바운드
5.4 / 4.4 **25.8** / 6.8 / 9.2 평균

림 아래부터 리바운드 위치까지의 거리
● 0~0.9m ● 0.9~1.8m ● 1.8~3m ● 3m 이상

DEFENSE OF 49 WINS

필드골 허용 %
44.7%

3점슛 허용 %
34.1%

상대 필드골 시도 90.5 | 상대 3점슛 시도 36.3
필드골 허용 40.5 | 3점슛 허용 12.4

DEFENSE OF 33 LOSSES

필드골 허용 %
48.8%

3점슛 허용 %
39.9%

상대 필드골 시도 90.7 | 상대 3점슛 시도 35.5
필드골 허용 44.3 | 3점슛 허용 14.2

DEFENSE pg		REBOUNDS pg		항목 & 평점																					
DFG	DFG%	CR	UCR	TS	MS	3PS	FT	LU	DK	ID	OD	ST	BL	ORG	OR3	ORB	DRG	DR3	DRB	PS	BH	BQ	SP	PO	ED	HS	OG
필드골 허용	필드골 허용률	유경쟁 리바운드	무경쟁 리바운드	터프샷 성공률	중거리 슈팅	3점 슈팅	자유투 성공률	레이업 플로터	덤크	안쪽 수비	외곽 수비	스틸	블락	가드 공격RB	SF 공격RB	빅맨 공격RB	가드 수비RB	SF 수비RB	빅맨 수비RB	패스	볼 핸들링	농구 IQ	스피드 민첩성	파워	지구력	허슬 플레이	종합 평가

F 35 Kevin DURANT SF-PF
케빈 듀란트   1988.09.29 / 211cm

🇺🇸 미국
NBA 드래프트: 2007년 1라운드 2번
NBA 우승: 2회 / 파이널 MVP: 2회
시즌 MVP: 1회 / NBA 퍼스트팀: 6회

현역 최고 스타 중 1명이자 역대급 공격수. 높은 릴리스 포인트, 완벽한 스트로크, 최상급 슈팅 기술로 매경기 25~30점을 쉽게 찍는다. 중거리 풀업 점퍼는 역대 최고 수준이고, 좌우 윙에서 폭발하는 3점슛도 '치명적인 무기'다. 드라이빙, 커팅, 무빙에서 이어지는 덩크, 레이업, 플로터, 핑거롤 모두 '신의 경지'에 올랐다. 퍼리미터 1대1 수비, 볼 핸들링, 플레이메이킹, 패스 전부 리그 탑 클래스다. NBA의 '살아 있는 전설'이다. 연봉은 5118만 달러.

SHOT ZONE

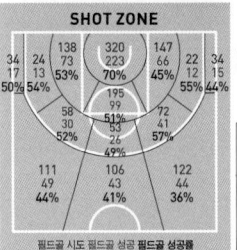

필드골 시도 1436 시도 982 · 필드골 성공 751

● 점프슛, 풀업 점퍼 ● 레이업, 핑거롤 ● 페이드어웨이 ● 덩크, 앨리웁 ● 훅슛 ● 팁슛 ● 뱅크슛

DEFENSE PER GAME			REBOUNDS PER GAME		
림에서의 거리	DFG	DFG%	림에서의 거리	CR	UCR
3점슛	1.8	36.8%	0~0.9m	0.1	0.5
2점슛	3.8	48.9%	0.9~1.8m	0.6	1.6
0~1.8m	2.6	58.5%	1.8~3.0m	0.3	1.4
0~3.0m	3.0	53.2%	3.0m 이상	0.1	1.4
4.5m 이상	2.2	36.4%			

2023-24 피닉스 75경기 평균 37.2분					
항목	PTS	RB	AS	ST	BL
경기 평균	27.1	6.6	5.0	0.9	1.2
36분 기준	26.2	6.4	4.9	0.9	1.2

항목 평점	TS	MS	3PS	FT	LU	DK	ID	OD	ST	BL
	A+	A+	A-	B+	A	B	C	B	D+	C+
	ORB	DRB	PS	BH	BQ	SP	PO	ED	HS	OG
	D-	C-	C+	A-	A-	B	B	B	A-	A

F 8 Grayson ALLEN SF-SG
그레이슨 앨런   1995.10.08 / 193cm

🇺🇸 미국
NBA 드래프트: 2018년 1라운드 21번
NBA 우승: 0회 / 파이널 MVP: 0회
시즌 MVP: 0회 / NBA 퍼스트팀: 0회

지난 시즌 기자단에 의해 기량 발전상(MIP) 투표 10위에 올랐다. 운동 능력과 투쟁심이 매우 강한 스윙맨. '3점슛 스페셜리스트'다. 프로 통산 41.2%, 지난 시즌 무려 46.1%를 성공시켰다. 3점 핫스팟은 좌우 윙이지만, 코너에서도 위력적이다. 돌파 후 타이밍을 빼앗아 올리는 플로터도 주무기. 괜찮은 퍼리미터 수비수이고, 늘 파이팅이 넘친다. 가끔 아드레날린이 너무 많이 분출돼 사고를 일으킨다. 플래그런트 파울을 범하는 것. 연봉은 1563만 달러.

SHOT ZONE

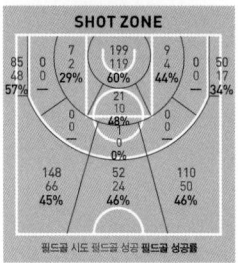

필드골 시도 682 시도 502 · 필드골 성공 340

● 점프슛, 풀업 점퍼 ● 레이업, 핑거롤 ● 페이드어웨이 ● 덩크, 앨리웁 ● 훅슛 ● 팁슛 ● 뱅크슛

DEFENSE PER GAME			REBOUNDS PER GAME		
림에서의 거리	DFG	DFG%	림에서의 거리	CR	UCR
3점슛	1.9	33.3%	0~0.9m	0.1	0.5
2점슛	5.2	52.9%	0.9~1.8m	0.2	0.6
0~1.8m	3.3	62.9%	1.8~3.0m	0.2	0.9
0~3.0m	4.0	57.3%	3.0m 이상	0.1	1.3
4.5m 이상	2.2	33.7%			

2023-24 피닉스 75경기 평균 33.5분					
항목	PTS	RB	AS	ST	BL
경기 평균	13.5	3.9	3.0	0.9	0.6
36분 기준	14.5	4.2	3.3	1.0	0.6

항목 평점	TS	MS	3PS	FT	LU	DK	ID	OD	ST	BL
	B+	C-	A-	A-	B	C-	D-	C-	C-	D-
	ORG	DRG	PS	BH	BQ	SP	PO	ED	HS	OG
	D-	D-	C-	C+	C	B	B-	B-	B-	C+

F 00 Royce O'NEALE SF-PF
로이스 오닐   1993.06.05 / 198cm

🇺🇸 미국
NBA 드래프트: 2015년 미지명
NBA 우승: 0회 / 파이널 MVP: 0회
시즌 MVP: 0회 / NBA 퍼스트팀: 0회

식스맨 콤보 포워드. 시즌 도중 브루클린에서 피닉스로 트레이드됐다. 오닐은 3&D 플레이어다. 통산 3점 성공률 38.1%에 달한다. 코트 전 지역에서 쏘지만, 특히 좌우 윙에서의 시도 횟수가 압도적으로 많다. 그의 비중은 수비에서 훨씬 커진다. 단단한 체구, 강한 지구력, 전투적인 승부근성으로 퍼리미터 1대1 수비를 펼친다. 상대 윙 혹은 '에이스 스토퍼'로서 제 몫을 한다. 너무 강력한 수비를 펼치다 심한 파울을 범하기도 한다. 연봉은 938만 달러.

SHOT ZONE

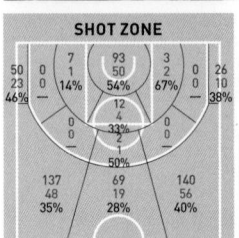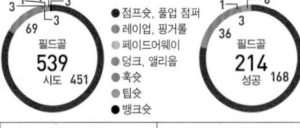

필드골 시도 539 시도 451 · 필드골 성공 214

● 점프슛, 풀업 점퍼 ● 레이업, 핑거롤 ● 페이드어웨이 ● 덩크, 앨리웁 ● 훅슛 ● 팁슛 ● 뱅크슛

DEFENSE PER GAME			REBOUNDS PER GAME		
림에서의 거리	DFG	DFG%	림에서의 거리	CR	UCR
3점슛	1.4	37.9%	0~0.9m	0.3	0.5
2점슛	3.5	53.3%	0.9~1.8m	0.6	1.2
0~1.8m	2.5	61.0%	1.8~3.0m	0.2	1.1
0~3.0m	2.8	57.0%	3.0m 이상	0.1	0.6
4.5m 이상	1.6	37.6%			

2023-24 브루클린+피닉스 79경기 평균 24.7분					
항목	PTS	RB	AS	ST	BL
경기 평균	7.7	4.8	2.8	0.7	0.6
36분 기준	11.2	6.9	4.0	1.1	0.8

항목 평점	TS	MS	3PS	FT	LU	DK	ID	OD	ST	BL
	C	D+	C+	D+	C	C-	D+	B+	C	D
	ORG	DRG	PS	BH	BQ	SP	PO	ED	HS	OG
	D-	B+	D-	D+	C+	D	B-	B-	C	B-

F 11 BOL BOL C-PF
볼 볼   1999.11.16 / 221cm

🇺🇸 미국
NBA 드래프트: 2019년 2라운드 44번
NBA 우승: 0회 / 파이널 MVP: 0회
시즌 MVP: 0회 / NBA 퍼스트팀: 0회

과거 NBA 최장신 센터였던 마누트 볼의 아들이다. 부친의 유전자를 물려받아 볼도 키 221cm, 윙스팬 234cm의 엄청난 사이즈를 자랑한다. 압도적인 키와 윙스팬으로 손만 들고 있어도 림이 가려지기에 상대의 슛 컨테스트 방어는 물론, 블락도 매우 위력적이다. 몸이 유연한 데다 양손을 다 사용할 수 있어 생각보다는 슈팅 기술, 슈팅 레인지가 나쁘지 않다. 골 밑에서 버티려면 향후 적당히 벌크업을 해야 한다. 구단과 투웨이 계약을 맺었다.

SHOT ZONE

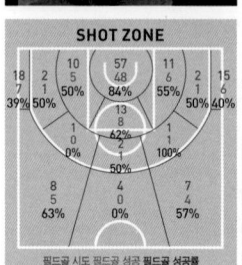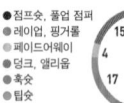

필드골 시도 151 시도 106 · 필드골 성공 93

● 점프슛, 풀업 점퍼 ● 레이업, 핑거롤 ● 페이드어웨이 ● 덩크, 앨리웁 ● 훅슛 ● 팁슛 ● 뱅크슛

DEFENSE PER GAME			REBOUNDS PER GAME		
림에서의 거리	DFG	DFG%	림에서의 거리	CR	UCR
3점슛	0.8	32.6%	0~0.9m	0.2	0.4
2점슛	1.2	40.7%	0.9~1.8m	0.3	0.9
0~1.8m	0.9	44.1%	1.8~3.0m	0.2	0.5
0~3.0m	0.9	43.0%	3.0m 이상	0.1	0.3
4.5m 이상	0.9	33.0%			

2023-24 피닉스 43경기 평균 10.9분					
항목	PTS	RB	AS	ST	BL
경기 평균	5.2	3.2	0.4	0.2	0.6
36분 기준	17.1	10.5	1.3	0.8	1.9

항목 평점	TS	MS	3PS	FT	LU	DK	ID	OD	ST	BL
	A	B-	C+	C	D	B	C	D	D	B+
	ORB	DRB	PS	BH	BQ	SP	PO	ED	HS	OG
	D+	B+	D-	D+	C+	C-	D-	D	B-	C

DEFENSE pg		REBOUNDS pg												항목 & 평점											
DFG	DFG%	CR	UCR	TS	MS	3PS	FT	LU	DK	ID	OD	ST	BL	ORG	OR3	ORB	DRG	DR3	DRB	PS	BH	BQ	SP	PO	ED	HS	OG
필드골 허용	필드골 허용률	유경쟁 리바운드	무경쟁 리바운드	터프샷 성공률	중거리 슈팅	3점 슈팅	자유투 성공률	레이업 플로터	덩크	안쪽 수비	외곽 수비	스틸	블락	가드 공격RB	SF 공격RB	빅맨 공격RB	가드 수비RB	SF 수비RB	빅맨 수비RB	패스	볼 핸들링	농구 IQ	스피드 민첩성	파워	지구력	허슬 플레이	종합 평가

Ryan DUNN — SF-PF

F 0
라이언 던
2003.01.07 / 203cm

🇺🇸 미국

NBA 드래프트 : 2024년 1라운드 28번
NBA 우승 : 0회 / 파이널 MVP : 0회
시즌 MVP : 0회 / NBA 퍼스트팀 : 0회

2024 드래프트에서 덴버에 1라운드 28번으로 지명됐고, 곧 피닉스로 트레이드됐다. 203cm의 콤보 포워드. 페인트존을 저돌적으로 파고든 다음 폭발적인 덩크 혹은 부드러운 레이업으로 마무리한다. 가끔 빅맨을 앞에 두고 '인 유어 페이스 덩크'를 찍어버린다. 좋은 사이즈와 뛰어난 운동 능력으로 인사이드와 퍼리머터 양쪽에서 훌륭한 1대1 수비를 보여준다. 리바운드도 OK. NBA에 적응하려면 외곽슛을 정말 많이 보강해야 한다. 연봉은 253만 달러.

SHOT ZONE

2024-25시즌
신인 선수

필드골 시도 필드골 성공 **필드골 성공률**

필드골 **0** 시도	● 점프슛, 풀업 점퍼 ● 레이업, 핑거롤 ● 페이드어웨이 ● 덩크, 앨리웁 ● 훅슛 ● 팁슛 ● 뱅크슛	필드골 **0** 성공

DEFENSE PER GAME			REBOUNDS PER GAME		
림에서의 거리	DFG	DFG%	림에서의 거리	CR	UCR
3점슛			0~0.9m		
2점슛			0.9~1.8m		
0~1.8m			1.8~3.0m		
0~3.0m			3.0m 이상		
4.5m 이상					

2023-24시즌 NBA 기록 없음						항목 평점	TS	MS	3PS	FT	LU	DK	ID	OD	ST	BL
항목	PTS	RB	AS	ST	BL		—	—	—	—	—	—	—	—	—	—
경기 평균	—	—	—	—	—	항목 평점	OR3	DR3	PS	BH	BQ	SP	PO	ED	HS	OG
36분 기준	—	—	—	—	—		—	—	—	—	—	—	—	—	—	—

Jalen BRIDGES — SF-PF

F 15
제일런 브리지스
2001.05.14 / 203cm

🇺🇸 미국

NBA 드래프트 : 2024년 미지명
NBA 우승 : 0회 / 파이널 MVP : 0회
시즌 MVP : 0회 / NBA 퍼스트팀 : 0회

베일러대 4학년을 마치고 2024 NBA 드래프트를 신청했으나 그 어느 팀에도 지명을 받지 못했다. 결국, 2024년 7월 4일 피닉스와 투웨이 계약을 맺었다. 올 시즌엔 NBA와 G리그(밸리 선즈)를 넘나들 가능성이 크다. 브리지스는 프로에서 3&D 플레이어로 활약할 가능성이 있다. 대학 4학년 때 3점슛 41.2%, 자유투 82.3%의 성공률을 보였다. 슈팅 스트로크가 매우 좋다. 그리고, 수비에서도 상대 팀 윙이나 볼 핸들러를 충분히 방어할 수 있다는 평가다.

SHOT ZONE

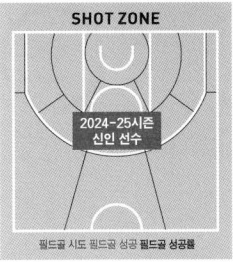

2024-25시즌
신인 선수

필드골 시도 필드골 성공 **필드골 성공률**

필드골 **0** 시도	● 점프슛, 풀업 점퍼 ● 레이업, 핑거롤 ● 페이드어웨이 ● 덩크, 앨리웁 ● 훅슛 ● 팁슛 ● 뱅크슛	필드골 **0** 성공

DEFENSE PER GAME			REBOUNDS PER GAME		
림에서의 거리	DFG	DFG%	림에서의 거리	CR	UCR
3점슛			0~0.9m		
2점슛			0.9~1.8m		
0~1.8m			1.8~3.0m		
0~3.0m			3.0m 이상		
4.5m 이상					

2023-24시즌 NBA 기록 없음						항목 평점	TS	MS	3PS	FT	LU	DK	ID	OD	ST	BL
항목	PTS	RB	AS	ST	BL		—	—	—	—	—	—	—	—	—	—
경기 평균	—	—	—	—	—	항목 평점	OR3	DR3	PS	BH	BQ	SP	PO	ED	HS	OG
36분 기준	—	—	—	—	—		—	—	—	—	—	—	—	—	—	—

Jusuf NURKIĆ — C

C 20
유수프 누르키치
1994.08.23 / 213cm

🇺🇸 미국

NBA 드래프트 : 2014년 1라운드 16번
NBA 우승 : 0회 / 파이널 MVP : 0회
시즌 MVP : 0회 / NBA 퍼스트팀 : 0회

213cm, 131kg의 센터. 거대한 체격에 비해 풋워크와 운동 능력은 괜찮다. 림 근처에서 덩크와 레이업을 구사하고, 가까운 거리 훅슛이 위력적이다. 높은 타점을 활용해 6~7m 롱2 혹은 3점슛을 던진다. 유럽 출신답게 BQ가 우수하다. 리그 최고의 스크린 세터 중 1명이다. 넓은 어깨로 스페이스를 만들고, 기습적인 다운-로 후 피니시 한다. 포스트 피딩이 훌륭한 센터. 공격 리바운드, 수비 리바운드, 블락 모두 최상위권이다. 연봉은 1813만 달러.

SHOT ZONE

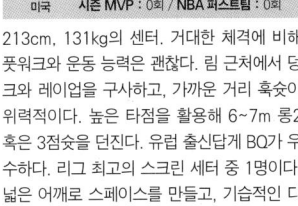

필드골 시도 필드골 성공 **필드골 성공률**

필드골 **627** 시도 256	● 점프슛, 풀업 점퍼 ● 레이업, 핑거롤 ● 페이드어웨이 ● 덩크, 앨리웁 ● 훅슛 ● 팁슛 ● 뱅크슛	필드골 **320** 성공 146

DEFENSE PER GAME			REBOUNDS PER GAME		
림에서의 거리	DFG	DFG%	림에서의 거리	CR	UCR
3점슛	1.2	36.5%	0~0.9m	2.3	1.8
2점슛	6.2	49.9%	0.9~1.8m	1.6	3.0
0~1.8m	3.4	54.9%	1.8~3.0m	0.4	1.0
0~3.0m	4.5	51.7%	3.0m 이상	0.1	0.4
4.5m 이상	2.0	38.6%			

2023-24 피닉스 76경기 평균 27.3분						항목 평점	TS	MS	3PS	FT	LU	DK	ID	OD	ST	BL
항목	PTS	RB	AS	ST	BL		B+	B+	B	C+	C	C+	B	C	C	B
경기 평균	10.9	11.0	4.0	1.1	1.1	항목 평점	OR3	DR3	PS	BH	BQ	SP	PO	ED	HS	OG
36분 기준	14.4	14.5	5.2	1.4	1.4		B+	A	D-	B-	B-	D-	A-	B+	C	B-

Mason PLUMLEE — C-PF

C 44
메이슨 플럼리
1990.03.05 / 208cm

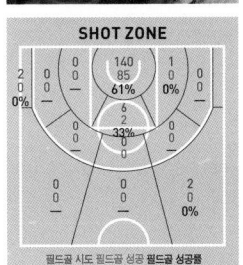

🇺🇸 미국

NBA 드래프트 : 2013년 1라운드 22번
NBA 우승 : 0회 / 파이널 MVP : 0회
시즌 MVP : 0회 / NBA 퍼스트팀 : 0회

지난 시즌 왼쪽 측부 인대 부상으로 46경기 출전에 그쳤다. 올 시즌, 건강이 최우선이다. 플럼리는 스스로 본인의 역할(백업 센터)에 대해 잘 인지하고 있다. 그는 림을 지키는 강력한 빅맨이다. 타고난 수비수다. 빅맨치고 코트 비전이 넓고, 늘 이타적(利他的)으로 플레이한다. 큰 체격에 비해 잘 달리는 편이다. 림 어택을 효과적으로 마무리한다. 자유투와 외곽 점퍼 부재는 큰 약점이다. 스스로 득점 기회를 창출하는 능력도 없다. 연봉은 209만 달러.

SHOT ZONE

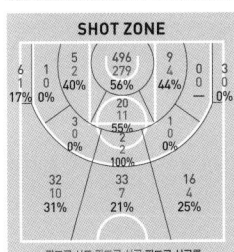

필드골 시도 필드골 성공 **필드골 성공률**

필드골 **153** 시도 63	● 점프슛, 풀업 점퍼 ● 레이업, 핑거롤 ● 페이드어웨이 ● 덩크, 앨리웁 ● 훅슛 ● 팁슛 ● 뱅크슛	필드골 **87** 성공 31

DEFENSE PER GAME			REBOUNDS PER GAME		
림에서의 거리	DFG	DFG%	림에서의 거리	CR	UCR
3점슛	0.6	32.5%	0~0.9m	1.1	0.8
2점슛	4.2	51.4%	0.9~1.8m	0.5	1.4
0~1.8m	2.8	58.3%	1.8~3.0m	0.3	0.3
0~3.0m	3.2	54.5%	3.0m 이상	0.0	0.3
4.5m 이상	1.1	36.8%			

2023-24 LA 클리퍼스 46경기 평균 14.7분						항목 평점	TS	MS	3PS	FT	LU	DK	ID	OD	ST	BL
항목	PTS	RB	AS	ST	BL		A-	C	D-	D-	C	D-	A-	C+	A-	D+
경기 평균	5.3	5.1	1.2	0.3	0.4	항목 평점	ORB	DRB	PS	BH	BQ	SP	PO	ED	HS	OG
36분 기준	13.0	12.5	2.9	0.7	0.9		C	A-	C	D-	C	A-	C+	A-	C+	

DFG	DFG%	CR	UCR	TS	MS	3PS	FT	LU	DK	ID	OD	ST	BL	ORG	OR3	ORB	DRG	DR3	DRB	PS	BH	BQ	SP	PO	ED	HS	OG
필드골 허용	필드골 허용률	유경쟁 리바운드	무경쟁 리바운드	터프샷 성공률	중거리 수팅	3점 수팅	자유투 성공률	레이업 플로터	슬램 덩크	안쪽 수비	외곽 수비	스틸	블락	공격RB	SF 공격RB	빅맨 공격RB	가드 수비RB	SF 수비RB	빅맨 수비RB	패스	볼 핸들링	농구 IQ	스피드 민첩성	파워	지구력	허슬 플레이	종합 평가

---

④ ⓒ Oso IGHODARO PF-C
오소 이고다로 · 2002.07.14 / 211cm

NBA 드래프트 : 2024년 2라운드 40번
NBA 우승 : 0회 / 파이널 MVP : 0회
미국 · 시즌 MVP : 0회 / NBA 퍼스트팀 : 0회

마켓대를 졸업하고, 2024 드래프트를 신청했다. 포틀랜드에 지명됐고, 곧 피닉스로 트레이드됐다. 사이즈, 민첩성, 활동량, BQ를 다 갖췄다. 운동 능력이 좋아 인사이드와 퍼리미터를 다 수비할 수 있다. 무시무시한 블로커이다. 리바운드를 쉽게 따낸다. 림 근처에서 플로터와 덩크를 정확히 성공시킨다. 그러나 슈팅 기술이 단순하고, 거리가 짧다. 트랜지션 게임에 강하다. 대학 시절 '플레이메이킹 센터'라는 독특한 롤을 수행했다. 연봉은 186만 달러.

SHOT ZONE

2024-25시즌 신인 선수

필드골 시도 **0** / 필드골 성공 **0**

● 점프슛, 풀업 점퍼
● 레이업, 핑거롤
● 페이드어웨이
● 덩크, 앨리웁
● 훅슛
● 팁슛
● 뱅크슛

DEFENSE PER GAME			REBOUNDS PER GAME		
림에서의 거리	DFG	DFG%	림에서의 거리	CR	UCR
3점슛			0~0.9m		
2점슛			0.9~1.8m		
0~1.8m			1.8~3.0m		
0~3.0m			3.0m 이상		
4.5m 이상					

2023-24시즌 NBA 기록 없음

항목 평점	TS	MS	3PS	FT	LU	DK	ID	OD	ST	BL
경기 평균	—	—	—	—	—					
36분 기준	—	—	—	—	—					

항목 평점	ORB	DRB	PS	BH	BQ	SP	PO	ED	HS	OG

---

① ⑤ Devin BOOKER SG-PG
데빈 부커 · 1996.10.30 / 198cm

NBA 드래프트 : 2015년 1라운드 13번
NBA 우승 : 0회 / 파이널 MVP : 0회
미국 · 시즌 MVP : 0회 / NBA 퍼스트팀 : 1회

NBA 최정상급 '슈팅 머신'. 시즌 평균 27.1점, 6.9AS를 기록했다. 언제 어느 팀을 만나도 한결같이 25~30점을 찍어버린다. 미드레인지 풀업 점퍼는 최강의 무기다. 또한, 캐치&슛, 스텝백 점퍼, 턴어라운드슛, 페이드어웨이슛까지 모든 기술을 발휘해 중거리슛 혹은 3점슛을 터뜨린다. 저돌적인 돌파 후 덩크, 플로터, 레이업, 핑거롤로 마무리한다. 볼 핸들링과 패스가 출중한 탑 플레이메이커이고, 예전보다 수비력도 좋아졌다. 연봉은 4921만 달러.

SHOT ZONE
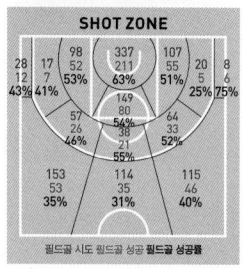
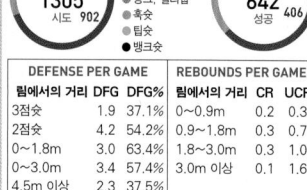

필드골 시도 **1305** / 902
필드골 성공 **642** / 406

● 점프슛, 풀업 점퍼
● 레이업, 핑거롤
● 페이드어웨이
● 덩크, 앨리웁
● 훅슛
● 팁슛
● 뱅크슛

DEFENSE PER GAME			REBOUNDS PER GAME		
림에서의 거리	DFG	DFG%	림에서의 거리	CR	UCR
3점슛	1.9	37.1%	0~0.9m	0.2	0.3
2점슛	4.2	54.2%	0.9~1.8m	0.1	0.7
0~1.8m	3.0	63.4%	1.8~3.0m	0.3	1.0
0~3.0m	3.4	57.4%	3.0m 이상	0.1	1.6
4.5m 이상	2.3	37.5%			

2023-24 피닉스 68경기 평균 36.0분

항목 평점	TS	MS	3PS	FT	LU	DK	ID	OD	ST	BL
	A+	A	B+	A-	A	C	D-	C+	D+	D-
경기 평균	27.1	4.5	6.9	0.9	0.4					
36분 기준	27.1	4.5	6.9	0.9	0.4					

항목 평점	ORG	DRG	PS	BH	BQ	SP	PO	ED	HS	OG
	D	D+	A	A	A-	B-	D-	A	A	A-

---

③ ⑤ Bradley BEAL SG-PG
브래들리 빌 · 1993.06.28 / 193cm

NBA 드래프트 : 2012년 1라운드 3번
NBA 우승 : 0회 / 파이널 MVP : 0회
미국 · 시즌 MVP : 0회 / NBA 퍼스트팀 : 0회

폭발적인 스코어러. 동료 듀란트, 부커의 존재 때문에 부득이하게 '3옵션'이 되면서 워싱턴 시절보다 득점이 낮아진 건 사실. 그러나 여전히 '괴물 슈터'다. 위협적인 선수다. RA, 페인트존, 미드레인지, 3점 구역 등 코트 전 지역에서 무섭게 슛을 쏜다. 지난 시즌 3점슛 43.0%, 자유투 82.2%를 찍었다. 돌파 후의 림 어택도 압권이다(이 부분에 대해서는 저평가된 측면이 있다). 퍼리미터 수비, 볼 핸들링, 패스 모두 수준급이다. 연봉은 5020만 달러.

SHOT ZONE
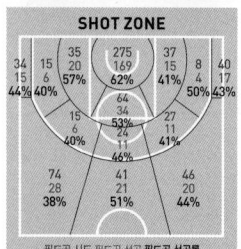

필드골 시도 **735** / 441
필드골 성공 **377** / 196

● 점프슛, 풀업 점퍼
● 레이업, 핑거롤
● 페이드어웨이
● 덩크, 앨리웁
● 훅슛
● 팁슛
● 뱅크슛

DEFENSE PER GAME			REBOUNDS PER GAME		
림에서의 거리	DFG	DFG%	림에서의 거리	CR	UCR
3점슛	2.4	40.2%	0~0.9m	0.3	0.3
2점슛	4.1	52.3%	0.9~1.8m	0.4	0.7
0~1.8m	2.4	59.5%	1.8~3.0m	0.3	0.8
0~3.0m	3.0	54.5%	3.0m 이상	0.1	1.4
4.5m 이상	2.9	41.1%			

2023-24 피닉스 53경기 평균 33.3분

항목 평점	TS	MS	3PS	FT	LU	DK	ID	OD	ST	BL
	B+	A	B+	B	A	C	D	C+	C+	D-
경기 평균	18.2	4.4	5.0	1.0	0.5					
36분 기준	19.6	4.7	5.4	1.1	0.6					

항목 평점	ORG	DRG	PS	BH	BQ	SP	PO	ED	HS	OG
	C+	D-	B-	B+	B-	C	A-	C+	B	

---

② ⑤ Josh OKOGIE SG-SF
조시 오코기 · 1998.09.11 / 193cm

NBA 드래프트 : 2018년 1라운드 20번
NBA 우승 : 0회 / 파이널 MVP : 0회
나이지리아 · 시즌 MVP : 0회 / NBA 퍼스트팀 : 0회

나이지리아 라고스 출신 이중국적자. 농구 국가대표로 나이지리아를 선택했다. NBA의 준수한 블루워커다. 운동능력이 뛰어나고, 윙스팬이 길어 수비할 때 유리하다. '디펜스 퍼스트' 마인드를 지닌 락다운 디펜더로 1번~4번을 다 수비한다. 특히 퍼리미터 디펜스는 리그 최고 수준이고, 스틸도 곧잘 성공시킨다. 그러나 공격은 매우 제한적이다. 레이업, 덩크, 캐치&슛 3점으로 득점하지만, 횟수 자체가 적고, 성공률도 높지 않다. 연봉은 825만 달러.

SHOT ZONE
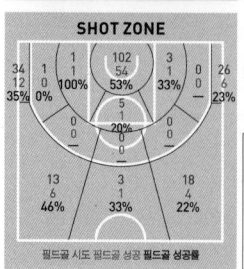

필드골 시도 **206** / 105
필드골 성공 **86** / 30

● 점프슛, 풀업 점퍼
● 레이업, 핑거롤
● 페이드어웨이
● 덩크, 앨리웁
● 훅슛
● 팁슛
● 뱅크슛

DEFENSE PER GAME			REBOUNDS PER GAME		
림에서의 거리	DFG	DFG%	림에서의 거리	CR	UCR
3점슛	1.0	36.4%	0~0.9m	0.4	0.1
2점슛	2.1	55.0%	0.9~1.8m	0.3	0.4
0~1.8m	1.4	61.9%	1.8~3.0m	0.3	0.3
0~3.0m	1.9	59.4%	3.0m 이상	0.1	0.9
4.5m 이상	1.1	38.2%			

2023-24 피닉스 60경기 평균 16.0분

항목 평점	TS	MS	3PS	FT	LU	DK	ID	OD	ST	BL
	B	C+	C-	C+	C	D	D-	B+	B+	D+
경기 평균	4.6	2.6	1.1	0.8	0.4					
36분 기준	10.4	5.8	2.4	1.8	0.9					

항목 평점	ORG	DRG	PS	BH	BQ	SP	PO	ED	HS	OG
	A-	D+	D+	C	B	B+	D	B-	A	C

DEFENSE pg		REBOUNDS pg		항목 & 평점																					
DFG	DFG%	CR	UCR	TS	MS	3PS	FT	LU	DK	ID	OD	ST	BL	OR3	ORG	ORB	DR3	DRB	PS	BH	BQ	SP	PO	ED	HS	OG
필드골 허용	필드골 허용률	유경쟁 리바운드	무경쟁 리바운드	턴어셋 성공률	중거리 슈팅	3점 슈팅	자유투 성공률	레이업 플로터	슬램 덩크	안쪽 수비	외곽 수비	스틸	블락	가드 공격RB	SF 공격RB	빅맨 공격RB	가드 수비RB	SF 수비RB	빅맨 수비RB	볼 핸들링	농구 IQ	스피드 민첩성	파워 지구력	허슬 플레이	종합 평가

 Ⓖ5 Tyus JONES — PG
타이어스 존스
1996.05.10 / 185cm

🇺🇸 미국

NBA 드래프트 : 2015년 1라운드 24번
NBA 우승 : 0회 / **파이널 MVP** : 0회
시즌 MVP : 0회 / **NBA 퍼스트팀** : 0회

이 정도 선수를 백업으로 쓰는 게 맞는가. 하위권 팀이었다면 무조건 선발 1번이다. 퓨어 포인트가드. 볼을 안전하게 핸들링 하며(턴오버가 매우 적다), 정확하게 패스한다. BQ가 좋아 팀 공격 전술을 주도적으로 이끈다. 퍼리미터 1대1, 팀 디펜스 모두 OK. 득점 옵션은 제한된 편이다. 돌파 후 플로터를 자주 구사한다. 캐치&슛으로 시도하는 3점슛이 주무기다. 지난 시즌 41.4%였다. 작은 키(185cm) 때문에 리바운드는 약하다. 연봉은 300만 달러.

SHOT ZONE

43	2	67 35	211 113	28 19	0	22	13	
18 42%	2 100%	52%	54%	68%	0 —	13 55%		

81 / 42 / 52% / 40%
6 / 10 / 50% / 40%
87 / 42 / 62 / 36 / 15 / 20
41% / 36% / 40%

필드골 시도 필드골 성공 **필드골 성공률**

3 37 103	필드골 **666** 시도 520	1 24 59	필드골 **326** 성공 241

● 점프슛, 풀업 점퍼 ● 레이업, 핑거롤 ■ 페이드어웨이 ● 덩크, 앨리웁 ● 훅슛 ● 팁슛 ● 뱅크슛

DEFENSE PER GAME			REBOUNDS PER GAME		
림에서의 거리	DFG	DFG%	림에서의 거리	CR	UCR
3점슛	1.2	36.4%	0~0.9m	0.1	0.1
2점슛	4.1	60.9%	0.9~1.8m	0.0	0.4
0~1.8m	2.7	69.0%	1.8~3.0m	0.1	0.7
0~3.0m	3.3	66.7%	3.0m 이상	0.1	1.4
4.5m 이상	1.5	37.5%			

2023-24 워싱턴 66경기 평균 29.3분					
항목	PTS	RB	AS	ST	BL
경기 평균	12.0	2.7	7.3	1.1	0.3
36분 기준	14.7	3.3	9.0	1.3	0.3

항목	TS	MS	3PS	FT	LU	DK	ID	OD	ST	BL
평점	A-	B	C+	B+	D-	D-	D+	B-	C	D
항목	ORG	DRG	PS	BH	BQ	SP	PO	ED	HS	OG
평점	D-	D-	B	B+	B-	C-	D-	A-	B+	C+

 Ⓖ23 Monté MORRIS — PG-SG
몬테 모리스
1995.06.27 / 188cm

🇺🇸 미국

NBA 드래프트 : 2017년 2라운드 51번
NBA 우승 : 0회 / **파이널 MVP** : 0회
시즌 MVP : 0회 / **NBA 퍼스트팀** : 0회

지난 시즌 디트로이트 소속으로 개막 직후 오른쪽 대퇴부를 다쳐 42경기 결장했다. 그리고 2024년 2월 8일, 미네소타로 트레이드됐다. 시즌 종료 후 FA로 풀려 7월 5일 피닉스와 계약했다. 하위 지명 출신(2라운드 51번)이지만, NBA에서 살아남은 견실한 백업 선수다. 화려하지는 않지만 실수가 적고, 전 소속팀들에서 나름대로 플레이메이킹을 잘 했던 포인트가드였다. 득점력은 높지 않으나 캐치&슛으로 3점슛을 종종 시도한다. 연봉은 280만 달러.

SHOT ZONE

19	3	12 8	28 16	7 1	1	4		
10 53%	2 67%	67%	19%	14%	0%	25%		

16 / 6 / 38%
6 / 4 / 67% / 40%
22 / 8 / 17
7 / 3 / 6
32% / 38% / 35%

필드골 시도 필드골 성공 **필드골 성공률**

2 1 21	필드골 **153** 시도 128	2 1 9 21	필드골 **62** 성공 50

● 점프슛, 풀업 점퍼 ● 레이업, 핑거롤 ■ 페이드어웨이 ● 덩크, 앨리웁 ● 훅슛 ● 팁슛 ● 뱅크슛

DEFENSE PER GAME			REBOUNDS PER GAME		
림에서의 거리	DFG	DFG%	림에서의 거리	CR	UCR
3점슛	0.5	33.3%	0~0.9m	0.0	0.1
2점슛	1.9	50.4%	0.9~1.8m	0.1	0.5
0~1.8m	1.2	58.2%	1.8~3.0m	0.1	0.6
0~3.0m	1.5	56.6%	3.0m 이상	0.0	0.5
4.5m 이상	0.7	34.4%			

2023-24 디트로이트+미네소타 33경기 평균 14.4분					
항목	PTS	RB	AS	ST	BL
경기 평균	5.0	1.7	2.1	0.6	0.3
36분 기준	12.4	4.3	5.2	1.4	0.7

항목	TS	MS	3PS	FT	LU	DK	ID	OD	ST	BL
평점	A-	B-	C	C+	D-	D	D	B	D	D
항목	ORG	DRG	PS	BH	BQ	SP	PO	ED	HS	OG
평점	D-	D+	A	B	C	B-	D-	B-	B-	B-

 Ⓖ10 Damion LEE — SG-SF
대미언 리
1992.10.21 / 198cm

🇺🇸 미국

NBA 드래프트 : 2016년 미지명
NBA 우승 : 1회 / **파이널 MVP** : 0회
시즌 MVP : 0회 / **NBA 퍼스트팀** : 0회

오른 무릎 연골(매니스커스) 수술을 받고 시즌을 통째로 날렸다. 2024년 봄과 여름 내내 재활에 몰두했다. 조심해야 한다. 리는 198cm의 이상적인 체형을 지닌 윙이다. 정확한 슈팅과 화려한 볼 핸들링을 구사한다. 퍼스트 스텝이 빠르고, 미드레인지에서 자신 있게 풀업 점퍼를 날린다. 부드러운 플로터로 림을 공략한다. 피닉스 시절인 2022-23시즌 3점슛이 44.5%였다. 수술 이후에 복귀하므로 수비를 잘 할 수 있을지가 관건이다. 연봉은 280만 달러.

SHOT ZONE

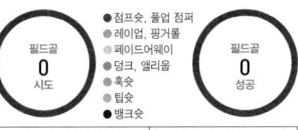 2023-24시즌 부상 결장

필드골 **0** 시도		필드골 **0** 성공

● 점프슛, 풀업 점퍼 ● 레이업, 핑거롤 ■ 페이드어웨이 ● 덩크, 앨리웁 ● 훅슛 ● 팁슛 ● 뱅크슛

DEFENSE PER GAME			REBOUNDS PER GAME		
림에서의 거리	DFG	DFG%	림에서의 거리	CR	UCR
3점슛			0~0.9m		
2점슛			0.9~1.8m		
0~1.8m			1.8~3.0m		
0~3.0m			3.0m 이상		
4.5m 이상					

2023-24시즌 NBA 기록 없음					
항목	PTS	RB	AS	ST	BL
경기 평균	—	—	—	—	—
36분 기준	—	—	—	—	—

항목	TS	MS	3PS	FT	LU	DK	ID	OD	ST	BL
평점										
항목	OR	DR	PS	BH	BQ	SP	PO	ED	HS	OG
평점										

PHOENIX SUNS
2024-25 REGULAR SEASON SCHEDULE

OCTOBER, 2024
- Oct. 24 @ LA Clippers
- Oct. 26 @ LA Lakers
- Oct. 27 vs. Dallas
- Oct. 29 vs. LA Lakers

NOVEMBER, 2024
- Nov. 1 @ LA Clippers
- Nov. 3 vs. Portland
- Nov. 5 vs. Philadelphia
- Nov. 7 vs. Miami
- Nov. 9 vs. Dallas
- Nov. 11 vs. Sacramento
- Nov. 13 @ Utah
- Nov. 14 @ Sacramento
- Nov. 16 @ Oklahoma City
- Nov. 18 @ Minnesota
- Nov. 19 vs. Orlando
- Nov. 21 vs. New York
- Nov. 27 vs. LA Lakers
- Nov. 28 vs. Brooklyn

DECEMBER, 2024
- Dec. 1 vs. Golden State
- Dec. 4 vs. San Antonio
- Dec. 6 vs. New Orleans
- Dec. 8 @ Miami
- Dec. 9 @ Orlando
- Dec. 20 vs. Indiana
- Dec. 22 vs. Detroit
- Dec. 24 @ Denver

- Dec. 26 vs. Denver
- Dec. 28 vs. Dallas
- Dec. 29 @ Golden State

JANUARY, 2025
- Jan. 1 vs. Memphis
- Jan. 5 @ Indiana
- Jan. 7 @ Philadelphia
- Jan. 8 @ Charlotte
- Jan. 10 @ Atlanta
- Jan. 12 vs. Utah
- Jan. 13 vs. Charlotte
- Jan. 15 @ Atlanta
- Jan. 17 vs. Washington
- Jan. 19 @ Detroit
- Jan. 21 @ Cleveland
- Jan. 23 @ Brooklyn
- Jan. 26 vs. Washington
- Jan. 28 vs. LA Clippers
- Jan. 30 vs. Minnesota

FEBRUARY, 2025
- Feb. 1 @ Golden State
- Feb. 2 @ Portland
- Feb. 6 @ Portland
- Feb. 6 @ Oklahoma City
- Feb. 8 vs. Utah
- Feb. 9 vs. Denver
- Feb. 12 vs. Memphis
- Feb. 13 vs. Houston
- Feb. 21 @ San Antonio

- Feb. 23 @ Chicago
- Feb. 24 @ Toronto
- Feb. 26 @ Memphis
- Feb. 28 vs. New Orleans

MARCH, 2025
- Mar. 1 vs. New Orleans
- Mar. 3 vs. Minnesota
- Mar. 5 vs. LA Clippers
- Mar. 8 @ Denver
- Mar. 10 @ Dallas
- Mar. 11 @ Memphis
- Mar. 13 @ Houston
- Mar. 15 vs. Sacramento
- Mar. 17 @ LA Lakers
- Mar. 18 vs. Toronto
- Mar. 20 vs. Chicago
- Mar. 22 vs. Cleveland
- Mar. 25 vs. Milwaukee
- Mar. 27 vs. Boston
- Mar. 29 @ Minnesota

FEBRUARY, 2025
- Apr. 1 vs. Houston
- Apr. 2 @ Milwaukee
- Apr. 5 @ Boston
- Apr. 7 @ New York
- Apr. 9 vs. Golden State
- Apr. 10 vs. Oklahoma City
- Apr. 12 vs. San Antonio
- Apr. 14 @ Sacramento

SACRAMENTO KINGS

春夢繼夏 · 이번엔 봄농구 이어간다

뜻풀이 봄에 꾼 꿈을 여름까지 이어가다. 새크라멘토는 지난 시즌 PO에 진출했지만 '잔인한 4월'을 맞고 떨어졌다. 과연 올 시즌엔 꿈이 여름까지 이어질까.

더 이어지지 못한 플레이오프의 꿈

17년 만의 PO 기쁨도 오래가지 않았다. 2시즌 연속 PO에 도전했지만 4월은 조용하고, 잔인했다. 플레이-인 토너먼트에서 자이언 윌리엄슨이 빠진 뉴올리언스에 패했다. 젊은 선수들을 앞세워 전성시대를 여는 듯했지만, 핵심 멤버 말릭 몽크의 부상이 아쉬웠다. 비록 PO에 가진 못했지만 쉽게 지는 팀은 아님을 보였다. 도만타스 사보니스가 그 중심에서 활약했다. 총 40회의 트리플더블(2위)을 기록하는 등 코트를 휘저었고, 디애런 팍스도 최고의 클러치 플레이어다운 면모를 보였다.

'클러치 괴물'과 '똘똘한 식스맨' 영입

험난한 서부에서는 사보니스와 팍스, 몽크만으로는 부족했다. 더마 드로잔 영입은 훌륭한 퍼즐 조각이 될 전망이다. 승부처에 몰아넣는 능력은 리그 정상급이다. 지난 시즌 클러치 및 4쿼터 득점 1위였다. 미드-레인지를 워낙 잘 요리하는 선수인 만큼 사보니스, 팍스와 겹치지 않는 활동 반경으로 상대를 곤란에 빠트릴 수 있을 것이다. 몽크와의 재계약도 오프시즌 호재 중 하나다. 몽크는 벤치 득점 2위, 벤치 어시스트 2위로 활약하며 막힌 혈을 뚫어주는 역할을 잘 해왔다.

날카로워진 창, 어떻게 활용할까

새크라멘토 드디어 '빅3' 시대를 맞았다. 케빈 허더와 같은 동료들이 세 선수로부터 파생되는 효과를 얼마나 잘 누리느냐가 중요하다. 키건 머레이의 역할도 중요하다. 언젠가는 '빅3'만큼이나 비중이 커질 기대주다. 2번째 시즌에는 개인 공격도 적극적으로 임하면서 공·수에서 힘을 보탰다. 반즈가 떠난 만큼, 이제 머레이가 그 자리를 잘 메워줘야 한다. '꾸준함'에서는 합격점을 받은 만큼, 그 볼륨을 얼마나 더 두텁게 만드느냐가 과제일 것이다. 새크라멘토 팬들의 기대가 크다.

*통계는 2024년 10월 1일 기준

CLUB INFORMATION

Founded 구단 창립 1923년	**Owner** 비벡 라나디베 1957.10.07	**CEO** 몬테 맥네어	**Head Coach** 마이크 브라운 1970.03.05	**24-25 Odds** 벳365 : 60배 윌리엄힐 : 50배

Nationality ●미국 선수 11명 ●외국 선수 3명	**Age** 14명 평균 26.2세	**Height** 14명 평균 199.5cm	**Weight** 14명 평균 94.9kg	**Salary** 14명 평균 1230만 달러

Win 2023-24 : 46승 통산 : 2748승	**Loss** 2023-24 : 36패 통산 : 3257패	**Winning%** 2023-24 : 56.1% 통산 : 45.8%	**Play-Off** PO 진출 : 30회 PO 탈락 : 47회	**Titles** NBA우승 : 1회 컨퍼런스 : 0회

Top Scorer 디애런 팍스 평균 26.6점	**More Rebounds** 도만타스 사보니스 평균 13.7RB	**More Assists** 도만타스 사보니스 평균 8.2AS	**More Steals** 디애런 팍스 평균 2.0스틸	**More Blocks** 키건 머레이 평균 0.8블록

*항목별 1위는 지난 시즌 새크라멘토 소속으로 42경기 이상 출전한 선수 중 선별

Association | **Icon** | **Statement** | **City**

HEAD COACH & STADIUM

Mike BROWN 마이크 브라운

생년월일 : 1970.03.05 / 출생지 : 미국 오하이오주 컬럼버스
경력 : 1997~1999년 워싱턴 위저즈 코치 / 2000~2003년 샌안토니오 스퍼스 코치 / 2003~2005년 인디애나 페이서스 코치 / 2005~2010년 클리블랜드 캐벌리어스 감독 / 2011~2012년 로스앤젤레스 레이커스 감독 / 2013~2014년 클리블랜드 캐벌리어스 감독 / 2016~2022년 골든스테이트 워리어스 코치 / 2022년~ 새크라멘토 킹스 감독

1997년 워싱턴 위저즈 코치를 시작으로 2000년 샌안토니오 스퍼스, 2003년 인디애나 페이서스에서 각각 코치를 역임했다. 샌안토니오 시절 그렉 포포비치 감독 밑에서 2003년 NBA 파이널 우승과 두 번의 서부 우승을 경험했다. 인디애나 시절 릭 칼라일 감독과 함께 2연속 플레이오프 진출 및 동부 결승 진출을 이뤄냈다. 2005년 클리블랜드 캐벌리어스, 2011년 LA 레이커스, 2013년 클리블랜드 캐벌리어스(복귀)에서 감독을 각각 역임했다. 캐벌리어스에서 2007년 NBA 파이널 진출, 2007년과 2009년 동부 파이널 진출, 2009년 NBA 올해의 감독상 수상 등 업적을 남겼다. 2016~2022년, 골든스테이트 스티브 커 감독 밑에서 코치를 맡아 2017, 2018, 2022년 3차례 NBA 우승을 경험했다. 그리고 2022년 5월 9일, 새크라멘토 킹스의 제31대 감독으로 부임했다.

GOLDEN 1 CENTER

구장 오픈 : 2016년 9월 30일
구장 증개축 : —
오너 : 새크라멘토시
수용인원 : 1만 7608명
건축비용 : 5억 5800만 달러
(현재 가치) 7억 900만 달러

건설되기까지 여러 사연이 참 많았지만, 결국 지어졌다. 새크라멘토 신용조합 골든 1 크레딧 유니언이 명명권을 사 유니언 1 센터가 되었다. 13.4m × 7.3m 넓이의 거대한 UHD 전광판을 비롯해 다양한 최신식 시설을 갖추고 있다. 스포츠, 음악, 엔터테인먼트, 식료품, 문화 등 지역사회DML 관심사를 하나로 모은다. 킹스 홈구장이 된 건 2016-17시즌부터다.

REGULAR SEASON RANKING LAST 10YEARS

14-15	15-16	16-17	17-18	18-19	19-20	20-21	21-22	22-23	23-24
25	**21**	**23**	**24**	**19**	**20**	**23**	**24**	**7**	**17**
29승 53패	33승 49패	32승 50패	27승 55패	39승 43패	31승 41패	31승 41패	30승 52패	48승 34패	46승 36패

TEAM POTENTIAL

77점

8위

하프코트 세트오펜스 **8점**	트랜지션 오펜스 **9점**	하프코트 세트디펜스 **7점**
트랜지션 디펜스 **9점**	리바운드 **7점**	
선수층 **7점**	선수 경험치 **7점**	감독 리더십 **8점**
감독 전술 **7점**	프런트 **8점**	

*각 항목은 10점 만점, 평점은 NBA 30팀 사이 상대평가

우승 ODDS	배당	순위
bet 365	60배	19위
Paddy Power	55배	18위
William Hill	50배	16위

OFFENSIVE STYLE
트랜지션 오펜스 ———●——— 하프코트 세트오펜스

DEFENSIVE STYLE
하이 프레스 ———●——— 하프코트 디펜스

SQUAD & TACTICS

STARTERS

PF 키건 머레이
33.6분, 15.2점
5.5RB, 1.7AS

C 도만타스 사보니스
35.7분, 19.4점
13.7RB, 8.2AS

SF 더마 드로잔
37.8분, 24.0점
4.3RB, 5.3AS

SG 케빈 허더
24.4분, 10.2점
3.5RB, 2.6AS

PG 디애런 폭스
35.9분, 26.6점
4.6RB, 5.6AS

OFF THE BENCH

PG 조던 맥러플린
11.2분, 3.5점
1.3RB, 2.0AS

SG 키언 엘리스
17.2분, 5.4점
2.2RB, 1.5AS

SF 말리크 몽크
26.0분, 15.4점
2.9RB, 5.1AS

PF 트레이 라일스
20.0분, 7.2점
4.4RB, 1.2AS

C 알렉스 렌
9.3분, 2.5점
2.7RB, 1.0AS

G 메이슨 존스
G 콜비 존스
F 아이재이아 크러포드
F 제일런 맥대니얼스
C 올랜도 로빈슨

OFFENSE MECHANISM

116.6득점으로 전체 9위였다. 하이포스트에서 이뤄지는 사보니스의 핸드오프로 창출되는 득점이 살림 밑천이었다. 새크라멘토의 핸드오프 득점은 11.4점으로 전체 2위인 덴버(6.8점)보다도 5점 가까이 많았다. 스크린 어시스트에 의한 득점은 1위(29.1점), 패스는 인디애나(308.3회)에 이어 2위(305.6회)였다. 이 장점이 기반인 줌 액션, 스프링 오펜스도 위력적. '파트너' 팍스는 리그 최고의 1대1 플레이어 중 하나지만 동시에 사보니스를 잘 활용한 선수이기도 하다. 돌파, 사보니스의 마무리, 혹은 외곽 등 선택지를 잘 만들었다. 둘에게 시선이 집중된 틈을 타 헬프 반대쪽에서 커트인도 많이 이뤄졌다. 허더, 몽크의 영리함도 한몫했다. 드로잔의 가세로 옵션이 더 늘어날 것이다.

DEFENSE MECHANISM

마이크 브라운 감독은 수비 전문가다. 경기중에도 시시각각 수비를 지도하며 빠르게 개선책을 찾았다. 덕분에 2시즌에 걸쳐 디플렉션, 차징 유도 등이 늘었다. 새크라멘토는 스위치보다는 네일 지점으로 몰아간 뒤 스턴트, 혹은 깊은 헬프로 실수를 유도한다. 다만 상대 코너 외곽 성공률(41.0%)이 높았다. 후반기에 만난 상대 중 65%가 PO, 혹은 플레이-인 토너먼트 진출팀이었는데 옵션이 더 많은 강팀을 만났을 때 이 문제가 심화됐다. 어시스트가 동반된 슈팅을 자주 내줬는데, 좀 더 기민한 로테이션이 필요하다. 커뮤니케이션, 클로즈아웃 수비에 문제가 있다고 진단한 수비 코치 루크 룩스가 개선에 앞장서고 있다. 한편, 아이솔레이션 수비에서 좋은 성과를 냈던 키건 머레이의 성장도 기대된다.

Player's Functions

Ball Handlers	Pull-Ups	Catch & Shoot

D.폭스 J.맥러플린 D.드로잔	D.드로잔 D.폭스 M.몽크	D.폭스 D.드로잔 J.맥러플린

3 Pointers	Slam Dunkers	Free Throw

J.맥러플린 K.엘리스 D.폭스	K.머레이 D.사보니스 M.몽크	M.몽크 K.머레이 D.폭스

Rebounders	1-1 Defenders	Ball Stealers
D.사보니스 A.렌 O.로빈슨	D.폭스 K.엘리스 D.사보니스	D.폭스 J.맥러플린 K.엘리스

Key Passes	Hustle Players	Rim Protectors

D.폭스 D.사보니스 M.몽크	D.사보니스 K.머레이 D.폭스	A.렌 O.로빈슨

2023-24 SEASON PERFORMANCE

SACRAMENTO KINGS vs. OPPONENTS PER GAME STATS

새크라멘토 vs 상대팀

	득실점	F↑ 필드골성공	FG% 필드골	3↑ 3점슛성공	3P% 3점슛	FT% 자유투성공	OR 자유투	RB 공격리바운드	A↑ 리바운드	어시스트	스틸	블락	턴오버	파울

116.6	114.8	43.3 **F↑** 41.6	47.7% **FG%** 48.0%	14.4 **3↑** 13.1	36.6% **3P%** 38.7%	15.5 ⊖ 18.5	74.5% **FT%** 80.0%
10.8 **OR** 9.1	44.0 **RB** 42.5	28.3 **A↑** 26.9	7.6 🎭 7.4	4.2 🏀 4.5	13.1 ↩ 13.9	19.9 🖐 18.3	

LINE-UP

* 새크라멘토는 지난 시즌 총 250개의 라인업을 가동시켰다. 그중 출전 시간이 가장 길었던 20개를 골라 게재했다.

5-MEN COMBINATION	MIN	PPG	RPG	APG
H. Barnes - D. Sabonis - D. Fox - K. Huerter - K. Murray	669	37.4	13.1	9.8
H. Barnes - D. Sabonis - D. Fox - K. Murray - K. Ellis	261	20.2	9.4	5.2
H. Barnes - D. Sabonis - D. Fox - M. Monk - K. Murray	151	9.3	3.5	1.9
H. Barnes - D. Sabonis - D. Fox - C. Duarte - K. Murray	130	19.0	8.0	4.2
H. Barnes - D. Sabonis - K. Huerter - D. Mitchell - K. Murray	106	7.0	3.1	2.0
H. Barnes - D. Sabonis - K. Huerter - K. Murray - K. Ellis	87	15.6	4.9	4.3
H. Barnes - D. Sabonis - M. Monk - D. Mitchell - K. Murray	70	5.0	1.7	1.3
T. Lyles - D. Sabonis - M. Monk - D. Mitchell - K. Murray	64	7.0	2.6	2.0
H. Barnes - D. Sabonis - D. Fox - M. Monk - K. Murray	60	7.0	1.8	1.7
H. Barnes - D. Sabonis - D. Fox - K. Huerter - C. Duarte	52	26.0	10.0	6.2
H. Barnes - D. Sabonis - M. Monk - K. Huerter - D. Mitchell	48	4.8	1.9	1.1
H. Barnes - D. Sabonis - D. Fox - M. Monk - K. Huerter	47	6.7	2.0	1.8
T. Lyles - D. Sabonis - M. Monk - K. Murray - K. Ellis	38	5.9	3.0	1.7
J. McGee - T. Lyles - D. Fox - M. Monk - A. Vezenkov	38	8.7	2.1	2.3
T. Lyles - D. Sabonis - M. Monk - K. Huerter - D. Mitchell	35	8.9	2.1	2.6
T. Lyles - D. Sabonis - D. Fox - M. Monk - K. Murray	34	5.1	1.8	1.3
D. Sabonis - D. Fox - M. Monk - K. Murray - K. Ellis	34	6.4	3.0	1.4
D. Sabonis - D. Fox - M. Monk - C. Duarte - K. Murray	32	7.0	2.8	1.5
D. Sabonis - M. Monk - C. Duarte - D. Mitchell - K. Murray	31	5.2	2.2	1.3
D. Sabonis - D. Fox - M. Monk - K. Huerter - K. Murray	31	5.6	1.9	1.0

PASS COMBINATIONS

→ 해당 선수가 경기당 동료로부터 패스 받은 횟수
→ 해당 선수가 경기당 동료들에게 패스 해준 횟수

받은	선수	해준
59.9	도만타스 사보니스	71.3
67.8	디애런 폭스	52.9
43.9	말리크 몽크	35.7
28.5	키건 머레이	28.5
27.6	케빈 허더	26.6
22.2	해리슨 반스	23.9
24.4	데이비온 미첼	22.6
15.8	트레이 라일스	22.2
20.6	키언 엘리스	21.8
10.7	사샤 베젠코프	12.5
8.8	알렉스 렌	12.1
10.8	크리스 두아르테	11.6
11.0	메이슨 존스	11.2
9.0	콜비 존스	8.6
6.6	자베일 맥기	7.7
4.9	후안 토스카노-앤더슨	7.5
10.0	필립 페트루셰프	7.0
5.4	케슬러 에드워즈	6.5
6.5	조던 포드	5.7
4.9	제일런 슬로슨	5.4

2023-24 RANKING

* 는 수치가 낮을수록 랭킹이 높아짐

새크라멘토	랭킹	GENERAL	상대팀*	랭킹
116.6	9위	득점 / 실점	114.8	17위
44.0	12위	리바운드	42.5	9위
28.3	7위	어시스트	26.9	19위
7.6	13위	스틸	7.4	17위
4.2	28위	블락	4.5	4위

득점	랭킹	PLAYTYPE	실점*	랭킹
5.0	24위	아이솔레이션	7.0	16위
24.3	6위	트랜지션	18.6	2위
14.3	24위	픽&롤 볼핸들러	16.0	13위
6.5	20위	픽&롤 롤맨	7.5	19위
3.7	19위	포스트-업	4.5	15위
28.4	12위	스팟-업	32.5	28위
11.4	1위	핸드오프	4.6	11위
11.4	7위	커팅	—	—
2.1	29위	오프 스크린	4.1	17위
9.2	1위	풋백	5.0	1위
2.7	23위	기타	—	—

SHOT ZONE

구간별 슈팅 및 성공률

SHOT ZONE

464	28	253	2839	190	26	349
180	9	105	1768	91	5	134
39%	32%	42%	62%	48%	19%	38%

	569	
	263	
	46%	

119	118	94
46	50	38
39%	42%	40%

885	606	907
310	223	331
35%	37%	37%

필드골 시도 / 필드골 성공 / **필드골 성공률**

항목	FGA	FGM	FG%	3PA	3PM	3P%
캐치&슛	29.6	11.1	37.4%	28.1	10.5	37.3%
풀업	22.6	9.0	39.8%	10.7	3.7	34.9%
3m 안쪽	37.8	22.8	60.4%	—	—	—
TOTAL	90.5	43.1	47.6%	39.1	14.3	36.6%

SHOT REPERTORIES

필드골 시도

평균 **90.9**
2.3 / 1.6 / 4.8 / 1.8 / 3.7 / 22.1 / 54.6

● 점프슛, 풀업 점퍼
● 레이업, 핑거롤
● 페이드어웨이
● 덩크, 앨리웁 덩크
● 훅슛
● 팁슛
● 뱅크슛

드리블과 슈팅 시도

평균 **90.9**
8.9 / 17.9 / 42.8 / 10.5 / 10.8

● 0드리블 + 슈팅
● 1드리블 + 슈팅
● 2드리블 + 슈팅
● 3~6드리블 + 슈팅
● 7+드리블 + 슈팅

필드골 성공

평균 **43.3**
1.1 / 0.8 / 4.3 / 1.7 / 21.1 / 13.4

드리블과 슈팅 성공

평균 **43.3**
4.2 / 8.7 / 20.1 / 4.9 / 5.4

SHOOTING

필드골 시도

평균 **90.9**
9.2 / 25.3 / 26.5 / 29.9

공격수와 수비수의 거리
● 0~0.6m
● 0.6~1.2m
● 1.2~1.8m
● 1.8m 이상

필드골 시도

평균 **90.9**
8.2 / 2.4 / 7.7 / 13.3 / 17.8 / 41.5

남은 시간
● 22~24초
● 18~22초
● 15~18초
● 7~15초
● 4~7초
● 0~4초

필드골 성공

평균 **43.3**
10.7 / 4.6 / 11.9 / 16.1

필드골 성공

평균 **43.3**
3.1 / 1.4 / 3.6 / 7.1 / 8.4 / 19.7

OPPONENT SHOOTING

상대 필드골 시도

평균 **86.8**
19.9 / 8.8 / 22.9 / 35.2

공격수와 수비수의 거리
● 0~0.6m
● 0.6~1.2m
● 1.2~1.8m
● 1.8m 이상

상대 필드골 시도

평균 **86.8**
7.7 / 2.3 / 8.8 / 9.8 / 13.0 / 45.2

남은 시간
● 22~24초
● 18~22초
● 15~18초
● 7~15초
● 4~7초
● 0~4초

필드골 허용

평균 **41.6**
8.9 / 10.6 / 17.8

필드골 허용

평균 **41.6**
3.0 / 1.1 / 4.8 / 4.4 / 6.4 / 21.9

CONTESTED REBOUNDS

공격 리바운드
평균 **5.4**
0.5 / 0.8 / 2.2 / 1.9

수비 리바운드
평균 **7.1**
0.5 / 1.3 / 2.5 / 2.8

림 아래부터 리바운드 위치까지의 거리
● 0~0.9m ● 0.9~1.8m ● 1.8~3m ● 3m 이상

UNCONTESTED REBOUNDS

공격 리바운드
평균 **5.3**
0.7 / 2.7 / 0.9 / 1.0

수비 리바운드
평균 **25.5**
5.1 / 4.8 / 6.2 / 9.4

림 아래부터 리바운드 위치까지의 거리
● 0~0.9m ● 0.9~1.8m ● 1.8~3m ● 3m 이상

DEFENSE OF 46 WINS

필드골 허용 %
45.2%

3점슛 허용 %
35.9%

상대 필드골 시도 87.6
필드골 허용 39.6
상대 3점슛 시도 34.2
3점슛 허용 12.3

DEFENSE OF 36 LOSSES

필드골 허용 %
51.7%

3점슛 허용 %
42.4%

상대 필드골 시도 85.7
필드골 허용 44.3
상대 3점슛 시도 33.4
3점슛 허용 14.2

DEFENSE pg		REBOUNDS pg		항목 & 평점																			
DFG	DFG%	CR	UCR	TS	MS	3PS	FT	LU	DK	ID	OD	ST	BL	ORG	ORB	DRG	DR3	DRB	PS	BH	SP	PO	ED	HS	OG
필드골 허용	필드골 허용률	유경쟁 리바운드	무경쟁 리바운드	터프샷 성공률	중거리 슛	3점 슛	자유투 슛	레이업 플로터	슬램 덩크	안쪽 수비	외곽 수비	스틸	블락	가드 공격RB	빅맨 공격RB	가드 수비RB	SF 수비RB	빅맨 수비RB	패스	볼 핸들링	농구 IQ	스피드 민첩성	파워 지구력	허슬 플레이	종합 평가

DeMar DEROZAN SF-SG

더마 드로잔   1989.08.07 / 198cm

NBA 드래프트 : 2009년 1라운드 9번
NBA 우승 : 0회 / 파이널 MVP : 0회
시즌 MVP : 0회 / NBA 퍼스트팀 : 0회
미국

올여름 시카고에서 새크라멘토로 이적했다. 정상급 중거리 슈터다. 강점은 풋워크. 경쾌한 발놀림에서 나오는 레벨 스텝으로 다양한 공격을 파생시킨다. 풀업 점퍼는 역대급. 포스트업 때는 백다운의 정석을 보인다. 전성기와 비교해 폭발력은 약해졌지만, 여전히 효율적이다. 돌파 후 플로터는 정확하다. 강심장라 '빅샷'을 많이 넣는다. 지난 시즌 '클러치 플레이어' 투표에서 전체 2위에 올랐다. 그러나 수비, 리바운드는 취약하다. 연봉은 2340만 달러.

SHOT ZONE

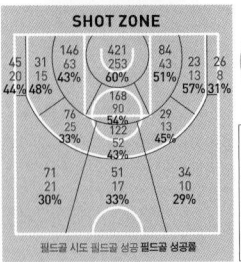

5 40	● 점프슛, 풀업 점퍼	1 24
26	● 레이업, 핑거롤	18 4
128	● 페이드어웨이	56
필드골	● 덩크, 앨리웁	필드골
295 시도 859	● 훅슛	650 성공 371
1355	● 팁슛	
	● 뱅크슛	

DEFENSE PER GAME			REBOUNDS PER GAME		
림에서의 거리	DFG	DFG%	림에서의 거리	CR	UCR
3점슛	1.8	34.4%	0~0.9m	0.2	0.2
2점슛	4.0	56.7%	0.9~1.8m	0.3	0.7
0~1.8m	3.6	61.4%	1.8~3.0m	0.3	1.1
0~3.0m	3.4	58.2%	3.0m 이상	0.1	1.2
4.5m 이상	2.0	35.4%			

필드골 시도 필드골 성공 **필드골 성공률**

2023-24 시카고 79경기 평균 37.8분						항목 평점	TS	MS	3PS	FT	LU	DK	ID	OD	ST	BL
항목	PTS	RB	AS	ST	BL		A	C-	C+	B+	B-	D-	C+	C	D
경기 평균	24.0	4.3	5.3	1.1	0.6	항목	ORB	DR3	PS	BH	BQ	SP	PO	ED	HS	OG
36분 기준	22.8	4.1	5.1	1.1	0.5	평점	D-	D+	C	C-	B+	B-	C-	B+	B-	B+

Keegan MURRAY PF-SF

키건 머레이   2000.08.19 / 203cm

NBA 드래프트 : 2022년 1라운드 4번
NBA 우승 : 0회 / 파이널 MVP : 0회
시즌 MVP : 0회 / NBA 퍼스트팀 : 0회
미국

원래 선발 스몰포워드였다. 그러나 드로잔이 가세한 올 시즌 파워포워드로 자리를 옮긴다. 다재다능한(versatile) 선수다. 안정감 있는 점프 슈터다. 탑, 좌우 윙, 좌우 코너에서 연달아 터지는 3점슛은 최강의 무기다. 미드레인지에서는 캐치&슛과 풀업 점퍼를 섞어 정확하게 림을 가른다. 강력한 덩크와 부드러운 레이업 등 림 어택도 쏠쏠하다. 픽&롤에서 핸들러와 롤러 두 역할 다 가능하다. 열심히 뛰어다니며 허슬 플레이를 한다. 연봉은 881만 달러.

SHOT ZONE

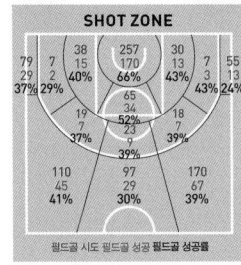

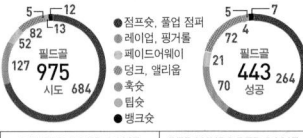

13 12	● 점프슛, 풀업 점퍼	5 7
6	● 레이업, 핑거롤	72 4
52	● 페이드어웨이	21
127	● 덩크, 앨리웁	필드골
필드골	● 훅슛	443 성공 264
975 시도 684	● 팁슛	70
	● 뱅크슛	

DEFENSE PER GAME			REBOUNDS PER GAME		
림에서의 거리	DFG	DFG%	림에서의 거리	CR	UCR
3점슛	1.6	41.8%	0~0.9m	0.3	0.5
2점슛	4.6	51.8%	0.9~1.8m	0.5	1.1
0~1.8m	3.8	58.6%	1.8~3.0m	0.4	1.4
0~3.0m	3.5	54.0%	3.0m 이상	0.2	1.0
4.5m 이상	2.0	41.6%			

필드골 시도 필드골 성공 **필드골 성공률**

2023-24 새크라멘토 77경기 평균 33.6분						항목 평점	TS	MS	3PS	FT	LU	DK	ID	OD	ST	BL
항목	PTS	RB	AS	ST	BL		A+	B-	A	B-	C	B-	D+	C+	C	D
경기 평균	15.2	5.5	1.7	1.0	0.8	항목	C+	D+	D	C-	C	B	D-	B	B	B-
36분 기준	16.3	5.8	1.8	1.1	0.9	평점										

Malik MONK SG-SF

말리크 몽크   1998.02.04 / 191cm

NBA 드래프트 : 2017년 1라운드 11번
NBA 우승 : 0회 / 파이널 MVP : 0회
시즌 MVP : 0회 / NBA 퍼스트팀 : 0회
미국

코트에서 엄청나게 폭발하는 스윙맨. 2번과 3번을 넘나들지만, 그의 플레이는 늘 한결같다. 트랜지션 상황에 좋은 기동력으로 페인트존을 찢고 들어간 뒤 날아올라 '미친 덩크'를 내리꽂는다. 라인 근처에서 3점을 던지거나 과감하게 파고들어 부드러운 터치로 레이업을 얹기도 한다. 공격은 지금보다 더 향상될 수 있다. 그러나 수비는 여전히 문제다. 수비력이 좋지 않은 데다 수비를 열심히 하지도 않는다. 영락없는 식스맨. 연봉 1741만 달러.

SHOT ZONE

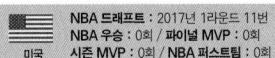

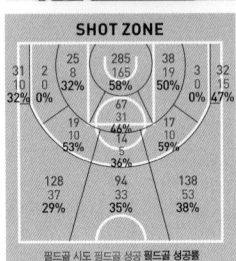

3 14	● 점프슛, 풀업 점퍼	7
36	● 레이업, 핑거롤	41
41	● 페이드어웨이	18
필드골	● 덩크, 앨리웁	필드골
195 시도 602	● 훅슛	396 성공 225
893	● 팁슛	
	● 뱅크슛	

DEFENSE PER GAME			REBOUNDS PER GAME		
림에서의 거리	DFG	DFG%	림에서의 거리	CR	UCR
3점슛	1.3	39.3%	0~0.9m	0.0	0.1
2점슛	2.8	50.5%	0.9~1.8m	0.1	0.9
0~1.8m	1.9	57.1%	1.8~3.0m	0.1	0.8
0~3.0m	2.2	54.4%	3.0m 이상	0.1	0.8
4.5m 이상	1.5	39.2%			

필드골 시도 필드골 성공 **필드골 성공률**

2023-24 새크라멘토 72경기 평균 26.0분						항목 평점	TS	MS	3PS	FT	LU	DK	ID	OD	ST	BL
항목	PTS	RB	AS	ST	BL		A-	C	B-	C	B	D+	D+	D+	C	D-
경기 평균	15.4	2.9	5.1	0.9	0.5	항목	ORG	DRG	PS	BH	BQ	SP	PO	ED	HS	OG
36분 기준	21.3	4.1	7.1	0.9	0.7	평점	D-	C	C+	B	B	B+	C-	B	B-	C+

Trey LYLES PF-C

트레이 라일스   1995.11.05 / 206cm

NBA 드래프트 : 2015년 1라운드 12번
NBA 우승 : 0회 / 파이널 MVP : 0회
시즌 MVP : 0회 / NBA 퍼스트팀 : 0회
캐나다

시즌 초반엔 왼쪽 종아리, 시즌 중반엔 왼 무릎을 다쳐 총 24경기 결장했다. 올 시즌, 건강이 최우선이다. 라일스는 현대농구 트렌드에 맞는 '스트레치 4번'이다. 206cm 큰 키에 부드러운 터치, 안정된 스트로크로 3점슛을 시도한다. 가끔 부드러운 레이업과 타이밍을 뺏는 플로터로 림 근처에서 득점한다. 운동 능력이 평범해 수비에서는 크게 도움이 못 된다. 파워포워드로서 리바운드도 평균 이하다. 팀 밸런스상 식스맨이 적격이다. 연봉은 800만 달러.

SHOT ZONE

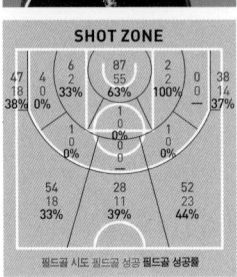

2 14	● 점프슛, 풀업 점퍼	7
97	● 레이업, 핑거롤	16
58	● 페이드어웨이	39
필드골	● 덩크, 앨리웁	필드골
321 시도 230	● 훅슛	143 성공 86
	● 팁슛	
	● 뱅크슛	

DEFENSE PER GAME			REBOUNDS PER GAME		
림에서의 거리	DFG	DFG%	림에서의 거리	CR	UCR
3점슛	0.9	33.8%	0~0.9m	0.5	0.6
2점슛	3.2	56.4%	0.9~1.8m	0.6	1.2
0~1.8m	2.2	60.3%	1.8~3.0m	0.4	1.1
0~3.0m	2.6	57.7%	3.0m 이상	0.1	0.4
4.5m 이상	1.2	35.4%			

필드골 시도 필드골 성공 **필드골 성공률**

2023-24 새크라멘토 58경기 평균 20.0분						항목 평점	TS	MS	3PS	FT	LU	DK	ID	OD	ST	BL
항목	PTS	RB	AS	ST	BL		B	C	C+	C	C	D	D+	D	C	C
경기 평균	7.2	4.4	1.4	0.6	0.3	항목	ORB	DRB	PS	BH	BQ	SP	PO	ED	HS	OG
36분 기준	13.0	8.0	2.2	0.5	0.6	평점	D-	C+	D	C	D	B+	C-	B-	C-	C

DEFENSE pg		REBOUNDS pg		항목 & 평점																														
DFG	DFG%	CR	UCR	TS	MS	3PS	FT	LU	DK	ID	OD	ST	BL	ORG	OR3	ORB	DRG	DR3	DRB	PS	BH	BQ	SP	PO	ED	HS	OG
필드골 허용	필드골 허용률	공격권 리바운드	무공격권 리바운드	터프샷 성공률	중거리 슈팅	3점 슈팅	자유투 성공률	레이업 플로터	덩크	안쪽 수비	외곽 수비	스틸	블락	가드 공격RB	빅맨 공격RB	공격RB	가드 수비RB	빅맨 수비RB	수비RB	패스	볼 핸들링	농구 IQ	스피드	파워	지구력	허슬 플레이	종합 평가

Jalen McDANIELS SF-PF

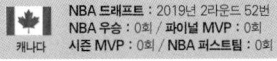

F 2 제일런 맥대니얼스　1998.01.31 / 206cm

🇨🇦 캐나다

NBA 드래프트 : 2019년 2라운드 52번
NBA 우승 : 0회 / 파이널 MVP : 0회
시즌 MVP : 0회 / NBA 퍼스트팀 : 0회

샬럿, 필라델피아 시절에는 '식스맨급'이었다. 지난 시즌 토론토에서는 철저히 '서드 유닛' 멤버였다. 올 시즌 새크라멘토에서는 어떤 롤을 맡을지 지켜봐야 한다. 키 206cm에 윙스팬 213cm의 '윙-빅 하이브리드(Wing-Big Hybrid)' 플레이어다. 캐치&슛 형태로 오픈 롱2와 오픈 3점슛을 주로 구사한다. 로포스트에서 부드러운 레이업을 얹는다. 스피드와 긴 팔로 퍼리미터 수비와 스틸을 한다. 매년 기량이 조금씩 향상되는 선수. 연봉 474만 달러.

SHOT ZONE

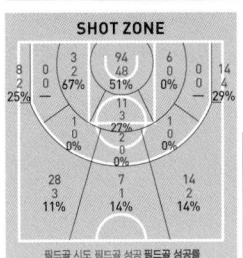

필드골 시도 필드골 성공 **필드골 성공률**

필드골 **189** 시도 / 필드골 **65** 성공

● 점프슛, 풀업 점퍼
● 레이업, 핑거롤
● 페이드어웨이
● 덩크, 앨리웁
● 훅슛
● 팁슛
● 뱅크슛

DEFENSE PER GAME			REBOUNDS PER GAME		
림에서의 거리	DFG	DFG%	림에서의 거리	CR	UCR
3점슛	0.8	37.0%	0~0.9m	0.1	0.3
2점슛	1.9	55.2%	0.9~1.8m	0.1	0.3
0~1.8m	1.4	63.9%	1.8~3.0m	0.1	0.3
0~3.0m	1.5	59.8%	3.0m 이상	0.0	0.2
4.5m 이상	1.0	36.6%			

2023-24 토론토 50경기 평균 10.8분					
항목	PTS	RB	AS	ST	BL
경기 평균	3.4	1.6	0.7	0.4	0.1
36분 기준	11.3	5.3	2.5	1.3	0.4

항목 평점	TS	MS	3PS	FT	LU	DK	ID	OD	ST	BL
	C	B-	C	C	D+	D-	C+	D+	C	D-
항목 평점	OR3	DR3	PS	BH	BQ	SP	PO	ED	HS	OG
	D-	D-	D+	D	C	D-	D-	B-	C	C

Isaiah CRAWFORD SF-SG

F 24 아이재이아 크러포드　2001.11.01 / 198cm

🇺🇸 미국

NBA 드래프트 : 2024년 미지명
NBA 우승 : 0회 / 파이널 MVP : 0회
시즌 MVP : 0회 / NBA 퍼스트팀 : 0회

루이지애나공대를 졸업하고, 2024 드래프트를 거쳐 새크라멘토에 입단했다. 올 시즌 '3&D 롤 플레이어'로 활약할 것이다. 스윙맨으로 NBA급 사이즈와 프레임을 갖췄다. 주로 오프-볼 상태에서 경기를 칠 전망이다. 대학 4학년 때 41.4%의 3점슛과 72.8%의 자유투를 선보였다. 라인 안쪽 온볼 상황에 가끔 유로 스텝도 선보인다. 장점은 수비다. 213cm의 윙스팬으로 락다운 디펜더로 활약하며 디플렉션, 블락, 스틸 등 다방면에서 재주를 보였다.

SHOT ZONE

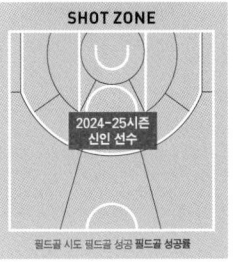

2024-25시즌 신인 선수

필드골 **0** 시도 / 필드골 **0** 성공

● 점프슛, 풀업 점퍼
● 레이업, 핑거롤
● 페이드어웨이
● 덩크, 앨리웁
● 훅슛
● 팁슛
● 뱅크슛

DEFENSE PER GAME			REBOUNDS PER GAME		
림에서의 거리	DFG	DFG%	림에서의 거리	CR	UCR
3점슛			0~0.9m		
2점슛			0.9~1.8m		
0~1.8m			1.8~3.0m		
0~3.0m			3.0m 이상		
4.5m 이상					

2023-24시즌 NBA 기록 없음					
항목	PTS	RB	AS	ST	BL
경기 평균	—	—	—	—	—
36분 기준	—	—	—	—	—

항목 평점	TS	MS	3PS	FT	LU	DK	ID	OD	ST	BL
	—	—	—	—	—	—	—	—	—	—
항목 평점	OR3	DR3	PS	BH	BQ	SP	PO	ED	HS	OG
	—	—	—	—	—	—	—	—	—	—

Domantas SABONIS C-PF

C 11 도만타스 사보니스　1996.05.03 / 208cm

리투아니아

NBA 드래프트 : 2016년 1라운드 11번
NBA 우승 : 0회 / 파이널 MVP : 0회
시즌 MVP : 0회 / NBA 퍼스트팀 : 0회

'사보니스家'는 '농구 명가(名家)'다. 아버지 아비다스는 과거 포틀랜드에서 활약했고, NBA 명예의 전당에 헌액된 전설의 센터였다. 도만타스는 BQ가 정말 좋고, 환상적인 패스를 구사한다. 스크린을 세팅하고, 동료의 공간을 참 잘 만들어준다. 압도적인 리바운더이고, 리그 최고의 허슬 플레이어다. 대부분의 득점을 덩크, 레이업, 짧은 훅슛 등 림 근처에서 올린다. 외곽에서 가끔 캐치&슛 형태로 오픈 롱2, 오픈 3점슛을 던진다. 연봉 4050만 달러.

SHOT ZONE

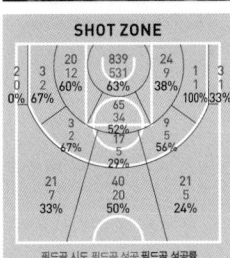

필드골 시도 필드골 성공 **필드골 성공률**

필드골 **1068** 시도 / 필드골 **634** 성공

● 점프슛, 풀업 점퍼
● 레이업, 핑거롤
● 페이드어웨이
● 덩크, 앨리웁
● 훅슛
● 팁슛
● 뱅크슛

DEFENSE PER GAME			REBOUNDS PER GAME		
림에서의 거리	DFG	DFG%	림에서의 거리	CR	UCR
3점슛	1.5	38.9%	0~0.9m	2.6	2.9
2점슛	6.8	51.3%	0.9~1.8m	1.9	3.9
0~1.8m	4.4	58.6%	1.8~3.0m	0.4	0.9
0~3.0m	5.4	55.4%	3.0m 이상	0.1	0.8
4.5m 이상	2.1	38.0%			

2023-24 새크라멘토 82경기 평균 35.7분					
항목	PTS	RB	AS	ST	BL
경기 평균	19.4	13.7	8.2	0.9	0.6
36분 기준	19.6	13.8	8.3	0.9	0.6

항목 평점	TS	MS	3PS	FT	LU	DK	ID	OD	ST	BL
	B+	B-	B-	B-	C	D	C+	D+	D-	D+
항목 평점	ORB	DRB	PS	BH	BQ	SP	PO	ED	HS	OG
	B+	A	B-	B+	A-	D-	A-	A+	A+	B+

Alex LEN C

F 25 알렉스 렌　1993.06.16 / 213cm

우크라이나

NBA 드래프트 : 2013년 1라운드 5번
NBA 우승 : 0회 / 파이널 MVP : 0회
시즌 MVP : 0회 / NBA 퍼스트팀 : 0회

시즌 48경기에 출전했다. 결장한 34경기에는 감독 결정(Coach's Decision) 14경기, 왼 발목 부상으로 쉰 20경기가 포함되어 있다. 피지컬이 좋은 전형적인 유럽 출신 빅맨. 파워를 앞세워 코트에서 에너지를 내뿜는다. 다소 거칠지만 강력한 포스트업 게임을 선보인다. 림 가까운 거리에서 위력적인 오른손 훅슛을 시도한다. 가끔 코너에서 스팟업 3점슛을 던진다. 블락은 리그 정상급이고, 인사이드 수비와 리바운드도 평균 이상. 연봉은 209만 달러.

SHOT ZONE

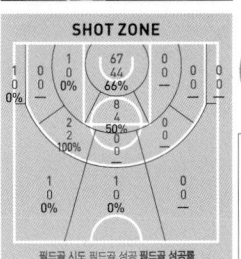

필드골 시도 필드골 성공 **필드골 성공률**

필드골 **81** 시도 / 필드골 **50** 성공

● 점프슛, 풀업 점퍼
● 레이업, 핑거롤
● 페이드어웨이
● 덩크, 앨리웁
● 훅슛
● 팁슛
● 뱅크슛

DEFENSE PER GAME			REBOUNDS PER GAME		
림에서의 거리	DFG	DFG%	림에서의 거리	CR	UCR
3점슛	0.5	43.1%	0~0.9m	0.5	0.4
2점슛	2.0	48.0%	0.9~1.8m	0.4	0.7
0~1.8m	1.2	51.0%	1.8~3.0m	0.1	0.3
0~3.0m	1.5	50.4%	3.0m 이상	0.0	0.2
4.5m 이상	0.7	40.3%			

2023-24 새크라멘토 48경기 평균 9.3분					
항목	PTS	RB	AS	ST	BL
경기 평균	2.5	2.7	1.4	0.2	0.7
36분 기준	9.7	10.4	4.1	0.9	2.7

항목 평점	TS	MS	3PS	FT	LU	DK	ID	OD	ST	BL
	B+	D-	C	B-	C	B	D	C+	D-	A
항목 평점	ORB	DRB	PS	BH	BQ	SP	PO	ED	HS	OG
	C+	C+	D-	D-	D	D	C	B-	A-	C-

		DEFENSE pg		REBOUNDS pg																항목 & 평점													
DFG	DFG%	CR	UCR	TS	MS	3PS	FT	LU	DK	ID	OD	ST	BL	ORG	OR3	ORB	DRG	DR3	DRB	PS	BH	BQ	SP	PO	ED	HS	OG
필드골 허용	필드골 허용률	유효쟁 리바운드	무효쟁 리바운드	터프샷 성공률	중거리 슛率	3점 슛팅	자유투 성공률	레이업 플로터	슬램 덩크	안쪽 수비	외곽 수비	스틸	블락	가드 공격RB	빅맨 공격RB	빅맨 공격RB	가드 수비RB	빅맨 수비RB	빅맨 수비RB	패스	농구 핸들링	농구 IQ	스피드 민첩성	파워 지구력	허슬 플레이	종합 평가

Orlando ROBINSON C

올랜도 로빈슨

2000.07.10 / 208cm

NBA 드래프트 : 2022년 미지명
NBA 우승 : 0회 / 파이널 MVP : 0회
시즌 MVP : 0회 / NBA 퍼스트팀 : 0회

미국

NBA와 G리그(수폴즈 스카이포스)를 넘나들었다. 이 때문에 지난 시즌 36경기 평균 8.4분 출전하는 데 그쳤다. 올 시즌에도 일단 '서드 유닛' 빅맨으로 출발한다. 로빈슨은 '언더 사이즈 빅맨'이다. 그러나 페인트존에서 덩크, 레이업, 훅슛을 정확히 성공시킨다. 가끔 어려운 상황에 터프샷을 넣는다. 하지만, 현대 농구 트렌드인 '스트레치 빅맨'은 아니다. 리바운드를 따내기 위해 골밑에서 꽤 강하게 투쟁한다. 허슬 플레이도 OK. 연봉은 209만 달러.

SHOT ZONE

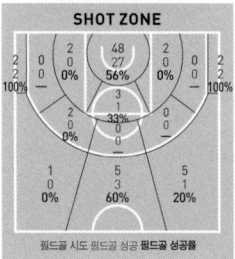

필드골 72 시도

필드골 36 성공

● 점프슛, 풀업 점퍼
● 레이업, 핑거롤
● 페이드어웨이
● 덩크, 앨리웁
● 훅슛
● 팁슛
● 뱅크슛

DEFENSE PER GAME			REBOUNDS PER GAME		
림에서의 거리	DFG	DFG%	림에서의 거리	CR	UCR
3점슛	0.4	35.5%	0~0.9m	0.4	0.3
2점슛	2.1	55.5%	0.9~1.8m	0.4	0.5
0~1.8m	1.4	60.3%	1.8~3.0m	0.1	0.3
0~3.0m	1.9	62.8%	3.0m 이상	0.1	0.1
4.5m 이상	0.4	30.0%			

필드골 시도 필드골 성공 필드골 성공률

2023-24 마이애미 36경기 평균 8.4분					
항목	PTS	RB	AS	ST	BL
경기 평균	2.8	2.3	0.9	0.2	0.2
36분 기준	11.7	9.9	4.0	0.8	0.9

항목	TS	MS	3PS	FT	LU	DK	ID	OD	ST	BL
평점	A	D+	D+	C+	C	B	D+	C	D	D+
항목	ORB	DRB	PS	BH	BQ	SP	PO	ED	HS	OG
평점	D+	B	D	D+	D-	D	B-	B-	C	C

De'Aaron FOX PG

디애런 폭스

1997.12.20 / 191cm

NBA 드래프트 : 2017년 1라운드 5번
NBA 우승 : 0회 / 파이널 MVP : 0회
시즌 MVP : 0회 / NBA 퍼스트팀 : 0회

미국

리그에서 가장 빠르고 폭발적인 공격수다. 일부에서는 '전성기의 존 월보다 빠르다'고 평가한다. 탑 스피드로 페인트존을 파괴한 뒤 폭발적인 덩크를 꽂는다. 드리블 돌파를 하며 상대로부터 자유투 파울을 많이 얻어낸다. 풀업 점퍼, 스텝백 점퍼, 캐치&슛 등 다양한 기술로 롱2와 3점슛을 쏟아낸다. 좌우 윙에서 특히 많이 시도한다. 리그 정상급 클러치 슈터이기도 하다. 스틸을 잘 하고, 페리미터 1대1 수비도 예전보다 향상됐다. 연봉은 3485만 달러.

SHOT ZONE

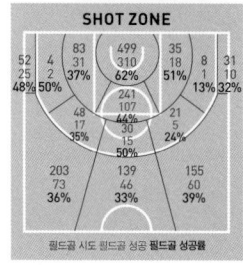

필드골 1549 시도

필드골 720 성공

● 점프슛, 풀업 점퍼
● 레이업, 핑거롤
● 페이드어웨이
● 덩크, 앨리웁
● 훅슛
● 팁슛
● 뱅크슛

DEFENSE PER GAME			REBOUNDS PER GAME		
림에서의 거리	DFG	DFG%	림에서의 거리	CR	UCR
3점슛	2.4	39.7%	0~0.9m	0.1	0.2
2점슛	4.2	57.8%	0.9~1.8m	0.3	0.8
0~1.8m	2.9	64.5%	1.8~3.0m	0.3	0.9
0~3.0m	3.3	60.2%	3.0m 이상	0.2	1.5
4.5m 이상	2.8	40.3%			

필드골 시도 필드골 성공 필드골 성공률

2023-24 새크라멘토 74경기 평균 35.9분					
항목	PTS	RB	AS	ST	BL
경기 평균	26.6	4.6	5.6	2.0	0.4
36분 기준	26.6	4.6	5.7	2.0	0.4

항목	TS	MS	3PS	FT	LU	DK	ID	OD	ST	BL
평점	A+	B+	B-	C-	A	B-	D-	C+	A-	D
항목	ORG	DRG	PS	BH	BQ	SP	PO	ED	HS	OG
평점	D+	D+	B	B+	B	A+	D-	A-	B-	B+

Kevin HUERTER SG-SF

케빈 허더

1998.08.27 / 201cm

NBA 드래프트 : 2018년 1라운드 19번
NBA 우승 : 0회 / 파이널 MVP : 0회
시즌 MVP : 0회 / NBA 퍼스트팀 : 0회

미국

201cm의 스윙맨. 리그 정상급 외곽슈터. 득점력은 높지 않지만, 꼭 필요할 때 한방씩 터뜨린다. 타점이 높고, 빠른 타이밍에 릴리스한다. 전체적으로 슈팅 스트로크가 매우 안정되어 있다. 반면, 예전보다 롱 2는 줄였다. 롱 2를 던지느니 아예 3점을 던진 것이다. 스팟-업 점퍼가 주 무기이지만, 풀업 점퍼도 그에 못지않다. 안정감 있게 볼을 핸들링한다. 팀의 보조 볼 핸들러로서도 주목을 받는다. 페리미터 1대1 수비도 OK. 연봉은 1683만 달러.

SHOT ZONE

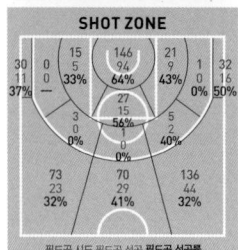

필드골 560 시도

필드골 248 성공

● 점프슛, 풀업 점퍼
● 레이업, 핑거롤
● 페이드어웨이
● 덩크, 앨리웁
● 훅슛
● 팁슛
● 뱅크슛

DEFENSE PER GAME			REBOUNDS PER GAME		
림에서의 거리	DFG	DFG%	림에서의 거리	CR	UCR
3점슛	1.5	39.2%	0~0.9m	0.1	0.2
2점슛	3.7	56.1%	0.9~1.8m	0.3	0.9
0~1.8m	2.8	68.4%	1.8~3.0m	0.2	0.8
0~3.0m	3.1	60.5%	3.0m 이상	0.1	0.6
4.5m 이상	1.8	38.9%			

필드골 시도 필드골 성공 필드골 성공률

2023-24 새크라멘토 64경기 평균 24.4분					
항목	PTS	RB	AS	ST	BL
경기 평균	10.2	3.5	2.6	0.7	0.4
36분 기준	15.1	5.2	3.8	1.0	0.5

항목	TS	MS	3PS	FT	LU	DK	ID	OD	ST	BL
평점	D+	B-	C	C+	C-	B	D-	B	B	C
항목	ORG	DRG	PS	BH	BQ	SP	PO	ED	HS	OG
평점	C	D-	B-	C	C+	C-	D-	B-	C-	C

Jordan McLAUGHLIN PG

조던 맥러플린

1996.04.09 / 183cm

NBA 드래프트 : 2018년 미지명
NBA 우승 : 0회 / 파이널 MVP : 0회
시즌 MVP : 0회 / NBA 퍼스트팀 : 0회

미국

오른 무릎 부상으로 시즌 56경기에만 출전했다. 부상 결장은 16경기였고, 감독의 결정에 의한 불참이 10경기였다. 183cm의 '작은 거인'이다. 뛰어난 BQ, 화려한 볼 핸들링, 창조적인 패스를 구사한다. 워낙 모험을 좋아하기에 묘기에 가까운 플레이를 연출한다. 그러면서 턴오버를 적게 범한다. 픽&롤 응용, 저돌적인 돌파에 이은 림 어택, 캐치&슛으로 시도하는 3점슛도 OK. 페리미터 1대1 수비, 팀 디펜스, 스틸 모두 수준급이다. 연봉은 209만 달러.

SHOT ZONE

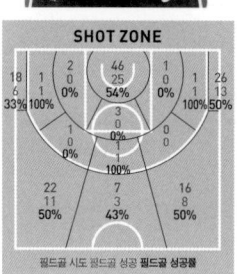

필드골 145 시도

필드골 70 성공

● 점프슛, 풀업 점퍼
● 레이업, 핑거롤
● 페이드어웨이
● 덩크, 앨리웁
● 훅슛
● 팁슛
● 뱅크슛

DEFENSE PER GAME			REBOUNDS PER GAME		
림에서의 거리	DFG	DFG%	림에서의 거리	CR	UCR
3점슛	0.6	41.3%	0~0.9m	0.0	0.0
2점슛	1.1	49.6%	0.9~1.8m	0.1	0.1
0~1.8m	0.8	60.6%	1.8~3.0m	0.0	0.1
0~3.0m	0.9	55.8%	3.0m 이상	0.1	0.6
4.5m 이상	0.8	43.3%			

필드골 시도 필드골 성공 필드골 성공률

2023-24 미네소타 56경기 평균 11.2분					
항목	PTS	RB	AS	ST	BL
경기 평균	3.5	1.3	2.0	0.6	0.1
36분 기준	11.2	4.1	6.3	2.0	0.4

항목	TS	MS	3PS	FT	LU	DK	ID	OD	ST	BL
평점	D+	B-	C	B-	B-	D+	D-	C-	A-	D-
항목	ORG	DRG	PS	BH	BQ	SP	PO	ED	HS	OG
평점	C	D-	B-	B	C+	C-	D-	B-	C-	C

		DEFENSE pg		REBOUNDS pg												항목 & 평점														
DFG	DFG%		CR	UCR	TS	MS	3PS	FT	LU	DK	ID	OD	ST	BL	ORG	OR3	ORB	DRG	DR3	DRB	PS	BH	BQ	SP	PO	ED	HS	OG
필드골 허용	필드골 허용%		무경쟁 리바운드	무경쟁 리바운드	터프샷 성공率	중거리 슈팅	3점 슈팅	자유투 성공률	레이업 플로터	덩크	안쪽 수비	외곽 수비	스틸	블락	가드 공격RB	SF 공격RB	빅맨 공격RB	가드 수비RB	SF 수비RB	빅맨 수비RB	패스	볼 핸들링	농구 IQ	스피드	민첩성	파워	지구력	허슬 플레이	종합 평가

KEON ELLIS — SG-SF

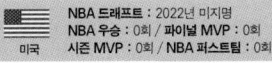

키언 엘리스 2000.01.08 / 191cm

NBA 드래프트 : 2022년 미지명
NBA 우승 : 0회 / 파이널 MVP : 0회
시즌 MVP : 0회 / NBA 퍼스트팀 : 0회
미국

백업 혹은 '서드 유닛' 스윙맨. 체격이 평범하고 키는 그리 크지 않지만, 윙스팬이 길고, 운동능력이 출중한 선수다. 페리미터 1대1, 팀 디펜스, 스틸 등 수비에서 기복 없이 꾸준한 퍼포먼스를 선보였다. 공격에선 주로 캐치&슛을 시도하지만, 최근 풀업 점퍼도 많이 향상됐다. 좌우 코너 3점슛의 시도 횟수 성공률이 높은 편이다. 빠른 퍼스트 스텝을 활용한 림 어택(덩크, 레이업)도 점점 증가하는 추세다. 연봉은 212만 달러.

SHOT ZONE

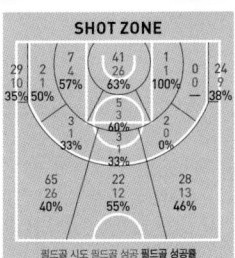

29 | 7 | 41 | 1 | 0 | 24
10 | 26 | 6 | 1 | 100% | —
35% | 50% | 57% | 63% | | 38%

3
60%
33%

2
0%
33%

65 | 22 | 28
26 | 12 | 13
40% | 55% | 46%

필드골 시도 필드골 성공 **필드골 성공률**

- 점프슛, 풀업 점퍼
- 레이업, 핑거롤
- 페이드어웨이
- 덩크, 앨리웁
- 훅슛
- 팁슛
- 뱅크슛

필드골 1 - 3 / 27 4 6 1
232 시도 190

필드골 1 - 2 / 15 6 1
107 성공 82

DEFENSE PER GAME			REBOUNDS PER GAME		
림에서의 거리	DFG	DFG%	림에서의 거리	CR	UCR
3점슛	0.7	30.2%	0~0.9m	0.1	0.1
2점슛	2.6	52.8%	0.9~1.8m	0.1	0.3
0~1.8m	1.9	60.7%	1.8~3.0m	0.1	0.5
0~3.0m	2.2	58.0%	3.0m 이상	0.1	0.3
4.5m 이상	0.8	29.1%			

2023-24 새크라멘토 57경기 평균 17.2분						항목 평점	TS	MS	3PS	FT	LU	DK	ID	OD	ST	BL
항목	PTS	RB	AS	ST	BL		C+	B-	C-	B+	C-	D-	B-	B+	C	B+
경기 평균	5.4	2.2	1.5	0.9	0.5	항목 평점	ORG	DRG	PS	BH	BQ	SP	PO	ED	HS	OG
36분 기준	11.4	4.6	3.1	1.9	1.1		C+	D-	D	C	C	B	D	B-	C	C+

Colby JONES — SG-SF

콜비 존스 2002.05.28 / 198cm

NBA 드래프트 : 2023년 2라운드 34번
NBA 우승 : 0회 / 파이널 MVP : 0회
시즌 MVP : 0회 / NBA 퍼스트팀 : 0회
미국

2023-24시즌, NBA와 G리그(스탁턴 킹스)를 넘나들어 30경기 출전에 그쳤다. 올 시즌 마이크 브라운 감독의 결정이 주목된다. 존스는 코트 비전이 좋은 198cm 윙이다. 오픈된 동료를 빨리 발견하고, 간결하게 패스한다. 커팅 혹은 러닝에 이은 플로터는 정확하다. 스크린을 받아 유연하게 움직이고, 오픈 때 정확하게 캐치&슛을 시도한다. 그러나 풀업 점퍼는 부족하다. 사이즈와 운동 능력이 우수해 1번~3번을 다 수비할 수 있다. 연봉은 212만 달러.

SHOT ZONE

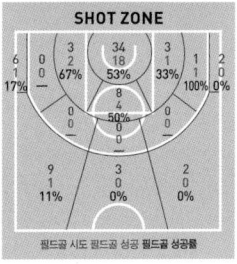

6 | 3 | 34 | 3 | 1 | 0
— | 2 | 18 | 1 | 100% | 0%
17% | 67% | 53% | | |

3
50%
0%

9 | 3 | 2
1 | | 0
11% | 0% | 0%

필드골 시도 필드골 성공 **필드골 성공률**

- 점프슛, 풀업 점퍼
- 레이업, 핑거롤
- 페이드어웨이
- 덩크, 앨리웁
- 훅슛
- 팁슛
- 뱅크슛

필드골 1 1 2 / 19
71 시도 43

필드골 1 1 1 / 9
28 성공 16

DEFENSE PER GAME			REBOUNDS PER GAME		
림에서의 거리	DFG	DFG%	림에서의 거리	CR	UCR
3점슛	0.3	31.6%	0~0.9m	0.2	0.1
2점슛	1.1	53.8%	0.9~1.8m	0.1	0.2
0~1.8m	0.6	75.0%	1.8~3.0m	0.1	0.2
0~3.0m	0.8	68.2%	3.0m 이상	0.0	0.3
4.5m 이상	0.5	35.7%			

2023-24 새크라멘토 30경기 평균 6.4분						항목 평점	TS	MS	3PS	FT	LU	DK	ID	OD	ST	BL
항목	PTS	RB	AS	ST	BL		A-	B+	D+	C+	B+	C-	B-	D+	D
경기 평균	2.1	1.3	0.7	0.2	0.2	항목 평점	ORG	DRG	PS	BH	BQ	SP	PO	ED	HS	OG
36분 기준	12.0	7.5	3.7	1.3	0.9		B	C-	D+	D+	C	D	A-	B	C-

Mason JONES — PG-SG

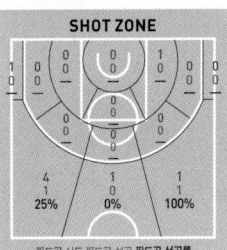

메이슨 존스 1998.07.21 / 193cm

NBA 드래프트 : 2020년 미지명
NBA 우승 : 0회 / 파이널 MVP : 0회
시즌 MVP : 0회 / NBA 퍼스트팀 : 0회
미국

'저니맨'이다. 202-21시즌 휴스턴에서 데뷔한 이후 올해로 5년째인데 소속 팀이 무려 9번이나 바뀌었다. 올 시즌도 새크라멘토와 산하 G리그인 스탁턴 킹스를 오고 갈 것으로 보인다. 강점은 캐치&슛. 해외리그와 G리그에서 미드레인지 점퍼와 3점슛 성공률이 꽤 괜찮았다. 그의 장점은 플레이메이킹. 포인트가드로 BQ가 나쁘지 않고, 볼을 안정적으로 핸들링하며, 패스가 꽤 정확하다. 올 시즌은 일단 NBA 무대에서 살아남는 게 중요하다. 연봉은 58만 달러.

SHOT ZONE

1 | | 0 | | 1 | 0
| 0 | | 0
| | | | |

4 | 1 | 1
1 | 0 | 1
25% | 0% | 100%

필드골 시도 필드골 성공 **필드골 성공률**

- 점프슛, 풀업 점퍼
- 레이업, 핑거롤
- 페이드어웨이
- 덩크, 앨리웁
- 훅슛
- 팁슛
- 뱅크슛

필드골 / 1
8 시도 7

필드골 / 2
2 성공

DEFENSE PER GAME			REBOUNDS PER GAME		
림에서의 거리	DFG	DFG%	림에서의 거리	CR	UCR
3점슛	0.3	20.0%	0~0.9m	0.0	0.0
2점슛	1.0	50.0%	0.9~1.8m	0.2	0.4
0~1.8m	0.7	40.0%	1.8~3.0m	0.0	0.0
0~3.0m	0.7	40.0%	3.0m 이상	0.2	0.4
4.5m 이상	0.7	33.0%			

2023-24 새크라멘토 5경기 평균 5.6분						항목 평점	TS	MS	3PS	FT	LU	DK	ID	OD	ST	BL
항목	PTS	RB	AS	ST	BL		C	B-	C+	C+	C+	D	D	D+	B-	D+
경기 평균	1.4	1.0	1.4	0.2	0.0	항목 평점	ORG	DRG	PS	BH	BQ	SP	PO	ED	HS	OG
36분 기준	9.0	6.4	6.4	1.3	0.0		C	B-	C+	C+	C	D	D	B-	C	D+

SACRAMENTO KINGS
2024-25 REGULAR SEASON SCHEDULE

OCTOBER, 2024
Oct. 25 vs. Minnesota
Oct. 27 @ LA Lakers
Oct. 29 vs. Portland
Oct. 30 vs. Utah

NOVEMBER, 2024
Nov. 2 @ Atlanta
Nov. 3 @ Toronto
Nov. 5 @ Miami
Nov. 7 vs. Toronto
Nov. 9 vs. LA Clippers
Nov. 11 @ Phoenix
Nov. 13 @ San Antonio
Nov. 14 vs. Phoenix
Nov. 16 vs. Minnesota
Nov. 17 vs. Utah
Nov. 19 vs. Atlanta
Nov. 23 @ LA Clippers
Nov. 25 vs. Brooklyn
Nov. 26 vs. Oklahoma City
Nov. 28 @ Minnesota
Nov. 30 @ Portland

DECEMBER, 2024
Dec. 2 vs. San Antonio
Dec. 4 vs. Houston
Dec. 6 @ Memphis
Dec. 7 @ San Antonio
Dec. 9 @ Utah
Dec. 20 @ LA Lakers

Dec. 22 vs. LA Lakers
Dec. 23 vs. Indiana
Dec. 27 @ Detroit
Dec. 29 @ LA Lakers
Dec. 31 vs. Dallas

JANUARY, 2025
Jan. 2 vs. Philadelphia
Jan. 4 vs. Memphis
Jan. 6 @ Golden State
Jan. 7 vs. Miami
Jan. 11 @ Boston
Jan. 13 @ Chicago
Jan. 15 @ Milwaukee
Jan. 17 vs. Houston
Jan. 20 vs. Washington
Jan. 23 vs. Golden State
Jan. 24 @ Denver
Jan. 26 @ New York
Jan. 28 @ Brooklyn
Jan. 30 @ Philadelphia

FEBRUARY, 2025
Feb. 2 @ Oklahoma City
Feb. 4 @ Minnesota
Feb. 6 vs. Orlando
Feb. 7 @ Portland
Feb. 9 vs. New Orleans
Feb. 11 @ Dallas
Feb. 13 vs. New Orleans
Feb. 14 @ New Orleans

Feb. 22 vs. Golden State
Feb. 25 vs. Charlotte
Feb. 27 @ Utah

MARCH, 2025
Mar. 2 @ Houston
Mar. 3 @ Dallas
Mar. 6 @ Denver
Mar. 8 vs. San Antonio
Mar. 10 @ LA Clippers
Mar. 11 vs. New York
Mar. 14 @ Golden State
Mar. 15 @ Phoenix
Mar. 18 vs. Memphis
Mar. 20 vs. Cleveland
Mar. 21 vs. Chicago
Mar. 23 vs. Milwaukee
Mar. 25 vs. Boston
Mar. 26 vs. Oklahoma City
Mar. 28 vs. Portland
Mar. 30 vs. Orlando

APRIL, 2025
Apr. 1 @ Indiana
Apr. 3 @ Washington
Apr. 5 @ Charlotte
Apr. 7 @ Cleveland
Apr. 8 @ Detroit
Apr. 10 @ Denver
Apr. 12 vs. LA Clippers
Apr. 14 vs. Phoenix

SOUTHWEST DIVISION

군 계 일 학

群鷄一鶴

DALLAS MAVERICKS

NBA 파이널에 진출했던 댈러스가 디비전 '1강'이다. 올 시즌에도 상위권에 진출할 가능성이 크다. 디비전 2위를 놓고 멤피스와 뉴올리언스가 경쟁하는 구도다. 샌안토니오는 올 시즌 PO에 진출할 수 있을까.

2024-25 DIVISION ODDS

순위	TEAM	벳 365	스카이벳	패디파워	윌리엄힐
1	Dallas Mavericks	1.1배	1.2배	1.6배	1.05배
2	Memphis Grizzlies	2.5배	2.5배	2.25배	2.5배
3	New Orleans Pelicans	3.4배	3배	3.2배	3.33배
4	Houston Rockets	8배	10배	5배	10배
5	San Antonio Spurs	25배	33배	25배	25배

2023-24 DIVISION STANDING

순위	TEAM	승	패	승률	승차
1	Dallas Mavericks*	50	32	61.0%	—
2	New Orleans Pelicans*	49	33	59.8%	1.0
3	Houston Rockets	41	41	50.0%	9.0
4	Memphis Grizzlies	27	55	32.9%	23.0
5	San Antonio Spurs	22	60	26.8%	28.0

*플레이오프 진출팀

HOUSTON ROCKETS

MEMPHIS GRIZZLIES

NEW ORLEANS PELICANS

SAN ANTONIO SPURS

DALLAS MAVERICKS

花樣年華 · 밸런스 완벽 우승 도전

뜻풀이 '꽃 같던 시절.' 인생의 가장 아름다운 시기. 댈러스는 '노비츠키 시대' 이후 가장 강한 전력을 구축했다. 2연속 파이널 진출, 나아가 우승을 노린다.

*통계는 2024년 10월 1일 기준

PO 하드캐리, 돈치치의 위대한 여정

5번 시드의 위대한 여정이었다. 서부 1, 2, 4위를 꺾고 파이널에 올랐다. 돈치치의 지배력이 얼마나 대단한지 확인했던, 동시에 우승하려면 돈치치-어빙만으로는 부족하다는 것도 확인했다. 하지만 전체적으로 보면 이들 듀오는 기대 이상이었다. 전 소속팀과 달리, 어빙이 농구선수 역할에 충실하며 돈치치를 잘 도왔다. 2월에 단행된 트레이드도 돈치치-어빙 듀오의 선택지를 넓혀주었다. P.J 워싱턴은 코너 스팟에서 특히 빛났고 개포드가 주전이 된 이후 댈러스는 21승 3패였다.

고민거리 해결해 낸 오프시즌 계약

돈치치-어빙의 조력자가 필요했던 시점, 클레이 탐슨이 링크됐다. 탐슨은 골든스테이트에서 현대 농구의 트렌드를 바꾼 주역 중 하나. 연이은 부상 후 전성기가 지났지만, 코트에 서 있는 것만으로도 돈치치, 어빙에게는 큰 힘이 될 것이다. 연봉에 비해 활약이 저조해 골치였던 팀 하더웨이를 정리한 것은 좋은 움직임이었고, 스펜서 딘위디와 나지 마샬, 케슬러 에드워즈도 댈러스의 방향에 깊이를 더할 자원들이다. 2023년 드래프트에서 건진 '보석' 라이블리의 성장도 기대된다.

노비츠키 이후 2번째 우승 정조준

13년 만의 파이널 무대는 우승을 더더욱 갈망하게 했다. '건강'만 유지된다면 탐슨은 돈치치-어빙의 개인 능력에 크게 의존하던 기존 시스템에 긍정적인 변화를 줄 수 있다. 또 댈러스 시절 잘 녹아들었던 딘위디도 돈치치와 어빙의 체력 세이브에 도움이 될 것이다. 이런저런 변화를 단행하는 과정에서 젊은 유망주들을 놓친 것은 아쉽지만, 더 탄탄하고 노련해진 만큼 댈러스는 우승에 한 걸음 더 다가섰다고 평가할 수 있다. '노비츠키 시대' 이후 두 번째 우승은 가능할까.

CLUB INFORMATION

Founded	Owner	CEO	Head Coach	24-25 Odds
구단 창립 1980년	패트릭 더몬트 마크 큐반	신트 마샬	제이슨 키드 1973.03.23	벳365 : 10배 윌리엄힐 : 10배

Nationality	Age	Height	Weight	Salary
●미국 선수 8명 ●외국 선수 7명	15명 평균 26.9세	15명 평균 200.7cm	15명 평균 99.0kg	15명 평균 1160만 달러

Win	Loss	Winning%	Play-Off	Titles
2023-24 : 50승 통산 1797승	2023-24 : 32패 통산 1746패	2023-24 : 61.0% 통산 : 50.7%	PO 진출 : 25회 PO 탈락 : 20회	NBA우승 : 1회 컨퍼런스 : 3회

Top Scorer	More Rebounds	More Assists	More Steals	More Blocks
루카 돈치치 평균 33.9점	루카 돈치치 평균 9.2리바운드	루카 돈치치 평균 9.8어시스트	루카 돈치치 평균 1.4스틸	데릭 라이블리 II 평균 1.4블록

Association | Icon | Statement | City

HEAD COACH & STADIUM

Jason KIDD 제이슨 키드

생년월일: 1973.03.23 / 출생지 : 미국 캘리포니아주 샌프란시스코
경력 : 2013~2014년 브루클린 네츠 감독 / 2014~2018년 밀워키 벅스 감독 / 2019~2021년 LA 레이커스 코치 / 2021~ 댈러스 매버릭스 감독

세인트 조셉 노트르담고를 졸업하고 1992년 캘리포니아대(UC 버클리)에 입학했다. 그는 대학 시절부터 이미 'NBA급 선수'라는 명성이 자자했고, 1993년 PAC-10 올해의 신인상, 1994년 PAC-10 올해의 선수상을 연달아 휩쓸었다. 대학 2학년만 마치고 1994 NBA 드래프트를 신청했고, 댈러스 매버릭스에 1라운드 2번으로 지명되었다. 키드는 NBA에서 댈러스, 피닉스, 뉴저지, 뉴욕을 거치며 18년간 뛰었다. 2011년 NBA 우승, 올스타 선정 10회, NBA 퍼스트팀 5회, NBA 디펜시브 퍼스트팀 4회, NBA 어시스트왕 4회, NBA 올해의 신인상 수상 등 열거하기 힘들 만큼 많은 업적을 남겼다. 은퇴 후 2013년에 브루클린 감독을 맡았고, 2014년 밀워키 감독, 2019년 LA 레이커스 코치로 각각 일했다. 밀워키 감독 시절, 팀은 2번 플레이오프에 진출했고, 레이커스 코치 시절 팀은 2020년 NBA 우승을 경험했다. 2021년 6월 28일, 키드는 댈러스 매버릭스의 제10대 감독이 되었고, 소속팀을 2024년 NBA 파이널로 이끌었다.

AMERICAN AIRLINES CENTER

구장 오픈 : 2001년 7월 17일
구장 증개축 : —
오너 : 댈러스시
수용인원 : 1만 9200명
건축비용 : 7억 2300만 달러

NBA 팀 댈러스 매버릭스, NHL 팀 댈러스 스타스의 홈구장이다. 이곳에서는 연간 200개 이상의 최고 엔터테인먼트 이벤트가 개최된다. 빌보드와 포스터에서 세계 10대 경기장 중 하나로 꾸준히 선정돼왔다. 아레나에서는 2001년 7월 개장 이후 수천 개의 스포츠 및 엔터테인먼트 행사가 열렸다. 매버릭스 홈구장으로 사용되기 시작한 건 2001-2002시즌부터다.

1	3	5	4
NBA CHAMPIONS	CONFERENCE TITLES	DIVISION TITLES	RETIRED NUMBERS

NBA CHAMPIONSHIPS
2011

CONFERENCE TITLES
2006, 2011, 2024

DIVISION TITLES
1987, 2007, 2010, 2021, 2024

RETIRED NUMBERS
12, 15, 22, 41

REGULAR SEASON RANKING LAST 10YEARS

14-15	15-16	16-17	17-18	18-19	19-20	20-21	21-22	22-23	23-24
10	15	22	28	24	13	8	5	21	6
50승 32패	42승 40패	33승 49패	24승 58패	33승 49패	43승 32패	42승 30패	52승 30패	38승 44패	50승 32패

TEAM POTENTIAL

77점

8위

하프코트 세트오펜스 8점
트랜지션 오펜스 8점
하프코트 세트디펜스 7점
트랜지션 디펜스 7점
리바운드 7점

선수층 7점
선수 경험치 8점
감독 리더십 8점
감독 전술 8점
프런트 9점

*각 항목은 10점 만점, 평점은 NBA 30팀 사이 상대평가

우승 ODDS	배당	순위
bet 365	10배	5위
Paddy Power	10배	6위
William Hill	10배	7위

OFFENSIVE STYLE
트랜지션 오펜스 ———●— 하프코트 세트오펜스

DEFENSIVE STYLE
하이 프레스 ——●——— 하프코트 디펜스

Player's Functions

Ball Handlers	Pull-Ups	Catch & Shoot
K.어빙	K.어빙	K.어빙
L.돈치치	K.탐슨	K.탐슨
S.딘위디	L.돈치치	L.돈치치

3 Pointers	Slam Dunkers	Free Throw
L.돈치치	D.가포드	K.탐슨
K.어빙	D.라이블리 II	L.돈치치
K.탐슨	PJ 워싱턴	K.어빙

Rebounders	1-1 Defenders	Ball Stealers
D.가포드	D.가포드	A.J.로슨
D.라이블리 II	K.탐슨	M.클레버
L.돈치치	Q.그라임스	

Key Passes	Hustle Players	Rim Protectors
L.돈치치	L.돈치치	D.가포드
K.어빙	D.파웰	D.라이블리 II
S.딘위디	K.탐슨	M.클레버

SQUAD & TACTICS

STARTERS

PF PJ 워싱턴
30.4분, 12.9점
5.6RB, 1.9AS

C 대니얼 가포드
24.5분, 11.0점
7.6RB, 1.6AS

SF 클레이 탐슨
29.7분, 17.9점
3.3RB, 2.3AS

SG 카이리 어빙
35.0분, 25.6점
5.0RB, 5.2AS

PG 루카 돈치치
37.5분, 33.9점
9.2RB, 9.8AS

OFF THE BENCH

PG 제이든 하디
13.5분, 7.3점
1.8RB, 1.5AS

SG 스펜서 딘위디
28.3분, 10.5점
2.7RB, 4.7AS

SF 나지 마샬
19.0분, 7.1점
3.6RB, 1.9AS

PF 막시 클레버
20.3분, 4.4점
3.3RB, 1.6AS

C 데릭 라이블리
23.5분, 8.8점
6.9RB, 1.1AS

G 단체 엑섬
G A.J.로슨
F 퀜틴 그라임스
F O.멕상스-프라스퍼
C 드와이트 파웰

OFFENSE MECHANISM

농구 천재 두 명의 시너지 효과는 확실히 대단했다. 돈치치와 어빙 조합이 팀 전력의 절반이었다. 아이솔레이션은 물론이고, 두 선수가 픽 게임을 펼치거나 즉흥적으로 진행하는 기브-앤-고 플레이 등 다양한 플레이가 나왔고, 파울도 잘 얻어냈다. 오버 로드를 만든 뒤 코너에서 시도하는 3점슛, 혹은 두 가드가 만들어주는 앨리웁 플레이로 쏠쏠한 재미를 봤다. 여기에 탐슨의 가세는 스페이싱과 수비 분산에 더 도움이 될 것이다. 전성기에서 내려왔지만, 여전히 3.5개의 3점슛을 넣었기에 수비가 그냥 둘 수 없다. P.J 워싱턴, 나지 마샬 역시 외곽에서 조력자가 될 수 있으며, 돌아온 스펜서 딘위디는 시종 빠른 페이스로 공격을 전개해온 돈치치-어빙의 숨 돌릴 틈을 만들어줄 것이다.

DEFENSE MECHANISM

시즌 동안 기복이 다소 있었지만, 댈러스는 수비 간격, 도움 수비 타이밍, 로테이션 등에 있어 서로 약속을 잘 수행해왔다. 특히 라이블리가 NBA에 녹아들고, 개포드와 워싱턴이 가세한 뒤 수비가 더 견고하고 터프해졌다는 평이다. 팀의 가장 큰 목표는 돈치치의 수비 부담을 줄이는 데 있다. 2대2 상황에서는 블리츠와 같은 강한 압박으로 볼러를 멈추거나, 드라이브를 허용했을 때는 네 일 지점을 지켜 공격 방향을 틀거나 픽업하며 만들었다. 5-OUT을 즐기는 팀을 상대로 필 스위치로 돌파 허용을 극복했다. 나지 마샬의 가세는 이러한 수비의 완성도를 높이고, 탐슨의 부담을 줄이는 데 힘이 될 것이다. 한편, 플레이오프 들어 해소되긴 했지만, 리바운드는 더 적극성을 보일 필요가 있다.

2023-24 SEASON PERFORMANCE

DALLAS MAVERICKS vs. OPPONENTS PER GAME STATS

댈러스 vs 상대팀

	득점	필드골성공	필드골 FG%	3점슛성공	3점슛 %	자유투성공	자유투 FT%	공격리바운드 OR	리바운드 RB	어시스트	스틸	블락	턴오버	파울
댈러스	117.9	43.1 F↑ 43.0	48.1% FG% 47.5%	14.6 3↑ 13.1	36.9% 3P% 36.8%	17.0 ⊖ 16.6	75.8% FT% 77.0%							
	115.6	9.7 OR 10.9	42.9 RB 45.1	25.7 A↑ 27.5	6.9 🕶 7.4	5.0 🏀 4.0	12.5 ↩ 13.7	18.3 🧽 20.3						

LINE-UP

* 댈러스는 지난 시즌 총 643개의 라인업을 가동시켰다. 그중 출전 시간이 가장 길었던 20개를 골라 게재했다.

5-MEN COMBINATION	MIN	PPG	RPG	APG
K. Irving - D. Jones Jr. - P. Washington - L. Doncic - D. Gafford	176	25.8	10.3	6.2
K. Irving - D. Jones Jr. - L. Doncic - G. Williams - D. Lively II	99	14.9	7.7	3.9
K. Irving - P. Washington - L. Doncic - J. Green - D. Lively II	88	27.7	9.4	5.9
T. Hardaway Jr. - L. Doncic - G. Williams - J. Green - D. Lively II	63	13.8	4.8	3.7
K. Irving - D. Jones Jr. - M. Kleber - L. Doncic - J. Green	48	19.3	5.6	4.3
D. Jones Jr. - L. Doncic - G. Williams - J. Green - D. Lively II	47	14.9	5.9	3.4
K. Irving - D. Jones Jr. - L. Doncic - D. Gafford - J. Green	44	16.1	5.7	2.8
K. Irving - D. Jones Jr. - L. Doncic - J. Green - D. Lively II	44	13.0	5.6	2.4
K. Irving - T. Hardaway Jr. - D. Powell - D. Jones Jr. - J. Green	42	19.3	6.7	4.0
K. Irving - T. Hardaway Jr. - M. Kleber - P. Washington - L. Doncic	42	6.8	2.7	1.4
K. Irving - D. Exum - M. Kleber - P. Washington - L. Doncic	39	9.8	3.9	2.0
T. Hardaway Jr. - D. Exum - D. Jones Jr. - L. Doncic - D. Lively II	39	15.8	5.7	3.2
T. Hardaway Jr. - D. Jones Jr. - L. Doncic - G. Williams - D. Lively II	37	5.6	1.6	1.1
K. Irving - T. Hardaway Jr. - M. Kleber - L. Doncic - J. Green	37	11.6	3.4	2.4
T. Hardaway Jr. - D. Exum - D. Jones Jr. - L. Doncic - G. Williams	36	12.3	3.7	2.4
K. Irving - M. Kleber - P. Washington - L. Doncic - J. Green	35	10.2	2.9	1.9
K. Irving - D. Exum - P. Washington - L. Doncic - D. Gafford	34	6.7	2.0	1.7
T. Hardaway Jr. - D. Powell - L. Doncic - G. Williams - J. Green	34	6.0	2.1	1.1
K. Irving - T. Hardaway Jr. - L. Doncic - G. Williams - D. Lively II	33	10.9	3.0	2.1
T. Hardaway Jr. - D. Exum - M. Kleber - L. Doncic - D. Lively II	30	11.3	3.8	2.1

PASS COMBINATIONS

→ 해당 선수가 경기당 동료로부터 패스 받은 횟수
→ 해당 선수가 경기당 동료들에게 패스 해준 횟수

받은	선수	해준
69.2 →	루카 돈치치	→ 56.0
53.5 →	카이리 어빙	→ 45.8
22.5 →	PJ 워싱턴	→ 29.5
15.5 →	데릭 라이블리 II	→ 27.1
27.1 →	단테 엑섬	→ 26.5
27.8 →	팀 하더웨이 Jr.	→ 24.6
22.7 →	조시 그린	→ 24.2
15.5 →	대니얼 가포드	→ 22.8
19.2 →	그랜트 윌리엄스	→ 22.8
15.1 →	막시 클리버	→ 19.2
17.3 →	데릭 존스 Jr.	→ 17.5
10.5 →	드와이트 파웰	→ 16.2
19.1 →	제이든 하디	→ 15.3
13.8 →	세스 커리	→ 14.2
13.0 →	덱스터 데니스	→ 14.0
7.5 →	라선 홈즈	→ 10.6
11.4 →	브랜든 윌리엄스	→ 9.4
7.0 →	그렉 브라운 III	→ 8.7
7.8 →	마카프 모리스	→ 8.1
7.3 →	올리비에-막상스 프라스퍼	→ 7.8
6.9 →	AJ 로슨	→ 7.4
5.5 →	알렉스 퍼지	→ 5.0

2023-24 RANKING

* 는 수치가 낮을수록 랭킹이 높아짐

댈러스	랭킹	GENERAL	상대팀*	랭킹
117.9	7위	득점 / 실점	115.6	20위
42.9	21위	리바운드	45.1	25위
25.7	19위	어시스트	27.5	22위
6.9	24위	스틸	7.4	16위
5.0	17위	블락	4.0	2위

득점	랭킹	PLAYTYPE	실점	랭킹
12.3	7위	아이솔레이션	7.4	21위
23.6	8위	트랜지션	21.8	18위
17.9	9위	픽&롤 볼핸들러	16.1	15위
6.9	19위	픽&롤 롤맨	6.6	4위
2.7	24위	포스트-업	4.5	15위
28.3	13위	스팟-업	27.7	17위
5.3	11위	핸드오프	5.3	19위
8.3	25위	커팅	—	—
3.2	18위	오프 스크린	4.7	27위
6.6	15위	풋백	7.1	22위
2.5	27위	기타	—	—

SHOT ZONE

구간별 슈팅 및 성공률

SHOT ZONE

484 48	254 109	2627 1671	307 156	44 16	433 164
169	43%	64%	51%		38%
35% 44%		430 201 47%		36%	
	136 53 39%	110 51 46%	154 60 39%		
886 331 37%		626 218 35%		797 315 40%	

필드골 시도 필드골 성공 필드골 성공률

항목	FGA	FGM	FG%	3PA	3PM	3P%
캐치&슛	26.0	9.6	36.7%	25.0	9.2	36.7%
풀업	28.2	11.5	40.8%	13.9	5.1	36.7%
3m 안쪽	34.6	21.5	62.3%	—	—	—
TOTAL	89.3	42.9	48.0%	39.4	14.5	36.9%

SHOT REPERTORIES

필드골 시도

평균 89.7
1.4 / 2.9 / 1.6 / 5.7 / 4.0 / 19.0 / 55.1 / 9.1

● 점프슛, 풀업 점퍼
● 레이업, 핑거롤
● 페이드어웨이
● 덩크, 앨리웁 덩크
● 훅슛
● 팁슛
● 뱅크슛

드리블과 슈팅 시도

평균 89.7
15.2 / 38.2 / 17.5 / 9.7

● 0드리블 + 슈팅
● 1드리블 + 슈팅
● 2드리블 + 슈팅
● 3~6드리블 + 슈팅
● 7+드리블 + 슈팅

필드골 성공

평균 43.1
0.6 / 1.7 / 0.9 / 5.1 / 21.6 / 1.6 / 11.6

드리블과 슈팅 성공

평균 43.1
7.2 / 8.0 / 18.3 / 4.6

SHOOTING

필드골 시도

평균 89.7
7.9 / 20.8 / 29.3 / 31.7 / 45.9

공격수와 수비수의 거리
● 0-0.6m
● 0.6-1.2m
● 1.2-1.8m
● 1.8m 이상

필드골 시도

평균 89.7
6.2 2.3 / 11.6 / 8.6 / 15.1

남은 시간
● 22-24초
● 18-22초
● 15-18초
● 7-15초
● 4-7초
● 0-4초

필드골 성공

평균 43.1
4.0 / 9.4 / 13.0 / 16.7

필드골 성공

평균 43.1
2.5 1.5 / 3.9 / 6.4 / 7.3 / 21.5

OPPONENT SHOOTING

상대 필드골 시도

평균 90.4
9.4 / 22.8 / 24.0 / 34.2 / 44.8

공격수와 수비수의 거리
● 0-0.6m
● 0.6-1.2m
● 1.2-1.8m
● 1.8m 이상

상대 필드골 시도

평균 90.4
7.3 2.8 / 11.8 / 8.6 / 15.1

남은 시간
● 22-24초
● 18-22초
● 15-18초
● 7-15초
● 4-7초
● 0-4초

필드골 허용

평균 43.0
4.5 / 9.8 / 10.7 / 18.0 / 21.1

필드골 허용

평균 43.0
2.81.7 / 3.8 / 6.4 / 7.2 / 21.1

CONTESTED REBOUNDS

공격 리바운드
평균 4.7
0.4 / 1.7 / 0.8 / 1.8

수비 리바운드
평균 7.4
0.5 / 2.3 / 1.4 / 3.2

UNCONTESTED REBOUNDS

공격 리바운드
평균 5.1
0.8 / 0.9 / 2.4 / 1.0

수비 리바운드
평균 25.1
5.4 4.3 / 6.6 / 8.8

림 아래부터 리바운드 위치까지의 거리
● 0~0.9m ● 0.9~1.8m ● 1.8~3m ● 3m 이상

DEFENSE OF 50 WINS

필드골 허용 %
45.2%

3점슛 허용 %
35.2%

상대 필드골 시도 91.1
필드골 허용 41.1
상대 3점슛 시도 35.7
3점슛 허용 12.6

DEFENSE OF 32 LOSSES

필드골 허용 %
51.3%

3점슛 허용 %
39.3%

상대 필드골 시도 89.3
필드골 허용 45.8
상대 3점슛 시도 35.6
3점슛 허용 14.0

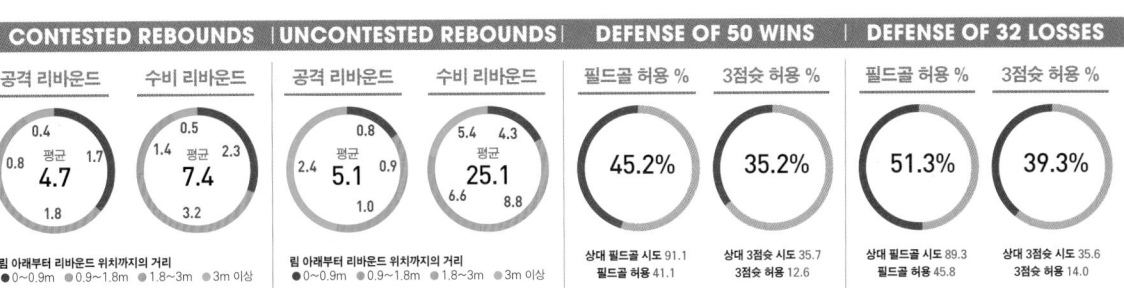

DFG	DFG%	CR	UCR	TS	MS	3PS	FT	LU	DK	ID	OD	ST	BL	ORG	OR3	DRG	DR3	DRB	PS	BH	BQ	SP	PO	ED	HS	OG
필드골 허용	필드골 허용률	유효경쟁 리바운드	무경쟁 리바운드	터프샷 성공률	중거리 슈팅	3점 슈팅	자유투 성공률	레이업 플로터	슬램 덩크	안쪽 수비	외곽 수비	스틸	블락	가드 공격RB	SF 공격RB	빅맨 공격RB	가드 수비RB	SF 수비RB	빅맨 수비RB	패스	볼 핸들링	농구 IQ	스피드 민첩성	파워	지구력	허슬 플레이	종합 평가

F 31 Klay THOMPSON SG-SF
클레이 탐슨
1990.02.08 / 198cm

NBA 드래프트 : 2011년 1라운드 11번
미국
NBA 우승 : 4회 / 파이널 MVP : 0회
시즌 MVP : 0회 / NBA 퍼스트팀 : 0회

13년 정들었던 골든스테이트를 떠나 댈러스에 합류했다. NBA 역대 최고 슈터를 논할 때 무조건 최상위권에 들어갈 선수다. 코트 어느 위치에서든 슛을 쏜다. 캐치&슛은 '신의 경지'에 올랐다. 한번 불이 붙으면 연쇄 폭발한다. 일반 3점슛, 딥 쓰리, 롱 2, 레이업 등 다양한 슈팅을 정확하게 성공시킨다. 페리미터 1대1 수비와 팀 디펜스도 수준급. 무릎과 아킬레스건 부상으로 2019~21시즌을 통째로 날렸던 아픔을 완전히 씻었다. 연봉은 1587만 달러.

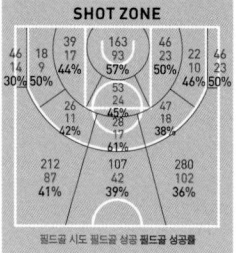

SHOT ZONE

필드골 1133 시도 915

필드골 490 성공 369

● 점프슛, 풀업 점퍼
● 레이업, 핑거롤
● 페이드어웨이
● 덩크, 앨리웁
● 훅슛
● 팁슛
● 뱅크슛

DEFENSE PER GAME			REBOUNDS PER GAME		
림에서의 거리	DFG	DFG%	림에서의 거리	CR	UCR
3점슛	1.3	36.1%	0~0.9m	0.1	0.4
2점슛	3.5	50.8%	0.9~1.8m	0.2	0.6
0~1.8m	2.4	62.1%	1.8~3.0m	0.1	0.7
0~3.0m	2.8	55.0%	3.0m 이상	0.1	0.9
4.5m 이상	1.6	36.3%			

2023-24 골든스테이트 77경기 평균 29.7분						항목	TS	MS	3PS	FT	LU	DK	ID	OD	ST	BL
항목	PTS	RB	AS	ST	BL	평점	A-	A-	A+	B+	C-	B	C	C-	C+	C
경기 평균	17.9	3.3	2.3	0.6	0.5	항목	OR3	DR3	PS	BH	BQ	SP	PO	ED	HS	OG
36분 기준	21.7	4.0	2.8	0.8	0.6	평점	D-	D-	D+	C-	C-	D-	A-	A-	B	C

F 25 PJ WASHINGTON PF-C
PJ 워싱턴
1998.08.23 / 201cm

NBA 드래프트 : 2019년 1라운드 12번
미국
NBA 우승 : 0회 / 파이널 MVP : 0회
시즌 MVP : 0회 / NBA 퍼스트팀 : 0회

시즌 도중 샬럿에서 댈러스로 이적해 새 팀에서 수비로 공헌했다. 서부 컨퍼런스 결승에서는 평균 17.7점을 기록, 1번 시드 오클라호마시티를 격파할 때 주연 중 1명이었다. '언더 사이즈 4번'이다. 그러나 몸통이 두껍고, 윙 스팬이 길다. 강한 힘 긴 팔, 많은 활동량으로 2~4번을 다 수비한다. 좌우 윙에서 시도하는 3점은 꽤 위력적. 림 근처에서 덩크, 레이업, 플로터를 자주 구사한다. 동료를 위해 허슬 플레이를 열심히 한다. 연봉은 1550만 달러.

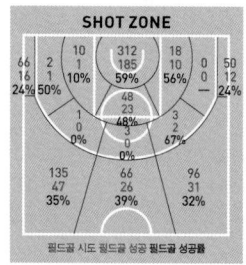

SHOT ZONE

필드골 811 시도 542

필드골 354 성공 190

● 점프슛, 풀업 점퍼
● 레이업, 핑거롤
● 페이드어웨이
● 덩크, 앨리웁
● 훅슛
● 팁슛
● 뱅크슛

DEFENSE PER GAME			REBOUNDS PER GAME		
림에서의 거리	DFG	DFG%	림에서의 거리	CR	UCR
3점슛	1.6	40.7%	0~0.9m	0.4	0.7
2점슛	5.1	53.9%	0.9~1.8m	0.7	1.4
0~1.8m	3.5	61.0%	1.8~3.0m	0.3	0.9
0~3.0m	4.2	57.3%	3.0m 이상	0.1	0.9
4.5m 이상	2.0	41.3%			

2023-24 샬럿+댈러스 73경기 평균 30.4분						항목	TS	MS	3PS	FT	LU	DK	ID	OD	ST	BL
항목	PTS	RB	AS	ST	BL	평점	C-	C-	B	C-	C	C+	C+	C+	C	C-
경기 평균	12.9	5.6	1.9	1.0	0.8	항목	ORB	DRB	PS	BH	BQ	SP	PO	ED	HS	OG
36분 기준	15.2	6.7	2.3	1.2	1.0	평점	D-	D-	C-	D+	C	D+	B	B	C+

F 42 Maxi KLEBER PF-C
막시 클레버
1992.01.29 / 208cm

NBA 드래프트 : 2014년 미지명
독일
NBA 우승 : 0회 / 파이널 MVP : 0회
시즌 MVP : 0회 / NBA 퍼스트팀 : 0회

시즌 초반, 오른 발가락 탈구로 37경기, PO 때는 오른 어깨 부상으로 9경기 결장했다. 올 시즌 조심해야 한다. 그는 3&D 플레이어다. 높은 타점과 부드러운 슛터치를 이용해 캐치&슛으로 3점을 시도한다. 기동력이 우수해 상대팀의 '빅맨 스토퍼' 혹은 '에이스 스토퍼'를 맡는다. 타이밍에 맞춰 올라가는 블락도 OK. 또한, 이타적인 선수다. 그러나 빅맨치고 리바운드가 약하다. 독일 출신으로 바이에른 뮌헨에서 활약한 적이 있다. 연봉은 1100만 달러.

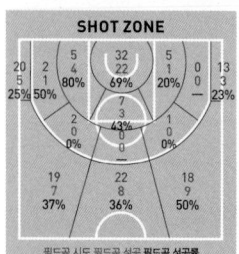

SHOT ZONE

필드골 146 시도 106

필드골 63 성공 38

● 점프슛, 풀업 점퍼
● 레이업, 핑거롤
● 페이드어웨이
● 덩크, 앨리웁
● 훅슛
● 팁슛
● 뱅크슛

DEFENSE PER GAME			REBOUNDS PER GAME		
림에서의 거리	DFG	DFG%	림에서의 거리	CR	UCR
3점슛	1.0	28.5%	0~0.9m	0.4	0.4
2점슛	4.0	49.6%	0.9~1.8m	0.3	0.6
0~1.8m	2.4	58.0%	1.8~3.0m	0.2	0.7
0~3.0m	3.0	54.2%	3.0m 이상	0.1	0.5
4.5m 이상	1.5	30.9%			

2023-24 댈러스 43경기 평균 20.3분						항목	TS	MS	3PS	FT	LU	DK	ID	OD	ST	BL
항목	PTS	RB	AS	ST	BL	평점	C-	C-	C+	C-	C-	C	B	C+	D-	C+
경기 평균	4.4	3.3	1.6	0.4	0.7	항목	ORB	DRB	PS	BH	BQ	SP	PO	ED	HS	OG
36분 기준	7.9	5.9	2.8	0.7	1.2	평점	D-	D-	C	D	C-	D-	C+	B	B	C

F 13 Naji MARSHALL SF-PF
나지 마샬
1998.01.24 / 198cm

NBA 드래프트 : 2020년 미지명
미국
NBA 우승 : 0회 / 파이널 MVP : 0회
시즌 MVP : 0회 / NBA 퍼스트팀 : 0회

사이즈와 운동능력을 갖춘 스윙맨. 화려하지는 않아도 볼을 안정적으로 핸들링한다. 림 어택이 어느 정도 되고, 필요할 때는 3점슛도 한 방씩 꽂아준다. 예전보다 3점 성공률이 크게 좋아진 건 고무적이다. 인사이드 1대1 수비와 페리미터 1대1 수비는 평타 수준이다. 그래서 벤치 멤버로 투입될 경우 필요에 따라 1번~4번을 두루 막을 수 있다. 이것저것 조금씩 다 할 줄 알지만, 특장점이 없는 선수다. 그래서 식스맨이 딱이다. 연봉 857만 달러.

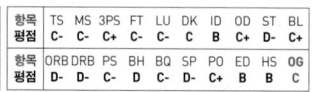

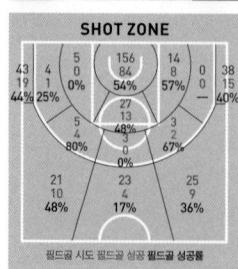

SHOT ZONE

필드골 367 시도 244

필드골 170 성공 103

● 점프슛, 풀업 점퍼
● 레이업, 핑거롤
● 페이드어웨이
● 덩크, 앨리웁
● 훅슛
● 팁슛
● 뱅크슛

DEFENSE PER GAME			REBOUNDS PER GAME		
림에서의 거리	DFG	DFG%	림에서의 거리	CR	UCR
3점슛	0.9	29.2%	0~0.9m	0.2	0.3
2점슛	2.3	52.8%	0.9~1.8m	0.5	1.1
0~1.8m	1.6	63.2%	1.8~3.0m	0.3	0.8
0~3.0m	1.9	59.9%	3.0m 이상	0.1	0.6
4.5m 이상	1.1	29.3%			

2023-24 뉴올리언스 66경기 평균 19.0분						항목	TS	MS	3PS	FT	LU	DK	ID	OD	ST	BL
항목	PTS	RB	AS	ST	BL	평점	C-	C-	C	C-	C-	C	B	C+	D-	C+
경기 평균	7.1	3.6	1.9	0.7	0.2	항목	ORB	DRB	PS	BH	BQ	SP	PO	ED	HS	OG
36분 기준	13.3	6.9	3.7	1.4	0.3	평점	C+	B-	B-	D+	C	D-	B-	C-	B	C-

DEFENSE pg		REBOUNDS pg		항목 & 평점																				
DFG	DFG%	CR	UCR	TS	MS	3PS	FT	LU	DK	ID	OD	ST	BL	ORG	OR3	ORB	DR3	DRB	PS	BH	BQ	SP	PO	ED	HS	OG
필드골 허용	필드골 허용률	터프샷 리바운드	무경쟁 리바운드	터프샷 성공률	중거리 슈팅	3점 슈팅	자유투 성공률	레이업 플로터	덩크	안쪽 수비	외곽 수비	스틸	블락	가드 공격RB	SF 공격RB	빅맨 공격RB	가드 수비RB	SF 수비RB	빅맨 수비RB	패스	볼 핸들링	농구 IQ	스피드 민첩성	파워 지구력	허슬 플레이	종합 평가

Quentin GRIMES SG-SF
퀸틴 그라임스
F 5 · 2000.05.08 / 196cm

NBA 드래프트 : 2021년 1라운드 25번
NBA 우승 : 0회 / 파이널 MVP : 0회
미국 · 시즌 MVP : 0회 / NBA 퍼스트팀 : 0회

시즌 도중 뉴욕에서 디트로이트로 트레이드됐다. 2월 24일, 오른 무릎을 다쳤고, 치료와 재활을 하느라 시간을 보냈다. 시즌 종료 후 방출됐고, 올여름 댈러스와 계약했다. 그라임스는 키 196cm, 윙스팬 204cm에 운동능력이 좋은 윙이다. 1번~4번을 다 수비할 수 있고, 상황에 따라 상대팀 '에이스 스토퍼'로 나선다. 캐치&슛에서 시도하는 3점슛은 꽤 정확한 편이다. 단지, 지난 시즌엔 부상으로 성공률이 낮았다. 반등이 필요하다. 연봉은 430만 달러.

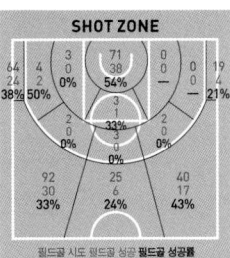

SHOT ZONE
필드골 시도 필드골 성공 **필드골 성공률**

필드골 **328** 시도 256
필드골 **122** 성공 84

● 점프슛, 풀업 점퍼
● 레이업, 핑거롤
● 페이드어웨이
● 덩크, 앨리웁
● 훅슛
● 팁슛
● 뱅크슛

DEFENSE PER GAME			REBOUNDS PER GAME		
림에서의 거리	DFG	DFG%	림에서의 거리	CR	UCR
3점슛	0.8	36.8%	0~0.9m	0.1	0.2
2점슛	2.5	54.8%	0.9~1.8m	0.3	0.5
0~1.8m	1.6	68.3%	1.8~3.0m	0.1	0.4
0~3.0m	1.9	63.6%	3.0m 이상	0.1	0.4
4.5m 이상	1.2	37.6%			

2023-24 뉴욕+디트로이트 51경기 평균 20.1분

항목 평점	TS	MS	3PS	FT	LU	DK	ID	OD	ST	BL
	D+	C+	B-	C	A-	C-	D-	B+	C+	D-
항목 평점	ORG	DRG	PS	BH	BQ	SP	PO	ED	HS	OG
	D-	D-	C-	C	C	B	D	C	C	B-

항목	PTS	RB	AS	ST	BL
경기 평균	7.0	2.0	1.3	0.7	0.1
36분 기준	12.6	3.5	2.3	1.2	0.2

Olivier-Maxence PROSPER PF-SF
올리비에-막상스 프라스퍼
F 8 · 2002.07.03 / 201cm

NBA 드래프트 : 2023년 1라운드 24번
NBA 우승 : 0회 / 파이널 MVP : 0회
캐나다 · 시즌 MVP : 0회 / NBA 퍼스트팀 : 0회

캐나다 출신. 부모 모두 전직 농구 선수였고, 여동생 카산드라도 현재 노틀담대에서 뛰고 있다. 정상급 3&D 플레이어가 될 수 있는 재목. 201cm 키에 216cm 윙스팬을 지녔고, 운동능력이 좋다. 1번~5번을 다 수비하고, 에이스 스토퍼, 픽&롤 수비수로 기대를 모은다. 트랜지션 게임을 잘 수행한다. 페인트존 백도어컷을 즐긴다. 외곽슛은 아직 불안정하다. 잘 보강한다면 코너 스팟업 슈터는 충분히 할 수 있다. 별명은 'O-Max.' 연봉 287만 달러.

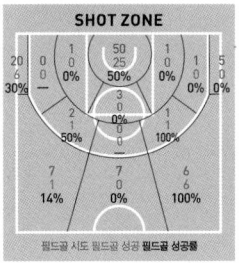

SHOT ZONE
필드골 시도 필드골 성공 **필드골 성공률**

필드골 **104** 시도 56
필드골 **40** 성공 11

● 점프슛, 풀업 점퍼
● 레이업, 핑거롤
● 페이드어웨이
● 덩크, 앨리웁
● 훅슛
● 팁슛
● 뱅크슛

DEFENSE PER GAME			REBOUNDS PER GAME		
림에서의 거리	DFG	DFG%	림에서의 거리	CR	UCR
3점슛	0.4	26.7%	0~0.9m	0.1	0.1
2점슛	1.6	58.8%	0.9~1.8m	0.1	0.5
0~1.8m	1.3	64.2%	1.8~3.0m	0.1	0.6
0~3.0m	1.3	62.3%	3.0m 이상	0.1	0.4
4.5m 이상	0.5	27.8%			

2023-24 댈러스 40경기 평균 8.4분

항목 평점	TS	MS	3PS	FT	LU	DK	ID	OD	ST	BL
	D+	C-	D-	B-	C+	C-	C-	B+	C+	D
항목 평점	ORB	DRB	PS	BH	BQ	SP	PO	ED	HS	OG
	D	D+	D	D-	C+	D-	B+	B-	C-	-

항목	PTS	RB	AS	ST	BL
경기 평균	3.0	2.0	0.6	0.2	0.1
36분 기준	13.0	8.5	2.4	0.7	0.4

Daniel GAFFORD C-PF
대니얼 가포드
C 21 · 1998.10.01 / 208cm

NBA 드래프트 : 2019년 2라운드 38번
NBA 우승 : 0회 / 파이널 MVP : 0회
미국 · 시즌 MVP : 0회 / NBA 퍼스트팀 : 0회

시즌 도중 워싱턴에서 댈러스로 이적했다. 침착하고, 실수를 적게 범하며, 동료와 팀을 항상 먼저 생각한다. 탄탄한 체형에 운동능력이 좋고, 에너지 충만하다. 강력한 인사이드 수비와 리바운드, 리그 최강의 블락을 자랑한다. 픽&롤을 잘 응용한다. 공격력은 매우 제한적이다. 전체 필드골 중 무려 95%(!)가 림 근처에서 이뤄진다. 통산 필드골 성공률이 무려 71.1%나 된다. 대신 3m 이상에서는 아예 슛 시도 자체를 하지 않는다. 연봉은 1339만 달러.

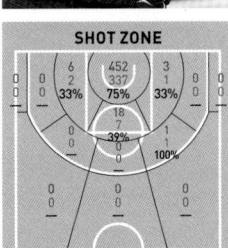

SHOT ZONE
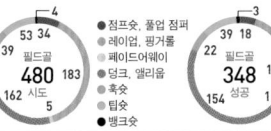
필드골 시도 필드골 성공 **필드골 성공률**

필드골 **480** 시도 162
필드골 **348** 성공 154

● 점프슛, 풀업 점퍼
● 레이업, 핑거롤
● 페이드어웨이
● 덩크, 앨리웁
● 훅슛
● 팁슛
● 뱅크슛

DEFENSE PER GAME			REBOUNDS PER GAME		
림에서의 거리	DFG	DFG%	림에서의 거리	CR	UCR
3점슛	1.4	38.5%	0~0.9m	1.8	1.3
2점슛	6.2	52.0%	0.9~1.8m	1.3	1.5
0~1.8m	4.3	58.5%	1.8~3.0m	0.2	0.6
0~3.0m	4.8	54.6%	3.0m 이상	0.1	0.5
4.5m 이상	2.0	39.7%			

2023-24 워싱턴+댈러스 74경기 평균 24.5분

항목 평점	TS	MS	3PS	FT	LU	DK	ID	OD	ST	BL
	A+	D	D-	B-	B-	B+	B+	D-	B-	A+
항목 평점	ORB	DRB	PS	BH	BQ	SP	PO	ED	HS	OG
	B-	B-	D-	D-	D	C-	B-	B+	C-	B-

항목	PTS	RB	AS	ST	BL
경기 평균	11.0	7.6	1.6	0.9	2.1
36분 기준	16.1	11.1	2.3	1.3	3.0

Dereck LIVELY II C-PF
데릭 라이블리
C 2 · 2004.02.12 / 216cm

NBA 드래프트 : 2023년 1라운드 12번
NBA 우승 : 0회 / 파이널 MVP : 0회
미국 · 시즌 MVP : 0회 / NBA 퍼스트팀 : 0회

큰 부상은 없었지만 잔 부상이 계속 발생해 시즌 55경기 출전에 그쳤다. 관리가 필요하다. 라이블리는 키 216cm, 윙스팬 231cm의 '축복받은 몸'이다. 림 어택이 전체 필드골의 무려 69%를 점한다. 필드골 성공률은 무려 74.7%(!). 원래 외곽슛이 아예 없는 선수였으나, 올여름 이에 대해 집중적인 훈련을 받았다. 평균 이상의 인사이드 수비와 리바운드, 리그 최고급 블락을 자랑한다. 21살치고 파울 트러블에 걸리는 횟수가 적다. 연봉은 501만 달러.

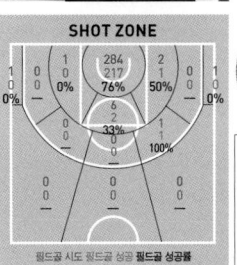

SHOT ZONE
필드골 시도 필드골 성공 **필드골 성공률**

필드골 **296** 시도 145
필드골 **221** 성공 130

● 점프슛, 풀업 점퍼
● 레이업, 핑거롤
● 페이드어웨이
● 덩크, 앨리웁
● 훅슛
● 팁슛
● 뱅크슛

DEFENSE PER GAME			REBOUNDS PER GAME		
림에서의 거리	DFG	DFG%	림에서의 거리	CR	UCR
3점슛	1.8	39.3%	0~0.9m	1.2	1.0
2점슛	5.7	51.7%	0.9~1.8m	1.5	1.3
0~1.8m	3.6	58.7%	1.8~3.0m	0.4	0.9
0~3.0m	4.5	54.7%	3.0m 이상	0.0	0.4
4.5m 이상	2.2	38.6%			

2023-24 댈러스 55경기 평균 23.5분

항목 평점	TS	MS	3PS	FT	LU	DK	ID	OD	ST	BL
	A	D+	D-	D	C-	B+	B+	D-	B-	A
항목 평점	ORB	DRB	PS	BH	BQ	SP	PO	ED	HS	OG
	C+	C+	D+	D	C-	D-	C-	B-	A	B-

항목	PTS	RB	AS	ST	BL
경기 평균	8.8	6.9	1.1	0.7	1.4
36분 기준	13.4	10.5	1.7	1.0	2.1

DEFENSE pg		REBOUNDS pg													항목 & 평점												
DFG	DFG%	CR	UCR	TS	MS	3PS	FT	LU	DK	ID	OD	ST	BL	ORG	OR3	ORB	DRG	DR3	DRB	PS	BH	BQ	SP	PO	ED	HS	OG
필드골 허용	필드골 허용율	유경쟁 리바운드	무경쟁 리바운드	터프샷 성공율	중거리 슈팅	3점 슈팅	자유투 성공율	레이업 플로터	슬램 덩크	안쪽 수비	외곽 수비	스틸	블락	가드 공격RB	SF 공격RB	빅맨 공격RB	가드 수비RB	SF 수비RB	빅맨 수비RB	패스	볼 핸들링	농구 IQ	스피드 민첩성	파워	지구력	허슬 플레이	종합 평가

Dwight POWELL C-PF

7 — 드와이트 파웰 — 1991.07.20 / 208cm

NBA 드래프트 : 2014년 2라운드 45번
NBA 우승 : 0회 / 파이널 MVP : 0회
미국 / 시즌 MVP : 0회 / NBA 퍼스트팀 : 0회

2021-22, 2022-23 두 시즌에는 확고한 선발 센터였다. 그러나 지난 시즌, 개포드, 라이블리에 밀려 '서드 유닛'에 머물렀다. 올 시즌도 그의 역할에 큰 변화는 없다. 공격은 제한적이다. 필드골은 림 근처에서만 이뤄진다. 림 가까이에서 시도하는 오픈 상황 캐치&슛, 픽&롤 대시 후 마무리, 그리고 공격 리바운드 후의 풋백 등. 나이를 먹어서인지 인사이드 수비가 예전보다 헐거워졌다. 특히 스트레치 빅맨의 외곽슛에는 쉽게 당한다. 연봉은 400만 달러.

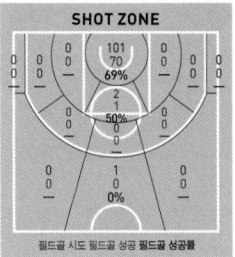

SHOT ZONE

0	0	0	101	0	0
			70 69%		
0	0	2 50%		0	
0		0 50%		0	
0		1 0%		0	

필드골 시도 / 필드골 성공 / 필드골 성공률

필드골 시도 106 / 59
● 점프슛, 풀업 점퍼 21 / 15 / 1
● 레이업, 핑거롤
● 페이드어웨이
● 덩크, 앨리웁 17 / 2 / 38
● 훅슛
● 팁슛
● 뱅크슛

필드골 성공 72 / 14

DEFENSE PER GAME			REBOUNDS PER GAME		
림에서의 거리	DFG	DFG%	림에서의 거리	CR	UCR
3점슛	0.8	34.3%	0~0.9m	0.4	0.4
2점슛	3.3	50.8%	0.9~1.8m	0.5	0.7
0~1.8m	1.9	57.7%	1.8~3.0m	0.3	0.4
0~3.0m	2.4	54.7%	3.0m 이상	0.1	0.4
4.5m 이상	1.3	37.8%			

2023-24 댈러스 63경기 평균 13.3분

항목	PTS	RB	AS	ST	BL
경기 평균	3.3	3.4	1.3	0.4	0.3
36분 기준	9.0	9.2	3.6	1.1	0.9

항목	TS	MS	3PS	FT	LU	DK	ID	OD	ST	BL
평점	A+	A+	B+	A-	A-	A	C	D	C+	B

항목	ORB	DRB	PS	BH	BQ	SP	PO	ED	HS	OG
평점	B	D-	C-	D-	C-	B-	A-	A-	A	C-

Luka DONČIĆ SG-PG

77 — 루카 돈치치 — 1999.02.28 / 201cm

NBA 드래프트 : 2018년 1라운드 3번
NBA 우승 : 0회 / 파이널 MVP : 0회
슬로베니아 / 시즌 MVP : 0회 / NBA 퍼스트팀 : 0회

현역 최고의 천재 선수. 타고난 경기 감각은 타의 추종을 불허한다. 시즌 MVP 투표 3위에 올랐다. 전천후 '득점기계'다. 최고의 득점력을 보여줌과 동시에 동료들에게 완벽한 기회를 만들어준다. 돌파에 이은 완벽한 림 마무리, 미드-레인지에서의 풀업 점퍼와 스텝백 점퍼, 3점 구간에서의 폭발적인 슈팅으로 평균 30점을 찍는다. 체인지 디렉션, 체인지 페이스를 가미한 볼 핸들링, 일발필살의 패스, 헌신적인 허슬 플레이도 압권이다. 연봉 4303만 달러.

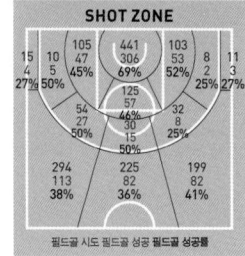

SHOT ZONE

15	10	105	441	103	11
27% 50%	47	306 45% 69%	53 52%	25% 27%	
		125 57 46%	32		
	54 50%	30 60%	25		
294		225	199		
113 38%		82 36%	82 41%		

필드골 시도 / 필드골 성공 / 필드골 성공률

필드골 시도 1652 / 1063
● 점프슛, 풀업 점퍼 2 / 11 / 115 / 2
● 레이업, 핑거롤 165 / 6 / 65 / 68
● 페이드어웨이
● 덩크, 앨리웁 290 / 219 / 443
● 훅슛
● 팁슛
● 뱅크슛

필드골 성공 804

DEFENSE PER GAME			REBOUNDS PER GAME		
림에서의 거리	DFG	DFG%	림에서의 거리	CR	UCR
3점슛	2.3	38.0%	0~0.9m	0.6	1.5
2점슛	5.2	54.8%	0.9~1.8m	0.8	2.8
0~1.8m	3.8	63.2%	1.8~3.0m	0.5	1.7
0~3.0m	4.3	58.6%	3.0m 이상	0.1	1.1
4.5m 이상	2.7	38.5%			

2023-24 댈러스 70경기 평균 37.5분

항목	PTS	RB	AS	ST	BL
경기 평균	33.9	9.2	9.8	1.4	0.5
36분 기준	32.5	8.9	9.4	1.4	0.5

항목	TS	MS	3PS	FT	LU	DK	ID	OD	ST	BL
평점	A+	A+	A	A	A-	A	C	D	C+	B

항목	ORG	DRG	PS	BH	BQ	SP	PO	ED	HS	OG
평점	D	A+	A+	A	A	B	C	A+	A+	A+

Kyrie IRVING PG-SG

11 — 카이리 어빙 — 1992.03.23 / 188cm

NBA 드래프트 : 2011년 1라운드 1번
NBA 우승 : 1회 / 파이널 MVP : 0회
호주 / 시즌 MVP : 0회 / NBA 퍼스트팀 : 0회

NBA 역사상 최고의 볼 핸들러. 그가 존에 들어가면 수비하기 불가능하다. 미드-레인지에서 헤지테이션, 크로스오버, 체인지 페이스를 섞어가며 상대 수비진을 붕괴시킨다. 트래픽 상황에서도 정확한 패스를 찔러준다. 돌파 후 환상적으로 림을 공략하며, 풀업 점퍼, 스텝백 점퍼, 페이드어웨이 등 고난도 슈팅을 폭발시킨다. 신경을 좀 쓴다면 수비도 OK. 점차 팀 플레이어가 되어간다. 지난 시즌 돈치치와 절묘하게 호흡을 맞췄다. 연봉은 4100만 달러.

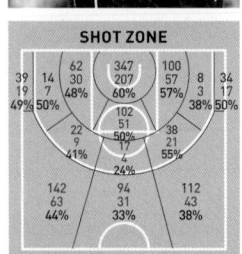

SHOT ZONE

39	14	62	347	100	8
19	7	30 207 48%	57 60%	31 57%	34 38% 50%
49% 50%		102 51 50%	38 21 55%		
	22 9 41%	11 24%			
142	94		112		
63 44%	31 33%		43 38%		

필드골 시도 / 필드골 성공 / 필드골 성공률

필드골 시도 1131 / 743
● 점프슛, 풀업 점퍼 7 / 4 / 42 / 31
● 레이업, 핑거롤 93 / 10 / 6 / 1
● 페이드어웨이
● 덩크, 앨리웁 232 / 143 / 341
● 훅슛
● 팁슛
● 뱅크슛

필드골 성공 562

DEFENSE PER GAME			REBOUNDS PER GAME		
림에서의 거리	DFG	DFG%	림에서의 거리	CR	UCR
3점슛	1.5	37.1%	0~0.9m	0.3	0.5
2점슛	4.0	55.8%	0.9~1.8m	0.4	0.8
0~1.8m	2.7	71.7%	1.8~3.0m	0.3	0.9
0~3.0m	3.2	62.0%	3.0m 이상	0.2	1.5
4.5m 이상	1.7	36.2%			

2023-24 댈러스 58경기 평균 35.0분

항목	PTS	RB	AS	ST	BL
경기 평균	25.6	5.0	5.2	1.3	0.5
36분 기준	26.4	5.1	5.3	1.3	0.5

항목	TS	MS	3PS	FT	LU	DK	ID	OD	ST	BL
평점	A	A+	A+	A+	A+	B+	D	B-	B+	B

항목	ORG	DRG	PS	BH	BQ	SP	PO	ED	HS	OG
평점	D	B-	B+	A+	B+	B	D-	A+	B+	A-

Spencer DINWIDDIE PG-SG

26 — 스펜서 딘위디 — 1993.04.06 / 196cm

NBA 드래프트 : 2014년 2라운드 38번
NBA 우승 : 0회 / 파이널 MVP : 0회
미국 / 시즌 MVP : 0회 / NBA 퍼스트팀 : 0회

어빙 트레이드에 묶여 브루클린에 갔으나, 2년 만에 복귀했다. 백업으로 제한된 출전 시간 대비, 득점과 어시스트는 그런대로 무난한 편. 사이즈와 가성비가 좋은 콤보 가드다. 훌륭한 플레이메이커다. 드라이브 앤 킥으로 동료에게 좋은 기회를 만들어준다. 코트에서는 늘 에너지가 충만하여 열심히 뛴다. 주 공격 루트는 레이업, 뱅크슛, 3점슛이다. 3점슛은 주로 좌우 코너에서 많이 시도한다. 클러치 타임에 한 방 날리기도 한다. 연봉은 330만 달러.

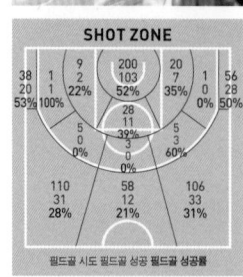

SHOT ZONE

38	1	9	200	20	1
20	1	2 22%	103 52%	7 35%	56 0% 50%
53% 100%		28 11 39%	10 3 60%		
		5 0%			
110	58		106		
31 28%	12 21%		33 31%		

필드골 시도 / 필드골 성공 / 필드골 성공률

필드골 시도 640 / 445
● 점프슛, 풀업 점퍼 11 / 2 / 41 / 21
● 레이업, 핑거롤 6 / 5 / 1 / 8
● 페이드어웨이
● 덩크, 앨리웁 130 / 63 / 155
● 훅슛
● 팁슛
● 뱅크슛

필드골 성공 251

DEFENSE PER GAME			REBOUNDS PER GAME		
림에서의 거리	DFG	DFG%	림에서의 거리	CR	UCR
3점슛	1.3	34.5%	0~0.9m	0.1	0.2
2점슛	3.5	54.9%	0.9~1.8m	0.1	0.8
0~1.8m	2.1	67.1%	1.8~3.0m	0.2	0.6
0~3.0m	2.5	58.9%	3.0m 이상	0.1	1.0
4.5m 이상	1.8	36.2%			

2023-24 브루클린+LA 레이커스 52경기 평균 28.3분

항목	PTS	RB	AS	ST	BL
경기 평균	10.5	2.7	4.7	0.7	0.3
36분 기준	13.3	3.4	6.0	0.9	0.3

항목	TS	MS	3PS	FT	LU	DK	ID	OD	ST	BL
평점	B	D-	C+	C+	B	D	A+	B+	B-	C

항목	ORG	DRG	PS	BH	BQ	SP	PO	ED	HS	OG
평점	D-	D-	B+	B+	C+	B-	D	A	B	C

DEFENSE pg		REBOUNDS pg															항목 & 평점											
DFG	DFG%	CR	UCR	TS	MS	3PS	FT	LU	DK	ID	OD	ST	BL	ORG	OR3	ORB	DRG	DR3	DRB	PS	BH	BQ	SP	PO	ED	HS	OG
필드골 허용	필드골 허용률	유경쟁 리바운드	무경쟁 리바운드	터프샷 성공률	중거리 슈팅	3점 슈팅	자유투 성공률	레이업 플로터	슬램 덩크	안쪽 수비	외곽 수비	스틸	블락	가드 공격RB	SF 공격RB	빅맨 공격RB	가드 수비RB	SF 수비RB	빅맨 수비RB	패스	볼 핸들링	농구 IQ	스피드 민첩성	파워	지구력	허슬 플레이	종합 평가

Jaden HARDY — SG-PG

G 1 제이든 하디   2002.07.05 / 191cm

- NBA 드래프트 : 2022년 2라운드 37번
- 미국 | NBA 우승 : 0회 / 파이널 MVP : 0회
- 시즌 MVP : 0회 / NBA 퍼스트팀 : 0회

가성비 좋은 콤보 가드. 지난 시즌 평균 13.5분 출전하며 7.3점을 올렸다. 36분으로 환산하면 19.3점으로 평균 이상이었다. 키(191cm)에 비해 윙스팬이 길고(206cm), 운동능력이 좋아 +α 효과를 낼 수 있다. 슬래셔 유형으로 돌파에 이은 림 어택이 특기다. 또한, 캐치&슛 혹은 풀업 점퍼를 활용해 롱 2와 3점슛을 시도한다. 3점은 프로 2년 통산 37.9%로 합격점이다. 향후 빅맨과의 투맨 게임, 페리미터 수비력을 더 키워야 한다. 연봉은 202만 달러.

SHOT ZONE

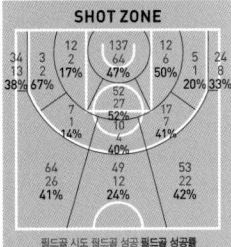

필드골 시도	월드골 성공	필드골 성공률

필드골 479 시도 326

필드골 195 성공 125

● 점프슛, 풀업 점퍼 ● 레이업, 핑거롤 ● 페이드어웨이 ● 덩크, 앨리웁 ● 훅슛 ● 팁슛 ● 뱅크슛

DEFENSE PER GAME			REBOUNDS PER GAME		
림에서의 거리	DFG	DFG%	림에서의 거리	CR	UCR
3점슛	0.8	38.7%	0~0.9m	0.1	0.1
2점슛	1.8	63.6%	0.9~1.8m	0.1	0.4
0~1.8m	1.2	72.1%	1.8~3.0m	0.1	0.5
0~3.0m	1.4	67.6%	3.0m 이상	0.0	0.5
4.5m 이상	0.9	39.1%			

2023-24 댈러스 73경기 평균 13.5분					
항목	PTS	RB	AS	ST	BL
경기 평균	7.3	1.8	1.5	0.3	0.1
36분 기준	19.3	4.8	4.0	0.8	0.1

항목	TS	MS	3PS	FT	LU	DK	ID	OD	ST	BL
평점	C	B-	C	B	D+					
항목	ORG	DRG	PS	BH	BQ	SP	PO	ED	HS	OG
평점	D-	C	C	B	D	B-	D-	B	C	

Danté EXUM — PG-SG

G 0 단테 엑섬   1995.07.13 / 196cm

- NBA 드래프트 : 2014년 1라운드 5번
- 미국 | NBA 우승 : 0회 / 파이널 MVP : 0회
- 시즌 MVP : 0회 / NBA 퍼스트팀 : 0회

데뷔 시즌(2014-15)을 제외하고, 매년 크고 작은 부상에 시달렸다. 지난 시즌에도 오른쪽 족저 근막염, 오른 무릎 두드러기 증세로 총 27경기 결장했다. 사이즈가 좋고, 운동능력, 볼 핸들링, 페리미터 수비를 겸비한 콤보 가드다. 돌파 후 레이업을 얹고, 코너와 윙에서 3점슛을 시도한다. 3점의 경우 프로 데뷔 후 8년간 30.5%였으나, 지난 시즌 갑자기 49.1%로 올랐다. 표본 수가 많지만, 일단 자신감이 늘어난 건 분명해 보인다. 연봉은 315만 달러.

SHOT ZONE

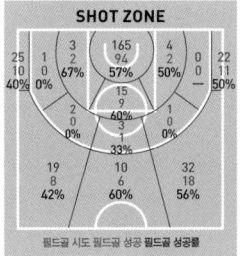

필드골 302 시도 123

필드골 161 성공 71

● 점프슛, 풀업 점퍼 ● 레이업, 핑거롤 ● 페이드어웨이 ● 덩크, 앨리웁 ● 훅슛 ● 팁슛 ● 뱅크슛

DEFENSE PER GAME			REBOUNDS PER GAME		
림에서의 거리	DFG	DFG%	림에서의 거리	CR	UCR
3점슛	0.8	38.7%	0~0.9m	0.2	0.2
2점슛	2.8	56.7%	0.9~1.8m	0.1	0.4
0~1.8m	1.8	67.6%	1.8~3.0m	0.1	0.7
0~3.0m	2.1	60.2%	3.0m 이상	0.0	0.5
4.5m 이상	1.1	40.8%			

2023-24 댈러스 55경기 평균 19.8분					
항목	PTS	RB	AS	ST	BL
경기 평균	7.8	2.7	2.9	0.4	0.1
36분 기준	14.2	4.9	5.2	0.7	0.2

항목	TS	MS	3PS	FT	LU	DK	ID	OD	ST	BL
평점	C	B-	B-	C	C		D+	C		
항목	ORG	DRG	PS	BH	BQ	SP	PO	ED	HS	OG
평점	D	C+	C	C	C	C+	D-	B-	B	

AJ LAWSON — SG-SF

G 9 AJ 로슨   2000.07.15 / 198cm

- NBA 드래프트 : 2021년 미지명
- 캐나다 | NBA 우승 : 0회 / 파이널 MVP : 0회
- 시즌 MVP : 0회 / NBA 퍼스트팀 : 0회

지난 시즌, NBA와 G리그(텍사스 레전즈)를 넘나들었다. 경험을 쌓았으므로 올 시즌엔 출전 기회가 늘어날 것이다. 오픈 코트 게임에 강하다. 페인트존을 돌파해 림을 공략하고, 여의치 않으면 킥아웃 한다. 로슨은 키 198cm, 윙스팬 208cm의 신체와 좋은 운동능력을 활용해 적극적으로 수비한다. 리바운드와 스틸도 OK. 그러나 미드레인지 점퍼와 3점슛이 문제다. 향후 NBA에서 살아남으려면 외곽슛 능력을 많이 키워야 한다. 연봉은 212만 달러.

SHOT ZONE

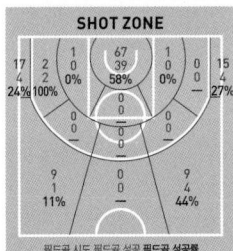

월드골 시도 월드골 성공 필드골 성공률

필드골 121 시도 42

필드골 54 성공 25

● 점프슛, 풀업 점퍼 ● 레이업, 핑거롤 ● 페이드어웨이 ● 덩크, 앨리웁 ● 훅슛 ● 팁슛 ● 뱅크슛

DEFENSE PER GAME			REBOUNDS PER GAME		
림에서의 거리	DFG	DFG%	림에서의 거리	CR	UCR
3점슛	0.3	39.1%	0~0.9m	0.1	0.2
2점슛	1.6	56.0%	0.9~1.8m	0.2	0.4
0~1.8m	1.0	63.8%	1.8~3.0m	0.0	0.1
0~3.0m	1.2	59.0%	3.0m 이상	0.0	0.2
4.5m 이상	0.5	40.6%			

2023-24 댈러스 42경기 평균 7.4분					
항목	PTS	RB	AS	ST	BL
경기 평균	3.2	1.2	0.5	0.2	0.1
36분 기준	15.7	5.8	2.3	1.2	0.3

항목	TS	MS	3PS	FT	LU	DK	ID	OD	ST	BL
평점	B-	C	D-	D+	C-	B	C	D-		
항목	ORG	DRG	PS	BH	BQ	SP	PO	ED	HS	OG
평점	B-	C	D-	D+	D+	C	D-	B	B-	C-

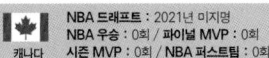

DALLAS MAVERICKS
2024-25 REGULAR SEASON SCHEDULE

OCTOBER, 2024
- Oct. 25 vs. San Antonio
- Oct. 27 @ Phoenix
- Oct. 29 vs. Utah
- Oct. 30 @ Minnesota

NOVEMBER, 2024
- Nov. 1 vs. Houston
- Nov. 3 vs. Orlando
- Nov. 5 vs. Indiana
- Nov. 7 vs. Chicago
- Nov. 9 vs. Phoenix
- Nov. 11 @ Denver
- Nov. 13 @ Golden State
- Nov. 15 @ Utah
- Nov. 17 vs. San Antonio
- Nov. 18 @ Oklahoma City
- Nov. 20 vs. New Orleans
- Nov. 23 @ Denver
- Nov. 25 @ Miami
- Nov. 26 @ Atlanta
- Nov. 28 vs. New York

DECEMBER, 2024
- Dec. 1 @ Utah
- Dec. 2 @ Portland Trail
- Dec. 4 @ Memphis
- Dec. 6 @ Washington
- Dec. 8 @ Toronto
- Dec. 20 vs. LA Clippers
- Dec. 22 vs. LA Clippers

- Dec. 24 vs. Portland
- Dec. 26 vs. Minnesota
- Dec. 28 @ Phoenix
- Dec. 29 @ Portland
- Dec. 31 @ Sacramento

JANUARY, 2025
- Jan. 2 @ Houston
- Jan. 4 vs. Cleveland
- Jan. 6 @ Memphis
- Jan. 8 vs. LA Lakers
- Jan. 10 vs. Portland
- Jan. 13 vs. Denver
- Jan. 15 vs. Denver
- Jan. 16 vs. New Orleans
- Jan. 18 vs. Oklahoma City
- Jan. 21 @ Charlotte
- Jan. 23 vs. Minnesota
- Jan. 24 @ Oklahoma City
- Jan. 26 vs. Boston
- Jan. 28 vs. Washington
- Jan. 30 @ New Orleans

FEBRUARY, 2025
- Feb. 1 @ Detroit
- Feb. 3 @ Cleveland
- Feb. 5 @ Philadelphia
- Feb. 7 @ Boston
- Feb. 9 vs. Houston
- Feb. 11 @ Sacramento
- Feb. 13 @ Golden State

- Feb. 14 vs. Miami
- Feb. 22 vs. New Orleans
- Feb. 24 @ Golden State
- Feb. 26 @ LA Lakers
- Feb. 28 vs. Charlotte

MARCH, 2025
- Mar. 2 vs. Milwaukee
- Mar. 4 vs. Sacramento
- Mar. 6 @ Milwaukee
- Mar. 8 @ Memphis
- Mar. 10 vs. Phoenix
- Mar. 11 @ San Antonio
- Mar. 13 @ San Antonio
- Mar. 15 vs. Houston
- Mar. 17 vs. Philadelphia
- Mar. 20 @ Indiana
- Mar. 22 vs. Detroit
- Mar. 25 @ Brooklyn
- Mar. 26 @ New York
- Mar. 28 @ Orlando
- Mar. 30 @ Chicago

APRIL, 2025
- Apr. 1 @ Brooklyn
- Apr. 3 vs. Atlanta
- Apr. 5 @ LA Clippers
- Apr. 6 @ LA Clippers
- Apr. 10 vs. LA Lakers
- Apr. 12 vs. Toronto
- Apr. 14 @ Memphis

HOUSTON ROCKETS

形形色色·다양한 전술로 PO 조준

뜻풀이 형상과 빛이 서로 다른 여러 가지. 올 시즌 휴스턴은 다양한 선수 구성을 했을 뿐 아니라 상대에 따라 카멜레온처럼 변하는 전술을 구사할 것이다.

성공적인 리빌딩, 그러나 2% 부족

무서운 저력으로 플레이-인 토너먼트에 도전했지만, 뒷심이 부족했다. 3월에 13승 2패를 기록하는 기염을 토했고 덕분에 우도카 감독도 '이달의 감독'에 선정됐다. 팀 득점 및 리바운드 1위를 달리던 알파론 센권의 시즌 아웃에도 불구하고 거둔 성과다. 우도카 감독은 3시즌 연속 22승도 못 챙기던 '오합지졸'을 '다크호스'로 변모시켰다는 평가를 받았다. 제일런 그린과 자바리 스미스 Jr, 아멘 탐슨 등은 호랑이 감독의 조련 아래 계속 성장했다. 센권도 넥스트 스타 자리를 예약했다.

유능한 신인 입단, 블루워커 부상 복귀

출중한 재능이 많은 팀에 또 다른 색깔의 재능이 가세했다. 켄터키 대학 출신의 리드 셰퍼드는 전체 3순위에 지명된 가드로 서머리그에서 상당한 호평을 받았다. 신인답지 않은 당돌한 경기 운영과 센스는 젊은 팀에 입체감을 더할 것이다. 무릎 부상으로 1년 넘게 쉬었던 스티븐 애덤스의 복귀도 반가운 일이다. 수비와 리바운드, 스크린 등에서 젊은 선수들의 좋은 방패가 될 것이다. 작년에 가세한 프레드 밴블릿, 딜런 브룩스와 함께 베테랑 '조교' 라인업으로써의 활약이 기대된다.

다양한 색깔 공존하는 서부 다크호스

센권이 무사히 복귀한다면 우도카 감독은 상대에 따라 포스트와 빠른 페이스가 공존하는 농구를 펼칠 것이다. 디테일을 중요시하는 성향 덕분에 팀은 명확한 색깔을 갖게 됐고, 그 색깔에 맞게 선수들도 효율을 갖춰가고 있다. 젊은 팀답게 한번 기세가 오르면 무섭게 질주하겠지만, 반대로 우왕좌왕하는 일도 있을 것이다. 무엇보다 홈과 원정에서의 집중력 차이를 극복해야 한다. 원정에서 14승(27패)에 그쳤다. 한결같이 상대를 몰아붙이는 것이 2024-25시즌의 숙제가 될 것이다.

---

*통계는 2024년 10월 1일 기준

CLUB INFORMATION

 Founded 구단 창립 1967년

 Owner 틸먼 퍼티타 1957.06.25

 CEO 그레첸 셰어

 Head Coach 이메 우도카 1977.08.09

 24-25 Odds 벳365 : 100배 윌리엄힐 : 100배

 Nationality ●미국 선수 13명 ●외국 선수 4명

 Age 17명 평균 25.2세

 Height 17명 평균 199.4cm

 **Weight** 17명 평균 99.5kg

 Salary 17명 평균 990만 달러

 Win 2023-24 : 41승 통산 : 2369승

 Loss 2023-24 : 41패 통산 : 2237패

 Winning% 2023-24 : 50.0% 통산 : 51.4%

 Play-Off PO 진출 : 34회 PO 탈락 : 24회

 Titles NBA우승 : 2회 컨퍼런스 : 4회

 **Top Scorer** 알파런 셍권 평균 21.1점

More Rebounds 알파런 셍권 평균 9.3RB

More Assists 프레드 밴블릿 평균 8.1AS

More Steals 프레드 밴블릿 평균 1.4스틸

More Blocks 프레드 밴블릿 평균 0.8블록

*항목별 1위는 지난 시즌 휴스턴 소속으로 42경기 이상 출전한 선수 중 선별

Association | Icon | Statement | City

HEAD COACH & STADIUM

Ime UDOKA 이메 우도카

생년월일 : 1977.08.09 / **출생지** : 미국 오리건주 포틀랜드
경력 : 2012~2019년 샌안토니오 스퍼스 코치 / 2019~2020년 필라델피아 76ers. 코치 / 2020~ 2021년 브루클린 네츠 코치 / 2021~2023년 보스턴 셀틱스 감독 / 2023년~ 휴스턴 로키츠 감독

제퍼슨고를 졸업하고 1995년 유타주립대에 입학했다. 1997년 샌프란시스코대로, 1999년 포틀랜드주립대로 각각 편입했다. 2000년 대학 졸업 후 NBA 드래프트를 신청했지만, 어느 팀에서도 지명을 받지 못했다. 결국, 2000년부터 2012년까지 12년간 무려 14팀을 옮겨 다니며 '저니맨'이 되었다. 주로 USBL, IBA, D-리그 등 미국의 하부리그와 외국 프로 리그에서 활약했다. 물론, LA 레이커스, 뉴욕, 포틀랜드, 샌안토니오, 새크라멘토 등에서 잠시 뛴 적이 있지만 그건 그야말로 '파트타임'이었을 뿐이다. 선수로서 거의 두각을 나타내지 못하자 2012년 은퇴한 직후 바로 지도자로 나섰다. 샌안토니오에서 2018년까지 코치를 역임했고, 2019년 필라델피아 코치, 2020년 브루클린 코치, 2021년 보스턴 셀틱스 감독으로 일했다. 보스턴 감독으로 잘 나갔지만, 불미스러운 일에 연루돼 물러났다. 그리고 2023년 4월 25일 휴스턴 로키츠의 제16대 감독이 됐다.

TOYOTA CENTER
구장 오픈 : 2003년 10월 6일
구장 증개축 : —
오너 : 휴스턴 스포츠국
수용인원 : 1만 8104명
건축비용 : 2억 3500만 달러 (현재 가치) 3억 8900만 달러

휴스턴 시내 중심부에 위치했다. 미국에서 4번째로 큰 시장인 휴스턴에서 최고의 스포츠 및 엔터테인먼트 장소가 되었다. 2003년 문을 연 이래로 이곳에서는 세계에서 가장 유명한 국내외 아티스트 투어는 물론, 2006년과 2013년 NBA 올스타 게임, 2008년 라틴 그래미 시상식이 개최됐다. 이곳이 로키츠 홈구장으로 사용하기 시작한 건 2003-04시즌부터다.

REGULAR SEASON RANKING LAST 10YEARS									★NBA 파이널 우승
14-15	15-16	16-17	17-18	18-19	19-20	20-21	21-22	22-23	23-24
3	18	3	1	5	8	30	30	28	19
56승 26패	41승 41패	55승 27패	65승 17패	53승 29패	44승 28패	17승 55패	20승 62패	22승 60패	41승 41패

TEAM POTENTIAL

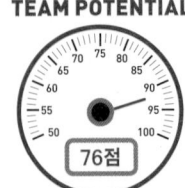

76점

11위

하프코트 세트오펜스 8점	트랜지션 오펜스 7점	하프코트 세트디펜스 8점	트랜지션 디펜스 8점	리바운드 8점
선수층 7점	선수 경험치 6점	감독 리더십 8점	감독 전술 8점	프런트 8점

*각 항목은 10점 만점, 평점은 NBA 30팀 사이 상대평가

우승 ODDS	배당	순위
bet 365	100배	20위
Paddy Power	75배	19위
William Hill	100배	20위

OFFENSIVE STYLE
트랜지션 오펜스 ——————●—— 하프코트 세트오펜스

DEFENSIVE STYLE
하이 프레스 ——●———————— 하프코트 디펜스

Player's Functions

Ball Handlers	Pull-Ups	Catch & Shoot
F.밴블리트 J.그린 A.탐슨	F.밴블리트 J.그린 J.스미스 JR.	F.밴블리트 J.스미스 Jr. J.그린

3 Pointers	Slam Dunkers	Free Throw
F.밴블리트 J.스미스 Jr. J.그린	J.그린 A.센권 J.스미스 Jr.	AJ.그리핀 F.밴블리트 A.할러데이

Rebounders	1-1 Defenders	Ball Stealers
S.애덤스 A.센권 J.테이트	D.브룩스 S.애덤스 F.밴블리트	A.탐슨 T.이슨

Key Passes	Hustle Players	Rim Protectors
F.밴블리트 A.할러데이 J.그린	D.브룩스 F.밴블리트 A.센권	J.랜데일 T.이슨 S.애덤스

SQUAD & TACTICS

STARTERS

PF 자바리 스미스
31.9분, 13.7점
8.1RB, 1.6AS

C 알파론 센권
32.5분, 21.1점
9.3RB, 5.0AS

SF 딜런 브룩스
30.9분, 12.7점
3.4RB, 1.7AS

SG 제일런 그린
31.7분, 19.6점
5.2RB, 3.5AS

PG 프레드 밴블리트
36.8분, 17.4점
3.8RB, 8.1AS

OFF THE BENCH

PG 어멘 탐슨
22.4분, 9.5점
6.6RB, 2.6AS

SG 리드 셰퍼드
2024-25시즌
신인 선수

SF 제이션 테이트
15.9분, 4.1점
3.0RB, 1.0AS

PF 제프 그린
16.8분, 6.5점
2.3RB, 0.9AS

C 스티븐 애덤스
2023-24시즌
시즌 아웃

G 애런 할러데이
G AJ 그리핀
F 캠 위트모어
F 타리 이슨
C 잭 랜데일

OFFENSE MECHANISM

올스타 이전에 휴스턴은 페이스 17위, 3점슛 시도 15위, 오펜시브 레이팅 23위의 비교적 느린 팀이었다. 센권을 위한 하프코트 오펜스가 주를 이루었다. 센권의 스크린을 이용한 공격이 많았고 스크린 어시스트 부문에서 휴스턴은 평균 5점 이상을 더 뽑아냈다. 밴블릿의 노련한 리드가 큰 역할을 했다. 숏(short) 픽앤롤에 이은 센권의 중거리슛 혹은 코너 공략도 강했다. 그러나 그가 부상으로 빠지고 변화가 불가피해지자 우도카 감독은 휴스턴을 다른 팀으로 바꿔놓았다. 페이스를 끌어올린 것이다. 외곽 시도가 많아졌고, 그린이나 스미스와 같은 스코어러들이 더 능동적으로 상황에 대처했다. 이탈 없이 45경기 이상 같은 라인업을 기용한 것도 단시간에 스타일 변화에 적응할 수 있었던 원동력이다.

DEFENSE MECHANISM

휴스턴은 신체 능력이 좋은 선수들이 많아 공격적으로 압박하고 컨테스트 했다. 특히, 스미스와 센권이 안쪽에서 백업을 충실히 해주었다. 우도카 감독은 림 프로텍터에게 의존하는 스타일은 아니지만, 둘이 마지막을 맡아주고 밖에서 브룩스와 탐슨 등이 견제하며 터프샷을 유도했다. 그런데 좋은 자원과 시스템을 갖고 있음에도 원정에서 고전을 면치 못했다. 대부분의 수비 지표가 원정만 나가면 엉망이 됐다. 원정에서는 실점이 5점(115.8점) 이상 많아졌다. 우도카 감독은 정신적, 물리적 준비 차이가 원인이라 분석했다. 원정에서 플랜을 충분히 숙지하고, 자신감을 가질 여유가 부족했다고 말이다. 그러나 이 부분 역시 감팀이 되는 과제이다. 올 시즌은 좀 더 스텝하는 시간이 될 것이다.

2023-24 SEASON PERFORMANCE

HOUSTON ROCKETS vs. OPPONENTS PER GAME STATS

휴스턴 vs 상대팀

	득실점	F↑ 필드골성공	FG% 필드골	3↑ 3점슛성공	3P% 3점슛 %	⊝ 자유투성공	FT% 자유투 %	OR 공격리바운드	RB 리바운드	A↑ 어시스트	🕶 스틸	🏀 블락	↩ 턴오버	🖐 파울

114.3	🏀	113.2	41.8	F↑	40.8	45.9%	FG%	16.3%	12.7	3↑	12.3	35.2%	3P%	34.8%	18.1	⊝	19.3	77.3%	FT%	76.7%
11.5	OR	10.7	45.5	RB	44.9	24.8	A↑	24.4	7.8	🕶	7.3	4.6	🏀	5.9	12.7	↩	13.8	20.8	🖐	19.6

LINE-UP

* 휴스턴은 지난 시즌 **총 523개의 라인업**을 가동시켰다. 그중 출전 시간이 가장 길었던 20개를 골라 게재했다.

5-MEN COMBINATION	MIN	PPG	RPG	APG
F. VanVleet - D. Brooks - J. Green - A. Sengun - J. Smith Jr.	754	39.1	15.9	9.8
F. VanVleet - D. Brooks - J. Green - J. Smith Jr. - A. Thompson	183	31.1	9.7	7.3
F. VanVleet - J. Green - J. Tate - A. Sengun - J. Smith Jr.	175	18.8	6.9	4.3
D. Brooks - J. Green - A. Sengun - J. Smith Jr. - A. Thompson	80	19.2	7.5	3.4
J. Green - A. Holiday - J. Smith Jr. - A. Thompson - C. Whitmore	79	10.8	4.6	2.1
J. Green - F. VanVleet - D. Brooks - J. Green - A. Sengun	77	10.9	3.5	2.1
F. VanVleet - D. Brooks - J. Landale - J. Green - A. Thompson	65	9.7	4.1	1.9
J. Green - F. VanVleet - D. Brooks - J. Green - J. Smith Jr.	62	6.6	2.4	1.4
J. Green - A. Holiday - J. Green - J. Tate - T. Eason	40	6.9	3.2	1.5
J. Green - F. VanVleet - D. Brooks - J. Smith Jr. - T. Eason	35	8.4	3.2	1.8
F. VanVleet - D. Brooks - A. Holiday - J. Tate - A. Sengun	34	4.9	2.2	1.3
D. Brooks - A. Holiday - J. Green - A. Sengun - J. Smith Jr.	34	7.8	1.8	1.8
J. Green - F. VanVleet - J. Green - J. Tate - A. Sengun	32	12.1	2.9	3.1
F. VanVleet - J. Green - A. Sengun - J. Smith Jr. - C. Whitmore	31	7.5	3.2	1.9
J. Green - F. VanVleet - D. Brooks - J. Landale - J. Green	29	7.5	2.4	1.6
F. VanVleet - D. Brooks - J. Green - A. Sengun - T. Eason	28	11.0	5.6	2.6
F. VanVleet - A. Holiday - J. Tate - A. Sengun - T. Eason	28	5.7	2.0	1.2
F. VanVleet - D. Brooks - J. Green - J. Tate - A. Sengun	27	4.8	1.8	1.0
F. VanVleet - D. Brooks - A. Holiday - A. Sengun - J. Smith Jr.	27	7.7	3.4	1.5
F. VanVleet - D. Brooks - J. Green - A. Sengun - A. Thompson	27	6.8	2.6	1.8

PASS COMBINATIONS

→ 해당 선수가 경기당 동료로부터 패스 받은 횟수
→ 해당 선수가 경기당 동료들에게 패스 해준 횟수

받은	선수	해준
65.8	프레드 밴블리트	60.6
44.8	알페론 센건	39.5
43.0	제일런 그린	37.5
21.6	자바리 스미스 Jr.	31.5
23.9	어멘 탐슨	29.5
13.8	타리 이슨	21.1
23.4	딜런 브룩스	20.1
20.4	애런 할러데이	18.9
9.9	제이슨 테이트	13.5
11.1	잭 랜데일	12.7
13.1	제프 그린	12.4
15.9	캠 위트모어	12.2
6.0	레지 불록 Jr.	8.3
7.8	네이트 힌턴	6.9
4.8	보반 마리아노비치	5.5
4.8	네이트 윌리엄스	4.8
3.0	저메인 새뮤얼 Jr.	4.5

2023-24 RANKING

* 는 수치가 낮을수록 랭킹이 높아짐

휴스턴	랭킹	GENERAL	상대팀*	랭킹
110.7	28위	득점 / 실점	118.6	28위
46.3	4위	리바운드	41.5	4위
22.4	30위	어시스트	26.1	24위
7.3	13위	스틸	8.8	30위
4.6	18위	블락	6.2	30위

득점	랭킹	PLAYTYPE	실점*	랭킹
6.1	17위	아이솔레이션	8.0	28위
23.1	10위	트랜지션	19.4	6위
18.9	8위	픽&롤 볼핸들러	18.2	24위
9.5	4위	픽&롤 롤맨	7.0	9위
5.5	10위	포스트-업	6.0	27위
24.8	23위	스팟-업	26.0	7위
4.7	16위	핸드오프	5.7	23위
7.9	27위	커팅	—	—
2.8	25위	오프 스크린	3.9	12위
5.4	28위	풋백	6.5	16위
3.5	2위	기타	—	—

SHOT ZONE

구간별 슈팅 및 성공률

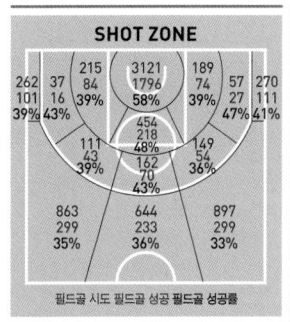

SHOT ZONE

항목	FGA	FGM	FG%	3PA	3PM	3P%
캐치&슛	25.5	9.4	37.1%	23.0	8.3	36.3%
풀업	24.0	9.1	37.9%	12.6	4.2	33.1%
3m 안쪽	40.2	22.7	56.4%	—	—	—
TOTAL	90.6	41.6	46.0%	36.0	12.7	35.2%

SHOT REPERTORIES

필드골 시도 / 드리블과 슈팅 시도

● 점프슛, 풀업 점퍼   ○ 0드리블 + 슈팅
● 레이업, 핑거롤   ○ 1드리블 + 슈팅
● 페이드어웨이   ○ 2드리블 + 슈팅
● 덩크, 앨리웁 덩크   ○ 3~6드리블 + 슈팅
● 훅슛   ○ 7+ 드리블 + 슈팅
● 팁슛
● 뱅크슛

필드골 성공 / 드리블과 슈팅 성공

SHOOTING

필드골 시도

공격수와 수비수의 거리
● 0~0.6m
● 0.6~1.2m
● 1.2~1.8m
● 1.8m 이상

남은 시간
● 22~24초
● 18~22초
● 15~18초
● 7~15초
● 4~7초
● 0~4초

필드골 성공

OPPONENT SHOOTING

상대 필드골 시도

공격수와 수비수의 거리
● 0~0.6m
● 0.6~1.2m
● 1.2~1.8m
● 1.8m 이상

남은 시간
● 22~24초
● 18~22초
● 15~18초
● 7~15초
● 4~7초
● 0~4초

필드골 허용

CONTESTED REBOUNDS

공격 리바운드 / 수비 리바운드

평균 6.6 / 평균 7.7

림 아래부터 리바운드 위치까지의 거리
● 0~0.9m ● 0.9~1.8m ● 1.8~3m ● 3m 이상

UNCONTESTED REBOUNDS

공격 리바운드 / 수비 리바운드

평균 4.6 / 평균 25.5

림 아래부터 리바운드 위치까지의 거리
● 0~0.9m ● 0.9~1.8m ● 1.8~3m ● 3m 이상

DEFENSE OF 41 WINS

필드골 허용 %
43.3%
상대 필드골 시도 88.6
필드골 허용 38.4

3점슛 허용 %
29.8%
상대 3점슛 시도 34.1
3점슛 허용 10.2

DEFENSE OF 41 LOSSES

필드골 허용 %
49.3%
상대 필드골 시도 87.6
필드골 허용 43.2

3점슛 허용 %
39.5%
상대 3점슛 시도 36.8
3점슛 허용 14.5

	DEFENSE pg		REBOUNDS pg													항목 & 평점									
DFG	DFG%	CR	UCR	TS	MS	3PS	FT	LU	DK	ID	OD	ST	BL	ORG	OR3	ORB	DRG	DR3	DRB	PS	BH	BQ	SP	PO	ED	HS	OG
필드골 허용	필드골 허용률	유경쟁 리바운드	무경쟁 리바운드	터프샷 성공률	중거리 슈팅	3점 슈팅	자유투 성공률	슬램 플로터	덩크 앨리웁	안쪽 수비	외곽 수비	스틸	블락	가드 공격RB	3점 공격RB	빅맨 공격RB	가드 수비RB	3점 수비RB	빅맨 수비RB	패스	볼 핸들링	농구 IQ	스피드 민첩성	파워	지구력	허슬 플레이	종합 평가

Dillon BROOKS SF-SG

F 9 딜런 브룩스

1996.01.22 / 198cm

NBA 드래프트 : 2017년 2라운드 45번
NBA 우승 : 0회 / 파이널 MVP : 0회
캐나다
시즌 MVP : 0회 / NBA 퍼스트팀 : 0회

198cm 스윙맨. 현시점, 리그 최고의 퍼리미터 수비수 중 1명이다. 운동능력이 좋아 1번~4번을 다 수비한다. 또한, 상대 팀 '에이스 스토퍼'로 나선다. 수비를 정말 저돌적으로 하지만, 그에 따른 파울도 많다. 가끔, 더티플레이를 펼쳐 거센 비판을 받기도 한다. 득점 루트는 레이업과 핑거롤, 롱 2, 좌우 윙에서 시도하는 3점슛 등이다. 긍정적인 점은 예년보다 슈팅 난사가 확연히 줄었다는 것. 이 기조가 이어질지 봐야 한다. 연봉은 2256만 달러.

SHOT ZONE

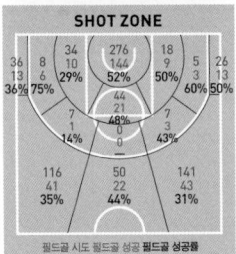

필드골 시도 필드골 성공 **필드골 성공률**

DEFENSE PER GAME			REBOUNDS PER GAME		
림에서의 거리	DFG	DFG%	림에서의 거리	CR	UCR
3점슛	2.2	37.7%	0~0.9m	0.5	0.5
2점슛	4.7	56.7%	0.9~1.8m	0.5	0.9
0~1.8m	3.0	63.9%	1.8~3.0m	0.2	0.7
0~3.0m	3.7	62.1%	3.0m 이상	0.1	0.7
4.5m 이상	2.6	38.1%			

2023-24 휴스턴 72경기 평균 30.9분						항목 평점	TS	MS	3PS	FT	LU	DK	ID	OD	ST	BL
항목	PTS	RB	AS	ST	BL		C	B	C+	B	C	C	D+	A-	C-	D-
경기 평균	12.7	3.4	1.7	0.9	0.1	항목 평점	OR3	DR3	PS	BH	BQ	SP	PO	ED	HS	OG
36분 기준	14.8	4.0	1.9	1.0	0.2		D-	D-	D+	C	C	B-	C	B+	A	C+

Jabari SMITH JR. PF-C

F 10 자바리 스미스 주니어

2003.05.13 / 211cm

NBA 드래프트 : 2022년 1라운드 3번
NBA 우승 : 0회 / 파이널 MVP : 0회
미국
시즌 MVP : 0회 / NBA 퍼스트팀 : 0회

올해로 프로 3년 차. 키 211cm, 윙스팬 216cm의 3&D 플레이어다. 장점은 높은 타점과 부드러운 터치에서 나오는 외곽슛. 3점슛과 기습적으로 시도하는 롱 2는 상대 수비가 블락하기 쉽지 않다. 핫스팟은 좌우 윙이다. 주로 캐치&슛이 많지만 풀업 점퍼 실력도 좋아졌다. 지난 시즌엔 림 어택으로도 쏠쏠히 득점했다. 수비에서는 1번~5번을 다 막을 수 있다. 리바운드도 OK. 그러나 볼 핸들링이 불안하고, 키 대비 블락이 적다. 연봉은 977만 달러.

SHOT ZONE

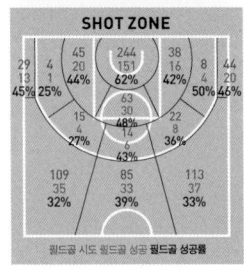

필드골 시도 필드골 성공 **필드골 성공률**

DEFENSE PER GAME			REBOUNDS PER GAME		
림에서의 거리	DFG	DFG%	림에서의 거리	CR	UCR
3점슛	1.8	33.7%	0~0.9m	1.1	1.2
2점슛	4.6	53.3%	0.9~1.8m	1.0	2.1
0~1.8m	3.2	59.4%	1.8~3.0m	0.4	1.3
0~3.0m	3.8	56.2%	3.0m 이상	0.2	0.9
4.5m 이상	2.3	35.5%			

2023-24 휴스턴 76경기 평균 31.9분						항목 평점	TS	MS	3PS	FT	LU	DK	ID	OD	ST	BL
항목	PTS	RB	AS	ST	BL		A-	B-	B-	C	C	B	C	C+	D	D+
경기 평균	13.7	8.1	1.6	0.7	0.8	항목 평점	ORB	DRB	PS	BH	BQ	SP	PO	ED	HS	OG
36분 기준	15.5	9.1	1.8	0.8	0.9		C-	B	D+	C	B	B-	B	B-	B	B-

Jeff GREEN PF-SF

F 32 제프 그린

1986.08.28 / 203cm

NBA 드래프트 : 2007년 1라운드 5번
NBA 우승 : 1회 / 파이널 MVP : 0회
미국
시즌 MVP : 0회 / NBA 퍼스트팀 : 0회

NBA의 대표적인 '저니맨'이다. 데뷔 후 18년간, 12개의 유니폼을 수집했다. 통산 출전 1185경기 중 선발 출전이 657회였다. 팀을 여러 번 옮긴 게 결코 실력 부족은 아니었다. 주 득점 루트는 덩크, 레이업, 3점슛, 훅슛이다. 이타적(利他的)인 플레이어다. 오프-볼 움직임이 좋기에 오픈 찬스를 잘 잡는다. 통산 80%를 웃도는 자유투도 OK. 치명적인 심장병으로 2011-12시즌을 쉬었지만 이후 아무 문제가 없다. 정말 다행이다. 연봉은 960만 달러.

SHOT ZONE

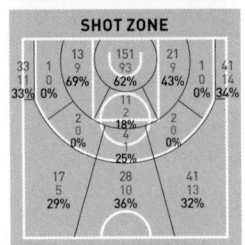

 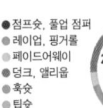

필드골 시도 필드골 성공 **필드골 성공률**

DEFENSE PER GAME			REBOUNDS PER GAME		
림에서의 거리	DFG	DFG%	림에서의 거리	CR	UCR
3점슛	0.9	31.0%	0~0.9m	0.3	0.1
2점슛	2.3	50.4%	0.9~1.8m	0.5	0.4
0~1.8m	1.4	59.1%	1.8~3.0m	0.1	0.5
0~3.0m	1.7	52.0%	3.0m 이상	0.1	0.5
4.5m 이상	1.2	33.5%			

2023-24 휴스턴 78경기 평균 16.8분						항목 평점	TS	MS	3PS	FT	LU	DK	ID	OD	ST	BL
항목	PTS	RB	AS	ST	BL		B+	C	B+	B	C	C	D+	C	D	D+
경기 평균	6.5	2.3	0.9	0.2	0.4	항목 평점	ORB	DRB	PS	BH	BQ	SP	PO	ED	HS	OG
36분 기준	14.0	4.9	1.9	0.4	0.9		D-	D-	D+	C	D	D	C-	B+	B	C

Jae'Sean TATE SF-PF

F 8 제이션 테이트

1995.10.28 / 193cm

NBA 드래프트 : 2018년 미지명
NBA 우승 : 0회 / 파이널 MVP : 0회
미국
시즌 MVP : 0회 / NBA 퍼스트팀 : 0회

2018년 NBA 드래프트를 신청했지만, 어느 팀에도 지명을 받지 못했다. 이후 벨기에와 호주 리그에서 2년간 뛰었다. 호주 리그에서는 올-호주 퍼스트팀에 선정됐다. 그리고 2020년 휴스턴과 자유계약을 맺고 입단했다. 휴스턴의 에너자이저이자 블루워커다. 체격은 작지만, 힘이 좋아 인사이드에서 빅맨을 잘 막는다. 왼손잡이로 볼을 안정되게 핸들링한다. 페인트존을 뚫고 들어가 림을 직접 공략한다. 그러나 외곽슛이 취약하다. 연봉은 707만 달러.

SHOT ZONE

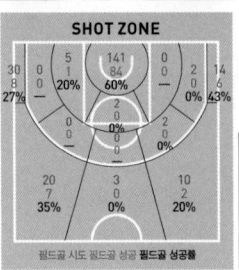

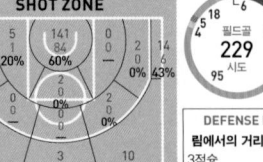 

필드골 시도 필드골 성공 **필드골 성공률**

DEFENSE PER GAME			REBOUNDS PER GAME		
림에서의 거리	DFG	DFG%	림에서의 거리	CR	UCR
3점슛	0.7	28.1%	0~0.9m	0.4	0.2
2점슛	1.9	53.6%	0.9~1.8m	0.4	0.8
0~1.8m	1.3	60.3%	1.8~3.0m	0.1	0.5
0~3.0m	1.6	55.7%	3.0m 이상	0.2	0.4
4.5m 이상	0.9	30.8%			

2023-24 휴스턴 65경기 평균 15.9분						항목 평점	TS	MS	3PS	FT	LU	DK	ID	OD	ST	BL
항목	PTS	RB	AS	ST	BL		B+	C-	C-	C	C	B-	C	C+	C	D+
경기 평균	4.1	3.0	1.0	0.6	0.2	항목 평점	OR3	DR3	PS	BH	BQ	SP	PO	ED	HS	OG
36분 기준	9.3	6.9	2.2	1.5	0.5		B+	C-	C	D	D+	D	B+	A	C

DEFENSE pg		REBOUNDS pg		항목 & 평점																				
DFG	DFG%	CR	UCR	TS	MS	3PS	FT	LU	DK	ID	OD	ST	BL	ORG	OR3	ORB	DRG	DR3	DRB	PS	BH	SP	PO	ED	HS	OG
필드골 허용	필드골 허용률	유경쟁 리바운드	무경쟁 리바운드	터프샷 성공률	중거리 슈팅	3점 슈팅	자유투 성공률	레이업 플로터	슬램 덩크	안쪽 수비	외곽 수비	스틸	블락	가드 공격RB	빅맨 공격RB	공격RB	가드 수비RB	빅맨 수비RB	수비RB	패스	볼 핸들링	농구 IQ	스피드 민첩성	파워 지구력	허슬 플레이	종합 평가

F 7 Cam WHITMORE SF-PF
캠 위트모어 2004.07.08 / 201cm

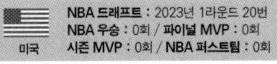
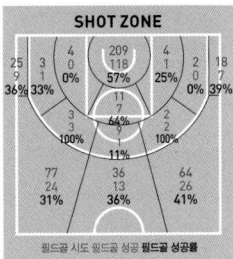

🇺🇸 미국
- NBA 드래프트 : 2023년 1라운드 20번
- NBA 우승 : 0회 | 파이널 MVP : 0회
- 시즌 MVP : 0회 | NBA 퍼스트팀 : 0회

NBA와 G리그(리오 그란데 밸리)를 넘나들었고, 시즌 종반 오른 발목 염좌로 고생했다. 지난 시즌 평균 18.7분을 뛰며 12.3점을 올렸다. 36분 기준 23.7점이나 된다. 가속이 붙으면 막기 힘들다. 저돌적으로 돌파한 뒤 폭발적인 덩크를 내리꽂거나 부드러운 레이업을 얹는다. 외곽에서는 캐치&슛, 풀업 점퍼로 3점슛을 넣는다. 3번 중 리바운드가 좋고, 허슬 플레이도 열심히 해준다. 인사이드 수비, 퍼리미터 수비 둘 다 부족하다. 연봉은 338만 달러.

SHOT ZONE

필드골 시도 467 272 132 / 7 47 8
필드골 성공 212 99 3 4 38 68

● 점프슛, 풀업 점퍼
● 레이업, 핑거롤
● 페이드어웨이
● 덩크, 앨리웁
● 훅슛
● 팁슛
● 뱅크슛

25 3	4 209 4 2 18	
36% 33%	118 57% 25% 0% 39%	
	11 100% 64% 100%	
	3 11%	
77 24	36 13	64 26
31%	36%	41%

DEFENSE PER GAME			REBOUNDS PER GAME		
림에서의 거리	DFG	DFG%	림에서의 거리	CR	UCR
3점슛	1.1	37.1%	0~0.9m	0.3	0.5
2점슛	1.8	57.9%	0.9~1.8m	0.5	1.1
0~1.8m	1.3	65.1%	1.8~3.0m	0.1	0.5
0~3.0m	1.6	61.3%	3.0m 이상	0.0	0.7
4.5m 이상	1.1	36.3%			

필드골 시도 필드골 성공 **필드골 성공률**

2023-24 휴스턴 47경기 평균 18.7분						항목	TS	MS	3PS	FT	LU	DK	ID	OD	ST	BL
항목	PTS	RB	AS	ST	BL	평점	B+	B-	C+	B	D	B	D+	C+	D-	
경기 평균	12.3	3.8	0.7	0.6	0.4	항목	OR3	DR3	PS	BH	BQ	SP	PO	ED	HS	OG
36분 기준	23.7	7.4	1.4	1.2	0.7	평점	D+	B	D+	B	D	B	D+	B+	B-	C+

F 17 Tari EASON PF-SF
타리 이슨 2001.05.10 / 203cm

🇺🇸 미국
- NBA 드래프트 : 2022년 1라운드 17번
- NBA 우승 : 0회 | 파이널 MVP : 0회
- 시즌 MVP : 0회 | NBA 퍼스트팀 : 0회

왼발 하퇴부 부상으로 60경기 결장했다. 건강에 유의해야 한다. 개성이 강한 윙으로 공격과 수비에서 알토란같은 활약을 펼친다. 트랜지션 때 폭발적이고, 종종 하이라이트 덩크를 선보인다. 203cm 키, 218cm 윙스팬, 우수한 운동능력을 이용해 강력한 수비를 펼친다. 인사이드 1대1, 퍼리미터 1대1 모두 평균 이상. 전체적으로 점프슛의 시도 횟수 및 성공률을 높여야 한다. 볼 핸들링 욕심이 많고, 가끔 무리한 플레이가 나온다. 연봉은 370만 달러.

SHOT ZONE

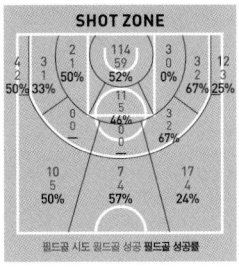

필드골 시도 189 74 67 / 1 15 23
필드골 성공 88 29 8 20 2 29

● 점프슛, 풀업 점퍼
● 레이업, 핑거롤
● 페이드어웨이
● 덩크, 앨리웁
● 훅슛
● 팁슛
● 뱅크슛

4 3	2 114 3 1 12	
50% 33%	59 52% 67% 25%	
1 50%	11 46%	
	5 67%	
10 5	7 4	17 7
50%	57%	24%

DEFENSE PER GAME			REBOUNDS PER GAME		
림에서의 거리	DFG	DFG%	림에서의 거리	CR	UCR
3점슛	0.8	27.3%	0~0.9m	0.9	0.6
2점슛	2.8	52.1%	0.9~1.8m	1.4	1.6
0~1.8m	1.4	54.2%	1.8~3.0m	0.4	1.3
0~3.0m	1.9	51.3%	3.0m 이상	0.1	1.2
4.5m 이상	1.5	35.5%			

필드골 시도 필드골 성공 **필드골 성공률**

2023-24 휴스턴 22경기 평균 21.8분						항목	TS	MS	3PS	FT	LU	DK	ID	OD	ST	BL
항목	PTS	RB	AS	ST	BL	평점	C+	B+	B-	C+	B	C	B-	B-	A-	B
경기 평균	9.8	7.0	1.2	1.4	0.9	항목	ORB	DRB	PS	BH	BQ	SP	PO	ED	HS	OG
36분 기준	16.1	11.5	2.0	2.3	1.4	평점	C-	C+	D-	C-	D	B-	C-	B	B	C+

C 28 Alperen ŞENGÜN C
알파론 센귄 2002.07.25 / 211cm

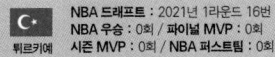

🇹🇷 튀르키예
- NBA 드래프트 : 2021년 1라운드 16번
- NBA 우승 : 0회 | 파이널 MVP : 0회
- 시즌 MVP : 0회 | NBA 퍼스트팀 : 0회

터키 출신. 지난 시즌 막판, 오른 발목을 다쳐 19경기 결장했다. 페인트존에서 드롭 스텝, 스핀 무브, 드림 쉐이크를 자유롭게 활용하고, 덩크, 레이업, 핑거롤 등 다양한 슈팅 기술로 득점한다. 슈팅 거리도 늘었다. 좌우 윙과 탑에서 롱 2와 3점슛을 시도한다. BQ가 우수해 픽&롤을 잘 활용하고, 동료에게 정확하게 패스한다. 인사이드 1대1 수비와 스틸은 OK. 그러나 미스매치 상황에 상대의 빠른 선수들을 잘 감당하지 못한다. 연봉은 542만 달러.

SHOT ZONE

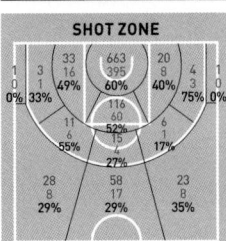

필드골 시도 982 284 168 / 18 43 72
필드골 성공 527 212 10 81 120 62 22

● 점프슛, 풀업 점퍼
● 레이업, 핑거롤
● 페이드어웨이
● 덩크, 앨리웁
● 훅슛
● 팁슛
● 뱅크슛

1 0	33 663 20 4 1	
0% 33%	16 395 4 0 75% 0%	
49% 60% 40%		
11	116	6 1
55%	60 52%	17%
	5 27%	
28	58	23
29%	17 29%	35%

DEFENSE PER GAME			REBOUNDS PER GAME		
림에서의 거리	DFG	DFG%	림에서의 거리	CR	UCR
3점슛	1.6	31.5%	0~0.9m	1.6	1.2
2점슛	7.7	55.5%	0.9~1.8m	1.5	2.0
0~1.8m	5.0	59.6%	1.8~3.0m	0.6	1.2
0~3.0m	5.9	58.4%	3.0m 이상	0.1	0.9
4.5m 이상	2.5	35.9%			

필드골 시도 필드골 성공 **필드골 성공률**

2023-24 휴스턴 63경기 평균 32.5분						항목	TS	MS	3PS	FT	LU	DK	ID	OD	ST	BL
항목	PTS	RB	AS	ST	BL	평점	B-	B-	C-	C+	B-	B	A-	C	B-	B
경기 평균	21.1	9.3	5.0	1.2	0.7	항목	ORB	DRB	PS	BH	BQ	SP	PO	ED	HS	OG
36분 기준	23.4	10.4	5.5	1.3	0.8	평점	D+	B-	C	D-	C+	D-	B	B+	A-	B

C 12 Steven ADAMS C
스티븐 애덤스 1993.07.20 / 211cm

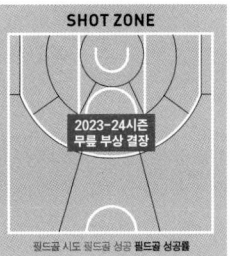

🇳🇿 뉴질랜드
- NBA 드래프트 : 2013년 1라운드 12번
- NBA 우승 : 0회 | 파이널 MVP : 0회
- 시즌 MVP : 0회 | NBA 퍼스트팀 : 0회

오른 무릎 후방십자인대 수술을 받아 지난 시즌을 통째로 날렸다. 정상 컨디션일 경우 그는 리그에서 가장 힘이 좋은 선수다. 완전히 "슈퍼 스트롱(Super Strong)"이다. 힐크같은 힘으로 스크린을 세팅하면 동료 볼 핸들러, 슈터는 바로 오픈이 된다. 공격 루트는 단순하다. 롤링, 2대2 앨리웁, 포스트업에 이은 훅슛, 공격 리바운드에 이은 풋백으로 득점한다. 파워 덩크는 정말 무시무시하다. 인사이드 1대1 수비 역시 압도적이다. 연봉은 1260만 달러.

SHOT ZONE

필드골 시도 0
필드골 성공 0

● 점프슛, 풀업 점퍼
● 레이업, 핑거롤
● 페이드어웨이
● 덩크, 앨리웁
● 훅슛
● 팁슛
● 뱅크슛

2023-24시즌 무릎 부상 결장

DEFENSE PER GAME			REBOUNDS PER GAME		
림에서의 거리	DFG	DFG%	림에서의 거리	CR	UCR
3점슛			0~0.9m		
2점슛			0.9~1.8m		
0~1.8m			1.8~3.0m		
0~3.0m			3.0m 이상		
4.5m 이상					

필드골 시도 필드골 성공 **필드골 성공률**

2023-24시즌 NBA 기록 없음						항목	TS	MS	3PS	FT	LU	DK	ID	OD	ST	BL
항목	PTS	RB	AS	ST	BL	평점	B	B	D	D+	D	B	B+	D-	B	B
경기 평균	—	—	—	—	—	항목	ORB	DRB	PS	BH	BQ	SP	PO	ED	HS	OG
36분 기준	—	—	—	—	—	평점	A+	B	D+	D-	D+	D-	B-	B+	A	C+

DEFENSE pg		REBOUNDS pg														항목 & 평점													
DFG	DFG%	CR	UCR														TS	MS	3PS	FT	LU	DK	ID	OD	ST	BL	ORG	OR3	ORB	DRG	DR3	DRB	PS	BH	BQ	SP	PO	ED	HS	OG
필드골 허용	필드골 허용율	유경쟁 리바운드	무경쟁 리바운드					터프슛 성공률	중거리 슈팅	3점 슈팅	자유투 성공률	레이업 플로터	슬램 덩크	안쪽 수비	외곽 수비	스틸	블락	가드 공격RB	SF 공격RB	빅맨 공격RB	가드 수비RB	SF 수비RB	빅맨 수비RB	패스	볼 핸들링	농구 IQ	스피드 민첩성	파워	지구력	허슬 플레이	종합 평가

Jock LANDALE — C

작 랜데일   1995.10.25 / 211cm

NBA 드래프트 : 2018년 미지명
NBA 우승 : 0회 / 파이널 MVP : 0회
호주
시즌 MVP : 0회 / NBA 퍼스트팀 : 0회

'백업 센터' 혹은 '서드 유닛'이다. 빅맨으로서 사이즈와 파워를 겸비했다. 블락, 스틸, 박스 아웃, 리바운드 등 철저히 블루워커 역할을 한다. 득점은 림 근처에서 많이 이뤄진다. 덩크와 레이업, 짧은 거리 혹슛, 공격 리바운드 후 풋백이 대부분. 가끔 외곽에서 패스를 받아 오픈 3점을 던질 때가 있으나 성공률은 높지 않다. 인사이드 1대1 수비는 OK. 그러나 스위치 상황에 빠른 선수들에게는 그냥 당한다. 파울과 턴오버가 많다. 연봉은 800만 달러.

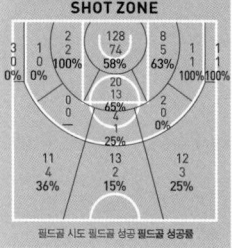

SHOT ZONE

필드골 시도 206 (61) / 필드골 성공 106 (32)

● 점프슛, 풀업 점퍼
● 레이업, 핑거롤
● 페이드어웨이
● 덩크, 앨리웁
● 혹슛
● 팁슛
● 뱅크슛

DEFENSE PER GAME			REBOUNDS PER GAME		
림에서의 거리	DFG	DFG%	림에서의 거리	CR	UCR
3점슛	0.8	41.2%	0~0.9m	0.5	0.4
2점슛	2.5	45.3%	0.9~1.8m	0.7	0.5
0~1.8m	1.7	52.8%	1.8~3.0m	0.2	0.4
0~3.0m	2.1	49.2%	3.0m 이상	0.3	0.8
4.5m 이상	0.9	36.8%			

2023-24 휴스턴 56경기 평균 13.6분						항목 평점	TS	MS	3PS	FT	LU	DK	ID	OD	ST	BL
	PTS	RB	AS	ST	BL		C+	C	C	D	C	C	D	C	D+	B+
경기 평균	4.9	3.1	1.2	0.4	0.6	항목 평점	ORB	DRB	PS	BH	BQ	SP	PO	ED	HS	OG
36분 기준	12.9	8.1	3.1	0.9	1.6		B	D-	D-	D-	D+	D-	D	C		B

Fred VANVLEET — PG-SG

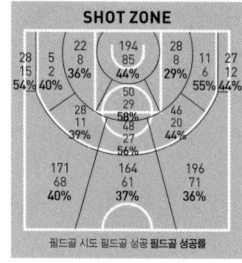

프레드 밴블리트   1994.02.25 / 183cm

NBA 드래프트 : 2016년 미지명
NBA 우승 : 1회 / 파이널 MVP : 0회
미국
시즌 MVP : 0회 / NBA 퍼스트팀 : 0회

빠른 드리블을 이용해 페인트존을 돌파한다. 드라이빙에서 이어지는 레이업, 플로터, 핑거롤로 림을 공략한다. 미드레인지와 3점 구간에서 풀업 점퍼와 스텝백 점퍼를 자주 시도한다. 엄청난 활동량으로 공격과 수비에 정말 부지런히 가담한다. 늘, 상대의 패스를 차단하려고 하고, 루즈볼을 살려내기 위해 다이빙한다. 그러나 슈팅의 다양성에 비해 성공률은 '천국과 지옥'을 넘나든다. 아이솔레이션으로 시간을 끄는 것도 아쉬운 점. 연봉은 4285만 달러.

SHOT ZONE

필드골 시도 1018 (812) / 필드골 성공 423 (332)

● 점프슛, 풀업 점퍼
● 레이업, 핑거롤
● 페이드어웨이
● 덩크, 앨리웁
● 혹슛
● 팁슛
● 뱅크슛

DEFENSE PER GAME			REBOUNDS PER GAME		
림에서의 거리	DFG	DFG%	림에서의 거리	CR	UCR
3점슛	1.7	38.0%	0~0.9m	0.2	0.1
2점슛	4.5	51.9%	0.9~1.8m	0.1	0.6
0~1.8m	2.8	60.3%	1.8~3.0m	0.1	0.4
0~3.0m	3.5	55.8%	3.0m 이상	0.1	1.6
4.5m 이상	2.1	38.1%			

2023-24 휴스턴 73경기 평균 36.8분						항목 평점	TS	MS	3PS	FT	LU	DK	ID	OD	ST	BL
	PTS	RB	AS	ST	BL		A-	B-	C	B	C	D	D-	B	B	D
경기 평균	17.4	3.8	8.1	1.4	0.8	항목 평점	ORG	DRG	PS	BH	BQ	SP	PO	ED	HS	OG
36분 기준	17.0	3.7	7.9	1.4	0.8		D-	D-	B+	B	B	B	D-	A	A	B

Jalen GREEN — SG-PG

제일런 그린   2002.02.09 / 193cm

NBA 드래프트 : 2021년 1라운드 2번
NBA 우승 : 0회 / 파이널 MVP : 0회
미국
시즌 MVP : 0회 / NBA 퍼스트팀 : 0회

지난 시즌 부상 없이 82경기에 모두 선발로 출전했다. 프로 입단 후 3년째 꾸준히 활약해 온 셈이다. 운동능력이 뛰어나고, 몸이 유연하며 늘 자신감이 넘친다. 드라이빙 덩크는 하이라이트 필름이다. 드라이빙에서 이어지는 레이업, 핑거롤, 리버스 레이업도 좋은 무기다. 6~7m 지역과 3점 구역에서 스텝백 점퍼와 풀업 점퍼를 시도한다. 볼을 안정적으로 핸들링한다. 그러나 불안한 패스 셀렉션이 아쉽다. 픽&롤 수비는 약점이다. 연봉은 1248만 달러.

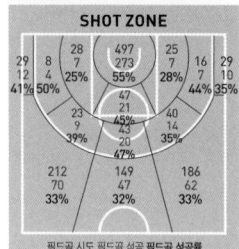

SHOT ZONE

필드골 시도 1332 (817) / 필드골 성공 563 (285)

● 점프슛, 풀업 점퍼
● 레이업, 핑거롤
● 페이드어웨이
● 덩크, 앨리웁
● 혹슛
● 팁슛
● 뱅크슛

DEFENSE PER GAME			REBOUNDS PER GAME		
림에서의 거리	DFG	DFG%	림에서의 거리	CR	UCR
3점슛	1.4	38.6%	0~0.9m	0.3	0.5
2점슛	3.5	53.3%	0.9~1.8m	0.5	1.7
0~1.8m	2.4	59.6%	1.8~3.0m	0.2	1.1
0~3.0m	2.8	56.9%	3.0m 이상	0.1	0.7
4.5m 이상	1.6	38.4%			

2023-24 휴스턴 82경기 평균 31.7분						항목 평점	TS	MS	3PS	FT	LU	DK	ID	OD	ST	BL
	PTS	RB	AS	ST	BL		D-	A-	C+	B	C	B+	A-	D-	C+	D+
경기 평균	19.6	5.2	3.5	0.8	0.3	항목 평점	ORG	DRG	PS	BH	BQ	SP	PO	ED	HS	OG
36분 기준	22.3	5.9	4.0	0.9	0.4		D-	A-	D	B	C	B+	D-	B+	B	B

Reed SHEPPARD — PG-SG

리드 셰파드   2004.01.24 / 191cm

NBA 드래프트 : 2024년 1라운드 3번
NBA 우승 : 0회 / 파이널 MVP : 0회
미국
시즌 MVP : 0회 / NBA 퍼스트팀 : 0회

켄터키대 1학년을 마치고 바로 NBA 드래프트를 신청했고, 휴스턴에 1라운드 3번으로 지명되었다. 지난 시즌 대학 농구에서 3점슛을 무려 52.1%나 림에 꽂았다. 퀵 릴리스로 상대 수비에게 블락할 타임을 잘 주지 않는다. 캐치&슛과 풀업 점퍼 모두 수준급. 트랜지션 상황에 볼 핸들러로서 동료들에게 정확한 타이밍에 패스를 찔러준다. 퍼리미터에서 스틸을 많이 성공시킨다. 아직은 NBA 수준의 플레이메이킹을 갖추지 못했다. 연봉은 1010만 달러.

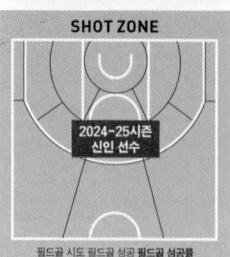

SHOT ZONE

2024-25시즌 신인 선수

필드골 시도 0 / 필드골 성공 0

● 점프슛, 풀업 점퍼
● 레이업, 핑거롤
● 페이드어웨이
● 덩크, 앨리웁
● 혹슛
● 팁슛
● 뱅크슛

DEFENSE PER GAME			REBOUNDS PER GAME		
림에서의 거리	DFG	DFG%	림에서의 거리	CR	UCR
3점슛	—	—	0~0.9m	—	—
2점슛	—	—	0.9~1.8m	—	—
0~1.8m	—	—	1.8~3.0m	—	—
0~3.0m	—	—	3.0m 이상	—	—
4.5m 이상	—	—			

2023-24시즌 NBA 기록 없음						항목 평점	TS	MS	3PS	FT	LU	DK	ID	OD	ST	BL
	PTS	RB	AS	ST	BL											
경기 평균	—	—	—	—	—	항목 평점	ORG	DRG	PS	BH	BQ	SP	PO	ED	HS	OG
36분 기준	—	—	—	—	—											

DEFENSE pg		REBOUNDS pg																항목 & 평점							
DFG	DFG%	CR	UCR	TS	MS	3PS	FT	LU	DK	ID	OD	ST	BL	ORG	DRG	OR3	DR3	DRB	PS	BH	BQ	SP	PO	ED	HS	OG
필드골 허용	필드골 허용률	유경쟁 리바운드	무경쟁 리바운드	터프샷 성공률	중거리 슈팅	3점 슈팅	자유투 성공률	레이업 플로터	슬램 덩크	안쪽 수비	외곽 수비	스틸	블락	가드 공격RB	SF 공격RB	빅맨 공격RB	가드 수비RB	SF 수비RB	빅맨 수비RB	패스	볼 핸들링	농구 IQ	스피드 민첩성	파워	지구력	허슬 플레이	종합 평가

Ⓖ 1 Amen THOMPSON SG-SF
어멘 탐슨
2003.01.30 / 201cm

🇺🇸 미국
NBA 드래프트 : 2023년 1라운드 4번
NBA 우승 : 0회 / 파이널 MVP : 0회
시즌 MVP : 0회 / NBA 퍼스트팀 : 0회

코트에서 본인의 압도적인 운동능력을 최대한 활용한다. 돌파에 이은 림 어택은 가히 폭발적이다. 지난 시즌 전체 필드골 239개 중 덩크 82개, 레이업 계열 (레이업, 핑거롤, 플로터) 95개였다. 돌파하다 자유투 파울을 잘 얻는다. '가뭄에 콩 나듯' 중장거리 슛을 시도하지만, 의미는 없다. 201cm의 키와 213cm 윙스팬, 민첩한 동작으로 막강한 퍼리미터 디펜스를 펼치고, 상대의 볼을 가로챈다. 스윙맨에선 중 최고의 리바운더다. 연봉은 925만 달러.

SHOT ZONE

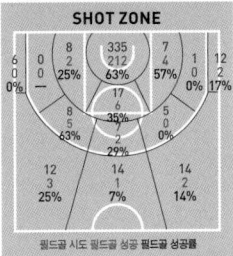

	10		● 점프숏, 풀업 점퍼		4
2 37		● 레이업, 핑거롤	25 30		
91	필드골 **446**	● 페이드어웨이	82	필드골 **239**	95
8	시도 186	● 덩크, 앨리웁 ● 훅숏 ● 팁숏 ● 뱅크숏		성공	

DEFENSE PER GAME			REBOUNDS PER GAME		
림에서의 거리	DFG	DFG%	림에서의 거리	CR	UCR
3점숏	0.8	34.2%	0~0.9m	1.1	1.1
2점숏	2.6	50.6%	0.9~1.8m	1.0	1.4
0~1.8m	1.7	57.5%	1.8~3.0m	0.3	0.7
0~3.0m	2.0	54.5%	3.0m 이상	0.1	0.6
4.5m 이상	1.1	34.6%			

2023-24 휴스턴 62경기 평균 22.4분					
항목	PTS	RB	AS	ST	BL
경기 평균	9.5	6.6	2.6	1.3	0.6
36분 기준	15.4	10.6	4.2	2.0	1.0

항목 평점	TS	MS	3PS	FT	LU	DK	ID	OD	ST	BL
	B	C-	D-	B	A+	B	A-	A-	A	B
항목 평점	ORG	DRG	PS	BH	BQ	SP	PO	ED	HS	OG
	A+	A	B-	B	D+	A	D-	B+	A	B

Ⓖ 0 Aaron HOLIDAY PG-SG
애런 할러데이
1996.09.30 / 183cm

🇺🇸 미국
NBA 드래프트 : 2018년 1라운드 23번
NBA 우승 : 0회 / 파이널 MVP : 0회
시즌 MVP : 0회 / NBA 퍼스트팀 : 0회

프로 경력 대부분을 백업 포인트가드로 나섰다 (386경기 출전-63회 선발). 휴스턴에서도 밴블리트, 탐슨에 이은 '서드 유닛' 1번으로 대기한다. 지난 시즌 출전시간 대비 득점과 어시스트는 나쁘지 않았다. 탑과 좌우 윙에서 정확한 3점슛을 구사한다. 캐치&슛이 대부분이지만, 풀업 점퍼도 간간이 선다. 볼 핸들링, 패스, 플레이메이킹 모두 평균 이상이다. 그러나 작은 키 때문에 림 어택, 퍼리미터 1대1 수비 때 애를 먹는다. 연봉은 467만 달러.

SHOT ZONE

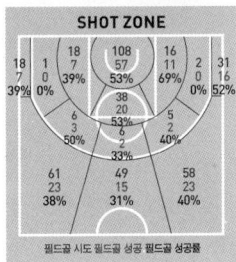

		2 4		● 점프숏, 풀업 점퍼	2 2
	12 4		● 레이업, 핑거롤	10	
81	필드골 **417**	● 페이드어웨이	46	필드골 **186**	126
	시도 313	● 덩크, 앨리웁 ● 훅숏 ● 팁숏 ● 뱅크숏		성공	

DEFENSE PER GAME			REBOUNDS PER GAME		
림에서의 거리	DFG	DFG%	림에서의 거리	CR	UCR
3점숏	0.7	34.2%	0~0.9m	0.0	0.1
2점숏	2.0	55.1%	0.9~1.8m	0.1	0.2
0~1.8m	1.4	65.4%	1.8~3.0m	0.1	0.4
0~3.0m	1.6	58.1%	3.0m 이상	0.0	0.7
4.5m 이상	0.9	35.6%			

2023-24 휴스턴 78경기 평균 16.3분					
항목	PTS	RB	AS	ST	BL
경기 평균	6.6	1.6	1.8	0.5	0.1
36분 기준	14.6	3.5	4.0	1.2	0.2

항목 평점	TS	MS	3PS	FT	LU	DK	ID	OD	ST	BL
	B	D-	B	B	C	D	D	D+	C+	B
항목 평점	ORG	DRG	PS	BH	BQ	SP	PO	ED	HS	OG
	D-	D-	B	B	C	D-	D	B	B	C-

Ⓖ 14 AJ GRIFFIN SF-SG
에이제이 그리핀
2003.08.25 / 198cm

🇺🇸 미국
NBA 드래프트 : 2022년 1라운드 16번
NBA 우승 : 0회 / 파이널 MVP : 0회
시즌 MVP : 0회 / NBA 퍼스트팀 : 0회

올여름 애틀랜타에서 휴스턴으로 이적했다. 2022년 드래프트에서 애틀랜타에 1라운드 16번으로 지명됐을 때만 해도 많은 기대를 모았다. 하지만 지난 2년간 별다른 임팩트를 내지 못하고 방출되었다. 캐치&슛으로 시도하는 3점슛, 미드레인지 오프-더 드리블 슛은 나름 정확하다. 윙스팬이 길어 좋은 퍼리미터 수비수가 될 자질도 갖췄다. 하지만 이 모든 걸 코트에서 보여줘야 한다. 휴스턴에서 각오를 다지고 새 출발 해야 한다. 연봉은 389만 달러.

SHOT ZONE

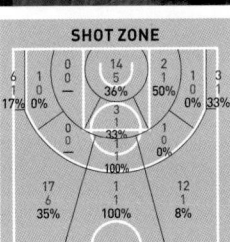

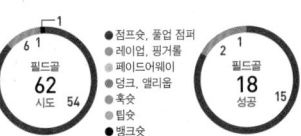

	1		● 점프숏, 풀업 점퍼	1	
		● 레이업, 핑거롤			
	필드골 **62**	● 페이드어웨이		필드골 **18**	
	시도 54	● 덩크, 앨리웁 ● 훅숏 ● 팁숏 ● 뱅크숏		성공 15	

DEFENSE PER GAME			REBOUNDS PER GAME		
림에서의 거리	DFG	DFG%	림에서의 거리	CR	UCR
3점숏	0.2	12.5%	0~0.9m	0.0	0.1
2점숏	1.5	67.4%	0.9~1.8m	0.0	0.1
0~1.8m	1.4	78.8%	1.8~3.0m	0.1	0.3
0~3.0m	1.4	73.0%	3.0m 이상	0.0	0.3
4.5m 이상	0.2	14.8%			

2023-24 애틀랜타 20경기 평균 8.6분					
항목	PTS	RB	AS	ST	BL
경기 평균	2.4	0.9	0.3	0.1	0.1
36분 기준	10.1	3.8	1.1	0.2	0.4

항목 평점	TS	MS	3PS	FT	LU	DK	ID	OD	ST	BL
	D-	D-	D+	B+	B	D	D	A	C-	B
항목 평점	ORG	DRG	PS	BH	BQ	SP	PO	ED	HS	OG
	D-	D-	D+	C-	D	B	D	A-	B	C-

🚀 HOUSTON ROCKETS 2024-25 REGULAR SEASON SCHEDULE

OCTOBER, 2024
Oct. 24 vs. Charlotte
Oct. 26 vs. Memphis
Oct. 27 @ San Antonio
Oct. 29 @ San Antonio

NOVEMBER, 2024
Nov. 1 @ Dallas
Nov. 3 vs. Golden State
Nov. 5 vs. New York
Nov. 7 vs. San Antonio
Nov. 9 @ Oklahoma City
Nov. 11 @ Detroit
Nov. 12 vs. Washington
Nov. 14 vs. LA Clippers
Nov. 16 vs. LA Clippers
Nov. 18 vs. Chicago
Nov. 19 @ Milwaukee
Nov. 21 vs. Indiana
Nov. 23 vs. Portland
Nov. 24 vs. Portland
Nov. 27 @ Minnesota
Nov. 28 @ Philadelphia

DECEMBER, 2024
Dec. 2 vs. Oklahoma City
Dec. 4 @ Sacramento
Dec. 6 @ Golden State
Dec. 9 @ LA Clippers
Dec. 20 vs. New Orleans
Dec. 23 @ Toronto

Dec. 24 @ Charlotte
Dec. 27 @ New Orleans
Dec. 28 vs. Minnesota
Dec. 30 vs. Miami

JANUARY, 2025
Jan. 2 vs. Dallas
Jan. 4 vs. Boston
Jan. 6 vs. LA Lakers
Jan. 8 vs. Washington
Jan. 10 @ Memphis
Jan. 12 @ Atlanta
Jan. 14 vs. Memphis
Jan. 16 @ Denver
Jan. 17 @ Sacramento
Jan. 19 @ Portland
Jan. 21 vs. Detroit
Jan. 23 vs. Cleveland
Jan. 26 vs. Cleveland
Jan. 28 vs. Boston
Jan. 31 @ Memphis

FEBRUARY, 2025
Feb. 2 vs. Brooklyn
Feb. 4 @ New York
Feb. 5 @ Brooklyn
Feb. 7 @ Minnesota
Feb. 9 @ Dallas
Feb. 10 vs. Toronto
Feb. 13 vs. Phoenix
Feb. 14 vs. Golden State

Feb. 22 vs. Minnesota
Feb. 23 @ Utah
Feb. 26 vs. Milwaukee
Feb. 27 @ San Antonio

MARCH, 2025
Mar. 2 vs. Sacramento
Mar. 4 @ Oklahoma City
Mar. 5 @ Indiana
Mar. 7 @ New Orleans
Mar. 9 @ New Orleans
Mar. 11 vs. Orlando
Mar. 13 vs. Phoenix
Mar. 15 vs. Dallas
Mar. 16 vs. Chicago
Mar. 18 vs. Philadelphia
Mar. 20 vs. Orlando
Mar. 22 vs. Miami
Mar. 24 vs. Denver
Mar. 26 vs. Atlanta
Mar. 28 @ Utah
Mar. 31 @ Phoenix

APRIL, 2025
Apr. 1 @ LA Lakers
Apr. 3 @ Utah
Apr. 5 @ Oklahoma City
Apr. 7 @ Golden State
Apr. 10 @ LA Clippers
Apr. 12 @ LA Lakers
Apr. 14 @ Denver

白馬超人·승부 결정할 슈퍼스타

뜻풀이 이육사 선생의 시 '백마 타고 오는 초인'에서 유래. 어떤 문제를 한 번에 해결해줄 것이라는 희망과 기대를 나타냄. 멤피스에게 모란트는 그런 존재다.

슈퍼스타 공백, 엔트리 등록만 33명
모란트의 예기치 못한 사고들이 프랜차이즈를 울렸다. 지난 시즌 첫 25경기를 징계로 뛰지 못했고 돌아온 뒤 어깨 부상으로 시즌을 일찍 마쳤다. 에이스 없이 필사적으로 버틴 구단이지만 부상 앞에서는 장사가 없었다. 무려 33명의 선수가 엔트리에 등록됐고, 주전 명단을 51번이나 바꾸는 등 혼란의 연속이었다. 그중 출전 경기가 가장 많았던 선수는 재런 잭슨 주니어(66경기)였는데, 그마저도 장딴지 부상으로 일찍 시즌을 접었다. 결국, 시즌 마지막 주는 G리그급 로스터로 운영됐다.

잭슨과 피펜, 눈물 닦아준 기대주들
하지만 상황이 마냥 최악이었던 것은 아니었다. 시즌 막판 '잇몸'들이 버티면서 지켜볼 유망주들도 발견했다. 2023년 드래프트에서 45순위로 지명된 G.G 잭슨은 평균 14.6득점을 기록하며 이름을 알렸다. 서머리그에서도 에이스 역할을 잘 해냈다. 'NBA 레전드' 스카티 피펜의 아들, 스카티 피펜 주니어도 전 시즌 기대를 발판 삼아 기회를 맞았다. 스페인 슈터 산티 알다마는 지난 파리올림픽에서 물오른 기량을 보였다. 기존 베테랑들과 조화를 이룬다면 더 깊이 있는 팀이 될 것이다.

모란트 복귀 최고 소식, 철 들었나
새 시즌에는 드래프트에서 9순위로 뽑은 224cm의 신예 잭 이디가 어떻게, 얼마나 적응할지가 관심사다. 모란트와의 2대2 플레이, 잭슨과의 인사이드 수비 합만 잘 맞아도 위협적일 것이다. 멤피스는 모란트가 뛴다는 것만으로도 다시 치고 올라갈 충분한 동력을 얻었다고 볼 수 있다. 플레이 하나로 체육관 에너지를 끌어올리고, 경기 분위기를 바꿀 수 있다. 지난 시즌, 멤피스는 모란트의 복귀전부터 4연승을 달리는 등 9경기에서 6승 3패를 기록했다. 철이 더 들었길 기대한다.

Association	Icon	Statement	City

*통계는 2024년 10월 1일 기준

CLUB INFORMATION

Founded	Owner	CEO	Head Coach	24-25 Odds
구단 창립 1995년	멤피스 바스켓볼 LLC	제이슨 웩슬러	테일러 젠킨스 1984.09.12	벳365 : 40배 윌리엄힐 : 40배

Nationality	Age	Height	Weight	Salary
●미국 선수 12명 ●외국 선수 3명	15명 평균 25.2세	15명 평균 201.5cm	15명 평균 99.3kg	15명 평균 1130만 달러

Win	Loss	Winning%	Play-Off	Titles
2023-24 : 27승 통산 : 998승	2023-24 : 25패 통산 : 1313패	2023-24 : 32.9% 통산 : 43.2%	PO 진출 : 13회 PO 탈락 : 17회	NBA우승 : 0회 컨퍼런스 : 0회

Top Scorer	More Rebounds	More Assists	More Steals	More Blocks
데스몬드 베인 평균 23.7점	산티 알다마 평균 5.8RB	데스몬드 베인 평균 5.5AS	제이런 잭슨 Jr. 평균 1.2스틸	제이런 잭슨 Jr. 평균 1.6블록

*항목별 1위는 지난 시즌 멤피스 소속으로 42경기 이상 출전한 선수 중 선별

HEAD COACH & STADIUM

Taylor JENKINS 테일러 젠킨스

생년월일 : 1984.09.12 / **출생지** : 미국 텍사스주 앨링턴
경력 : 2008~2012년 오스틴 토로스대 코치 / 2012~2013년 오스틴 토로스대 감독 / 2013~2018년 애틀랜타 호크스 코치 / 2018~2019년 밀워키 벅스 코치 / 2019년~ 멤피스 그리즐리스 감독

텍사스 세인트 마크고교에서 주장 겸 스몰포워드로 활약했다. 그는 그러나 고교 졸업과 동시에 농구를 그만두고 공부에 매진했다. 펜실베이니아대 와튼 경영대학원에서 경영학, 경제학, 심리학을 공부했다. 학업을 마치고, 그는 농구판에 지도자로 복귀했다. 2008년 NBA G리그팀인 오스틴 토로스에서 코치로 시작했고, 2012년, 이 팀의 감독으로 승격했다. 2013년엔 애틀랜타 호크스 코치, 2018년엔 밀워키 벅스 코치로 각각 일했다. 애틀랜타 시절엔 소속팀을 4번의 플레이오프에 진출하도록 힘을 보탰다. 2015년에는 올스타전 '팀 지아니스'의 코치를 맡았다. 밀워키 시절엔 팀의 정규 시즌 60승 22패 기록과 동부 컨퍼런스 파이널 진출을 뒷받침했다. 밀워키와 계약이 끝나자 2019년 6월 11일, 멤피스 그리즐리스의 제13대 감독으로 부임했다. 젠킨스의 멤피스는 2021-22시즌 56승 26패로 2위. 2022-23시즌 51승 31패로 5위를 각각 마크했다. 그러나 지난 시즌엔 27승 55패 24위로 부진했다. 올 시즌은 어떻게 될까.

FEDEX FORUM

구장 오픈 : 2004년 9월 6일
구장 증개축 : ―
오너 : 멤피스시
수용인원 : 1만 7794명
건축비용 : 2억 5000만 달러
(현재 가치) 4억 300만 달러

미국 남중부 중심지에서 20년 이상 된 이 구장은 NBA 최고 아레나 중 하나다. NBA팀 멤피스 그리즐리스, 대학농구 팀 멤피스 타이거스의 홈구장으로 사용 중이다. 지난 2004년 9월, 2억 5000만 달러를 투자해 완공된 이 경기장이 개장한 이후 매년 수백만 명의 이용객들이 찾고 있다. 그리즐리스 홈구장으로 사용하기 시작한 건 지난 2004-05시즌부터다.

0	0	2	2
NBA CHAMPIONS	CONFERENCE TITLES	DIVISION TITLES	RETIRED NUMBERS

NBA CHAMPIONSHIPS
NONE

CONFERENCE TITLES
NONE

DIVISION TITLES
2022, 2023

RETIRED NUMBERS
33, 50

MEMPHIS GRIZZLIES

REGULAR SEASON RANKING LAST 10YEARS

14-15	15-16	16-17	17-18	18-19	19-20	20-21	21-22	22-23	23-24
5	16	11	29	22	16	14	2	5	24
55승 27패	42승 40패	43승 39패	22승 60패	33승 49패	34승 39패	38승 34패	56승 26패	51승 31패	27승 55패

TEAM POTENTIAL

71점

17위

 하프코트 세트오펜스 7점
 트랜지션 오펜스 7점
 하프코트 세트디펜스 8점
 트랜지션 디펜스 6점
 리바운드 7점

선수층 7점 · 선수 경험치 7점 · 감독 리더십 7점 · 감독 전술 7점 ·  프런트 8점

*각 항목은 10점 만점, 평점은 NBA 30팀 사이 상대평가

우승 ODDS	배당	순위
bet 365	40배	12위
Paddy Power	35배	10위
William Hill	40배	12위

OFFENSIVE STYLE
트랜지션 오펜스 ———●——— 하프코트 세트오펜스

DEFENSIVE STYLE
하이 프레스 ———●——— 하프코트 디펜스

SQUAD & TACTICS

STARTERS

PF 산티 알다마
26.5분, 10.7점
5.8RB, 2.3AS

C 제이런 잭슨 Jr.
32.2분, 22.5점
5.5RB, 2.3AS

SF 데스몬드 베인
34.4분, 23.7점
4.4RB, 5.5AS

SG 마커스 스마트
30.3분, 14.5점
2.7RB, 4.3AS

PG 자 모란트
35.3분, 25.1점
5.6RB, 8.1AS

OFF THE BENCH

PG 스카티 피펜 Jr.
25.1분, 12.9점
3.2RB, 4.7AS

SG 루크 케나드
25.6분, 11.0점
2.9RB, 3.5AS

SF 빈스 윌리엄스 Jr.
27.6분, 10.0점
5.6RB, 3.4AS

PF 제이크 라레이비아
23.0분, 10.8점
3.7RB, 1.7AS

C 잭 이디
2024-25시즌
신인 선수

G 캠 스펜서
G 미에 오니
F 존 콘차
F 제일런 웰스
C 브랜든 클락

OFFENSE MECHANISM

모란트없이 페이스가 크게 떨어졌다. '건강한 모란트'의 멤피스는 페이스가 빠른 편이었다. 그렇다면 에이스가 귀환했으니, 팀은 다시 그 시절로 돌아가는 것일까. 테일러 젠킨스 감독은 2024-25시즌, 모란트 비중을 줄이는 것이 목표다. 기본에 입각한 볼 움직임이 주가 되고, 모란트는 볼 없는 상황에서 커팅으로 수비를 유인한다. '디코이'가 되는 것이다. 지난 시즌, 젠킨스 감독은 보다 많은 선수들이 고루 공을 만지며 경기를 풀어가게끔 했다. 모란트도 녹아들길 기대하고 있다. 모란트에게는 완전히 새로운 컨셉이 아니다. 베인, 모란트 등은 많은 백도어를 통해 공격을 완성시켜왔다. 스크린도 많이 동반됐다. 하지만 클러치 타임에는 누가 공을 잡고 시작할지 명백하다. 바로 모란트다.

DEFENSE MECHANISM

부상자가 속출한 가운데서도 실점은 12위로 괜찮은 수준이었다. 재런 잭슨이 중심을 잡아준 가운데, 기회에 굶주린 선수들이 적극적으로 달려들었다. 디플렉션(16.3), 루즈볼 리커버리(6.3) 등 모두 1위였고 차징 유도 역시 리그 상위권이었다. 멤피스는 조직력뿐 아니라 선수 개인의 수비에도 좋은 가이드를 제시했다. 좋은 스탠스, 훌륭한 스텝 등으로 드라이브 기회를 제한하고 공격 미스를 유발했다. 헬프 사이드에서의 실책 유발도 전 시즌과 이전 시즌을 비교해도 큰 차이가 없었다. 상대 실책에 이은 득점(17.4점)은 리그 6위. 그러나, 워낙 선수들이 많이 드나든 탓에 연속성이 없었고, 리바운드도 하위권이다 보니 어려움을 많이 겪었다. '건강한' 새 시즌에는 리바운드부터 단속해야 한다.

Player's Functions

 **Ball Handlers**
J.모란트
D.베인
S.피펜 Jr.

 Pull-Ups
D.베인
J.모란트
GG 잭슨

 **Catch & Shoot**
D.베인
J.모란트
L.케나드

 **3 Pointers**
D.베인
L.케나드
V.윌리엄스 Jr.

 Slam Dunkers
J.모란트
J.잭슨 Jr.
GG.잭슨

 **Free Throw**
L.케나드
J.잭슨
D.베인

 Rebounders
B.클락
S.알다마
V.윌리엄스 Jr.

 1-1 Defenders
J.잭슨 Jr.
M.스마트
V.윌리엄스 Jr.

 Ball Stealers
M.스마트
S.피펜 Jr.
J.콘차

 Key Passes
J.모란트
스카티 피펜 Jr.
D.베인

 Hustle Players
J.모란트
B.클락
J.콘차

 **Rim Protectors**
B.클락
J.콘차
J.잭슨 Jr.

2023-24 SEASON PERFORMANCE

MEMPHIS GRIZZLIES vs. OPPONENTS PER GAME STATS

멤피스 vs 상대팀

	득실점	필드골성공 F↑	필드골 FG%	3점슛성공 3↑	3점슛 % 3P%	자유투성공 ⊖	자유투 FT%	공격리바운드 OR	리바운드 RB	어시스트 A↑	스틸	블락	턴오버	파울
멤피스	105.8	38.4	43.5%	13.1	34.6%	16.0	76.4%	10.9	42.6	24.7	8.2	6.1	15.1	19.1
상대팀	112.8	41.2	47.4%	13.4	37.8%	17.0	77.9%	10.7	45.6	26.6	8.1	6.5	15.1	18.8

LINE-UP

* 멤피스는 지난 시즌 총 916개의 라인업을 가동시켰다. 그중 출전 시간이 가장 길었던 20개를 골라 게재했다.

5-MEN COMBINATION	MIN	PPG	RPG	APG
M. Smart - J. Jackson Jr. - X. Tillman - D. Bane - Z. Williams	68	23.7	11.8	6.0
L. Kennard - J. Jackson Jr. - J. Konchar - S. Aldama - V. Williams Jr.	64	25.8	9.0	7.7
B. Biyombo - M. Smart - J. Jackson Jr. - J. Morant - D. Bane	52	24.8	9.8	6.8
S. Pippen Jr. - J. Goodwin - J. LaRavia - G. Jackson - T. Jemison	45	40.7	11.3	9.3
D. Rose - B. Biyombo - J. Jackson Jr. - D. Bane - D. Roddy	40	17.0	6.2	5.0
B. Biyombo - J. Jackson Jr. - J. Morant - D. Bane - V. Williams Jr.	38	24.8	8.5	5.5
J. Jackson Jr. - J. Konchar - S. Aldama - S. Pippen Jr. - V. Williams Jr.	35	20.8	6.3	5.8
L. Kennard - J. Jackson Jr. - Z. Williams - S. Aldama - V. Williams Jr.	32	18.3	8.3	4.3
J. Jackson Jr. - J. Konchar - S. Aldama - V. Williams Jr. - J. Gilyard	31	22.3	10.3	5.7
B. Biyombo - M. Smart - J. Jackson Jr. - D. Bane - J. Gilyard	28	24.3	8.3	6.0
M. Smart - J. Jackson Jr. - D. Bane - Z. Williams - D. Roddy	27	14.8	5.3	3.5
B. Biyombo - M. Smart - J. Jackson Jr. - D. Bane - Z. Williams	26	14.5	5.8	3.3
B. Biyombo - J. Jackson Jr. - D. Bane - S. Aldama - J. Gilyard	25	17.7	6.7	4.0
M. Smart - J. Jackson Jr. - J. Morant - D. Bane - S. Aldama	23	10.0	3.6	1.8
B. Biyombo - J. Nowell - D. Bane - S. Aldama - V. Williams Jr.	23	11.6	3.0	3.0
Z. Williams - S. Aldama - J. Goodwin - V. Williams Jr. - T. Jemison	23	25.0	9.5	6.5
J. Jackson Jr. - D. Bane - S. Aldama - S. Pippen Jr. - G. Jackson	22	22.5	5.5	6.5
J. Jackson Jr. - J. Konchar - D. Bane - S. Aldama - G. Jackson	21	27.5	4.0	7.0
L. Kennard - J. Konchar - S. Aldama - V. Williams Jr. - T. Jemison	20	25.0	10.5	9.0
M. Smart - J. Jackson Jr. - J. Morant - X. Tillman - D. Bane	20	13.0	6.7	2.7

PASS COMBINATIONS

➡ 해당 선수가 경기당 동료로부터 패스 받은 횟수
➡ 해당 선수가 경기당 동료들에게 패스 해준 횟수

받은	선수	해준
60.3	데스먼드 베인	51.5
62.7	자 모란트	50.7
41.6	조던 구드윈	45.5
44.1	스카티 피펜 Jr.	39.5
40.6	재비어 심슨	37.6
42.5	마커스 스마트	34.5
32.0	빈스 윌리엄스 Jr.	34.4
33.1	제이콥 길야드	33.3
28.3	산티 알다마	32.3
32.5	루크 케나드	31.6
40.8	제이런 잭슨 Jr.	31.3
20.9	존 콘차르	30.4
28.1	드ون 자로	29.4
17.3	비스맥 비욤보	27.7
20.7	재비어 틸먼	26.9
28.6	GG 잭슨 II	25.4
29.1	데릭 로즈	24.6
21.2	라마 스티븐스	23.7
21.9	제이크 라레이비아	23.3
22.2	데이비드 로디	23.3
18.9	트레이 제미슨	21.9
23.7	브랜든 클락	21.5
23.7	제일런 나우웰	21.1
14.0	티미 엘런	21.0
19.6	자이르 윌리엄스	18.6
13.0	토샨 에워아머	16.0
12.0	마오지나 페레이라	15.7
10.6	개브리얼 웨니	14.4
13.0	유타 와타나베	14.0
8.8	잭 화이트	13.0
10.3	맷 허트	11.9
8.0	케네스 로프트 Jr.	5.9
3.5	샤킬 해리슨	2.7

2023-24 RANKING

* 는 수치가 낮을수록 랭킹이 높아짐

멤피스	랭킹	GENERAL	상대팀*	랭킹
105.8	30위	득점 / 실점	112.8	12위
42.6	24위	리바운드	45.6	29위
24.7	27위	어시스트	26.6	15위
8.2	4위	스틸	8.1	24위
6.1	4위	블락	6.5	30위

득점	랭킹	PLAYTYPE	실점*	랭킹
5.4	22위	아이솔레이션	7.2	19위
19.9	21위	트랜지션	22.7	19위
13.4	28위	픽&롤 볼핸들러	14.1	3위
5.4	28위	픽&롤 롤맨	5.8	2위
3.8	18위	포스트-업	4.5	15위
32.1	1위	스팟-업	29.9	23위
4.5	19위	핸드오프	4.2	2위
7.6	28위	커팅	—	위
3.8	12위	오프 스크린	3.9	12위
5.9	22위	풋백	6.4	12위
2.4	28위	기타	—	위

SHOT ZONE

구간별 슈팅 및 성공률

SHOT ZONE

428 152 36%	39 61 28%	171 1614 54%	2969	192 69 36%	27 10 37%	363 122 34%
			500 220 44%			
	57 23 40%		89 39 44%	89 30 30%		
847 306 36%		548 197 36%		890 294 33%		

필드골 시도 필드골 성공 **필드골 성공률**

항목	FGA	FGM	FG%	3PA	3PM	3P%
캐치&슛	29.7	10.8	36.2%	28.6	10.4	36.4%
풀업	18.1	6.2	34.3%	8.9	2.6	29.4%
3m 안쪽	39.9	21.3	53.3%	—	—	—
TOTAL	88.0	38.3	43.5%	37.7	13.1	34.6%

SHOT REPERTORIES

필드골 시도

3.9 2.2 3.4 3.5 2.1 20.7 / 평균 **88.2** 52.4

- ● 점프슛, 풀업 점퍼
- ● 레이업, 핑거롤
- ● 페이드어웨이
- ● 덩크, 앨리웁 덩크
- ● 훅슛
- ● 팁슛
- ● 뱅크슛

드리블과 슈팅 시도

8.1 18.2 / 평균 **88.2** 40.4 10.9 10.6

- ● 0드리블 + 슈팅
- ● 1드리블 + 슈팅
- ● 2드리블 + 슈팅
- ● 3~6드리블 + 슈팅
- ● 7+드리블 + 슈팅

필드골 성공

1.2 1.6 1.5 3.1 0.9 11.3 / 평균 **38.4** 18.8

드리블과 슈팅 성공

3.5 8.3 / 평균 **38.4** 17.4 5.0 4.2

SHOOTING

필드골 시도

23.8 8.7 / 평균 **88.2** 22.8 32.9

공격수와 수비수의 거리
- ● 0~0.6m
- ● 0.6~1.2m
- ● 1.2~1.8m
- ● 1.8m 이상

필드골 시도

9.2 2.6 9.6 9.3 / 평균 **88.2** 13.6 43.9

남은 시간
- ● 22~24초
- ● 18~22초
- ● 15~18초
- ● 7~15초
- ● 4~7초
- ● 0~4초

필드골 성공

9.5 1.5 / 평균 **38.4** 9.4 15.8

필드골 성공

2.9 1.3 4.2 4.7 / 평균 **38.4** 6.3 19.0

OPPONENT SHOOTING

상대 필드골 시도

23.8 9.2 / 평균 **86.9** 21.8 32.1

공격수와 수비수의 거리
- ● 0~0.6m
- ● 0.6~1.2m
- ● 1.2~1.8m
- ● 1.8m 이상

상대 필드골 시도

7.3 2.9 9.4 11.8 / 평균 **86.9** 13.6 41.9

남은 시간
- ● 22~24초
- ● 18~22초
- ● 15~18초
- ● 7~15초
- ● 4~7초
- ● 0~4초

필드골 허용

10.1 4.1 / 평균 **41.2** 10.5 16.5

필드골 허용

2.8 1.6 4.2 6.7 / 평균 **41.2** 6.5 19.4

CONTESTED REBOUNDS

공격 리바운드

0.5 0.8 / 평균 **5.4** 1.9 2.2

수비 리바운드

0.5 1.1 1.9 / 평균 **6.3** 2.8

림 아래부터 리바운드 위치까지의 거리
● 0~0.9m ● 0.9~1.8m ● 1.8~3m ● 3m 이상

UNCONTESTED REBOUNDS

공격 리바운드

0.9 2.5 1.0 / 평균 **5.4** 1.0

수비 리바운드

4.8 3.8 7.0 / 평균 **24.7** 9.1

림 아래부터 리바운드 위치까지의 거리
● 0~0.9m ● 0.9~1.8m ● 1.8~3m ● 3m 이상

DEFENSE OF 27 WINS

필드골 허용 %

43.3%

3점슛 허용 %

32.8%

상대 필드골 시도 88.6 상대 3점슛 시도 35.3
필드골 허용 38.4 3점슛 허용 11.6

DEFENSE OF 55 LOSSES

필드골 허용 %

49.5%

3점슛 허용 %

40.2%

상대 필드골 시도 86.1 상대 3점슛 시도 35.5
필드골 허용 42.6 3점슛 허용 14.3

DEFENSE pg		REBOUNDS pg		항목 & 평점																							
DFG	DFG%	CR	UCR	TS	MS	3PS	FT	LU	DK	ID	OD	ST	BL	ORG	OR3	ORB	DRG	DR3	DRB	PS	BH	BQ	SP	PO	ED	HS	OG
필드골 허용	필드골 허용률	유경쟁 리바운드	무경쟁 리바운드	터프샷 성공률	중거리 슈팅	3점 슈팅	자유투 성공률	레이업 플로터	슬램 덩크	안쪽 수비	외곽 수비	스틸	블락	가드 공격RB	SF 공격RB	빅맨 공격RB	가드 수비RB	SF 수비RB	빅맨 수비RB	패스	볼 핸들링	농구 IQ	스피드 민첩성	파워	지구력	허슬 플레이	종합 평가

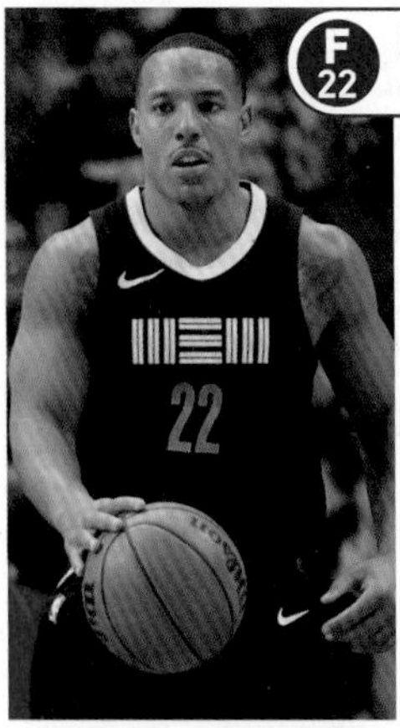

F 22 Desmond BANE SF-SG

데스먼드 베인 1998.06.25 / 196cm

미국

NBA 드래프트 : 2020년 1라운드 30번
NBA 우승 : 0회 / 파이널 MVP : 0회
시즌 MVP : 0회 / NBA 퍼스트팀 : 0회

왼 발목 염좌로 29경기, 허리 디스크로 9경기 등 총 40경기 결장했다. 베인은 NBA 최고의 3점 슈터 중 1명이다. 커리어 통산 41.5%를 성공시켰다. 픽&롤을 잘 활용해 슈팅 찬스를 잡는다. 미드레인지와 3점 구간에서 풀업 점퍼, 캐치&슛, 스텝백 점퍼를 자유자재로, 그것도 최고 수준으로 구사한다. 페인트존 돌파 후, 림을 직접 공략한다. 프로 초창기 대비 볼 핸들링, 플레이메이킹이 늘었다. 퍼리미터에서 수비를 열심히 한다. 연봉은 3401만 달러.

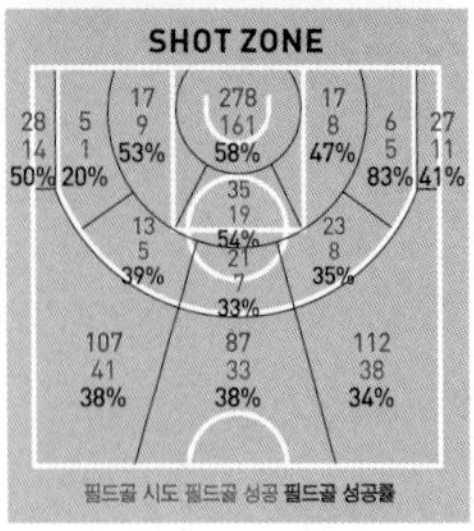
SHOT ZONE
28 14 50%
5 1 20%
17 9 53%
278 161 58%
17 8 47%
6 5 83%
27 11 41%
35 19 54%
13 5 39%
23 8 35%
21 7 33%
107 41 38%
87 33 38%
112 38 34%
필드골 시도 필드골 성공 필드골 성공률

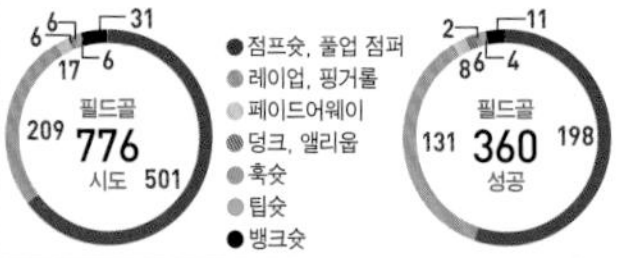
6 6 31 17 6
필드골
209 776
시도 501
점프슛, 풀업 점퍼
레이업, 핑거롤
페이드어웨이
덩크, 앨리웁
훅슛
팁슛
뱅크슛
2 11 86 4
필드골
131 360 198
성공

DEFENSE PER GAME			REBOUNDS PER GAME		
림에서의 거리	DFG	DFG%	림에서의 거리	CR	UCR
3점슛	1.9	37.3%	0~0.9m	0.3	0.5
2점슛	3.8	52.7%	0.9~1.8m	0.4	0.9
0~1.8m	2.4	63.1%	1.8~3.0m	0.1	0.9
0~3.0m	2.8	59.3%	3.0m 이상	0.1	1.1
4.5m 이상	2.4	38.5%			

2023-24 멤피스 42경기 평균 34.4분					
항목	PTS	RB	AS	ST	BL
경기 평균	23.7	4.4	5.5	1.0	0.5
36분 기준	24.9	4.6	5.7	1.1	0.5

항목	TS	MS	3PS	FT	LU	DK	ID	OD	ST	BL
평점	B-	B	B+	B	B	C	D-	B-	C	D-
항목	ORG	DRG	PS	BH	BQ	SP	PO	ED	HS	OG
평점	D+	D+	B-	B-	C	C	D-	A-	B	B-

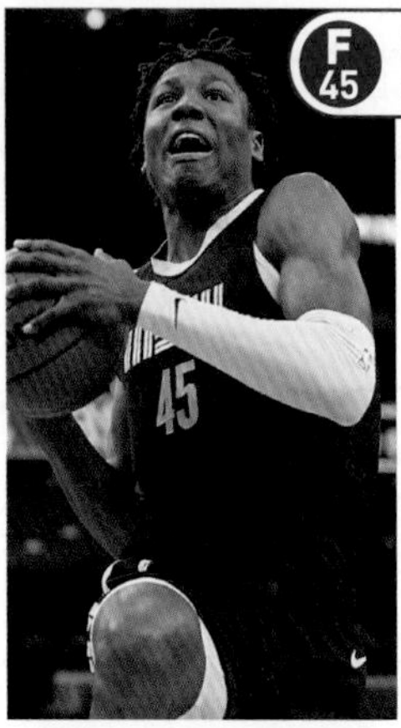

F 45 GG JACKSON II SF-PF

지지 잭슨 II 2004.12.17 / 206cm

미국

NBA 드래프트 : 2023년 2라운드 45번
NBA 우승 : 0회 / 파이널 MVP : 0회
시즌 MVP : 0회 / NBA 퍼스트팀 : 0회

지난 시즌 NBA와 G리그(멤피스 허슬)를 넘나들었고, 잔 부상이 이어졌다. 결국, 48경기 출전에 그쳤다. 올 시즌, 멤피스에서 대부분 시간을 보낼 것이다. 잭슨은 스스로 슈팅 찬스를 잘 만든다. 미드레인지와 3점 구간에서 폭발하는 풀업 점퍼는 강력한 무기이고, 캐치&슛도 정확하다. 또한, 과감하게 페인트존을 찢고 들어가 림을 공략한다. 마무리는 양손으로 다 할 수 있다. 그러나 빅맨으로서 리바운드와 블락이 약한 편이다. 연봉은 189만 달러.

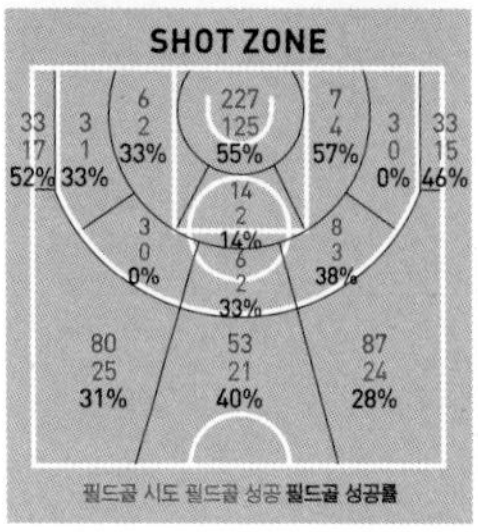
SHOT ZONE
33 17 52%
3 1 33%
6 2 33%
227 125 55%
7 4 57%
3 0 0%
33 15 46%
14 2 14%
3 0 0%
8 3 38%
6 2 33%
80 25 31%
53 21 40%
87 24 28%
필드골 시도 필드골 성공 필드골 성공률

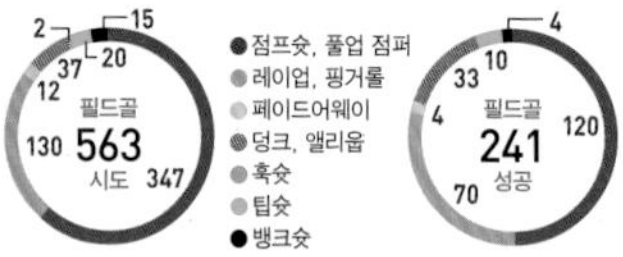
2 15 37 20 12
필드골
130 563
시도 347
점프슛, 풀업 점퍼
레이업, 핑거롤
페이드어웨이
덩크, 앨리웁
훅슛
팁슛
뱅크슛
4 10 33 4
필드골
241 120
70 성공

DEFENSE PER GAME			REBOUNDS PER GAME		
림에서의 거리	DFG	DFG%	림에서의 거리	CR	UCR
3점슛	1.2	40.7%	0~0.9m	0.5	0.4
2점슛	3.0	53.3%	0.9~1.8m	0.5	1.2
0~1.8m	2.2	58.9%	1.8~3.0m	0.1	0.7
0~3.0m	2.5	54.7%	3.0m 이상	0.0	0.6
4.5m 이상	1.6	42.8%			

2023-24 멤피스 48경기 평균 25.7분					
항목	PTS	RB	AS	ST	BL
경기 평균	14.6	4.1	1.2	0.6	0.5
36분 기준	20.4	5.7	1.7	0.8	0.7

항목	TS	MS	3PS	FT	LU	DK	ID	OD	ST	BL
평점	C+	C-	B-	C-	C+	B+	D+	D-	D	D-
항목	ORB	DRB	PS	BH	BQ	SP	PO	ED	HS	OG
평점	D	D	D	D	D	B	D-	A-	D	C+

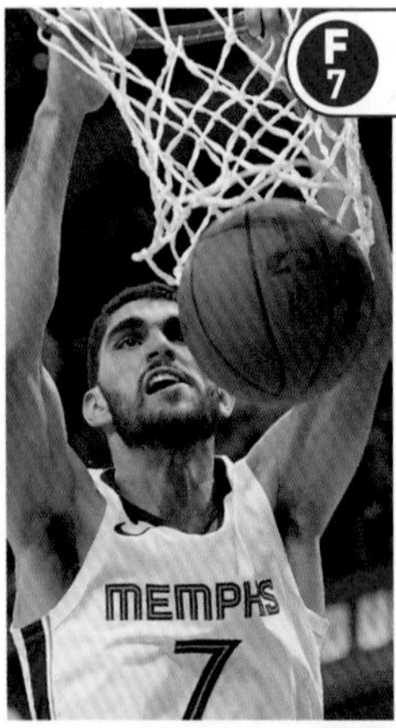

F 7 Santi ALDAMA PF-C

산티 알다마 2001.01.10 / 213cm

스페인

NBA 드래프트 : 2021년 1라운드 30번
NBA 우승 : 0회 / 파이널 MVP : 0회
시즌 MVP : 0회 / NBA 퍼스트팀 : 0회

오른 발목, 왼 무릎, 오른 무릎, 꼬리뼈, 왼 팔꿈치, 오른발. 각 부위를 돌아가며 다쳤다. 모두 잔 부상이었고, 21경기 결장했다. 건강해야 한다. 알다마는 3번~5번을 넘나드는 3&D 플레이어다. 주 무기는 높은 타점에 부드러운 터치로 시도하는 3점 슛. 성공률은 35% 안팎. 여기에 덩크, 레이업, 짧은 거리 훅슛을 가미한다. 스피드 자체는 평범하지만, 효율적으로 움직이기에 인사이드와 퍼리미터 양쪽 수비를 평균 이상으로 해낸다. 연봉은 390만 달러.

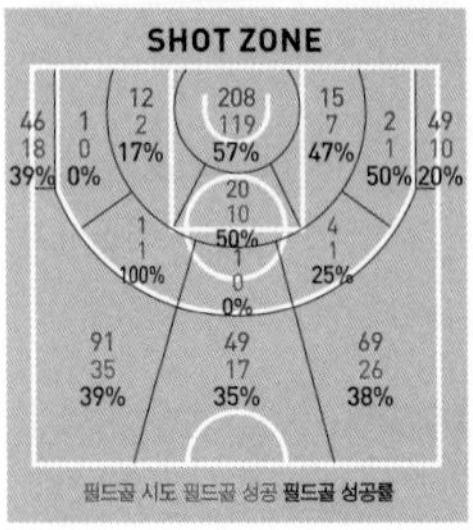
SHOT ZONE
46 18 39%
1 0 0%
12 2 17%
208 119 57%
15 7 47%
2 1 50%
49 10 20%
20 10 50%
1 1 100%
4 1 25%
1 0 0%
91 35 39%
49 17 35%
69 26 38%
필드골 시도 필드골 성공 필드골 성공률

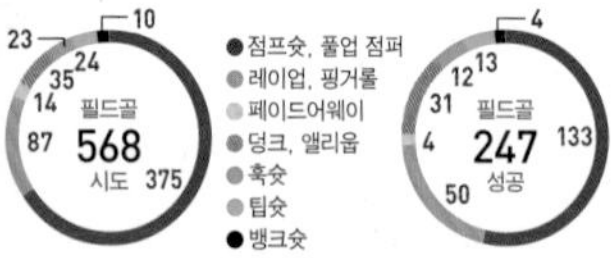
23 10 35 24 14
필드골
87 568
시도 375
점프슛, 풀업 점퍼
레이업, 핑거롤
페이드어웨이
덩크, 앨리웁
훅슛
팁슛
뱅크슛
4 12 13 31
필드골
4 247 133
50 성공

DEFENSE PER GAME			REBOUNDS PER GAME		
림에서의 거리	DFG	DFG%	림에서의 거리	CR	UCR
3점슛	1.7	40.1%	0~0.9m	0.5	0.8
2점슛	4.2	51.1%	0.9~1.8m	0.5	1.8
0~1.8m	2.9	54.2%	1.8~3.0m	0.1	1.1
0~3.0m	3.2	51.4%	3.0m 이상	0.1	0.8
4.5m 이상	2.1	40.7%			

2023-24 멤피스 61경기 평균 26.5분					
항목	PTS	RB	AS	ST	BL
경기 평균	10.7	5.8	2.3	0.7	0.9
36분 기준	14.6	7.8	3.1	1.0	1.2

항목	TS	MS	3PS	FT	LU	DK	ID	OD	ST	BL
평점	B-	C	C+	D-	D	C-	C+	C	C-	C+
항목	ORB	DRB	PS	BH	BQ	SP	PO	ED	HS	OG
평점	D-	C+	D-	D-	D	D-	C-	B-	B-	C

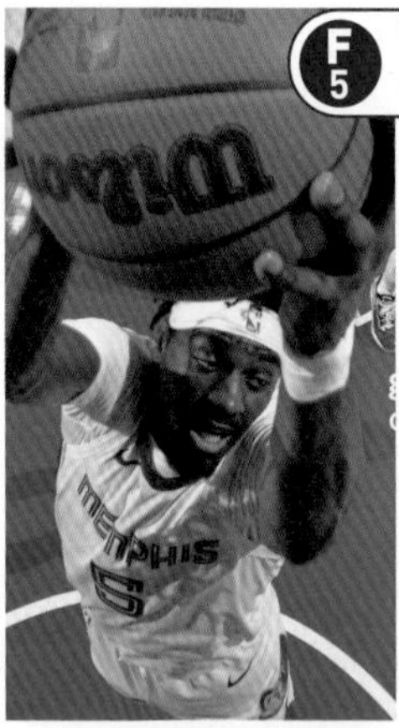

F 5 Vince WILLIAMS JR. SF-SG

빈스 윌리엄스 Jr. 2000.08.30 / 193cm

미국

NBA 드래프트 : 2022년 2라운드 47번
NBA 우승 : 0회 / 파이널 MVP : 0회
시즌 MVP : 0회 / NBA 퍼스트팀 : 0회

왼쪽 슬개골 힘줄 부상으로 시즌 21경기 결장했다(다른 9경기 결장은 감독 결정). 윌리엄스 주니어는 3&D 플레이어다. 193cm 스윙맨으로 3점슛을 주무기로 구사한다. 루키 시즌엔 제한된 출전 시간에 실력을 발휘하지 못했다. 그러나 지난 시즌, 선발 혹은 식스맨으로 나서며 3점슛 37.8%를 기록했다. 주로 캐치&슛이고, 풀업과 스텝백 비중은 작다. 퍼리미터에서 수비를 잘 한다. 지난 시즌 슈팅가드 중 최상급 리바운더였다. 연봉은 212만 달러.

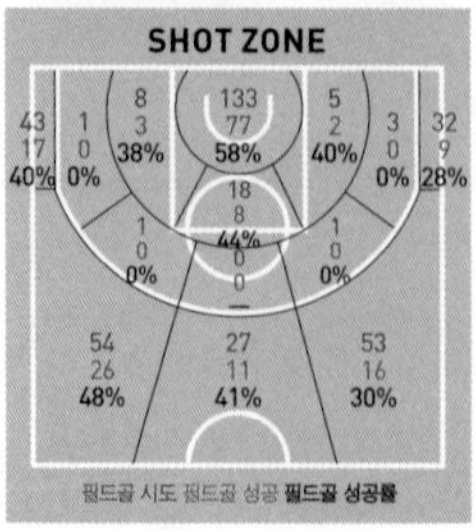
SHOT ZONE
43 17 40%
1 0 0%
8 3 38%
133 77 58%
5 2 40%
3 0 0%
32 9 28%
18 8 44%
1 0 0%
1 0 0%
0 0
54 26 48%
27 11 41%
53 16 30%
필드골 시도 필드골 성공 필드골 성공률

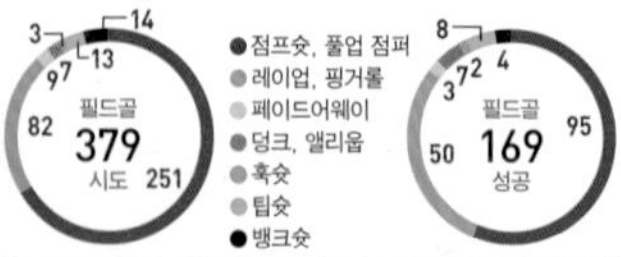
3 14 97 13
필드골
82 379
시도 251
점프슛, 풀업 점퍼
레이업, 핑거롤
페이드어웨이
덩크, 앨리웁
훅슛
팁슛
뱅크슛
8 372 4
필드골
50 169 95
성공

DEFENSE PER GAME			REBOUNDS PER GAME		
림에서의 거리	DFG	DFG%	림에서의 거리	CR	UCR
3점슛	1.5	36.8%	0~0.9m	0.4	0.7
2점슛	4.4	54.8%	0.9~1.8m	0.6	1.9
0~1.8m	3.0	57.5%	1.8~3.0m	0.2	0.8
0~3.0m	3.4	55.0%	3.0m 이상	0.1	0.8
4.5m 이상	1.9	37.8%			

2023-24 멤피스 52경기 평균 27.6분					
항목	PTS	RB	AS	ST	BL
경기 평균	10.0	5.6	3.4	0.9	0.7
36분 기준	13.1	7.3	4.4	1.2	0.9

항목	TS	MS	3PS	FT	LU	DK	ID	OD	ST	BL
평점	B-	D-	B-	C+	D+	C-	D-	B	C+	D+
항목	ORG	DRG	PS	BH	BQ	SP	PO	ED	HS	OG
평점	B	A	D+	C-	C	D+	D-	B+	A-	C+

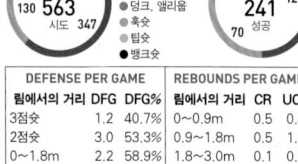

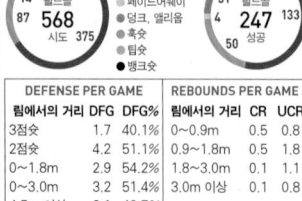

DFG	DFG%	CR	UCR	TS	MS	3PS	FT	LU	DK	ID	OD	ST	BL	ORG	OR3	ORB	DRG	DR3	DRB	PS	BH	BQ	SP	PO	ED	HS	OG
필드골 허용	필드골 허용률	유경쟁 리바운드	무경쟁 리바운드	턴오버 슈팅 성공률	중거리 슈팅	3점 슈팅	자유투 성공률	레이업 플로터	슬램 덩크	안쪽 수비	외곽 수비	스틸	블락	가드 공격RB	SF 공격RB	빅맨 공격RB	가드 수비RB	SF 수비RB	빅맨 수비RB	패스	볼 핸들링	농구 IQ	스피드	민첩성	파워	허슬 플레이	종합 평가

Jake LARAVIA — PF-SF

F 3
제이크 라레이비아
2001.11.03 / 201cm

미국

NBA 드래프트 : 2022년 1라운드 19번
NBA 우승 : 0회 / 파이널 MVP : 0회
시즌 MVP : 0회 / NBA 퍼스트팀 : 0회

2023-24시즌, NBA와 G리그(멤피스 허슬)를 넘나들었고, 왼쪽 눈 염증, 왼 발목 염좌로 고생한 적이 있다. 결국, 35경기 출전에 그쳤다. 올 시즌 반등을 노린다. 라레이비아는 운동능력보다는 순간적인 감각과 BQ로 플레이한다. 주 득점 루트는 캐치&슛으로 시도하는 3점슛. 성공률이 살짝 낮아(34%) 아쉽다. 드라이빙 이후 레이업과 핑거롤도 종종 구사한다. 꽤 괜찮은 오프-볼 커터다. 눈치가 빨라 상대의 패싱레인을 잘 자른다. 연봉은 335만 달러.

SHOT ZONE

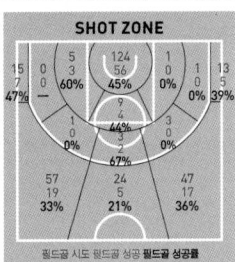

	4 → 13	
12	필드골 **303** 184 시도	77

● 점프슛, 풀업 점퍼
● 레이업, 핑거롤
● 페이드어웨이
● 덩크, 엘리웁
● 훅슛
● 팁슛
● 뱅크슛

	3 → 3	
6 1	필드골 **118** 61 성공	36

15 0 5 124 1 0 13
7 | 124 56 | 1
47% 60% 45% 0% 0% 39%
44% 3
0% 0%
67%
57 24 47
19 11 17
33% 21% 36%

DEFENSE PER GAME			REBOUNDS PER GAME		
림에서의 거리	DFG	DFG%	림에서의 거리	CR	UCR
3점슛	1.3	35.2%	0~0.9m	0.4	0.4
2점슛	3.6	58.5%	0.9~1.8m	0.5	0.5
0~1.8m	2.8	63.3%	1.8~3.0m	0.3	0.5
0~3.0m	3.0	59.5%	3.0m 이상	0.1	0.9
4.5m 이상	1.6	37.7%			

필드골 시도 필드골 성공 **필드골 성공률**

2023-24 멤피스 35경기 평균 23.0분					
항목	PTS	RB	AS	ST	BL
경기 평균	10.8	3.7	1.7	0.8	0.3
36분 기준	16.9	5.7	2.6	1.3	0.5

항목 평점	TS	MS	3PS	FT	LU	DK	ID	OD	ST	BL
	C-	C-	C+	C+	C-	D-	D+	C-	D-	D-

항목 평점	ORB	DRB	PS	BH	BQ	SP	PO	ED	HS	OG
	D	D-	B+	D+	B	B-	D-	B+	B	C

Jaylen WELLS — SF-PF

F 0
제일런 웰스
2003.08.26 / 203cm

미국

NBA 드래프트 : 2024년 2라운드 39번
NBA 우승 : 0회 / 파이널 MVP : 0회
시즌 MVP : 0회 / NBA 퍼스트팀 : 0회

워싱턴주립대 출신으로 2024 드래프트를 신청해 멤피스에 2라운드 39번으로 지명됐다. 203cm의 콤보 포워드. 지난 시즌 대학농구에서 높은 타점, 빠른 릴리스를 이용해 3점슛을 무려 42%나 적중시켰다. 대부분 캐치&슛이었다. 또한, 자유투도 81%나 림을 통과했다. 프로에서 돌파에 이은 림 어택을 보완해야 한다. 수비에서는 퍼리미터 온-더-볼 디펜더다. 그러나 픽&롤 수비, 협력 수비 등 팀 디펜스 응용력은 미지수다. 연봉은 116만 달러.

SHOT ZONE

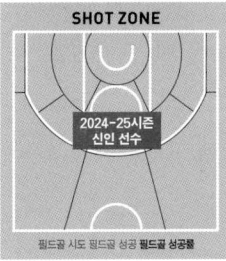

2024-25시즌 신인 선수

	필드골 **0** 시도	필드골 **0** 성공

● 점프슛, 풀업 점퍼
● 레이업, 핑거롤
● 페이드어웨이
● 덩크, 엘리웁
● 훅슛
● 팁슛
● 뱅크슛

DEFENSE PER GAME			REBOUNDS PER GAME		
림에서의 거리	DFG	DFG%	림에서의 거리	CR	UCR
3점슛			0~0.9m		
2점슛			0.9~1.8m		
0~1.8m			1.8~3.0m		
0~3.0m			3.0m 이상		
4.5m 이상					

필드골 시도 필드골 성공 **필드골 성공률**

2023-24시즌 NBA 기록 없음

항목 평점	PTS	RB	AS	ST	BL
경기 평균	—	—	—	—	—
36분 기준	—	—	—	—	—

항목 평점	TS	MS	3PS	FT	LU	DK	ID	OD	ST	BL

항목 평점	OR3	DR3	PS	BH	BQ	SP	PO	ED	HS	OG

Jaren JACKSON JR. — C-PF

C 13
제이런 잭슨 Jr.
1999.09.15 / 208cm

미국

NBA 드래프트 : 2018년 1라운드 4번
NBA 우승 : 0회 / 파이널 MVP : 0회
시즌 MVP : 0회 / NBA 퍼스트팀 : 0회

공수겸장 정상급 빅맨. 키(208cm)는 평범하지만, 윙스팬이 224cm인 데다 엄청난 운동능력을 자랑한다. 이런 장점을 공격, 수비에 잘 활용한다. 페인트존에서 민첩하게 포스트업을 전개하고, 양손을 활용해 부드럽게 마무리한다. 훅슛과 뱅크슛도 위력적이다. 외곽에서는 높은 타점으로 정확한 3점슛을 시도한다. 인사이드와 퍼리미터 수비 다 압도적으로 좋다. 상대의 1번~5번을 다 막을 수 있다. 유일한 약점은 리바운드 부족이다. 연봉은 2526만 달러.

SHOT ZONE

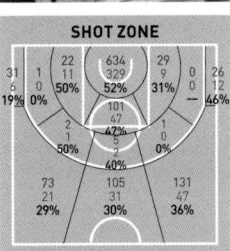

	9 → 73	
137	필드골 **1161** 582 320 시도	

● 점프슛, 풀업 점퍼
● 레이업, 핑거롤
● 페이드어웨이
● 덩크, 엘리웁
● 훅슛
● 팁슛
● 뱅크슛

	47	
63	필드골 **516** 202 165 성공	32

31 1 22 634 29 0 1
6 | 11 329 | 26 12
19% 0% 50% 52% 31% — 46%
101 1
2 47%
50% 40%
73 105 131
21 31 47
29% 30% 36%

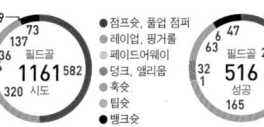

필드골 시도 필드골 성공 **필드골 성공률**

2023-24 멤피스 66경기 평균 32.2분					
항목	PTS	RB	AS	ST	BL
경기 평균	22.5	5.5	2.3	1.2	1.6
36분 기준	25.2	6.2	2.6	1.4	1.8

항목 평점	TS	MS	3PS	FT	LU	DK	ID	OD	ST	BL
	B+	D+	C+	B	C	B	A-	A	B-	A

항목 평점	ORB	DRB	PS	BH	BQ	SP	PO	ED	HS	OG
	D-	D+	D-	B-	B-	B-	A-	B-	B+	B+

Zach EDEY — C

C 14
잭 이디
2002.05.14 / 224cm

캐나다

NBA 드래프트 : 2024년 1라운드 9번
NBA 우승 : 0회 / 파이널 MVP : 0회
시즌 MVP : 0회 / NBA 퍼스트팀 : 0회

퍼듀대 출신. 2024 드래프트에서 멤피스에 1라운드 9번으로 지명됐다. 시즌 평균 25.2점, 12.2RB, 필드골 62%로 대학농구 '올해의 선수'로 뽑혔다. 키 224cm, 윙스팬 238cm의 엄청난 하드웨어. '클래식 센터'로 대부분 득점이 림 근처에서 이뤄진다. 페인트존에서 효율적인 풋워크와 부드러운 슛터치를 선보인다. 상대와 강하게 몸을 부딪쳐도 그냥 림으로 올라간다. 1대1 수비와 리바운드는 OK. 팀 디펜스는 아직 미지수다. 연봉 576만 달러.

SHOT ZONE

2024-25시즌 신인 선수

	필드골 **0** 시도	필드골 **0** 성공

● 점프슛, 풀업 점퍼
● 레이업, 핑거롤
● 페이드어웨이
● 덩크, 엘리웁
● 훅슛
● 팁슛
● 뱅크슛

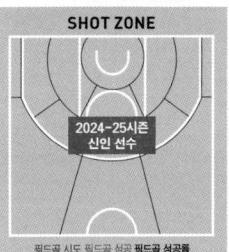

DEFENSE PER GAME			REBOUNDS PER GAME		
림에서의 거리	DFG	DFG%	림에서의 거리	CR	UCR
3점슛			0~0.9m		
2점슛			0.9~1.8m		
0~1.8m			1.8~3.0m		
0~3.0m			3.0m 이상		
4.5m 이상					

필드골 시도 필드골 성공 **필드골 성공률**

2023-24시즌 NBA 기록 없음

항목	PTS	RB	AS	ST	BL
경기 평균	—	—	—	—	—
36분 기준	—	—	—	—	—

항목 평점	TS	MS	3PS	FT	LU	DK	ID	OD	ST	BL

항목 평점	ORB	DRB	PS	BH	BQ	SP	PO	ED	HS	OG

DEFENSE pg		REBOUNDS pg		항목 & 평점																
DFG	DFG%	CR	UCR	TS	MS	3PS	FT	LU	DK	ID	OD	ST	BL	ORG	OR3	DRG	DR3	DRB	BH	BQ	SP	PO	ED	HS	OG
필드골 허용	필드골 허용률	유경쟁 리바운드	무경쟁 리바운드	터프샷 성공률	중거리 슈팅	3점 슈팅	자유투 성공률	레이업 플로터	슬램 덩크	안쪽 수비	외곽 수비	스틸	블락	가드 공격RB	SF 공격RB	빅맨 공격RB	가드 수비RB	SF 수비RB	빅맨 수비RB	패스	볼 핸들링	농구 IQ	스피드 민첩성	파워 지구력	허슬 플레이	종합 평가

C 15 BRANDON CLARKE C-PF
브랜든 클락 1996.09.19 / 203cm

NBA 드래프트: 2019년 1라운드 21번
NBA 우승: 0회 / 파이널 MVP: 0회
캐나다 시즌 MVP: 0회 / NBA 퍼스트팀: 0회

2023년 10월 25일, 아킬레스건 수술을 받고 시즌 대부분을 날렸다. 그나마 시즌 종반에 복귀해 6경기를 뛰었다. 클락은 203cm, 98kg, 윙스팬 204cm의 '언더사이즈 빅맨'이다. 그러나 폭발적인 운동능력, 전투적인 투쟁심, 타고난 감각으로 상대 빅맨과 맞선다. 매우 민첩하기에 상대의 1번~5번을 다 수비할 수 있다. 1대1 수비뿐 아니라, 팀 디펜스, 스틸, 블락도 훌륭하다. 저돌적으로 림을 공략하고, 오픈 캐치&슛도 OK. 연봉은 1250만 달러.

SHOT ZONE

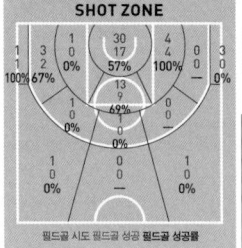

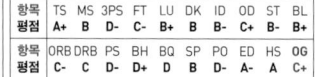
필드골 시도 필드골 성공 필드골 성공률

● 점프슛, 풀업 점퍼
● 레이업, 핑거롤
● 페이드어웨이
● 덩크, 앨리웁
● 훅슛
● 팁슛
● 뱅크슛

필드골 59 시도 38 (2 1 3 / 15 / 57% / 100% / —)
필드골 33 성공 21 (2 1 1 / 8 / 100%)

DEFENSE PER GAME			REBOUNDS PER GAME		
림에서의 거리	DFG	DFG%	림에서의 거리	CR	UCR
3점슛	1.8	50.0%	0~0.9m	0.5	0.2
2점슛	2.5	57.7%	0.9~1.8m	1.2	0.4
0~1.8m	1.8	57.9%	1.8~3.0m	0.5	0.7
0~3.0m	1.8	55.0%	3.0m 이상	0.0	0.3
4.5m 이상	2.0	50.0%			

2023-24 멤피스 6경기 평균 22.3분					
항목	PTS	RB	AS	ST	BL
경기 평균	11.3	5.3	1.5	0.8	1.0
36분 기준	18.3	8.6	2.4	1.3	1.6

항목 평점	TS	MS	3PS	FT	LU	DK	ID	OD	ST	BL
	A+	B	D-	D	B	A-	A+	D-	C	C+
항목 평점	ORB	DRB	PS	BH	BQ	SP	PO	ED	HS	OG
	C-	C	D-	D+	D	B	D-	A-	A	C+

G 12 Ja MORANT PG
자 모란트 1999.08.10 / 188cm

NBA 드래프트: 2019년 1라운드 2번
NBA 우승: 0회 / 파이널 MVP: 0회
미국 시즌 MVP: 0회 / NBA 퍼스트팀: 0회

총기 생방송으로 25경기 출전 정지당했고, 오른 어깨 수술로 47경기 결장했다. 그러나 실력만큼은 리그 최고 수준이다. 페인트존과 림 근처에서 가장 많은 득점을 올리는 선수 중 1명이다. 하이라이트 덩크, 드라이빙 플로터, 드라이빙 핑거롤은 최강의 무기다. 미드레인지 풀업 점퍼와 스텝백 점퍼도 정말 위력적이다. 볼을 화려하게 다루고, 상대 허를 찌르는 패스를 구사한다. 그러나 공격과 비교해 수비는 부족한 편이다. 연봉은 3673만 달러.

SHOT ZONE

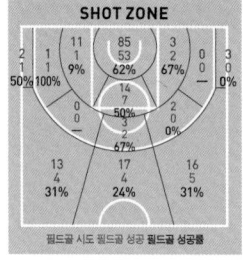

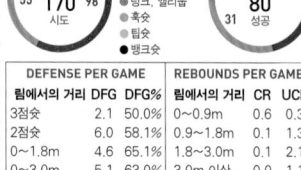

● 점프슛, 풀업 점퍼
● 레이업, 핑거롤
● 페이드어웨이
● 덩크, 앨리웁
● 훅슛
● 팁슛
● 뱅크슛

필드골 170 시도 98 (1 2 4 / 55 / 62% / 100% / —)
필드골 80 성공 37 (1 3 4 / 31)

DEFENSE PER GAME			REBOUNDS PER GAME		
림에서의 거리	DFG	DFG%	림에서의 거리	CR	UCR
3점슛	2.1	50.0%	0~0.9m	0.6	0.3
2점슛	6.0	58.1%	0.9~1.8m	0.1	1.3
0~1.8m	4.6	65.1%	1.8~3.0m	0.1	2.1
0~3.0m	5.1	63.0%	3.0m 이상	0.1	1.1
4.5m 이상	2.6	48.9%			

2023-24 멤피스 9경기 평균 35.3분					
항목	PTS	RB	AS	ST	BL
경기 평균	25.1	5.6	8.1	0.8	0.6
36분 기준	25.6	5.7	8.3	0.8	0.6

항목 평점	TS	MS	3PS	FT	LU	DK	ID	OD	ST	BL
	B+	A-	C	C	A+	A+	D-	C	D-	D-
항목 평점	ORG	DRG	PS	BH	BQ	SP	PO	ED	HS	OG
	D-	A-	A	A	B+	A	D-	A+	A+	A-

G 36 Marcus SMART SG-PG
마커스 스마트 1994.03.06 / 191cm

NBA 드래프트: 2014년 1라운드 6번
NBA 우승: 0회 / 파이널 MVP: 0회
미국 시즌 MVP: 0회 / NBA 퍼스트팀: 3회

리그 정상급 수비수. 2021-22시즌 DPOY로 선정되었다. 게리 페이튼 이후 가드 포지션에선 26년 만이다. 움직임이 민첩하고, 팔이 길며 수비 IQ는 최고다. 상대 1번~4번을 다 수비한다. 픽&롤 수비와 스틸도 완벽하다. 콤보 가드로 주로 외곽슛에 의존한다. 클러치 타임에 종종 빅샷을 넣는다. 볼 핸들링과 패스는 평타 수준. 팀 동료들이 그와 뛰는 것을 무척 좋아한다. 지난 시즌 왼발, 오른속 약지 부상으로 총 45경기 결장했다. 연봉은 2021만 달러.

SHOT ZONE

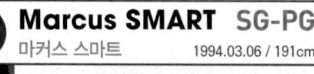
필드골 시도 필드골 성공 필드골 성공률

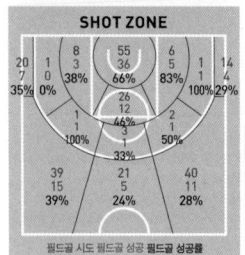

● 점프슛, 풀업 점퍼
● 레이업, 핑거롤
● 페이드어웨이
● 덩크, 앨리웁
● 훅슛
● 팁슛
● 뱅크슛

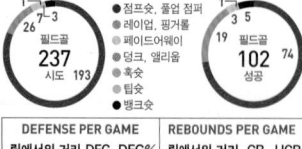

필드골 237 시도 193 (1 7 / 26 / 7 3 / —)
필드골 102 성공 74 (1 3 5 / 19)

DEFENSE PER GAME			REBOUNDS PER GAME		
림에서의 거리	DFG	DFG%	림에서의 거리	CR	UCR
3점슛	1.4	32.6%	0~0.9m	0.3	0.3
2점슛	2.3	48.9%	0.9~1.8m	0.2	0.3
0~1.8m	1.4	60.9%	1.8~3.0m	0.1	0.7
0~3.0m	1.6	54.1%	3.0m 이상	0.1	0.8
4.5m 이상	1.7	34.7%			

2023-24 멤피스 20경기 평균 30.3분					
항목	PTS	RB	AS	ST	BL
경기 평균	14.5	2.7	4.3	2.1	0.3
36분 기준	17.2	3.2	5.1	2.4	0.3

항목 평점	TS	MS	3PS	FT	LU	DK	ID	OD	ST	BL
	D-	D-	C	C	B	C	C	B+	A-	B
항목 평점	ORG	DRG	PS	BH	BQ	SP	PO	ED	HS	OG
	D-	C	C	C	B	C	C-	B+	A-	B

G 81 Miye ONI SG-SF
미예 오니 1997.08.04 / 196cm

NBA 드래프트: 2019년 2라운드 58번
NBA 우승: 0회 / 파이널 MVP: 0회
미국 시즌 MVP: 0회 / NBA 퍼스트팀: 0회

2019-20시즌부터 3년간 유타에서 뛰었다. 2022-23시즌 영국의 런던 라이언스, 지난 시즌 G리그의 오시올라 매직에서 각각 활약했다. 2024년 9월 6일, 멤피스와 계약했다. 196cm에 윙스팬 208cm의 스윙맨이다. 높은 타점과 빠른 릴리스를 활용해 외곽에서 3점슛을 시도한다. 3점슛의 포물선은 상대적으로 낮은 편. 점프력이 뛰어나 트랜지션 상황에서 폭발적으로 덩크를 꽂는다. 긴 팔과 빠른 스피드를 이용해 강력한 수비를 펼친다. 연봉 216만 달러.

SHOT ZONE

2023-24시즌 G리그 활약

● 점프슛, 풀업 점퍼
● 레이업, 핑거롤
● 페이드어웨이
● 덩크, 앨리웁
● 훅슛
● 팁슛
● 뱅크슛

필드골 0 시도
필드골 0 성공

DEFENSE PER GAME			REBOUNDS PER GAME		
림에서의 거리	DFG	DFG%	림에서의 거리	CR	UCR
3점슛			0~0.9m		
2점슛			0.9~1.8m		
0~1.8m			1.8~3.0m		
0~3.0m			3.0m 이상		
4.5m 이상					

2023-24시즌 NBA 기록 없음					
항목	PTS	RB	AS	ST	BL
경기 평균	—	—	—	—	—
36분 기준	—	—	—	—	—

항목 평점	TS	MS	3PS	FT	LU	DK	ID	OD	ST	BL
항목 평점	ORB	DRB	PS	BH	BQ	SP	PO	ED	HS	OG

DFG	DFG%	CR	UCR	TS	MS	3PS	FT	LU	DK	ID	OD	ST	BL	ORG	OR3	ORB	DRG	DR3	DRB	PS	BH	BQ	SP	PO	ED	HS	OG
필드골 허용	필드골 허용율	유경쟁 리바운드	무경쟁 리바운드	터프샷 성공율	중거리 슈팅	3점 슈팅	자유투 성공율	레이업 플로터	슬램 덩크	안쪽 수비	외곽 수비	스틸	블락	가드 공격RB	SF 공격RB	빅맨 공격RB	가드 수비RB	SF 수비RB	빅맨 수비RB	패스	볼 핸들링	농구 IQ	스피드 민첩성	파워 지구력	허슬 플레이	종합 평가	

G 10　Luke KENNARD　SG-SF
루크 케나드　　1996.06.24 / 196cm

미국
- NBA 드래프트 : 2017년 1라운드 12번
- NBA 우승 : 0회 / 파이널 MVP : 0회
- 시즌 MVP : 0회 / NBA 퍼스트팀 : 0회

왼 무릎 통증이 여러 번 재발했고, 결국 시즌 39경기 출전에 그쳤다. 케나드는 리그 정상급 3점 슈터다. 통산 44%, 지난 시즌 45%였다. 왼손잡이로 릴리스가 빠르고, 터치가 부드럽다. 핫스팟은 좌우 윙이다. 스테픈 커리, 트레이 영처럼 '딥 쓰리'도 종종 성공시킨다. 자유투는 89%. 볼을 안정감 있게 핸들링하기에 지난 시즌 '파트 타임 1번'을 맡은 적이 있다. 팔이 짧고 운동능력이 부족해 수비는 평균 이하. 식스맨이 딱이다. 연봉은 1476만 달러.

SHOT ZONE

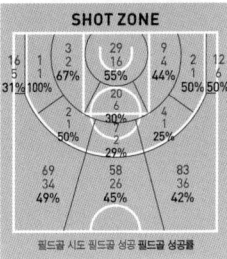

필드골 시도 필드골 성공 **필드골 성공률**

필드골 시도 **315** (282)　필드골 성공 **141** (124)

- ●점프슛, 풀업 점퍼
- ●레이업, 핑거롤
- ●페이드어웨이
- ●덩크, 앨리웁
- ●훅슛
- ●팁슛
- ●뱅크슛

DEFENSE PER GAME			REBOUNDS PER GAME		
림에서의 거리	DFG	DFG%	림에서의 거리	CR	UCR
3점슛	1.1	36.9%	0~0.9m	0.0	0.2
2점슛	3.4	59.9%	0.9~1.8m	0.1	0.6
0~1.8m	2.7	68.6%	1.8~3.0m	0.1	0.6
0~3.0m	3.0	65.2%	3.0m 이상	0.0	1.0
4.5m 이상	1.3	37.0%			

2023-24 멤피스 39경기 평균 25.6분

항목	PTS	RB	AS	ST	BL
경기 평균	11.0	2.9	3.5	0.5	0.1
36분 기준	15.5	4.1	4.9	0.7	0.1

항목 평점	TS	MS	3PS	FT	LU	DK	ID	OD	ST	BL
	B-	A-	A	B-	C+	B-	D-	D	D	D
항목 평점	ORG	DRG	PS	BH	BQ	SP	PO	ED	HS	OG
	D-	D+	C	C	C+	D+	D-	A-	B	C

G 46　John KONCHAR　SG-SF
존 콘차　　1996.03.22 / 196cm

미국
- NBA 드래프트 : 2019년 미지명
- NBA 우승 : 0회 / 파이널 MVP : 0회
- 시즌 MVP : 0회 / NBA 퍼스트팀 : 0회

자잘한 부상 8번과 큰 부상 1번(오른쪽 족저근 막염)으로 시즌 22경기를 결장했다. 큰 부상은 갑자기 오는 것이니 어쩔 수 없지만, 잔 부상은 관리가 필요하다. '스윙맨 체격의 빅맨 플레이어'다. 포지션 대비 리바운드와 블락이 압도적으로 많다. 운동능력이 좋아 돌파 후 림 어택도 종종 시도한다. 볼 핸들링과 플레이메이킹도 평타 이상이다. 데뷔 후 3점슛 시도는 점차 늘었는데, 성공률은 반비례했다. 이제 성공률도 좀 높여야 한다. 연봉은 615만 달러.

SHOT ZONE

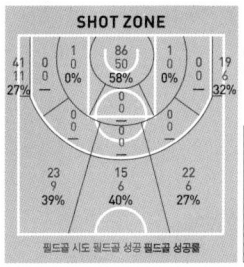

필드골 시도 필드골 성공 **필드골 성공률**

필드골 시도 **208** (129)　필드골 성공 **88** (40)

- ●점프슛, 풀업 점퍼
- ●레이업, 핑거롤
- ●페이드어웨이
- ●덩크, 앨리웁
- ●훅슛
- ●팁슛
- ●뱅크슛

DEFENSE PER GAME			REBOUNDS PER GAME		
림에서의 거리	DFG	DFG%	림에서의 거리	CR	UCR
3점슛	1.2	38.6%	0~0.9m	0.5	0.6
2점슛	3.4	55.4%	0.9~1.8m	0.6	0.9
0~1.8m	2.4	59.8%	1.8~3.0m	0.2	0.9
0~3.0m	2.7	55.1%	3.0m 이상	0.1	0.7
4.5m 이상	1.6	40.5%			

2023-24 멤피스 55경기 평균 21.3분

항목	PTS	RB	AS	ST	BL
경기 평균	4.3	4.7	2.0	0.9	0.9
36분 기준	7.2	7.9	3.4	1.6	1.6

항목 평점	TS	MS	3PS	FT	LU	DK	ID	OD	ST	BL
	C-	C	C+	C+	B-	D	D	C	B	B+
항목 평점	OR3	DR3	PS	BH	BQ	SP	PO	ED	HS	OG
	B+	B	C	C	D+	D-	D-	A-	C-	C

G 1　Scotty PIPPEN JR.　SG-PG
스카티 피핀 주니어　　2000.11.10 / 185cm

미국
- NBA 드래프트 : 2022년 미지명
- NBA 우승 : 0회 / 파이널 MVP : 0회
- 시즌 MVP : 0회 / NBA 퍼스트팀 : 0회

'불스 전설' 스카티 피펜의 아들이다. 언론으로부터 주목받았지만, 실력은 아버지와 비교하기 어려울 만큼 떨어진다. 그래도 열심히 뛴다. 피펜 주니어는 지난 시즌 NBA와 G리그(멤피스 허슬)를 넘나들었고, 시즌 종반, 허리 디스크가 발생해 아웃됐다. 결국, 21경기 출전에 그쳤다. 공격 루트는 좌우 윙에서의 3점슛, 드라이빙 핑거롤과 드라이빙 레이업이다. 가드로서 공격 리바운드를 많이 잡아내고, 패싱 레인 수비는 수준급이다. 연봉은 58만 달러.

SHOT ZONE

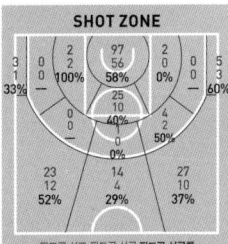

필드골 시도 필드골 성공 **필드골 성공률**

필드골 시도 **203** (113)　필드골 성공 **100** (45)

- ●점프슛, 풀업 점퍼
- ●레이업, 핑거롤
- ●페이드어웨이
- ●덩크, 앨리웁
- ●훅슛
- ●팁슛
- ●뱅크슛

DEFENSE PER GAME			REBOUNDS PER GAME		
림에서의 거리	DFG	DFG%	림에서의 거리	CR	UCR
3점슛	1.3	29.5%	0~0.9m	0.1	0.3
2점슛	3.6	57.6%	0.9~1.8m	0.1	0.5
0~1.8m	2.5	65.8%	1.8~3.0m	0.1	0.8
0~3.0m	2.9	59.2%	3.0m 이상	0.1	1.1
4.5m 이상	1.6	32.1%			

2023-24 멤피스 21경기 평균 25.1분

항목	PTS	RB	AS	ST	BL
경기 평균	12.9	3.2	4.7	1.7	0.5
36분 기준	18.5	4.6	6.7	2.5	0.7

항목 평점	TS	MS	3PS	FT	LU	DK	ID	OD	ST	BL
	B	D-	C+	C+	C-	B-	D-	B-	C	C
항목 평점	ORG	DRG	PS	BH	BQ	SP	PO	ED	HS	OG
	B	D-	C+	C+	C-	B-	D-	B-	C	C

MEMPHIS GRIZZLIES
2024-25 REGULAR SEASON SCHEDULE

OCTOBER, 2024
- Oct. 24　@ Utah
- Oct. 26　@ Houston
- Oct. 27　vs. Orlando
- Oct. 29　vs. Chicago
- Oct. 31　@ Brooklyn

NOVEMBER, 2024
- Nov. 1　vs. Milwaukee
- Nov. 3　@ Philadelphia
- Nov. 5　@ Brooklyn
- Nov. 7　vs. LA Lakers
- Nov. 9　vs. Washington
- Nov. 11　@ Portland
- Nov. 14　@ LA Lakers
- Nov. 16　@ Golden State
- Nov. 18　vs. Denver
- Nov. 20　vs. Denver
- Nov. 21　vs. Philadelphia
- Nov. 23　@ Chicago
- Nov. 26　vs. Portland
- Nov. 28　vs. Detroit
- Nov. 30　vs. New Orleans

DECEMBER, 2024
- Dec. 2　vs. Indiana
- Dec. 4　@ Dallas
- Dec. 6　vs. Sacramento
- Dec. 8　@ Boston
- Dec. 9　@ Washington
- Dec. 20　vs. Golden State

- Dec. 22　@ Atlanta
- Dec. 24　vs. LA Clippers
- Dec. 27　vs. Toronto
- Dec. 28　@ New Orleans
- Dec. 30　@ Oklahoma City

JANUARY, 2025
- Jan. 1　@ Phoenix
- Jan. 4　@ Sacramento
- Jan. 5　@ Golden State
- Jan. 7　vs. Dallas
- Jan. 10　@ Houston
- Jan. 12　@ Minnesota
- Jan. 14　@ Houston
- Jan. 16　@ San Antonio
- Jan. 18　@ San Antonio
- Jan. 21　vs. Minnesota
- Jan. 23　vs. Charlotte
- Jan. 25　vs. New Orleans
- Jan. 26　vs. Utah
- Jan. 28　@ New York
- Jan. 31　vs. Houston

FEBRUARY, 2025
- Feb. 3　@ Milwaukee
- Feb. 4　vs. San Antonio
- Feb. 6　@ Toronto
- Feb. 9　vs. Oklahoma City
- Feb. 12　@ Phoenix
- Feb. 13　@ LA Clippers
- Feb. 21　@ Indiana

- Feb. 22　@ Orlando
- Feb. 24　@ Cleveland
- Feb. 26　vs. Phoenix

MARCH, 2025
- Mar. 1　vs. New York
- Mar. 2　vs. San Antonio
- Mar. 4　vs. Atlanta
- Mar. 6　vs. Oklahoma City
- Mar. 8　@ Dallas
- Mar. 10　@ New Orleans
- Mar. 11　vs. Phoenix
- Mar. 13　vs. Utah
- Mar. 15　vs. Cleveland
- Mar. 16　vs. Miami
- Mar. 18　vs. Sacramento
- Mar. 20　@ Portland
- Mar. 22　@ LA Clippers
- Mar. 26　@ Utah
- Mar. 28　@ Oklahoma City
- Mar. 30　vs. LA Lakers

APRIL, 2025
- Apr. 1　vs. Boston
- Apr. 2　vs. Golden State
- Apr. 4　vs. Miami
- Apr. 6　@ Detroit
- Apr. 9　@ Charlotte
- Apr. 11　vs. Minnesota
- Apr. 12　@ Denver
- Apr. 14　vs. Dallas

NEW ORLEANS PELICANS

失建失諸·제발 아프지 말아다오

뜻풀이 건강을 잃으면 다 잃는 것이다. 뉴올리언스의 가장 큰 화두는 슈퍼스타 윌리엄슨의 건강 상태. 그가 풀타임 뛰어준다면 PO에 진출할 가능성이 매우 크다.

시즌 내내 '종합병원'이었던 뉴올리언스
지구에서 손꼽히는 재능을 보유하고도, 필요할 때 써먹지 못하는 아픈 시즌을 몇 년째 반복 중이다. 2023-24시즌, 자이언 윌리엄슨은 무려 70경기나 뛰며 팬들을 설레게 했다. 그러나 그 행복은 오래가지 않았다. 시즌 막판, 브랜든 잉그램이 왼쪽 무릎을 다쳤고 팀은 4연패 늪에 빠져 순위 경쟁에서 밀려났다. 플레이-인 토너먼트에서는 자이언마저 왼쪽 다리를 다쳐 시즌 아웃 됐다. 두 스타가 번갈아 다치면서 뉴올리언스는 플레이오프 진출을 눈앞에 두고 고개를 떨어뜨렸다.

팀을 위한 '윤활유'와 '보디가드' 영입
자이언과 잉그램은 2019-20시즌부터 함께 해왔다. 그러나 둘이 동시에 코트에 선 경기는 148경기뿐이다. 자이언이 소화한 경기가 극히 적었고, 잉그램 역시 부상에서 자유롭지 못했다. 이 때문인지 둘이 같이 뛰는 농구가 시즌 내내 다소 어색하고, 삐걱거렸다. 비시즌 영입한 디존테 머레이가 이들의 윤활유가 되어줄지 지켜봐야 한다. 신장과 득점력이 좋아 로테이션에 깊이를 더해줄 것이다. CJ 맥컬럼, 알바라도의 부담도 덜 수 있다. 새 식구 타이즈의 보디가드 역할도 기대된다.

스몰라인업의 건강, 수비, 그리고 높이
머레이의 가세로 뉴올리언스는 더 큰 경쟁력을 갖게 됐다. 다만 걱정되는 건 머레이를 얻기 위해 수비가 좋은 다이슨 대니얼스를 비롯, 래리 낸스, 나지 마샬 같은 충실한 롤 플레이어들을 잃었다는 점이다. 발렌추나스의 이적도 아쉽다. 윌리 그린 감독은 그 공백을 허버트 존스-잉그램-자이언이 앞장서는 스몰라인업으로 극복하려 할 것이다. 조던 호킨스, 트레이 머피 등도 있다. 자이언만 건강하다면 그 어느 팀보다 '큰' 스몰라인업이 될 것이다. 뉴올리언스 팬들이 지켜보고 있다.

| Association | Icon | Statement | City |

*통계는 2024년 10월 1일 기준

CLUB INFORMATION

| **Founded** 구단 창립 2002년 | **Owner** 게일 벤슨 1947.01.26 | **CEO** 데니스 라우샤 | **Head Coach** 윌리 그린 1981.7.28 | **24-25 Odds** 벳365 : 40배 윌리엄힐 : 40배 |

| **Nationality** ●미국 선수 10명 ●외국 선수 3명 | **Age** 13명 평균 25.2세 | **Height** 13명 평균 199.5cm | **Weight** 13명 평균 96.2kg | **Salary** 13명 평균 1300만 달러 |

| **Win** 2023-24 : 49승 통산 : 831승 | **Loss** 2023-24 : 33패 통산 : 937패 | **Winning%** 2023-24 : 59.8% 통산 : 47.0% | **Play-Off** PO 진출 : 9회 PO 탈락 : 14회 | **Titles** NBA우승 : 0회 컨퍼런스 : 0회 |

| **Top Scorer** 자이언 윌리엄슨 평균 22.9점 | **More Rebounds** 요나스 발란츄나스 평균 8.8RB | **More Assists** 브랜든 잉그램 평균 5.7AS | **More Steals** 허버트 존스+1명 평균 1.4스틸 | **More Blocks** 허버트 존스+1명 평균 0.8블록 |

*항목별 1위는 지난 시즌 뉴올리언스 소속으로 42경기 이상 출전한 선수 중 선별

HEAD COACH & STADIUM

Willie GREEN 윌리 그린
생년월일 : 1981.07.28 / **출생지** : 미국 미시건주 디트로이트
경력 : 2016~2019년 골든스테이트 워리어스 코치 / 2019~2021년 피닉스 선즈 코치 / 2021년~ 뉴올리언스 펠리컨스 감독

디트로이트 소재 쿨리고를 졸업하고 1999년, 디트로이트 머시대에 진학했다. 이 팀에서 4년간 슈팅가드로 뛰었다. 그는 2003년 허리즌 리그 최우수선수상을 수상했고, 올-허리즌 리그 퍼스트팀 멤버로 선정되었다. 그의 대학 시절 유니폼 34번은 이후 학교 측에 의해 영구 결번으로 지정되었다. 그린은 2003년 NBA 드래프트를 신청했고, 시애틀 슈퍼소닉스에 의해 2라운드 41번으로 지명된 다음 필라델피아 76ers로 트레이드됐다. 이후 뉴올리언스, 애틀랜타, LA 클리퍼스를 거쳐 2015년 올랜도에서 은퇴했다. 2016년 골든스테이트 코치로 지도자 생활을 시작했고, 2019년 피닉스 선즈 코치로 일했다. 골든스테이트 코치 시절 팀의 NBA 2년 연속 우승(2017, 2018년)을 도왔다. 피닉스 코치 시절의 2020-21시즌엔 팀이 1993년 이후 28년 만에 NBA 파이널에 진출하도록 힘을 보탰다. NBA 팀에서 코치로서 성가를 높인 그는 2021년 7월 14일, 뉴올리언스의 제8대 감독으로 부임했다.

SMOOTHIE KING CENTER
구장 오픈 : 1999년 10월 29일
구장 증개축 : ―
오너 : 루이지애나주
수용인원 : 1만 6867명
건축비용 : 1억 1400만 달러
(현재 가치) 2억 900만 달러

지역에서 모든 형태 엔터테인먼트의 중심 무대가 되었다. 뉴올리언스 펠리컨의 홈구장이며, 음악 업계 실력파 공연자들을 위한 무대이다. 1999년 10월 29일 개장한 이 경기장은 뉴올리언스시와의 화려한 조합에 우뚝 솟아 있다. 웅장한 메르세데스-벤츠 슈퍼돔까지 보행자 경사로가 연결되어 있다. 펠리컨스가 홈구장으로 사용하기 시작한 건 2002-03시즌부터다.

Honours

0	**0**	**1**	**1**
NBA CHAMPIONS	CONFERENCE TITLES	DIVISION TITLES	RETIRED NUMBERS

NBA CHAMPIONSHIPS
NONE

CONFERENCE TITLES
NONE

DIVISION TITLES
2008

RETIRED NUMBERS
7

NEW ORLEANS PELICANS

REGULAR SEASON RANKING LAST 10YEARS

14-15	15-16	16-17	17-18	18-19	19-20	20-21	21-22	22-23	23-24
13	25	21	11	23	21	21	20	16	9
45승 37패	30승 52패	34승 48패	48승 34패	33승 49패	30승 42패	31승 41패	36승 46패	42승 40패	49승 33패

TEAM POTENTIAL

67점

21위

하프코트 세트오펜스 7점	트랜지션 오펜스 6점
하프코트 세트디펜스 7점	트랜지션 디펜스 7점
리바운드 7점	
선수층 6점	선수 경험치 7점
감독 리더십 6점	감독 전술 7점
프런트 7점	

*각 항목은 10점 만점, 평점은 NBA 30팀 사이 상대평가

우승 ODDS	배당	순위
bet 365	40배	12위
Paddy Power	45배	15위
William Hill	40배	12위

OFFENSIVE STYLE
트랜지션 오펜스 ——●—— 하프코트 세트오펜스

DEFENSIVE STYLE
하이 프레스 ——●—— 하프코트 디펜스

Player's Functions

Ball Handlers	Pull-Ups	Catch & Shoot
D.머레이	D.머레이	CJ.맥컬럼
CJ.맥컬럼	B.잉그램	D.머레이
B.잉그램	CJ.맥컬럼	T.머피 III

3 Pointers	Slam Dunkers	Free Throw
CJ.맥컬럼	Z.윌리엄슨	M.라이언
T.머피 III	T.머피 III	H.존스
D.머레이	J.그린	D.머레이

Rebounders	1-1 Defenders	Ball Stealers
D.타이스	H.존스	H.존스
Y.미시	D.머레이	J.알바라도
J.그린	J.알바라도	D.머레이

Key Passes	Hustle Players	Rim Protectors
D.머레이	Z.윌리엄슨	D.타이스
B.잉그램	D.머레이	T.제미슨
Z.윌리엄슨	CJ.맥컬럼	

SQUAD & TACTICS

STARTERS

PF 자이언 윌리엄스
31.5분, 22.9점
5.8RB, 5.0AS

C 대니얼 타이스
16.9분, 6.3점
4.1RB, 1.0AS

SF 브랜든 잉그램
32.9분, 20.8점
5.1RB, 5.7AS

SG CJ 맥컬럼
32.7분, 20.0점
4.3RB, 4.6AS

PG 디존테 머레이
35.7분, 22.5점
5.3RB, 6.4AS

OFF THE BENCH

PG 호세 알바라도
18.4분, 7.1점
2.3RB, 2.1AS

SG 조던 호킨스
17.3분, 7.8점
2.2RB, 1.0AS

SF 허브 존스
30.5분, 11.0점
3.6RB, 2.6AS

PF 트레이 머피 III
29.6분, 14.8점
4.9RB, 2.2AS

C 이브 미시
2024~25시즌
신인 선수

G 안토니오 리브스
G 자본테 그린
F 맷 라이언
F 제레미아 로빈슨-얼
C 카를로 마트코비치

OFFENSE MECHANISM

기존 트리오에 머레이가 가세하면서 만들 수 있는 옵션이 많아졌다. 아이솔레이션 상황에서의 공격이 훌륭하며, 각자 빛나는 영역도 다르다. 자이언은 힘을 앞세운 드라이브+앤드원, 잉그램은 미드레인지 야투에도 강점이 있다. 머레이가 가세하면 외곽 찬스를 잡는 것도 수월해질 것이다. 맥컬럼은 3점슛 42%를 기록하면서도 실수가 적었다. 리그에서 '평균 20점 이상+1.6개' 실책 이하는 맥컬럼 뿐이었다. 구단은 앞으로 맥컬럼을 벤치에서 출격시킬 계획이다. 벤치 뎁스도 강화될 뿐 아니라 본인에게도 체력적 여유가 생길 것이다. 허브 존스는 이들 덕분에 코너에서 누구보다 많은 3점슛(1.3개, 2위)을 넣은 선수다. 그러나 이 장점들이 발휘되기 위해서는 일단 '건강'이 우선이다.

DEFENSE MECHANISM

존스, 머피, 알바라도 모두 한 번의 수비로 분위기를 바꿔놓는 선수들. 이들 덕분에 뉴올리언스는 스몰라인업도 과감하게 택할 수 있었다. 스틸 실력이 뛰어난 머레이의 가세는 전 시즌 스틸 3위였던 뉴올리언스의 공격적인 수비에 활기를 더할 것으로 보인다. 한때 팀 내 가장 중요한 인물의 수비가 도마에 오른 바 있다. 바로 자이언이다. 그간 상대의 공략 대상은 자이언이었다. 외곽으로 끌고 나와 1대1을 하거나, 1~2번 스크린을 세팅해 그를 곁들게 했다. 그러나 폼이 올라온 후반기 자이언은 적극적으로 범핑하여 상대를 멈추게 했고, 때로는 헷지 후 리커버리 등 팀의 수비 컨셉에 훌륭하게 녹아들었다. 한편 머피의 초반 부상 공백이 수비 에너지에 어떤 영향을 줄지 지켜봐야 한다.

2023-24 SEASON PERFORMANCE

NEW ORLEANS PELICANS vs. OPPONENTS PER GAME STATS

뉴올리언스 vs 상대팀

	득실점	F↑ 필드골성공	FG% 필드골	3↑ 3점슛성공	3P% 3점슛	⊖ 자유투성공	FT% 자유투	OR 공격리바운드	RB 리바운드	A↑ 어시스트	스틸	블락	턴오버	파울
115.1	110.7	42.5 F↑ 40.5	48.6% FG% 46.4%	12.5 3↑ 13.5	38.3% 3P% 34.9%	17.6 ⊖ 16.2	77.1% FT% 78.3%							
10.4 OR 10.1	44.0 RB 42.3	27.0 A↑ 26.8	8.3 6.5	4.6 5.2	13.0 14.2	18.4 18.4							

LINE-UP

* 뉴올리언스는 지난 시즌 총 560개의 라인업을 가동했다. 그중 출전 시간이 가장 길었던 20개를 골라 게재했다.

5-MEN COMBINATION	MIN	PPG	RPG	APG
J. Valanciunas - C. McCollum - B. Ingram - Z. Williamson - H. Jones	424	25.5	10.0	6.4
C. McCollum - L. Nance Jr. - B. Ingram - Z. Williamson - H. Jones	150	13.2	5.2	3.2
J. Valanciunas - C. McCollum - Z. Williamson - H. Jones - T. Murphy III	148	16.6	6.8	3.9
J. Valanciunas - C. McCollum - B. Ingram - H. Jones - T. Murphy III	108	9.2	3.9	2.5
C. McCollum - L. Nance Jr. - Z. Williamson - H. Jones - T. Murphy III	100	16.4	5.3	3.5
J. Valanciunas - B. Ingram - Z. Williamson - H. Jones - D. Daniels	89	22.6	7.0	6.2
L. Nance Jr. - Z. Williamson - N. Marshall - T. Murphy III - J. Alvarado	78	13.6	4.3	3.6
C. McCollum - L. Nance Jr. - Z. Williamson - H. Jones - T. Murphy III	69	14.3	3.4	2.6
J. Valanciunas - C. McCollum - B. Ingram - Z. Williamson - T. Murphy III	48	17.4	6.0	4.3
J. Valanciunas - C. McCollum - M. Ryan - H. Jones - J. Hawkins	41	13.1	4.6	3.0
J. Valanciunas - C. McCollum - H. Jones - T. Murphy III - D. Daniels	38	16.0	8.0	3.6
J. Valanciunas - B. Ingram - H. Jones - D. Daniels - J. Hawkins	38	8.9	4.2	2.2
J. Valanciunas - B. Ingram - N. Marshall - T. Murphy III - J. Alvarado	37	4.4	2.2	1.1
J. Valanciunas - B. Ingram - Z. Williamson - H. Jones - T. Murphy III	35	21.0	11.5	4.0
C. McCollum - B. Ingram - Z. Williamson - H. Jones - T. Murphy III	34	4.5	1.6	0.8
J. Valanciunas - B. Ingram - Z. Williamson - D. Daniels - J. Hawkins	32	27.7	10.0	6.0
L. Nance Jr. - B. Ingram - N. Marshall - T. Murphy III - J. Alvarado	30	7.1	2.2	1.5
C. McCollum - Z. Williamson - H. Jones - T. Murphy III - D. Daniels	30	7.9	2.9	1.5
C. McCollum - B. Ingram - N. Marshall - T. Murphy III	29	4.3	1.7	0.9
J. Valanciunas - C. McCollum - B. Ingram - H. Jones - D. Daniels	29	4.4	1.9	0.8

PASS COMBINATIONS

→ 해당 선수가 경기당 동료로부터 패스 받은 횟수
→ 해당 선수가 경기당 동료들에게 패스 해준 횟수

56.3 →	CJ 맥컬럼	→ 46.3
53.1 →	브랜든 잉그램	→ 41.9
46.7 →	자이언 윌리엄스	→ 39.7
28.4 →	요나스 발란추나스	→ 36.4
27.6 →	다이슨 대니얼스	→ 32.6
27.7 →	허버트 존스	→ 32.5
28.1 →	트레이 머피 III	→ 27.8
27.9 →	호세 알바라도	→ 26.7
21.6 →	나지 마샬	→ 24.4
18.8 →	래리 낸스 Jr.	→ 24.2
16.9 →	조던 호킨스	→ 15.1
15.7 →	키라 루이스 Jr.	→ 14.7
12.4 →	맷 라이언	→ 12.4
9.2 →	데레온 시브론	→ 11.7
7.4 →	코디 젤러	→ 10.9
7.9 →	제레미아 로빈슨-얼	→ 10.1
8.0 →	카이저 게이츠	→ 10.0
6.0 →	아이재이아 브로킹턴	→ 4.0
2.6 →	EJ 리델	→ 3.4
5.0 →	제일런 크러처	→ 3.0

2023-24 RANKING

* 는 수치가 낮을수록 랭킹이 높아짐

뉴올리언스	랭킹	GENERAL	상대팀*	랭킹
115.1	13위	득점 / 실점	110.7	8위
44.0	13위	리바운드	42.3	8위
27.0	13위	어시스트	26.8	17위
8.3	3위	스틸	6.5	3위
4.6	22위	블락	5.2	19위

득점	랭킹	PLAYTYPE	실점*	랭킹
8.5	7위	아이솔레이션	6.3	8위
20.9	19위	트랜지션	21.7	17위
14.7	21위	픽&롤 볼핸들러	13.4	1위
5.4	28위	픽&롤 롤맨	7.0	8위
6.0	7위	포스트-업	3.7	5위
30.4	6위	스팟-업	29.8	22위
5.8	7위	핸드오프	4.4	4위
8.8	20위	커팅	—	—
4.2	11위	오프 스크린	3.9	12위
8.8	2위	풋백	6.1	4위
3.1	12위	기타	—	—

SHOT ZONE

구간별 슈팅 및 성공률

SHOT ZONE

	327	40	226	3075	245	37	402	
	140	106	1832		108	19	171	
	43%	47%	60%	44%		51%	43%	

107 / 46 / 43% — 522 / 224 / 43% — 119 / 55 / 46%

121 / 55 / 46%

803 / 300 / 37% — 415 / 168 / 41% — 704 / 243 / 35%

필드골 시도 필드골 성공 필드골 성공률

항목	FGA	FGM	FG%	3PA	3PM	3P%
캐치&슛	27.9	11.1	39.7%	25.6	9.9	38.6%
풀업	18.8	7.9	42.0%	6.8	2.6	37.7%
3m 안쪽	40.1	23.4	58.4%	—	—	—
TOTAL	87.3	42.6	48.8%	32.6	12.5	38.5%

SHOT REPERTORIES

필드골 시도
2.4 / 1.5 / 4.5 / 2.0 / 3.0 / 평균 87.4 / 23.9 / 50.1 / 10.6 / 10.9

- ● 점프슛, 풀업 점퍼
- ● 레이업, 핑거롤
- ● 페이스어웨이
- ● 덩크, 앨리웁 덩크
- ● 훅슛
- ● 팁슛
- ● 뱅크슛

드리블과 슈팅 시도
8.6 / 18.3 평균 87.4 39.0 / 10.6 / 10.9

- ● 0드리블 + 슈팅
- ● 1드리블 + 슈팅
- ● 2드리블 + 슈팅
- ● 3~6드리블 + 슈팅
- ● 7 + 드리블 + 슈팅

필드골 성공
1.3 / 0.8 / 1.0 / 4.0 / 1.5 평균 42.5 20.4 / 13.5

드리블과 슈팅 성공
4.1 평균 42.5 18.6 / 8.8 / 5.3 / 5.7

SHOOTING

필드골 시도
21.6 / 10.1 평균 87.4 / 20.9 / 34.8

공격수와 수비수의 거리
- ● 0~0.6m
- ● 0.6~1.2m
- ● 1.2~1.8m
- ● 1.8m 이상

필드골 성공
9.3 / 4.8 평균 42.5 / 10.3 / 18.1

필드골 시도
7.2 2.8 / 9.0 11.5 평균 87.4 13.7 / 43.0

남은 시간
- ● 22~24초
- ● 18~22초
- ● 15~18초
- ● 7~15초
- ● 4~7초
- ● 0~4초

필드골 성공
3.0 1.6 / 4.4 6.2 평균 42.5 6.5 / 20.8

OPPONENT SHOOTING

상대 필드골 시도
23.6 / 7.5 평균 87.3 30.7 / 25.5

공격수와 수비수의 거리
- ● 0~0.6m
- ● 0.6~1.2m
- ● 1.2~1.8m
- ● 1.8m 이상

필드골 허용
9.6 / 3.7 평균 40.5 / 11.1 16.1

상대 필드골 시도
8.7 2.3 / 9.5 11.0 평균 87.3 13.2 / 42.6

남은 시간
- ● 22~24초
- ● 18~22초
- ● 15~18초
- ● 7~15초
- ● 4~7초
- ● 0~4초

필드골 허용
3.3 1.3 / 3.9 5.8 평균 40.5 6.4 / 19.8

CONTESTED REBOUNDS

공격 리바운드
0.5 / 0.8 평균 5.8 2.5 / 2.0

수비 리바운드
0.6 / 1.3 평균 7.3 2.3 / 3.1

림 아래부터 리바운드 위치까지의 거리
- ● 0~0.9m
- ● 0.9~1.8m
- ● 1.8~3m
- ● 3m 이상

UNCONTESTED REBOUNDS

공격 리바운드
0.6 / 2.2 평균 4.5 1.0 / 0.7

수비 리바운드
5.6 4.1 평균 25.7 / 6.6 9.4

림 아래부터 리바운드 위치까지의 거리
- ● 0~0.9m
- ● 0.9~1.8m
- ● 1.8~3m
- ● 3m 이상

DEFENSE OF 49 WINS

필드골 허용 %
44.0%

3점슛 허용 %
32.8%

상대 필드골 시도 86.7
필드골 허용 38.1

상대 3점슛 시도 38.9
3점슛 허용 12.8

DEFENSE OF 33 LOSSES

필드골 허용 %
49.8%

3점슛 허용 %
38.1%

상대 필드골 시도 88.0
필드골 허용 43.9

상대 3점슛 시도 38.4
3점슛 허용 14.7

DEFENSE pg		REBOUNDS pg													항목 & 평점												
DFG	DFG%	CR	UCR	TS	MS	3PS	FT	LU	DK	ID	OD	ST	BL	ORG	OR3	ORB	DRG	DR3	DRB	PS	BH	BQ	SP	PO	ED	HS	OG
필드골 허용	필드골 허용률	유경쟁 리바운드	무경쟁 리바운드	터프샷 성공률	중거리 슈팅	3점 슈팅	자유투 성공률	레이업 플로터	덩크	안쪽 수비	외곽 수비	스틸	블락	가드 공격RB	SF 공격RB	빅맨 공격RB	가드 수비RB	SF 수비RB	빅맨 수비RB	패스	볼 핸들링	농구 IQ	스피드 민첩성	파워 지구력	허슬 플레이	종합 평가

F1 Zion WILLIAMSON PF-C
자이언 윌리엄스 2000.07.06 / 198cm

NBA 드래프트: 2019년 1라운드 1번
NBA 우승: 0회 / 파이널 MVP: 0회
미국 시즌 MVP: 0회 / NBA 퍼스트팀: 0회

'코트의 야수(野獸)'다. '언더 사이즈'이지만, 역대 최고 수준의 파워와 운동능력을 자랑한다. 130kg NFL급 몸매 선수가 버티컬 점프 114cm를 뛰고, 스윙맨처럼 달린다. '닥돌'한 다음 림을 공격한다. 무시무시한 파워 덩크, 부드러운 터치에서 나오는 레이업과 핑거롤, 근거리 혹슛으로 매 경기 20~25점을 쉽게 찍는다. 슈팅 과정도 드라이빙, 커팅, 러닝 등 다양하다. 체중과 플레이 스타일 때문에 늘 다리 부상 위험을 안고 있다. 연봉은 3673만 달러.

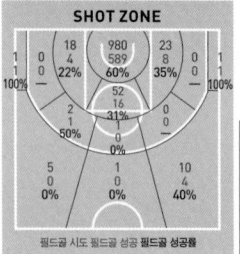

SHOT ZONE

필드골 시도 1094 / 성공 754

● 점프슛, 풀업 점퍼
● 레이업, 핑거롤
● 페이드어웨이
● 덩크, 앨리웁
● 혹슛
● 팁슛
● 뱅크슛

필드골 624 / 성공 439

DEFENSE PER GAME			REBOUNDS PER GAME		
림에서의 거리	DFG	DFG%	림에서의 거리	CR	UCR
3점슛	1.7	35.6%	0~0.9m	0.8	0.6
2점슛	3.4	56.2%	0.9~1.8m	0.9	1.1
0~1.8m	2.5	62.1%	1.8~3.0m	0.4	1.1
0~3.0m	2.7	57.8%	3.0m 이상	0.3	1.1
4.5m 이상	2.1	38.5%			

2023-24 뉴올리언스 70경기 평균 31.5분						항목 평점	TS	MS	3PS	FT	LU	DK	ID	OD	ST	BL
항목	PTS	RB	AS	ST	BL		B+	C+	D	A	A	A	D-	D	D+	D
경기 평균	22.9	5.8	5.0	1.1	0.7	항목 평점	ORB	DRB	PS	BH	BQ	SP	PO	ED	HS	OG
36분 기준	26.1	6.6	5.7	1.3	0.8		D-	D	D+	C+	C	B	A-	B	A	B+

F14 Brandon INGRAM SF-PF
브랜든 잉그램 1997.09.02 / 203cm

NBA 드래프트: 2016년 1라운드 2번
NBA 우승: 0회 / 파이널 MVP: 0회
미국 시즌 MVP: 0회 / NBA 퍼스트팀: 0회

'엘리트 슈터' 중 1명. 높은 타점에 부드러운 터치로 안정된 스트로크를 자랑한다. 3점슛은 물론, 희소가치 높은 롱 2도 꽤 많이 던진다. 풀업 점퍼와 스텝백 점퍼의 비중이 다른 슈터들에 비해 높다. 페인트존을 돌파해 드라이빙에서 이어지는 덩크, 레이업, 피거롤도 잘 들어간다. 그러나 수비력을 더 키워야 한다. 너무 공격에만 에너지를 사용한다. 오른 무릎, 오른쪽 아킬레스건, 왼 무릎뼈에 부상이 생기며 18경기에 결장했다. 연봉은 3602만 달러.

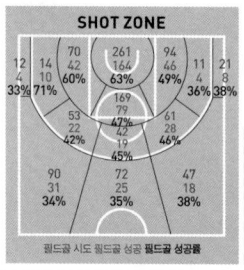

SHOT ZONE

필드골 시도 1017 / 633

● 점프슛, 풀업 점퍼
● 레이업, 핑거롤
● 페이드어웨이
● 덩크, 앨리웁
● 혹슛
● 팁슛
● 뱅크슛

필드골 500 / 성공 277

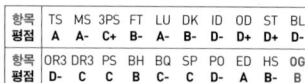

DEFENSE PER GAME			REBOUNDS PER GAME		
림에서의 거리	DFG	DFG%	림에서의 거리	CR	UCR
3점슛	1.7	37.8%	0~0.9m	0.4	0.4
2점슛	3.5	55.6%	0.9~1.8m	0.4	1.2
0~1.8m	2.5	64.4%	1.8~3.0m	0.4	1.3
0~3.0m	2.8	59.3%	3.0m 이상	0.1	1.1
4.5m 이상	1.9	37.2%			

2023-24 뉴올리언스 64경기 평균 32.9분						항목 평점	TS	MS	3PS	FT	LU	DK	ID	OD	ST	BL
항목	PTS	RB	AS	ST	BL		A	A-	C+	B-	A-	B-	D-	D+	D+	D-
경기 평균	20.8	5.1	5.7	0.8	0.6	항목 평점	OR3	DR3	PS	BH	BQ	SP	PO	ED	HS	OG
36분 기준	22.8	5.5	6.2	0.9	0.7		D-	C	C	B-	C	D-	A	B-	B	C

F25 TREY MURPHY III PF-SF
트레이 머피 III 2000.06.18 / 203cm

NBA 드래프트: 2021년 1라운드 17번
NBA 우승: 0회 / 파이널 MVP: 0회
미국 시즌 MVP: 0회 / NBA 퍼스트팀: 0회

지난 시즌 왼무릎 반 절개 수술을 받았고, 57경기 출전에 그쳤다. 머피 3세는 202cm, 윙스팬 213cm의 운동능력 좋은 콤보 포워드다. 개인 돌파에 의한 드라이빙 플로터, 패턴 플레이에서 이어진 커팅 덩크로 림을 공격한다. 높은 타점에서 캐치&슛으로 시도하는 3점슛도 강력한 무기다. 통산 39%의 높은 성공률이며 핫스팟은 좌우 윙이다. 3점 중 '딥쓰리' 비중이 크다는 건 의미가 있다. 3번 중 수비 리바운드를 많이 잡는 편이다. 연봉은 516만 달러.

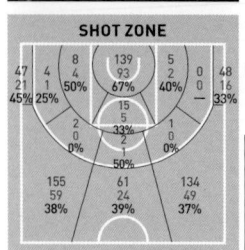

SHOT ZONE

필드골 시도 621 / 488

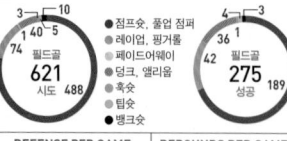

● 점프슛, 풀업 점퍼
● 레이업, 핑거롤
● 페이드어웨이
● 덩크, 앨리웁
● 혹슛
● 팁슛
● 뱅크슛

필드골 275 / 성공 189

DEFENSE PER GAME			REBOUNDS PER GAME		
림에서의 거리	DFG	DFG%	림에서의 거리	CR	UCR
3점슛	1.5	31.6%	0~0.9m	0.3	0.4
2점슛	2.8	49.7%	0.9~1.8m	0.3	1.3
0~1.8m	2.2	61.7%	1.8~3.0m	0.2	1.0
0~3.0m	2.5	58.6%	3.0m 이상	0.3	1.2
4.5m 이상	1.5	29.4%			

2023-24 뉴올리언스 57경기 평균 29.6분						항목 평점	TS	MS	3PS	FT	LU	DK	ID	OD	ST	BL
항목	PTS	RB	AS	ST	BL		B+	C+	B	B-	D+	B-	D+	C+	D+	C
경기 평균	14.8	4.9	2.2	0.9	0.5	항목 평점	OR3	DR3	PS	BH	BQ	SP	PO	ED	HS	OG
36분 기준	17.9	6.0	2.6	1.1	0.6		D-	D	D-	D-	D+	B	D	B	B	B-

F2 Herbert JONES SF-SG
허버트 존스 1998.10.06 / 201cm

NBA 드래프트: 2021년 2라운드 35번
NBA 우승: 0회 / 파이널 MVP: 0회
미국 시즌 MVP: 0회 / NBA 퍼스트팀: 0회

알토란같이 활약하는 3&D 플레이어다. 리그 최고 수비수 중 1명. 스윙맨으로 큰 키(201cm)에 윙스팬이 무려 214cm이고, 점프력이 우수하다. 상대 1번~4번을 모두 수비할 수 있다. 최고의 온-볼 1대1 수비수일 뿐 아니라 팀 디펜스도 우수한 선수다. 겟투가 가능하고, 오프-볼 수비에 능하며, 팀 수비를 잘 지휘한다. 데뷔 후 매년 3점 성공률이 높아져 지난 시즌에는 무려 41.8%였다. 주로 캐치&슛이다. 핫스팟은 좌우 코너다. 연봉은 1298만 달러.

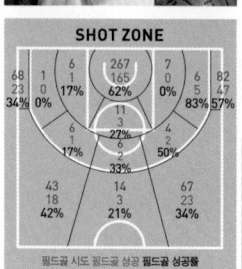

SHOT ZONE

필드골 시도 588 / 332

● 점프슛, 풀업 점퍼
● 레이업, 핑거롤
● 페이드어웨이
● 덩크, 앨리웁
● 혹슛
● 팁슛
● 뱅크슛

필드골 293 / 성공 134

DEFENSE PER GAME			REBOUNDS PER GAME		
림에서의 거리	DFG	DFG%	림에서의 거리	CR	UCR
3점슛	1.6	30.7%	0~0.9m	0.3	0.2
2점슛	3.6	54.8%	0.9~1.8m	0.4	0.6
0~1.8m	2.4	62.6%	1.8~3.0m	0.2	0.7
0~3.0m	2.8	57.6%	3.0m 이상	0.1	0.4
4.5m 이상	1.9	31.9%			

2023-24 뉴올리언스 76경기 평균 30.5분						항목 평점	TS	MS	3PS	FT	LU	DK	ID	OD	ST	BL
항목	PTS	RB	AS	ST	BL		C+	C+	B	C	C	D-	A	B+	C-
경기 평균	11.0	3.6	2.6	1.4	0.8	항목 평점	OR3	DR3	PS	BH	BQ	SP	PO	ED	HS	OG
36분 기준	13.0	4.2	3.1	1.6	1.0		D-	D-	D+	C	C	B	B	B	B-

DEFENSE pg		REBOUNDS pg		항목 & 평점																								
DFG	DFG%	CR	UCR	TS	MS	3PS	FT	LU	DK	ID	OD	ST	BL	ORG	OR3	ORB	DRG	DR3	DRB	PS	BH	BQ	SP	PO	ED	HS	OG
필드샷 허용	필드골 허용률	유경쟁 리바운드	무경쟁 리바운드	터프샷 성공률	중거리 슛팅	3점 슛팅	자유투 성공률	레이업 플로터	슬램 덩크	안쪽 수비	외곽 수비	스틸	블락	가드 공격RB	SF 공격RB	빅맨 공격RB	가드 수비RB	SF 수비RB	빅맨 수비RB	패스	볼 핸들링	농구 IQ	스피드 민첩성	파워 지구력	허슬 플레이	종합 평가	

Ⓕ 50 Jeremiah ROBINSON-EARL PF-C
제레미아 로빈슨-얼   2000.11.03 · 203cm

🇺🇸 미국
- NBA 드래프트 : 2021년 2라운드 32번
- NBA 우승 : 0회 / 파이널 MVP : 0회
- 시즌 MVP : 0회 / NBA 퍼스트팀 : 0회

'서드 유닛' 빅맨이다. '언더 사이즈'지만, 강한 파워와 활동량으로 승부를 본다. 그는 주로 로 포스트에서 득점한다. 주로 커팅 플레이에서 이어지는 파워 덩크와 레이업 득점이 많다. 좌우 코너와 윙에서는 캐치&슛으로 3점을 노린다. 다른 슈터와 비교해 타점이 상대적으로 높고, 슛터치가 부드럽다. 그러나 '언더 사이즈 빅맨'이라 인사이드 1대1 수비에서 종종 문제를 노출한다. 빅맨치고 림 프로텍팅 능력도 다소 부족한 편이다. 연봉은 220만 달러.

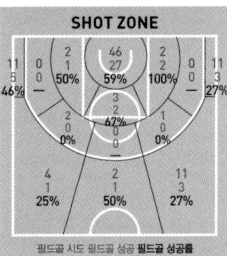

SHOT ZONE
```
        2        46        2
   11   0   27        0   11
  46% 50%  59% 100%      27%
        2        3        2
       0        47%      0
      0%                0%
        4        2        11
       1        3        3
      25%      50%      27%
```
필드골 시도 / 필드골 성공 / 필드골 성공률

필드골 시도 95	필드골 성공 45

● 점프슛, 풀업 점퍼 ● 레이업, 핑거롤 ● 페이드어웨이 ● 덩크, 앨리웁 ● 훅슛 ● 팁슛 ● 뱅크슛

DEFENSE PER GAME			REBOUNDS PER GAME		
림에서의 거리	DFG	DFG%	림에서의 거리	CR	UCR
3점슛	0.6	32.1%	0~0.9m	0.5	0.4
2점슛	2.3	56.6%	0.9~1.8m	0.2	0.5
0~1.8m	1.8	67.9%	1.8~3.0m	0.1	0.2
0~3.0m	1.9	58.6%	3.0m 이상	0.0	0.0
4.5m 이상	0.8	35.4%			

2023-24 뉴올리언스 39경기 평균 8.6분	PTS	RB	AS	ST	BL
경기 평균	2.9	1.9	0.5	0.3	0.1
36분 기준	12.4	8.2	2.3	1.1	0.4

항목 평점	TS	MS	3PS	FT	LU	DK	ID	OD	ST	BL
	B+	D	C	B-	C+	D	D+	D-	C	D-
항목 평점	ORB	DRB	PS	BH	BQ	SP	PO	ED	HS	OG
	D-	C-	D	D+	D	C	C+	C-	B+	C

Ⓕ 37 Matt RYAN SF-SG
맷 라이언   1997.04.17 · 198cm

🇺🇸 미국
- NBA 드래프트 : 드래프트 미지명
- NBA 우승 : 0회 / 파이널 MVP : 0회
- 시즌 MVP : 0회 / NBA 퍼스트팀 : 0회

프로 통산 출전시간은 평균 11.2분, 늘 '서드 유닛'이었다. 제한된 시간 속에서 득점력은 나쁘지 않았다. 주 무기는 3점슛. 캐치&슛 동작에서 점프하는 타이밍이 엄청 빠르고, 슛터치가 부드러우며, 팔로우스루가 완벽하다. 안정된 스트로크에서 지난 시즌 45%의 3점 성공률을 기록했다. 자유투는 무려 92.9%였다. 그러나 수비에서는 전혀 역할을 하지 못한다. 그가 '서드 유닛'으로 뛰는 이유다. 지난 시즌엔 종아리, 팔꿈치 부상으로 28경기 출전에 그쳤다.

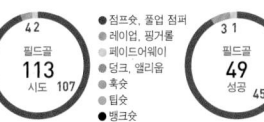

SHOT ZONE
```
        4        3
   13   0   6        1   16
  54% 0%  67%  0%      56%
        6        3
       2        33%     2
      0%               50%
        25       14       23
       11        6        8
      44%       43%      35%
```
필드골 시도 / 필드골 성공 / 필드골 성공률

필드골 시도 113 107	필드골 성공 49 45

● 점프슛, 풀업 점퍼 ● 레이업, 핑거롤 ● 페이드어웨이 ● 덩크, 앨리웁 ● 훅슛 ● 팁슛 ● 뱅크슛

DEFENSE PER GAME			REBOUNDS PER GAME		
림에서의 거리	DFG	DFG%	림에서의 거리	CR	UCR
3점슛	0.6	30.2%	0~0.9m	0.1	0.3
2점슛	2.5	55.9%	0.9~1.8m	0.1	0.4
0~1.8m	1.6	62.1%	1.8~3.0m	0.1	0.2
0~3.0m	2.0	59.3%	3.0m 이상	0.0	0.0
4.5m 이상	1.0	35.2%			

2023-24 뉴올리언스 28경기 평균 13.9분	PTS	RB	AS	ST	BL
경기 평균	5.4	1.4	0.6	0.2	0.0
36분 기준	14.0	3.7	1.7	0.6	0.1

항목 평점	TS	MS	3PS	FT	LU	DK	ID	OD	ST	BL
	C+	D	B+	A-	C	D	D-	D+	D-	D-
항목 평점	OR3	DR3	PS	BH	BQ	SP	PO	ED	HS	OG
	D-	D-	D	D+	D-	D	D-	A-	C-	C-

Ⓒ 10 Daniel THEIS C
대니얼 타이스   1992.04.04 · 203cm

🇩🇪 독일
- NBA 드래프트 : 2013년 미지명
- NBA 우승 : 0회 / 파이널 MVP : 0회
- 시즌 MVP : 0회 / NBA 퍼스트팀 : 0회

부동의 센터 요나스 발란추나스는 올여름 워싱턴으로 떠났다. 타이스는 그 빈자리를 메우기 위해 영입되었다. 사실 발란추나스보다는 한 수 아래다. 그럼에도 현대 농구에서 요구하는 다양한 기능을 수행한다. 빅맨이지만 외곽 슛이 좋다. 코트 여러 위치에서 3점슛을 시도한다. 픽&롤에서 파생되는 공격 때 마무리를 잘 한다. 플로어-스페이서이자 림 프로텍터다. 용수철처럼 튀어올라 쳐내는 블락은 치명적이다. 늘 에너지 충만하다. 연봉은 209만 달러.

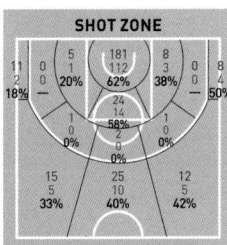

SHOT ZONE
```
        32       1
   11   0   181       8   8
  18% 20%  62%  38%      50%
        24
       14        4
      58%
      0%
        15       25       12
       5        10        5
      33%       40%      42%
```
필드골 시도 / 필드골 성공 / 필드골 성공률

필드골 시도 293 123	필드골 성공 156 49

● 점프슛, 풀업 점퍼 ● 레이업, 핑거롤 ● 페이드어웨이 ● 덩크, 앨리웁 ● 훅슛 ● 팁슛 ● 뱅크슛

DEFENSE PER GAME			REBOUNDS PER GAME		
림에서의 거리	DFG	DFG%	림에서의 거리	CR	UCR
3점슛	1.0	35.1%	0~0.9m	0.9	0.7
2점슛	3.5	53.0%	0.9~1.8m	0.7	0.9
0~1.8m	2.6	60.4%	1.8~3.0m	0.1	0.3
0~3.0m	3.0	57.4%	3.0m 이상	0.0	0.0
4.5m 이상	1.3	34.5%			

2023-24 인디애나+LA 클리퍼스 60경기 평균 16.9분	PTS	RB	AS	ST	BL
경기 평균	6.3	4.1	1.0	0.4	0.9
36분 기준	13.3	8.7	2.2	0.7	1.8

항목 평점	TS	MS	3PS	FT	LU	DK	ID	OD	ST	BL
	C-	D	C+	C-	C+	C+	C+	D-	D-	B+
항목 평점	ORB	DRB	PS	BH	BQ	SP	PO	ED	HS	OG
	C-	C+	D+	D+	D+	S-	A-	B+	C	C

Ⓒ 21 Yves MISSI C
이브 메시   2004.05.14 · 213cm

🇨🇲 카메룬
- NBA 드래프트 : 2024년 1라운드 21번
- NBA 우승 : 0회 / 파이널 MVP : 0회
- 시즌 MVP : 0회 / NBA 퍼스트팀 : 0회

카메룬계 이민 2세로 벨기에 브뤼셀에서 태어났다. 베일러대 1학년을 마치고 2024 드래프트를 신청해 뉴올리언스에 지명됐다. 키 213cm, 윙스팬 226cm의 '축복받은' 하드웨어와 버티컬 점프 40인치(102cm)의 놀라운 운동능력을 겸비했다. 림 근처에서 마무리를 잘하고, 리바운드를 잘 걷어낸다. 림 프로텍터이자 페리미터 수비수다. 그러나 페인트존 밖에서 슛을 잘 시도하지 않는다. 온-볼 수비, 드랍 수비 실력을 키워야 한다. 연봉은 319만 달러.

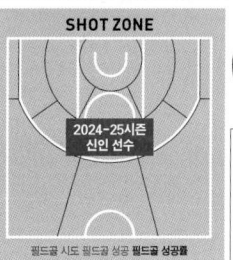

SHOT ZONE
2024-25시즌 신인 선수

필드골 시도 / 필드골 성공 / 필드골 성공률

필드골 시도 0	필드골 성공 0

● 점프슛, 풀업 점퍼 ● 레이업, 핑거롤 ● 페이드어웨이 ● 덩크, 앨리웁 ● 훅슛 ● 팁슛 ● 뱅크슛

DEFENSE PER GAME			REBOUNDS PER GAME		
림에서의 거리	DFG	DFG%	림에서의 거리	CR	UCR
3점슛			0~0.9m		
2점슛			0.9~1.8m		
0~1.8m			1.8~3.0m		
0~3.0m			3.0m 이상		
4.5m 이상					

2023-24시즌 NBA 기록 없음	PTS	RB	AS	ST	BL
경기 평균	—	—	—	—	—
36분 기준	—	—	—	—	—

항목 평점	TS	MS	3PS	FT	LU	DK	ID	OD	ST	BL
항목 평점	ORB	DRB	PS	BH	BQ	SP	PO	ED	HS	OG

DEFENSE pg		REBOUNDS pg		항목 & 평점																										
DFG	DFG%	CR	UCR	TS	MS	3PS	FT	LU	DK	ID	OD	ST	BL	ORG	OR3	ORB	DRG	DR3	DRB	PS	BH	BQ	SP	PO	ED	HS	OG
필드골 허용	필드골 허용률	유경쟁 리바운드	무경쟁 리바운드	터프샷 성공률	중거리 슛팅	3점 슛팅	자유투 성공률	레이업 플로터	덩크	안쪽 수비	외곽 수비	스틸	블락	가드 공격RB	SF 공격RB	빅맨 공격RB	가드 수비RB	SF 수비RB	빅맨 수비RB	패스	볼 핸들링	농구 IQ	스피드 민첩성	파워	지구력	허슬 플레이	종합 평가

 (C 9) Karlo MATKOVIĆ C-PF

카를로 마트코비치 · 2001.03.30 / 208cm

보스니아	NBA 드래프트 : 2022년 2라운드 52번 NBA 우승 : 0회 · 파이널 MVP : 0회 시즌 MVP : 0회 · NBA 퍼스트팀 : 0회

보스니아헤르체고비나 출신. 2018~2024년 유럽 리그에서 활약했다. 2022년 NBA 드래프트 때 뉴올리언스에 지명됐고, 올 시즌부터 NBA 무대를 밟는다. 로포스트에서 안정적으로 득점을 올리고, 오프-볼 무브가 좋다. 빅맨 치고 볼 핸들링도 우수한 편이고, 리바운드와 블락도 수준급이다. 그러나 페이스업 게임을 더 보강해야 한다. 스위치 후 몸동작이 빠른 가드들에게 쉽게 당한다. 파울 트러블에 자주 걸리는 것도 문제다. 연봉은 128만 달러.

SHOT ZONE
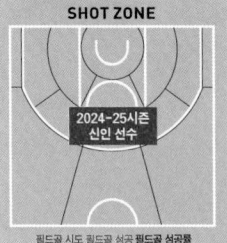

필드골 시도 필드골 성공 **필드골 성공률**

필드골 시도 **0**

필드골 성공 **0**

- ● 점프슛, 풀업 점퍼
- ● 레이업, 핑거롤
- ● 페이드어웨이
- ● 덩크, 앨리움
- ● 훅슛
- ● 팁슛
- ● 뱅크슛

2024–25시즌 신인 선수

DEFENSE PER GAME			REBOUNDS PER GAME		
림에서의 거리	DFG	DFG%	림에서의 거리	CR	UCR
3점슛	—	—	0~0.9m	—	—
2점슛	—	—	0.9~1.8m	—	—
0~1.8m	—	—	1.8~3.0m	—	—
0~3.0m	—	—	3.0m 이상	—	—
4.5m 이상	—	—			

2023-24시즌 NBA 기록 없음

항목	PTS	RB	AS	ST	BL
경기 평균	—	—	—	—	—
36분 기준	—	—	—	—	—

항목 평점	TS	MS	3PS	FT	LU	DK	ID	OD	ST	BL
	—	—	—	—	—	—	—	—	—	—
항목 평점	ORB	DRB	PS	BH	BQ	SP	PO	ED	HS	OG
	—	—	—	—	—	—	—	—	—	—

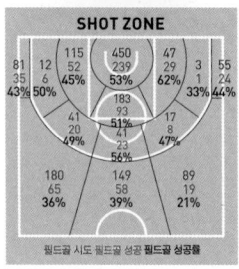 (G 5) Dejounte MURRAY PG-SG

디존테 머레이 · 1996.09.19 / 196cm

미국	NBA 드래프트 : 2016년 1라운드 29번 NBA 우승 : 0회 · 파이널 MVP : 0회 시즌 MVP : 0회 · NBA 퍼스트팀 : 0회

지난 시즌 애틀랜타에서 뛰었고, 올여름 뉴올리언스로 이적했다. 드라이빙에서 이어지는 플로터, 레이업, 핑거롤이 주무기다. 덩크는 트랜지션 마무리 용도다. 3점슛과 롱 2를 고루 시도하지만, 성공률이 들쭉날쭉하다. 재미있는 사실은 캐치&슛보다 풀업 점퍼가 훨씬 많다는 점이다. 메인 볼 핸들러이기에 가능한 이야기다. BQ, 볼 핸들링, 패스 능력은 평균 이상이다. 긴 팔과 민첩한 움직임으로 퍼리미터 수비와 스틸을 전개한다. 연봉은 2550만 달러.

SHOT ZONE

16 ⌐1┐ 39	1 ⌐22
56	27⌐4
115 450 47 55	
12 52 239 3 21	
43% 50% 45% 53% 62% 33% 44%	
183	
93	
41 51% 8	
49% 23 47%	
24 56%	
180 149 89	
65 68 19	
36% 39% 21%	

필드골 시도 **1463** / 1028

필드골 성공 **672** / 439 (169)

- ● 점프슛, 풀업 점퍼
- ● 레이업, 핑거롤
- ● 페이드어웨이
- ● 덩크, 앨리움
- ● 훅슛
- ● 팁슛
- ● 뱅크슛

DEFENSE PER GAME			REBOUNDS PER GAME		
림에서의 거리	DFG	DFG%	림에서의 거리	CR	UCR
3점슛	1.8	37.9%	0~0.9m	0.2	0.6
2점슛	4.7	58.1%	0.9~1.8m	0.5	1.6
0~1.8m	3.7	65.2%	1.8~3.0m	0.2	1.0
0~3.0m	4.0	61.4%	3.0m 이상	0.1	1.1
4.5m 이상	2.0	38.0%			

2023-24 애틀랜타 78경기 평균 35.7분

항목	PTS	RB	AS	ST	BL
경기 평균	22.5	5.3	6.4	1.4	0.3
36분 기준	22.7	5.4	6.5	1.4	0.3

항목 평점	TS	MS	3PS	FT	LU	DK	ID	OD	ST	BL
	A	A	B-	B	A	C-	D-	B+	B	D-
항목 평점	ORG	DRG	PS	BH	BQ	SP	PO	ED	HS	OG
	D	B	B	B+	B	B	D-	A-	A-	B

 (G 3) CJ McCOLLUM PG-SG

씨제이 맥컬럼 · 1991.09.19 / 191cm

미국	NBA 드래프트 : 2013년 1라운드 10번 NBA 우승 : 0회 · 파이널 MVP : 0회 시즌 MVP : 0회 · NBA 퍼스트팀 : 0회

공격만 놓고 보면 리그에서 손꼽히는 콤보 가드다. 매 경기 평균 20점 이상을 효율적인 상황에 찍는다. 드라이빙 플로터, 드라이빙 레이업, 풀업 점퍼, 스텝백 점퍼, 캐치&슛을 자유롭게 구사한다. 위력적인 3점슛은 강력한 무기. 시도 횟수와 성공률 모두 탑클래스다. 가끔 롱 2도 던진다. 볼을 안전하게 핸들링하고, 동료가 오픈 찬스를 잡도록 제때 패스해준다. 예전보다 퍼리미터 수비가 좋아졌지만 락다운까지는 가지 못했다. 연봉은 3333만 달러.

SHOT ZONE
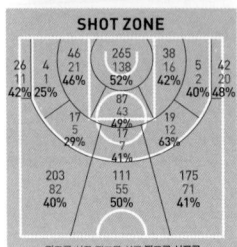

2 ⌐5┐ 34	5 ⌐1┐ 18
27	13
152	74
26 4 46 265 38 42	
11 21 138 16 20	
42% 25% 46% 52% 42% 40% 48%	
17 87 19	
17 43 12	
29% 49% 41%	
41%	
203 111 175	
82 55 71	
40% 50% 41%	

필드골 시도 **1055** / 832

필드골 성공 **484** / 375

- ● 점프슛, 풀업 점퍼
- ● 레이업, 핑거롤
- ● 페이드어웨이
- ● 덩크, 앨리움
- ● 훅슛
- ● 팁슛
- ● 뱅크슛

DEFENSE PER GAME			REBOUNDS PER GAME		
림에서의 거리	DFG	DFG%	림에서의 거리	CR	UCR
3점슛	1.8	32.5%	0~0.9m	0.1	0.2
2점슛	4.2	58.1%	0.9~1.8m	0.2	0.7
0~1.8m	3.0	69.4%	1.8~3.0m	0.1	1.1
0~3.0m	3.4	65.1%	3.0m 이상	0.1	1.7
4.5m 이상	2.2	33.8%			

2023-24 뉴올리언스 66경기 평균 32.7분

항목	PTS	RB	AS	ST	BL
경기 평균	20.0	4.3	4.6	0.9	1.7
36분 기준	22.0	4.8	5.1	1.0	0.7

항목 평점	TS	MS	3PS	FT	LU	DK	ID	OD	ST	BL
	A+	B	A	B-	B	D-	C+	C+	B	B
항목 평점	ORG	DRG	PS	BH	BQ	SP	PO	ED	HS	OG
	D-	C+	C+	B	B	B-	D-	A+	A	B

 (G 24) Jordan HAWKINS PG-SG

조던 호킨스 · 2002.04.29 / 196cm

미국	NBA 드래프트 : 2023년 1라운드 14번 NBA 우승 : 0회 · 파이널 MVP : 0회 시즌 MVP : 0회 · NBA 퍼스트팀 : 0회

전형적인 외곽 슈터. 캐치&슛은 이미 엘리트 레벨에 있다. 슈팅 매커니즘이 깔끔하다. 타점이 높고 터치가 부드러우며 릴리스가 빠르다. 늘 코너에 대기하고 있다가 패스를 받으면 전광석화처럼 릴리스한다. 풀업 점퍼 비중은 예전보다 조금씩 늘어나고 있다. 레이업, 핑거롤 등 림 근처 마무리는 좋지 않다. 왼손 마무리 능력을 키워야 한다. 퍼리미터 수비를 열심히 는 하지만, 그리 효율적이지 않다. 그가 식스맨으로 출전하는 이유다. 연봉은 453만 달러.

SHOT ZONE
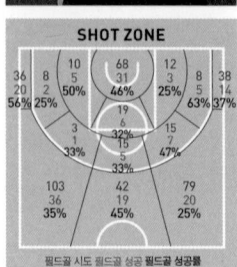

9 ⌐1┐ 7	1 ⌐2
44	18⌐5
36 10 68 9 38	
20 8 31 8 12	
56% 25% 50% 46% 25% 63% 37%	
19	
3 32% 15	
33% 47%	
5	
33%	
103 42 79	
36 19 20	
35% 45% 25%	

필드골 시도 **456** / 384

필드골 성공 **174** / 140

- ● 점프슛, 풀업 점퍼
- ● 레이업, 핑거롤
- ● 페이드어웨이
- ● 덩크, 앨리움
- ● 훅슛
- ● 팁슛
- ● 뱅크슛

DEFENSE PER GAME			REBOUNDS PER GAME		
림에서의 거리	DFG	DFG%	림에서의 거리	CR	UCR
3점슛	1.2	34.7%	0~0.9m	0.1	0.2
2점슛	2.0	53.6%	0.9~1.8m	0.2	0.6
0~1.8m	1.4	60.5%	1.8~3.0m	0.0	0.6
0~3.0m	1.7	56.3%	3.0m 이상	0.1	0.6
4.5m 이상	1.3	34.7%			

2023-24 뉴올리언스 67경기 평균 17.3분

항목	PTS	RB	AS	ST	BL
경기 평균	7.8	2.2	1.0	0.3	0.1
36분 기준	16.3	4.6	2.2	0.6	0.2

항목 평점	TS	MS	3PS	FT	LU	DK	ID	OD	ST	BL
	B-	B+	A	B-	D-	D-	D-	C	C	D-
항목 평점	ORG	DRG	PS	BH	BQ	SP	PO	ED	HS	OG
	D+	D+	C-	C	C	C	C-	D-	B+	C-

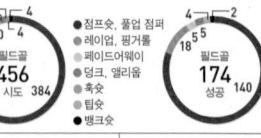

	DEFENSE pg		REBOUNDS pg						항목 & 평점															
	DFG	DFG%	CR	UCR	TS	MS	3PS	FT	LU	DK	ID	OD	ST	OR3	ORB	ORG	DRG	DR3	DRB	PS	BH	BQ	SP	PO	ED	HS	OG
	필드골 허용	필드골 허용률	유경쟁 리바운드	무경쟁 리바운드	터프샷 성공률	중거리 슈팅	3점 슈팅	자유투 성공률	레이업 플로터	슬램 덩크	안쪽 수비	외곽 수비	스틸	블락	가드 공격RB	SF 공격RB	빅맨 공격RB	가드 수비RB	SF 수비RB	빅맨 수비RB	패스	볼 핸들링	농구 IQ	스피드 민첩성	파워	지구력	허슬 플레이	종합 평가

ⓖ 15 José ALVARADO PG-SG
호세 알바라도 1998.04.12 / 183cm

🇺🇸 미국
- NBA 드래프트 : 2021년 미지명
- NBA 우승 : 0회 / 파이널 MVP : 0회
- 시즌 MVP : 0회 / NBA 퍼스트팀 : 3회

오른 발목과 오른쪽 사근 부상으로 지난 시즌 20경기에 결장했다. 올 시즌 건강에 더 신경을 써야 한다. 알바라도는 리그 최상위권의 에너자이저이자 블루워크다. 포인트가드이면서 3&D 플레이어다. 좌우 코너, 좌우 윙, 탑에서 고루 시도하는 3점슛은 성공률 37.7%다. 퍼리미터 락다운 수비수이고, 손이 빨라 스틸을 많이 성공시킨다. 팀 디펜스, 오프-볼 수비도 우수하다. 포인트가드로서 볼 핸들링, 플레이메이킹은 평범한 수준. 연봉은 199만 달러.

SHOT ZONE

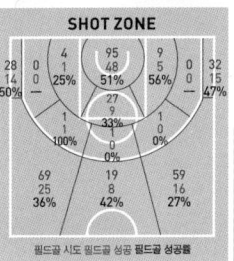

필드골 시도 345 265
필드골 성공 142 103

- 점프슛, 풀업 점퍼
- 레이업, 핑거롤
- 페이드어웨이
- 덩크, 앨리웁
- 훅슛
- 팁슛
- 뱅크슛

DEFENSE PER GAME			REBOUNDS PER GAME		
림에서의 거리	DFG	DFG%	림에서의 거리	CR	UCR
3점슛	1.2	39.5%	0~0.9m	0.0	0.1
2점슛	1.7	47.7%	0.9~1.8m	0.1	0.3
0~1.8m	1.3	60.0%	1.8~3.0m	0.2	0.4
0~3.0m	1.4	57.4%	3.0m 이상	0.1	0.8
4.5m 이상	1.3	37.4%			

필드골 시도 필드골 성공 **필드골 성공률**

2023-24 뉴올리언스 56경기 평균 18.4분						항목 평점	TS	MS	3PS	FT	LU	DK	ID	OD	ST	BL
항목	PTS	RB	AS	ST	BL		C+	C	D-	B-	D-	D-	B+	A-	A	D
경기 평균	7.1	2.3	2.1	1.1	0.3	항목 평점	ORG	DRG	PS	BH	BQ	SP	PO	ED	HS	OG
36분 기준	13.9	4.5	4.1	2.1	0.5		D+	D-	C	C	C	D	D	B-	C+	C

ⓖ 24 Javonte GREEN SG-SF
자본테 그린 1993.07.23 / 196cm

🇺🇸 미국
- NBA 드래프트 : 2015년 미지명
- NBA 우승 : 0회 / 파이널 MVP : 0회
- 시즌 MVP : 0회 / NBA 퍼스트팀 : 0회

'서드 유잇' 멤버로 출전할 가능성이 크다. 스윙맨으로 뛰어난 스피드를 적극적으로 활용한다. 늘 에너지가 충만하다. 트랜지션 상황에 자동적으로 돌진해 림을 공략한다. 확실한 오프-볼 커터다. 또한, 유용한 3점 슈터다. 그가 NBA에 데뷔한 이래 3점슛 성공률은 거의 매년 상승곡선을 그었다. 상대의 패싱 레인으로 거의 점프를 하며 어프로치 한다. 그래서 스틸을 많이 성공시키지만, 그 반대로 완전 노마크 찬스를 주기도 한다. 연봉은 243만 달러

SHOT ZONE

필드골 시도 75 33
필드골 성공 45 15

- 점프슛, 풀업 점퍼
- 레이업, 핑거롤
- 페이드어웨이
- 덩크, 앨리웁
- 훅슛
- 팁슛
- 뱅크슛

DEFENSE PER GAME			REBOUNDS PER GAME		
림에서의 거리	DFG	DFG%	림에서의 거리	CR	UCR
3점슛	1.0	36.0%	0~0.9m	1.1	1.1
2점슛	2.8	58.1%	0.9~1.8m	1.1	1.6
0~1.8m	1.7	65.2%	1.8~3.0m	0.8	1.3
0~3.0m	1.8	53.3%	3.0m 이상	0.1	0.3
4.5m 이상	1.1	37.0%			

필드골 시도 필드골 성공 **필드골 성공률**

2023-24 시카고 9경기 평균 25.6분						항목 평점	TS	MS	3PS	FT	LU	DK	ID	OD	ST	BL
항목	PTS	RB	AS	ST	BL		C-	C-	B	C+	C	C	C	C+	B+	B-
경기 평균	12.2	7.4	0.6	1.1	0.9	항목 평점	OR3	DR3	PS	BH	BQ	SP	PO	ED	HS	OG
36분 기준	17.2	10.5	0.8	1.6	1.3		A	A	D-	D+	C	B-	D-	B-	C	B

ⓖ 12 Antonio REEVES SG-SF
안토니오 리브스 2002.11.20 / 193cm

🇺🇸 미국
- NBA 드래프트 : 2024년 2라운드 47번
- NBA 우승 : 0회 / 파이널 MVP : 0회
- 시즌 MVP : 0회 / NBA 퍼스트팀 : 0회

켄터키대를 졸업하고 2024 드래프트를 신청해 2라운드 47번에 올랜도에 지명되었다. 그리고 곧바로 뉴올리언스로 트레이드되었다. 리브스는 스윙맨이다. 지난 시즌 대학 무대에서 평균 20.2점을 기록했을 정도로 공격적인 선수다. 캐치&슛의 대가로 클러치 타임에 특히 강하다. 풀업 점퍼 횟수도 점점 늘었다. 그리고 슬래셔로서도 눈길을 끈다. 저돌적으로 페인트존을 돌파한 뒤 림을 공략하거나 슈팅 파울을 얻어낸다. 올 시즌 연봉은 116만 달러.

SHOT ZONE

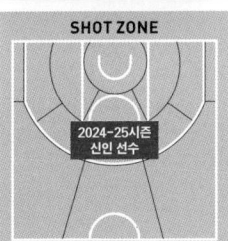

2024-25시즌 신인 선수

필드골 시도 0
필드골 성공 0

- 점프슛, 풀업 점퍼
- 레이업, 핑거롤
- 페이드어웨이
- 덩크, 앨리웁
- 훅슛
- 팁슛
- 뱅크슛

DEFENSE PER GAME			REBOUNDS PER GAME		
림에서의 거리	DFG	DFG%	림에서의 거리	CR	UCR
3점슛	—	—	0~0.9m	—	—
2점슛	—	—	0.9~1.8m	—	—
0~1.8m	—	—	1.8~3.0m	—	—
0~3.0m	—	—	3.0m 이상	—	—
4.5m 이상	—	—			

필드골 시도 필드골 성공 **필드골 성공률**

2023-24시즌 NBA 기록 없음						항목 평점	TS	MS	3PS	FT	LU	DK	ID	OD	ST	BL
항목	PTS	RB	AS	ST	BL											
경기 평균	—	—	—	—	—	항목 평점	ORG	DRG	PS	BH	BQ	SP	PO	ED	HS	OG
36분 기준	—	—	—	—	—											

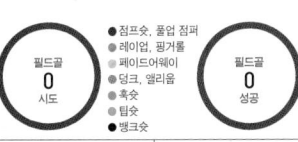

NEW ORLEANS PELICANS
2024-25 REGULAR SEASON SCHEDULE

OCTOBER, 2024
- Oct. 24 vs. Chicago
- Oct. 26 @ Portland
- Oct. 28 @ Portland
- Oct. 30 @ Golden State
- Oct. 31 @ Golden State

NOVEMBER, 2024
- Nov. 2 vs. Indiana
- Nov. 4 @ Atlanta
- Nov. 5 vs. Portland
- Nov. 7 vs. Cleveland
- Nov. 9 @ Orlando
- Nov. 12 vs. Brooklyn
- Nov. 14 @ Oklahoma City
- Nov. 16 vs. Denver
- Nov. 17 vs. LA Lakers
- Nov. 20 @ Dallas
- Nov. 21 @ Cleveland
- Nov. 23 @ Golden State
- Nov. 26 @ Indiana
- Nov. 28 vs. Toronto
- Nov. 30 @ Memphis

DECEMBER, 2024
- Dec. 2 @ New York
- Dec. 3 @ Atlanta
- Dec. 6 vs. Phoenix
- Dec. 8 vs. Oklahoma City
- Dec. 9 @ San Antonio
- Dec. 20 @ Houston

- Dec. 22 vs. New York
- Dec. 23 vs. Denver
- Dec. 27 vs. Houston
- Dec. 28 vs. Memphis
- Dec. 31 vs. LA Clippers

JANUARY, 2025
- Jan. 2 @ Miami
- Jan. 4 vs. Washington
- Jan. 6 vs. Washington
- Jan. 8 vs. Minnesota
- Jan. 9 vs. Portland
- Jan. 11 @ Philadelphia
- Jan. 13 @ Boston
- Jan. 15 @ Chicago
- Jan. 16 vs. Dallas
- Jan. 18 vs. Utah
- Jan. 21 vs. Utah
- Jan. 23 vs. Milwaukee
- Jan. 25 @ Memphis
- Jan. 26 @ Charlotte
- Jan. 28 @ Toronto
- Jan. 30 vs. Dallas

FEBRUARY, 2025
- Feb. 1 vs. Boston
- Feb. 4 @ Denver
- Feb. 6 @ Denver
- Feb. 9 @ Sacramento
- Feb. 11 @ Oklahoma City
- Feb. 13 vs. Sacramento

- Feb. 14 vs. Sacramento
- Feb. 22 @ Dallas
- Feb. 24 vs. San Antonio
- Feb. 26 vs. San Antonio
- Feb. 28 @ Phoenix

MARCH, 2025
- Mar. 1 @ Phoenix
- Mar. 3 @ Utah
- Mar. 5 @ LA Lakers
- Mar. 7 vs. Houston
- Mar. 9 @ Houston
- Mar. 10 vs. Memphis
- Mar. 12 vs. LA Clippers
- Mar. 16 @ San Antonio
- Mar. 18 vs. Detroit
- Mar. 20 @ Minnesota
- Mar. 22 @ Minnesota
- Mar. 24 @ Detroit
- Mar. 25 vs. Philadelphia
- Mar. 29 vs. Golden State
- Mar. 31 vs. Charlotte

APRIL, 2025
- Apr. 3 @ LA Clippers
- Apr. 5 @ LA Lakers
- Apr. 7 vs. Orlando
- Apr. 9 @ Brooklyn
- Apr. 10 @ Milwaukee
- Apr. 12 vs. Miami
- Apr. 14 vs. Oklahoma City

SAN ANTONIO SPURS

捲土重來·NBA 명문팀의 재도전

뜻풀이 실패해서 떠났다가 흙먼지를 일으키며 다시 돌아옴. 샌안토니오는 NBA의 명문팀이다. 지난 시즌 실패했지만 올 시즌 불명예를 씻기 위해 다시 도전한다.

'에일리언'의 위대하면서도 충격적인 데뷔

'웸반야마 시대'를 기대하기에 충분한 시즌이었다. 이제 겨우 20대에 접어든 선수가 블록슛 3.6개로 리그 1위를 차지하고, '올해의 수비수' 투표에서도 2위에 올랐다. 시즌 초, 중반까지 웸반야마의 몸 상태를 위해 경기 출전을 엄격히 관리했다는 점을 감안한다면, 엄청난 임팩트였다. 시간이 지날수록 웸반야마는 막강한 실력을 뽐냈다. 역대 슈퍼스타들처럼 발전과 승부에 집중하는 스타일을 봤을 때, 데뷔 2년차를 맞은 그는 더 막기 힘든 선수로 '진화'할 것이다.

괴물을 위해 여름에 구단이 준비한 선물

'웸반야마 프로젝트'의 가속화를 위해 '살아있는 교재'를 옆에 앉혔다. 'CP3' 크리스 폴이다. 폴은 명예의 전당 입성이 예약된 현역 최고 포인트가드다. 패스는 물론이고 경기 운영도 노련한 만큼, 웸반야마의 성장에 큰 도움이 될 것이다. 또한, 젊은 선수들에게도 수비 토킹이 무엇인지, 파이브 아웃 스페이싱에서는 어떻게 위치해야 할지 몸소 노-하우를 전수할 것이다. "기필코 우승"이라는 무거운 짐을 어깨에서 내려놓은 팀인 만큼 당장 무리할 이유도 없을 것이다.

시작은 미약했지만, 끝은 심히 창대하리라

지난 시즌은 웸반야마의 적응을 위한 투자의 시간이었다. 샌안토니오는 3점슛을 11번째로 많이 던졌지만, 성공률은 28위에 그쳤다. '막 던졌다'는 의미. 그런데도 코칭스태프는 일희일비하지 않았다. 투자와 기다림의 시간은 계속될 것이다. 데빈 바셀, 켈든 존스, 제레미 소핸, 말라키 브랜햄 등 젊은 기대주들이 여전히 많다. '새 식구' 폴과 해리슨 반즈 등은 기대주들이 좀 더 농구를 농구답게 할 수 있도록 판을 깔아줄 것이다. 드래프트 4순위 스테폰 캐슬도 기대해 볼 만 하다.

Association	Icon	Statement	City

*통계는 2024년 10월 1일 기준

CLUB INFORMATION

Founded 구단 창립 1967년	**Owner** 스퍼스 스포츠&엔터	**CEO** 그렉 포포비치	**Head Coach** 그렉 포포비치 1949.01.28	**24-25 Odds** 벳365 : 100배 윌리엄힐 : 100배
Nationality ●미국 선수 11명 ●외국 선수 5명	**Age** 16명 평균 24.2세	**Height** 16명 평균 202.2cm	**Weight** 16명 평균 96.3kg	**Salary** 16명 평균 880만 달러
Win 2023-24 : 22승 통산 : 2683승	**Loss** 2023-24 : 60패 통산 : 1928패	**Winning%** 2023-24 : 26.8% 통산 : 58.2%	**Play-Off** PO 진출 : 47회 PO 탈락 : 11회	**Titles** NBA우승 : 5회 컨퍼런스 : 6회
Top Scorer 빅터 웸반야마 평균 21.4점	**More Rebounds** 빅터 웸반야마 평균 10.6RB	**More Assists** 트레 존스 평균 6.2AS	**More Steals** 빅터 웸반야마 평균 1.2스틸	**More Blocks** 빅터 웸반야마 평균 3.6블록

*항목별 1위는 지난 시즌 샌안토니오 소속으로 42경기 이상 출전한 선수 중 선별

HEAD COACH & STADIUM

Gregg POPOVICH 그렉 포포비치

생년월일 : 1949.07.28 / **출생지** : 미국 인디애나주 이스트 시카고
경력 : 1973~1979년 에어포스 코치 / 1979~1986년 포모나-피처 감독 / 1986~1987년 캔자스대 코치 / 1987~1988년 포모나-피처 감독 / 1988~1992년 샌안토니오 스퍼스 코치 / 1992~1994년 골든스테이트 워리어스 코치 / 1996년~ 샌안토니오 스퍼스 감독

메릴빌고교 시절부터 농구를 했고, 고교 졸업 후 1996년 미국 공군사관학교에 입학했다. 그는 공군사관학교 농구팀에서 슈터로 활약했으며, 4학년 때는 주장을 맡은 가운데 팀 내 득점왕까지 차지했다. 졸업 후 공군 팀 코치로 지도자 생활을 시작했다. 이어 포모나피처 감독, 캔자스대 코치, 포모나피처 감독(복귀), 샌안토니오 스퍼스 코치, 골든스테이트 코치를 거쳐 1996년 샌안토니오 감독이 되었다. 그는 NBA 역사상 손에 꼽히는 명장이다. 스퍼스 감독으로서 1997~2022년까지 무려 22년 연속 팀의 플레이오프 진출을 견인했다. 그 기간 NBA 파이널 우승 5회(1999, 2003, 2005, 2007, 2014년), NBA 올해의 감독상 3회 수상(2003, 2012, 2014년), NBA 올스타전 감독 4회 등의 찬란한 역사를 썼다. 2015년 2월 9에는 정규시즌 1000승을 달성했다. 이 기록은 그때 당시에도 9명밖에 없던 기록이다. 2020년 드림팀을 이끌고 도쿄 올림픽에서 금메달을 목에 걸었다.

FROST BANK CENTER

구장 오픈 : 2002년 10월 18일
구장 증개축 : ─
오너 : 벡사 카운티(텍사스주)
수용인원 : 1만 8418명
건축비용 : 1억 8600만 달러
(현재 가치) 3억 1500만 달러

2002년 11월에 문을 열었으며, 텍사스 남부 대표적인 엔터테인먼트 장소가 되었다. 이곳에는 샌안토니오 스퍼스와 샌안토니오 스톡쇼&로데오 등 두 곳의 테넌트가 입주해 있다. 또한, 이 경기장에서는 다양한 콘서트, 가족 쇼, 특별 이벤트가 열리며 수천 개 이상의 이벤트를 통해 누적 방문객 1000만 명을 돌파했다. 스퍼스 홈구장이 된 건 2002-03시즌부터이다.

NBA CHAMPIONSHIPS
1999, 2003, 2005, 2007, 2014

CONFERENCE TITLES
1999, 2003, 2005, 2007, 2013, 2014

DIVISION TITLES
1978, 1979, 1981, 1982, 1983, 1990, 1991, 1995, 1996, 1999, 2001, 2002, 2003, 2005, 2006, 2009, 2011, 2012, 2013, 2014, 2016, 2017

RETIRED NUMBERS
00, 6, 9, 12, 13, 20, 21, 32, 44, 50

SAN ANTONIO SPURS

REGULAR SEASON RANKING LAST 10YEARS

14-15	15-16	16-17	17-18	18-19	19-20	20-21	21-22	22-23	23-24
6	2	2	12	13	19	20	22	29	26
55승 27패	67승 15패	61승 21패	47승 35패	48승 34패	32승 39패	33승 39패	34승 48패	22승 60패	22승 60패

TEAM POTENTIAL

71점

17위

하프코트 세트오펜스 6점	트랜지션 오펜스 7점	하프코트 세트디펜스 7점	트랜지션 디펜스 5점	리바운드 7점
선수층 6점	선수 경험치 7점	감독 리더십 10점	감독 전술 8점	프런트 8점

*각 항목은 10점 만점, 평점은 NBA 30팀 사이 상대평가

우승 ODDS	배당	순위
bet 365	100배	20위
Paddy Power	150배	21위
William Hill	100배	20위

OFFENSIVE STYLE
트랜지션 오펜스 —————●——— 하프코트 세트오펜스

DEFENSIVE STYLE
하이 프레스 —————●——— 하프코트 디펜스

Player's Functions

SQUAD & TACTICS

STARTERS

PF 제레미 소한
29.6분, 11.6점
6.4RB, 3.4AS

C 빅터 웸반야마
29.7분, 21.4점
10.6RB, 3.9AS

SF 데빈 바셀
33.1분, 19.5점
3.8RB, 4.1AS

SG 스테판 캐슬
2024-25시즌
신인 선수

PG 크리스 폴
26.4분, 9.2점
3.9RB, 6.8AS

OFF THE BENCH

PG 트레 존스
27.8분, 10.0점
3.8RB, 6.2AS

SG 말라치 브래넘
21.3분, 9.2점
2.0RB, 2.1AS

SF 해리슨 반스
29.0분, 12.2점
30.RB, 1.2AS

PF 켈던 존슨
29.5분, 15.7점
5.5RB, 2.8AS

C 잭 콜린스
22.1분, 11.2점
5.4RB, 2.8AS

G 블레이크 웨슬리
G 시디 시소코
F 줄리안 샴페니
F 산드로 마무켈라시빌리
C 찰스 베이시

OFFENSE MECHANISM

평균 23세 팀이 어른들을 상대하는 건 쉽지 않았다. 웸반야마의 역대급 재능을 활용하고자 했지만, 기대만큼은 아니었다. 그런 의미에서 2023-24시즌은 라인업과 짝을 찾기 위한 시간이었다. 샌안토니오는 29.9개의 어시스트는 리그 2위였고, 패스도 많이 주고받았다. 그렇지만 숫자에 맞는 품질은 아니었다. 실책도 15.1개로 4번째로 많았고 이로 인한 실점(18.6점)도 많았다. 타이밍이 제일 아쉬웠다. 박자를 놓쳐 4~5초 만에 무리한 돌파, 슈팅으로 공격이 마무리됐다. 급기야 답답한 웸반야마가 직접 나와 공격을 마무리할 때도 있었다. 전설적인 스코어러들과 함께 해온 크리스 폴은 웸반야마의 불필요한 에너지 소모를 줄여줄 것이며, 바셀과 존스 등 어린 가드들에게도 좋은 교재가 될 것이다.

DEFENSE MECHANISM

웸반야마는 신인임에도 블록 3.6개, 스틸 1.2개를 기록했다. NBA에 더 적응할 2024-25시즌에는 팀 수비에 끼치는 영향력이 더 커질 것이다. 워낙 리치가 길고 기동력이 좋아 안쪽뿐 아니라 퍼리미터까지 함께 견제할 수 있다. 베테랑 반즈와 폴도 수비 균형을 잡는데 도움이 될 것이다. 지난 시즌 샌안토니오 수비에서 가장 아쉬웠던 점은 적극성 결여였다. 컨테스트, 압박, 토킹 모두 소극적이고 산만했다. 상대 스크린 한 번에 길이 열리는 상황도 많이 발생했다. 이처럼 코트에서 드러난 수비 실수에 대해서는 베테랑들이 실시간 노하우를 전수할 수 있을 것이다. 소한, 샴페니도 상대에게 부담을 줄 하드웨어를 갖고 있다. 약속만 잘 맞는다면 퍼리미터에서 상대를 걸뜯게 할 수 있을 것이다.

Ball Handlers

C.폴
T.존스
D.바셀

Pull-Ups

D.바셀
C.폴
V.웸반야마

Catch & Shoot

D.바셀
C.폴
J.샴페니

3 Pointers

D.바셀
J.샴페니
T.존스

Slam Dunkers

V.웸반야마
J.소한
H.반스

Free Throw

V.웸반야마
C.폴
T.존스

Rebounders

V.웸반야마
C.베이시
S.마무켈라시빌리

1-1 Defenders

V.웸반야마
D.바셀
C.폴

Ball Stealers

S.시소코
C.폴

Key Passes

C.폴
T.존스
V.웸반야마

Hustle Players
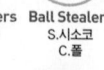
K.존슨
V.웸반야마
C.베이시

Rim Protectors

V.웸반야마
C.베이시
N.멘사

2023-24 SEASON PERFORMANCE

SAN ANTONIO SPURS vs. OPPONENTS PER GAME STATS

샌안토니오 vs 상대팀

	득실점	F↑ 필드골성공	FG% 필드골	3↑ 3점슛성공	3P% 3점슛 %	FT% 자유투성공 자유투	OR 공격리바운드	RB 리바운드	A↑ 어시스트	스틸	블락	턴오버	파울
112.1	118.6	41.9 F↑ 44.9	46.2% FG% 48.7%	12.6 3↑ 12.7	34.7% 3P% 37.3%	15.6 — 16.0	78.2% FT% 78.4%						
10.4 OR 10.5	44.2 RB 45.3	29.9 A↑ 28.0	7.1 8.9	6.3 4.6	15.1 ← 13.4	17.2 17.9							

LINE-UP

* 샌안토니오 지난 시즌 총 533개의 라인업을 가동시켰다. 그중 출전 시간이 가장 길었던 20개를 골라 게재했다.

5-MEN COMBINATION	MIN	PPG	RPG	APG
D. Vassell - T. Jones - J. Champagnie - J. Sochan - V. Wembanyama	404	26.8	10.4	7.8
K. Johnson - D. Vassell - T. Jones - J. Sochan - V. Wembanyama	142	9.7	3.4	2.6
K. Johnson - D. Vassell - M. Branham - J. Sochan - V. Wembanyama	103	17.8	7.5	4.4
Z. Collins - K. Johnson - D. Vassell - T. Jones - J. Sochan	98	7.0	2.6	1.8
Z. Collins - K. Johnson - D. Vassell - J. Sochan - V. Wembanyama	88	16.4	7.7	4.8
Z. Collins - K. Johnson - M. Branham - J. Sochan - V. Wembanyama	84	19.9	7.5	5.5
C. Osman - K. Johnson - M. Branham - B. Wesley - V. Wembanyama	75	10.6	5.0	3.1
Z. Collins - D. Vassell - T. Jones - J. Champagnie - J. Sochan	69	9.3	4.1	3.1
Z. Collins - D. Vassell - T. Jones - M. Branham - J. Sochan	65	6.4	3.1	1.6
Z. Collins - K. Johnson - D. Vassell - B. Wesley - J. Sochan	50	6.2	2.8	1.5
T. Jones - S. Mamukelashvili - J. Champagnie - M. Branham - V. Wembanyama	44	27.3	12.8	8.3
D. Vassell - J. Champagnie - M. Branham - J. Sochan - V. Wembanyama	44	14.1	5.0	4.0
D. McDermott - C. Osman - K. Johnson - T. Jones - V. Wembanyama	39	5.4	2.3	1.4
C. Osman - Z. Collins - K. Johnson - D. Vassell - B. Wesley	37	6.4	1.9	1.6
C. Osman - K. Johnson - T. Jones - M. Branham - V. Wembanyama	37	6.3	2.3	2.1
C. Osman - T. Jones - J. Champagnie - M. Branham - V. Wembanyama	35	19.4	6.6	5.8
D. McDermott - D. Vassell - T. Jones - J. Sochan - V. Wembanyama	35	5.5	2.5	1.6
Z. Collins - K. Johnson - J. Champagnie - J. Sochan - V. Wembanyama	34	26.0	12.0	7.3
K. Johnson - D. Vassell - T. Jones - J. Champagnie - V. Wembanyama	33	9.3	4.0	2.3
C. Osman - Z. Collins - K. Johnson - D. Vassell - T. Jones	32	5.1	2.3	1.4

PASS COMBINATIONS

→ 해당 선수가 경기당 동료로부터 패스 받은 횟수
→ 해당 선수가 경기당 동료들에게 패스 해준 횟수

받은	선수	해준
52.4	트레 존스	51.3
43.5	데빈 바셀	37.3
33.7	제레미 소한	36.1
39.6	빅터 웸반야마	34.7
30.5	퀠던 존슨	33.4
26.8	잭 콜린스	27.2
25.6	말라키 브랜넘	23.5
23.2	블레이크 웨슬리	22.2
20.6	데본테 그레이엄	20.4
16.3	자마리 부예이	19.3
15.4	줄리안 샴페니	19.2
8.0	찰스 베이시	16.1
15.4	제디 오스만	16.0
15.0	레이콴 그레이	14.0
12.8	데이비드 듀크 Jr.	13.8
10.8	산드로 마무켈라시빌리	13.6
9.8	도미닉 발로우	13.4
12.8	더그 맥더못	12.2
10.2	시디 시소코	12.0
5.3	마마디 디아키테	7.7

2023-24 RANKING

* 는 수치가 낮을수록 랭킹이 높아짐

샌안토니오	랭킹	GENERAL	상대팀*	랭킹
112.1	23위	득점 / 실점	118.6	24위
44.2	8위	리바운드	45.3	27위
29.9	2위	어시스트	28.0	24위
7.1	22위	스틸	8.9	30위
6.3	3위	블락	4.6	8위

득점	랭킹	PLAYTYPE	실점*	랭킹
4.1	30위	아이솔레이션	5.5	2위
23.9	7위	트랜지션	23.0	23위
13.9	25위	픽&롤 볼핸들러	19.7	28위
8.2	7위	픽&롤 롤맨	9.2	29위
4.8	13위	포스트-업	4.8	13위
28.3	13위	스팟-업	25.3	5위
5.8	7위	핸드오프	6.4	3위
11.9	6위	커팅	—	—
2.9	22위	오프 스크린	4.6	25위
6.4	18위	풋백	7.1	22위
2.3	29위	기타	—	—

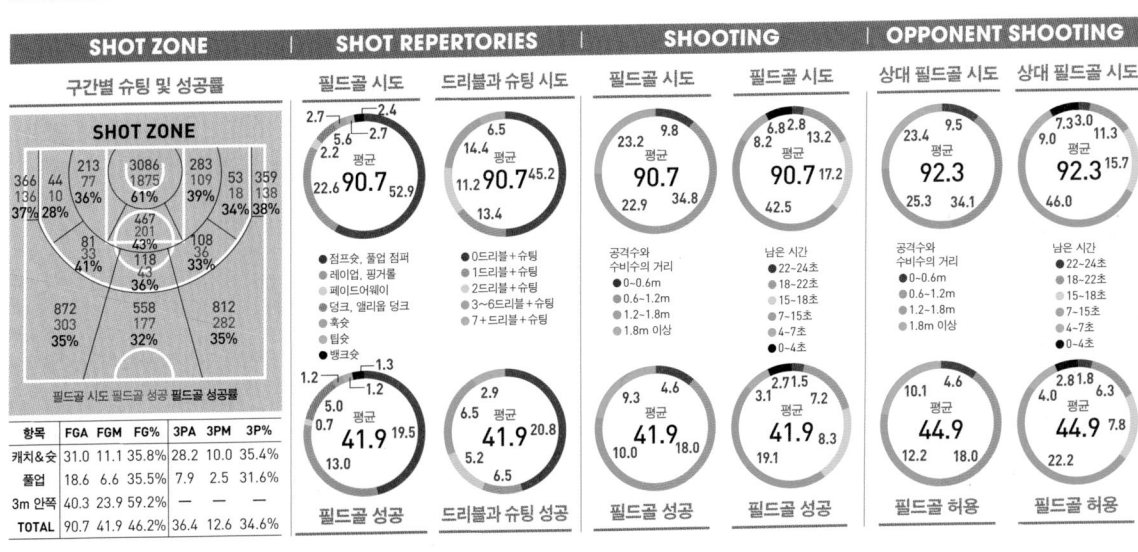

SHOT ZONE

구간별 슈팅 및 성공률

SHOT ZONE

항목	FGA	FGM	FG%	3PA	3PM	3P%
캐치&슛	31.0	11.1	35.8%	28.2	10.0	35.4%
풀업	18.6	6.6	35.5%	7.9	2.5	31.6%
3m 안쪽	40.3	23.9	59.2%	—	—	—
TOTAL	90.7	41.9	46.2%	36.4	12.6	34.6%

SHOT REPERTORIES
필드골 시도 / 드리블과 슈팅 시도 / 필드골 성공 / 드리블과 슈팅 성공

SHOOTING
필드골 시도 / 필드골 성공

OPPONENT SHOOTING
상대 필드골 시도 / 필드골 허용

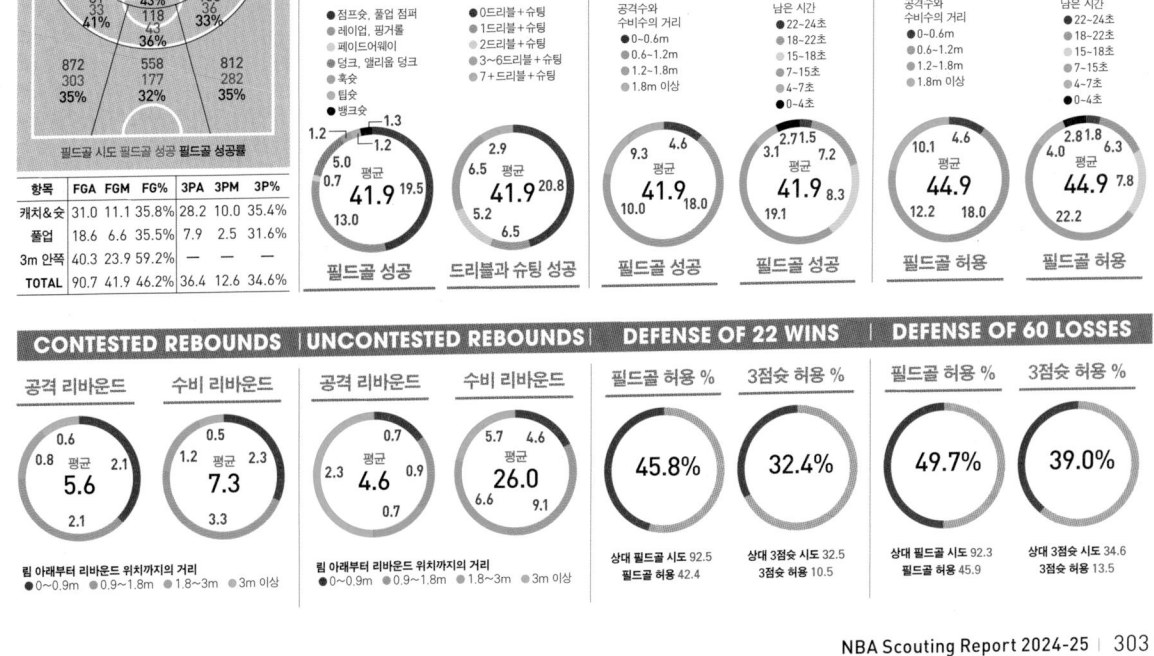

CONTESTED REBOUNDS

공격 리바운드 — 평균 5.6
수비 리바운드 — 평균 7.3

림 아래부터 리바운드 위치까지의 거리 ●0~0.9m ●0.9~1.8m ●1.8~3m ●3m 이상

UNCONTESTED REBOUNDS

공격 리바운드 — 평균 4.6
수비 리바운드 — 평균 26.0

림 아래부터 리바운드 위치까지의 거리 ●0~0.9m ●0.9~1.8m ●1.8~3m ●3m 이상

DEFENSE OF 22 WINS

필드골 허용 % — 45.8%
3점슛 허용 % — 32.4%

상대 필드골 시도 92.5 / 필드골 허용 42.4
상대 3점슛 시도 32.5 / 3점슛 허용 10.5

DEFENSE OF 60 LOSSES

필드골 허용 % — 49.7%
3점슛 허용 % — 39.0%

상대 필드골 시도 92.3 / 필드골 허용 45.9
상대 3점슛 시도 34.6 / 3점슛 허용 13.5

	DEFENSE pg		REBOUNDS pg								항목 & 평점													
DFG	DFG%	CR	UCR	TS	MS	3PS	FT	LU	DK	ID	OD	ST	BL	ORG	OR3	ORB	DRG	DR3	DRB	PS	BH	BQ	SP	PO	ED	HS	OG
필드골 허용	필드골 허용율	무경쟁 리바운드	유경쟁 리바운드	터프샷 성공율	중거리 슈팅	3점 슈팅	자유투 성공율	레이업 플로터	슬램 덩크	안쪽 수비	외곽 수비	스틸	블락	가드 공격RB	SF 공격RB	빅맨 공격RB	가드 수비RB	SF 수비RB	빅맨 수비RB	패스	볼 핸들링	농구 IQ	스피드 민첩성	파워	지구력	허슬 플레이	종합 평가

Devin VASSELL — SF-SG

F 24 · 데빈 바셀 · 2000.08.23 / 196cm

미국

NBA 드래프트 : 2020년 1라운드 11번
NBA 우승 : 0회 / 파이널 MVP : 0회
시즌 MVP : 0회 / NBA 퍼스트팀 : 0회

여러 차례의 잔 부상 때문에 14경기에 결장했다. NBA 정상급 슈팅 능력을 지닌 3&D 윙이다. 일반의 평가보다 더 좋은 슈터다. 196cm의 키에 213cm의 윙스팬을 적극 활용한다. 타점이 높고 릴리스를 빨리하며 부드러운 슛터치를 지녔다. 풀업 점퍼, 스텝백 점퍼, 캐치&슛 등 다양한 패턴으로 폭발적인 3점슛과 정확한 롱 2를 림에 꽂는다. 퍼리미터에서 수준급 1대 1 수비수이며 영리한 헬프 디펜더다. 볼 핸들링과 패스도 OK. 연봉은 557만 달러.

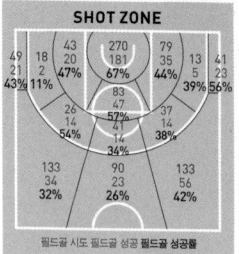

SHOT ZONE

```
        1 ┌ 22          ● 점프슛, 풀업 점퍼
     57 ┌51─5            ● 레이업, 핑거롤
   169    필드골          ● 페이더어웨이
         1056            ● 덩크, 앨리웁
         시도 751         ● 훅슛
                         ● 팁슛
                         ● 뱅크슛
```

```
    2 ┌ 16
  48
     필드골
 103  498  300
     성공
```

```
SHOT ZONE
   43  270        79
18 20  181   35   41
2  47% 44%  44%   39% 56%
43% 11%
      83
   26  47   14
   14  57%  38%
   54% 34%
133   90    133
 34   23     56
32%  26%    42%
필드골 시도 필드골 성공 필드골 성공률
```

DEFENSE PER GAME			REBOUNDS PER GAME		
림에서의 거리	DFG	DFG%	림에서의 거리	CR	UCR
3점슛	1.2	39.0%	0~0.9m	0.1	0.3
2점슛	3.4	59.1%	0.9~1.8m	0.4	0.7
0~1.8m	2.5	67.3%	1.8~3.0m	0.2	1.0
0~3.0m	2.9	66.2%	3.0m 이상	0.1	1.0
4.5m 이상	1.4	36.7%			

2023-24 샌안토니오 68경기 평균 33.1분

항목	PTS	RB	AS	ST	BL
경기 평균	19.5	3.8	4.1	1.1	0.3
36분 기준	21.2	4.2	4.4	1.2	0.4

항목 평점	TS	MS	3PS	FT	LU	DK	ID	OD	ST	BL
	A	A-	B+	A-	B-	C+	D-	B+	C+	D-
항목 평점	ORG	DRG	BH	BQ	SP	PO	ED	HS	OG	
	D-	D+	C	B-	C-	D-	B+	B-	C+	

Jeremy SOCHAN — PF-SF

F 10 · 제레미 소핸 · 2003.05.20 / 203cm

폴란드

NBA 드래프트 : 2022년 1라운드 9번
NBA 우승 : 0회 / 파이널 MVP : 0회
시즌 MVP : 0회 / NBA 퍼스트팀 : 0회

리그 최고 수준의 '엘리트 수비수'다. 키 203cm, 윙스팬 215cm, 뛰어난 운동능력, 전투적인 승부 근성을 바탕으로 상대의 1번~4번을 다 수비할 수 있다. 타고난 온-볼 수비수이자 오프-볼 수비수다. 공격에서는 "닥치고 돌파" 후 커팅 덩크, 드라이빙 레이업, 드라이빙 플로터 등으로 마무리한다. 그러나 외곽슈터로서는 그리 성공적이지 못했다. 화려하지는 않지만, 볼을 안전하게 핸들링하고, 깔끔한 패스를 동료에게 배달한다. 연봉은 557만 달러.

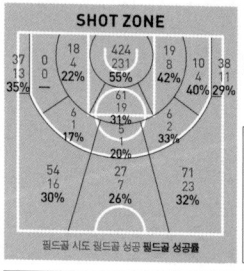

SHOT ZONE

```
   41 ┌ 12          ● 점프슛, 풀업 점퍼
  66  29            ● 레이업, 핑거롤
 29    필드골        ● 페이더어웨이
       776  348      ● 덩크, 앨리웁
  251  시도          ● 훅슛
                    ● 팁슛
                    ● 뱅크슛
```

```
   2 ┌ 16
 59 15
    필드골
 5   340  113
    성공
 121
```

```
SHOT ZONE
      18  424        19   38
37 0  0   231   9    10  14
13    22% 55%   8%   40% 29%
35%
       6
       31%
   1   2          3
   17% 20%       33%
  54     27        71
  16      7        23
  30%   26%       32%
필드골 시도 필드골 성공 필드골 성공률
```

DEFENSE PER GAME			REBOUNDS PER GAME		
림에서의 거리	DFG	DFG%	림에서의 거리	CR	UCR
3점슛	1.7	34.2%	0~0.9m	0.7	0.9
2점슛	5.5	55.2%	0.9~1.8m	0.7	1.6
0~1.8m	3.5	62.8%	1.8~3.0m	0.3	0.9
0~3.0m	3.9	59.5%	3.0m 이상	0.1	1.1
4.5m 이상	2.4	36.7%			

2023-24 샌안토니오 74경기 평균 29.6분

항목 평점	TS	MS	3PS	FT	LU	DK	ID	OD	ST	BL
	C-	D+	C	C+	B-	B-	B	B	C-	D-
항목	PTS	RB	AS	ST	BL					
경기 평균	11.6	6.4	3.4	0.8	0.5					
36분 기준	14.1	7.8	4.1	1.0	0.7					
항목 평점	ORB	DRB	PS	BH	BQ	SP	PO	ED	HS	OG
	D-	D+	C+	C+	C+	C-	D-	A-	B	C+

Keldon JOHNSON — SF-PF

F 0 · 켈던 존슨 · 1999.10.11 / 196cm

미국

NBA 드래프트 : 2019년 1라운드 29번
NBA 우승 : 0회 / 파이널 MVP : 0회
시즌 MVP : 0회 / NBA 퍼스트팀 : 0회

지난 시즌 줄리안 샴페니에게 밀려 백업으로 출전했으나 올 시즌엔 두 선수 간에 다시 경쟁이 붙을 것이다. 존슨은 돌파에 이은 림 어택과 3점슛을 두루 시도한다. 가장 효율적인 캐치&슈터다. 안정적인 슈팅 스트로크로 성공률이 높은 편이다. 또한, 트랜지션 게임에서도 제 몫을 잘 해낸다. 승부 근성이 뛰어나 클러치 타임 때 한방씩 터뜨려준다. 3번에선 리바운드가 좋은 편이다. 훌륭한 퍼리미터 수비수이자 인사이드 수비수다. 연봉은 1900만 달러.

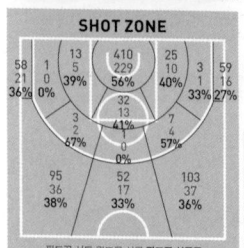

SHOT ZONE

```
    15 ┌ 35          ● 점프슛, 풀업 점퍼
   4 ┌32─15           ● 레이업, 핑거롤
  276   필드골         ● 페이더어웨이
        862  485      ● 덩크, 앨리웁
   156  시도          ● 훅슛
                     ● 팁슛
                     ● 뱅크슛
```

```
    5 ┌ 16
  27 ┌─8
     필드골
      391  177
     성공
```

```
SHOT ZONE
58  1  13  410   25
21  5  39% 229   10  1   3
36% 0%     56%  40%  33% 27%
       3
    32
    13
    41%
    5        4
    0%       8
  95    52      103
  36    17       37
 38%   33%      36%
필드골 시도 필드골 성공 필드골 성공률
```

DEFENSE PER GAME			REBOUNDS PER GAME		
림에서의 거리	DFG	DFG%	림에서의 거리	CR	UCR
3점슛	1.3	34.8%	0~0.9m	0.6	0.8
2점슛	4.0	56.8%	0.9~1.8m	0.7	1.3
0~1.8m	2.8	64.8%	1.8~3.0m	0.4	1.0
0~3.0m	3.2	59.6%	3.0m 이상	0.1	0.7
4.5m 이상	1.6	35.7%			

2023-24 샌안토니오 69경기 평균 29.5분

항목 평점	TS	MS	3PS	FT	LU	DK	ID	OD	ST	BL
	B+	B-	B-	B	B-	C+	D	B-	C+	D
항목	PTS	RB	AS	ST	BL					
경기 평균	15.7	5.5	2.8	0.7	0.3					
36분 기준	19.1	6.7	3.4	0.9	0.4					
항목 평점	OR3	DR3	PS	BH	BQ	SP	PO	ED	HS	OG
	B-	C+	C	C	B	D	D-	A-	A	C+

Harrison BARNES — SF-PF

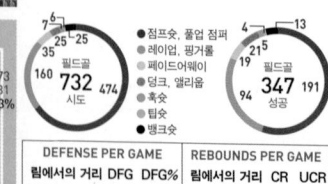

F 40 · 해리슨 반스 · 1992.05.30 / 203cm

미국

NBA 드래프트 : 2012년 1라운드 7번
NBA 우승 : 1회 / 파이널 MVP : 0회
시즌 MVP : 0회 / NBA 퍼스트팀 : 0회

'우승의 맛'을 아는 프로 13년 차 베테랑. 그의 풍부한 경험은 샌안토니오 젊은 선수들에게 긍정적인 영향을 미치고 있다. 전성기보다 약해졌지만, 여전히 돌파에 이은 림 어택을 즐긴다. 드라이빙 레이업, 커팅 덩크, 드라이빙 플로터로 마무리한다. 미드레인지와 3점 구간에서 캐치&슛, 풀업 점퍼, 스텝백 점퍼를 고루 구사한다. 203cm의 키, 212cm의 윙스팬, 빠른 스텝을 살려 상대팀 2번~4번을 수비한다. 리바운드는 부족하다. 연봉은 1800만 달러.

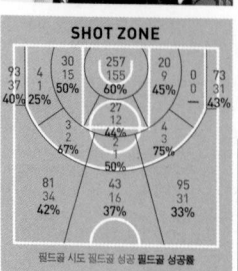

SHOT ZONE

```
    7 ┌ 6            ● 점프슛, 풀업 점퍼
  35 ┌25─15           ● 레이업, 핑거롤
 160   필드골          ● 페이더어웨이
       732  474       ● 덩크, 앨리웁
   94  시도           ● 훅슛
                     ● 팁슛
                     ● 뱅크슛
```

```
    4 ┌ 13
  19 ┌21─5
     필드골
      347  191
     성공
```

```
SHOT ZONE
93  4  30  257   15   0   73
   15  50% 155   9        41
40% 25%    60%  45%      43% 31%
       27
       44%
    3        3
    2        2
   67%      75%
  81    43      95
  34    16      37
 42%   37%     33%
필드골 시도 필드골 성공 필드골 성공률
```

DEFENSE PER GAME			REBOUNDS PER GAME		
림에서의 거리	DFG	DFG%	림에서의 거리	CR	UCR
3점슛	1.8	41.1%	0~0.9m	0.2	0.2
2점슛	3.9	53.4%	0.9~1.8m	0.3	0.4
0~1.8m	2.5	63.8%	1.8~3.0m	0.1	0.6
0~3.0m	3.0	59.1%	3.0m 이상	0.1	1.1
4.5m 이상	2.2	41.2%			

2023-24 새크라멘토 82경기 평균 29.0분

항목 평점	TS	MS	3PS	FT	LU	DK	ID	OD	ST	BL
	A	B+	B-	B-	B-	B-	C+	C+	D	D
항목	PTS	RB	AS	ST	BL					
경기 평균	12.2	3.0	1.2	0.7	0.1					
36분 기준	15.1	3.8	1.5	0.8	0.2					
항목 평점	ORB	DRB	PS	BH	BQ	SP	PO	ED	HS	OG
	D-	D-	C-	C+	D	D-	A-	A	A-	C+

DEFENSE pg		REBOUNDS pg		항목 & 평점																					
DFG	DFG%	CR	UCR	TS	MS	3PS	FT	LU	DK	ID	OD	ST	BL	ORG	OR3	ORB	DRG	DR3	DRB	PS	BH	BQ	SP	PO	ED	HS	OG
필드골 허용	필드골 허용률	공격 리바운드	무경쟁 리바운드	터프샷 성공률	중거리 슛	3점 슛	자유투 성공률	레이업 플로터	슬램 덩크	인사이드 수비	외곽 수비	스틸	블락	가드 공격RB	SF 공격RB	빅맨 공격RB	가드 수비RB	SF 수비RB	빅맨 수비RB	패스	볼 핸들링	농구 IQ	스피드 민첩성	파워	지구력	허슬 플레이	종합 평가

F 30 Julian CHAMPAGNIE — SF

줄리안 샴페니 2001.06.29 / 201cm

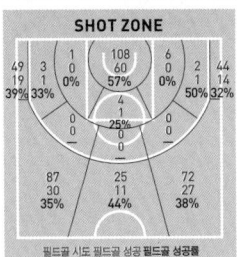

🇺🇸 미국

NBA 드래프트 : 2022년 미지명
NBA 우승 : 0회 | 파이널 MVP : 0회
시즌 MVP : 0회 | NBA 퍼스트팀 : 0회

데뷔 2년 차였던 지난 시즌 '만개(滿開)'했다. 74경기에 출전했고, 그중 선발이 59회였다. 루키 시즌 34경기(선발 6회)에 출전했던 것과 비교하면 큰 발전이었다. 큰 키와 좋은 슈팅 스트로크로 정확한 슛을 구사한다. 전형적인 캐치&슈터이자 '3점슛 스페셜리스트'다. 페인트 존에 진입해서는 커팅 덩크 혹은 드라이빙 레이업으로 마무리한다. 스틸과 다양한 허슬 플레이로 동료들을 돕는다. 수비, 리바운드를 많이 보강해야 한다. 연봉은 300만 달러.

SHOT ZONE

49	3	1	108	6	2	44
19	1	0	60	0	1	14
39%	33%	0%	57%	0%	50%	32%
			1			
			0			
			25%			
87		25		72		
30		11		27		
35%		44%		38%		

필드골 시도 필드골 성공 **필드골 성공률**

필드골 402 시도 297

4 — 27 · 68 · 2

● 점프슛, 풀업 점퍼
● 레이업, 핑거롤
● 페이드어웨이
● 덩크, 앨리웁
● 훅슛
● 팁슛
● 뱅크슛

필드골 164 성공 105

2 — 19 · 36

DEFENSE PER GAME			REBOUNDS PER GAME		
림에서의 거리	DFG	DFG%	림에서의 거리	CR	UCR
3점슛	1.2	37.4%	0~0.9m	0.3	0.2
2점슛	2.8	50.2%	0.9~1.8m	0.2	0.6
0~1.8m	2.0	57.9%	1.8~3.0m	0.1	0.6
0~3.0m	2.3	54.7%	3.0m 이상	0.1	0.2
4.5m 이상	1.5	38.6%			

2023-24 샌안토니오 74경기 평균 19.8분						항목 평점	TS	MS	3PS	FT	LU	DK	ID	OD	ST	BL
항목	PTS	RB	AS	ST	BL		D	C+	B-	C+	C+	D-	D+	C+	C-
경기 평균	6.8	2.8	1.4	0.6	0.6	항목 평점	OR3	DR3	PS	BH	BQ	SP	PO	ED	HS	OG
36분 기준	12.4	5.1	2.5	1.2	1.0		D	D	D+	B-	C	B+	C	B-	B+	C+

F 54 Sandro MAMUKELASHVILI — PF-C

산드로 마무켈라시빌리 1999.05.23 / 206cm

🇬🇪 조지아

NBA 드래프트 : 2021년 2라운드 54번
NBA 우승 : 0회 | 파이널 MVP : 0회
시즌 MVP : 0회 | NBA 퍼스트팀 : 0회

조지아와 미국의 이중국적이다. 지난 시즌 36경기 결장했다. 그중 34경기는 감독의 결정에서 나왔다. 감독에게 전폭적인 신뢰를 받지는 못했다는 얘기. 하지만 그 경험이 올 시즌을 위한 중요한 자양분이 될 것은 틀림없다. 올 시즌도 일단은 '서드 유닛' 빅맨으로 출전할 가능성이 크다. 제한된 출전 시간 대비, 득점력이 나쁘지는 않다(36분 기준 15.2점). 주공격 루트는 로포스트의 덩크와 레이업, 캐치&슛으로 시도하는 3점슛 등이다. 연봉은 216만 달러.

SHOT ZONE

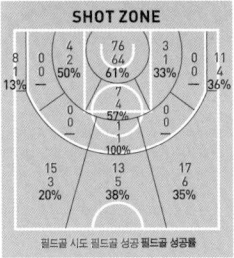

필드골 155 시도 41 · 83

8 — 12 · 2

● 점프슛, 풀업 점퍼
● 레이업, 핑거롤
● 페이드어웨이
● 덩크, 앨리웁
● 훅슛
● 팁슛
● 뱅크슛

필드골 73 성공 23

3 · 42 — 10 · 30

8	0	4	76	3	0	11
13%	2	50%	64 61%	33%	0	4 36%
			1 0 57%			
			1 0 100%			
15		13		17		
3		5		6		
20%		38%		35%		

DEFENSE PER GAME			REBOUNDS PER GAME		
림에서의 거리	DFG	DFG%	림에서의 거리	CR	UCR
3점슛	0.5	36.5%	0~0.9m	0.5	0.3
2점슛	1.9	51.9%	0.9~1.8m	0.4	0.4
0~1.8m	1.4	65.2%	1.8~3.0m	0.1	0.7
0~3.0m	1.6	56.2%	3.0m 이상	0.1	0.4
4.5m 이상	0.7	39.5%			

2023-24 샌안토니오 46경기 평균 9.8분						항목 평점	TS	MS	3PS	FT	LU	DK	ID	OD	ST	BL
항목	PTS	RB	AS	ST	BL		D	B+	C-	D+	D+	D	D	D	D-	D
경기 평균	4.1	3.2	1.1	0.2	0.3	항목 평점	ORB	DRB	PS	BH	BQ	SP	PO	ED	HS	OG
36분 기준	15.2	11.7	3.9	0.6	1.0		B+	B	D+	C-	D	C-	B	C	C-	C-

C 1 Victor WEMBANYAMA — C-PF

빅터 웸반야마 2004.01.04 / 224cm

🇫🇷 프랑스

NBA 드래프트 : 2023년 1라운드 1번
NBA 우승 : 0회 | 파이널 MVP : 0회
시즌 MVP : 0회 | NBA 퍼스트팀 : 0회

'역대급 괴물 유망주'다. 키 224cm, 윙스팬 240cm의 거인이 엄청난 속도로 코트를 누빈다. "모든 것을 할 수 있는(Can do it all) 사기 캐릭"이다. 드라이빙, 커팅, 러닝, 앨리웁에서 이어지는 덩크와 레이업은 최강의 무기다. 풀업, 스텝백, 캐치&슛에서 고루 시도하는 3점 슛과 롱 2는 수비하기 불가능하다. 볼 핸들링, 패싱, 인사이드 1대1, 퍼리미터 1대1, 스위치, 드랍백, 블락, 리바운드 등 전 항목에서 압도적인 최고점을 받는다. 연봉 1277만 달러.

SHOT ZONE

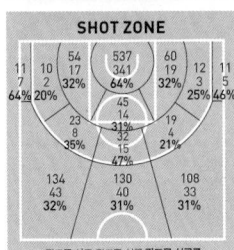

필드골 1186 시도 595

69 — 41 · 39 · 170 · 66

● 점프슛, 풀업 점퍼
● 레이업, 핑거롤
● 페이드어웨이
● 덩크, 앨리웁
● 훅슛
● 팁슛
● 뱅크슛

필드골 551 성공 202

31 — 20 · 15 · 154 · 18 · 111

11	10	1	54	60	11	11
7	2	17	341	19	3	5
64%	20%		64%	32%	25%	46%
			45 14 31%	19 4 21%		
23 8 35%		15 7 47%				
134		130		108		
43		40		33		
32%		31%		31%		

DEFENSE PER GAME			REBOUNDS PER GAME		
림에서의 거리	DFG	DFG%	림에서의 거리	CR	UCR
3점슛	1.4	35.5%	0~0.9m	1.3	1.8
2점슛	6.3	49.6%	0.9~1.8m	1.9	3.0
0~1.8m	4.4	53.6%	1.8~3.0m	0.5	1.2
0~3.0m	4.8	52.0%	3.0m 이상	0.2	0.7
4.5m 이상	2.2	36.1%			

2023-24 샌안토니오 71경기 평균 29.7분						항목 평점	TS	MS	3PS	FT	LU	DK	ID	OD	ST	BL
항목	PTS	RB	AS	ST	BL		B-	C-	C+	B-	A-	A	A+	C+	B	A+
경기 평균	21.4	10.6	3.9	1.2	3.6	항목 평점	ORB	DRB	PS	BH	BQ	SP	PO	ED	HS	OG
36분 기준	26.0	12.9	4.7	1.5	4.3		C-	A	A-	C-	B+	D	D-	A	A	A+

C 23 Zach COLLINS — C-PF

잭 콜린스 1997.11.19 / 211cm

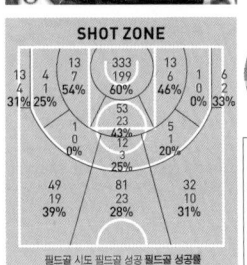

🇺🇸 미국

NBA 드래프트 : 2017년 1라운드 10번
NBA 우승 : 0회 | 파이널 MVP : 0회
시즌 MVP : 0회 | NBA 퍼스트팀 : 0회

'Team First Player'다. 늘 에너지 충만하고, 열정적이다. 림 어택(덩크, 레이업)과 근거리 훅슛, 공격 리바운드 후 풋백으로 많이 득점한다. 데뷔 후 매년 조금씩 발전한 캐치&슛 3점도 OK. 핫스팟은 탑과 좌우 윙이다. 발이 빠른 픽&롤 수비 스위치 때 상대 가드에게 털리는 일은 적다. 그러나 큰 키(211cm)에 비해 윙스팬이 평범해(215cm) 인사이드 1대1 수비에 제약이 있다. 문제는 건강. 매 시즌 크고 작은 부상으로 고생한다. 연봉은 1674만 달러.

SHOT ZONE

필드골 616 시도 161 · 280

24 — 17 · 102 · 23

● 점프슛, 풀업 점퍼
● 레이업, 핑거롤
● 페이드어웨이
● 덩크, 앨리웁
● 훅슛
● 팁슛
● 뱅크슛

필드골 298 성공 93

15 — 13 · 50 · 23 · 100

13	4	1	333	6	2	6
4	1	54%	199 60%	46%	0	2
31%	25%				0%	33%
			53 23 43%			
			3 25%			
49		81		32		
19		23		10		
39%		28%		31%		

DEFENSE PER GAME			REBOUNDS PER GAME		
림에서의 거리	DFG	DFG%	림에서의 거리	CR	UCR
3점슛	1.3	38.7%	0~0.9m	1.0	0.6
2점슛	5.7	54.0%	0.9~1.8m	0.9	1.7
0~1.8m	3.9	59.7%	1.8~3.0m	0.3	1.5
0~3.0m	4.4	58.9%	3.0m 이상	0.0	0.4
4.5m 이상	2.0	39.7%			

2023-24 샌안토니오 69경기 평균 22.1분						항목 평점	TS	MS	3PS	FT	LU	DK	ID	OD	ST	BL
항목	PTS	RB	AS	ST	BL		B	C-	C	B-	B+	D	D-	D+	C-	B
경기 평균	11.2	5.4	2.8	0.5	0.8	항목 평점	ORB	DRB	PS	BH	BQ	SP	PO	ED	HS	OG
36분 기준	18.3	8.7	4.6	0.8	1.2		C-	C	D-	D	D	D-	C+	B	C-	C+

DEFENSE pg		REBOUNDS pg								항목 & 평점													
DFG	DFG%	CR	UCR	TS	MS	3PS	FT	LU	DK	ID	OD	ST	BL	ORG	OR3	ORB	DRG	DR3	DRB	PS	BH	BQ	SP	PO	ED	HS	OG
필드골 허용	필드골 허용률	유경쟁 리바운드	무경쟁 리바운드	터프샷 성공률	중거리 슛팅	3점 슛팅	자유투 성공률	레이업 플로터	슬램 덩크	안쪽 수비	외곽 수비	스틸	블락	가드 공격RB	SF 공격RB	빅맨 공격RB	가드 수비RB	SF 수비RB	빅맨 수비RB	패스	볼 핸들링	농구 IQ	볼 민첩성	파워	지구력	허슬 플레이	종합 평가

C 28 | Charles BASSEY | C
찰스 베이시
2000.10.28 / 208cm

나이지리아

NBA 드래프트: 2021년 2라운드 53번
NBA 우승: 0회 / **파이널 MVP**: 0회
시즌 MVP: 0회 / **NBA 퍼스트팀**: 0회

왼 무릎 전방십자인대 파열로 19경기 출전에 그쳤다. 올 시즌, 건강이 가장 중요하다. 팀의 '3옵션 센터'라 출전 시간은 평균 10.8분에 불과했다. 그러나 36분 기준으로 환산하면 11.1점, 13.3RB, 3.0블락이다. 데뷔 후 3년간, 리바운드와 블락은 리그 최정상급 수치를 찍어왔다. 반면, 공격은 매우 제한적이다. 득점 대부분이 림 근처에서 이뤄진다. 4m 밖에서 이뤄지는 슛은 '가뭄에 콩나듯' 찾아보기 힘들다. 통산 야투율 65.8%다. 연봉은 209만 달러.

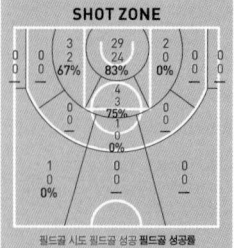

SHOT ZONE

```
 4  1            2  4
 0  0  3   29  0  67%  83%  0%
    0   24   0
    0   75%  0
    0
 1        0        0
 0%
 0        —        0
 0%
```

필드골 시도 14
필드골 40 / 시도 10

● 점프슛, 풀업 점퍼
● 레이업, 핑거롤
● 페이드어웨이
● 덩크, 앨리웁
● 훅슛
● 팁슛
● 뱅크슛

필드골 성공
2 1 6
29
9 0 9

DEFENSE PER GAME			REBOUNDS PER GAME		
림에서의 거리	DFG	DFG%	림에서의 거리	CR	UCR
3점슛	0.5	42.9%	0~0.9m	0.7	0.7
2점슛	2.2	52.0%	0.9~1.8m	0.6	0.7
0~1.8m	1.3	58.5%	1.8~3.0m	0.2	0.5
0~3.0m	1.4	56.5%	3.0m 이상	0.1	0.4
4.5m 이상	0.7	38.2%			

필드골 시도 필드골 성공 **필드골 성공률**

2023-24 샌안토니오 19경기 평균 10.8분					
항목	PTS	RB	AS	ST	BL
경기 평균	3.3	4.0	1.1	0.4	0.9
36분 기준	11.1	13.3	3.7	1.4	3.0

항목 평점	TS	MS	3PS	FT	LU	DK	ID	OD	ST	BL
	B+	D+	D-	C	D+	B	A	D+	B	A+
항목 평점	ORB	DRB	PS	BH	BQ	SP	PO	ED	HS	OG
	C+	A-	D-	D-	C+	D+	B-	A	C-	

G 3 | Chris PAUL | PG
크리스 폴
1985.05.06 / 183cm

미국

NBA 드래프트: 2005년 1라운드 4번
NBA 우승: 0회 / **파이널 MVP**: 0회
시즌 MVP: 0회 / **NBA 퍼스트팀**: 4회

올여름, 골든스테이트에서 샌안토니오로 이적했다. "한때 리그를 호령했던 최고 PG가 이제 우승의 꿈을 접은 것인가"라고 평가하는 전문가들이 많다. 이 팀이 당장 우승을 노릴 전력은 아니기 때문이다. 그러나 본인이 주축이 되어 젊은 팀 샌안토니오를 성장시키는 그림도 나쁘지 않아 보인다. 이제 전성기 퍼포먼스는 나오지 않는다. 그러나 그는 여전히 리그 정상급 1번 중 1명이다. 웸반야마와 선보일 환상의 콤비가 기대된다. 연봉은 1046만 달러.

SHOT ZONE

```
 43  14
 27       38    59
 22  6   21   63%  32  52%
 23% 17% 43%  52   54%  50% 27%
         30   33
    16   58%  13
    25%  52%  33%
 81       44       47
 33       17       19
 41%      39%      40%
```

필드골 467 / 시도 391

● 점프슛, 풀업 점퍼
● 레이업, 핑거롤
● 페이드어웨이
● 덩크, 앨리웁
● 훅슛
● 팁슛
● 뱅크슛

필드골 206 / 성공 169
18 15 4

DEFENSE PER GAME			REBOUNDS PER GAME		
림에서의 거리	DFG	DFG%	림에서의 거리	CR	UCR
3점슛	1.3	35.8%	0~0.9m	0.2	0.3
2점슛	3.2	56.9%	0.9~1.8m	0.2	0.7
0~1.8m	2.2	63.1%	1.8~3.0m	0.2	0.9
0~3.0m	2.6	60.5%	3.0m 이상	0.1	1.2
4.5m 이상	1.7	38.4%			

2023-24 골든스테이트 58경기 평균 26.4분					
항목	PTS	RB	AS	ST	BL
경기 평균	9.2	3.9	6.8	1.2	0.1
36분 기준	12.5	5.3	9.2	1.6	0.1

항목 평점	TS	MS	3PS	FT	LU	DK	ID	OD	ST	BL
	A+	C+	B-	A-	B	D-	D-	B	B+	D
항목 평점	ORG	DRG	PS	BH	BQ	SP	PO	ED	HS	OG
	D-	B	B+	B	B	B-	D-	B	B-	

G | Stephon CASTLE | SG-PG
스테판 캐슬
2004.11.01 / 198cm

미국

NBA 드래프트: 2024년 1라운드 4번
NBA 우승: 0회 / **파이널 MVP**: 0회
시즌 MVP: 0회 / **NBA 퍼스트팀**: 0회

코네티컷대 1학년 때 소속 팀을 2024 NCAA 우승으로 이끌었다. 그리고 곧바로 드래프트를 신청해 샌안토니오에 1라운드 4번으로 지명됐다. 198cm의 장신 콤보 가드다. 득점, 리바운드, 플레이메이킹을 두루 갖췄다. 파워가 좋고 몸이 빠르고 페인트존 돌파 후 상대 수비와 바디 컨택을 하는 상황에서도 마무리를 잘할 수 있다. BQ가 좋고, 볼 핸들링과 패스가 우수하며, 턴오버를 적게 범한다. 외곽슛 능력을 더 키워야 한다. 연봉 911만 달러.

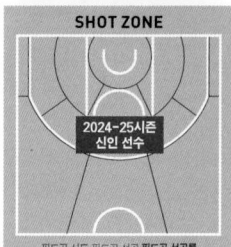

SHOT ZONE

2024-25시즌 신인 선수

필드골 0 / 시도

● 점프슛, 풀업 점퍼
● 레이업, 핑거롤
● 페이드어웨이
● 덩크, 앨리웁
● 훅슛
● 팁슛
● 뱅크슛

필드골 0 / 성공

DEFENSE PER GAME			REBOUNDS PER GAME		
림에서의 거리	DFG	DFG%	림에서의 거리	CR	UCR
3점슛			0~0.9m		
2점슛			0.9~1.8m		
0~1.8m			1.8~3.0m		
0~3.0m			3.0m 이상		
4.5m 이상					

필드골 시도 필드골 성공 **필드골 성공률**

2023-24시즌 기록 없음					
항목	PTS	RB	AS	ST	BL
경기 평균	—	—	—	—	—
36분 기준	—	—	—	—	—

항목 평점	TS	MS	3PS	FT	LU	DK	ID	OD	ST	BL
	—	—	—	—	—	—	—	—	—	—
항목 평점	ORG	DRG	PS	BH	BQ	SP	PO	ED	HS	OG
	—	—	—	—	—	—	—	—	—	—

G 33 | Tre JONES | PG
트레 존스
2000.01.08 / 185cm

미국

NBA 드래프트: 2020년 2라운드 41번
NBA 우승: 0회 / **파이널 MVP**: 0회
시즌 MVP: 0회 / **NBA 퍼스트팀**: 0회

전형적인 '플로어 제너럴'이다. 이타적인 포인트가드로 볼을 정확하게 핸들링하고, 리스크를 최소화한다. BQ가 좋고 시야가 넓다. 늘 팀 플레이를 먼저 생각하기에 본인의 스탯을 크게 중요하게 생각하지 않는다. 퍼리미터 1대1 수비, 패싱레인 차단을 잘 한다. 공격에서는 드라이빙에 이은 핑거롤, 플로터, 레이업으로 림을 노린다. 타이밍에 맞춰 3점슛도 간간이 섞는다. 주로 캐치&슛이다. 그러나 외곽슛 성공률은 들쭉날쭉하다. 연봉은 910만 달러.

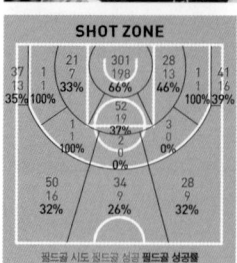

SHOT ZONE

```
 7       17
 3        2
 37  1   21  301  13  1  41
 1  3% 33% 198  13  1
 35%100%  66% 46% 100% 39%
         52
    1   37%  1
 100%     0%  0%
 50       34       28
 16       9        14
 32%      26%      32%
```

필드골 600 / 시도 331
4 17

● 점프슛, 풀업 점퍼
● 레이업, 핑거롤
● 페이드어웨이
● 덩크, 앨리웁
● 훅슛
● 팁슛
● 뱅크슛

필드골 303 / 성공
161 130

DEFENSE PER GAME			REBOUNDS PER GAME		
림에서의 거리	DFG	DFG%	림에서의 거리	CR	UCR
3점슛	1.2	33.1%	0~0.9m	0.0	0.2
2점슛	3.8	57.5%	0.9~1.8m	0.2	0.5
0~1.8m	2.2	66.8%	1.8~3.0m	0.1	1.0
0~3.0m	2.7	61.7%	3.0m 이상	0.1	1.6
4.5m 이상	1.7	38.0%			

필드골 시도 필드골 성공 **필드골 성공률**

2023-24 샌안토니오 77경기 평균 27.8분					
항목	PTS	RB	AS	ST	BL
경기 평균	10.0	3.8	6.2	1.0	0.1
36분 기준	13.0	4.9	8.0	1.3	0.2

항목 평점	TS	MS	3PS	FT	LU	DK	ID	OD	ST	BL
	A-	C	B	B	B-	D	D-	C+	B+	D
항목 평점	ORG	DRG	PS	BH	BQ	SP	PO	ED	HS	OG
	C	C	B	B	B-	B-	D-	C	C	C+

DFG	DFG%	CR	UCR	TS	MS	3PS	FT	LU	DK	ID	OD	ST	BL	ORG	OR3	ORB	DRG	DR3	DRB	PS	BH	BQ	SP	PO	ED	HS	OG
필드골 허용	필드골 허용율	유경쟁 리바운드	무경쟁 리바운드	터프샷 성공률	중거리 슈팅	3점 슈팅	자유투 성공률	레이업 플로터	슬램 덩크	인쪽 수비	외곽 수비	스틸	블락	가드 공격RB	SF 공격RB	빅맨 공격RB	가드 수비RB	SF 수비RB	빅맨 수비RB	패스	볼 핸들링	농구 IQ	스피드 민첩성	파워	지구력	허슬 플레이	종합 평가

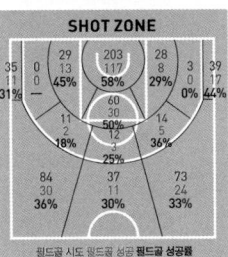 Malaki BRANHAM SG-SF
말라치 브래넘

2003.05.12 / 193cm

🇺🇸 미국

NBA 드래프트 : 2022년 1라운드 20번
NBA 우승 : 0회 / 파이널 MVP : 0회
시즌 MVP : 0회 / NBA 퍼스트팀 : 0회

지난 2년간 팀의 백업 혹은 선발멤버로서 묵묵히 제 몫을 해냈다. 올 시즌도 그 역할은 계속될 것이다. 193cm 스윙맨이다. 드라이빙 레이업, 커팅 레이업, 드라이빙 플로터로 림을 공략한다. 미드레인지에서는 다양한 움직임으로 슈팅을 시도한다. 3점 구역에서는 풀업 점퍼와 캐치&슛을 고루 섞어 던진다. 가끔 롱 2도 구사한다. 브래넘은 슈터에 가깝다. 그러다보니 패싱, 볼핸들링에는 약점이 있다. 스윙맨으로서 수비력도 부족하다. 연봉은 322만 달러.

SHOT ZONE

```
        12  4    16
35  0   29  203  28  3   39
11  0   13  117  11  0
31%  -  45%  58%  29%  0%  44%
            60
            30
            15
            50%
        11      14
        5       8
        18%     36%
            12
            5
            25%
84      37      73
30      11      24
36%     30%     33%
```
필드골 시도 월드골 성공 **필드골 성공률**

필드골	
2	
147	**628** 시도 445

● 점프슛, 풀업 점퍼
● 레이업, 핑거롤
● 페이드어웨이
● 덩크, 앨리웁
● 훅슛
● 팁슛
● 뱅크슛

필드골	
2	9
86	**271** 성공 162

DEFENSE PER GAME			REBOUNDS PER GAME		
림에서의 거리	DFG	DFG%	림에서의 거리	CR	UCR
3점슛	0.9	42.9%	0~0.9m	0.0	0.1
2점슛	2.4	59.1%	0.9~1.8m	0.1	0.3
0~1.8m	1.5	62.0%	1.8~3.0m	0.0	0.5
0~3.0m	1.8	59.7%	3.0m 이상	0.1	0.1
4.5m 이상	1.2	45.5%			

2023-24 샌안토니오 75경기 평균 21.3분						항목 평점	TS	MS	3PS	FT	LU	DK	ID	OD	ST	BL
항목	PTS	RB	AS	ST	BL	평점	C	B-	C+	B+	B-	C	D-	D-	D-	D-
경기 평균	9.2	2.0	2.1	0.4	0.1	항목	ORG	DRG	PS	BH	BQ	SP	PO	ED	HS	OG
36분 기준	15.6	3.3	3.5	0.6	0.2	평점	D-	D-	D-	D+	D-	B-	D-	B+	C	C

 Blake WESLEY PG-SG
블레이크 웨슬리

2003.03.16 / 191cm

🇺🇸 미국

NBA 드래프트 : 2022년 1라운드 25번
NBA 우승 : 0회 / 파이널 MVP : 0회
시즌 MVP : 0회 / NBA 퍼스트팀 : 0회

NBA와 G리그(오스틴 스퍼스)를 넘나들었다. 지난 시즌 61경기에 출전, 평균 14.4분씩 뛰었다. 올 시즌 평균 출전 시간은 지난 시즌보다는 늘어날 전망이다. 슈팅 기술이 좋은 '윙-가드'다. 풀업 점퍼와 캐치&슛으로 3점슛과 롱 2를 시도한다. 뛰어난 운동능력으로 페인트존에 침투한 뒤 드라이빙 레이업, 드라이빙 플로터, 러닝 덩크로 득점한다. 체인지 페이스 드리블로 상대 수비를 혼란스럽게 만들고, 정확한 패스를 찔러준다. 연봉은 262만 달러.

SHOT ZONE

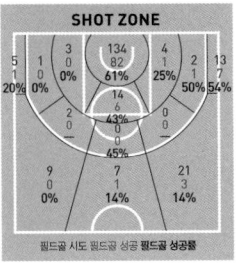

```
        5       5
24      3  134  4   1   13
5  0    0  82   1   0
20%  0%     61%  25%  50%  54%
            6
            3
            43%
            45%
9       7       21
1       3
0%      14%     14%
```
필드골 시도 필드골 성공 **필드골 성공률**

필드골	
5	1
87	**215** 시도 93

● 점프슛, 풀업 점퍼
● 레이업, 핑거롤
● 페이드어웨이
● 덩크, 앨리웁
● 훅슛
● 팁슛
● 뱅크슛

필드골	
2	1
21	**102** 성공 48

DEFENSE PER GAME			REBOUNDS PER GAME		
림에서의 거리	DFG	DFG%	림에서의 거리	CR	UCR
3점슛	0.8	38.8%	0~0.9m	0.1	0.1
2점슛	2.0	58.0%	0.9~1.8m	0.1	0.4
0~1.8m	1.0	66.4%	1.8~3.0m	0.1	0.3
0~3.0m	1.5	59.7%	3.0m 이상	0.0	0.1
4.5m 이상	1.1	39.2%			

2023-24 샌안토니오 61경기 평균 14.4분						항목 평점	TS	MS	3PS	FT	LU	DK	ID	OD	ST	BL
항목	PTS	RB	AS	ST	BL	평점	C	D	D+	C	D-	D	C-	C-	C+	D-
경기 평균	4.4	1.5	2.7	0.5	0.1	항목	ORG	DRG	PS	BH	BQ	SP	PO	ED	HS	OG
36분 기준	11.0	3.9	6.8	1.2	0.4	평점	D-	D-	D+	B	D+	C+	D-	A-	C	C-

 Sidy CISSOKO SF-SG
시디 시소코

2004.04.02 / 198cm

🇺🇸 미국

NBA 드래프트 : 2023년 2라운드 44번
NBA 우승 : 0회 / 파이널 MVP : 0회
시즌 MVP : 0회 / NBA 퍼스트팀 : 0회

프로 2년 차 '서드 유닛' 멤버. NBA와 G리그(오스틴 스퍼스)를 넘나들었고, 왼 발목 부상까지 겹쳐 겨우 12경기에 출전했다. 올 시즌 출전 횟수는 늘어날 것이다. 시소코는 203cm 장신 스윙맨이다. 온-더-볼과 오프-더-볼 플레이에 모두 잘 적응했다. 빅윙치고 볼 핸들링이 그런대로 괜찮고, 정확하게 패스를 하는 편이다. 208cm 윙스팬과 운동능력을 활용해 상대팀 1번~4번을 모두 수비할 수 있다. 공격 리바운드와 스틸이 특기다. 연봉은 189만 달러.

SHOT ZONE

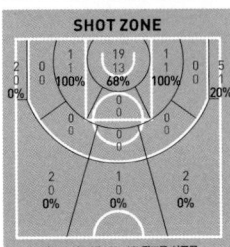

```
        4       4
0  0    1  19   1  0   5
2  0    13      1  0
0%      100%  68%  100%  20%
            0
            0
            0%
2       1       2
0       0
0%      0%      0%
```
필드골 시도 필드골 성공 **필드골 성공률**

필드골	
4	2
11	**33** 시도 5

● 점프슛, 풀업 점퍼
● 레이업, 핑거롤
● 페이드어웨이
● 덩크, 앨리웁
● 훅슛
● 팁슛
● 뱅크슛

필드골	
2	2
	16 성공 10

DEFENSE PER GAME			REBOUNDS PER GAME		
림에서의 거리	DFG	DFG%	림에서의 거리	CR	UCR
3점슛	0.6	23.8%	0~0.9m	0.0	0.2
2점슛	2.5	62.5%	0.9~1.8m	0.3	0.3
0~1.8m	1.8	77.8%	1.8~3.0m	0.0	0.3
0~3.0m	2.1	65.4%	3.0m 이상	0.1	0.2
4.5m 이상	0.8	24.0%			

2023-24 샌안토니오 12경기 평균 11.8분						항목 평점	TS	MS	3PS	FT	LU	DK	ID	OD	ST	BL
항목	PTS	RB	AS	ST	BL	평점	B+	D-	D-	D-	C	D	C-	C-	B+	D
경기 평균	3.8	1.8	0.8	0.6	0.3	항목	OR3	DR3	PS	BH	BQ	SP	PO	ED	HS	OG
36분 기준	11.5	5.6	2.6	1.8	0.8	평점	B+	D	D+	D	C	C-	D-	B+	B-	C-

SAN ANTONIO SPURS 2024-25 REGULAR SEASON SCHEDULE

OCTOBER, 2024
Oct. 25 @ Dallas
Oct. 27 vs. Houston
Oct. 29 vs. Houston
Oct. 31 @ Oklahoma City

NOVEMBER, 2024
Nov. 1 @ Utah
Nov. 3 vs. Minnesota
Nov. 5 @ LA Clippers
Nov. 7 @ Houston
Nov. 8 vs. Portland
Nov. 10 vs. Utah
Nov. 12 vs. Sacramento
Nov. 14 vs. Washington
Nov. 16 vs. LA Lakers
Nov. 17 vs. Dallas
Nov. 20 vs. Oklahoma City
Nov. 22 vs. Utah
Nov. 24 vs. Golden State
Nov. 27 vs. Utah
Nov. 28 vs. LA Lakers

DECEMBER, 2024
Dec. 2 @ Sacramento
Dec. 4 @ Phoenix
Dec. 6 vs. Chicago
Dec. 7 vs. Sacramento
Dec. 9 vs. New Orleans
Dec. 20 vs. Atlanta
Dec. 22 vs. Portland

Dec. 24 @ Philadelphia
Dec. 26 @ New York
Dec. 28 @ Brooklyn
Dec. 30 @ Minnesota

JANUARY, 2025
Jan. 1 vs. LA Clippers
Jan. 4 @ Denver
Jan. 5 vs. Denver
Jan. 7 @ Chicago
Jan. 9 @ Milwaukee
Jan. 12 @ LA Lakers
Jan. 14 @ LA Lakers
Jan. 16 vs. Memphis
Jan. 18 vs. Memphis
Jan. 20 @ Miami
Jan. 24 @ Indiana
Jan. 26 @ Indiana
Jan. 30 vs. LA Clippers

FEBRUARY, 2025
Feb. 1 @ Milwaukee
Feb. 2 vs. Miami
Feb. 4 @ Memphis
Feb. 6 @ Atlanta
Feb. 8 @ Charlotte
Feb. 9 vs. Orlando
Feb. 11 @ Washington
Feb. 13 @ Boston
Feb. 21 vs. Phoenix
Feb. 22 vs. Detroit

Feb. 24 @ New Orleans
Feb. 26 @ New Orleans
Feb. 27 @ Houston

MARCH, 2025
Mar. 2 @ Memphis
Mar. 3 vs. Oklahoma City
Mar. 5 vs. Brooklyn
Mar. 8 @ Sacramento
Mar. 10 @ Minnesota
Mar. 11 vs. Dallas
Mar. 13 vs. Dallas
Mar. 15 vs. Charlotte
Mar. 16 vs. New Orleans
Mar. 18 vs. Orlando
Mar. 20 vs. New York
Mar. 22 vs. Philadelphia
Mar. 24 @ Toronto
Mar. 26 @ Detroit
Mar. 28 @ Cleveland
Mar. 30 @ Boston
Mar. 31 vs. Golden State

APRIL, 2025
Apr. 3 @ Denver
Apr. 5 @ Cleveland
Apr. 7 @ Portland
Apr. 9 @ LA Clippers
Apr. 10 @ Golden State
Apr. 12 @ Phoenix
Apr. 14 vs. Toronto

PHOTOS

Getty Images.com

DATA SOURCES

nba.com / basketball-reference.com / youtube.com / hoopshype.com / 2kratings.com / espn.com /
wikipedia.com / namu.wiki / naver.com / google.com / bballjerseys.com

NBA 스카우팅 리포트 2024-25

2024년 10월 17일 1판 1쇄 인쇄 | 2024년 10월 31일 1판 1쇄 발행

지은이 장원구 손대범

발행인 황민호 | **콘텐츠4사업본부장** 박정훈
편집기획 신주식 최경민 이예린 | **마케팅** 조안나 이유진
제작 최택순 성시원 | **디자인** 엔드디자인
발행처 대원씨아이(주) | **주소** 서울특별시 용산구 한강대로 15길 9-12
전화 (02)2071-2018 | **팩스** (02)797-1023 | **등록** 제3-563호 | **등록일자** 1992년5월11일
www.dwci.co.kr

ISBN 979-11-7288-942-5 13690